# Introduction aux Hedge Funds

**Collection FINANCE**

*dirigée par Yves Simon, Professeur à l'Université Paris-Dauphine,*
*et Delphine Lautier, Professeur à l'Université Paris-Dauphine*

# Introduction aux Hedge Funds

**2e édition**



**Daniel CAPOCCI**

**Préface de Georges HÜBNER**





FINANCE

ECONOMICA
49, rue Héricart, 75015 Paris

*À mes parents,*
*Christine et Nazzareno Capocci-Wenders.*

# Remerciements

Nous tenons à remercier particulièrement Christine Wenders et Renata Vitórica pour leur soutien indispensable à la réalisation de cet ouvrage. Nous remercions également les éditions Economica, ainsi que Yves Simon et Jean Pavlevski de la confiance qu'ils nous ont accordée.

Nous tenons également à remercier Christopher Arts (Westend Asociates), Andrew Bonita (Bonita Capital Management), David Capocci (Deloitte Luxembourg), Gabriel Catherin (KBL European Private Bankers), Deborah Ceo, Gregory Gregoriou, Maria Dermes (Borsa Italia), Cédric Dingens (Notz Stucki), Scott Eser (Hedge Fund Research), Jamie Handwerker (CRM, LLc), Marc Mediratta (LJH Investment), John Paulson (Paulson), Joshua Rosenberg (Hedge Fund Research), Bruno Sanglé-Ferrière (Carrousel Capital), Michael Schueller (HVB Alternatives), Patrick Vander Eecken (KBL European Private Bankers), Diego Wauters (Coriolis Asset Management).

# Préface

Alors que la planète financière éponge tant bien que mal la pire crise qu'elle ait connue depuis 1929, de vieux démons resurgissent dans l'imaginaire collectif. Les mots « spéculation », « instruments dérivés », « produits structurés », suspects usuels à chaque fois qu'une crise éclate, émaillent à nouveau les conversations du café du commerce, relayées (et nourries) par un populisme et une ignorance désespérants dans la presse et dans le monde politique, et assorties de sobriquets généralement infâmants.

Parmi ces termes sulfureux, celui de « hedge funds » occupe une place particulière. Nouveaux venus dans la ménagerie des appellations incontrôlées, les hedge funds frappent d'autant plus les esprits que ces véhicules sont réservés à une clientèle spécifique, peu accessible à tout un chacun, et font naître des sentiments d'envie plus que de véritable méfiance. Dans la foulée de la crise bancaire de 2008, dont il est aujourd'hui communément admis que la communauté des hedge funds a été dans sa vaste majorité plus victime que coupable, cette ignorance manifeste de la valeur ajoutée incontestable des actifs alternatifs a eu des conséquences désastreuses. Elle a en effet poussé le monde « bien pensant », à commencer par le pouvoir politique, à concentrer un faisceau régulatoire puissant et souvent inapproprié sur cette victime expiatoire, sans se préoccuper fondamentalement de savoir à quels besoins les hedge funds répondent véritablement.

Quel paradoxe que celui-ci, où l'on se rend compte – y compris à travers leur comportement au milieu de la tempête financière – que les hedge funds présentent des caractéristiques de performance et de risque bien identifiables qui ne sont pas aisément reproductibles, et qui donc ont leur place dans les portefeuilles grâce à leur spécificité, mais où l'on assiste simultanément à une pression sans précédent pour les conformer au moule des instruments de placement traditionnels, au rôle fondamentalement différent pour l'investisseur.

Face à ces effets induits dommageables, la pédagogie, l'information objective sont plus que jamais nécessaires pour les non-spécialistes, dont notamment les personnes qui sont amenées à prendre des décisions concernant les hedge funds. Dans sa démarche, Daniel Capocci allie avec bonheur une connaissance pointue d'un secteur dans lequel il évolue quotidiennement, avec les qualités scientifiques et pédagogiques d'un auteur rigoureux et appliqué. L'outil que vous avez en mains présente les qualités d'un ouvrage de référence, en français, dans un domaine qui recèle encore de nombreux mystères pour tout un chacun.

Plutôt que de se fourvoyer dans une technicité qui serait de toute manière dépassée en quelques trimestres, l'auteur s'est clairement assigné une mission d'explication, détaillée et documentée par des illustrations concrètes et adéquates, afin que son ouvrage puisse en toute occasion être consulté avec l'assurance de trouver des réponses aux questions pertinentes. Investisseur, analyste ou même lecteur curieux de mieux comprendre ce monde hermétique, toute personne qui désire se familiariser avec les hedge funds dispose, dans cette édition complète et à jour, d'une référence de qualité irréprochable en la matière.

Il est aujourd'hui malaisé d'estimer avec précision la gratitude que devrait exprimer la communauté professionnelle des hedge funds en face d'un ouvrage qui les démythifie, non pour leur seul bénéfice, mais pour celui de la communauté. En toute hypothèse, la valeur ajoutée d'un tel document est immense. Pourquoi ? Parce que la finance, et en particulier ses mécanismes les plus complexes, ne peut exprimer pleinement la noblesse de la fonction économique qu'elle remplit que si elle va de pair avec sa compréhension, voire sa maîtrise par ceux qui l'emploient. Nous sommes encore loin de dispenser des cours de finance à l'école, mais nous devons y tendre, tant il est vrai que nous sommes tous concernés par les produits et services financiers. Le présent ouvrage représente un milestone important dans cette direction. Merci de nous l'avoir mis en mains.

Georges HÜBNER
*Professeur 'Deloitte' de Gestion Financière,*
*HEC-Management School de l'Université de Liège*
*Associate Professor of Finance, Maastricht University*
*Chief Scientific Officer, Gambit Financial Solutions*
*Professeur Affilié, EDHEC*

# Remarque préliminaire

Tout au long de l'ouvrage nous utiliserons le terme anglais hedge fund plutôt que sa traduction française « fonds de couverture » ou « fonds spéculatifs », car l'expression anglaise est le terme original qui est généralement utilisé dans la littérature spécialisée, qu'elle soit anglophone ou francophone. Il en est de même pour les noms des stratégies d'investissement alternatives. Même si lors de l'analyse de chaque stratégie individuelle nous traduisons les termes anglais afin de les expliciter, nous utilisons le terme anglais original dans tout le livre afin d'éviter toute ambiguïté.

# Introduction

Lorsque nous avons publié la première édition du présent ouvrage, nous l'avons commencé par la phrase suivante : « *Aujourd'hui, les hedge funds font partie intégrante de l'univers d'investissement de plus en plus d'investisseurs, qu'ils soient institutionnels ou privés. Et il ne se passe pas une semaine sans que l'on retrouve ce terme dans la presse financière, que ce soit pour introduire le concept, expliciter une ou plusieurs de leurs caractéristiques, définir une stratégie, analyser la législation en vigueur dans un ou plusieurs pays, décrire la faillite d'un fonds ou parler de leur performance* ». La situation s'est clairement consolidée depuis 2004 et l'industrie est entretemps devenue une industrie complète avec ses règles de fonctionnement, ses événements, ses leaders, etc. Les marchés porteurs de 2003 à 2006 et la sophistication croissante des produits financiers disponibles ont permis à l'industrie de continuer à se développer et à de nouvelles stratégies d'émerger ou de se consolider. La crise de liquidité qui a touché l'ensemble des marchés et les hedge funds a freiné la croissance, mais les performances de 2009 indiquent que la situation s'est stabilisée et que les meilleurs ont pu rapidement se repositionner et revenir au niveau du *high watermark* en moins d'un an.

À l'origine, l'intérêt porté à ces fonds quasiment méconnus jusqu'au début des années 90 vient des performances impressionnantes des fonds de Soros, Steinhart ou Robertson au cours des années 70 et 80 qui ont été relatées dans quelques journaux financiers comme *Fortune* ou le *Wall Street Journal*. Suite à cela, de plus en plus d'investisseurs potentiels ont commencé à s'intéresser à ces hedge funds. Ensuite est arrivée la débâcle du fonds géré par *Long Term Capital Management* en 1998. Depuis lors, les hedge funds ressortent fréquemment dans la presse, soit à cause de leur stratégie d'investissement spécifique (par exemple le positionnement *short subprime* de certains fonds), soit à cause d'une fraude (par exemple Madoff), d'un problème de liquidité ou d'un levier important.

Le secret médiatique qui entourait ce type de fonds dans le passé peut s'expliquer de plusieurs façons. La première est qu'il existait peu de hedge funds comparativement à d'autres types de produits d'investissement. Ce n'est que depuis le début des années 90 que le nombre de hedge funds a augmenté significativement. Ensuite, les hedge funds prennent historiquement la forme de société privée afin de bénéficier d'une grande liberté dans leur gestion. La structure de fonds privés leur interdit de faire de la publicité pour ce type de fonds [1]. Finalement, dans la plupart des juridictions, il existe des contraintes non seulement en ce qui concerne le type d'investisseurs acceptés dans le fonds, mais également un investissement minimum conséquent (100 000 dollars à 1 000 000 de dollars).

Plus récemment, les hedge funds ont connu un regain d'intérêt car après des années de croissance soutenue, l'ensemble des marchés mondiaux ont connu une chute quasiment ininterrompue entre avril 2000 et décembre 2002. Suite à cela, de nombreux investisseurs ont recherché d'autres sources d'investissement et, parallèlement à cela, la presse professionnelle et académique s'est intéressée de façon croissante aux hedge funds qui ont globalement bien passé ces années difficiles, en insistant sur leurs avantages. Contrairement aux fonds communs, la performance des hedge funds se mesure par définition en termes absolus, et non en termes relatifs par rapport à un indice, si bien que leur objectif est de réaliser des bénéfices quelle que soit l'évolution du marché. Diverses études académiques ont soutenu que les hedge funds réalisent des rendements supérieurs à ceux des marchés classiques, principalement en période de crise, de sorte que ce type de fonds s'est très fortement développé pendant cette période d'incertitude financière continue et dans les années qui ont suivi.

Le monde académique a commencé à s'intéresser aux hedge funds en 1997 et les premières études importantes sur le sujet ont été publiées à cette époque. Les pionneers sont William Fung et David Hsieh (1997) avec leur article intitulé *Empirical Characteristics of Dynamic Trading Strategies : The Case of hedge funds* et Brown, Goetzmann et Ibbotson (1997) avec *Offshore Hedge Funds : Survival and Performance 1989-1995*. Les premiers ont prouvé que les stratégies suivies par les hedge funds sont fondamentalement différentes de celles appliquées par les fonds communs de placement. Les seconds ont conclu que la majorité des gérants de hedge funds ne sont pas à même de surperformer les indices classiques.

Aujourd'hui, la littérature sur le sujet est conséquente et plusieurs journaux académiques dont le *Journal of Alternative Investments* et le *Quarterly Hedge Fund Journal* se sont spécialisés dans le domaine. La majorité des études n'ont cependant été possibles que grâce à la création de com-

1. En juillet 1995, Barron a publié une liste de statistiques individuelles de différents fonds issus de la base de données *Managed Account Reports*, un des principaux fournisseurs de données relatives aux hedge funds. L'organe responsable de la supervision la *Securities and Exchange Commision* a, après enquête, prévenu que toute publication future contenant ce type d'informations pourrait entraîner la réglementation des fonds concernés. Au cours des dernières années, les règles en matière de publicité ont été clarifiées, si bien qu'aujourd'hui la majorité des fonds connaissent les contraintes à respecter dans la divulgation d'informations.

pagnies spécialisées dans la collecte d'informations sur les hedge funds. Ces sociétés ont commencé à récolter des données à partir de 1993 ou 1994, leur objectif initial étant de récolter des renseignements sur les fonds afin d'aider les investisseurs potentiels dans leurs choix d'investissement.

Cet ouvrage est organisé comme suit. Dans le premier chapitre, *Qu'est-ce qu'un hedge fund*, nous introduisons et définissons le concept de hedge fund. Ensuite, nous décrivons l'évolution de l'industrie dans l'espace et dans le temps avant de présenter les grands noms de l'industrie qui ont fait sa renommée dans les années 80 et 90 ainsi que les nouveaux noms. Nous terminons ce premier chapitre avec les perspectives futures de l'industrie accompagnée d'une discussion sur son développement attendu. Ce chapitre a pour objectif de familiariser le lecteur avec le concept de hedge fund afin d'entrer plus dans les détails et les spécificités propres aux hedge funds dans les chapitres suivants. Le deuxième chapitre, *Les caractéristiques des hedge funds*, décrit les caractéristiques propres à l'industrie des hedge funds en commençant par une présentation de la classification des fonds en catégories, stratégies et sous-stratégies d'investissement, suivie de la présentation du processus de constitution d'un hedge fund et l'analyse de la structure type d'un hedge fund. La quatrième section du chapitre porte sur les risques liés aux hedge funds, puis nous déterminons à qui s'adressent ces fonds avant d'analyser les contraintes spécifiques aux fonds alternatifs et le système de commissions. Nous définissons ensuite des termes spécifiques avant de faire un tour d'horizon de l'industrie, d'analyser son rapprochement avec les autres composantes de l'industrie alternative puis de rapporter les atouts et les faiblesses des hedge funds. Nous comparons ensuite le système de fonds à un compte géré en direct pour un client, présentons succinctement la réplication des stratégies alternatives avant de nous attarder plus longuement sur les nouvelles structures disponibles pour gagner une exposition aux hedge funds. Nous introduisons finalement le concept d'assurance contre la fraude. Ce deuxième chapitre permet au lecteur de cerner les différences qui peuvent exister entre divers fonds, tous repris sous le vocable de hedge funds.

Le chapitre 3, *Les stratégies d'investissement*, va plus loin dans l'analyse car il étudie les stratégies d'investissement appliquées par les gérants de hedge funds. Chaque stratégie d'investissement citée est détaillée et illustrée par des exemples réels et récents. Nous présentons également les avantages et les inconvénients de chaque stratégie avant d'analyser et de rapporter la performance historique. Ce chapitre constitue la colonne vertébrale du présent ouvrage.

Dans le chapitre 4, *La performance des hedge funds au cours du temps*, nous analysons globalement la performance des hedge funds, résumons le point de vue académique ainsi que ses spécificités de l'industrie en termes de corrélation. Il complète l'analyse de performance historique réalisée pour chaque stratégie dans le chapitre 3.

Le chapitre 5, *Le cadre réglementaire des hedge funds*, présente succinctement la législation à respecter afin de constituer un hedge fund et de le vendre dans les principaux marchés *onshore*. Nous décrivons en détails la législation américaine qui fut pionnière et qui servit d'exemple dans de nombreux autres pays par la suite. Nous insistons sur les principales règles d'application dans les pays analysés. Nous étudions les États-Unis, les principaux marchés européens et les juridictions *offshore*. Le chapitre 6, *Les hedge funds, Long Term Capital Management et les crises récentes,* porte sur les deux catégories d'événements durant lesquels les hedge funds sont au premier plan. La première section décrit ce qui s'est passé en 1998 lorsque le fonds *Long Term Capital Fund* géré par *Long Term Capital Management* a failli faire tomber Wall Street suite à d'énormes problèmes de liquidité. Comment cela s'est-il déroulé ? Qui gérait ce fonds ? Quelle stratégie les gérants poursuivaient-ils ? Et pourquoi les principales contreparties de Wall Street ont-elles décidé d'injecter des millions de dollars dans ce fonds et du sauver ? Ce sont certaines des questions que nous posons et auxquelles nous tentons de répondre. La deuxième section porte sur le rôle des hedge funds dans les principales crises financières des années 1990. Il est en effet souvent soutenu que les hedge funds jouent un rôle prédominant dans les diverses crises financières. Nous tenterons de déterminer si ces accusations sont fondées ou non. Nous analysons la crise des taux de change de 1992, la turbulence du marché obligataire de 1994 et la crise mexicaine de 1994-95. Nous nous attardons sur l'impact des hedge funds dans la crise asiatique de 1997-98 et terminerons par la crise des *subprimes* débutée en 2007 et la crise de liquidité qui a suivi. Ce chapitre permet de remettre les hedge funds en perspective dans un contexte historique.

Le dernier chapitre, *Hedge funds versus fonds classiques,* compare l'évolution des hedge funds et des fonds communs classiques dans le temps et dans l'espace. Une comparaison des contraintes législatives permet au lecteur de se faire une idée sur une des principales différences entre les hedge funds et les fonds classiques. Nous procédons à une comparaison en termes de rendement et de risque.

Au terme de l'ouvrage, nous définissons les principaux termes utiles tout au long de sa lecture dans un glossaire et nous rapportons les résultats d'une étude qui porte sur les sites internet spécialisés dans la divulgation d'informations relatives aux hedge funds.

# Chapitre 1

# Qu'est-ce qu'un hedge fund ?

Ce premier chapitre vise à définir les hedge funds de manière large. Nous tentons de reprendre les quelques éléments communs à tous les hedge funds qui font que ces produits d'investissement se groupent dans ce que nous appelons l'industrie des hedge funds. Le chapitre 2 nous permettra de reprendre l'ensemble des caractéristiques spécifiques à ces hedge funds avant d'individualiser chaque entité dans la présentation des stratégies dans le chapitre 3. La première section donne une définition générale des hedge funds. La deuxième section décrit la naissance de ces produits d'investissement et leur développement au cours du temps. La troisième section s'intéresse au développement géographique des hedge funds. La quatrième section présente les grands noms de l'industrie qui ont fait la renommée des hedge funds et ceux qui se distinguent aujourd'hui. Nous terminons ce chapitre par une description des perspectives futures de l'industrie et nous présentons une théorie sur l'état de maturité de l'industrie et ses possibilités d'évolution.

## 1. Définition générale des hedge funds

Dans le champ sémantique financier, le verbe *to hedge* signifie se couvrir, répartir les risques. Pourtant, contrairement à ce que l'on pourrait penser, les hedge funds n'ont pas tous l'objectif de neutraliser une ou plusieurs sources de risque. Aujourd'hui, ce terme englobe une variété de fonds utilisant des stratégies de gestion non traditionnelles. Il n'existe aucune définition légale de ces fonds, mais chaque auteur ou contrepartie propose sa propre définition qui va de la plus générale à la plus précise. Il existe donc de nombreuses et différentes définitions des hedge funds. Nous en reprenons quelques-unes ci-après.

Selon l'*Alternative Investment Management Association* (AIMA), l'association du monde de l'investissement alternatif, il est très difficile de définir un hedge fund et ils préféreraient définir le hedge fund comme tout sauf les autres produits d'investissement connus et définissables. Ils reprennent cependant la définition suivante dans leur *Roadmap to Hedge Funds* de 2008 : « un hedge fund est un programme d'investissement dans lequel les gérants ou partenaires cherchent à offrir une performance absolue en profitant des opportunités d'investissement tout en protégeant l'investissement original des pertes financières potentielles ». [1] Cette définition est plus large que celle que l'association avait publiée et 2002 : « Un hedge fund est un fonds qui a un objectif de performance absolue. L'approche utilisée pour atteindre cet objectif absolu comprend généralement un investissement dans les mêmes actifs que les gérants traditionnels mais sur la base de stratégies différentes. Le terme hedge est généralement associé à la pratique qui consiste à couvrir une position avec un investissement dans une position opposée, dans le but d'annuler le risque de marché inclus dans la décision d'investissement originale ». [2]

La *Hedge Fund Association* (HFA), une association professionnelle qui regroupe divers intervenants de l'industrie comme des gérants, des fournisseurs de services spécialisés et des investisseurs, définit les hedge funds comme suit : « la plupart, mais pas toutes les stratégies de hedge funds, tendent à se protéger contre les baisses de marchés. Les hedge funds sont flexibles dans leurs options d'investissement (ils peuvent utiliser la vente à découvert, le levier, les produits dérivés comme des options d'achat et de vente, des contrats à terme, etc.). Ils pondèrent de façon importante le poids de la performance dans la rémunération des gérants, et ainsi attirent les meilleurs cerveaux du monde de l'investissement ». [3]

D'autres intervenants de l'industrie des hedge funds ont également chacun une définition propre de ces fonds. Le fournisseur de données relatives aux hedge funds *Center for International Securities and Derivatives Market* (CISDM) définit le hedge fund comme suit : « Le terme hedge fund regroupe un certain nombre de stratégies d'investissement qui offrent des opportunités de risque et de rendement que l'on ne trouve généralement pas dans des investissements traditionnels en actions et en obligations. En général, les hedge funds sont des entités d'investissement privées peu réglementées qui gèrent les actifs de leurs clients par l'utilisation de stratégies d'investissement qui sont peu réglementées, qui utilisent le levier et qui perçoivent souvent une commission de performance, et qui utilisent les marchés de cash, les marchés de futures et des options au bénéfice de leurs investisseurs » [4].

*Hedge Fund Research, Inc.* (HFR), un autre fournisseur de données spécialisé dans l'investissement alternatif, reprend dans son univers de hedge funds : « une structure qui est généralement une association privée d'inves-

1. AIMA (2008).
2. *Source* : AIMA et ASSIRT (2002, p. 6).
3. *Source* : www.thehfa.com.
4. CISDM Research Department (2006).

tissement ou un fonds extraterritorial. Cette structure perçoit une commission à la performance qui récompense le gérant par un pourcentage des profits que le fonds gagne. Des exemptions d'enregistrement limitent le nombre de participants qui doivent être des investisseurs accrédités ou des investisseurs institutionnels. Tous les hedge funds ne sont pas semblables ; les gérants se spécialisent généralement dans une des nombreuses stratégies d'investissement alternatives qui opèrent à travers la structure d'un hedge fund ». [1]

Sur la base de ces définitions et de notre expérience, nous rapportons ci-après une définition générale, en accord avec le plus grand nombre :

> *« Un hedge fund est une association privée d'investissement utilisant un large éventail d'instruments financiers classiques et des techniques spécifiques comme la vente à découvert d'actions, les produits dérivés, le levier ou l'arbitrage, et ceci sur différents marchés. Généralement, les gérants de ces fonds y investissent une partie de leurs ressources et sont rémunérés suivant leur performance. Ces fonds exigent souvent des investissements minimums élevés et leur accès est limité. Ils s'adressent particulièrement à une clientèle fortunée, qu'elle soit privée ou institutionnelle ».*

Dans cette définition on retrouve de nombreuses spécificités à l'industrie des hedge funds même si elles peuvent ne pas se confirmer dans le cas de fonds individuels. Remarquons que cette définition a une caractéristique commune à la définition de fonds communs. Elle ne fournit aucun renseignement sur la stratégie d'investissement mise en place par l'équipe de gestion. La situation est semblable pour les fonds d'investissement classiques. Le terme fonds d'investissement ne renseigne pas l'investisseur sur le fait que le fonds soit investi en actions, en obligations ou en produits dérivés et si le fonds est investi de façon globale ou uniquement dans certaines régions du monde. Comme nous le verrons dans la section relative à l'origine des hedge funds, il n'en était pas ainsi à la naissance de l'industrie. Nous avons choisi de rapporter plusieurs définitions avant de nous attarder sur celle qui nous semble la plus complète car cela permet au lecteur d'avoir une vue globale.

Chaque terme de cette définition a son importance. Attardons-nous sur les éléments importants de cette définition, même si nous les détaillerons individuellement au cours de l'ouvrage.

Les hedge funds prennent généralement une forme privée. Historiquement, la forme juridique privée vient du fait qu'aux États-Unis, les hedge funds doivent depuis toujours limiter la publicité, le nombre et le type d'investisseurs afin de bénéficier d'une liberté importante dans leur gestion. Dans les autres pays du monde qui permettent la création de hedge funds, les règles sont souvent du même ordre, si bien que nous soutenons que les hedge funds prennent une forme privée. Le terme généralement

1. *Source* : Nicholas (1999, p. 24).

vient du fait que les contraintes évoluent avec le cadre réglementaire et certaines stratégies les plus classiques du type long/short ou *market neutral* peuvent aujourd'hui être proposées à plus grande échelle au niveau européen. La structure privée des hedge funds les différencie fortement des fonds d'investissement classiques qui sont publiquement disponibles.

Ensuite, ils utilisent habituellement des instruments financiers classiques tels que les actions, obligations diverses mais également des techniques d'investissement spécifiques comme la vente à découvert d'actions [1], des produits dérivés tels des options, des *futures*, des *swaps*, des warrants et des obligations convertibles. Cette partie de la définition donne une idée de la liberté dont peuvent jouir les gérants de hedge funds. Cela ne signifie pas que chaque gérant de hedge funds utilise l'ensemble de ces produits, mais que dans l'industrie, de nombreux gérants en utiliseront certains. Il peut leur arriver d'investir dans des produits plus sophistiqués comme des *swaptions* ou des options exotiques. Suivant la stratégie d'investissement, ils utilisent plus ou moins fortement l'effet de levier financier. [2]

Une autre caractéristique reprise dans la définition est que les gérants de hedge funds sont principalement rémunérés à la performance et qu'ils ont une partie de leurs avoirs dans le fonds, ce qui constitue une implication accrue dans leur travail. En effet, les gérants sont toujours plus attentifs à la performance lorsqu'ils ont leur propre argent investi dans le fonds et lorsque leurs rentrées financières sont directement dépendantes de la performance du fonds qu'ils gèrent. La présence d'une commission de gestion qui oscille entre 1 % et 2 % tempère quelque peu l'effet de la commission de performance.

La dernière phrase de la définition souligne que les hedge funds s'adressent particulièrement à une clientèle fortunée, privée ou institutionnelle. Cette phrase trouve son origine dans le fait que, dans la plupart des pays, les investissements dans les hedge funds individuels sont limités à des investisseurs qui répondent à des critères stricts et qui disposent de rentrées ou d'une base financière importante. Cette contrainte est compréhensible étant donné que les hedge funds mettent généralement en œuvre des stratégies d'investissement sophistiquées et que la plupart d'entre eux utilisent des produits dérivés complexes. Cette limite vise à protéger les investisseurs. Les investissements dans les fonds de fonds sont cependant souvent plus libres de par l'idée sous-jacente de diversification du risque.

L'ensemble des caractéristiques décrites ci-dessous seront spécifiques au cas par cas et elles individualiseront chaque fonds. Nous pouvons cependant regrouper les fonds par stratégie d'investissement. [3] En termes de stratégie d'investissement, le monde des hedge funds est très varié et les différences entre les stratégies (voire même au sein des stratégies) sont souvent considérables. Les stratégies se définissent par le type d'instru-

1. Nous décrivons le fonctionnement d'une vente à découvert dans le chapitre 2, section 8.
2. Nous définissons l'effet de levier dans le chapitre 2, section 9.
3. Nous définissons les stratégies d'investissement alternatives dans le chapitre 3.

ments utilisés et les marchés sur lesquels les fonds sont actifs. Elles ont des profils de risque et des objectifs de rendement variables suivant les marchés couverts, le levier et les instruments utilisés. L'univers des stratégies disponibles est aujourd'hui très important, mais certaines stratégies ont eu leur période de gloire. Pour les fonds *macro* c'était au cours des années 80 et 90. Les fonds *long/short equity* se sont distingués entre 2000 et 2002 et, depuis 2005, les fonds *event-driven* attirent les faveurs de nombreux investisseurs.

Nous reviendrons plus en détail sur les différentes stratégies lors du troisième chapitre, mais l'idée sous-jacente principale à retenir est celle de liberté. Les gérants de hedge funds, de par la structure privée qu'ils prennent, cherchent à jouir de la liberté maximale dans la mise en place de leur stratégie d'investissement.

Notons encore que, dans la littérature, le terme *offshore hedge funds* qui littéralement signifie les hedge funds étrangers ou extraterritoriaux apparaît régulièrement. Ces structures que nous présentons dans la section 7 du chapitre 5 ont de nombreux avantages. Elles permettent entre autres aux citoyens américains non taxés (fonds de pension par exemple) d'investir dans des hedge funds sans être sujets à des taxes et elles permettent aux investisseurs européens, asiatiques ou autres d'accéder aux gérants de hedge funds américains sans être taxés.

## 2. Les hedge funds au fil du temps

Les hedge funds existent depuis plus de soixante ans. Il n'est pas aisé de déterminer qui a créé ce qu'on a appelé par la suite le premier hedge fund et quand cela s'est fait, mais on l'attribue généralement à Alfred Winslow Jones.

Dans la première partie de la section, nous décrivons l'origine des hedge funds et analysons les raisons sous-jacentes à cette création. Dans la deuxième partie de la section, nous étudions l'évolution des hedge funds dans le temps depuis leur origine jusqu'à aujourd'hui. Nous rapportons finalement la répartition de l'industrie par stratégie d'investissement.

### *2.1. L'origine des hedge funds*

Le premier hedge fund fut constitué aux États-Unis en 1949 par le sociologue et journaliste australien Alfred Winslow Jones, né en 1901. Il fut diplômé de Harvard en 1923, puis docteur en sociologie de l'université de Columbia. Il travailla pour le magazine *Fortune* jusqu'en 1946 avant de devenir journaliste indépendant. Il écrivait des articles sur un nombre diversifié de sujets non financiers. Ce n'est qu'en 1949, alors qu'il faisait des recherches sur des techniques d'approche des marchés financiers pour un article, qu'il fut mis en contact avec le monde de la finance qui le passionna. Il créa A.W. Jones et Co en 1949 avec quatre amis et 100 000 dollars en actifs (dont 40 000 dollars de Jones personnellement). Il mourut en juin 1989 à l'âge de 88 ans.

La nouveauté dans le fonds de Jones résidait dans le fait que ce fonds combinait pour la première fois trois instruments déjà disponibles : une société privée (sous la forme d'une *general partnership* qu'il convertit en *limited partnership* en 1952), la vente à découvert d'actifs et l'effet de levier. Jones mit en place un fonds structuré comme une société privée afin de bénéficier du maximum de flexibilité dans la construction de son portefeuille. Il prit des positions acheteuses et vendeuses de manière à rehausser le rendement et à diminuer le risque d'exposition sur le marché. Les trois principes de base de fonds de Jones étaient :

1. toujours utiliser l'effet de levier ;
2. avoir constamment des positions à découvert ;
3. donner 20 % de l'ensemble des profits aux gérants.

Nous retrouvons quelques-unes des principales caractéristiques reprises dans la définition du début de ce chapitre, à savoir une structure de fonds privé, une stratégie d'investissement particulière (avec la prise de positions à découvert) et l'instauration de commissions à la performance.

Selon Jones, il existait principalement deux sources distinctes de risque dans le cadre d'un investissement en actions : celui provenant du choix de titres individuels et celui provenant du risque de marché. Son objectif, en ayant un portefeuille d'actions vendues à découvert, était de se prémunir contre une chute du marché dans son ensemble. Il utilisa l'effet de levier afin d'augmenter le rendement des titres choisis individuellement. Ainsi, une fois le risque de marché couvert, il ne restait plus qu'à choisir les bons titres, c'est-à-dire à acheter des titres sous-évalués et à en vendre d'autres surévalués pour réaliser des bénéfices, quelle que soit l'évolution du marché dans son ensemble.

En réalité, selon les prévisions sur l'évolution future du marché, les gérants prenaient une position nette longue dans le cas où on s'attendait à une hausse du marché (on achète plus de titres qu'on n'en vend à découvert) ou une position nette courte lorsqu'on s'attendait à une baisse du marché (on vend plus de titres à découvert qu'on en achète).

Jones n'a jamais été un gérant de fonds, même s'il est l'initiateur du concept. Il n'a jamais sélectionné des actions, il était cadre de direction. Il fut l'initiateur du concept et engagea les personnes qui avaient les aptitudes à exécuter ses idées. Jones était simplement un excellent vendeur et organisateur qui savait comment lever des capitaux.

Notons également que, selon certains auteurs, ce serait Benjamin Graham le père de l'analyse de titres que Jones connut à l'université de Columbia lors de ses études, qui conçut la méthode et la formule de paiement des gérants à la performance.

Le terme hedge fund a été publié la première fois par Carol J. Loomis dans un article de 1966 paru dans la revue américaine *Fortune*.[1] Dans cet

1. C. Loomis, « The Jones Nobody Keeps Up With », *Fortune*, April 1966, p. 237-247.

article, Loomis compara la performance nette du fonds de Jones avec celle des fonds communs ayant obtenu la meilleure performance sur les cinq et dix dernières années. Les fonds communs les plus performants étaient respectivement le *Fidelity Trend Fund* et le *Dreyfus Fund*. La stratégie mise en place par Jones offrit une surperformance relative de 44 % sur le *Fidelity Trend Fund* et de 87 % sur le *Dreyfus Fund*. Dans cet article, Loomis utilisa le terme de *hedge fund*, car celui-ci caractérisait bien la stratégie d'investissement mise en place par Jones qui visait à limiter le risque de marché. C'est suite à cet article que sont réellement nés les hedge funds.

Le second article de Loomis sur le sujet [1] décrivit plus en détail la stratégie du fonds. Ce deuxième opus est toujours considéré comme un des articles de base de l'industrie. Ainsi, en 1970, un hedge fund était défini comme une société en commandite (*limited partnership*), structurée de manière à donner au partenaire général une part des profits engrangés avec, entre autres, son propre argent. Originellement, un hedge fund utilisait toujours le levier financier et prenait constamment des positions à découvert.

La méthode de distribution des profits était définie dans la structure des commissions de gestion du fonds. Dans le cas de Jones, le gérant recevait vingt pour cent des profits du portefeuille sans autre revenu, ce qui était un incitant à réaliser des rendements élevés. Le fonds de Jones n'a jamais perçu de commission de gestion, car il voulait que les gérants ne s'intéressent qu'à la performance pour éviter que ces derniers soient davantage intéressés par des augmentations des capitaux sous gestion que par la performance réelle du fonds. Pour l'anecdote, notons que le terme hedge fund provient de l'expression « *hedged fund* » ou « fonds couvert » en français, c'est-à-dire un fonds qui est couvert et protégé contre les aléas du marché par ses positions à cheval. Ce terme s'est transformé en hedge fund au fil du temps.

Au départ, Jones ne désirait nullement créer un produit difficile à comprendre, mais il espérait que cette stratégie de réduction de risque serait comprise, puis appliquée par une très grande partie des investisseurs et qu'elle deviendrait monnaie courante au fil du temps. Le problème a été que la presse financière a très longtemps boudé les hedge funds et que lorsqu'elle en parlait, c'était quasi exclusivement en leur faisant une mauvaise publicité et en utilisant des expressions chocs comme « Les fonds *Tiger* enregistrent une perte de 2,1 milliards de dollars en septembre ». La situation évolue, mais la crise financière et sa propagation à l'industrie de hedge funds ont fait ressurgir de vieux démons.

Jones débuta son fonds avec 100 000 dollars dont 40 % provenaient de ses avoirs propres. Pendant les vingt premières années de son existence, la stratégie de Jones fonctionna sans accroc. Le fonds réalisa des bénéfices, que le marché soit haussier ou baissier. Cependant, comme de nombreux autres hedge funds, il connut ses premières pertes à la fin des années 60 et

1. C. Loomis, « Hard Times Come to the Hedge Funds », *Fortune*, January 1970, p. 100-103 et p. 134-138.

au début des années 70 quand les marchés connurent de fortes baisses, ce qui prouva que la stratégie n'était pas infaillible. Selon le *New York Times*, le fonds réalisa des gains de près de 1 000 % dans les dix années qui précédèrent 1968. Il a été estimé que le fonds disposa de plus de 200 millions de dollars en gestion à la fin de cette période. Peu après, la situation se détériora et, fin 1970, la *Securities and Exchange Commission* estima que le fonds n'avait plus que 30 millions de dollars sous gestion. Les 170 millions de différence furent perdus suite à des erreurs de gestion et des sorties du fonds par des investisseurs mécontents. Le fonds survécut et fut transformé en fonds de hedge funds en 1984. Jones se retire ensuite pour se consacrer à d'autres activités et il mourut en 1989.

Il est important de souligner que, même si la définition des hedge funds telle qu'imaginée par Jones s'est élargie au fil du temps, les principales caractéristiques à la base de son fonds sont toujours appliquées aujourd'hui. On définit cependant plus les hedge funds par leur structure privée et par spécificités que par les marchés sur lesquels les fonds sont présents ou par les produits dans lesquels ils investissent, produits qui peuvent fortement varier d'un fonds à l'autre.

La définition s'est élargie car d'autres fonds ont commencé à appliquer la même stratégie dans d'autres secteurs comme les obligations convertibles ou les fusions et acquisitions. En outre, bon nombre d'entre eux ont eu recours aux produits dérivés. La communauté d'investissement les a également dénommés hedge funds, même s'ils ne se limitaient plus à utiliser le levier ; en effet, ils exploitaient des inefficiences du marché par l'utilisation des différentes techniques d'arbitrage sophistiquées.

De nos jours, de nombreuses et différentes stratégies sont reprises dans la famille des hedge funds, mais tous les fonds gardent les principales caractéristiques du fonds de Jones. Ils prennent une forme privée, ils lient les commissions de gestion à la performance et la plupart des gérants ont une partie de leurs avoirs investis dans le fonds.

Le premier fonds de hedge funds fut constitué suite au développement de l'industrie dans le courant des années 60. Plus précisément, ce fonds fut constitué en 1969. Étonnamment, celui-ci est un fonds d'origine européenne, domicilié dans les Antilles néerlandaises. Il s'appelle *Leveraged Capital Holdings* et il existe toujours.

## 2.2. La croissance de l'industrie de 1949 à nos jours

Le succès du premier hedge fund rapporté dans l'article de Carol Loomis de 1966 entraîna une augmentation du nombre de fonds à la fin des années 60. Une étude de la *Securities and Exchange Commission* identifia cent quarante fonds gérant quelque deux milliards de dollars fin 1968 [1], la majorité de ces fonds ayant été créés cette année-là. Cette explosion du nombre de fonds coïncida avec une croissance rapide du marché des

1. Securities and Exchange Commission (1969).

actions. Ceci entraîna que de nombreux gérants considérèrent que la vente à découvert était onéreuse, qu'elle demandait beaucoup de temps et qu'elle était difficile à mettre en œuvre afin de contribuer réellement à la performance globale du portefeuille. Bon nombre d'entre eux mirent dès lors en place des stratégies qui utilisèrent fortement le levier afin d'amplifier leurs positions longues en se contentant des ventes à découvert en place, c'est-à-dire sans suivre constamment leur évolution et sans les réajuster.

Les baisses successives de marchés en 1969 et 1970 affaiblirent fortement la nouvelle industrie. Une étude de la *Securities and Exchange Commission* de 1971 rapporta que les avoirs investis dans l'industrie avaient presque diminué de moitié et s'élevaient alors à peine à plus d'un milliard de dollars. Caldwell (1995) rapporte que les vingt-huit plus grands hedge funds repris dans l'étude de la *Securities and Exchange Commission* de 1969 perdirent 70 % de leurs actifs (suite aux baisses des marchés couplées avec des retraits de l'argent investi) et que cinq d'entre eux ont été fermés. Il souligne cependant que les fonds de plus petite taille ont peu souffert de ces baisses. Les baisses de marchés de 1973-74 entraînèrent une seconde contraction de l'industrie. Cette période de difficulté dans l'industrie n'est pas sans rappeler les problèmes survenus dans l'industrie en 2008 lorsqu'elle a été globalement touchée de plein fouet par la crise de liquidité.

Dans la décennie qui suivit 1974, des hedge funds ont continué à exercer leurs opérations dans une certaine obscurité jusqu'à ce que, tout comme ce fut le cas entre 1966 et 1968, l'intérêt croissant de la presse financière pour ce type de fonds les remette au premier rang de l'actualité. On estime qu'en 1977 l'ensemble des actifs sous gestion de l'industrie s'élevait à peine à 25 millions de dollars.

Le second cycle de développement de l'industrie débuta à la fin des années 80. Il se focalisa plus particulièrement sur les fonds *macro*, car les plus grands hedge funds au monde appliquaient alors tous cette stratégie. Comme nous le détaillerons dans le troisième chapitre, les fonds *macro* se différencient des stratégies d'investissement de hedge funds plus traditionnelles par le fait qu'ils ne s'intéressent pas à déterminer quelles actions ou obligations ils vont acheter, mais qu'ils prennent des positions quant à l'évolution future générale de mouvements économiques globaux dans les marchés d'actions, les monnaies et les taux d'intérêt. Depuis la fin des années 80, la croissance de l'industrie ne s'est cependant pas faite uniquement par ce type de fonds. Le pourcentage de fonds *macro* a diminué entre la fin des années 1980 où ces fonds représentaient cinquante pour cent de l'industrie et aujourd'hui où ils ne représentent plus que quelques pour cent de l'ensemble.

Au cours des années 90, le nombre de hedge funds a crû de façon beaucoup plus marquée. Alors que, selon *Van Hedge Fund Advisors International*, il en existait à peine plus de mille en 1988, leur nombre a été multiplié par treize en vingt ans, pour arriver à plus de treize mille aujourd'hui. Ce nombre ne reprend cependant pas uniquement les fonds individuels, mais également les fonds de fonds qui investissent principalement dans d'autres hedge funds.

Le graphique 1 rapporte l'évolution du nombre de hedge funds et des actifs gérés entre janvier 1988 et décembre 2009. Étant donné que, contrairement à l'industrie des fonds communs, aucune source officielle ne recense le nombre réel de hedge funds, les chiffres de ce graphique ne sont qu'une estimation de l'évolution du nombre de fonds basée sur diverses sources concordantes telles les sociétés spécialisées dans les données relatives aux hedge funds et d'autres reconnues pour leurs compétences dans le domaine. Ce graphique, même s'il est basé sur une estimation, doit être proche de la réalité.

**Graphique 1. –** *Évolution du nombre de hedge funds et des actifs sous gestion (1988-2009)*

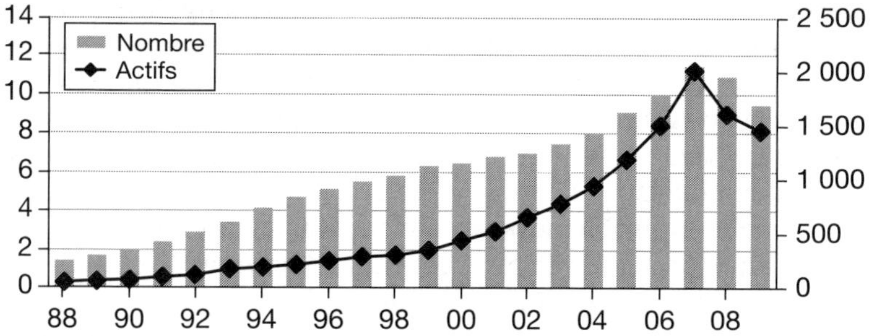


Nous estimons qu'il existe approximativement 9 500 fonds fin 2009 disposant d'un peu moins d'un trillion et demi sous gestion, ce qui donne approximativement 150 millions de dollars en moyenne. Comme quelques fonds disposent d'actifs très importants, la médiane retombe fortement, probablement autour de 50 à 75 millions de dollars (ou l'équivalent en euros). Dans le tableau 1, nous estimons la taille moyenne des hedge funds sur base de l'analyse de la taille des plus grands hedge funds. Nous estimons qu'il existe approximativement 10 fonds avec 20 milliards de dollars en actifs sous gestion, 25 avec en moyenne 10 milliards de dollars, 50 avec 5 milliards de dollars et 100 disposant, en moyenne, de 1 milliard de dollars. Ces grands fonds représentent ainsi approximativement 55 % de l'industrie. Les 9 315 autres hedge funds se répartissent les 650 milliards de dollars restants, ce qui donne en moyenne 70 millions de dollars (ou l'équivalent) par fonds avec, à ce niveau, à nouveau des différences importantes étant donné qu'il faut 100 fonds avec 5 millions de dollars sous gestion pour équilibrer un fonds avec 500 millions de dollars.

La croissance annuelle moyenne du nombre de fonds est conséquente à 10 % entre 1988 et 2009 et de 4,5 % au cours des dix dernières années. La croissance des actifs sous gestion est encore plus impressionnante à 19,4 % depuis 1989 et 16,2 % au cours des dix dernières années. Elle est également directement impactée par la performance globale de l'industrie et les années porteuses ont connu une croissance des actifs supérieurs à 25 ou 30 %, une bonne partie étant due à la performance des marchés.

**Tableau 1. –** *Répartition de l'industrie des hedge funds sur la base des actifs sous gestion*

| **Actifs en milliards de dollars** | **Nombre de fonds** | **Actifs de la tranche (milliards de dollars)** | **Pourcentage de l'industrie** |
|---|---|---|---|
| 20 | 10 | 200 | 14 % |
| 10 | 25 | 250 | 17 % |
| 5 | 50 | 250 | 17 % |
| 1 | 100 | 100 | 7 % |
| ND | 185 | 800 | 55 % |
| **Actifs en millions de dollars** | **Nombre de fonds** | **Actifs de la tranche (milliards de dollars)** | **Pourcentage de l'industrie** |
| 70 | 9 315 | 650 | 45 % |

Le nombre de fonds a augmenté de 750 % au cours des 20 années couvertes, le montant des actifs gérés est passé de 42 milliards de dollars à près de 1 450 milliards de dollars (avec une pointe supérieure à 2 000 milliards), soit une augmentation totale de plus de 3 350 %. Ce développement spectaculaire s'explique par plusieurs raisons :

1. **Les nouveaux marchés :** dans de nombreux pays, l'investissement direct dans des hedge funds est limité à des investisseurs fortunés (la définition de l'investisseur fortuné également appelé investisseur accrédité dépend du pays de résidence), l'émergence des fonds de hedge funds qui peuvent être proposés à tous types d'investisseurs et l'intérêt des investisseurs institutionnels à l'industrie des hedge funds entraînent une demande croissante pour ce type de produit et une augmentation rapide des actifs sous gestion.

2. **Nouvelle structure :** les hedge funds sont aujourd'hui offerts non seulement sous la forme de fonds d'investissement mais également sous d'autres formes telles que des produits structurés, des fonds fermés et cotés en bourse ou des produits à capital garanti qui amènent un nouveau marché pour les hedge funds.

3. **Sophistication des investisseurs :** les investisseurs sont de mieux en mieux formés et ils cherchent de plus en plus à investir dans des produits sur mesure qui répondent au mieux à leurs attentes. Les hedge funds, de par leurs spécificités et leur diversité, font partie de l'univers d'investissement d'un nombre croissant d'investisseurs.

4. **Le développement de la littérature :** la littérature relative aux hedge funds a explosé au cours des dernières années. Il ne se passe pas une semaine sans qu'un article relatif aux hedge funds ne soit publié dans des journaux financiers. C'est suite à un article de 1966 que l'industrie a réellement émergé et suite à des articles qui rapportaient les performances

exceptionnelles de certains fonds comme le fonds *Tiger* de Robertson ou le fonds *Quantum* de Soros au cours des années 90, que des actifs de l'industrie ont commencé à croître réellement. Cette littérature entraîne une publicité indirecte pour ce type de produits d'investissement.

5. **Décorrélation :** diverses études scientifiques et professionnelles soulignent l'habilité de nombreux gérants de hedge funds à offrir des rendements positifs tout en étant relativement faiblement corrélés avec les autres types d'actifs. Cet argument est souvent mis en avant et la forte croissance des actifs sous gestion durant les périodes d'incertitude comme 2001-2002 s'explique partiellement par cet argument. [1]

6. **La volatilité des marchés :** par le contrebalancement de positions longues et courtes, de nombreux hedge funds visent à limiter la volatilité des rendements au cours du temps. Cet argument a incité de plus en plus d'investisseurs à allouer une partie de leur portefeuille aux hedge funds dans un objectif de limiter la volatilité des rendements au cours du temps.

7. **Performance relative aux fonds communs classiques :** plusieurs articles scientifiques relayés dans la littérature professionnelle soulignent l'habilité des hedge funds à offrir une meilleure performance que les fonds communs à long terme, particulièrement en période de marché volatil, ce qui a entraîné un flux de capitaux des fonds classiques vers des fonds alternatifs [2].

8. **L'effet devise :** l'industrie historique étant américaine et investie en dollars américains, l'accroissement de l'intérêt des Européens pour les hedge funds et la création de nombreux fonds en euros avec une devise qui s'est fortement renforcée par rapport au dollar américain entraînent un effet d'accroissement des actifs totaux de l'industrie étant donné que le chiffre que nous rapportons est en dollars américains.

### 2.3. Répartition de l'industrie en stratégies d'investissement

Plusieurs spécificités doivent être signalées par rapport à la répartition de l'industrie en stratégies d'investissement. Premièrement, la répartition sera largement différente si on la considère sur la base du nombre de fonds ou sur la base des actifs sous gestion. En effet, certaines stratégies permettent de gérer des actifs sous gestion plus importants et certaines stratégies sont plus recherchées que d'autres, si bien que les actifs des principaux intervenants dans ces stratégies peuvent être très importants. Les cas extrêmes concernent surtout les fonds *macro* et les fonds *event driven*. La situation évolue relativement rapidement au sein des plus grands, mais les plus grandes sociétés de gestion alternative gèrent approximativement trente milliards de dollars. Les plus petits fonds ont à peine quelques millions sous gestion.

---

1. Nous analysons la corrélation entre les hedge funds et les produits d'investissement classiques dans le chapitre 4, section 5.
2. Nous analysons la littérature scientifique relative aux hedge funds dans le chapitre 4, section 3.

Le graphique 2 reprend la répartition de l'industrie des hedge funds par stratégie.[1] Nous reprenons tout d'abord les stratégies de type *event driven* (*event driven, distressed securities* et *risk arbitrage*), ensuite les stratégies *macro* et *CTA*, puis les stratégies action (*long/short equity*, *equity market neutral* et assimilés et *equity non hedge*). Les stratégies souvent intermédiaires entre actions et/ou produits de taux suivent (*emerging market* et *sector*). Les stratégies *fixed income* et assimilées et les fonds *convertible arbitrage* complètent le tout.

En 2009, la stratégie *long/short equity* reste la plus représentée car elle est la plus simple à implémenter et parce que de nombreux gérants de hedge funds sont issus du monde de la gestion traditionnelle et ils restent souvent des spécialistes actions. Les stratégies *event driven* puis *equity market neutral* et les fonds spécialisés dans les stratégies de *fixed income* et en marchés émergents sont également fortement représentées.

**Graphique 2.** – *Répartition de l'industrie des hedge funds par stratégie d'investissement (à partir du nombre de fonds)*

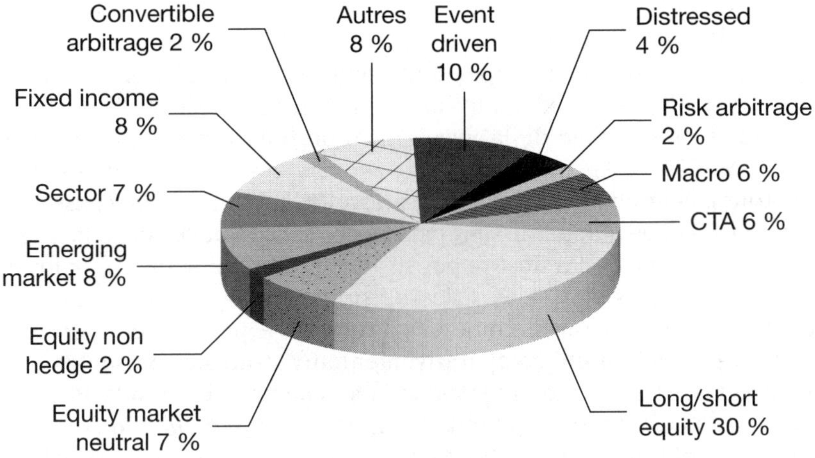


Le graphique 3 rapporte la même information sur la base des actifs sous gestion. Dans ce cadre, les stratégies qui comprennent un ou plusieurs très grands fonds sont surreprésentées. Il s'agit principalement des stratégies *event driven* (10 % à 16 %), *distressed securities* (4 % à 7 %), *macro* (6 % à 10 %). D'un autre côté, celles qui comptent un grand nombre de petits fonds et qui par conséquent représentent une plus petite partie de l'industrie sur la base des actifs sous gestion sont les stratégies *long/short equity* (de 30 % à 20 %), *emerging market* (8 % à 6 %), *sector* (7 % à 6 %), *fixed income* (8 % à 7 %) et *convertible arbitrage* (1,5 % à 1 %).

1. Nous renvoyons au chapitre 3 pour une définition de chacune de ces stratégies d'investissement.

**Graphique 3. –** *Répartition de l'industrie des hedge funds par stratégie d'investissement (à partir des actifs sous gestion)*

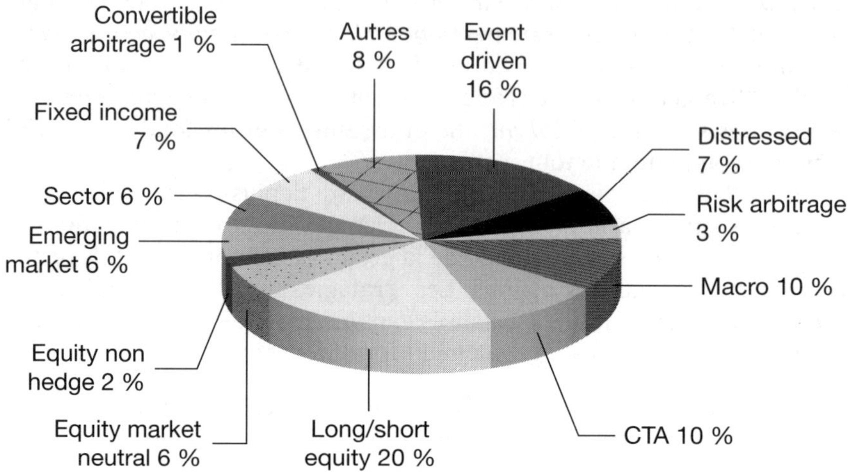


Les fonds n'appliquent cependant pas toujours une stratégie unique. Parfois ils l'adaptent aux conditions de marché et ils s'inscrivent dans la stratégie la plus proche de la leur, sans toutefois correspondre parfaitement.[1]

Notons également l'émergence de nouvelles stratégies d'investissement qui, même si elles n'apparaissent pas encore telles quelles dans le graphique de répartition de l'industrie par stratégie d'investissement, sont reprises dans les autres stratégies. Elles ne sont pas toujours définies par la plupart des intervenants comme des stratégies à part entière parce que leur nombre reste limité comparativement aux stratégies présentes historiquement. Ces stratégies regroupent par exemple les fonds PIPE, les fonds *asset based lending*, les fonds pratiquant le *closed-end fund arbitrage*, les fonds appliquant des stratégies d'*electricity trading*, les fonds climatiques, les fonds investissant dans du vin ou d'autres matières premières en direct ou encore les stratégies investies en MLP. Nous illustrons ces développements dans le graphique 4 en reprenant les principales stratégies classiques de hedge funds au centre du cercle principal et les nouvelles qui s'approchent de l'industrie des hedge funds.

1. À titre d'exemple, considérons un fonds *convertible arbitrage* qui décide de se diversifier vers le crédit ou de prendre un positionnement long/short equity quand le marché du convertible est difficile.

**Graphique 4. –** *Élargissement de l'univers des stratégies des hedge funds*

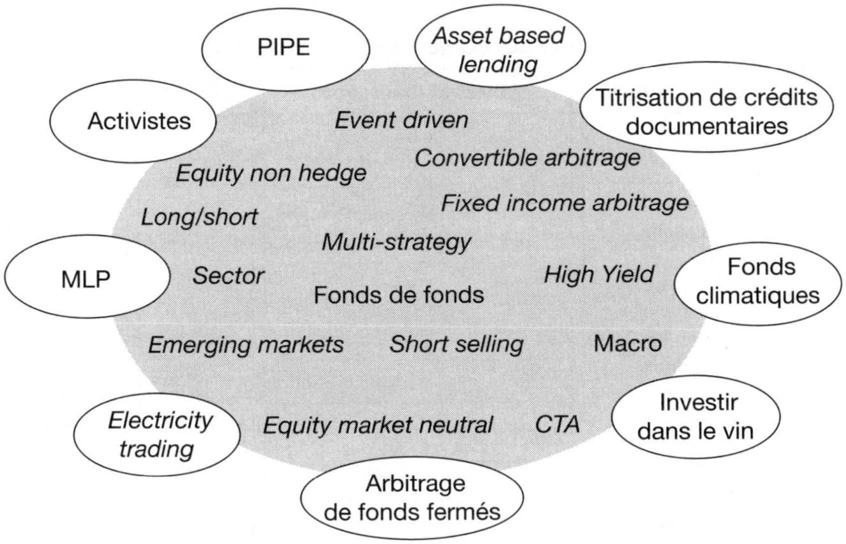


## 3. Les hedge funds dans le monde

Il existe aujourd'hui un peu moins de 10 000 hedge funds dans le monde. Il y en a dans la plupart des pays et de nouvelles lois ou réglementations sont rédigées régulièrement partout dans le monde afin de permettre (ou de faciliter selon les cas) la création ou la commercialisation de hedge funds à toutes ou uniquement à certaines catégories de leur population. Certains pays adaptent leur législation aux fonds individuels, alors que d'autres ne permettent l'investissement dans les hedge funds que par l'intermédiaire de fonds de fonds.[1]

Nous rapportons dans le tableau 2 l'ensemble des pays dans lesquels il existe des hedge funds ou dans lesquels les hedge funds étrangers peuvent être vendus (souvent sous réserve de restrictions plus ou moins contraignantes). Vu l'évolution constante des règles et le caractère privé des fonds, il est difficile d'être certain d'avoir répertorié l'ensemble des pays concernés, si bien que cette liste n'est pas exhaustive.

1. Nous renvoyons au chapitre 6 : Le cadre réglementaire des hedge funds pour plus d'informations à ce sujet.

**Tableau 2. –** *Pays dans lesquels des hedge funds peuvent être créés et/ou vendus (liste non exhaustive)*

<table>
<tr><th colspan="6">Présence des hedge funds dans le monde</th></tr>
<tr><th colspan="2">Marchés développés</th><th colspan="2">Marchés émergents</th><th colspan="2">Territoires offshore</th></tr>
<tr><td>Amérique du Nord</td><td>Canada<br>États-Unis</td><td rowspan="2">Asie</td><td rowspan="2">Chine<br>Corée du Sud<br>Hong Kong<br>Malaisie<br>Thaïlande</td><td rowspan="7">Offshore</td><td rowspan="7">Antilles néerlandaises<br>Bahamas<br>Bermudes<br>Curaçao<br>Guernesey<br>Île du Man<br>Îles Caymans<br>Îles Channel<br>Indes britanniques de l'Ouest<br>Turks et Caicos<br>Etc.</td></tr>
<tr><td rowspan="5">Europe</td><td rowspan="5">Allemagne<br>Autriche<br>Belgique<br>Espagne<br>France<br>Grande-Bretagne<br>Irlande<br>Italie<br>Luxembourg<br>Malte<br>Monaco<br>Norvège<br>Pays-Bas<br>Suisse<br>Suède</td></tr>
<tr><td>Europe de l'Est</td><td>Russie<br>Pologne<br>Rép. Tchèque</td></tr>
<tr><td>Afrique</td><td>Afrique du Sud</td></tr>
<tr><td>Amérique du Sud</td><td>Brésil<br>Argentine<br>Colombie</td></tr>
<tr><td rowspan="2">Moyen Orient</td><td rowspan="2">Dubaï</td></tr>
<tr><td>Asie/ Pacifique</td><td>Australie<br>Japon<br>Singapour</td></tr>
</table>

Des hedge funds sont présents dans la plupart des pays du vieux continent et en Amérique du Nord. Il existe également des hedge funds dans les marchés développés d'Asie/Pacifique (Australie, Japon et Singapour) ainsi que dans l'Asie émergente avec une proportion relativement importante du nombre de hedge funds présents à Hong Kong. En Europe de l'Est, la Russie, la Pologne et la République Tchèque restent des exceptions. L'Afrique reste un cas à part car les marchés de capitaux y sont très peu développés. L'Afrique du Sud reste la seule exception à notre connaissance à avoir un cadre légal et où il existait plus de 50 hedge funds et quelques fonds de fonds gérant plus d'un milliard de dollars en 2004. [1] Ce nombre a dû croître de façon importante depuis. L'Amérique du Sud a connu une croissance relativement rapide du nombre de fonds, le Brésil étant le fer de lance du continent avec un marché des actions particulièrement porteur au cours des dernières années. Au Moyen-Orient, le développement récent et rapide de Dubaï et une législation favorable ont entraîné l'arrivée des hedge funds. Ensuite, il reste les juridictions *offshore*. Nous en citons certaines, mais la liste est longue.

1. Voir Fiford (2004).

Nous insistons sur le fait que nous reprenons les pays dans lesquels des fonds peuvent être vendus ou domiciliés, ce qui est différent de la région d'investissement de ces derniers. Certains fonds investissent principalement, voire exclusivement dans certaines régions du globe. Ce n'est pas pour autant qu'ils sont domiciliés dans ces régions. Un fonds peut investir exclusivement dans les pays émergents tout en étant domicilié aux États-Unis, en Europe, dans n'importe quelle juridiction extraterritoriale.

Le graphique 5 rapporte la répartition géographique des hedge funds dans le monde. Selon nos estimations, approximativement 42 % de l'industrie des hedge funds se situent dans les places *offshore*. Les États-Unis suivent avec 33 % de l'industrie. L'Europe arrive ensuite avec 13 %, puis l'Asie/Pacifique 9 % ou le Japon et l'Australie restent prédominants et finalement l'Amérique latine, l'Europe de l'Est et quelques fonds en Afrique et en Europe de l'Est. Les fonds *offshore* sont généralement gérés par des sociétés de gestion basées en Europe ou aux États-Unis et ils permettent aux investisseurs finaux d'éviter d'être taxés. Cela vaut tant pour les investisseurs européens que pour les investisseurs américains non taxés tels que les fonds de pension.

**Graphique 5. –** *Répartition géographique des domiciles de hedge funds dans le monde sur base du nombre de fonds*

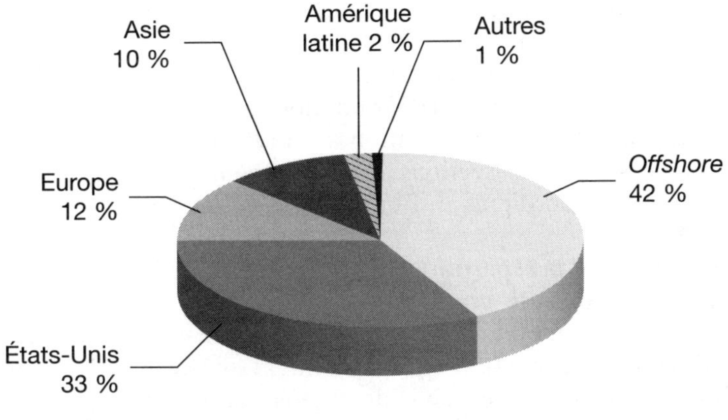


Le graphique 6 rapporte la même information basée sur la répartition des actifs sous gestion. La concentration est logiquement plus forte dans les principaux marchés où des fonds existent depuis plus longtemps, à savoir les fonds *offshore* et les fonds américains. L'*offshore* prend une place relativement plus élevée car les fonds *offshore* disposent en général d'une base d'actifs plus importante que les fonds américains étant donné qu'ils ont un plus grand nombre d'investisseurs et parce que la plupart des investisseurs institutionnels américains qui sont exemptés d'impôts investissent dans les hedge funds par l'intermédiaire des fonds *offshore*.

**Graphique 6. –** *Répartition géographique du domicile des hedge funds dans le monde à partir des actifs sous gestion*

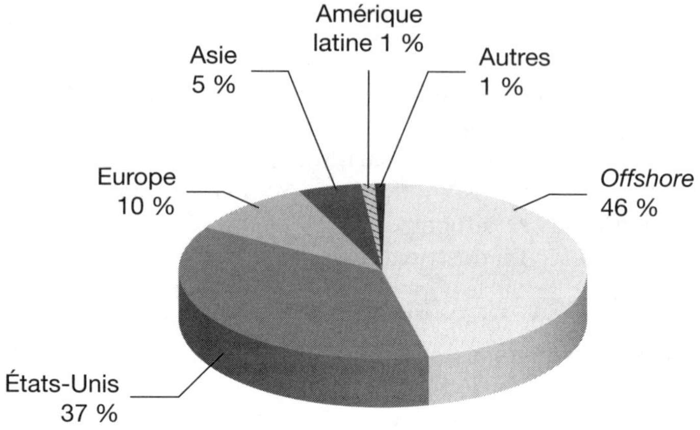


Comme nous l'avons souligné dans la section relative à l'évolution des hedge funds dans le temps, le premier hedge fund a été constitué aux États-Unis en 1949. Ensuite, lorsque l'industrie s'est développée, les partenaires ont, dans la majorité des cas, créé des fonds américains pour les investisseurs américains et leur penchant *offshore* afin de vendre le produit aux autres investisseurs potentiellement intéressés. Jusqu'il y a une dizaine années, il n'existait que très peu de fonds domiciliés hors des États-Unis ou des juridictions offshore. La situation a rapidement évolué. Nous consacrons les prochaines sous-sections au développement des hedge funds aux États-Unis tout d'abord puis en Europe, en Asie, en Amérique latine et en Europe de l'Est.

Nous rapportons la répartition des hedge funds sur la base de leur zone d'investissement dans le graphique 7. L'Amérique du Nord, le marché le plus liquide au monde, représente le marché principal avec 40 % des fonds qui se concentrent principalement sur ce marché. Les fonds diversifiés arrivent ensuite, suivis des fonds européens, des fonds asiatiques et des autres marchés émergents où la moindre liquidité limite les opportunités.

Les sociétés de gestion des hedge funds étaient originellement exclusivement implantées dans les grands centres financiers comme New York ou Londres. Aujourd'hui, la situation a quelque peu changé, même si ces centres restent primordiaux. Le graphique 8 reprend la répartition de la localisation des sociétés qui gèrent des hedge funds.

**Graphique 7.** – *Répartition géographique des hedge funds dans le monde sur la base de la zone d'investissement*

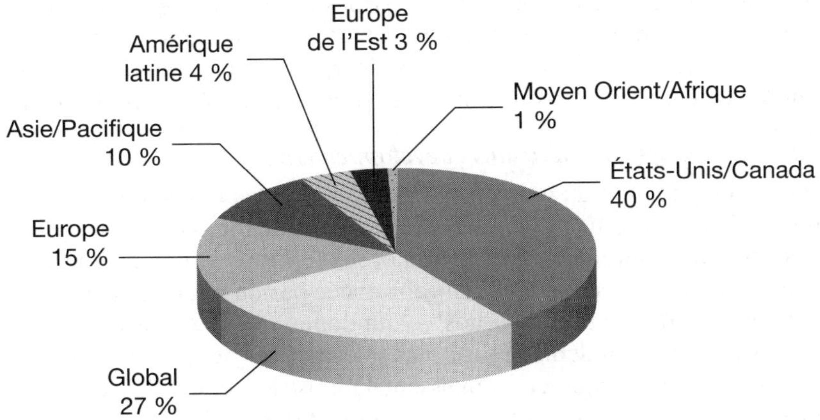


**Graphique 8.** – *Répartition géographique des sociétés de gestion qui gèrent des hedge funds*

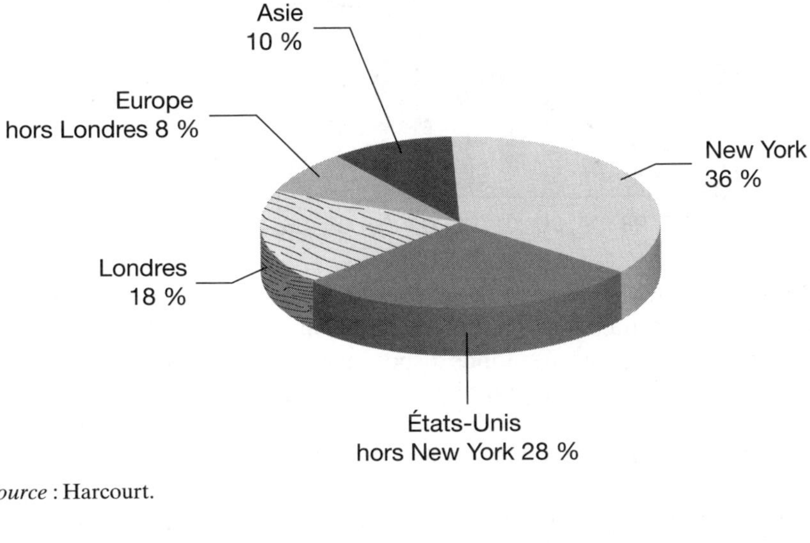


*Source* : Harcourt.

### *3.1. Les hedge funds aux États-Unis et au Canada*

Jusqu'à ce que les marchés européens et asiatiques commencent à se développer à partir de la seconde moitié des années 90, l'industrie des hedge funds se limitait quasi-exclusivement aux hedge funds américains et à leur penchant *offshore*. Ceci signifie que l'analyse que nous avons faite pour le développement des fonds dans le passé plus ancien vaut exclusivement pour les fonds américains et extraterritoriaux qui étaient les seuls fonds existants. Le marché américain des hedge funds est le plus important de l'industrie des hedge funds, tant en nombre de fonds qu'en termes d'actifs sous gestion. Un tiers des hedge funds mondiaux sont américains. La croissance de ce marché est toujours présente mais à un rythme moindre que dans le passé et que dans de nombreux autres marchés que nous analysons dans des sections ultérieures.

### *3.1.1. Hedge funds américains : développement*

Le développement du marché américain des hedge funds se fait de façon paradoxale. Alors qu'un pourcentage raisonnable de fonds est présent depuis plusieurs années sur le marché, de nombreux fonds se créent chaque année. Cette croissance est cependant contrebalancée par un pourcentage relativement élevé de dissolution de fonds, ce qui donne une croissance globale de l'industrie limitée. La demande est plus sélective, car de nombreux investisseurs sont expérimentés et connaissent l'industrie depuis de nombreuses années. Depuis 2008 on distingue un tassement des actifs sous gestion et du nombre de fonds. Cela s'explique naturellement par la crise financière.

**Graphique 9. –** *Développement des hedge funds américains*

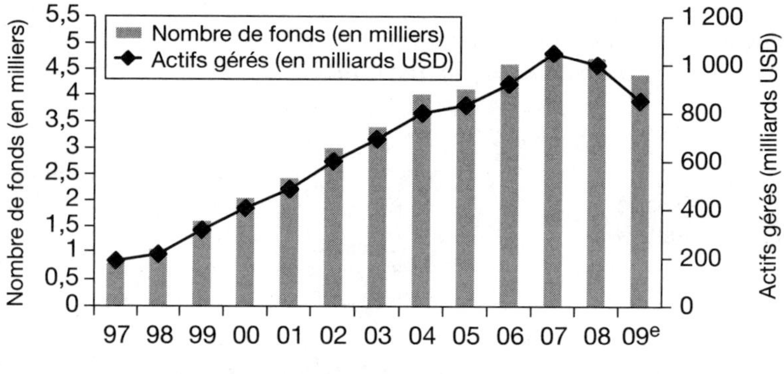


Le taux d'attrition[1] élevé dans l'industrie, combiné avec une base de fonds existants depuis des années entraînent un biais de petite taille au sein de l'industrie. La plupart des fonds disposent d'une base d'actif relativement faible. Comme l'indique le graphique 10, 40 % des hedge funds américains (en nombre) ont moins de 20 millions de dollars sous gestion et 50 % des fonds disposent de moins de 50 millions de dollars. Ce montant constitue en général ce qu'on appelle le point d'inflexion, c'est-à-dire le montant qui permet au gérant moyen de l'industrie de rentrer dans ses frais. Au total, 70 % des hedge funds disposeraient de moins de 100 millions de dollars sous gestion. Le pendant de ces chiffres est que seulement 10 % des hedge funds américains disposeraient de plus de 500 millions de dollars et moins de 5 % de plus d'un milliard de dollars, ce qui reste marginal en nombre de fonds.

1. Nous définissons le taux d'attrition comme le ratio de fonds dissous sur le nombre global de fonds existants.

**Graphique 10.** – *Répartition des actifs des hedge funds américains*

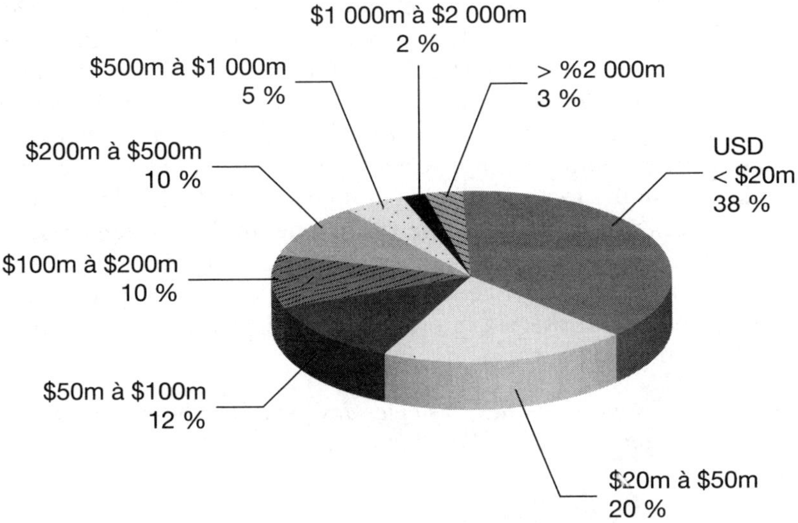


*Source* : Capocci (2008).

La taille moyenne des fonds a cependant continué à croître au cours des dernières années. Alors qu'elle se situait entre 50 millions et 100 millions de dollars en 2000, elle se situe aujourd'hui entre 150 et 200 millions. Comme nous le mentionnions cependant, au cours des cinq dernières années, la plus grande croissance en nombre de fonds se situe dans la catégorie de fonds de moins de 50 millions. Ceci est illustré dans le graphique 11. Ce graphique reprend le nombre de fonds dans chaque catégorie durant les étés 2002 et 2007. Même si dans quasiment chaque catégorie le nombre de fonds a augmenté, les chiffres les plus importants se situent sur la gauche du graphique, pour des montants sous gestion inférieurs à 50 millions de dollars.

**Graphique 11.** – *Évolution du nombre de fonds par actifs sous gestion*

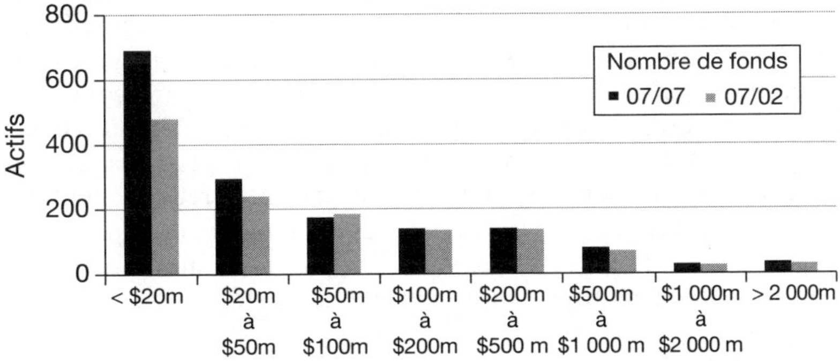


*Source* : Capocci (2008).

### *3.1.2. Hedge funds américains : stratégie d'investissement*

Les stratégies d'investissement [1] peuvent être regroupées en trois catégories d'investissement : les fonds purement directionnels, les fonds purement non directionnels et les stratégies intermédiaires. Les premières visent à bénéficier de larges mouvements de marché. Les stratégies non-directionnelles également appelées neutres par rapport au marché regroupent l'ensemble des stratégies d'investissement faiblement corrélées avec les marchés classiques (actions ou obligations). Les stratégies d'investissement regroupées dans cette catégorie visent à neutraliser certains risques du marché en prenant simultanément des positions longues et courtes sur des titres qui ont ou qui devraient voir leurs prix évoluer en parallèle au cours du temps. Les stratégies intermédiaires ne peuvent être aisément classées dans l'une ou l'autre catégorie.

**Graphique 12.** – *Répartition des stratégies des hedge funds américains par catégorie d'investissement*

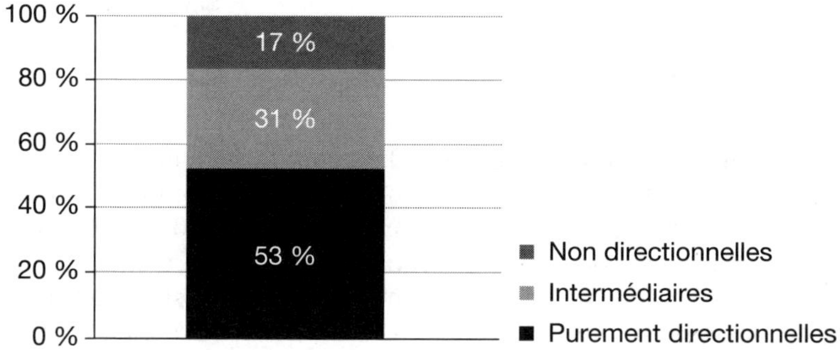


*Source* : Capocci (2008).

En termes de répartition par catégorie d'investissement, le graphique 10 indique que la majorité des hedge funds américains appliquent des stratégies purement directionnelles (type *long/short equities, macro, CTA, fixed income* directionnelles) alors qu'à peine 17 % des fonds se définissent comme purement non directionnels (*relative value* et *arbitrage*), le reste se situant dans des stratégies qui, selon les cas, pourront être directionnelles ou non (*event driven* ou *distressed securities* par exemple). Le graphique 13 qui reprend la répartition par stratégie sur la base des actifs confirme que la stratégie *long/short equities* reste la stratégie prépondérante, suivie par les fonds *event driven* fortement développés aux États-Unis. Les autres stratégies se répartissent les 60 % restants de façon relativement homogène avec une prépondérance des stratégies combinées du type des multi-stratégies, des fonds *macro* et des stratégies purement non-directionnelles tel l'arbitrage. Ces chiffres confirment que la stratégie macro, prépondé-

1. Nous analysons chacune de ces stratégies dans le chapitre 3.

rante dans les années 90, est bel et bien devenue relativement marginale, que de nombreux fonds *convertible arbitrage* ont décidé de se diversifier après les difficultés que ces marchés ont connu en 2003 et 2004 et que les stratégies de type *event driven* et *distressed securities* se portent bien.

**Graphique 13.** – *Répartition des hedge funds américains par stratégie d'investissement sur la base des actifs sous gestion*

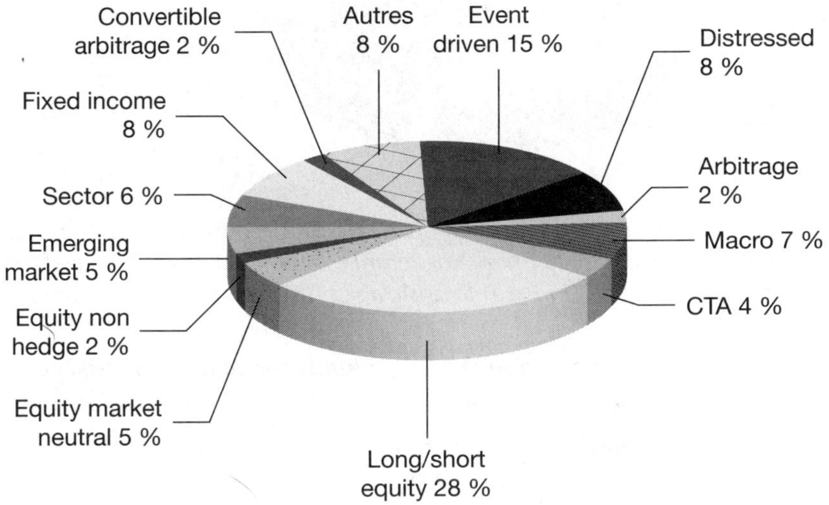


*Source* : adapté de Capocci (2008).

### *3.1.3. Mandat des hedge funds américains*

Tout fonds peut investir n'importe où dans le monde, indépendamment de son lieu d'établissement. Il existe cependant une tendance majoritaire dans l'industrie des fonds : de nombreux gérants basent leur équipe de gestion dans la zone géographique dans laquelle ils investissent. En termes de mandat géographique, les fonds américains restent majoritairement concentrés sur leur propre marché (45 % des fonds) même si la grande majorité (48 %) se réserve la possibilité d'investir globalement. Seulement 7 % des fonds domiciliés aux États-Unis investissent exclusivement en dehors du pays. Ce chiffre en croissance reste encore marginal.

### *3.1.4. Le cas du Canada*

En 1999, le marché canadien des hedge funds comptait moins de 50 fonds disposant d'approximativement 2,5 milliards de dollars américains en actifs sous gestion. En juin 2004, l'industrie disposait de plus de 20 milliards et de 190 fonds, dont 55 % de fonds individuels. En 2009, l'industrie locale regroupait plus de 350 fonds disposant de plus de 50 milliards de dollars américains sous gestion.

**Graphique 14.** – *Répartition des investissements des hedge funds américains*

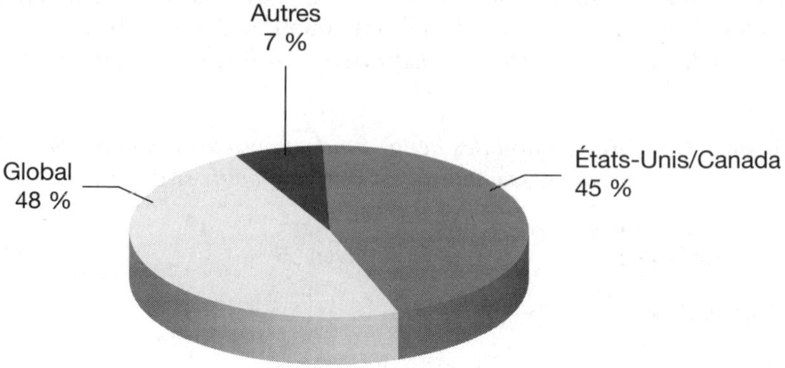


La répartition de l'industrie par stratégie d'investissement indique une prépondérance des fonds *long/short equity*, suivis par les *CTA*, les fonds *event driven*, les fonds *convertible arbitrage* puis les fonds *market neutral.*

**Graphique 15.** – *La répartition des hedge funds canadiens par stratégie d'investissement*

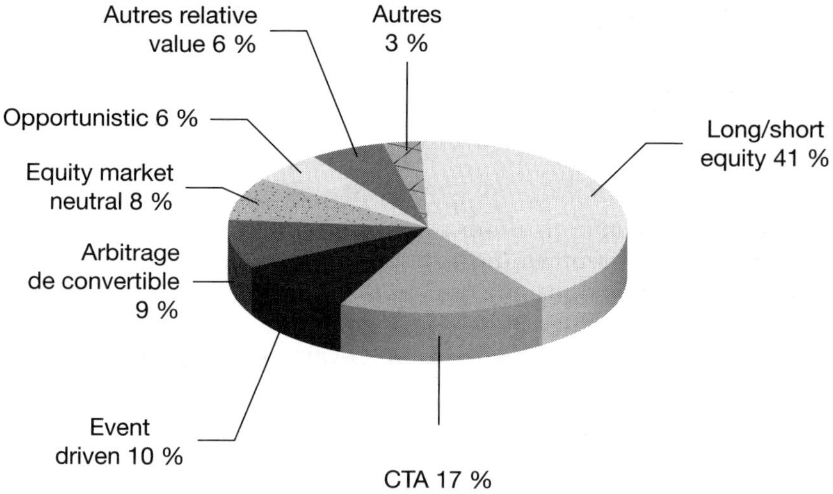


*Source* : AIMA Canada.

### *3.2. Les hedge funds en Europe*

Le marché européen des hedge funds est en croissance rapide depuis plusieurs années et les nombreux changements réglementaires devraient soutenir cette croissance. Cette section vise à analyser le développement du marché européen, la répartition des fonds par stratégie, la domiciliation des hedge funds en Europe et les spécificités de l'industrie européenne des hedge funds.

### *3.2.1. Développement*

L'industrie européenne des hedge funds a connu une croissance fulgurante au cours des dernières années. Les institutions financières désireuses de réaliser des bénéfices malgré les incertitudes des marchés et les faibles rendements des marchés obligataires se sont tournées vers les investissements alternatifs et les hedge funds en particulier. Le retard de l'Europe dans le développement des hedge funds a commencé à se résorber. Alors qu'il y a une dizaine d'années à peine, les hedge funds investis en Europe disposaient de moins d'un milliard de dollars d'actifs sous gestion, ils gèrent aujourd'hui 200 milliards de dollars. Les hedge funds européens sont devenus une partie importante de l'industrie des hedge funds et tout investisseur sérieux aura des investissements dans des fonds investis en Europe comme source de diversification d'un portefeuille américain classique.

### *3.2.2. Hedge funds européens : développement*

Le marché européen des hedge funds se développe rapidement depuis la fin des années 90. Le graphique 16 reprend le développement des hedge funds européens sur les dix dernières années. Les chiffres rapportés indiquent que le taux de croissance de l'industrie en nombre de fonds et en termes d'actifs sous gestion ont été soutenus jusqu'à 2008. Depuis lors, les actifs ont été impactés par la baisse des marchés et de nombreux fonds ont fermé.

**Graphique 16.** – *Développement des hedge funds européens*

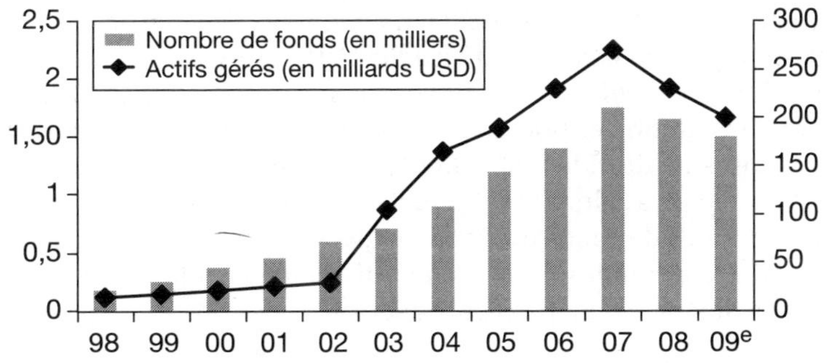


*Source* : adapté de Capocci (2008).

Le marché européen des fonds alternatifs demeure petit comparativement au marché des hedge funds américains qui reste trois fois plus important. D'un autre côté, de nombreux investisseurs institutionnels ne sont pas encore ou peu présents dans l'industrie, si bien que le potentiel de croissance du marché européen est important.

Il existe aujourd'hui une demande stable pour de nouveaux produits d'investissement de la part des investisseurs. Les hedge funds qui recherchent généralement à fournir une performance absolue c'est-à-dire positive ou supérieure à un indice, quelles que soient les conditions de marché ont un objectif qui se rapproche de plus en plus de celui des investisseurs, particulièrement dans des conditions de marché difficiles. Les marchés baissiers qui ont suivi l'explosion de la bulle technologique après avril 2000 ne sont certainement pas étrangers à l'explosion du nombre de hedge funds dans les années qui ont suivi.

Un des principaux problèmes relatif au marché européen des hedge funds est qu'il existe de fortes différences de mentalité d'un pays à l'autre. Les banques allemandes proposent largement des fonds de hedge funds qui plaisent beaucoup aux investisseurs allemands historiquement investis majoritairement en obligations. En France et en Belgique, le marché est plus ouvert à des produits garantis ou à des produits ayant la structure d'assurances. En Italie, une certaine publicité est tolérée à condition que les fonds soient enregistrés en Italie et qu'ils utilisent un courtier local. En Grande-Bretagne, les règles sont également strictes en ce qui concerne la vente de fonds au marché local. Ceci entraîne que même si l'industrie se développe de plus en plus, cela ne se passe pas de la même manière dans l'ensemble des pays concernés.

Remarquons encore que, contrairement au cas américain, les investisseurs de hedge funds européens peuvent être classés en deux catégories. Il y a les investisseurs individuels ou institutionnels fortunés, désireux de se tourner vers des stratégies d'investissement plus complexes et plus libres que les produits classiques et qui entrent généralement directement dans un fonds privé. Dans cette catégorie, nous reprenons exactement les mêmes investisseurs que ceux qui existent aux États-Unis. La seconde catégorie comprend un autre type d'investisseurs que nous ne saurions pas rencontrer aux États-Unis par contrainte légale. Cette catégorie d'investisseurs se compose d'un ensemble de personnes qui utilisent les hedge funds principalement dans un objectif de diversification de leur portefeuille. En effet, de nombreuses institutions bancaires proposent à leurs clients d'investir une partie de leurs avoirs dans des hedge funds (généralement par l'intermédiaire de fonds de fonds ou des produits structurés) à des fins de diversification. Les contraintes pour les investissements en fonds de fonds sont faibles dans de nombreux pays européens.

### *3.2.3. Les stratégies d'investissement des hedge funds européens*

La répartition des hedge funds européens en catégorie d'investissement montre une situation proche de celle obtenue aux États-Unis avec approximativement 33 % de fonds long/short equities. Cet élément indique une certaine maturité de l'industrie européenne des hedge funds qui se rapproche de son homologue américaine, alors qu'il y a quelques années encore, la stratégie long/short représentait près de 2/3 des stratégies appliquées par les hedge funds européens.

**Graphique 17.** – *Répartition des stratégies appliquées par les hedge funds européens en catégorie d'investissement*

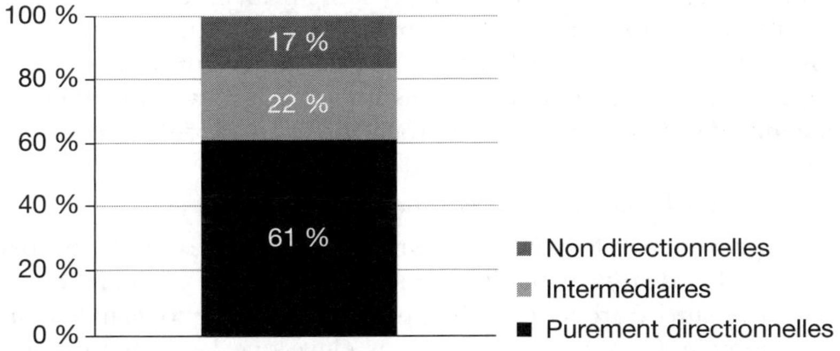


*Source* : Adapté de Capocci (2008).

Plus précisément, tout comme aux États-Unis, la répartition entre fonds purement directionnels, intermédiaires et non directionnels indique une prépondérance des premiers (voir le graphique 17), ce qui se comprend aisément après des marchés financiers porteurs depuis quelques années. Le graphique 16 indique que la stratégie *event driven* est à nouveau très importante.

**Graphique 18.** – *Répartition des hedge funds européens par stratégie d'investissement à partir des actifs sous gestion*

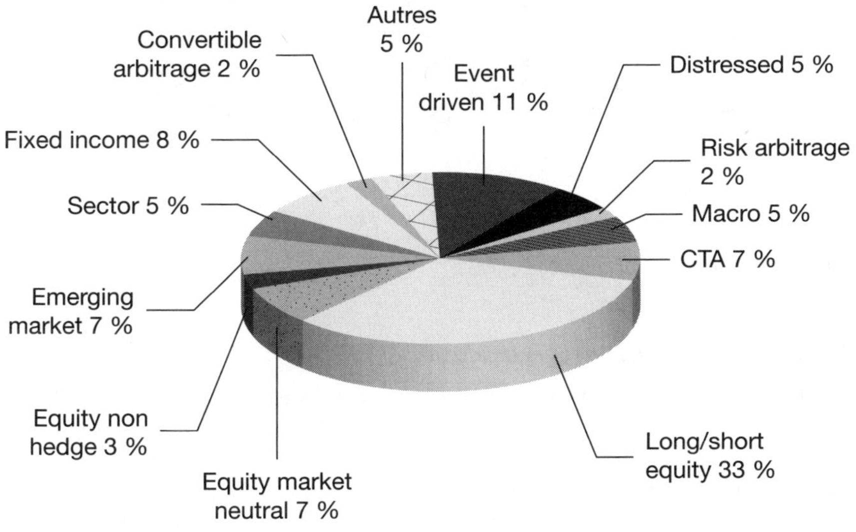


*Source* : Adapté de Capocci (2008).

Une comparaison de nos chiffres avec ceux rapportés par Capocci (2006) confirme cet élément de diversification des stratégies appliquées par les gérants européens de hedge funds. Alors qu'à la mi-2004, plus de 50 % des fonds appliquaient une stratégie de type *long/short equities* et que la stratégie *fixed income arbitrage* connaissait la croissance la plus importante, ces deux stratégies ne représentent plus qu'une quarantaine de pour cent aujourd'hui et la croissance s'est concentrée dans d'autres stratégies d'investissement. Ceci constitue une preuve que l'industrie européenne des hedge funds se rapproche de sa phase de maturité.

### *3.2.4. Mandat des hedge funds européens*

Alors que, tout comme aux États-Unis, la majorité des fonds européens se laissent la liberté d'investir globalement, uniquement un quart des fonds se concentre sur l'Europe. Le solde, près de 20 %, se concentre dans le reste du monde. Ceci est beaucoup plus élevé que les 7 % relevés aux États-Unis. Le graphique 19 illustre ces éléments.

**Graphique 19.** – *Zone d'investissement des hedge funds européens*

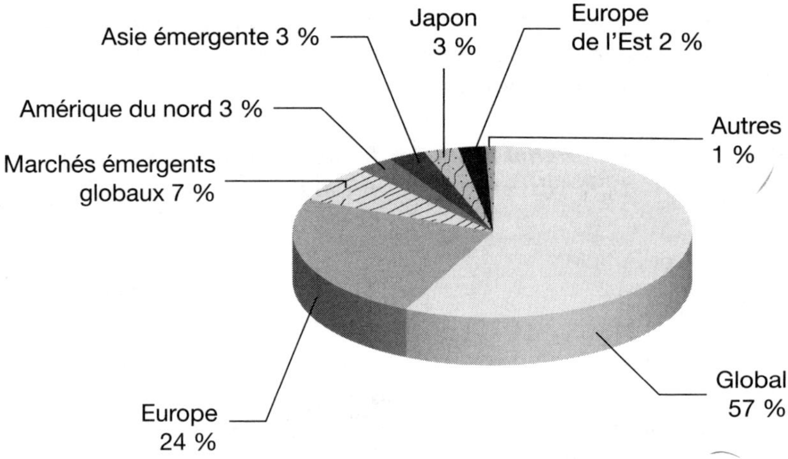


*Source* : Capocci (2008).

### *3.2.5. Hedge funds européens : localisation*

En ce qui concerne la localisation géographique des gérants de hedge funds européens, Londres reste le premier choix de nombreux gérants avec plus de trois quarts des gérants de fonds domiciliés en Grande-Bretagne (sur la base des actifs sous gestion et un peu moins de 65 % sur la base du nombre de fonds). Il en est ainsi à cause de l'*investment manager exemption*. Cette règle permet aux non-résidents d'engager des gestionnaires d'actifs anglais sans courir le risque de se faire taxer en Angleterre. Les nouvelles réglementations qui émergent de part et d'autre changent cependant la donne et il est probable que les chiffres évolueront dans les années à venir.

**Graphique 20.** – *Domiciliation des gérants de hedge funds européens*

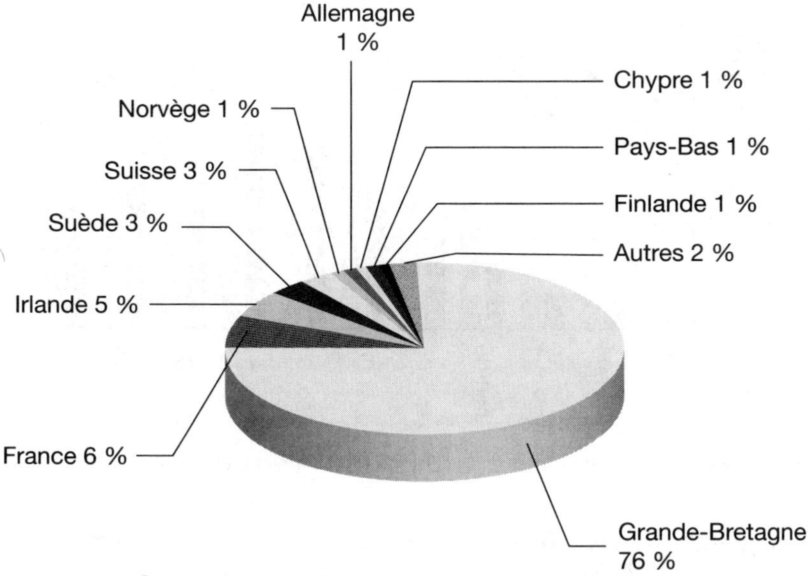


*Source* : Capocci (2008).

Afin d'illustrer notre propos, nous rapportons l'évolution des actifs sous gestion de hedge funds et des fonds de hedge funds domiciliés et administrés au Luxembourg depuis fin 2003 dans le graphique 21. Il y a plus de 34 milliards d'actifs sous gestion dans des fonds qui sont domiciliés et administrés à partir du Luxembourg et 48 milliards dans les fonds de hedge funds. Les montants administrés et gérés ont fortement baissé entre juin et décembre 2007 suite à la volatilité des marchés et à la crise de liquidité qui a directement impacté l'industrie des hedge funds.

Le graphique 22 rapporte la même information en nombre de fonds et de fonds de hedge funds. Les chiffres indiquent une croissance légère en nombre de fonds de hedge funds mais une croissance marquée en termes de fonds individuels surtout depuis la création des *SIFs*.

L'Italie et Malte ont également vu le nombre de fonds croître significativement depuis quelques années. La *Malta Financial Service Authority* indiquait en 2008 que plus de 200 hedge funds étaient domiciliés sur son territoire. En Italie, 242 fonds avec plus de 34 milliards d'euros étaient recensés début 2008 par MondoHedge.[1]

1. *Source :* Zodda (2008).

**Graphique 21.** – *Évolution des actifs sous gestion des hedge funds domiciliés et administrés au Luxembourg*

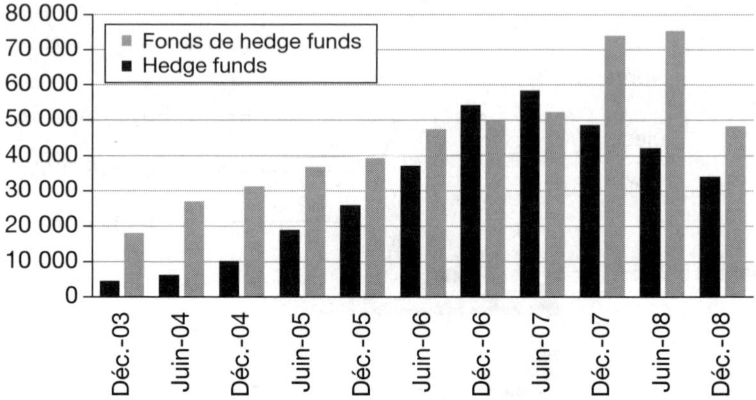


*Source* : Association Luxembourgeoise des Fonds d'Investissement (ALFI).

**Graphique 22.** – *Évolution du nombre de hedge funds et de fonds de hedge funds domiciliés et administrés au Luxembourg*

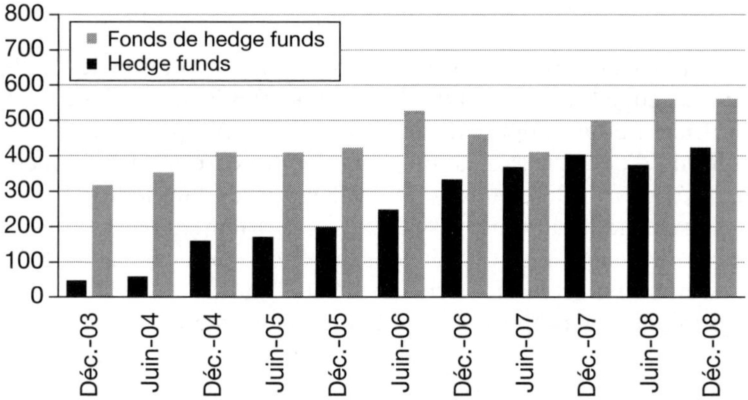


*Source* : Association Luxembourgeoise des Fonds d'Investissement (ALFI).

### *3.2.6. Caractéristiques de l'industrie*

L'industrie européenne des hedge funds se différencie de son homologue américain en divers points. La première grande différence est une question de taille des fonds. En effet, en moyenne, les hedge funds européens sont de plus petite taille que leurs homologues d'outre-Atlantique. En Europe, la taille moyenne des fonds tend à être moindre qu'aux États-Unis. Les deux marchés ont cependant le même souci, à savoir que plus d'un tiers des hedge funds dans chacun des marchés disposent de moins de 25 millions de dollars d'actifs sous gestion, alors qu'on considère généralement que 25 millions de dollars représentent une taille critique à atteindre pour pouvoir gérer un fonds de façon viable, même si une petite taille permet au gérant de se concentrer sur les meilleures opportunités afin de réaliser la performance.

Une trop petite taille entraîne plusieurs risques. Tout d'abord, le gérant peut être confronté à un manque de liquidité, ce qui peut l'empêcher de diversifier suffisamment son portefeuille. Ensuite, étant donné que l'ensemble de l'équipe de gestion est rémunéré sur la base des commissions, un fonds de petite taille risque d'éprouver des difficultés à garder les meilleurs gérants qui préféreront se tourner vers des fonds de plus grande taille capables de mieux les rémunérer. Finalement, la clientèle des fonds de plus petites tailles est souvent concentrée. Quelques clients représentent une grande partie de leur capital. Ils sont alors exposés au risque de rachat d'un de ces clients principaux, ce qui rendrait leur gestion encore plus difficile et accentuerait les autres problèmes liés à la taille. Ceci suggère également que la compétition entre gérants fait rage, que certaines personnes ont peut-être choisi de se lancer dans un domaine qu'elles ne maîtrisaient pas et qu'elles n'ont pas été à même de répondre à leurs espérances ou à celles de leurs investisseurs.

Les hedge funds européens ferment généralement leurs fonds aux nouveaux investissements plus rapidement que leurs homologues américains. Ceci peut s'expliquer par le fait qu'historiquement les Européens ont toujours attaché plus d'importance aux rendements passés. Des fermetures de fonds prématurées s'expliquent alors par un désir de ne pas diluer les rendements et de pouvoir plus facilement changer ses positions et identifier suffisamment d'opportunités intéressantes afin de créer du rendement.

Les marchés européens sont également moins efficients que leurs homologues américains, ce qui crée plus d'opportunités de détecter des inefficiences. D'un autre côté, une liquidité moins importante (même si la situation s'améliore), des coûts de transaction plus importants, et un moins grand nombre de dérivés sur taux (lorsqu'on considère l'ensemble des marchés européens) contrebalancent le premier avantage. Aujourd'hui, on a cependant la possibilité d'investir dans de nombreux produits structurés ou dérivés et la vente à découvert qui est à la base de nombreuses stratégies alternatives est possible dans la plupart des pays du vieux continent. Remarquons également que le développement des hedge funds en Europe a eu un impact positif sur les instruments financiers. Ainsi la stratégie *convertible arbitrage* (qui s'est particulièrement développée en Europe) a entraîné le développement du marché des obligations convertibles, mais elle en a surtout amélioré la liquidité. Les hedge funds représentent aujourd'hui entre 50 % et 70 % de ce marché.

Le lancement de l'euro a changé l'environnement financier européen de plusieurs façons. On considère aujourd'hui les gérants de façon globale. La corrélation entre les principaux marchés européens a fortement augmenté. D'un autre côté, les préférences domestiques, fiscales et politiques demeurent et entraînent des inefficiences que des gérants actifs peuvent capturer. À cela viennent s'ajouter l'importance de la présence locale et la différence de langage.

### *3.2.7. Perspectives*

Le développement et surtout la diversification du marché européen des fonds alternatifs offrent de nouvelles opportunités aux investisseurs. Il est devenu possible pour tout investisseur de diversifier son portefeuille alternatif entre des fonds qui appliquent des stratégies d'investissement alternatives différentes, domiciliés dans des pays différents.

La présence de nouveaux acteurs spécialisés dans les marchés européens apporte de la liquidité et de l'efficience aux marchés. Ce dernier point constituera selon nous la colonne vertébrale de la suite du développement des hedge funds en Europe. Sans inefficience, il devient impossible de réaliser des gains supérieurs à la moyenne car toute l'information est agrégée dans le prix des actifs. Même si le marché européen est aujourd'hui le second marché mondial, il reste des opportunités qui deviennent de plus en plus rares, mais qui sont davantages présentes qu'aux États-Unis.

La principale difficulté dans cette nouvelle industrie sera de distinguer rapidement les fonds qui ont un réel potentiel des autres avant qu'ils ne ferment ou deviennent si importants du point de vue des actifs sous gestion que l'on peut s'attendre à ce que leur avantage concurrentiel disparaisse rapidement.

## 3.3. Les hedge funds en Asie

Après avoir analysé en profondeur le marché européen des hedge funds, intéressons-nous à l'industrie asiatique des fonds alternatifs qui se développe très rapidement et qui se distingue, elle aussi, de ses congénères, par des caractéristiques propres.

### *3.3.1. Développement des hedge funds asiatiques*

Le marché asiatique des hedge funds est plus jeune que les industries américaine et européenne. Ceci s'explique principalement par le fait que de nombreux marchés asiatiques n'ont pendant longtemps pas été assez développés pour permettre la mise en place de stratégies d'investissement complexes, l'investissement dans des produits dérivés ou la vente de titres à découvert. Exception faite du Japon, de nombreuses contraintes légales limitaient (ou limitent encore selon les cas) les libertés des gérants de fonds, particulièrement en ce qui concerne les ventes à découvert.

À cause de ces contraintes, de nombreux fonds qui se présentaient comme hedge funds n'étaient en réalité que des fonds investissant de manière longue dans les marchés. Même si leurs performances ont dans certains cas été très élevées, elles étaient aussi volatiles que celles des marchés.

Cette situation s'est clarifiée après 1999, lorsque les marchés asiatiques ont baissé relativement fortement. De nombreux fonds qui ont réalisé des rendements élevés en 1999 ont subi des pertes conséquentes l'année suivante. Ils n'ont pas su se différencier des indices, et ils n'ont pas été capables d'offrir des rendements décorrélés des marchés d'actions.

La conséquence de cette situation est que l'industrie asiatique des hedge funds est restée en attente pendant plusieurs années jusqu'à ce que les marchés deviennent à nouveau porteurs. L'industrie a ensuite évolué et elle peut se diviser en deux parties. D'un côté, on retrouve les fonds *long/short* avec un biais long. Ces fonds jouent le développement des marchés locaux à long terme tout en mitigeant le risque pour un contrebalancement en positions baissières. D'un autre côté, il existe toute une gamme de fonds diversifiés en termes de stratégie et de marché qui s'apparentent à de réels hedge funds. Globalement, de nombreux fonds ont mis en place des systèmes de contrôle des risques plus stricts, ce qui leur permit d'apprendre des erreurs du passé pour tenter de construire l'avenir. Nous estimons qu'au fur et à mesure du développement des marchés et de l'offre de produits, le marché des hedge funds asiatiques continuera à se développer.

Les fonds asiatiques constituent un paradoxe. La majorité de ces fonds sont de très petite taille, alors que bon nombre d'anciens fonds sont fermés à de nouveaux investisseurs. En Asie, les marchés étant moins liquides, les gérants ferment leurs fonds aux nouvelles souscriptions plus rapidement qu'aux États-Unis ou en Europe.

La croissance de l'industrie asiatique des hedge funds continue à être plus importante que celle des marchés développés. Les taux de croissance estimés sur les dernières années se situent entre 18 % (en nombre de fonds) et 28 % (en termes d'actifs sous gestion).

En Asie, Hong Kong et Singapour se livrent la même guerre que l'Irlande et le Luxembourg ne le font en Europe pour devenir la juridiction de prédilection pour la domiciliation de hedge funds. À titre de comparaison, Hong Kong comptait 118 fonds disposant de 33,5 milliards de dollars d'actifs sous gestion contre 109 fonds gérants 6,1 milliards pour Singapour fin 2006.

**Graphique 23.** – *Développement des hedge funds asiatiques*

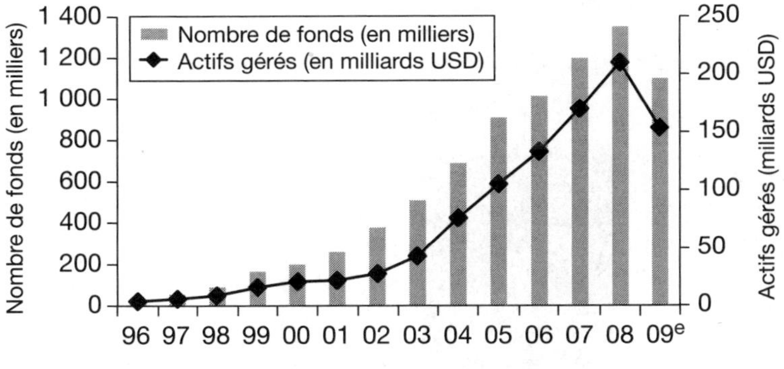


Nous estimons qu'il existe un peu plus de 1 100 hedge funds asiatiques disposant d'un peu plus de 150 milliards de dollars sous gestion. La croissance de l'industrie asiatique des hedge funds est due à divers facteurs :

– *des réglementations locales favorables :* ceci inclut l'autorisation de prendre des positions à la baisse dans un nombre croissant de marchés de la région et la facilité qu'offrent certains marchés afin de constituer un fonds local (Singapour par exemple) ;

– *la diversification croissante des stratégies proposées :* alors qu'il y a quelques années les fonds long/short représentaient quasiment toute l'industrie alternative locale, on retrouve aujourd'hui une multitude de stratégies diverses ;

– *l'attrait des marchés locaux d'un point de fondamental :* l'Asie est un des pôles de croissance du monde et de nombreux investisseurs sont attirés par ces marchés même si la volatilité extrême des marchés en cas de retournement peut en dissuader certains. L'approche hedge fund est intéressante car elle vise à profiter de la croissance tout en mitigeant le risque, quitte à ne pas profiter pleinement de la hausse ;

– *des performances historiques attrayantes :* les marchés émergents ont largement surperformé les marchés développés au cours du début du XXI$^{e}$ siècle.

### *3.3.2. Stratégie d'investissement des hedge funds asiatiques*

Le graphique 24 illustre de façon intéressante les éléments d'attraits fondamentaux des marchés. L'immense majorité des hedge funds asiatiques sont soit purement directionnels (près de 7 fonds sur 10), soit ils ont une stratégie d'investissement intermédiaire. Uniquement 3 % des hedge funds asiatiques visent à appliquer des stratégies d'investissement purement non-directionnelles. Ce sont les éléments repris ci-dessus qui justifient ces caractéristiques. L'objectif de ces fonds étant de profiter des tendances haussières des marchés concernés à long terme en réduisant la volatilité à court terme.

**Graphique 24. –** *Répartition des hedge funds asiatiques par catégorie d'investissement*

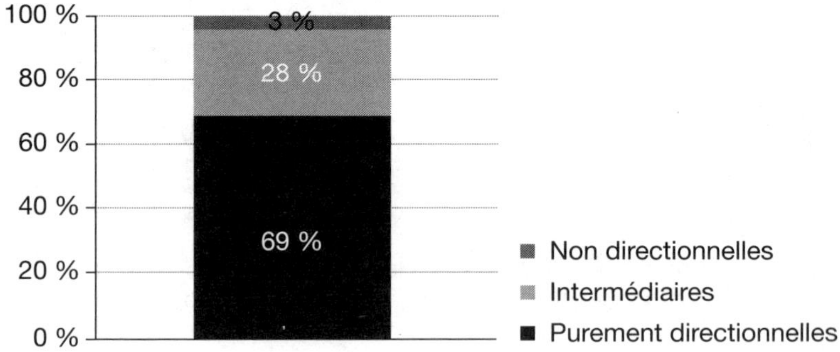


*Source* : Capocci (2008).

En termes de stratégies, même si la tendance est à la diversification, les fonds *long/short equity* représentent toujours 60 % de l'industrie asiatique des hedge funds [1]. Au sein de cette catégorie apparaît cependant une diversification. Des fonds sectoriels ont fait leur apparition, un plus grand nombre de fonds *long/short equity* pays ont été créés. Il existe des fonds *long/short* qui offrent une exposition pure à l'Inde, la Chine, la Thaïlande ou encore la Corée du Sud. Ces produits permettent aux spécialistes de concentrer leurs risques sur les marchés qu'ils connaissent le mieux et d'en tirer le meilleur profit. En dehors des fonds *long/short equity*, d'autres stratégies de type multi-stratégies ou *event driven* sont également disponibles.

**Graphique 25. –** *Répartition des hedge funds asiatiques par stratégie d'investissement à partir des actifs sous gestion*

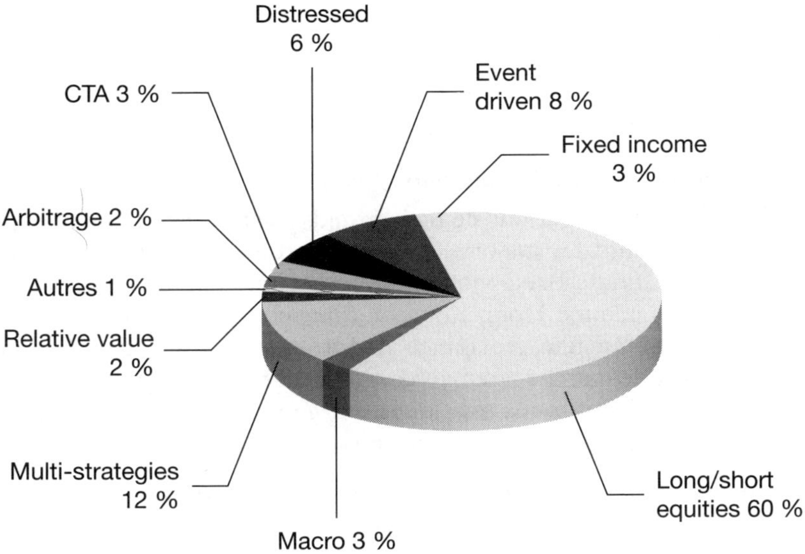


### *3.3.3. Mandat des hedge funds asiatiques*

La répartition géographique des investissements des hedge funds asiatiques est plus importante que celle de leurs équivalents européens ou américains. Même si globalement l'Asie représente 60 % de l'ensemble, cette catégorie peut être sous-divisée entre divers pays ou sous-régions. Le Japon est le pays où les fonds globaux restent prépondérants.

L'ensemble des éléments et des chiffres repris indiquent une certaine évolution de l'industrie asiatique des hedge funds qui devient de plus en plus mature. Le marché asiatique continue son évolution vers une diversification des stratégies.

1. Cet élément a été corroboré par Sanderson (2006) qui conclut que la croissance rapide de l'industrie des hedge funds japonais s'est faite principalement par des stratégies *long/short equity* et *event driven*.

**Graphique 26.** – *Zone d'investissement des hedge funds asiatiques*

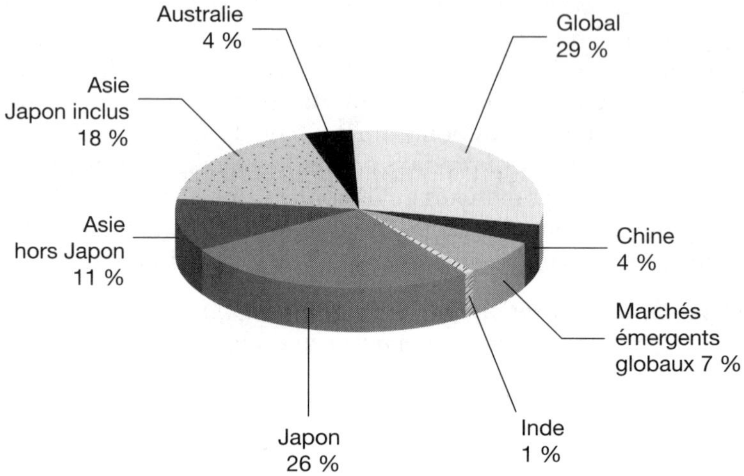


*Source* : Capocci (2008).

### *3.3.4. Localisation des hedge funds asiatiques*

La localisation des gérants de hedge funds asiatiques indique quelques éléments étonnants. La majorité des gérants de hedge funds asiatiques sont basés en Grande-Bretagne et aux États-Unis, loin des centres financiers asiatiques comme Hong Kong ou Singapour, même si ces derniers marchés ont connu une croissance importante au cours des dernières années. Ensuite, le marché japonais des hedge funds est en perte de vitesse et moins de 10 % des fonds asiatiques sont implantés au Japon alors que nous en rapportions plus de 20 % en 2004.[1]

**Graphique 27.** – *Domiciliation des hedge funds asiatiques*

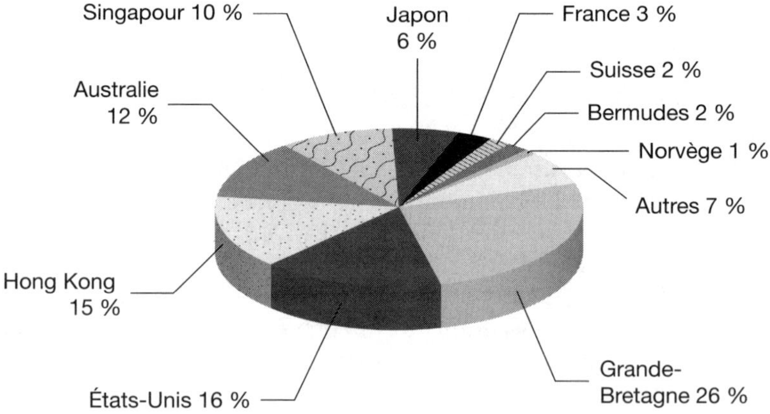


*Source* : Capocci (2008).

1. Capocci (2006).

### *3.3.5. Les hedge funds en Australie : un cas à part*

L'Australie peut être vue comme une exception en Asie car le marché australien n'est pas un pays en voie de développement, contrairement à la majorité des pays du continent. Selon des chiffres d'*AsiaHedge* repris par le gouvernement australien, l'Australie regroupe la plus grande proportion d'actifs de hedge funds de l'ensemble du continent. Les chiffres des dernières années sont repris dans le tableau 3.[1]

**Tableau 3. –** *Répartition de l'industrie asiatique des hedge funds selon AsiaHedge*

| | **Milliards de dollars** | |
|---|---|---|
| | **2006** | **2007** |
| Australie | 30,5 | 38,6 |
| Japon | 22,3 | 17,3 |
| Hong Kong | 19,6 | 28,3 |
| Singapour | 6 | 16,5 |
| Autres | 2 | 5 |
| ***Sous-total*** | ***80,4*** | ***105,7*** |
| Grande-Bretagne | 28 | 22,9 |
| États-Unis | 19,6 | 39,1 |
| **Total** | **128** | **167,7** |

*Source* : Australian Government (2008).

Les fonds de hedge funds australiens représentant approximativement 21,1 milliards de dollars additionnels, l'industrie australienne globale détient 59,7 milliards de dollars en actifs.[2] Le développement de l'industrie sur le continent a été rapide tel qu'indiqué dans le graphique 28.

1. Les chiffres estimés du nombre de fonds dans une industrie varient d'un fournisseur à l'autre car, dans certains cas, la définition du terme hedge funds utilisée est plus large.
2. Ce nombre n'est pas ajusté pour les fonds comptés deux fois (comme fonds individuels puis à l'intérieur de fonds de fonds).

**Graphique 28.** – *Évolution des actifs totaux sous gestion dans l'industrie australienne des hedge funds*

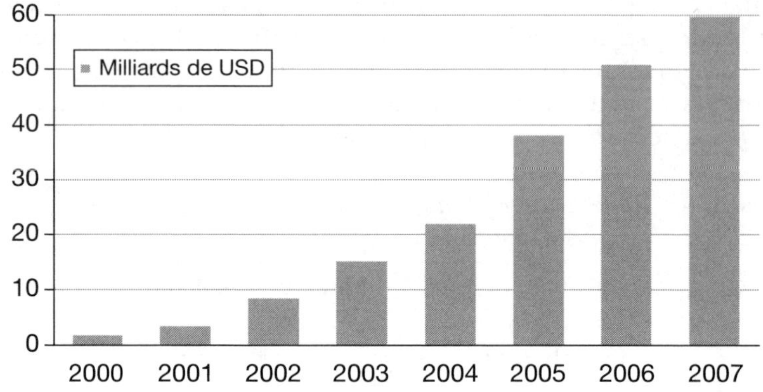


*Source* : Australian Government (2008)

Le graphique 29 indique que la croissance vient de l'augmentation du nombre de gérants, qu'il s'agisse de gérants de fonds individuels ou de fonds de fonds, mais que cette croissance se fait surtout par l'intermédiaire de fonds individuels. Il existe 139 fonds individuels en Australie. Les fonds de hedge funds, moins importants en nombre absolu, ont également connu une croissance rapide avec une offre passée de 22 à 61 en quelques années.

**Graphique 29.** – *Croissance du nombre de hedge funds, de fonds de hedge funds et gérants en Australie*

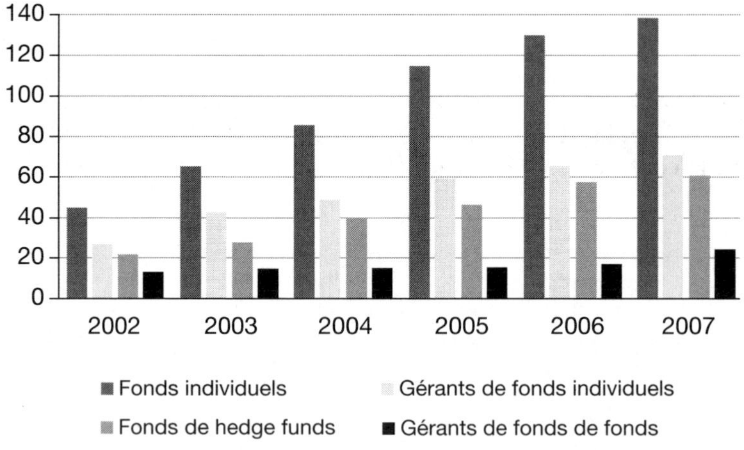


*Source* : Australian Government (2008).

La répartition des fonds par stratégie d'investissement rapportée dans le tableau 4 indique qu'approximativement 28 % des actifs des hedge funds australiens sont investis en Australie et que près de 48 % du nombre de fonds se concentrent sur les opportunités locales. Ceci indique que la majorité des fonds australiens sont globaux, investis soit en Asie (approximativement 19 % sur la base des actifs et 14 % sur base du nombre de fonds), ou qu'ils appliquent des stratégies globales.

**Tableau 4. –** *Répartition des actifs des hedge funds australiens par stratégie d'investissement*

| | Actifs en milliards USD | | Nombre de fonds | |
|---|---|---|---|---|
| Long/short global | 17 423 | 45,1 % | 16 | 13,7 % |
| Long/short Asie | 4 203 | 10,9 % | 9 | 7,7 % |
| Long/short Japon | 3 054 | 7,9 % | 7 | 6,0 % |
| Macro | 1 820 | 4,7 % | 6 | 5,1 % |
| Global Fx et multi-stratégie | 767 | 2,0 % | 10 | 8,5 % |
| CTA | 272 | 0,7 % | 11 | 9,4 % |
| Global fixed income | 200 | 0,5 % | 2 | 1,7 % |
| ***Sous-total (hors Australie)*** | ***27 739*** | ***71,8 %*** | ***61*** | ***52,1 %*** |
| Long/short Australie | 9 480 | 24,6 % | 42 | 35,9 % |
| Market neutral Australie | 1 119 | 2,9 % | 8 | 6,8 % |
| Event driven Australie | 276 | 0,7 % | 6 | 5,1 % |
| ***Sous-total (Australie)*** | ***10 875*** | ***28,2 %*** | ***56*** | ***47,9 %*** |
| **Total** | **38 614** | **100 %** | **117** | **100 %** |

## 3.4. Le développement des hedge funds en Europe de l'Est

Des hedge funds investissent en Europe de l'Est depuis la crise russe de 1998, mais la plupart d'entre eux avaient un positionnement quasi-exclusivement long, vu les conditions de marché, et leur rôle était réellement celui de fournisseur de liquidité dans un marché en crise. Depuis lors, les choses ont évolué, mais à un rythme lent.

### *3.4.1. Localisation des hedge funds d'Europe de l'Est*

L'industrie des hedge funds de l'Europe de l'Est est particulière pour diverses raisons :

1) les marchés d'Europe de l'Est et de la Russie en particulier ont été très volatils historiquement ;

2) depuis la crise russe de 1998, la performance de ces marchés a été particulièrement élevée, ce qui attire les capitaux étrangers ;

3) la Russie constitue un pari sur le prix des matières premières (pétrole et gaz principalement) ;

4) le système politique russe n'est pas toujours perçu comme stable et le risque politique est réel ;

5) un certain nombre de pays de l'Europe de l'Est (la Pologne, la République Tchèque, la Hongrie, la Slovaquie, l'Estonie, la Lituanie et la Slovénie) sont entrés dans l'Union européenne en 2004 ;

6) les marchés de la région se développent rapidement.

Ces éléments suggèrent que les marchés d'Europe de l'Est disposent d'attraits spécifiques pour des investisseurs. Il existe deux types de fonds disponibles. D'un côté, il y a les fonds *long/short equity* avec un biais long identique à ceux que l'on pourra trouver dans les autres marchés émergents. Ensuite, il existe toute une gamme de fonds qui prennent des positions dans des titres moins liquides en petites capitalisations, voire en *private equity*. Ces fonds continuent de jouer un rôle de fournisseur de liquidité et leur risque est différent. Il existe entre 70 et 100 hedge funds investis en Europe de l'Est et/ou en Russie. Les marchés les plus liquides dans la région sont la Russie et la Turquie. La plupart des fonds se laissent la liberté d'investir dans plusieurs marchés de la région, voire même dans le Moyen-Orient ou en Afrique. Le graphique 30 rapporte l'évolution du nombre de fonds. Ces chiffres sont assez prudents et d'autres auteurs indiquent des chiffres bien plus élevés.

**Graphique 30.** – *Développement des hedge funds d'Europe de l'Est*

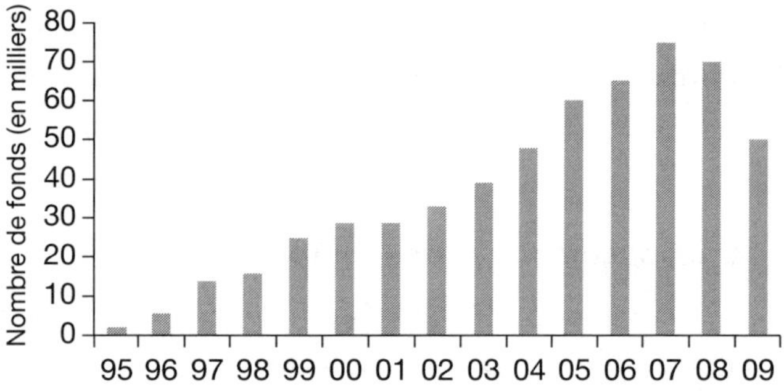


*Source* : adapté de Capocci (2008).

### *3.4.2. Stratégies d'investissement des hedge funds d'Europe de l'Est*

Quatre stratégies d'investissement ont émergé : les fonds *long/short equity*, les fonds *event driven*, les fonds *fixed income/currency* et les fonds *multi-stratégie*. La stratégie *long/short equitiy* est relativement jeune en Russie. Jusqu'à récemment, les fonds étaient quasiment exclusivement longs et l'idée de rendement absolu se basait uniquement sur les aptitudes du gérant à gérer la volatilité à la baisse. En outre, il était très difficile de prendre des positions à la baisse. La stratégie *long/short* a émergé suite à l'augmentation du nombre de titres disponibles pour prendre des positions baissières. Les seuls titres disponibles restent cependant les plus grandes sociétés les plus liquides. À défaut, il est possible de prendre des positions baissières par l'intermédiaire d'indices. La stratégie *event driven* a émergé suite aux grands changements qu'a connus et que connaît toujours la région. Suite au défaut de la Russie sur ses dettes en 1998, quelques fonds spécialisés sur ces produits ont émergé afin de profiter de la relance de l'économie. Les fonds multi-stratégies combinent les autres stratégies et/ou d'autres opportunités.

## 3.5. Les hedge funds en Amérique latine

L'industrie des hedge funds en Amérique latine est une réalité depuis quelques années et la rapidité de son développement nous incite à lui consacrer une section afin de présenter son développement et son profil actuel.

### *3.5.1. Développement des hedge funds d'Amérique latine*

Le marché américano-latin des hedge funds est toujours dans son enfance. Le premier fonds a été créé au milieu des années 90 et l'industrie a réellement commencé à croître à partir de 1999. Ceci a trois raisons principales. Premièrement, la baisse de l'hyperinflation et la croissance de l'importance et de la qualité des intervenants locaux. Deuxièmement, l'après-crise de 1997-1998 créa de réelles opportunités. Finalement, le démantèlement des opérations de nombreuses banques d'investissement étrangères avant les élections de 2002 incita de nombreux anciens *traders* à créer leur propre fonds. On estime que ce marché compte approximativement 330 fonds avec des actifs de 60 milliards de dollars. La plupart de ces fonds se concentrent sur le Brésil qui est de loin le marché principal de la région (le Brésil représente également 80 % du marché des fonds communs de la région). Divers fonds spécialisés sur l'Argentine ont également été créés après le défaut de l'Argentine sur ses dettes en 2001, avec pour objectif de profiter de la restructuration de la dette nationale.

Nous rapportons l'évolution du nombre de fonds et de leurs actifs sous gestion depuis 1998 dans le graphique 31. Les actifs sous gestion de l'industrie ont fortement baissé en 2008 suite à un fort déclin des marchés actions. Le nombre de fonds est resté stable. Il y a eu de nouveaux fonds créés mais les marchés difficiles et les sorties importantes de capitaux ont entraîné la liquidation de nombreux fonds.

Dans son analyse du marché, Eurekahedge souligne le fait que l'industrie latino-américaine des hedge funds a connu deux phases dans son développement. La première fut la création de fonds multi-stratégies locaux pour les investisseurs locaux fortunés qui cherchaient à limiter le risque de perte en période de turbulence de marché. La seconde phase de développement de l'industrie des hedge funds en Amérique latine vient des fonds *offshore* qui ont décidé d'entrer dans le marché après la crise qu'a connue la région en 2002. Dans ce contexte, il s'agit plutôt d'investisseurs opportunistes qui, dans le cadre d'investissements en marchés émergents, allouent une partie de leurs actifs aux marchés locaux. Contrairement aux autres marchés, il existe une différence fondamentale entre les fonds *onshore* et les fonds *offshore*. Les fonds *onshore* ont tendance à avoir une exposition en action nette limitée (généralement 35 %) qui est combinée avec une stratégie investie en produits de taux, alors que les fonds *offshore* seront plus fortement investis en actions. Le graphique 32 rapporte la répartition du domicile des gérants de fonds *offshore* investis au Brésil.

**Graphique 31.** – *Développement de l'industrie latino-américaine des hedge funds*

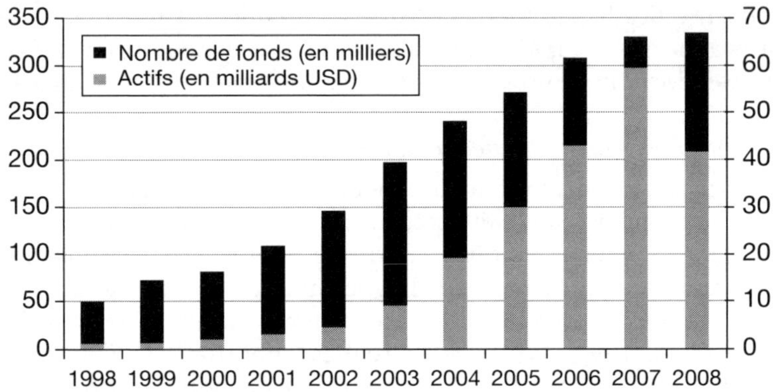


*Source* : Eurekahedge et l'auteur.

**Graphique 32.** – *Répartition du domicile de gérants de fonds investis en Amérique latine*

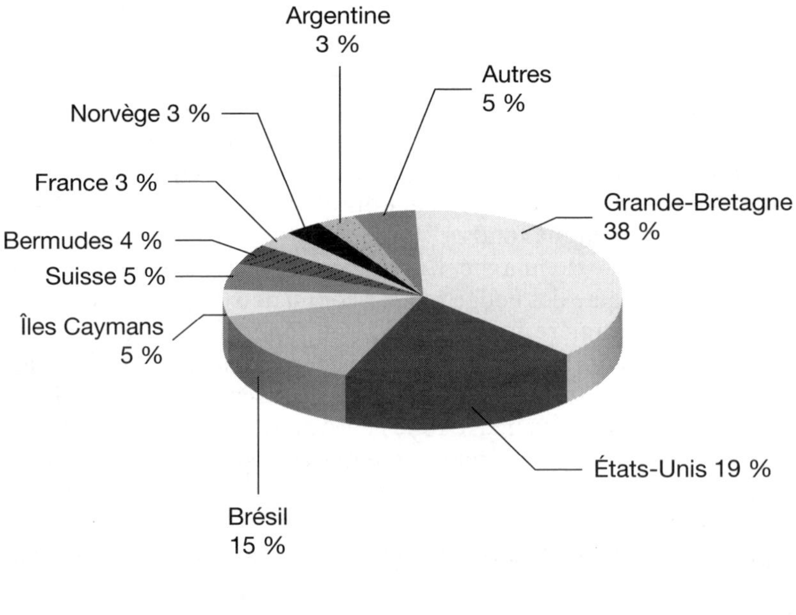

Les répartitions des fonds *onshore* et *offshore* par mandat géographique sont reprises dans les graphiques 33 et 34. La différence entre les fonds *offshore* qui ont pour la plupart un mandat plus large que l'Amérique latine par rapport à des fonds locaux investis quasi-exclusivement au Brésil est très marquée.

**Graphique 33.** – *Répartition des fonds sud-américains offshore par mandat géographique*

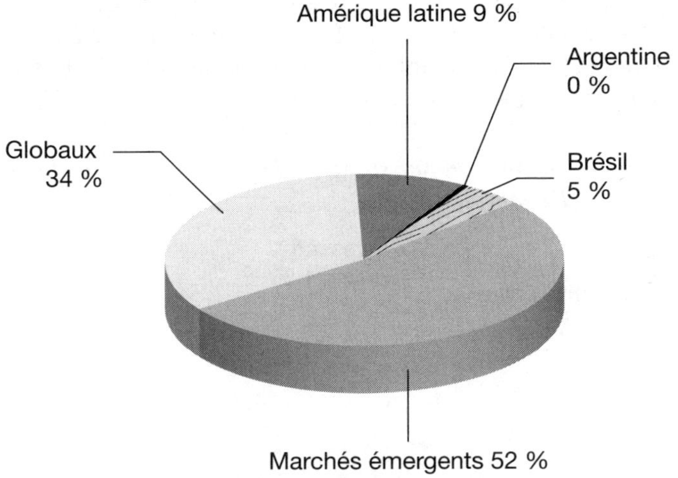


*Source* : Eurekahedge.

**Graphique 34.** – *Répartition des fonds sud-américains onshore par mandat géographique*

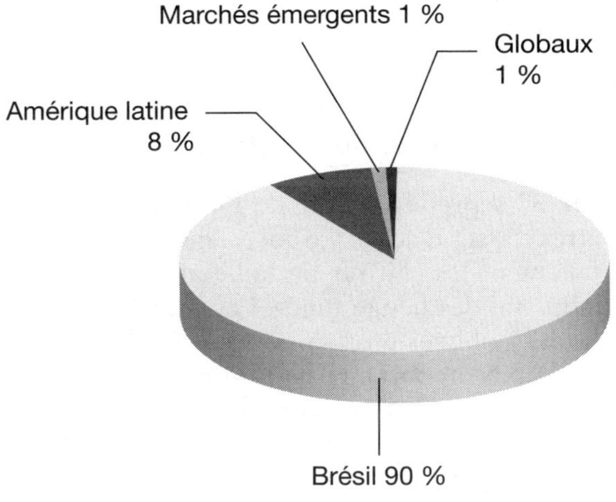


*Source* : Eurekahedge.

### *3.5.2. Stratégies d'investissement des hedge funds d'Amérique latine*

La répartition par stratégie d'investissement est différente si l'on considère les fonds vendus sur le marché local (*fonds onshore*) ou les fonds vendus aux investisseurs internationaux. Sur le marché local, les fonds multi-stratégies représentent la moitié de l'industrie régionale suivis par les fonds macro, les *long/short*, les *fixed income arbitrage* et, dans une moindre mesure les fonds *relative value* et *distressed securities*. À l'international, les fonds *fixed income*, *distressed securities* et *event driven* représentent une large partie du portefeuille. Remarquons également que les fonds *long/short equity* sont en forte progression depuis quelques années. Ceci s'explique principalement par la performance particulièrement attractive du marché des actions brésiliennes. Les graphiques 35 et 36 illustrent cette répartition par stratégie d'investissement.

**Graphique 35. –** *Répartition par stratégie des hedge funds onshore d'Amérique latine*

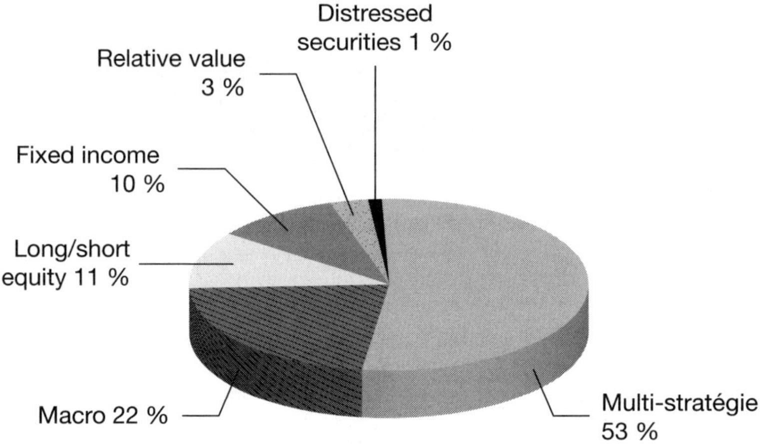


*Source* : Capocci (2008).

## 3.6. Perspectives futures de l'industrie

Le graphique 37 reprend la taille de l'industrie des hedge funds par rapport à d'autres classes d'actifs. Ce qui est intéressant dans ce graphique, ce n'est pas tellement les chiffres de taille absolue, mais la petite taille relative de l'industrie des hedge funds. Les chiffres rapportés sont basés sur diverses études publiées en 2006 et 2007. Les hedge funds ressortent comme marginaux par rapport aux actifs mondiaux, par rapport aux actifs *long only* globaux (somme des fonds de pension, des fonds communs et des sociétés d'assurance) mais également par rapport à ces trois catégories prises séparément (fonds de pension, fonds communs et sociétés d'assurance).

**Graphique 36.** – *Répartition par stratégie des hedge funds offshore d'Amérique latine*

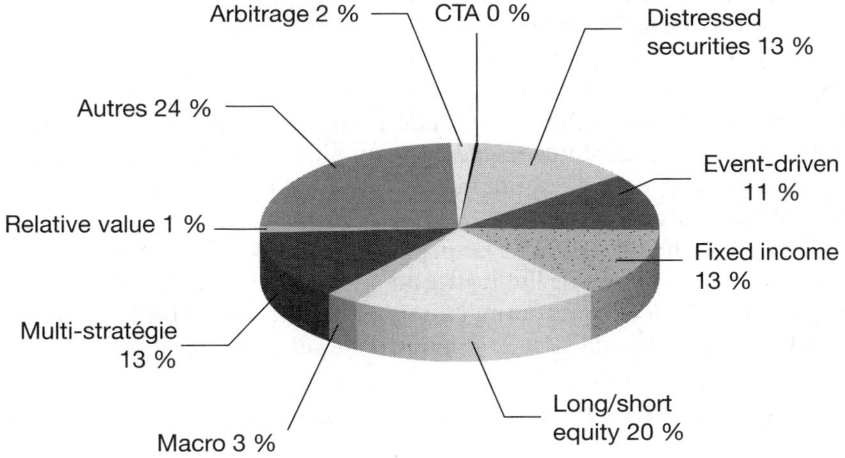


*Source* : Capocci (2008).

**Graphique 37.** – *Estimation de la taille de diverses classes d'actifs (en trillions)*

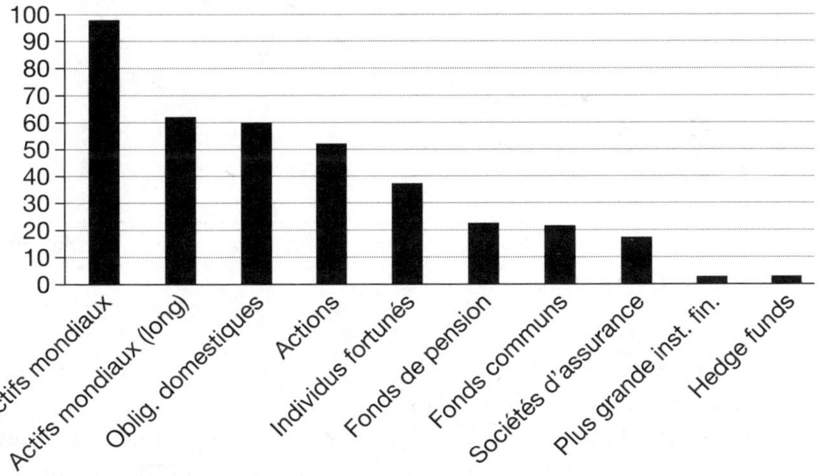


*Source* : Alternative Investment Solutions, International Financial Services London based on Watson Wyatt, Merrill Lynch/Capgemini, BCG, World Federation of Exchanges, BIS.

Alors qu'il y a cinq ans j'écrivais que le « *stade de développement actuel de l'industrie des hedge funds est comparable à celui des fonds communs de placement il y a une dizaine d'années* » et que « *la croissance de l'industrie des fonds communs est un bon indicateur du potentiel de croissance de l'industrie des hedge funds* », la situation a fortement évolué. Les hedge funds se sont standardisés, la plupart des investisseurs ont une allocation aux hedge funds atteint 20 ou 30 % pour les plus audacieux. L'industrie a doublé de taille en quelques années et elle se rapproche réellement d'une phase de maturité. Les perspectives futures de l'industrie restent aujourd'hui très favorables, en grande partie parce que les investisseurs institutionnels allouent une part de plus en plus importante de leur portefeuille à des hedge funds, ce qui incite de nombreux fonds à offrir une plus grande transparence.

Il est naturellement difficile de prévoir l'évolution d'une industrie, mais l'analyse de l'évolution de l'industrie américaine des hedge funds et de son équivalent européen nous permet de situer les différentes parts de l'industrie des hedge funds dans un graphique d'évolution (graphique 38).

**Graphique 38. –** *Évolution de l'industrie des hedge funds*

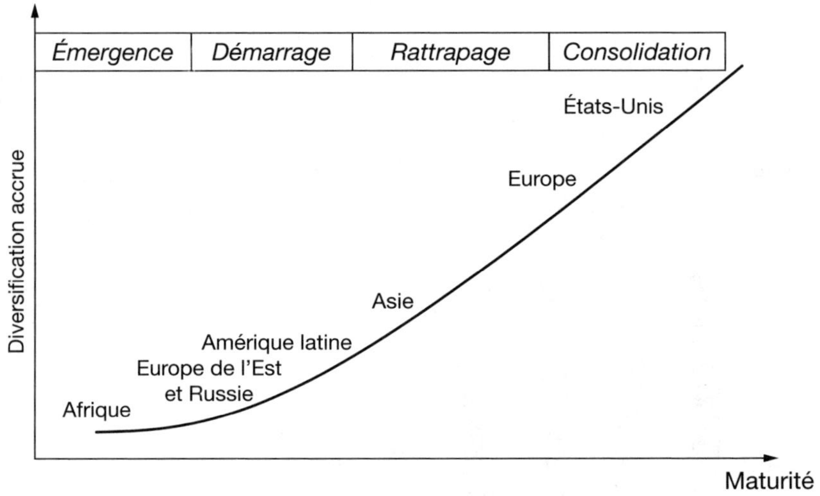


*Source* : Capocci (2008).

Selon notre théorie, l'évolution se fait en quatre étapes (en attendant l'étape suivante pour les États-Unis) :

– ***émergence*** : l'apparition de marchés financiers entraîne l'émergence d'opportunités d'investissement dans lesquelles les gérants les plus audacieux vont investir. Cette phase dure entre 3 et 5 ans dans les marchés actuels (elle était plus longue dans le passé) ;

– ***démarrage*** : la phase de démarrage constitue une phase clé dans le développement d'une industrie (ou d'un de ses composants) car ce sont les premiers signes d'un développement futur rapide. Il ne s'agit plus de quelques exceptions qui se distinguent dans un marché spécifique, mais d'un début de croissance durant lequel les pionniers et leur qualité seront prépondérants quant à la suite du développement de l'industrie. Cette phase relativement courte dure entre 3 à 5 ans ;

– ***rattrapage*** : comme son nom l'indique, cette phase de croissance rapide « rattrape » le retard accumulé lors des premières phases de développement relativement lentes. Le succès de quelques-uns va attirer un plus grand nombre de gérants à créer leur propre produit d'investissement. Cette phase relativement rapide est réalisée en 5 à 7 ans ;

– ***consolidation*** : après une phase de croissance rapide, l'industrie entre dans une phase de consolidation de l'industrie dans laquelle les choses évoluent moins rapidement que par le passé, mais dans laquelle la croissance est toujours présente. Cette phase dure entre 5 et 10 ans au minimum.

Le graphique 38 illustre notre vision de l'industrie des hedge funds. Alors que les États-Unis sont les marchés les plus développés, suivis de près par l'Europe, les marchés émergents ont un retard à rattraper. L'Asie est le marché qui offre le plus de choix et la croissance, elle se situe dans une phase de rattrapage. L'Amérique latine est encore en période de démarrage, même si le marché local est plus établi que le marché des fonds offshore. L'Europe de l'Est est juste derrière. Ce marché reste largement dominé par des pionniers. L'Afrique est entrée en phase d'émergence récemment.

Nous pouvons poursuivre notre théorie afin de tenter de déterminer quelle sera la prochaine étape d'évolution de l'industrie. Diverses possibilités existent :

1. ***croissance rapide*** : la phase de consolidation peut être suivie d'une phase de croissance rapide. Il s'agit en quelque sorte d'un second souffle de croissance. Après avoir connu une phase de consolidation, l'attrait global des investisseurs pour l'industrie peut relancer la croissance de l'industrie à des taux de croissance élevés ;
2. ***consolidation persistante*** : la phase de consolidation peut continuer. On redescend ainsi lentement le long de l'axe de diversification avant de remonter, lorsque la phase de consolidation persistante se termine ;
3. ***désintérêt*** : l'intérêt des investisseurs pour l'industrie peut également diminuer fortement, ce qui entraînerait une baisse importante de la diversification, sans mettre en péril la survie des meilleurs gérants.

En 2008, nous écrivions que la phase la plus probable se situe certainement entre les phases 1 et 2, l'industrie devant continuer à se développer et à se consolider. La crise de 2008 nous incite à nuancer cette conclusion. La situation réelle se situe plutôt entre une consolidation persistante et un désintérêt. Les difficultés de la majorité des fonds dans la crise entraîne un désintérêt pour certains investisseurs, mais la règle est plutôt une consolidation du positionnement : les investisseurs réduisent quelque peu leur allocation et restent en phase d'attente afin de regagner la confiance de l'industrie.

**Graphique 39.** – *Évolutions possibles de l'industrie des hedge funds*

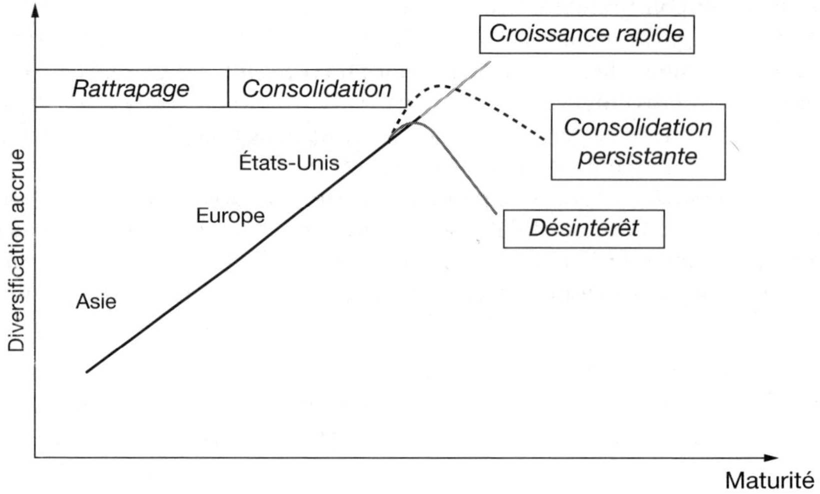


*Source* : Capocci (2008).

## 4. Les grands noms du monde des hedge funds

Outre A. W. Jones qui est le père fondateur de l'industrie, quelques autres grands noms ont donné à l'industrie des hedge funds ses lettres de noblesse. Dans cette section, nous présentons succinctement quelques-uns des plus grands noms de l'industrie des hedge funds. Nous débutons par ceux qu'on appelait jusqu'à récemment les trois rois de l'industrie, à savoir Georges Soros, Michael Steinhardt et Julian Robertson. Ces investisseurs, gérants au départ, ont vu leurs fonds grandir de façon rapide et soutenue au cours des années 80 et 90 (entre autres suite à des performances élevées et répétées), avant de fermer ou de réorienter leur fonds il y a quelques années.

### 4.1. *Georges Soros*

Georges Soros est né en 1930 à Budapest en Hongrie et il est communément appelé *le plus grand investisseur du monde*. Il créa un ensemble de hedge funds gérés par la *Soros Fund Management* en 1968 avec 4 millions de dollars d'actifs sous gestion. Les principaux fonds de la compagnie étaient les fonds Quantum et Quota, domiciliés tous deux aux États-Unis. Georges Soros était le principal actionnaire et le gérant de cette entité. Les montants sous gestion augmentèrent relativement rapidement. En 1979, le fonds gérait 100 millions de dollars et, en 1989, Stanley Druckenmiller devint le nouveau gérant responsable du fonds Quantum qui disposait alors de 7 milliards de dollars. Les fonds gérés par *Soros Fund Management* étaient spécialisés dans les marchés monétaires, même s'ils investissaient également parfois dans des actions ou des obligations. Ils ont fourni un rendement annuel moyen de plus de 30 % sur l'ensemble de leur existence. La force des gérants était d'avoir une vision internationale, mais surtout une fabuleuse intuition. La position la plus connue de Soros fut son pari de 10 millions de dollars contre la livre sterling en 1992 qui fit sortir la devise de ses limites par rapport à ses pairs européens. Cette transaction valut à Soros le nom de « L'homme qui a cassé la banque d'Angleterre ». Avant 1998, les fonds Soros géraient au total 28 milliards de dollars.

Nous parlons au passé car, le 28 avril 2000, Soros a annoncé par une lettre aux investisseurs des fonds Quantum (ayant des actifs pour 8 milliards de dollars) et Quota que les gérants de ces fonds, respectivement Stanley Druckenmiller et Nicholas Roditi, avaient décidé de se retirer de la gestion active après qu'ils eurent connu des pertes respectives de 22 % et 33 % en glissement annuel. Suite à cet événement, Soros a réorganisé l'ensemble de ses hedge funds. Ci-dessous, nous rapportons une partie de la lettre envoyée aux investisseurs des fonds. Elle illustre bien les raisons qui ont incité Georges Soros à procéder à cette réorganisation.

> *« De grands hedge funds comme le fonds Quantum ne sont plus le meilleur moyen de gérer de l'argent car les marchés sont devenus instables et nos activités trop fortement suivies par le marché… [ainsi, nous avons décidé de] nous engager dans une variété de stratégies macro et d'arbitrage moins volatiles, avec une plus faible portion des actifs attachée à la sélection de positions longues et de ventes à découvert de titres. »* [1]

Le fonds *Quantum* a fusionné avec le fonds *Quantum Emerging Growth Fund* et le nouveau nom est devenu *Quantum Endowment Fund*. Les investisseurs du fonds *Quantum* (respectivement du fonds *Quota*) se sont vus proposer trois (respectivement deux) alternatives :
– rester dans les fonds *Quantum Endowment* ou *Quota* ;
– se faire rembourser leurs investissements ;
– transférer leurs investissements vers de nouveaux fonds spécialisés quand ils seront créés (uniquement pour les investisseurs du fonds Quantum).

Suite à cela, 6 milliards de dollars d'investissement ont été retirés au total par les investisseurs. Malgré les pertes enregistrées dans les dernières années d'existence avant la réorganisation, un investissement de 100 000 dollars au départ des 31 années ½ d'existence se serait transformé en 400 millions de dollars au terme pour une performance annuelle moyenne de plus de 30 %.

### 4.2. Julian Robertson

Julian Robertson est né en 1933 à Salisbury, en Caroline du Nord aux États-Unis. Après une longue carrière chez Kidder, il créa en 1980, avec

1. *Source :* Soros (2000).

Thorpe McKenzie, la société de gestion *Tiger Management Corporation* dont il fut président durant toute son existence. Il débuta avec 8,8 millions de dollars d'actifs sous gestion. Sa compagnie gérait un total de 6 fonds à sa dissolution fin mars 2000 dont les fonds *Tiger, Jaguar, Panther, Puma* et *Puma II* ainsi que des comptes privés. Son objectif était de faire de la sélection individuelle d'action et de l'implémenter dans un portefeuille *long/short equity*. Il avait atteint une telle renommée dans son art qu'il fut surnommé le *maître du monde des investissements*. Selon ses propres termes repris dans divers journaux financiers, sa stratégie se résumait en une phrase :

> *«… trouver les 200 meilleures sociétés dans le monde et investir en elles, ainsi que trouver les 200 sociétés les moins intéressantes du monde, et les vendre à découvert. »*

De cette manière, indépendamment des fluctuations du marché, le rendement était basé sur l'habilité des gérants des fonds d'identifier les meilleures compagnies et de les différencier des moins performantes. De l'ensemble des gérants repris dans cette section, Julian Robertson était le plus proche de la stratégie élaborée par A. W. Jones.

Afin de sélectionner les entreprises achetées ou vendues à découvert, Robertson s'entourait d'une équipe de trente-cinq personnes, dont des analystes et d'autres professionnels spécialisés dans différentes industries ou pays suivis. Ces analystes avaient pour tâche de trouver les meilleures opportunités d'investissement dans leur domaine de compétence. Leur objectif était de prendre le temps nécessaire afin de développer leurs décisions d'investissement à long terme pour chaque titre individuel. Quand ils achetaient un titre, ils prenaient position de façon agressive. Il arrivait fréquemment que les positions soient gardées pendant plusieurs années. Ils sortaient uniquement dans deux cas, lorsque l'objectif escompté avait été atteint ou lorsqu'ils remarquaient que l'estimation s'avérait erronée. Le choix des titres reposait sur trois critères :

- les fondamentaux de l'industrie ;
- l'équipe de direction de l'entreprise ;
- un prix de titre intéressant.

Un investissement était intéressant lorsque les fondamentaux de l'industrie étaient favorables, lorsque l'équipe de direction semblait compétente et stable, et lorsqu'on estimait que le titre était bon marché.

La structure des coûts du fonds fonctionnait selon le principe des commissions liées à la performance (1 % des actifs comme coût de gestion et 20 % de commissions à la performance) avec l'obligation de récupérer les pertes antérieures avant de recevoir à nouveau une part des profits. Le fonds Tiger, porte drapeau de *Tiger Management Corporation,* devint un titan de l'industrie et demanda jusqu'à 5 millions de dollars d'investissement minimum par investisseur. Les fonds de Robertson eurent les meilleurs rendements de l'industrie des hedge funds au cours des années 80 et dans la première partie des années 90. Le rendement composé net de toutes commissions fut de 31,7 % sur la vie totale du fonds. En 1997, les gérants purent même se prévaloir de rendements nets de 56 %. Un investissement de 100 000 dollars avec Robertson en 1980 aurait rapporté 8 millions de dollars à la fin des années 90. Même si, au total, les fonds Tiger ont offert une performance impressionnante, le fonds perdit 200 millions de dollars suite à un mauvais pari sur les obligations du Trésor américain en 1996.

La situation du fonds se détériora en 1998, 1999 et début 2000. Le fonds réalisa un rendement total net d'à peine plus de 1 % en 1998, avant de réaliser une perte totale de près de 20 % en 1999. Dans les premiers mois de 2000, le fonds accumulait une perte d'un peu plus de 1 %. Les actifs des fonds Tiger qui s'élevaient à 22 milliards de dollars en 1998 passèrent à près de 6 milliards de dollars en 2000 (soit une baisse de 16 milliards en 18 mois). Les deux principales raisons de cette diminution furent la mauvaise performance, mais surtout les retraits des clients. Le fonds connut dès lors des difficultés pour rémunérer les gérants et les autres employés. Les principales rentrées venaient de la commission de performance qu'ils ne pouvaient encaisser que si le fonds avait entièrement couvert les pertes cumulées. Fin mars 2000, Robertson ferma ses 6 fonds gérés par *Tiger Management Corporation*, et rendit 80 % de leurs mises aux investisseurs.

Dans sa lettre aux investisseurs des fonds gérés par *Tiger Management Corporation* lors de la fermeture des fonds, Robertson a critiqué l'irrationalité des marchés actuels : *« Dans un environnement rationnel, cette stratégie [d'acheter les meilleures actions et de vendre les mauvaises à découvert] fonctionne bien, mais dans un marché irrationnel… une telle logique ne compte pas beaucoup. »* [1]

### 4.3. Michael Steinhardt

Steinhardt est le plus jeune des rois de l'industrie. Il est né en 1941 et il est le fondateur de la société *Steinhardt Partners* qui gérait quatre hedge funds. Il créa son premier hedge fund en 1967 avec deux partenaires, Howard Berkowitz et Jerold Fine. Son fonds connut une croissance de 139 % dans les quatorze premiers mois. En 1970, il était le plus grand hedge fund américain avec plus de 150 millions de dollars en actifs sous gestion selon un rapport de la *Securities and Exchange Commission*. Ce rapport publié dans le courant du premier semestre 1971, soutint que le fonds était le seul fonds important dont les actifs sous gestion augmentèrent durant la période étudiée. Les trois partenaires attribuèrent cette augmentation d'actifs uniquement à la performance. Pour rappel, cette période fut marquée par de lourdes pertes pour de nombreux fonds.

En 1995, Steinhardt démissionna et ferma son fonds qui gérait alors 2,6 milliards de dollars. Son fonds, qui ne connut pas de pertes jusqu'en

1. *Source :* Robertson (2000).

1994, perdit près d'un milliard de dollars cette année-là (24 % de sa valeur) suite à de mauvais paris sur le marché obligataire européen. Comme le dit Michael Steinhardt lui-même :

> *« J'ai réalisé de larges gains sur le même pari en 1993. Cependant, la peine de 1994 fut beaucoup plus importante que le plaisir de 1993. »* [1]

À l'annonce de la fermeture du fonds, Stephanie Strom, journaliste au *New York Times*, écrivit qu'une bonne partie des pertes avait déjà été récupérée si bien qu'on ne peut pas dire que c'est uniquement suite à ces pertes que le fonds a fermé.[2] Au total, un investissement de 100 000 dollars avec Steinhardt en 1967 aurait valu plus de 46 millions de dollars lors de la fermeture du fonds en 1995, soit un rendement annuel moyen de plus de 24 %.

### 4.4. John Paulson

Après s'être distingué lors de ses études, John Paulson débuta sa carrière chez Boston Consulting Group, puis chez Odyssey Partners. Il découvrit ensuite le monde des fusions et des acquisitions en travaillant pour Bear Stern, puis chez Gruss Partners. Il créa son hedge fund en 1994 avec deux millions de dollars et une assistante. John géra son fonds *merger arbitrage* durant des années et il s'est petit à petit distingué de ses pairs en offrant des performances attrayantes non seulement quand le marché des fusions était porteur, mais également dans les années difficiles. Au début des années 2000, la société a connu un tournant important par la création de fonds *event driven* qui ne visaient plus à jouer uniquement les fusions, mais à combiner une stratégie investie en fusions et en acquisitions avec d'autres positions dans des sociétés qui vivent des changements importants. Ces fonds, appelés Paulson Advantage, existeront rapidement sous une forme à levier Paulson Advantage Plus. 2006 a été une année fondamentale. Paulson et son équipe ont décidé d'allouer une partie (plus ou moins importante selon le niveau de risque) des divers portefeuilles à une protection contre l'augmentation du taux de défaut dans le marché de la dette immobilière à risque dans certaines régions des États-Unis. Il créa même un fonds spécifique pour profiter de cette situation. En 2007, l'ensemble des fonds offrirent des performances très élevées pouvant dépasser les 300 % dans le cas du portefeuille le plus risqué. En 2008, le positionnement a été revu et les fonds ont profité de la déroute du secteur financier, ce qui leur a permis d'offrir des performances largement positives dans un marché en crise. Le fonds a ensuite été repositionné long le marché du crédit/*distressed* en 2009. John Paulson et son équipe ont largement tiré leur épingle du jeu dans des marchés difficiles. Les actifs sous gestion ont atteint des sommets avant la crise en dépassant les 35 milliards de dollars.

1. *Source* : Subramanian (1996).
2. *Source* : Strom (1995, p. D1).

### 4.5. Louis Bacon

Louis Bacon est le fondateur de *Moore Capital Management, LP* est une société de gestion établie en 1989. Bacon est un trader actif dans le monde macro, c'est-à-dire en prenant des vues directionnelles globales sur les marchés financiers. Il prend position dans les marchés d'actions, les marchés de taux, les monnaies et les matières premières. Tout d'abord disciple de Soros et de Jones, Louis Bacon put, lorsqu'il eut intégré leur style d'investissement, l'appliquer à ses propres fins et le peaufiner. Fort d'une solide réputation de trader et ayant prévu le crash de 1987, Louis disposait de 100 millions de dollars en actifs sous gestion au lancement de son fonds et il leva rapidement quelques millions de dollars dans un fonds *offshore Moore Global Investments*. Louis a rapporté 31 % annualisés nets entre 1990 et 2005. Son point fort a été la relativement faible volatilité des rendements offerts. À titre de comparaison, Louis a rapporté entre 23 % et 32 % entre 1995 et 1999 contre des rendements annuels oscillants entre + 39 % et – 1,5 % pour le fonds Quantum de Soro's ou encore + 57 % et – 18 % pour le fonds Jaguar de Robertson.

Quelques points forts dans la vie du fonds *Moore Global Investments* comprennent l'anticipation de la chute du marché japonais en 1990, une position à la baisse sur les sociétés pétrolières avant que Saddam Hussein n'envahisse le Koweit. Fin 1990, le fonds disposait de près de 200 millions de dollars. Moore Capital compte aujourd'hui plus de 230 employés et Louis reste maître des décisions importantes. Louis Bacon est à la tête d'une fortune personnelle estimée à près de 2 milliards de dollars.

### 4.6. Paul Tudor Jones II

Paul Tudor Jones II est le président-fondateur de *Tudor Investment Corporation*, un hedge fund installé dans le Connecticut près de New York. Il débuta sa carrière au milieu des années 70 comme trader de coton avec Eli Tullis, un des plus grands traders de coton de tous les temps. Paul se distingue de ses pairs par une réelle aversion au risque. C'est pour cette raison qu'il s'est concentré sur le marché de futures sur lequel quasi tout investissement peut être réalisé en quelques minutes.

Paul Tudor Jones crée *Tudor Investment Corporation* en 1983 avec 300 000 dollars. En 2006 il disposait de plus de 6 milliards de dollars sous gestion et de près de 300 employés. Paul Tudor Jones base sa stratégie d'investissement sur une énorme base d'informations afin de prévoir le comportement des acheteurs et des vendeurs. Comme il l'a dit lui-même lors d'une interview, peu importe que l'on parle de côtes de porcs ou de *yahoo*, l'important est de comprendre les éléments à notre disposition afin de prendre la décision d'investir ou non. La gestion des risques est également fondamentale dans son processus de gestion. Selon Paul, 90 % des qualités de tout grand trader est la gestion des risques. Sa technique de gestion est une combinaison d'analyse technique et d'analyse fondamentale. Une des principales positions de Paul Tudor Jones reste son anticipation du crash de 1987. Il prédit cette chute sur la base d'une analyse du marché des produits dérivés qui avaient fortement grandi en quelques années. Selon lui, ce marché allait amplifier toute baisse sérieuse car de nombreux intervenants qui vendaient de la couverture allaient devoir payer les couvertures en réalisant d'autres positions, ce qui entraîne une chaîne à la baisse. Il rapporta près de 200 % en 1987 et gagna près de 100 millions de dollars durant la crise. Il fit de même au Japon en 1990.

### 4.7. Bruce Kovner

Bruce Kovner est un fils d'immigré russe qui a décidé de quitter la Russie afin de fuir le communisme. Il a étudié à Harvard et a fait de nombreux petits boulots avant de découvrir le marché des futures dans les années 70. Une histoire intéressante circule à propos de Kovner. Il aurait emprunté 3 000 dollars contre sa MasterCard. Il aurait ensuite investi cet argent dans des futures sur le soja. Cette somme aurait fructifié en 40 000 dollars avant de chuter à 23 000 dollars. C'est ainsi qu'il aurait découvert la gestion des risques et prit goût au trading de futures. Il a fondé *Caxton Corporation* à New York en 1983. Caxton gère aujourd'hui 11 milliards de dollars et compte approximativement 350 employés.

Appelé le jumeau de droite de Soros car il applique une stratégie semblable à ce dernier, Bruce Kovner est un pur trader macro. Il est connu depuis le début des années 90 alors qu'il aurait offert plus de 80 % annualisés à ses clients au cours de la décennie précédente. Sa stratégie d'investissement repose sur une gestion du risque avec l'idée sous-jacente de ne pas jouer dans des marchés où l'on risque de perdre beaucoup pour des raisons qu'on ne comprend pas. Il prône également l'écoute particulière au marché afin de ne pas aller contre lui. Il utilise également sa compréhension des évolutions politiques afin de prendre des positions dans des devises, des obligations d'État ou dans le marché des matières premières.

### 4.8. Steve Cohen

Steve Cohen, fondateur de *SAC Capital Advisors,* est un trader qui débuta sa carrière dans le trading d'options en 1978 après avoir étudié à Wharton. L'histoire dit qu'il a réalisé un profit de 8 000 dollars lors de son premier jour mais qu'il a atteint un bénéfice de l'ordre de 100 000 dollars durant la journée. Il créa SAC Capital Advisors en 1992 avec 25 millions de dollars. Sa société gère aujourd'hui approximativement 12 milliards de dollars.

Appelé le prince de Wall Street par le *New York Times* ou encore le roi des hedge funds par le *Wall Street Journal*, Steve applique une stratégie basée sur le trading. Selon *Business Week*, il dépenserait jusqu'à 150 millions de dollars en frais de transaction sur une année. Les actifs sont répartis en une quarantaine de portefeuilles gérés par une quinzaine de traders chacun. En outre, la vitesse d'exécution est une clé dans le processus d'investissement développé par Steve qui forme ses traders lui-même. Il leur apprend à identifier les tendances à partir d'une multitude d'éléments comme les flux de capitaux et porte une attention particulière à limiter les pertes. Selon Jack Schwager auteur de *Stock Market Wizard*, un livre qui présente les plus grands traders, la plus grande force de Steve est d'être capable d'intégrer une multitude d'éléments et de déterminer rapidement lesquels sont essentiels et de garder son calme en toute circonstance. La base du succès de Steve est également la pression qu'il exerce sur ses employés. Les traders sont payés sur leur performance personnelle et toute position en portefeuille depuis plus longtemps que quelques semaines sera fermée par Steve. Une position coupée par Steve est un mauvais signe.

Son histoire est assez intéressante. Enfant, féru de chiffres, il suivait de près les résultats sportifs dans le *New York Post*. Selon ses propres dires, c'est là qu'il découvrit les pages financières remplies de chiffres. Cela l'intéressa et finalement le passionna quand il comprit que les chiffres étaient des prix qui changeaient tous les jours.

Trois illustrations permettent de mieux comprendre la stratégie d'investissement de Steve. La première est une transaction renversée. Afin de se protéger de concurrents qui viseraient à suivre sa stratégie d'investissement, ils prendraient des positions de camouflage. L'idée est la suivante : au départ, SAC n'était pas très bien organisée. Il arrivait qu'un trader décide de vendre une action que Steve comptait acheter. Il remarqua qu'il arrivait souvent que le titre baisse quand le trader vendait. Il était alors encore plus intéressant de prendre une position dans ce titre. Une position renversée fonctionne par conséquent comme suit : SAC achète une petite position dans une action qu'elle vend ensuite à travers divers brokers. Quand le marché identifie ces ventes, il arrive souvent que de grosses transactions apparaissent. C'est à ce moment que Steve achète le titre. La deuxième illustration qui serait appliquée par Steve s'appelle *prendre la rue*. SAC prend de larges positions en bloc par l'intermédiaire de quelques courtiers importants. Afin de conserver un stock, les courtiers doivent alors racheter ces titres dans le marché, ce qui entraîne une hausse du prix. SAC peut ensuite vendre les titres rapidement pour un petit profit. La troisième illustration traite de *short squeeze*. Quand de nombreux intervenants jouent la baisse du prix d'un titre, il arrive que SAC l'achète, ce qui contraint les gérants qui ont par exemple des *stop losses* à fermer les positions. SAC peut ensuite vendre à profit. Il faut également noter que Steve et ses traders n'hésitent pas à mettre de la pression sur les analystes des grands courtiers afin que leur avis sur un titre soit en concordance avec celui de SAC. *Business Week* cite un analyste qui donne l'exemple d'un jour où il a eu au total plus de 15 messages de traders de chez SAC par rapport à une de ses recommandations.

En outre, chaque trader a une clause qui favorise SAC comme investisseur en cas de départ d'un trader pour lancer un autre fonds et chaque employé de SAC signe un document de confidentialité particulièrement stricte. Il est également intéressant de noter que Steve Cohen verse des commissions de performance plus élevées que la moyenne.

### 4.9. Alan Howard

Alan Howard a fondé Brevan Howard, un des principaux hedge funds européens, en 2002. Alan, alors responsable de l'équipe de dérivés sur les taux d'intérêt, quitta Crédit Suisse suite à une baisse de salaire.

La stratégie d'investissement appliquée par Brevan Howard est purement macro. Il prend des positions principalement dans les devises et les obligations gouvernementales des pays développés. Le fonctionnement de Brevan Howard est assez simple. Chaque trader dispose d'un budget de risque et il tente de réaliser le maximum de gain avec son budget de risque. Les traders qui rapportent des rendements positifs voient leur allocation grandir alors que les autres la voient diminuer. Chaque trader a un objectif clair défini par écrit. Le document stipule également les limites, l'allocation de capital et les instruments qui peuvent être utilisés. Il existe des contraintes de liquidité et une stop loss par trader et au niveau du portefeuille global.

Début 2009, Brevan Howard gérait 21 milliards de dollars et comptait près de 300 employés répartis principalement entre Londres, New York, Hong Kong et Telaviv.

### 4.10. Stephen Feinberg

Stephen Feinberg est le gérant du fonds Cerberus Capital géré par Cerberus Capital Management. Installé à Manhattan à New York, la société dispose de bureaux répartis dans le monde. Cerberus Capital est un fonds d'investissement qui existe depuis 1992. Il débuta avec approximativement 10 millions de dollars sous gestion. Son objectif premier a toujours été d'investir dans des sociétés en difficultés, tout d'abord afin de faire de l'argent directement, ensuite afin de les redresser. Alors qu'au départ la taille de ses actifs sous gestion ne lui permettait pas d'être actif dans la gestion des sociétés dans lesquelles il prenait position, une croissance soutenue des actifs a rapidement permis à Stephen de s'attaquer à des sociétés de taille plus importante. Le fonds disposait d'approximativement 8 milliards de dollars d'actifs en 2003. Il gérait 20 milliards de dollars début 2008.

Le processus d'investissement est unique. Il débute par la recherche de sociétés potentiellement intéressantes sur la base d'une analyse fondamentale. Ensuite, et dans un processus amical, l'équipe de gestion prend une première position avant d'entrer en contact avec le management et/ou les actionnaires et de leur proposer de travailler ensemble afin d'aider la société à grandir. Dans ce cadre, Cerberus Capital Management dispose d'une quarantaine de professionnels spécialisés dans la gestion de sociétés qu'ils utilisent comme lien direct avec les sociétés en question. L'idée est de trouver un bon business et de proposer les bonnes personnes pour aider à le développer.

Au total, Cerberus Capital a acquis 28 sociétés à la fin 2007 et a pris plus de 15 % des parts dans 15 autres. Selon une estimation de *Business Week*,

Cerberus Capital regroupe des sociétés pour un total de ventes de l'ordre de 30 milliards de dollars et plus de 100 000 employés. Les sociétés les plus connues avec lesquelles Cerberus a travaillé comprennent le constructeur automobile Chrysler, la société de location de voiture National et Alamo, l'ancien studio d'Hollywood de la Warner ou encore l'équipementier américain Delphi.

## 5. Résumé du chapitre

Dans ce premier chapitre, nous avons introduit la notion de hedge funds. Nous avons commencé par définir de façon générale ce terme avant de procéder à une analyse historique puis géographique de l'industrie. Nous avons ensuite présenté une théorie relative au stade d'évolution de l'industrie des hedge funds avant d'anticiper son développement futur.

Dans la dernière section, nous nous sommes intéressés aux grands noms de l'industrie des hedge funds et nous avons présenté les spécificités de chacun des gérants cités. Cette section est particulièrement intéressante, car elle illustre l'évolution temporelle et géographique décrite précédemment.

# Chapitre 2

# Les caractéristiques des hedge funds

Dans le premier chapitre nous avons introduit le concept de hedge funds, décrit leur évolution temporelle et géographique, analysé son développement future et présenté les grands noms de l'industrie. Dans le chapitre deux, nous nous intéressons aux caractéristiques des hedge funds, c'est-à-dire aux spécificités de chaque fonds. Ces dernières concernent les stratégies d'investissement, la structure des fonds, leur risque, les investisseurs ou encore le système de commission. Ensuite, nous décrivons les techniques de gestion spécifiques telles que les ventes à découvert et le levier financier avant de présenter quelques statistiques globales à l'industrie, le rapprochement entre les hedge funds et les autres produits alternatifs et de rapporter les atouts et les faiblesses des hedge funds. Nous achevons ce chapitre par une comparaison entre fonds et comptes gérés, la présentation du concept de réplication ainsi que l'analyse détaillée des nouvelles structures disponibles afin de s'exposer à l'industrie des hedge funds par d'autres moyens que la souscription à un ou plusieurs fonds.

## 1. Les fournisseurs de données

La définition des hedge funds rapportée au début du premier chapitre est générale et elle ne pose aucune contrainte quant à la stratégie d'investissement adoptée par le gérant du fonds. Tout comme il n'existe pas de définition légale du terme hedge fund, il n'existe aucune définition officielle des différentes stratégies appliquées par les gérants. La grande diversité qui existe entre les stratégies mises en place a cependant rendu nécessaire un regroupement des fonds suivant les similitudes dans les outils qu'ils utilisent, les marchés qu'ils couvrent ou dans leur processus de gestion. Ces stratégies peuvent utiliser des outils totalement différents afin d'atteindre les mêmes objectifs ou encore ils peuvent utiliser les mêmes outils tout en ayant des objectifs totalement différents.

Les hedge funds étant des produits privés, les informations relatives à la stratégie d'investissement doivent se collecter au cas par cas. Ce travail est celui des fournisseurs de données. Ces sociétés sont toutes des sociétés privées qui existent depuis une dizaine d'années pour la plupart. Elles ont chacune leur propre caractéristique. Elles ne définissent pas toutes les mêmes stratégies et ne contiennent pas le même nombre de fonds. Les principaux fournisseurs de données sont repris dans le tableau 1 (dans l'ordre alphabétique). [1]

CASAM CISDM associe une société de Crédit Agricole Asset Management à savoir *Alternative Investment Research and Technologies* (AIRT) et le *Centre for International Securities and Derivatives Markets* de l'université de Massachusetts, Amherst. Ce centre gère et distribue la base de données et les indices liés. La base de données CASAM CISDM (anciennement appelée MAR ou *Managed Account Reports*) est l'une des plus anciennes bases de données de CTA et de hedge funds. Elle débuta avec les CTA en 1979 avant de se diversifier vers les hedge funds en 1992. Fin 2009, la base de données suivait 6 000 hedge funds, fonds de fonds, CTA et CPOs et couvre plus de 1 400 sociétés de gestion. Hedge Fund Research, Inc. Est une société privée qui propose une base de données qui comprend plus de 7 000 hedge funds et fonds de hedge funds. *Credit Suisse/Tremont* (anciennement TASS) est issu de l'association de Credit Suisse et d'un consultant spécialisé, Tremont qui est présent dans l'industrie depuis de longues années. Outre les performances, la base de données couvre une multitude d'informations additionnelles comme les actifs sous gestion, la description du produit, la stratégie, le domicile, la devise, les instruments traités, les conditions de liquidité, les biographies.

Outre les trois sociétés précitées qui sont présentement dans l'industrie depuis plus de 15 ans et qui sont aujourd'hui pleinement reconnues, des nombreux autres entrants ont apparus. Les principaux sont *The Barclay Group* (Barclays), *Morgan Stanley Capital International* (MSCI), *Eurekahedge*, et *Standard and Poor's* (S&P). Comme ces bases de données ont été créées bien plus récemment, leurs données historiques sont largement reconstruites plutôt que directement collectées mois après mois.

1. Ces chiffres ont été obtenus des sites internet respectifs de ces sociétés.

**Tableau 1. –** *Caractéristiques des principaux fournisseurs de données relatives aux hedge funds*

| Société | Création | Nombre de fonds | Stratégies fonds individuels | Stratégies fonds de fonds | Site internet |
|---|---|---|---|---|---|
| CASAM CISDM | 1979 | + 6 000 | 15 | 2 | www.cisdm.org |
| Crédit Suisse/ Tremont | 1994 | + 5 000 | + 11 | ND | www.hedgeindex.com |
| Eurekahedge | 2000 | + 7 000 | + 200 | + 10 | www.eurekahedge.com |
| Greenwich Alternative | 1988 | + 5 000 | + 13 | ND | www.hedgefund.com |
| Hedgefund.net | 1997 | + 6 000 | + 40 | 4 | www.hedgefund.net |
| Hedge Fund Research | 1992 | + 6 500 | 30 | 4 | www.hedgefundresearch.com |

### 1.1. Les indices – classifications [1]

Classer les hedge funds par stratégie d'investissement n'est pas toujours une chose aisée car chaque gérant de fonds développe une stratégie d'investissement unique, même si dans la plupart des cas elle aura certaines caractéristiques proches de fonds existants. Il y a cependant un réel besoin de classification pour comparer les fonds, leur performance et leurs caractéristiques.

Chacun des principaux intervenants de l'industrie définit un ensemble de stratégies d'investissement afin regrouper les fonds et de donner des tendances globales, mais également par stratégie d'investissement. Chaque fournisseur de données a développé une classification propre. Ceci entraîne que certains définissent une dizaine de stratégies différentes alors que d'autres procèdent à une plus forte séparation en définissant jusqu'à vingt stratégies individuelles regroupées par familles. [2]

1. Nous présentons les principaux fournisseurs de données dans la première section du chapitre 4.

2. De plus en plus de fournisseurs de données regroupent les fonds par stratégie d'investissement tout en proposant également un groupement par région d'investissement ou par pays (voir par exemple www.hedgefund.net). Nous nous concentrons dans la présente comparaison uniquement sur la classification par stratégie.

Chaque classification aura ses spécificités, mais la plupart des stratégies d'investissement ainsi définies seront proches. Nous reprenons les classifications de six des principaux intervenants dans le tableau 1. Pour les comparer de la manière la plus claire qui soit, nous énumérons des familles de stratégies sur la gauche (*event driven*, *long/short equity*, *sector*, etc.) et intégrons les stratégies telles que définies par chaque fournisseur de données. Chaque colonne reprend les stratégies d'investissement telles que définies par le fournisseur de données en question selon nos familles. Lorsque le fournisseur de données définit également des familles (par exemple, *event driven* chez Crédit Suisse/Tremont), nous reprenons l'intitulé sur la première ligne de la famille en question en gras sur un fonds gris clair et listons ces composantes en dessous. À défaut, nous regroupons les stratégies d'une même famille selon notre classification.

L'objectif des classifications rapportées est de permettre à tout investisseur potentiel de trouver le ou les fonds qui correspondent à ses besoins et attentes en le différenciant des autres. Le nombre et la définition des stratégies ne sont pas invariables dans le temps et il est tout à fait concevable, voire probable, que l'évolution des marchés et des produits financiers entraîne un développement plus marqué d'une stratégie dans le futur ou la création d'une nouvelle stratégie qui répond à une demande accrue de la part des investisseurs.

Avant de nous intéresser aux caractéristiques de l'industrie des hedge funds, signalons que, contrairement aux classifications des stratégies des fonds d'investissement conventionnels où le nom de la stratégie reflète plus l'objectif de rendement du fonds, les classifications des stratégies de hedge funds sont généralement plus descriptives des marchés dans lesquels les gérants investissent et du type de positions prises. Même si cette différence n'est pas toujours significative dans la réalité, elle est importante et il est nécessaire d'en tenir compte.

Le tableau 1 reprend les classifications de six fournisseurs de données sur la base des stratégies d'investissement. Les classifications diffèrent par le nom et le nombre de stratégies qu'elles définissent. Certains fournisseurs définissent dans un premier temps des familles de stratégies, alors que d'autres ne vont pas agréger les stratégies d'investissement proches. Nous analysons chacune des classifications reprises dans le tableau 1.

### *1.1.1. CASAM CISDM (anciennement MAR Hedge)*

Nous pouvons regrouper les stratégies définies par CASAM CISDM en huit familles qui peuvent pour la plupart être subdivisées en stratégies. Ces familles sont *event driven*, *equity long/short*, *sector*, *market neutral/relative value*, *directional*, *emerging markets*, *mortgage-backed securities* et les *fund of funds*.

La classification rapportée est cohérente sauf que certaines sous-stratégies (pour les fonds *equity long/short* et *sector*) sont regroupées avec un indice global, alors que d'autres (*event driven* ou les stratégies *market neutral/relative value*) ne le sont pas. En plus, il n'y a pas de stratégie directionnelle en *fixed income*, ni de fonds *multi-strategy*.

### *1.1.2. Tremont Tass Research Limited*

Tremont Tass Research reprend dix stratégies principales qui sont proches de celles définies par les autres intervenants. La classification est intéressante. Remarquons cependant que, tout comme CASAM CISDM, Tremont Tass Research Ltd ne subdivise qu'une stratégie en sous-stratégie (*event driven*) mais qu'elle ne propose pas de sous-stratégie pour les stratégies largement rependues comme *long/short equity* qui peut regrouper des fonds très différents en son sein. Ensuite, Tremont ne définit pas de stratégies sectorielles, ni de stratégies *fixed income* directionnelles, ce qui signifie que les fonds qui appliquent de telles stratégies risquent de se retrouver dans une autre catégorie s'ils désirent rapporter leur performance.

### *1.1.3. Eurekahedge*

Un nouveau venu dans l'industrie, Eurekahedge, propose une classification différente de ses pairs. Il définit les neuf stratégies reprises dans le tableau (*fund of funds* exclu), et chacune de ces stratégies existe de façon globale, mais également sur une base régionale (Asie Pacifique, Asie hors-Japon, États-Unis, Europe, Japon, marchés émergents) et sur la base des actifs sous gestion (moins de 100 millions de dollars, entre 100 millions et 500 millions ou au-dessus). La seule famille qui semble manquer est la famille des fonds sectoriels.

### *1.1.4. Greenwich Alternative*

Anciennement appelée Van Hedge Fund Advisors International, Inc., Greenwich Alternative définit quatre familles de stratégies : les fonds *market neutral* (*equity market neutral*, *event driven* et *arbitrage*), les fonds *long/short equity* (*growth opportunistic*, *short sales* et *value*), les fonds directionnels (*futures*, *macro* et *market timing*) et les stratégies spécifiques. Certaines stratégies *market neutral* sont ensuite sous-divisées en sous-stratégies.

Cette classification, quoiqu'intéressante, a le souci d'avoir trois niveaux de détails. La sous-classification pour les fonds *long/short equity* est équivoque (*growth, value, opportunistic*). Ensuite, elle ne reprend pas de fonds sectoriels, ni des fonds émergents. Les fonds appliquant ces stratégies se retrouvent, par conséquent, dans la catégorie *long/short equity*. Finalement, elle ne définit pas de stratégie *fixed income directional*. Les fonds de cette catégorie doivent dès lors se classifier dans une autre catégorie qui ne correspond pas à la réalité.

### *1.1.5. Hedgefund.net*

Hedgefund.net définit un grand nombre de stratégies mais ne les agrège pas par famille. La classification est intéressante car elle comprend des stratégies parfois oubliées comme les fonds PIPE (également appelés *regulation D*) et elle sous-divise de manière détaillée les familles de fonds sectoriels et les fonds *market neutral/relative value*. Nous regrettons juste que les indices agrégés par famille ne soient pas disponibles.

**Tableau 2.** – *Classification des hedge funds par stratégie d'investissement*

| | **Casam Cisdm** | **Credit Suisse/ Tremont** | **Eurekahedge*** | **Greenwich Alternative** | **Hedgefund.Net**** | **Hedge Fund Research** |
|---|---|---|---|---|---|---|
| **Event Driven** | ***ND*** | ***Event driven*** | ***ND*** | ***Event-Driven*** | ***ND*** | ***Event driven Total*** |
| | Event-driven<br>Multi-strategy<br>Merger arbitrage<br>Distressed securities | Distressed securities<br><br>Multi-strategy<br>Risk arbitrage | Distressed securities<br><br>Event driven | Distressed securities<br><br>Merger arbitrage<br>Special situations | Event driven<br><br>Merger arbitrage<br>Distressed securities<br>Regulation D<br>Special situations | Distressed/restructuring<br><br>Merger arbitrage<br>Private issue/regulation D |
| **Long/Short Equity** | ***Equity Long/short*** | ***ND*** | ***Long/short equity*** | ***Long/Short Equity*** | ***ND*** | ***Equity hedge Total*** |
| | Equity long/short Asia<br>Equity long/short Europe | Long/short equity<br><br>Dedicated short bias | | Growth<br><br>Opportunistic<br><br>Short selling<br>Value | Long/short equity<br><br>Small/micro cap<br><br>Value index<br>Long only<br>Country specific | Equity market neutral<br><br>Quantitative directional<br><br>Short bias |
| **Sector** | ***Sector*** | ***ND*** | ***ND*** | ***ND*** | ***Sector*** | ***Sector Total*** |
| | Sector technology | | | | Sector – energy<br>Sector – finance<br>Sector – healthcare<br>Sector – technology | Sector – energy/basic materials<br>Sector – Technology/ Healthcare |
| **Market Neutral/ Relative Value** | ***ND*** | ***ND*** | ***ND*** | ***Arbitrage*** | ***ND*** | ***Relative Value Total*** |
| | Fixed income arbitrage<br>Convertible arbitrage<br>Equity market neutral | Equity market neutral<br>Convertible arbitrage<br>Fixed income arbitrage | Arbitrage<br><br>Relative value | Equity market neutral<br>Convertible arbitrage<br>Fixed income arbitrage<br>Other arbitrage | Market neutral equity<br>Convertible arbitrage<br>Capital structure arbitrage<br>Fixed income arbitrage | *RV: fixed income-asset Backed*<br>*RV: fixed income-conv. arb.*<br>*RV: fixed income-corporate*<br>*RV: sovereign* |

| | | | | | | |
|---|---|---|---|---|---|---|
| **Market Neutral/ Relative Value (suite)** | | | | Statistical arbitrage | Statistical arbitrage<br>Other arbitrage<br>Asset based lending<br>Short term trading<br>Option strategy | *RV: volatility*<br>*RV: multi-strategy*<br>*RV: yield alternatives* |
| **Directional** | ***ND*** | ***ND*** | ***ND*** | ***Directional Trading*** | ***ND*** | ***Macro Total*** |
| | Global macro | Global macro<br><br>Managed futures | Macro<br><br>CTA/managed futures | Futures<br><br>Macro<br><br>Market timing | CTA<br><br>Macro<br><br>Market timer | Macro: systematic<br>Diversified |
| **Emerging Markets** | ***Emerging markets*** | ***Emerging markets*** | ***ND*** | ***Emerging Markets*** | ***Emerging markets*** | ***Emerging Markets*** |
| | | | | | | Asia ex-Japan<br>Global<br>Latin America<br>Russia/EE |
| **Fixed Income Directional** | ***Mortgage-Backed Sec.*** | ***ND*** | ***Fixed income*** | ***Fixed income*** | ***ND*** | ***ND****** |
| | | | | | Fixed income non-arb.<br>Mortgage index | |
| **Multi-Strategy** | ***ND*** | ***Multi-strategy*** | ***Multi-strategy*** | ***Multi-strategy*** | ***Multi-strategy*** | ***ND******* |
| **Fund Of Funds** | ***Fund of funds*** | ***ND*** | ***Fund of funds*** | ***ND*** | ***Fund of Funds***<br>Market neutral<br>Multi-strategy<br>Single strategy | ***FoF Composite***<br>FoF: conservative<br>FoF: diversified<br>FoF: market defensive<br>FoF: strategic |

* Eurekahedge propose cette classification par stratégie également par région géographique (par exemple emerging market) et pour les funds of funds, si bien que le nombre total de classifications est très élevé.

** Hedgefund.net ne définit aucune famille de stratégie, mais uniquement des stratégies individuelles qui peuvent être liées ou non.

*** Les fonds fixed income directional sont repris dans la stratégie relative value chez hfr.

**** La famille multi-stratégie est reprise dans relative value chez hfr.

Ces données sont issues des sites internet des fournisseurs de données. Nous groupons les stratégies d'investissement par famille (*event driven*, *long/short equity*, sector, etc.). Chaque colonne reprend les stratégies d'investissement telles que définies par le fournisseur de données en question selon nos familles. Lorsque le fournisseur de données définit également des familles, nous en reprenons l'intitulé sur la première ligne de la famille en question en gras. À défaut, nous regroupons les stratégies d'une même famille selon notre classification.

### 1.1.6. *Hedge Fund Research, Inc*

HFR classe les stratégies hedge funds en sept familles (*event driven, equity hedge, sector, relative value, macro, emerging markets* et *fund of funds*). Ces familles sont ensuite toutes divisées en stratégies d'investissement. Cette dernière classification est très cohérente et elle est la plus simple à comprendre et à suivre. Nous regrettons uniquement qu'il n'y a pas de fonds *fixed income directional* ni de fonds *multi-strategy* en tant que tel, mais que les fonds qui implémentent de telles stratégies soient tous les deux repris en *relative value*. C'est vers cette classification que vont nos préférences.

### *1.1.7. Les indices journaliers*

Certains fournisseurs de données publient des indices hebdomadaires, voire journaliers. Ces indices donnent ainsi une idée de l'évolution de la performance des stratégies concernées. De tels indices sont plus intéressants pour des stratégies liquides que pour des stratégies peu liquides où les variations de prix journalières, voire même hebdomadaires, sont limitées.

## 2. Constitution d'un hedge fund

La constitution d'un fonds est un processus long et exigeant. Tyrell (2005) estime dans *Starting a Hedge Fund : A European Perspective* qu'il faut au minimum six mois pour couvrir l'ensemble des tâches nécessaires au lancement d'un fonds en Angleterre. Les principaux éléments à régler sont les suivants :

1. définir les contraintes réglementaires et légales ;
2. rechercher des fournisseurs de service de support (*prime broker*, conseil juridique, comptable et administrateur) ;
3. préparer les documents marketing et la stratégie marketing ;
4. trouver des bureaux ;
5. mettre en place des infrastructures nécessaires à la stratégie d'investissement ;
6. intégrer les autres éléments opérationnels tels que le personnel, les procédures.

La définition de la stratégie d'investissement est la partie « *facile* » du processus. Pratiquement, le reste des tâches est très exigeant et contraignant. Dans cette section nous nous concentrons sur les aspects liés à la gestion à prendre en compte lors du lancement d'un fonds.[1] Nous répartissons ce processus en sept étapes chronologiques. L'analyse de ces étapes est intéressante, car elle illustre la complexité de mise en place d'un fonds.

1. Nous renvoyons les lecteurs intéressés par les autres aspects importants, dont il faut tenir compte lors du lancement d'un fonds, au rapport *Starting a Hedge Fund : A European Perspective.*

Même si toutes les constitutions ne se font pas exactement de la même manière, les principales étapes reprises ci-après restent identiques dans la majorité des cas. Ces étapes sont le choix de la stratégie d'investissement, la détermination du profil de risque accepté, la sélection des risques alternatifs, le choix du gérant, la méthode de gestion, la domiciliation du fonds et la distribution des parts.

### 2.1. Définition de l'objectif du fonds

Lors de la constitution d'un fonds, l'objectif de la société à l'origine du projet ne sera pas toujours le même. L'objectif peut être d'offrir un rendement ajusté au risque attrayant ou de proposer une exposition à des produits ou à des stratégies d'investissements complexes. Il peut également consister à attirer de nouveaux investisseurs ou à offrir un nouveau produit à des investisseurs existants. Certaines banques proposent des fonds de hedge funds afin de pouvoir les vendre à leur clientèle existante qui désire de plus en plus allouer une part de leur portefeuille à un investissement alternatif.

Il existe par conséquent d'importantes différences en termes d'objectifs au sein de l'industrie. Il convient de garder cet aspect à l'esprit lorsqu'on compare un fonds créé par un ancien gérant classique qui désire ouvrir sa propre société de gestion et les fonds de grandes banques privées dont l'objectif est plutôt de répondre à une demande existante que de la stimuler.

L'objectif du fonds conditionne ensuite de nombreux facteurs. Une société qui désire créer un fonds destiné à être coté en bourse ou qui vise à proposer son produit sur plusieurs marchés devra choisir une stratégie d'investissement qui investit uniquement dans certains titres ou une stratégie qui limite l'utilisation de produits dérivés. Il en est de même pour la liquidité. Une société qui désire offrir un produit liquide à ses clients devra limiter l'investissement dans des titres peu liquides ou dans des hedge funds avec une liquidité moindre pour les fonds de fonds.

### 2.2. Stratégie d'investissement

Généralement, le ou les partenaires décident en premier lieu quelle sera leur stratégie d'investissement directrice. Afin de faire ce choix, ils se basent sur l'analyse des stratégies existantes, leurs caractéristiques rendement-risque escomptés, ou encore de l'expertise de l'équipe de gestion. Globalement, la question est de savoir si on désire appliquer une stratégie directionnelle, non directionnelle, ou encore investir par l'intermédiaire de tiers comme des fonds de fonds.

Une fois ce choix effectué, il convient de choisir une ou plusieurs stratégies d'investissement telles qu'illustrées dans le schéma 1 (liste de stratégies non exhaustives). La stratégie choisie peut être plus précise ou spécifique que les stratégies reprises dans le schéma 1 suivant l'expérience de l'équipe de gestion.

**Schéma 1. –** *Constitution d'un fonds (choix de la stratégie d'investissement)*

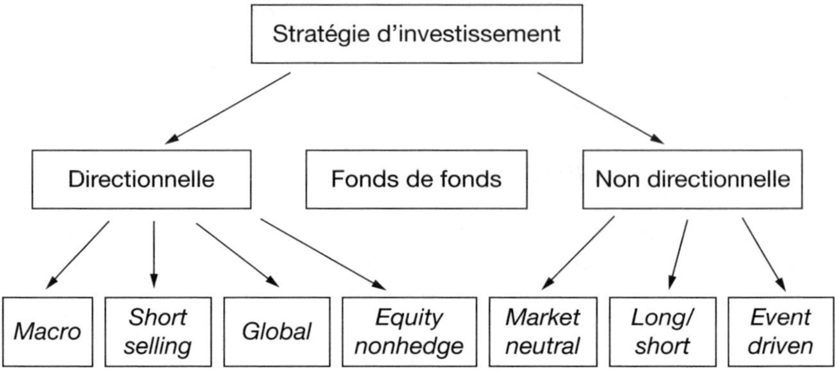


Le choix de la stratégie d'investissement est fondamental lors de la constitution d'un fonds. Dans les faits, le choix de la stratégie est normalement antérieur au commencement du processus de création. C'est parce qu'un gérant ou une équipe a développé une stratégie d'investissement spécifique qui a déjà fait ses preuves qu'ils décident de créer un produit et de proposer cette stratégie d'investissement à des investisseurs potentiels par l'intermédiaire d'un fonds.

### 2.3. Profil de risque accepté

Parallèlement au choix de la stratégie d'investissement, s'opère le choix du profil de risque accepté. Chaque stratégie d'investissement présente des caractéristiques de risque très différentes et il est clair que, par définition, un portefeuille investi en marché émergent sera plus risqué qu'une stratégie *market neutral*. Remarquons cependant que la mise en place de la stratégie et les contraintes donneront un profil de risque différent au produit.

Le schéma 2 illustre le profil de risque accepté. Lorsque le gérant désire proposer un produit avec un risque faible, il investira généralement dans des titres peu risqués, utilisera le cash activement, diversifiera son portefeuille au maximum et se concentrera sur des marchés très liquides. Pour un profil de risque moyen, les produits d'investissement classiques pourront être utilisés. Le levier pourra être utilisé de façon limitée, le portefeuille sera limité et le gérant sera actif sur des marchés traditionnels qui jouissent d'une liquidité normale. Un fonds plus dynamique pourra investir dans des produits complexes, il utilisera plus largement le levier (directement ou par l'intermédiaire des produits dérivés). Le portefeuille sera plus concentré et des marchés moins liquides pourront être considérés.

Pratiquement, un fonds combinera généralement plusieurs de ces caractéristiques et les risques seront ainsi globalement proches du niveau moyen.

À titre d'exemple, un fonds émergent sera investi dans des marchés moins liquides (risque élevé) et concentrés (risque élevé). Il n'utilisera cependant pas de levier (risque faible) et n'investira que dans des grandes sociétés (risque faible).

**Schéma 2. –** *Constitution d'un fonds (détermination du profil de risque accepté)*

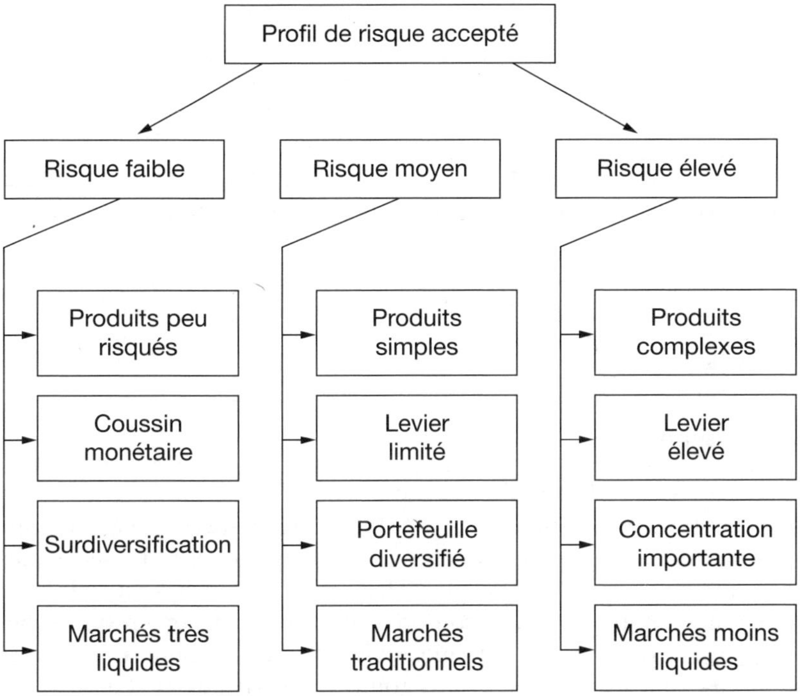


## 2.4. Technique de sélection des risques alternatifs

Une stratégie d'investissement alternative entraîne plusieurs risques indépendants. Ces risques peuvent être le risque de volatilité (stratégie *convertible arbitrage*), le risque de convexité (*fixed income arbitrage* spécialisé dans des obligations gouvernementales), le spread émetteur (*fixed income arbitrage* spécialisé dans les obligations à haut rendement), le risque de défaut et de faillite (*distressed securities*), le risque d'opérations sur titres (*mergers arbitrage*), le risque statistique (*statistical arbitrage*), le risque de marchés émergents (*emerging markets*) ou encore le risque spécifique (*long/short*).

Chacun de ces risques contribue à la performance du portefeuille, mais le niveau de risque global doit être en ligne avec le budget de volatilité prédéfini. Les partenaires désireront s'exposer à certains de ces risques, mais limiter l'impact d'autres sur la performance en couvrant les positions.

Ce choix est souvent parallèle au profil de risques acceptés. Un portefeuille optimal emploie une technique de sélection des risques adéquate qui permet de combiner des actifs divers dont les rendements ne sont pas corrélés entre eux et qui entrent dans le cadre de la stratégie d'investissement choisie. Le schéma 3 illustre le processus de sélection des risques alternatifs.

**Schéma 3. –** *Constitution d'un fonds (sélection des risques alternatifs)*

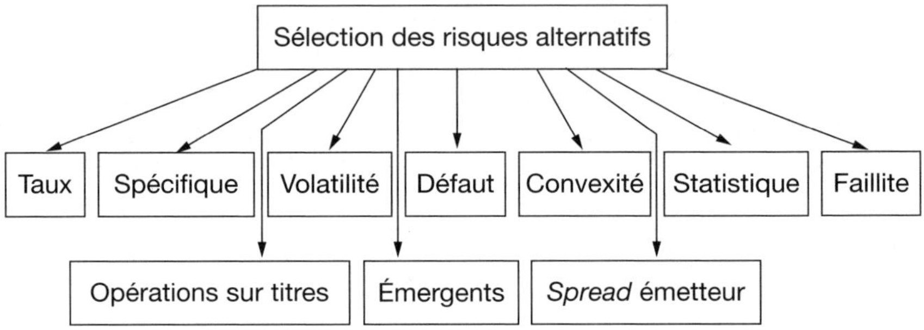


### 2.5. *Gérant*

L'étape suivante consiste à décider quelle sera la technique de gestion : gestion centralisée, multiple (déléguée ou assurée par la société elle-même) ou automatisée. La gestion est centralisée lorsque l'expertise nécessaire à la mise en place de la stratégie considérée est présente au sein de la société de gestion constitutive, ou lorsqu'on a décidé d'engager un ou plusieurs gérants spécialisés dans la stratégie envisagée. La gestion multiple est spécifique aux fonds de fonds ou aux fonds multi-stratégies. La gestion est automatisée lorsque l'objectif est de créer une stratégie d'arbitrage quantitative. Le modèle vise alors à détecter automatiquement les écarts de prix et le rôle du gérant n'est alors que secondaire. Les différents types de gestion sont illustrés dans le schéma 4.

**Schéma 4. –** *Constitution d'un fonds (choix du gérant)*

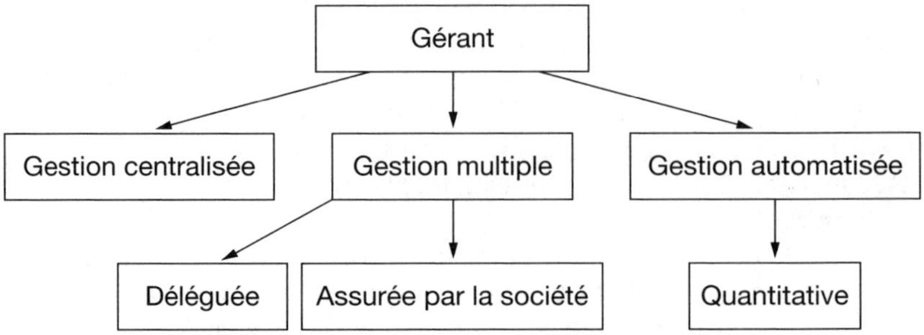

### 2.6. Méthode de gestion

L'étape suivante consiste à définir la méthode de gestion : gestion systématique, gestion discrétionnaire, suiveur de tendance, sélection de titres individuels, *spiel* discrétionnaire ou gestion sur fondamentaux.

La gestion systématique consiste à considérer les prix des titres et les informations spécifiques du marché afin de prendre ses décisions d'investissement. Ce type de gestion consiste généralement à suivre les recommandations d'achat ou de vente d'un outil de gestion automatisé développé par des spécialistes qui ont identifié un algorithme sur le marché. Plusieurs stratégies sont applicables. Les plus courantes sont basées sur l'analyse technique. Un premier programme se charge d'identifier les signaux d'achat et de vente présents sur le marché, alors qu'un second logiciel suit l'évolution des risques inhérents au portefeuille selon la méthode appelée *Value at Risk*. L'objectif est d'identifier les faux signaux et de fermer les positions dont le couple rendement-risque n'est pas conforme aux objectifs de volatilité.

La gestion discrétionnaire, le modèle le plus répandu, repose sur le jugement intuitif de l'équipe de gestion. Son anticipation personnelle est à la base du raisonnement sans reposer directement sur un modèle quantitatif, même s'il utilise généralement divers outils quantitatifs ou qualitatifs afin de corroborer ses idées ou de lui en donner. La gestion discrétionnaire peut être divisée en trois : la sélection de titres individuels, le *spiel* discrétionnaire ou la gestion discrétionnaire fondamentale. La sélection de titres individuels consiste à sélectionner des actions ou des obligations qui, de par leurs caractéristiques, sont intéressantes aux yeux des gérants et à constituer un portefeuille diversifié. Le *spiel* discrétionnaire implique d'investir simultanément de façon longue et courte sur le marché. L'objectif n'est pas nécessairement d'avoir une position globale neutre en termes de risque, mais de changer le positionnement suivant les conditions de marché et non uniquement à partir de l'analyse de titres individuels. Les gérants ont la possibilité de passer d'une position nette longue à une position nette courte, d'arbitrer entre les valeurs cycliques et celles de croissance, etc. Les investissements portent généralement sur des régions du globe comme l'Europe ou les États-Unis ou ils sont concentrés dans un ou plusieurs secteurs particuliers comme les valeurs technologiques ou les biens de consommation. Finalement, la sélection sur fondamentaux implique que le gérant se base sur l'analyse fondamentale pour sélectionner les titres achetés et il intègre les conditions de marché dans le but de prendre un positionnement adéquat. Le schéma 5 illustre la méthode de gestion.

Les suiveurs de tendances définissent un univers de gestion sur lequel ils vont développer un modèle mathématique destiné à identifier les tendances de marché à court, moyen ou à long terme et à prendre un positionnement en conséquence.

**Schéma 5. –** *Constitution d'un fonds (méthode de gestion)*

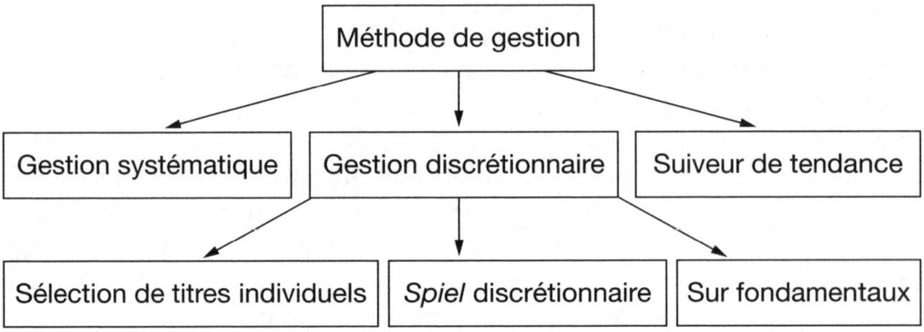


### 2.7. Domiciliation du fonds

Une étape cruciale dans la constitution d'un fonds concerne la domiciliation du fonds. Ce choix déterminera les libertés des gérants ainsi que le niveau de taxation des bénéfices potentiels.

On peut considérer que le choix s'effectue généralement entre une domiciliation *in situ*, c'est-à-dire dans le pays de la société de gestion à la base du projet, une domiciliation *onshore* réglementée et l'enregistrement extraterritorial (*offshore*). Ces diverses possibilités sont illustrées dans le schéma 6. La domiciliation *in situ* constitue rarement le choix idéal car tous les pays ne permettent pas la mise en place de fonds alternatifs et, selon les cas, les contraintes seront plus ou moins fortes. Une domiciliation *onshore* est aujourd'hui possible dans un nombre sans cesse croissant de pays. Une telle domiciliation a ses avantages en termes d'image, mais elle a aussi des contraintes et des coûts additionnels qui peuvent rapidement être importants. Les places *offshore* offrent de nombreux avantages directs, mais des inconvénients à plus long terme, vu la croissance de la concurrence *onshore*.

**Schéma 6. –** *Constitution d'un fonds (domiciliation du fonds)*

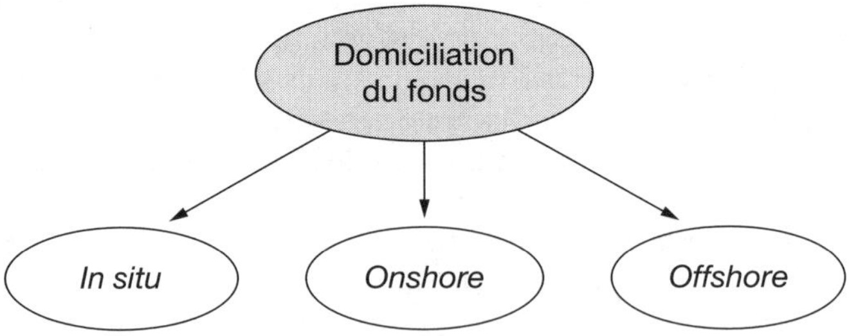


Les principaux éléments à considérer lors de la mise en place d'un fonds sont multiples :

– la familiarité de la juridiction avec les fonds alternatifs est le premier élément à prendre en compte ; il y a peu d'intérêt à domicilier un fonds où les autorités de contrôle ne sont pas familières et à l'aise avec les hedge funds, car cela va ralentir la mise en place du fonds ;

– les investisseurs visés : le type d'investisseurs visés devra être considéré lors du choix du domicile du fonds car certaines catégories d'investisseurs ne peuvent pas investir dans certaines juridictions ou certaines structures légales comme les fonds fermés ou les sociétés anonymes ; en outre, une version américaine du fonds sera indispensable pour proposer le fonds aux investisseurs privés américains ;

– degré de réglementation locale : les lois et règlements en vigueur qui impactent directement ou indirectement le fonds et ses investisseurs (secret bancaire par exemple) ;

– les impacts fiscaux : il est indispensable de prendre l'aspect fiscal en compte, que cela concerne le fonds, la société de gestion ou les investisseurs ;

– les mesures anti-blanchiment : la nature et l'importance des mesures anti-blanchiment auront un impact sur sa réputation et sa crédibilité ;

– la qualité des fournisseurs de service : cet élément est important, non seulement du point de vue du coût, mais aussi dans le cadre de la qualité de service qui permet de gagner du temps dans la durée ;

– les avantages spécifiques : d'autres éléments à considérer incluent le temps d'implémentation, la réputation de la juridiction ainsi que le système politique et la stabilité de la devise locale.

### 2.8. Distribution

La dernière étape de la constitution d'un fonds consiste à choisir la manière dont on désire vendre le fonds. Généralement, on vend des parts ou des actions qui représentent une partie du capital, mais d'autres choix existent. En effet, il est possible de créer des structures plus complexes comme des *notes*, des options ou de créer des swaps de performance qui permettent d'obtenir un rendement lié à la performance d'un fonds, sans acheter de parts ou d'actions représentatives du capital. Le schéma 7 illustre le choix de la méthode de distribution.

**Schéma 7. –** *Constitution d'un fonds (distribution des parts)*

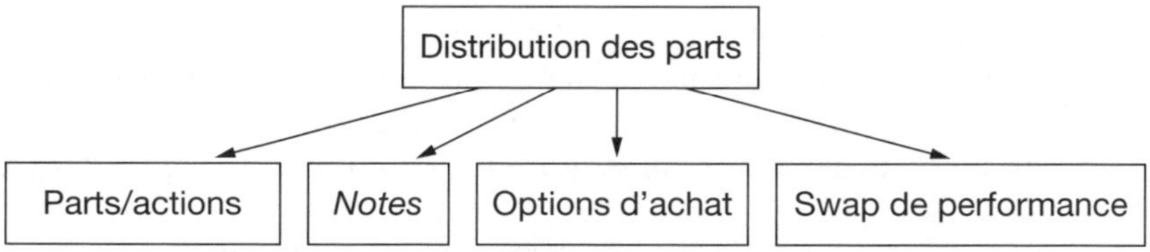


Le fonds aura soit la forme juridique d'un fonds ouvert, soit il sera fermé, soit il sera quasi ouvert. Dans le premier cas, le fonds propose de racheter les parts émises après une période de notification. On retrouve alors la même structure que pour les fonds communs classiques et les actifs du fonds varieront au cours du temps. Les entrées et les sorties se font de façon périodique et régulière.

Les fonds fermés demandent un investissement initial pour une durée déterminée. Ensuite, il n'y a plus de possibilité de sortir ou d'entrer dans le fonds. Les actifs du fonds sont stables et le gérant dispose du temps prédéfini de la vie du fonds pour offrir la performance attendue. Dans certains cas, ces fonds se traitent en bourse comme des actions. Le fonds publie alors une valeur nette d'inventaire qui donne la valeur du fonds et il existe un prix de marché qui dépend de l'offre et de la demande, qui s'écartera plus ou moins fortement de la valeur nette d'inventaire suivant les conditions de marché. Les titres d'un fonds quasi ouvert se traitent sur le marché secondaire et avec la société de gestion. Cette structure, la plus intéressante pour l'investisseur, est relativement rare.

Les gérants peuvent toujours décider de ne plus accepter de nouveaux investissements, s'ils pensent que cela entraverait leur gestion et qu'ils ne seraient plus capables d'identifier suffisamment d'opportunités afin de réaliser leurs objectifs. Ceci est possible même si le fonds a une forme ouverte.

## 3. La structure type d'un hedge fund

Le hedge fund est l'entité dans laquelle les investisseurs vont investir afin de viser les rendements espérés. Cette entité est différente de la société de gestion qui est l'entité qui prend les décisions de gestion et qui percevra les commissions de gestion et de performance. Les associés à l'origine du projet sont généralement les gérants du fonds et ils prennent ces décisions. Les investisseurs externes investissent dans le fonds d'investissement. Chaque fonds a une structure à part, mais on peut visualiser la structure type qui entoure un hedge funds dans le schéma 8.

Le schéma 8 se lit comme suit. Le hedge fund est l'élément central. Pour exister, le fonds a besoin d'actifs sous gestion. Ces actifs proviennent d'investisseurs (les associés, l'équipe de gestion et/ou des investisseurs externes). Le fonds est ensuite géré par une équipe de gestion au sein de la société de gestion. Cette société de gestion appartient aux associés. L'équipe de gestion est parfois aidée par un conseiller en investissement.

Le fonds a également besoin d'un (ou de plusieurs) *prime broker(s)* pour financer son levier le cas échéant et pour traiter sur le marché. Sur la partie de droite du schéma nous rapportons les activités de soutien au fonds, à savoir l'administrateur, l'auditeur, le conseiller juridique, l'agent de conservation et le distributeur qui aide l'équipe de gestion dans sa démarche de levée de capitaux.

L'équipe de gestion (qui sera totalement, partiellement ou pas identique aux associés) est la ou les personnes qui gèrent le fonds et qui prennent les décisions opérationnelles. Dans certains cas, principalement en ce qui concerne les fonds de fonds, l'équipe de gestion est assistée par un ou plusieurs conseillers d'investissement.

**Schéma 8. –** *Structure type d'un hedge fund*

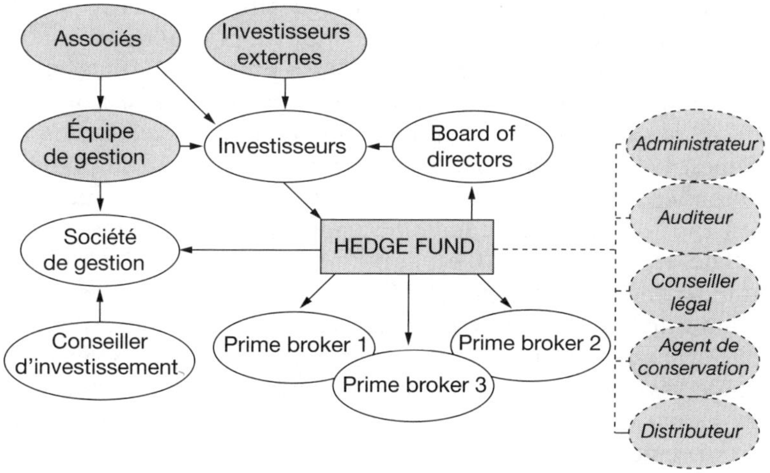


Le *prime broker* est un fournisseur de services qui met l'infrastructure nécessaire à la mise en place de la stratégie d'investissement à la disposition des gérants du fonds. Ceci comprend principalement le financement des transactions par des crédits journaliers, des marges de crédit pour financer l'achat d'actions, la mise à disposition du levier et le prêt de titres nécessaires à la mise en place de ventes à découvert. Les services proposés par les brokers se sont étoffés au cours des dernières années. D'autres services incluent de la recherche, des rapports en temps réel (rapport d'exécution, de gestion des risques, etc.), des outils de gestion du risque, des services de consultance pour les nouveaux fonds, des services d'intermédiaires pour le marché secondaire de certains fonds ou encore une aide à la gestion des risques opérationnels. Nous illustrons le rôle fondamental du *prime broker* dans le schéma 9. En outre, ils proposent aujourd'hui souvent un service de *capital introduction*, c'est-à-dire l'organisation de présentations des nouveaux produits avec des investisseurs potentiels.

**Schéma 9. –** *Rôles du prime broker*

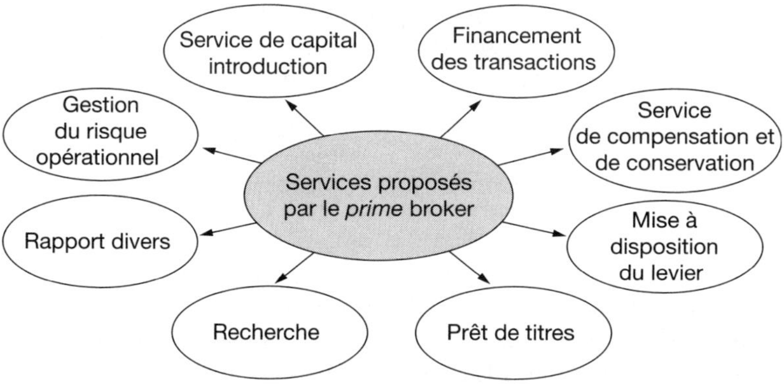

Le *board of directors* (conseil d'administration en français) a un rôle fondamental dans le cadre de fonds d'investissement car il a le pouvoir de décision final en cas de problème quelconque (hors fraude naturellement). Les directeurs engagent leur responsabilité à prendre toutes les décisions nécessaires dans l'intérêt des actionnaires en cas de désaccord avec la société de gestion. Ils sont les protecteurs de dernier recours en cas de problèmes. Les directeurs ont, par exemple, le pouvoir de prendre des résolutions spéciales en cas de nécessité et de bloquer les sorties de capitaux en cas de problème de liquidité important et inattendu. Il s'agit en général des trois personnes. Il est important que la majorité des directeurs soient indépendants de la société de gestion.

L'administrateur est une société qui a la responsabilité légale pour tout ce qui touche aux aspects financiers d'un fonds. Il procède par exemple à l'estimation de la valeur nette d'inventaire du fonds, fournit son estimation aux parties intéressées (investisseurs, fournisseurs de données, bourses), il perçoit les investissements, procède au remboursement de parts après avoir vérifié les demandes en détail. L'administrateur estime les commissions et surtout la commission de performance et c'est également lui qui prépare et distribue les états financiers. Il doit également veiller au respect de l'application des règles reprises dans le prospectus, qu'elles concernent l'investissement minimum, les limites quant à l'utilisation du levier, les restrictions d'investissement, les limites par position, secteur ou pays ou encore les règles de valorisation telles que définies dans le prospectus et dans le contrat qui lie l'administrateur et son client. Dans certains cas, il proposera des services additionnels comme être le contact pour la cotation des fonds, la gestion des liquidités et il pourra proposer un ou plusieurs directeurs pour les fonds (voir schéma 10).

**Schéma 10.** – *Rôle de l'administrateur*

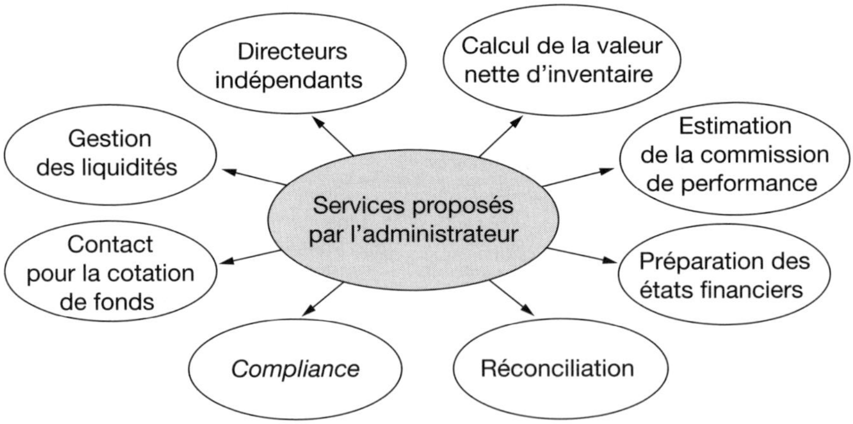


L'auditeur est une société qui procède à l'inspection indépendante des documents et des opérations d'une société et qui vérifie la conformité des documents avec les standards réglementaires et/ou les règles comptables.

Le conseiller légal donne tous les conseils légaux nécessaires dans le cadre de la gestion du fonds ou en cas de conflit avec une entité extérieure. Il joue généralement un rôle important lors de la constitution du fonds.

L'agent conservateur est une organisation qui garde les actifs comme des titres ou du cash pour le compte d'autres personnes. Il est uniquement responsable de la garde des actifs. Il ne possède pas d'actifs pour le compte de tiers. Il améliore la protection des investisseurs, car les titres sont gardés par une partie indépendante de l'équipe de gestion.

Afin de distribuer largement leur fonds, de nombreux fonds ont des arrangements contractuels avec des distributeurs qui peuvent être des courtiers, des banques, des agents indépendants ou des gérants d'actifs. Ceux-ci prospectent afin de trouver de nouveaux investisseurs. Souvent, ils sont également investisseurs dans le fonds.

## 4. Les hedge funds et le risque

Il n'est pas facile d'analyser les risques présents dans le cas d'investissement dans des hedge funds, car, suivant la stratégie considérée, les risques peuvent être totalement différents. Des risques importants pour certaines stratégies seront totalement couverts dans d'autres et inversement. Dans cette section, nous analysons les principaux risques présents pour une ou plusieurs stratégies. Ils ne sont cependant pas tous présents pour toutes les stratégies.

### *4.1. Le risque d'investissement*

Le risque d'investissement est le risque que l'on désire prendre lorsque l'on investit dans un fonds d'investissement. Le risque d'investissement couvre plusieurs aspects. Il comprend tout d'abord le risque de diversification du portefeuille. Un fonds peut être directionnel (risque de marché plus élevé) ou avoir un positionnement contrebalancé. Ensuite, il peut être concentré dans un type de titres tel que les actions ou diversifié entre plusieurs marchés. Il pourra également être spécialisé sur un secteur ou largement diversifié en termes sectoriels. Finalement, le fonds peut être géré par un gérant unique ou par une équipe, ce qui n'induit pas les mêmes risques.

Le second aspect du risque d'investissement concerne les risques spécifiques au gérant. Ceux-ci comprennent premièrement l'incertitude relative à son efficacité en période de marchés turbulents. Il arrive que certains gérants, qui se distinguent fortement de leurs congénères en période de hausse, ne soient pas capables de garder cet avantage en période d'incertitude globale et qu'ils n'offrent plus les rendements attendus dans des conditions de marché difficiles. Ensuite, il est souvent difficile de distinguer la part de la performance d'un fonds due à la chance de celle qui s'explique par ses aptitudes particulières. Un autre risque spécifique est qu'un gérant qui dispose d'un avantage concurrentiel par rapport à d'autres peut perdre cet avantage. À titre d'illustration, considérons un gérant qui gère son fonds sur une base quantitative à l'aide d'un modèle particulièrement innovant. Si un modèle du même type est publié dans une étude scientifique ou qu'un de ses clients tente de construire un modèle du même type sur la base des informations glanées lors de rencontres ou lors de présentations, il est probable que ce gérant perde son avantage concurrentiel. Un dernier risque spécifique lié à l'avantage concurrentiel de certains fonds est que certaines stratégies n'arrivent plus à générer les performances escomptées dans des conditions de marché défavorables et que les stratégies deviennent désuètes pendant quelques mois ou quelques années. À titre d'exemple, considérons les fonds *convertible arbitrage* en 2004 et 2005, les PIPE funds en 2008 et les fonds *asset based lending* en 2009.[1] Le graphique 1 illustre l'importance du risque spécifique dans le cas des hedge funds alors que, dans le cas des fonds communs, il s'agit en grande majorité d'un risque de marché.

**Graphique 1. –** *Composition du risque de portefeuille de fonds*

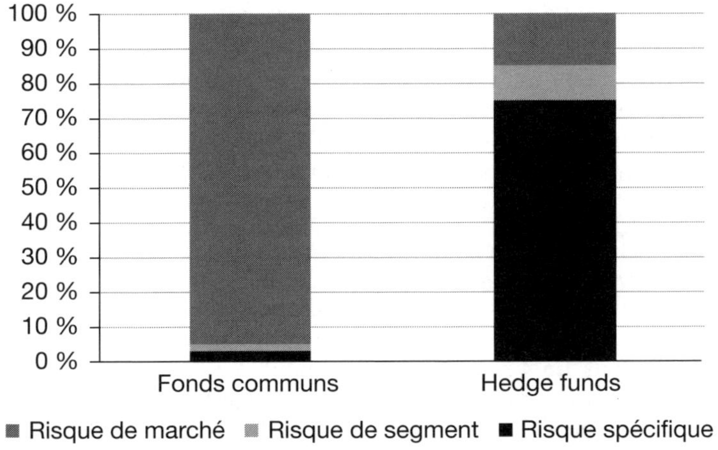


### *4.2. Le risque de modèle*

Plusieurs stratégies d'investissement sont basées sur des modèles mathématiques complexes qui reposent sur un ensemble de données ou de relations afin d'évaluer le prix de certains titres ou d'anticiper l'évolution attendue de certaines relations.

Le risque dû à ces modèles est double. Certains gérants ont une confiance aveugle dans leurs modèles. Si le modèle n'anticipe pas correctement des conditions de marché défavorables, les pertes peuvent être conséquentes.

1. Nous renvoyons vers le chapitre 3 pour avoir plus d'informations sur les stratégies citées.

D'un autre côté, il arrive que des gérants passent outre les recommandations de leur modèle et que cette décision entraîne des pertes importantes.[1]

## 4.3. Le risque de gérant et d'industrie

De par la discrétion dont ils font preuve en ce qui concerne leur stratégie d'investissement et la construction de leur portefeuille, il est important que les gérants de fonds soient des personnes intègres. Il est indispensable qu'ils aient la volonté d'admettre leurs erreurs et de les expliquer aux investisseurs, afin que ces derniers puissent décider de rester dans le fonds ou d'en sortir, si la stratégie d'investissement mise en place ne leur convient plus. Finalement, il faut veiller à ce que l'objectif final des gérants soit de prendre leurs décisions d'investissement dans l'intérêt des investisseurs actuels. Ceci inclut le fait qu'ils limitent le montant des actifs sous gestion à un palier défini au départ ou encore qu'ils ne gèrent pas différents fonds qui pourraient se faire concurrence et dans lesquels leur investissement personnel n'est pas identique.

Les trois aspects décrits précédemment représentent le risque de gérant. Ce risque est particulièrement important dans le cas des hedge funds, car l'argent investi est généralement bloqué pour plusieurs mois ou plusieurs années. En outre, de nombreux fonds sont domiciliés dans des paradis fiscaux qui protègent peu les investisseurs.

Il est très dangereux d'investir dans un fonds domicilié dans un paradis fiscal, uniquement sur la base d'ouï-dire ou sur la base d'un prospectus d'émission. Il est important de connaître l'associé principal afin de s'assurer de son intégrité.

Le risque d'industrie vient du fait qu'aujourd'hui un nombre sans cesse croissant d'investisseurs potentiels considèrent un investissement dans des hedge funds. Cette demande et le système de commission à la performance entraînent une hausse du nombre de fonds vendus. Ceci signifie qu'un plus grand nombre de gérants disposant d'actifs plus importants sont présents sur les marchés alternatifs. Il est par conséquent peu probable que les gérants de hedge funds moyens parviennent à fournir des rendements aussi impressionnants que ceux obtenus par le passé, car de nombreuses inefficiences tendent à disparaître. Le meilleur exemple de ce phénomène est le marché des obligations convertibles. Les hedge funds représentaient près de 70 % de ce marché en 2004 avant que la stratégie ne déçoive durant plusieurs années.

---

1. En septembre 2002, les deux fonds *mortgage backed securities* de la société *Beacon Hill Asset Management* ont fait cette malheureuse expérience. Les gérants n'ont pas fait confiance au modèle sur lequel la gestion de leurs fonds était basée, ce qui a entraîné une perte de l'ordre de 10 %. En outre, le fonds avait un levier de 5:1. Au total, les fonds ont perdu plus de 50 % de leur valeur.

### 4.4. Le risque de construction du portefeuille

Lors de la construction d'un portefeuille, il ne suffit pas d'investir dans un grand nombre de titres afin de limiter le risque global du portefeuille. Un portefeuille qui contient une centaine de positions n'est pas toujours moins risqué qu'un autre qui se limite à quelques positions, si la construction de ce dernier se base sur une méthode stricte de limitation des pertes, c'est-à-dire que les positions sont automatiquement dénouées lorsqu'une certaine perte est enregistrée ou que les titres choisis sont peu corrélés.

Si un gérant combine une position longue dans des actions d'une société automobile A avec une vente à découvert équivalente des actions d'une société automobile B, sa position globale est faiblement exposée au risque de marché et au risque sectoriel et le risque global de la position semble limité. Si la société A gagne des parts de marché de la société B (hausse du cours de A et baisse du cours de B), le gérant réalise un gain. Cette situation change si la société B gagne des parts de marché sur la société A. Le gérant supportera alors une double perte. Il la subira sur la partie longue de son portefeuille ainsi que sur la partie courte. Il est par conséquent indispensable de connaître la corrélation entre les titres en portefeuille, afin d'estimer si l'inclusion d'un nouveau titre augmente ou diminue le risque. Un portefeuille diversifié sur un grand nombre de titres ne signifie pas toujours un risque moindre. Une analyse profonde est particulièrement importante dans le cas des hedge funds où l'on combine des positions longues et courtes. Il faut veiller à ce que la corrélation entre les positions opposées (longues et courtes) soit largement positive. On retrouve la même logique que celle développée dans la théorie moderne du portefeuille qui soutient qu'une faible corrélation permet une plus grande diversification, sauf que la situation est différente. Dans le cas présent, il y a une combinaison de positions longues et courtes et non plus uniquement de positions longues.

Dans ce cadre, il est intéressant de rapporter les résultats d'une étude de Deloitte [1] qui révèle quelques éléments alarmants en termes de risque de construction de portefeuille. La moitié des fonds détiendraient des actifs utilisant le levier implicitement sans l'intégrer (levier hors bilan) et 40 % des gérants utiliseraient la VaR et d'autres modèles sans recourir à des *stress tests* et des tests de corrélation. L'ensemble des éléments interpellant sont repris dans le tableau 3. De tels résultats, bien que datant de 2007, montrent l'importance du processus de *due diligence* qui permet aux investisseurs de s'assurer que les fonds dans lesquels ils investissent respectent les règles de la gestion des risques qu'ils se sont fixées.

1. Deloitte Research, "Precautions that Pay Off: Risk Management and Valuation Practices in the Global Hedge Fund Industry", 2007.

**Tableau 3. –** *Éléments interpellant dans la gestion des risques de nombreux hedge funds*

| | **Pourcentage de fonds en défaut** |
|---|---|
| Pas de limite par position | 14 |
| Suivi de liquidité sans stress test et sans analyse de corrélation | 21 |
| Mesure du levier hors bilan sans stress test et sans analyse de corrélation | 26 |
| Pas de limite de concentration par industrie | 30 |
| Pas de suivi de liquidité | 33 |
| Utilisation de la VaR sans *backtesting* | 36 |
| Utilisation de la VaR sans stress test et sans analyse de corrélation | 40 |
| Détention d'actifs avec du levier implicite (forwards, futures, swaps, etc.) sans estimer le levier global | 50 |

*Source* : Deloitte (2007).

### *4.5. Le risque de valorisation*

De nombreuses stratégies appliquées par des hedge funds sont investies dans des titres peu liquides, dans des titres privés ou dans des titres construits sur mesure. Ces titres sont difficiles à valoriser et ils entraînent un risque de valorisation. Nous reprenons dans le tableau 4 quelques exemples de tels titres et les stratégies dans lesquelles ils sont utilisés.

Le risque de valorisation est présent lorsqu'il n'est pas possible d'obtenir une valorisation d'un tiers indépendant ou d'avoir une valorisation proche de ce qu'elle serait si le titre devait être vendu sur le marché. Le cas des *PIPE* funds et les fonds *ABL* représentent quasiment des cas d'école étant donné que les gérants des premiers réalisent des transactions privées, c'est-à-dire qu'ils financent des sociétés publiques avec des titres privés non transférables et que les seconds accordent des prêts contre garantie, prêts et garantie pour lesquels il n'y a pas de valeur de marché reconnue. Nous illustrons le cas de PIPE funds dans le schéma 11 de la page 99. Dans la stratégie PIPE, le risque de valorisation se trouve au niveau des obligations convertibles non enregistrées, des actions (préférentielles ou non) peu ou non liquides, les *notes* et *debentures* (obligations sans garantie) au niveau des prêts directs quand les fonds en réalisent et les positions vendeuses lorsque le fonds en a.

**Tableau 4. –** *Exemples de stratégies et titres soumis à un risque important de valorisation*

| High yield/ distressed securities | Fixed income arbitrage | Convertible arbitrage | Macro | Emerging markets |
|---|---|---|---|---|
| Dette garantie/non garantie | Obligations avec des options complexes | Obligations convertibles | Obligations liées à l'inflation | Actions |
| Prêts directs | *Forwards* sur taux d'intérêt | Dérivés de crédit | Swaps et options sur swaps | Warrants |
| Dette bancaire | Options sur obligations | Warrants et autres particularités | Matières premières exotiques | Options |
| Dette prioritaire | Options exotiques sur taux d'intérêt | Options sur obligations | etc. | Futures |
| Dette mezzanine | Obligations garanties par une hypothèque | etc. | | *Forwards* |
| Dette subordonnée | Dérivés de crédit | | | Swaps |
| Lettres de crédit | Swaps et options sur swaps | | | Obligations d'État |
| Obligations à haut rendement | Obligations adossées à des créances (CDO) | | | Obligations convertibles |
| Obligations convertibles | Obligations convertibles | | | Certificats de dépôt |
| Obligations distressed | Obligations hypothécaires | | | Prêts bancaires |
| etc. | etc. | | | etc. |

**Schéma 11. –** *Principales sources du risque de valorisation dans la stratégie PIPE*

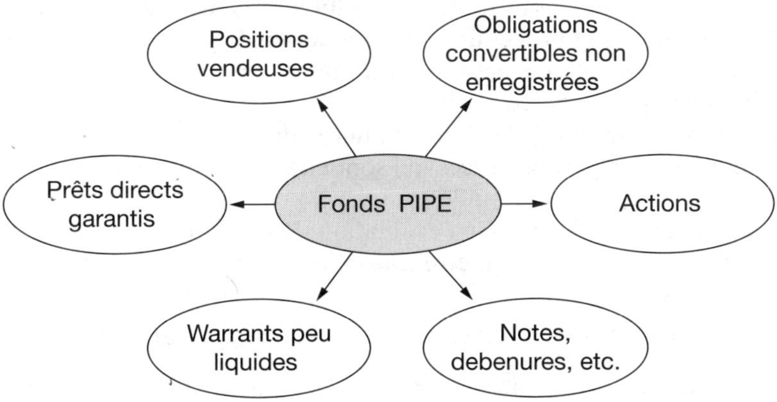


L'importance du risque de valorisation pour les hedge funds est telle que le *Technical Committee of the International Organization of Securities Commissions* a édité un rapport sur le sujet fin 2007.[1] Ce comité souligne la nécessité de développer des principes communs de valorisation car :

– les hedge funds gagnent en importance dans les marchés de capital globaux ;

– certaines stratégies sont particulièrement complexes à comprendre ;

– les instruments financiers jouent un rôle central dans l'évaluation des hedge funds ;

– les conflits d'intérêt peuvent renforcer les difficultés d'évaluation.

Il propose neuf principes qui devraient permettre de réduire le risque de valorisation :

1. les politiques et procédures de valorisation de titres doivent être *compréhensibles et documentées* ;
2. les politiques de valorisation doivent identifier les *méthodologies* qui doivent être utilisées pour valoriser chaque type d'instrument financier détenu ou utilisé par un hedge fund ;
3. les instruments financiers détenus ou employés par les hedge funds doivent être évalués de façon persistante dans le temps sur la base des procédures et politiques déterminées ;
4. les politiques et procédures doivent être examinées périodiquement afin de s'assurer de leur *continuité* ;
5. l'autorité de contrôle doit tenter de s'assurer qu'un niveau d'indépendance suffisant est appliqué et vérifier la fréquence des contrôles ;

1. *Technical Committee of the International Organization of Securities Commissions* (OICV-IOSCO), Principles for the valuation of hedge fund portfolios, novembre 2007.

6. les politiques et procédures de valorisation doivent viser à s'assurer qu'un niveau approprié d'examen indépendant de chaque valorisation est réalisé, en particulier, pour toute valorisation influencée par le gérant ;
7. les politiques et procédures doivent décrire la procédure à appliquer pour gérer et documenter les modifications de prix, même en cas d'intervention d'une partie tierce ;
8. l'autorité de contrôle doit conduire une due diligence initiale et périodique sur les parties tierces qui sont engagées pour réaliser l'évaluation des titres et des portefeuilles ;
9. les règles en place pour l'évaluation des portefeuilles d'investissement en hedge funds doivent être transparentes pour les investisseurs.

## 4.6. Le risque d'infrastructure et le risque gouvernemental

Les fonds américains ne peuvent pas être utilisés par les investisseurs européens s'ils ne désirent pas être taxés. Cela signifie que les investisseurs européens doivent se limiter à investir dans des fonds européens ou *offshore*. Les fonds domiciliés dans des paradis fiscaux ne protègent pas beaucoup les investisseurs en cas de conflit. Les directeurs ont toujours le dernier mot, mais il n'est pas facile de faire valoir ses droits en cas de problème. Ces risques associés aux juridictions *offshore* constituent le risque d'infrastructure.

Le risque gouvernemental vient du fait que des modifications de lois et de réglementations sont toujours possibles. Elles peuvent être favorables au fonds (baisse du taux d'imposition, plus grande liberté, etc.) ou non (hausse de l'imposition, règles de gestion plus contraignantes, etc.). Nous pensons plus particulièrement aux paradis fiscaux. Ces derniers subissent des pressions croissantes de la part des pays développés afin d'aligner leur législation. Le risque est que les gouvernements procèdent à des changements de lois défavorables aux investisseurs des fonds enregistrés. Ce risque, même s'il est plus présent dans les paradis fiscaux, l'est également dans l'ensemble des pays où des fonds sont domiciliés.

## 4.7. Le risque de contrepartie

Comme nous l'avons déjà signalé, certains hedge funds investissent dans des titres peu liquides, dans des produits structurés ou dans des produits construits sur mesure par les contreparties. Ils sont souvent spécifiques au positionnement désiré par le gérant et cela entraîne inévitablement un risque de défaut que nous appelons le risque de contrepartie. Les fonds entrent généralement dans ce genre de transactions avec des institutions de renommée internationale, mais un risque est toujours présent, surtout pour les fonds de taille plus importante qui entrent dans des positions de plusieurs dizaines ou centaines de millions de dollars.[1]

---

1. Nous illustrons ce risque dans la première partie du chapitre 5 relative à la débâcle de *Long Term Capital Management*.

Un second aspect du risque de contrepartie vient du fait que, dans de nombreux cas, les actifs des hedge funds ne sont pas dissociés de ceux de leur prime broker. Dans des conditions de marché, une telle situation n'est pas dramatique. Septembre 2008 nous a rappelé le véritable risque derrière cette situation : Lehman Brothers a fait faillite et tous ses avoirs ont été bloqués, y compris les avoirs de hedge funds qui n'étaient pas dissociés de Lehman. Plusieurs changements ont suivi ces événements. Tout d'abord, de plus en plus de fonds ont un contrat qui spécifie que les actifs sont dissociés de ceux de leur broker. Ensuite, la grande majorité des fonds travaillent avec plusieurs brokers afin de diversifier les risques.

### 4.8. Le risque de défaut

Le risque de défaut fait partie des risques d'investissement. Ce risque concerne la défaillance d'un émetteur de dette, notamment le non-paiement des intérêts ou le non-remboursement du principal d'une obligation. Une contrepartie peut également rester en défaut de livrer ou de payer un titre.

### 4.9. Le risque de liquidité

Les hedge funds ne sont pas des produits d'investissement liquides. Le partenaire général d'un fonds instaure généralement une période de sûreté d'un an qui interdit à tout investisseur de retirer son investissement avant ce délai. Ensuite, les retraits sont autorisés sur une base trimestrielle ou semestrielle avec un délai de quelques mois. Investir de façon directe dans un fonds comporte un réel coût d'opportunité, car l'argent est bloqué pendant plusieurs mois, ce qui crée un risque de liquidité. La situation des fonds de fonds est légèrement différente, car ils permettent généralement des retraits plus fréquents.

En outre, suivant le type de produits dans lequel le fonds sera investi, le risque de liquidité sera plus ou moins important. Le schéma 12 rapporte une échelle de liquidité en reprenant les familles de titres liquides sur la gauche et les titres moins liquides sur la droite. Les marchés les plus liquides comprennent les marchés des taux d'intérêt, c'est-à-dire les marchés de la dette (marché monétaire ou obligataire), le marché des changes, les marchés d'actions des pays développés et les matières premières. La partie de droite comprend une série de marchés moins liquides où le risque de valorisation et le risque que le gérant impacte les cours sont plus élevés. Ces marchés incluent entre autres les obligations à haut rendement, les actions telles que les petites capitalisations ou les actions des pays émergents, puis les titres sur mesure construits de gré à gré. Les titres des sociétés en faillite non traités et les transactions privées présentent le risque le plus important. Plus le fonds investit dans des titres peu liquides, plus il sera exposé au risque de ne pas pouvoir faire face à ses obligations en cas de crise de liquidité.

**Schéma 12.** – *Illustration du niveau de risque de liquidité*

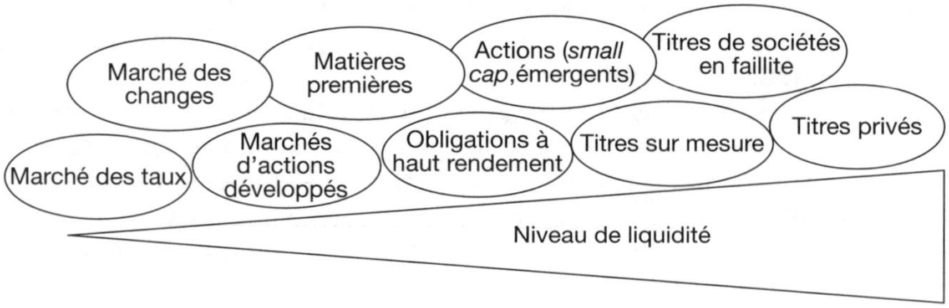


### *4.10. Le risque opérationnel*

Le comité de Bâle définit le risque opérationnel comme « *le risque de pertes provenant de processus internes inadéquats ou défaillants, de personnes et systèmes ou d'événements externes* ». Ce risque dont on ne parlait quasiment pas il y a quelques années est sur le devant de la scène depuis peu dans le secteur des services financiers en général et dans l'industrie des hedge funds en particulier. Certains diront qu'il s'agit du risque pour lequel l'investisseur n'est pas récompensé.[1] Avant d'analyser en détail ce risque, nous reprenons les résultats de quelques études sur l'importance du risque opérationnel dans l'industrie des hedge funds.

Le graphique 2 reprend les résultats d'une analyse des échecs de hedge funds réalisée par Capco (2002). Cette étude est probablement un des catalyseurs qui a incité l'industrie à porter une attention particulière au risque opérationnel. En effet, selon cette étude, 50 % des cas d'échecs de hedge funds viennent d'un risque opérationnel (risque de fraude inclus).

**Graphique 2.** – *Analyse des échecs de hedge funds*

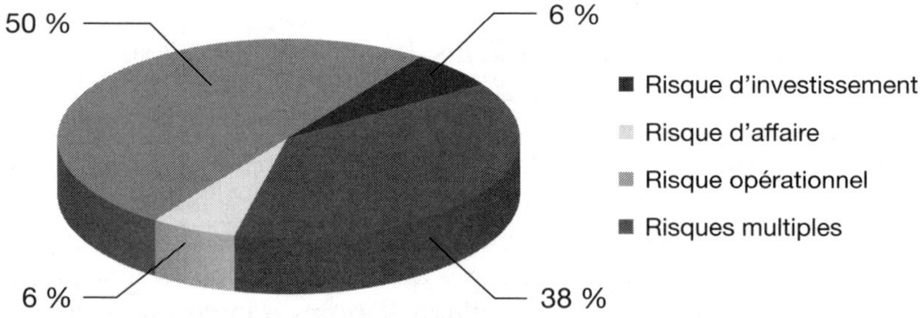


*Source :* Capco (2002).

Une analyse plus approfondie des échecs dus au risque opérationnel indique que les erreurs de *reporting* et le mauvais *reporting* de la performance, le détournement de fonds et les fraudes délibérées sont les principales sources de risque opérationnel (voir graphique 3).

1. The Bank of New York and Amber Partners (2006).

**Graphique 3. –** *Décomposition des échecs de hedge funds dus au risque opérationnel*

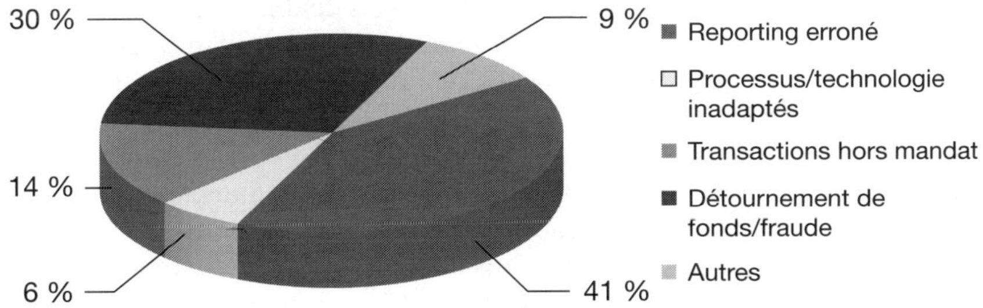


*Source* : Capco (2002).

Retournons à présent à notre définition du risque opérationnel. Nous retrouvons quatre aspects dans la définition du comité. Le premier est qu'il concerne les processus internes. Cela signifie qu'il englobe par exemple les erreurs d'exécution et les erreurs de valorisation. Le second aspect que nous retrouvons dans la définition est qu'il peut concerner les personnes. Les principaux risques liés aux personnes incluent les fraudes, les abus de marché et le non-respect de règlements ou de limites, ainsi que la définition de responsabilité et l'habilité à garder les bons éléments.

Les systèmes englobent tout l'aspect technologique autour de la gestion du fonds et de la société de gestion. Des problèmes de programmes ou de machines peuvent empêcher un gérant de traiter, d'avoir accès à l'information de marché ou de communiquer avec les clients.

La dernière catégorie inclut les événements externes. Ces problèmes proviendraient des services de support aux hedge funds comme l'administrateur ou le broker. Le terrorisme, le vandalisme, le vol et les désastres naturels tels que le feu ou les tremblements de terre en font également partie. Nous illustrons notre propos en reprenant quelques éléments source de risque opérationnel dans le schéma 13.

**Schéma 13. –** *Illustration du risque opérationnel*

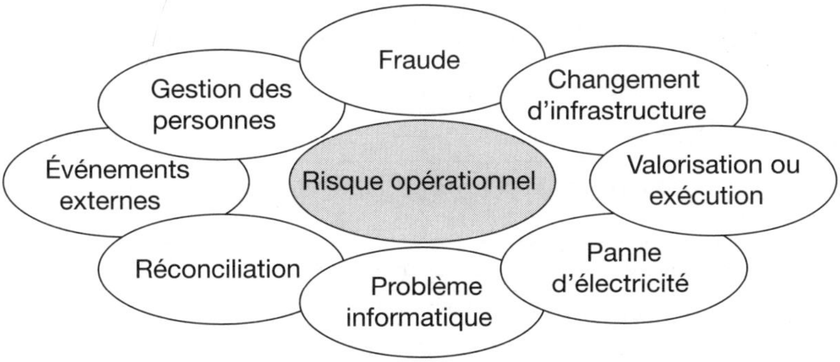

Afin de mitiger ce risque, de plus en plus d'investisseurs réalisent une *due diligence* opérationnelle. Cette due diligence se concentre sur un ensemble d'éléments pas ou peu couverts dans le processus de due diligence standard :

– *Expérience du personnel opérationnel* : le fonds a-t-il un *chief financial officer* qui gère l'ensemble des tâches opérationnelles. Si oui, quels changements a-t-il apporté ?

– *Compliance* : le fonds a-t-il un *compliance officer* ? Si oui, quel est son rôle, quelle est son expérience, quels sont ses apports dans la gestion quotidienne des activités ? Quels sont les contrôles en place et leur qualité ? Dans ce cadre, Deloitte rapporte, dans une étude sur l'industrie des hedge funds, que près de 90 % des fonds avaient une politique de *compliance* écrite en 2007 et un *compliance officer*.

– *Les procédures de contrôle interne* : des procédures internes doivent être développées afin d'éviter tout risque d'erreur dû aux opérations courantes du fonds. En outre, ces procédures doivent être adaptées à la stratégie du fonds (un fonds quantitatif investi en actions n'a pas les mêmes exigences qu'un fonds macro).

– *Valorisation du portefeuille* : la procédure de valorisation du portefeuille doit être écrite et diffusée aux investisseurs. Tout changement doit également être signalé. En outre, le processus de valorisation doit rester identique dans le temps et réalisé par une entité indépendante. Dans ce cadre, signalons que la même étude de Deloitte (2007) a analysé le processus de valorisation des hedge funds. Les résultats sont repris dans le tableau 5. Ils indiquent que plus des trois quarts des fonds ont une valeur nette d'inventaire estimée par une partie indépendante et que près de la moitié fait vérifier cette valorisation par une partie tierce. En outre, 86 % des fonds ont une politique de valorisation écrite et plus des deux tiers des fonds la partagent avec leurs investisseurs.

– *Les fournisseurs de service :* il est important de vérifier la réputation des fournisseurs de service tels que le *prime broker*, l'administrateur et la banque dépositaire.

**Tableau 5. –** *Analyse du processus de valorisation des hedge funds*

| | **Fonds respectant la règle (%)** |
|---|---|
| VNI calculée par l'administrateur ou une autre partie tierce | 78 |
| Vérification indépendante par une partie tierce | 47 |
| Politique de valorisation écrite | 86 |
| Politique de valorisation écrite et revue au minimum sur une base annuelle | 38 |
| Politique d'évaluation partagée avec les investisseurs | 68 |
| Politique d'évaluation partagée avec les investisseurs au minimum sur base annuelle (et lors de changements) | 50 |

*Source* : Deloitte (2007).

Le graphique 4 indique plus précisément que les gérants interviennent directement dans le processus de valorisation des fonds dans moins de 10 % des cas.

**Graphique 4. –** *Estimateur de la VNI officielle*

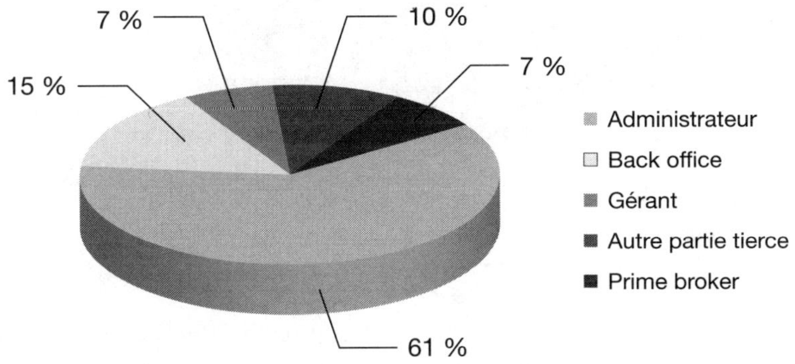


*Source :* Deloitte (2007).

– *La qualité des fournisseurs de service* : la réputation des auditeurs, de l'administrateur et des autres intervenants dans l'univers direct du fonds doit être vérifiée.

## 5. À qui s'adressent les hedge funds ?

De par leurs caractéristiques d'investissement, leur relative opacité et leur faible liquidité, les hedge funds ne s'adressent pas à n'importe quel type d'investisseurs. Analysons à présent les investisseurs types des hedge funds avant de nous interroger plus en détail sur l'évolution de l'investissement institutionnel dans les hedge funds au cours du temps.

### *5.1. Les investisseurs types*

Les hedge funds sont apparus dans un premier temps aux États-Unis. Ce marché a toujours été le premier pour les hedge funds et il semble le rester comme l'indique le graphique 5.

Historiquement, les investisseurs types des hedge funds sont des clients privés très fortunés. Avant le développement rapide de l'industrie qui débuta dans les années 90, la clientèle fortunée représentait la grande majorité des investissements dans des hedge funds. Au fil du temps cependant, d'autres intervenants ont commencé à s'intéresser à ces fonds et, aujourd'hui, la clientèle des hedge funds comprend également des fonds de pension, des banques privées, des fondations et d'autres institutions financières. Le graphique 6 reprend la répartition de l'industrie américaine des hedge funds par type d'investisseurs. Le graphique 7 rapporte la même information pour les investisseurs non américains.

**Graphique 5. –** *Origine des actifs investis dans les hedge funds*

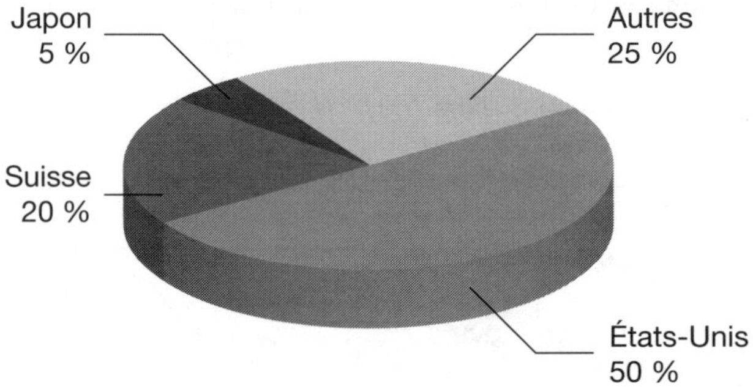


*Source :* Harcourt.

Les investisseurs privés représentent aujourd'hui un peu plus de 36 % des actifs de l'industrie. Les principales autres catégories d'investissement sont les investisseurs institutionnels (fonds de pension, dotations, etc.) qui représentent respectivement 31 % des actifs et les fonds de fonds qui représentent 18 %. Les 15 % restants se divisent entre des institutions financières et les institutions non financières (hors fonds de fonds et investisseurs institutionnels).

**Graphique 6. –** *Répartition des investisseurs américains dans les hedge funds (hors fonds de fonds)*

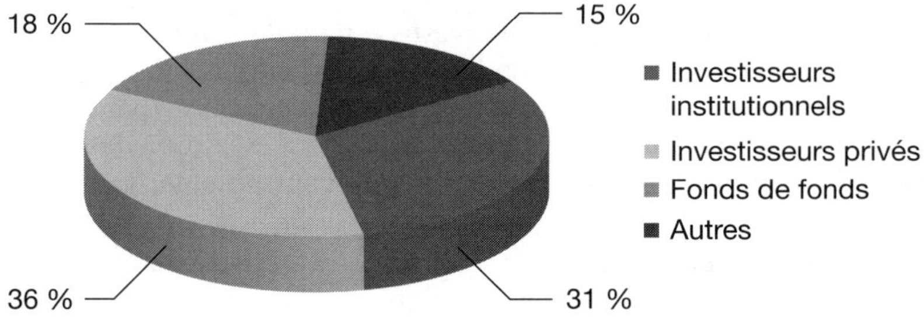


Dans le reste du monde, la situation est différente. Les fonds de fonds représentent historiquement la première source d'actifs européenne pour les hedge funds. Les investisseurs institutionnels suivent avant la clientèle fortunée qui ne représente que 20 %. Le solde est investi par des institutions financières et non financières hors fonds de fonds et investisseurs institutionnels tels que des banques plus présentes qu'aux États-Unis. Les fonds de fonds représentent la majorité des investisseurs non américains, car, dans de nombreux pays, les fonds de fonds sont le seul moyen d'investir dans des hedge funds. L'investissement direct dans des fonds individuels est souvent interdit.

À titre de comparaison, une étude intéressante de l'agence des services financiers du Japon rapporte qu'au moins 350 institutions financières sur

**Graphique 7. –** *Répartition des investisseurs non américains dans les hedge funds*

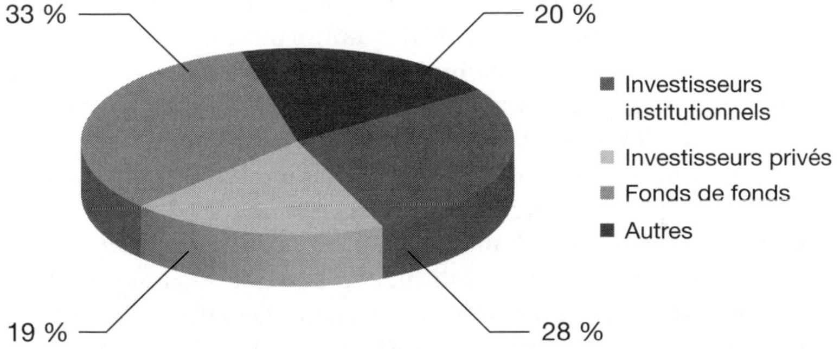


plus de 1 250 institutions financières japonaises investissaient en hedge funds en 2006.

Le gouvernement australien révèle, dans son rapport annuel sur l'industrie des hedge funds, des chiffres intéressants concernant la répartition des investisseurs dans son industrie. Selon ces chiffres, les clients particuliers (tant fortunés que non) représentent la grande majorité des avoirs investis dans l'industrie australienne des hedge funds. Les fonds de pension locaux suivent avec approximativement 20 % des actifs des hedge funds, puis les institutionnels étrangers (voir graphique 8).

**Graphique 8. –** *Répartition des avoirs des hedge funds et fonds de hedge funds australiens*

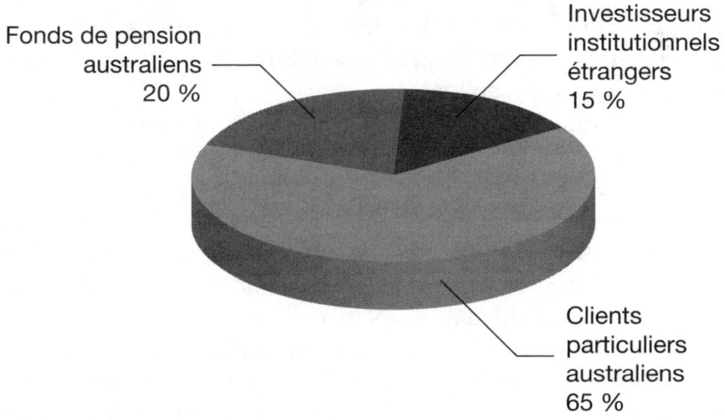


*Source :* Australian Government (2008).

### *5.2. Les investisseurs institutionnels*

Acteurs particulièrement déterminants des marchés, les investisseurs institutionnels collectent l'épargne des particuliers pour la placer en valeurs mobilières. Ce terme regroupe en particulier les fonds de pension, les caisses de retraite, les compagnies d'assurances, les mutuelles et autres sociétés de placement. Ils jouent un rôle majeur sur les marchés financiers car ils contrôlent des masses d'actifs très importantes.

Les investisseurs institutionnels, particulièrement exigeants en matière de reporting et de professionnalisme, ont pendant longtemps boudé l'industrie des hedge funds. Un investisseur institutionnel demande dans tous les cas au minimum un reporting régulier et complet, un contact fréquent avec l'équipe de gestion, des états financiers audités, la présence d'un compliance officer et/ou d'un risk manager, une valorisation indépendante de l'administrateur ainsi qu'une multitude d'informations sur la stratégie d'investissement et les partenaires de la société de gestion. Les principales raisons qui ont incité de nombreux institutionnels à ne pas investir dans l'industrie des hedge funds par le passé étaient les suivantes :

– *Manque de transparence* : de nombreux gérants désiraient rester discrets sur leur processus d'investissement par crainte d'être copiés. Avec des investisseurs institutionnels le risque est moindre vu que le professionnalisme et la transparence sont des exigences nécessaires et compréhensibles lorsque les investissements potentiels sont conséquents.

– *Absence de contrôle des risques* : la faillite ou la dissolution médiatisée de nombreux fonds comme *Long Term Capital Management*, *Manhattan*, *Bristol* ont rappelé à de nombreux investisseurs que l'investissement dans les hedge funds reste souvent risqué de par les produits dans lesquels les fonds investissent et le levier utilisé. De nombreux fonds ont travaillé sur la communication, afin d'expliquer et de rassurer les investisseurs sur les risques réels de leur portefeuille.

– *Gestion des risques sous-développée :* l'industrie n'a, pendant longtemps, pas été équipée en termes de gestion des risques, qu'il s'agisse de risques de gestion ou de risques opérationnels. Ce manquement s'est résorbé depuis quelques années.

– *Absence de réglementation* : de nombreux fonds sont domiciliés dans des paradis fiscaux, ce qui a pendant longtemps entraîné des craintes. De nombreux gérants de fonds sont aujourd'hui enregistrés auprès de leur autorité de tutelle (FSA pour l'Angleterre, SEC pour les États-Unis, CBF pour la France), ce qui apporte une assurance aux investisseurs. En outre, de nouvelles réglementations sont apparues dans la plupart des pays européens, ce qui a rassuré de nombreux investisseurs.

– *Industrie de niche* : les hedge funds n'étaient pas encore connus de l'ensemble des intervenants du monde institutionnel il y a encore quelques années, ce qui a entraîné une méfiance de ces produits d'investissement complexes et méconnus.

– *Les commissions élevées* : les commissions payées par un investisseur de hedge funds ont toujours été élevées et le système de calcul complexe. Le cumul des commissions de gestion et de performance a pendant longtemps semblé non justifié sur le long terme. La forte surperformance relative des hedge funds en 2001-2002 a changé la donne.

– *Manque de liquidité* : les hedge funds sont des investissements relativement peu liquides avec une liquidité mensuelle ou trimestrielle, sans compter les autres contraintes de liquidité. Ce manque de liquidité combiné avec les craintes précédentes a également été un frein pendant longtemps.

– *L'image sulfureuse de l'industrie* : les fonds qui surperforment sont souvent rapidement fermés à de nouveaux investisseurs. De ce fait, ils restent souvent discrets dans la presse financière. D'un autre côté, dès qu'un fonds fait faillite, c'est l'ensemble de l'industrie des hedge funds qui souffre de cette mauvaise publicité. De ce fait, de nombreux investisseurs se sont longtemps limités à ne pas la considérer comme investissement potentiel.

Cette situation a changé au cours des dernières années. Les investisseurs institutionnels en général et les fonds de pension en particulier ont été fortement affectés par le repli des marchés d'actions au début du millénaire. Les hedge funds en tant qu'industrie ont été les seuls à passer relativement bien cette période. Dans ce cadre, l'intérêt des investisseurs institutionnels pour ce genre de produit a entraîné une évolution marquée. Les gérants ont accepté de fournir une plus grande transparence aux clients, ils ont développé des systèmes de contrôle des risques, ils se sont enregistrés en tant que société de gestion auprès des autorités compétentes. En outre, dans le cas de gros contrats, la liquidité et les commissions ont pu être négociées. En résumé, la petite industrie a grandi et elle est devenue plus professionnelle. Elle est passée du groupement de quelques investisseurs privés vers une industrie institutionnalisée avec des standards de reporting et de transfert d'informations beaucoup plus élevés.

En termes d'investissements institutionnels, une étude très intéressante réalisée tous les deux ans par *Russell Investment Group* nous permet d'illustrer notre propos. Cette étude analyse la perception, l'utilisation et les attentes des investisseurs institutionnels par rapport aux investissements alternatifs, hedge fund inclus. Elle sépare les institutionnels américains, européens, australiens et japonais. Le graphique 9 rapporte l'utilisation de hedge funds en pourcentage des répondants. Le premier chiffre signifie qu'en 2001 approximativement 15 % des investisseurs institutionnels européens utilisaient les hedge funds dans leur allocation d'actif.

Les chiffres rapportés indiquent quelques éléments intéressants. Tout d'abord, le pourcentage d'investisseurs institutionnels qui utilisaient les hedge funds en 2001 était très faible, surtout en Europe, aux États-Unis et en Australie. Les chiffres ont crû de façon significative dans les années qui ont suivi, même si on voit un petit tassement en Europe en 2007 (de 35 % à 29 % entre 2005 et 2007 après une augmentation de 15 % à 35 % en Europe entre 2001 et 2005). Les chiffres indiquent également une rupture entre le duo Australie/Japon et le duo Europe/États-Unis. La croissance a été beaucoup plus rapide chez les premiers que chez les seconds. Plus de 50 % et 70 % des institutions utilisent les hedge funds en Australie et au Japon contre approximativement 30 %, soit moins d'un tiers en Europe et aux États-Unis. Le potentiel de croissance reste encore très élevé en Europe et aux États-Unis.

**Graphique 9. –** *Utilisation des hedge funds par les investisseurs institutionnels*

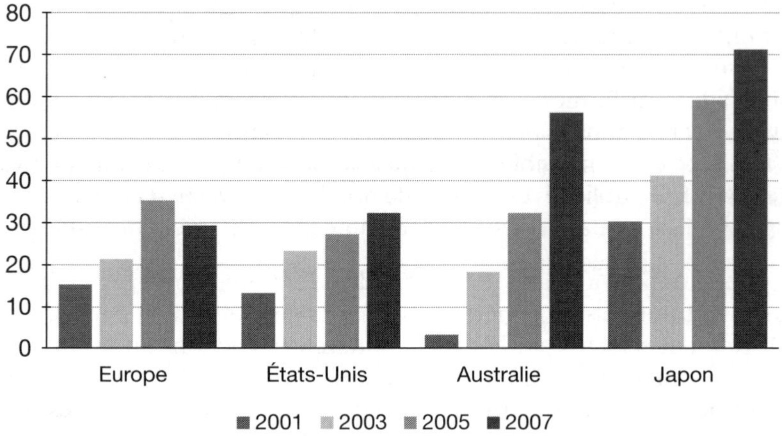


*Source* : Russell Research (2007).

Le graphique 10 complète ces informations. Il indique les allocations stratégiques en pourcentage des actifs entre 2001 et 2007 avec une estimation attendue pour 2009. L'allocation moyenne des institutionnels européens est passée de moins de 2 % à 7,4 % en 2007 (avec une estimation à 8,4 % pour 2009). Aux États-Unis, la réaction a été plus rapide et l'allocation stable autour de 7,5 % (avec une estimation à 9 % pour 2009). En Australie elle est restée plus faible, ce qui indique, combiné avec le graphique précédent, qu'un plus grand nombre d'intervenants sont actifs dans l'industrie mais que les investisseurs déjà présents n'ont pas tendance à augmenter leur allocation. La croissance japonaise est plus forte et régulière.

**Graphique 10. –** *Allocations stratégiques en pourcentage des actifs par les investisseurs institutionnels*

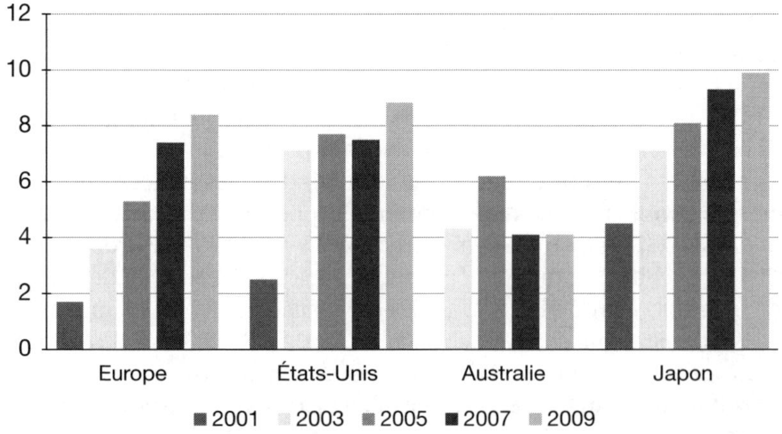


*Source* : Russell Research (2007).

Les conditions de marché ayant été particulièrement difficiles en 2008 pour les hedge funds, il est probable que la croissance estimée ne soit pas atteinte.

## 6. Les contraintes

Contrairement à l'investissement dans des fonds d'investissement classiques, investir dans des hedge funds sous-tend un ensemble de contraintes à respecter. Cette section analyse les contraintes d'investissement types à l'industrie des hedge funds. [1]

### *6.1. L'investissement minimum*

Les hedge funds sont des produits d'investissement complexes qui, dans la grande majorité des pays, ne peuvent être vendus qu'à des investisseurs fortunés ou accrédités. [2] Les investissements minimums pour les fonds individuels se situent entre 100 000 dollars et 5 000 000 de dollars avec une moyenne entre 500 000 dollars et 1 000 000 de dollars (1 000 000 étant le minimum légal pour tous les fonds vendus aux États-Unis). Cette règle a pour objectif de protéger les petits investisseurs des risques inhérents à des stratégies d'investissement sophistiquées. L'idée sous-jacente à ces règles est que l'accès aux hedge funds est limité à des investisseurs très fortunés qui, même s'ils ne comprennent pas le fonctionnement de la stratégie d'investissement appliquée, peuvent plus facilement supporter une perte de capital.

Aux États-Unis, le nombre maximum d'investisseurs est limité par la loi, ce qui entraîne que certains fonds demandent un minimum d'investissement de plus d'un million de dollars afin de gérer un maximum d'actifs et de limiter le nombre de clients à rencontrer. En Europe et dans les places *offshore*, la tendance est d'offrir des fonds avec des investissements minimums plus faibles lorsque c'est permis. Dans le cas des fonds de fonds, celui-ci est même parfois de quelques milliers de dollars. Pour les fonds individuels, la situation est différente car, selon le pays, soit le nombre d'investisseurs est limité comme aux États-Unis, soit l'investissement minimum est réglementé.

### *6.2. Les contraintes de liquidité*

La *lock-up period,* qui peut se traduire par période de sûreté ou période durant laquelle les actifs investis sont verrouillés dans le fonds, fait réfé-

---

1. Les contraintes légales sont analysées dans le chapitre 4 : Le cadre réglementaire des hedge funds.
2. Nous définissons ce terme dans le chapitre 4, section 2 : Aux États-Unis et au Canada.

rence à la durée pendant laquelle l'investisseur voit son investissement bloqué dans le fonds après son investissement. Il s'agit du temps à attendre avant de pouvoir demander un éventuel remboursement. De nombreux hedge funds requièrent une période minimum d'investissement qui est généralement d'un an. [1]

Ces périodes de sûreté ont deux origines. Premièrement, en acceptant une *lock-up period*, l'investisseur donne un an à l'équipe de gestion pour faire ses preuves. Il ne peut pas retirer ses billes même si les premiers mois sont décevants. Ensuite, les *lock-up periods* sous-tendent une liquidité moindre des investissements et un étalement des sorties, ce qui permet au gérant de se concentrer sur les investissements plutôt que de devoir rembourser de nombreux investisseurs rapidement après avoir investi leur argent. [2] Ensuite, de nombreuses stratégies d'investissement alternatives investissent dans des produits d'investissement relativement peu liquides, qui, dans certains cas, sont traités de gré à gré. De tels titres sont difficiles à évaluer et à vendre. Une vente ou une sortie prématurée éventuelle de ce type de positions peut, dès lors, avoir un impact direct sur la performance.

Les *soft lock-up periods* sont apparues depuis quelques années. L'idée vise à remplacer la période de sûreté par une commission de sortie. Ces commissions sont en général de quelques pourcents et elles sont décroissantes au cours du temps. Un exemple type serait une commission de six pour cent la première année et trois pour cent la seconde année. Dans le cas de soft lock-up, il est indispensable que la commission perçue soit reversée dans le fonds et qu'elle ne parvienne pas à la société de gestion.

Le terme dates de liquidité (*liquidity date*) fait référence au fait que les désinvestissements dans les hedge funds ne peuvent se faire qu'à des moments spécifiques dans l'année. Généralement, c'est une sur base mensuelle, trimestrielle ou annuelle que les retraits peuvent être effectués. Selon les cas, ces sorties se feront par rapport au calendrier ou par rapport à la date d'investissement de l'investisseur dans le produit.

La période de notification stipule combien de temps avant la date de liquidité le client doit spécifier son désir de se faire rembourser, faute de quoi sa demande de remboursement sera reportée. Cette période de notification est généralement de 30 à 90 jours, mais il arrive, dans le cadre de stratégies moins liquides, que cette période soit de 180 ou 360 jours.

Le *gate* représente le pourcentage maximum des actifs qui sont remboursés au cours d'une date de liquidité. Le *gate* n'existe que pour les stratégies relativement peu liquides et il est souvent de l'ordre de 10 % à 25 %. Ceci vise à protéger l'intérêt des actionnaires restants en cas de

---

1. De plus en plus de fonds qui appliquent les stratégies *equity market neutral* et *long/short* n'exigent plus de périodes de sûreté, mais ils se limitent à fixer des périodes de notifications de quelques semaines ou quelques mois.

2. Étant donné que les investissements minimums sont généralement d'un million de dollars, des variations quotidiennes de positions de plusieurs clients peuvent rapidement représenter des sommes importantes.

craintes groupées de nombreux investisseurs et de demandes importantes de remboursement.

Le *holdback* est le pourcentage de l'investissement d'un investisseur dans un fonds qui ne lui est pas remboursé lors de la date de liquidité qui suit sa période de notification. Cette somme n'est plus investie dans le fonds mais elle n'est disponible qu'après la réalisation de l'audit annuel du fonds.

L'ensemble des contraintes de liquidité présentées dans cette section entraîne qu'il n'est possible de retirer son investissement d'un fonds que quelques fois par an et qu'il faut anticiper la sortie plusieurs semaines ou plusieurs mois à l'avance. Notez que l'investisseur reste investi jusqu'à la *liquidity date* qui suit sa période de notification, sauf si le *gate* est activé. Dans ce cas, la proportion non remboursée de ses parts reste investie jusqu'à la prochaine date de liquidité, etc.

Nous illustrons les contraintes de liquidité dans le tableau 6. Dans le cas qui nous occupe, un client investit 10 millions de dollars dans un fonds le 1er novembre 2009. Les actifs du fonds sont à ce moment de 110 millions de dollars, la *lock-up period* est de 12 mois et le fonds offre une liquidité trimestrielle avec 60 jours de notification. Le prospectus stipule également que le fonds peut appliquer un *gate* à hauteur de 10 % des actifs en cas de besoin et que le *holdback* est de 5 %.

Déçu par la performance du fonds ou par besoin de liquidité, notre investisseur décide de mettre son fonds en vente. Nous analysons quatre cas distincts afin de comprendre quel serait l'impact des contraintes de liquidité sur les flux de cash de notre investisseur.

Si l'investisseur met sa position en vente début juin 2010, il doit attendre que la *lock-up period* soit passée et la date de liquidité qui suit pour prétendre au remboursement. La *lock-up* se termine pour novembre et la date de liquidité suivante est fin décembre. Entre-temps, l'investisseur se retrouve à détenir plus de 10 % du fonds et le gérant active le *gate*, si bien qu'à fin décembre il ne recevra pas toute sa position, mais uniquement la proportion sous le *gate* [1] auquel il faut retirer les 5 % de holdback, soit 400 000 dollars dans notre cas. Il reçoit finalement le solde de son investissement moins le *holdback* sur la valeur nette d'inventaire de juin, les 400 000 dollars de son *holdback* de sa sortie de 2009 pour juin 2010 et le solde de son *holdback* sur la proportion des actions reportées à fin mars pour juin 2010.

Les deux cas suivants indiquent que si l'investisseur avait passé son ordre de vente fin août ou fin octobre, la situation aurait été exactement identique car la date de liquidité reste la même, ce qui prouve l'importance de la réflexion avant tout investissement dans des hedge funds.

Dans le dernier cas, l'investisseur décide de passer son ordre de vente début novembre 2010. La prochaine date de liquidité devient alors le

1. Nous estimons qu'aucun autre client n'a de vente en cours pour fin décembre, sinon, il ne recevrait qu'une proportion des 8 millions de dollars disponibles pour distribution à cette date.

**Tableau 6. –** *Contraintes de liquidité, un cas pratique*

**Données :** Date d'investissement : **1er novembre 2009**
Investissement : 10 millions de dollars
Actifs du fonds : 110 millions de dollars
*Lock-up* : 12 mois
Date de liquidité : calendrier trimestriel (mars, juin, septembre et décembre)
*Gate* : 10 %
Notification : 60 jours calendaires
*Holdback* : 5 %

**Analyse de liquidité :**

| Date de vente : | **12 juin 2010** | **29 août 2010** | **31 octobre 2010** | **10 novembre 2010** |
|---|---|---|---|---|
| Valeur investissement à la *liquidity date* : | 9 millions de dollars | 9 millions de dollars | 9 millions de dollars | 10 millions de dollars |
| Actifs du fonds à la *liquidity date :* | 80 millions de dollars | 80 millions de dollars | 80 millions de dollars | 110 millions de dollars |
| Échéance de la *lock-up* : | 1er novembre 2010 | 1er novembre 2010 | 1er novembre 2010 | 1er novembre 2010 |
| Date de liquidité : | 31 décembre 2010 | 31 décembre 2010 | 31 décembre 2010 | 31 mars 2011 |
| Notification : | 1er novembre 2010 | 1er novembre 2010 | 1er novembre 2010 | 1er février 2011 |
| *Gate* : | Activé | Activé | Activé | Non activé |
| Premier paiement : | 7 600 000 dollars sur la VNI du 31 décembre | 7 600 000 dollars sur la VNI du 31 décembre | 7 600 000 dollars sur la VNI du 31 décembre | 9 500 000 dollars au 31 mars 2011 |
| Premier paiement : | Le solde sur la VNI du 31 mars* | Le solde sur la VNI du 31 mars* | Le solde sur la VNI du 31 mars* | |
| Paiement du *holdback* : | 400 000 dollars pour juin 2010, le solde en 2011 | 400 000 dollars pour juin 2010, le solde en 2011 | 400 000 dollars pour juin 2010, le solde en 2011 | 500 000 dollars pour juin 2011 |

* Le solde reste investi et son montant final ne sera connu qu'après la publication de la valeur nette d'inventaire de mars.

31 mars 2011. À ce moment, suite à une bonne performance et à des rentrées de capitaux, notre investisseur ne représente plus que 10 % des actifs du fonds. Il reçoit dès lors 95 % de ses avoirs investis en cash sur la base de la valeur nette d'inventaire de fin mars, le *holdback* étant remboursé pour juin 2011, après que l'audit annuel confirme les performances estimées.

Notre exemple est intéressant, car il indique que les conditions de liquidité peuvent avoir un impact majeur sur la valeur d'un investissement, et surtout sur le timing de remboursement de cet investissement.

### 6.3. La limite des actifs totaux sous gestion

Le développement rapide de l'industrie des hedge funds entraîne qu'il est de plus en plus difficile de lever des capitaux pour de nouveaux gérants sans expérience dans l'industrie ou sans performance passée. D'un autre côté, il arrive de plus en plus souvent que de nouveaux fonds créés par des gérants de fonds communs réputés lèvent des capitaux très rapidement et qu'ils décident de limiter le montant total de leurs actifs sous gestion. Cette contrainte, qui peut sembler étonnante à première vue, a deux raisons principales. Premièrement, une telle limite est un incitant pour les investisseurs potentiels. Généralement, quand ils savent que le fonds sera fermé à toute personne extérieure lorsque la limite fixée aura été atteinte, bon nombre d'entre eux préfèrent investir rapidement dans le fonds, si l'équipe et/ou la stratégie de gestion leur semblent compétentes, même s'ils n'ont pas encore d'historique à leur disposition, par peur de se voir refuser l'accès une fois la limite atteinte.

Ensuite, cette limite représente une sûreté pour les investisseurs. En effet, ils sont assurés que le fonds gardera une taille raisonnable dans le futur, même s'il réalise de très bons rendements. Cette crainte est apparue il y a quelques années quand l'industrie des hedge funds était gouvernée par quelques grands fonds *macro* qui représentaient à eux seuls plus de 50 % des actifs sous gestion. La taille qu'ils avaient acquise ne leur permettait plus de changer de position comme bon leur semblait et leurs prises de positions étaient tellement suivies qu'ils n'étaient plus libres de prendre les positions désirées sans impacter directement le marché.

Dans certains cas, les investisseurs qui sont entrés dans le fonds avant que la limite n'ait été atteinte peuvent procéder à de nouveaux investissements, même après la fermeture du fonds à des capitaux extérieurs. Ceci signifie que le fonds peut encore grandir malgré la limite des actifs sous gestion. Le risque que le fonds atteigne une taille trop importante est alors toujours présent. En effet, si une grande partie des investisseurs décide de rentrer dans le fonds pour le montant de l'investissement minimum, que la stratégie et les rendements les satisfont et que la majorité d'entre eux décide d'augmenter leur exposition au fonds plus ou moins fortement, la taille du fonds peut augmenter rapidement, ce qui ramène au problème de la taille gérable relevé précédemment.

Cette contrainte entraîne que les investisseurs qui peuvent réinvestir dans un fonds même s'il est fermé à de nouveaux investisseurs extérieurs disposent d'une option d'achat américaine [1]. Les investisseurs seront les seuls à disposer de ce droit. Cette option a une valeur que nous ne chercherons pas à estimer, mais qu'il est nécessaire de considérer lors de toute décision d'investissement dans un fonds avec une limite des actifs totaux sous gestion. Remarquons que si le fonds n'a pas atteint sa limite, les investisseurs auront également le droit d'augmenter leurs investissements. Dans ce cas, ce droit ne leur est pas spécifique et n'aura que peu de valeur.

## 7. Le système des commissions

Dans la définition du terme hedge funds que nous avons reprise au début de l'ouvrage, nous retrouvons la phrase suivante : « ... *les gérants de ces fonds y investissent une partie de leurs ressources et sont rémunérés suivant leur performance...* ». Le système des commissions des hedge funds est une des particularités de l'industrie. Lors de la constitution du premier hedge fund en 1949, A.W. Jones désirait attirer les meilleurs gérants et les rémunérer largement pour leur travail, s'ils parvenaient à réaliser une bonne performance absolue. Il a instauré le système de commission à la performance dans son fonds. Ces commissions représentaient l'unique source de revenu des gérants, l'objectif étant d'attirer de très bons gérants et de les rémunérer exclusivement sur la base de la qualité de leur travail.

La logique est toujours identique aujourd'hui. Les hedge funds perçoivent une commission à la performance afin de rémunérer fortement les gérants qui offrent des rendements absolus élevés. Les commissions à la performance ne suffisant pas toujours pour couvrir l'ensemble des frais d'une société de gestion, les fonds perçoivent généralement aussi une commission de gestion. Remarquons que la majorité des fonds annoncent leurs rendements nets de toutes commissions, si bien que leur performance peut être comparée à celle d'autres produits d'investissement.

### *7.1. Le modèle le plus répandu*

La majorité des hedge funds utilise la commission standard qui comprend une commission de gestion et une commission de performance. Alors qu'il y a encore quelques années, la règle communément appliquée était *one and twenty*, la commission de gestion a eu tendance à augmenter et de nombreux fonds perçoivent aujourd'hui *two and twenty*.

1. Si le fonds stoppe les investissements, mais que suite à des sorties importantes il ouvre temporairement le fonds aux investisseurs actuels, il s'agit d'une option européenne.

La commission de gestion varie entre 1 % et 2 % des actifs, alors que la commission à la performance varie entre 15 % et 25 % des profits. Une étude de 2008 [1] rapporte que la commission de gestion moyenne (respectivement médiane) des hedge funds est de 1,52 % (respectivement 1,5 %). Ces résultats corroborent une tendance initiée il y a quelques années [2] qui indiquait qu'une portion sans cesse croissante de l'industrie percevait 1,5 % de commission de gestion contre 1 % auparavant. Une étude de 2009 [3] rapporte des chiffres similaires repris dans le graphique 11.

**Graphique 11.** – *Répartition des commissions de gestion des hedge funds*

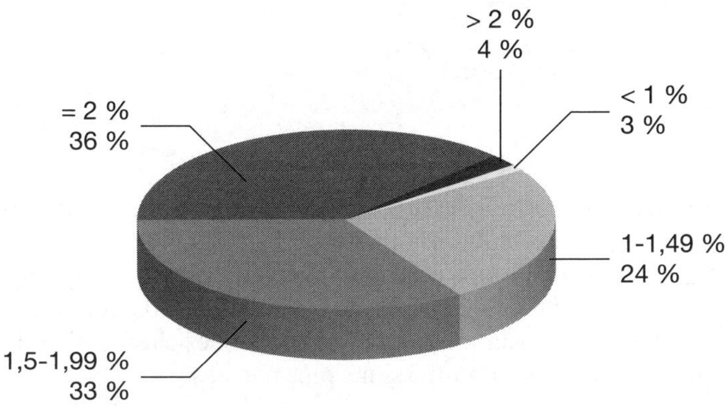


*Source* : Prequin (2009).

L'étude de 2008 indique également que la commission de performance moyenne (respectivement médiane) s'élève à 19,34 % (respectivement 20 %). Les chiffres de 2009 du même ordre sont repris dans le graphique 12. Dans les deux cas, il y a des exceptions mais une commission de performance entre 1 % et 2 % et une commission de performance de 20 % représentent la grande majorité des fonds.

Le niveau de commission dépend de nombreux facteurs. Les plus importants sont la stratégie d'investissement, la localisation du gérant et le succès du fonds mesuré par la taille des actifs sous gestion (voir tableau 7). Certaines stratégies ont des frais de fonctionnement plus élevés que d'autres. La stratégie CTA basée sur de la recherche scientifique et un parc informatique très puissant est un bon exemple. En contrepartie, la commission de performance sera généralement moindre. Le second élément est la localisation. [4] Les frais perçus par les fonds européens sont supérieurs à ceux perçus par les fonds américains qui sont supérieurs à ceux demandés par les gérants asiatiques. Il est difficile de comprendre la rationalité de ces différences,

1. Casar et Gerakos (2008).
2. Hennesse Group, LLC, www.hennesseegroup.com
3. Prequin (2009).
4. Prequin (2009).

**Graphique 12.** – *Répartition des commissions de performance des hedge funds*

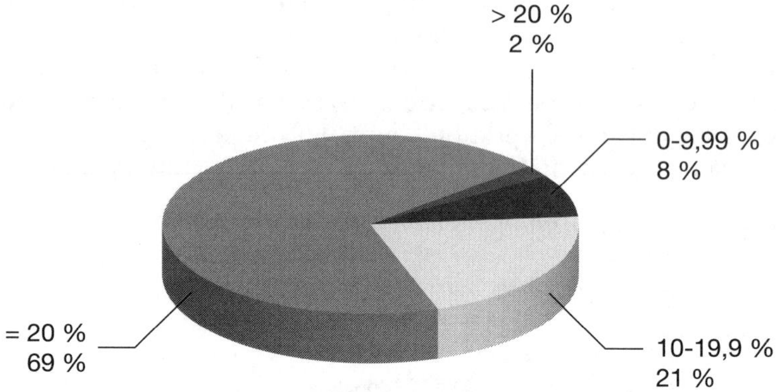


même si on peut soutenir que le marché américain est plus compétitif et que le marché asiatique des hedge funds doit attirer les investisseurs peu désireux d'investir dans des fonds alternatifs investis dans des pays émergents. Le dernier élément cité est le succès du fonds. Les fonds qui attirent beaucoup de capitaux ont tendance à créer des nouvelles classes d'actif souvent moins liquides et avec des commissions plus élevées.

**Tableau 7.** – *Commissions de gestion et de performance moyennes par stratégie d'investissement*

| | **Commission de gestion** | **Commission de performance** |
|---|---|---|
| CTA | 2,2 % | 18,9 % |
| *Event driven* | 1,7 % | 20,0 % |
| *Special situations* | 1,7 % | 20,0 % |
| *Distressed securities* | 1,7 % | 19,3 % |
| Crédit | 1,7 % | 18,1 % |
| *Relative value* | 1,7 % | 16,7 % |
| Macro | 1,7 % | 16,3 % |
| Autres | 1,6 % | 18,2 % |
| Multi-stratégie | 1,6 % | 16,6 % |
| *Market neutral* | 1,5 % | 18,9 % |
| Long/short equity | 1,5 % | 18,6 % |
| *Fixed income arbitrage* | 1,4 % | 18,3 % |
| Fonds de fonds | 1,3 % | 10,6 % |

*Source* : Prequin (2009).

Aux commissions de gestion et de performance il faut ajouter les autres frais (administratifs, légaux, etc.) qui représentent généralement 50 points de base des actifs sous gestion. Il n'est pas rare que des sociétés de gestion proposent plusieurs classes pour le même produit. Elles perçoivent une commission de gestion plus faible pour des parts moins liquides, et cette commission est plus élevée pour des parts plus liquides. À titre d'illustration, on peut considérer le cas d'une société de gestion de fonds alternatifs qui propose deux classes de titres pour un de ses fonds et que les commissions de gestion soient définies comme suit : 1 % de commission de gestion annuelle si les actifs restent bloqués 3 ans au moins (classe A) et 2 % de commission de gestion si les actifs ne restent bloqués qu'un an minimum (classe B). Dans ce cas précis, la liquidité plus importante se paie.

Une étude de Dresdner Kleinwort Equities rapporte des résultats intéressants sur l'impact des frais sur la performance des hedge funds (voir graphique 13). Cette étude révèle que, sur une performance brute de 22,5 %, 4,3 % disparaissent en coûts d'exécution et que, sur les 18,2 % restants, 5,3 % disparaissent en commissions diverses payées à la société de gestion. Le client ne reçoit que 13 % nets.

**Graphique 13.** – *Répartition de la performance brute d'un fonds*

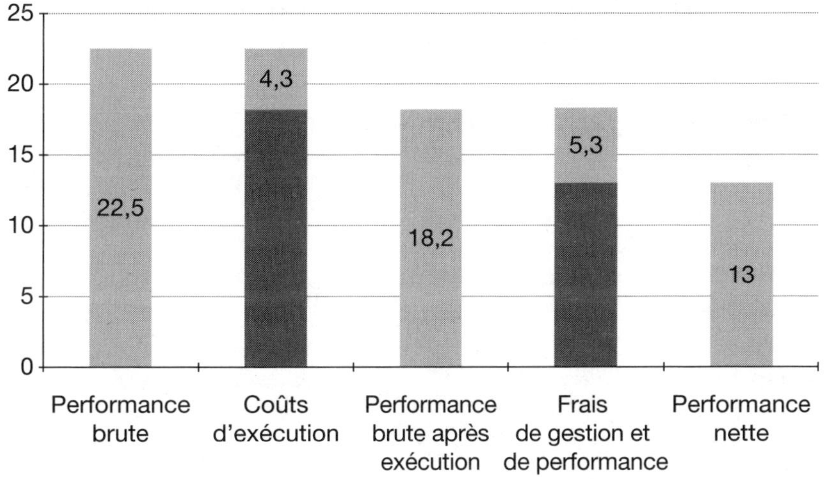


*Source* : Dresdner Kleinwort Equities.

## *7.2. Les particularités – le high watermark et le hurdle rate*

Les commissions sont élevées dans l'industrie des hedge funds. Il existe cependant deux protections par rapport à la commission de performance. La première, appelée le *high watermark,* garantit aux investisseurs de ne pas payer des commissions de performance en cas de perte. La seconde, le *hurdle rate,* est un niveau de rendement minimum à atteindre avant de percevoir une commission de performance.

Le *high watermark* peut se traduire par la ligne de flottaison. L'idée sous-jacente est que l'investisseur passe sous l'eau lorsque le rendement sur son investissement est négatif, mais qu'il sort la tête de l'eau lorsque son investissement repasse la ligne de flottaison. Pratiquement, si le fonds en portefeuille réalise une perte, les investisseurs, dont la valeur du portefeuille passe sous la valeur d'investissement, ne paient pas de commission de performance avant que les pertes antérieures ne soient récupérées. Cette règle est omniprésente dans l'industrie. En cas de gain puis de perte, les pertes sont comparées au point maximum de la valeur nette d'inventaire. Dans ce cadre, on ne paie pas les commissions de performance deux fois sur les mêmes bénéfices.

Nous illustrons les paliers dans le cas d'un fonds avec un *high watermark* dans le graphique 14. Dans le cas présent, le client a investi dans une VNI de 100 en janvier 2009. Comme le fonds a un système de *high watermark* en place, l'investisseur ne paie une commission de performance que si la valeur de la valeur nette d'inventaire est au-dessus du maximum entre 100 et la valeur nette d'inventaire la plus élevée depuis l'investissement du client. Le graphique 14 indique que, lors du premier mois, la valeur de la part baisse. Cela signifie que le client ne paiera pas de commission de performance avant que la perte ne soit récupérée (trait plus clair). À chaque fois que la valeur d'inventaire baisse sous son dernier maximum, l'investisseur ne paie pas de commission de performance.

**Graphique 14.** – *Illustration du* high watermark

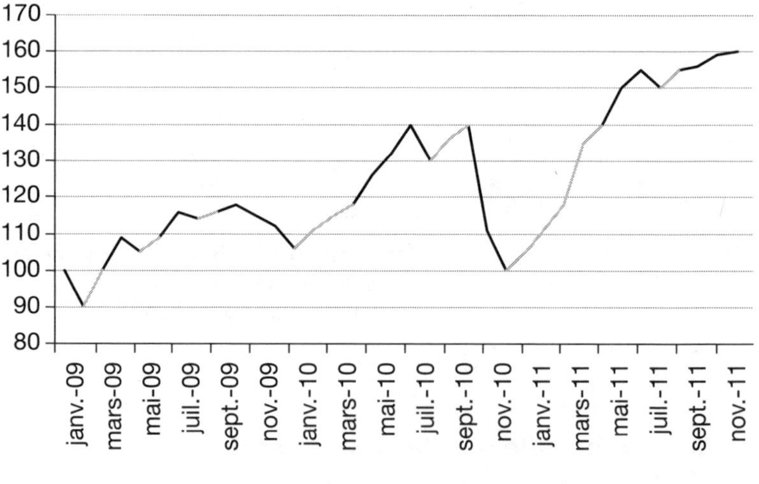


La présence d'un *hurdle rate* (également appelé *preferred return* ou *benchmark*) que nous pouvons traduire par taux obstacle signifie que le fonds ne perçoit pas de commission de performance avant qu'un certain rendement minimum ne soit atteint. Ce taux minimum peut être fixe (5 % ou 10 % par exemple) ou flottant (basé sur le taux sans risque).

### 7.3. Commission de gestion et de performance : illustration

Nous illustrons l'impact des commissions sur la performance d'un hedge fund dans le tableau 8. Considérons le cas d'un investisseur prenant position dans un hedge fund qui perçoit une commission de gestion annuelle de 1,5 % et une commission de performance de 20 % au-dessus de 5 %. Le fonds intègre un système de *high watermark.*

Considérons quatre cas distincts après un an. Dans le premier cas, le fonds offre une performance brute de commission de 10 % par an. La performance passe à 8,5 % après la commission de gestion et 7,8 % après la commission de performance. Cela signifie que l'investisseur gagne 7,8 % et que le gérant a gagné 2,2 %. Le pourcentage des gains totaux payé au gérant est alors de 22 % de l'ensemble des gains.

Dans un deuxième cas, le fonds termine l'année en baisse de 10 %. La commission de gestion est toujours perçue, mais la commission de performance ne l'est pas. Le client perd au total 11,5 % et le gérant a gagné 1,5 %.

Si le fonds termine l'année en hausse de 20 %, la performance nette pour le client est de 15,8 % et le gérant gagne 4,2 % sur les actifs gérés. Au total, le pourcentage des gains totaux payé au gérant est de 21 %. Remarquons que s'il n'y avait pas de high watermark, le gérant aurait engrangé 5,8 % des gains et le client seulement 14,2 %.

Si le fonds achève l'année en légère hausse, la commission de gestion est perçue, mais il n'y a pas de commission de performance, si bien que le gérant gagne 1,5 % et l'investisseur 0,5 %, ce qui signifie que 75 % des gains sont redistribués au gérant. Sans *hurdle rate*, le gérant aurait engrangé 0,1 % de plus, soit 80 % de gains.

**Tableau 8. –** *Illustration de l'impact des commissions sur la performance d'un hedge fund*

| | | | | |
|---|---|---|---|---|
| **Données :** Commission de gestion : 1,50 %<br>Commission de performance : 20 %<br>*Hurdle rate* : 5 %<br>*Highwater mark* : Oui | | | | |
| **Analyse de commission :** | | | | |
| Performance réalisée : | **+ 10 %** | **– 10 %** | **+ 20 %** | **+ 2 %** |
| Commission de gestion : | 1,50 % | 1,50 % | 1,50 % | 1,50 % |
| Performance nette de la commission de gestion : | 8,5 % | – 11,5 % | 18,5 % | 0,5 % |
| *Hurdle rate :* | 5 % | 5 % | 5 % | 5 % |
| Commission de performance : | 20 %<br>de 3,5 % | Non | 20 %<br>de 13,5 % | Non |
| Performance nette : | 7,80 % | – 11,5 % | 15,8 % | 0,50 % |
| Gain pour le gérant : | 2,20 % | 1,50 % | 4,2 % | 1,50 % |
| Pourcentage payé au gérant : | 22 % | ND | 21 % | 75 % |

Cet exemple théorique illustre le rôle important que jouent les commissions dans le cadre des investissements en hedge funds. Lorsque les fonds offrent des performances attrayantes, cet aspect est moins important, mais en période de marché difficile il n'est pas facile d'accepter de payer plus de la moitié de ses gains potentiels au gérant pour le travail accompli.

Le graphique 15 reprend la performance brute et sa répartition entre les investisseurs et l'équipe de gestion pour différents niveaux de performance réalisée entre – 30 % et + 50 % bruts et avec un *hurdle rate* de 2 %. Le graphique montre clairement l'impact de la commission de performance pour des performances globales au-dessus du *high watermark*. Cette situation est normale dans l'industrie. Notons qu'un gérant qui perçoit des commissions de performance et qui perd de l'argent ensuite sans jamais revenir à son ancien niveau ne sera pas tenu de rembourser ses commissions.

**Graphique 15.** – *Différence entre performance brute et nette*

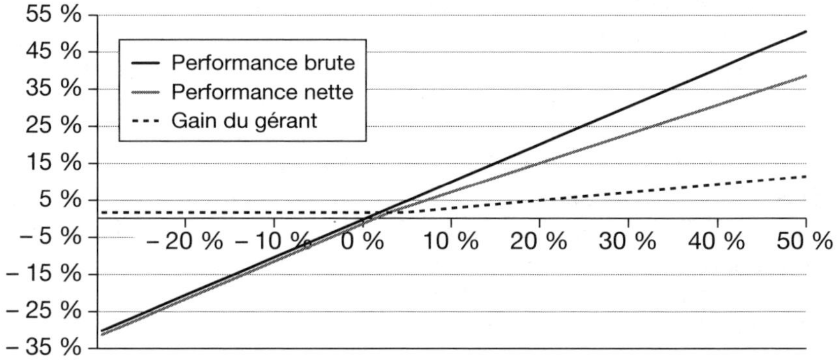


## 7.4. *Égalisation*

L'existence d'une commission de performance pour les hedge funds complique significativement le calcul de la valeur nette d'inventaire. Considérons un exemple simple qui illustre notre propos. Un investisseur que nous appelons Jean B. décide d'investir 100 000 euros dans un hedge fund qui prend des positions dans des sociétés en fusion, ce qui équivaut à acheter 100 000 actions du fonds qui valent 1 euro chacune. Au cours des six premiers mois d'existence, le fonds perd 20 % et, au bout du sixième mois, un autre investisseur, Renata V., achète 100 000 actions pour 80 000 euros, ce qui donne des actifs totaux de 160 000 euros et le nombre d'actions en circulation passe à 200 000. Dans les six mois qui suivent, le fonds offre une bonne performance et les actifs atteignent 200 000 euros pour 200 000 actions, soit une valeur de 1 euro par action.

Au terme de l'année, le fonds estime la commission de performance qui doit être perçue pour toutes les performances positives (le fonds en question n'a pas de *hurdle rate*). Les actifs investis par les investisseurs ont été de 180 000 euros et la valeur finale est de 200 000 euros. La commission de performance étant de 20 %, elle s'élève à (200 000 – 180 000)*0,2 = 4 000 euros. Les actifs du fonds passent par conséquent à 196 000 euros.

Si rien n'est ajusté par rapport au prix d'achat, les deux investisseurs se trouvent avec une valeur d'investissement de 98 000 euros pour 100 000 actions. Une telle situation n'est pas correcte car le premier investisseur, Jean B., a investi 100 000 euros initialement, alors que le second, Renata V., n'a avancé que 80 000 euros. Jean B. se retrouve à payer la commission de performance alors qu'il a réalisé une perte.

Il existe plusieurs méthodes pour parer à ce problème, les deux principales étant l'égalisation et l'approche multi-série. L'égalisation est plus développée en Europe alors que l'approche multi-séries est plus présente aux États-Unis.

L'égalisation est basée sur le principe que le fonds a une valeur nette d'inventaire identique pour tous. Un crédit d'égalisation est ensuite ajouté lorsque c'est nécessaire. Trois éléments sont essentiels :

– la dernière VNI maximale du fonds, c'est-à-dire celle sur laquelle une commission de performance a été payée ou la valeur d'émission si le fonds n'a pas offert de performance positive depuis le lancement ;

– la valeur d'actif brute du fonds actuelle, c'est-à-dire la valeur de tous les actifs et passifs du fonds hors commission de performance divisée par le nombre d'actions en circulation ;

– la dernière valeur maximale de chaque actionnaire, c'est-à-dire la valeur d'actif brute du fonds lorsque l'actionnaire a souscrit.

Deux cas peuvent se présenter, l'investisseur reçoit soit des parts et un crédit d'égalisation lorsqu'il investit, soit une commission de performance additionnelle.

Lorsqu'un investisseur investit dans un fonds alors que la valeur d'actif brute est supérieure à la dernière VNI maximale du fonds, l'actionnaire paiera un montant additionnel à la VNI qui est communément appelé le crédit d'égalisation. Ce crédit sera égal à la commission de performance multipliée par la différence entre la valeur d'actif brute actuelle et la dernière VNI maximale du fonds. Considérons un cas pratique où la dernière VNI maximale d'un fonds est de 100 euros, la valeur d'actif brute est de 120 euros, la commission de performance est de 20 % et la VNI par action au moment de la souscription est de 116 dollars. Le crédit d'égalisation sera égal à (120 – 100)*20 = 4 euros. Ce crédit est à risque lorsque la valeur du fonds baisse, mais elle pourra se revaloriser ensuite jusqu'à 4 euros dans le cas qui nous intéresse. Lors du calcul de la commission de performance, cet argent se transformera en actions.

Lorsqu'un investisseur investit dans un fonds alors que la valeur d'actif brute est inférieure à la dernière VNI maximale du fonds, la situation est inverse. La commission de performance additionnelle due le cas échéant sera perçue en réduisant le nombre d'actions à la VNI lorsque la commission de performance sera calculée. La commission de performance additionnelle sera calculée comme la différence entre la dernière valeur nette d'inventaire maximale du fonds à laquelle on soustrait la valeur d'actif brute multipliée par le taux de commission de performance.

L'approche multi-séries consiste à créer une nouvelle série pour chaque date de souscription à laquelle il y aura de nouveaux investisseurs (ou des nouveaux investissements d'investisseurs existants). Cette méthodologie a l'avantage de la simplicité, mais pratiquement un investisseur qui étale ses investissements aura plusieurs investissements.

## 8. La vente à découvert

Nous avons déjà utilisé à plusieurs reprises le terme vente à découvert sans le définir. Ce terme n'est pas commun dans l'industrie des fonds communs classiques, car les fonds ou portefeuilles d'investissement classiques ne peuvent pas vendre des titres à découvert.

La vente à découvert consiste en la vente d'un titre qu'on ne possède pas en portefeuille. Il faut par conséquent emprunter le titre afin de le vendre directement. Ensuite, à un moment futur, on rachète le titre afin de le rendre à la personne ou l'institution qui nous l'a prêté.

La vente à découvert est principalement intéressante dans deux cas :

– Profiter de la baisse du cours d'un titre : on emprunte le titre puis on le vend au cours actuel. Ensuite, on le rachète à un moment futur afin de le rendre à la personne qui nous l'a prêté. On réalise un gain si le prix du titre a baissé entre le moment de l'emprunt et le moment de l'achat.

– Couvrir le risque d'une position longue : il arrive qu'un gérant prenne une position dans certains titres mais que, temporairement, il désire couvrir sa position sans vendre le titre. Dans ce cas, il peut vendre à découvert un titre lié au premier afin de se couvrir. Un autre exemple est la stratégie *convertible arbitrage*. Les gérants de tels fonds couvrent des positions prises dans les obligations convertibles par la vente à découvert de l'action sous-jacente. Lorsque le cours de l'action baisse, la perte sur la convertible est partiellement couverte par le gain sur le sous-jacent, ce qui permet de lisser les rendements au cours du temps.

Dans une vente à découvert, il faut également considérer le coût de l'emprunt du titre et le rendement obtenu sur les liquidités perçues suite à la vente à découvert. Afin d'emprunter un titre, il faut rémunérer la contrepartie qui nous le prête, ce qui entraîne un coût pour l'emprunteur. D'un autre côté, on reçoit du cash en contrepartie du titre prêté. Les gérants placent souvent ces liquidités à court terme. Notons que lorsqu'on vend un titre à découvert, il faut payer les dividendes à la contrepartie qui nous prête le titre.

Les schémas 14 et 15 illustrent le fonctionnement d'une vente à découvert. Ils se composent chacun de deux parties. Le premier reprend la mise en place d'une vente à découvert. Le second rapporte le dénouement.

D'une part (sur la gauche du schéma 14), le gérant emprunte le titre par l'intermédiaire de son *prime broker*. En échange du prêt de titre, l'emprunteur doit déposer un collatéral (un certain pourcentage de la valeur des titres en cash ou en obligations d'État très liquides) afin de pouvoir effectuer les ajustements journaliers de la valeur des titres vendus à découvert. Le prêteur fournit un titre qu'il a dans son stock de titres (ou qu'il emprunte à une institution).

**Schéma 14.** – *Mise en place d'une vente à découvert*

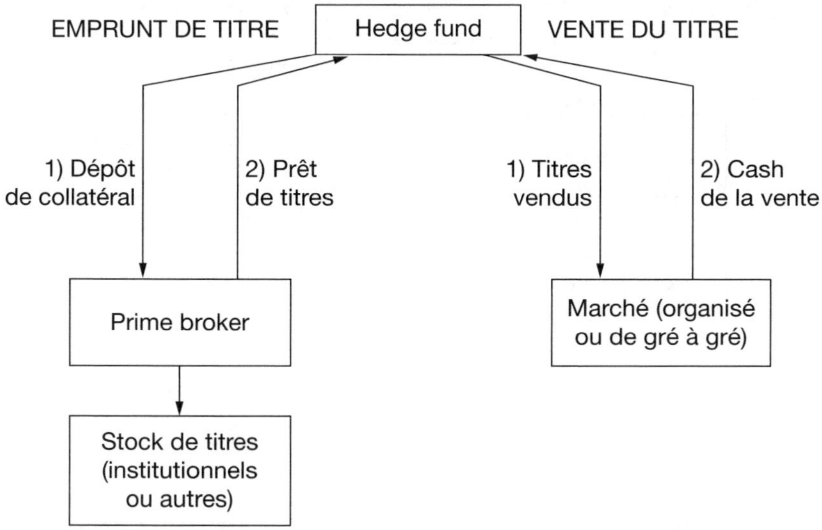


La seconde partie de la mise en place de la transaction concerne la vente du titre. Le gérant qui a emprunté le titre procède à sa vente. D'un autre côté, l'acheteur paie les titres achetés comme il le ferait pour n'importe quel achat de titres. L'argent perçu par le gérant est alors placé à un taux sans risque. Le fait que la vente soit à découvert n'intervient nullement dans cette seconde partie.

Le dénouement de la transaction suit un processus inverse, également en deux étapes. D'un côté (sur la droite du schéma 15), le gérant achète le titre vendu à découvert sur le marché avec le cash obtenu par la vente à découvert et les intérêts.[1] Ensuite, il paie une commission à l'institution qui lui a prêté les titres et il fournit les titres afin de dénouer ses positions. La commission est payée en fonction de la rareté du titre. Finalement, il récupère le cash déposé en collatéral à sa position à découvert.

Pratiquement, les fonds prennent des accords globaux avec leur *prime broker* et des positions à découvert sont nouées et dénouées constamment. L'ensemble du processus se fait rapidement, sauf pour des titres moins liquides pour lesquels il n'y a pas toujours de prix et pour lesquels le nombre de titres disponibles est limité.

1. Il réalise un gain si la somme du cash obtenu par la vente à découvert et les intérêts du cash déposé en collatéral, moins la commission payée pour le prêt des titres, valent plus que les titres à racheter. S'il réalise une perte, il lui faudra débourser du cash afin de dénouer ses positions.

**Schéma 15.** – *Dénouement d'une vente à découvert*

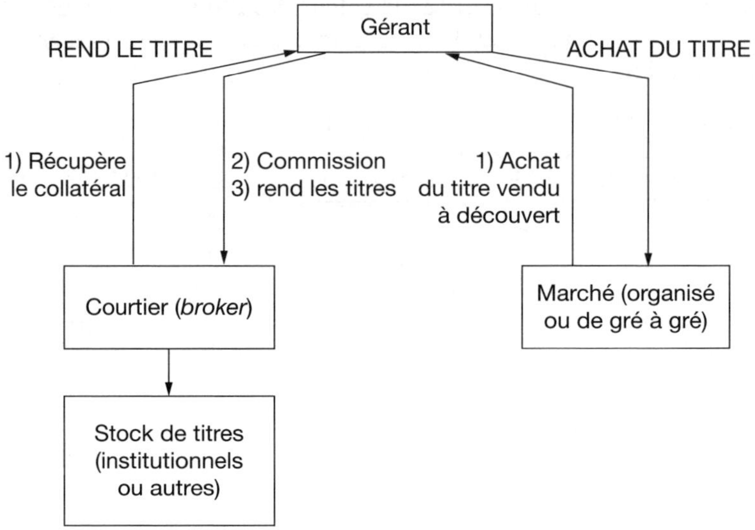


## 9. L'effet de levier

L'effet de levier est un autre outil largement utilisé dans l'industrie des hedge funds, alors que les gérants de fonds d'investissement classiques ne peuvent l'utiliser que marginalement. Le levier permet aux gérants de hedge funds d'amplifier leur exposition à un titre, un secteur ou un marché (et par conséquent leur risque) pour un niveau de capital initial identique. Dans la plupart des pays, il n'existe aucune limite légale du levier auquel un fonds peut recourir. Les gérants peuvent créer du levier de différentes façons, la plus simple étant l'emprunt de capitaux auprès d'une institution financière. En empruntant 100 millions de dollars alors que la taille du fonds est de 200 millions de dollars, on crée un levier de 1,5:1 (investissement de 150 % pour 100 % de capitaux initiaux).

D'autres manières de créer du levier incluent des produits dérivés comme des *futures* qui permettent une exposition sans utilisation de liquidités, le recours à des ventes à découvert ou des opérations de *repurchase agreement.*[1]

Le levier peut être défini en termes de bilan ou en termes de risque. Dans le premier cas, il se mesure par le ratio des actifs sur leur valeur nette. Le levier défini en termes de risque est une mesure du risque économique par rapport au capital.

Les gérants utilisent le levier dans deux cas. Premièrement, lorsqu'ils estiment que l'investissement qu'ils envisagent avec la liquidité supplémen-

1. Une opération de *repurchase agreement* se définit comme l'opération par laquelle une partie vend un titre et s'engage à le racheter le lendemain à un prix légèrement supérieur.

taire leur rapportera plus que le coût de la liquidité. Ensuite, lorsqu'ils appliquent des stratégies d'arbitrage et qu'ils cherchent à démultiplier les gains réalisés. Afin d'utiliser le levier financier, les gérants doivent généralement fournir un collatéral en garantie. En outre, la valeur du collatéral est suivie avec d'éventuels appels de marge en cas d'évolution défavorable.

Le levier peut engendrer un risque supplémentaire. Comparons un fonds classique investi en actions et un hedge fund qui applique une stratégie *long/short* actions. Tous deux ont 10 millions de dollars d'actifs sous gestion. Le fonds classique est investi à 95 % dans des actions et garde 5 % de ses actifs en cash. Le hedge fund emprunte 10 millions de dollars afin de pouvoir investir un total de 20 millions de dollars. Si le fonds alternatif investit 12 millions de dollars dans des positions longues et qu'il couvre partiellement son exposition avec 8 millions de dollars dans des positions à découvert, son exposition totale au marché ne sera que de 4 millions de dollars, soit 40 % de son investissement initial contre 95 % pour le fonds classique. Ainsi, même s'il utilise le levier, le hedge fund est moins exposé à des baisses de marché que le fonds commun. D'un autre côté, si le fonds alternatif utilise un levier de cinq [1], c'est-à-dire qu'il emprunte 30 millions de dollars afin de pouvoir investir au total 50 millions de dollars et qu'il garde la même proportion de positions longues (30 millions de dollars) et de positions courtes (20 millions de dollars), son exposition totale est de 100 %. Dans ce second cas, le hedge fund est plus agressif.

## 10. Exposition brute et nette

Les hedge funds combinent des positions longues également appelées à la hausse avec des positions courtes que nous pouvons également appeler à la baisse. Les concepts d'exposition brute et nette ont été définis afin de pouvoir intégrer les combinaisons de positions dans des mesures communes.

L'exposition brute également appelée *gross exposure* mesure l'investissement total du fonds, à savoir la somme des positions longues et des positions courtes. Cette mesure donne une estimation du risque global du produit. Suivant les stratégies appliquées et les marchés couverts, le niveau de risque peut être totalement différent pour un niveau d'exposition brute identique. Cette mesure donne une idée des capitaux investis par rapport aux actifs sous gestion. Elle ne donne pas une mesure de l'exposition au marché sous-jacent vu que les positions sont contrebalancées, mais une idée des actifs à risques.

Si on définit la somme des positions longues à l'instant t par $L_t$ et la somme des positions courtes à l'instant t par $C_t$, l'exposition brute $EB_t$ se calcule comme suit : $EB_t = L_t + C_t$.

1. Même s'il peut sembler élevé à première vue, un levier de cinq n'est pas rare dans certaines stratégies d'arbitrage, comme la stratégie *mortgage backed securities*.

Dans le cas théorique et simplifié d'un gérant action qui, au moment t, combine un portefeuille de 35 positions longues pour un total de 75,5 % avec 12 actions courtes et une position courte dans un indice de référence pour un total de 39 % short, nous obtenons une exposition brute totale de 114 %. Ce chiffre signifie que le gérant est exposé au total pour 114 % de ses actifs.

L'exposition nette, également appelée *net exposure,* mesure l'exposition du fonds au marché sous-jacent en faisant la différence entre les positions longues et courtes. Cette mesure se rapproche de l'idée d'exposition au marché sous-jacent. Il convient cependant de se rappeler que les titres longs en portefeuille peuvent baisser alors que les titres à la baisse montent, ce qui entraîne des pertes potentielles des deux côtés.

Si on définit la somme des positions longues à l'instant t par $L_t$ et la somme des positions courtes à l'instant t par $C_t$, l'exposition nette $EN_t$ se calcule comme suit : $EN_t = L_t + C_t$.

Le tableau 9 illustre les principes d'exposition brute et nette dans le cas d'un fonds qui détient 35 positions longues en actions, 12 positions courtes en actions et une position à la baisse par l'intermédiaire d'un indice.

Le tableau 10 reprend l'évolution des positions longues, courtes, de l'exposition brute et nette d'un fonds long/short type sur une période de 16 semaines. Ce cas théorique est intéressant car il illustre 4 positionnements classiques pris par des gérants en diverses conditions de marché :

1. **Positions longues importantes/positions courtes importantes :** dans ce cadre, le gestionnaire a un portefeuille de positions longues relativement important (généralement entre 50 % et 100 %) qu'il contrebalance avec un portefeuille de positions courtes relativement conséquent (en général entre 40 % à 80 %). L'accumulation des deux donne une exposition brute élevée avec une exposition au marché positive mais limitée. Le gestionnaire cherche ainsi à être à risque en étant fortement investi mais en ne pariant que légèrement sur la direction des marchés. Dans ce cadre, il réalisera des bénéfices, plus dans une approche *relative value* (performance relative de ses positions longues par rapport à ses positions courtes) que d'un point de vue absolu. Le positionnement net du portefeuille est faible voire neutre par rapport au marché dans cette situation. Un tel positionnement est intéressant en cas d'incertitude des marchés mais avec une volatilité limitée. Si les marchés sont fortement volatils, une exposition brute élevée risque d'entraîner une volatilité du portefeuille trop importante.

2. **Positions longues réduites/positions courtes importantes :** le gestionnaire a un portefeuille long relativement faible (en général entre 10 % et 50 %) qu'il contrebalance avec un portefeuille de positions à la baisse relativement important (entre 20 % et 70 %). L'accumulation des deux donne une position brute élevée mais un positionnement net généralement négatif. Un tel positionnement est intéressant en cas de marché particulièrement difficile. Une volatilité élevée peut être dangereuse, car le risque de pertes élevées en cas de rebond est conséquent. Un gestionnaire

**Tableau 9. –** *Illustration des principes d'exposition brute et nette*

| Positions longues | | | Positions courtes | |
|---|---|---|---|---|
| Action 1 | 6,0 % | | Action 1' | 1,5 % |
| Action 2 | 5,0 % | | Action 2' | 1,5 % |
| Action 3 | 5,0 % | | Action 3' | 1,5 % |
| Action 4 | 4,0 % | | Action 4' | 1,5 % |
| Action 5 | 4,0 % | | Action 5' | 1,5 % |
| Action 6 | 4,0 % | | Action 6' | 1,0 % |
| Action 7 | 4,0 % | | Action 7' | 1,0 % |
| Action 8 | 3,0 % | | Action 8' | 1,0 % |
| Action 9 | 3,0 % | | Action 9' | 1,0 % |
| Action 10 | 3,0 % | | Action 10' | 1,0 % |
| Action 11 | 3,0 % | | Action 11' | 0,5 % |
| Action 12 | 2,0 % | | Action 12' | 0,5 % |
| Action 13 | 2,0 % | | Indice 1' | 25,0 % |
| Action 14 | 2,0 % | | | |
| Action 15 | 2,0 % | | | |
| Action 16 | 2,0 % | | | |
| Action 17 | 2,0 % | | | |
| Action 18 | 2,0 % | | | |
| Action 19 | 2,0 % | | | |
| Action 20 | 2,0 % | | | |
| Action 21 | 2,0 % | | | |
| Action 22 | 1,0 % | | | |
| Action 23 | 1,0 % | | | |
| Action 24 | 1,0 % | | | |
| Action 25 | 1,0 % | | | |
| Action 26 | 1,0 % | | | |
| Action 27 | 1,0 % | | | |
| Action 28 | 1,0 % | | | |
| Action 29 | 1,0 % | | | |
| Action 30 | 1,0 % | | | |
| Action 31 | 0,5 % | | | |
| Action 32 | 0,5 % | | | |
| Action 33 | 0,5 % | | | |
| Action 34 | 0,5 % | | | |
| Action 35 | 0,5 % | | | |
| Positions longues | 75,5 % | | Positions courtes | 39 % |
| Exposition brute = 75,5 % + 39 % = 114 % | | | | |
| Exposition nette = 75,5 % – 39 % = 36,5 % | | | | |

prendra un tel positionnement quand il est très confiant dans ses titres en portefeuille mais qu'il pense que le marché baissera dans son ensemble.[1]

3. **Positions longues réduites/positions courtes réduites :** le gestionnaire a un portefeuille de positions longues relativement limité (généralement entre 10 % et 50 %) qu'il contrebalance avec un portefeuille de positions courtes limité (généralement entre 0 % et 50 %). L'accumulation des deux donne une exposition brute faible (moins de 100 %) avec une exposition au marché positive mais limitée. Le gestionnaire cherche ainsi à limiter le risque du portefeuille en étant peu investi mais il prend des paris relatifs. Le positionnement net du portefeuille est faible voire neutre par rapport au marché. Un tel positionnement est intéressant en cas d'incertitude des marchés et une volatilité importante. Si les marchés sont fortement volatiles, une exposition brute élevée risque d'entraîner une volatilité du portefeuille trop importante. Un positionnement limité et contrebalancé permet de prendre certains risques mais de les limiter.

4. **Positions longues importantes/positions courtes réduites :** le gestionnaire a un portefeuille de positions longues important (en général entre 50 % et 100 %) qu'il contrebalance avec un portefeuille de positions à la baisse relativement faible (en général entre 0 % et 50 %). L'accumulation des deux donne une exposition brute moyenne (de l'ordre de 100 %) et un biais directionnel long (entre 50 % et 100 %). Le gestionnaire vise ainsi à limiter le capital à risque mais à s'exposer à la tendance du marché. Un tel positionnement est type en cas de marché porteur et dans les marchés émergents où les gestionnaires visent également à profiter de la tendance porteuse de ces marchés à long terme. Il est intéressant en cas de tendance haussière claire et quand le gestionnaire pense que les conditions de marché sont favorables à l'exposition au marché tout en limitant la volatilité à court terme par un contrebalancement par des positions à la baisse. Les positions à la baisse sont alors généralement prises par l'intermédiaire d'indices boursiers.

Nous rapportons l'évolution des expositions brutes et nettes dans le graphique 16. Elle illustre notre propos avec un premier positionnement composé de positions longues et courtes importantes mais une exposition nette limitée ; un deuxième positionnement plus défensif avec une position nette très faible, voire négative ; un troisième cas, type de marchés volatiles avec des expositions brutes et nettes limitées ; un dernier cas avec un positionnement long important partiellement contrebalancé pour un réel risque de marché dans le portefeuille.

1. Citons cependant le cas d'un gérant asiatique qui, dans le cadre de marchés baissiers et très volatils du début de l'année 2008, décida de jouer le marché à la hausse mais de couvrir son positionnement avec des titres individuels afin de pouvoir rapidement se repositionner net long en cas de mouvement haussier, par l'intermédiaire des futures sur indices tout en visant à extraire de l'alpha à la baisse par sa sélection d'actions à la baisse.

**Tableau 10.** – *Illustration du positionnement d'un gérant au cours du temps*

| Positionnement | Temps | Positions longues | Positions courtes | Exposition brute | Exposition nette | Objectifs |
|---|---|---|---|---|---|---|
| 1. Longues importantes/ courtes importantes | Sem 1 | 85 % | 65 % | 150 % | 20 % | Être à risque en étant investi mais limiter l'exposition au marché |
| | Sem 2 | 83 % | 70 % | 153 % | 13 % | |
| | Sem 3 | 80 % | 72 % | 152 % | 8 % | |
| | Sem 4 | 78 % | 80 % | 158 % | – 2 % | |
| 2. Longues réduites/courtes importantes | Sem 5 | 60 % | 75 % | 135 % | – 15 % | Être à risque en étant investi mais limiter l'exposition au marché et jouer la baisse. |
| | Sem 6 | 50 % | 70 % | 120 % | – 20 % | |
| | Sem 7 | 47 % | 60 % | 107 % | – 13 % | |
| | Sem 8 | 40 % | 54 % | 94 % | – 14 % | |
| 3. Longues réduites/courtes réduites | Sem 9 | 42 % | 40 % | 82 % | 2 % | Limiter le capital à risque en étant sous-investi et limiter l'exposition au marché |
| | Sem 10 | 44 % | 30 % | 74 % | 14 % | |
| | Sem 11 | 38 % | 26 % | 64 % | 12 % | |
| | Sem 12 | 33 % | 20 % | 53 % | 13 % | |
| 4. Longues importantes/ courtes réduites | Sem 13 | 50 % | 18 % | 68 % | 32 % | Jouer la hausse du marché mais limiter le capital à risque en étant sous-investi |
| | Sem 14 | 65 % | 15 % | 80 % | 50 % | |
| | Sem 15 | 82 % | 16 % | 98 % | 66 % | |
| | Sem 16 | 95 % | 9 % | 104 % | 86 % | |

**Graphique 16.** – *Illustration du positionnement d'un gérant au cours du temps*

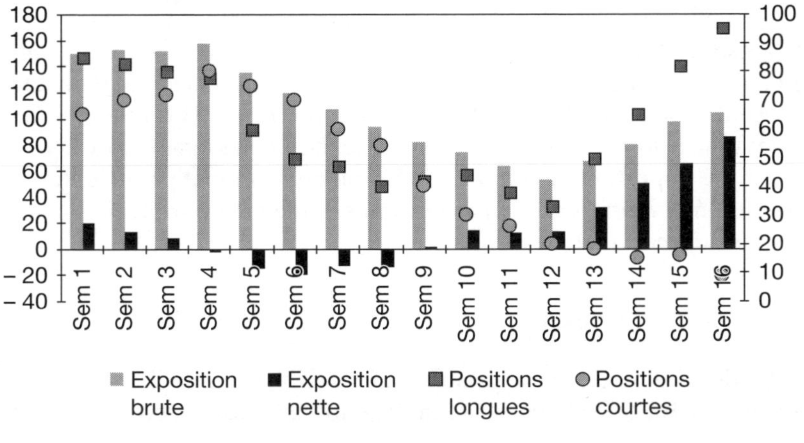

## 11. L'active trading

L'*active trading* est la pratique suivant laquelle les positions d'investissement sont changées très fréquemment. Ce procédé d'investissement est type de nombreux hedge funds. Une telle pratique peut être mise en œuvre afin de maintenir un profil rendement-risque bas, alors que les prix varient fortement ou afin de profiter de changements de prix à court terme.

Cette pratique entraîne que, même si le taux de rotation de différents hedge funds peut être très variable, celui d'un hedge fund type est généralement plus élevé que celui d'un fonds commun ou d'un fonds de pension. Ceci est particulièrement vrai pour les stratégies d'arbitrage et pour celles basées sur des modèles mathématiques qui suggèrent des prises de positions rapides et fréquentes qui visent à profiter de déviations de prix au cours du temps.

De telles pratiques sont basées sur la liquidité du marché et l'accès à des crédits qui permettent de se financer. L'habilité d'un fonds de réaliser de l'*active trading* peut diminuer pour deux raisons :

– des problèmes de crédit qui incitent les contreparties à réduire les limites ;

– une baisse de la liquidité globale du marché. Une baisse de liquidité peut entraîner de lourdes pertes pour des stratégies basées sur cette pratique.

## 12. Autres caractéristiques de l'industrie des hedge funds

L'industrie des hedge funds se compose de fonds individuels avec des caractéristiques propres tant au niveau du processus d'investissement que de sa structure. Nous regroupons les fonds par stratégie d'investissement dans un ensemble d'une dizaine de stratégies, mais chaque fonds possède ses caractéristiques propres qui le différencient des autres fonds. Nous avons déjà présenté des spécificités en termes de commission et de liquidité. Ces différences peuvent aussi se situer à d'autres niveaux. Pratiquement, chaque caractéristique d'un fonds sera généralement différente pour d'autres. Rappelons également que les définitions des stratégies poursuivies par les gérants sont nées d'un désir de classifier les fonds afin de pouvoir les regrouper en sous-groupes sans devoir procéder à une différenciation individuelle. Elles sont générales, elles ont été basées sur des fonds existants et ce ne sont pas des fonds qui ont été créés sur la base des stratégies mais bien le contraire. Le nombre important de fonds existants ne nous permet pas de déterminer où se situent les différences entre les fonds d'une même stratégie, mais nous pouvons dégager quelques tendances.

### *12.1. Taille des fonds*

Une des premières caractéristiques de l'industrie à souligner est que la majorité des fonds reste de petite taille. L'industrie est en pleine croissance depuis quelques années et le nombre de fonds disponibles ne cesse d'augmenter. De nombreux fonds disposent de moins de 100 millions de dollars. Le graphique 17 rapporte le pourcentage de fonds par taille des actifs gérés. Elle indique que 78 % des fonds de la base de données hedgefund.net disposent de moins de 100 millions de dollars et qu'à peine 5 % des fonds ont plus de 500 millions de dollars en actifs sous gestion. Ce graphique est une bonne illustration de la tendance globale. Des chiffres du même ordre sont d'ailleurs rapportés par Van Hedge Fund Advisors dans leurs recherches. L'industrie des hedge funds reste fragmentée.

**Graphique 17.** – *Répartition de l'industrie des hedge funds par taille des actifs sous gestion*

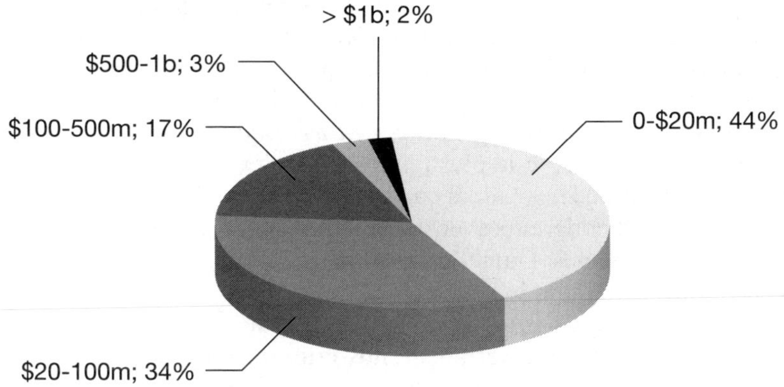


*Source* : Hedgefund.net.

Ce graphique indique également qu'à peine 22 % des gérants (ceux disposant de plus de 100 millions de dollars sous gestion) gèrent la grande majorité des actifs de l'industrie car ils sont de taille beaucoup plus importante que les autres fonds. Il faut au minimum cinq fonds de la première catégorie (entre 0 et 20 millions de dollars) pour contrebalancer un seul fonds de la troisième catégorie (entre 100 et 500 millions de dollars).

### 12.2. Caractéristiques communes

Chaque hedge fund peut être individualisé, mais nous pouvons trouver plusieurs sources communes dans la littérature existante. Citons par exemple que la majorité des sociétés de gestion implantées aux États-Unis sont enregistrées auprès de la *Securities and Exchange Commission*. Ensuite, 90 % des fonds ont un système de *high watermark* en place, mais moins de la moitié des fonds ont une *lock-up period*. Quasiment 100 % des fonds font aujourd'hui appel à des auditeurs externes et réalisent un audit annuel indépendant. Plus des trois quarts des gérants de fonds sont investis dans leur fonds, plus de huit fonds sur dix peuvent prendre des positions baissières et plus de sept fonds sur dix peuvent utiliser le levier. Ces caractéristiques communes sont également des standards minimums à respecter.

### 12.3. L'utilisation de levier

*Van Hedge* rapportait en 2001 les résultats d'une étude très intéressante sur l'utilisation du levier. Nous reprenons les résultats dans le tableau 9. Les chiffres ne sont plus d'actualité, mais la tendance dégagée est très intéressante. Les chiffres indiqués dans le tableau sont des moyennes par stratégie, ce qui signifie que l'utilisation du levier des fonds individuels peut s'écarter fortement des chiffres repris.

Les stratégies dans lesquelles les fonds recourent le plus souvent au levier sont les fonds *macro* (près de neuf fonds sur dix utilisent le levier), les fonds qui appliquent la stratégie *market neutral arbitrage* (huit fonds sur dix utilisent le levier) et les *special situations* (près de huit fonds sur dix utilisent le levier). Ce sont également ces stratégies pour lesquelles les fonds utilisent le plus fortement le levier. Six fonds *market neutral arbitrage* sur dix ont un levier supérieur à 2:1, plus de quatre fonds macros sur dix et quatre fonds *market neutral securities hedging* sur dix en font de même. Les fonds de la stratégie *distressed securities* sont ceux qui utilisent le moins fréquemment et le plus faiblement le levier. Près d'un fonds sur deux n'utilise pas de levier, alors que les autres ont un levier inférieur à 2:1. Ces résultats sont cohérents avec la perception des risques sous-jacents de chacune des stratégies. Dans l'ensemble, trois fonds sur quatre utilisent plus ou moins fortement le levier.

Malgré ce que les chiffres repris dans le tableau 11 semblent indiquer, il faut garder à l'esprit que certains fonds utilisent fortement le levier. En effet, les stratégies qui visent à profiter d'arbitrage dans les marchés de *fixed income* recourent souvent à un levier supérieur à 5:1, 10:1 et dans certains cas 20:1.

### 12.4. Le hedge fund type

Il n'y a pas de réponse très précise, mais nous reprenons les caractéristiques d'un hedge fund type dans le tableau 12. Ce fonds dispose en moyenne de 150 millions de dollars sous gestion (la médiane est à 50 millions de dollars) et il existe depuis cinq ans (médiane à quatre ans). Son investissement minimum se situe aux environs de 1 000 000 de dollars (médiane à 750 000 de dollars). Les commissions de gestion et de performance sont respectivement de 2 % et 15 % en moyenne (1,5 % et 15 % pour les médianes). Le gérant a une expérience moyenne de quinze ans dans la gestion (10 ans pour la médiane).

**Tableau 11.** – *Utilisation du levier*

| | Pas de levier | Utilisent le levier | | |
|---|---|---|---|---|
| | | *Faiblement (< 2 : 1)* | *Fortement (=> 2 : 1)* | **Total** |
| *Aggressive growth* | 27,7 % | 55,1 % | 17,2 % | 72,3 % |
| *Distressed securities* | 49,4 % | 48,1 % | 2,5 % | 50,6 % |
| *Emerging markets* | 35,0 % | 50,0 % | 15,0 % | 65,0 % |
| *Fund of funds* | 30,9 % | 52,2 % | 16,9 % | 69,1 % |
| *Income* | 42,9 % | 31,9 % | 25,3 % | 57,2 % |
| *Macro* | 10,7 % | 44,0 % | 45,3 % | 89,3 % |
| *Market neutral – arbitrage* | 19,4 % | 22,0 % | 58,7 % | 80,7 % |
| *Market neutral – securities hedging* | 28,5 % | 31,3 % | 40,2 % | 71,5 % |
| *Market timing* | 39,1 % | 22,6 % | 38,3 % | 60,9 % |
| *Opportunistic* | 24,5 % | 44,0 % | 31,5 % | 75,5 % |
| *Multi-strategy* | 32,1 % | 46,9 % | 21,0 % | 67,9 % |
| *Short sellers* | 38,6 % | 40,9 % | 20,5 % | 61,4 % |
| *Special situations* | 23,0 % | 60,9 % | 16,1 % | 77,0 % |
| *Value* | 32,2 % | 53,6 % | 14,2 % | 67,8 % |
| **Total** | **25,4 %** | **45,3 %** | **29,3 %** | **74,6 %** |

*Source* : Van Hedge Fund Advisors International, Inc.

**Tableau 12.** – *Caractéristiques d'un hedge fund type*

| | **Moyenne** | **Médiane** |
|---|---|---|
| Taille de fonds | 150 millions de dollars | 50 millions de dollars |
| Âge du fonds | 5 ans | 4 ans |
| Investissement minimum | 1 000 000 de dollars | 750 000 dollars |
| Existence (en mois) | 36 | 24 |
| Commission de gestion | 2 % | 1,5 % |
| Commission de performance | 20 % | 15 % |
| Expérience du gérant en gestion | 15 ans | 10 ans |

## 12.5. Hedge funds et produits d'investissement

Les hedge funds utilisent de nombreux produits d'investissement différents. On peut cependant les regrouper en trois catégories :

– les instruments au comptant ou de cash : dans cette catégorie sont repris les actions ordinaires, les titres à revenu fixe comme les obligations classiques, les obligations convertibles, les obligations à haut rendement ou encore les obligations hypothécaires et les contrats de change au comptant. Ces produits d'investissement sont classiques et leur risque peut être estimé de façon relativement simple. Cela ne signifie nullement que le risque est négligeable, mais qu'on peut correctement l'estimer à l'aide de formules établies relativement simples ;

– les produits dérivés autres que les options (sur indices, taux, change, incidents climatiques et matières premières) : cette catégorie comprend les contrats *futures*, les contrats à terme traités de gré à gré et les swaps. Les résultats finaux de ces produits d'investissement sont similaires à ceux des instruments au comptant ou de cash, car leur valeur augmente ou diminue (plus ou moins fortement) parallèlement à la valeur de leur sous-jacent. De nombreux hedge funds utilisent fortement ce type d'instruments, particulièrement des contrats *futures* et des contrats à terme qui leur permettent de prendre des positions sur l'évolution du sous-jacent sans avoir à détenir l'instrument lui-même. La plupart des fonds n'ont aucun intérêt à détenir le sous-jacent au contrat qui peut être une matière première comme du pétrole, du soja ou du bétail sur pied. Les contrats les plus utilisés sont des contrats à terme sur devises, des contrats à terme et des swaps sur taux et des produits liés à des actions ou des indices d'actions ;

– les options et autres produits non linéaires (sur indices, taux, change, incidents climatiques et matières premières) : cette dernière catégorie est fortement différente des précédentes. Ce type de produits d'investissement offre soit un rendement positif ou une perte limitée, soit un gain limité et une perte théoriquement illimitée suivant l'évolution du sous-jacent. Étant donné qu'une option donne un droit et non l'obligation d'exécuter un contrat, le rendement total d'un investissement dans un tel titre est dit convexe et non linéaire. Ceci a différentes implications dont la plus importante est une forte complication de la gestion des risques.

Dans les faits, les gérants de hedge funds se concentrent généralement sur certains types de titres, mais ils se laissent la liberté d'utiliser d'autres catégories de produits financiers. Cette situation est surtout présente dans le cas de fonds *event driven* ou de fonds *distressed securities*.

## 12.6. Le taux de mortalité

La croissance rapide de l'industrie des hedge funds a cependant un pendant : un taux de mortalité élevé. Plusieurs études académiques se sont concentrées sur cette spécificité et les estimations sont que le temps de vie médian d'un fonds se situe entre 3 ans et 5 ans et demi.[1]

Les principaux éléments qui entrent en compte dans la durée de vie d'un fonds sont les actifs sous gestion, la performance mensuelle, les périodes de remboursement, le levier et l'investissement minimum. Les fonds avec des actifs sous gestion importants, de bonnes performances, une liquidité limitée, un levier comparativement faible et des minimums d'investissement élevés ont tendance à surperformer les autres.

Les résultats indiquent qu'un fonds a une probabilité d'approximativement 7 % de disparaître lors de sa première année d'existence, 20 % au cours des deux premières années de sa vie et 60 % de chance de fermer dans les cinq ans de son lancement. Un tel résultat est cohérent avec l'idée que les gestionnaires de nouveaux fonds auront tendance à prendre plus de risques en début de vie afin de viser des rendements attractifs et d'attirer des capitaux.

## 13. Le rapprochement entre les hedge funds et les autres produits d'investissement alternatifs

L'industrie des hedge funds fait partie de la plus grande famille des investissements alternatifs telle que définie par l'*Alternative Investment Management Association* (AIMA). Les produits alternatifs incluent les hedge funds, le *private equity*, le marché de l'immobilier, les fonds de futures, le bois, les antiquités, les œuvres d'art, les vins fins, les voitures, etc.

Les hedge funds se sont clairement rapprochés des autres investissements alternatifs et il existe aujourd'hui des hedge funds investis dans des sociétés privées, des biens immobiliers, du bois, des œuvres d'art ou encore du vin. Le rapprochement avec le *private equity* est le plus marqué.

Le rapprochement entre les hedge funds et le *private equity* se fait à deux niveaux. D'un côté, des gestionnaires de fonds *private equity* lancent des produits sous des formes de hedge funds. En d'autres mots, ils prennent généralement des structures identiques. La différence entre ces fonds et des fonds *private equity* type vient du type d'investissement réalisé et de la liquidité offerte. Lorsqu'ils prennent une telle structure, les fonds doivent publier une valeur nette d'inventaire régulière (au minimum trimestrielle) alors que les fonds *private equity* types n'en publient généralement pas sur une base régulière. Ils doivent également offrir une certaine liquidité, que ce soit par l'intermédiaire d'une cotation en bourse ou par des termes de liquidité stricts mais plus avantageux qu'ils ne le seraient pour un fonds *private equity* classique. De tels fonds exigent souvent des *lock-up periods* de l'ordre de deux ou trois ans et ils offrent une liquidité semi-annuelle ou annuelle par la suite. De tels termes sont certes très contrai-

1. Voir Gregoriou (2002) pour un article intéressant sur le sujet.

gnants, mais ils sont déjà plus intéressants que ceux habituellement pratiqués dans l'industrie du *private equity*.

Le second aspect du rapprochement concerne les gestionnaires qui se situent entre les deux industries. Alors que généralement, les hedge funds investissent en titres cotés, certains vont investir dans des sociétés juste avant qu'elles ne soient cotées. Cela entraîne un risque de liquidité additionnel, mais le rendement attendu est naturellement supérieur. Le graphique 18 illustre la frontière entre le *private equity* et l'investissement en société cotée ainsi que la place intermédiaire de ces nouveaux gestionnaires. Elle rapporte trois phases dans l'évolution d'une entreprise. La première est celle où le fondateur lance son entreprise sur la base d'un produit, d'un service ou d'un autre concept. Ensuite, un investisseur découvre l'entreprise et décide de co-investir avec le fondateur. Dans cette deuxième phase, les investissements concernés et les titres restent privés. C'est dans cette phase qu'interviennent en général les fonds *private equity* classiques. Leur rôle est de fournir des capitaux et de travailler avec le fondateur sur le développement de son entreprise. Dans cette phase, les titres sont réévalués suivant le développement de l'entreprise et les prix d'émission des nouvelles actions. La troisième phase intervient après l'offre publique d'achat. C'est à ce moment que le titre est coté et c'est normalement après cette phase qu'interviennent les hedge funds.

**Graphique 18.** – *Rapprochement entre les hedge funds et le private equity*

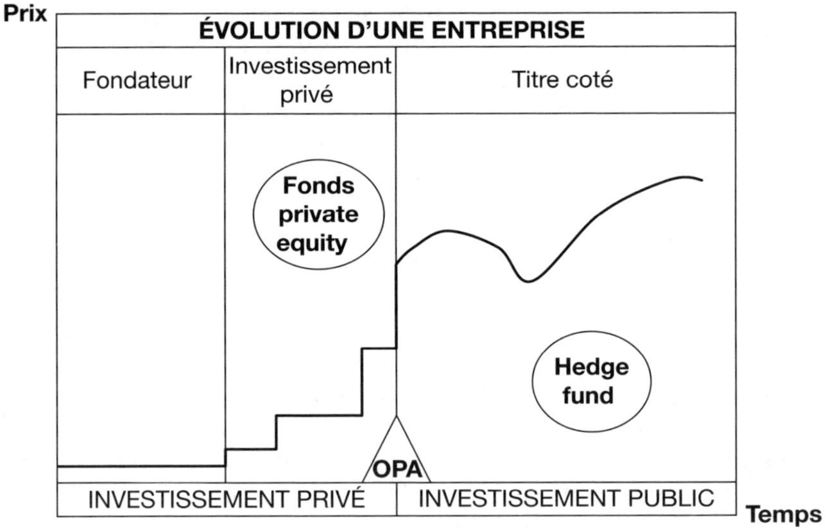


Le rapprochement entre les hedge funds et le *private equity* que nous décrivons vient du fait qu'un certain type de hedge funds investissent dans la phase d'investissement privé. Ils n'interviennent généralement pas au début de la phase d'investissement privé mais entre quelques mois et deux ans avant l'offre publique d'achat attendue. Ensuite, ces gestionnaires sortent leur position, leur objectif étant d'identifier avant les autres investisseurs les titres intéressants qui vont arriver sur le marché et d'investir dans ces titres avant l'offre publique d'achat.

## 14. Les atouts et les faiblesses des hedge funds

Les hedge funds tels que nous les avons décrits dans le présent chapitre possèdent un certain nombre de caractéristiques attrayantes pour les investisseurs, mais également des points faibles. Résumons les principaux atouts et points faibles qui nous semblent particulièrement importants.

### *14.1. Les atouts*

Nous regroupons les principaux atouts des hedge funds en cinq catégories : la flexibilité des techniques, les investissements des gérants dans les fonds, la capacité des gérants, l'objectif de performance absolue et la faible corrélation avec les produits d'investissement classiques.

#### *14.1.1. La flexibilité des techniques*

Déjà en 1996, Beckier (1996) soulignait que, d'après diverses études réalisées auprès d'investisseurs institutionnels et de gérants de hedge funds, le principal avantage des hedge funds par rapport aux autres produits d'investissement est la flexibilité des techniques d'investissement. Cette flexibilité comprend l'habilité à utiliser une grande variété d'instruments divers et variés, leur présence sur divers marchés, ainsi que la possibilité de couvrir les risques pour l'intermédiaire des ventes à découvert et la possibilité de recourir au levier financier.

Plus de dix ans après, la situation a certainement évolué, mais les avantages de base de l'industrie des hedge funds restent identiques. La principale différence vient du fait que de plus en plus de fonds classiques peuvent utiliser certaines techniques réservées jusqu'alors aux hedge funds. [1]

#### *14.1.2. Les investissements des gérants dans le fonds*

Les gérants de hedge funds sont, sauf exception, toujours investis de manière significative dans leur fonds. Cet incitant est une spécificité à l'industrie et une de ses forces, car de ce fait les intérêts du gérant ou de l'équipe de gestion sont en phase avec ceux des investisseurs finaux.

#### *14.1.3. La capacité des gérants*

Le parcours type d'un gérant de hedge fund est d'avoir étudié la finance dans une école de gestion et d'avoir travaillé comme analyste quelques

1. Nous faisons référence à la possibilité de couvrir le risque de marché par l'intermédiaire de futures pour les fonds UCITS III.

années avant de devenir gérant de fonds communs. Ensuite, s'il a été à même d'offrir une performance attrayante, il s'est enrichi et, avec les capitaux engrangés, crée une société de gestion spécialisée dans la gestion alternative.

Pour lancer un hedge fund, il faut disposer d'actifs sous gestion et s'être enrichi soi-même tout en ayant gagné la confiance d'investisseurs externes. Dans les deux cas, il faut avoir développé un processus de gestion de portefeuille clair et compréhensif et être capable de gérer un portefeuille, mais également une société.

L'ensemble de ces exigences fait que les gérants de hedge funds doivent faire preuve de capacités au-dessus de la moyenne. Comme les hedge funds sont quasiment des purs paris sur les aptitudes des gérants, cet aspect est important.

#### *14.1.4. Objectif de performance absolue*

La grande majorité des hedge funds ont pour but d'offrir une performance absolue. En conséquence, ils visent à offrir des performances positives peu importe les conditions de marché. Cette situation est fortement différente de celle des fonds communs classiques dont l'objectif est d'offrir une performance supérieure à celle d'un indice de référence. Pratiquement, l'industrie est parvenue à atteindre son objectif presque tous les ans, même si 2008 reste un cas à part car l'industrie perdit plus de 20 % dans un marché des actions en baisse de plus de 40 %. Cet objectif de performance absolue est un des principaux attraits de l'industrie.

#### *14.1.5. Faible corrélation avec les investissements classiques*

Les hedge funds visent à offrir une performance absolue et ils disposent d'une large gamme d'outils pour y parvenir. Ces éléments expliquent le fait que les hedge funds ont tendance à être relativement faiblement corrélés avec les produits d'investissement classiques comme les actions et les obligations. De ce fait, de nombreux investisseurs utilisent les hedge funds comme un outil de diversification dans leur portefeuille. Cette faible corrélation a été soulignée dans de nombreuses études scientifiques.[1]

### 14.2. Les faiblesses

L'industrie des hedge funds présente également des faiblesses spécifiques : un taux de liquidation élevé, des problèmes d'information, une liquidité limitée, un système de commission complexe et élevé, des risques spécifiques et des contraintes légales.

1. À ce sujet, voir entre autres Fung et Hsieh (1997), Ackermann *et al.* (1999), Liang (1999), Agarwal et Naik (1999), et Capocci et Hübner (2003), Capocci et Mahieu (2003). Nous analysons la corrélation entre les hedge funds et les produits d'investissement classiques dans le chapitre 3, section 21 : Analyse de la corrélation.

### *14.2.1. Taux de liquidation élevé*

Une des principales faiblesses des hedge funds est que le taux de liquidation de fonds, c'est-à-dire le pourcentage de fonds dissous relativement à la taille de l'industrie, est élevé comparativement à l'industrie des fonds communs classiques. De nombreux fonds sont dissous dans les années qui suivent leur création. Ceci signifie que les résultats obtenus pour l'ensemble de l'industrie ne sont valables que si l'investisseur sélectionne un fonds qui survivra.

Le tableau 13 reprend une analyse du taux de liquidation pour les fonds *equity market neutral* que nous avons réalisée dans le cadre de notre thèse de doctorat. Elle indique que le taux de liquidation de l'industrie oscille autour de dix pour cent par an, ce qui signifie que dix pour cent des fonds de l'industrie sont dissous chaque année.

**Tableau 13.** – *Taux de liquidation des fonds* market neutral

| | **Nombre de fonds au 1er janvier** | **Fonds entrants** | **Fonds sortants** | **Taux de création** | **Taux d'attrition estimé** |
|---|---|---|---|---|---|
| **1993** | 63 | 27 | 1 | 42,90 % | 1,60 % |
| **1994** | 89 | 50 | 2 | 56,20 % | 2,20 % |
| **1995** | 137 | 44 | 18 | 32,10 % | 13,10 % |
| **1996** | 163 | 74 | 13 | 45,40 % | 8,00 % |
| **1997** | 224 | 80 | 19 | 35,70 % | 8,50 % |
| **1998** | 285 | 78 | 39 | 27,40 % | 13,70 % |
| **1999** | 324 | 58 | 36 | 17,90 % | 11,10 % |
| **2000** | 346 | 47 | 32 | 13,60 % | 9,20 % |
| **2001** | 361 | 69 | 34 | 19,10 % | 9,40 % |
| **2002** | 396 | 44 | 42 | 11,10 % | 10,60 % |
| **Total** | | **571** | **236** | **30,10 %** | **8,70 %** |

Le tableau 14 rapporte une estimation du taux d'attrition pour l'année 2008 qui fût l'année la plus difficile pour l'industrie depuis le début de son existence. Les chiffres rapportés indiquent une hausse significative du taux d'attrition avec une moyenne supérieure à 30 % pour les stratégies analysées, ce qui est très élevé. Ce chiffre tombe à 22 % lorsque l'on ne considère que les fonds de plus de 50 millions de dollars.

**Tableau 14.** – *Estimation du taux d'attrition pour 2008*

| | **Nombre de fonds au 01/01/08** | **Fonds sortants** | **Fonds entrants** | **Taux d'attrition estimé** |
|---|---|---|---|---|
| Tous les fonds HFR | 3 221 | 894 | 170 | 28 % |
| Long short equity | 1 566 | 404 | 74 | 26 % |
| Relative value | 702 | 259 | 46 | 37 % |
| Credit | 215 | 71 | 11 | 33 % |
| Directional trading | 599 | 119 | 30 | 20 % |
| Systematic funds | 114 | 29 | 8 | 25 % |
| Autres | 25 | 12 | 1 | 48 % |

### *14.2.2. Le problème d'information*

Les sources d'information relatives aux hedge funds sont limitées. Il n'existe pas de source d'informations officielle ou largement utilisée qui peut être considérée comme la référence. Ceci signifie que tout investisseur qui désire investir dans des hedge funds devra se faire des contacts dans l'industrie, travailler avec des consultants ou investir par l'intermédiaire de fonds de hedge funds. Cette situation n'est pas idéale, car l'investisseur final n'a pas toujours accès au gérant et/ou aux informations relatives à des fonds individuels. Ce manque d'informations se faisait ressentir pour les fonds individuels, mais aussi pour l'industrie dans son ensemble.

### *14.2.3. Liquidité limitée*

Nous avons présenté les contraintes de liquidité des hedge funds dans la section 6.2. La liquidité limitée des hedge funds est un des principaux points faibles de l'industrie. Les hedge funds ont un rôle de fournisseur de liquidité, si bien qu'ils donnent de la liquidité aux marchés, mais qu'ils ne savent pas en donner beaucoup à leurs clients finaux. Notre cas pratique analysé précédemment illustre bien cette faiblesse et l'importance de prendre cet aspect en considération avant tout investissement.

### *14.2.4. Un système de commissions élevées complexe*

Nous avons décrit le système de commissions des hedge funds dans la section 7 du présent chapitre. Les frais élevés des hedge funds sont une autre source de problème potentiel pour les investisseurs. Plusieurs éléments sont à signaler par rapport au système de commissions. Tout d'abord, la commission de gestion amplifie les pertes potentielles. Ensuite, la commission de performance réduit les gains potentiels. Finalement, un client investissant dans un fonds qui offre de belles performances durant les premiers mois, mais qui perd tout ou une partie de cette performance dans les mois qui suivent, aura payé des commissions de performance sur les gains engrangés puis perdus. Il n'en paiera pas une seconde fois si le fonds devait se rattraper, mais s'il décide de sortir, le système lui aura été très défavorable.

### *14.2.5. Des risques spécifiques*

L'investissement dans des hedge funds entraîne des risques spécifiques à cette industrie. L'investisseur s'expose à l'ensemble des risques décrits dans la section 4 de ce chapitre. En outre, chaque stratégie aura des risques spécifiques qu'il est essentiel d'appréhender avant d'investir. Finalement, le risque opérationnel est d'importance dans le cas des hedge funds qui restent, dans la majorité des cas, des petites structures où chacun est amené à jouer plusieurs rôles.

### *14.2.6. Les contraintes légales*

Afin de bénéficier de liberté dans leurs stratégies d'investissement, les gérants de hedge funds doivent respecter un certain nombre de contraintes légales propres à chaque pays. Celles-ci ne concernent pas la mise en place de leur stratégie d'investissement, mais elles impactent indirectement la performance des fonds. Aux États-Unis par exemple, le nombre d'investisseurs est limité à 99 ou 499 investisseurs selon les cas. Les gérants ne peuvent pas faire appel directement aux investisseurs et toute publicité leur est interdite.

## 15. Comparaison entre fonds et comptes gérés

De nombreuses sociétés de gestion proposent à leurs clients fortunés la possibilité de créer un compte géré de façon propre par un gérant de hedge funds, plutôt que d'investir dans un fonds individuel. Comparons succinctement l'intérêt de l'un par rapport à l'autre.

Les fonds présentent quelques attraits particuliers. Premièrement, l'investissement par l'intermédiaire d'un fonds permet à l'investisseur d'éviter des frais de structure qu'il doit supporter seul dans le cas d'un compte géré. Dans le cas d'un fonds, les frais de création sont amortis sur l'ensemble des investisseurs. Ensuite, la forme de fonds permet au client d'investir un montant minimum plus faible qu'un compte géré (un million de dollars contre plusieurs millions dans le cas de comptes gérés).

D'un autre côté, un fonds offre une liquidité moins importante qu'un compte géré et l'investisseur pourra plus facilement accéder à son portefeuille dans le cas d'un compte géré, ce qui lui permettra d'être plus fortement impliqué dans les décisions d'investissement et de mieux comprendre les risques sous-jacents à son investissement.

## 16. La réplication

Les rendements des hedge funds ont attiré de nombreux investisseurs dans cette industrie. De nombreux chercheurs ont dès lors travaillé sur la réplication de la performance de l'industrie ou de stratégies spécifiques. Cela signifie qu'ils ont tenté de répliquer une stratégie d'investissement en utilisant d'autres produits d'investissement dans le but d'offrir une distribution de rendement similaire.

Les études scientifiques concluent que les stratégies de réplication permettent de capturer entre 40 % et 80 % des rendements moyens de la plupart des stratégies hedge funds classiques.[1] Sur la base de ces résultats, diverses institutions proposent de telles stratégies de réplication à leurs clients à moindre frais que les fonds en direct. Soulignons quelques éléments qui mitigent fortement l'intérêt de tels procédés :

– Toutes les réplications sont basées sur des données passées, alors que les gérants prendront position sur base de leurs anticipations futures.

– Chaque expérience, chaque bon choix et chaque erreur seront intégrés dans le processus de gestion de tout fonds mais pas dans une stratégie de réplication.

– Les réplications sont basées sur un nombre de données relativement restreint.

– Les réplications visent péniblement à offrir la même performance que les indices hedge funds qui rapportent la performance moyenne de l'industrie. Un grand nombre de fonds se distinguent de façon persistante au cours du temps. La différence de performance entre ces fonds et les performances des portefeuilles de réplications sont encore plus élevées.

## 17. Les nouvelles structures

Alors que les hedge funds existent depuis plus de cinquante ans et que le premier fonds de fonds est né à la fin des années 60, diverses nouvelles structures sont apparues il y a quelques années. Elles visent à offrir d'autres moyens d'investir dans les hedge funds. Parmi ces évolutions, les principales que nous décrivons ici sont la cotation de fonds (individuels ou fonds de fonds), la création de produits structurés sur des fonds existants et l'émergence des indices dits investissables. Les produits structurés incluent entre autres des produits à capital garanti, des certificats sur indice, des options d'achat ou des *total return swaps*.

### *17.1. La cotation des fonds*

Un nombre croissant de fonds a décidé de se faire coter en bourse au cours des dernières années. Le processus de création est le suivant. Le gérant fait

1. Voir par exemple Jaeger et Wagner (2005), Kat et Palaro (2005), Diez de los Rios et Garcia (2006), Fung et Hsieh (2007), Bollen et Whaley (2007).

appel à des investisseurs au cours de la période de souscription. Ensuite, il demande la libération des capitaux afin d'agréger l'ensemble des actifs et lance le fonds sous la forme de fonds fermés. Un tel fonds a généralement une durée de vie définie et limitée. Les investisseurs qui ont investi dans ce fonds voient leurs actifs bloqués pour la durée de vie du fonds. Le gérant propose généralement de tels fonds à la cotation sur une bourse telle que l'AIM à Londres (la bourse des petites capitalisations) afin de proposer une certaine liquidité. Le fonds ainsi créé publie dans ce cas une valeur nette d'inventaire et il existe un prix de marché. La valeur de marché est déterminée par l'offre et la demande sur le marché, ce qui signifie que les clients connaissent à tout moment la valeur de leur investissement s'ils désirent le vendre.

Cette tendance a plusieurs avantages contrebalancés par quelques inconvénients :

• Avantages pour l'émetteur :

– *stabilité des actifs* : le capital sous gestion du fonds reste stable après son lancement et ce, pour toute la durée de vie du fonds ;

– *simplification pour le calcul de la VNI* : la VNI n'est jamais impactée par des entrées ou des sorties, si bien que son calcul est simplifié ;

– *investisseurs potentiels* : un fonds coté avec des prix d'achat et de vente constamment disponibles durant les heures d'ouverture de marchés peut être proposé à un plus grand nombre d'investisseurs, même ceux qui n'ont pas d'horizon de placement à long terme ou qui ne respectent pas les règles d'investissement spécifiques en ce qui concerne le fonds en question.

• Avantages pour l'investisseur :

– *fréquence des transactions* : les parts peuvent être traitées quotidiennement alors que les fonds avec une structure classique sont souvent mensuels ou trimestriels.

– *prime/rabais :* les fonds cotés se traitent généralement à une prime ou avec un rabais par rapport à leur valeur nette d'inventaire, ce qui peut apporter un rendement additionnel en cas de prime. En cas de rabais, l'investisseur devra réaliser une perte ou attendre la fin de vie du produit.

Quoiqu'intéressantes, ces structures risquent d'être plus rares à l'avenir suite à la crise de liquidité que les marchés ont connue en 2008. De nombreux fonds fermés et cotés ont souffert du manque d'intérêt, les rabais ont crû de façon importante (jusqu'à 90 % dans certains cas) et de nombreux investisseurs ont été amenés à réaliser des pertes significatives sur de telles positions.

## 17.2. Les produits structurés

Les produits structurés consistent en un style de gestion où le gestionnaire prend l'engagement ferme d'offrir une certaine performance minimale. Le gestionnaire s'engage ainsi à produire un rendement précis et vérifiable. Cet engagement s'appelle la formule et le produit associé un fonds basé sur une formule. L'exemple type est repris dans la formule (1).

Dans le cas présenté, le produit vise à offrir la performance d'un indice de référence tout en garantissant le capital.

$$VNI_{t+1} = VNI_t(100\,\% + 100\,\%) \times R_I \qquad (1)$$

avec
$VNI_t$ = valeur nette d'inventaire du produit structuré à la période t.
$R_I$ = rendement de l'indice de référence

Aujourd'hui, la garantie de capital n'est plus *sine qua non* dans un produit structuré car l'offre s'est fortement élargie. Le schéma 16 issue de *Guide to structured products* de *SG Corporate et Investment Banking* illustre bien le positionnement des produits structurés dans l'univers des investissements. L'univers global est sous-divisé : d'un côté se trouvent les gestions basées sur la détention de titres sous-jacents (traditionnelle et indicée) et celles basées sur des produits et techniques d'investissement complexes (alternative et par produit structuré) ; d'un autre côté on peut séparer l'univers entre des approches discrétionnaires (traditionnelle et alternative) et des approches systématiques (par produit structuré et indicée). Le positionnement des produits structurés est repris dans le schéma 16.

**Schéma 16. –** *Positionnement des produits structurés dans l'univers des investissements*

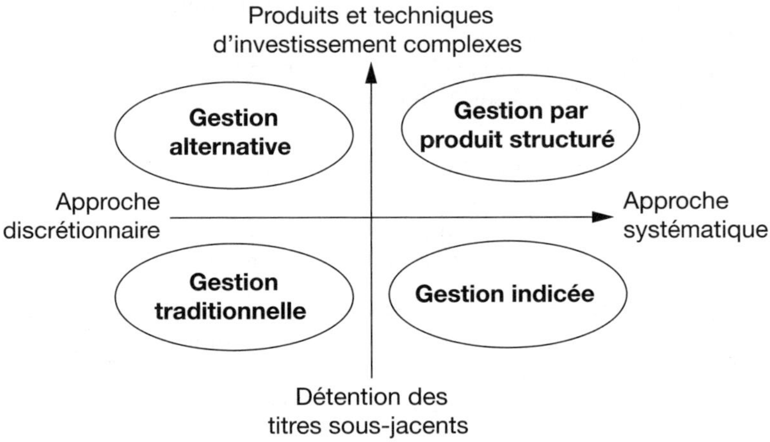


Les produits structurés existent depuis le milieu des années 80 mais sont appliqués au monde des hedge funds depuis quelques années seulement. Le sous-jacent peut être un fonds, un groupe de fonds ou un indice.

Il existe deux types de produits structurés, les *CPPI* (*constant proportion portfolio insurance*) construits sur des techniques d'assurance de portefeuille et la gestion formulaire basée sur l'utilisation d'options. Les CPPI sont apparus les premiers. Ils visent à protéger le portefeuille de pertes en capital. Le principe est simple, une partie du portefeuille est placée en produit sans risques alors qu'une autre sera investie dans des actifs risqués. Ce type de produit fonctionne bien pour les hedge funds individuels, les fonds de fonds et les indices investissables. Les poids sont ensuite rééquilibrés sur base de la performance des actifs risqués. Quand la performance est supérieure à la performance historique du produit, la proportion de titre risqué augmente et inversement en cas de performance récente inférieure à la performance historique. En outre, ces produits utilisent du levier financier appelé multiple dans le cas présent afin de pouvoir atteindre les objectifs. Les multiples sont généralement de trois pour les actions, cinq pour les hedge funds et huit pour les produits obligataires. Le multiple est défini par la formule (2).

$$A_R = M(VNI - P) / VNI \tag{2}$$

avec :
$A_R$ = allocation au titre risqué
$M$ = coefficient multiple
$P$ = palier, c'est-à-dire le rendement minimum garanti (100 % en cas de capital garanti)

Un taux de rotation maximum est généralement fixé afin de limiter l'impact des coûts de transaction. À titre d'exemple considérons le cas suivant :

- durée : 10 ans
- actif sur lequel le produit est basé : un fonds de fonds
- garantie : 100 % de la plus haute VNI durant la vie du fonds
- multiple : 3
- écart de tolérance
- taux sans risque 4 %

Nous pouvons estimer le plancher et le coussin à partir de la formule (2). Le coussin est la différence entre la VNI et le plancher.

$$P = 100\,\% \times \frac{1}{(1+4\,\%)} = 67{,}5\,\% \tag{3}$$

Le coussin est alors de 32,5 %. L'investissement dans l'actif risqué s'estime à l'aide de la formule (2) et celui dans l'actif non risqué par règle de trois.

$$A_R = 3(100 - 67{,}5\,\%) / 100 = 97{,}33\,\% \tag{4}$$

$$A_{NR} = 100 - 97{,}33\,\% = 2{,}67\,\%$$

avec
$A_{NR}$ = allocation au titre non risqué

Le mois suivant, le fonds de fonds gagne 3 %. La nouvelle garantie s'estime à l'aide de la formule (5).

$$\begin{aligned} VNI_1 &= A_R(1+3\,\%) + A_{NR}\left(1+\frac{4\,\%}{12}\right) \\ &= 97{,}33\,\% \times 1{,}03\,\% + 2{,}67 \times 1{,}33\,\% = 103{,}801\,\% \end{aligned} \tag{5}$$

Nous calculons ensuite le plancher – voir équation (6) – et la nouvelle allocation entre le fonds de fonds et le produit sans risque – voir équations (7) et (8).

$$P = 103,801\ \% \times \frac{1}{(1\ \% + 4\ \%)^{10-\frac{1}{12}}} = 70,35\ \% \qquad (6)$$

$$A_R = 3 * (103,801 - 70,35\ \%) / 103,801 = 96,667\ \% \qquad (7)$$

$$A_{NR} = 103,801\ \% - 96,667\ \% = 7,134\ \% \qquad (8)$$

Le mois suivant, le fonds de fonds perd 2 %. Le palier garanti reste alors la VNI du mois précédent à 103,801 %.

La VNI, le nouveau plancher et la nouvelle allocation entre le fonds de fonds et le produit sans risque sont repris dans les équations (9) à (12).

$$VNI_2 = 103,801\ \% \times 0,98 + 7,134 \times 1,33\ \% = 101,797\ \% \qquad (9)$$

$$P = 103,801\ \% \times \frac{1}{(1\ \% + 4\ \%)^{10-\frac{2}{12}}} = 70,584\ \% \qquad (10)$$

$$A_R = 3 \times (101,797 - 70,584\ \%) / 101,797 = 91,984\ \% \qquad (11)$$

$$A_{NR} = 101,797\ \% - 91,984\ \% = 9,812\ \% \qquad (12)$$

Et ainsi de suite durant la durée de vie du produit.

Le second type de produits structurés repose sur l'utilisation d'options. La gestion est basée sur des formules mathématiques qui visent à permettre au détenteur de profiter des marchés financiers en période de marchés porteurs tout en étant à même de protéger le capital, voire générer des rendements positifs dans des conditions de marché qui ne le permettent pas avec des produits d'investissement classiques. La différence entre ce type de produit structuré et les CPPI est que dans le cas présent la garantie de capital et la performance sont garanties. L'idée sous-jacente est à nouveau d'investir une partie du capital en produit sans risque, le solde étant investi en combinaison options qui visent à offrir un rendement identique à celui d'un indice de référence. Ce type de produit existe pour les indices classiques, mais ils ne sont pas encore appliqués dans le cas des hedge funds étant donné qu'il n'a pas été possible de répliquer la performance de stratégies alternatives par l'intermédiaire de produit classiques.[1]

### 17.3. Des indices investissables

Alors qu'il est aisé de gagner une exposition par rapport à un indice action quelconque par l'utilisation de fonds indicés ou d'*exchange traded*

1. Notons qu'un pan de la recherche académique s'intéresse à cette possibilité. Nous renvoyons à la section relative à la réplication dans le chapitre 2.

*funds*[1], cela est bien plus compliqué dans le cas des hedge funds. En effet, les indices hedge funds publiés par les fournisseurs de données agrègent les données des fonds qui rapportent leur performance sur une base mensuelle et cela comprend généralement plusieurs milliers de fonds. En outre, certains de ces fonds sont ouverts aux investissements alors que d'autres sont fermés. Finalement, alors que certains fonds repris disposent d'actifs importants, d'autres viennent de débuter et leurs actifs restent faibles. Tout ceci signifie que le seul moyen d'obtenir une exposition diversifiée à l'industrie des hedge funds fut, jusqu'à il y a peu, uniquement possible par l'intermédiaire de fonds de fonds ou par le recours à un conseiller et la constitution d'un portefeuille personnel de hedge funds.

La situation a évolué récemment grâce à l'émergence d'indices investissables. Ces indices ont pour objectif de refléter la performance d'un indice hedge fund de références à l'aide d'un portefeuille de hedge funds. Cette innovation permet à de nombreux investisseurs de créer le propre portefeuille diversifié sur diverses stratégies et de varier l'allocation selon la performance qu'il anticipe lorsque les produits sont suffisamment liquides. Nous reprenons les caractéristiques types d'un indice investissable dans le tableau 15. Un tel indice compte généralement entre 50 et 200 fonds sous-jacents et il couvre de 5 à 15 stratégies. Les actifs sont investis par l'intermédiaire de comptes gérés et le poids de positions est basé sur les actifs sous gestion. La réallocation est généralement trimestrielle (avec quelques exceptions mensuelles ou en semi-annuelles) et la liquidité du produit tend à être mensuelle, même si certains intervenants offrent une liquidité hebdomadaire pour les stratégies les plus liquides.

**Tableau 15.** – *Caractéristiques d'un indice investissable type*

| | **Indice investissable type** |
|---|---|
| Nombre de fonds sous-jacents | 50-200 |
| Nombre de stratégies | 5-15 |
| Types d'actifs | Comptes gérés |
| Pondération | Actifs |
| Réallocation | Trimestrielle |
| Liquidité maximale | Mensuelle |

La théorie veut que ces indices répliquent la performance d'un indice de hedge funds reconnus. La réalité est plus mitigée car les soucis avec cette méthodologie sont multiples :

1. Un ETF (également dénommé tracker) est un produit financier négociable sur les principales bourses mondiales. Il offre la performance d'un indice ou d'un panier d'actions (un secteur économique, un pays ou une région) et peut être traité comme une action.

– Un échantillon de fonds ne pourra que difficilement rapporter une performance identique à celle d'un panier de plusieurs milliers de fonds.

– Il y a un niveau de frais additionnels au niveau de l'indice investissable qui n'est pas présent pour l'indice non investissable.

– Les fonds repris dans le calcul de la performance de l'indice investissables seront des fonds qui acceptent toujours des souscriptions, ce qui sous-tend le risque de ne pas intégrer les meilleurs fonds qui existent depuis des années mais qui n'acceptent plus de nouvelles entrées. En outre, la plupart des sociétés qui proposent les indices investissables travaillent avec des comptes gérés qui offrent de la transparence et une liquidité accrue mais limite les possibilités de changements de fonds.

– La liquidité des indices investissables reste limitée de par les caractéristiques des fonds sous-jacents. Les liquidités proposées sont en général mensuelles, ce qui reste limité dans l'absolu.

– La contrainte de liquidité limite les stratégies couvertures aux plus liquides, ce qui biaise la distribution des rendements.

– Suivant la méthodologie de construction de l'indice, le poids des différents gestionnaires sera fixe ou il dépendra des actifs sous gestion. Dans le second cas, on induit un biais dans la performance qui sera plus fortement impactée par les fonds avec des actifs plus importants.

Autrement dit, les indices investissables de la première génération ne sont rien d'autres que des fonds de fonds qui ont une tendance à diversifier plus le risque que le feraient des gestionnaires de fonds de fonds. Le graphique 19 illustre notre propos en reprenant la performance année après année de l'indice global de référence de Hedge Fund Research (HFRI) et son équivalent investissable (HFRX). Le premier indice surperforme largement le second, année après année.

**Graphique 19. –** *Comparaison de performance entre un indice de référence et sa version investissable*

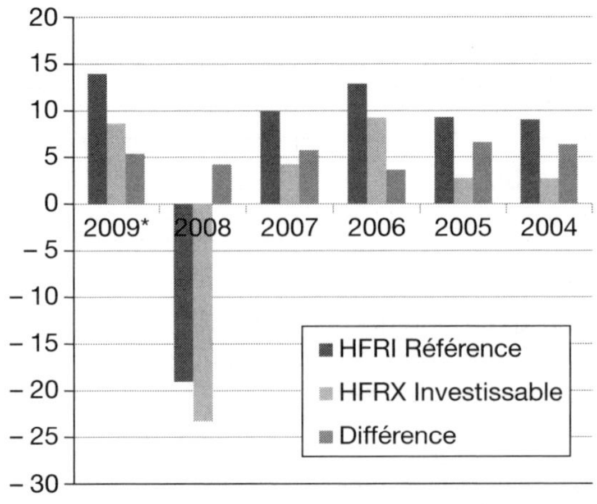


*Chiffres à fin août 2009

Les principaux avantages des indices investissables sont qu'ils proposent une exposition diversifiée à chaque stratégie (avantage identique aux fonds de fonds) et qu'ils proposent une liquidité importante (hebdomadaire dans de nombreux cas). Le principal inconvénient est que les chiffres rapportés indiquent que ces avantages coûtent en termes de performance.

L'émergence d'indices investissables est une nouvelle étape dans l'offre de produits liés aux hedge funds. Les principes de l'évolution de cette offre sont repris dans le schéma 17 qui reprend les fonds individuels (non diversifiés), les fonds multi-stratégies (risque partiellement mitigé), puis les fonds de fonds (diversifiés mais exposé au risque de gérant). Les indices investissables arrivent ensuite. L'idée sous-jacente à leur création est une diversification accrue du risque spécifique et la recherche d'un bêta par rapport à l'industrie des hedge funds. Finalement, on retrouve les nouveaux produits intermédiaires entre les produits structurés et les indices investissables qui offrent en général une exposition à plus de 100 fonds et qui sont diversifiés par stratégie d'investissement.

**Schéma 17.** – *Outils de diversification de l'exposition aux hedge funds*

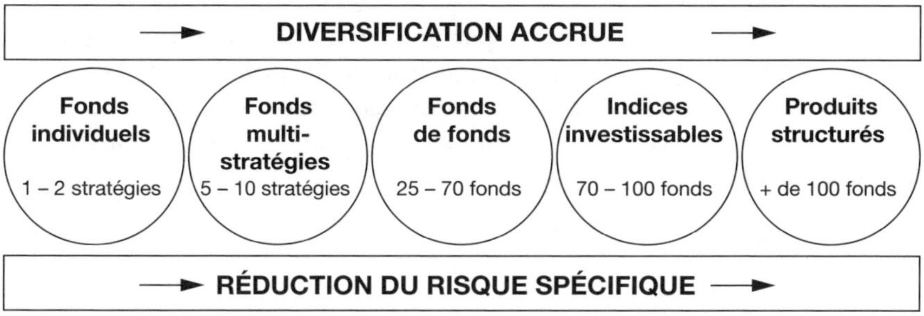


## 18. L'assurance contre la fraude

Un nouveau concept intéressant a été développé par une société d'assurance qui propose aux investisseurs de hedge funds de se couvrir contre le risque de fraude des fonds qu'ils ont en portefeuille. L'investisseur paie quelques points de base par an pour être couvert en cas de fraude avérée. Ce cas reste une exception, mais il est peut-être à l'origine d'un nouveau système de protection. Il couvre l'investissement du client dans les fonds.

## 19. Résumé du chapitre

Dans ce deuxième chapitre, nous avons analysé en profondeur les caractéristiques des hedge funds. Nous avons toujours raisonné de façon globale en gardant une vue d'ensemble de l'industrie. Nous avons repris les différentes classifications de stratégies alternatives telles que définies par les principaux fournisseurs de données. Ensuite, nous nous sommes intéressés aux différentes étapes de la constitution d'un hedge fund avant de nous arrêter sur la structure type d'un hedge fund. La quatrième section porte sur les hedge funds et le risque. Dans cette section nous avons exposé une multitude de risques liés à l'industrie des hedge funds qui nous permettent d'en apprécier l'importance.

La cinquième section est consacrée aux investisseurs types des hedge funds. Dans la section suivante, nous analysons en détail les contraintes d'investissement spécifiques aux hedge funds avant de présenter le système de commissions. Ces deux sections nous ont permis de discerner les hedge funds des fonds classiques en certains points, sans considérer leur processus d'investissement.

Nous avons présenté des caractéristiques spécifiques à l'industrie telles que la vente à découvert, l'effet de levier, l'exposition brute et nette et l'active trading. Nous avons ensuite développé d'autres caractéristiques de l'industrie, puis nous avons décrit le rapprochement entre les hedge funds et les autres produits alternatifs avant d'analyser les atouts et les faiblesses des hedge funds.

Nous avons achevé ce chapitre par une comparaison entre un fonds et les comptes gérés, nous avons ensuite présenté les principes de la réplication. Nous avons plus longuement abordé les nouvelles structures d'investissement pour les hedge funds avant de rapidement introduire l'assurance contre la fraude.

# Chapitre 3

# Les stratégies d'investissement

Avant de décrire les différentes stratégies d'investissement appliquées par les gérants de hedge funds, rappelons que l'ensemble des fonds qui forment une stratégie ne l'appliquent pas de la même manière. Chaque gérant a sa propre façon de mettre en place sa stratégie et on pourrait subdiviser chacune d'elles selon les spécificités de chaque gérant dans son processus d'investissement. Ceci s'explique principalement par le fait que les gérants se laissent une certaine liberté, pour ne pas dire une liberté certaine lors de la rédaction du prospectus, souvent afin de pouvoir adapter leur processus d'investissement aux conditions de marché.

Le besoin de classifier les hedge funds individuels en stratégies d'investissement vient du développement rapide de l'industrie et de l'étendue des marchés couverts. Les ventes à découvert ont été utilisées dans d'autres domaines que le marché des actions et de plus en plus de gérants se sont spécialisés dans des créneaux précis comme les fusions et acquisitions ou les marchés obligataires. En outre, le développement et l'utilisation croissante de produits dérivés et de modèles mathématiques de plus en plus sophistiqués et précis ont également contribué à cette évolution. L'objectif d'une classification des fonds en stratégie est de proposer aux investisseurs des produits d'investissement plus proches de leurs besoins et de leurs attentes. Il peut, en effet, y avoir de très fortes différences de rendement et/ou de risque entre les diverses stratégies d'investissement appliquées, même si elles sont toutes regroupées sous le terme hedge fund.

La création d'indices par stratégie permet aux investisseurs de se faire une idée de l'évolution des rendements de chaque stratégie au cours du temps, même si les performances de fonds individuels peuvent fortement s'en éloigner.

Comme nous l'avons signalé en comparant les classifications des principaux intervenants de l'industrie dans le chapitre précédent, il existe plusieurs manières de classer les stratégies. Nous reprenons notre méthodologie de classification en début de chapitre et présentons chaque stratégie individuellement en détail par la suite afin de permettre au lecteur d'assimiler les grands principes qui régissent la logique sous-jacente à toute stratégie d'investissement alternative.

Le nombre et les caractéristiques des stratégies analysées sont susceptibles de changer au cours du temps et de l'évolution de l'industrie, mais nous étudions l'ensemble des stratégies suffisamment importantes avant de nous attarder sur des stratégies moins médiatisées qui risquent de se développer à l'avenir.

Les analyses de stratégies s'organisent toutes de façon quasi identique. Dans l'introduction, nous donnons les grands principes de la stratégie analysée. Ensuite, nous décrivons la méthodologie avant d'illustrer le propos par des exemples pratiques. Finalement, nous rapportons les principaux avantages et inconvénients de chaque stratégie analysée, puis nous examinons la performance historique de la stratégie relativement au marché des actions et au marché obligataire.[1] Suivant les spécificités de chacune des stratégies, certaines sections comprennent un ou plusieurs paragraphes supplémentaires qui concernent, par exemple, la gestion des risques, des principes qui nécessitent une description spécifique ou encore l'analyse d'une sous-stratégie particulièrement intéressante.

## 1. Classification générale

Nous répartissons l'industrie des hedge funds en trois catégories. La première regroupe les stratégies d'investissement dites non directionnelles, parce qu'elles ne visent pas à profiter d'une tendance de marché. Au sein de cette catégorie, les stratégies d'investissement appliquées peuvent être neutres par rapport au marché (quand le gérant prend des positions délibérément contrebalancées ou non exposées au marché), elles peuvent être du type *event driven* (la performance dépendra de l'issue d'événements importants par rapport aux entreprises dans lesquelles le fonds est investi) ou elles seront plus spécifiquement de type *arbitrage* ou *multi-strategy arbitrage*.

Au sein des stratégies délibérément neutres par rapport au marché, on retrouve des sous-stratégies présentes sur le marché des actions appelées *equity market neutral*, la stratégie *statistical arbitrage* qui investit également sur les marchés actions sur la base de modèles d'investissement statistiques. La stratégie *fixed income arbitrage* se concentre sur les marchés de taux et la stratégie *fixed incorme arbitrage* est une combinaison entre l'investissement en produits de taux (obligation convertible) et une couverture par l'intermédiaire des actions. La stratégie *event driven* continue

1. Dans toutes les analyses de performance, nous reprenons l'indice Barclays aggregate bond index comme approximation du marché obligataire et le MSCI world total return pour représenter la performance du marché des actions. L'indice HFRI global fund weighted index est repris à titre de comparaison.

à se développer et à s'étendre. Considérée globalement, la gestion événementielle se retrouve sous le vocable *event driven*. La sous-stratégie *risk arbitrage* se concentre sur les fusions et les acquisitions alors que *distressed securities* concerne les sociétés en difficultés. La sous-stratégie *special situations* se rapproche des autres annonces importantes qui ne concernent pas les fusions, acquisitions ou faillites. Une nouvelle stratégie appelée PIPE (*private investment in public entities*) ou *regulation D* revient ensuite au premier plan. Une dernière sous-stratégie à la gestion événementielle qui nous vient du monde du *private equity* est ce que nous appellerons les activistes, à savoir les gestionnaires qui vont être actifs dans la gestion des entreprises en portefeuille afin de créer le catalyseur qui leur permettra de réaliser les gains escomptés. Au sein des autres stratégies d'arbitrage, on retrouve l'arbitrage d'option, l'arbitrage de fonds fermés ou l'arbitrage de volatilité. Les fonds qui combinent diverses stratégies spécifiques au sein d'un même portefeuille appliquent le *multi-strategy arbitrage*. Les fonds d'*asset based lending* – qui font des prêts aux entreprises sur la base d'actifs réels – font partie de la dernière catégorie de fonds neutres par rapport au marché mais dont la stratégie n'est pas basée sur de l'arbitrage.

La catégorie de stratégies directionnelles reprend la stratégie originale, à savoir les fonds long/short equity, qu'ils soient investis en marchés développés ou émergents, les fonds sectoriels, ceux qui jouent la direction dans le marché du crédit ainsi que les stratégies spécifiques comme les fonds net short, ceux qui ne prennent pas de positions contrebalancées, les fonds qui parient sur des vues macro et ceux qui cherchent à identifier des tendances.

Les fonds de fonds peuvent finalement soit être diversifiés sur l'ensemble des stratégies reprises dans le tableau, soit se concentrer sur certaines stratégies afin de laisser l'opportunité au client final de construire un portefeuille diversifié.

Le tableau 1 rapporte la classification des stratégies appliquées par les gérants de hedge funds en catégories, stratégies et sous-stratégies.

## 2. La stratégie *equity market neutral*

La traduction d'*equity market neutral* est investissement neutre sur un marché des actions. Le nom de cette stratégie décrit particulièrement bien les règles qui la régissent. En effet, indépendamment des titres sélectionnés, les gérants cherchent à avoir une position totale neutre par rapport au marché par l'intermédiaire de positions longues et courtes (position globale faiblement exposée, d'où l'aspect neutre par rapport au marché). Ils construisent cette position par l'utilisation quasi exclusive d'actions. Cette stratégie s'appelle également la stratégie *statistical arbitrage* de par ses bases quantitatives. Les gérants se reposent sur des modèles quantitatifs et qualitatifs sophistiqués afin de sélectionner des titres.

**Tableau 1. –** *Classification des stratégies appliquées par les hedge funds*

| Catégories | Stratégies | Sous-stratégies |
|---|---|---|
| **Stratégies non directionnelles** | *Market neutral* | *Equity market neutral*<br>*Statistical arbitrage*<br>*Fixed income arbitrage*<br>*Mortgage-backed securities*<br>*Convertible arbitrage* |
| | *Event driven* | *Event driven*<br>*Risk arbitrage*<br>*Distressed securities*<br>*Special situations*<br>*PIPE/regulation D*<br>*Activisme* |
| | *Arbitrage* | *Relative value arbitrage*<br>*Option arbitrage*<br>*Closed-end fund arbitrage*<br>*Volatility arbitrage* |
| | *Multi-strategy arbitrage* | *Multi-strategy arbitrage* |
| | *Autres* | *Asset based lending*<br>*Other* |
| **Stratégies directionnelles** | *Long/short equity* | *Developed markets*<br>*Emerging markets*<br>*Global* |
| | *Sector* | *Sector* |
| | *Credit* | *High yield* |
| | *Short selling* | *Short selling* |
| | *Long only (leveraged)* | *Long only (leveraged)* |
| | *Macro* | *Macro* |
| | *Managed futures* | *CTA*<br>*Short term trader* |
| **Fund of funds** | *Diversified* | *Diversified* |
| | *Niche* | *Niche* |

Par la combinaison de positions longues et courtes, les spécialistes protègent leur portefeuille des risques systémiques. Ils appliquent la même logique dans différents marchés, secteurs et industries et recherchent des titres sous-évalués et surévalués, peu importe la direction du marché dans son ensemble.

### 2.1. Méthodologie

Le plus simple pour comprendre l'idée sous-jacente à la stratégie *equity market neutral* est de considérer un exemple théorique. Imaginez que vous décidez d'acheter un nouvel ordinateur portable. Vous commencez vos recherches et un jour vous entendez parler d'un tout nouvel ordinateur proposé par Apple. Cet ordinateur dispose de toutes les caractéristiques nécessaires en termes de processeur, carte graphique, graveur de CD et DVD et il est parfaitement compatible avec votre télévision, les logiciels que vous utilisez aujourd'hui, les appareils photos de toute gamme. Vous êtes conquis. Par acquis de conscience vous passez chez un revendeur Microsoft et demandez une présentation de leur nouvel ordinateur. Ce dernier est muni d'un processeur moyen, d'une carte graphique trop lente pour regarder des films et son graveur DVD n'est pas très rapide. Vous décidez d'acheteur l'ordinateur portable Apple. Sentant cependant une tendance, vous décidez également d'acheteur pour 5 000 euros d'actions Apple et de vendre à la baisse des actions Microsoft pour le même montant. De ce fait, vous avez pris une position neutre par rapport au marché.

La différence entre un gestionnaire *equity market neutral* et vos deux positions contrebalancées est que les spécialistes de cette stratégie prennent un grand nombre de positions longues et courtes dans des titres. Ils se basent sur des modèles quantitatifs et qualitatifs afin de déterminer quels titres ils vont acheter ou vendre à découvert. Comme à l'accoutumée, ils achètent les titres qui, selon eux, devraient offrir une performance supérieure à celle du marché et vendent ceux qui offrent des perspectives moins attrayantes. En combinant des positions longues et courtes, ils limitent fortement leur exposition à l'évolution du marché dans son ensemble et leur performance sera induite par leur habilité à détecter quels titres sont surévalués et lesquels sont sous-évalués.

Il existe différentes manières d'éliminer l'exposition par rapport au marché. On peut, par exemple, neutraliser le bêta du portefeuille afin que celui de la partie courte égale celui de la partie longue. Le problème est que le bêta est une mesure très volatile, ce qui rend difficile le maintien de la neutralité en bêta du portefeuille. De ce fait, de nombreux gérants ne parviennent pas à neutraliser correctement le bêta de leur portefeuille. Ceci est très certainement une des principales raisons pour lesquelles il existe peu de fonds appliquant la stratégie neutre par rapport au marché, comparativement à d'autres stratégies.

Lorsque le risque de marché est couvert, les spécialistes doivent encore couvrir d'autres risques comme celui du change et l'exposition sectorielle afin d'avoir un alpha déterminé uniquement par la performance relative entre deux titres sélectionnés. Les gérants prennent souvent des positions neutres en dollars en investissant un montant identique dans les positions longues et courtes liées.

Comme dans la stratégie *long/short*, certains gérants mettent en place des opérations sur pairs et investissent de manière opposée dans des titres d'un même secteur ou d'une même industrie. La différence entre les spécialistes de la stratégie neutre par rapport au marché et ceux appliquant la stratégie *long/short* réside dans le fait que les premiers ne cherchent à réaliser des profits (ou des pertes) que sur la base du choix des titres qu'ils achètent ou qu'ils vendent, alors que les seconds laissent également intervenir la direction du marché.

Il existe plusieurs façons de calculer l'exposition d'un gérant par rapport au marché. Le plus souvent on utilise les deux formules qui permettent d'obtenir l'exposition brute et l'exposition nette définies précédemment. En prenant des positions longues et courtes identiques afin d'avoir une exposition nette nulle par rapport au marché, le spécialiste protège son portefeuille contre tout risque systémique. Le terme neutre en action peut être trompeur, car cette stratégie n'est pas sans risque. Les gérants neutralisent uniquement certains risques en étant plus fortement exposés à d'autres. Ils se protègent contre le risque de marché qui est consécutif à l'incertitude quant à l'évolution future du marché dans son ensemble. D'un autre côté, ils s'exposent beaucoup plus fortement au risque de sélection de titres.

Les gérants considèrent souvent des titres fondamentalement liés dans l'application d'une telle stratégie. Dans ce cadre, ils recherchent des titres qui s'écartent de la moyenne d'un ensemble de titres liés. Si le prix s'écarte positivement par rapport à la moyenne du groupe, ils jouent un retour à la moyenne et vendent le titre à découvert. D'un autre côté, si le prix du titre passe sous la moyenne du groupe, ils achètent ce titre.

Certains gérants considèrent des marchés dans lesquels il n'est pas possible de vendre à découvert et couvrent leur position par des ventes à découvert de contrats à terme sur indices. Dans ce cas, leur objectif est souvent d'identifier des titres sous-évalués afin de les acheter ; les positions à découvert ne constituant qu'un outil de couverture aux baisses de marché.

Étant donné qu'on cherche à annuler tout risque systémique, la performance d'une telle stratégie se mesure par rapport au taux sans risque, ce qui reflète le rendement obtenu sur les positions courtes. D'un autre côté, si les positions à découvert sont prises uniquement dans des contrats à terme sur indices, la performance peut alors être mesurée relativement à un indice composé d'actions ou d'obligations.

La neutralité se définit de plusieurs manières. Un fonds peut être neutre en montant investis, en bêta et/ou sur base sectorielle (voir schéma 1). Nous illustrons précisément les différences entre les définitions de la neutralité dans le paragraphe suivant.

**Schéma 1. –** *La neutralité des fonds* equity market neutral

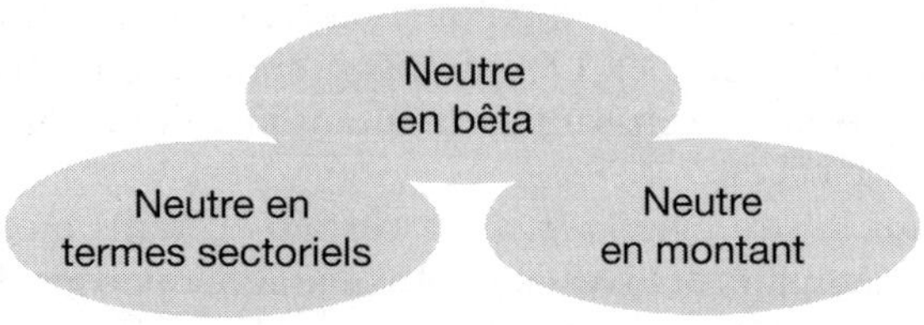

### 2.2. Définition de la neutralité

La différence entre neutralité en dollars et en bêta peut s'analyser à l'aide de formules basées sur la théorie du portefeuille. De façon générale, le rendement d'un portefeuille long/short ou neutre par rapport au marché peut être vu comme la fraction du portefeuille investie en positions longues multipliée par son rendement auquel on ajoute la fraction du portefeuille investie en positions courtes multipliée par son rendement comme écrit dans la formule (1) :

$$R_P = F_L R_L + F_S R_S \tag{1}$$

avec :

$R_P$ = le rendement du portefeuille P

$F_L$ = la fraction du portefeuille investie en positions longues

$R_L$ = le rendement de la portion longue du portefeuille

$F_S$ = la fraction du portefeuille investie en positions courtes

$R_S$ = le rendement de la portion courte du portefeuille

Ce rendement peut également être exprimé par la somme de deux éléments. La fraction du portefeuille en position longue multipliée par le produit du bêta des positions longues et du rendement du marché auquel on ajoute l'alpha – positif ou négatif – du portefeuille long au cours de la période analysée auquel on ajoute la fraction du portefeuille en position courte multipliée par le bêta des positions courtes fois le rendement du marché auquel on ajoute l'alpha du portefeuille court au cours de la période analysée. La formule (2) illustre cette seconde version.

$$R_P = F_L(\beta_L R_M + \alpha_L) + F_S(\beta_S R_M + \alpha_S) \tag{2}$$

Dans le cas d'une stratégie neutre en dollars, les fractions du portefeuille investies en position longue et celles en position courte sont identiques. La formule (1) se simplifie et devient (3). Dans le cas classique d'un investissement identique de 100 % de positions longues et 100 % de positions courtes, la formule devient (4).

$$R_P = F(R_L + R_S) \tag{3}$$

$$R_P = R_L + R_S \tag{4}$$

avec :

$F$ = la fraction du portefeuille investie en positions longues et courtes

Dans le cas d'une stratégie neutre en bêta, ce ne sont plus les fractions du portefeuille investies en positions longues et courtes qui sont identiques mais les bêtas des positions longues et courtes qui sont identiques. La formule (2) se simplifie et devient (5). Dans le cas classique d'un investissement identique de 100 % de positions longues et 100 % de positions courtes, la formule devient (6).

$$R_P = F_L \alpha_L + F_S \alpha_S \tag{5}$$

$$R_P = \alpha_L + \alpha_S \tag{6}$$

Dans le cas d'une stratégie neutre en bêta et en dollars, la formule (2) devient (7). Dans ce cas, les fractions du portefeuille investies en positions longues et courtes et les bêtas des positions longues et courtes sont identiques.

$$R_P = F(\alpha_L + \alpha_S) \tag{7}$$

Les formules (6) et (7) illustrent la recherche d'un double alpha dans le cas d'un portefeuille parfaitement neutre par rapport au marché. Remarquons que nous ne sommes en présence d'une somme d'alpha que dans le cas d'un positionnement neutre en béta. Dans le cas d'une stratégie neutre en dollars, un bêta résiduel est présent. De fait, l'équation (4) peut être reformulée en intégrant le bêta des positions longues et courtes en (8).

$$R_P = F\left[(\beta_L R_M + \alpha_L) + (\beta_S R_M + \alpha_S)\right] \tag{8}$$

Considérons le cas pratique d'un fonds qui est en *dollars neutral* et qui investit 100 % de ses actifs en positions longues et 100 % de ses actifs en positions courtes. Le bêta de ses positions longues est de 0,9 alors que celui de ses positions courtes plus volatiles est de -1,1. Considérons deux cas. Dans le premier cas, le rendement du marché au cours de la période a été de + 8 %, dans le second de – 8 %. Sur la base de ces informations, la formule (8) devient (9) puis (10) et (11) pour une hausse de 8 % et (12) puis (13) dans le cas d'une baisse de 8 %. Les formules (11) et (13) indiquent clairement que le gestionnaire prend un pari sur le marché lorsqu'il décide de gérer son portefeuille en adoptant des positions neutres en dollars mais pas en béta. Si le bêta de son portefeuille long est supérieur à celui de son portefeuille court, il réalisera des bénéfices additionnels en cas de hausse de marché et il réalisera des bénéfices additionnels en cas de baisse de marché si le bêta de son portefeuille court est supérieur à celui de son portefeuille long.

En cas de hausse de marché de 8 % au cours de la période analysée

$$R_P = 100\,\%\left[(0{,}9 \times 8\,\% + \alpha_L) + (1{,}1 \times -8\,\% + \alpha_S)\right] \tag{9}$$

$$R_P = 0{,}072 + \alpha_L - 0{,}088 + \alpha_S \tag{10}$$

$$R_P = \alpha_L + \alpha_S - 0{,}016 \tag{11}$$

En cas de baisse de marché de 8 % au cours de la période analysée

$$R_P = 100\,\%\left[(0{,}9 \times -8\,\% + \alpha_L) + (1{,}1 \times 8\,\% + \alpha_S)\right] \tag{12}$$

$$R_P = \alpha_L + \alpha_S + 0{,}016 \tag{13}$$

Le cas de la neutralité en termes sectoriels se rapproche du concept de la neutralité en dollars. Nous pouvons l'illustrer en considérant un gérant qui est long un secteur et court un autre. Considérons la formule (2) en y intégrant un élément de performance spécifique au secteur dans lequel les positions longues et courtes sont prises. Dans le cas de base, cet élément est repris implicitement dans l'alpha des positions longues et courtes. Les simplifications présentées pour la neutralité en dollars valent toujours.

$$R_P = F_L(\beta_L R_M + \alpha_{LxS} + R_{SL}) + F_S(\beta_S R_M + \alpha_{SxS} + R_{SS}) \quad (14)$$

avec :

$\alpha_L = \alpha_{LxS} + R_{SL}$

$\alpha_S = \alpha_{SxS} + R_{SS}$

$\alpha_{LxS}$ = alpha des positions longues hors impact sectoriel

$R_{SL}$ = impact du secteur sur la performance des positions longues

$\alpha_{SxS}$ = alpha des positions courtes hors impact sectoriel

$R_{SS}$ = impact du secteur sur la performance des positions courtes

Le risque du portefeuille est également différent de celui d'un portefeuille long classique. La volatilité d'un portefeuille long/short ou neutre par rapport au marché est définie en (15), celle d'un portefeuille bêta et dollars neutre est reprise en (16).

$$\sigma_P = (F_L^2\sigma_{RL}^2 + F_S^2\sigma_{RS}^2 + 2F_L F_S \rho_{R_L R_S})^{1/2} \quad (15)$$

$$\sigma_P = (\sigma_{\alpha L}^2 + \sigma_{\alpha S}^2 + 2\sigma_{\alpha L}\sigma_{\alpha S}\rho_{\alpha_L \alpha_S})^{1/2} \quad (16)$$

avec :

$\sigma_P$ = la volatilité du portefeuille

$\sigma_{RL}$ = la volatilité des rendements du portefeuille long

$\sigma_{RS}$ = la volatilité des rendements du portefeuille court

$\rho_{R_L R_S}$ = la corrélation entre les rendements du portefeuille long et ceux du portefeuille court

$\sigma_P$ = la volatilité de l'alpha des positions longues

$\sigma_{\alpha S}^2$ = la volatilité de l'alpha des positions courtes

$\rho_{R_L R_S}$ = la corrélation entre les rendements du portefeuille long et ceux du portefeuille court

Les formules (15) et (16) illustrent clairement l'importance de la corrélation entre les positions longues et courtes. La théorie du portefeuille stipule qu'il est intéressant de diversifier un portefeuille avec des titres non parfaitement corrélés. Dans le cas présent, les positions étant contrebalancées, la corrélation aura de plus grandes chances d'être négative, ce qui réduira significativement la volatilité globale du portefeuille.

### 2.3. Les fonds gérés quantitativement

Des fonds *market neutral* peuvent être gérés par un gérant ou une équipe sur une base fondamentale. De nombreux fonds sont cependant gérés sur une base quantitative. La famille des fonds *equity market neutral* gérés de façon quantitative comprend deux types de fonds. D'un côté, on retrouve les fonds qui utilisent des modèles mathématiques basés sur des données fondamentales. D'un autre côté, il y a les fonds *statistical arbitrage*. L'utilisation de modèles quantitatifs permet aux gérants de considérer un très grand nombre de titres, ce qu'ils ne sauraient pas faire s'ils procédaient aux analyses eux-mêmes au cas par cas. Une telle stratégie implique généralement la construction d'un portefeuille diversifié qui pourra atteindre plusieurs centaines de titres dans le cas des fonds *statistical arbitrage*.

Pratiquement, le processus d'investissement débute par la définition de l'univers d'investissement. Les gérants déterminent les marchés et les secteurs qu'ils désirent couvrir. Ensuite, ils se fixent un type de capitalisation dans lequel ils désirent investir. Lorsqu'ils procèdent à ces choix, ils tiennent naturellement compte de la liquidité des marchés considérés. En effet, il est souvent difficile, voire impossible de vendre à découvert certains titres comme des petites capitalisations. Leurs modèles ne les limitent souvent pas dans le nombre de titres analysés. Une fois l'univers d'investissement défini, les gérants appliquent leurs modèles quantitatifs.

Les fonds quantitatifs basés sur des modèles fondamentaux ont généralement deux objectifs :

1. identifier les titres sous-évalués et surévalués ;
2. analyser les facteurs de risque des titres considérés.

Les modèles permettent l'analyse de chaque titre suivant certains indicateurs prédéterminés intégrés dans le modèle. Chaque gérant reprend les indicateurs qu'il privilégie, c'est-à-dire ceux qui, selon lui et selon les conditions de marché, permettent d'obtenir la valeur la plus proche de la réalité. Ils donnent à chaque facteur le poids approprié selon leur expérience et leurs connaissances. Une fois les sociétés évaluées sur la base du modèle développé et des données disponibles, ils construisent leur portefeuille global qui aura souvent une exposition neutre par rapport aux marchés d'actions. Les facteurs utilisés comprennent généralement plusieurs familles compris des facteurs de croissance, de *momentum*, de valorisation et de qualité. Nous en reprenons quelques exemples dans le tableau 2.

La stratégie *statistical arbitrage* est basée sur l'analyse quantitative des déviations de relations de prix historiques. Une telle stratégie est construite sur l'idée sous-jacente que les divergences de corrélations (ou de relations de prix) non justifiées sont amenées à se résorber au cours du temps. Les gestionnaires utilisent des modèles quantitatifs d'analyse de relations de prix. Ces modèles suivent systématiquement une multitude de relations de prix et des positions sont prises lorsque les relations de prix historiques s'écartent. Ils construisent ensuite un portefeuille diversifié de positions

**Tableau 2.** – *Facteurs types d'une stratégie quantitative fondamentale*

| Croissance | Momentum | Valorisation | Qualité |
|---|---|---|---|
| Croissance des bénéfices | Momentum à court terme | Taux de capitalisation | Sentiment |
| Tendance des bénéfices | Tendance de prix | Changement dans le taux de capitalisation | Qualité |
| Attentes | | Ratios divers | Recommandations des analystes |

longues et courtes. Le positionnement global est neutre par rapport au marché. Dans tous les cas, il sera faiblement exposé aux mouvements de marché.

### 2.4. Gestion du risque

Cette stratégie se différencie particulièrement de nombreuses autres en termes de risque. Les gérants qui appliquent cette stratégie prennent une position globale neutre. Le portefeuille construit est peu exposé au risque de marché dans son ensemble. Les portefeuilles comprennent également souvent un très grand nombre de positions, ce qui leur permet de limiter l'impact de positions individuelles sur le portefeuille. Ajoutons enfin que les gérants reprennent principalement des titres de grande capitalisation afin de ne pas être exposés au risque de liquidité.

Le nombre important de positions entraîne que les gérants fixent souvent un objectif de prix avant tout achat et la position est dénouée automatiquement lorsque ce prix est atteint. Ils fixent également un niveau de *stop loss*, c'est-à-dire de prix auquel ils dénouent la position si le prix évolue de façon défavorable.

### 2.5. Illustration

Les gérants de fonds *equity market neutral* prennent des positions longues et courtes dans des titres afin d'obtenir une position globale neutre, c'est-à-dire qu'ils se concentrent exclusivement sur les évolutions relatives de prix des titres dans lesquels ils sont investis. L'exemple de la stratégie *long/short* se rapproche de cette stratégie, du moins dans les principes. Nous reprenons deux types d'exemples. Une analyse théorique nous permettra dans un premier temps de comprendre en quoi les fonds repris dans la présente stratégie sont neutres par rapport au marché. Les exemples pratiques nous rapprochent plus fortement du monde réel.

### *2.6. Illustration théorique*

Considérons un gérant qui prend une position longue de 100 dollars adossée à une position courte d'un même montant. Dans les deux cas, il répartit les 100 dollars de façon identique entre deux titres qu'il a sélectionnés. Ces titres sont long A, long B pour la partie longue du portefeuille et court X et court Y pour la partie courte. Les sociétés considérées sont toutes du même secteur. Les positions courtes lui permettent de percevoir le taux sans risque sur cet investissement, indépendamment de l'évolution du cours des titres considérés. Cette situation est illustrée dans le schéma 2.

**Schéma 2. –** *Illustration théorique de la stratégie* equity market neutral

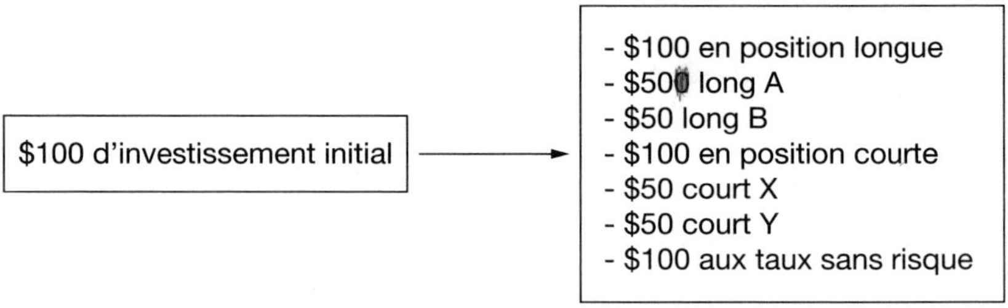


Imaginons que le marché des actions monte de 10 % et que le rendement moyen sur les actions détenues soit de 13 % (+ 15 % pour long A et + 11 % pour long B), alors que celui sur les actions vendues à découvert n'est que de 7 % (+ 9 % pour court X et plus 5 % pour court Y) ; le taux sans risque étant de 4 %. Le rendement total obtenu est alors égal à (+ 13 % – 7 %) + 4 % = 10 %. D'un autre côté, si le marché des actions baisse de 10 %, que le rendement moyen obtenu sur les positions longues est de – 7 % (– 5 % pour long A et – 9 % pour long B), et que celui obtenu sur les positions courtes est de – 13 % (– 11 % pour court X et – 15 % pour court Y), le taux sans risque étant toujours à 4 %, le rendement total est également de (–7 % + 13 %) + 4 % = 10 %. Le tableau 3 résume ces différents cas possibles.

**Tableau 3. –** *Rendement total du portefeuille théorique*

| | **Hausse** | **Baisse** |
|---|---|---|
| Marché des actions | 10 % | – 10 % |
| Long A | 15 % | – 5 % |
| Long B | 11 % | – 9 % |
| Court X | 9 % | – 11 % |
| Court Y | 5 % | – 15 % |
| Taux sans risque | 4 % | 4 % |
| **Total** | **10 %** | **10 %** |

Le portefeuille est neutre par rapport au marché, car le rendement reste identique peu importe l'évolution du marché dans son ensemble. Le rendement est créé sur la base de la performance relative de long A par rapport à court X (surperformance de 6 % dans les deux cas) et de long B par rapport à court Y (surperformance de 9 % dans les deux cas) à quoi il faut ajouter le taux sans risque. Cet exemple théorique illustre correctement les principes de la stratégie, même si dans les faits les évolutions à la hausse et à la baisse ne se font pas toujours dans les mêmes proportions.

## 2.7. *Illustrations pratiques*

### 2.7.1. *Career Education Corporation et Apollo Group*

Situons-nous début décembre 2002 et considérons dans un premier temps deux sociétés : Career Education Corporation et Apollo Group. Career Education Corporation propose des formations de troisième cycle aux États-Unis et au Canada. Elle offre divers diplômes, principalement dans les domaines des technologies d'information, de la communication, des arts culinaires, etc. Apollo Group propose des programmes de formation de haut niveau pour des adultes actifs. Elle est liée à diverses universités et elle offre des diplômes et des certificats reconnus. Elle est également implantée aux États-Unis et au Canada.

Début décembre 2002, un gérant qui suit l'évolution du ratio des cours de ces actions depuis plusieurs mois estime, sur la base d'une analyse fondamentale, que l'action *Career Education Corporation* est devenue bon marché par rapport à Apollo Group. Il décide alors de prendre une position longue dans la première à un cours de 38,95 dollars et de vendre une position équivalente de la seconde à un cours de 41,89 dollars. Le ratio de cours des titres est alors de (38,95/41,89) = 0,93 dollar et le gérant achète et vend 1 000 actions de chaque société. Le gérant achète le même nombre d'actions de Career Education Corporation qu'il n'en vend d'Apollo Group, car les cours des titres sont fort proches lors de la prise de position. Si la situation avait été différente ou qu'il désirait prendre une position parfaitement neutre en dollars, il aurait basé ses achats sur le ratio qui lui aurait permis d'investir un montant identique dans les deux titres, soit acheté 1 000 actions de la première et vendu 930 de la seconde à découvert.

Lors de cette prise de position, il se fixe également un objectif de ratio et un ratio minimum. L'objectif de ratio est le niveau de ratio du cours des titres considérés qu'il vise lorsqu'il prend position. Dans notre cas, il visait un ratio de 1,07. Le ratio minimum est le niveau auquel il sort de sa position. Ce second ratio lui permet de limiter ses pertes en cas d'évolution défavorable, car même si le gérant a raison dans ses prévisions, mais que le marché ne partage pas son avis, il est souvent préférable de fermer les positions à partir d'un certain seuil. Dans le cas présent, il fixe ce ratio à 0,85. Les gérants de fonds *equity market neutral* sont plus intéressés par les ratios des cours de titres qu'à leur évolution individuelle car ils équilibrent les positions et ils réalisent des profits si les titres dans lesquels ils investissent se comportent mieux que ceux qui sont vendus à découvert et ce, même si les cours baissent. Selon les cas, ces ratios sont fixés arbitrairement ou les gérants les fixent automatiquement à un certain pourcentage du ratio initial. Dans certains cas, les gérants ferment les positions lorsque le ratio varie de plus de 10 % à la hausse ou à la baisse. Si, dans notre cas, le gérant avait fixé ses ratios sur cette base, le ratio objectif serait de 0,93/0,9 = 1,03 et le seuil minimum serait de 0,93 × 0,9 = 0,84.

Le graphique 1 reproduit l'évolution du ratio *Career Education Corporation* sur *Apollo Group.* On constate qu'entre janvier et décembre le ratio a baissé. Ensuite, le gérant a pris position mi-décembre. Il a fermé cette position fin avril alors que le ratio avait atteint le ratio objectif de 1,07. Les cours respectifs des actions étaient alors de 57,90 dollars pour Career Education Corporation et 53,74 dollars pour Apollo Group.

**Graphique 1. –** *Évolution du ratio Career Education Corporation sur Apollo Group (janvier 2002-mai 2003)*

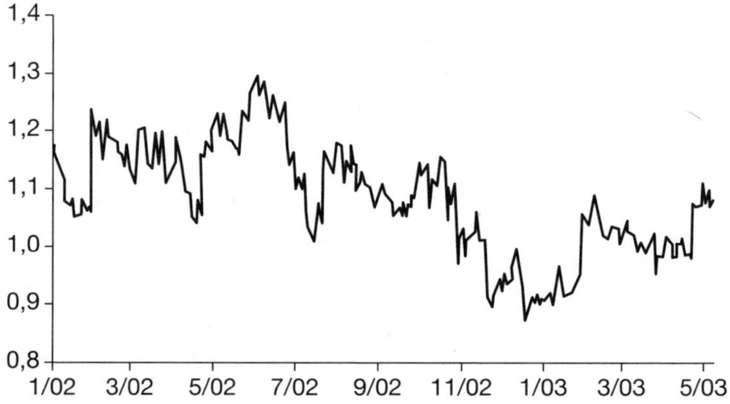


Cette position a permis au gérant de réaliser une performance de (USD57,9 – USD38,95) × 1 000 = USD18 950 sur les positions longues et une perte de (USD53,74 – USD41,89) × 1 000 = USD11 850 sur les positions courtes. Le bénéfice total est de 7 100 dollars sur un investissement initial de 1 000 actions longues à 38,95 dollars soit 38 950 dollars. Le rendement est de USD7 100/USD38 950 = 18,2 % sur un peu plus de 4 mois.

### 2.7.2. *Daimler-Chrysler AG et Ingersoll Rand Company*

Dans d'autres cas, les gérants ont des objectifs à plus court terme et ils ne cherchent pas à prendre position plus longtemps que quelques jours ou quelques semaines. Considérons deux autres titres, Daimler-Chrysler AG et Ingersoll Rand Company. Daimler-Chrysler AG crée, produit et vend des voitures, des petits camions et des véhicules utilitaires à travers le monde. Elle produit les marques Mercedes-Benz, Chrysler, Jeep, Dodge et Smart en ce qui concerne les automobiles. La société Ingersoll-Rand est un producteur d'équipements et de composantes industriels à travers le monde. Elle produit, entre autres, des systèmes de sécurité, des compresseurs, des pompes, des portes, des équipements pour la construction. À première vue, on pourrait se demander pourquoi le gérant décide de combiner des positions dans des titres qui ne font pas partie du même secteur. Il a identifié des tendances similaires dans l'évolution des cours de ces titres et les combine dans une position neutre.[1]

Dans d'autres cas, les gérants ont des objectifs à plus court terme et ils ne cherchent pas à prendre position plus longtemps que quelques jours ou quelques semaines. Considérons deux autres titres, Daimler-Chrysler AG et Ingersoll Rand Company. Daimler-Chrysler AG crée, produit et vend des voitures, des petits camions et des véhicules utilitaires à travers le monde. Elle produit les marques Mercedes-Benz, Chrysler, Jeep, Dodge et Smart en ce qui concerne les automobiles. La société Ingersoll-Rand est un producteur d'équipements et de composantes industriels à travers le monde. Elle produit, entre autres, des systèmes de sécurité, des compresseurs, des pompes, des portes, des équipements pour la construction. À première vue, on pourrait se demander pourquoi le gérant décide de combiner des positions dans des titres qui ne font pas partie du même secteur. Il a identifié des tendances similaires dans l'évolution des cours de ces titres et les combine dans une position neutre.[2]

Sur la base de son analyse, le gérant décide de prendre une position longue dans Ingersoll-Rand et de vendre à découvert Daimler-Chrysler AG le 1er octobre 2002 alors que le ratio Ingersoll-Rand sur Daimler-Chrysler est de (USD35,64 / USD36,35) = 0,98. Son objectif de ratio est 1,03 (hausse du ratio de 10 %) et le ratio minimum est 0,93 (une baisse du ratio de 10 %). Le 18 octobre, le ratio passe le seuil de 1,03 (cours d'Ingersoll-Rand à 38,46 dollars et cours de Daimler-Chrysler à 36,65 dollars). Le gain réalisé sur la position longue est alors de (USD38,46 – USD35,64) × 1 000 = USD2 820 et la perte réalisée sur la position courte est de (USD36,35 – USD36,65) × 1 000 = 300 dollars, soit un gain total de 2 520 dollars sur un investissement initial de 35 640 dollars, un rendement d'un peu plus de 7 % en moins de trois semaines. Le graphique 2 rapporte l'évolution du ratio sur la période analysée.

### 2.7.3. *TJX Companies et Whole Foods Market, Inc.*

Considérons un dernier cas : TJX Companies et Whole Foods Market Inc. La première est une entreprise qui produit et vend de l'habillement aux États-Unis, au Canada et en Europe. Whole Foods Market détient une

1. Cet exemple illustre le fait que cette stratégie n'est pas toujours mise en place de la même manière.
2. Cet exemple illustre le fait que cette stratégie n'est pas toujours mise en place de la même manière.

**Graphique 2. –** *Évolution du ratio Ingersoll-Rand sur Daimler-Chrysler (septembre-octobre 2002)*

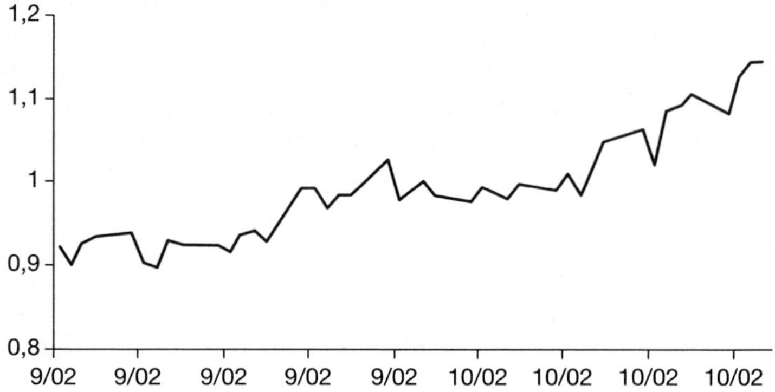


chaîne de supermarchés spécialisés dans les produits sans parfums artificiels, colorants, exhausteurs de goût, conservateurs, etc. Elle produit et vend également des apports nutritifs complémentaires.

Le gérant désire prendre position début mars 2003. Il cherche à jouer une meilleure performance de TJX par rapport à Whole Foods. Il achète alors 1 000 actions de la première à un cours de USD15,93 (valeur USD15 930) et il vend 315 actions de la seconde à un cours de USD50,7 (valeur USD15 970). Le ratio de départ est de USD15,93 / USD50,7 = 0,31. Son objectif est 0,35 avec un minimum à 0,27. Fin du mois, il fait un état des lieux de sa position. Les cours sont alors respectivement de USD17,6 et USD55,64. Ceci signifie que l'action achetée a bel et bien pris de la valeur. D'un autre côté cependant, le cours de l'action vendue à découvert est également monté, ce qui entraîné que le ratio est toujours à (USD17,6 / USD55,64) = 0,316 et que les gains ne sont alors que de (USD17,6 – USD15,93) × 1 000 – (USD50,7 – USD55,64) × 310 = USD114, soit une performance de USD114 / USD15 930 = 0,7 %. Ce dernier exemple indique qu'il ne suffit pas que le cours de l'action achetée augmente, il faut qu'il augmente plus rapidement que celui de l'action vendue à découvert. Le graphique 3 rapporte l'évolution du ratio. Pour information, le ratio passa le cap des 0,35 début mai.

### 2.8. Avantages et inconvénients

De par son exposition limitée par rapport au marché, cette stratégie est faiblement volatile et elle a pour objectif d'offrir des rendements positifs quelles que soient les conditions de marché. La performance dépend cependant des facteurs qui ont et n'ont pas été neutralisés, car des risques doivent obligatoirement être pris pour offrir une performance positive. Cette stratégie se base sur les aptitudes des gérants ou sur la qualité du modèle mathématique utilisé et il s'agit de la stratégie la plus pure, car les

**Graphique 3. –** *Évolution du ratio TJX Companies et Whole Foods Market Inc. (février-mai 2003)*

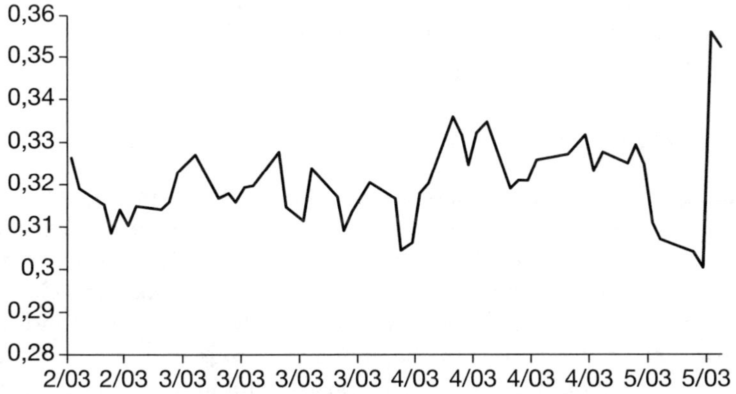


aptitudes sont les seuls éléments qui interviennent dans la performance d'un portefeuille réellement neutre par rapport au marché.

Théoriquement, cette stratégie offre la possibilité de réaliser des rendements intéressants dans un marché baissier, car même si les positions longues perdent de la valeur, les positions courtes permettent d'en créer, ce qui permet de réaliser un rendement attrayant. D'un autre côté, la performance de ce type de fonds devient beaucoup moins attrayante en période de marché haussier, car dans ce cas la performance est généralement faible comparativement au marché dans son ensemble.

Les fonds gérés quantitativement ont un avantage à part, notamment de faire abstraction de tout sentiment lors de la prise de décision, ce qui permet d'éviter de garder une position malgré des signes de vente clairs, de laisser courir une position qui baisse sans cesse ou de réagir de manière démesurée par rapport à une nouvelle information relative à une position. Ces modèles permettent également de réaliser des économies au niveau des coûts de transaction.

Les limites de la stratégie viennent également des coûts de transactions qui peuvent rapidement devenir élevés en cas de rotation importante du portefeuille. De fait, d'un côté une position neutre n'est plus neutre après que le prix d'un des titres en portefeuille varie. D'un autre côté, les écarts de prix ont tendance à se résorber rapidement et les fonds neutres par rapport au marché ont généralement un taux de rotation élevé. Une autre limite vient des positions courtes. L'univers d'investissement des positions courtes est plus restreint que celui des positions longues, ce qui peut avoir un impact sur la performance. Le portefeuille peut subir des baisses importantes. Si les relations historiques évoluent à contresens durant une période, le gestionnaire peut subir des pertes sur ses positions longues en baisse et sur ses positions courtes en hausse. De telles stratégies ne sont pas toujours à même de générer de la valeur lorsque les actifs sous gestion croissent rapidement.

Au niveau des fonds quantitatifs, les risques potentiels sont des erreurs dans les données utilisées, une intervention humaine non appropriée, une trop grande concentration ou une diversification excessive, un marché incohérent ou encore des paramètres de modélisation non stationnaires ou des relations non linéaires.

## 2.9. Performance

Avant de débuter notre analyse de performance, nuançons les résultats obtenus. Les indices hedge funds repris tout au long de ce troisième chapitre sont les indices de *Hedge Fund Research, Inc.* Ils sont construits selon des règles spécifiques que nous décrivons en annexe à ce chapitre. Ces règles baissent potentiellement la performance des indices. Les seuls fonds considérés sont ceux repris dans la base de données *Hedge Fund Research, Inc*, ce qui ne représente qu'une partie de l'industrie globale.[1] Ensuite, les indices sont construits sur la base des rendements d'une multitude de fonds et les rendements ainsi obtenus sont lissés, car il y a un effet de diversification qui intervient. Cette remarque vaut pour l'analyse de la performance de chaque stratégie, mais nous ne la réitérerons pas dans un souci de clarté.

*Hedge Fund Research, Inc.* définit un indice *HFRI EH* : *equity market neutral index*. Cet indice se subdivisait entre un indice *equity market neutral* et un indice *equity market neutral : statistical arbitrage,* mais ils ont fusionné après 2005. Selon leur propre définition, la différence entre les deux indices était que la seconde se basait exclusivement sur des modèles mathématiques.

Le graphique 4 reprend l'évolution de 100 dollars théoriques investis dans le marché obligataire mondial, le marché des actions, l'industrie des hedge funds et la stratégie *equity market neutral* entre janvier 1990 et août 2009. Comme l'indique le graphique 4, un investissement de 100 dollars en janvier 1990 dans l'indice *equity market neutral* se serait respectivement transformé en 438 dollars fin septembre 2009. Le même investissement dans le marché des actions, le marché obligataire ou l'indice hedge fund global se serait transformé en 277 dollars, 387 dollars et 971 dollars.

L'indice *equity market neutral* a offert une performance annuelle moyenne de près de 8 % sur l'ensemble de la période couverte contre un rendement de 7,7 % pour les actions et 7,2 % pour les obligations mondiales. Les performances ont été particulièrement attrayantes au début de la période analysée, car le rendement annuel moyen entre 1999 et 2009 n'est que de 4 %.

La volatilité, un des atouts majeurs de la stratégie reste faible tout au long de la période. La volatilité des indices hedge funds à 3,2 % est très faible, inférieure tant à la volatilité de l'indice obligataire à 3,7 %, qu'à

1. Ces critiques valent pour tous les indices hedge funds existants. Les biais sont plus nombreux dans la plupart des autres indices, ce qui nous a fait choisir les indices Hedge Fund Research, Inc.

**Graphique 4. –** *Évolution de 100 dollars investis dans l'indice HFRI Equity Market Neutral Index*

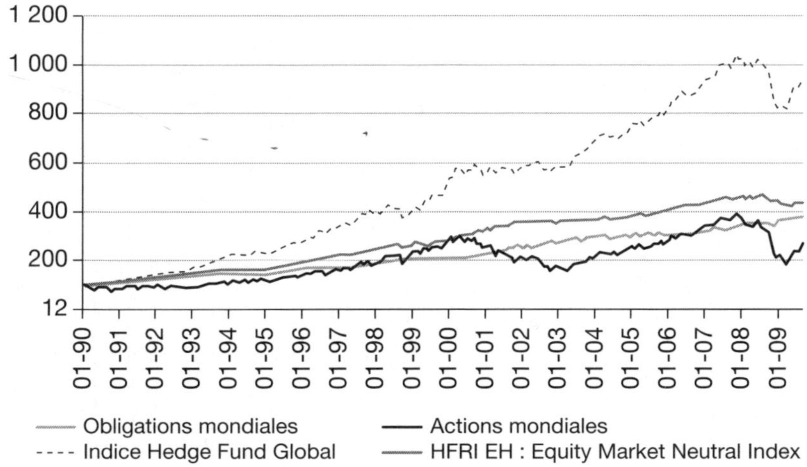


*Source* : d'après des chiffres de Hedge Fund Research, Inc.

l'indice actions à 15,6 % et l'indice hedge fund global à 7,1 %. Le faible risque de ces stratégies n'est pas étonnant, car on sait que l'objectif des gérants de ce type de fonds est d'avoir une décorrélation totale par rapport aux marchés. D'un autre côté cependant, le rendement annuel de ces deux indices ne dépasse que rarement les 10 % nets.

Le tableau 4 rapporte le rendement annuel, le rendement annuel moyen et l'écart type du rendement annuel moyen des indices et de la différence de performance entre les indices analysés et les indices actions et obligations. Il entraîne les remarques suivantes.

– Sur les 20 années considérées, l'indice *equity market neutral* n'a connu qu'une année avec un rendement total annuel négatif. Cette année est 2008, année de crise de liquidité qui a impacté fortement l'industrie des hedge funds. L'indice obligataire a été en recul en 1994 et très légèrement en 1999 et l'indice action s'est retourné un peu moins d'une année sur trois avec six années négatives sur vingt.

– Les rendements annuels maximums de l'indice *equity market neutral* ont été atteints en 1995. Depuis 2000, les performances moyennes sont clairement en retrait par rapport au passé. Des taux d'intérêt bas combinés avec un accroissement du nombre d'intervenants expliquent ce changement de tendance. Les maximums pour la stratégie ne sont pas particulièrement élevés, mais la performance totale est attrayante grâce à la constante des rendements offerts.

– Les écarts de rendement entre l'indice *equity market neutral* et les indices de référence varient fortement au cours du temps, surtout par rapport à l'indice obligataire. L'écart positif maximum avec l'indice obligataire (respectivement l'indice action) a été de 10,6 % en 2000 (resp. 34,8 %

**Tableau 4. –** *Comparaison des rendements et de la volatilité de l'indice* equity market neutral *et des marchés de référence*

| | **Obligations mondiales** | **Actions mondiales** | **Indice Hedge Fund Global** | **HFRI EH: Equity Market Neutral Index** | **Performance vs. Obligations** | **Performance vs. Actions** |
|---|---|---|---|---|---|---|
| 1990 | 9,0 % | – 17,0 % | 5,8 % | 15,5 % | 6,5 % | 32,5 % |
| 1991 | 16,0 % | 18,3 % | 32,2 % | 15,6 % | – 0,4 % | – 2,6 % |
| 1992 | 7,4 % | – 5,2 % | 21,2 % | 8,7 % | 1,3 % | 14,0 % |
| 1993 | 9,7 % | 22,5 % | 30,9 % | 11,1 % | 1,4 % | – 11,4 % |
| 1994 | – 2,9 % | 5,1 % | 4,1 % | 2,7 % | 5,6 % | – 2,4 % |
| 1995 | 18,5 % | 20,7 % | 21,5 % | 16,3 % | – 2,1 % | – 4,4 % |
| 1996 | 3,6 % | 13,5 % | 21,1 % | 14,2 % | 10,6 % | 0,7 % |
| 1997 | 9,7 % | 15,8 % | 16,8 % | 13,6 % | 4,0 % | – 2,1 % |
| 1998 | 8,7 % | 24,3 % | 2,6 % | 8,3 % | – 0,4 % | – 16,0 % |
| 1999 | – 0,8 % | 24,9 % | 31,3 % | 7,1 % | 7,9 % | – 17,9 % |
| 2000 | 11,6 % | – 13,2 % | 5,0 % | 14,6 % | 2,9 % | 27,7 % |
| 2001 | 8,4 % | – 16,8 % | 4,6 % | 6,7 % | – 1,7 % | 23,5 % |
| 2002 | 10,3 % | – 19,9 % | – 1,4 % | 1,0 % | – 9,3 % | 20,9 % |
| 2003 | 4,1 % | 33,1 % | 19,6 % | 2,5 % | – 1,6 % | – 30,6 % |
| 2004 | 4,3 % | 14,7 % | 9,0 % | 4,1 % | – 0,2 % | – 10,6 % |
| 2005 | 2,4 % | 9,5 % | 9,3 % | 6,2 % | 3,8 % | – 3,3 % |
| 2006 | 4,3 % | 20,1 % | 12,9 % | 7,3 % | 3,0 % | – 12,8 % |
| 2007 | 7,0 % | 9,0 % | 10,0 % | 5,3 % | – 1,7 % | – 3,7 % |
| 2008 | 5,2 % | – 40,7 % | – 19,0 % | – 5,9 % | – 11,2 % | 34,8 % |
| 2009* | 5,8 % | 25,0 % | 17,1 % | 1,6 % | – 4,2 % | – 23,4 % |
| Rendement annuel moyen 1990-2009 | 7,2 % | 7,7 % | 13,0 % | 7,9 % | 0,6 % | 0,2 % |
| Volatilité 1990-2009 | 3,9 % | 15,5 % | 7,1 % | 3,2 % | ND | ND |
| Rendement annuel moyen 1999-2009* | 5,9 % | 5,0 % | 9,5 % | 4,6 % | – 1,2 % | – 0,4 % |
| Volatilité 1999-2009* | 3,8 % | 16,4 % | 7,4 % | 3,2 % | ND | ND |
| Rendement annuel moyen 2004-2009* | 5,2 % | 7,9 % | 7,6 % | 3,2 % | – 2,0 % | – 4,7 % |
| Volatilité 2004-2009* | 3,7 % | 16,7 % | 7,0 % | 2,9 % | ND | ND |

* Pour 2009, les données utilisées s'arrêtent à fin septembre.

*Source* : d'après des données de Hedge Fund Research, Inc.

en 2008), alors que les retards maximums ont été de 11,2 % en 2008 (resp. 30,6 % en 2003).

– Malgré la décorrélation par rapport aux marchés, les indices présentent une performance faible en 2002 et 2003. Ceci peut s'expliquer par le fait qu'il est plus difficile pour les gérants de prendre position lorsque le marché est incertain et que les modèles mathématiques construits sur la base de l'évolution des marchés dans le courant des années 1990 ne sont pas toujours à même de déterminer quels titres sont sur ou sous-évalués en période de turbulence.

## 3. La stratégie *fixed income arbitrage*

La traduction française de *fixed income arbitrage* est l'arbitrage des titres à revenus fixes. Les spécialistes de cette stratégie prennent des positions contrebalancées dans des titres liés. Ils investissent principalement dans des titres de dette peu risquée et recourent largement aux produits dérivés. Ils analysent mathématiquement les relations entre les titres qui les intéressent et recherchent un écart par rapport à une situation d'équilibre, écart qui devrait se résorber au cours du temps. La règle veut que des positions longues soient contrebalancées avec des positions à la baisse.

Cette stratégie qui s'est fortement développée au cours des années 1990 a perdu l'intérêt d'un bon nombre de fonds et d'investisseurs suite aux événements de 1998.[1] Elle a fait son retour quelques années après avec de nouveaux produits et de nouvelles opportunités présentes sur les marchés.

### *3.1. Méthodologie*

Le développement d'instruments de dette de plus en plus complexes et de produits dérivés liés a permis aux investisseurs des stratégies d'investissement de plus en plus spécifiques et précises. Ces développements ont entraîné des opportunités d'arbitrage.

Au départ, les gérants identifient des relations à long terme qui existent entre des produits de taux. Ensuite, ils suivent chacune de ces relations en attendant qu'une ou plusieurs d'entre elles se modifient. Lorsqu'ils identifient une relation stable qui s'écarte significativement de sa moyenne historique suite à des événements de marché, des chocs externes ou des changements dans les préférences des investisseurs, et qu'ils anticipent un retour au niveau initial dans un avenir proche, les gérants prennent position.

Les marchés sur lesquels ce type de fonds est présent comprennent le marché des taux d'intérêt et le marché du crédit. Sur le marché des taux, les gérants appliqueront des transactions telles que des *spread trades*

1. Nous revenons sur ces événements dans le chapitre 5, section 1 : *Long Term Capital Management*.

(parier sur les écarts de prix entre des obligations gouvernementales), des *curve trades* (anticipation d'un aplatissement ou une pentification de la courbe des taux et positionnement en conséquence), des prises de position sur la volatilité, la corrélation, les écarts de taux entre les pays ou un positionnement directionnel. Sur le marché du crédit, cette stratégie sous-tend une position *relative value* ou *long/short*.

Une stratégie *relative value* inclut par exemple entre une obligation et le *credit default swap* associé, des *curve trades*, des arbitrages inter-devises ou encore la recherche de rendements asymétriques dans le marché des nouvelles émissions. Un positionnement *long/short* comprend des prises de positions acheteuses et vendeuses contrebalancées dans des *credit default swaps*, du *basis trading* (arbitrage entre des obligations et des CDS), un pari sur la structure du capital (positions *relative value* entre des obligations et des actions) ou encore des positions contrebalancées avec des maturités différentes. Ces positions peuvent selon le cas se prendre dans les titres d'une même société ou dans des sociétés diverses, concerner des sociétés d'une même industrie ou non. Nous illustrons les principaux éléments de la stratégie d'investissement dans le schéma 3.

**Schéma 3. –** *Principaux éléments de la stratégie d'investissement* fixed income arbitrage

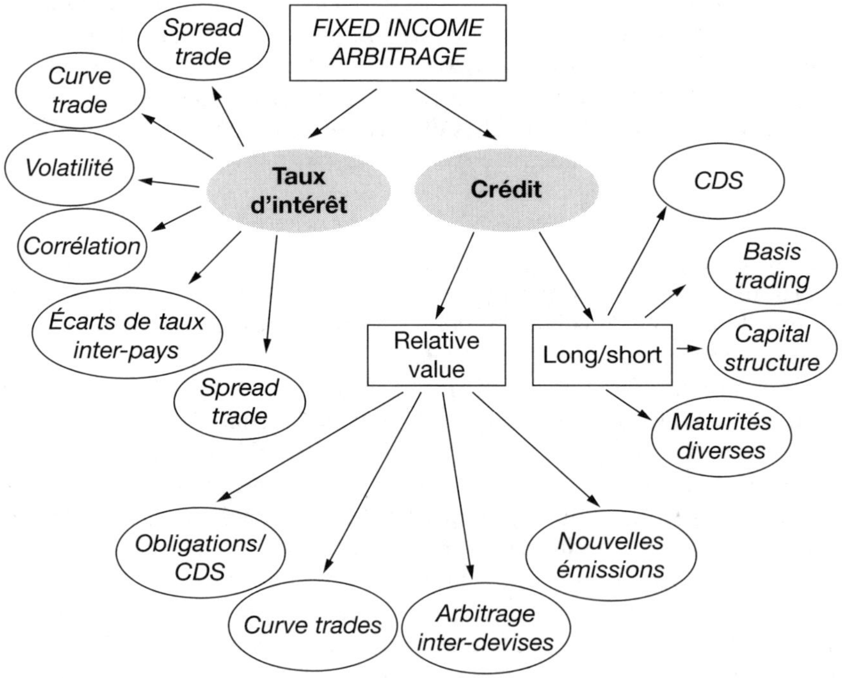

Pour ce faire, ils investissent simultanément de façon longue et courte dans des produits de taux qui sont très variés et peuvent inclure toutes les formes de dettes, telles des dettes gouvernementales (pays développés ou pays émergents), des dettes d'entreprise. Dans la plupart des cas, la stratégie impliquera des produits dérivés comme des swaps et des contrats à terme.

Les positions longues et courtes ont souvent des maturités identiques afin d'offrir un profit si elles sont gardées jusqu'à terme. De plus, les arbitragistes visent à limiter leur exposition à des variations dans le niveau des taux d'intérêt par l'utilisation de la vente à découvert. Ils cherchent à acheter des titres à revenus fixes bon marché et de vendre à découvert un montant équivalent de titres chers. L'effet d'une variation dans les taux est maîtrisé s'ils sélectionnent des instruments qui réagissent avec la même intensité à des changements dans les taux d'intérêt. Ils réalisent des profits lorsque leurs anticipations s'avèrent exactes et que les prix des titres retrouvent leurs niveaux initiaux.

Les gérants cherchent à éviter au maximum tout lien avec le marché et réalisent leurs profits grâce à leur habilité à identifier des titres mal évalués les uns par rapport aux autres. Les écarts de prix sont généralement très faibles, si bien que les gérants utilisent le levier de manière récurrente afin d'amplifier l'impact des variations sur leur position. Vu que les gérants combinent des positions longues et courtes, le risque global du portefeuille est plus faible que l'exposition totale ne peut le laisser penser, sauf lorsqu'on connaît des périodes d'instabilité pendant lesquelles les corrélations historiques ne sont plus valables et que l'ensemble des positions évoluent défavorablement, comme ce fut le cas en 1998.

Le principal défi de cette stratégie consiste à définir quelle est la situation d'équilibre et d'anticiper des variations futures par rapport à cette relation. Il est complexe d'anticiper quelle relation risque de se modifier dans un futur proche et si cette modification est passagère, ou si de nouvelles conditions extérieures ou propres à la société émettrice entraînent une modification structurelle de la relation à long terme. Il n'existe aucune règle universellement reconnue et chaque spécialiste aura son point de vue et sa méthode d'estimation. Lorsqu'une relation se modifie, il faut déterminer si cette variation est passagère ou si de nouveaux éléments plus fondamentaux justifient ce changement.

Les arbitragistes utilisent généralement des modèles d'analyse très sophistiqués afin d'identifier les disparités de prix, car les prix des titres à revenus fixes sont basés sur divers facteurs comme la courbe des taux, les courbes de volatilité, la duration, la convexité, la notation des sociétés, ainsi que sur les caractéristiques optionnelles des obligations et des produits dérivés. Ils analysent divers scénarios qui risquent d'influencer la relation existante en leur assignant une certaine probabilité afin de limiter l'ensemble des possibilités. Une des principales difficultés de la stratégie réside dans la complexité de la prise en considération des caractéristiques optionnelles des titres lors de leur estimation. Ces caractéristiques entraînent que la stratégie *fixed income arbitrage* est une des plus techniques de l'ensemble des stratégies alternatives. Elle est principalement développée aux États-Unis, le marché qui offre la liquidité la plus importante.

Des exemples types d'une telle stratégie sont des positions combinées dans des obligations et dans des contrats à terme sur taux ou de l'arbitrage de swaps et d'options. Un type de positions également fort développé est l'arbitrage de la courbe des taux (obligation gouvernementale à 3 ans contre une autre à 4 ans), le jeu de la convergence entre pays (entrée de la Pologne dans l'Union européenne par exemple), l'arbitrage de swaps et d'options ou encore des positions combinées dans des obligations émises dans des monnaies différentes (yens contre dollars américains par exemple).

Afin d'analyser la sensibilité des titres à des variations dans le niveau des taux d'intérêt, les gérants utilisent généralement le concept de duration. La duration est une mesure statistique de la sensibilité du prix d'une obligation à un changement dans le niveau des taux. Ainsi, si une obligation a une duration de quatre, sa valeur augmentera de quatre pour cent suite à une baisse d'un pour cent dans le niveau des taux d'intérêt et inversement en cas de hausse de taux. Une telle obligation sera plus risquée qu'une autre avec une duration égale à deux dont la valeur n'augmentera que de deux pour cent en cas de baisse de taux d'un pour cent et dont la valeur ne baissera que de deux pour cent en cas de hausse de taux d'un pour cent.[1] La duration est une mesure de la durée de vie moyenne de l'obligation et une duration de trois signifie que l'obligation réagira de la même manière à une variation dans les taux d'intérêt qu'une obligation zéro-coupon à trois ans.[2] Afin de prendre une position contrebalancée, les arbitragistes achètent et vendent généralement à découvert des obligations avec une duration identique. Dans ce cas, l'effet d'une variation de taux sera identique sur la position longue et sur la partie courte ; les titres réagissant avec la même intensité à des variations sous-jacentes, ils auront construit un portefeuille neutre en duration.

### 3.2. Analyse des risques

Les gérants de fonds qui appliquent la stratégie *fixed income arbitrage* ont une relation particulière par rapport aux risques. Outre le risque de marché qu'ils couvrent de manière plus ou moins importante, ils doivent faire face à de nombreux autres risques. Ces risques proviennent de la nature des investissements qu'ils réalisent et de la structure sur laquelle ils se basent pour prendre leurs décisions. Il s'agit principalement du risque de devises, du risque de crédit, du risque de contrepartie, du risque de

1. Nous rappelons quelques principes de base de la duration et de la convexité dans l'annexe C.

2. Notez que cela n'est valable que pour une faible variation des taux et qu'il est nécessaire d'approfondir l'analyse et d'introduire le concept de convexité pour que cette relation reste stable pour de plus grands écarts de taux.

modèle et du risque de liquidité. Ils couvrent certains d'entre eux et supportent les autres.

Les gérants investissent souvent sur différents marchés en diverses devises, ce qui entraîne un risque de devises au sein de leur portefeuille d'investissement. De la même manière qu'ils éliminent en plus ou moins grande partie leur exposition au marché, les arbitragistes couvrent souvent ce risque de devises lorsqu'ils investissent dans des titres émis dans une monnaie étrangère. Ils réalisent généralement cette couverture à l'aide de contrats à terme sur devises.

De nombreux arbitragistes couvrent également le risque de crédit (qui mesure l'habilité de l'émetteur de payer les intérêts et de rembourser le principal à l'échéance), en se limitant à investir uniquement dans des émissions de haute qualité. La qualité des émetteurs est évaluée par des agences spécialisées (les plus connues étant *Standard and Poor's*, *Moody's* et *Fitch IBCA*), ce qui permet une comparaison entre les titres.

Outre ces risques couverts, il existe les risques non couverts, pour lesquels il n'existe aucun titre qui permet de s'en prémunir. Ce sont les règles de contrôle interne qui permettent d'en limiter l'impact. Il en est ainsi pour le risque de contrepartie. Lorsque les gérants achètent et vendent des titres à découvert, il est possible que la contrepartie ne sache pas faire face à ses engagements et que le gérant se trouve en difficulté si cette dernière devait faire défaut. Le seul moyen de se prémunir contre ce risque est d'effectuer une analyse de la situation financière de chaque contrepartie avant d'entrer en relation avec elle. Dans les faits, les gérants ne réalisent cette analyse que lorsque la contrepartie avec laquelle ils veulent entrer en affaire n'est pas renommée. Depuis la quasi-faillite du fonds *Long Term Capital Fund* en 1998, les analyses de crédit sont devenues plus fréquentes.

Étant donné que les opportunités d'arbitrage sont rares et que les stratégies mises en place afin d'en tirer profit sont de plus en plus complexes, les gérants utilisent des modèles mathématiques très lourds afin de prendre leurs décisions d'investissement. Pour réaliser des profits, il faut que les modèles mis en place prédisent avec précision l'évolution des relations suivies, si bien qu'il existe un réel risque de modèle. Le fait que ces modèles deviennent de plus en plus complexes entraîne une plus grande difficulté pour les gérants de comprendre les raisons qui justifient telle ou telle position.

Sur la base de leurs modèles, les spécialistes identifient des écarts pour de nombreux titres. Ils ne jouissent cependant pas tous de la même liquidité, ce qui entraîne que certains prennent parfois des positions dans des titres moins liquides que d'autres. S'ils choisissent de détenir de tels titres, ils perçoivent un rendement supérieur que s'ils achètent une obligation plus liquide. Ils doivent cependant assumer le risque d'avoir en portefeuille des titres dont ils ne sauront pas toujours se défaire facilement. Dans un environnement de marché normal, une partie de cette prime est incluse dans l'écart existant entre le prix d'achat d'un titre et son prix de vente. En période de tension cependant, le prix d'un titre peu liquide diminue plus rapidement qu'un autre et sa liquidité varie également suivant la demande de liquidité du marché dans son ensemble. Les gérants doivent par conséquent constamment contrôler la liquidité des titres dans lesquels ils investissent.

En résumé, même si de nombreux risques sont présents à l'origine, de nombreux fonds couvrent la majorité d'entre eux. Les principaux risques présents qu'il n'est pas possible de couvrir sont le risque de modèle, le risque de liquidité et celui dû à l'utilisation de l'effet de levier. Du point de vue des investissements, les gérants diversifient habituellement leur portefeuille sur différents émetteurs, différentes maturités et différents marchés.

### 3.3. Considérations additionnelles

Dans des conditions de marchés normales, la stratégie *fixed income arbitrage* est faiblement corrélée avec les indices actions et obligataires classiques. Ceci prouve que les revenus ne sont pas directement liés à la direction du marché dans son ensemble.

À ce sujet, il est indispensable de procéder à quelques précisions. De fait, une faible corrélation par rapport aux indices ne signifie pas forcément un meilleur rendement en période de baisses importantes, car les relations existantes entre les titres ne représentent pas nécessairement une source de revenu plus stable que le marché. Elle permet cependant de ne pas être exposé à l'évolution du marché dans son ensemble.

Les arbitragistes ne vont pas se limiter à prendre position dans des obligations et dans les dérivés qui y sont liés. L'arbitrage se fera également sur un même marché et entre marchés voisins.

### 3.4. Illustration

La stratégie *fixed income arbitrage* peut se faire de diverses manières. Nous rapportons un exemple de positions prises dans des obligations gouvernementales britanniques à 10 et 30 ans. Cet exemple simple illustre bien le principe de la stratégie.

Début septembre 2001, notre gérant qui analyse une multitude de relations de prix entre des obligations d'État anticipe un écart entre les taux anglais à 10 ans et à 30 ans sur la base d'une analyse de relation de prix historique. Il prend position à la mi-septembre. Il désire prendre cette position par l'intermédiaire des deux obligations reprises dans le graphique 5.[1] Ces obligations sont l'UKT (*United Kingdom Treasury*) 5 % de juillet 2012 et UKT 4 ¼ % de juin 2032. Plus précisément, il prend une position longue dans l'obligation 5 % de juillet 2012 (rendement de 4,85 % au 17 septembre) et il prend une position courte dans la 4 ¼ % de 2032 (rendement

1. La position peut également être prise par l'intermédiaire de contrats à terme sur taux ou de produits dérivés, mais la logique reste identique.

4,77 %). Il parie sur un élargissement de l'écart de rendement alors à 0,083 %. Il réalise des gains dans trois cas distincts et il réalise une perte dans un quatrième cas :

– Le gérant réalise un gain si les deux rendements évoluent à la baisse (leurs prix respectifs augmentent) mais que celui de l'obligation 5 % 2012 baisse moins fortement que celui de l'obligation 4¼ % 2032, auquel cas l'écart de rendement croît.

– Le gérant réalise un gain si les deux prix évoluent à la hausse (leurs prix respectifs baissent), mais que celui de l'obligation 5 % 2012 augmente plus fortement que celui de l'obligation 4 % 2032, l'écart de rendement croît également.

– Le gérant réalise un gain si les rendements évoluent de façon opposée en s'écartant, c'est-à-dire que le rendement de l'obligation à 10 ans augmente alors que celui de l'obligation à 30 ans baisse, les écarts de rendement augmentent et le gérant réalise un gain.

– Le gérant réalise une perte dans le cas où l'écart de rendement baisse, c'est-à-dire que le rendement de l'obligation à dix ans baisse alors que celui de l'obligation à trente ans augmente.

Les rendements ont commencé à s'écarter fortement à partir de mi-octobre. Ils ont tous les deux baissé, mais le rendement à 30 ans a baissé plus fortement que celui à dix ans (le prix a augmenté beaucoup plus rapidement, comme illustré dans le graphique 5 qui rapporte l'évolution du prix des obligations pendant la période analysée). Le gérant profita de cet écart par les positions prises.

**Graphique 5. –** *Évolution du prix des obligations*

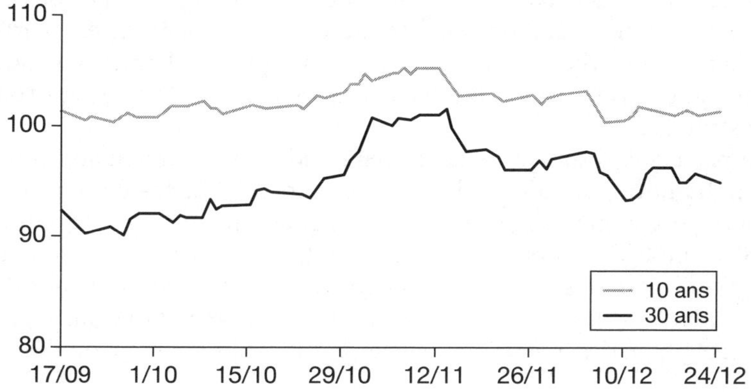


Le graphique 6 rapporte l'écart des rendements des deux obligations considérées. Le gérant qui a parié sur l'écart des rendements profite ainsi de cette évolution. Il est intéressant de noter que le gérant a parié sur l'écart des rendements, peu importe l'évolution du marché dans son ensemble.

**Graphique 6. –** *Écart de rendement entre l'UKT 4 1/4 2032 et l'UKT 5 7/12*

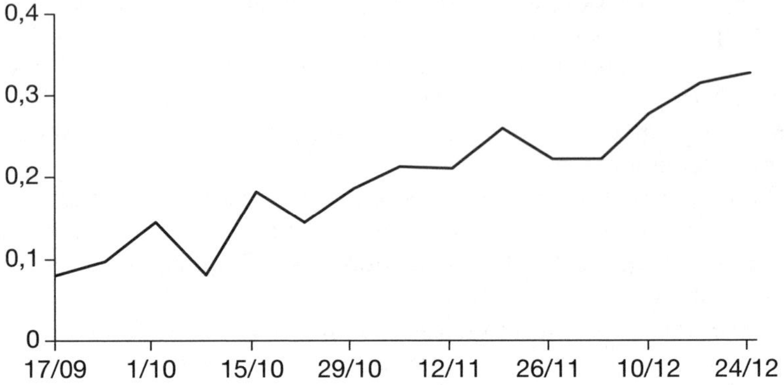


Cet exemple est intéressant, car il illustre une des spécificités des stratégies neutres par rapport au marché. Les gérants prennent des positions relatives entre des titres et ils créent la performance à partir des évolutions relatives des titres ou des variables sur lesquels ils ont basé leur prise de positions.

### 3.5. Avantages et inconvénients

Les gérants de cette stratégie d'investissement cherchent à obtenir des rendements positifs, quelle que soit l'évolution du marché dans son ensemble. Leur processus d'investissement se base sur l'identification de relations de prix et plus particulièrement de l'habilité à identifier des écarts par rapport à une relation normale de prix entre deux titres, écarts qui devraient se résorber dans le futur. Ce sont principalement les modèles mathématiques et les gérants qui constituent le risque le plus important de cette stratégie.

Le principal avantage de la stratégie induit directement son principal défaut. Identifier des anomalies dans le marché n'est pas une chose aisée. En outre, la combinaison de positions longues jumelées avec des positions courtes limite l'univers à des émissions très liquides dans lesquelles la vente à découvert est permise. Les anomalies sont en conséquence difficilement identifiables et le levier doit être utilisé largement, ce qui augmente le risque global des investissements en cas d'évolution défavorable.

### 3.6. Performance

*Hedge Fund Research, Inc.* subdivise la stratégie *fixed income relative value* en diverses sous-stratégies. Ces stratégies sont les suivantes :

– *fixed income : convertible arbitrage index* ;

– *fixed income : corporate index* (les gérants investissent principalement dans des titres de dette à faible notation) ;

– *fixed income : multi-strategy* (les gérants qui combinent plusieurs stratégies spécifiques aux marchés de taux et/ou du crédit) ;

– *fixed income asset backed index* (les gérants investissent dans des titres hypothécaires) ;

– *fixed income relative value : total* (indice qui regroupe l'ensemble des stratégies *fixed income*).

Nous nous concentrons sur la stratégie *fixed income relative value total* et renvoyons le lecteur intéressé par les sous-stratégies à se rendre sur le site internet de *Hedge Fund Research, Inc : www.hfr.com.*

Un investissement de 100 dollars en janvier 1990 dans l'indice *fixed income relative value total* se serait transformé en 733 dollars fin septembre 2009. Ceci est supérieur au même investissement dans le marché des actions ou dans le marché obligataire gouvernemental qui se serait transformé en 277 et 387 dollars.

**Graphique 7. –** *Évolution de 100 dollars investis dans l'indice* fixed income relative value total

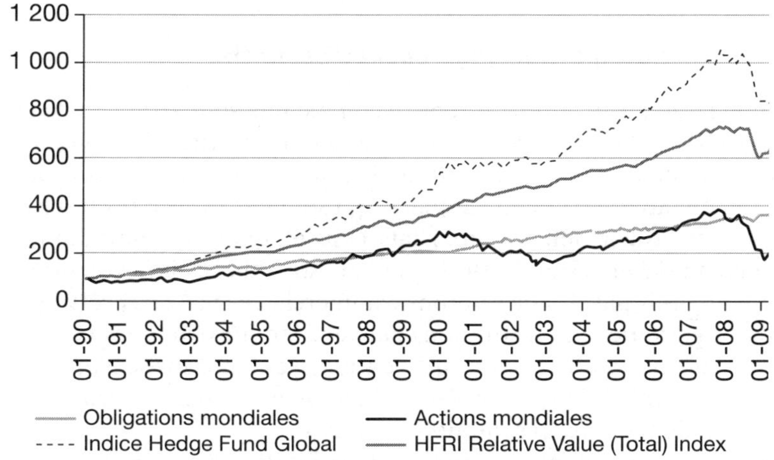


*Source* : d'après des chiffres de Hedge Fund Research, Inc.

L'indice *fixed income relative value* a offert un rendement annuel de 11,3 % contre un rendement composé de 7,7 % pour le marché des actions et 7,2 % pour l'indice obligataire. D'un autre côté, la volatilité de l'indice à 4,5 % est à peine supérieure à celle de l'indice obligataire à 3,9 %, et fortement inférieure à celle du marché des actions à 15,5 % et plus faible que celle de l'industrie des hedge funds à 7,1 %. L'indice *fixed income total* a fourni un rendement supérieur aux autres marchés pour un risque semblable ou inférieur. L'indice *fixed income total* a offert une performance positive toutes les années où le marché des actions a baissé, exception faite de 2008.

Le tableau 5 de la page 183 rapporte des statistiques descriptives de la stratégie par rapport aux indices de référence. Il entraîne les remarques suivantes :

– Sur les 20 années considérées, l'indice *fixed income relative value total* n'a connu qu'une année avec un rendement total annuel négatif, 2008 avec – 18 %. Il offre des rendements particulièrement stables au cours du temps. L'indice action a baissé en 1990, 1992, entre 2000 et 2002 et, finalement, il a perdu plus de 40 % en 2008. L'indice obligataire n'a enregistré des performances annuelles légèrement négatives qu'en 1994 et 1999.

– Le rendement annuel maximum de l'indice *fixed income total* a été atteint en 1993, alors que les maximums du marché des actions et du marché obligataire ont été obtenus en 2003 et en 1995. Ils s'élevaient respectivement à 27,1 % pour l'indice *fixed income total* et 33,1 et 18,5 % pour les indices de référence. L'indice hedge fund global a offert 31,3 % en 1999.

– Les écarts de rendement entre l'indice *fixed income relative value total* et les indices de référence varient fortement au cours du temps. L'écart positif maximum entre cet indice et l'indice action (respectivement l'indice obligataire) a été de 30,4 % en 1990 (resp. 17,3 % en 1993), alors que le retard maximum a été de 23,3 % en 2003 (resp. 23,4 % en 2008).

## 4. La stratégie *mortgage backed securities*

Cette stratégie est souvent reprise comme une sous-stratégie de la stratégie *fixed-income arbitrage* que nous avons décrite ci-dessus. Elle se concentre sur des titres obligations hypothécaires avec option de remboursement au gré de l'emprunteur [1], qui sont des titres à revenu fixe que l'on trouve principalement aux États-Unis et, dans une moindre mesure, au Danemark, en Grande-Bretagne, en Australie et en Argentine. Ces titres sont émis par des institutions commerciales avec des prêts hypothécaires en garantie. Ces institutions peuvent être des banques commerciales, des agences d'États ou des entreprises sponsorisées par l'État. L'objectif étant de financer l'achat des maisons des emprunteurs par l'émission de titres représentatifs d'une dette.

Les gérants prennent des positions afin de tirer profit des différences de prix existant entre le prix de marché et le prix estimé par leurs modèles d'évaluation interne. La principale spécificité de ce type de produit est que les emprunteurs ont la possibilité de rembourser prématurément leur emprunt.

### *4.1. Les titres*

Avant de nous intéresser plus précisément à la stratégie d'investissement à proprement parler, nous présentons les obligations hypothécaires et leurs spécificités. Les obligations hypothécaires sont des titres représentatifs d'une portion du regroupement d'un ensemble d'emprunts hypothécaires.

1. Le terme anglais est *mortgage backed securities*.

**Tableau 5. –** *Statistiques descriptives des indices* fixed income *et des indices de référence*

| | **Obligations mondiales** | **Actions mondiales** | **Indice Hedge Fund Global** | **HFRI Relative Value (Total) Index** | **Performance vs. Obligations** | **Performance vs. Actions** |
|---|---|---|---|---|---|---|
| 1990 | 9,0 % | – 17,0 % | 5,8 % | 13,4 % | 4,4 % | 30,4 % |
| 1991 | 16,0 % | 18,3 % | 32,2 % | 14,1 % | – 1,9 % | – 4,2 % |
| 1992 | 7,4 % | – 5,2 % | 21,2 % | 22,3 % | 14,9 % | 27,5 % |
| 1993 | 9,7 % | 22,5 % | 30,9 % | 27,1 % | 17,3 % | 4,6 % |
| 1994 | – 2,9 % | 5,1 % | 4,1 % | 4,0 % | 6,9 % | – 1,1 % |
| 1995 | 18,5 % | 20,7 % | 21,5 % | 15,7 % | – 2,8 % | – 5,1 % |
| 1996 | 3,6 % | 13,5 % | 21,1 % | 14,5 % | 10,9 % | 1,0 % |
| 1997 | 9,7 % | 15,8 % | 16,8 % | 15,9 % | 6,3 % | 0,2 % |
| 1998 | 8,7 % | 24,3 % | 2,6 % | 2,8 % | – 5,9 % | – 21,5 % |
| 1999 | – 0,8 % | 24,9 % | 31,3 % | 14,7 % | 15,6 % | – 10,2 % |
| 2000 | 11,6 % | – 13,2 % | 5,0 % | 13,4 % | 1,8 % | 26,6 % |
| 2001 | 8,4 % | – 16,8 % | 4,6 % | 8,9 % | 0,5 % | 25,7 % |
| 2002 | 10,3 % | – 19,9 % | – 1,4 % | 5,4 % | – 4,8 % | 25,3 % |
| 2003 | 4,1 % | 33,1 % | 19,6 % | 9,7 % | 5,6 % | – 23,4 % |
| 2004 | 4,3 % | 14,7 % | 9,0 % | 5,6 % | 1,2 % | – 9,1 % |
| 2005 | 2,4 % | 9,5 % | 9,3 % | 6,0 % | 3,6 % | – 3,5 % |
| 2006 | 4,3 % | 20,1 % | 12,9 % | 12,3 % | 8,0 % | – 7,7 % |
| 2007 | 7,0 % | 9,0 % | 10,0 % | 8,9 % | 2,0 % | – 0,1 % |
| 2008 | 5,2 % | – 40,7 % | – 19,0 % | – 18,0 % | – 23,3 % | 22,7 % |
| 2009* | 5,8 % | 25,0 % | 17,1 % | 20,7 % | 14,9 % | – 4,3 % |
| Rendement annuel moyen 1990-2009 | 7,2 % | 7,7 % | 13,0 % | 11,3 % | 4,0 % | 3,6 % |
| Volatilité 1990-2009 | 3,9 % | 15,5 % | 7,1 % | 4,5 % | ND | ND |
| Rendement annuel moyen 1999-2009* | 5,9 % | 5,0 % | 9,5 % | 8,7 % | 2,8 % | 3,7 % |
| Volatilité 1999-2009* | 3,8 % | 16,4 % | 7,4 % | 4,6 % | ND | ND |
| Rendement annuel moyen 2004-2009* | 5,2 % | 7,9 % | 7,6 % | 7,2 % | 2,1 % | – 0,6 % |
| Volatilité 2004-2009* | 3,7 % | 16,7 % | 7,0 % | 5,9 % | ND | ND |

* Pour 2009, les données utilisées s'arrêtent à fin septembre.
*Source* : d'après des données de Hedge Fund Research, Inc.

Ils sont émis par des sociétés spécialisées. Ils peuvent être garantis par le gouvernement ou émis par des émetteurs privés. Dans le premier cas, une institution financière regroupe les emprunts avec des caractéristiques similaires dans un portefeuille et les titrise dans un titre de dette. Il existe trois organismes publics de refinancement de l'immobilier aux États-Unis, la *Global National Mortgage Association* (*GNMA* communément appelée *Ginnie Mae*), la *Federal National Mortgage Association* (*FNMA* communément appelée *Fannie Mae*) et la *Federal Home Loan Mortgage Corporation* (*FHLMC* également appelée *Freddie Mac*). Dans le cas d'émissions privées, il s'agit généralement soit, de la titrisation d'emprunts hypothécaires de particuliers (comme pour les titres garantis par l'État), soit d'emprunts uniques plus importants. De telles émissions comportent différentes classes, ce qui entraîne un risque de crédit qui n'existe pas dans les titres garantis par l'État.

Ces titres sont traités de gré à gré, c'est-à-dire qu'ils ne se négocient pas en bourse mais directement entre deux contreparties. Il s'agit de titres représentatifs d'une dette comme le sont les obligations traditionnelles et, tout comme elles, ces titres paient un coupon et un principal à l'échéance. La principale différence réside dans le fait que ces titres ont une maturité incertaine parce que chaque emprunt a une option de refinancement ou de remboursement anticipatif. Cette caractéristique entraîne que les coupons payés par ces titres sont souvent supérieurs à ceux payés par les obligations traditionnelles.

Les taux d'intérêt ont plusieurs effets sur les obligations hypothécaires. D'un côté, le prix des titres dépend des taux d'intérêt comme c'est le cas pour les obligations classiques. Lorsque les taux baissent, le prix augmente, et lorsque les taux augmentent, le prix du titre baisse. D'un autre côté cependant, lorsque les taux d'intérêt diminuent, les remboursements anticipatifs se font plus nombreux, ce qui entraîne que la vie moyenne et la maturité attendue des titres se réduisent, entraînant avec elles la valeur de marché des titres. De même, lorsque les taux montent, la proportion de remboursement anticipatif est plus faible qu'estimée dans les hypothèses de départ, ce qui entraîne que la vie moyenne et la maturité attendue des titres augmentent et que sa valeur de marché baisse.

La logique qui sous-tend ce phénomène est décrite dans l'exemple qui suit. Lorsque les taux d'intérêt baissent, il devient de plus en plus intéressant de rembourser les emprunts hypothécaires, et de réemprunter à un taux plus faible. Pour celui qui a prêté l'argent, si le principal est remboursé lorsque les taux sont faibles, il devra le réinvestir lors du remboursement aux taux du marché, plus faibles que ceux en vigueur initialement, si bien que le prix du titre sera plus faible. D'un autre côté, la situation est inverse lorsque les taux montent. Si un emprunteur désire rembourser son emprunt, il devra se financer aux taux du marché, plus élevés que ceux en vigueur lors de la souscription initiale, alors qu'un prêteur remboursé pourra prêter la somme remboursée aux taux du marché plus élevés que précédemment, si bien que le prix des titres augmentera.

Même si les remboursements sont fonction des taux d'intérêt, ils ne sont pas liés linéairement car d'autres facteurs, comme un décès ou une catastrophe naturelle (qui ne sont pas influencés par les taux d'intérêt), peuvent avoir un impact sur le remboursement, ce qui rend l'estimation du risque de remboursement anticipatif difficile à réaliser.

Du point de vue de l'investisseur, l'habilité de pouvoir rembourser son emprunt par anticipation est une option cachée qui a une valeur qu'il faut intégrer dans le prix des titres. Suivant les taux en vigueur, les prêteurs demandent un prix plus ou moins élevé pour cette option, lorsque la proportion de remboursements anticipatifs augmente, elle est plus chère, alors que lorsque cette proportion diminue l'emprunteur doit payer moins cher afin de bénéficier de cette option.

*Remarque :*

Outre les *mortgage backed securities*, il existe des *asset backed securities* et des *commercial mortgage backed securities* qui ont des caractéristiques proches. La principale différence est l'actif sous-jacent. Les *asset backed securities* portent sur des actifs tels des emprunts réalisés afin d'acheter une voiture, des emprunts réalisés par l'intermédiaire d'une carte de crédit ou des contrats de crédit-bail. Des *commercial mortgage backed securities* ne sont pas des emprunts titrisés, il s'agit simplement d'investissements directs dans une dette. Nous reprenons ces titres, leur actif sous-jacent, un exemple et l'intervenant principal dans le tableau 6.

**Tableau 6. –** *Caractéristiques de divers titres sécurisés*

| **Nom** | *Mortgage backed securities* | *Asset backed securities* | *Commercial mortgage backed securities* |
|---|---|---|---|
| **Actif sous-jacent** | Emprunts hypothécaires résidentiels | Autres actifs | Emprunts hypothécaires commerciaux |
| **Exemple** | – Emprunts hypothécaires garantis par des institutions gouvernementales ou émises de façon privée | Regroupement et sécurisation :<br>– d'emprunts pour acheter une voiture<br>– d'emprunts par intermédiaire d'une carte de crédit<br>– de contrats de crédit-bail | – Financement de galeries commerçantes<br>– Il peut s'agir d'un premier ou d'un second emprunt à taux d'intérêt élevé |
| **Intervenant principal** | – Banques ou investisseurs institutionnels<br>– Fort prisés par les gérants de hedge funds car souvent garantis par l'État | – Banques commerciales<br>– Compagnies financières<br>– Peu de hedge funds investissent dans ce type de titres qui nécessitent d'autres partenaires (pour la distribution par exemple) | – Investisseurs immobiliers<br>– Peu de hedge funds investissent dans ce type de titres (quelques gérants *distressed securities*) |

### 4.2. Méthodologie

Les spécialistes de la stratégie *mortgage backed securities* basent leurs décisions d'investissement sur l'évaluation de l'option de remboursement anticipatif. Ces titres sont souvent mal évalués, car il est difficile de prévoir avec précision la proportion d'emprunts qui va être remboursée avant terme. Les gérants utilisent des modèles quantitatifs internes afin d'évaluer et de classer les options intégrées des titres. Ensuite, ils ordonnent les titres, compte tenu des valeurs des options estimées. Ils achètent alors ceux qui, selon leurs estimations, sont bon marché et vendent ceux qui sont chers. Comme chaque gérant dispose de son propre modèle basé sur ses hypothèses quant aux estimations de remboursements anticipatifs et sur d'autres données qui lui sont propres (comme les taux d'intérêt pour tenir compte du taux de refinancement), chacun obtient des estimations personnelles sur lesquelles il se base pour réaliser ses investissements.

Les gérants calculent la valeur actuelle des flux de cash futurs en prenant en compte l'option de remboursement anticipatif. Le prix ainsi obtenu est communément appelé le prix ajusté pour l'option. Ce dernier permet de comparer l'écart moyen des titres d'une même maturité par rapport aux obligations gouvernementales. Le prix ajusté pour l'option peut être défini comme le rendement additionnel du titre par rapport aux obligations du Trésor américain, en considérant la volatilité des taux d'intérêt et son impact sur le risque de remboursement anticipatif par l'intermédiaire de l'option intégrée.

Les spécialistes achètent les titres qui offrent la valeur actuelle la plus intéressante et ils couvrent leurs positions par des ventes à découvert dans des obligations gouvernementales, des options sur obligations gouvernementales, des contrats à terme, des swaps, des achats ou des ventes à terme, etc. La sophistication croissante du marché américain des obligations hypothécaires a entraîné un accroissement de nombre de produits dérivés sur obligations hypothécaires communément appelés *collateralized mortgage obligations*.

Comme les gérants visent à obtenir une duration globale de leur portefeuille proche de zéro, ils ne misent pas sur l'évolution future des taux d'intérêt, mais ils réalisent leurs rendements uniquement sur la base de l'évaluation et de la sélection des titres considérés.

Vu que les obligations hypothécaires n'existent que dans certains pays, il est difficile voire impossible de mettre cette stratégie en œuvre dans les autres marchés. Aux États-Unis, la demande pour ce type de titres a été telle que les émetteurs ont pu diviser les émissions en tranches de titres avec des caractéristiques de risque, de rendement et de liquidité différentes. Nous renvoyons le lecteur intéressé à des livres spécialisés sur le sujet. [1] En outre, de nombreux gérants utilisent le levier afin de rehausser leurs rendements, car les gains réalisés par les opportunités d'arbitrage sont souvent très faibles.

1. Voir par exemple F. Fabozzi, *Handbook of Mortgage Backed Securities*, McGraw-Hill, 2005.

### 4.3. Analyse des risques

Cette stratégie d'investissement très complexe est exposée à divers risques dont certains lui sont spécifiques. Le risque principal est le risque de remboursement prématuré qui n'existe pas dans le cas des obligations classiques (sauf si l'obligation est assortie d'une option de remboursement anticipé au gré de l'émetteur). Lorsque, suite à une baisse de taux, il devient intéressant de rembourser anticipativement un emprunt hypothécaire pour une personne ou une famille qui l'avait souscrit, il en est généralement de même pour de nombreux autres emprunteurs. Plus généralement, lorsque les taux baissent fortement, c'est l'ensemble du portefeuille d'obligations hypothécaires qui est affecté. Dans le cas d'un portefeuille d'obligations classiques avec possibilité de remboursement anticipé, même si pour une société il devient intéressant de rembourser son emprunt prématurément, ce ne sera pas nécessairement le cas pour d'autres. L'ensemble des positions du portefeuille ne seront alors pas affectées.

Les autres principaux risques sont le manque de liquidité de certains titres (principalement certains produits dérivés ou certaines émissions privées), le risque de détermination du prix pour les produits dérivés sur obligations hypothécaires pour lesquels il est parfois difficile d'obtenir un prix de marché, le risque de levier et, dans une certaine mesure, un risque de taux d'intérêt et de courbe de taux. Il y a, en effet, un plus grand nombre de remboursements lorsque la courbe des taux est plane.

### 4.4. Illustration

La stratégie *mortgage-backed securities* sous-tend l'achat (ou la vente à découvert) d'une obligation hypothécaire et une vente à découvert correspondante (ou un achat) d'un autre titre à revenu fixe comme une obligation gouvernementale ou un swap de taux. Des positions longues et courtes peuvent être prises afin d'exploiter des écarts temporaires de la relation à long terme qui existent dans le marché des obligations hypothécaires.

Les principaux éléments qui créent des opportunités pour les arbitragistes spécialisés dans ce type d'obligations sont le large éventail de sophistication des intervenants du marché et la présence d'options de remboursements anticipés qui sont difficiles à modéliser correctement. Plus particulièrement, les processus et les contraintes d'investissement de nombreux investisseurs ainsi que les vastes divergences dans l'évaluation des titres entraînent de nombreuses opportunités d'arbitrage.

Considérons les positions suivantes prises dans des obligations hypothécaires à trente ans émises par l'agence Fannie Mae (FNMA) reprises dans le tableau 7. [1]

1. Cette illustration nous a été fournie par Andrew Bonita de *Bonita Capital Management*.

**Tableau 7. –** *Caractéristiques de deux obligations hypothécaires*

| Description | Prix | Duration ajustée pour l'option | Valeur dollar d'un point de base | Position | Quantité (en dollars) |
|---|---|---|---|---|---|
| FNMA 30 YR 6,0 % TBA | 103-18 | 1,89 | 195,73 | Achat | 100 milions |
| FNMA 30 YR 5,5 % TBA | 101-26 | 3,55 | 361,43 | Vente | 38 milions |
| FNMA 30 YR 6,5 % TBA | 104-04 | 0,90 | 93,71 | Vente | 62 milions |

*Source* : Bonita Capital Management.

La duration ajustée pour l'option est une mesure de la sensibilité du prix à un mouvement parallèle de la courbe des taux. Elle est calculée à l'aide d'un modèle qui tient compte de l'option intégrée dans le titre. Plus simplement, il s'agit du pourcentage de changement de prix pour une variation d'un pour cent des taux d'intérêt. La valeur dollars d'un point de base est la variation de la valeur de marché d'un titre pour un changement d'un point de base dans les taux d'intérêt. Elle est généralement calculée pour un montant de 100 dollars en multipliant le prix par la duration et par 100.

La position décrite dans le tableau 7 est neutre en duration, c'est-à-dire qu'elle est couverte pour toute variation parallèle de la courbe des taux. En effet, la duration de la partie longue du portefeuille à 1,89 × 100 000 000 de dollars = 189 000 000 de dollars est égale à celle de la partie courte du portefeuille à (3,55 × 38 000 000 de dollars + 0,9 × 62 000 000 de dollars) = 190 000 000 de dollars. Elle ne demande pas d'investissement initial car la valeur des positions longues et celle des positions courtes sont identiques en termes de montants investis, c'est-à-dire que la position est neutre en dollars. La position totale fournit un rendement positif si l'obligation FNMA 6 % surperforme les deux autres. Ce genre de position est appelé un papillon [1] et elle est communément utilisée comme un moyen d'exploiter des anomalies de prix qui peuvent résulter de forces fondamentales ou techniques qui entraînent les relations historiques dans des niveaux extrêmes.

Même si la plupart des arbitrages sont construits de telle façon que la position globale soit neutre en duration, ils comportent toujours un risque de convexité, de volatilité, de remboursement anticipatif et de liquidité. Chacun de ces risques doit être considéré au cas par cas dans le contexte du portefeuille global.

Le graphique 8 rapporte l'évolution des prix des trois obligations considérées fin avril 2003. On constate qu'elles suivent une même tendance, mais que le prix de la FNMA 30 YR 6,5 % est plus stable que les deux autres.

1. Le terme anglais original est *butterfly*.

**Graphique 8.** – *Évolution du prix des positions du papillon (avril 2003)*

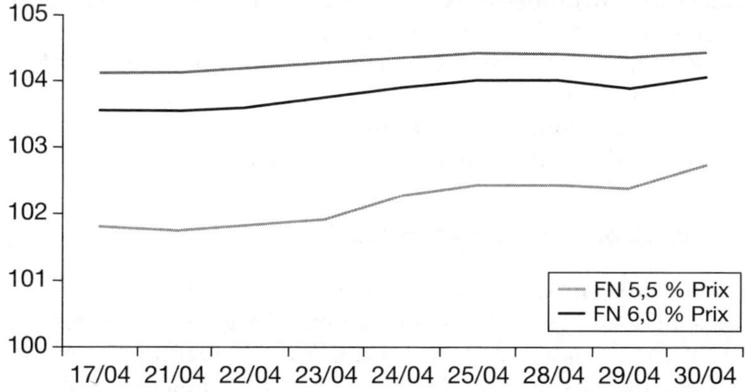


Le graphique 9 reproduit l'évolution de la performance cumulée et la valeur de marché du portefeuille. On constate que la performance cumulée devient positive à partir du 23 avril et qu'elle s'élève alors à un peu plus de 60 000 dollars. Ensuite, le prix de la FN5,5 % augmente plus rapidement que les deux autres, ce qui entraîne une baisse de la valeur de marché du portefeuille qui devient négative à partir du 29 avril. Dans la pratique, les gérants suivent l'évolution de telles relations de façon journalière et ils prennent position quand une opportunité se présente.

**Graphique 9.** – *Performance cumulée et valeur de marché du portefeuille (VM)*

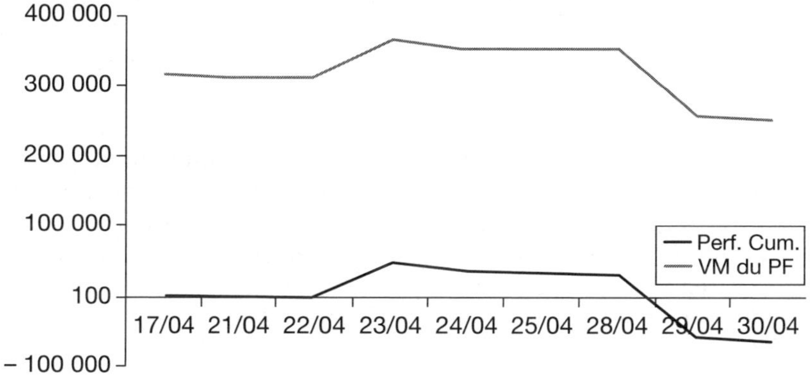


Le marché des obligations hypothécaires offre une grande diversité dans les positions prises ainsi que dans les produits utilisés pour prendre ces positions. Les principales autres positions qui représentent les bases de la stratégie sont les suivantes :

– obligations hypothécaires contre des swaps de taux (ou des obligations gouvernementales) ;

– papillon à trente ans ou papillon inversé ;
– obligations hypothécaires conventionnelles à trente ans contre des obligations hypothécaires conventionnelles à quinze ans ;
– obligations hypothécaires conventionnelles contre des GNMA ;
– obligations hypothécaires d'agence contre des obligations hypothécaires émises par d'autres institutions ;
– primes synthétiques contre des obligations hypothécaires.

### 4.5. Avantages et inconvénients

Le principal avantage de cette stratégie est la faible corrélation avec le marché dans son ensemble. En effet, comme les gérants prennent généralement une position en duration neutre, l'investisseur ne doit pas supporter le risque de taux, et la performance dépend uniquement de l'habilité des gérants à identifier les titres sous- et surévalués. La difficulté d'évaluer l'option cachée dans le titre constitue une opportunité réelle pour les gérants qui disposent d'un modèle performant qui leur permet de faire les choix opportuns. D'un autre côté, le modèle peut également n'être valable que temporairement. Une confiance trop grande dans ce dernier risque de pousser l'arbitragiste à investir de trop grandes sommes dans une transaction qui peut lui faire perdre des sommes importantes, s'il s'avère que le modèle fournit de mauvaises estimations.

Cette stratégie se base sur des titres échangés de gré à gré, ce qui est un inconvénient, car cela entraîne un sérieux risque de liquidité. En effet, si un gérant désire vendre une position, mais que la demande de titres ne suit pas l'offre, il risque, soit de ne pas savoir sortir de sa position, soit de devoir vendre les titres à un prix inférieur et perdre tout ou une partie des bénéfices attendus. Ce type de situation s'est présenté en octobre 1998, lorsqu'un des plus grands fonds investissant en titres couverts par des emprunts hypothécaires qui utilisait fortement le levier a dû vendre une de ses principales positions suite à un appel de marge. Cette vente augmenta fortement l'offre sur le marché, ce qui entraîna une diminution rapide des prix des titres. Ce manque de liquidité se présente plus fréquemment pour les titres des banques commerciales que pour les titres émis par les agences qui sont normalement plus liquides. Finalement, ce type de titres n'existe que dans certains marchés, si bien que l'offre globale est relativement faible et les opportunités d'arbitrage sont limitées à ces marchés.

### 4.6. Performance

Un investissement de 100 dollars en janvier 1993 dans l'indice *asset backed securities* se serait transformé en 437 dollars fin septembre 2009. Ceci est supérieur au même investissement dans le marché des actions ou dans le marché obligataire qui se serait transformé en 297 et 285 dollars, mais inférieur à la performance de l'indice hedge fund global qui termine à 573 dollars. Le graphique 10 illustre cette évolution.

L'indice *asset backed* a offert un rendement annuel de 9,8 % contre un rendement composé de 9,2 % pour l'indice action, 6,6 % pour l'indice obligataire et 11,6 % pour l'indice hedge fund global. D'un autre côté, la volatilité de l'indice à 4,3 % est légèrement supérieure à celle de l'indice obligataire à 3,9 %, et fortement inférieure à celle du marché des actions à 15,5 %. L'indice *asset backed* a fourni un rendement supérieur aux autres marchés pour un risque inférieur. Cette aptitude s'est particulièrement marquée en 2002 et en 2008. La bonne performance relative depuis mars 2000 s'explique principalement par le fait que les fonds pratiquent de l'arbitrage et qu'ils ne s'exposent pas au marché des actions. En outre, les portefeuilles sont diversifiés en obligations hypothécaires et en produits dérivés de taux.

**Graphique 10.** – *Évolution de 100 dollars investis dans l'indice* fixed income relative value asset backed index

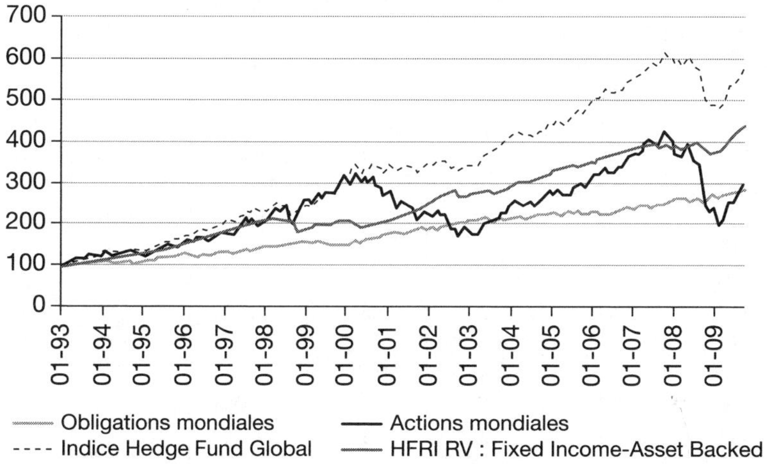


*Source* : d'après des chiffres de Hedge Fund Research, Inc.

Le tableau 8 rapporte des statistiques descriptives de la stratégie par rapport aux indices de référence. Il entraîne les remarques suivantes.

– Sur les 17 années considérées, l'indice *fixed income relative asset-backed* n'a connu que trois années avec un rendement total annuel négatif en 1998, 2000 et 2008. Il offre des rendements stables dans le temps. L'indice action a baissé entre 2000 et 2002 et il a perdu plus de 40 % en 2008. L'indice obligataire n'a réalisé des performances annuelles légèrement négatives qu'en 1994 et 1999.

– Le rendement annuel maximum de l'indice *asset backed* a été atteint en 2001, alors que les maximums du marché des actions et du marché obligataire ont été obtenus en 2003 et en 1995. Ils s'élevaient respectivement à 21,2 % pour l'indice *fixed income asset backed* et 33,1 % et 18,5 % pour les indices de référence. L'indice hedge fund global a offert 31,3 % en 1999.

– Les écarts de rendement entre l'indice *asset backed* et les indices de référence varient fortement au cours du temps. L'écart positif maximum entre cet indice et l'indice action (respectivement l'indice obligataire) a été de 38 % en 2001 (resp. 14,5 % en 1994), alors que le retard maximum a été de 33,5 % en 1998 (resp. 17,9 % en 1998).

**Tableau 8. –** *Rendements annuels de l'indice* asset-backed *et des indices de référence*

| | **Obligations mondiales** | **Actions mondiales** | **Indice Hedge Fund Global** | **HFRI RV: Fixed Income-Asset Backed** | **Performance vs. Obligations** | **Performance vs. Actions** |
|---|---|---|---|---|---|---|
| 1993 | 9,7 % | 22,5 % | 30,9 % | 14,5 % | 4,8 % | – 8,0 % |
| 1994 | – 2,9 % | 5,1 % | 4,1 % | 11,6 % | 14,5 % | 6,5 % |
| 1995 | 18,5 % | 20,7 % | 21,5 % | 16,6 % | – 1,9 % | – 4,1 % |
| 1996 | 3,6 % | 13,5 % | 21,1 % | 17,1 % | 13,5 % | 3,6 % |
| 1997 | 9,7 % | 15,8 % | 16,8 % | 17,3 % | 7,7 % | 1,5 % |
| 1998 | 8,7 % | 24,3 % | 2,6 % | – 9,2 % | – 17,9 % | – 33,5 % |
| 1999 | – 0,8 % | 24,9 % | 31,3 % | 11,3 % | 12,1 % | – 13,7 % |
| 2000 | 11,6 % | – 13,2 % | 5,0 % | – 1,4 % | – 13,0 % | 11,8 % |
| 2001 | 8,4 % | – 16,8 % | 4,6 % | 21,2 % | 12,7 % | 38,0 % |
| 2002 | 10,3 % | – 19,9 % | – 1,4 % | 8,6 % | – 1,6 % | 28,5 % |
| 2003 | 4,1 % | 33,1 % | 19,6 % | 7,8 % | 3,7 % | – 25,3 % |
| 2004 | 4,3 % | 14,7 % | 9,0 % | 11,9 % | 7,5 % | – 2,9 % |
| 2005 | 2,4 % | 9,5 % | 9,3 % | 7,8 % | 5,4 % | – 1,6 % |
| 2006 | 4,3 % | 20,1 % | 12,9 % | 8,7 % | 4,4 % | – 11,4 % |
| 2007 | 7,0 % | 9,0 % | 10,0 % | 1,1 % | – 5,9 % | – 7,9 % |
| 2008 | 5,2 % | – 40,7 % | – 19,0 % | – 3,4 % | – 8,7 % | 37,3 % |
| 2009* | 5,8 % | 25,0 % | 17,1 % | 17,9 % | 12,1 % | – 7,1 % |
| Rendement annuel moyen 1993-2009 | 6,6 % | 9,2 % | 11,9 % | 9,8 % | 3,2 % | 0,5 % |
| Volatilité 1993-2009 | 3,9 % | 15,5 % | 7,1 % | 4,3 % | ND | ND |
| Rendement annuel moyen 1999-2009* | 5,9 % | 5,0 % | 9,5 % | 8,9 % | 3,0 % | 3,9 % |
| Volatilité 1999-2009* | 3,8 % | 16,4 % | 7,4 % | 4,0 % | ND | ND |
| Rendement annuel moyen 2004-2009* | 5,2 % | 7,9 % | 7,6 % | 8,4 % | 3,3 % | 0,6 % |
| Volatilité 2004-2009* | 3,7 % | 16,7 % | 7,0 % | 3,4 % | ND | ND |

* Pour 2009, les données utilisées s'arrêtent à fin septembre.
*Source* : d'après des données de Hedge Fund Research, Inc.

## 5. La stratégie *convertible arbitrage*

La traduction française de *convertible arbitrage* est l'arbitrage des obligations convertibles. Les spécialistes de cette stratégie d'investissement tentent de profiter de la relation de prix qui lie les obligations convertibles et les actions sous-jacentes. Une obligation convertible est un titre qui donne à son détenteur le droit de l'échanger contre un nombre prédéterminé d'actions à n'importe quel instant dans le temps entre la date d'émission du titre et la date de maturité de l'obligation. Ce titre peut donner droit à des actions ordinaires ou à des actions préférentielles selon les critères spécifiés lors de l'émission.[1] Ce sont des titres hybrides avec certaines caractéristiques propres aux actions, et d'autres spécifiques aux obligations.

L'évaluation des obligations convertibles combine les règles propres aux actions et aux obligations. Les arbitragistes qui appliquent cette stratégie réalisent du profit grâce à leur connaissance des relations de prix complexes qui existent entre les obligations convertibles et leur sous-jacent, en achetant le convertible et en vendant à découvert l'action sous-jacente. Généralement, le prix du convertible baissera de manière moins marquée que l'action dans un marché des actions en baisse et sera proche de celui du sous-jacent dans un marché haussier. Ceci s'explique par le fait que la partie obligataire du titre constitue un coussin à la baisse lorsque le cours de l'action chute. D'un autre côté, l'option de conversion prend de plus en plus de valeur lorsque le cours de l'action croît, ce qui explique le fait qu'une obligation convertible a tendance à suivre une hausse de cours.

### *5.1. Principes*

Les gérants identifient des obligations convertibles mal évaluées avec un profil rendement-risque favorable, c'est-à-dire des titres dont le prix ne diminue pas aussi rapidement que celui du sous-jacent en période de marché baissier, mais qui suivent les reprises de cours des titres sous-jacents dans un marché haussier. Nous illustrons ce principe dans le tableau 9. Le convertible A est plus intéressant que le convertible B, car lorsque le sous-jacent perd 10 %, il ne perd que 2 % contre 4 % pour B et, en cas de hausse du sous-jacent de 10 %, il augmente de 8 % contre 7 % pour B.

**Tableau 9. –** *Obligations convertibles*

| Variation de prix | Baisse | Hausse | Stabilité |
|---|---|---|---|
| Sous-jacent | – 10 % | + 10 % | 0 % |
| Convertible A | – 2 % | + 8 % | + 5 % |
| Convertible B | – 4 % | + 7 % | + 5 % |

1. Nous décrivons plus en détail les obligations convertibles en annexe B.

Dans le tableau 9, les profils de rendement total des deux convertibles sont favorables car ils capturent la majorité des mouvements haussiers du sous-jacent tout en échappant en grande partie aux pertes lors de baisses. Malgré cela, le convertible A est préférable au convertible B.

### 5.2. Méthodologie : approche

Il existe plusieurs approches en matière d'obligations convertibles. Néanmoins, toutes relèvent du même déroulement chronologique repris dans le schéma 4. Ces quatre étapes sont dans l'ordre chronologique la détermination du type d'emprunt sur lequel l'arbitrage est réalisé (émissions primaires, marchés secondaires ou encore obligations à haut risque). Ensuite, il convient de déterminer les outils utilisés et de développer une stratégie de couverture. Cela comprend une prise de position avec un biais haussier/baissier ou un biais baissier/haussier. La dernière étape est l'élaboration d'une stratégie d'arbitrage concentrée sur la valorisation des convertibles ou sur un positionnement en volatilité.

**Schéma 4. –** *Étapes lors de prises de position dans un fonds convertible arbitrage*

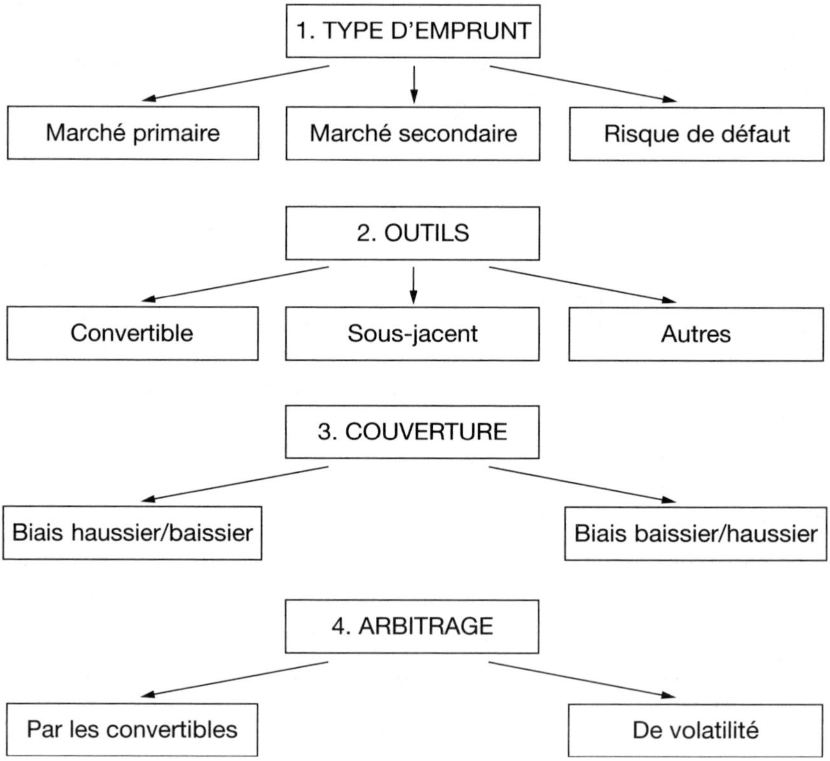

### *5.2.1. Type d'emprunt*

Suivant les possibilités et les habilités des gérants, certains fonds investissent autant dans de nouvelles émissions que dans le marché secondaire, alors que d'autres se concentrent sur l'un ou l'autre de ces marchés. De nombreux arbitragistes conçoivent des portefeuilles essentiellement basés sur les nouvelles émissions d'obligations convertibles et non sur le marché secondaire pour des raisons purement quantitatives. Il est plus aisé d'évaluer l'actif avec précision pour de nouvelles émissions, car le risque de défaut est dans la plupart des cas exclu du modèle.

### *5.2.2. Outils*

Lorsque les opportunités d'arbitrage sont identifiées, les gérants déterminent le type d'instrument qu'ils vont utiliser afin de couvrir les positions prises et neutraliser les biais directionnels qu'implique leur stratégie, c'est-à-dire de limiter leur exposition au risque du sous-jacent. Dans la majorité des cas, l'arbitrage consiste à construire des positions actions et obligations convertibles puis d'annuler leur exposition au risque du sous-jacent, en menant une stratégie delta neutre c'est-à-dire une situation où le delta total du portefeuille est nul.[1] Pour rappel, le delta exprime la réaction du cours de l'obligation convertible à une variation marginale de l'actif sous-jacent.

Suivant les conditions de marché et les stratégies d'investissement, les outils utilisés par ces gérants ne se limitent pas à l'achat d'obligations convertibles et la vente à découvert des actions sous-jacentes. Les gérants couvrent un plus grand nombre de risques tels le risque de taux, le risque de devise et surtout le risque de crédit. Ils utilisent des produits d'investissement tels des swaps de taux d'intérêt ou des contrats à terme sur taux (pour le risque de taux d'intérêt) et des positions dans des swaps de défaut, des asset swaps, des options de vente ou encore une position à découvert dans la dette classique du même émetteur afin de se protéger contre une baisse de la valeur de l'obligation (ou une combinaison de ces produits) pour le risque de défaut.

### *5.2.3. Couverture*

Parallèlement à la désignation des outils utilisés pour la couverture des positions, les spécialistes mettent en place la façon dont ces outils seront utilisés afin de se couvrir. Suivant les conditions de marché ou les perspectives concernant une entreprise, le niveau de couverture variera au cours du temps (couverture totale ou exposition partielle) et il est indispensable de mettre fréquemment à jour ses positions afin de toujours rester proche de la couverture désirée. En effet, lors de chaque variation de prix d'un des

1. Cette position en delta neutre ne signifie pas que l'ensemble du portefeuille est insensible à des variations de cours de sous-jacent, mais que le gérant couvre sa position globale par rapport à une variation du cours du sous-jacent tout en gardant une exposition à d'autres facteurs (gamma, thêta...). Nous définissons succinctement ces termes en annexe.

produits d'investissement, les positions en portefeuille seront affectées et la couverture devra être ajustée.

5.2.4. *Arbitrage*

Lorsqu'ils couvrent leurs positions, les gérants prennent soit une couverture contre la baisse des cours (ce qu'on appelle un *bearish hedge* dans le jargon), soit un positionnement inverse contre la hausse (*bullish hedge*). Pour ce faire, ils prennent une position neutre en delta puis ils vendent (*bearish hedge*) ou achètent (*bullish hedge*) une proportion d'actions légèrement supérieure à celle nécessaire pour avoir une position effectivement neutre.

On distingue deux types de stratégie d'arbitrage :

– la prise de position unique (également appelée la gestion en thêta neutre) : cette position est décorrélée et indépendante du temps. Dans ce cas, les gérants construisent un portefeuille avec un thêta neutre afin que la valeur de ce dernier soit insensible au temps qui passe ;

– la prise de positions multiples où la neutralité est maintenue en temps réel : le portefeuille construit n'a pas, dans ce cas, un thêta neutre, c'est-à-dire qu'il n'est pas dépendant du temps.

## 5.3. Méthodologie : stratégie d'investissement

Les gérants de fonds *convertible arbitrage* analysent des centaines d'obligations convertibles et leur relation avec l'action sous-jacente afin d'identifier pour quels titres le prix de marché ne correspond pas avec leur estimation de la valeur du titre et quels titres sont attractifs. Afin d'évaluer le potentiel des entreprises, ils ont recours à l'analyse fondamentale ainsi qu'à une analyse minutieuse des caractéristiques des obligations convertibles. Ils considèrent le ratio de la prime de conversion sur le ratio de conversion, les caractéristiques optionnelles attachées aux titres, la probabilité de défaut de l'émetteur, ou encore le taux de rendement du titre. Il n'existe pas de modèle unanimement accepté et utilisé afin de déterminer si une obligation convertible est sous ou surévaluée, mais les modèles utilisés sont généralement basés sur les variables suivantes (qui sont celles qui interviennent dans la formule de détermination du prix des options de Black et Scholes, 1973) ou dans le modèle binomial :

– le prix de l'action ;
– le niveau des taux d'intérêt ;
– la volatilité ;
– le temps avant maturité ;
– le prix de conversion.

Lorsqu'ils identifient une obligation convertible dont le prix ne reflète pas sa valeur, ils l'achètent en vendant le sous-jacent à découvert. De cette manière, ils créent une position neutre qui leur permettra de réaliser des bénéfices dans de nombreuses situations suivant l'évolution de la corrélation réelle entre les titres considérés.[1] La couverture de la position dans l'obligation convertible permet aux gérants de se prémunir plus ou moins fortement contre une perte consécutive à une baisse du cours de l'action. Le nombre d'actions vendues dépendra de l'exposition au marché désirée. En anticipation d'un marché baissier, les gérants vendent une proportion d'actions proche du ratio de conversion de l'obligation convertible. Ils renoncent ainsi aux bénéfices qu'ils pourraient réaliser en cas de hausse de marché. D'un autre côté, s'ils anticipent une hausse, ils vendent une proportion d'actions plus faible que celle qui leur permettrait d'être neutres. Cela leur permet de réaliser de plus grands profits lors de l'appréciation de l'action. Dans tous les cas, la proportion d'actions vendues à découvert sera inférieure au ratio de conversion de l'obligation convertible. Dans certains cas cependant, elle lui sera fortement inférieure alors que, dans d'autres, elle sera plus proche du ratio de conversion. Le nombre d'actions qu'ils décident de vendre à découvert est appelé le ratio de couverture. Ce ratio est dit neutre lorsqu'on ne joue pas de tendance de marché, mais uniquement la relation de prix entre les titres.

Lors de la prise de décision, les gérants calculent la proportion d'actions à vendre afin d'obtenir le ratio de couverture qui leur permettra d'obtenir l'exposition désirée ; ceci, compte tenu du prix des actions, de la courbe de taux, de la volatilité de l'action et du taux de distribution des dividendes. Les spécialistes cherchent à investir dans des convertibles dont le prix diminue moins rapidement que celui de l'action sous-jacente dans un marché baissier tout en évoluant parallèlement lors de hausses. Lorsqu'ils identifient de tels titres, il leur est possible de réaliser des rendements en ne devant faire face qu'à un niveau de risque très limité. Il n'est cependant pas toujours possible d'identifier de telles relations, et on ne peut que rarement être sûr que la relation évoluera exactement comme espéré en situation critique.

Deux facteurs influencent la relation de prix : l'évolution du marché dans son ensemble et les annonces en relation avec la société émettrice. Par marché nous n'entendons pas uniquement le marché des actions, mais également celui des taux. En effet, les obligations convertibles revêtent des caractéristiques propres au marché des actions et d'autres propres aux produits de taux. Ce sont principalement les variations dans la volatilité du marché des actions, les changements dans les taux d'intérêt, l'évolution des relations de change ou encore les événements politiques qui influencent la relation entre l'obligation convertible et l'action sous-jacente.

Le second facteur qui influe sur la relation de prix entre l'obligation convertible et l'action sous-jacente est l'ensemble des annonces en relation directe avec l'entreprise ou le secteur dans lequel elle est active. Un changement de notation de la société, un changement important au niveau de

1. Nous renvoyons le lecteur intéressé par l'analyse précise de l'impact de l'hypothèse sous-jacente de corrélation dans le cas de la stratégie *convertible arbitrage* à Capocci (2003b). Dans cette étude, nous analysons l'impact réel de la corrélation sur la performance d'un portefeuille composé d'obligations convertibles et d'actions vendues à découvert.

l'actionnariat, l'exercice d'un droit de rachat de l'émetteur et un changement dans la politique de dividendes sont certains des événements qui impactent directement le prix des titres émis par l'entreprise, y compris les obligations convertibles. D'autres annonces comme des acquisitions ou des recapitalisations impactent la relation de prix entre l'obligation convertible et l'action sous-jacente. Le risque de marché est maîtrisé en construisant des portefeuilles qui restent stables dans différents scénarios. Afin de ne pas s'exposer de manière trop importante au risque spécifique, les gérants diversifient généralement leur portefeuille, ils couvrent leurs positions et ils procèdent à des analyses profondes du risque crédit de la société.

Au terme de l'arbitrage, les positions sont dénouées en vendant l'obligation convertible et en rachetant le nombre d'actions correspondantes. Plusieurs raisons peuvent amener un gérant à interrompre un arbitrage. Les principales sont :

– la disparition de l'écart de prix constaté lors de la prise de position (lorsque l'obligation n'est plus sous- ou surévaluée) : dans ce cas, le gérant ferme sa position afin de réaliser les bénéfices attendus ;

– l'agrandissement de l'écart de prix initial : lorsque l'écart de prix qui fit prendre la position s'agrandit de manière trop importante, il arrive que les gérants sortent de leur position qui devient trop risquée afin de limiter le risque de perte maximale (stratégie appelée *stop loss*) ;

– un événement inattendu ou de nouvelles informations : lorsque des événements inattendus ou de nouvelles informations viennent affecter le cours de l'action et de l'obligation, les gérants revoient leur position ;

– une perte de liquidité importante du titre : en période d'instabilité, lorsque de nombreux opérateurs sortent des positions prises sur des titres dont la notation n'est pas totalement garantie au profit des emprunts à signature d'État, il arrive que des titres perdent de leur liquidité, ce qui incite certains gérants à fermer une partie de leurs positions ;

– une conversion forcée par l'émetteur qui annule son emprunt obligataire : lorsque l'obligation convertible est assortie d'une option de rachat au gré de l'émetteur, il arrive que ce dernier exerce cette option et que la position sur l'obligation convertible soit annulée, ce qui entraîne un risque direct sur l'action sous-jacente vendue à découvert si le gérant ne ferme pas sa position directement.

Nous reprenons les principaux inputs et outputs de la stratégie convertible arbitrage dans le schéma 5. Les inputs comprennent la courbe de taux, les credit *spreads*, le prix des actions, leur volatilité, l'impact devise, la politique de dividende (à cause de la position short) et la structure de l'obligation. Au niveau des outputs nous retrouvons le delta [1], le gamma, le thêta, le véga, la sensibilité du portefeuille au crédit et sa sensibilité aux taux d'intérêt.

1. Le delta est une mesure de l'impact d'une variation marginale du prix de l'actif sous-jacent sur le cours de l'obligation convertible. Cette mesure ne vaut que pour des variations marginales faibles du prix de l'actif sous -jacent. Le gamma est une mesure de la sensibilité du delta à des variations du prix du sous-jacent, c'est-à-dire une mesure de volatilité.

**Schéma 5. –** *Exemples d'inputs et d'outputs à la stratégie* convertible arbitrage

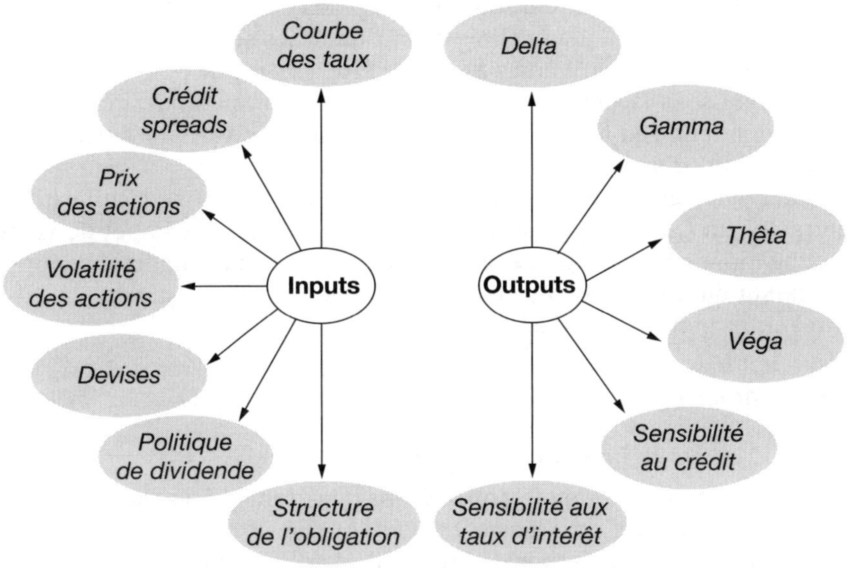


### 5.4. Risques spécifiques

Dans le cadre de la stratégie *convertible arbitrage*, le risque de baisse est couvert par la vente à découvert d'actions. La volatilité [1] présente également un risque et une opportunité en soi. Une baisse de la volatilité implicite entraîne une baisse du prix de l'obligation convertible, ce qui entraîne des pertes. Ceci signifie qu'une position longue dans une obligation convertible sous-tend une position longue en volatilité pour le titre en question.

Il existe également le risque gamma, c'est-à-dire le risque que le delta varie fortement. Cela peut, par exemple, se produire lorsque l'option comprise dans l'obligation convertible est exercée. Le seul moyen de couvrir ce risque est de réajuster fréquemment ses positions et d'avoir une position delta et gamma neutre.

Le risque de taux est couvert par l'utilisation de contrats à terme ou par l'intermédiaire d'un portefeuille composé de diverses obligations gouvernementales. L'exposition crédit peut être significative, spécialement lorsque les écarts de crédit augmentent. Ce risque est couvert en vendant à découvert des indices qui prennent en considération le risque de défaut tels que le Merrill Lynch BB et Lehman Corporate BB Index, par la vente

1. Dans la pratique, on distingue généralement trois grands groupes de volatilité :
– la volatilité historique basée sur les cours passés de l'actif sous-jacent ;
– la volatilité implicite fondée sur un modèle de calcul ;
– la volatilité mixte qui est issue des deux principes précédents.

de swaps qui portent sur un ensemble d'obligations d'entreprise ou par l'utilisation de *risk default swaps.*

Un facteur important dans la mise en place de la stratégie *convertible arbitrage* est l'accès à des facilités d'emprunter les actions désirées. Avant toute prise de position, il faut s'assurer d'être à même de pouvoir emprunter l'action sous-jacente à l'obligation convertible qu'on désire acquérir ou, au minimum, qu'il est possible de vendre à découvert une autre action ou un groupe d'actions fortement liés.

Dans une telle stratégie, le risque de crédit peut être significatif et entraîner un agrandissement de l'écart entre les prix d'achat et de vente d'obligations convertibles. Ce risque est minimisé en diversifiant le portefeuille sur différents pays ou en limitant son univers d'investissement à des titres suffisamment liquides.

## 5.5. Illustration

### 5.5.1. *Seagate Technology*

Comme premier exemple, considérons un gérant qui a acheté des obligations convertibles de *Seagate Technology* qui offraient un coupon de 6,5 % pour une valeur faciale de 1 000 000 de dollars à un prix d'achat total de 1 244 000 dollars. Les titres étaient convertibles en 18 360 actions ordinaires de la même société qui traitaient à 66,75 dollars par action. Les obligations convertibles étaient, par conséquent, convertibles en actions pour une valeur de marché de 66,75 dollars × 18 360 = 1 225 530 dollars. La différence entre le prix d'achat des actions par l'intermédiaire des obligations convertibles et le prix de marché des actions ordinaires était la prime de conversion qui intégrait le fait que l'obligation convertible paie chaque année un coupon de 6,5 % sur 1 000 000 de dollars.

Ensuite, le gérant a couvert 75 % de sa position en vendant à découvert 0,75 × 18 360 = 13 770 actions ordinaires de *Seagate* au prix du marché de 66,75 dollars, soit un total de USD66,75 × 13 770 = USD919 148. L'argent obtenu de la vente à découvert est gardé par le courtier comme collatéral, mais ce dernier investit cette somme dans des bons du Trésor américain qui offraient un rendement annualisé de 58 200 dollars. Le gérant reçoit 75 % de cette somme en retour, soit 0,75 × USD58 200 = USD43 650, les autres 25 % étant payés au courtier sous forme de commission.

Toutes autres choses restant égales, le coupon de l'obligation convertible et le gain sur le cash résultant de la vente à découvert ont fourni un rendement total de USD65 000 + USD43 650 = USD108 650, c'est-à-dire un rendement de USD108 650 / USD1 244 000 = 8,7 %. À cela il convient cependant d'ajouter ou de soustraire les gains ou les pertes résultant des variations de prix de l'obligation convertible ou des variations dans le cours de l'action vendue à découvert. Si le cours de l'action monte, le prix du convertible aura tendance à suivre et le gérant réalisera une perte sur la vente à découvert. D'un autre côté, si le cours de l'action baisse, le gérant réalise un gain plus important sur la vente à découvert, mais il subit une évolution défavorable du prix de l'obligation convertible.

Dans l'exemple qui nous intéresse, le prix de l'action chuta de 66,75 dollars à 56,12 dollars au cours des deux semaines qui suivirent la prise de position. Le gérant ferma ses positions. Il réalisa un gain de (USD66,75 – USD56,125) × 13 770 = USD146 306 sur la vente à découvert, 200 dollars sur le cash perçu sur la vente et il vendit le convertible avec une perte de 127 000 dollars pour un gain total de 19 500 dollars, soit un rendement égal à 19 500 dollars /1 244 000 dollars =1,6 % en deux semaines, soit à un rendement annualisé légèrement inférieur à 40 %.

### *5.5.2. BRE Properties* [1]

Ce deuxième exemple concerne *BRE Properties (BRE)*, une société immobilière américaine – (un REIT – *real estate investment trust*). BRE achète et développe des complexes d'appartements dans l'ouest des États-Unis. BRE est une société solide disposant d'actifs intéressants. Les résultats récents ont rapporté des taux d'occupation élevés et une grande quantité de projets en cours.

Début avril 2007, le gérant du fonds détermina que la volatilité réalisée de l'action à cinquante jours était de 23 % contre une volatilité implicite de 19 % dans l'obligation convertible arrivant à maturité en 2026 et avec un coupon de 4,125 %. Le coût de couverture du risque de crédit était de Libor plus 68 points de base. Il prit position longue dans l'obligation convertible qu'il couvra par une position short dans l'action de BRE. Dans les semaines qui ont suivi la prise de position, le secteur de l'immobilier a commencé à souffrir, l'action a chuté, mais l'obligation convertible n'a pas été fortement impactée, si bien que le gérant réalisa un gain sur l'action et une légère perte sur l'obligation. Le risque de crédit était couvert. La volatilité réalisée a fortement augmenté alors que la volatilité implicite n'a que légèrement monté. Le gérant ferma sa position sur un gain.

### *5.5.3. Teva Pharmaceuticals*

Le gérant identifia l'obligation convertible B 0,25 % avec maturité en 2024 émise par *Teva Pharmaceuticals* (Israël) comme intéressante. Tout d'abord, cette société est intéressante car le risque de crédit peut être couvert à Libor plus 55 points de base. Ensuite, l'action peut s'emprunter facilement et les dividendes passés étaient bas. Finalement, l'obligation n'est pas remboursable à vue par l'émetteur avant 2010, date à laquelle elle devient également remboursable au gré du détenteur.

En avril 2006, la prime payée était faible (autour de 3 %) et l'obligation pouvait être couverte en termes de delta à hauteur de 95 %. La volatilité implicite était à 26 % et elle semblait favorable à d'autres options avec une maturité proche qui se traitaient à une volatilité implicite de 29 %.

---

1. Nous remercions Andrej Rojek de Lydian Asset Management de nous avoir fourni les exemples de BRE Properties et Reva Pharmaceuticals.

En mai 2006, *TEVA* annonça des résultats trimestriels décevants et l'action tomba de 13 %. La volatilité de l'action augmente et le gérant profita de sa gestion du gamma et des hausses consécutives de la volatilité implicite de l'obligation à 30 %.

### 5.6. Avantages et inconvénients

Le principal avantage de l'investissement en obligations convertibles est qu'il permet de bénéficier des prérogatives des obligations classiques (au niveau du coupon et des variations de prix) et dans une certaine mesure des mouvements de prix des actions tout en ayant un risque marché limité. Une telle stratégie fournit un rendement fixe par le coupon et par le rabais des taux courts (c'est-à-dire les intérêts perçus sur le cash obtenu par la vente à découvert), quelle que soit l'évolution du prix des actions ou des obligations en portefeuille. Ces rendements sont plus importants si le spécialiste réussit à identifier les titres sous-évalués et s'il parvient à prévoir correctement l'évolution relative du prix de l'obligation convertible et du titre sous-jacent.

La couverture par l'intermédiaire des actions sous-jacentes permet au gérant de construire une stratégie qui rencontre un ensemble d'objectifs d'investissement différents. Suivant le type de couverture qu'on désire mettre sur pied, le gérant prend des positions dans un objectif de performance élevée, soit il choisit une stratégie plus conservatrice qui fournit des rendements plus stables à moyen, voire à long terme.

Lorsque la relation de prix varie au cours du temps, le risque de perte porte autant sur la partie obligataire de l'obligation convertible que sur sa composante action, c'est-à-dire sur l'optionalité incluse dans l'obligation convertible. Ce risque est réel, car il n'existe pour ainsi dire jamais de correspondance exacte entre le prix d'une obligation convertible et celui de l'action sous-jacente. De plus, dans l'univers des entreprises à petite capitalisation, il n'est pas possible de vendre tous les titres à découvert si bien que lorsqu'on implémente ce type de stratégie, on ne peut pas considérer l'ensemble des obligations convertibles présentes sur le marché, mais uniquement celles dont on peut emprunter l'action sous-jacente afin de prendre une position combinée.

Il convient également de considérer le risque de défaillance de l'entreprise émettrice de l'obligation. Si la société émettrice d'une obligation convertible fait défaut sur ses dettes, l'obligation convertible n'a plus de valeur, ce qui signifie une perte sèche d'un des cotés de la balance. Un autre risque est celui de l'augmentation des écarts de crédit et celui de hausse des taux d'intérêt. Finalement, dans certaines conditions de marché difficiles, il arrive que l'ensemble du marché des obligations convertibles perde de sa liquidité, ce qui rend difficile la fermeture des positions sans imputer directement le rendement.

### 5.7. Performance

Un investissement de 100 dollars en janvier 1990 dans l'indice *convertible arbitrage* se serait transformé en 549 dollars fin septembre 2009. Ceci est supérieur au même investissement dans le marché des actions ou dans le marché obligataire qui se serait transformé en 297 et 285 dollars, mais inférieur à la performance d l'indice hedge fund global qui termine à 573 dollars. Le graphique 11 illustre cette évolution.

L'indice *convertible arbitrage* a offert un rendement annuel de 11,2 % contre un rendement annuel moyen de 9,2 % pour l'indice action, 6,6 % pour l'indice obligataire et 11,6 % pour l'indice hedge fund global. D'un autre côté, la volatilité de l'indice à 6,8 % est fortement supérieure à celle de l'indice obligataire à 3,9 %, mais inférieure à celle du marché des actions à 15,5 %. L'indice *convertible arbitrage* a fourni un rendement supérieur aux autres marchés pour un risque intermédiaire. Cette aptitude se marque particulièrement en période de marché des actions baissier. L'indice *convertible arbitrage* a offert une performance positive toutes les années où le marché des actions a baissé (sauf en 2008). La bonne performance relative depuis mars 2000 s'explique principalement par le fait que les fonds basent leur stratégie sur l'arbitrage et qu'ils ne s'exposent que partiellement aux baisses de marché. En outre, les portefeuilles sont diversifiés entre actions, obligations convertibles et autres produits dérivés qui ne sont pas uniquement liés à l'évolution du marché des actions. La stratégie a fortement surperformé le marché obligataire et l'indice hedge fund global en 2009.

**Graphique 11. –** *Évolution de 100 dollars investis dans l'indice* convertible arbitrage

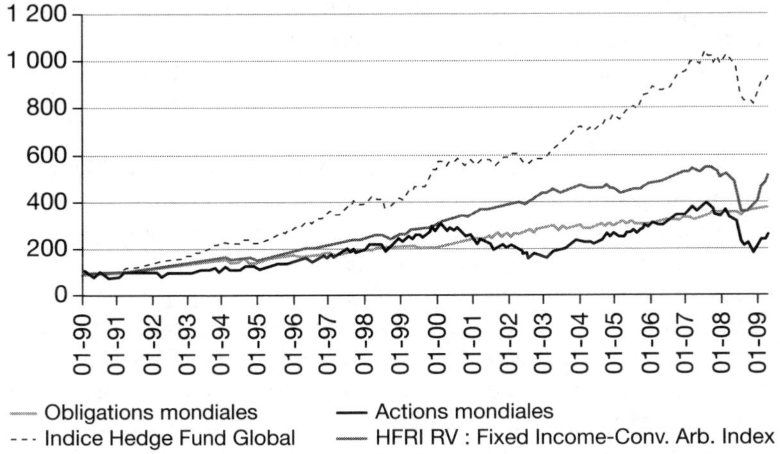


*Source* : d'après des chiffres de Hedge Fund Research, Inc.

Le tableau 10 de la page 205 rapporte des statistiques descriptives de la stratégie par rapport aux indices de référence. Il entraîne les remarques suivantes.

– Sur les 20 années considérées, l'indice *fixed income relative value convertible arbitrage* n'a connu que trois années avec un rendement total annuel négatif (1994, 2005 et 2008), dont deux années n'ont été que légèrement négatives. Il offre des rendements particulièrement stables au cours du temps. L'indice action a baissé en 1990, 1992, entre 2000 et 2002 et il a perdu plus de 40 % en 2008. L'indice obligataire n'a réalisé des performances annuelles légèrement négatives qu'en 1994 et 1999.

– Le rendement annuel maximum de l'indice *convertible arbitrage* a été atteint en 2009 alors que le maximum du marché des actions et celui de l'indice obligataire ont été obtenus en 2003 et 1995. Ils s'élevaient respectivement à 53,3 % pour l'indice *convertible arbitrage* et 33,1 % et 18,5 % pour les indices de référence. L'indice hedge fund global a offert 31,3 % en 1999. Outre 2009, le rendement maximum obtenu pour la stratégie convertible arbitrage n'est pas particulièrement élevé comparativement à d'autres stratégies ou à l'indice action, mais nous devons souligner le fait que les rendements annuels ont été supérieurs à neuf pour cent pendant treize années sur vingt, ce qui confirme la constance des rendements plaidée par la faible volatilité.

– Les écarts de rendement entre l'indice *convertible arbitrage* et les indices de référence varient fortement au cours du temps. L'écart positif maximum entre cet indice et l'indice action (respectivement l'indice obligataire) a été de 30,2 en 2001 (resp. 47,5 % en 2009), alors que le retard maximum a été de 23,2 % en 2003 (resp. 39 % en 2008).

### 5.8. Les convertibles en 2004 et les convertibles synthétiques

L'année 2004 a été particulièrement difficile pour les gérants de fonds *convertible arbitrage*. L'explosion du nombre de fonds et la standardisation des logiciels d'analyse du marché des convertibles ont réduit le nombre d'opportunités. Une masse trop importante d'actifs visait à profiter des mêmes opportunités pour le nombre d'opportunités réelles. Cette difficulté à réaliser des gains dans le marché classique des convertibles a poussé de nombreux gérants à diversifier leur portefeuille et à ne plus se limiter aux positions classiques long convertible, court action sous-jacente. Les trois principales évolutions ont été les suivantes :

– **Exposition additionnelle au crédit** : de nombreux gérants combinent des positions classiques dans des obligations convertibles avec des positions dans le crédit des sociétés en question. Pratiquement, il est possible de couvrir le risque de crédit des sociétés par l'utilisation de produits dérivés appelés *credit default swaps*. Aujourd'hui, de nombreux gérants analysent le crédit des sociétés et ne couvrent pas totalement ce risque. Certains vont même jusqu'à prendre des positions directes dans des convertibles de sociétés avec un risque réel de crédit (rating relativement faible).

– Mise en place de stratégies du type **capital structure arbitrage** : de nombreux gérants combinent des positions de type long convertible, court

**Tableau 10. –** *Rendements annuels de l'indice convertible arbitrage et des indices de référence*

| | **Obligations mondiales** | **Actions mondiales** | **Indice Hedge Fund Global** | **HFRI RV : Fixed Income-Conv. Arb. Index** | **Perfor-mance vs. Obligations** | **Perfor-mance vs. Actions** |
|---|---|---|---|---|---|---|
| 1990 | 9,0 % | – 17,0 % | 5,8 % | 2,2 % | – 6,8 % | 19,2 % |
| 1991 | 16,0 % | 18,3 % | 32,2 % | 17,6 % | 1,6 % | – 0,7 % |
| 1992 | 7,4 % | – 5,2 % | 21,2 % | 16,3 % | 8,9 % | 21,6 % |
| 1993 | 9,7 % | 22,5 % | 30,9 % | 15,2 % | 5,5 % | – 7,3 % |
| 1994 | – 2,9 % | 5,1 % | 4,1 % | – 3,7 % | – 0,8 % | – 8,8 % |
| 1995 | 18,5 % | 20,7 % | 21,5 % | 19,9 % | 1,4 % | – 0,9 % |
| 1996 | 3,6 % | 13,5 % | 21,1 % | 14,6 % | 10,9 % | 1,1 % |
| 1997 | 9,7 % | 15,8 % | 16,8 % | 12,7 % | 3,1 % | – 3,0 % |
| 1998 | 8,7 % | 24,3 % | 2,6 % | 7,8 % | – 0,9 % | – 16,6 % |
| 1999 | – 0,8 % | 24,9 % | 31,3 % | 14,4 % | 15,2 % | – 10,5 % |
| 2000 | 11,6 % | – 13,2 % | 5,0 % | 14,5 % | 2,9 % | 27,7 % |
| 2001 | 8,4 % | – 16,8 % | 4,6 % | 13,4 % | 4,9 % | 30,2 % |
| 2002 | 10,3 % | – 19,9 % | – 1,4 % | 9,1 % | – 1,2 % | 29,0 % |
| 2003 | 4,1 % | 33,1 % | 19,6 % | 9,9 % | 5,8 % | – 23,2 % |
| 2004 | 4,3 % | 14,7 % | 9,0 % | 1,2 % | – 3,2 % | – 13,5 % |
| 2005 | 2,4 % | 9,5 % | 9,3 % | – 1,9 % | – 4,3 % | – 11,3 % |
| 2006 | 4,3 % | 20,1 % | 12,9 % | 12,2 % | 7,8 % | – 7,9 % |
| 2007 | 7,0 % | 9,0 % | 10,0 % | 5,3 % | – 1,6 % | – 3,7 % |
| 2008 | 5,2 % | – 40,7 % | – 19,0 % | – 33,7 % | – 39,0 % | 7,0 % |
| 2009* | 5,8 % | 25,0 % | 17,1 % | 53,3 % | 47,5 % | 28,3 % |
| Rendement annuel moyen 1990-2009 | 7,2 % | 7,7 % | 13,0 % | 11,2 % | 4,0 % | 3,5 % |
| Volatilité 1990-2009 | 3,9 % | 15,5 % | 7,1 % | 6,8 % | ND | ND |
| Rendement annuel moyen 1999-2009* | 5,9 % | 5,0 % | 9,5 % | 11,0 % | 5,1 % | 6,0 % |
| Volatilité 1999-2009* | 3,8 % | 16,4 % | 7,4 % | 8,6 % | ND | ND |
| Rendement annuel moyen 2004-2009* | 5,2 % | 7,9 % | 7,6 % | 10,0 % | 4,8 % | 2,1 % |
| Volatilité 2004-2009* | 3,7 % | 16,7 % | 7,0 % | 11,3 % | ND | ND |

* Pour 2009, les données utilisées s'arrêtent à fin septembre.

*Source* : d'après des données de Hedge Fund Research, Inc.

action avec d'autres positions d'arbitrage de type long convertible, court obligation ou long action ordinaire, court action préférentielle. Plus précisément, ils recherchent des disparités de prix entre divers titres d'une même société (actions ordinaires ou subordonnées, obligations, obligations convertibles). Une stratégie particulière, appelée le *stub trading,* consiste à combiner une position courte dans une société mère et une position longue dans une filiale dont le prix ne reflète pas complètement la valeur intrinsèque. De telles positions se justifient par le fait que des modèles identiques à ceux utilisés dans le cadre de prises de positions classiques permettent au gérant d'identifier des opportunités d'arbitrage et que les opportunités classiques sont moindres.

– Prises de **positions inverses** (long action, court convertible) : certains gérants prennent des positions inverses de type long action, court obligation convertible. De telles positions sont beaucoup moins fréquentes car les risques inhérents à une position courte dans une obligation convertible sont importants. Si le cours de l'action monte rapidement, l'obligation convertible peut être convertie et le gérant ayant une position courte devra acheter le titre à un prix élevé sur le marché afin de remettre au détenteur du convertible.

– Les **obligations sur catastrophes** : certains gérants diversifient leur portefeuille à l'aide d'obligations sur catastrophes qui ont pour objectif de couvrir des événements extrêmes mais rares (un ou deux par siècle) causés par la nature tels que les tremblements de terre, les ouragans et les typhons. Une telle obligation se compose d'un échange de principal et de paiement de coupons périodiques qui sont tous les deux liés à l'occurrence d'une catastrophe. Le coupon est défini d'avance. Les investisseurs doivent déposer en garantie le montant notionnel de l'obligation sur un compte qui rapporte un taux monétaire. Les obligations sur catastrophes sont émises avec un écart de taux de quatre à sept pour cent par rapport au taux sans risque. Cet écart constitue la prime de risque. La majorité de ces émissions sont notées par les agences de notation.

Finalement, quelques fonds créent ce qui est communément appelé les obligations convertibles synthétiques. L'idée sous-jacente est la suivante : étant donné que le marché des obligations convertibles n'offre plus d'opportunités intéressantes, créons de tels titres de façon synthétique afin de créer les opportunités. Pratiquement, une obligation convertible se compose d'une obligation, d'une option d'achat du titre en cas de hausse de cours et du risque de crédit de la société. Les gérants qui appliquent cette stratégie prennent par conséquent les positions suivantes (illustrées dans le schéma 6) :

– position longue dans un titre de dette gouvernementale ou spécifique à la société. Suivant les cas, le gérant ne cherche pas d'exposition crédit mais uniquement un rendement de base et une exposition au marché des taux ;

– position longue dans une option d'achat (call) afin de profiter de toute hausse de prix potentielle. Cette option *call* représente l'optionalité sous-jacente à toute obligation convertible. Lorsque le prix d'exercice de l'option est atteint, le gérant peut acheter des actions de la société concernée à un prix inférieur au cours de marché, ce qui entraîne un gain. En outre, le gérant réalise une légère perte (égale au prix de l'option) si celle-ci expire sans hausse du cours sous-jacent ;

– position courte dans une option de vente. Divers gérants prennent finalement une position courte dans des options de vente, c'est-à-dire qu'ils vendent des options de vente et engrangent la prime de vente, le prix de l'option, ce qui constitue une rentrée fixe. Le risque de telles positions, communément appelées risque de volatilité courte, est très important. En effet, si le cours de l'action baisse fortement suite à un événement de marché ou à une annonce spécifique, l'option de vente va être exercée et le gérant qui a vendu cette option réalisera une perte substantielle de par sa position courte. Les gérants limitent le risque de par la position courte qu'ils prennent dans la seconde jambe de la position d'arbitrage.

**Schéma 6. –** *Illustration de la construction d'une obligation convertible synthétique*

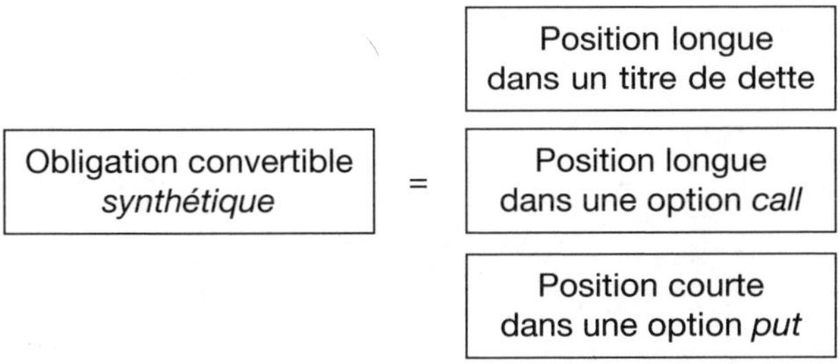


Les gérants qui créent ce type de position combinent généralement l'obligation convertible synthétique avec une position courte dans l'action sous-jacente afin de recréer une position de type convertible arbitrage classique.

## 6. La stratégie *event driven*

La traduction française du terme *event driven* est la gestion événementielle. Les gérants de fonds qui appliquent ce type de stratégie cherchent à tirer profit d'opportunités d'investissement engendrées par des événements importants de la vie d'une entreprise tels des recapitalisations, des réorganisations pour cause de faillite, des fusions et acquisitions, des démantèlements, des introductions en bourse, des restructurations de haut de bilan, des rachats d'actions propres. L'incertitude quant au résultat de ces événements crée des opportunités pour le spécialiste qui peut correctement anticiper leur dénouement. Généralement, les gérants prennent des positions longues et courtes. Ils utilisent autant des actions ordinaires ou préférentielles que des obligations, des certificats ou d'autres émissions des sociétés concernées.

Ordinairement, les événements extraordinaires de la vie d'une entreprise sont regroupés en trois catégories. Les gérants distribuent leurs avoirs suivant les événements qui leur offrent les meilleures opportunités d'investissement :

– les sociétés en détresse ;
– les fusions et acquisitions (également appelées arbitrage du risque) ;
– les autres situations spéciales.

L'univers de la gestion événementielle continue cependant à se développer et nous rapprochons deux nouvelles sous-stratégies de l'univers existant que nous décrivons dans les sections suivantes à savoir les fonds PIPE et les activistes. Le schéma 7 reprend les sous-stratégies.

**Schéma 7. –** *Visualisation de la stratégie* event driven *et de ses sous-stratégies*

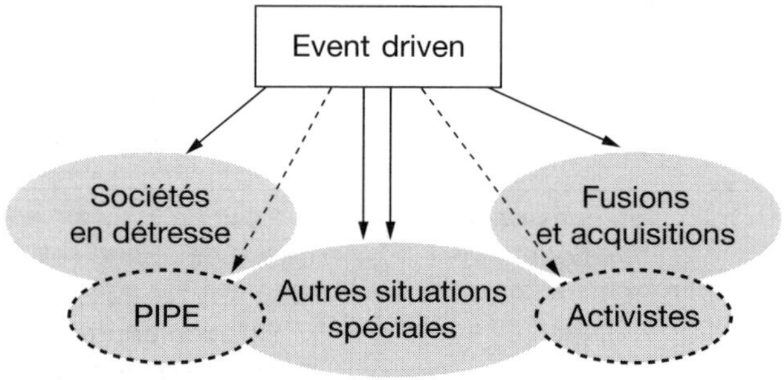


Dans la période qui suit une récession (comme ce fut le cas en 1991 et 1992 par exemple), de nombreuses entreprises saines connaissent des difficultés financières. Il devient alors opportun d'investir dans des sociétés en détresse afin de réaliser des bénéfices. Dans des périodes de marché économique porteur (comme ce fut particulièrement le cas en 1999), le marché des fusions et acquisitions explose et l'arbitrage du risque offre les meilleures opportunités.

Nonobstant cela, la technicité de chacune des catégories d'événements a entraîné que de nombreux fonds se sont spécialisés dans l'une ou l'autre de ces catégories et qu'aujourd'hui nous pouvons considérer qu'elles sont chacune devenues des stratégies d'investissement à part entière. Ceci signifie que le terme *event driven* est assimilable à une catégorie d'investissement reprenant plusieurs stratégies plutôt qu'à une seule. Un certain nombre de fonds qui modifient fortement leur processus d'investissement suivant les conditions de marché se définissent comme gérants de fonds *event driven*, mais la majorité d'entre eux applique une des trois stratégies suivantes, *distressed securities* (sociétés en détresse), *risk arbitrage* (fusions et acquisitions) et *special situations* (autres situations spéciales). Ils traitent tous un aspect spécifique de la même réalité : les événements importants de la vie d'une entreprise. La stratégie *special situation* est plus rare que les deux autres. Pour cette raison, nous ne lui accordons pas de section entière, mais nous l'analysons succinctement dans la dernière partie de la présente section. Les sections suivantes sont dédiées aux stratégies *distressed securities* et *risk arbitrage*.

**Schéma 8. –** *Structure type de la prise de position d'un gestionnaire* event driven

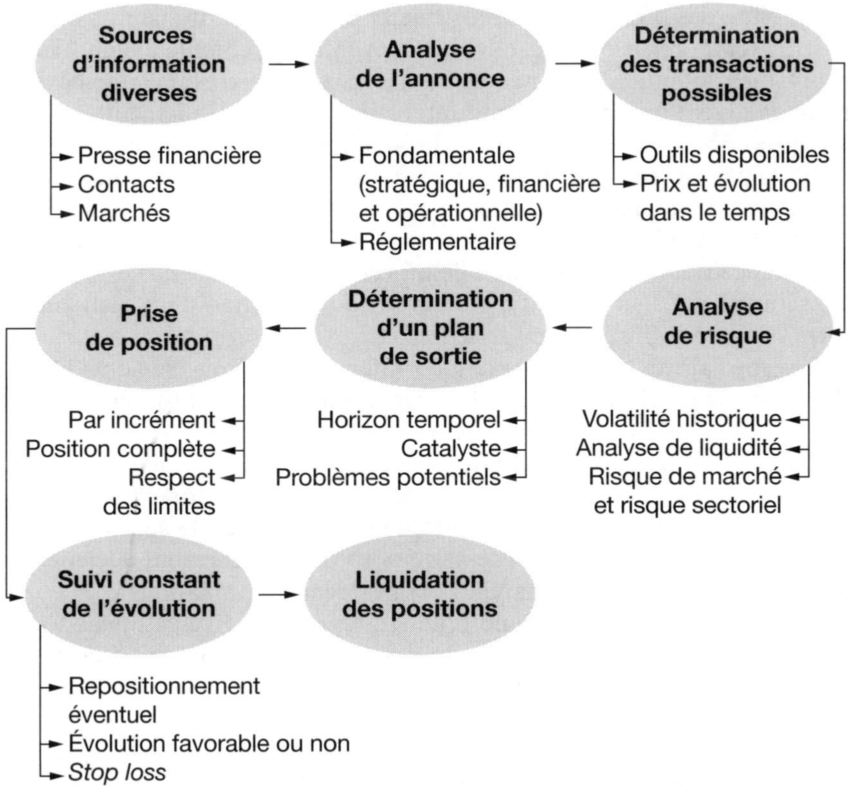


### *6.1. Méthodologie*

La gestion événementielle débute par l'annonce publique d'un événement qui concerne une société. Cette information peut avoir diverses sources (presse financière, contact dans l'industrie ou par l'intermédiaire d'autres intervenants des marchés). L'objectif n'est généralement pas d'anticiper des événements (ce qui est très spéculatif), mais de prévoir l'issue d'événements annoncés. Le gestionnaire analyse ensuite l'annonce d'un point de vue fondamental (analyse stratégique, financière et opérationnelle). Il doit également vérifier les implications légales et réglementaires dues à cette annonce. Le gestionnaire doit ensuite être convaincu que l'événement va se concrétiser et que le timing correspond à son horizon d'investissement (relativement court pour un fonds qui s'intéresse aux fusions mais beaucoup plus long pour un gérant spécialisé dans les sociétés en difficultés). Le gestionnaire analyse ensuite les forces en présence et tente de déterminer les transactions possibles à partir des outils disponibles (actions, obligations ou autres). Il analyse les prix de chacun des produits considérés et leur évolution absolue et relative dans le temps. En parallèle à cela, il analyse les risques en termes de volatilité, de liquidité et de risque de marché et/ou sectoriel. Il détermine également un plan de sortie ainsi que la probabilité des différents résultats finaux possibles en prenant en compte l'aspect temporel, le ou les catalyseur(s) éventuel(s) et tente d'identifier les problèmes potentiels. Si, sur cette base, le gestionnaire estime que l'événement analysé offre un compromis intéressant entre le rendement espéré et le risque encouru avec un niveau de probabilité suffisant, il prendra soit une position par incrément au fur et à mesure de l'évolution de la situation, soit une position entière directe dans le cadre des limites qu'il a fixées dans le prospectus. Il devra ensuite, suivant l'évolution de l'événement, éventuellement repositionner son portefeuille ou vendre sa position en cas de pertes conséquentes. La structure type de la prise de position d'un gestionnaire *event driven* est illustrée dans le schéma 8.

Les spécialistes de cette stratégie s'intéressent à trois éléments lors de l'investissement. Tout d'abord, ils recherchent un écart entre la valeur de marché d'un instrument et sa valeur attendue. Ensuite, ils recherchent un événement catalyseur, c'est-à-dire un événement qui pourrait entraîner un changement de perception de l'entreprise et, par conséquent, une variation dans le cours des titres de dette ou des actions de la société. Finalement, ils estiment le temps nécessaire pour que l'événement déclencheur devienne visible et que le marché corrige l'écart d'évaluation.

Les sources de profits d'une telle stratégie sont diverses, mais toutes liées à l'incertitude relative à l'issue des événements analysés. Les principales sont l'impossibilité de prévoir :

– si l'événement sera achevé ou non ;
– le résultat final ;
– le temps nécessaire pour atteindre ce résultat ;
– l'impact réel qu'aura l'événement sur le prix des titres.

Toutes ces incertitudes (et de nombreuses autres qui peuvent n'avoir aucun lien avec l'événement analysé) entraînent que le prix des titres de la société concernée est affecté lorsque l'événement est annoncé. L'objectif du spécialiste est de prévoir au mieux les résultats de ces événements.

Vu le haut degré de risque que comporte l'investissement événementiel, les gérants diversifient leur portefeuille sur plusieurs positions afin de réduire leur exposition à chaque position individuelle (comme tout autre gérant classique le ferait également en investissant dans différentes actions ou obligations). De plus, comme nous le signalions en débutant l'analyse de la stratégie, de nombreux spécialistes diversifient leur portefeuille sur le type d'événement dans lequel ils investissent. Ils utilisent généralement peu le levier et, dans certains cas, ils achètent des options de vente indicielles afin de se protéger contre le risque de marché.

Les spécialistes de cette stratégie combinent l'analyse fondamentale (lorsqu'ils déterminent s'ils doivent prendre une position longue dans une situation individuelle), l'analyse événementielle (lorsqu'ils estiment la probabilité de résultat d'une situation précise) et l'analyse temporelle (ils doivent garder l'aspect temporel de leurs investissements constamment à l'esprit afin de ne pas placer de l'argent dans des investissements infructueux trop longtemps). Ce dernier aspect est plus présent dans cette stratégie qu'il ne l'est dans d'autres, car même si un gérant peut estimer correctement l'impact qu'aurait tel ou tel événement sur le cours des titres d'une société, s'il investit trop précipitamment ou trop tardivement, il ne réalisera pas les gains attendus.

### 6.2. *Special situations*

Cette stratégie n'est pas toujours définie comme une stratégie d'investissement à part entière. Elle implique l'ensemble des événements importants dans la vie d'une entreprise qui n'entrent pas dans les stratégies précédentes. Les principaux cas incluent l'investissement dans des restructurations de bilan, des déconsolidations, des recapitalisations ou des refinancements, des réorganisations, des scissions, des rachats d'actions, des ventes partielles d'entité, des rachats d'entreprise financés par l'endettement (*leverage buyout*), des introductions en bourse, des changements de notation ou encore des privatisations d'actifs gouvernementaux. Selon les cas, l'investissement dans des situations spéciales est combiné avec l'une ou l'autre stratégie événementielle analysée dans les prochaines sections. La stratégie est illustrée dans le schéma 9.

**Schéma 9. –** *Illustration de la stratégie* special situations

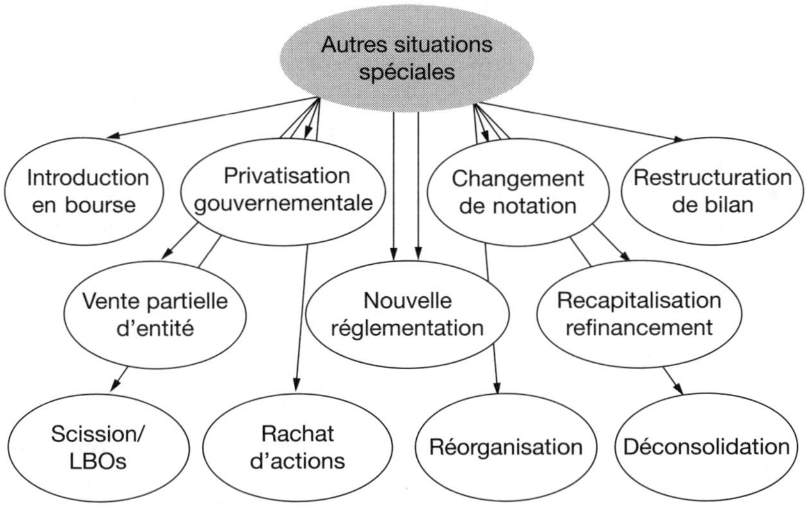

## 6.3. Les activistes

Le monde des hedge funds inclut aujourd'hui de nombreux activistes venus du monde du *private equity*. De fait, de nombreux fonds activistes ont adopté la forme de hedge funds. Comme le nom l'indique, les activistes sont des gestionnaires qui visent à être actifs, c'est-à-dire à jouer un rôle actif dans la vie des sociétés dans lesquelles ils prennent position. Ils vont travailler activement avec l'équipe de direction de l'entreprise afin d'apporter les changements nécessaires, afin d'améliorer la performance de l'entreprise et créer de la valeur.

Les activistes sont des gestionnaires qui analysent la viabilité d'entreprises afin d'identifier celles dont la valeur pourrait être significativement améliorée si quelques changements étaient mis en œuvre. Suivant la taille de leurs actifs sous gestion, ils se concentrent sur des petites sociétés ou des sociétés de taille moyenne. Dans certains cas, il arrive même que les plus grands gérants prennent des positions dans de grandes sociétés.

Le schéma 10 de la page suivante illustre le processus de gestion type d'un activiste. La première étape concerne la détermination de l'univers d'investissement. Dans ce cadre, le gestionnaire détermine les marchés sur lesquels il désire être présent, il ne travaille généralement que sur un ou plusieurs secteurs qu'il connaît le mieux et dans lesquels il pense pouvoir amener une plus-value ou dans des secteurs peu attractifs où les valorisations sont particulièrement attrayantes. Dans ce contexte, il analysera le cadre économique et se concentrera sur des secteurs peu suivis. Il se fera alors aider par des consultants spécialisés dans le domaine. Le gestionnaire se concentre aussi sur une certaine taille de société. Cet élément dépendra du niveau de ses actifs sous gestion, même si la majorité des fonds ne prennent position que dans des petites sociétés afin de pouvoir prendre une position significative et non seulement avoir un pouvoir d'intervention, mais également profiter de l'augmentation de prix le cas échéant. Finalement, les valorisations sont un dernier élément essentiel à intégrer dans le processus de détermination de l'univers d'investissement. Les activistes ne prendront des positions que dans des titres qui ont des ratios *price/earnings* particulièrement attractifs, dans l'absolu et par rapport à leurs pairs. L'idée sous-jacente ici est d'identifier les entreprises dans lesquelles l'intervention du gestionnaire peut entraîner une revalorisation suite au travail accompli. Les sociétés idéales sont souvent bon marché, peu couvertes et plus en vogue.

Les investissements types de gestionnaires activistes sont multiples. À titre d'exemple, considérons les entreprises sensiblement sous-évaluées par rapport à leur valeur tangible réelle car peu suivie, les entreprises établies qui ont historiquement rapporté des profits opérationnels réguliers et prévisibles dans lesquels le gestionnaire pourra réduire les coûts, améliorer la gestion du cash et de ses équivalents, proposer des acquisitions et/ou reconcentrer l'entreprise sur un objectif de croissance. Une troisième famille d'entreprises avec lesquelles les activistes travaillent concerne les sociétés peu profitables en difficulté auxquelles ils font profiter de leur

**Schéma 10.** – *Processus de gestion type d'un activiste*

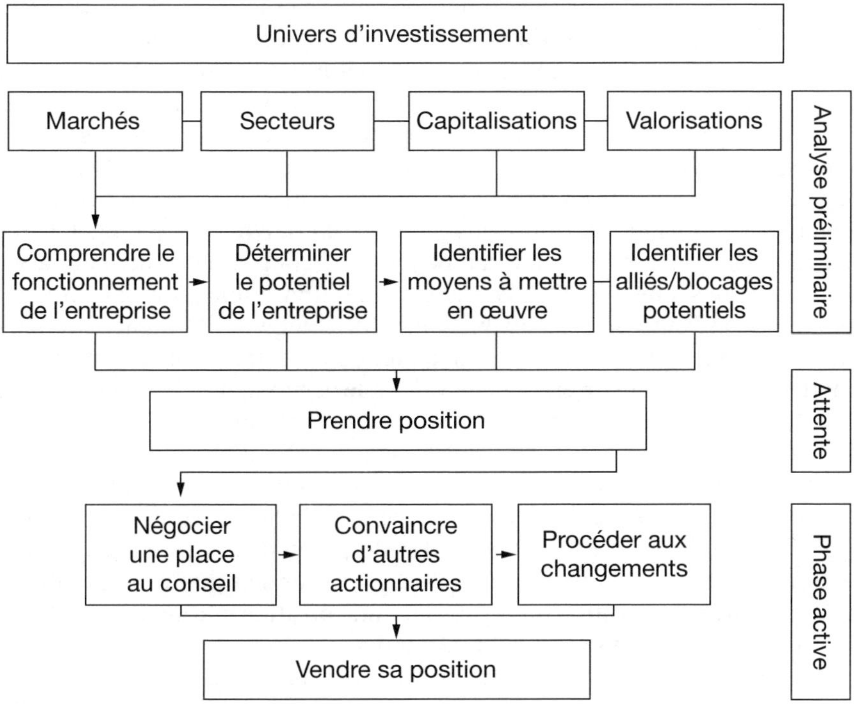


expérience de gestionnaire d'entreprise pour les remettre à flot. Ensuite, les leaders de secteurs qui se sont fortement diversifiés et qui ne sont plus considérés comme des leaders dans leur secteur mais comme de petits conglomérats, font également partie des entreprises analysées par les gestionnaires activistes. Les petites sociétés en pleine croissance qui nécessitent des capitaux et/ou des conseils dans la gestion de leur croissance. Le schéma 11 illustre notre propos.

**Schéma 11.** – *Types d'entreprises généralement considérées par les activistes*

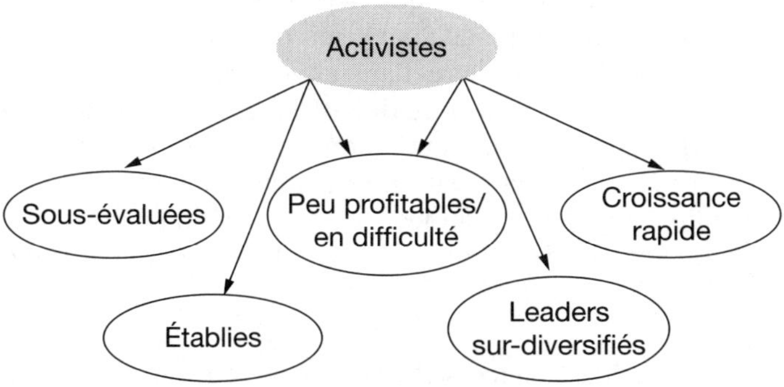

Lorsque le gestionnaire a identifié les entreprises attractives dans les secteurs et marchés qu'il affectionne, on passe à la seconde phase de l'analyse préliminaire où le gestionnaire vise à comprendre le fonctionnement actuel d'une entreprise, où il tente de déterminer son potentiel et les moyens à mettre en œuvre pour les atteindre. Le potentiel de l'entreprise concerne généralement un produit particulièrement intéressant et méconnu ou un problème de gestion à régler. Il s'agit de l'élément essentiel sur lequel le gestionnaire va travailler lorsqu'il prendra position afin de créer de la valeur. Les moyens à mettre en œuvre peuvent également être divers. Il peut s'agir d'une campagne marketing afin de faire connaître le produit ainsi que d'un changement de direction, d'une réorganisation du travail, de la vente de certains biens non directement liés à l'activité première ou toute autre action. Parallèlement à l'identification des moyens à mettre en œuvre afin de créer de la valeur, le gestionnaire devra également identifier les alliés potentiels, c'est-à-dire les actionnaires qui seraient à même de soutenir son action. Dans le même ordre d'idées, il devra tenter de déterminer quels pourraient être les blocages potentiels et comment les contourner le cas échéant. S'il ne trouve pas d'alliés, il devra acheter une portion significative de la société afin de pouvoir mettre en œuvre son action. De même, s'il identifie des blocages potentiels importants, il devra éviter de prendre position ou de prendre une position marginale en attente en espérant un catalyseur qui lui permettra d'entrer en action.

Le gestionnaire prend ensuite position dans le titre. Dans certains cas, il aura déjà pris une position préalablement car la phase d'identification des moyens à mettre en œuvre peut être relativement longue et elle peut évoluer dans le temps. Il se peut également qu'il prenne une petite position initiale dans le titre afin de suivre son évolution de manière proche et avant de décider si oui ou non il deviendra actif. De manière générale, un gestionnaire aura une dizaine de titres en portefeuille et il ne sera pas actif dans l'ensemble de ses positions en même temps. En outre, le processus global prend beaucoup de temps (de quelques mois à plusieurs années) et il est opportun pour le gestionnaire de diversifier son portefeuille entre de petites positions dans des titres en analyse préliminaire, une portion importante de son portefeuille en attente et surtout des titres en phase active afin d'être à même de générer des rendements attractifs dans le temps. L'élément important à souligner ici est que la prise de position se fera toujours avant la négociation d'une place au conseil d'administration (quand il en prend une) et avant de convaincre d'autres actionnaires que son action est utile. En phase d'attente, la position dépasse rarement quelques pour cent du fonds et elle représente généralement moins de 5 % de la société.[1] Lorsqu'il désire être actif, la position fera généralement 10 % à 15 % de son portefeuille, voire plus selon les cas et la position représentera entre 5 % et 50 % de l'entreprise selon son degré de conviction et son objectif.

1. Au-delà de 5 % dans une entreprise, l'actionnaire a l'obligation de se faire connaître.

Nous entrons ensuite dans la phase active qui débute généralement par une prise de position au conseil d'administration. La prise de position au conseil d'administration contraint le gestionnaire dans ses transactions par rapport à l'action. Il ne peut plus acheter ou vendre de titres avant que les résultats – trimestriels ou annuels – ne soient publiés et ses transactions peuvent être suivies par les autres intervenants du marché. À partir de ce point, il lui devient difficile de procéder à de grands changements. Le gestionnaire ne prendra pas nécessairement personnellement position au conseil. Cet élément dépendra du cas par cas. Certains préfèrent travailler directement avec l'entreprise alors que d'autres recourent à des spécialistes du secteur afin de garder une certaine distance par rapport à la situation et afin de limiter l'image d'envahissement.

Parallèlement à la prise de position, le gestionnaire tentera de convaincre d'autres actionnaires importants de l'utilité d'entreprendre les actions recommandées. Il leur faudra souvent la majorité des voix soit plus de 50 % pour pouvoir implémenter le changement. Cet élément sous-tend le fait que les activistes ne prendront pas de positions dans des sociétés familiales où la famille détient plus de 50 % des actions vu que, dans ce cadre, ils n'auront jamais plus de 50 % des voix sauf si la famille désire travailler avec eux. Lorsqu'il a convaincu les autres actionnaires de voter en son sens, le gestionnaire exposera son projet. Les entreprises concernées par l'intervention d'activistes ont en général deux types de problèmes potentiels, des problèmes opérationnels et/ou des problèmes financiers. Les problèmes opérationnels peuvent être des problèmes de direction/management, de distribution de produits, de marketing, de sur-diversification des activités, de contrôle des coûts ou encore une petite taille, ce qui peut également être handicapant. Les problèmes financiers peuvent concerner un parking immobilier dont la valeur n'est pas intégrée dans le prix des actions, des spécificités comptables qui compliquent l'analyse de l'entreprise, des positions cash non intégrées dans le prix de l'action ou encore une structure du capital complexe qui doit être simplifiée. Le gestionnaire aura identifié les principaux problèmes à régler lors de son analyse préliminaire et visera à les régler durant la phase active. Les projets de solution proposés par les gestionnaires concernent généralement un des éléments tels un changement dans la direction, une réorientation stratégique, un travail sur l'amélioration de la gestion opérationnelle et/ou la gestion des coûts, une adaptation du réseau de distribution, la vente d'activités non centrales. D'autres possibilités incluent une levée de capitaux, une vente partielle d'actifs, l'utilisation du cash, la restructuration du bilan de l'entreprise ou la réorganisation du groupe d'entreprises le cas échéant, le rachat d'actions propres et/ou un changement dans la politique de paiement de dividendes. Nous exposons les principaux problèmes identifiés par les activistes et les solutions généralement proposées dans le schéma 12.

**Schéma 12. –** *Principaux problèmes identifiés par les activistes et les solutions généralement proposées*

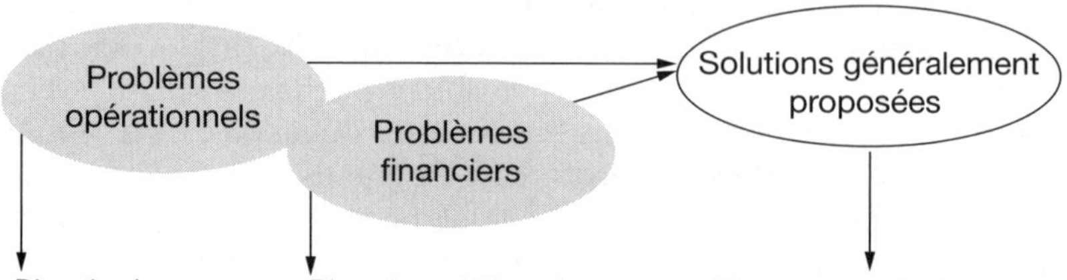


- Direction/management
- Distribution des produits
- Marketing inadéquat
- Sur-diversification
- Contrôle des coûts
- Taille de l'entreprise

- Biens immobiliers dont la valeur de bilan ne reflète pas la valeur de marché
- Spécificités comptables difficiles à expliquer
- Positions en cash non intégrées dans le prix du titre
- Structure de capital complexe

- Changement de direction
- Réorientation stratégique
- Amélioration dans la gestion opérationnelle et/ou la gestion des coûts
- Adaptation du réseau de distribution
- Vente d'activités non centrales
- Levée de capitaux
- Vente partielle d'actifs
- Utilisation du cash
- Restructuration du bilan ou de l'organisation du groupe d'entreprises
- Fusion/acquisition
- Changement de politique de dividende
- Privatisation de l'entreprise
- Augmentation du flottant *(free float)*

Cette phase est en général la plus longue du processus. Il s'agit dans un premier temps d'implémenter des changements. Ensuite, il faut faire connaître ces changements au marché. L'environnement général aura ici un impact. Lorsque les marchés sont difficiles et que la liquidité s'amoindrit, l'intérêt dans les petites sociétés ou dans les sociétés peu suivies est limité. En outre, le gestionnaire ne couvre normalement pas ses positions, étant donné que son risque tend à être spécifique et qu'une couverture avec un indice ou un concurrent n'aura pas d'utilité, mais elle ne fera qu'augmenter le risque global du portefeuille.

Durant la phase active, le gestionnaire peut vendre sa position à tout moment (pour autant qu'il ne soit pas restreint par une position au conseil d'administration). Dans le meilleur des cas, ce sera afin de réaliser son gain. Dans d'autres cas, ce sera parce qu'il n'aura pas été à même de convaincre les autres actionnaires ou parce que son intervention n'aura pas eu l'impact escompté. C'est ce dernier élément qui est souvent primordial. Il arrive fréquemment que la direction des entreprises fasse un blocage à l'intervention des activistes, ce qui peut entraîner des conflits. Lorsque cela arrive, les gérants ont tendance à entrer dans la bataille lorsqu'ils estiment que le potentiel de gain est suffisant. Ceci ralentit le processus et crée souvent de l'illiquidité dans le portefeuille du gestionnaire qui ne peut ou ne veut pas traiter les titres en question, ce qui peut entraîner des problèmes de liquidité.

Pratiquement, de nombreux éléments viennent noircir le tableau. La direction peut être contraire à l'intervention du gestionnaire, d'autres actionnaires peuvent faire blocage, la liquidité dans le titre peut être limitée, ce qui peut empêcher le gestionnaire de prendre position ou de la fermer. Le produit sous-jacent à la prise de position peut s'avérer moins intéressant qu'escompté. Tous ces éléments expliquent la forte volatilité potentielle d'un portefeuille activiste.

Cette stratégie existe aux États-Unis et en Angleterre depuis toujours. Dans ces pays, il existe d'ailleurs de nombreux fonds de grande taille. Elle s'est développée au Japon depuis le début des années 2000 dans une version plutôt amicale et se développe de plus en plus au Brésil et en Russie où la *corporate governance* doit encore être améliorée et où le marché des petites et moyennes entreprises est particulièrement important.

## 6.4. *Illustration*

### *6.4.1. New Skies Technologies*

*New Skies* est une un opérateur de satellites de communication géostationnaire (secteur fortement développé aux États-Unis). Il fournit le transport de vidéos, de données et de tous les flux entre adresses IP. Le gérant en question s'est intéressé à la société après une forte baisse fin 2002. Sur la base de ses estimations, le titre était devenu intéressant car son prix avait fortement baissé sur des volumes faibles. Il analysa la situation de la société sur une base fondamentale, mais également sur la base de son positionnement dans le secteur. Le titre cotait environ 3,50 euros. Selon son estimation, quatre situations pouvaient se présenter :

1. À un tel prix, la société peut être la cible d'une tentative de rachat dans un horizon de 12 mois. Le gérant estime la probabilité d'un tel événement à 10 % et le prix de rachat à environ 9,50 euros.
2. La société peut également être privatisée dans l'année en cours. La probabilité d'un tel événement n'est également que de 10 %, mais la hausse potentielle reste importante.
3. Si aucune entité extérieure n'intervient, le client estime à 40 % la probabilité que la société revienne à des niveaux de valorisation proche de ses pairs, ce qui donne un prix autour de 7 euros.
4. Le gérant estime à quasiment 30 % de chance que la situation n'évolue pas significativement et que le cours reste à des niveaux historiquement bas.

Les estimations du gérant sont résumées dans le tableau 11. Sur cette base, il décide de prendre position. Il entre à un prix moyen de 3,85 euros en janvier 2003.

**Tableau 11.** – *Analyse de New Skies Technologies fin 2002*

| | Prix de sortie | Probabilité | Horizon | Variation |
|---|---|---|---|---|
| Acquisition | 9,5 € | 10 % | 12 mois | 165 % |
| Privatisation | 8,5 € | 10 % | 12 mois | 137 % |
| Remontée de cours | 7,0 € | 40 % | 24 mois | 96 % |
| Aucun événement | 3,3 € | 30 % | 24 mois | – 8 % |
| Moyenne | 5,6 € | | | 66 % |

Le graphique 12 rapporte l'évolution du cours de bourse de *New Skies* dans les mois qui ont suivi cette prise de positions. Le gérant a eu raison dans son analyse. Le cours de l'action remonta près du niveau de valorisation de ses pairs. Il clôtura sa position un an plus tard à approximativement 5,85. S'il avait été plus patient, le gérant aurait pu engranger des bénéfices beaucoup plus importants car *SES GLOBAL* a annoncé en décembre 2005 qu'il allait acquérir *New Skies* pour un prix de 22,5 dollars par action payables en espèces.

**Graphique 12.** – *Évolution du prix de New Skies Technologies entre 2003 et 2005*

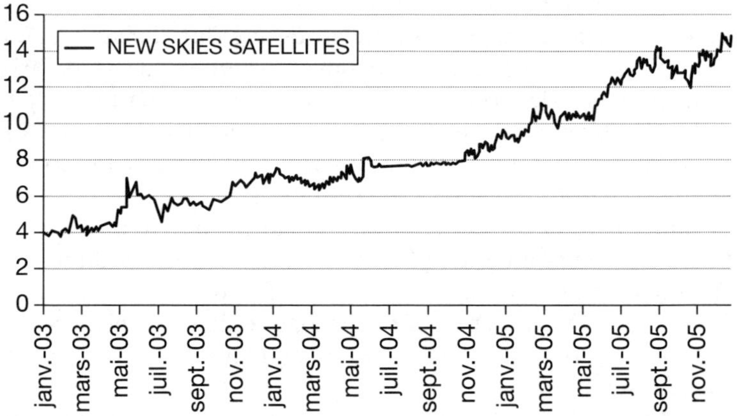


## 6.4.2. *Cumulus Media*

Un autre exemple intéressant de positionnement d'un gérant event driven nous vient d'un gérant actif dans le monde des médias et il concerne la société cumulus media. Remettons-nous en situation. Le gérant concerné investit dans l'industrie des médias depuis des années. Au printemps 2007, le secteur des radios publiques baisse fortement suite à des craintes de baisses de revenus consécutives à l'augmentation des parts de marché des médias alternatifs. Les valorisations perdent près d'un tiers de leur valeur pour arriver autour de dix fois l'EBITDA. Dans le même temps, le gérant travaille avec la direction d'un autre opérateur de l'industrie sur le financement d'un possible rachat de leur entreprise à des multiples supérieurs (de l'ordre de douze fois EBITDA).

Dans ce cadre, le gérant estime que cumulus media est intéressant, car la direction est sous pression de manière plus importante que ses pairs parce que l'entreprise est plus endettée que ses pairs. L'action se traite alors autour de neuf fois les bénéfices hors *CMP*. *CMP* est une radio qui a été rachetée par endettement avec d'autres intervenants. Le gérant estime que cette position vaut 80 millions de dollars.

D'autres éléments ont également impacté la décision du gérant de prendre position. Premièrement, il connaît l'entreprise depuis de nombreuses années et il a déjà travaillé avec l'entreprise en pleine crise financière en 2001. Ensuite, le gérant estime que les médias de taille moyenne sont moins exposés aux tendances du marché global que les grands intervenants. En outre, cumulus media est une des seules entreprises du secteur où la famille originale ne détient pas l'ensemble des droits de vote nécessaires au contrôle de l'entreprise.

Le gérant prit une position en juin 2007 sur base de son estimation à un niveau de valorisation de 7,5 fois les bénéfices nets (chiffres ajustés sur la base de son estimation de la valeur de *CMP*). Le catalyseur fut plus rapide qu'attendu car *Merrill Lynch* finança un rachat d'entreprise financé par l'endettement à 11,75 dollars, soit à un cours largement supérieur au dernier cours. Ce cours était inférieur à la valeur estimée de l'entreprise par le gérant, mais le gérant ferma la position car il estimait que personne n'allait faire une contre-offre.

**Graphique 13.** – *Évolution du prix de Cumulus Media*

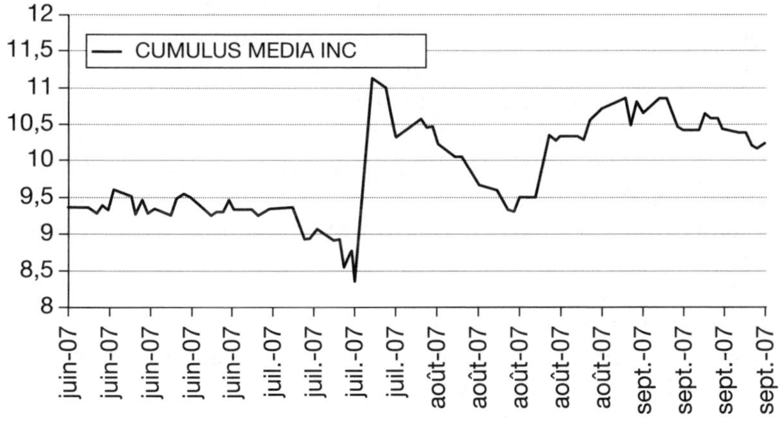


### *6.4.3. Seat*

*Seat* est une société d'édition italienne d'annuaires de téléphone. Elle est également un fournisseur d'accès à internet. Fin 1999, les *saving sha-*

*res* [1] de cette société se négociaient avec un rabais de 48 % par rapport aux actions ordinaires. La société était surcapitalisée et tentait de distribuer du cash à ses actionnaires. Un gérant identifia cette situation et il anticipa que la société allait faire une distribution extraordinaire de dividendes et qu'elle permettait la conversion des *saving shares* en actions classiques, afin de ne plus avoir qu'un seul type d'actions en circulation.

La transaction consistait à prendre une position longue dans les *saving shares* dont on anticipait une reprise de la valeur et une position courte dans les actions ordinaires de la société, ces dernières devant perdre de la valeur si la décision attendue se concrétisait.

Le 11 février 2000, *Telecom Italia* lança une offre de rachat de *Seat* et planifia de convertir les *saving shares* en actions ordinaires à une décote de 30 %, soit une différence significative par rapport à la décote de fin 1999. Les titres ainsi achetés 48 % sous le prix des actions ordinaires ont pu être revendus avec une décote de 30 %. Étant donné que la position prise était combinée dans des *saving shares* et dans des actions ordinaires, l'objectif était de jouer un resserrement de l'écart de prix entre les deux titres.

### 6.5. Avantages et inconvénients

Les défenseurs de cette stratégie soutiennent qu'en se focalisant sur des événements d'entreprise plutôt que sur la direction des marchés, les gérants sont à même de réaliser des rendements persistants au cours du temps. Il est possible de réaliser des investissements rentables en appliquant cette stratégie, peu importe l'évolution du marché dans son ensemble.

Nous sommes partiellement en accord avec cette idée, car même s'il apparaît clairement que les rendements produits par ce type d'investissement sont peu dépendants de l'évolution des marchés financiers, les opportunités d'investissement seront fonction de l'évolution des marchés. Les événements qui touchent à la vie des entreprises sont cycliques. Le nombre de fusions, d'acquisitions, de réorganisations et d'autres événements importants de la vie d'une entreprise varient en fonction de la conjoncture, ce qui signifie que les possibilités d'investissement et de diversification seront fonction de l'état général de l'économie. Les différents types d'événements n'apparaissent cependant pas tous au même moment du cycle économique. En période d'expansion économique, le nombre de fusions et d'acquisitions augmente fortement, alors qu'en période de ralentissement économique les faillites sont plus nombreuses.

Les avantages des fonds activistes contrebalancent leur risque. Les fonds sont concentrés, si bien que le gérant ne risque pas de garder des positions uniquement à des fins de diversification. Ensuite, il suffit que quelques positions évoluent favorablement pour que les rendements soient élevés. Finalement, le principe de l'activisme est intéressant. Les gérants

1. Les *saving shares* sont des actions qui n'offrent pas de droit de vote, mais qui distribuent un dividende plus élevé que les actions ordinaires.

prennent des positions dans des sociétés afin de les aider dans leur développement.

Les inconvénients principaux des fonds activistes sont premièrement que les portefeuilles sont relativement peu liquides. Les gestionnaires investissent dans des sociétés souvent peu liquides ; par ailleurs ils ne possèdent en général pas plus d'une dizaine de positions en portefeuille. Ensuite, les gestionnaires peuvent rencontrer des blocages non anticipés de la part de la direction de l'entreprise ou d'autres actionnaires, ce qui les empêchera de réaliser les gains escomptés. Les entreprises considérées sont dans certains cas en bonne santé financière, mais dans d'autres la situation est plus tangente et le risque sous-jacent conséquent. Finalement, les positions d'activistes sont difficiles voire impossibles à couvrir. Ceci signifie que de nombreux gestionnaires ne couvriront pas leur portefeuille, ce qui entraîne que leur portefeuille sera complètement exposé au risque de marché, voire de secteur. D'autres, en revanche, couvrent le risque global du portefeuille avec l'indice le plus proche de leur univers d'investissement. Une telle couverture entraîne également un risque vu qu'elle sera loin d'être parfaite et que les deux portions du portefeuille (longue et courte) peuvent coûter de la performance au gestionnaire simultanément.

### 6.6. Performance

Un investissement de 100 dollars en janvier 1990 dans l'indice *event driven* se serait transformé en 1 010 dollars fin septembre 2009. Ceci est supérieur au même investissement dans le marché des actions ou dans le marché obligataire qui se serait transformé en 297 et 285 dollars, mais inférieur à la performance de l'indice hedge fund global qui termine à 573 dollars. Le graphique 14 illustre cette évolution.

**Graphique 14.** – *Évolution de 100 dollars investis dans l'indice* event driven

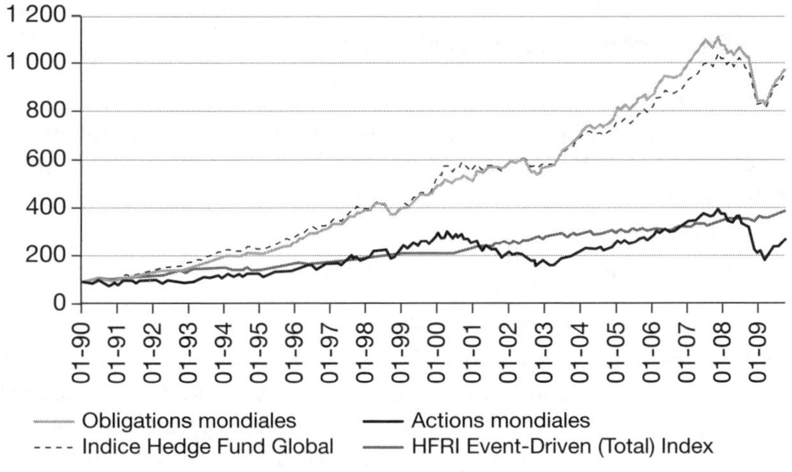


*Source* : d'après des chiffres de Hedge Fund Research, Inc.

L'indice *event driven* a offert un rendement annuel de 13,4 % contre un rendement annuel moyen de 9,2 % pour l'indice action, 6,6 % pour l'indice obligataire et 11,6 % pour l'indice hedge fund global. D'un autre côté, la volatilité de l'indice à 7 % est fortement supérieure à celle de l'indice obligataire à 3,9 %, mais inférieure à celle du marché des actions à 15,5 %. L'indice *event driven* a fourni un rendement supérieur aux autres marchés pour un risque intermédiaire. Cette aptitude se marque tant en période de marché des actions baissier qu'en marché haussier.

Le tableau 12 rapporte des statistiques descriptives de la stratégie par rapport aux indices de référence. Il entraîne les remarques suivantes.

– Sur les 20 années considérées, l'indice *event driven* n'a connu de rendement total annuel négatif que trois années, en 1990, en 2002 et en 2008. Il offre des rendements particulièrement stables au cours du temps. L'indice action a baissé en 1990, 1992, entre 2000 et 2002 et il a perdu plus de 40 % en 2008. L'indice obligataire n'a enregistré des performances annuelles légèrement négatives qu'en 1994 et 1999.

– Les rendements annuels maximums de l'indice *event driven* ont été atteints en 1993 alors que ceux du marché des actions et de l'indice obligataire ont été obtenus en 2003 et 1995. Ils s'élevaient respectivement à 28,2 % pour l'indice *event driven* et 33,1 % et 18,5 % pour les indices de référence. L'indice hedge fund global a offert 31,3 % en 1999. Il est également intéressant de souligner que la stratégie *event driven* a offert des rendements très élevés (supérieurs à 15 %) onze années sur vingt, ce qui est particulièrement élevé.

– Les écarts de rendement entre l'indice *event driven* et les indices de référence varient fortement au cours du temps. L'écart positif maximum entre cet indice et l'indice action (respectivement l'indice obligataire) a été de 29 % en 2001 (resp. 25,1 % en 1999), alors que le retard maximum a été de 22,6 % en 1998 (resp. 27,1 % en 2008).

## 7. La stratégie *merger arbitrage*

*Merger arbitrage* signifie arbitrage des fusions (et acquisitions). Cette stratégie d'investissement est également connue sous le nom de *risk arbitrage* c'est-à-dire arbitrage du risque. Les spécialistes de cette stratégie investissent dans des titres d'entreprises qui fusionnent.

### *7.1. Méthodologie*

De par l'incertitude qui les entoure, les fusions et les acquisitions fournissent de nombreuses opportunités d'arbitrage. Les contraintes auxquelles doivent se plier les fonds d'investissement traditionnels (notamment en ce qui concerne la vente à découvert) empêchent les gérants de fonds classiques de profiter pleinement de ces opportunités. Ceci entraîne que des gérants de hedge funds se sont intéressés à ces événements de la vie des

**Tableau 12. –** *Statistiques descriptives des fonds* event driven *et des indices de référence*

| | **Obligations mondiales** | **Actions mondiales** | **Indice Hedge Fund Global** | **HFRI Event-Driven (Total) Index** | **Performance vs. Obligations** | **Performance vs. Actions** |
|---|---|---|---|---|---|---|
| 1990 | 9,0 % | - 17,0 % | 5,8 % | - 0,5 % | - 9,4 % | 16,5 % |
| 1991 | 16,0 % | 18,3 % | 32,2 % | 27,4 % | 11,4 % | 9,1 % |
| 1992 | 7,4 % | - 5,2 % | 21,2 % | 19,5 % | 12,1 % | 24,7 % |
| 1993 | 9,7 % | 22,5 % | 30,9 % | 28,2 % | 18,5 % | 5,7 % |
| 1994 | - 2,9 % | 5,1 % | 4,1 % | 6,0 % | 8,9 % | 0,9 % |
| 1995 | 18,5 % | 20,7 % | 21,5 % | 25,1 % | 6,6 % | 4,4 % |
| 1996 | 3,6 % | 13,5 % | 21,1 % | 24,8 % | 21,2 % | 11,4 % |
| 1997 | 9,7 % | 15,8 % | 16,8 % | 21,2 % | 11,6 % | 5,5 % |
| 1998 | 8,7 % | 24,3 % | 2,6 % | 1,7 % | - 7,0 % | - 22,6 % |
| 1999 | - 0,8 % | 24,9 % | 31,3 % | 24,3 % | 25,1 % | - 0,6 % |
| 2000 | 11,6 % | - 13,2 % | 5,0 % | 6,7 % | - 4,9 % | 19,9 % |
| 2001 | 8,4 % | - 16,8 % | 4,6 % | 12,2 % | 3,7 % | 29,0 % |
| 2002 | 10,3 % | - 19,9 % | - 1,4 % | - 4,3 % | - 14,6 % | 15,6 % |
| 2003 | 4,1 % | 33,1 % | 19,6 % | 25,3 % | 21,2 % | - 7,8 % |
| 2004 | 4,3 % | 14,7 % | 9,0 % | 15,0 % | 10,7 % | 0,3 % |
| 2005 | 2,4 % | 9,5 % | 9,3 % | 7,3 % | 4,9 % | - 2,2 % |
| 2006 | 4,3 % | 20,1 % | 12,9 % | 15,3 % | 11,0 % | - 4,7 % |
| 2007 | 7,0 % | 9,0 % | 10,0 % | 6,6 % | - 0,4 % | - 2,4 % |
| 2008 | 5,2 % | - 40,7 % | - 19,0 % | - 21,8 % | - 27,1 % | 18,9 % |
| 2009* | 5,8 % | 25,0 % | 17,1 % | 20,3 % | 14,5 % | - 4,7 % |
| Rendement annuel moyen 1990-2009 | 7,2 % | 7,7 % | 13,0 % | 13,4 % | 6,2 % | 5,7 % |
| Volatilité 1990-2009 | 3,9 % | 15,5 % | 7,1 % | 7,0 % | NA | NA |
| Rendement annuel moyen 1999-2009* | 5,9 % | 5,0 % | 9,5 % | 10,4 % | 4,5 % | 5,4 % |
| Volatilité 1999-2009* | 3,8 % | 16,4 % | 7,4 % | 7,1 % | NA | NA |
| Rendement annuel moyen 2004-2009* | 5,2 % | 7,9 % | 7,6 % | 8,4 % | 3,2 % | 0,5 % |
| Volatilité 2004-2009* | 3,7 % | 16,7 % | 7,0 % | 7,4 % | NA | NA |

* Pour 2009, les données utilisées s'arrêtent à fin septembre.
*Source* : d'après des données de Hedge Fund Research, Inc.

entreprises et que certains d'entre eux se sont spécialisés dans le domaine.

Au départ, les spécialistes recherchent des annonces de fusions et acquisitions. Tout comme dans le cas de la stratégie *event driven*, l'objectif des gérants n'est généralement pas d'anticiper d'éventuelles fusions ou acquisitions, mais de tirer profit de situations instables dans lesquelles ils croient. Dans le cadre de cette stratégie d'investissement, nous considérons principalement trois types de transactions : les offres publiques d'achat amicales, les offres publiques d'achat hostiles et les ventes partielles ou complètes de sociétés.

**Schéma 13. –** *Principaux types de transactions des fonds* merger arbitrage

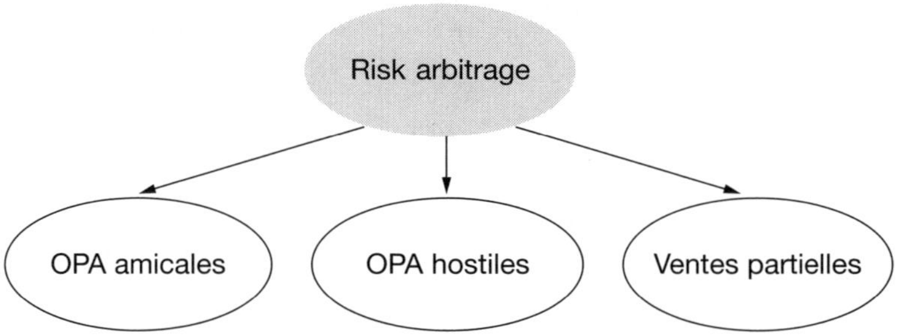


Plus précisément, le premier type de transactions comprend des offres publiques d'achat amicales et les fusions pour lesquelles le prix d'achat est généralement substantiellement supérieur à celui de marché de la société rachetée le jour de l'annonce. Dans ce premier cas, le rendement est réalisé en achetant les actions de la société cible et en vendant les actions de la société acheteuse. Le deuxième type de transactions comprend les offres publiques d'achat hostiles, dans quel cas, c'est la probabilité que l'acheteur parvienne à forcer la direction de la compagnie cible à la vendre, qui est prépondérante. La troisième catégorie reprend les ventes partielles ou complètes de sociétés dont le prix de vente est souvent inférieur au prix de marché le jour de l'offre. Dans ce cas, il y a un désir de vendre, ce qui crée l'opportunité.

Lorsqu'une opportunité est identifiée, les gérants commencent par analyser les sociétés impliquées et ils s'assurent du bon respect des lois et réglementations en vigueur afin d'estimer la probabilité que la transaction s'achève comme attendu. Dans cette première phase, les spécialistes attachent une grande importance à l'évaluation des risques à la baisse. Lors de cette analyse, les gérants se basent sur tous les documents disponibles, qu'ils soient issus de la société elle-même ou écrits par des personnes extérieures comme des analystes, des journalistes. Dans la plupart des cas, ils cherchent également à entrer en contact avec les contreparties des sociétés en question, afin de se faire l'idée la plus complète possible sur l'issue probable des négociations. Certains d'entre eux vont jusqu'à analyser la viabilité stratégique de la transaction, c'est-à-dire qu'ils cherchent à évaluer si l'union des sociétés permettra d'obtenir un accroissement des revenus à travers des synergies, des économies d'échelle ou une intégration verticale. D'autres analysent également les sociétés d'un point de vue fondamental afin d'estimer si la transaction sera bien perçue ou non par le marché. Finalement, ils doivent déterminer la probabilité que de nouveaux offrants se fassent connaître pour la société cible, mais également pour la société acheteuse.

Une fois l'analyse de la société achevée, les spécialistes contrebalancent le positif et le négatif de la transaction considérée et ils décident s'ils vont investir ou non. Ils prendront plus facilement une position lorsque la quantité d'informations disponibles augmente et lorsque l'issue de la transaction devient plus certaine. Ils préféreront ne pas entrer dans une position (ou la liquider le cas échéant), lorsque les bénéfices attendus ne contrebalancent pas le risque encouru, lorsque la transaction est achevée ou lorsque les négociations sont interrompues.

Les gérants cherchent à tirer avantage de la fusion ou de l'acquisition si elle se concrétise. Pour ce faire, ils procèdent comme suit. Dans la majorité des cas, lors d'une acquisition, le cours de l'action de l'entreprise rachetée s'apprécie alors que celui de l'acquéreur perd de sa valeur. Ceci s'explique, entre autres par l'existence d'un risque de non-réalisation de la fusion qui disparaît une fois celle-ci achevée. De manière simplifiée, dans la plupart des cas, les gérants génèrent des bénéfices en achetant l'action de l'entreprise rachetée et en vendant à découvert celle de l'entreprise acheteuse (avant que la fusion ou l'acquisition ne soit achevée). Si la situation évolue comme attendu, ils réalisent des gains. Si leurs attentes sont vaines et que la transaction ne se concrétise pas, le prix de l'action de la compagnie achetée diminue généralement et le fonds ne réalise pas de profit, voire une perte suivant le moment auquel il décide de se retirer.

Certains gérants couvrent leurs positions en achetant des options de vente afin de couvrir la partie longue de leur portefeuille. D'autres encore ne se limitent pas à investir dans des titres cotés, mais prennent position dans des titres non cotés. Les gérants de ce type de fonds utilisent souvent un levier limité à hauteur de 2:1 maximum.

## 7.2. Illustration

### 7.2.1. *Alcan-Rio Tinto*

Analysons une transaction type d'un gérant de fonds qui applique la stratégie *risk arbitrage*. Elle consiste dans la prise d'une position longue dans la société cible d'une acquisition et une position à découvert dans la société acheteuse.

*Alcan* est l'un des principaux fournisseurs mondiaux de bauxite, d'alumine et d'aluminium, et un fournisseur de produits usinés et d'emballages de premier plan. L'action s'échangeait à des niveaux légèrement supérieurs à 50 dollars par action en avril 2007, jusqu'à ce qu'*Alcoa*, un producteur d'aluminium américain, fît une offre publique d'achat en cash à 77 dollars par action. Le gérant en question analysa la situation et il décida de prendre position, car le marché des matières premières était particulièrement porteur et actif et que la transaction lui semblait intéressante. Son prix d'achat moyen était de 81 dollars par action. Ensuite, *Rio Tinto*, le géant de l'industrie du fer austro-anglais, fit une offre de rachat en cash à 101 dollars par action. Le prix s'ajusta en conséquence dans un premier temps et le gain potentiel devint important. Le prix d'achat ayant été de 81 dollars, le gain par action potentiel était de quasiment 18 dollars, soit 20 % par rapport au prix d'achat sur un peu plus de 2 mois. Une fusion se passe cependant toujours dans un marché qui peut avoir un impact sur le prix des titres. Même si la transaction entre *Rio Tinto* et *Alcan* était simple, le cours d'Alcan tomba de 98,45 dollars le 12 juillet après l'annonce de la transaction avec *Rio Tinto* à 92 dollars durant le mois d'août dans un marché du crédit difficile. La baisse de cours amena le spread de fusion à 9 dollars brut, soit un rendement annualisé de plus de 54 %. À ce moment-là, le gérant doubla sa position. La transaction fut clôturée en octobre et les actionnaires d'*Alcan* ont reçu 101 dollars par action. Le graphique 15 reprend l'évolution des cours d'*Alcan* au cours de la période visée.

**Graphique 15.** – *Évolution du cours d'Alcan*

*7.2.2. MFS Communication*

Le 30 avril 1996, *MFS Communication* a annoncé l'acquisition du fournisseur d'accès à internet Uunet. Les cours respectifs des actions des deux sociétés sont alors de 56,125 pour *Uunet* et de 37,25 pour *MFS Communication*. Lors de l'acquisition, chaque action d'Uunet allait être convertie en 1,7778 action de *MFS Communication*. Sur la base de cette information, le gérant a décidé d'acheter 10 000 actions d'*Uunet* et de vendre 17 778 parts de *MFS* afin d'avoir un ratio de couverture de 177 778/10 000 = 1,7778. La situation d'avril 1996 est résumée dans la première partie du tableau 13.

**Tableau 13.** – *Rachat d'Uunet par MFS Communication*

**30/04/1996**

| | | | | |
|---|---|---|---|---|
| Achat | Uunet | 10 000 | 56,125 | |
| Vente à découvert | MFS | 17 778 | 37,25 | |
| | *Hedge ratio* | 1,7778 | | |
| **17/17/1996** | | | | |
| Vente | Uunet | 10 000 | 59,5 | |
| Achat | MFS | 17 778 | 33,875 | |
| **Pertes et gains** | | | | |
| Gain | Uunet | 10 000 | 3,375 | 33 750 |
| Gain | MFS | 17 778 | 3,375 | 60 001 |

TOTAL : 93 751
Rendement : 16,7 %

Sur cette journée, le cours des actions d'*Uunet* est monté jusqu'à 58,75 alors que les actions ordinaires de *MFS Communication* ont baissé à 34,6875. Le gérant a gardé cette position jusqu'au 17 juillet. À cette date, les cours d'*Uunet* et de *MFS Communication* étaient respectivement à 59 1/2 et 33 7/8, ce qui permit au gérant de réaliser un gain de 16,7 % sur le capital investi. Afin de calculer le rendement total, nous avons additionné les gains réalisés sur la partie longue et sur la partie courte du portefeuille avant de les diviser par le capital investi au départ, c'est-à-dire l'achat de 10 000 parts d'*Uunet* à 56,125.

### *7.3. Avantages et inconvénients*

Les avantages et les inconvénients de la stratégie *risk arbitrage* sont fort proches de ceux de la stratégie *event driven*. Les rendements de cette stratégie dépendent principalement d'événements isolés et non de l'évolution du marché dans son ensemble, ce qui, théoriquement, permet aux fonds de réaliser des rendements attrayants, que le marché soit en hausse ou en baisse. Pratiquement, ce sont principalement les aptitudes des gérants qui déterminent les rendements des fonds. Une équipe très compétente parviendra à réaliser de hauts rendements peu importe la conjoncture économique générale.

Bien qu'ils ne soient pas corrélés aux mouvements généraux des marchés, les rendements de la stratégie *risk arbitrage* dépendent du volume de l'activité des fusions et acquisitions qui est cyclique par nature. Il devient, par conséquent, difficile pour les gérants de ce type de fonds de diversifier leur portefeuille d'investissement en période de faible activité. Ceci est la raison principale pour laquelle cette stratégie rentre dans la catégorie plus générale des stratégies *event driven*. De nombreux gérants ne se limitent pas à investir dans des fusions et des acquisitions, mais ils investissent également dans des recapitalisations, des réorganisations, etc. selon la conjoncture.

Il est important de garder à l'esprit qu'un positionnement pris par rapport à une entreprise qui est en période de changements sous-tend des risques plus élevés que la moyenne. Lorsqu'il prend position suite à un changement important de la vie d'une entreprise, le gestionnaire fait un pari sur l'issue qu'aura ce changement, pari qui se fera souvent par l'intermédiaire de positions longues, si bien que le fonds réalisera des pertes conséquentes si l'issue n'est pas celle qui était attendue et que le titre évolue défavorablement. En période de changement, la volatilité des titres à tendance à augmenter.

### 7.4. Performance

Un investissement de 100 dollars en janvier 1990 dans l'indice *merger arbitrage* se serait transformé en 591 dollars fin septembre 2009. Ceci est supérieur au même investissement dans le marché des actions ou dans le marché obligataire qui se serait transformé en 297 et 285 dollars, mais inférieur à la performance d l'indice hedge fund global qui termine à 573 dollars. Le graphique 16 illustre cette évolution.

L'indice *risk arbitrage* a offert un rendement annuel de 9,7 % contre un rendement annuel moyen de 9,2 % pour l'indice action, 6,6 % pour l'indice obligataire et 11,6 % pour l'indice hedge fund global. D'un autre côté, la volatilité de l'indice à 4,3 % est à peine supérieure à la volatilité de l'indice obligataire à 3,9 %, mais fortement inférieure à celle du marché des actions à 15,5 %. L'indice *merger arbitrage* a fourni un rendement supérieur au marché obligataire et pour un risque proche et un rendement identique à celui du marché des actions pour un risque beaucoup plus faible.

**Graphique 16.** – *Évolution de 100 dollars investis dans l'indice* risk arbitrage

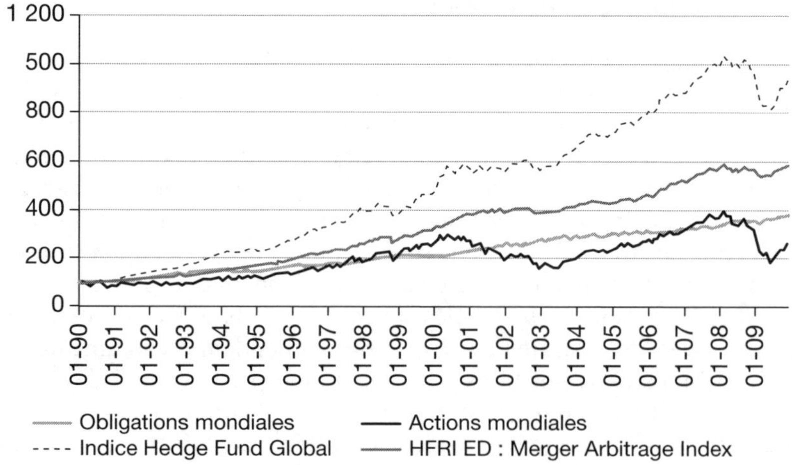


*Source* : d'après des chiffres de Hedge Fund Research, Inc.

Le tableau 14 rapporte des statistiques descriptives de la stratégie par rapport aux indices de référence. Il entraîne les remarques suivantes :

– Sur les 20 années considérées, l'indice *risk arbitrage* n'a connu de rendement total annuel négatif que deux années, en 2002 et en 2008. Il offre des rendements particulièrement stables au cours du temps. L'indice action a baissé en 1990, 1992, entre 2000 et 2002 et il a perdu plus de 40 % en 2008. L'indice obligataire n'a enregistré des performances annuelles légèrement négatives qu'en 1994 et 1999.

– Les rendements annuels maximums de l'indice *merger arbitrage* ont été atteints en 1993 alors que ceux du marché des actions et de l'indice obligataire ont été obtenus en 2003 et 1995. Ils s'élevaient respectivement à 20,3 % pour l'indice *merger arbitrage* et 33,1 % et 18,5 % pour les indices de référence. L'indice hedge fund global a offert 31,3 % en 1999.

– Les écarts de rendement entre l'indice *risk arbitrage* et les indices de référence varient fortement au cours du temps. L'écart positif maximum entre cet indice et l'indice action (respectivement l'indice obligataire) a été de 35,3 % en 2001 (resp. 15,2 % en 1999), alors que le retard maximum a été de 25,6 % en 2003 (resp. 11,1 % en 2002).

## 8. La stratégie *distressed securities*

*Distressed securities* se traduit par sociétés en difficultés. Les spécialistes de cette stratégie investissent dans des sociétés qui connaissent des difficultés financières ou opérationnelles. Cela comprend, entre autres, des réorganisations, des faillites, des recapitalisations et d'autres situations difficiles.

### *8.1. Origine des difficultés*

Les entreprises ont besoin de capital pour se développer que ce soit pour lancer un nouveau produit ou pour s'attaquer à un nouveau marché. Elles peuvent lever ce capital par l'intermédiaire de crédits (émission de dette) ou par appel public à l'épargne (émission d'actions). Le marché du crédit est largement utilisé par les entreprises. Suivant sa taille et sa solidité financière, les taux d'intérêt à payer sur les remboursements seront plus ou moins élevés. Une entreprise engagée dans des marchés spéculatifs ou risqués devra payer un taux d'intérêt plus élevé afin d'attirer des créanciers. Au fur et à mesure qu'une entreprise recourt à l'emprunt, elle augmente son levier de bilan et elle doit faire face à une charge d'intérêt supplémentaire, ce qui entraîne un risque de crédit accru pour les investisseurs. Lorsqu'une compagnie ne sait plus payer les intérêts courus ou le principal dû, elle est en défaut.

Une société peut se trouver en incapacité de paiements pour des raisons très diverses, par exemple la structure de son capital s'est détériorée, si ou un événement extérieur défavorable l'a frappée. Une structure du capital

**Tableau 14. –** *Statistiques descriptives des fonds* risk arbitrage *et des indices de référence*

| | **Obligations mondiales** | **Actions mondiales** | **Indice Hedge Fund Global** | **HFRI ED : Merger Arbitrage Index** | **Perfor-mance vs. Obliga-tions** | **Perfor-mance vs. Actions** |
|---|---|---|---|---|---|---|
| 1990 | 9,0 % | – 17,0 % | 5,8 % | 0,4 % | – 8,5 % | 17,5 % |
| 1991 | 16,0 % | 18,3 % | 32,2 % | 17,9 % | 1,9 % | – 0,4 % |
| 1992 | 7,4 % | – 5,2 % | 21,2 % | 7,9 % | 0,5 % | 13,1 % |
| 1993 | 9,7 % | 22,5 % | 30,9 % | 20,2 % | 10,5 % | – 2,3 % |
| 1994 | – 2,9 % | 5,1 % | 4,1 % | 8,9 % | 11,8 % | 3,8 % |
| 1995 | 18,5 % | 20,7 % | 21,5 % | 17,9 % | – 0,6 % | – 2,9 % |
| 1996 | 3,6 % | 13,5 % | 21,1 % | 16,6 % | 13,0 % | 3,1 % |
| 1997 | 9,7 % | 15,8 % | 16,8 % | 16,4 % | 6,8 % | 0,7 % |
| 1998 | 8,7 % | 24,3 % | 2,6 % | 7,2 % | – 1,5 % | – 17,1 % |
| 1999 | – 0,8 % | 24,9 % | 31,3 % | 14,3 % | 15,2 % | – 10,6 % |
| 2000 | 11,6 % | – 13,2 % | 5,0 % | 18,0 % | 6,4 % | 31,2 % |
| 2001 | 8,4 % | – 16,8 % | 4,6 % | 2,8 % | – 5,7 % | 19,6 % |
| 2002 | 10,3 % | – 19,9 % | – 1,4 % | – 0,9 % | – 11,1 % | 19,0 % |
| 2003 | 4,1 % | 33,1 % | 19,6 % | 7,5 % | 3,4 % | – 25,6 % |
| 2004 | 4,3 % | 14,7 % | 9,0 % | 4,1 % | – 0,3 % | – 10,6 % |
| 2005 | 2,4 % | 9,5 % | 9,3 % | 6,2 % | 3,8 % | – 3,2 % |
| 2006 | 4,3 % | 20,1 % | 12,9 % | 14,2 % | 9,9 % | – 5,8 % |
| 2007 | 7,0 % | 9,0 % | 10,0 % | 7,1 % | 0,1 % | – 2,0 % |
| 2008 | 5,2 % | – 40,7 % | – 19,0 % | – 5,4 % | – 10,6 % | 35,3 % |
| 2009* | 5,8 % | 25,0 % | 17,1 % | 8,9 % | 3,2 % | – 16,0 % |
| Rendement annuel moyen 1990-2009 | 7,2 % | 7,7 % | 13,0 % | 9,7 % | 2,5 % | 2,0 % |
| Volatilité 1990-2009 | 3,9 % | 15,5 % | 7,1 % | 4,3 % | ND | ND |
| Rendement annuel moyen 1999-2009* | 5,9 % | 5,0 % | 9,5 % | 7,3 % | 1,4 % | 2,2 % |
| Volatilité 1999-2009* | 3,8 % | 16,4 % | 7,4 % | 3,6 % | ND | ND |
| Rendement annuel moyen 2004-2009* | 5,2 % | 7,9 % | 7,6 % | 6,4 % | 1,2 % | – 1,5 % |
| Volatilité 2004-2009* | 3,7 % | 16,7 % | 7,0 % | 3,9 % | ND | ND |

* Pour 2009, les données utilisées s'arrêtent à fin septembre.
*Source* : d'après des données de Hedge Fund Research.

défavorable provient généralement d'un endettement trop élevé alors qu'un événement extérieur défavorable comprend des problèmes d'exploitation, des bouleversements importants dans l'équipe de gestion ou des problèmes d'exploitation. Dans tous les cas, elle se retrouve dans une situation qui ne lui permet plus de faire face à ses engagements et elle a besoin de renégocier avec ses créditeurs ou de trouver des nouveaux investisseurs. Le schéma 14 reprend les principales raisons à l'origine des difficultés de sociétés en difficultés.

**Schéma 14.** – *Principales raisons à l'origine des sociétés en difficultés*

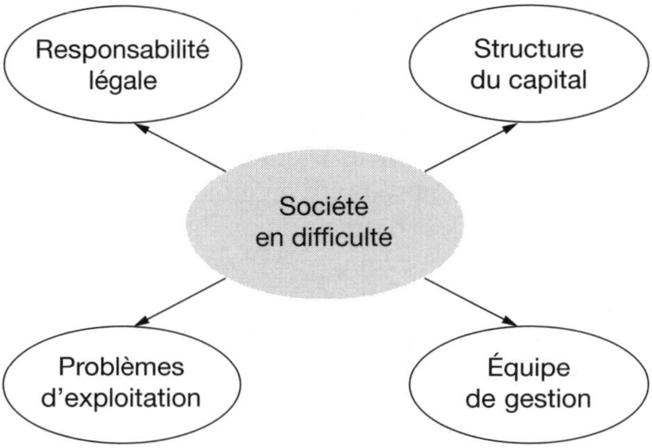


### 8.2. Méthodologie

Les sociétés considérées dans la stratégie *distressed securities* ont une dette avec une notation très faible, généralement inférieure à CCC.[1] Les gérants de hedge funds spécialisés dans ce type de marché n'investissent que dans ces titres ou des titres liés. Ils combinent une connaissance approfondie du processus de faillite et de réorganisation avec l'analyse fondamentale de sociétés et d'industries afin de réaliser des rendements positifs. Pour ce faire, ils cherchent à isoler les sociétés solides avec une mauvaise structure de capital, des autres. Les sociétés en difficultés comprennent généralement des sociétés en faillite, les sociétés proches de la faillite et les sociétés en post-réorganisation.

Les gérants ne recherchent pas le rendement immédiat et sont généralement prêts à investir à moyen ou à long terme afin de réaliser les gains escomptés. Ceci est souvent indispensable vu le type d'investissements qu'ils réalisent. Les participations peuvent s'effectuer au travers de différents outils comme de la dette (bancaire ou autre), des actions, des warrants[2] ou tout autre produit d'investissement lié à la société.

1. Nous décrivons le système des notations en annexe A.
2. Un warrant est un titre qui donne à son détenteur le droit d'acheter des actions d'une société à un prix fixé pour une période déterminée.

Lors de la réorganisation d'une société en difficulté, l'équipe de gestion et les créditeurs cherchent à diminuer le levier présent dans le bilan si la société dispose d'un *core business*, c'est-à-dire d'une activité principale forte. Ils échangent la dette existante contre une combinaison d'actions et de dettes. La nouvelle dette est alors émise à un taux inférieur à celui de la dette originale. Les gérants achètent les titres s'ils estiment que, suite à la réorganisation, la société retrouvera des niveaux de profits intéressants. Les gérants basent leur anticipation d'une reprise de l'entreprise sur le fait qu'une nouvelle équipe de gestion dirige la société [1], que des réinvestissements en capital soient faits et que la nouvelle dette soit souvent moins onéreuse, même si le retournement de tendance peut prendre plusieurs années.

Le processus de redressement implique plusieurs étapes qui peuvent chacune fournir une opportunité d'investissement. Suivant leur tolérance vis-à-vis du risque et suivant le degré d'implication qu'ils veulent avoir dans le processus de faillite, les gérants investissent dès l'origine des difficultés ou ils attendent que le redressement soit plus ou moins fortement entamé.

Dans la première partie de la réorganisation, l'incertitude quant à la reprise de l'activité est la plus forte et l'équipe de direction doit fournir son plan de réorganisation. Les tensions sont alors les plus fortes. Certains gérants investissent dans cette première étape. Ces derniers jouent alors souvent un rôle actif dans la restructuration et ils ne se limitent pas à investir dans des titres et à attendre que leur valeur remonte ou baisse. Parfois, ils vont jusqu'à rejoindre le comité des créditeurs de la société. Leur objectif est toujours le même : créer de la valeur en facilitant la réorganisation de la société.

Ce type de participation exige également un investissement en temps. En effet, la participation des spécialistes peut aller jusqu'à la recherche de nouveaux investisseurs potentiels. Dans ce cas, ils ne pourront légalement plus changer leur position dans les titres de la société avant que le processus de redressement ne soit bien entamé vu les informations auxquelles ils auront accès. Ils seront plus fortement impliqués mais également liés. C'est au gérant de déterminer s'il préfère uniquement investir dans des titres et pouvoir changer sa position à n'importe quel moment ou s'il préfère participer activement à la réorganisation afin de maximiser ses rendements potentiels, tout en limitant la liquidité de son investissement.

Les titres de sociétés en difficultés s'échangent généralement à un cours plus ou moins fortement inférieur à leur valeur intrinsèque. Ceci s'explique par le fait que lors d'annonces de difficultés, la majorité des détenteurs de titres de telles sociétés les vendent pour deux raisons principales :

– par désir de ne pas détenir ce type de papier vu l'incertitude quant au dénouement de la situation ;

– suite à des anomalies structurelles : lorsque la qualité du crédit de la société se détériore, une pression à la baisse sur le cours de l'action reflète

1. Lors de difficultés importantes, les équipes de gestion sont souvent changées afin de redonner un coup de fouet à l'ensemble des parties en présence. Selon les cas, les gérants seront actifs ou passifs dans ce processus.

souvent des pressions de vente créées par des restrictions quant à la politique d'investissement de nombreux investisseurs. Ensuite, des contraintes légales et de l'habillage bilantaire [1] peuvent également justifier des ventes totales ou partielles. De telles ventes déforment les prix, ce qui peut bénéficier aux gérants de fonds spécialisés.

Il existe deux moyens de profiter d'une mauvaise fixation du prix pour une entreprise en difficulté, de manière absolue ou de manière relative. L'analyse absolue se base uniquement sur la valeur de l'entreprise émettrice des obligations déterminée par l'analyse fondamentale. Lorsque la valeur de marché d'un titre d'une société est inférieure à sa valeur fondamentale (suite à des difficultés financières), les gérants spécialisés vont prendre position et détenir des titres de cette société tout au long du processus de restructuration s'ils estiment que le titre va retrouver sa valeur fondamentale lorsque la restructuration sera achevée.

La seconde façon de profiter d'une mauvaise fixation des prix se base sur une analyse relative. Lors de restructurations, il arrive fréquemment que les prix de certains instruments financiers liés varient plus fortement que d'autres. Ils deviennent trop chers ou trop bon marché les uns par rapport aux autres. Les gérants prennent position en achetant le titre qu'ils estiment relativement bon marché et vendent à découvert le titre surévalué afin de réaliser un gain si les prix s'accordent suite à une hausse du prix du premier titre ou suite à une baisse du prix du second. Une combinaison des deux prix (hausse de prix du sous-évalué et baisse de prix du surévalué) est également tout à fait envisageable. Les spécialistes appellent cette technique l'arbitrage par la structure du capital ou encore de l'intra-capitalisation. Le principe est alors identique à celui que nous décrivons lors de l'analyse de la stratégie *relative value arbitrage*. La spécificité est que, dans le cas présent, les gérants se concentrent sur des sociétés en difficultés.

Les gérants qui investissent dans les sociétés en difficultés combinent l'analyse fondamentale avec leurs connaissances du processus de faillite. Préalablement à tout investissement, ils étudient en détail la société en question. Ils se basent sur toutes les informations qu'ils peuvent recueillir : les publications au sujet de la société ou de son industrie, des bases de données internes ou externes, leurs contacts, des spécialistes légaux, sans oublier des modèles d'évaluation qu'ils utilisent afin d'estimer la valeur des entreprises analysées. Cette stratégie est doublement spécifique, car d'un côté le marché des sociétés en difficultés est particulier, d'un autre côté chaque situation est unique et différente de celles rencontrées précédemment. Une des spécificités de ce marché est, par exemple, qu'aux États-Unis, dans certains cas bien précis définis dans la loi, une partie des dettes des entreprises en difficulté est transformée en actions.

1. Le terme anglais original est le *window dressing*. Il s'agit de l'utilisation des méthodes comptables afin de fournir l'image la plus flatteuse possible de la société, sans pour autant diffuser d'informations trompeuses ou occulter des indications d'importance majeure.

De par la réglementation en vigueur, c'est principalement aux États-Unis que cette stratégie s'est développée. La loi américaine favorise, en effet, le soutien de sociétés en difficultés. Le chapitre 11 de la loi relative aux faillites des sociétés exonère les sociétés en quasi-faillite de rembourser leurs créditeurs. Elle organise précisément la restructuration de la dette de ces sociétés et impose, entre autres, de strictes règles de communication. Dans ce cadre est organisé un comité de créditeurs qui tente de remettre la société sur pied. L'objectif est d'éviter que les sociétés en faillite n'entrent en liquidation – cas qui est réglé par le chapitre 7 de la même loi – mais qu'elles puissent être sauvées. En Europe, les mentalités sont différentes. La faillite correspond à la fin de la vie d'une société et elle n'est généralement pas assimilée à un renouveau, ce qui entraîne que le marché européen des fonds *distressed securities* est beaucoup moins développé.

Le schéma 15 résume de façon intéressante la vision d'un gestionnaire de fonds *distressed*. Cette vision ne sera pas nécessairement d'application pour tous les fonds, mais elle illustre notre propos de façon intéressante. La partie supérieure gauche du schéma indique que les sociétés qui rentrent dans l'univers d'investissement de la stratégie sont les sociétés en difficultés et en faillite. La partie de droite indique que ce genre de fonds recherche des entreprises avec une mauvaise structure de bilan qui sont généralement présentes dans des industries en difficultés. La partie inférieure gauche stipule que ces sociétés ne sont intéressantes que si elles ont un produit intéressant et si soit l'équipe de gestion est compétente, soit il est nécessaire de s'atteler à la changer (dans le cas de gérants actifs). La partie inférieure droite confirme que les marchés potentiels ne se limitent plus aujourd'hui aux petites et moyennes sociétés mais que des grandes sociétés peuvent également être concernées.

**Schéma 15. –** *Visualisation du monde par un gestionnaire de fonds* distressed securities

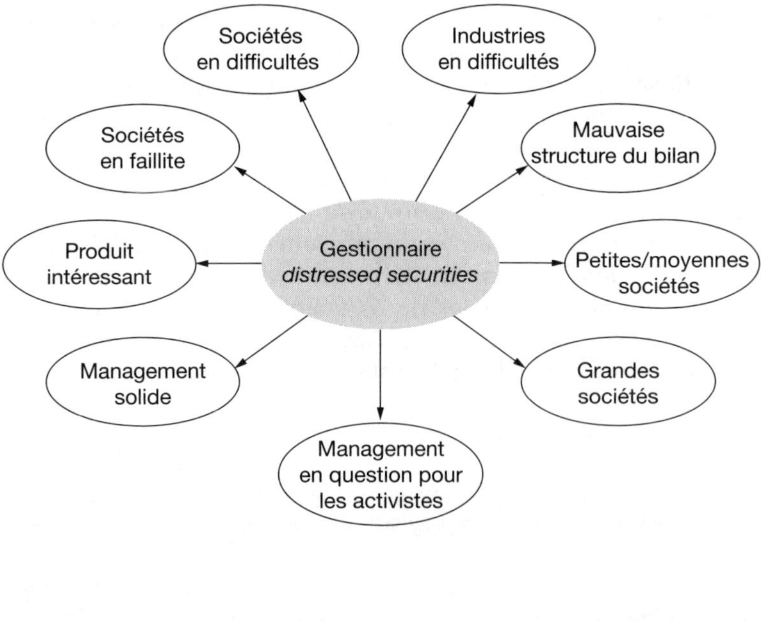

Avant de revenir sur les avantages et les inconvénients de cette stratégie, soulignons que les fonds qui investissent dans ce type de sociétés contrôlent leurs risques de différentes manières. Même si chaque investissement semble particulièrement risqué à première vue, les gérants maîtrisent le risque de leur portefeuille en le diversifiant dans différentes entreprises, dans plusieurs classes d'actifs, par industries et selon les cycles économiques. La plupart des gérants limitent également la proportion de leur portefeuille allouée à une société ou un conglomérat unique. Ils définissent souvent des objectifs avant tout investissements et ils revoient ces objectifs au fur et à mesure de l'évolution de la situation. Parallèlement à cela, ils utilisent diverses stratégies de couverture par l'intermédiaire de ventes à découvert. Ils couvrent des titres de dette par des positions courtes dans des actions de la même société (mais ces titres sont souvent peu liquides), en vendant à découvert un ensemble d'actions de sociétés du même secteur ou en achetant des options de vente sur indices sectoriels ou globaux fortement hors de la monnaie.

## 8.3. Illustration

Un gérant spécialisé dans les sociétés en difficultés nous a fourni l'exemple qui suit. *Callahan Nordrhein-Westfalen GmBH* est une société spécialisée dans le câblage télévisuel. La société a déposé le bilan en 2002 suite à un levier trop important et une mise à jour de réseau défectueuse. Sur la base de cette nouvelle, le gérant a procédé à une analyse complète de la société et de ses actifs et il a conclu que l'activité de base de l'entreprise, à savoir la transmission analogique, était très stable et de valeur. Il s'associa avec les banquiers originaux de l'entreprise et négocia une restructuration du bilan. Ils ont également introduit une nouvelle direction. Le gérant nomma également un directeur au conseil d'administration au nom des actionnaires minoritaires.

Le gérant prit une position longue dans une dette bancaire sécurisée de premier rang à un prix d'achat moyen de 40 % de la valeur faciale. L'idée sous-jacente étant que l'activité principale de la société génératrice de flux de capitaux importants va surperformer les attentes.

La restructuration fut effective dans le dernier trimestre de l'année 2002 et le gérant reçut une nouvelle dette bancaire et des actions de l'entreprise. L'entreprise performa au-dessus des attentes en 2003 et 2004 et le gérant clôtura sa position proche de la valeur faciale en 2004. Le gérant engrangea ainsi un rendement brut sur capitaux investis de près de 150 % sur un peu plus de deux ans.

L'exemple ci-dessus illustre clairement quelques-unes des principales caractéristiques de la stratégie *distressed securities*. Premièrement, le gérant doit être actif dans le processus afin de créer de la valeur. Ensuite, la position doit être prise à plus long terme. Cette stratégie n'est pas liquide et les bénéfices ne s'obtiennent généralement qu'après plusieurs mois, voire plusieurs années.

### 8.4. Avantages et inconvénients

La stratégie *distressed securities* est basée sur les événements, si bien qu'elle peut fournir des rendements intéressants quelle que soit l'évolution du marché dans son ensemble. Ils dépendent plus fortement des aptitudes du gérant que des conditions de marché. Même en période de récession ou en période de hausse des taux d'intérêt, les sociétés en difficultés peuvent offrir des rendements attrayants lorsque la réorganisation est réussie.

D'un autre côté, les investissements dans des sociétés en détresse ne sont pas liquides. Cela signifie que ce type de fonds ne sait pas changer facilement ses positions lorsqu'il choisit d'investir dans une société. Suivant le degré d'implication des fonds dans l'événement considéré, l'investissement durera quelques semaines, quelques mois ou plusieurs années. Ces fonds sont par conséquent généralement peu liquides pour leurs investisseurs. Il est difficile d'estimer le temps que nécessite une réorganisation et le dénouement est toujours incertain.

### 8.5. Performance

Un investissement de 100 dollars en janvier 1990 dans l'indice *distressed securities* se serait transformé en 1 054 dollars fin septembre 2009. Ceci est supérieur au même investissement dans le marché des actions ou dans le marché obligataire qui se serait transformé en 297 et 285 dollars, mais inférieur à la performance de l'indice hedge fund global qui termine à 573 dollars. Le graphique 17 illustre cette évolution.

L'indice *distressed/restructuring* a offert un rendement annuel de 13,8 % contre un rendement annuel moyen de 9,2 % pour l'indice action, 6,6 %

**Graphique 17. –** *Évolution de 100 dollars investis dans l'indice* distressed securities

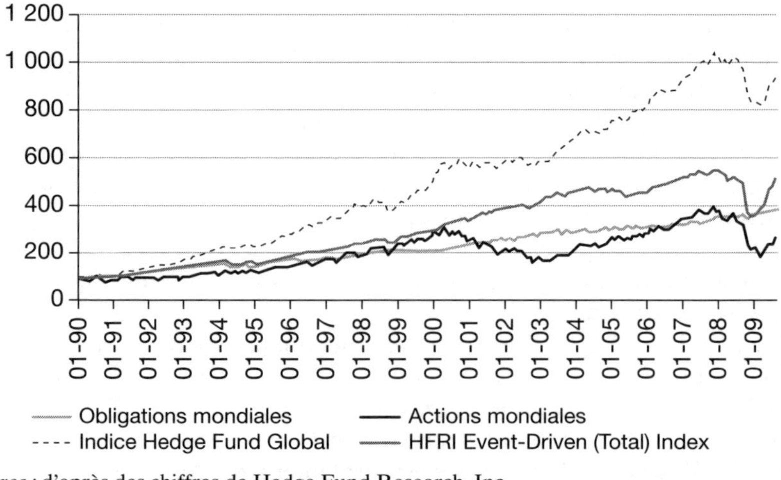


*Source* : d'après des chiffres de Hedge Fund Research, Inc.

pour l'indice obligataire et 11,6 % pour l'indice hedge fund global. D'un autre côté, la volatilité de l'indice à 6,7 % est supérieure à la volatilité de l'indice obligataire à 3,9 %, mais fortement inférieure à celle du marché des actions à 15,5 %. L'indice *distressed/restructuring* a fourni un rendement supérieur au marché obligataire et pour un risque identique. Il a offert un rendement identique à celui du marché des actions pour un risque beaucoup plus faible. Les performances année après année confirment la cyclicité de la stratégie qui suit clairement l'évolution des marchés et de l'économie.

Le tableau 15 rapporte des statistiques descriptives de la stratégie par rapport aux indices de référence. Il entraîne les remarques suivantes :

– Sur les 20 années considérées, l'indice *distressed/restructuring* n'a connu de rendement total annuel négatif que deux années, en 1998 et en 2008. Il offre des rendements particulièrement stables au cours du temps. L'indice action a baissé en 1990, 1992, entre 2000 et 2002 et il a perdu plus de 40 % en 2008. L'indice obligataire n'a enregistré des performances annuelles légèrement négatives qu'en 1994 et 1999.

– Les rendements annuels maximums de l'indice *distressed securities* ont été atteints en 1991 alors que ceux du marché des actions et de l'indice obligataire ont été obtenus en 2003 et 1995. Ils s'élevaient respectivement à 35,7 % pour l'indice *distressed restructuring* et 33,1 % et 18,5 % pour les indices de référence. L'indice hedge fund global a offert 31,3 % en 1999.

– Les écarts de rendement entre l'indice *distressed securities* et les indices de référence varient fortement au cours du temps. L'écart positif maximum entre les fonds et l'indice action (respectivement l'indice obligataire) a été de 30,5 % en 1992 (resp. 25,5 % en 2003), alors que le retard maximum a été de 28,6 % en 1998 (resp. 30,4 % en 2008).

## 9. La stratégie PIPE

PIPE signifie *Private Investment in Public Entities* c'est-à-dire littéralement investissements privés dans des entités publiques. Cette traduction sous-tend le financement direct dans des sociétés cotées en bourse, c'est-à-dire des entreprises qui ont tout ou une partie de leurs actions traitées sur des marchés légaux. Ce type d'investissement permet aux fonds de traiter directement avec les compagnies afin de les financer et de prendre une position dans la société en question. Ces transactions existent depuis une dizaine d'années mais le marché a quasi totalement disparu lors de la chute des marchés financiers entre 2000 et 2002. Depuis, de nombreux fonds sont apparus dans le domaine et ils ont pris la forme de hedge funds afin de permettre l'investissement de tiers dans les portefeuilles.

### *9.1. Méthodologie*

Les fonds PIPE visent à jouer le rôle des banques d'investissement pour les sociétés qui ne peuvent plus faire appel au marché de par leur liquidité

**Tableau 15.** – *Performance et statistiques descriptives des fonds* distressed securities *et des indices de référence*

| | **Obligations mondiales** | **Actions mondiales** | **Indice Hedge Fund Global** | **HFRI ED : Distressed/ Restruct. Index** | **Performance vs. Obligations** | **Performance vs. Actions** |
|---|---|---|---|---|---|---|
| 1990 | 9,0 % | – 17,0 % | 5,8 % | 6,4 % | – 2,5 % | 23,5 % |
| 1991 | 16,0 % | 18,3 % | 32,2 % | 35,7 % | 19,7 % | 17,4 % |
| 1992 | 7,4 % | – 5,2 % | 21,2 % | 25,2 % | 17,8 % | 30,5 % |
| 1993 | 9,7 % | 22,5 % | 30,9 % | 32,5 % | 22,8 % | 10,0 % |
| 1994 | – 2,9 % | 5,1 % | 4,1 % | 3,8 % | 6,8 % | – 1,2 % |
| 1995 | 18,5 % | 20,7 % | 21,5 % | 19,7 % | 1,3 % | – 1,0 % |
| 1996 | 3,6 % | 13,5 % | 21,1 % | 20,8 % | 17,1 % | 7,3 % |
| 1997 | 9,7 % | 15,8 % | 16,8 % | 15,4 % | 5,7 % | – 0,4 % |
| 1998 | 8,7 % | 24,3 % | 2,6 % | – 4,2 % | – 12,9 % | – 28,6 % |
| 1999 | – 0,8 % | 24,9 % | 31,3 % | 16,9 % | 17,8 % | – 8,0 % |
| 2000 | 11,6 % | – 13,2 % | 5,0 % | 2,8 % | – 8,8 % | 16,0 % |
| 2001 | 8,4 % | – 16,8 % | 4,6 % | 13,3 % | 4,8 % | 30,1 % |
| 2002 | 10,3 % | – 19,9 % | – 1,4 % | 5,3 % | – 5,0 % | 25,2 % |
| 2003 | 4,1 % | 33,1 % | 19,6 % | 29,6 % | 25,5 % | – 3,5 % |
| 2004 | 4,3 % | 14,7 % | 9,0 % | 18,9 % | 14,6 % | 4,2 % |
| 2005 | 2,4 % | 9,5 % | 9,3 % | 8,3 % | 5,8 % | – 1,2 % |
| 2006 | 4,3 % | 20,1 % | 12,9 % | 16,0 % | 11,6 % | – 4,1 % |
| 2007 | 7,0 % | 9,0 % | 10,0 % | 5,1 % | – 1,9 % | – 4,0 % |
| 2008 | 5,2 % | – 40,7 % | – 19,0 % | – 25,2 % | – 30,4 % | 15,5 % |
| 2009* | 5,8 % | 25,0 % | 17,1 % | 21,6 % | 15,9 % | – 3,3 % |
| Rendement annuel moyen 1990-2009 | 7,2 % | 7,7 % | 13,0 % | 13,8 % | 6,6 % | 6,1 % |
| Volatilité 1990-2009 | 3,9 % | 15,5 % | 7,1 % | 6,7 % | ND | ND |
| Rendement annuel moyen 1999-2009* | 5,9 % | 5,0 % | 9,5 % | 11,0 % | 5,1 % | 5,9 % |
| Volatilité 1999-2009* | 3,8 % | 16,4 % | 7,4 % | 6,6 % | ND | ND |
| Rendement annuel moyen 2004-2009* | 5,2 % | 7,9 % | 7,6 % | 8,8 % | 3,6 % | 0,9 % |
| Volatilité 2004-2009* | 3,7 % | 16,7 % | 7,0 % | 7,4 % | ND | ND |

* Pour 2009, les données utilisées s'arrêtent à fin septembre.

*Source* : d'après des données de Hedge Fund Research, Inc.

limitée, de par les conditions de marchés ou pour toute autre raison. Remarquons directement, qu'en général, les fonds PIPE travaillent avec des petites sociétés qui disposent généralement de moins de 250 millions de dollars. Une bonne partie d'entre elles étant appelées micro cap (moins de 50 millions de dollars) ou nano cap (moins de 25 millions de dollars). Ces sociétés sont en général cotées au *NASDAQ*, l'*AMEX* ou au *New York Stock Exchange* (ou dans des bourses régionales) pour les États-Unis, sur la bourse du Canada, sur l'*AIM* à Londres ou encore en Pologne ou à Beijing dans le cas de fonds investissant également en dehors des États-Unis. Le rôle des transactions PIPE dans la vie des entreprises est illustré dans le graphique 18.

**Graphique 18.** – *Illustration du rôle des PIPE funds dans la vie d'une entreprise*

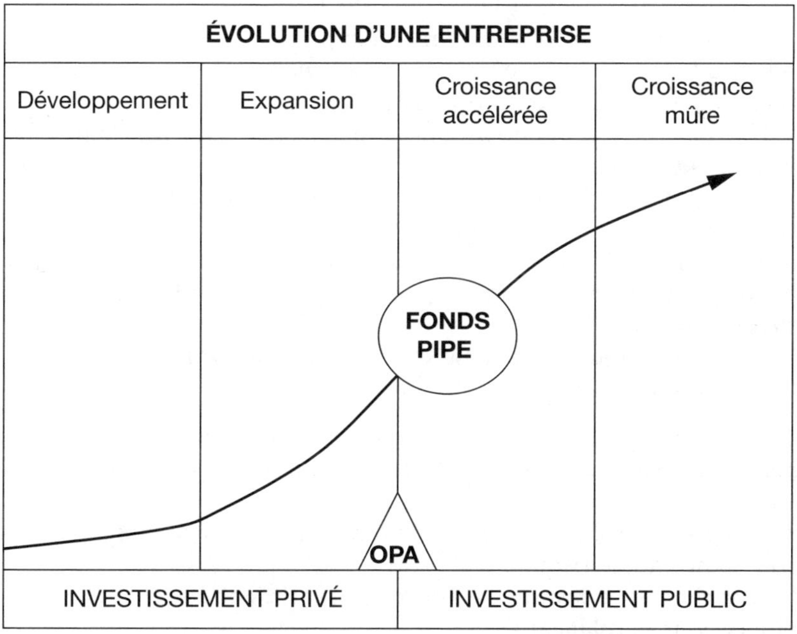


Dans une transaction PIPE américaine type, la société publique vend des titres non enregistrés avec un rabais par rapport à leur valeur de marché. Ces titres non enregistrés ne peuvent être vendus dans le marché secondaire avant d'avoir été enregistrés auprès de la Securities and Exchange Commission. Les titres ainsi émis sont purement privés et ne peuvent pas être traités sur une bourse pendant la période d'attente. Ils restent illiquides jusqu'à ce que la période d'attente s'achève. La grande majorité des transactions de type PIPE exigent que l'émetteur enregistre les titres après leur émission. Le délai entre la demande d'enregistrement et l'acceptation de l'enregistrement est en général de 90 à 120 jours. Selon une loi récente qui a déjà été modifiée plusieurs fois, sans réponse après six mois d'attente, l'enregistrement est automatique. Ces émissions ont la forme d'obligations convertibles ou d'obligations convertibles préférentielles.

L'intérêt principal pour les sociétés émettrices est que la transaction leur permet de lever des capitaux additionnels dans un marché privé, ce qui a divers avantages :

– Le processus d'émission privé est plus rapide que l'émission de titres publics (3 à 6 semaines).

– L'offre réalisée dans le cadre d'un appel privé sera fort proche des besoins de la société car elle ne doit pas respecter l'ensemble des contraintes présentes pour les ventes publiques.

– Le processus d'émission privé est moins onéreux que l'émission publique.

– Une émission publique peut entraîner une dilution du capital (qui est au minimum reportée dans le cas d'un PIPE).

– Le contrôle de la société est maintenu.

– Cette forme de financement n'est pas sujette à de larges variations de prix comme pourrait l'être une émission publique.

– Une émission publique est plus risquée en ce sens que l'engouement peut être plus faible qu'escompté.

– Les conditions de financement sont de plus en contraignantes et les petites sociétés n'ont souvent pas d'autre choix pour survivre. Les sociétés proches de la faillite ont souvent des difficultés à trouver de nouveaux capitaux par l'intermédiaire d'emprunts auprès de banques, d'émission de dette ou d'actions.

– De par le caractère privé de la vente, une plus grande confidentialité entoure la transaction.

L'intérêt pour l'investisseur est qu'il peut généralement acheter des titres à un rabais plus ou moins élevé, même s'il n'en est pas toujours ainsi.

Ce type de transaction a trois environnements principaux qui détermineront le niveau de risque :

– la société en question est (ou sort) de difficulté et elle cherche des capitaux pour se relancer ;

– la société cherche un financement rapide pour un nouveau projet ;

– la société est mature et elle cherche à financer de nouveaux projets ou une acquisition.

La structure d'une transaction classique est illustrée dans le schéma 16. Tout débute par une analyse de la santé de la société par l'équipe de gestion du fonds. Si l'analyse fondamentale conforte le gérant dans le fait que la société ne risque pas de faire faillite, qu'il y a un potentiel de hausse et qu'il décide de réaliser une transaction, il se mettra d'accord avec l'entreprise sur la structure de la transaction et le fonds fournira une partie – que nous appelons une tranche – de l'ensemble du financement à la signature de l'accord. Ensuite, la société devra enregistrer les titres auprès de la SEC, ce qui prend entre 90 et 120 jours. Le fonds fournit le reste ou uniquement une partie du financement à l'enregistrement suivant les spécificités de la transaction et le gestionnaire pourra commencer à vendre ses titres sur le marché (sauf clause contraire qui l'oblige à détenir les titres pendant quelques semaines ou quelques mois) lorsque ces derniers pourront être convertis en actions. La liquidité est un des points essentiels dans le cadre de transactions PIPE.

**Schéma 16.** – *Structure type d'une transaction PIPE*

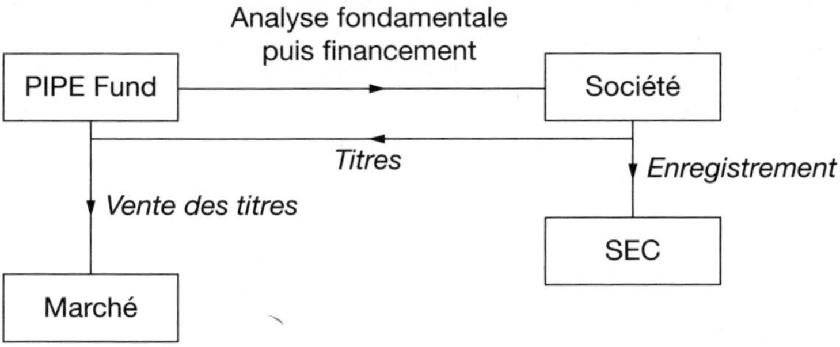


Illustrons notre propos de financement en tranche. Dans le cas présent, l'entreprise a besoin d'un financement de 10 millions de dollars au cours des prochaines années. Le gestionnaire concerné accepte de lui financer 30 % de ses besoins selon les règles suivantes :

– La première tranche (10 %) de 1 million de dollars est libérée à la signature de l'accord.

– La deuxième tranche (10 %) de 1 million de dollars est libérée lors de la demande d'enregistrement qui légalise les actions et warrants sous-jacents à la transaction.

– La troisième tranche (10 %) de 1 million de dollars est libérée lors de l'enregistrement du titre.

Les sociétés qui cherchent un financement rapide ne sont en général pas liquides et une des difficultés dans le processus est de pouvoir vendre sa position en action sans impacter le prix du titre afin de ne pas impacter la valeur des titres qui restent en portefeuille.

Il existe deux grandes familles de PIPE : les traditionnels et les structurés. Les PIPE traditionnels impliquent l'achat d'actions avec un taux de conversion fixe, ce qui signifie que la contrepartie à la transaction recevra un nombre fixe d'actions lors de la conversion, quelle que soit l'évolution du cours de l'action sous-jacente. Le principal risque de cette stratégie est que le cours de l'action sous-jacente baisse alors que le taux de conversion utilisé est fixe. Ce risque peut être couvert par des positions courtes dans les actions de la société en question. Les transactions PIPE structurées comprennent des caractéristiques spécifiques comme un taux de conversion variable, ce qui entraîne que l'investisseur reçoit plus d'actions si le cours de l'action sous-jacente baisse. Ces transactions sont souvent appelées des PIPE toxiques de par leur risque d'empoisonnement de la société. En effet, le nombre d'actions auxquelles l'investisseur peut prétendre est inversement lié au cours de l'action. Plus précisément, un PIPE toxique fonctionne comme suit : l'investisseur fournit du cash à la société en échange de titres privés qui pourront être convertis en actions ordinaires à un taux de conversion variable déterminé. Ensuite, l'investisseur prend une position courte dans l'action ordinaire de la société, ce qui pousse le prix à la baisse. Ceci entraîne une hausse du cours de conversion et une plus grande dilution de l'actionnariat. À terme, cette dilution pousse le prix de l'action vers le bas car la société doit convertir les titres privés en actions ordinaires à un rabais par rapport au cours du marché et à un taux de conversion plus élevé. L'investisseur privé couvre ensuite ses positions courtes à l'aide des actions nouvellement émises au taux variable et réalise des profits considérables. Les PIPE toxiques sont de moins en moins tolérés (aux États-Unis par exemple, il est devenu quasiment impossible de couvrir ses positions dans ce type de transactions).

Plusieurs protections existent :

– l'utilisation de taux de conversion fixes ;

– l'utilisation de taux de conversion variables avec des paliers qui fixent un taux de conversion minimum ;

– l'interdiction pour les investisseurs de prendre des positions baissières dans l'action ordinaire de la société.

Cette stratégie n'existait originellement qu'aux États-Unis car elle découlait d'un arrêté de la *Securities and Exchange Commission* de 1982 relatif à certaines exemptions en ce qui concerne les ventes publiques de titres de sociétés en faillite virtuelle. Afin d'éviter une faillite, l'arrêté leur a permis de faire appel à une vente privée plutôt qu'à une vente publique. Les spécialistes de cette stratégie prennent des positions dans des émissions privées de sociétés en difficultés qui rentrent dans le cadre de la *regulation D*. Les titres émis sont généralement des obligations convertibles (ou des titres équivalents tels des *exchangeables* [1] ou des warrants).

Nous présentons la stratégie PIPE car le marché des PIPE a crû de façon considérable au cours des dernières années. Cette croissance est illustrée dans le graphique 19 où nous reprenons l'évolution du nombre de transactions privées et de PIPE en particulier depuis 1995. 2008 a été une année moins riche en PIPE classiques mais une année durant laquelle les autres formes de placements privés ont été importantes.

1. Des *exchangeables* sont des obligations émises par une compagnie, qui permettent la conversion des obligations en actions d'une compagnie différente sous des contraintes similaires aux obligations convertibles.

**Graphique 19.** – *Évolution du nombre de placements privés et de PIPE*

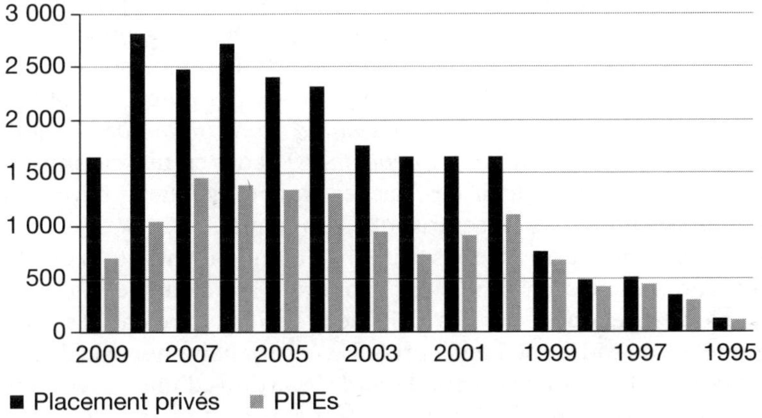


*Source* : PlacementTracker (données 2009 jusqu'à août inclus).

L'industrie s'est également développée en termes d'investissements comme l'indique le graphique 20. Les chiffres rapportés sont en milliards de dollars. Les placements privés largement définis et les PIPE ont tous deux crû de façon significative au cours des dernières années.

**Graphique 20.** – *Évolution des actifs traités en transactions privées et en PIPE entre 1995 et août 2009 (en milliards de dollars)*

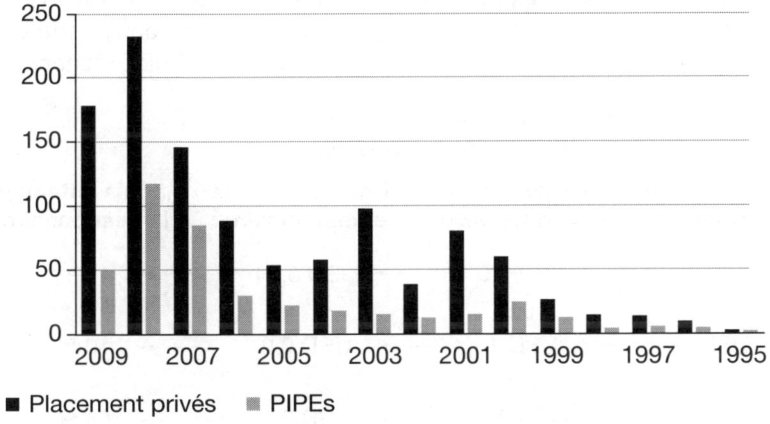


*Source* : PlacementTracker (données disponibles jusqu'à août 2009 inclus).

## *9.2. Types de transactions*

Il existe une multitude de manières de faire une transaction privée. Nous avons présenté le cas classique de l'obligation convertible non enregistrée. Nous reprenons diverses autres manières de réaliser des transactions privées du même type dans le tableau 16. Pour chaque type de transaction privée nous reprenons la structure, la forme de protection et le potentiel de profit. Les cas repris incluent le rachat de groupes d'actions avec un rabais (*equity*), une obligation convertible senior non enregistrée (*senior convertible preferred*), un crédit pont – *bridge note* –, une obligation convertible senior sécurisée (*senior secured convertible note*), des dettes auto-liquidatives (*self-liquidating debentures*) et des crédits garantis (*asset-backed loans*). Dans chacun des cas, les caractéristiques peuvent varier mais nous reprenons les caractéristiques classiques.

Dans une transaction type, les coupons s'étendent entre 6 % et 12 %, le gestionnaire négocie un rabais par rapport à la valeur de marché et la transaction est sécurisée par des actifs de la société voire par des garanties personnelles de cadres de l'entreprise. Le gestionnaire négocie également entre 50 % et 200 % de couverture par des warrants d'une durée de vie de 5 ans et à un prix d'exercice proche du cours de l'action lors de la transaction ou légèrement supérieur. Suivant les cas, le taux de conversion est fixe (auquel cas le gestionnaire s'expose clairement à un risque de marché), variable ou il dispose d'un système de rabais variable.[1] À titre d'exemple, considérons le cas d'une action qui se traite à 1 dollar. Le gestionnaire s'accorde avec l'entreprise que l'obligation sera convertible au minimum de 0,9 dollar ou d'un rabais de 10 % au moment de la conversion. Si le prix de l'action reste stable, le gestionnaire obtiendra son rabais de 10 %, si le prix monte, le gestionnaire pourra toujours convertir ses titres à un cours de 0,9 dollar. Dans le cas repris d'un cours à 2,50 dollars, cela représente un rabais de 64 % par rapport au cours de l'action lors de la conversion. Si le cours de l'action devait baisser, le prix de conversion baisse afin que le rabais reste à 10 %. Nous reprenons l'exemple décrit dans le schéma 17.

**Schéma 17.** – *Illustration d'une transaction PIPE à taux de conversion variable*

| Prix de l'action à la signature : | Prix de l'action à la conversion : | Prix obtenu par le gestionnaire : | Rabais obtenu par le gestionnaire : |
|---|---|---|---|
| | USD 0,6 | USD 0,54 | 10 % |
| USD 1 | USD 1 | USD 0,9 | 10 % |
| | USD 2,5 | USD 0,9 | 64 % |

Remarquons également qu'un gestionnaire de fonds a tendance à ne jamais convertir des titres pour plus de 4,99 % de la valeur de l'entreprise afin de ne pas avoir à déclarer sa position. Il vend ensuite les actions converties sur le marché avant d'en convertir d'autres. Pratiquement,

1. Le terme original est *ratchet discount*.

**Tableau 16. –** *Types de transactions privées*

| Style | Structure | Forme de Protection | Potentiel de Profit |
|---|---|---|---|
| *Equity* | – Achat d'un groupe d'actions à un prix inférieur au prix de marché. | – Couverture par des positions à la baisse.<br>– Réévaluation du prix d'achat sur la base des bénéfices ou des revenus. | – Le profit minimum dépend du rabais.<br>– Potentiel de hausse en cas de hausse du prix de l'action.<br>– Négociation de warrants. |
| *Senior Convertible Preferred* | – Titre qui paie un taux d'intérêt fixe avec un taux de conversion du titre de la dette en actions à un prix généralement inférieur à celui du marché. | – Couverture de l'exposition par l'intermédiaire de l'action quand c'est possible et permis.<br>– Négociation d'une garantie physique (immobilier, équipements, etc.). | – Les intérêts fixes constituent le rendement minimum.<br>– Potentiel de hausse en cas de hausse du prix de l'action.<br>– Taux de conversion avantageux. |
| *Bridge Notes* | – Titre de dette avec un coupon et une option de transformation du titre de dette en action (*equity kicker*) entre 50 % et 100 % de l'investissement initial. | – Les *notes* ont une séniorité importante et ils sont remboursés en cas d'offre secondaire d'actions. | – Les intérêts fixes constituent le rendement minimum.<br>– Les actions gratuites sont émises au remboursement du titre de dette. |
| *Senior Secured Convertible Notes* | – Instrument de dette avec un taux d'intérêt fixe et une conversion de la dette en actions avec un rabais négocié. | – *Notes* sécurisées par les actifs de la société (immobilier, équipement, etc.).<br>– Taux de conversion redéfini suivant les conditions de marché. | – Taux d'intérêt fixe.<br>– Potentiel de hausse de l'action sur la conversion.<br>– La société s'engage à racheter les notes à une prime par rapport au principal en cas de non enregistrement ou si le rabais n'est pas disponible. |
| *Self Liquidating Debentures* | – Titre de dette variable qui paie un taux d'intérêt fixe avec un taux de conversion défini négocié avec un rabais par rapport aux mouvements de l'action sous-jacente. | – Les *notes* avec des intérêts doivent être repayées sur une base mensuelle avec un rabais flottant du prix de l'action. | – Taux d'intérêt fixe et rabais par rapport au prix de conversion.<br>– Négociation de warrants. |
| *Asset Backed Loans* | – Produit de crédit qui paie un taux d'intérêt fixe ainsi qu'un principal à maturité. | – *Loans* garantis par des actifs qui incluent de l'immobilier, des équipements ou autres.<br>– Négociation d'une clause de rachat des actions en cas de liquidité limitée. | – Taux d'intérêt fixe.<br>– Potentiel de gain en cas de hausse de l'action. |

suivant qu'il désire une exposition aux titres sous-jacents ou non, le gestionnaire convertira une partie ou l'entièreté des convertibles en actions. S'ils visent à limiter l'exposition action, il ne convertira constamment que ce qu'ils n'estiment pouvoir vendre au cours des prochains jours. En outre, le gestionnaire inclut toujours une clause de pénalité en cas de remboursement anticipé.

Les sources de revenu d'un fonds PIPE sont ainsi multiples et incluent le rabais à la conversion, le coupon perçu, les pénalités sur remboursements anticipés et les warrants (dans les cas où l'action performe bien aux cours des années qui suivent la transaction). Nous illustrons les sources de revenu dans le schéma 18.

**Schéma 18.** – *Sources de rendement d'un fonds PIPE*

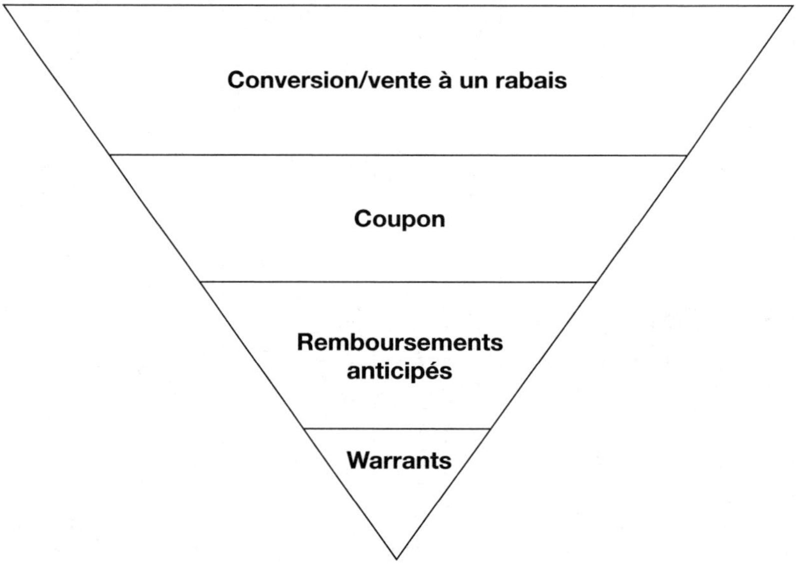


Nous reprenons la répartition des transactions PIPE de 2008 par type dans le tableau 17. Les types de transactions les plus représentés comprennent principalement les obligations convertibles à taux fixe, le rachat d'actions avec un rabais, les obligations non convertibles et les actions préférentielles, les convertibles *resettable* (re-initialisable) et celles à taux flottant.

### 9.3. Risques sous-jacents

Il existe deux risques principaux dans la stratégie PIPE. D'un côté, il y a le risque de crédit c'est-à-dire de défaut de l'entreprise. Comme le gestionnaire intervient dans un univers où les entreprises ont besoin de capitaux, il peut arriver qu'elles utilisent ces capitaux et qu'elles ne soient pas à même de payer les coupons dus. Le gestionnaire mitige généralement ce

**Tableau 17.** – *Répartition des transactions PIPE de 2008 par type*

| Type de transactions | Nombre de transactions | Montants (milliards USD) | % du total |
|---|---|---|---|
| *Convertible – taux fixe* | 304 | 43,3 | 37 % |
| *Actions ordinaires* | 463 | 37,3 | 32 % |
| *Dette non convertible/actions préférentielles* | 101 | 18,8 | 16 % |
| *Convertible – ré-initialisable* | 33 | 7,7 | 7 % |
| *Convertible – taux flottant* | 18 | 6,7 | 6 % |
| *Autres* | 124 | 3,9 | 3 % |
| **Total** | **1 043** | **118** | **100 %** |

*Source : PlacementTracker.*

risque par des garanties sur des biens immobiliers, des stocks ou de l'équipement. Pratiquement, il est difficile, onéreux et cher en temps de récupérer un bien pour le vendre. Le gestionnaire renégociera plutôt une nouvelle transaction en cas de difficultés de paiement. En cas de faillite, en revanche, il devra passer par la première option.

Le gestionnaire s'expose également à un risque de liquidité élevé. Les titres à la base des transactions sont privés et par définition illiquides. En plus de cela, les actions reçues en l'échange du convertible ou achetées avec un rabais le sont également. Il s'agit souvent d'actions qui s'échangent à quelques dizaines de centimes avec une liquidité journalière limitée. Le gestionnaire devra dès lors vendre ses positions par petite quantité, ce qui lui prendra souvent des semaines voire des mois, d'où un risque de liquidité important.

### 9.4. Valorisation

Il existe un débat dans l'industrie des fonds PIPE quant à la valorisation des titres en portefeuille. Si pour certains il semble opportun de valoriser les titres non enregistrés au prix d'achat, pour d'autres il faut y appliquer un rabais à cause de leur manque de liquidité. Ce rabais est également applicable aux warrants. Lorsqu'ils sont hors de la monnaie, ils doivent être valorisés à zéro. La situation se complique cependant quand ils sont dans la monnaie. Il existe des formules largement utilisées, comme la formule de Black et Scholes, afin de déterminer leur valeur. Le problème est qu'ici aussi il faut intégrer le manque de liquidité de l'action sous-jacente. De fait, les actions sous-jacentes étant généralement volatiles et surtout très illiquides, il faut également appliquer un rabais sur leur valorisation. Tout le monde s'accorde sur le fait qu'il faille appliquer un rabais, le désaccord concerne plutôt l'ampleur du rabais qui peut s'étendre d'une dizaine de pour cent à 80 % ou 90 %. Aucune règle n'étant clairement définie, le pouvoir est dans les mains des gérants, des administrateurs et surtout des auditeurs qui, au final, détermineront la méthodologie appliquée.

Ces problèmes de valorisation entraînent d'importantes différences de profils de compromis rendement/risque au sein de la stratégie et dans de nombreux cas une grande partie de profits non réalisés car inclus dans les warrants ou les convertibles non enregistrés. Cet élément est à prendre en compte et surtout a analyser avant tout investissement potentiel.

## 9.5. Spécificités des transactions PIPE hors États-Unis

Comme nous l'avons signalé, la majorité des fonds PIPE sont uniquement investis aux États-Unis. Il existe cependant aujourd'hui la possibilité de faire des transactions en dehors des frontières américaines. Nous reprenons quelques spécificités présentes dans d'autres marchés.

Au Canada, la législation est particulièrement intéressante pour les gestionnaires. De fait, l'enregistrement est automatique après 120 jours et la couverture est permise, ce qui signifie que tout rabais négocié peut être – au minimum – partiellement couvert lorsqu'une transaction est initiée.

En Pologne, le gouvernement est toujours en cours de privatisation de plus de 1 300 sociétés, ce qui crée de nombreuses opportunités. Et, il est possible d'acheter des parts de sociétés aux travailleurs avec un rabais significatif avant l'offre publique d'achat de la compagnie. En outre, de nombreuses sociétés cotées dans diverses bourses offrent des opportunités d'arbitrage.

Les sociétés asiatiques cotées à Londres ou à New York offrent également de belles opportunités, car il est possible de négocier un rabais plus important que pour les sociétés américaines ou anglaises.

Les sociétés proches de la faillite ne sont pas les seules à recourir à cet arrêté aux États-Unis. Les sociétés de petite taille en forte croissance qui rencontrent des problèmes de liquidité l'utilisent également. En outre, diverses institutions de renom ont eu recours à la structure PIPE afin de se financer suite aux difficultés qui ont secoué le système financier mondial début 2008.

## 9.6. Illustrations [1]

De par la nature des transactions privées, celles-ci peuvent avoir une multitude de formes différentes et de caractéristiques spécifiques.

### *9.6.1. Ascent Solar Technologies*

Le premier exemple est un crédit-pont accordé par un gérant à *Ascent Solar Technologies* (cotée sur la bourse *NASDAQ Small Cap*). Il s'agit d'un crédit-pont avec les caractéristiques suivantes :

1. Nous remercions Profesionnal Traders Management, LLC pour nous avoir fourni ces exemples.

– coupon : 12 %,
– date d'investissement : décembre 2005,
– montant investi : 300 000 dollars,
– crédit remboursé lors de l'offre secondaire d'achat,
– couverture gratuite à 100 % en actions au cours d'émission de l'offre secondaire,

Le crédit a ensuite été remboursé et des actions ont été émises :
– Le crédit et les intérêts ont été remboursés par l'entreprise au début du deuxième trimestre de l'année suivante.
– Des actions ont été émises : 45 454 actions ordinaires.
– Des warrants ont été ajoutés : 45 454 warrants A avec un prix d'exercice de 6,60 dollars et 90 908 warrants B avec un prix d'exercice de 11,20 dollars.

La transaction s'est achevée comme suit :
– Les 45 454 actions ordinaires ont été vendues en février 2007 à un prix moyen de 7 dollars pour un bénéfice de 318 000 dollars.
– Les warrants A ont été vendus à un prix de 2,75 dollars, soit un total de 124 998,50 dollars.
– Les warrants B ont été vendus à un prix de 2,15 dollars, soit un total de 197 270,36 dollars.

Les gains totaux s'élèvent au coupon auquel il faut ajouter le gain sur les actions originaires pour 318 000 dollars et les gains sur les warrants à 124 998,5 + 197 270,36 dollars.

*9.6.2. Quest Minerals and Mining Corp*

Notre deuxième exemple est une obligation convertible senior sécurisée à *Quest Minerals and Mining Corp*. Il s'agit d'une obligation convertible senior sécurisée avec les caractéristiques suivantes :
– coupon : 8 %,
– date d'investissement : octobre 2004,
– montant investi : 500 000 dollars,
– conversion avec un rabais de 30 % par rapport au prix du marché,
– couverture à 200 % par des warrants A qui ne demandent pas de cash et au minimum 1/3 d'action par warrant et 200 % de couverture par des warrants B à 150 % du cours de conversion initial,
– le collatéral est une priorité sur une réserve de charbon avec des réserves de plus de 100 millions de dollars.

Le gestionnaire a ensuite couvert sa position :
– vente à découvert d'actions pour un prix de 1,2 dollar par action afin de bloquer un bénéfice de 300 000 dollars.

La transaction s'est achevée comme suit :
– L'entreprise a fait défaut sur ses dettes suite à des problèmes d'extraction.

– Le gestionnaire a débuté le processus de recouvrement. L'entreprise paya dans un premier temps 250 000 dollars lors de la restructuration et 450 000 dollars en frais de restructuration.

– L'ensemble des warrants ont été réinitialisés à un taux de conversion inférieur renégocié au tiers de leur prix d'émission.

– Durant la première moitié de 2006, le gestionnaire a été à même de vendre 4 000 000 de warrants pour 180 000 dollars.

– Dans l'année qui a suivi, le gestionnaire a continué à convertir une partie de l'obligation convertible avec un rabais de 30 % pour un bénéfice total de 450 000 dollars.

Les gains totaux s'élèvent à 250 000 dollars + 180 000 dollars + 450 000 dollars.

### *9.6.3. Puda Coal Inc.*

Le troisième exemple concerne une obligation convertible à conversion fixe avec une couverture warrant à *Puda Coal Inc.* Il s'agit d'une obligation convertible à taux de conversion fixe avec des warrants et avec les caractéristiques suivantes :

– Coupon : 0,

– date d'investissement : novembre 2005,

– montant investi : 100 000 dollars,

– chaque dollar de dette peut être converti en actions ordinaires à un prix de 0,5 dollar par action,

– couverture à 100 % par des warrants à 0,6 dollar,

– pénalité de 1 % par mois en cas de retard dans l'enregistrement.

Le gestionnaire a ensuite couvert sa position :

– Durant l'été 2006, le gestionnaire a pu vendre à découvert des actions pour 300 000 dollars pour un profit de 180 000 dollars.

La transaction s'est achevée comme suit :

– en novembre 2006, le gestionnaire a pu vendre 200 000 actions à un prix de 1,35 dollar pour un profit de 270 000 dollars,

– le gestionnaire dispose en outre toujours de warrants dont il pourra profiter en cas de hausse du prix de l'action.

Les gains totaux s'élèvent à 180 000 dollars + 270 000 dollars + gain potentiel sur les warrants restants. En outre, cette transaction est intéressante, car le gestionnaire aurait pu recevoir une indemnité en cas de retard dans l'enregistrement.

## 9.7. Avantages et inconvénients

La stratégie PIPE est intéressante, car elle combine une multitude de petites transactions dans un portefeuille diversifié. En outre, les warrants accumulés permettent aux gérants de garder des options gratuites (les warrants) au cas où une entreprise qu'ils financent se développe rapidement. Ensuite, les transactions PIPE financent un type d'entreprises qui n'intéressent pas ou peu les autres intervenants de marché, si bien que les rendements potentiels sont attrayants. Dans des conditions normales de marché, les défauts sont limités et un portefeuille diversifié permet de limiter la volatilité des fonds.

Les principaux risques de la stratégie concernent son manque de liquidité. Les transactions privées sont, par définition, peu liquides. Ensuite, les gérants financent souvent plusieurs fois de suite les mêmes entreprises. La frontière entre le financement du développement et le financement de survie est parfois proche, et les risques sont importants en cas de problèmes ou de ralentissement global. Troisièmement, la liquidité des marchés des micro et nano cap est très limitée, surtout en période de stress. En cas de tourmente, il sera difficile, voire impossible pour le gérant de sortir de sa position. Le gérant s'expose également à un risque légal, car si les documents sont mal rédigés, il peut perdre son investissement.

### *9.8. Performance*

Un investissement de 100 dollars en janvier 1996 dans l'indice *private issue/regulation D* se serait transformé en 481 dollars fin septembre 2009. Ceci est supérieur au même investissement dans le marché des actions, dans le marché obligataire ou dans l'indice hedge fund global qui se serait transformé en 191, 226 et 346 dollars. Le graphique 21 illustre cette évolution.

**Graphique 21.** – *Évolution de 100 dollars investis dans l'indice* private issue/regulation D

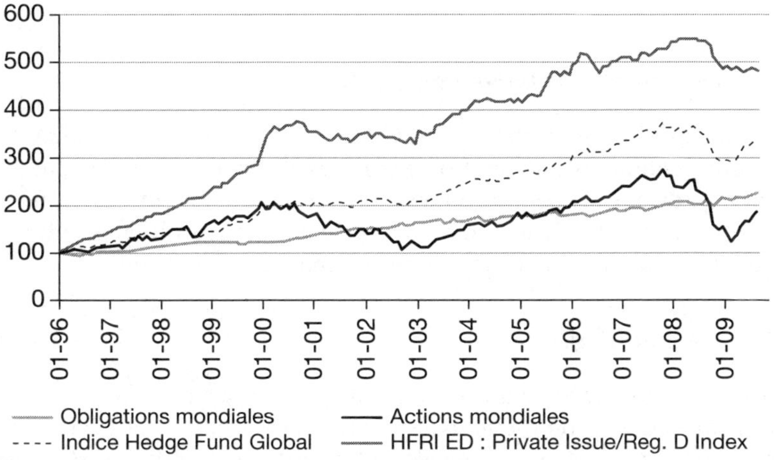


*Source* : d'après des chiffres de Hedge Fund Research, Inc.

L'indice *private issue/regulation D* a offert un rendement annuel de 12,9 % contre un rendement annuel moyen de 7,8 % pour l'indice action, 6,2 % pour l'indice obligataire et 10,4 % pour l'indice hedge fund global. D'un autre côté, la volatilité de l'indice à 7,1 % est supérieure à la volatilité de l'indice obligataire à 3,7 %, mais fortement inférieure à celle du marché des actions à 16,1 %. L'indice *private issue/regulation D* a fourni un rendement supérieur au marché obligataire et pour un risque proche et un rendement identique à celui du marché des actions pour un risque beaucoup plus faible.

Le tableau 18 rapporte des statistiques descriptives de la stratégie par rapport aux indices de référence. Il entraîne les remarques suivantes.

– Sur les 14 années considérées, l'indice *private issue/regulation D* n'a connu de rendement total annuel négatif que quatre années, en 2001-2002 et 2008-2009, lorsque les marchés ont souffert d'un manque de liquidité. L'indice action a baissé en 1990, 1992, entre 2000 et 2002 et il a perdu plus de 40 % en 2008. L'indice obligataire n'a enregistré des performances annuelles légèrement négatives qu'en 1994 et 1999.

– Les rendements annuels maximums de l'indice *private issue/regulation D* ont été atteints au milieu des années 90 lorsque le marché des transactions privées était peu compétitif. Ceux du marché des actions et de l'indice obligataire ont été obtenus en 2003 et 2000. Ils s'élevaient respectivement à 35,7 % pour l'indice *private issue/regulation D* et 33,1 % et 11,6 % pour les indices de référence. L'indice hedge fund global a offert 31,3 % en 1999.

– Les écarts de rendement entre l'indice *private issue/regulation D* et les indices de référence varient fortement au cours du temps. L'écart positif maximum entre les fonds et l'indice action (respectivement l'indice obligataire) a été de 31,1 % en 1996 (resp. 40,9 % en 1996), alors que le retard maximum a été de 26,1 % en 2009 (resp. 15,7 % en 2002).

## 10. La stratégie *relative value arbitrage*

Les spécialistes de la stratégie *relative value arbitrage* combinent diverses stratégies d'investissement particulières. Leur objectif principal est de profiter de disparités de prix pour des titres généralement liés. Cette stratégie est plus proche de la combinaison de certaines stratégies individuelles qu'une stratégie d'investissement originale en soi.

### *10.1. Méthodologie*

Les gérants prennent des positions longues et courtes dans des titres qui sont historiquement ou mathématiquement liés, lorsque des écarts de prix inattendus se produisent. Ils réalisent des profits si la relation retrouve sa position initiale ou lorsqu'elle s'en approche. La différence par rapport aux stratégies d'arbitrage décrites précédemment est que la stratégie *relative value arbitrage* n'implique pas un type de titres financiers en particulier. Elle

**Tableau 18. –** *Performance et statistiques descriptives des fonds* regulation D *et des indices de référence*

| | **Obligations mondiales** | **Actions mondiales** | **Indice Hedge Fund Global** | **HFRI ED : Private Issue/Reg. D Index** | **Perfor-mance vs. Obligations** | **Perfor-mance vs. Actions** |
|---|---|---|---|---|---|---|
| 1996 | 3,6 % | 13,5 % | 21,1 % | 44,6 % | 40,9 % | 31,1 % |
| 1997 | 9,7 % | 15,8 % | 16,8 % | 26,9 % | 17,3 % | 11,2 % |
| 1998 | 8,7 % | 24,3 % | 2,6 % | 26,3 % | 17,6 % | 1,9 % |
| 1999 | – 0,8 % | 24,9 % | 31,3 % | 34,1 % | 34,9 % | 9,2 % |
| 2000 | 11,6 % | – 13,2 % | 5,0 % | 14,5 % | 2,8 % | 27,7 % |
| 2001 | 8,4 % | – 16,8 % | 4,6 % | – 1,7 % | – 10,2 % | 15,1 % |
| 2002 | 10,3 % | – 19,9 % | – 1,4 % | – 5,5 % | – 15,7 % | 14,4 % |
| 2003 | 4,1 % | 33,1 % | 19,6 % | 20,5 % | 16,4 % | – 12,6 % |
| 2004 | 4,3 % | 14,7 % | 9,0 % | 6,1 % | 1,7 % | – 8,7 % |
| 2005 | 2,4 % | 9,5 % | 9,3 % | 12,4 % | 10,0 % | 2,9 % |
| 2006 | 4,3 % | 20,1 % | 12,9 % | 6,8 % | 2,5 % | – 13,2 % |
| 2007 | 7,0 % | 9,0 % | 10,0 % | 6,6 % | – 0,3 % | – 2,4 % |
| 2008 | 5,2 % | – 40,7 % | – 19,0 % | – 10,1 % | – 15,4 % | 30,6 % |
| 2009* | 5,8 % | 25,0 % | 17,1 % | – 1,1 % | – 6,9 % | – 26,1 % |
| Rendement annuel moyen 1996-2009 | 6,2 % | 7,8 % | 10,4 % | 12,9 % | 6,7 % | 5,1 % |
| Volatilité 1996-2009 | 3,7 % | 16,1 % | 7,7 % | 7,1 % | ND | ND |
| Rendement annuel moyen 1999-2009* | 5,9 % | 5,0 % | 9,5 % | 7,5 % | 1,6 % | 2,4 % |
| Volatilité 1999-2009* | 3,8 % | 16,4 % | 7,4 % | 7,2 % | ND | ND |
| Rendement annuel moyen 2004-2009* | 5,2 % | 7,9 % | 7,6 % | 3,4 % | – 1,8 % | – 4,5 % |
| Volatilité 2004-2009* | 3,7 % | 16,7 % | 7,0 % | 5,6 % | ND | ND |

* Pour 2009, les données utilisées s'arrêtent à fin septembre.
*Source* : d'après des données de Hedge Fund Research, Inc.

combine généralement un ensemble d'autres stratégies d'arbitrage telles que *fixed income arbitrage*, *merger arbitrage*, *convertible arbitrage*, *pairs trading*, *capital structure arbitrage*, *statistical arbitrage* ou la stratégie communément appelée *regulation D* que nous décrivons infra. À cela il convient d'ajouter des prises de positions dans des options ou des contrats à terme.

Dans ce cadre, outre la gestion à proprement parler, les gérants doivent également décider quelle stratégie ils désirent favoriser, c'est-à-dire laquelle présente le plus d'opportunités à chaque moment dans le temps. En conséquence, ils réadaptent le poids de chaque stratégie dans le portefeuille. Ce poids sera principalement fonction des opportunités qu'ils identifient sur les marchés considérés.

Par définition, la stratégie *relative value arbitrage* implique la combinaison de plusieurs stratégies individuelles. Les gérants qui se limitent à une stratégie seront définis comme gérants de cette stratégie particulière et ne rentrent pas dans cette stratégie. Historiquement, les gérants qui appliquent la stratégie *relative value arbitrage* sont de deux types. Les premiers combinent quelques stratégies d'investissement assez proches comme convertible arbitrage, des positions dans des warrants et des options ou la combinaison de cette même stratégie avec des positions dans des obligations convertibles à hauts rendements. Ils couvrent alors des marchés relativement proches dans lesquels ils peuvent utiliser les mêmes modèles (modèle d'évaluation d'option par exemple) dans leur analyse.

La seconde catégorie de fonds qui appliquent la stratégie *relative value arbitrage* s'engage dans des stratégies moins fortement liées, comme *merger arbitrage* et *statistical arbitrage*. Ces gérants divisent généralement leurs opérations en équipes spécialisées dans une ou plusieurs stratégies fortement liées. Il est, par conséquent, possible de distinguer les gérants *relative value arbitrage* par les stratégies qu'ils mettent en œuvre. Nous décrivons succinctement les stratégies que nous n'analysons pas en détail, dans l'ouvrage ci-après.

Il est important de différencier la stratégie *relative value arbitrage* d'un fonds *multi-strategy* ou d'un fonds de fonds. La première se limite à la combinaison de stratégies d'arbitrage individuelles, alors qu'un fonds *multi-strategy* combine généralement autant des stratégies basées sur l'arbitrage que d'autres (directionnelles par exemple). Dans les deux cas cependant, les actifs sont gérés par le fonds qui met la (ou les) stratégie(s) en place. D'un autre côté, un fonds de fonds est la combinaison de différentes stratégies (qui peuvent mais ne sont pas nécessairement des stratégies d'arbitrage). La principale différence étant que les gérants n'investissent pas eux-mêmes les actifs dans des titres individuels. Ils investissent dans des fonds de tiers.

### *10.1.1. Opérations sur pairs*

Le *pairs trading* est une stratégie particulièrement précise. Elle comprend des positions longues et courtes dans un secteur ou dans une industrie. Les gérants prennent des positions équivalentes en termes de montant dans des titres du même secteur ou de la même industrie. La seule différence étant qu'ils prennent une position longue dans la société qu'ils estiment relativement sous-évaluée, alors qu'ils prennent une position courte dans celui de la société qu'ils estiment relativement surévaluée. De cette manière, ils réalisent des profits sur la base de l'évolution de la différence de prix entre les deux titres. Il n'est pas nécessaire que le prix du titre long monte et que celui du titre vendu à découvert baisse. Il faut uniquement que l'écart entre les deux augmente. Il en est ainsi si le titre acheté augmente plus que celui vendu à découvert, ou si le titre vendu à découvert baisse plus que le titre inclus dans le portefeuille. Tout le profit est dérivé de la relation de prix entre les deux titres. Il s'agit d'une stratégie non directionnelle pure, car les gains sont totalement indépendants de l'évolution du marché dans son ensemble.

Il existe plusieurs catégories d'opérations sur pairs. La première reprend ce que nous appelons des « opérations sur pairs directs ». Elle se base sur la théorie selon laquelle les rendements d'une compagnie qui détient une part significative des actifs d'une société sont directement liés aux rendements de l'autre compagnie. Les cours des actions des deux sociétés peuvent être dissociés si une société (généralement la société sous-jacente) varie significativement avec un décalage.

Les « opérations sur pairs indirects » portent sur des sociétés qui sont fondamentalement liées et pour lesquelles on anticipe un retour au prix moyen. Le gérant cherche alors à identifier des actions qui sont généralement affectées de la même façon par des nouvelles relatives à leur industrie. Généralement, les gérants recherchent des sociétés présentes dans des industries matures avec une faible différenciation des produits qui auront de préférence des cycles de vie relativement longs.

### *10.1.2. Trading d'options et de warrants*

Cette stratégie se base sur des positions dans des actions et dans des options liées. Ces positions se basent sur l'amplitude des mouvements de prix (autrement dit la volatilité), à la hausse ou à la baisse. Les gérants achètent ou vendent des options ou des warrants et prennent une position équivalente, mais opposée, dans les actions. Parfois, ils se limitent à considérer des positions individuelles, alors que dans d'autres cas ils considèrent un ensemble de titres qu'ils contrebalancent par des positions dans des options sur indice.

### *10.1.3. Capital structure arbitrage*

Cette stratégie implique l'achat d'une partie de la structure du capital d'une société et la vente à découvert d'une autre partie. Les prises de position peuvent concerner des titres représentatifs du capital aussi bien que des titres de dette. Certaines positions d'arbitrage de la structure du capital d'une société sont parfois prises dans des dettes ou d'autres actifs non publics. Les opportunités émergent du fait que l'ensemble des titres de la structure de capital d'une entreprise ne reflètent pas tous au même moment la même valeur pour l'entreprise en question.

Les gérants analysent différents scénarios afin d'estimer les risques de pertes maximales. Idéalement, les positions sont prises de telle façon que les pertes sont limitées en cas d'évolution défavorable, mais que les gains sont importants en cas de variation favorable.

De telles positions peuvent, par exemple, être prises en achetant des actions ordinaires contre une position courte dans des actions sans droit de vote, une position longue dans les titres d'une société mère et une position à découvert dans les titres d'une de ses filiales. [1] Des positions dans la dette peuvent autant être prises dans des obligations que dans des obligations convertibles. Certains gérants combinent des positions dans les deux types de titres. D'autres considèrent une position longue dans une obligation à haut rendement et une position à découvert dans l'action sous-jacente. D'autres encore font de l'arbitrage de la structure du capital entre des sociétés d'un même secteur ou combinent le tout.

## 10.2. Illustration

### 10.2.1. Illustration théorique

À titre d'exemple d'opérations sur pairs directs, considérons une société A et une société B, toutes deux cotées sur le *New York Stock Exchange*. La société B est détenue à 84 % par la société A. Sur la base des titres en circulation et sur une base historique, toute variation de 1 dollar du cours de A correspond à une variation de 0,95 dollar de B. Les gérants prennent position si le prix de B baisse ou augmente de façon significative alors que celui de A reste stable et inversement. Ce déboîtement rend le prix de B temporairement bon marché (ou relativement cher) et la position est dénouée lorsque la valeur relative de B retourne à la moyenne.

Le graphique 22 illustre le fonctionnement d'une telle stratégie. L'axe des abscisses reprend le temps et l'axe des ordonnées le ratio du cours de l'action A sur le cours de l'action B. Ce ratio permet d'estimer la cherté relative d'un titre par rapport à l'autre. Imaginons que dans le cas présent le ratio moyen du cours de A sur le cours de B soit de 2 et que l'on soit à ce niveau mi-mai. Le prix de A est de 20 dollars et celui de B est de 10 dollars. Ensuite le cours de A augmente de 25 % à 25 dollars mi-juin, le cours de B restant stable. Dans ces conditions, le ratio cours de A sur cours de B passe à 25/10 = 2,50 dollars ce qui signifie qu'on s'écarte fortement de la moyenne historique. Si le gérant pense que cette situation est temporaire,

1. Le stub entre Porsche et Volkswagen (position longue dans Porsche combinée avec une position courte dans Volkswagen) est une des transactions de capital structure arbitrage des plus connues de ces dernières années. Porsche détenait 30 % de Volkswagen tout en détenant des options dans la monnaie qui lui donnaient le droit d'acheter 21 % additionnels de Volkswagen. En considérant la valeur de ces options, une telle combinaison longue et courte se résume à prendre une position longue dans Porsche gratuitement.

il va prendre position en achetant des titres B (relativement peu chers) et en vendant à découvert des titres A (relativement chers). Il réalisera des gains si le ratio baisse. Dans le graphique 22, la position est dénouée à un ratio proche de 1,5, ce qui signifie, soit que le cours du titre A a baissé, soit que le cours de l'action de B a augmenté, soit qu'une combinaison des deux s'est produite. Notre exemple est simplifié. Dans la pratique, les variations de ce ratio sont généralement plus faibles et fermées en quelques heures ou quelques jours. De telles positions peuvent également être prises dans des obligations ou dans des monnaies.

**Graphique 22.** – *Exemple d'opérations sur paires directes*

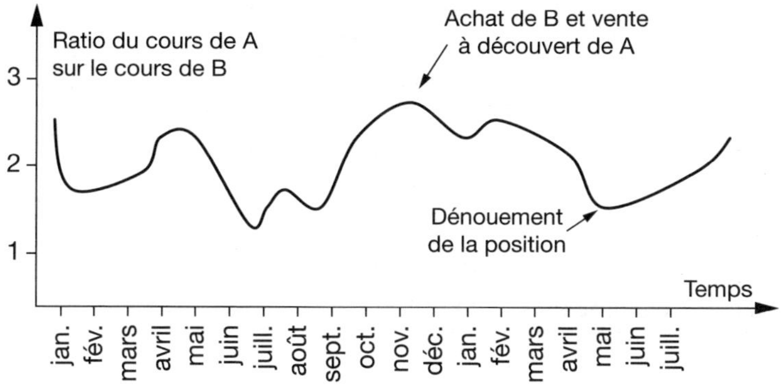


Le fonctionnement des prises de position dans des pairs indirects est similaire. La principale différence étant que les positions simultanées sont prises dans des sociétés fondamentalement similaires. Dans ce cas, on se base sur des titres influencés par les mêmes informations relatives à leur industrie. À titre d'exemple, on peut considérer des positions simultanées dans *Royal Dutch* et *Shell* ou dans *General Motors* et *Ford*.

*10.2.2. Verizon Communications*

Illustrons à présent l'arbitrage de la structure du capital. Situons-nous le 1$^{er}$ avril 2002 et considérons la société *Verizon Communications*, une société de communication américaine. Imaginons qu'un gérant anticipe un écartement entre le prix des obligations et des actions. Pour bénéficier d'un tel écartement, il va prendre position dans la société par l'achat d'options de vente. De cette façon, il réalise un gain dans les différents cas suivants :

– si la tendance des actions et des obligations est haussière et que le cours de l'obligation augmente suffisamment pour rembourser la prime initiale de l'option sur laquelle on ne réalise aucun gain ;

– si la tendance des actions et des obligations est baissière et que la perte sur l'obligation est plus que compensée par le gain sur l'option ;

– si le cours de l'action baisse, que l'option prend de la valeur et que le prix de l'obligation croît.

L'option permet au gérant de ne pas immobiliser une somme trop importante, car il ne doit payer que la prime initiale. Le gérant achète 10 millions de dollars de l'obligation *Verizon* avec un coupon de 7,25 % et une maturité en 2010 au prix de 102,80 dollars. Cette obligation a été émise en août 2001 pour un nominal d'un milliard de dollars, elle a une marge de 15 %.

D'un autre côté, il achète une option de vente sur l'action de Verizon. Le cours de l'action est de 46,20 dollars et le prix d'exercice est de 25 dollars. Cette option a une maturité de septembre 2005, une volatilité de 60 % et une marge de 15 %. La situation initiale est résumée dans le tableau 19.

**Tableau 19.** – *Exemple d'un arbitrage de la structure du capital*

| | **Achat** | **Achat** |
|---|---|---|
| Type de titre | Obligation 7 ¼ | Option de vente |
| Caractéristiques | Nominal USD1 milliard<br>Marge 15 % | Volatilité 60 %<br>Marge 15 % |
| Maturité | 2010 | septembre 2005 |
| Quantité | USD10 millions | USD1,1 million à 4,2 |
| Prix obligation/cours actions | USD102,8 | USD46,2 |

Le gérant garde ensuite cette position durant 6 mois. Le graphique 23 reproduit l'évolution du prix de l'obligation achetée et de l'action (sous-jacente à l'option de vente achetée). On constate un écartement de ces prix. Il réalise des rendements positifs si l'action baisse relativement plus que l'obligation. Dans ce cas, l'option prend plus de valeur que l'obligation n'en perd et il réalise des gains. Le graphique indique que le cours de l'action a baissé de 46,20 dollars à 30 dollars, soit une baisse de plus de 30 %, alors que le prix de l'obligation termine à un peu plus de 100 dollars, soit une variation de quelques pour cent à peine. Cet écartement rapporte au total près de 2,3 millions de dollars, soit un rendement sur fonds investis annualisé de l'ordre de 46 %.[1]

1. Si on ne considère pas les primes des options, le gérant a investi 10 millions de dollars dans les obligations pendant six mois. Il termine avec un gain de 2,3 millions de dollars, soit un rendement de 23 % sur six mois.

**Graphique 23.** – *Illustration de l'arbitrage de la structure du capital*

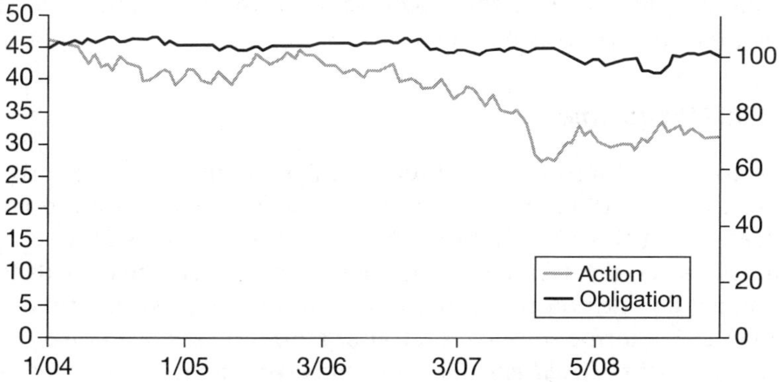


### 10.3. Avantages et inconvénients

L'avantage de cette stratégie est que les gérants se laissent plusieurs possibilités pour identifier des inefficiences afin de réaliser des profits. La combinaison de certaines stratégies permet aux gérants d'obtenir des portefeuilles plus fortement diversifiés.

D'un autre côté, il est plus difficile pour un gérant qui applique plusieurs stratégies dans un portefeuille d'identifier les subtilités de chaque marché et de concurrencer d'autres gérants spécialisés dans la mise en œuvre d'une stratégie particulière. Un second inconvénient de cette stratégie est qu'outre le risque de gestion il y a un risque spécifique qui découle du choix et du poids donné à chaque stratégie. Les gérants peuvent être particulièrement précis dans la gestion et obtenir une très bonne performance dans une partie du portefeuille, mais s'ils donnent un poids faible à cette stratégie dans le portefeuille global, ils risquent de ne pas faire bénéficier les investisseurs de leurs aptitudes particulières. D'un autre côté, l'intérêt d'ajouter une nouvelle stratégie au portefeuille risque d'être annulé par l'inexpérience et le manque de compréhension de cette nouvelle stratégie.

### 10.4. Performance

Hedge Fund Research ne définit plus de stratégie *relative value arbitrage*, mais regroupe l'ensemble des fonds *relative value* sous la stratégie *HFRI Relative Value (Total) Index* que nous avons analysée dans la section 3 de ce chapitre. Nous vous renvoyons vers cette analyse.

## 11. Closed-end Fund Arbitrage

L'arbitrage de fonds fermé est une stratégie relativement rare mais très intéressante conceptuellement. Elle combine un positionnement long et short neutre avec, dans certains cas, une interraction directe entre l'équipe du gérant et le fonds fermé sous-jacent. Nous retrouvons alors l'idée d'activisme présentée précédemment.

## 11.1. Méthodologie

L'arbitrage de fonds fermé est une stratégie d'investissement originale qui vise à profiter d'un arbitrage entre la valeur d'un fonds qui regroupe des titres et ces titres. De nombreux fonds fermés sont créés chaque année. Ils ont une structure fermée car ils sont généralement investis dans des titres moins liquides ou parce que l'objectif du fonds est de prendre des positions à long terme sans avoir à traiter autour de ses positions.

Les gérants de *closed-end fund arbitrage* prennent position dans des fonds fermés cotés qui se traitent sur le marché avec un rabais significatif par rapport à leur valeur nette d'inventaire avec l'objectif de fermer leur position à la valeur nette d'inventaire ou dans tous les cas à un niveau proche de cette valeur. Les fonds visés investissent généralement dans des actions, des obligations, de l'immobilier ou des titres privés. Ils peuvent également combiner plusieurs de ces classes d'actifs.

Lorsque le gérant a identifié des fonds qui se traitent avec un rabais intéressant par rapport à leur valeur nette d'inventaire, il cherche généralement un moyen de couvrir le risque de marché avant de prendre position. Il prendra position uniquement lorsqu'il aura identifié le ou les outils qui lui permettront de couvrir tout ou au maximum une partie importante de son risque de marché. Le choix de l'outil de couverture dépend des analyses de corrélation temporelles.

L'objectif final du gérant est de vendre le fonds à la valeur nette d'inventaire et de fermer la couverture au même moment. Afin d'atteindre cet objectif, les principales stratégies de sortie incluent la fin de vie du produit, un vote des actionnaires pour ouvrir le fonds ou un rachat de parts par le fonds à la valeur nette d'inventaire ou à un léger rabais. Pour atteindre ces objectifs, il arrive souvent que le gérant soit actif dans sa gestion ou qu'il propose en accord avec d'autres actionnaires un directeur au conseil d'administration.

Un portefeuille de fonds fermé compte généralement une dizaine de positions. Les positions sont accumulées au cours du temps et seulement quelques positions sont actives en même temps.

## 11.2. Illustrations [1]

### 11.2.1. Gartmore European Investment Trust (GEO)

*Gartmore European Investment Trust* est un fonds fermé établi en Grande-Bretagne. Ce fonds investit dans des sociétés d'Europe continen-

1. Nous remercions Bruno Sanglé-Ferrière de Carrousel Capital de nous avoir fourni les deux exemples cités.

tale, principalement dans des grandes capitalisations. Le gérant accumula des positions dans le fonds entre 2005 et 2006 avec un rabais initial de 15 %. Le rabais moyen des positions accumulées était de 7,12 % par rapport à la valeur nette d'inventaire. Le fonds *GEO* annonça en juillet 2006 qu'il désirait analyser le système de contrôle du rabais et d'en discuter avec tous les actionnaires. Dans ce cadre, il offrit un rabais de 3,5 % aux actionnaires désireux de sortir. Le gérant refusa l'offre faite par *GEO* car il estimait que la qualité du gérant ne justifiait pas un tel rabais. Il tenta d'injecter du sang frais en proposant de nouveaux directeurs très expérimentés. Cette proposition fut rejetée. Le conseil d'administration du fonds proposa simultanément une sortie par l'intermédiaire d'une offre publique d'achat. Le gérant accepta. La position du gérant fut maintenue pendant 1,52 an, le rendement annualisé de la position fut de 9,39 % brut au-dessus du LIBOR.

**Graphique 24.** – *Évolution du cours de l'action de Gartmore European Investment Trust*

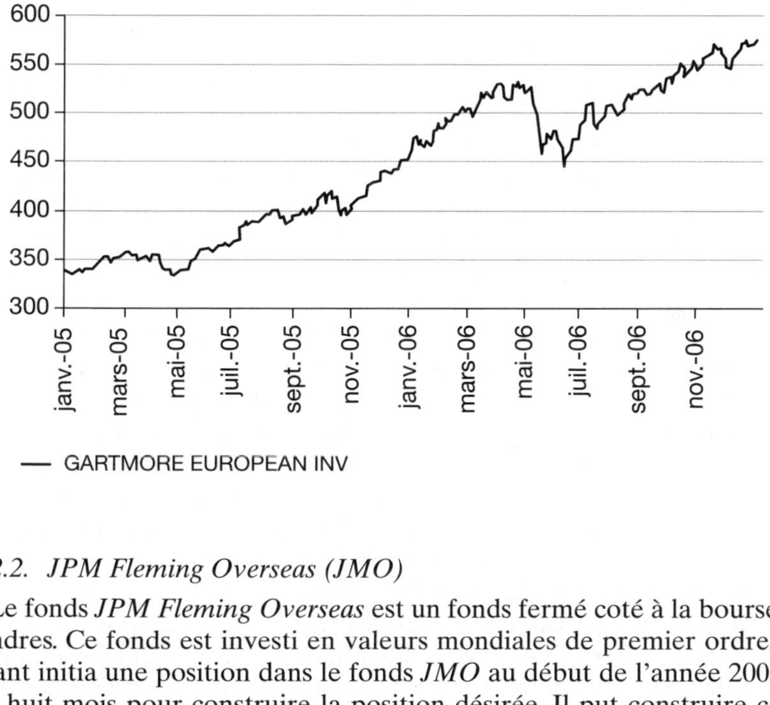


### *11.2.2. JPM Fleming Overseas (JMO)*

Le fonds *JPM Fleming Overseas* est un fonds fermé coté à la bourse de Londres. Ce fonds est investi en valeurs mondiales de premier ordre. Le gérant initia une position dans le fonds *JMO* au début de l'année 2005. Il prit huit mois pour construire la position désirée. Il put construire cette position avec un rabais moyen de 8,6 % par rapport à la valeur nette d'inventaire. Au terme des huit mois, le gérant détenait 22 % de *JMO*. Il négocia dès lors une sortie du fonds avec le conseil d'administration du fonds. Le conseil accepta de faire une offre publique d'achat sur les participations du gérant avec un rabais de 3,5 % par rapport à la valeur nette d'inventaire. Le rendement final annualisé était de 7,5 % au-dessus du LIBOR.

**Graphique 25.** – *Évolution du cours de l'action de JPM Fleming Overseas*

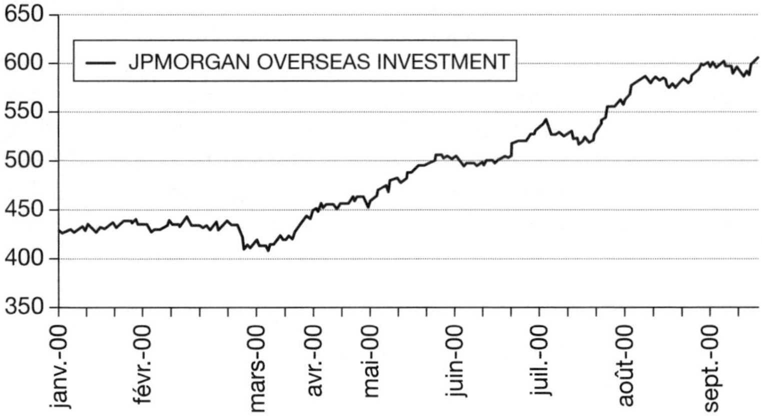


### 11.3. Avantages et inconvénients

L'arbitrage de fonds fermés est intéressant car il s'agit d'une stratégie spécifique qui vise à profiter d'un écart de prix entre un produit relativement peu liquide (un fonds fermé avec une durée de vie de plusieurs années) et des titres liquides qui le composent. Dans des conditions normales de marché, un rabais injustifié devra nécessairement se résorber à un moment ou à un autre. Le rôle du gérant est de construire un portefeuille regroupant diverses positions et d'activer les choses si nécessaires.

Les risques liés à cette stratégie sont surtout présents dans des marchés moins liquides. En période de crise de liquidité, les investisseurs cherchent désespérément des sources de liquidité et les rabais par rapport aux valeurs nettes d'inventaire ont tendance à augmenter significativement. Si le gérant n'est pas totalement investi au début de la crise, il peut en profiter. Dans ce cas contraire, il se retrouve embarqué avec les autres.

Un second risque important est le risque de couverture. Il est possible de couvrir relativement correctement des fonds investis dans des actions ou d'autres titres relativement liquides. Lorsqu'il s'agit de petites capitalisations, de marchés émergents, de biens immobiliers ou de titres privés, la situation est beaucoup plus complexe et la couverture n'a souvent pas de sens. Dans le cadre, il est important que le gérant garde un positionnement contrebalancé entre des fonds investis dans des titres liquides qu'il est à même de couvrir et des fonds investis dans des titres peu liquides où la couverture est difficile.

### 11.4. Performance

Peu de fonds appliquent la stratégie d'arbitrage de fonds fermés et, à notre connaissance, aucun indice ne regroupe les performances des fonds qui appliquent cette stratégie. Ce genre de fonds vise généralement à offrir des rendements nets entre 8 et 15 % avec une volatilité maîtrisée.

## 12. Volatility Arbitrage

La volatilité est un concept largement répandu en finance. La volatilité d'un titre est le taux auquel le prix d'un titre varie, tant à la hausse qu'à la baisse. Mathématiquement, elle se calcule par la formule de l'écart type annualisé des changements dans le prix du titre. Certains gestionnaires se sont spécialisés dans l'investissement en volatilité, c'est-à-dire qu'ils visent à profiter de la volatilité des marchés pour faire des bénéfices.

### *12.1. Méthodologie*

L'arbitrage de volatilité est appliqué par des gestionnaires qui cherchent à profiter de changements dans la volatilité. Ils peuvent parier sur une hausse ou une baisse de la volatilité par l'intermédiaire de positions combinées dans des options d'achat et de vente. La plupart des gérants se limitent à prendre position à la hausse et ils vendent leur produit comme une assurance à un portefeuille classique. En effet, une hausse de la volatilité correspond quasiment toujours à une baisse de marché, les marchés étant toujours plus volatils à la baisse qu'à la hausse.

Suivant les cas, le gestionnaire se concentrera sur la volatilité action où il intégrera également les marchés des matières premières, de taux et les devises. Dans le cas d'un gestionnaire de volatilité concentré sur la volatilité action, il pourra également négocier uniquement sur le marché américain ou diversifier son portefeuille sur d'autres marchés.

L'idée sous-jacente de l'investissement en volatilité est qu'il existe de nombreux intervenants dans les marchés et peu d'entre-eux comprennent les mouvements de volatilité et leurs raisons ; traitent la volatilité comme un actif. En outre, rares sont les institutions qui disposent des données et des outils pour analyser correctement la volatilité et l'expérience pour comprendre des stratégies d'options complexes. En outre, la plupart des participants au marché voient les options et autres dérivés plus comme des outils de couverture et les utilisent dans une optique directionnelle. En outre, la majorité des intervenants sur le marché des options les analyse en termes de prime – c'est-à-dire de coût d'achat – plutôt qu'en termes de volatilité.

Les gestionnaires qui appliquent cette stratégie tentent de profiter de ces éléments ainsi que des relations entre les volatilités de différents marchés et de leur évolution dans le temps. L'arbitrage de volatilité induit l'achat et la vente simultanés d'options. Ces options peuvent se différencier par le marché traité, le sous-jacent, le prix d'exercice, la maturité ou par leur type (options d'achat ou de vente). Les gestionnaires utilisent des modèles d'évaluation internes afin de déterminer le prix réel d'une option ou d'une association d'options comme un gestionnaire action le ferait avec une entreprise.

Certains gestionnaires jouent également les relations de volatilité entre les marchés d'actions et les devises par des *variance swaps*, celles entre les devises et les actions par des options exotiques, celles entre la volatilité des marchés de devises et les matières premières par du *surface modelling* et la relation de volatilité entre les marchés d'actions et le marché du crédit par le *trading* de corrélation. Ces techniques sont particulièrement complexes et nous renvoyons le lecteur intéressé vers la littérature spécialisée en option.

Les gérants qui prennent des positions à la baisse sont dits courts volatilité. La position courte volatilité type consiste à vendre des options de vente hors de la monnaie. Un tel positionnement offre des rentrées stables par la perception de coupons. Le prix à payer est une perte potentielle conséquente en cas de rapide mouvement de marché à la baisse car, dans ce cadre, la valeur de l'option de vente croît rapidement et la perte potentielle pour le vendeur de l'option peut être conséquente.

D'autres produits que les options peuvent être traitées afin de prendre des paris sur la volatilité. Certains gestionnaires utilisent des obligations convertibles qui contiennent implicitement une option d'achat dans leur structure.

### 12.2. Illustration

Des positions classiques en arbitrage de volatilité action sont multiples. Nous en présentons quelques exemples ci-après et vous renvoyons vers la littérature spécialisée pour avoir plus d'informations. Nous présentons des positions à la hausse et à la baisse afin de limiter le risque en cas de mouvements.

Nous en présentons quatre, la vente de *put* et *call spreads*, le *calendar spread* et le *strike spread*. Il en existe une multitude d'autres, mais elles sont toutes basées sur les mêmes principes :

– La vente de *put spread* et de *call spreads* hors de la monnaie. Dans ce cadre, le gestionnaire prend position dans des options qui ont le même sous-jacent (généralement le *S&P 500* aux États-Unis ou le *DAX* en Europe). Le gestionnaire prend de telles positions afin de parier sur une augmentation de la volatilité, c'est-à-dire un mouvement du prix de l'indice sous-jacent en dehors des limites fixées par son positionnement. On retrouve des *bull put spread*, *bear put spread*, *bull call spread* et *bear call spread*. Un *bull put spread* entraîne l'achat d'une option de vente et la vente simultanée d'une option de vente liée au même sous-jacent mais à un prix d'exercice supérieur. Si le prix du sous-jacent monte un peu, l'option achetée expire sans valeur et celle vendue entraînera un profit. Si le mouvement est important, les deux options n'auront plus de valeur. En cas de baisse, les deux options entraîneront un profit. En outre, la transaction est construite sur la base d'un profit initial, car l'option vendue vaut plus que celle achetée. Nous représentons un *bull put spread* dans le graphique 26. Il illustre les zones de profit du positionnement. Un *bear put spread* est la position inverse à celle indiquée ci-dessus.

**Graphique 26.** – Bull put spread

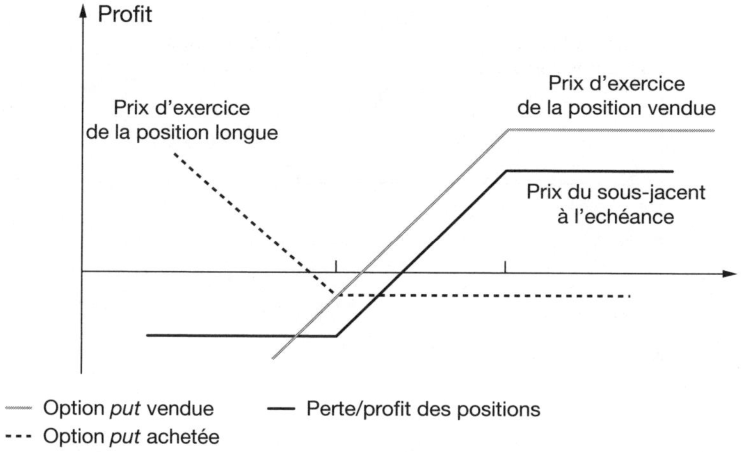


Des positions identiques peuvent être atteintes par l'intermédiaire d'options d'achat. Ainsi, un *bull call spread* s'obtient par la vente d'une option *call* hors de la monnaie et l'achat d'une option *call* à un prix d'exercice supérieur. La prise de telles positions entraîne une sortie de cash lors de son implémentation, car l'option achetée coûte plus cher que l'option vendue. Un *bear call spread* s'obtient par l'intermédiaire de l'achat d'option *call* et la vente d'options *call* à un prix d'exercice inférieur. Un tel positionnement est intéressant quand le gestionnaire anticipe une baisse limitée du cours du titre sous-jacent. Nous les illustrons dans les graphiques 27 à 29.

**Graphique 27.** – *Illustration d'un* bear put spread *et d'un* bull call spread

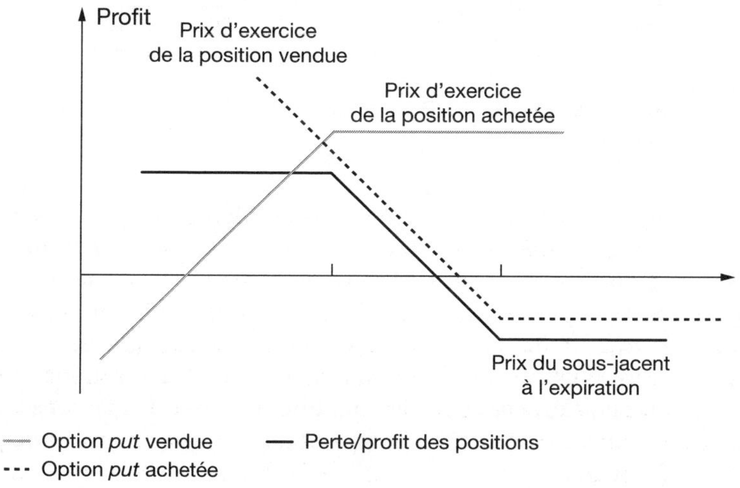

**Graphique 28.** – Bull call spread

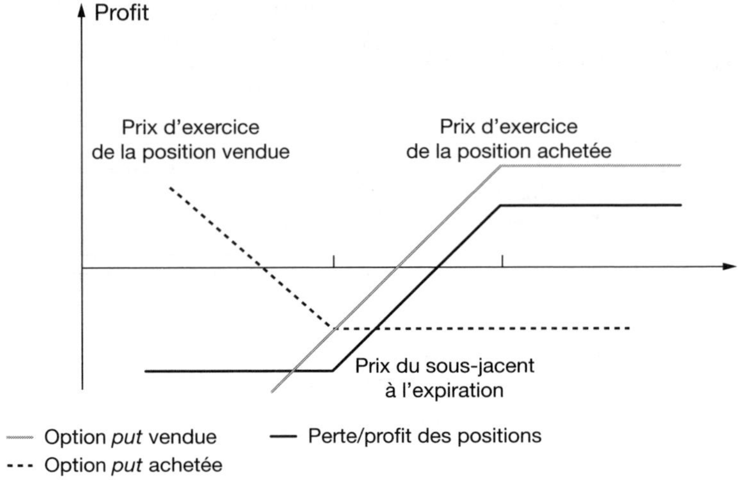


**Graphique 29.** – Bear call spread

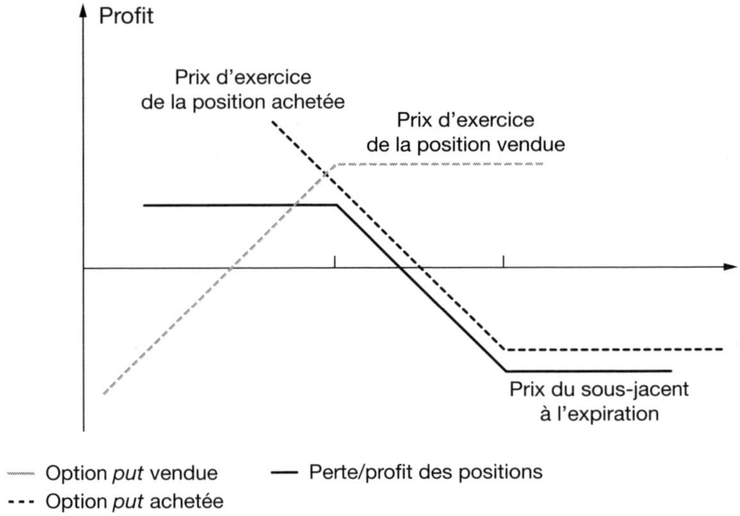


– *Calendar spread* : achat et vente d'options identiques (options d'achat ou de vente) avec le même sous-jacent, un prix d'exercice identique mais une maturité différente. Le gestionnaire peut dans ce cas vendre l'option avec la maturité la plus proche à un prix supérieur à celui qu'il paie pour acheter celle avec la maturité la plus éloignée. Un *calendar spread* d'options d'achat est illustré dans le graphique 30. De telles positions sont initiées lorsque les différences dans la volatilité implicite des options varient significativement des normes historiques et que le gestionnaire anticipe un retour à la normale.

**Graphique 30.** – Calendar spread *d'options d'achat*

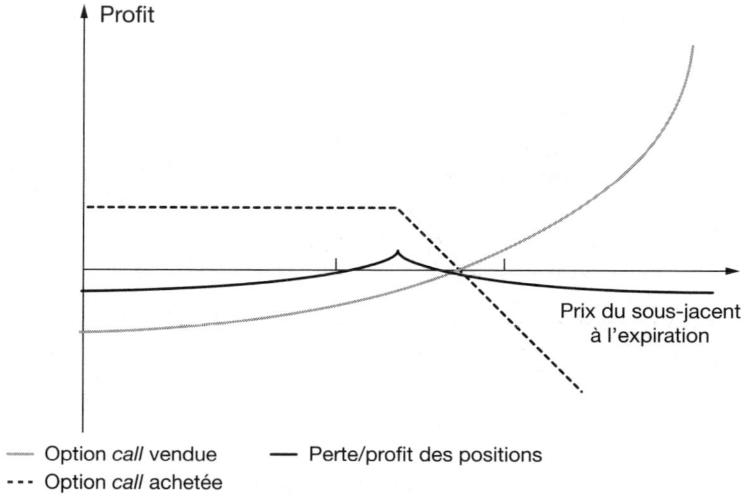


– *Strike spread* (également appelé *ratio spread*) : achat et vente d'options identiques (options d'achat ou de vente) avec le même sous-jacent, la même maturité mais un prix d'exercice différent où la différence entre les prix d'exercice est moindre que la différence de prime. Ce positionnement sous-tend généralement la vente d'un plus grand nombre d'options de la part du gérant que d'options achetées. Une telle stratégie est appliquée quand la différence de volatilité entre les prix d'exercice est hors de ses valeurs historiques. Le gestionnaire achète l'option avec le prix d'exercice qui a la plus forte volatilité implicite et vend l'autre. Cette stratégie vise à rapporter des profits limités pour un risque illimité. Elle est prise par le gérant lorsqu'il anticipe que l'action subira une faible volatilité à court terme. Nous illustrons un *call* ratio spread dans le graphique 31. Dans ce cas précis, deux options calls sont vendues pour une option *call* achetée.

### 12.3. Avantages et inconvénients

L'arbitrage d'option est une stratégie intéressante, car les potentiels de gain et de pertes sont prédéterminés suivant l'évolution des prix des sous-jacents. Le gérant peut ainsi déterminer précisément son risque. Elle est également intéressante car le gérant peut rapidement adapter son positionnement.

Du côté des inconvénients, il n'est pas toujours aisé pour un investisseur de déterminer le niveau de risque de certaines positions. En outre, l'interaction entre un ensemble de positions peut rapidement complexifier la structure du portefeuille et le rendre incompréhensible. Ensuite, certaines positions qui jouent la volatilité à la baisse ont un potentiel de gain limité mais récurrent et un potentiel de perte illimité, si bien que des fonds qui

**Graphique 31.** – Call *ratio spread*

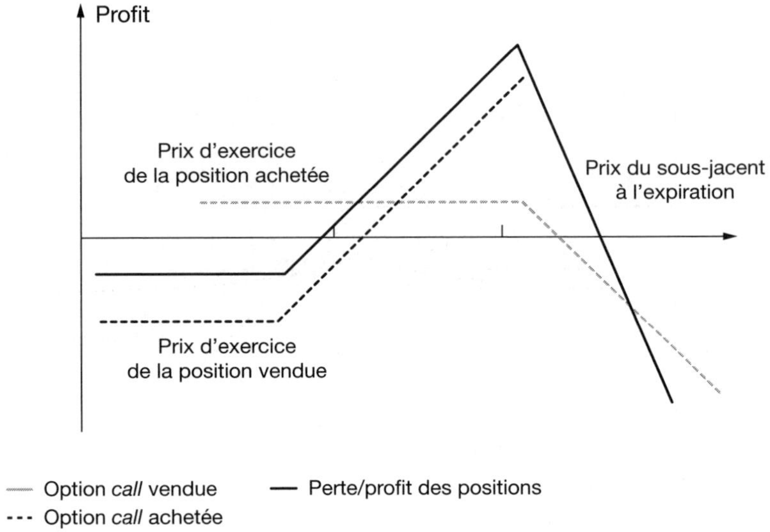


appliquent de telles stratégies rapporteront une performance stable dans le temps jusqu'au jour où les conditions de marché leur sont défavorables et qu'ils perdent une large proportion des gains accumulés dans le passé au cours d'une seule période.

### *12.4. Performance*

Peu de fonds appliquent la stratégie d'arbitrage de volatilité et, à notre connaissance, aucun indice ne regroupe les performances des fonds qui appliquent cette stratégie.

## 13. Les fonds *multi-strategy*

Contrairement aux fonds de fonds, les fonds multi-stratégies ne sont pas investis dans des fonds de tiers gérés par différentes sociétés de gestion, mais ce sont des produits offerts par des sociétés de gestion globale qui proposent plusieurs fonds individuels à leurs clients et qui désirent offrir un produit diversifié qui englobe plusieurs de leurs produits.

### *13.1. Méthodologie*

Les gérants utilisent généralement entre deux et cinq stratégies spécifiques prédéterminées dans un effort de diversifier leur approche. Les investisseurs peuvent généralement aussi choisir de s'exposer à ces stratégies de façon individuelle directe par l'intermédiaire de fonds, même si dans certains cas les sociétés offrent uniquement un produit global diversifié. Chaque stratégie est gérée de façon indépendante, sauf pour les stratégies proches comme *convertible arbitrage* et l'arbitrage de volatilité. Dans ce cas, il arrive que ce soit la même équipe qui gère les deux parts du fonds allouées à ces stratégies individuelles.

Les principes sont les mêmes que pour les fonds de fonds. On alloue les capitaux entre divers gérants afin de limiter l'exposition à un gérant et à une stratégie spécifique. Étant donné que ce type de fonds est généralement proposé par des sociétés de gestion qui offrent un éventail de hedge funds individuels, on investit souvent uniquement dans un fonds par stratégie, même si la société propose parfois plusieurs fonds gérés par la même équipe, avec des stratégies proches, mais un risque différent.

Suivant les cas, la répartition du fonds multi-stratégies est décidée une fois pour toutes ou elle varie selon l'évolution du marché. Souvent elle est figée, car les sociétés de gestion préfèrent que les capitaux investis dans les fonds sous-jacents soient stables. Dans d'autres cas, elles préfèrent favoriser les investisseurs des fonds multi-stratégies et les allocations sont adaptées de façon régulière (tous les mois, tous les trimestres ou tous les semestres par exemple). Dans ce dernier cas, les fonds *multi-strategy* seront plus intéressants qu'une combinaison de positions dans les fonds sous-jacents qui offrent alors une liquidité inférieure à celle obtenue par l'intermédiaire du fonds *multi-strategy*. Cela ne signifie pas que les investisseurs puissent sortir du fonds avant une année par exemple, mais que les positions du fonds multi-stratégies sont adaptées plus régulièrement qu'annuellement. Ceci est un avantage si la période de sûreté est annuelle.

### 13.2. Illustration

Les fonds multi-stratégies proviennent de deux familles. Soit un gérant répartit des investissements sur divers fonds ou comptes gérés de la même société, auquel cas les stratégies appliquées sont aussi complexes que chacune des stratégies d'investissement individuelles décrites tout au long du présent chapitre. Dans l'autre cas, une équipe travaille sur cette répartition et chaque intervenant se concentre sur une étape. L'équipe de gestion est alors présente sur différents marchés, mais les positions prises par marché seront globales plutôt que concentrées sur des titres individuels. Nous détaillons le second cas ci-dessous, car les différentes composantes du premier sont illustrées indépendamment les unes des autres lorsqu'on considère chaque stratégie individuellement.

Illustrons le principe de cette stratégie en décrivant les étapes que pourrait considérer un fonds qui applique cette stratégie dans son processus d'investissement. Ces étapes sont reproduites sur le schéma 19. Nous partons d'un investissement de 100 dollars.

Le gérant peut, par exemple, être présent sur le marché des actions, sur le marché obligataire gouvernemental et sur le marché des devises. Dans un premier temps, l'équipe en charge des actions peut décider de la répartition entre la proportion de positions longues et courtes dans les titres. Elle pourra, par exemple, décider de prendre une position globale neutre (autant de positions longues que courtes), mais elle sera exposée sur certains marchés à la hausse, et sur d'autres à la baisse. Suivant les habilités des gérants (et leur charge de travail), ils se limiteront à prendre des positions dans des indices ou investiront directement dans des titres individuels. Cette première portion du portefeuille sera généralement une stratégie neutre par rapport au marché.

La seconde partie de l'équipe peut prendre position dans les marchés obligataires des pays développés. Elle prend des paris sur des tendances de marché, plus que sur des titres individuels lorsqu'il s'agit d'une même équipe qui réalise l'ensemble du processus d'investissement. Supposons que l'équipe choisit de parier sur une tendance à la baisse des taux (hausse des prix des obligations). Dans ce cas, elle prendra plus de positions longues que de positions courtes. Cette même équipe peut également se concentrer sur les positions de courbes. Les gérants prennent ensuite une position sur l'évolution des taux de change par l'intermédiaire de contrats à terme sur devise. Finalement, ils peuvent parier sur une tendance générale du marché obligataire par rapport au marché des actions en investissant dans des obligations gouvernementales et dans le S&P 500. Dans le cas repris, ils parient sur une baisse des actions et une hausse des obligations.

**Schéma 19.** – *Mise en place de la stratégie* multi-strategy

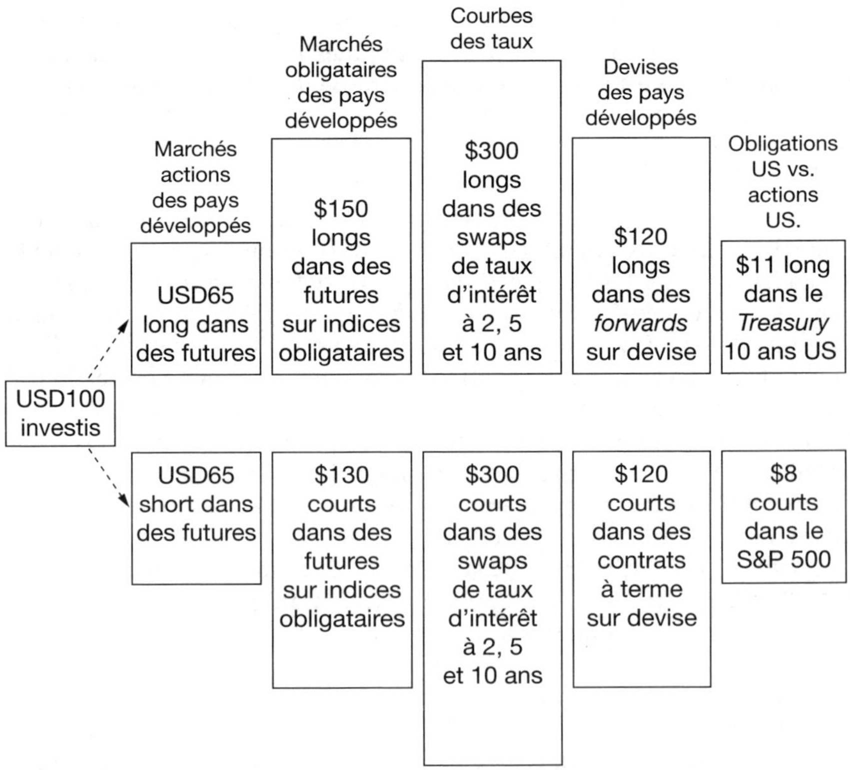

### 13.3. Avantages et inconvénients

Tout comme dans le cas des fonds de fonds, le principal intérêt pour les investisseurs d'un fonds *multi-strategy* est d'avoir accès à un portefeuille de hedge funds diversifié avec un minimum d'investissement pour le fonds multi-stratégies, généralement identique à celui de chaque fonds sous-jacent considéré de façon individuelle (sans accumulation). Contrairement aux fonds de fonds qui demandent des investissements minimums plus bas que les fonds sous-jacents, dans le cas de fonds multi-stratégies, le montant minimum d'investissement autant que la période de sûreté sont souvent identiques.[1]

Comme les fonds de fonds, les fonds multi-stratégies offrent une diversification du risque des stratégies individuelles, ainsi qu'un risque de diversification du rendement. En ce qui concerne la transparence accrue qu'obtiennent les gérants de fonds de fonds, elle n'est pas toujours présente dans les fonds multi-stratégies. Ici, c'est la politique de la société de gestion qui joue et celle-ci est généralement identique pour les fonds individuels et pour les fonds multi-stratégies. Une autre différence entre les fonds multi-stratégies et les fonds de fonds est que lorsque les fonds sous-jacents sont fermés, les fonds multi-stratégies le sont aussi.

Un avantage spécifique de cette stratégie comparativement aux fonds de fonds est que les gérants du fonds multi-stratégies ne doivent pas réaliser de *due diligence*, ce qui permet de limiter les coûts. Ceci permet également d'offrir un système des commissions qui est généralement plus léger que les fonds de fonds.

Si l'allocation des actifs est adaptée de façon régulière, on retrouve un inconvénient déjà présent dans le cas des fonds de fonds, à savoir le risque que le gérant fasse de mauvais choix ou, en tout cas, des choix différents de ceux que feraient les investisseurs. D'un autre côté, si les positions sont adaptées régulièrement dans le même sens que le feraient les investisseurs, cela leur est bénéfique car ils ne sauraient pas le faire de façon individuelle à cause des périodes de sûreté.

Le principal inconvénient de cette stratégie par rapport à la stratégie fonds de fonds est le manque de liberté dans le choix des gérants sous-jacents et dans la qualité de la sélection (*due diligence*). Lorsqu'une société offre cinq fonds individuels et un fonds multi-stratégies qui combinent les précédents, ce seront toujours ces cinq fonds qui seront repris dans le fonds multi-stratégies et non un autre. On ne retrouve plus le travail de sélection de fonds de tiers. Les aspects qualitatifs et quantitatifs du processus de *due diligence* disparaissent complètement. C'est pour cette raison que les commissions sont plus faibles. Il peut ne plus y avoir dc gérants qui travaillent exclusivement sur le fonds multi-stratégies, car il n'y a souvent plus de choix à réaliser si ce n'est la répartition du portefeuille entre les stratégies. Pour ce dernier, un comité de gestion est généralement créé.

1. Cette caractéristique varie selon les sociétés de gestion, car certaines n'hésitent pas à offrir une liquidité plus importante pour les fonds multi-stratégies que pour les fonds sous-jacents.

### 13.4. Performance

Un investissement de 100 dollars en janvier 1990 dans l'indice *multi-strategy* se serait transformé en 525 dollars fin septembre 2009. Ceci est supérieur au même investissement dans le marché des actions, dans le marché obligataire qui se serait transformé en 191 et 226 dollars, mais inférieur à la performance de l'indice hedge fund global qui termine à 971 dollars. Le graphique 32 illustre cette évolution.

L'indice *multi-strategy* a offert un rendement annuel de 9,5 % contre un rendement annuel moyen de 7,8 % pour l'indice action, 6,2 % pour l'indice obligataire et 10,4 % pour l'indice hedge fund global. D'un autre côté, la volatilité de l'indice à 4,5 % est supérieure à la volatilité de l'indice obligataire à 3,7 %, mais fortement inférieure à celle du marché des actions à 15,5 %. L'indice *multi-strategy* a surperformé les marchés classiques avec une volatilité supérieure à celle du marché obligataire, mais largement inférieure à la volatilité du marché des actions. Cette bonne performance relative s'explique principalement par le fait que les fonds sont fortement diversifiés par stratégie et dans certains cas par marché, ce qui signifie qu'ils ne s'exposent que partiellement aux baisses du marché des actions. Les portefeuilles sont diversifiés en actions de divers marchés, en obligations d'États, d'entreprises, convertibles, hypothécaires dans certains cas et en produits dérivés.

**Graphique 32.** – *Évolution de 100 dollars investis dans l'indice* multi-strategy

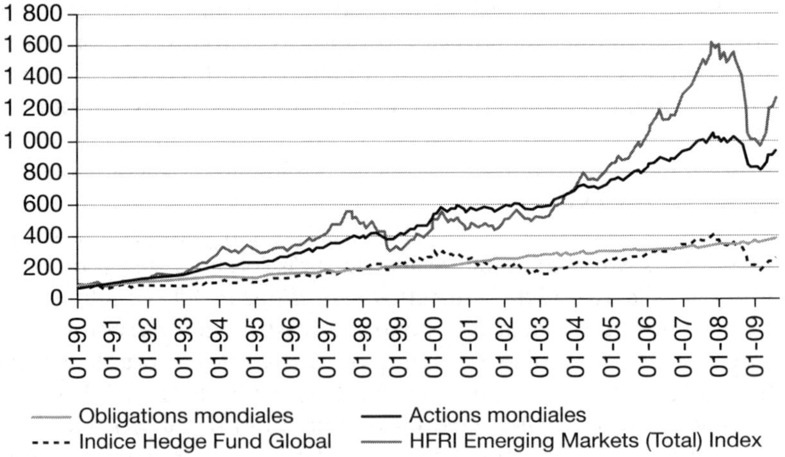


*Source* : d'après des chiffres de Hedge Fund Research, Inc.

Le tableau 20 rapporte des statistiques descriptives de la stratégie par rapport aux indices de référence. Il entraîne les remarques suivantes.

– Sur les 20 années considérées, l'indice *multi-strategy* n'a connu de rendement total annuel négatif que quatre années, en 2001-2002 et 2008-2009, lorsque les marchés ont souffert d'un manque de liquidité. L'indice action

**Tableau 20.** – *Performances et statistiques descriptives de l'indice* multi-strategy *et des indices de référence*

| | **Obligations mondiales** | **Actions mondiales** | **Indice Hedge Fund Global** | **HFRI RV : Multi-Strategy Index** | **Performance vs. Obligations** | **Performance vs. Actions** |
|---|---|---|---|---|---|---|
| 1990 | 9,0 % | - 17,0 % | 5,8 % | 6,5 % | - 2,5 % | 23,5 % |
| 1991 | 16,0 % | 18,3 % | 32,2 % | 27,4 % | 11,4 % | 9,2 % |
| 1992 | 7,4 % | - 5,2 % | 21,2 % | 18,5 % | 11,1 % | 23,7 % |
| 1993 | 9,7 % | 22,5 % | 30,9 % | 16,7 % | 6,9 % | - 5,8 % |
| 1994 | - 2,9 % | 5,1 % | 4,1 % | 7,6 % | 10,5 % | 2,5 % |
| 1995 | 18,5 % | 20,7 % | 21,5 % | 12,4 % | - 6,0 % | - 8,3 % |
| 1996 | 3,6 % | 13,5 % | 21,1 % | 14,8 % | 11,2 % | 1,3 % |
| 1997 | 9,7 % | 15,8 % | 16,8 % | 11,9 % | 2,2 % | - 3,9 % |
| 1998 | 8,7 % | 24,3 % | 2,6 % | - 2,0 % | - 10,7 % | - 26,4 % |
| 1999 | - 0,8 % | 24,9 % | 31,3 % | 11,0 % | 11,8 % | - 14,0 % |
| 2000 | 11,6 % | - 13,2 % | 5,0 % | 3,4 % | - 8,2 % | 16,6 % |
| 2001 | 8,4 % | - 16,8 % | 4,6 % | 10,4 % | 1,9 % | 27,2 % |
| 2002 | 10,3 % | - 19,9 % | - 1,4 % | 6,5 % | - 3,8 % | 26,4 % |
| 2003 | 4,1 % | 33,1 % | 19,6 % | 11,5 % | 7,4 % | - 21,6 % |
| 2004 | 4,3 % | 14,7 % | 9,0 % | 8,2 % | 3,9 % | - 6,5 % |
| 2005 | 2,4 % | 9,5 % | 9,3 % | 5,7 % | 3,2 % | - 3,8 % |
| 2006 | 4,3 % | 20,1 % | 12,9 % | 9,0 % | 4,7 % | - 11,1 % |
| 2007 | 7,0 % | 9,0 % | 10,0 % | 1,8 % | - 5,2 % | - 7,2 % |
| 2008 | 5,2 % | - 40,7 % | - 19,0 % | - 20,3 % | - 25,5 % | 20,4 % |
| 2009* | 5,8 % | 25,0 % | 17,1 % | 21,0 % | 15,3 % | - 3,9 % |
| Rendement annuel moyen 1990-2009 | 7,2 % | 7,7 % | 13,0 % | 9,5 % | 2,3 % | 1,8 % |
| Volatilité 1990-2009 | 3,9 % | 15,5 % | 7,1 % | 4,5 % | ND | ND |
| Rendement annuel moyen 1999-2009* | 5,9 % | 5,0 % | 9,5 % | 6,9 % | 1,0 % | 1,9 % |
| Volatilité 1999-2009* | 3,8 % | 16,4 % | 7,4 % | 4,9 % | ND | ND |
| Rendement annuel moyen 2004-2009* | 5,2 % | 7,9 % | 7,6 % | 5,6 % | 0,4 % | - 2,3 % |
| Volatilité 2004-2009* | 3,7 % | 16,7 % | 7,0 % | 5,9 % | ND | ND |

* Pour 2009, les données utilisées s'arrêtent à fin septembre.

*Source* : d'après des données de Hedge Fund Research, Inc.

a baissé en 1990, 1992, entre 2000 et 2002 et il a perdu plus de 40 % en 2008. L'indice obligataire n'a enregistré des performances annuelles légèrement négatives qu'en 1994 et 1999.

– Les rendements annuels maximums de l'indice *multi-strategy* ont été atteints en 1991. Ceux du marché des actions et de l'indice obligataire ont été obtenus en 2003 et 2000. Ils s'élevaient respectivement à 27,4 % pour l'indice *multi-strategy* et 33,1 % et 11,6 % pour les indices de référence. L'indice hedge fund global a offert 31,3 % en 1999.

– Les écarts de rendement entre l'indice *multi-strategy* et les indices de référence varient fortement au cours du temps. L'écart positif maximum entre les fonds et l'indice action (respectivement l'indice obligataire) a été de 27,2 % en 2001 (resp. 15,3 % en 2009), alors que le retard maximum a été de 26,4 % en 1998 (resp. 25,5 % en 2008).

## 14. La stratégie *asset based lending*

*Asset based lending* signifie prêt basé sur un actif ou un flux de cash. Comme le nom l'indique, cette stratégie très particulière est tout à fait différente des autres stratégies existantes. Il ne s'agit pas d'investir en actions, en obligations ou dans d'autres titres publics, mais de prêts aux entreprises pour des projets spécifiques et garantis par des actifs spécifiques souvent liés au projet ou à la commande en question. Cette stratégie n'a aucun rapport avec les *ABS* (*asset-based securities*) qui sont des titres créés par la répartition en tranche de groupement de titres de dette tels que des dettes d'entreprises, des dettes de particuliers comme la carte de crédit ou des crédits à la consommation ou encore des crédits immobiliers.

Ces fonds ne sont pas des hedge funds en tant que tels, mais de nombreux fonds en ont pris la structure et le développement de l'industrie des hedge funds étant ce qu'il est, l'industrie des hedge funds devient aujourd'hui celle des fonds alternatifs hors immobilier et *private equity* même si le rapprochement avec ces dernières est assez clair. [1]

Les entreprises avec lesquelles ce type de fonds travaille sont généralement des petites ou micro capitalisations de moins de 100 millions de dollars qui n'ont pas accès au financement auprès des banques de par leur faible capitalisation, un volume de transactions journalières bas ou encore un modèle de développement non conventionnel difficile à comprendre. L'administration américaine des petites entreprises et la Chambre américaine du commerce ont estimé qu'il y a plus de 275 000 sociétés américaines avec des revenus entre 5 et 100 millions de dollars.

Cette stratégie s'est fortement développée aux États-Unis et elle est en plein essor au Canada, même si on retrouve quelques gérants qui traitent également une partie ou l'ensemble de leur portefeuille en dehors des États-Unis.

1. Voir le chapitre 5 pour une discussion sur le rapprochement entre les hedge funds et les autres produits alternatifs.

## 14.1. Méthodologie

Les gestionnaires de fonds *asset based lending (ABL)* émettent généralement des prêts garantis par des actifs spécifiques de l'entreprise. Ils travaillent à la fois avec des entreprises publiques et des entreprises privées. Les actifs utilisés comme collatéral peuvent varier fortement. À titre d'exemple, citons des commandes fermes, des biens immobiliers, des équipements, un stock de voitures pour un revendeur d'automobiles, une récolte de café pour une entreprise spécialisée dans le secteur, un flux de cash à venir ou encore des propriétés intellectuelles dans le cas de sociétés présentes dans le secteur de l'amusement. Tout est imaginable, même si les biens immobiliers et mobiliers restent aujourd'hui le collatéral le plus utilisé. Ces transactions sont également dans de nombreux cas accompagnées d'une composante action sous forme de warrants.

La stratégie *ABL* est basée sur deux éléments essentiels : le flux de transaction et le collatéral. En ce qui concerne le flux de transaction, la première question à se poser est la suivante : Comment le gestionnaire trouve-t-il ses transactions. Cette question est naturellement essentielle, car sans transactions, et il n'existe pas de marché organisé pour ce type de produits. Deux types de graphique sont possibles. Dans le premier, les transactions sont créées en interne. Dans ce cas, il est indispensable de comprendre le type de transactions, leur processus de création et quel élément ou quelle situation peut affecter l'habilité à créer de nouvelles positions. Comme de nombreux fonds *ABL* entraînent des prêts à court terme, il y aura constamment des transactions qui arrivent à échéance, ce qui signifie qu'un flux de transactions sain est essentiel. Dans le second cas, le gestionnaire travaille avec des agences spécialisées qui proposent des transactions. Ces agences sont la plupart du temps payées sur le nombre de transactions proposées plutôt que sur le nombre de transactions réalisées, ce qui signifie que la qualité essentielle du gérant de ce cas ne sera pas de négocier des transactions, mais de sélectionner les bonnes transactions. Le flux de transactions qui est à la base de la stratégie dépendra de nombreux facteurs dont les relations établies, la localisation géographique ou l'importance de la concurrence dans la spécialité du gérant. Lors de l'analyse d'une entreprise, le gérant doit analyser un ensemble d'éléments afin de s'assurer de la capacité de l'entreprise à faire face à ses engagements, même si le collatéral servira, le cas échéant, comme garantie.

Les principaux éléments à vérifier, dans le cadre de l'analyse d'une entreprise destinée à s'assurer de sa bonne santé et surtout à éviter des fraudes potentielles, incluent les éléments suivants :

– la vérification de la réputation des dirigeants,

– la visite de l'entreprise et une discussion avec la direction,

– l'analyse de la solidité financière et opérationnelle de l'entreprise,

– l'évaluation des actifs de l'entreprise (non seulement de la part de l'équipe de gestion du fonds, mais également par l'intermédiaire d'un tiers indépendant),

– la recherche d'autres engagements potentiels,
– la discussion ou visite des principaux clients et fournisseurs et des autres relations stratégiques,
– l'analyse de l'industrie et de la compétitivité de l'entreprise,
– l'analyse des états financiers,
– la couverture potentielle avec des warrants ou des options,

Comme le nom de la stratégie l'indique, le collatéral est fondamental. La transaction n'est plus effectuée exclusivement sur la base du crédit de l'entreprise, mais sur la base d'une garantie qui sert de collatéral. Sa valeur doit être estimée au moment de la transaction et suivie, car elle peut varier. Il existe plusieurs types de collatéraux, nous les groupons en trois catégories. Un collatéral peut être intangible, tangible ou tangible et fixe. Un collatéral intangible est un droit ou un titre mobilier. Un collatéral tangible est un objet alors qu'un collatéral tangible fixe est un bien immobilier ou équivalent. Suivant le type de collatéral, le suivi de valeur du collatéral ne sera pas le même. S'il s'agit par exemple de flux de cash à recevoir sur la base de ventes, il convient de suivre de près l'évolution des ventes dans le temps. Si le paiement est mensuel, un suivi hebdomadaire est nécessaire. Dans le cas de biens mobiliers comme des matières premières brutes, des avions, des bateaux, des machines, le suivi de collatéral peut être moins intense. Dans le cas de biens immobiliers, le collatéral ne peut pas être déplacé, il est observable et assuré, si bien que les vérifications peuvent être plus fortement espacées. Si le collatéral est surestimé, le gérant s'expose à un risque de perte en cas de défaut. Le schéma 20 donne une vue globale de la stratégie *ABL*.

Le collatéral doit ensuite être sécurisé. Dans ce cadre, les États-Unis et l'Angleterre sont particulièrement intéressants. Les collatéraux peuvent ainsi être enregistrés. Aux États-Unis, il convient de compléter le document appelé *UCCI*. En Angleterre, il existe le *national land registry*. Un collatéral peut ainsi être garanti en première ou seconde ligne. Dans certains cas, il existe plusieurs formes de collatéraux pour la même transaction (garantie personnelle puis des biens mobiliers).

En cas de défaut, le prêteur doit être à même de faire valoir ses droits et d'utiliser le collatéral. L'élément fondamental en cas de litige est que les documents à l'origine de la transaction soient en règle. L'idéal est que le gérant n'ait jamais à avoir recours au collatéral, mais le recours au collatéral n'est pas un problème en soi. Il le devient en cas de souci par rapport aux documents qui garantissent le collatéral ou en cas de fraude.

L'analyse crédit reste très importante même s'il y a un collatéral en garantie. L'objectif de tout fonds appliquant cette stratégie n'est pas de recourir systématiquement au collatéral, car cela entraîne des frais et surtout une charge de travail importante pour le réaliser.

Une transaction sécurisée est généralement structurée avec un ratio de sécurité élevé, c'est-à-dire que la valeur du collatéral couvre non seulement le capital, mais également les intérêts dus. La durée du prêt est en général de 12 mois avec un maximum de trois ou quatre ans. Les taux d'intérêt payables sont de 15 à 20 % dans des conditions de marché normales. Nous reprenons les caractéristiques d'une transaction type dans le tableau 21.

**Schéma 20.** – *Stratégie* Asset Based Lending

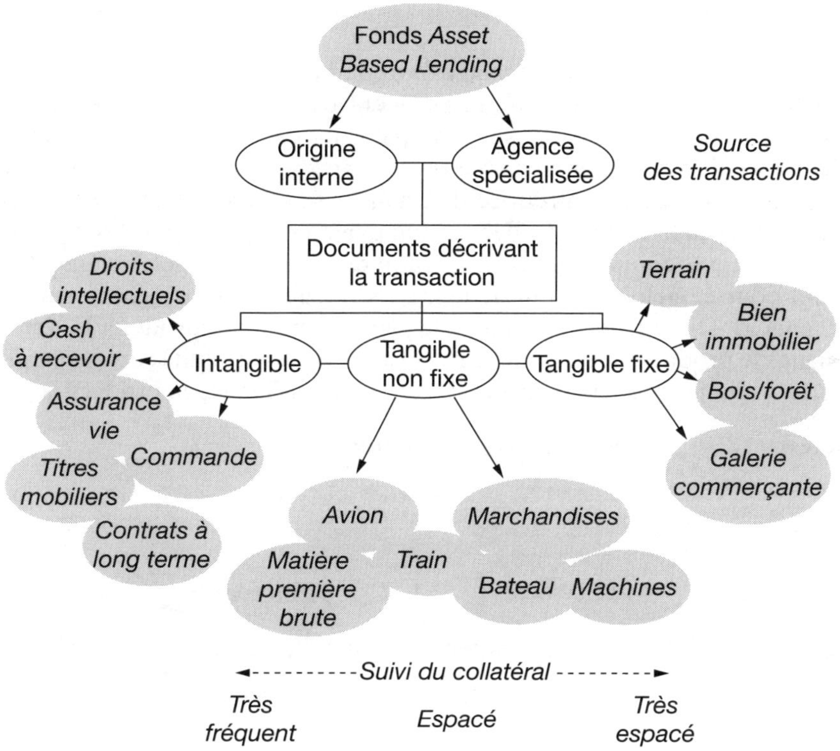


**Tableau 21.** – *Caractéristiques types d'une transaction ABL*

| | |
|---|---|
| **Taille :** | USD1 à 50 millions |
| **Coupon :** | 10 à 20 % |
| **Échéance :** | 6 à 48 mois |
| **Commission de structuration :** | 2 % à 5 % |
| **Collatéral :** | Divers |
| **Couverture :** | 1 à 2x le principal |
| **Warrants :** | 1 à 5 % |
| **Garantie personnelle :** | Si possible |

Dans la plupart des cas, le collatéral est bloqué et protégé dans une entité juridique distincte. La mise en place d'une position prend en général 2 à 3 mois entre la due diligence, la négociation et la structuration. Il existe une multitude de sous-stratégies que nous décrivons ci-dessous. Selon les cas, les fonds se concentreront sur l'une ou l'autre des stratégies ou ils les combineront à l'une des sous-stratégies décrites dans les paragraphes suivants.

### 14.1.1. *Financement de stock*

Il y a généralement un décalage entre la production d'un produit et le paiement par le client. L'entreprise doit entre autres acheter le matériel et payer les employés. Il arrive souvent que, dans ce cadre, l'entreprise cherche un soutien financier à court terme à divers moments de sa croissance. Le fonds propose à l'entreprise de financer sa croissance et le risque de crédit entre la livraison au client et son paiement en utilisant les produits ou les factures comme garantie. Le ratio de garantie est généralement de 2 à 3 pour ce genre de transaction. La stratégie est représentée dans le schéma 21. Un revendeur commande généralement des produits. Le fonds finance le producteur en ayant le matériel et/ou les produits comme garantie. Le paiement subvient ensuite à l'entité qui a financé la production.

**Schéma 21.** – *Stratégie financement de stock*

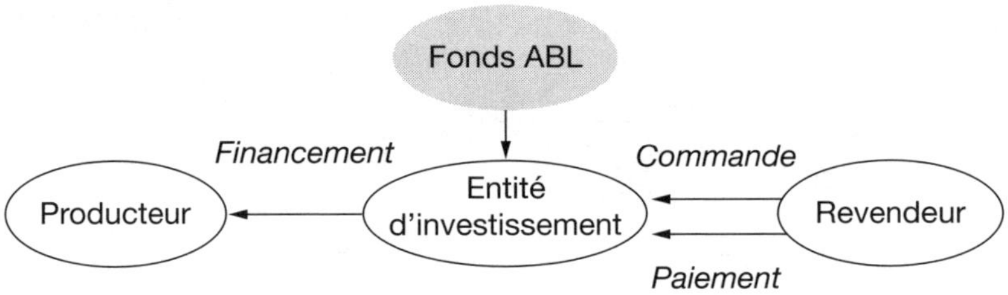


Une autre version de la même stratégie consiste à financer l'achat de stocks excédentaires de revendeurs bien établis avec un rabais et de les revendre à des magasins discount. Cette stratégie s'applique particulièrement bien pour les produits électroniques qui ont une durée de vie particulièrement courte. Une telle stratégie est possible car les intermédiaires entre les revendeurs établis et les magasins *discount* n'ont pas accès au financement classique. Ce genre de financement se fait généralement à court terme (moins de 180 jours).

Notons également qu'une version spécifique de cette stratégie s'est largement répandue au Brésil. Il s'agit de l'*agricultural finance*. Le Brésil est producteur important de bétail, de sucre et de café. Les producteurs ont historiquement été dépendants de subsides fédéraux qui ont beaucoup diminué dans les années 90, ce qui a entraîné l'émergence de prêts avec collatéraux intégrés aujourd'hui dans la stratégie *ABL*.

### 14.1.2. *Trade finance*

Le fonds joue l'intermédiaire entre un producteur/fournisseur souvent établi dans un pays en voie de développement et un client basé dans un pays développé. Le fonds assume le risque de crédit du fournisseur avec un crédit faible vers le client – qui sera généralement un importateur, un marchand ou un distributeur – avec un crédit solide. Le collatéral est la marchandise et le fonds joue un rôle d'intermédiaire. Il est indispensable que les documents de transport soient clairs sur la propriété des biens en garantie. Nous illustrons la stratégie dans le schéma 22. Le producteur du bien (Nokia ou un producteur de café par exemple) désire vendre les produits au plus vite. Le fonds agit comme coussin, car il finance les produits prévendus à un revendeur final (Carrefour ou un revendeur de café par exemple) avec les produits comme collatéral. Il organisera, en outre, le retour des biens et traitera avec les autres intervenants (transporteur, douane, etc.). Le contact avec le revendeur se fait en direct ou par un intermédiaire. Les biens concernés seront en général non périssables.

**Schéma 22.** – *Stratégie* Trade Finance

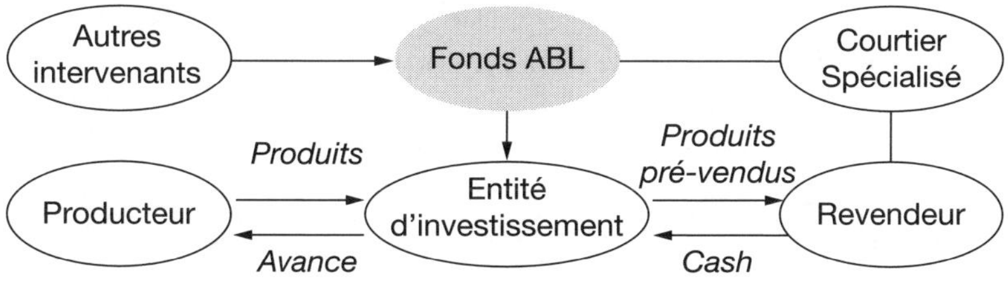


### *14.1.3. Financement immobilier*

Il s'agit généralement d'un fonds qui propose de financer ou de refinancer un crédit immobilier à court terme. Cela comprend entre autres des crédits-pont qui interviennent dans la première partie de la vie d'un projet immobilier, avant le financement à long terme, le financement d'un bâtiment libre ou occupé, l'acquisition d'une hypothèque, le financement d'une réhabilitation, la résolution d'une faillite, le rachat d'un bien commercial à un emprunteur en difficultés ou encore une consolidation de dette. Le ratio de garantie de ce type de projet est de 2 à 3 et la valorisation du bien doit être réalisée de façon indépendante par une partie tierce. Le cas du crédit-pont est illustré dans le schéma 23.

### 14.1.4. *Corporate direct*

Le fonds accorde un prêt à court terme (généralement de 6 à 24 mois) à une entreprise contre garantie. Il s'agit d'une définition large qui vise principalement les entreprises qui n'ont pas accès au marché du crédit traditionnel. La stratégie est simple : le fonds finance une entreprise par l'intermédiaire d'une entité d'investissement contre des rendements. L'entité d'investissement octroie le prêt au fonds contre des intérêts du

**Schéma 23.** – *Stratégie* financement immobilier

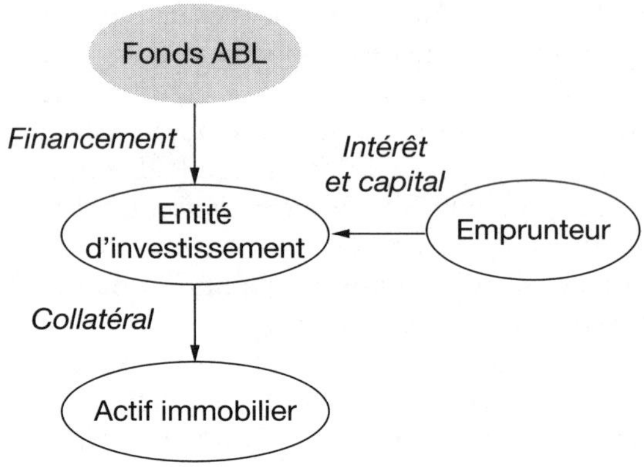


remboursement du capital à échéance. L'entreprise garde la propriété du collatéral, mais ce dernier agit en tant que garantie pour l'entité d'investissement si elle ne perçoit pas les intérêts et/ou le capital. Nous illustrons la stratégie dans le schéma 24.

**Schéma 24.** – *Illustration de la stratégie* corporate direct

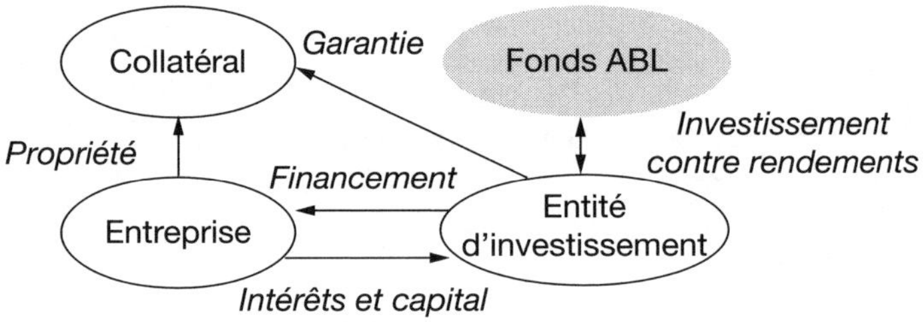


14.1.5. *Financement d'assurance-vie*

La cour suprême des États-Unis a décidé en 1911 que les polices d'assurance étaient une forme de propriété et que les détenteurs de polices pouvaient vendre ou transférer leur propriété. Depuis lors, le marché de l'assurance-vie s'est développé, surtout depuis 1998. Il représente plus de 400 milliards en nominal et concerne près de 40 millions d'individus de plus de 65 ans. Dans le cadre de la stratégie *ABL*, les crédits sont accordés à des particuliers afin de financer leur prime d'assurance-vie avec comme garantie le montant de la prime lors du décès. Les créditeurs sont souvent des personnes âgées fortunées qui font des crédits avec leur assurance-vie comme collatéral en cas de non remboursement du crédit. Les crédits sont en général pour deux ans.[1] Le prêt est sécurisé par la police d'assurance et, selon les cas, d'autres garanties additionnelles. En cas de décès, le crédit est remboursé par l'assurance-vie. En cas de vie, la personne peut soit ven-

1. Dans d'autres cas, les fonds rachètent les assurances-vie aux assurés.

dre la police d'assurance dans le marché pour rembourser le crédit, soi la garder et rembourser le crédit autrement. Ce type de transaction se fait toujours en accord avec l'assureur. Il y aura, selon les cas, un intermédiaire qui agrège les assurances ou non. Nous représentons cette sous-stratégie dans le schéma 25.

**Schéma 25.** – *Stratégie* financement d'assurance-vie

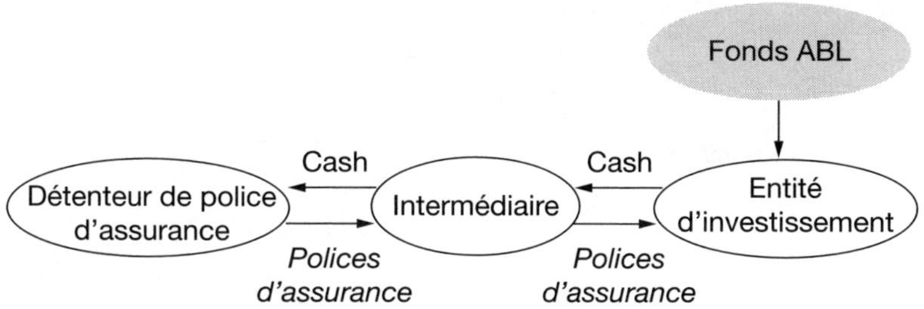


– *Consumer finance* : crédit garanti par des titres mobiliers ou immobiliers de faible qualité collatéralisés. Les positions sont couvertes par la souscription d'assurances contre le remboursement anticipé et le défaut de paiement. Les fonds tendent à travailler de façon régulière avec les mêmes prêteurs originaux afin de nettoyer leur portefeuille de crédit.

**Schéma 26.** – Consumer finance

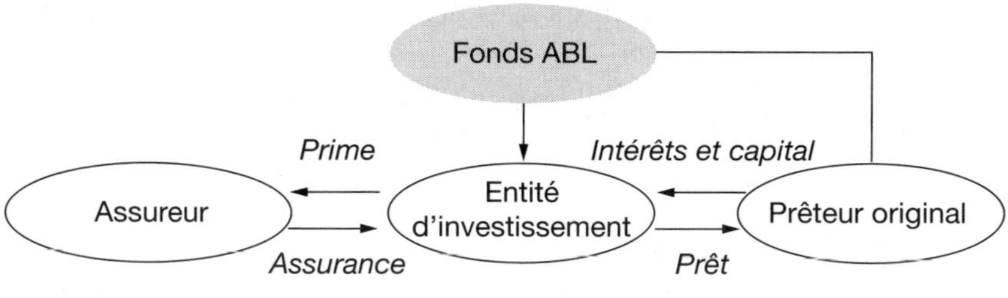


### *14.1.6. Auto loans*

Des *auto loans* sont basés sur l'idée sous-jacente du rachat de crédits personnels accordés à des emprunteurs peu solvables par des fonds avec comme collatéral la voiture adossée au crédit. Comme les emprunteurs sont de mauvaise qualité, l'offre de tels crédits est limitée, si bien qu'il y a une différence de rendements importante entre les crédits à la consommation classique et les crédits à des emprunteurs peu solvables. Ce type de crédit porte sur des montants allant de 10 000 à 15 000 dollars, dure de un à quatre ans et les taux d'intérêt sont fixes et de l'ordre de 15 à 28 %.

Le fonds a quatre sources de revenu :

– des intérêts sur le crédit payés mensuellement (15 à 28 %),

– une réduction sur le prix (20 %),

– la revente de prêts à d'autres intervenants,
– le prépaiement de l'emprunteur.

La structure type de financement de voiture est reprise dans le schéma 27. Les fonds qui appliquent cette stratégie travaillent normalement en accord avec les sociétés de financement avant qu'elles n'acceptent les crédits, ce qui permet de déterminer précisément les caractéristiques recherchées.

**Schéma 27.** – *Structure type de la stratégie* auto loans

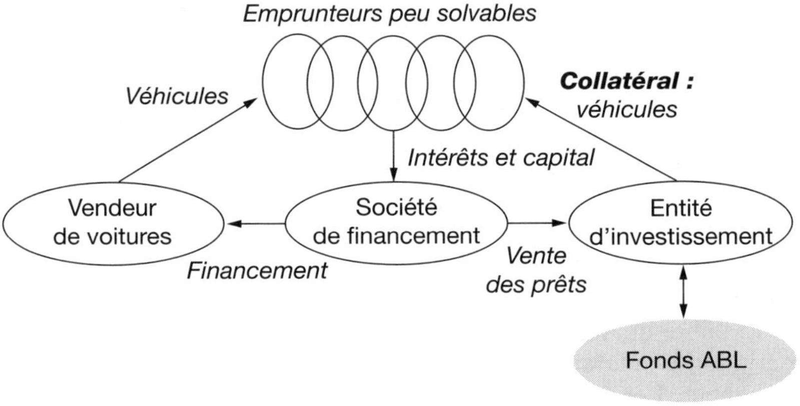


Soulignons quelques éléments pratiques intéressants pour cette forme de financement :

– Les fonds ne travailleront qu'avec des prêts pour des véhicules pour lesquels il y a une assurance.

– Certaines équipes de gestion n'hésitent pas à installer des systèmes de détection GPS afin de pouvoir retrouver toutes les voitures en cas de besoin.

*14.1.7. Autres sous-stratégies*

Il existe de nombreuses variantes de stratégies *ABL*. *Entertainment finance* est le financement à court ou moyen termes de la production ou de la distribution de films, musique, jeux électroniques contre le cash qui sera généré. Le collatéral sera, suivant les cas, des préaccords de distribution, des subsides gouvernementaux. Dans le cas de librairies de films ou de catalogues de musique, la collatéral sera l'actif lui-même. *Aircraft leasing* est le financement d'avions pour les sociétés aériennes avec les avions en garantie. *Green financing* est le financement de sociétés écologiques (énergies alternatives photovoltaïque, biomasse, biodiesel, etc.). Ces entreprises décrochent parfois des contrats sur lesquels il y aura un remboursement partiel par les autorités. Certains fonds financent partiellement les travaux.

Il existe une multitude de façons de financer des entreprises avec ses actifs comme garantie. La stratégie PIPE est une catégorie de financement qui s'est fortement développée au cours des dernières années. Il arrive que des transactions PIPE soient sécurisées par des collatéraux. Dans ce cas, on est à cheval entre les deux stratégies. Nous reprenons l'ensemble des stratégies *ABL* dans le schéma 28.

**Schéma 28.** – *Principales sous-stratégies ABL*

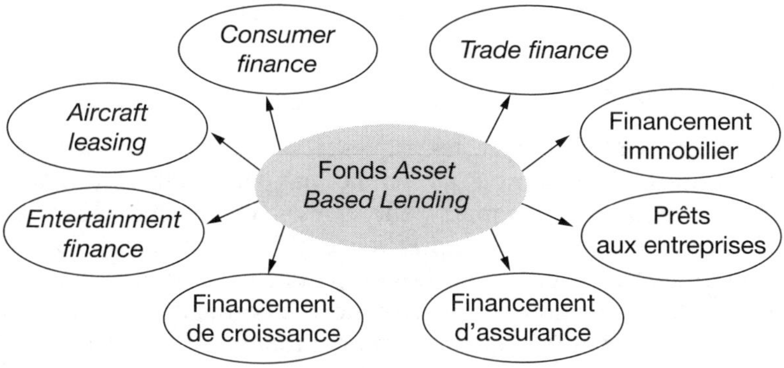


Les États-Unis sont de loin les plus actifs dans l'*ABL*. La Californie est l'État dans lequel la concentration de fonds est la plus forte, car l'industrie de l'ABL est la plus développée. Près de 10 % des transactions se font en Californie. Les secteurs dans lesquels les entreprises sont les plus actives sont le secteur de la vente au détail (10 % des transactions en 2007 selon la *Commercial Finance Association*), l'acier (8 %) et l'alimentation (6 %). Le graphique 33 reprend l'évolution de l'industrie américaine de l'*ABL* et sa forte croissance au cours des 10 dernières années. La crise débutée en 2008 va certainement ralentir cette croissance, mais la tendance est claire. À titre de comparaison, l'industrie représentait moins de 50 milliards de dollars en 1980.

**Graphique 33.** – *Développement de l'industrie américaine de l'ABL*

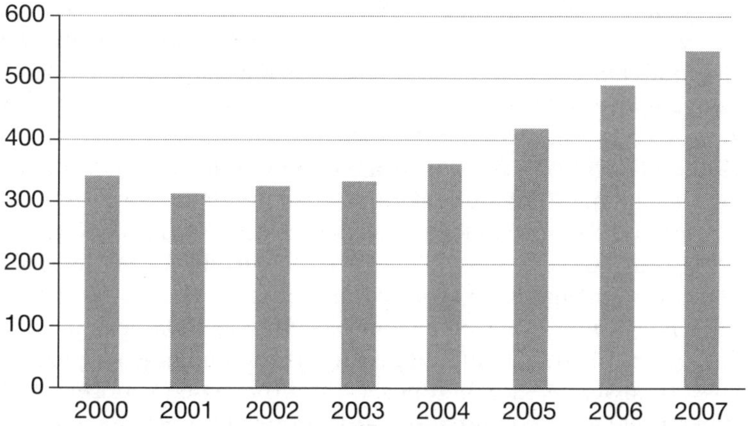


*Source* : Commercial Finance Association.

Les intervenants dans l'industrie des *ABL* jouent un rôle fondamental dans l'économie. Ceux qui se financent par ce système ont recours à du capital qui n'est plus disponible dans le système traditionnel. En effet, les prêts de 5 à 50 millions de dollars ne sont plus le marché de base des banques commerciales. Les prêteurs peuvent réaliser des gains intéressants selon des conditions qu'ils définissent (durée, montant, collatéral, taux d'intérêt).

## 14.2. Les risques

La stratégie *ABL* comporte des risques très différents de ceux des autres stratégies alternatives car nous ne sommes pas dans l'univers des marchés financiers mais dans l'économie réelle. Il n'y a aucune couverture, aucun modèle mathématique, juste un prêt consenti à une entreprise sur la base d'une garantie. Les risques sont liés au processus de transaction tel que présenté ci-dessus. Le premier risque concerne l'estimation de la valeur du sous-jacent. Elle peut être erronée volontairement (cas de fraude) ou le devenir involontairement (par exemple, en cas d'arrivée d'un nouveau produit concurrent qui diminue la valeur du stock en garantie ou en cas de baisse du prix des matières premières). Ensuite, nous sommes en présence d'un risque légal. Les documents peuvent être imprécis, ce qui entraîne un risque important lorsque l'économie ralentit et que les défauts sont plus nombreux. Une troisième source de risque est le risque que le gérant ne soit pas à même de réaliser le collatéral en cas de défaut. Le cas des fonds qui financent une récolte de céréales ou de café est directement exposé à ce risque, car il existe des assurances pour la disparition d'un bien ou des recours en cas de mauvaise utilisation. Si des céréales ou du café ne sont pas moissonnés, il n'existe cependant pas d'assurance. Ensuite, il y a un risque de garantie. Il est nécessaire que le ratio de sécurité soit suffisamment élevé pour couvrir le crédit et qu'il y ait une marge d'erreur.

Le risque de liquidité est un des risques principaux de la stratégie. La stratégie *ABL* est soumise à un risque de liquidité important, car les produits sous-jacents à la stratégie d'investissement ne sont pas liquides. Même si les prêts sont limités dans le temps à quelques mois ou au maximum quelques années, nous sommes très loin des marchés d'actions où les titres peuvent être vendus à chaque seconde. Le risque peut être important surtout en cas de ralentissement marqué de l'économie. Dans ce cas, la valeur du collatéral baissera et, en même temps, le risque de défaut des emprunteurs augmentera. Le seul moyen de mitiger ce risque est de diversifier le portefeuille, non seulement sur une base géographique (les ralentissements sont souvent plus marqués dans certaines régions que dans d'autres), mais également par type de transaction (certaines à courte terme, d'autres à plus long terme) et surtout par type de collatéral. Il est également indispensable que la liquidité du fonds soit en ligne avec la liquidité proposée aux investisseurs du fonds. Il est difficile de proposer une liquidité trimestrielle avec 90 jours de notification si les investissements sous-jacents sont des prêts à 48 mois.

Un autre risque important dans la stratégie *ABL* est le risque de fraude. Ce risque est fondamental et plusieurs fonds (et leurs investisseurs) ont dû y faire face en 2008. La fraude qui sera souvent subie par le prêteur peut concerner de fausses factures, de faux rapports d'inventaire ou encore le détournement d'un collatéral. Cela peut aller jusqu'à une utilisation multiple d'un même collatéral qui n'existe pas. Dans ce cadre, il convient de ne pas se baser sur une relation passée pour garantir une nouvelle transaction, mais dans chaque cas, le travail de due diligence doit être réalisé en profondeur et le collatéral doit être inspecté.

Plusieurs hedge funds ont été touchés par une fraude perpétrée par une des grandes agences actives dans l'univers des *ABL*, Petters. Selon le FBI, Petters produisait de faux documents qui prouvaient aux investisseurs qu'ils revendaient des biens tels que des écrans plats avec du profit à des magasins discount alors qu'il n'en était rien. Des hedge funds ont été touchés car certains étaient investis avec Petters, d'autres investissaient dans des fonds qui travaillaient avec Petters.

Le risque de valorisation se rapproche du risque de fraude car, dans le cas présent, il ne s'agit pas seulement de donner un prix le plus juste possible à quelque chose qui n'a pas de prix de marché, mais dans la grande majorité des cas, les gérants interviennent ou au minimum ont défini le processus de *pricing*, ce qui peut entraîner un risque de surévaluation, surtout lorsque les conditions de marché ne sont plus idéales. Nous reprenons l'ensemble des risques présentés ci-dessus dans le schéma 29.

**Schéma 29.** – *Principales sources de risques de la stratégie* ABL

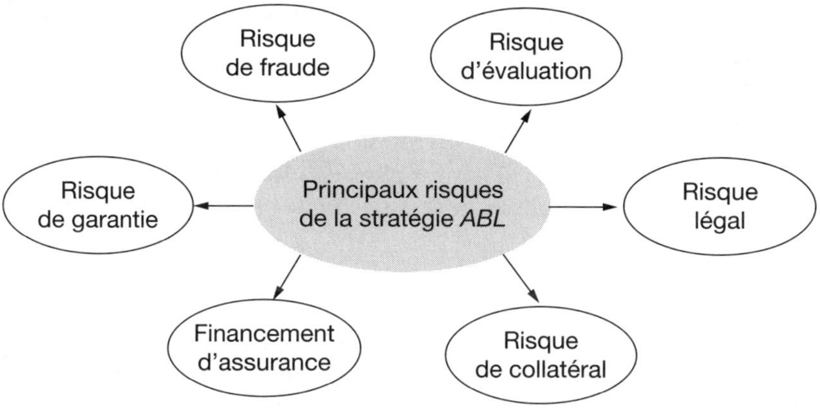


En termes de risque, il convient également de souligner le fait que la taille des actifs sous gestion a, dans le cadre des fonds *ABL*, une importance primordiale. Lorsque les actifs sous gestion croissent, le gestionnaire se retrouve avec un choix difficile à faire. Soit il augmente le nombre de positions, soit il augmente la taille des positions. Dans les deux cas, il y aura des risques additionnels. Dans le premier cas, comme il y aura un plus grand nombre de positions à suivre, il devra déléguer plus fortement le suivi des positions, ce qui entraîne qu'il peut rapidement devenir gestionnaire de personnes plutôt que gestionnaire de fonds, ce qui ne requiert pas les mêmes compétences. Dans le second, il devra probablement négocier avec des entreprises de taille plus importante, ce qui peut entraîner une baisse du rendement. En outre, lorsque les actifs augmentent, les gestionnaires auront dans tous les cas tendance à réaliser des transactions moins intéressantes qu'ils n'auraient pas faites avec des actifs plus faibles. L'important est de suivre l'évolution des actifs ainsi que l'évolution du nombre de transactions mois après mois ou trimestre après trimestre. Chaque catégorie de fonds *ABL* aura ensuite des risques spécifiques. Le financement d'assurance-vie a un risque légal assez important, car les autorités peuvent intervenir à tout moment et changer le cadre légal dans lequel la stratégie est active. Les stratégies portant sur des biens mobiliers sont dépendantes de l'état global de l'économie et des développements technologiques. En période de ralentissement, la valeur de revente de nombreux produits baissera. Un nouveau produit peut également rendre désuet un collatéral qui verra sa valeur de revente chuter. Une agence peut voir la qualité de ses propositions baisser, ce qui impactera directement les fonds qui travaillent avec elle.

Lors de la sélection de fonds *ABL*, il convient de diversifier l'allocation. Cette diversification doit se faire non seulement par style de gestionnaires (en privilégiant ceux qui créent les structures de transaction en interne afin de ne pas être exposé aux mêmes risques), mais également par type de collatéral afin de diversifier le risque de perte en cas de mauvaise estimation ou de fraude. Il convient également de viser une diversification géographique, car les gérants travaillent en général surtout avec des entreprises locales.

## 14.3. Illustration

Dans cette section, nous illustrons plusieurs sous-stratégies spécifiques. En pratique, chaque gérant aura ses spécificités propres qui rendront sa stratégie unique

### 14.3.1. *Trade finance*

Considérons un fonds qui applique la stratégie *trade finance*. Le fonds *ABL* accepte de financer une société qui propose des vêtements de sport. Cette marque de sport a une commande d'une chaîne de magasin qui a une centaine de boutiques à travers les États-Unis. Le client commande des trainings produits en Asie. Le producteur final acceptera d'envoyer la commande uniquement contre le paiement cash de la commande. Le rôle du fonds est de financer le cash nécessaire (dans notre cas 85 %, les 15 % étant financés par la marque de sport) contre l'ordre ferme de commande avec les trainings en collatéral. Il enregistre le collatéral par un CCGI, adresse une note de crédit à la marque et paie la commande au producteur asiatique. Il finance le transport et arrange les documents de douane. Il récupère ensuite le montant lorsque les marchandises ont été récupérées par le vendeur final.

**Schéma 30.** – *Illustration de la stratégie* trade finance

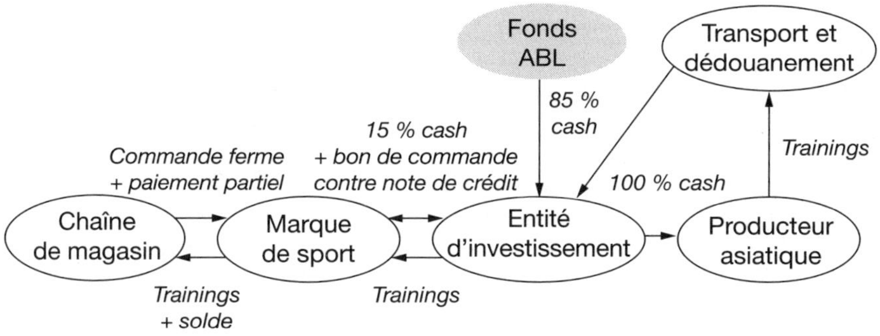


14.3.2. *Financement immobilier*

À titre d'exemple théorique de financement immobilier, considérons un promoteur immobilier qui désire acheter un bien estimé à 5 000 000 de dollars. Le promoteur doit rapidement achever la transaction et avance 500 000 en cash pour sécuriser le bien. Le temps pour avoir l'accord d'une banque est généralement de 120 jours à partir de ce moment. Dans ce cadre, le fonds décide de faire un prêt à court terme au promoteur avec comme collatéral le bien immobilier. Le promoteur devra mettre 1 000 000 de capital propre en plus afin de compléter l'achat.

Un autre exemple réel de la stratégie liée au marché immobilier se présente comme suit. En mars 2006, un fonds achète un prêt immobilier commercial sous-performant de 1,5 million de dollars d'une banque de Floride. Le prêt était collatéralisé par un bien immobilier à Pompano en Floride proche d'une autoroute inter-état. La propriété contenait approximativement 426 000 mètres carrés. Une estimation de sa valeur sur la base des dernières transactions dans la région indiquait une valeur de marché du mètre carré entre 10 et 13 dollars par mètre carré, soit une valeur approximative entre 4,2 et 5,5 millions de dollars au moment de l'achat. La situation préliminaire est décrite visuellement dans le schéma 31. À l'origine, la banque finance l'emprunteur contre le paiement d'intérêts et de capital avec le bien immobilier en collatéral. Lorsque l'emprunteur ne fait plus face à ses engagements, la banque, plutôt que d'utiliser son collatéral, préfère vendre son droit avec un rabais par rapport à la valeur des intérêts et du remboursement en capital dû. La situation après la vente du prêt de la banque vers le fonds est reprise dans le schéma 32. Dans le cas présent, le fonds a récupéré 1,8 million de dollars dans les 6 mois qui ont suivi le rachat, ce qui donne un rendement brut de 38,5 %.

**Schéma 31.** – *Positionnement avant le rachat du prêt par le fonds*

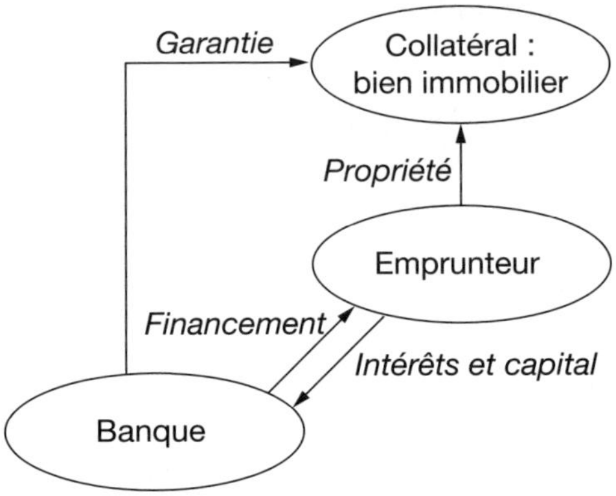


**Schéma 32.** – *Positionnement après le rachat du prêt par le fonds*

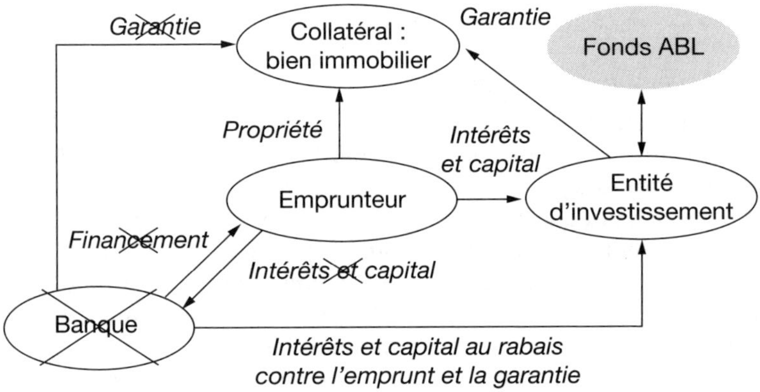


D'aucuns pourraient se demander comment le fonds a pu récupérer cette somme alors que la banque à l'origine de l'emprunt ne l'a pas fait. La raison est assez simple : les banques ne sont pas toujours équipées pour faire face à des retards de paiement. En outre, tant pour une question d'image que pour une question d'efficacité, il leur est souvent plus facile de vendre un prêt à problèmes avec un rabais que de le gérer.

### *14.3.3. Financement de poursuites légales*

En mars 2007, un fonds a octroyé un prêt renouvelable de 10 millions de dollars à une société spécialisée dans les avances pour plaignants qui désirent porter plainte au tribunal. Le principe est que la société avance le cash nécessaire au plaignant en procès, pour payer les frais de procédure avec comme garantie le bénéfice contingent au procès. Dans ce cadre, le fonds a avancé 85 % des frais de chaque plaignant. Cette avance ne représente dans chaque cas qu'une fraction des revenus potentiels en cas de victoire. Le collatéral s'accumule à un taux de rendement de 45 %, ce qui permet de supporter les pertes dans les cas perdus. L'élément essentiel dans le cas présent est que le fonds finance une société avec comme garantie les gains potentiels sur les poursuites légales. Cela inclut non seulement les affaires en cours, mais également les cas où l'entreprise a gagné les procès financés et que les paiements sont attendus. En outre, cette dernière finance les procès à hauteur de 85 % et elle exige toujours un investissement personnel. Dans le cas qui nous occupe, le fonds a pu négocier un rendement de 17,5 % sur le prêt. Il est intéressant de mentionner que le collatéral n'est pas ici un bien mobilier ou immobilier, mais des gains potentiels sur les plaintes déposées par les clients et que leur valeur sera dépendante de la qualité de l'emprunteur qui décidera quels cas seront financés.

**Schéma 33.** – *Financement de poursuites judiciaires*

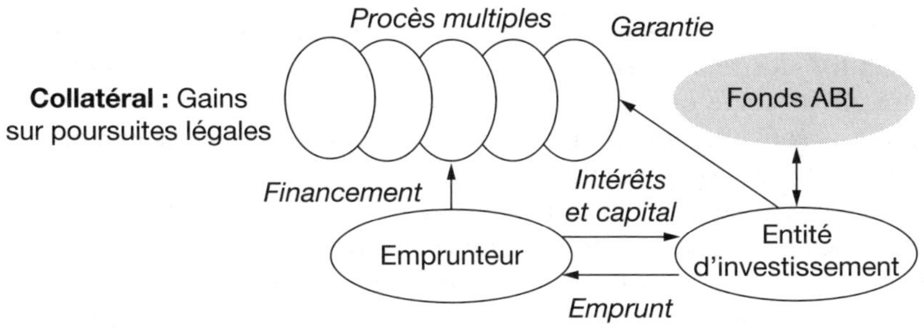


14.3.4. *Financement d'assurance-vie*

Le cas que nous présentons concerne un homme de 80 ans avec une espérance de vie de 10 ans. La valeur faciale de l'assurance est de 1 000 000, les primes de 3,5 %, soit 35 000 dollars. Le point d'inflexion théorique est de 29 ans, soit à 109 ans.

Le financement de la transaction est le suivant :

– Le prêt va durer 25 mois. Les primes sont par conséquent de 35 000 dollars par an, soit 70 000 sur 2 ans.

– La commission de structuration perçue par le fonds est de 3 % de la valeur faciale, soit 30 000 dollars.

– La commission de création est de 2 000 dollars.

– L'emprunt total est par conséquent de 70 000 + 30 000 + 2 000 = 102 000 dollars.

– La sortie de cash n'est cependant que de 102 000 – 30 000 – 2 000 soit 70 000, car les commissions vont directement au fonds.

Pour un prêt de 102 000 dollars, le fonds ne doit débourser que 70 000 dollars, le solde était perçu comme commission. Le taux d'intérêt sur le crédit est de 10 %. La valeur du crédit à la fin de la période de 25 mois passe par conséquent à 124 404 dollars pour un investissement de 70 000, soit un rendement annualisé de 22 %.

Trois cas sont possibles :

1. L'assuré paie le prêt en retour : dans ce cas, le rendement est de 22 %.
2. L'assuré fait défaut sur le prêt : les revenus viennent alors de la liquidation du collatéral, c'est-à-dire de la police. L'estimation de sa valeur à partir de modèles actuariels donne 191 000 soit un rendement de 44 %.
3. L'assuré décède durant le prêt : les revenus proviennent d'un remboursement anticipé du crédit avant maturité, ce qui donne un rendement supérieur à 22 %.

Les principaux risques dans le cas présent sont que l'assuré fraude par rapport à son état de santé ou qu'il se suicide.

## 14.4. Avantages et inconvénients

Un des avantages principaux de la stratégie *ABL* est la décorrélation et la stabilité des rendements dans des conditions normales de marché. En outre, la stratégie est proche de l'économie réelle et les concepts sous-jacents à son implémentation sont relativement faciles à comprendre, même pour des non-financiers.

Les inconvénients de la stratégie sont liés à ses avantages. Le fait d'être proche de l'économie la rend vulnérable à l'environnement. En cas de ralentissement, les entreprises auront des difficultés à faire face à leurs engagements et le fonds a un plus grand risque de subir des défauts. Un autre élément à considérer est son manque de liquidité. La stratégie *asset based lending* fait partie des stratégies les moins liquides. En conséquence, le risque de choisir le mauvais gérant est plus important que dans d'autres cas.

## 14.5. Performance

La poche des *ABL* au sein de l'industrie des hedge funds s'est fortement développée au cours des dernières années. Selon *HedgeFund.net* qui agrège un indice *ABL* depuis 1989, les actifs sont passés d'1 milliard de dollars en 2005 à 12 milliards en 2008.

Dans des conditions normales de marché, un fonds *ABL* type rapporte entre 70 et 110 pb par mois soit 9 à 14 % annualisés avec une volatilité inférieure à 5 % et des rendements négatifs extrêmement rares.

Un investissement de 100 dollars en janvier 1990 dans l'indice *asset based lending* se serait transformé en 876 dollars fin septembre 2009. Ceci est supérieur au même investissement dans le marché des actions ou dans le marché obligataire qui se serait transformé en 191 et 226 dollars, mais inférieure à la performance de l'indice hedge fund global qui termine à 971 dollars. Le graphique 34 illustre cette évolution.

L'indice *asset based lending* a offert un rendement annuel de 11,6 % contre un rendement annuel moyen de 7,8 % pour l'indice action, 6,2 % pour l'indice obligataire et 10,4 % pour l'indice hedge fund global. D'un autre côté, la volatilité de l'indice à 1,6 % est extrêmement basse et inférieure à celle de l'ensemble des indices de référence 3,7 % pour l'indice obligataire, 15,5 % pour l'indice action et 7,1 % pour l'indice hedge fund global. L'indice *asset based lending* a surperformé les marchés classiques avec une volatilité moindre. Cette bonne performance relative s'explique principalement par le fait que les fonds combinent des prêts garantis par des collatéraux dans leur portefeuille et que, dans des conditions normales, voire légèrement défavorables, la performance reste stable. Ce n'est que dans des conditions extrêmes (récession importante) qu'il y a un véritable risque que les sociétés ne paient pas et que le collatéral perde sa valeur.

**Graphique 34.** – *Évolution de 100 dollars investis dans l'indice* asset based lending

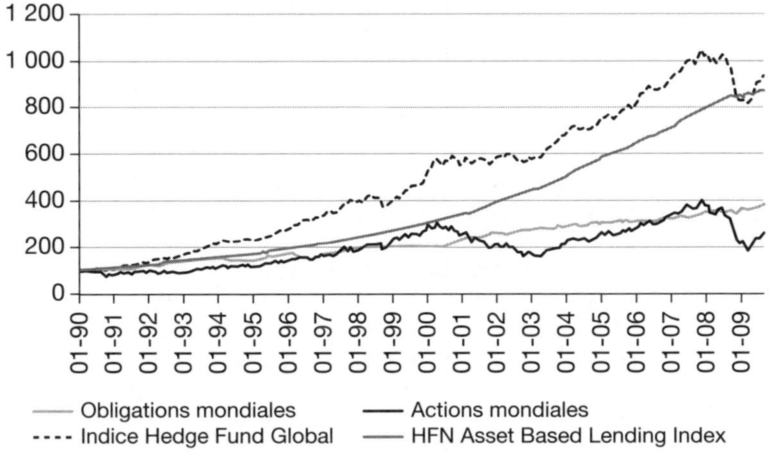


*Source* : d'après des chiffres de Hedge Fund Research, Inc.

Le tableau 22 rapporte des statistiques descriptives de la stratégie par rapport aux indices de référence. Il entraîne les remarques suivantes.

– Sur les 20 années considérées, l'indice *asset based lending* n'a pas connu d'année négative, mais les performances récentes ont été plus faibles. L'indice action a baissé en 1990, 1992, entre 2000 et 2002 et il a perdu plus de 40 % en 2008. L'indice obligataire n'a enregistré des performances annuelles légèrement négatives qu'en 1994 et 1999.

– Les rendements annuels maximums de l'indice *asset based lending* ont été atteints en 2003. Ceux du marché des actions et de l'indice obligataire ont été obtenus en 2003 et 2000. Ils s'élevaient respectivement à 16,4 % pour l'indice *asset based lending* et 33,1 % et 11,6 % pour les indices de référence. L'indice hedge fund global a offert 31,3 % en 1999.

– Les écarts de rendement entre l'indice *asset based lending* et les indices de référence varient fortement au cours du temps. L'écart positif maximum entre les fonds et l'indice action (respectivement l'indice obligataire) a été de 46 % en 2008 (resp. 13,7 % en 1994), alors que le retard maximum a été de 21,3 % en 2009 (resp. 6,8 % en 1995).

**Tableau 22.** – *Performances et statistiques descriptives de l'indice* asset based lending *et des indices de référence*

| | Obligations mondiales | Actions mondiales | Indice Hedge Fund Global | HFN Asset Based Lending Index | Performance vs. Obligations | Performance vs. Actions |
|---|---|---|---|---|---|---|
| 1990 | 9,0 % | – 17,0 % | 5,8 % | 13,3 % | 4,4 % | 30,4 % |
| 1991 | 16,0 % | 18,3 % | 32,2 % | 11,2 % | – 4,8 % | – 7,1 % |
| 1992 | 7,4 % | – 5,2 % | 21,2 % | 12,9 % | 5,5 % | 18,1 % |
| 1993 | 9,7 % | 22,5 % | 30,9 % | 9,4 % | – 0,4 % | – 13,1 % |
| 1994 | – 2,9 % | 5,1 % | 4,1 % | 10,8 % | 13,7 % | 5,7 % |
| 1995 | 18,5 % | 20,7 % | 21,5 % | 11,7 % | – 6,8 % | – 9,1 % |
| 1996 | 3,6 % | 13,5 % | 21,1 % | 13,2 % | 9,6 % | – 0,3 % |
| 1997 | 9,7 % | 15,8 % | 16,8 % | 11,9 % | 2,2 % | – 3,9 % |
| 1998 | 8,7 % | 24,3 % | 2,6 % | 11,8 % | 3,1 % | – 12,6 % |
| 1999 | – 0,8 % | 24,9 % | 31,3 % | 11,5 % | 12,3 % | – 13,4 % |
| 2000 | 11,6 % | – 13,2 % | 5,0 % | 12,4 % | 0,8 % | 25,6 % |
| 2001 | 8,4 % | – 16,8 % | 4,6 % | 15,3 % | 6,9 % | 32,2 % |
| 2002 | 10,3 % | – 19,9 % | – 1,4 % | 12,3 % | 2,0 % | 32,2 % |
| 2003 | 4,1 % | 33,1 % | 19,6 % | 16,4 % | 12,3 % | – 16,7 % |
| 2004 | 4,3 % | 14,7 % | 9,0 % | 13,0 % | 8,7 % | – 1,7 % |
| 2005 | 2,4 % | 9,5 % | 9,3 % | 10,4 % | 8,0 % | 0,9 % |
| 2006 | 4,3 % | 20,1 % | 12,9 % | 10,7 % | 6,4 % | – 9,4 % |
| 2007 | 7,0 % | 9,0 % | 10,0 % | 12,7 % | 5,8 % | 3,7 % |
| 2008 | 5,2 % | – 40,7 % | – 19,0 % | 5,3 % | 0,1 % | 46,0 % |
| 2009* | 5,8 % | 25,0 % | 17,1 % | 3,6 % | – 2,1 % | – 21,3 % |
| Rendement annuel moyen 1990-2009 | 7,2 % | 7,7 % | 13,0 % | 11,6 % | 4,3 % | 3,9 % |
| Volatilité 1990-2009 | 3,9 % | 15,5 % | 7,1 % | 1,4 % | ND | ND |
| Rendement annuel moyen 1999-2009* | 5,9 % | 5,0 % | 9,5 % | 11,4 % | 5,5 % | 6,3 % |
| Volatilité 1999-2009* | 3,8 % | 16,4 % | 7,4 % | 1,4 % | ND | ND |
| Rendement annuel moyen 2004-2009* | 5,2 % | 7,9 % | 7,6 % | 9,5 % | 4,3 % | 1,6 % |
| Volatilité 2004-2009* | 3,7 % | 16,7 % | 7,0 % | 1,4 % | ND | ND |

* Pour 2009, les données utilisées s'arrêtent à fin septembre.
*Source* : d'après des données de Hedge Fund Research, Inc.

## 15. La stratégie *long/short*

Le nom de la stratégie *long/short* vient de l'origine de l'industrie des hedge funds. Les spécialistes de cette stratégie d'investissement prennent des positions longues dans certains titres et vendent d'autres titres à découvert. Selon les classifications, cette stratégie est également parfois appelée *equity hedge* qui signifie couverture des actions.

Cette stratégie est la plus proche de celle mise en place par Alfred W. Jones, le père de l'industrie des hedge funds. L'idée est d'arriver à contrôler le risque de marché en combinant des positions longues et des positions à découvert. Les rendements ont deux sources principales et ils dépendent en grande partie de l'habilité des gérants à sélectionner les bons titres à acheter ou à vendre à découvert. Ensuite intervient le rehaussement des rendements grâce à l'utilisation du levier financier.

### *15.1. Méthodologie*

Les spécialistes de cette stratégie analysent un grand nombre de sociétés. Pour ce faire, ils se basent, entre autres, sur l'analyse fondamentale, le ratio prix/bénéfice ou encore les perspectives d'avenir des sociétés. Ils recourent souvent à différentes méthodes d'évaluation. Ils comparent également le prix de l'action par rapport à ses niveaux historiques et par rapport au marché. De par la définition de leur méthode d'investissement, les analystes recherchent non seulement des titres sous-évalués (afin de les acheter), mais également des titres surévalués (afin de les vendre à découvert). Une fois ces titres identifiés, les spécialistes attendent le moment opportun afin de prendre position pour réaliser un bénéfice maximum. Afin de décider du moment favorable pour appliquer la stratégie, certains gérants se basent également sur l'analyse technique chartiste qui ne joue qu'un rôle secondaire.

Le processus de construction d'un tel portefeuille est reproduit dans le schéma 34. Le triangle de gauche illustre la partie longue du portefeuille exposée au risque de marché, au risque d'industrie et au risque spécifique aux titres. Le triangle central représente la partie courte du portefeuille. Le portefeuille global est représenté par le triangle de droite. Dans ce dernier triangle, les risques de marché et d'industrie sont neutralisés par la combinaison de positions longues et courtes. Le risque principal du portefeuille devient alors le risque spécifique aux titres. [1,2]

---

1. Dans le schéma 34, nous faisons l'hypothèse implicite que les risques de marché et d'industrie des titres considérés se couvrent parfaitement. Dans la pratique, il conviendra de réaliser des calculs précis et d'adapter fréquemment les positions afin qu'il en soit ainsi.

2. La taille de la partie supérieure du triangle de droite sera fonction de la corrélation entre les cours de titres repris et de la couverture partielle. Il est, en effet, probable que des cours de titres d'une même industrie soit corrélés et qu'une partie du risque soit compensée.

**Schéma 34. –** *Construction d'un portefeuille* long/short *classique*

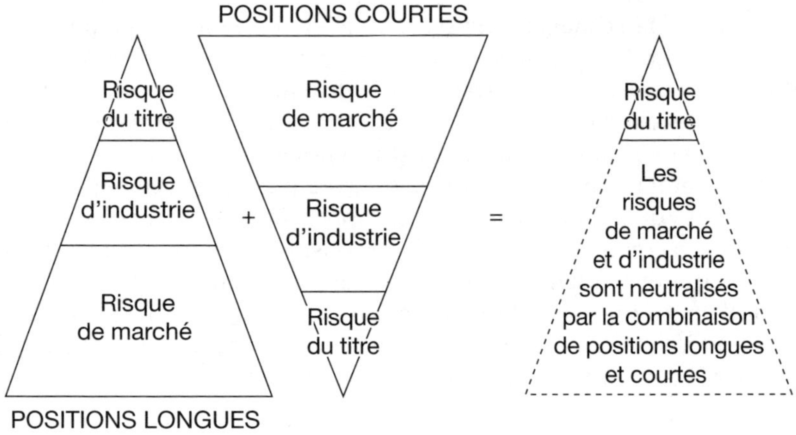


Tous les fonds suivent la même logique, à savoir investir dans des titres sous-évalués et vendre à découvert des titres surévalués, tout en anticipant une direction pour le marché dans son ensemble. Au fur et à mesure que la stratégie s'est développée, de nombreux fonds se sont cependant spécialisés dans un ou plusieurs créneaux à l'intérieur de la stratégie *long/short*. Certains d'entre eux se limitent à investir dans un ou plusieurs secteurs prédéfinis, alors que d'autres se concentrent sur des sociétés à fort potentiel de croissance, ou ils se limitent à investir dans certaines régions du monde. D'autres finalement préfèrent se limiter à investir dans des petites sociétés qui, de par leur petite taille, sont délaissées par les analystes et qui offrent des opportunités d'investissement particulièrement intéressantes.

Comme nous l'avons décrit précédemment, la stratégie *long/short* est basée sur l'habilité des spécialistes d'identifier des titres sous- et surévalués et de prendre position tout en gardant une certaine exposition par rapport au marché.[1] Certains gérants appliquent cependant des techniques spéciales. De nombreux fonds mettent en place ce qu'ils appellent des opérations sur pairs.[2] On parle d'opérations sur pairs lorsque les spécialistes prennent des positions dans des titres associés. Les gérants achètent l'action sous-évaluée et vendent l'action surévaluée à découvert. Ils couvrent en partie le risque de marché et le risque de secteur. À titre d'exemple, considérons l'achat de France Telecom et la vente à découvert simultanée de British Telecom.

1. Dans le cas où les gérants cherchent à avoir une position globale totalement neutre par rapport au marché, la stratégie n'est plus la même. On parle alors de fonds *equity market neutral* que nous analysons plus loin dans le chapitre.

2. Le terme anglais original est *pair trading*. Nous l'analysons en détail lors de l'étude de la stratégie *relative value arbitrage*.

Dans d'autres cas, les fonds adoptent une stratégie de sélection individuelle d'actions pour les positions longues, qu'ils couvrent par l'achat d'options de vente sur indices ou par la mise en place de produits dérivés sur mesure qui auront le même effet qu'une vente à découvert.

En ce qui concerne le levier, il n'y a pas de règle préétablie. Chaque gérant aura une approche différente sur la quantité de levier qu'il utilise, mais la plupart des gérants ont un levier inférieur ou égal à 2:1. Ce sera la même chose pour l'exposition du fonds aux variations de marché. Certains limiteront fortement leur exposition alors que d'autres seront plus exposés.

Alors qu'elle existait déjà depuis de nombreuses années, la stratégie d'investissement *long/short* n'a été découverte par le grand public qu'au début des années 60. Au départ, Alfred W. Jones a préféré garder l'anonymat et il est resté très discret sur sa stratégie d'investissement. Le fait de s'ouvrir au public a eu deux impacts importants : d'un côté cela peut attirer des capitaux, d'un autre côté, la performance des fonds risque d'être affectée par les réactions d'autres intervenants du marché, lorsqu'ils apprennent que tel fonds a pris telle ou telle position. De ce fait, de nombreux fonds tentent de rester discrets lorsqu'ils ont attiré suffisamment d'actifs sous gestion et que leur stratégie d'investissement est très précise.

Dans un environnement de marché positif, un gérant de fonds *long/short* investit généralement 75 % de son portefeuille dans des positions longues et 25 % dans des positions courtes. Dans un marché baissier, la tendance est soit inversée, soit elle se rapproche de 50 % de positions longues et 50 % de positions courtes, afin d'être bien positionnée pour un éventuel retournement.

La stratégie *long/short* est une des stratégies les plus représentées. Il en existe même plusieurs centaines en Europe. Cette méthodologie fonctionne le mieux lorsque les fonds sont de petite taille, car dans ce cas, ils peuvent prendre des positions dans des sociétés de toutes tailles (petites, moyennes ou grandes capitalisations), sans avoir d'impact sur le cours du titre. Mais le développement rapide de l'industrie, l'explosion du nombre de fonds et la taille importante des principaux intervenants appliquant cette stratégie ont eu pour conséquence que de nombreux fonds n'ont plus pu investir dans les petites sociétés, par peur d'impacter directement le cours des titres lors de la prise de position et le nombre d'opportunités a diminué.

## 15.2. *La stratégie* equity non-hedge

Cette méthodologie est fort proche de son équivalent couvert, la stratégie *equity hedge*. La principale différence est que, dans le cas présent, les gérants ne prennent pas (ou très peu) de positions à découvert. Les spécialistes de cette stratégie appliquent la même méthodologie d'investissement que les fonds classiques, en se différenciant de ces derniers en utilisant plus ou moins fortement le levier financier qui fait partie intégrante du processus d'investissement.

La stratégie *equity non-hedge* est une stratégie directionnelle par définition. Les gérants de ce type de fonds prennent des positions longues dans des titres qu'ils estiment sous-évalués. Ils se distinguent des fonds *equity hedge* principalement par le fait qu'ils ne vendent pas de titres à découvert et utilisent dans certains cas le levier. Le levier est utilisé pour augmenter le profit par position et pour augmenter l'exposition à un titre sans avoir à vendre une position en portefeuille lorsque le fonds est totalement investi.

Les fonds *equity non-hedge* se différencient des fonds *equity hedge* par leur exposition ainsi que par les marchés sur lesquels ils sont présents et par la construction de leur portefeuille. Alors qu'un fonds *equity hedge* est diversifié par secteur et par nombre de positions, un fonds *equity non-hedge* sera souvent concentré sur un ou plusieurs secteurs et/ou sur un nombre restreint de positions. En outre, cette structure est souvent utilisée par des gérants qui désirent investir dans des titres moins liquides, qu'il n'est pas possible de couvrir. Les fonds entre les hedge funds et le *private equity* entrent dans cette catégorie, de même que les fonds investis dans des petites capitalisations dans des pays émergents.

Même si, dans la grande majorité des cas, ils ne prennent pas de positions à découvert, ils se laissent souvent la possibilité de le faire dans le prospectus. Les ventes à découvert ne font cependant pas partie intégrante et récurrente du processus d'investissement. L'utilisation de produits dérivés n'est pas courante dans cette stratégie, même s'il existe des exceptions.

Cette stratégie se rapproche de la stratégie *equity market neutral* par le fait qu'elle combine des positions longues et courtes dans des actions (même si dans certains cas les positions courtes ne sont prises que dans des indices ou dans des produits dérivés sur indice). La principale différence est que l'objectif final n'est pas d'avoir une position nette neutre, mais d'être exposé au marché en période de hausse tout en se protégeant en période de baisse. Les gérants augmentent leurs positions longues en période de marché haussier et les diminuent (parfois ils vont jusqu'à une position nette courte) en période de marché baissier.

Contrairement à leurs homologues qui gèrent des fonds *equity market neutral*, les gérants de fonds *long/short* prennent des positions à découvert, tant par souci de couverture que pour générer du rendement. Les gérants cherchent à investir dans des titres dont le prix augmentera plus rapidement que le marché en période de hausse, alors qu'ils vendent à découvert des titres dont le prix s'appréciera moins que le marché. De même, dans un marché baissier, ils espèrent que leurs positions à découvert baisseront plus rapidement que le marché, et que leurs positions longues baisseront moins rapidement. Certains vont même jusqu'à dire que l'idée n'est plus d'acheter des titres sous-évalués, mais de vendre à découvert des titres surévalués. Le rendement est créé de la même façon que les gérants classiques en marché haussier, mais ils cherchent à surperformer le marché lorsqu'il baisse.

Une autre différence entre l'investissement *long/short* et la stratégie *equity market neutral* réside dans la proportion allouée à des positions longues et celle allouée aux ventes à découvert. En effet, si les stratégies neutres par rapport au marché tentent de n'avoir aucune exposition au marché (obtenir une position nette neutre en bêta), les spécialistes de la stratégie *long/short* investissent une plus grande partie de leurs actifs dans des sociétés sous- ou surévaluées suivant l'orientation attendue du marché. Dans les faits, les gérants sont majoritairement longs en ce sens qu'ils ont une plus d'actifs alloués à des positions longues qu'à des positions à découvert.

## 15.3. Illustration

Il existe de nombreuses façons d'appliquer une stratégie *long/short*. Nous proposons deux exemples.

### *15.3.1. Clip Corporation*

Cet exemple d'une société peu suivie (la direction a spécifié au gérant lors de sa visite qu'aucun analyste ou gérant n'avait rendu visite à l'entreprise depuis plus de six mois) illustre une des plus-values offerte par les hedge funds, à savoir l'investissement dans des sociétés peu voire pas suivies par le marché.

*Clip* est une société installée à Nagoya au Japon. À l'origine, cette société est spécialisée dans la formation des jeunes. Elle s'est diversifiée dans l'apprentissage du football aux petits enfants de 4 à 10 ans qui représentaient, fin 2004, 60 % de ses profits. Les enfants paient 5 000 yens par mois pour un entraînement de 90 minutes par semaine. Lors de la visite du gérant, la direction de la société soutient qu'elle peut faire croître la branche d'école de football de 20-30 % par an, au cours des trois prochaines années. Pour organiser ses cours, la direction annonce qu'elle va engager des instructeurs et louer de petits terrains dans des parcs des villes concernées. Les coûts d'implémentation sont minimes et les marges opérationnelles de plus de 20 %.

Le gérant analysa la société et arriva aux conclusions suivantes. Lors de la visite du gérant, l'action se traitait à 8-9 fois les bénéfices. L'entreprise disposait également de montants significatifs de cash. Le gestionnaire apprit également lors de sa visite que le cash du bilan allait être utilisé, soit pour procéder à d'éventuelles acquisitions, soit pour accroître le dividende. Le gérant estima l'entreprise clairement sous-évaluée et il estima le potentiel de hausse de plus de 80 %. Il prit position en janvier 2005 à un prix moyen de 1 120 yens. Le prix commença ensuite son ascension et rebondit lors de l'annonce de la hausse de dividende.

### *15.3.2. Barnes et Noble, Inc*

Situons-nous en juin 2000 et considérons la société *Barnes et Noble, Inc.*, le leader de la vente de livres aux États-Unis. [1] Entre juin et novembre 2000,

1. Cet exemple nous a été fourni par un gérant qui désire garder l'anonymat.

le cours de l'action de cette société se traitait à un cours proche de 19,50 dollars par action. Durant cette période, l'entreprise se développa fortement, par l'intermédiaire de ses grandes surfaces du livre et par le site internet de vente en ligne dont la société détenait 40 % des parts, www.barnesandnoble.com. En outre, *Barnes et Noble* espéraient continuer de croître par l'intermédiaire des jeux vidéo et du marché des programmes informatiques dans lesquels elle s'apprêtait à entrer. L'action de la société s'échangeait à des cours historiquement bas.

Cette société était intéressante car :
- elle était leader dans son industrie ;
- elle a su faire face à l'arrivée de la concurrence sur internet ;
- elle se traitait à un cours historiquement bas.

Le gérant prit une première position en juin 2000. Il la renforça début novembre 2000 à un cours moyen de 19,50 dollars. Le cours du titre fit un premier bond fin novembre. Ensuite, il commença à croître de façon soutenue dès avril 2001. En juillet 2001, le cours de l'action était de 35 dollars, pour une hausse totale proche de 80 %. Ce cours est toujours inférieur aux hauts historiques à 48 dollars, mais les gains étaient importants et le gérant estima que le potentiel de hausse était limité. Le gérant ferma sa position entre juillet et août 2001 à un prix moyen de 36,10 dollars et réalisa un gain de 85 %. Le graphique 35 reprend l'évolution du cours de Barnes et Noble entre juin 2000 et juillet 2001.

**Graphique 35.** – *Évolution du cours de l'action Barnes et Noble (juin 2000-août 2001)*

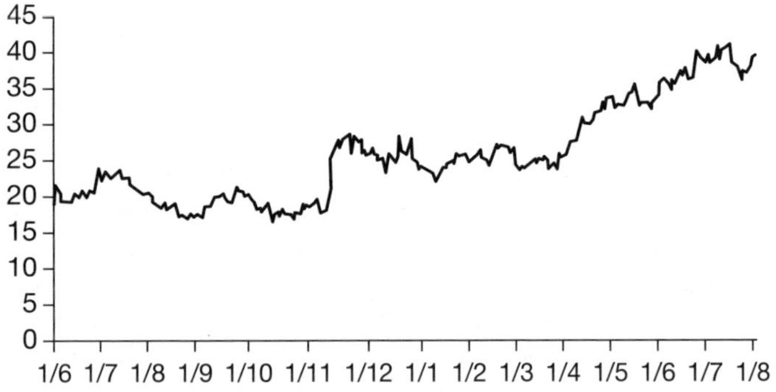


### 15.4. Avantages et inconvénients

Cette stratégie d'investissement est fort pratiquée, car elle offre tous les avantages d'une stratégie d'investissement classique investie uniquement de façon longue dans les actions, tout en permettant aux gérants de prendre position dans des titres qu'ils estiment surévalués. Ceci fournit une protection plus ou moins importante par rapport au risque de marché.

Le principal inconvénient de cette stratégie est que son succès l'a rendue moins attrayante. En effet, l'explosion du nombre de fonds qui appliquent cette stratégie a eu comme conséquence qu'il est de plus en plus difficile de trouver des opportunités d'investissement intéressantes, et surtout d'être le premier à les identifier. L'augmentation du nombre de fonds n'a pas créé plus d'opportunités qu'il n'en existait par le passé, mais elle a accru le nombre d'intervenants qui cherchent à les identifier.

Le principal avantage des fonds qui appliquent la stratégie *equity nonhedge* est que leurs rendements rebondissent généralement avec les marchés en période de forte hausse. Les rendements sont démultipliés lorsqu'ils recourent au levier financier.

D'un autre côté, comme les gérants ne prennent que des positions longues dans des titres, il leur est difficile d'offrir des rendements intéressants lorsque les marchés baissent. De plus, même s'ils sont à même d'identifier les titres sous-évalués à moyen ou long terme, les évolutions à plus court terme sont souvent volatiles. Il n'est d'ailleurs pas rare que les cours de nombreuses sociétés évoluent défavorablement, même si leurs perspectives de croissance sont intéressantes, uniquement parce que la tendance du marché est baissière.

### *15.5. Performance*

Un investissement de 100 dollars en janvier 1990 dans l'indice *equity hedge* se serait transformé en 1 386 dollars fin septembre 2009. Ceci est supérieur au même investissement dans le marché des actions et dans le marché obligataire qui se serait transformé en 191 et 226 dollars, mais inférieure à la performance de l'indice hedge fund global qui termine à 971 dollars. Le graphique 36 illustre cette évolution.

L'indice *equity hedge* a offert un rendement annuel de 15,6 % contre un rendement annuel moyen de 7,7 % pour l'indice action, 7,2 % pour l'indice obligataire et 13 % pour l'indice hedge fund global. D'un autre côté, la volatilité de l'indice à 9,3 % est largement supérieure à la volatilité de l'indice obligataire à 3,7 %, mais plus faible que celle du marché des actions à 15,5 %. L'indice *equity hedge* a surperformé les marchés classiques avec une volatilité supérieure à celle du marché obligataire, mais largement inférieure à la volatilité du marché des actions. Cette surperformance des fonds *long/short* par rapport aux actions s'explique principalement par le fait que les gérants prennent des positions longues et courtes dans des titres, ce qui leur permet d'amplifier les rendements du marché des actions dans son ensemble s'ils sélectionnent de bons titres à acheter, mais surtout les bons titres à vendre à découvert. On notera également que la stratégie a particulièrement bien fonctionné pendant la bulle technologique, probablement en partie grâce à l'utilisation du levier financier. Depuis que les marchés se sont retournés en 2000, la performance de cette stratégie est moins attrayante, mais relativement plus intéressante que le marché des actions.

**Graphique 36.** – *Évolution de 100 dollars investis dans l'indice* long/short

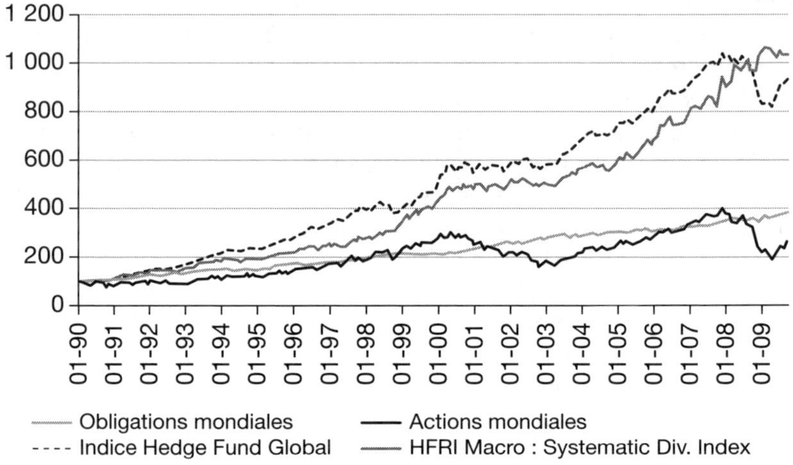


*Source* : d'après des chiffres de Hedge Fund Research, Inc.

Le tableau 23 rapporte des statistiques descriptives de la stratégie par rapport aux indices de référence. Il entraîne les remarques suivantes.

– Sur les 20 années considérées, l'indice *equity hedge* n'a connu de rendement total annuel négatif que deux années, en 2002 et 2008. Ces années ont été les plus difficiles de ces vingt dernières années dans les marchés d'actions. L'indice obligataire n'a enregistré des performances annuelles légèrement négatives qu'en 1994 et 1999.

– Les rendements annuels maximums de l'indice *equity hedge* ont été atteints en 1999. Ceux du marché des actions et de l'indice obligataire ont été obtenus en 2003 et 2000. Ils s'élevaient respectivement à 44,2 % pour l'indice *equity hedge* et 33,1 % et 11,6 % pour les indices de référence. L'indice hedge fund global a offert 31,3 % en 1999.

– Les écarts de rendement entre l'indice *equity hedge* et les indices de référence varient fortement au cours du temps. L'écart positif maximum entre les fonds et l'indice action (respectivement l'indice obligataire) a été de 31,4 % en 1990 (resp. 45 % en 1999), alors que le retard maximum a été de 12,6 % en 2003 (resp. 31,9 % en 2008).

## 16. La stratégie *emerging markets*

Les marchés émergents représentent plus de 85 % de la population mondiale et plus de 75 % de la masse terrestre mondiale. Dans les marchés ils représentent cependant moins de 10 % des actions cotées et moins de 15 % des dettes gouvernementales traitées (toutes devises confondues). Ces chiffres indiquent le potentiel de développement de ces marchés à long terme.

**Tableau 23. –** *Performances et statistiques descriptives de l'indice* long/short *et des indices de référence*

| | **Obligations mondiales** | **Actions mondiales** | **Indice Hedge Fund Global** | **HFRI Equity Hedge (Total) Index** | **Perfor-mance vs. Obligations** | **Perfor-mance vs. Actions** |
|---|---|---|---|---|---|---|
| 1990 | 9,0 % | – 17,0 % | 5,8 % | 14,4 % | 5,5 % | 31,4 % |
| 1991 | 16,0 % | 18,3 % | 32,2 % | 40,1 % | 24,1 % | 21,9 % |
| 1992 | 7,4 % | – 5,2 % | 21,2 % | 21,3 % | 13,9 % | 26,5 % |
| 1993 | 9,7 % | 22,5 % | 30,9 % | 27,9 % | 18,2 % | 5,4 % |
| 1994 | – 2,9 % | 5,1 % | 4,1 % | 2,6 % | 5,5 % | – 2,5 % |
| 1995 | 18,5 % | 20,7 % | 21,5 % | 31,0 % | 12,6 % | 10,3 % |
| 1996 | 3,6 % | 13,5 % | 21,1 % | 21,8 % | 18,1 % | 8,3 % |
| 1997 | 9,7 % | 15,8 % | 16,8 % | 23,4 % | 13,8 % | 7,6 % |
| 1998 | 8,7 % | 24,3 % | 2,6 % | 16,0 % | 7,3 % | – 8,4 % |
| 1999 | – 0,8 % | 24,9 % | 31,3 % | 44,2 % | 45,0 % | 19,3 % |
| 2000 | 11,6 % | – 13,2 % | 5,0 % | 9,1 % | – 2,5 % | 22,3 % |
| 2001 | 8,4 % | – 16,8 % | 4,6 % | 0,4 % | – 8,0 % | 17,2 % |
| 2002 | 10,3 % | – 19,9 % | – 1,4 % | – 4,7 % | – 15,0 % | 15,2 % |
| 2003 | 4,1 % | 33,1 % | 19,6 % | 20,5 % | 16,4 % | – 12,6 % |
| 2004 | 4,3 % | 14,7 % | 9,0 % | 7,7 % | 3,3 % | – 7,0 % |
| 2005 | 2,4 % | 9,5 % | 9,3 % | 10,6 % | 8,2 % | 1,1 % |
| 2006 | 4,3 % | 20,1 % | 12,9 % | 11,7 % | 7,4 % | – 8,4 % |
| 2007 | 7,0 % | 9,0 % | 10,0 % | 10,5 % | 3,5 % | 1,5 % |
| 2008 | 5,2 % | – 40,7 % | – 19,0 % | – 26,6 % | – 31,9 % | 14,1 % |
| 2009* | 5,8 % | 25,0 % | 17,1 % | 21,4 % | 15,6 % | – 3,6 % |
| Rendement annuel moyen 1990-2009 | 7,2 % | 7,7 % | 13,0 % | 15,6 % | 8,4 % | 7,9 % |
| Volatilité 1990-2009 | 3,9 % | 15,5 % | 7,1 % | 9,3 % | ND | ND |
| Rendement annuel moyen 1999-2009* | 5,9 % | 5,0 % | 9,5 % | 10,3 % | 4,4 % | 5,2 % |
| Volatilité 1999-2009* | 3,8 % | 16,4 % | 7,4 % | 10,0 % | ND | ND |
| Rendement annuel moyen 2004-2009* | 5,2 % | 7,9 % | 7,6 % | 7,2 % | 2,0 % | – 0,6 % |
| Volatilité 2004-2009* | 3,7 % | 16,7 % | 7,0 % | 9,3 % | ND | ND |

* Pour 2009, les données utilisées s'arrêtent à fin septembre.
*Source :* d'après des données de Hedge Fund Research, Inc.

Au cours des dernières années, les principaux marchés émergents que sont le Brésil, la Russie, l'Inde et la Chine sont reconnus comme des intervenants clés dans le système économique mondial. D'aucuns anticipent que leur importance continuera de croître au cours des années à venir. La stratégie *emerging markets* vise à prendre des positions dans des pays dits émergents. Selon les critères établis par la Banque Mondiale, un pays est qualifié d'émergent s'il répond à deux critères : son produit intérieur brut par habitant est inférieur à la moyenne mondiale et ce pays est déjà doté d'une bourse. On trouve de tels pays en Amérique latine, en Afrique, en Europe de l'Est, au Moyen Orient et en Asie/Pacifique.

Tout comme dans les fonds d'investissement classiques, certains gérants de hedge funds se sont spécialisés dans les pays émergents. Les gérants de telles stratégies prennent principalement des positions longues (selon les cas contrebalancées ou non) dans des titres de compagnies ou de pays émergents.

## 16.1. Méthodologie

Les gérants de ce type de fonds investissent dans des actions ou dans la dette de marchés de pays émergents (obligations ordinaires ou *brady bonds*). Cette stratégie nécessite des connaissances particulières de ces marchés très différents des marchés développés, ainsi qu'une présence sur le terrain. Les gérants ont généralement des contacts dans la plupart des pays dans lesquels ils investissent et ils visitent des sociétés de ces pays sur une base régulière.

Les marchés émergents offrent de réelles opportunités, car ceux qui connaissent au mieux ces marchés et leur fonctionnement peuvent profiter de leurs atouts tout en évitant les risques principaux.

Ces marchés disposent de plusieurs atouts :

– ce sont des marchés de croissance rapide ;

– leur nombre augmente, ce qui crée de nouvelles opportunités ;

– ils sont de plus en plus liquides, même si la liquidité reste largement moindre que dans les marchés développés ;

– ils présentent des inefficiences uniques.

Les principaux risques incluent :

– l'accès à l'information limité ;

– le manque de liquidité ;

– une infrastructure financière sous-développée ;

– un risque politique plus élevé ;

– une offre de produits d'investissement moins développée.

Il existe différents types de marchés émergents, mais tous se caractérisent par une présence plus importante de poches d'inefficiences. Ces inefficiences découlent du manque d'informations relatives aux entreprises et de leur inexactitude, ce qui crée des opportunités d'investissement pour l'investisseur qui parvient à identifier les titres sous-évalués. Ces marchés se caractérisent également par un manque d'infrastructure financière. Peu d'entre eux adhèrent aux standards comptables internationaux et, dans la plupart de ces marchés, les seuls titres disponibles sont les actions et les obligations.

Chaque partie du monde a ses intérêts propres :

– *en Europe de l'Est* : convergence vers l'Union Européenne, importantes réserves de matières premières pour la Russie ;

– *en Asie* : modèle de croissance basé sur l'exportation tout en offrant des possibilités de profiter de la croissance de la demande interne des deux géants, à savoir l'Inde et la Chine ;

– *en Amérique latine* : le Brésil reste le marché principal. Il est caractérisé par des réserves en matières premières importantes (pétrole, minerai, etc.).

Les spécialistes des pays émergents procèdent généralement à une analyse fondamentale des sociétés présentes dans le pays ou la région analysée, afin de déterminer les investissements qui leur permettront de réaliser les gains attendus. Ils cherchent à tirer avantage du manque d'informations qui fait qu'un grand nombre de sociétés traitent à des niveaux inférieurs à leur valeur intrinsèque. Afin de réaliser de tels gains, il faut avoir accès à l'information avant que l'ensemble du marché ne puisse y accéder. Pour ce faire, ils vont souvent sur le terrain, c'est-à-dire dans les pays choisis pour y rencontrer des responsables locaux, des représentants des administrations et des chefs d'entreprise afin d'avoir une vue globale du marché et un avis tranché sur des sociétés. Ils analysent les rapports financiers des sociétés afin d'établir la variabilité de leurs rendements et l'utilisation du capital. Ensuite, ils analysent les marchés dans lesquels l'entreprise est présente ainsi que ses clients et ses concurrents afin de déterminer son potentiel de croissance. Ils cherchent à déterminer l'habilité des sociétés à créer de la valeur. Finalement, avant d'investir ils considèrent les facteurs macroéconomiques spécifiques au pays ou à la région analysée qui risquent d'influencer le développement de l'entreprise.

Les gérants investissent généralement dans des industries qu'ils connaissent particulièrement bien et qu'ils comprennent, ainsi que dans des entreprises dirigées par une équipe de direction honnête, impliquée dans son travail et favorable à l'ouverture des marchés. Ils cherchent à se diversifier entre les secteurs, même s'ils sont souvent plus exposés à certains d'entre eux qu'ils privilégient.

Les gérants de fonds spécialisés dans les pays émergents investissent, soit de façon globale (ensemble des pays émergents qui répondent à un tel critère), soit dans une région (Asie, Asie hors Japon, Amérique latine, Europe de l'Est, etc.), soit dans un pays (Russie, Brésil, Thaïlande, etc.). D'un autre côté, il faut également considérer les fonds globaux non limités aux pays émergents qui allouent une part de leur portefeuille à ces pays. Ce type de fonds fait souvent varier son allocation aux différents marchés choisis suivant leur attractivité. De façon similaire, les gérants de fonds émergents globaux ou régionaux allouent une part plus importante à certains des pays choisis suivant l'évolution économique de ces marchés.

Les ventes à découvert sont souvent difficiles dans les marchés émergents, même si leur mise en place est de plus en plus facilitée au cours du temps. Dans la plupart des marchés asiatiques et dans certains pays d'Europe de l'Est, il est aujourd'hui possible de vendre des titres à découvert, et même s'il n'en est pas ainsi partout, la sophistication croissante de ces marchés devrait permettre aux gérants d'y recourir plus largement dans le futur. Afin de couvrir leurs positions, les gérants recourent souvent à des *American Depositary Receipts* (ADR). Les ADR sont des titres américains qui représentent une participation dans une entreprise étrangère. Ils vendent ces titres à découvert afin de couvrir le risque de marché et de n'être principalement exposés qu'au risque sectoriel ou individuel. Ce type de couverture permet d'éliminer la volatilité à court terme. Le problème est qu'elle peut réduire la performance d'un portefeuille à plus long terme. En outre, d'autres facteurs fondamentaux interviennent temporairement dans les marchés et font varier le prix des titres. À ce niveau, on retiendra plus particulièrement les flux monétaires, les développements politiques inattendus ainsi que des changements dans la prime de risque des pays considérés. Les gérants utilisent peu le levier dans les pays émergents qui sont déjà fortement risqués de par leurs caractéristiques.

En termes de risque, une caractéristique propre aux marchés émergents qui les différencie fortement des marchés développés est la présence d'un risque macroéconomique réel. Dans les stratégies *long/short* mises en place dans les pays développés, les gérants couvrent leurs positions longues dans un titre par une position courte dans un titre lié. Cette façon de faire entraînerait une hausse du risque et non une baisse. Pour couvrir des risques, vu l'importance de facteurs exogènes, il est plus opportun de diversifier son risque sur divers industries et marchés que de se concentrer sur deux concurrents. Il convient de diversifier son portefeuille sur des titres de marchés différents, afin de se prémunir de ces risques exogènes et des risques macroéconomiques. Afin de limiter ce risque macroéconomique, certains gérants utilisent des modèles économiques adaptés qui leur fournissent des poids maximums par pays.

Chaque équipe de gestion a son processus d'investissement, mais il nous semble intéressant d'illustrer le processus d'investissement des fonds émergents par un cas qui montre bien la complexité de l'analyse. L'équipe vise tout d'abord à identifier les moteurs de marchés en intégrant des facteurs globaux, des facteurs pays et des facteurs spécifiques aux entreprises du pays. Les facteurs globaux comprennent le contexte géopolitique, l'aversion au risque et les sentiments des investisseurs, les perspectives de croissance, le niveau des devises, le prix des matières premières, la liquidité des marchés et le niveau des taux d'intérêt. Les facteurs pays reprennent certains éléments des facteurs globaux comme la croissance, le sentiment, la liquidité et les taux d'intérêt ; il faut ajouter la balance des paiements, le consensus tant du côté des vendeurs de titres que du côté des acheteurs ou de la politique locale et des facteurs techniques spécifiques. Les facteurs spécifiques aux entreprises incluent les perspectives de croissance, la qualité de l'équipe de direction, la politique en termes de dividende, le retour sur investissement, la qualité du bilan, des facteurs techniques éventuels, les marges et leur tendance ainsi que le consensus du côté de la vente et de l'achat de titres. Nous illustrons les moteurs de marché dans le schéma 35.

**Schéma 35.** – *Moteurs de marché*

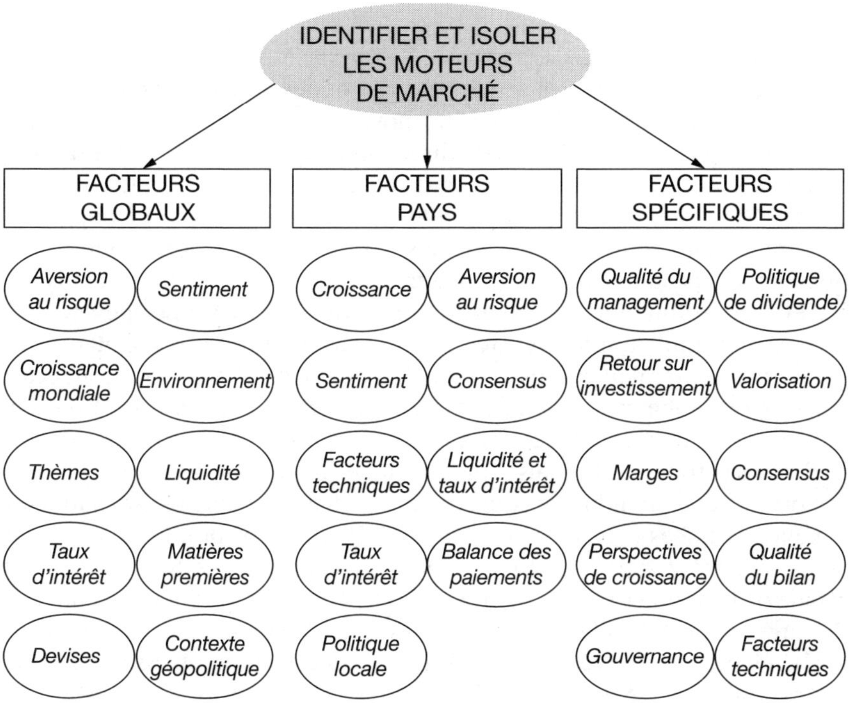


Lorsque ces moteurs sont identifiés, les gestionnaires procéderont généralement à l'identification des scénarios induits par les marchés. Une analyse des marchés obligataires, des devises et du marché des actions permet ainsi de se faire une idée plus précise sur les scénarios probables.

Les informations agrégées combinées avec une analyse fondamentale complète des sociétés permettront au gérant de construire un portefeuille dont la taille des positions dépendra généralement de ses convictions et du degré de risque désiré.

Les titres utilisés par les gérants de fonds émergents varient d'un cas à l'autre. Jusqu'à il y a quelques années, c'étaient surtout les marchés de taux qui étaient les plus actifs et les plus liquides. Depuis peu, les marchés des actions se sont de plus en plus développés. Il est fréquent qu'un gérant se spécialise en actions ou en taux, mais qu'il se laisse la liberté de changer de classe d'actifs ou de diversifier son portefeuille si les opportunités l'y incitent.

## 16.2. Illustration

Les gérants des fonds *emerging markets* se différencient de leurs pairs, plus par le fait qu'ils se concentrent sur les marchés peu développés et qu'ils investissent souvent dans des titres peu connus, que par leur stratégie d'investissement. La plupart des gérants appliquent des stratégies *long/short*. Nous analysons succinctement l'évolution de deux actions australiennes et asiatiques comme le font de tels gérants.

### *16.2.1. Billabong*

Situons-nous début 2001 et considérons la société australienne Billabong, qui conçoit et distribue des articles de surf et des appareils pour les sports extrêmes. Cette société dispose d'un portefeuille de marques attrayantes. Elle est dirigée par une équipe de direction de qualité et elle offre des rendements élevés et durables. On anticipe une croissance rapide de cette société. Sur cette base, le gérant décide de prendre une position longue fondamentale dans ce titre. Nous utilisons le terme position fondamentale par opposition à position spéculative. Dans le premier cas, le gérant a analysé la société en profondeur et il investit dans cette société, car ses perspectives futures lui semblent intéressantes. Dans le cas des positions spéculatives, le gérant base généralement ses positions sur des évolutions de cours, des écarts par rapport à une moyenne historique ou par rapport à un autre titre, sans porter d'attention particulière aux fondamentaux de la société considérée.

Selon sa stratégie, il réajuste partiellement la position à chaque variation importante et inattendue du cours du titre (achat après une baisse inattendue et vente partielle après une hausse rapide). Il prend une première position de 10 % en janvier 2001 à un cours de 97 dollars australiens. Suite à la hausse rapide de la première partie du mois d'août, il ajuste sa position et vend 20 % des titres en portefeuille à 190 dollars australiens. Il réalise ainsi une partie de ses bénéfices latents. Début septembre, alors que le cours a baissé de 190 dollars australiens à 155 dollars australiens, il réajuste ses positions et achète 25 % de titres en plus, avant de vendre 50 % de ses titres après la hausse rapide de début octobre. Il conserve le reste de sa position à plus long terme et continue à le réajuster au fil du temps. Le tableau 24 résume l'évolution des positions investies dans Billabong, sur la base de l'évolution du cours de l'action.

**Tableau 24.** – *Stratégie* emerging markets *(janvier-décembre 2001)*

| | Part du portefeuille total | Cours | Variation de cours (%) | Ajustement |
|---|---|---|---|---|
| 1er janvier | 10 % | 97 | 0 | 0 % |
| 1er août | 10 % | 155 | 54,6 % | 0 % |
| 15 août | 10 % | 190 | 96 % | – 20 % |
| 1er septembre | 8 % | 155 | – 18,4 % | + 25 % |
| 15 octobre | 10 % | 205 | 32 % | – 50 % |
| 1er décembre | 5 % | 190 | – 7,3 % | 0 |

### *16.2.2. Li et Fung*

Le deuxième exemple illustre la vente à découvert dans le cas de pays émergents. Reprenons le même gérant qui décide de prendre une position à découvert dans la société Li et Fung, qui exporte des biens de consommation (vêtements, accessoires de mode, jouets, jeux, articles artisanaux, articles de sport, fournitures pour maisons, chaussures, articles de voyage et vaisselle).

Début mai 2001, le gérant estime que la société est surévaluée. Il arrive à cette conclusion, car il juge que les actions de cette société sont chères en termes absolus (par rapport aux prix passés) et en termes relatifs (relativement aux autres sociétés du même secteur). De plus, cette société est fortement exposée au ralentissement économique mondial qui se faisait alors fort ressentir. Des bénéfices en recul constituent finalement un événement catalyseur. Sur la base de ces informations, le gérant décide de prendre une position à découvert de 5 % à un cours de 15 dollars. Comme précédemment, il renforce cette position pour des baisses ou des hausses importantes, mais sa vue est uniquement à 6 mois.

Le cours commence à baisser de façon quasi linéaire dans le courant du mois de mai. Début août, alors que le cours a déjà baissé de plus de 15 %, il ferme 20 % de sa position et décide de fermer complètement sa position fin septembre alors que le cours commence à remonter après avoir chuté de 15 à 7 dollars, soit une baisse d'un peu plus de 50 %. Le graphique 37 reprend l'évolution de l'action sur la période analysée.

**Graphique 37.** – *Évolution du cours de Li et Fung (mai-octobre 2001)*

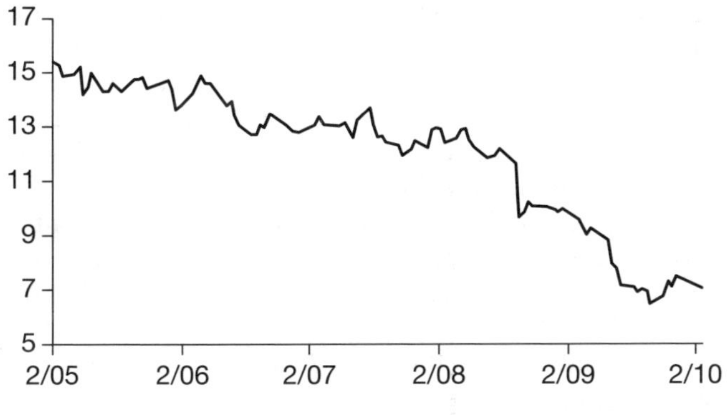


## *16.3. Avantages et inconvénients*

Les marchés émergents offrent de nombreuses opportunités d'investissement pour l'investisseur averti qui connaît ces marchés et qui dispose d'aptitudes particulières à identifier les opportunités d'investissement réelles. D'un autre côté, ils se caractérisent par un manque d'informations et de standards comptables, des investisseurs locaux peu sophistiqués, un risque politique plus important et un plus grand nombre de gérants non spécialisés.

Un des principaux risques propres aux marchés émergents est que des facteurs exogènes aux sociétés peuvent entraîner des baisses ou des hausses de cours très marquées à court terme. Il en est ainsi lorsqu'il existe une incertitude quant à l'issue d'élections ou lorsque les marchés développés sont en récession et que les pays émergents voient leurs exportations diminuer fortement. Il est primordial d'avoir conscience de ce risque important avant tout investissement dans un fonds spécialisé sur ces marchés.

### 16.4. Performance

Hedge Fund Research, Inc. subdivise la stratégie *emerging market* en diverses sous-stratégies. Ces stratégies sont les suivantes :

– *emerging markets : global* (les gérants qui pondèrent l'allocation de leur portefeuille suivant les conditions de marchés et leurs perspectives) ;

– *emerging markets : Latin America* (les gérants investissent en Amérique centrale ou en Amérique du Sud) ;

– *emerging markets : Asia* (les gérants investissent dans les marchés émergents d'Asie) ;

– *emerging markets : Eastern Europe et CIS* (les investissements sont concentrés dans les pays d'Europe de l'Est et dans les pays de l'ancienne Union Soviétique) ;

– *emerging markets : total* (indice qui regroupe l'ensemble des sous-stratégies).

Un investissement de 100 dollars en janvier 1990 dans l'indice *emerging markets – total* se serait transformé en 1 349 dollars fin septembre 2009. Ceci est supérieur au même investissement dans le marché des actions et dans le marché obligataire qui se serait transformé en 277 et 387 dollars, mais inférieure à la performance de l'indice hedge fund global qui termine à 971 dollars. Le graphique 38 illustre cette évolution.

L'indice *emerging markets – total* a offert un rendement annuel de 17,9 % contre un rendement annuel moyen de 7,7 % pour l'indice action, 7,2 % pour l'indice obligataire et 13 % pour l'indice hedge fund global. D'un autre côté, la volatilité de l'indice à 14,8 % est largement supérieure à la volatilité de l'indice obligataire à 3,7 %, et en ligne avec celle de l'indice actions mondiales.

L'indice *emerging markets – total* a surperformé les marchés classiques avec une volatilité identique aux marchés des actions mondiaux. Cette surperformance des fonds *emerging markets – total* par rapport aux actions s'explique principalement par le fait que les gérants sont actifs sur des marchés moins liquides et moins suivis où les inefficiences sont plus présentes.

**Graphique 38.** – *Évolution de 100 dollars investis dans l'indice* emerging markets – total

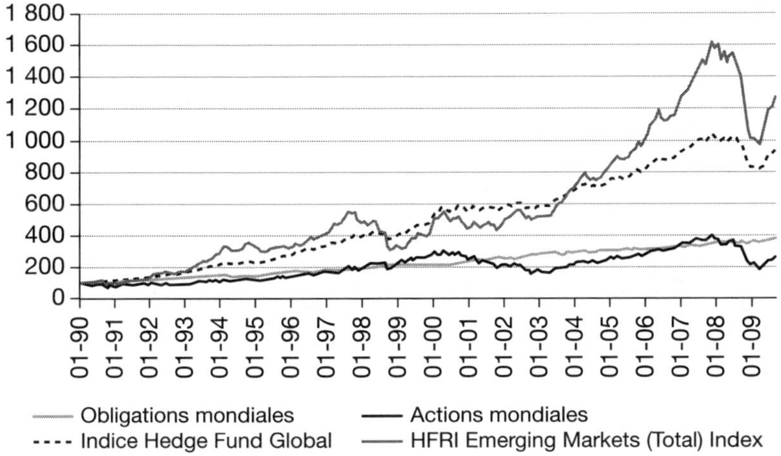


*Source* : d'après des chiffres de Hedge Fund Research, Inc.

Le tableau 25 rapporte des statistiques descriptives de la stratégie et des sous-stratégies par rapport aux indices de référence. Il entraîne les remarques suivantes.

– Sur les 20 années considérées, l'indice *emerging markets total* n'a connu de rendement total annuel négatif que trois années, en 1998, 2000 et 2008. Ces années ont été les plus difficiles de ces vingt dernières années dans les marchés émergents. L'indice action a baissé en 1990, 1992, entre 2000 et 2002 et il a perdu plus de 40 % en 2008. L'indice obligataire n'a enregistré des performances annuelles légèrement négatives qu'en 1994 et 1999.

– Les rendements annuels maximums de l'indice *emerging markets total* ont été atteints en 1999. Ceux du marché des actions et de l'indice obligataire ont été obtenus en 2003 et 2000. Ils s'élevaient respectivement à 55,9 % pour l'indice *emerging markets total* et 33,1 % et 11,6 % pour les indices de référence. L'indice hedge fund global a offert 31,3 % en 1999.

– Les écarts de rendement entre l'indice *emerging markets total* et les indices de référence varient fortement au cours du temps. L'écart positif maximum entre les fonds et l'indice action (respectivement l'indice obligataire) a été de 56,7 % en 1992 (resp. 69 % en 1993), alors que le retard maximum a été de 12,6 % en 1998 (resp. 31,9 % en 2008).

Les sous-indices *emerging markets* indiquent des différences de performance importantes. À titre d'exemple considérons l'année 2001. Les fonds investis en Amérique latine et en Asie ont terminé l'année en baisse alors que les fonds investis en Europe de l'Est terminaient l'année en hausse de plus de 40 %.

**Tableau 25.** – *Performances et statistiques descriptives des sous-stratégies* emerging markets

| | Obligations mondiales | Actions mondiales | Indice Hedge Fund Global | HFRI Emerging Markets (Total) Index | HFRI Emerging Markets : Asia ex-Japan Index | HFRI Emerging Markets : Global Index | HFRI Emerging Markets : Latin America Index | HFRI Emerging Markets : Russia/Eastern Europe Index | Performance (total) vs. Obligations | Performance (total) vs. Actions |
|---|---|---|---|---|---|---|---|---|---|---|
| 1990 | 9,0 % | – 17,0 % | 5,8 % | – 3,4 % | – 3,4 % | ND | ND | ND | – 12,3 % | 13,7 % |
| 1991 | 16,0 % | 18,3 % | 32,2 % | 45,4 % | 30,2 % | ND | 74,9 % | ND | 29,4 % | 27,1 % |
| 1992 | 7,4 % | – 5,2 % | 21,2 % | 24,4 % | 20,2 % | 30,9 % | 23,3 % | ND | 16,9 % | 29,6 % |
| 1993 | 9,7 % | 22,5 % | 30,9 % | 79,2 % | 80,1 % | 87,1 % | 74,9 % | ND | 69,5 % | 56,7 % |
| 1994 | – 2,9 % | 5,1 % | 4,1 % | 3,4 % | – 8,4 % | 7,6 % | 26,0 % | 25,0 % | 6,3 % | – 1,7 % |
| 1995 | 18,5 % | 20,7 % | 21,5 % | 0,7 % | – 2,4 % | 9,0 % | – 5,6 % | 0,6 % | – 17,8 % | – 20,0 % |
| 1996 | 3,6 % | 13,5 % | 21,1 % | 27,1 % | 3,3 % | 35,7 % | 29,8 % | 83,2 % | 23,5 % | 13,7 % |
| 1997 | 9,7 % | 15,8 % | 16,8 % | 16,6 % | – 2,2 % | 19,9 % | 14,7 % | 59,5 % | 6,9 % | 0,8 % |
| 1998 | 8,7 % | 24,3 % | 2,6 % | – 33,0 % | – 11,9 % | – 36,4 % | – 19,2 % | – 63,9 % | – 41,6 % | – 57,3 % |
| 1999 | – 0,8 % | 24,9 % | 31,3 % | 55,9 % | 60,3 % | 40,1 % | 56,3 % | 83,3 % | 56,7 % | 30,9 % |
| 2000 | 11,6 % | – 13,2 % | 5,0 % | – 10,7 % | – 23,3 % | – 9,4 % | – 1,8 % | 1,6 % | – 22,3 % | 2,5 % |
| 2001 | 8,4 % | – 16,8 % | 4,6 % | 10,4 % | – 0,8 % | 11,5 % | – 5,7 % | 42,9 % | 1,9 % | 27,2 % |
| 2002 | 10,3 % | – 19,9 % | – 1,4 % | 3,7 % | 2,8 % | 0,0 % | – 12,9 % | 26,5 % | – 6,6 % | 23,6 % |
| 2003 | 4,1 % | 33,1 % | 19,6 % | 39,4 % | 46,6 % | 32,4 % | 42,0 % | 41,7 % | 35,3 % | 6,3 % |
| 2004 | 4,3 % | 14,7 % | 9,0 % | 18,4 % | 10,1 % | 15,7 % | 13,3 % | 32,0 % | 14,1 % | 3,7 % |
| 2005 | 2,4 % | 9,5 % | 9,3 % | 21,0 % | 14,2 % | 13,3 % | 13,7 % | 52,7 % | 18,6 % | 11,6 % |
| 2006 | 4,3 % | 20,1 % | 12,9 % | 24,3 % | 27,6 % | 18,2 % | 15,4 % | 38,7 % | 19,9 % | 4,2 % |
| 2007 | 7,0 % | 9,0 % | 10,0 % | 24,9 % | 34,1 % | 20,4 % | 17,6 % | 24,8 % | 18,0 % | 15,9 % |
| 2008 | 5,2 % | – 40,7 % | – 19,0 % | – 37,3 % | – 33,5 % | – 30,9 % | – 29,0 % | – 59,4 % | – 42,5 % | 3,4 % |
| 2009* | 5,8 % | 25,0 % | 17,1 % | 34,4 % | 31,0 % | 30,4 % | 39,2 % | 43,3 % | 28,7 % | 9,5 % |

| | **Obligations mondiales** | **Actions mondiales** | **Indice Hedge Fund Global** | **HFRI Emerging Markets (Total) Index** | **HFRI Emerging Markets : Asia ex-Japan Index** | **HFRI Emerging Markets : Global Index** | **HFRI Emerging Markets : Latin America Index** | **HFRI Emerging Markets : Russia/Eastern Europe Index** | **Perfor-mance (total) vs. Obligations** | **Perfor-mance (total) vs. Actions** |
|---|---|---|---|---|---|---|---|---|---|---|
| Rendement annuel moyen 1990-2009* | 7,2 % | 7,7 % | 13,0 % | 17,9 % | 14,3 % | 15,4 % | 19,2 % | 22,5 % | 10,7 % | 10,3 % |
| Volatilité 1990-2009 | 3,9 % | 15,5 % | 7,1 % | 14,8 % | 13,8 % | 14,0 % | 18,9 % | 29,0 % | ND | ND |
| Rendement annuel moyen 1999-2009** | 5,9 % | 5,0 % | 9,5 % | 18,0 % | 16,5 % | 14,0 % | 14,9 % | 31,5 % | 12,2 % | 13,0 % |
| Volatilité 1999-2009** | 3,8 % | 16,4 % | 7,4 % | 13,8 % | 14,0 % | 11,3 % | 16,8 % | 23,0 % | ND | ND |
| Rendement annuel moyen 2004-2009** | 5,2 % | 7,9 % | 7,6 % | 16,6 % | 16,0 % | 13,2 % | 14,4 % | 25,1 % | 11,4 % | 8,8 % |
| Volatilité 2004-2009** | 3,7 % | 16,7 % | 7,0 % | 13,3 % | 13,6 % | 10,9 % | 12,5 % | 22,4 % | ND | ND |

* Les données débutent en 1992 pour le Global Index, 1991 pour le Latin America Index, 1994 pour le Russia/Eastern Europe Index.
** Pour 2009, les données utilisées s'arrêtent à fin septembre.
*Source* : d'après des données de Hedge Fund Research, Inc.

Nous analysons en détail le rôle des hedge funds dans les crises financières dans la seconde partie du chapitre cinq. Visualisons cependant l'évolution des différents indices lors de la période de crise financière de 1997 et 1998. Pour rappel, les marchés émergents asiatiques ont connu une crise dans la seconde moitié de 1997 et début 1998. Ensuite, fin août 1998, la Russie a déclaré un moratoire sur ses dettes. Le tableau 26 rapporte la performance des divers indices *emerging markets* entre août 1997 et novembre 1998. On constate que l'indice qui a le plus souffert sur la période analysée est l'indice Eastern Europe et CIS avec – 68 % alors que l'indice Latin America ne baisse que de 30,7 % et l'indice Asie hors-Japon de 33,2 %. Ce tableau est intéressant, car il indique que l'ensemble des stratégies ne seront pas impactées de la même manière par des crises financières. L'indice asiatique baisse de façon quasi continue lors de la crise asiatique, sans baisse mensuelle supérieure à 7 %. D'un autre côté, le moratoire de la Russie sur ses dettes entraîna des baisses de près de 40 % pour l'indice *Eastern Europe*, de 27,5 % pour l'indice global et 21 % pour l'indice total, ce qui est extrêmement élevé pour un seul mois. Ces crises justifient la volatilité importante qu'ont connues les indices *total*, *global*, *Asia* et surtout *Eastern Europe* et *CIS* sur la période globale.

Le graphique 39 rapporte l'évolution de 100 dollars investis dans les indices analysés entre mai 1994 en septembre 2009.[1] Il illustre les crises des marchés émergents analysées précédemment.

**Graphique 39.** – *Évolution de 100 dollars investis dans les indices* emerging markets *(1/1995-12/2002)*

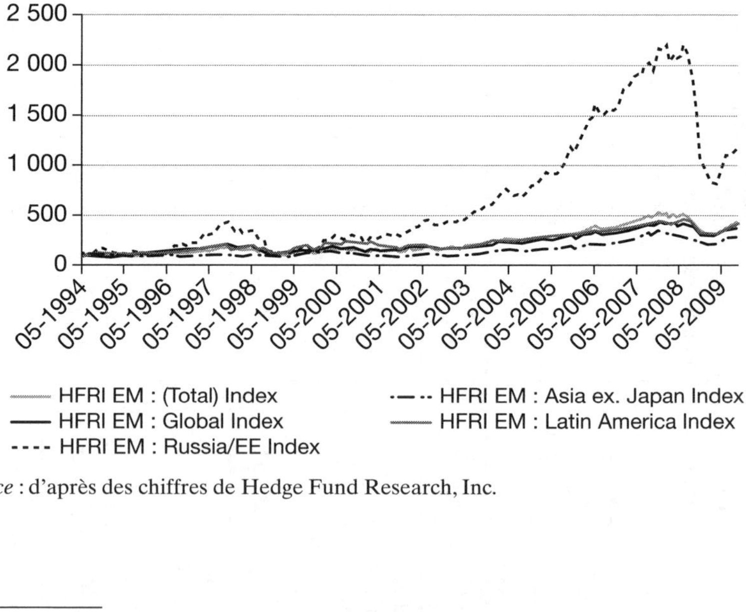


*Source* : d'après des chiffres de Hedge Fund Research, Inc.

1. Nous nous sommes limités à cette période afin de pouvoir rapporter l'ensemble des indices car l'indice *Emerging markets Eastern Europe* n'a été créé qu'en mai 1994.

**Tableau 26.** – *Rendement des indices emerging markets pendant la crise asiatique et la crise russe*

| | Barclays Agg. Bond Index | MSCI World | S&P 500 | HFRI Composite Index | HFRI EM (Total) Index | HFRI EM : Asia ex-Japan Index | HFRI EM : Global Index | HFRI EM : Latin America Index | HFRI EM : Russia/EE Index |
|---|---|---|---|---|---|---|---|---|---|
| 08-1997 | – 0,9 % | – 6,7 % | – 5,7 % | 0,3 % | – 2,1 % | – 2,8 % | – 0,2 % | – 5,8 % | 1,9 % |
| 09-1997 | 1,5 % | 5,4 % | 5,3 % | 3,7 % | 0,6 % | – 4,4 % | 2,7 % | 2,8 % | 2,6 % |
| 10-1997 | 1,5 % | – 5,3 % | – 3,4 % | – 1,5 % | – 8,0 % | – 7,0 % | – 6,2 % | – 11,1 % | – 7,9 % |
| 11-1997 | 0,5 % | 1,8 % | 4,5 % | – 0,9 % | – 3,9 % | – 2,7 % | – 5,0 % | 0,0 % | – 12,8 % |
| 12-1997 | 1,0 % | 1,2 % | 1,6 % | 0,9 % | 1,3 % | – 1,9 % | 1,3 % | 2,3 % | 6,5 % |
| 01-1998 | 1,3 % | 2,8 % | 1,0 % | – 0,7 % | – 5,4 % | – 4,1 % | – 4,4 % | – 3,2 % | – 11,5 % |
| 02-1998 | – 0,1 % | 6,7 % | 7,0 % | 3,3 % | 4,0 % | 6,0 % | 3,4 % | 3,3 % | 3,2 % |
| 03-1998 | 0,3 % | 4,2 % | 5,0 % | 3,0 % | 2,9 % | 0,1 % | 2,8 % | 5,4 % | 3,9 % |
| 04-1998 | 0,5 % | 1,0 % | 0,9 % | 1,0 % | – 0,6 % | – 1,8 % | 0,7 % | – 0,9 % | – 0,6 % |
| 05-1998 | 0,9 % | – 1,3 % | – 1,9 % | – 2,1 % | – 9,3 % | – 5,5 % | – 8,1 % | – 8,0 % | – 17,1 % |
| 06-1998 | 0,8 % | 2,4 % | 3,9 % | – 0,1 % | – 6,0 % | – 5,7 % | – 5,0 % | – 4,0 % | – 10,2 % |
| 07-1998 | 0,2 % | – 0,2 % | – 1,2 % | – 0,8 % | – 0,3 % | – 2,1 % | 0,5 % | 3,5 % | – 2,8 % |
| 08-1998 | 1,6 % | – 13,4 % | – 14,6 % | – 8,7 % | – 21,0 % | – 6,6 % | – 27,5 % | – 15,6 % | – 38,6 % |
| 09-1998 | 2,3 % | 1,8 % | 6,2 % | 0,7 % | – 5,0 % | – 0,7 % | – 5,7 % | – 2,4 % | – 14,8 % |
| Performance | 12,2 % | – 1,5 % | 6,6 % | – 2,6 % | – 43,4 % | – 33,2 % | – 43,0 % | – 30,7 % | – 68,1 % |
| Volatilité | 2,8 % | 18,4 % | 20,1 % | 10,5 % | 22,1 % | 11,6 % | 27,3 % | 21,1 % | 41,4 % |

## 17. La stratégie *sector*

Les gérants de fonds sectoriels concentrent leurs investissements sur un segment particulier de l'économie. Dans certains cas, ils se limitent à investir dans des titres de sociétés qui commercialisent un même produit ou fournissent un même service. Dans d'autres cas, ils investissent uniquement dans des sociétés présentes sur un marché spécifique.

### *17.1. Méthodologie*

Les gérants de fonds sectoriels prennent des positons longues et courtes dans des titres de sociétés présentes dans des secteurs ou des sous-secteurs particuliers. Selon les cas, ils investissent uniquement dans un secteur ou sélectionnent des secteurs proches différents pour prendre des positions longues et courtes. Ils combinent l'analyse fondamentale classique avec des connaissances particulières de l'industrie sur laquelle ils concentrent leurs investissements. Ils n'ont pas nécessairement une vue particulièrement positive sur le secteur, mais ils se sont spécialisés. En période de marché baissier, ils cherchent à réaliser des profits par la vente à découvert de titres qu'ils estiment surévalués. Dans certains cas, ils se protègent contre des baisses de marché en achetant des options de vente. Outre l'analyse fondamentale, les gérants recherchent également un événement catalyseur pour prendre une position, c'est-à-dire un événement important, tel que le lancement d'un nouveau produit, une restructuration ou un changement de législation qui risque d'attirer les investisseurs. La logique est inverse pour les ventes à découvert. Lorsqu'ils cherchent des titres ou des secteurs à vendre à découvert, ils recherchent des titres sous-évalués et un événement catalyseur qui fera réagir les investisseurs.

Outre les considérations spécifiques au secteur suivi, les gérants portent une attention particulière à la situation macroéconomique globale, ainsi qu'aux éléments monétaires et cycliques qui risquent d'intervenir sur le marché dans son ensemble et, par conséquent, sur le comportement du ou des secteurs auxquels ils sont particulièrement exposés.

Préalablement à tout investissement, la plupart des gérants de fonds sectoriels rencontrent l'équipe de direction des compagnies dans lesquelles ils envisagent de réaliser un investissement. Cette rencontre a pour objectif de mettre un visage sur les chiffres analysés et d'étudier plus en profondeur le processus stratégique mis en place au sein de l'entreprise. Certains vont même jusqu'à rencontrer des contreparties de l'entreprise (clients ou fournisseurs par exemple) ou à interroger les employés. Quand ils investissent dans plusieurs secteurs, ce seront des secteurs liés. La plupart du temps, ils appliquent des stratégies de type *long/short* et dans une moindre mesure *event driven*.

Il est généralement possible de diviser le portefeuille d'un fonds sectoriel en deux segments. D'un côté, il y a l'investissement dans les sociétés analysées en profondeur, pour lesquelles les gérants ont rencontré l'équipe de direction et dans lesquelles ils ont fait un investissement à long terme. D'un autre côté, l'autre partie du portefeuille contient des positions à plus court terme, c'est-à-dire des titres temporairement sous-évalués ou surévalués. C'est principalement ce second segment du portefeuille qui permet au gérant de limiter l'exposition au marché en période de baisse globale.

### 17.2. Illustration

Les gérants de cette stratégie sont généralement des gérants d'autres stratégies, comme *long/short* ou *equity market neutral* qui se sont spécialisés dans certains secteurs de l'économie. Ils appliquent alors ces stratégies en se concentrant sur des secteurs qu'ils connaissent particulièrement bien afin de profiter de leurs aptitudes particulières. Nous vous présentons trois exemples. [1]

#### *17.2.1. Pediatrix Medical Group (ticker PDX)*

*Pediatrix Medical Group* était une des plus grandes sociétés spécialisées dans la physique néonatale des États-Unis. Elle traite principalement les nouveau-nés prématurés. Mi-2006, *Pediatrix* avait 25 % de part du marché de son secteur et elle connaissait une compétition limitée. Le cours de l'action de la société se traitait à des niveaux historiquement bas car elle était soumise à une enquête qui entraînait un retard dans la publication de ses états financiers, malgré une croissance annuelle du bénéfice par action de 15 %. Le consensus des analystes était que l'enquête n'aurait aucune implication importante.

Dans ce cadre, la gérante décida de prendre une position dans le titre sur la base d'une analyse fondamentale. Les éléments les plus importants à la base de cette décision étaient :

– la croissance rapide des bénéfices autour de 15 %,

– une solidité financière : la société a financé diverses acquisitions sur base de cash généré par son activité,

– l'action se traitait à moins de 8 fois le *ratio economic value* sur *EBITDA,*

– l'anticipation d'une issue favorable par rapport à l'enquête en cours.

L'action se traitait autour de 45,30 dollars le 30 juin 2006. La gérante anticipait que l'action devait être valorisée à des multiples supérieurs à ses pairs car elle générait beaucoup de cash et car elle avait peu de dette. Historiquement, le *ratio economic value* sur *EBITDA* des sociétés de ce type tournait entre 6 et 9 fois l'EBITDA prévisionnel. Selon ses estimations, la gérante anticipait que *Pediatrix* devait s'orienter entre 10 et 12 fois. Le cours de l'action devrait, par conséquent, passer à 70 dollars.

---

1. Nous remercions Jamie Handwerker, Senior Vice President et gestionnaire du fonds CRM Windridge auprès de CRM, LLC de nous avoir fourni les trois exemples présentés.

En août 2007, la société publia ses états financiers dans les temps et l'action remonta fortement. Fin décembre 2007, l'action se traitait à 68,15 dollars, proche des 70 dollars estimés et 50 % au-dessus du prix d'achat original. La gestionnaire ferma la position.

**Graphique 40.** – *Cours de Pediatrix entre 2006 et 2007*

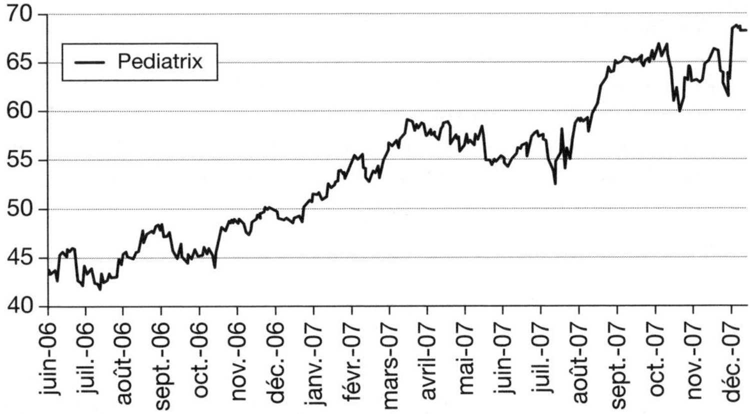


*17.2.2. Triad Hospitals, Inc. (ticker TRI)*

Au cours du quatrième trimestre 2006, la gérante décida d'augmenter sa position dans *Triad Hospitals*. La société était intéressante sur une base fondamentale :

– elle se traitait approximativement à 6 fois l'EBITDA 2007 alors que la valeur du marché des hôpitaux était approximativement de 8,5 fois l'EBITDA ;

– elle avait récemment publié des chiffres en deçà des anticipations, ce qui entraîna une forte chute du cours.

La gérante augmenta sa position avec un rabais estimé de 30 % par rapport à la valeur privée de la société sur une base de valeur « par lit ».[1] Le cours de l'action augmenta rapidement au cours du quatrième trimestre car *TPG-Axon Capital Management* annoncèrent qu'ils détenaient plus de 5 millions de titres de *Triad Hospitals* et qu'ils désiraient que la direction de *Triad Hospitals* améliore le rendement sur capitaux investis. La gérante estima que le potentiel de hausse à long terme de l'action était important et qu'elle était potentiellement un bon candidat pour un rachat d'actions financé par l'endettement (un *LBO*).

Durant le premier trimestre 2007, la société annonça qu'elle allait procéder à un rachat d'actions à 50,25 dollars par action, soit une prime de 16 % par rapport au prix du marché et 33 % au-dessus du prix d'achat de la gérante. Le 20 mars 2007, Triad annonça qu'une autre société, *Community*

1. Il s'agit d'une mesure souvent utilisée pour déterminer la valeur d'un hôpital.

*Health Systems*, a proposé une fusion en cash pour 7,3 milliards de dollars à 54 dollars par action. L'offre fut acceptée et la transaction fut clôturée durant le second semestre 2007. La gérante réalisa au total 43 % de gain.

*17.2.3. Host Hotels et Resorts, Inc. (ticker HST)*

*Host Hotels et Resorts Inc.* est un REIT spécialisé dans les logements de luxe. Cette industrie a été fortement soutenue par un certain type d'investisseurs qui estimait que les noms de cette industrie étaient de bonnes cibles potentielles pour des fonds de *private equity*.

La gérante analysa le titre et ses conclusions étaient différentes. D'un point de vue fondamental, le secteur ne semblait pas attractif pour des gérants *private equity* car la liquidité était très limitée. En outre, le manque de liquidité dans ce secteur était rehaussé d'un déséquilibre entre l'offre et la demande. L'offre était en croissance alors que la demande s'essoufflait. Ces caractéristiques ne ressortaient pas clairement dans les chiffres ou dans les discussions avec les sociétés, mais de nombreux hôtels ont lancé divers projets de développement qui devaient s'accélérer en 2008 et 2009. *PriceWaterhouseCoopers* estima que l'offre serait supérieure à la demande en 2007 et que la situation allait se détériorer ensuite. Début 2007, l'offre augmenta de 4 % à 12 % de l'offre existante, ce qui est très élevé.

L'anticipation de la gérante s'avéra juste. Le cours de l'action a culminé en février 2007 autour de 28 dollars par action. Elle prit position à 26,04 dollars, soit 13 fois le ratio *economic value* sur *EBITDA*. Le cours chuta ensuite autour de 19 dollars où ils décidèrent de couvrir 25 % de leurs positions. Ensuite, elle baissa autour de 18 dollars et la gérante ferma sa position.

**Graphique 41.** – *Cours de Host Hotels et Resorts, inc. en 2007*

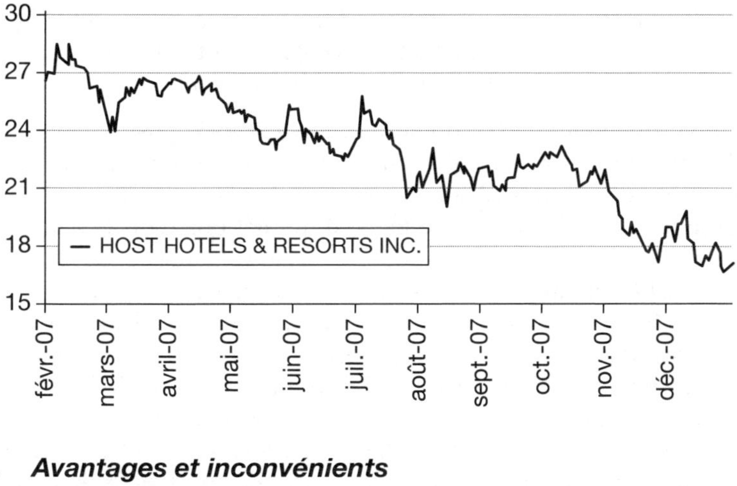


## 17.3. Avantages et inconvénients

Les gérants spécialisés sur un secteur ou sur quelques secteurs liés connaissent souvent particulièrement bien les marchés sur lesquels ils sont présents, ce qui leur permet de réaliser des investissements rentables. Du point de vue de l'investisseur, la classification des gérants par secteur lui permet de s'exposer plus ou moins fortement à un secteur et de choisir pour chacun d'entre eux le gérant qui répond le mieux à ses exigences.

D'un autre côté, en se limitant à investir dans un secteur, il est plus difficile d'identifier des titres surévalués et sous-évalués, car l'univers de titres investissables est plus restreint que ne l'est le marché dans son ensemble. Il arrive également fréquemment que des mouvements de marchés soient globaux, c'est-à-dire que les cours des actions de moins bonnes compagnies soient orientées à la hausse en marché haussier et que ceux des bonnes sociétés soient orientées à la baisse en marché baissier. Cela signifie que le gérant ne saura pas toujours réaliser des gains à court ou moyen terme, même s'il a réalisé de bonnes analyses et que ses prévisions se vérifient à plus long terme. À cela, il faut ajouter que le marché réagit souvent plus fortement à des bénéfices plus élevés qu'attendus pour une mauvaise société ou à des résultats légèrement en deçà qu'attendus pour une société de qualité, qu'à des résultats en ligne avec les prévisions pour une entreprise de qualité ou des résultats moindres que prévus pour une société moins appréciée. Cette situation ne favorise pas toujours le gérant qui réalise la meilleure analyse, mais limite l'impact négatif pour le gérant moyen.

### 17.4. Performance

Les fonds sectoriels sont repris dans la stratégie equity hedge par Hedge Fund Research, Inc. Ils ont gardé deux stratégies sectorielles pures :

– *sector : energy/basic material index* (les gérants concentrent leurs investissements dans le secteur de l'énergie ou des matières premières) ;

– *sector : technology/healthcare index* (les gérants concentrent leurs investissements dans les sociétés technologiques ou dans des compagnies liées au monde médical, pharmaceutique, biomédical).

Un investissement de 100 dollars en janvier 1995 dans les indices *sector* se serait transformé en 681 et 1 340 dollars fin septembre 2009 dans les indices *energy/basic materials* et *technology/healthcare*. Ceci est supérieur au même investissement dans le marché des actions, dans le marché obligataire et dans l'indice global qui se serait transformé en 231, 268 et 420 dollars. Le graphique 42 illustre cette évolution.

L'indice *energy/basic materials* (resp. *technology healthcare*) a offert un rendement annuel de 18,1 % (resp. 23,5 %) contre un rendement annuel moyen de 8,6 % pour l'indice action, 7 % pour l'indice obligataire et 11,1 % pour l'indice hedge fund global. D'un autre côté, la volatilité de l'indice *energy/basic material* à 17,5 % (resp. 19 %) est largement supérieure à la volatilité de l'indice obligataire à 3,9 %, et en ligne avec celle de l'indice actions mondiales à 15,7 %. Les indices ont largement surperformé les indices classiques avec un niveau de risque supérieur. Ce risque supérieur provient de la concentration des positions dans un seul secteur.

**Graphique 42.** – *Évolution de 100 dollars investis dans le indices* sector

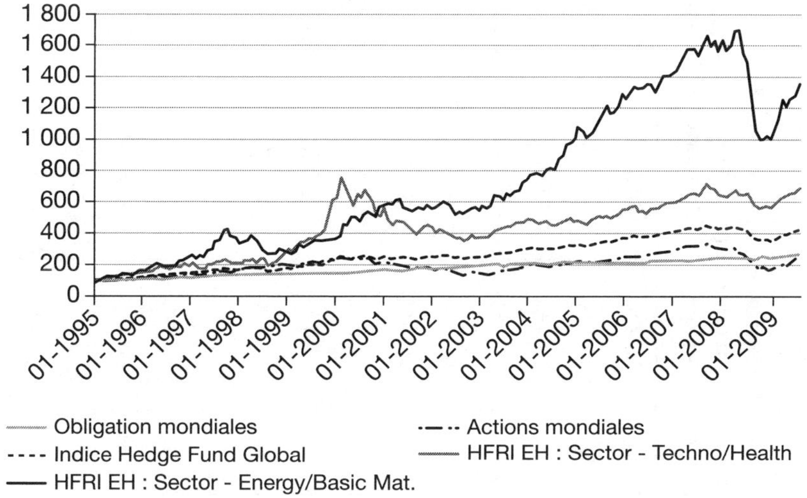


*Source* : d'après des chiffres de Hedge Fund Research, Inc.

Le tableau 27 rapporte des statistiques descriptives de la stratégie et des sous-stratégies par rapport aux indices de référence. Il entraîne les remarques suivantes.

– Sur les 15 années considérées, l'indice *sector technology/healthcare* n'a connu de rendement total annuel négatif que quatre années, entre 2000 et 2002 et en 2008. Ces années ont été les plus difficiles de ces 15 dernières années dans les marchés des actions. L'indice *sector energy/basic material* n'a connu de rendement total annuel négatif que trois années, 1998, 2002 et 2008. L'indice action a baissé entre 2000 et 2002 et il a perdu plus de 40 % en 2008. L'indice obligataire n'a réalisé des performances annuelles légèrement négatives qu'en 1999.

– Les rendements annuels maximums de l'indice *sector technology/healthcare* (resp. *sector energy/basic material*) ont été atteints en 1999 (resp. 1995). Ceux du marché des actions et de l'indice obligataire ont été obtenus en 2003 et en 2000. Ils s'élevaient respectivement à 124,3 % pour l'indice *sector technology/healthcare*, 55,5 % pour le *sector energy/basic material* et 33,1 % et 11,6 % pour les indices de référence. L'indice hedge fund global a offert 31,3 % en 1999.

– Les écarts de rendement entre *sector technology/healthcare* (resp. *sector energy/basic material*) et les indices de référence varient fortement au cours du temps et ils atteignent 100 % (72 %). L'écart positif maximum entre les fonds *technology/heathcare* et l'indice action (respectivement l'indice obligataire) a été de 125 % en 1999 (resp. 99 % en 1999), alors que le retard maximum a été de 9,4 % en 2004 (resp. 27 % en 2000). L'écart positif maximum entre les fonds *sector energy/basic material* et l'indice action (respectivement l'indice obligataire) a été de 71 % en 2000 (resp. 55 % en 1996), alors que le retard maximum a été de 47 % en 1998 (resp. 27 % en 2008).

**Tableau 27.** – *Statistiques descriptives des indices* sector *et des indices de référence*

| | **Obligations mondiales** | **Actions mondiales** | **Indice Hedge Fund Global** | **HFRI EH : Sector – Techno/ Health.** | **HFRI EH : Sector – Energy/ Basic Mat.** | **Performance (techno) vs. Obligations** | **Performance (techno) vs. Actions** | **Performance (energy) vs. Obligations** | **Performance (energy) vs. Actions** |
|---|---|---|---|---|---|---|---|---|---|
| 1995 | 18,5 % | 20,7 % | 21,5 % | 50,9 % | 58,5 % | 32,4 % | 30,2 % | 40,0 % | 37,7 % |
| 1996 | 3,6 % | 13,5 % | 21,1 % | 30,6 % | 58,4 % | 26,9 % | 17,1 % | 54,7 % | 44,9 % |
| 1997 | 9,7 % | 15,8 % | 16,8 % | 6,9 % | 47,5 % | – 2,8 % | – 8,9 % | 37,8 % | 31,7 % |
| 1998 | 8,7 % | 24,3 % | 2,6 % | 28,5 % | – 22,5 % | 19,8 % | 4,1 % | – 31,2 % | – 46,9 % |
| 1999 | – 0,8 % | 24,9 % | 31,3 % | 124,3 % | 25,5 % | 125,1 % | 99,3 % | 26,3 % | 0,6 % |
| 2000 | 11,6 % | – 13,2 % | 5,0 % | – 15,3 % | 58,4 % | – 26,9 % | – 2,1 % | 46,7 % | 71,5 % |
| 2001 | 8,4 % | – 16,8 % | 4,6 % | – 12,8 % | 0,4 % | – 21,3 % | 4,0 % | – 8,1 % | 17,2 % |
| 2002 | 10,3 % | – 19,9 % | – 1,4 % | – 16,5 % | – 1,5 % | – 26,8 % | 3,4 % | – 11,7 % | 18,4 % |
| 2003 | 4,1 % | 33,1 % | 19,6 % | 25,4 % | 28,8 % | 21,3 % | – 7,7 % | 24,7 % | – 4,3 % |
| 2004 | 4,3 % | 14,7 % | 9,0 % | 5,4 % | 34,9 % | 1,0 % | – 9,4 % | 30,6 % | 20,2 % |
| 2005 | 2,4 % | 9,5 % | 9,3 % | 5,5 % | 23,4 % | 3,1 % | – 3,9 % | 21,0 % | 13,9 % |
| 2006 | 4,3 % | 20,1 % | 12,9 % | 13,9 % | 16,1 % | 9,6 % | – 6,2 % | 11,8 % | – 3,9 % |
| 2007 | 7,0 % | 9,0 % | 10,0 % | 14,8 % | 16,4 % | 7,8 % | 5,7 % | 9,4 % | 7,4 % |
| 2008 | 5,2 % | – 40,7 % | – 19,0 % | – 16,7 % | – 38,3 % | – 22,0 % | 24,0 % | – 43,5 % | 2,4 % |
| 2009* | 5,8 % | 25,0 % | 17,1 % | 20,0 % | 32,9 % | 14,2 % | – 5,0 % | 27,1 % | 7,9 % |

| | **Obligations mondiales** | **Actions mondiales** | **Indice Hedge Fund Global** | **HFRI EH : Sector – Techno/ Health.** | **HFRI EH : Sector – Energy/ Basic Mat.** | **Performance (techno) vs. Obligations** | **Performance (techno) vs. Actions** | **Performance (energy) vs. Obligations** | **Performance (energy) vs. Actions** |
|---|---|---|---|---|---|---|---|---|---|
| Rendement annuel moyen 1995-2009 | 7,0 % | 8,6 % | 11,1 % | 18,1 % | 23,5 % | 11,1 % | 9,5 % | 16,5 % | 14,8 % |
| Volatilité 1995-2009 | 3,8 % | 15,7 % | 7,5 % | 18,6 % | 19,0 % | ND | ND | ND | ND |
| Rendement annuel moyen 1999-2009* | 5,9 % | 5,0 % | 9,5 % | 14,1 % | 19,1 % | 8,2 % | 9,1 % | 13,2 % | 14,1 % |
| Volatilité 1999-2009* | 3,8 % | 16,4 % | 7,4 % | 18,3 % | 16,4 % | ND | ND | ND | ND |
| Rendement annuel moyen 2004-2009* | 5,2 % | 7,9 % | 7,6 % | 8,4 % | 16,5 % | 3,2 % | 0,5 % | 11,3 % | 8,6 % |
| Volatilité 2004-2009* | 3,7 % | 16,7 % | 7,0 % | 9,4 % | 15,7 % | ND | ND | ND | ND |

* Pour 2009, les données utilisées s'arrêtent à fin septembre.
*Source* : d'après des données de Hedge Fund Research, Inc.

## 18. La stratégie *credit/high yield*

Particulièrement porteuse lors de la reprise qui suivit 2001 et 2002, la stratégie *high yield* regroupe les fonds qui investissent dans la partie plus risquée du monde de la dette d'entreprise. Suivant les cas, il s'agira de fonds purs ou non (uniquement des dettes d'entreprises), de fonds avec une tendance longue ou de fonds ayant un positionnement contrebalancé.

### *18.1. Méthodologie*

Le marché du *high yied* peut se diviser en plusieurs parties qui illustrent bien l'importance de ce marché. On retrouve le marché américain, le marché européen, les marchés émergents (gouvernementaux et d'entreprise), les dettes bancaires avec effet de levier, les dettes *crossover* et les titres en difficulté. Certains fonds se spécialisent par marché, d'autres par type de titres alors que d'autres sont plus opportunistes.

La stratégie *high yield* est appliquée dans les marchés de taux mais est basée sur les mêmes principes que la stratégie long/short dans les marchés des actions : identifier les titres fondamentalement sous-évalués et prendre un positionnement à la hausse et les titres surévalués et jouer la baisse. Les gérants analysent en détail une entreprise et la structure de son capital afin de déterminer la probabilité de remboursement et de prendre position en conséquence. L'environnement général aura un impact important sur la valorisation des titres. Plus précisément, les taux directeurs, les taux de défaut et le statut de l'économie en général joueront un rôle prépondérant dans la détermination du prix d'une obligation d'entreprise.

Une analyse de crédit complète se base sur de nombreux éléments dont les plus importants sont repris dans le schéma 36. Ils concernent les flux de capitaux, la capacité de l'emprunteur, la direction, la performance opérationnelle de l'entreprise, la structure du capital, les garanties, les contrôles ou encore le profil du créditeur.

**Schéma 36.** – *Éléments composant une analyse de crédit*

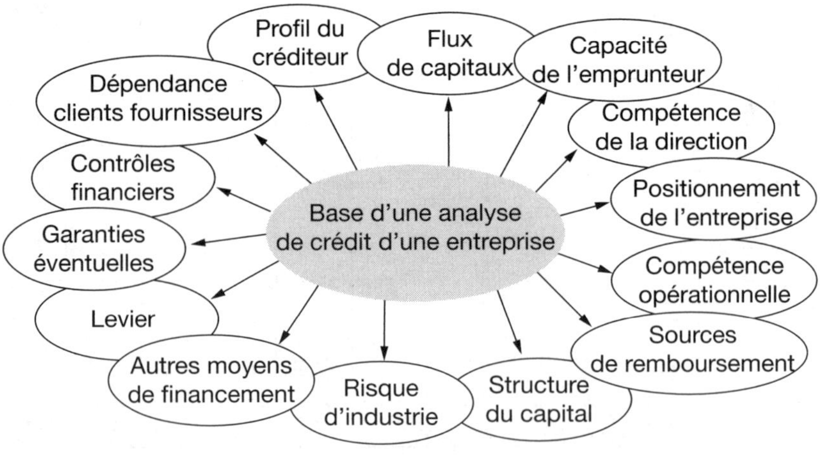

Une analyse de crédit complète doit ainsi comprendre une multitude d'informations qui permettent au gérant ou à son équipe de déterminer la probabilité d'une entreprise de payer ses dettes en temps voulu. La stratégie *high yield* se concentre sur les entreprises qui présentent un risque relativement élevé de faire défaut, si bien que toute la force d'une équipe de gestion réside dans son habilité à effectuer les bons choix.

Dans tous les cas, les portefeuilles seront diversifiés entre une multitude de positions généralement indépendantes. Selon sa méthodologie d'investissement, soit le gérant aura quasi-exclusivement un portefeuille long relativement concentré dans des titres qu'il connaît bien, soit il combinera des positions longues avec des positions courtes dans d'autres titres. Les positions courtes se prennent généralement par l'intermédiaire de credit default swap sur des titres individuels, mais elles peuvent également se prendre sur des indices afin de mitiger la volatilité du portefeuille.

Dans la pratique, les gérants de fonds auront tendance à faire varier leur exposition suivant les conditions de marché. Dans des conditions de marché favorables, les fonds seront principalement longs et du levier sera utilisé pour démultiplier les rendements alors qu'en période de forte volatilité, les fonds auront tendance à être moins fortement investis et, si le marché est assez liquide, à couvrir plus fortement leurs positions.

Suivant les cas, diverses sous-stratégies seront appliquées ou non. Elles incluent des positions de *capital structure arbitrage* (prise de positions dans la structure de capital d'un émetteur unique), du *pair trading* dans la même industrie et/ou des paris absolus combinés en positions acheteuses et vendeuses ou non.

### 18.2. Illustration

Cet exemple provient d'une équipe de gestion qui a anticipé que le marché était trop négatif par rapport à un flux d'information. Le gérant a pris une position longue dans le crédit en étant vendeur d'un *credit default swap* à cinq ans.

*Interpublic group* est une agence de publicité et de marketing. En mai 2005, le prix des obligations d'*Interpublic Group* a baissé (le spread par rapport au taux sans risque s'est élargi) à cause d'un ensemble d'informations négatives :

– La société n'avait pas encore publié ses états financiers pour 2004 et la *Securities and Exchange Commission* enquêtait sur un ajustement éventuel des résultats précédents.

– Les conditions de crédit accordées à *Interpublic Group* exigeaient que les états financiers soient publiés pour fin juin afin d'éviter une situation de défaut.

– Les conditions des obligations émises nécessitaient également une publication des états financiers pour fin septembre.

– La société annonça qu'elle avait perdu un client important, *General Motors*, à l'avantage d'un concurrent.

Dans ces conditions, le *credit default swap* à cinq ans de la société s'est écarté de 89 en mars à plus de 350 courant mai. C'est à ce moment que le gérant prit position. Il analysa l'entreprise sur la base d'une analyse fondamentale et ses résultats indiquèrent que l'obligation était bon marché par rapport à l'action qui n'avait pas autant souffert. Il combina deux positions. Il vendit de la protection car il anticipa que le *spread* allait se resserrer dès que les états financiers allaient être publiés. Il couvrit cette position, il acheta des options de vente proches de la monnaie qui visaient à limiter la perte potentielle si l'action venait à baisser de manière significative. Nous reprenons l'évolution du spread du credit default swap à cinq ans dans le graphique 43. Le gérant clôtura sa position autour de 250.

**Graphique 43.** – *Évolution du credit default* swap *à 5 ans d'Interpublic Group*

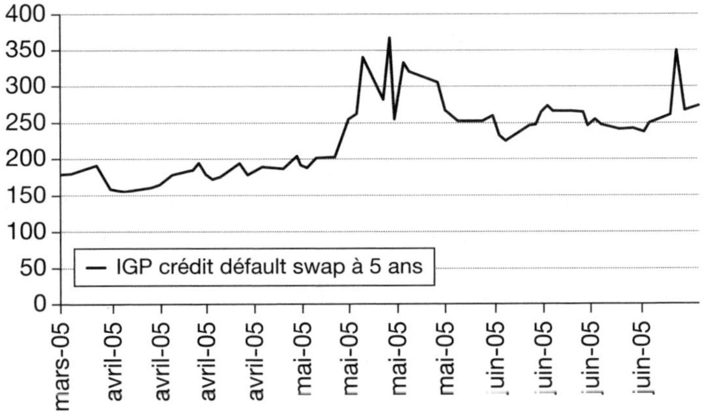


## *18.3. Avantages et inconvénients*

La stratégie *high yield* a l'avantage de proposer des rendements attractifs pour une liquidité raisonnable. En termes de liquidité, elle se situe entre la stratégie fixed income arbitrage et les fonds distressed securities. Ensuite, un gérant qui gère un portefeuille diversifié devrait être à même d'offrir des rendements attractifs pour une volatilité limitée.

Un des principaux inconvénients de la stratégie est qu'elle s'applique sur un marché cyclique. Le marché des dettes d'entreprise est directement et fortement impacté dans des périodes de tensions et les spreads peuvent, dans ce contexte, augmenter rapidement et souvent impacter directement la performance.

## *18.4. Performance*

Il n'existe pas d'indice purement crédit chez *HFR*. Celui qui s'en approche le plus est l'indice *relative value fixed income corporate*. Nous pouvons raisonnablement supposer que les fonds qui appliquent cette stratégie se classifient dans cette catégorie, même si elle inclut également des fonds investis de façon contrebalancée dans les obligations d'entreprise.

Un investissement de 100 dollars en janvier 1990 dans l'indice *relative value fixed income corporate* se serait transformé en 442 dollars fin septembre 2009. Ceci est supérieur au même investissement dans le marché des actions, dans le marché obligataire qui se serait transformé en 191 et 226 dollars, mais inférieure à la performance de l'indice hedge fund global qui termine à 971 dollars. Le graphique 44 illustre cette évolution.

L'indice *relative value fixed income corporate* a offert un rendement annuel de 9,1 % contre un rendement annuel moyen de 7,7 % pour l'indice action, 7,2 % pour l'indice obligataire et 13 % pour l'indice hedge fund global. D'un autre côté, la volatilité de l'indice à 6,9 % est largement supérieure à la volatilité de l'indice obligataire à 3,7 %, mais plus faible que celle du marché des actions à 15,5 %. L'indice *relative value fixed income corporate* a surperformé les marchés classiques avec une volatilité supérieure à celle du marché obligataire, mais largement inférieure à la volatilité du marché des actions. On notera également que la stratégie a offert des rendements positifs pendant la bulle technologique.

**Graphique 44.** – *Évolution de 100 dollars investis dans l'indice* relative value fixed income corporate

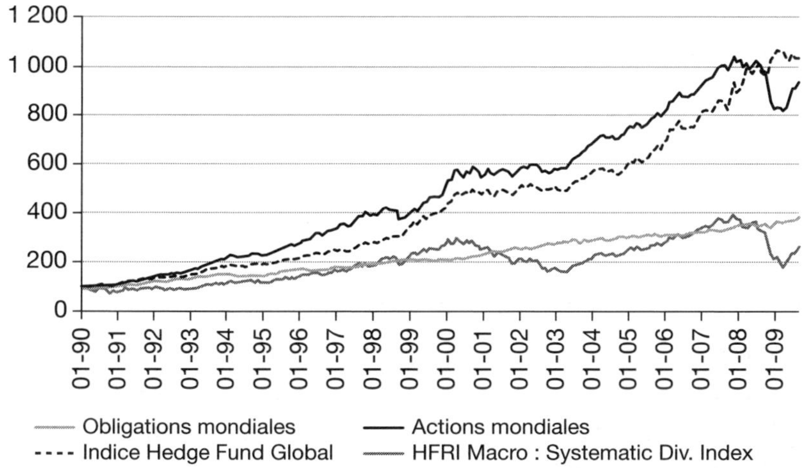


*Source* : d'après des chiffres de Hedge Fund Research, Inc.

Le tableau 28 rapporte des statistiques descriptives de la stratégie par rapport aux indices de référence. Il entraîne les remarques suivantes.

– Sur les 20 années considérées, l'indice *relative value fixed income corporate* n'a connu de rendement total annuel négatif que cinq années, en 1990, 1998, 2000 et plus récemment 2007 et 2008. Le marché des actions a baissé en 1990, 1992, entre 2000 et 2002 et en 2008. L'indice obligataire n'a

**Tableau 28.** – *Performances et statistiques descriptives de l'indice* relative value fixed income corporate *et des indices de référence*

| | **Obligations mondiales** | **Actions mondiales** | **Indice Hedge Fund Global** | **HFRI RV: Fixed Income-Corporate Index** | **Perfor-mance vs. Obligations** | **Perfor-mance vs. Actions** |
|---|---|---|---|---|---|---|
| 1990 | 9,0 % | – 17,0 % | 5,8 % | – 12,1 % | – 21,1 % | 4,9 % |
| 1991 | 16,0 % | 18,3 % | 32,2 % | 41,8 % | 25,8 % | 23,5 % |
| 1992 | 7,4 % | – 5,2 % | 21,2 % | 18,5 % | 11,1 % | 23,8 % |
| 1993 | 9,7 % | 22,5 % | 30,9 % | 22,7 % | 12,9 % | 0,2 % |
| 1994 | – 2,9 % | 5,1 % | 4,1 % | 1,5 % | 4,4 % | – 3,6 % |
| 1995 | 18,5 % | 20,7 % | 21,5 % | 15,2 % | – 3,3 % | – 5,5 % |
| 1996 | 3,6 % | 13,5 % | 21,1 % | 16,2 % | 12,6 % | 2,8 % |
| 1997 | 9,7 % | 15,8 % | 16,8 % | 12,5 % | 2,9 % | – 3,2 % |
| 1998 | 8,7 % | 24,3 % | 2,6 % | – 5,3 % | – 14,0 % | – 29,6 % |
| 1999 | – 0,8 % | 24,9 % | 31,3 % | 7,3 % | 8,2 % | – 17,6 % |
| 2000 | 11,6 % | – 13,2 % | 5,0 % | – 3,0 % | – 14,7 % | 10,2 % |
| 2001 | 8,4 % | – 16,8 % | 4,6 % | 5,4 % | – 3,1 % | 22,2 % |
| 2002 | 10,3 % | – 19,9 % | – 1,4 % | 5,8 % | – 4,5 % | 25,7 % |
| 2003 | 4,1 % | 33,1 % | 19,6 % | 21,3 % | 17,2 % | – 11,8 % |
| 2004 | 4,3 % | 14,7 % | 9,0 % | 10,5 % | 6,1 % | – 4,2 % |
| 2005 | 2,4 % | 9,5 % | 9,3 % | 5,3 % | 2,8 % | – 4,2 % |
| 2006 | 4,3 % | 20,1 % | 12,9 % | 10,8 % | 6,4 % | – 9,3 % |
| 2007 | 7,0 % | 9,0 % | 10,0 % | – 0,7 % | – 7,7 % | – 9,8 % |
| 2008 | 5,2 % | – 40,7 % | – 19,0 % | – 24,2 % | – 29,4 % | 16,5 % |
| 2009* | 5,8 % | 25,0 % | 17,1 % | 23,5 % | 17,7 % | – 1,5 % |
| Rendement annuel moyen 1990-2009 | 7,2 % | 7,7 % | 13,0 % | 9,1 % | 1,9 % | 1,4 % |
| Volatilité 1990-2009 | 3,9 % | 15,5 % | 7,1 % | 6,9 % | ND | ND |
| Rendement annuel moyen 1999-2009* | 5,9 % | 5,0 % | 9,5 % | 6,4 % | 0,6 % | 1,4 % |
| Volatilité 1999-2009* | 3,8 % | 16,4 % | 7,4 % | 6,1 % | ND | ND |
| Rendement annuel moyen 2004-2009* | 5,2 % | 7,9 % | 7,6 % | 5,7 % | 0,5 % | – 2,2 % |
| Volatilité 2004-2009* | 3,7 % | 16,7 % | 7,0 % | 7,4 % | ND | ND |

* Pour 2009, les données utilisées s'arrêtent à fin septembre.
*Source :* d'après des donnes de Hedge Fund Research, Inc.

enregistré des performances annuelles légèrement négatives qu'en 1994 et 1999.

– Les rendements annuels maximums de l'indice *relative value fixed income corporate* ont été atteints en 1991. Ceux du marché des actions et de l'indice obligataire ont été obtenus en 2003 et 2000. Ils s'élevaient respectivement à 41,8 % pour l'indice *relative value fixed income corporate* et 33,1 % et 11,6 % pour les indices de référence. L'indice hedge fund global a offert 31,3 % en 1999.

– Les écarts de rendement entre l'indice *relative value fixed income corporate* et les indices de référence varient fortement au cours du temps. L'écart positif maximum entre les fonds et l'indice action (respectivement l'indice obligataire) a été de 25,7 % en 2002 (resp. 25,8 % en 1991), alors que le retard maximum a été de 29,6 % en 1998 (resp. 29,4 % en 2008).

## 18.5. Le trading de corrélation

Apparu dans un premier temps aux États-Unis, le trading de corrélation se développe aujourd'hui également en Europe. Il ne s'agit pas d'une stratégie directement liée au degré de corrélation entre des titres, comme son nom pourrait le laisser supposer, mais d'une stratégie de crédit liée à la valorisation de divers instruments de crédit et à la corrélation de leur risque de défaut. Des produits de corrélation de crédit sont des produits assimilables dans un portefeuille pour lesquels le prix du produit est fonction de la corrélation entre les risques de défaut des produits d'investissement en portefeuille. Une corrélation de 1 signifie que les titres considérés sont parfaitement liés, et une corrélation de – 1 signifie que les titres sont parfaitement décorrélés. Les gérants cherchent à déterminer la dépendance entre la probabilité que les deux compagnies considérées fassent défaut. Ils veulent comprendre la probabilité jointe que la situation soit défavorable. Que se passera-t-il si Intel et Microsoft font tous les deux défaut ?

Le trading de corrélation fait référence à des investissements ou des transactions qui proviennent d'expositions longues ou courtes à des produits de corrélation. On retrouve deux types d'intervenants dans ce marché :

– les investisseurs fondamentaux qui cherchent à acquérir des actifs bon marché afin d'augmenter le rendement. Ces investisseurs investissent à long terme et perçoivent un taux d'intérêt supérieur à celui qu'ils obtiendraient directement par l'intermédiaire d'un CDS (credit default swap, produit qui permet de gagner ou de couvrir un risque de défaut d'une société par l'intermédiaire d'une position respectivement longue ou courte au CDS), mais une liquidité moindre ;

– les traders qui visent à prendre des positions de type *relative value*, à acheter de la convexité de la volatilité ou de la corrélation bon marché. Ces intervenants combinent généralement divers produits afin de sélectionner les risques auxquels ils cherchent à s'exposer et d'obtenir les rendements correspondants. Il s'agit généralement d'investisseurs à plus court terme. Les gérants de hedge funds sont repris dans cette seconde catégorie.

La stratégie est basée sur l'utilisation de produits appelés *CDO* (*collateralised debt obligation*). Sans entrer dans des détails techniques, l'idée sous-jacente de ces produits d'investissement est la suivante.

– L'émetteur du produit structuré groupe une multitude d'actifs de dettes (dette d'entreprise par exemple) pour former un ensemble.

– Ces actifs sont divisés en diverses classes obligataires qui paient les investisseurs avec le cash généré. Ces classes ont chacune un risque à part, une séniorité prédéfinie et un rendement spécifique qui dépend de leur risque sous-jacent.

– L'intérêt pour l'investisseur est qu'il pourra acheter l'une ou l'autre des classes suivant son appétit pour le risque. Une tranche inférieure aura un taux de coupon supérieur mais un plus grand risque que l'un ou plusieurs des éléments qui la composent ne fassent défaut.

– L'intérêt pour l'émetteur est qu'il peut couvrir le risque de crédit de son portefeuille, que cela réduit le capital réglementairement immobilisé et que son coût de financement baisse.

Le marché des CDO a explosé au cours des dernières années. Alors qu'il ne représentait que 64 millions de dollars en 1997, les émissions totales représentaient plus de 400 millions de dollars en 2003. En outre, le marché synthétique des CDO représente plus de 75 % du marché. Au fur et à mesure de leur développement, les variations et spécificités des produits émis se complexifient, mais l'idée originale sous-jacente reste la même.

La corrélation de défaut représente la propension qu'ont plusieurs émetteurs à faire défaut ensemble dans une période temporelle déterminée. Étant donné que les défauts sont des événements rares, la probabilité de défauts simultanés est extrêmement faible. Le manque de données historiques rend l'estimation des probabilités particulièrement difficile. La détermination de telle probabilité est basée sur une méthodologie numérique complexe appelée fonctions Copula. Ces fonctions fournissent un moyen efficient de lier des courbes de survie unidimensionnelles multiples à une courbe de survie multidimensionnelle unique. Le modèle peut être utilisé pour donner un prix à chaque tranche individuelle. Le nombre important de crédits différents dans le portefeuille augmente de façon importante le nombre de corrélations de défaut à considérer, ce qui augmente la complexité de la détermination du prix du titre considéré. Une façon simplifiée de procéder à l'estimation est d'utiliser un taux de survie identique pour chaque tranche considérée, ce qui n'est cependant qu'une simplification de la réalité. Suivant les hypothèses sous-jacentes, les fonctions copulas peuvent être de type gaussien, Student, Marshall-Olkin, Gumbel, etc. Chacune répondant à une fonction de probabilité définie (gaussienne pour une distribution normale par exemple). De par sa facilité d'utilisation, le modèle Copula gaussien est rapidement devenu standard dans l'industrie. Il repose sur les éléments suivants :

– la corrélation des défauts ;

– les écarts de taux des éléments du portefeuille ;

- le nombre de crédits et leurs tailles relatives dans le portefeuille ;
- la différence de taux au sein des tranches ;
- la maturité de la transaction ;
- le taux de récupération sur chaque crédit ;
- la pente de la courbe de taux sans risque.

Pratiquement, lorsque les gérants connaissent la prime de marché pour une tranche et qu'ils ont l'ensemble des éléments repris ci-dessus (hors la corrélation des défauts) en leur possession, ils sont à même de déterminer une corrélation de défaut implicite sur la base du modèle et ainsi déterminer s'il existe une opportunité d'arbitrage. Cette méthodologie se base sur la même idée sous-jacente que l'arbitrage de volatilité par l'utilisation d'un modèle de valorisation d'option du type *Black and Scholes*. L'unique différence étant qu'on considère la corrélation entre les risques de défaut des titres sous-jacents et non la volatilité implicite de l'option.

Suivant ses vues, le gérant de hedge funds choisira de prendre une position longue ou une position courte en corrélation. Pour ce faire, il utilisera diverses tranches disponibles. Pour tout niveau de corrélation, la tranche communément appelée « tranche action », la première à être impactée en cas de défaut, est celle qui reflète le risque de première perte et qui n'a aucune tranche qui lui est subordonnée. D'un autre côté, la tranche senior est la moins risquée, car elle est couverte par l'ensemble des tranches subordonnées. Le graphique 45 illustre la relation qui existe entre les diverses tranches et la corrélation de défaut. Il existe trois types de tranches dans le cas considéré : une tranche action, une tranche intermédiaire et une tranche senior. La perte attendue d'un portefeuille est indépendante de la corrélation entre les défauts, mais elle est fonction de la probabilité de défaut et du taux de recouvrement. La corrélation détermine cependant comment les pertes attendues sont réparties sur l'ensemble de la structure du capital. À des niveaux faibles de corrélation de défaut, on peut s'attendre à ce que le portefeuille ait une proportion élevée d'avoir quelques défauts. En conséquence, la probabilité de perte sur une tranche senior est faible, ce qui la rend peu risquée. Les quelques défauts qui se produiront seront, par conséquent, absorbés principalement par la tranche action, ce qui la rend relativement risquée. D'un autre côté, à des niveaux de corrélation de défaut élevés, les crédits repris dans le portefeuille se comportent comme un actif unique. Soit ils feront tous défauts, soit aucun ne fera défaut. À cause de cela, les tranches seniors deviennent plus risquées. D'un autre côté cependant, la large probabilité qu'il n'y ait pas de défauts réduit le risque des tranches actions.

Pratiquement, le gérant sera long en corrélation en prenant soit une position longue dans la tranche action, soit une position courte dans la tranche senior. D'un autre côté, il pourra prendre une position courte en corrélation en prenant une position courte dans la tranche action ou une position longue dans la tranche senior comme indiqué dans le tableau 29.

**Graphique 45.** – *Relation entre les primes des diverses tranches et la corrélation des défauts*

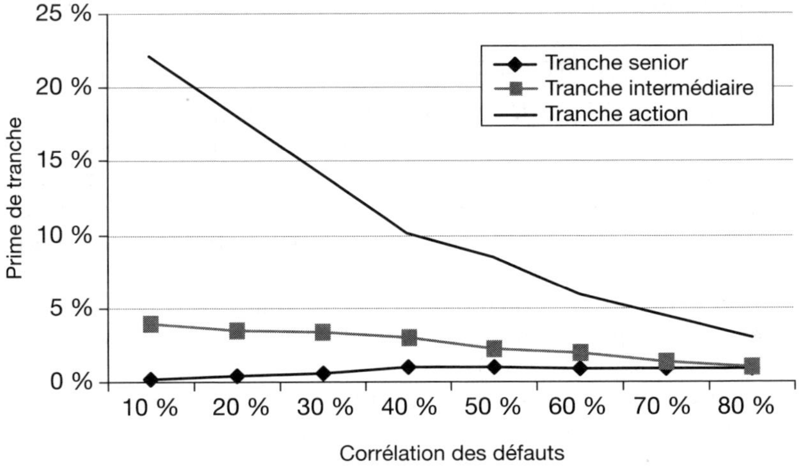


**Tableau 29.** – *Positionnement suivant les vues sur les corrélations*

| | **Exposition à la tranche subordonnée** | **Exposition à la senior tranche** |
|---|---|---|
| Position longue en corrélation | Longue | Courte |
| Position courte en corrélation | Courte | Longue |

Sans entrer dans des détails trop techniques, citons encore quelques points intéressants. Premièrement, on peut calculer un delta (ainsi qu'un gamma, un thêta et un rhô) dans le cadre du *trading* de corrélation. Celui-ci mesure la sensibilité de la tranche à un changement dans le crédit de la société considérée. Tout comme dans le cas d'option, ce delta peut être ajusté au niveau désiré du gérant par l'utilisation de produits adéquats (CDS principalement).

Outre les risques de marché, le risque avec de telles stratégies est que les modèles d'analyse, toujours en construction, ne soient pas à même de refléter correctement la réalité des relations de crédit en période de marché plus difficile et que l'hypothèse (directement ou indirectement) sous-jacente de normalité ne soit pas toujours vérifiée dans le marché du crédit.

## 19. La stratégie *short selling*

La traduction française de *short selling* est vente à découvert. Les gérants qui appliquent cette stratégie ont pour objectif de tirer profit de baisses du prix d'actifs financiers. Cette stratégie est basée sur la recherche de compagnies surévaluées et la vente de titres de ces compagnies. Ils vendent généralement à découvert des actions et/ou des produits dérivés. Lors d'une vente à découvert, les spécialistes ne possèdent pas ces actions mais ils les empruntent et les vendent. Ils anticipent une baisse du prix des actions de la compagnie considérée. Lorsque cela arrive, ils achètent les actions sur le marché à un prix inférieur à celui auquel ils ont vendu les titres à découvert, afin de les rendre à la personne qui les leur a prêtés.

### 19.1. Méthodologie

La plupart des stratégies décrites dans ce chapitre comprennent une portion du portefeuille vendue à découvert comme partie intégrante du processus d'investissement. La vente à découvert est alors soit utilisée comme outil de couverture, soit comme source de profit, c'est-à-dire comme partie intégrante de la création de rendement de la stratégie. Tout comme certains gérants se limitent à prendre des positions longues (voir par exemple la stratégie d'investissement *equity non-hedge*), d'autres centrent leur processus d'investissement sur la vente à découvert. Leur objectif est de réaliser des gains sur la base du profit potentiel qui résulte d'une baisse de cours, mais également du cash engrangé par la vente à découvert. La position totale de leur portefeuille aura toujours un biais à la baisse. Le portefeuille sera cependant généralement partiellement investi de façon longue dans des titres ou des secteurs déterminés.

Les spécialistes cherchent à identifier des titres qui sont surévalués. Une fois qu'ils l'ont fait, ils empruntent ces titres à une tierce partie afin de les revendre directement sur le marché. Ensuite, lorsque le cours du titre vendu à découvert a baissé, ils achètent les titres sur le marché afin de les rendre à la contrepartie qui les leur a prêtés. Ils empruntent généralement les actions à des investisseurs qui ont une vue à long terme tels des investisseurs institutionnels, par l'intermédiaire de courtiers. Ceci permet à ces investisseurs à long terme d'augmenter le rendement sur les titres ainsi prêtés.

Ils réalisent un profit lorsque le cours du titre vendu à découvert baisse. Néanmoins, quelle que soit l'évolution du cours de l'action vendue à découvert, les gérants ont un coussin qui provient de l'argent reçu en contrepartie de la vente des titres. L'argent perçu reste (à titre de garantie) chez le courtier qui les rémunère. [1] Les gérants paient cependant une commission à la contrepartie qui leur prête les titres (généralement entre 25 et 50 points de base par an, même si cela peut être plus élevé pour des titres peu liquides). Techniquement, une vente à découvert ne nécessite pas d'investissement au départ, mais uniquement un collatéral à titre de garantie. La partie qui emprunte les titres doit payer tous les dividendes payés sur l'action à sa contrepartie qui lui prête les titres. Ceci entraîne qu'il peut

1. La position totale garantie est généralement réévaluée tous les jours et le gérant doit alors la réajuster, c'est-à-dire injecter du cash ou des titres très liquides comme garantie si l'évolution lui est défavorable.

devenir onéreux d'emprunter un titre avec un rendement élevé. D'un autre côté, l'emprunteur pourra disposer de l'intérêt perçu sur le cash engrangé par la vente à découvert. Au fur et à mesure que la position devient favorable à l'emprunteur, il pourra disposer d'une part de plus en plus importante de la somme ou des titres mis en garantie. D'un autre côté, si la position devient défavorable à l'emprunteur, il devra augmenter le collatéral en conséquence.

Vendre des titres à découvert est plus compliqué qu'il n'y paraît à première vue. Divers obstacles se présentent lorsqu'un gérant souhaite utiliser la vente à découvert dans son processus d'investissement. Les principaux obstacles sont les suivants.

– Il faut être autorisé à vendre des titres à découvert. La vente à découvert de titres est interdite dans de nombreux pays comme certains pays émergents. Dans d'autres cas, elle est autorisée, mais peu intéressante fiscalement. En Australie par exemple, les gains réalisés par l'intermédiaire de ventes à découvert sont complètement taxés, alors que les pertes réalisées suite à ces mêmes ventes ne peuvent être déduites. En outre, certains types d'investisseurs comme des fonds de pension ne peuvent pas investir à découvert, car le risque de perte est théoriquement illimité.

– Il faut trouver une contrepartie qui accepte de fournir les titres que l'on désire vendre à découvert. Cette contrepartie doit reconnaître que le fonds dispose des garanties nécessaires et des autorisations légales pour entrer dans ce type de transactions.

– Les analystes publient beaucoup moins de recommandations de vente que de recommandations d'achat. Il est un fait que la plupart des analystes publient un nombre relativement restreint de recommandations de vente, même lorsque le marché est baissier. Cela peut s'expliquer par le lien qui existe entre les courtiers et les grandes sociétés, par le fait qu'il est préférable de suivre la tendance lors d'une recommandation, et par le fait que les analystes évitent généralement les sociétés qui ont de mauvaises perspectives d'avenir. Cela entraîne qu'il n'est pas toujours facile de détecter les titres surévalués. Dans de nombreux cas, les gérants doivent se baser exclusivement sur des analyses internes.

– Les aspects psychologiques interviennent également. De nombreux investisseurs préfèrent avoir un comportement plus éthique et jouer la hausse pour des sociétés dans lesquelles ils croient, plutôt que de parier sur une déroute.

## 19.2. Illustration

Les fonds qui appliquent la stratégie *short selling* peuvent être considérés comme des fonds *long/short* qui ne prennent pas ou peu de positions longues.

*19.2.1. Okamura*

L'activité principale d'*Okamura* est la vente de meubles pour bureau au Japon. L'entreprise possède une position prédominante dans le secteur au Japon et le gérant suit l'entreprise depuis plusieurs années. Fin 2004, le gérant estima dans son analyse que les bénéfices intéressants obtenus par l'entreprise au cours des trois dernières années s'expliquaient principalement par une politique de réduction des coûts, une forte augmentation dans la construction de nouveaux bureaux (ce qui a permis à l'entreprise de réaliser des ventes records) et un régime fiscal avantageux. Le modèle de valorisation du gestionnaire anticipa une baisse de cours potentielle de plus de 30 % en décembre 2004 car la demande pour les fournitures de bureau baissait (ralentissement dans la construction de bureaux) et parce que la politique de réduction des coûts arrivait à son apogée. Une discussion avec la direction de l'entreprise leur indiqua en outre que l'entreprise avait quelques problèmes de marge dans son second métier qui fournissait des petits revendeurs.

Le gérant prit position en janvier 2005 à un prix moyen de 930 yens. Le prix continua à varier dans une fourchette proche du prix d'achat jusqu'à l'annonce des résultats début mars où l'action perdit plus de 10 %. Le gérant ferma sa position à un gain. Le graphique 46 reprend l'évolution du cours de l'action au cours de cette période.

**Graphique 46.** – *Cours d'Okamura*

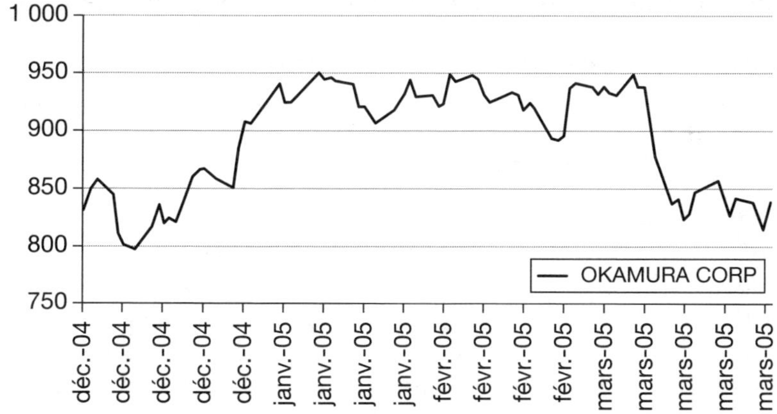


*19.2.2. New Century Financial*

*New Century Financial* est un REIT (fonds d'investissement immobilier). La société est une société de financement de crédit immobilier qui propose des crédits immobiliers de premier et second rang dans l'ensemble des États-Unis par l'intermédiaire de ses filiales.

L'équipe de gestion du fonds a analysé la société en détail. Les principaux éléments à souligner sont que le modèle de développement de New Century et la stabilité de son dividende dépendent des capacités de l'entreprise de continuer à augmenter ses volumes d'émission dans tous les types d'environnement. Cela a été possible dans un environnement de crédit favorable, mais la situation commençait à changer au début du troisième trimestre 2006. Le gérant a rencontré la direction de la société à plusieurs reprises dans le passé et il a toujours estimé que l'entreprise était très agressive dans ses prévisions et sa promotion. Cette rencontre a fait croître leur crainte que la société ne se concentre plus qu'à faire du volume sans prêter une attention suffisante à la qualité des crédits financés. Une présentation du CEO lors d'une conférence début novembre 2006 consolida sa vue. Il annonça qu'il était probable que l'entreprise dût procéder à une réduction du dividende payé en 2007. L'action ne réagit pas à cette annonce et le gérant prit position dans la seconde moitié de décembre 2006. Il couvrit sa position lorsque celle-ci atteignit 10 % de son portefeuille début février et prit une nouvelle position dans les jours suivants.

Dans les mois qui ont suivi, de plus en plus de clients ont commencé à faire défaut sur leur crédit immobilier. La société avait été si laxiste qu'ils avaient des défauts tant au premier qu'au second rang d'hypothèque. Dans ces conditions, ceux qui avaient acheté des titres émis par *New Century* pouvaient activer une option de revente du crédit à *New Century* qui avait l'obligation de les racheter. On peut aisément imaginer comme les choses ont évolué ensuite. *New Century* a perdu ses sources de financement et, début avril 2007, la société fait faillite. Le gérant couvrit ses positions à un prix moyen de 0,91 dollar pour un gain approximatif de 99 %. L'évolution du cours de *New Century Financial* est repris dans le graphique 47.

**Graphique 47.** – *Cours de New Century Financial*

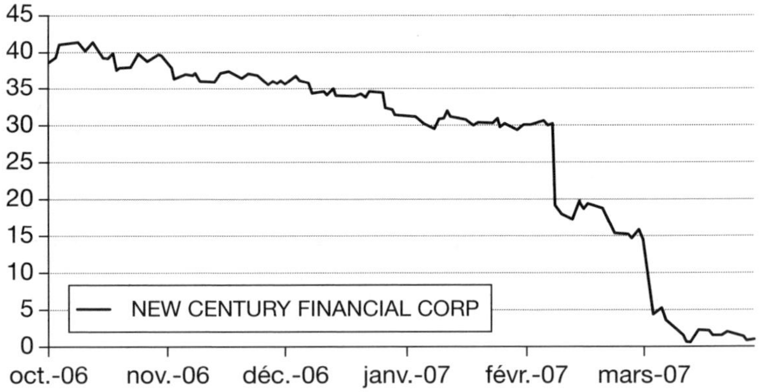


### *19.3. Avantages et inconvénients*

Des fonds appliquant une stratégie exclusivement composée de positions courtes sont devenus très rares au cours des années 90, car les marchés ont évolué quasiment exclusivement à la hausse. Malgré cela, il faut savoir que cette stratégie, combinée avec d'autres, permet à l'investisseur d'obtenir un portefeuille particulièrement diversifié. De fait, cette stratégie est négativement corrélée avec toutes les autres stratégies alternatives décrites dans ce chapitre.[1] D'un autre côté, dans une telle stratégie, les gains sont limités alors que les pertes potentielles sont illimitées. En effet, le prix d'un titre ne sera jamais négatif, si bien que le gain est limité lorsqu'on joue la baisse de prix. Le gain sur le prix de l'action est ainsi limité à 100 %. D'un autre côté, le prix d'une action n'est pas limité à la hausse, car le prix d'un titre peut monter de plusieurs centaines de pour cent durant la période pendant laquelle le gérant joue la baisse. Ceci signifie que la perte potentielle est illimitée.[2]

Un autre problème de la stratégie est que toutes les actions ne peuvent pas être facilement vendues à découvert. Certains titres manquent de liquidité, ce qui réduit l'univers d'investissement des gérants qui appliquent cette stratégie. D'un autre côté, ces fonds sont peu nombreux. Un nombre plus restreint d'acteurs sous-entend une concurrence moins forte.

L'indice *short selling* a fourni un rendement inférieur aux autres marchés pour un risque supérieur, mais il convient de garder à l'esprit que le principal atout de cette stratégie est la recherche de décorrélation par rapport aux autres produits d'investissement, alternatifs ou non, dans un souci de diversification du portefeuille. Depuis mars 2000 cependant, l'indice offre une performance plus attrayante que les autres indices. Cette surperformance des fonds *short selling* par rapport aux actions s'explique principalement par le fait que les marchés des actions sont en baisse continue depuis cette date.

## 19.4. Performance

Un investissement de 100 dollars en janvier 1990 dans l'indice *short bias* se serait transformé en 136 dollars fin septembre 2009. Ceci est inférieur à l'ensemble de nos indices de référence. Le même investissement dans le marché des actions, dans le marché obligataire ou dans l'indice hedge fund global se serait transformé en 191, 226 dollars et 971 dollars. Le graphique 48 illustre cette évolution.

L'indice *short bias* a offert un rendement annuel moyen de 2,9 % contre un rendement annuel moyen de 7,7 % pour l'indice action, 7,2 % pour l'indice obligataire et 13 % pour l'indice hedge fund global. La volatilité de l'indice à 19,6 % est largement supérieure à la volatilité de l'ensemble des indices. L'indice *short bias* a sous-performé les marchés classiques avec une volatilité supérieure. Ces statistiques ne sont pas très attrayantes. On notera cependant que la stratégie a offert des rendements positifs pendant

1. Nous analysons cette corrélation dans la section 21 du présent chapitre, Analyse de la corrélation.

2. Même si cela peut sembler étonnant à première vue, il est concevable de prendre plus de 100 % dans un titre si on détient une position courte dans un titre très volatil et/ou si cette position est maintenue longtemps.

les périodes de marché baissier et que c'est cet aspect qui est le plus important dans le cadre de cette stratégie particulière.

**Graphique 48.** – *Évolution de 100 dollars investis dans l'indice* short bias

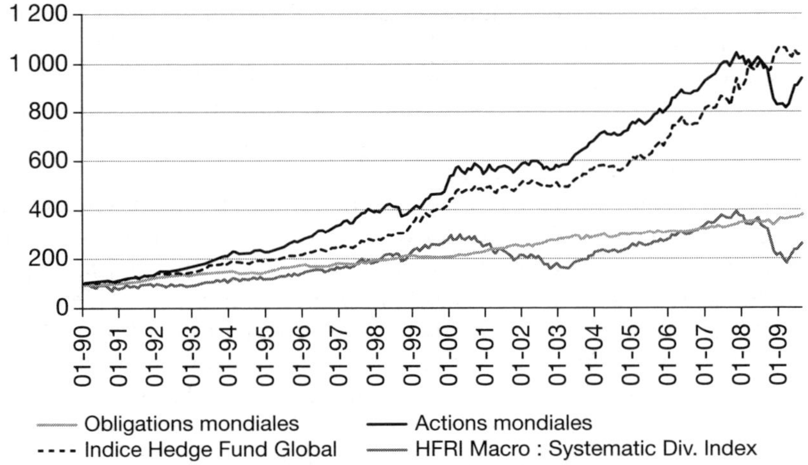


*Source* : d'après des chiffres de Hedge Fund Research, Inc.

Le tableau 30 rapporte des statistiques descriptives de la stratégie par rapport aux indices de référence. Il entraîne les remarques suivantes.

– Sur les 20 années considérées, l'indice *short bias* a connu dix années positives et dix années négatives. Le marché des actions a baissé en 1990, 1992, entre 2000 et 2002 et en 2008. L'indice obligataire n'a enregistré des performances annuelles légèrement négatives qu'en 1994 et 1999.

– Les rendements annuels maximums de l'indice *short bias o*nt été atteints en 1990. Ceux du marché des actions et de l'indice obligataire ont été obtenus en 2003 et 2000. Ils s'élevaient respectivement à 36,2 % pour l'indice *short bias* et 33,1 % et 11,6 % pour les indices de référence. L'indice hedge fund global a offert 31,3 % en 1999.

– Les écarts de rendement entre l'indice *short bias* et les indices de référence varient fortement au cours du temps. L'écart positif maximum entre les fonds et l'indice action (respectivement l'indice obligataire) a été de 69,1 % en 2008 (resp. 27,3 % en 1990), alors que le retard maximum a été de 54,9 % en 2003 (resp. 35,6 % en 1996).

– La stratégie *short selling* offre une possibilité exceptionnelle de diversifier les portefeuilles. En effet, les rendements de la stratégie sont généralement opposés à ceux du marché des actions. Certaines années (1992, 1997 ou 2007), la performance globale de la stratégie est même positive alors que le marché des actions croît de façon rapide.

**Tableau 30.** – *Performances et statistiques descriptives de l'indice* short bias *et des indices de référence*

| | Obligations mondiales | Actions mondiales | Indice Hedge Fund Global | HFRI EH : Short Bias Index | Performance vs. Obligations | Performance vs. Actions |
|---|---|---|---|---|---|---|
| 1990 | 9,0 % | - 17,0 % | 5,8 % | 36,2 % | 27,3 % | 53,2 % |
| 1991 | 16,0 % | 18,3 % | 32,2 % | - 17,0 % | - 33,0 % | - 35,2 % |
| 1992 | 7,4 % | - 5,2 % | 21,2 % | 10,0 % | 2,6 % | 15,3 % |
| 1993 | 9,7 % | 22,5 % | 30,9 % | - 7,5 % | - 17,3 % | - 30,0 % |
| 1994 | - 2,9 % | 5,1 % | 4,1 % | 18,5 % | 21,4 % | 13,5 % |
| 1995 | 18,5 % | 20,7 % | 21,5 % | - 17,1 % | - 35,6 % | - 37,9 % |
| 1996 | 3,6 % | 13,5 % | 21,1 % | - 4,0 % | - 7,6 % | - 17,5 % |
| 1997 | 9,7 % | 15,8 % | 16,8 % | 3,9 % | - 5,8 % | - 11,9 % |
| 1998 | 8,7 % | 24,3 % | 2,6 % | - 0,5 % | - 9,2 % | - 24,9 % |
| 1999 | - 0,8 % | 24,9 % | 31,3 % | - 24,4 % | - 23,6 % | - 49,3 % |
| 2000 | 11,6 % | - 13,2 % | 5,0 % | 34,6 % | 23,0 % | 47,8 % |
| 2001 | 8,4 % | - 16,8 % | 4,6 % | 9,0 % | 0,5 % | 25,8 % |
| 2002 | 10,3 % | - 19,9 % | - 1,4 % | 29,2 % | 18,9 % | 49,0 % |
| 2003 | 4,1 % | 33,1 % | 19,6 % | - 21,8 % | - 25,9 % | - 54,9 % |
| 2004 | 4,3 % | 14,7 % | 9,0 % | - 3,8 % | - 8,2 % | - 18,5 % |
| 2005 | 2,4 % | 9,5 % | 9,3 % | 7,3 % | 4,8 % | - 2,2 % |
| 2006 | 4,3 % | 20,1 % | 12,9 % | - 2,6 % | - 7,0 % | - 22,7 % |
| 2007 | 7,0 % | 9,0 % | 10,0 % | 4,7 % | - 2,2 % | - 4,3 % |
| 2008 | 5,2 % | - 40,7 % | - 19,0 % | 28,4 % | 23,2 % | 69,1 % |
| 2009* | 5,8 % | 25,0 % | 17,1 % | - 19,7 % | - 25,5 % | - 44,7 % |
| Rendement annuel moyen 1990-2009 | 7,2 % | 7,7 % | 13,0 % | 2,9 % | - 4,3 % | - 4,8 % |
| Volatilité 1990-2009 | 3,9 % | 15,5 % | 7,1 % | 19,6 % | ND | ND |
| Rendement annuel moyen 1999-2009* | 5,9 % | 5,0 % | 9,5 % | 3,2 % | - 2,7 % | - 1,8 % |
| Volatilité 1999-2009* | 3,8 % | 16,4 % | 7,4 % | 19,6 % | ND | ND |
| Rendement annuel moyen 2004-2009* | 5,2 % | 7,9 % | 7,6 % | 1,4 % | - 3,8 % | - 6,4 % |
| Volatilité 2004-2009* | 3,7 % | 16,7 % | 7,0 % | 10,8 % | ND | ND |

* Pour 2009, les données utilisées s'arrêtent à fin septembre.
*Source :* d'après des données de Hedge Fund Research, Inc.

## 20. La stratégie *macro*

Cette stratégie a été initiée par Julian Robertson en 1986 lorsqu'il créa le fonds Jaguar. Contrairement aux spécialistes des autres stratégies d'investissement décrites ici, les gérants de fonds *macro* portent un intérêt particulier aux variables macroéconomiques. Ce sont des gérants globaux ou internationaux qui utilisent une approche opportuniste. Ils prennent des positions selon les anticipations qu'ils font de changements dans l'environnement économique global reflété dans le prix des actions, dans les taux de change des monnaies, dans les taux d'intérêt, dans l'inflation ou encore dans la politique fiscale.

Pendant longtemps, les fonds *macro* ont représenté la plus grande partie de l'univers des hedge funds. Selon *Hedge Fund Research, Inc.*, ils représentaient plus de 70 % de l'ensemble de l'industrie des hedge funds en 1990.[1] À cette époque, les principaux fonds *macro* disposaient chacun de plusieurs milliards d'actifs sous gestion. La publicité faite autour de ces fonds dans les années 80 a entraîné une croissance de leur nombre. Au cours des années 90, les stratégies d'investissement appliquées par les gérants de fonds se sont de plus en plus complexifiées et diversifiées. Il est difficile d'estimer précisément le pourcentage de fonds *macro* aujourd'hui, mais les estimations les plus fiables s'étalent de quelques pour cent à 20 %. Nous estimons que ces fonds représentent à peu près 17 % de l'industrie.

### *20.1. Principes*

Les gérants de fonds *macro* cherchent à avoir une vue globale des marchés mondiaux et de leurs interconnexions, dans le but de profiter d'opportunités où qu'elles se présentent. Ils analysent les tendances macroéconomiques liées aux politiques gouvernementales ou monétaires, aux cycles économiques, aux nouvelles technologies, etc. Afin d'identifier les écarts de prix dans les variables, ils appliquent une stratégie *top-down* qui a pour objectif de se concentrer sur les estimations de l'impact qu'auront les événements politiques et macroéconomiques sur les prix des instruments financiers.

Ces gérants peuvent investir dans un très grand nombre de marchés, en appliquant une politique d'investissement qu'ils déterminent au cas par cas. Suivant les opportunités, ils s'exposent à un ou plusieurs secteurs ou marchés par l'intermédiaire d'instruments financiers très diversifiés qu'ils sélectionnent selon les objectifs qui les animent. Ils réalisent leurs bénéfices en anticipant correctement les mouvements de prix dans les marchés globaux et en ayant la flexibilité d'utiliser n'importe quelle approche qui leur permet de tirer avantage de la distorsion de prix.

L'investissement *macro* est fort différent des stratégies d'investissement appliquées par les autres gérants de hedge funds. Il en est ainsi, car l'inves-

1. *Source :* Nicholas (1999), président de Hedge Fund Research, Inc.

tissement *macro* est plus une approche qu'une stratégie précise. Selon les opportunités qui se présentent, les gérants choisissent d'investir ou non, leur objectif final étant de profiter de poches d'inefficiences présentes dans le marché. Ils recourent fortement à l'analyse fondamentale afin d'obtenir une appréciation globale pour un pays et certains utilisent l'analyse technique afin de déterminer si les tendances à long terme se vérifient à plus court terme. L'analyse technique est uniquement utilisée pour certains marchés comme celui des taux d'intérêt.

Les gérants de fonds *macro* sont souvent décrits comme étant des spéculateurs présents sur une multitude de marchés : les actions, les obligations, les monnaies, etc. D'un autre côté, bon nombre d'autres stratégies ne sont prospères que dans certains environnements macroéconomiques particuliers et un pari sur la direction du marché peut être intéressant lorsque des conditions macroéconomiques créent un écart de prix important ou une tendance particulière qui rend une telle approche très efficace.

## 20.2. Méthodologie

Les gérants de fonds *macro* recherchent des fluctuations de prix inhabituelles, éloignées de leur situation d'équilibre. Dans de telles conditions, les perceptions des participants au marché s'écartent des niveaux réels, ce qui crée une tendance de prix. Ils réalisent des gains en identifiant où la prime de risque s'est la plus éloignée de sa situation d'équilibre et en investissant en conséquence. Ensuite, ils recherchent le moment où les conditions extraordinaires qui ont entraîné la situation particulière se détériorent, ou celui où elles sont contrecarrées par une nouvelle tendance qui va dans une autre direction. Le *timing* est alors un des éléments clés de la stratégie.

À titre d'illustration théorique, considérons un marché baissier. Les gérants de fonds *macro* considèrent généralement que la plupart des fluctuations de prix des marchés financiers sont de l'ordre d'un écart type autour de la moyenne. Ils estiment cette volatilité comme étant normale, ce qui n'entraîne pas d'opportunité d'investissement particulière. Lorsque les fluctuations de prix d'instruments ou de marchés s'écartent de plus de deux écarts types de la moyenne, on se trouve en situation exceptionnelle, car ce genre de variation ne se présente généralement que quelques fois par décennie. Une opportunité d'arbitrage existe alors, car le prix du marché d'un actif diffère de son prix réel. L'investisseur *macro* réalise des profits en misant sur un retour des prix à leur niveau réel. Des exemples de tels éloignements de prix par rapport à leur niveau d'équilibre sont le marché des obligations eurodollars en 1994, la crise asiatique de 1997-98, ou encore la chute des marchés suite aux attentats du 11 septembre 2001.

Lors d'une prise de position d'un fonds *macro*, tout débute lors d'une phase initiale dans laquelle la tendance macroéconomique se confond avec un biais entraîné par les investisseurs dominants, de manière à ce que les deux se renforcent mutuellement. À titre d'exemple, considérons le cas de la croissance macroéconomique accélérée soutenue par des investissements importants, comme ce fut le cas jusqu'en 2000. Les marchés montent en flèche jusqu'au jour où la valeur des titres s'éloigne tellement de la réalité que le biais est réellement identifié comme tel. Le marché n'est alors plus renforcé par les participants et, au point d'inflexion, cette perte de confiance entraîne un retournement de tendance. Le point d'inflexion est généralement signalé par un changement politique majeur qui précipite les crashs et dans lequel le biais de marché opposé à la tendance originale accélère le retour à la normale. L'art de l'investissement *macro* réside dans l'habilité à déterminer quand on se rapproche d'un point d'inflexion, mais surtout à juger quand il est opportun de miser sur un retour à l'équilibre. En effet, si on prend une position trop tôt dans un marché instable, on risque de subir de lourdes pertes sur de courtes périodes de temps. D'un autre côté, si on prend position trop tard, on risque de subir un revers si le marché va à l'inverse du sens attendu.

## 20.3. Illustration

Rapportons quelques positions qui illustrent le fonctionnement de la stratégie *macro*. Nous commençons par un pari sur l'évolution du taux de change yen contre dollar américain. Ensuite, nous analysons une anticipation d'une baisse de taux, avant de terminer par une position globale prise dans des sociétés financières allemandes en 2000.

### 20.3.1. *Carry trade yen-dollars*

Une des stratégies largement utilisées par les fonds macro (de même que par les autres fonds investis en devises) s'appelle le *carry trade* (en français opération spéculative sur écart de rendement). La finalité du *carry trade* est de profiter d'un différentiel de taux d'intérêt entre deux pays, et donc entre deux devises. Le principe de base du *carry trade* est de s'endetter dans une devise à faible taux d'intérêt et à placer ces fonds empruntés dans une autre devise à taux d'intérêt plus fort. Le profit dégagé par le *carry trade* provient de deux sources : le revenu provenant de l'écart de taux d'intérêt entre les monnaies concernées et celui qui provient de l'appréciation de la monnaie à taux d'intérêt plus élevé. Les paires de monnaies couramment utilisées pour le carry trade sont : GBP/JPY, GBP/CF, AUD/JPY, EUR/JPY, CAD/JPY et USD/JPY. Le yen est une des monnaies les plus utilisées pour le *carry trade*, car la banque de Japon a maintenu ses taux directeurs proches de 0 % pendant plusieurs années.

Situons-nous début novembre 2001. L'économie japonaise est dans une situation désespérée et l'ensemble des réformes tant vantées tardent à arriver. Les États-Unis commencent à retrouver la confiance perdue le 11 septembre et la Réserve Fédérale américaine cherche à réinstaurer un calme dans les marchés financiers. La transaction consiste à parier sur un affaiblissement du yen par rapport au dollar. Ceci peut, par exemple, se faire par l'intermédiaire d'une option de vente yens contre dollars. On peut trouver de telles options avec un prix d'exercice de 127 sur le marché, alors que le taux de change du marché est légèrement supérieur à 120. Le graphique 49 illustre l'évolution du taux de change en novembre et décembre 2001. Il indique que le cours a fortement augmenté dans la seconde moitié de décembre et qu'il a largement dépassé le seuil de 127, ce qui entraîne un gain direct sur l'option.

**Graphique 49.** – *Évolution du taux de change JPY-USD (11-12/2001)*

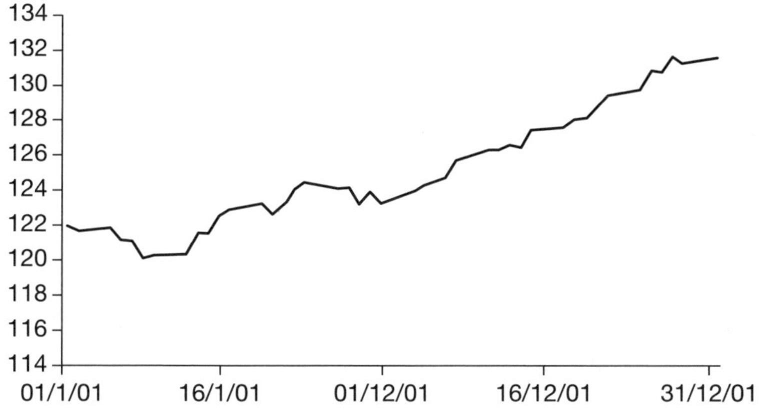


*20.3.2. Anticipation d'une baisse de taux*

Pour la seconde illustration, situons-nous mi-2001. La Banque Centrale Européenne soutient toujours que les pays de la zone euro vont échapper à la faiblesse de l'économie américaine. La transaction consiste à anticiper que cette confiance est surestimée et que la tendance de la Banque Centrale Européenne à ne pas baisser ses taux supportera la partie long terme de la courbe des taux. Il existe plusieurs manières de prendre position afin d'en bénéficier. Nous reprenons ci-dessous le cas où un gérant prit une position longue dans le Bund 10 ans [1] en juillet 2001. Cette position a permis de profiter de la baisse des taux qui suivit en novembre.

*20.3.3. Consolidation d'un secteur*

Le dernier exemple que nous rapportons pour la stratégie *macro* concerne le marché allemand. Situons-nous fin 1999. Le gouvernement allemand annonce un projet d'élimination des taxes sur la vente de participations croisées. Ceci entraîne une consolidation potentielle des institutions financières allemandes. La transaction consiste à prendre une position longue dans la volatilité des actions de diverses institutions allemandes, telles que la *Deutsche Bank*, *Allianz AG*, la *Dresdner Bank* et la *Commerzbank*. Le gérant prit une telle position par l'intermédiaire d'options.

1. Le Bund 10 ans est une obligation gouvernementale allemande de référence à 10 ans.

L'objectif dans le cas présent n'est pas de bénéficier d'une hausse ou d'une baisse de cours, mais d'anticiper une plus grande volatilité des cours des titres.

En mars, *Allianz* annonce qu'elle va vendre ses parts dans la *Dresdner Bank* à la *Deutsche Bank*, en échange d'une part dans le réseau de vente au détail de cette dernière. Le jour de l'annonce de la fusion, le cours d'*Allianz* monte en flèche, alors que les cours de la *Deutsche Bank* et de la *Dresdner Bank* chutent après avoir crû rapidement. La fusion a été annulée en avril, ce qui entraîna une chute du cours des actions d'*Allianz* et une hausse des cours de la *Deutsche Bank* et de la *Dresdner Bank*. Le graphique 50 illustre cet exemple.

**Graphique 50.** – *Cours des actions Allianz, Deutsche Bank et Dresdner Bank en 2000*

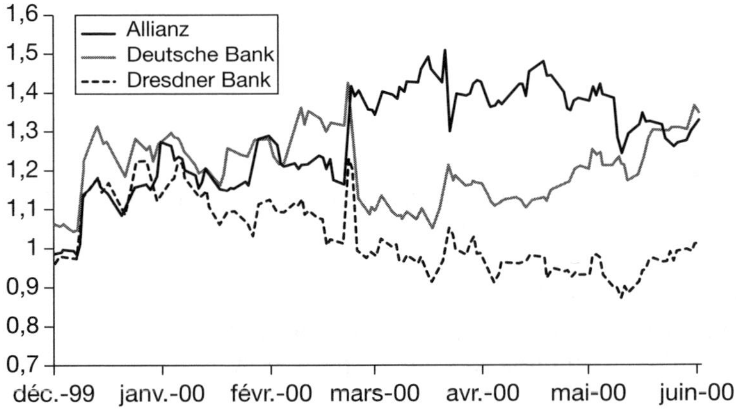


L'intérêt particulier de ce dernier exemple est que le pari a été fait sur une plus grande volatilité et non sur le bon dénouement d'une fusion éventuelle. C'est pour cette raison que nous ne sommes pas dans une stratégie *event driven*, mais bien dans une stratégie *macro* qui anticipe des mouvements de marchés.

## 20.4. Avantages et inconvénients

Le premier et principal avantage de l'investissement *macro* est que, par définition, il ne se confine pas à investir exclusivement dans un type d'instrument ou suivant une technique d'investissement formalisée. Les gérants disposent d'une grande flexibilité qui leur permet d'investir dans l'ensemble des opportunités et/ou tendances qui se présentent. Ceci est particulièrement important dans le cas des fonds *macro*, car un certain nombre de ces fonds disposent d'actifs sous gestion très importants dépassant les dix ou vingt milliards de dollars, même si la croissance de l'industrie a entraîné l'émergence de plus petits fonds.

D'un autre côté, les fonds macro sont souvent vus comme particulièrement risqués, car il est extrêmement difficile d'être à même de déterminer le moment opportun pour investir. Cette image est renforcée par les larges profits et pertes que certains de ces fonds ont réalisés sur de très courtes périodes de temps. De nombreux articles se sont largement attardés sur les bénéfices conséquents que les fonds comme le fonds *Quantum* de Soros et le fonds *Tiger* de Robertson ont réalisés durant leur période de gloire. Les mêmes journaux ont ensuite insisté sur les pertes tout aussi impressionnantes auxquelles ces fonds ont dû faire face.

Afin de prendre leurs positions, les spécialistes *macro* ont généralement recours au levier de manière relativement forte, ce qui amplifie et explique le risque relativement important de cette stratégie. Tout investisseur potentiel doit être conscient qu'en investissant dans ce type de fonds, il peut réaliser des bénéfices importants sur une courte période de temps, mais il peut également perdre 10 %, 30 % voire 50 % en quelques mois lorsque le marché est défavorable ou que le gérant fait de mauvais paris.

## 20.5. Performance

Un investissement de 100 dollars en janvier 1990 dans l'indice *macro* se serait transformé en 1 349 dollars fin septembre 2009. Ceci est supérieur au même investissement dans le marché des actions, dans le marché obligataire et dans l'indice hedge fund global qui se serait transformé en 277, 387 et 971 dollars. Le graphique 51 illustre cette évolution.

L'indice *macro* a offert un rendement annuel moyen de 14,8 % contre un rendement annuel moyen de 7,7 % pour l'indice action, 7,2 % pour l'indice obligataire et 13 % pour l'indice hedge fund global. La volatilité de l'indice à 7,8 % est largement supérieure à la volatilité de l'indice obligataire à 3,9 %, légèrement supérieure à celle de l'indice hedge fund à 7,1 %, mais fortement inférieure à celle de l'indice action à 15,5 %. L'indice *macro* a surperformé les marchés classiques avec une volatilité intermédiaire. Remarquons également que le rendement moyen a fortement baissé dans les années récentes et que la performance annuelle moyenne est à 8,8 % pour les dix dernières années.

Le tableau 30 rapporte des statistiques descriptives de la stratégie par rapport aux indices de référence. Il entraîne les remarques suivantes.

– Sur les 20 années considérées, l'indice *macro* n'a connu qu'une année négative, 1994. Le marché des actions a baissé en 1990, 1992, entre 2000 et 2002 et en 2008. L'indice obligataire n'a enregistré des performances annuelles légèrement négatives qu'en 1994 et 1999.

– Les rendements annuels maximums de l'indice *macro* ont été atteints en 1993. Ceux du marché des actions et de l'indice obligataire ont été obtenus en 2003 et 2000. Ils s'élevaient respectivement à 53,3 % pour l'indice *macro* et 33,1 % et 11,6 % pour les indices de référence. L'indice hedge fund global a offert 31,3 % en 1999.

– Les écarts de rendement entre l'indice *macro* et les indices de référence varient fortement au cours du temps. L'écart positif maximum entre les fonds et l'indice action (respectivement l'indice obligataire) a été de 45,5 % en 2008 (resp. 43,6 % en 1993), alors que le retard maximum a été de 20,7 % en 2009 (resp. 9,7 % en 2000).

– La stratégie *macro* offre des statistiques très attrayantes. Les chiffres confirment qu'il s'agit d'une stratégie à part qui est très différente des autres. Les fonds *macro* ont cependant offert une performance particulièrement intéressante au début de la période analysée et les rendements de 46,7 %, 27,2 % et 53,3 % obtenus entre 1991 et 1993 expliquent une bonne partie de la surperformance.

**Graphique 51.** – *Évolution de 100 dollars investis dans l'indice* macro

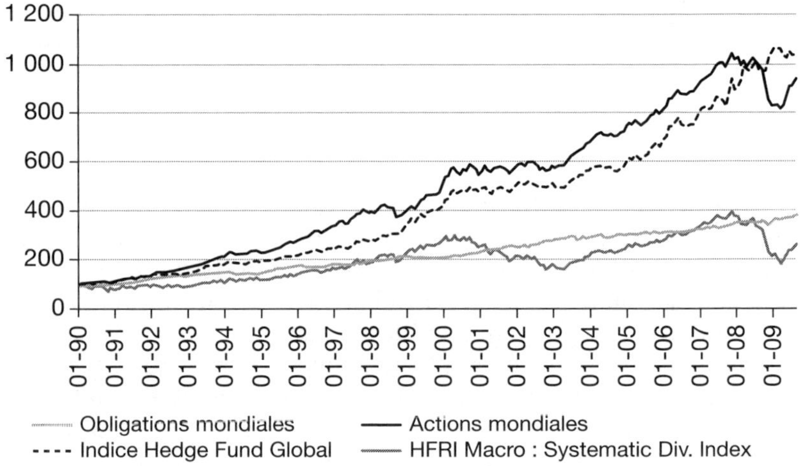


*Source* : d'après des chiffres de Hedge Fund Research, Inc.

## 21. Les commodity trading advisors

Communément appelés CTA ou *managed futures*, les fonds de *futures* investissent uniquement sur les marchés de futures. Ces fonds ne sont pas toujours classifiés comme hedge funds par les professionnels de l'industrie, mais de nombreuses études académiques englobent les CTA et les hedge funds lorsqu'ils les analysent.[1]

Les gérants de ce type de fonds prennent des positions en appliquant de l'analyse technique. Ils cherchent une tendance dans le marché et ensuite ils prennent position par l'intermédiaire de *futures* afin de réaliser des gains si la tendance attendue se confirme. Ils investissent autant dans des contrats à terme sur matières premières que dans des contrats à terme financiers.

1. À ce sujet, voir par exemple Fung et Hsieh (1997, 2000), Schneeweis et Spurgin (1998), Edwards et Liew (1999) et Brown *et al.* (2001).

**Tableau 31. –** *Performances et statistiques descriptives de l'indice* macro *et des indices de référence*

| | **Obligations mondiales** | **Actions mondiales** | **Indice Hedge Fund Global** | **HFRI Macro (Total) Index** | **Perfor-mance vs. Obliga-tions** | **Perfor-mance vs. Actions** |
|---|---|---|---|---|---|---|
| 1990 | 9,0 % | – 17,0 % | 5,8 % | 12,6 % | 3,6 % | 29,6 % |
| 1991 | 16,0 % | 18,3 % | 32,2 % | 46,7 % | 30,7 % | 28,4 % |
| 1992 | 7,4 % | – 5,2 % | 21,2 % | 27,2 % | 19,8 % | 32,4 % |
| 1993 | 9,7 % | 22,5 % | 30,9 % | 53,3 % | 43,6 % | 30,8 % |
| 1994 | – 2,9 % | 5,1 % | 4,1 % | – 4,3 % | – 1,4 % | – 9,4 % |
| 1995 | 18,5 % | 20,7 % | 21,5 % | 29,3 % | 10,8 % | 8,6 % |
| 1996 | 3,6 % | 13,5 % | 21,1 % | 9,3 % | 5,7 % | – 4,2 % |
| 1997 | 9,7 % | 15,8 % | 16,8 % | 18,8 % | 9,2 % | 3,1 % |
| 1998 | 8,7 % | 24,3 % | 2,6 % | 6,2 % | – 2,5 % | – 18,1 % |
| 1999 | – 0,8 % | 24,9 % | 31,3 % | 17,6 % | 18,4 % | – 7,3 % |
| 2000 | 11,6 % | – 13,2 % | 5,0 % | 2,0 % | – 9,7 % | 15,2 % |
| 2001 | 8,4 % | – 16,8 % | 4,6 % | 6,9 % | – 1,6 % | 23,7 % |
| 2002 | 10,3 % | – 19,9 % | – 1,4 % | 7,4 % | – 2,8 % | 27,3 % |
| 2003 | 4,1 % | 33,1 % | 19,6 % | 21,4 % | 17,3 % | – 11,7 % |
| 2004 | 4,3 % | 14,7 % | 9,0 % | 4,6 % | 0,3 % | – 10,1 % |
| 2005 | 2,4 % | 9,5 % | 9,3 % | 6,8 % | 4,4 % | – 2,7 % |
| 2006 | 4,3 % | 20,1 % | 12,9 % | 8,2 % | 3,8 % | – 11,9 % |
| 2007 | 7,0 % | 9,0 % | 10,0 % | 11,1 % | 4,1 % | 2,1 % |
| 2008 | 5,2 % | – 40,7 % | – 19,0 % | 4,8 % | – 0,4 % | 45,5 % |
| 2009* | 5,8 % | 25,0 % | 17,1 % | 4,3 % | – 1,5 % | – 20,7 % |
| Rendement annuel moyen 1990-2009 | 7,2 % | 7,7 % | 13,0 % | 14,8 % | 7,6 % | 7,1 % |
| Volatilité 1990-2009 | 3,9 % | 15,5 % | 7,1 % | 7,8 % | ND | ND |
| Rendement annuel moyen 1999-2009* | 5,9 % | 5,0 % | 9,5 % | 8,8 % | 2,9 % | 3,7 % |
| Volatilité 1999-2009* | 3,8 % | 16,4 % | 7,4 % | 5,9 % | ND | ND |
| Rendement annuel moyen 2004-2009* | 5,2 % | 7,9 % | 7,6 % | 6,9 % | 1,7 % | – 1,0 % |
| Volatilité 2004-2009* | 3,7 % | 16,7 % | 7,0 % | 4,9 % | ND | ND |

* Pour 2009, les données utilisées s'arrêtent à fin septembre.
*Source* : d'après des données de Hedge Fund Research, Inc.

Cette stratégie existe depuis les années 70, même si à l'origine les techniques de gestion étaient sommaires. L'industrie s'est réellement développée au début des années 80, lorsque deux traders de matières premières renommés, Richard Dennis et William Eckhard, ont réalisé l'expérience suivante pour déterminer si les capacités des traders étaient génétiques ou si elles pouvaient s'apprendre. Eckhardt pensait que tout était une question de capacité, alors que Dennis pensait que tout le monde pouvait être entraîné :

– Ils ont engagé 23 personnes sur 1 000 (sélectionnées pour leur qualité particulière) qu'ils ont entraîné à devenir traders en deux semaines.

– La stratégie de gestion était basée exclusivement sur une analyse chartiste et les traders achetaient lorsque les prix dépassaient certaines limites et vendaient lorsque des niveaux historiquement bas étaient atteints.

– Ils ont ensuite gagné en moyenne des rendements de plus de 80 % par an et généré des profits de plus de 100 millions de dollars, ce qui prouva que Dennis avait raison.

– Cette expérience prouva également que les techniques mécaniques permettent de faire des bénéfices pour autant que les règles soient appliquées de façon récurrente ou systématique.

Les techniques ont ensuite évolué vers les moyennes mobiles et, au début des années 90, une véritable révolution est arrivée par l'apparition de programmes d'analyse qui proposaient de nombreux indicateurs simples. Depuis lors, les évolutions n'ont fait que s'accélérer.

## 21.1. Méthodologie

Les CTA sont des fonds gérés quantitativement à partir de modèles mathématiques complexes aujourd'hui mis en œuvre automatiquement par des ordinateurs très puissants. L'approche multi-modèle comprend généralement des modèles *trend following* (suiveurs de tendances), des modèles basés sur des informations fondamentales et économétriques et, dans certains cas, des modèles basés sur des principes de finance comportementale. Depuis quelques années, les ordres sont passés automatiquement par les machines sans intervention humaine. Cette dernière ne vise qu'à contrôler que tout fonctionne et à développer et/ou adapter les modèles existants afin qu'ils restent performants.

Les plus grandes équipes comptent des dizaines de scientifiques qui cherchent constamment à développer ou adapter les modèles de gestion existants, en utilisant de nouvelles données et différents horizons d'analyse.

Au départ, les spécialistes cherchent à identifier une tendance dans le marché. Pour cela, ils se basent sur différentes données en leur possession. Traditionnellement, les stratégies employées sont soit discrétionnaires, soit systématiques. La première, plus rare, utilise principalement des données qualitatives (offre/demande, économie, etc.), alors que la seconde se concentre sur des données quantitatives (analyse technique, volatilité, etc.). En privilégiant l'une ou l'autre des techniques, les gérants ont le même objectif : identifier la tendance future du marché.

Des exemples de techniques de transaction comprennent [1] :

– *l'autocorrélation* : la corrélation d'une variable avec elle-même au cours du temps. Cette technique permet de déterminer à quel degré les prix passés permettent de prévoir les prix futurs ;

– *des paris sur des écarts de volatilité* : lorsque les mouvements de prix d'un actif excèdent une certaine valeur ;

– *l'échelle des positions en intégrant la volatilité :* la taille des positions varie en fonction de la volatilité. En période de forte volatilité, elles sont réduites et inversement ;

– *l'exécution conditionnelle :* les signaux sont placés dans le marché avec des conditions prédéfinies comme par exemple « achète au marché » si « la volatilité est sous x et le prix au-dessus de 100 » ;

– *le carry trade* : analyse de la différence de taux d'intérêt et prise de positions dans les marchés de devises ;

– *le retour à la moyenne :* stratégie d'anticipation qui vise à identifier des retours de marché significatifs ;

– *signaux de probabilité – poids des positions* : si la probabilité d'un changement directionnel est favorable, la taille des positions est augmentée ;

– *la gestion par algorithme/gestion à haute fréquence :* les traders sont remplacés par des ordinateurs qui exécutent les transactions automatiquement, souvent à très court terme ;

– *les approches non paramétriques* : réduction de la dépendance à un horizon temporel défini afin de dégager des rendements plus stables ;

– *l'allocation sectorielle dynamique :* l'allocation aux différents secteurs du marché tels que les matières premières ou les devises est ajustée en taille en fonction des opportunités et/ou des tendances ;

– *la finance comportementale :* stratégie basée sur des erreurs récurrentes dans les marchés entraînées par le comportement humain ;

– *la méthode fondamentale :* modèles économétriques qui valorisent certains marchés par rapport au cycle économique.

Les CTA peuvent avoir diverses sous-stratégies. Les principales sont les *trend-following*, les *trend reversals* et les fonds *contrarian*. Les premiers visent à profiter des tendances à moyen et long terme dans divers marchés. Ils recherchent des opportunités sur des périodes temporelles diversifiées. Les transactions à court terme durent généralement entre trois et cinq jours, même si elles peuvent également se faire intraday ou être prises jusqu'à un mois. Les conditions de marché conditionneront également les changements de positionnement. Les fonds *trend reversal* tentent de profiter de points d'inflexion dans les marchés. Les fonds *contrarian* cherchent à vendre au pic du marché et à acheter au plus bas. Comme le graphique 52 l'illustre, les diverses sous-stratégies interviennent à des moments différents.

---

1. Nous renvoyons le lecteur intéressé par plus de détails à Della Cas *et al.* (2007).

**Graphique 52.** – *Timing des principales sous-stratégies*

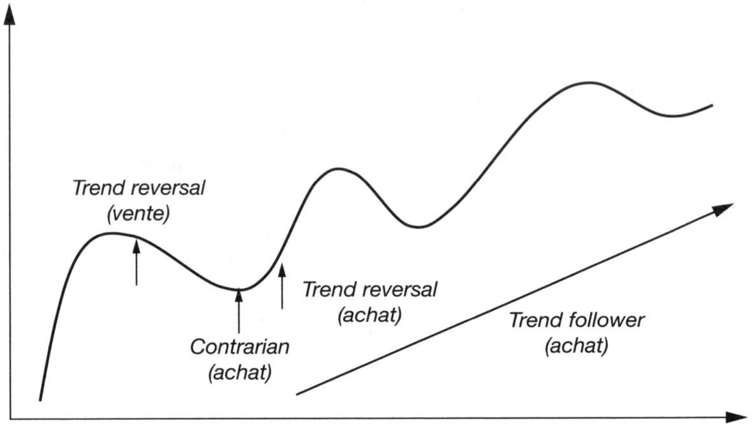


*Source* : Man Investments.

Une spécificité de cette stratégie est que les positions prises sont parfois maintenues pendant plusieurs semaines, voire plusieurs mois, alors que dans d'autres cas les positions sont changées plusieurs fois par jour. Pratiquement, il convient d'analyser chaque stratégie au cas par cas, car les différences entre CTA peuvent être importantes.

Au niveau de la gestion des risques, chaque fonds est également spécifique. Certains prêtent une attention particulière à limiter les pertes par l'intermédiaire de ventes automatiques ou en n'entrant pas dans des positions jugées trop risquées. D'autres, par contre, fonctionnent plus à l'instinct, ce qui peut parfois entraîner de grosses surprises.

La seconde étape consiste à prendre position. Pour ce faire, les gérants achètent ou vendent des contrats à terme. Les prises de décision des fonds gérés de façon systématique se font sur la base de modèles mathématiques complexes qui tiennent compte d'un ensemble de facteurs. Dans ce cadre, le gérant ne sera souvent pas spécialisé sur un type de marché de contrat à terme, mais il aura une connaissance globale de l'ensemble des marchés. Les positions prises seront identifiées par le modèle et le gérant vérifiera la cohérence entre les objectifs et les positions suggérées par le modèle. Dans le cas de gestion discrétionnaire, le rôle du gérant devient primordial.

Généralement, les gérants de CTA se spécialisent. Certains considèrent l'ensemble du marché des contrats à terme, c'est-à-dire autant les céréales que les taux d'intérêt. D'autres se concentrent sur certains créneaux spécifiques comme les taux d'intérêt courts de tel pays ou telle région du monde. Cela dépend aussi du type de CTA qu'on considère. Les CTA gérés de façon discrétionnaire se concentrent généralement plus fortement que ceux gérés de façon systématique, car la décision finale est prise par une personne individuelle, et qu'une connaissance approfondie des marchés est nécessaire. Dans le cas d'un modèle mathématique, il est souvent adapté à différents marchés.

Classiquement, les gérants prennent des positions longues et courtes dans des contrats à terme sur indices sur la base de leurs données et ils fixent un niveau de perte maximale autorisée [1]. S'ils atteignent ce niveau, ils ferment ou couvrent automatiquement leur position.

Par construction, ces fonds ont un effet de levier très important, car les gérants de tels fonds traitent à la marge. L'investissement dans des contrats à terme ne nécessite pas le paiement d'un prix (comme c'est le cas pour acheter une action ou une obligation), mais uniquement de bloquer une marge de sécurité sur un compte. Cette marge va de 0,05 % à 5 % de la valeur notionnelle de la matière première. L'idée sous-jacente à un tel produit est de s'engager à acheter ou à vendre un sous-jacent à un prix fixé au départ, à un moment futur. Suivant l'évolution de la valeur du sous-jacent, l'engagement, c'est-à-dire le contrat *future*, prendra ou perdra de la valeur.

## 21.2. ***Short term traders***

Certains fonds appliquent la stratégie communément appelée *short term traders*. Elle se rapproche de la stratégie CTA par le fait qu'elle est systématique, mais s'en différencie par le fait que les positions ne sont pas toujours prises uniquement en *futures* mais qu'ils traitent généralement des actions, des ETF liquides et des indices. Dans le cadre de cette stratégie, le modèle permet d'identifier les opportunités de façon systématique. Les opportunités d'investissement sont ensuite filtrées par un système technique pour estimer le potentiel de baisse de chaque opportunité. Lorsque les opportunités sont suffisamment intéressantes, le cash est investi. Il est intéressant de mentionner que ce type de fonds n'est généralement pas constamment investi, et que le risque est par conséquent réduit.

À titre d'illustration, considérons un fonds qui combine trois stratégies afin de capturer les mouvements de marché à court terme, tant dans des marchés haussiers que baissiers.

– La première stratégie est basée sur les actions du S&P500 et les ETF très liquides. Cette stratégie construit un portefeuille d'actions survendues à des niveaux prédéfinis d'achat et de vente. Cette stratégie augmente l'exposition aux actions lorsque les marchés chutent à court terme et vend les positions lorsqu'elles ont récupéré une portion prédéfinie de leur perte. Les positions sont maintenues trois à quatre jours.

– La deuxième stratégie est une stratégie qui suit 2 000 actions liquides et les ETF très liquides. La stratégie achète des actions qui ont débuté la séance normalement mais qui ont fortement chuté à un moment de la journée sur la base qu'il est typique que des actions offrent des rendements en V.

– La troisième stratégie a une vocation de couverture. Elle maintient une couverture de portefeuille en cas de chute importante de marché sans récupération.

1. *Stop loss* en anglais.

## 21.3. Illustration

Les *commodity trading advisors* sont gérés de façon quantitative. Les modèles identifient des tendances dans le marché et les gérants prennent position sur la base de ces tendances. Ainsi, lors d'une présentation, un gérant nous a décrit le modèle qu'il utilisait et il l'a illustré comme suit.[1]

Le modèle se compose de deux segments. Le premier recherche des effets de tendance à moyen terme (quelques semaines à plusieurs mois), alors que le second cherche à profiter de mouvements à plus court terme (quelques jours ou quelques semaines), sur divers indices en prenant des positions dans des *trackers*.[2] Le principe central de la stratégie est que la volatilité du marché est supérieure à son rendement moyen.

Dans le cas présent, début juillet 2002, le modèle prévoyait une baisse du *Russell 2000 ishares*.[3] Les sociétés reprises dans le *Russell 2000 ishares* représentent à peu près 8 % de la capitalisation du *Russell 3000*. L'indice *ishares* reprend la valeur nette d'inventaire par *index share*, c'est-à-dire par action.

Le gérant prit des positions courtes dans des *trackers*. Le 3 juillet, le cours avait baissé d'un écart type. Le modèle préconisait alors de couvrir partiellement les positions, car une inversion de tendance était possible. L'inversion s'amorça, mais une nouvelle tendance baissière débuta quelques jours plus tard et le modèle préconisait à nouveau une position courte dans l'indice le 16 juillet, alors qu'on était revenu à des niveaux proches de ceux du début du mois. Le 23 juillet, un nouveau palier à deux écarts types sous le rendement moyen mensuel est atteint, d'où une nouvelle couverture partielle des positions. Le gérant dénoua l'ensemble de la position au 31 juillet. La chronologie des événements est reprise dans le schéma 37. L'évolution du cours du Russell 2000 *ishares* est reprise dans le graphique 53.

**Schéma 37.** – *Stratégie CTA, chronologie des événements*

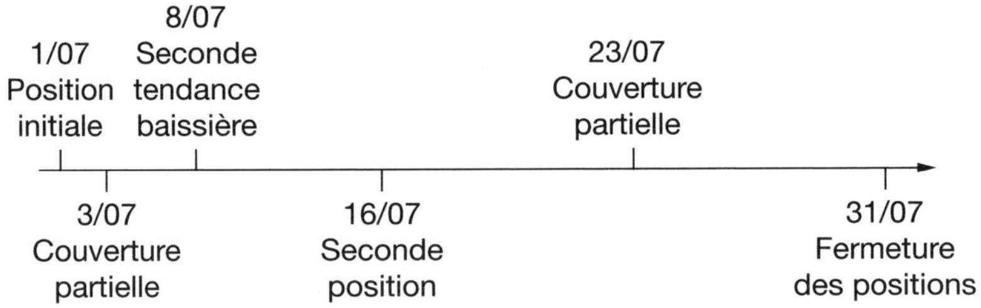


1. À la demande du gérant, nous ne citons pas son nom.

2. Les *trackers*, également dénommés *exchange traded funds* ou ETF sont des produits financiers négociables sur les principales bourses mondiales. Ils offrent la performance d'un indice ou d'un panier d'actions (un secteur économique, un pays ou une région) qui peuvent être traités comme des actions.

3. Le *Russell 2000 ishares* est un indice boursier américain qui mesure la performance des 2 000 plus petites sociétés reprises dans le *Russell 3000*. Le Russell 3000 mesure la performance des 3 000 plus grandes sociétés américaines sur la base de leur capitalisation de marché.

Cet exemple fait partie d'un ensemble de positions préconisées par le modèle. Elle se focalise sur des tendances à court terme mais peut également être vue comme la couverture à court terme d'autres positions prises à plus long terme. Ceci dépendra de la complexité du modèle utilisé.

**Graphique 53.** – *Cours du* Russell 2000 ishares *en juillet 2002*

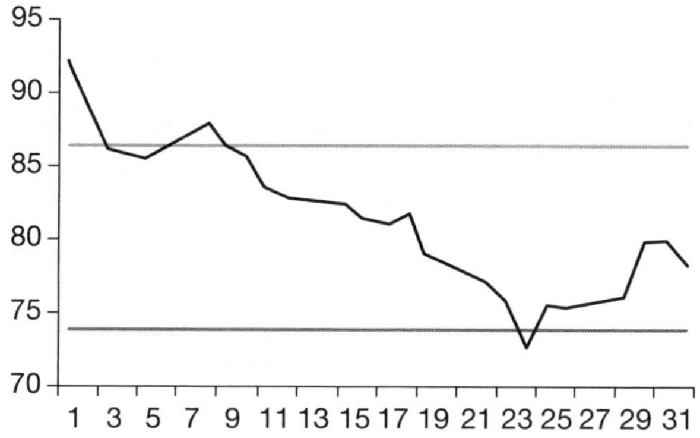


### *21.4. Avantages et inconvénients*

La valeur nette d'inventaire des CTA est facile à déterminer, car ils investissent uniquement dans des marchés liquides. Les produits dans lesquels ils prennent position sont beaucoup traités et les écarts entre les prix d'achat et de vente sont réduits. Ils sont fortement réglementés dans de nombreux pays et fournissent une grande transparence. Dans ce type de marché, la vente à découvert est très facile. Dans certains pays, l'investissement dans des contrats à terme fournit même un avantage fiscal.

Du point de vue de la performance, certains auteurs [1] soulignent une habilité de ce type de fonds d'être positivement corrélés au marché en période de marché haussier et de devenir négativement corrélé au marché en période de marché baissier.

Le principal inconvénient de cette stratégie est la volatilité des rendements offerts. Il n'est pas rare qu'un fonds perde 5 % ou 10 % un mois avant d'offrir l'opposé le mois suivant. À cela, il convient d'ajouter qu'ils exigent souvent des minimums d'investissement très élevés.

L'autre avantage des CTA est de procurer des stratégies quantitatives. Par essence, ce type de stratégie est rigoureux, détaché d'émotions, basée sur des chiffres. Il peut être appliqué à grande échelle, peut s'adapter à des relations de prix complexes et permet de quantifier aisément les expositions, le risque et les coûts. En outre, il est flexible grâce à son absence d'intervention humaine. Par exemple, si un gestionnaire développe une

1. Voir par exemple Fung et Hsieh (2001).

stratégie quantitative qui perd systématiquement de l'argent, il peut inverser les recommandations de vente et d'achat.

### *21.5. Performance*

Un investissement de 100 dollars en janvier 1990 dans l'indice *systematic diversified index* se serait transformé en 1 062 dollars fin septembre 2009. Ceci est supérieur au même investissement dans le marché des actions, dans le marché obligataire et dans l'indice hedge fund global qui se serait transformé en 277, 387 et 971 dollars. Le graphique 54 illustre cette évolution.

L'indice *systematic diversified index* a offert un rendement annuel moyen de 12,8 % contre un rendement annuel moyen de 7,7 % pour l'indice action, 7,2 % pour l'indice obligataire et 13 % pour l'indice hedge fund global. La volatilité de l'indice à 7,3 % est largement supérieure à la volatilité de l'indice obligataire à 3,9 %, légèrement supérieure à celle de l'indice hedge fund à 7,1 %, mais fortement inférieure à celle de l'indice action à 15,5 %. L'indice *systematic diversified index* a surperformé les marchés classiques avec une volatilité intermédiaire. Remarquons également que le rendement moyen a baissé dans les années récentes et que la performance annuelle moyenne est à 10,9 % pour les dix dernières années.

**Graphique 54.** – *Évolution de 100 dollars investis dans l'indice* systematic diversified index

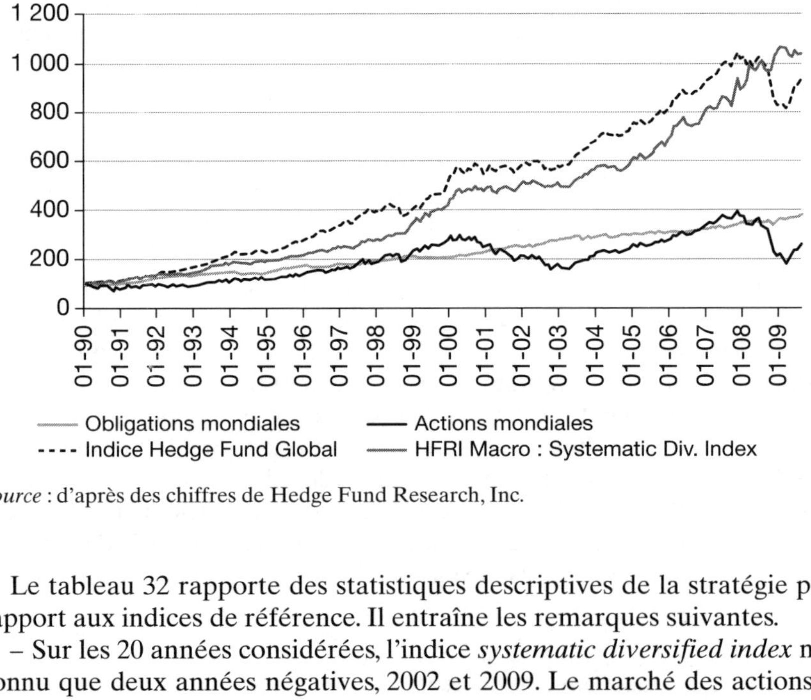


*Source* : d'après des chiffres de Hedge Fund Research, Inc.

Le tableau 32 rapporte des statistiques descriptives de la stratégie par rapport aux indices de référence. Il entraîne les remarques suivantes.

– Sur les 20 années considérées, l'indice *systematic diversified index* n'a connu que deux années négatives, 2002 et 2009. Le marché des actions a

**Tableau 32. –** *Performances et statistiques descriptives de l'indice* systematic diversified *et des indices de référence*

| | **Obligations mondiales** | **Actions mondiales** | **Indice Hedge Fund Global** | **HFRI Macro : Syst. Diversified Index** | **Performance vs. Obligations** | **Performance vs. Actions** |
|---|---|---|---|---|---|---|
| 1990 | 9,0 % | – 17,0 % | 5,8 % | 13,5 % | 4,6 % | 30,5 % |
| 1991 | 16,0 % | 18,3 % | 32,2 % | 23,1 % | 7,1 % | 4,9 % |
| 1992 | 7,4 % | – 5,2 % | 21,2 % | 7,7 % | 0,3 % | 13,0 % |
| 1993 | 9,7 % | 22,5 % | 30,9 % | 24,2 % | 14,4 % | 1,7 % |
| 1994 | – 2,9 % | 5,1 % | 4,1 % | 3,5 % | 6,4 % | – 1,6 % |
| 1995 | 18,5 % | 20,7 % | 21,5 % | 12,6 % | – 5,9 % | – 8,1 % |
| 1996 | 3,6 % | 13,5 % | 21,1 % | 13,5 % | 9,8 % | 0,0 % |
| 1997 | 9,7 % | 15,8 % | 16,8 % | 13,6 % | 3,9 % | – 2,2 % |
| 1998 | 8,7 % | 24,3 % | 2,6 % | 24,8 % | 16,1 % | 0,5 % |
| 1999 | – 0,8 % | 24,9 % | 31,3 % | 26,2 % | 27,0 % | 1,2 % |
| 2000 | 11,6 % | – 13,2 % | 5,0 % | 11,8 % | 0,2 % | 25,0 % |
| 2001 | 8,4 % | – 16,8 % | 4,6 % | 4,1 % | – 4,4 % | 20,9 % |
| 2002 | 10,3 % | – 19,9 % | – 1,4 % | – 3,3 % | – 13,5 % | 16,6 % |
| 2003 | 4,1 % | 33,1 % | 19,6 % | 15,4 % | 11,3 % | – 17,7 % |
| 2004 | 4,3 % | 14,7 % | 9,0 % | 6,4 % | 2,1 % | – 8,3 % |
| 2005 | 2,4 % | 9,5 % | 9,3 % | 14,4 % | 12,0 % | 4,9 % |
| 2006 | 4,3 % | 20,1 % | 12,9 % | 16,9 % | 12,5 % | – 3,2 % |
| 2007 | 7,0 % | 9,0 % | 10,0 % | 10,4 % | 3,4 % | 1,3 % |
| 2008 | 5,2 % | – 40,7 % | – 19,0 % | 18,1 % | 12,8 % | 58,8 % |
| 2009* | 5,8 % | 25,0 % | 17,1 % | – 0,3 % | – 6,1 % | – 25,3 % |
| Rendement annuel moyen 1990-2009 | 7,2 % | 7,7 % | 13,0 % | 12,8 % | 5,6 % | 5,2 % |
| Volatilité 1990-2009 | 3,9 % | 15,5 % | 7,1 % | 7,3 % | ND | ND |
| Rendement annuel moyen 1999-2009* | 5,9 % | 5,0 % | 9,5 % | 10,9 % | 5,0 % | 5,9 % |
| Volatilité 1999-2009* | 3,8 % | 16,4 % | 7,4 % | 8,0 % | ND | ND |
| Rendement annuel moyen 2004-2009* | 5,2 % | 7,9 % | 7,6 % | 11,0 % | 5,8 % | 3,1 % |
| Volatilité 2004-2009* | 3,7 % | 16,7 % | 7,0 % | 8,4 % | ND | ND |

* Pour 2009, les données utilisées s'arrêtent à fin septembre.
*Source* : d'après des donnes de Hedge Fund Research, Inc.

baissé en 1990, 1992, entre 2000 et 2002 et en 2008. L'indice obligataire n'a enregistré des performances annuelles légèrement négatives qu'en 1994 et 1999.

– Les rendements annuels maximums de l'indice *systematic diversified index* ont été atteints en 1999. Ceux du marché des actions et de l'indice obligataire ont été obtenus en 2003 et 2000. Ils s'élevaient respectivement à 26,2 % pour l'indice *systematic diversified index* et 33,1 % et 11,6 % pour les indices de référence. L'indice hedge fund global a offert 31,3 % en 1999.

– Les écarts de rendement entre l'indice *systematic diversified index* et les indices de référence varient fortement au cours du temps. L'écart positif maximum entre les fonds et l'indice action (respectivement l'indice obligataire) a été de 58,8 % en 2008 (resp. 27 % en 1999), alors que le retard maximum a été de 25,3 % en 2009 (resp. 13,5 % en 2002).

– La stratégie *systematic diversified index* offre des statistiques très attrayantes. Les chiffres confirment que, tout comme pour les fonds macro, il s'agit d'une stratégie à part qui est très différente des autres.

## 22. La stratégie *fund of funds*

Comme leur nom l'indique, les fonds de fonds investissent dans d'autres fonds. Il ne s'agit pas d'appliquer différentes stratégies à l'intérieur d'un même portefeuille comme on le fait dans les stratégies *relative value arbitrage* ou *multi-strategy*, mais de sélections des fonds de tiers, c'est-à-dire de diversification du portefeuille par l'investissement dans plusieurs fonds de tiers, généralement gérés par des sociétés de gestion différentes. Ces fonds combinés n'ont aucun lien direct entre eux, si ce n'est dans certains cas la stratégie appliquée. L'objectif d'une telle stratégie est d'obtenir un produit diversifié en investissant dans un seul produit qui combine divers fonds et diverses stratégies.

### *22.1. Pourquoi des fonds de fonds ?*

De nombreux hedge funds sont domiciliés dans des paradis fiscaux et sont gérés depuis les quatre coins du globe. Les investisseurs potentiels ne savent pas aisément avoir accès à l'information relative à ces fonds et ils ne sont pas à même d'investir dans des hedge funds sans frais d'analyse importants. En outre, peu de clients connaissent suffisamment le marché des hedge funds pour pouvoir distinguer les fonds autrement que par la performance ou par les grands principes de la stratégie dévoilés par l'équipe de gestion qui reste souvent très discrète sur son processus d'investissement. Finalement, la plupart des fonds ont des investissements minimums très élevés (à partir de 500 000 dollars), ce qui ne permet pas aux investisseurs de diversifier correctement leur portefeuille entre différents fonds, sauf s'ils disposent de capitaux et d'un goût du risque très important. En effet, on préconise généralement d'allouer entre cinq et vingt pour cent de son portefeuille à des stratégies d'investissement alternatives. Cinq à vingt pour cent d'un portefeuille d'un million de dollars ne représentent respectivement que 50 000 et 200 000 dollars, soit trop peu que pour investir de façon directe dans la plupart des fonds. Il faut disposer d'un portefeuille global de 5 000 000 de dollars et allouer vingt pourcent de ce portefeuille aux hedge funds afin de pouvoir prendre une position directe dans un fonds dont le minimum d'investissement est d'un million.

Cette situation a créé une demande pour des produits d'investissement qui permettent aux investisseurs d'obtenir un portefeuille de hedge funds diversifié, construit par des spécialistes de la sélection de fonds qui connaissent bien l'industrie. À partir de là sont nés les fonds de fonds. Le schéma 38 illustre le processus de fonctionnement d'un fonds de fonds.

**Schéma 38.** – *La structure d'un fonds de fonds*

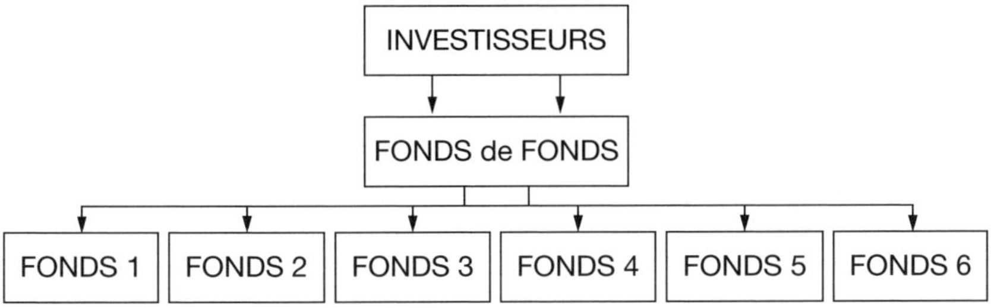


Les fonds de fonds ont un objectif de diversification du risque, car les stratégies d'investissement individuelles sont souvent risquées. Ils permettent de diversifier le risque de deux façons :

– par le nombre de fonds dans lesquels ils investissent ;
– en combinant diverses stratégies d'investissement différentes.

Le tableau 33 illustre ce principe de double diversification. Le fonds de fonds repris est diversifié sur six stratégies individuelles et, au sein de chaque stratégie, il investit dans différents fonds. Le fait d'être diversifié par stratégie lui permet de limiter l'impact de baisses globales des fonds qui appliquent une stratégie particulière. Ainsi, dans le cas théorique repris ci-dessous, chaque stratégie connaît au minimum une année de baisse. Le fonds de fonds offre des rendements positifs dans toutes les périodes grâce à la diversification sur plusieurs stratégies. D'un autre côté, la diversification de la portion du portefeuille allouée à chaque stratégie individuelle lui permet de ne pas souffrir de pertes importantes au sein de la part du portefeuille allouée à cette stratégie spécifique. Nous constatons que le fonds de fonds offre un rendement annuel moyen brut intéressant pour un risque beaucoup plus faible que les portions allouées aux stratégies individuelles.

Outre cette diversification, les fonds de fonds sont intéressants, car la plupart du temps ils ont des minimums d'investissement beaucoup plus faibles que ceux des fonds individuels. Ils se situent souvent à moins de 50 000 dollars.

**Tableau 33.** – *Rendements d'un fonds de fonds*

| | Long/ short (6 fonds) | *Fixed income arbitrage* (4 fonds) | Convertible arbitrage (4 fonds) | Short selling (2 fonds) | *Event driven* (3 fonds) | Macro (3 fonds) | Fonds de fonds (22 fonds) |
|---|---|---|---|---|---|---|---|
| Année 1 | 18 % | 13 % | – 16 % | – 12 % | 25 % | 31 % | 12,3 % |
| Année 2 | 37 % | 17 % | 16 % | – 21 % | 32 % | 27 % | 23,5 % |
| Année 3 | 5 % | 4 % | 19 % | 18 % | 28 % | – 12 % | 9,1 % |
| Année 4 | 19 % | – 8 % | 25 % | 1 % | 37 % | 19 % | 16,8 % |
| Année 5 | – 16 % | 13 % | 3 % | 22 % | 8 % | 15 % | 4,0 % |
| Année 6 | 28 % | 9 % | 5 % | 5 % | – 25 % | 38 % | 12,0 % |
| Allocation | 25 % | 19 % | 18 % | 6 % | 16 % | 16 % | 100 % |
| Rendement annuel moyen | 15 % | 8 % | 9 % | 2 % | 18 % | 20 % | 13 % |
| Écart type | 19 % | 9 % | 15 % | 17 % | 23 % | 18 % | 7 % |

### 22.2. Méthodologie

La première étape dans la gestion de fonds de fonds est la recherche d'idées d'investissement. Les hedge funds étant généralement des fonds privés, il n'existe pas de source complète reprenant tous les fonds disponibles. Nous reprenons les principales sources d'idée dans le schéma 39. Les bases de données spécialisées sont la première source d'information, suivies par les vendeurs de fonds indépendants, la presse et les conférences spécialisées, les gérants de fonds qui sont au cœur de l'industrie. Les brokers qui offrent aujourd'hui un service de *capital introduction* (organisation d'événements durant lesquels ils présentent les fonds avec lesquels ils travaillent) sont devenus une source d'information, indispensable. Les consultants et la compétition constituent les derniers maillons de la chaîne.

**Schéma 39.** – *Source d'idées*

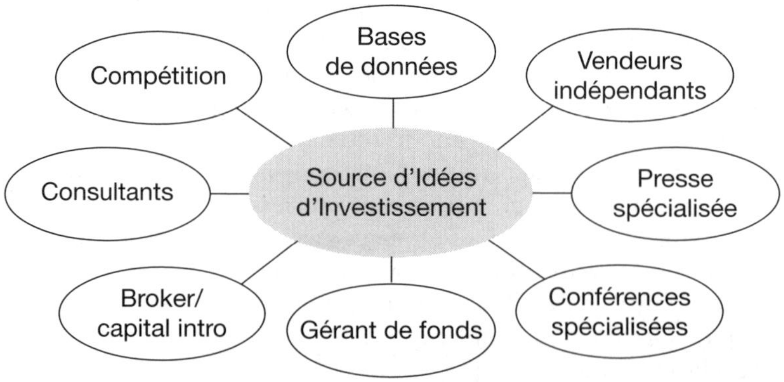

Lors du choix des fonds dans lesquels ils vont investir, les gérants de fonds de fonds se fondent tant sur des critères qualitatifs que sur des critères quantitatifs qu'ils analysent lorsqu'ils réalisent la *due diligence* [1], préalable à tout investissement. La *SEC* (2007) recommande une série de vérifications minimales à effectuer avant d'investir dans des hedge funds.

– Lisez attentivement le prospectus et les documentations liées.
– Comprenez comment les actifs sont valorisés.
– Renseignez-vous sur les commissions.
– Analysez les limitations en termes de liquidité.
– Faites des recherches sur l'expérience et le passé du gérant.
– N'ayez pas peur de poser des questions.

Ces critères sont essentiels, mais probablement insuffisants dans un monde aussi complexe que celui des hedge funds. Les principaux critères qualitatifs que nous recommandons d'analyser concernent :

1. Société de gestion

• Information générale (adresse, téléphone, fax, e-mail)
• Nombre de contacts et type
• Source de l'idée
• Histoire de la société de gestion
• Structure légale
• Organisation et parties tierces
• Enregistrement éventuel auprès d'une autorité de contrôle
• Autres occupations des dirigeants [2]
• Investissement des dirigeants dans les produits
• Rapide présentation de l'ensemble des produits gérés par la société de gestion
• Actifs sous gestion (actifs totaux et par produit ainsi que leur évolution)
• Clients types
• Fournisseurs de service

2. L'équipe

• L'expérience du (ou des) gérants(s)
• L'équipe qui entoure le(s) gérant(s)
• L'expérience acquise
• L'intégrité et la réputation de l'équipe de gestion
• Stabilité de l'équipe dans le temps
• Investissement personnel du (ou des) gérant(s)
• Conflits d'intérêts éventuels

---

1. La due diligence est un processus qui comprend une analyse quantitative et qualitative d'un fonds (ou d'un administrateur dans certains cas). Elle est en général réalisée par l'investisseur institutionnel avant tout investissement. Durant cette phase, plusieurs éléments comme le bilan, les comptes de résultats, la stratégie d'investissement employée et d'autres documents légaux sont étudiés. Une rencontre avec le gérant (ou l'administrateur) et ses équipes est également organisée.

2. Les dirigeants seront souvent également les gérants de fonds, mais il n'en est pas toujours ainsi.

3. Compliance
• Personne en charge de la compliance et de l'éthique ainsi que son expérience
• Procédure régissant les transactions pour compte propre
• Accords parallèles (*side letters*)
• Rétrocessions

4. Performance
• Performance passée
• Comparaison de la performance de comptes appliquant une stratégie identique

5. Le processus d'investissement
• Objectif du fonds en termes de rendement et de budget de risque
• Classification de style
• Description de la stratégie et de la philosophie d'investissement
• Présentation détaillée de la stratégie
• Illustration de la stratégie
• Politique de gestion des liquidités
• Programmes informatiques utilisés
• Environnement idéal et difficile
• Facteurs de risques
• Présentation du processus de prise de décision
• Constance et discipline du processus

6. Portefeuille
• Politique en termes d'exposition et de couverture
• Type de titres utilisés et leur pourcentage
• Exposition géographique et ses variations historiques
• Exposition sectorielle et ses variations historiques
• Taux de rotation
• Concentration
• Liquidité et limites
• Politique de valorisation
• Construction de portefeuille
• Organisation du suivi des positions

7. Gestion des risques
• Tolérance au risque
• Politique de gestion des risques (instructions, suivi et évaluation du risque, liquidité, contreparties, etc.)
• Politique de gestion spécifique aux risques opérationnels
• Procédures de stop loss en place
• Programmes informatiques utilisés dans le cadre de la gestion des risques
• Contrôles externes
• Présentation des raisons des pertes passées importantes

• Pouvoir de transfert des actifs
• Présentation des risques spécifiques à la stratégie un par un

8. Fonds

• Informations générales (nom tel que spécifié dans le prospectus, pays de domiciliation, structure légale, cotation éventuelle, date de création, devise, etc.)
• Frais et commissions (commission de gestion, de performance, frais d'entrée, de sortie, frais d'établissement, autres dépenses)
• Liquidité (investissement minimum et conséquent, fréquence des souscriptions et des ventes, période de notification, délai avant paiement, *holdback* éventuel, politique par rapport au paiement en titres, *gate* éventuel, *lock-up,* etc.)
• Conseil d'administration avec la présentation des directeurs

9. Information

• Analyse des états financiers
• Conclusion des auditeurs
• Prix de lancement des parts
• Prix actuel des parts
• Présentation des informations diffusées et périodicité
• Autres sources d'information sur la performance (Bloomberg, base de données, etc.)
• Niveau de transparence
• Méthode de calcul de la VNI (égalisation, nouvelle classe ou autre)
• Date de fin d'exercice
• Conseil d'administration avec la présentation des directeurs

10. Autres parties

• Administrateur
• Auditeurs
• Prime broker
• Conseiller légal
• Conseil d'administration avec la présentation des directeurs

11. Les perspectives

• Actuelles et futures du (ou des) gérant(s)
• Robustesse de la stratégie appliquée
• Avenir de la stratégie

12. Références

• Ancien employeur
• Ancien collègue
• Contreparties passées
• Contreparties actuelles
• Autres

Nous reprenons les catégories d'éléments à analyse lors de la due diligence qualitative dans le schéma 40.

**Schéma 40.** – *Aspects qualitatifs à considérer lors de la sélection de fonds*

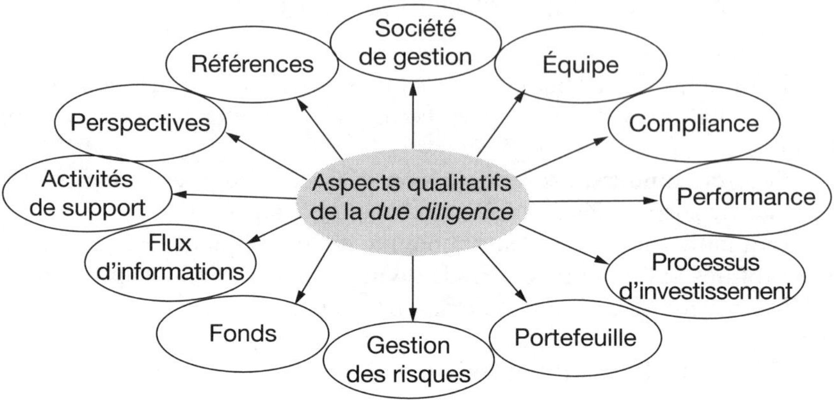


L'analyse quantitative ne se limite pas, à analyser d'un côté les rendements, à comparer cette performance avec des fonds concurrents et à déterminer leur persistance et, d'un autre côté, à analyser le risque. Il convient de réaliser une analyse complète et détaillée et d'utiliser des outils spécifiques aux caractéristiques des rendements offerts par l'industrie.[1]

Les deux aspects de l'analyse (qualitative et quantitative) sont indispensables et intimement liés lors de toute analyse de fonds individuels. En effet, l'analyse quantitative considérée seule ne tient pas compte de nombreux aspects qui ne sont pas repris dans la performance. D'un autre côté, la performance reste l'objectif final, si bien que, même si tous les aspects qualitatifs analysés donnent une image attrayante d'un fonds, de mauvais rendements pourraient faire renoncer les investisseurs potentiels.

Lors de ce processus, il est nécessaire de s'assurer que la performance passée est attribuée au gérant actuel du fonds, c'est-à-dire qu'il n'y a pas eu de changements significatifs dans l'équipe de gestion. L'analyse des risques est également particulièrement importante. En effet, étant donné que les hedge funds sont fort libres dans leur processus de gestion et qu'ils recourent souvent aux produits dérivés et au levier, il est indispensable de s'assurer qu'ils font un suivi du risque de leurs positions individuelles et de l'ensemble de leur portefeuille afin d'éviter des pertes substantielles.

La plupart des gérants de fonds réalisent également des visites chez les gérants. Celles-ci leur permettent de vérifier l'exactitude des informations fournies par le fonds. Chaque gérant fixe les critères qui lui sont indispensables pour qu'un fonds soit considéré, et procède à un premier tri quantitatif des fonds. Ce tri peut également être qualitatif ou avoir un aspect quantitatif et un autre qualitatif ; l'objectif étant souvent d'obtenir entre 50 et 200 fonds individuels qu'ils vont analyser plus en détail.

1. Ma thèse de doctorat est une très bonne introduction aux outils disponibles : Capocci, D., « An Analysis of hedge fund strategies », août 2007, Université de Liège. Elle est disponible gratuitement sur www.ssrn.com.

Dans les faits, les gérants prennent position dans un minimum de 20 fonds individuels et n'utilisent pas systématiquement le levier. Ils ont généralement un objectif de rendement proche de 10 % ou 15 % tout en cherchant à garder une volatilité inférieure à 10 %.

De par sa relative opacité, l'industrie des hedge funds repose fortement sur les personnes. Cet aspect très présent dans la sélection de fonds individuels revient également dans la gestion de fonds de fonds. De nombreux gérants de fonds de fonds basent leur jugement sur la personnalité des gérants. On retrouve l'aspect qualitatif de l'analyse où la personnalité des gérants et celle de l'équipe qui les entoure sont primordiales.

Afin de bien différencier les fonds de fonds des fonds *multi-strategy*, il suffit de se rappeler que les premiers sont également parfois appelés fonds multi-gérants, c'est-à-dire qui investissent dans différentes sociétés de gestion, par opposition aux fonds *multi-strategy* qui combinent généralement diverses stratégies d'une même société de gestion, mais qui diversifient leur investissement en optant pour plusieurs stratégies distinctes.

Depuis quelques années, les processus de due diligence ne concernent plus que la société de gestion et le fonds, mais de plus en plus de sélectionneurs de fonds réalisent également une due diligence relative à l'administrateur. Les éléments couverts dans une telle due diligence comprennent :

1. Le processus de calcul de la VNI

- Fréquence de valorisation du portefeuille
- Source du positionnement
- Instructions éventuelles
- Source d'informations sur les mouvements de cash ainsi que sur le règlement des transactions
- Indépendance du processus de valorisation
- Externalisation du processus
- Source de prix pour les produits complexes
- Intervention éventuelle du gérant par le passé
- Processus de vérification de la VNI
- Source de prix
- Audit et fréquence

2. Les systèmes comptables

- Gestion comptable éventuelle
- Limitation de l'accessibilité aux comptes auprès du broker ?

3. Le transfert de l'argent

- Description précise du processus de transfert de l'argent

4. La compliance

- Procédure de compliance en ce qui concerne les restrictions (investissement et autre)

    i. Investissement minimum
    ii. Levier
    iii. Taille des positions
    iv. Autres restrictions

5. Le blanchiment d'argent
• Implémentation de vérification anti-blanchiment

### 22.3. Les choix du fonds de fonds

Le choix d'un fonds de fonds est différent de celui d'un fonds individuel. Les investisseurs qui recourent à ce type de fonds diversifiés répartissent généralement leur investissement sur un nombre très faible de fonds, car le fonds de fonds leur permet d'obtenir une diversification directe de la portion de leur portefeuille allouée aux hedge funds. Il y a principalement deux questions à se poser au sujet d'un tel fonds.
– Quelle est l'approche utilisée par le gérant du fonds de fonds ?
– Comment met-il cette approche en pratique ?

Quatre possibilités se présentent généralement aux investisseurs. De nombreux gérants ont un objectif de stabilité dans les rendements. Pour l'atteindre, ils se concentrent souvent sur des stratégies non directionnelles et peu risquées. Ils ont alors un objectif de rendement entre 5 % et 15 % par an avec une volatilité inférieure à 10 %. D'autres fonds tentent d'obtenir une performance moyenne plus élevée en variant les stratégies dans lesquelles ils sont investis, à mesure que certaines deviennent plus intéressantes et que les opportunités d'investissement s'amenuisent pour d'autres. Ils changent l'allocation du capital du fonds et tentent de profiter de changements dans les conditions de marché afin de réaliser une meilleure performance. De tels fonds s'exposent par exemple à un marché ou une région émergente lorsqu'il ou elle a subi une correction, ou lorsque les réformes en cours le (ou la) rendent particulièrement attrayant(e). Dans d'autres cas, les gérants allouent une part importante de leur portefeuille à des fonds *macro* ou à des fonds *short selling*, s'ils anticipent une baisse de marché importante. Parallèlement, les gérants peuvent estimer que les primes incluses dans les obligations convertibles sont attrayantes et allouer une part plus importante de leur portefeuille aux fonds *convertible arbitrage*. Ce second type de fonds est géré activement et les gérants prêtent alors une attention particulière aux stratégies appliquées par les gérants des fonds sous-jacents et à la façon dont elles sont appliquées, afin de pouvoir prendre les décisions d'allocation en connaissance de cause. Ces fonds acceptent généralement un risque (c'est-à-dire une volatilité) plus important.

Dans un troisième cas, les fonds de fonds se limitent à investir dans certains types d'actifs ou de marchés comme les marchés émergents ou encore ils se limitent à une stratégie ou une famille de stratégies d'investissement particulière (*event-driven* par exemple). Ce type de fonds est peu développé, car chaque stratégie fonctionne mieux dans certaines conditions de marché et il est difficile d'attirer des investisseurs en limitant l'allocation d'un fonds de fonds à quelques fonds sous-jacents qui appliquent la même stratégie d'investissement. Le principe de ce type de fonds de fonds est illustré dans le schéma 41.

**Schéma 41.** – *Exemple de fonds de fonds spécialisés sur les pays émergents*

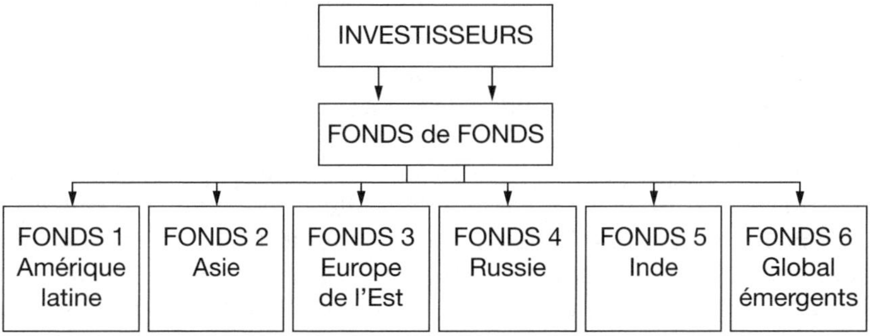


Finalement, la dernière famille de fonds de fonds combine une ou plusieurs des stratégies décrites ci-dessus en investissant, d'une part, dans certains fonds peu risqués et, d'autre part, dans des fonds plus agressifs, afin de créer un fonds de fonds balancé (voir schéma 42). Ces fonds possèdent généralement un plus grand nombre de fonds individuels en portefeuille (dans certains cas ils ont des positions dans plus de quarante fonds individuels).

**Schéma 42.** – *Exemple de fonds de fonds diversifiés par stratégie*

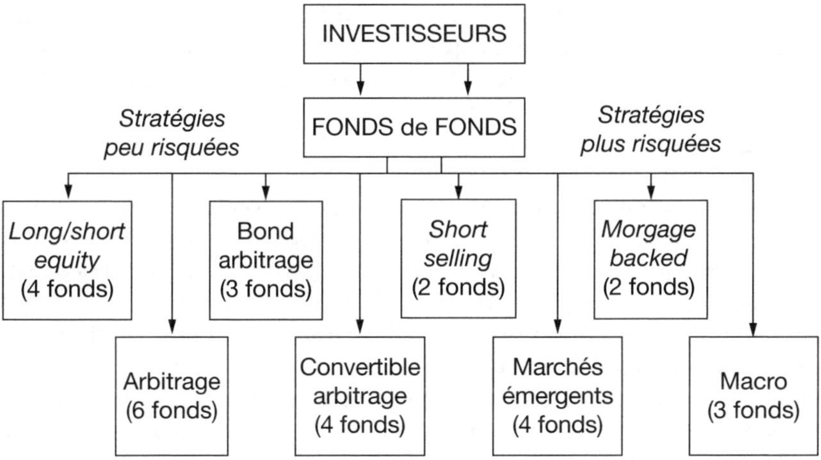


## *22.4. Avantages et inconvénients*

Le principal avantage des fonds de fonds est qu'ils permettent aux investisseurs d'investir de façon indirecte dans des fonds auxquels ils n'auraient pas eu accès individuellement. Ensuite, ce type de produit permet au gérant de diversifier le risque du portefeuille. Ils parviennent souvent à obtenir une plus grande transparence de la part des gérants des fonds sous-jacents et ils offrent une plus grande liquidité aux investisseurs.

D'un point de vue de la liquidité, les fonds de fonds répondent à un réel besoin des investisseurs finaux. Ils offrent souvent des souscriptions hebdomadaires ou mensuelles et une liquidité mensuelle ou trimestrielle avec un délai qui peut varier d'un à trois mois pour les remboursements. Ceci est intéressant pour l'investisseur, lorsqu'on sait que les fonds individuels se limitent souvent à une liquidité annuelle, voire pluriannuelle. Les fonds de fonds sont ensuite souvent le seul moyen d'investir dans des fonds fermés. Ceci s'explique par le fait qu'un fonds de fonds peut déjà être investi dans un fonds sous-jacent qui a fermé ensuite, ce qui permet aux investisseurs du fonds de fonds d'être exposés à un fonds fermé, même si celui-ci n'accepte plus de nouveaux investisseurs. En outre, leurs relations dans l'industrie leur permettent parfois d'investir dans des fonds, même si ceux-ci sont techniquement fermés. Ces prérogatives sont identiques à des options d'achat sur la performance future d'un gérant.

Alors qu'il y a dix ans encore l'industrie des hedge funds était réservée à l'élite, son développement rapide des dernières années a rendu plus difficile l'identification des gérants particulièrement doués dans l'application de leur stratégie. Les fonds de fonds permettent à l'investisseur de laisser un professionnel faire ce choix pour lui. Celui-ci sera généralement mieux informé que l'investisseur final et, suivant la taille du fonds de fonds, il aura plus de poids par rapport au gérant lorsqu'il a des questions précises sur le processus d'investissement. En effet, les gérants de fonds de fonds réalisent une *due diligence* très précise avant tout investissement et ils suivent continuellement les positions qu'ils ont en portefeuille, tout en étant constamment à la recherche de nouveaux fonds. Ils allouent tout leur temps de travail aux choix des fonds et à la compréhension des processus d'investissement des gérants dans lesquels ils sont investis, ce que ne saurait faire aucun investisseur particulier.

Un des principaux inconvénients des fonds de fonds est la double structure des commissions. En effet, même si le fonds de fonds perçoit généralement des commissions de gestion et de performance inférieures à celles des fonds individuels (entre 0,5 % et 2 % pour les premières, avec une moyenne à 1,4 %, et entre 0 % et 20 % pour la commission de performance avec une moyenne à 10 %), ces commissions s'ajoutent à celles des fonds individuels. Ce point n'est pas négligeable, même si les fonds de fonds bénéficient parfois de rétrocessions (c'est-à-dire que les gérants de fonds leur rétrocèdent une partie de la commission de gestion) et s'ils fixent souvent un taux obstacle et une ligne de flottaison.

Un autre inconvénient est le risque de diversifier le rendement des meilleurs fonds sous-jacents. En effet, l'investissement dans un fonds de fonds permet à l'investisseur de limiter le risque d'ensemble de son portefeuille. D'un autre côté, un gérant de fonds de fonds ne sera pas toujours à même d'identifier suffisamment de très bons gérants afin de répartir son portefeuille entre des gérants de qualité identique. Il choisit alors les fonds plutôt dans un objectif de diversification du portefeuille qu'en fonction des aptitudes réelles de l'équipe de gestion. Cela entraîne que le fonds ainsi constitué obtiendra toujours de moins bons rendements que les meilleurs gérants choisis, mais que les rendements seront stables au cours du temps. Ici, la notion de performance ajustée au risque prend tout son sens. Chaque investisseur doit analyser le rendement et le risque des fonds de fonds sur la base de sa sensibilité au risque et de ses connaissances de l'industrie.

Un troisième désavantage des fonds de fonds qui comprennent une part d'allocation d'actifs dans leur processus d'investissement est une certaine accumulation des risques de gestion. Dans le cas d'allocation d'actifs suivant les opportunités, l'investisseur final s'expose au risque de gestion du fonds de fonds et au risque de gestion propre à chaque fonds individuel. Il est par exemple possible qu'un gérant alloue une plus grande portion de son portefeuille à un type d'actif ou un marché déjà favorisé par certains gérants dans lesquels il est investi et qu'ainsi il expose démesurément les investisseurs à cet actif ou à ce marché, ce qui entraîne un risque très concentré. En plus aujourd'hui, de nombreux fonds sont fermés avant d'avoir six mois ou un an de performance, ce qui ne permet pas toujours aux gérants de réaliser une analyse quantitative en profondeur.

Le dernier désavantage des fonds de fonds provient des fonds dans lesquels ils sont investis. Les hedge funds sont souvent opaques et il n'est jamais possible pour un investisseur de fonds de fonds d'avoir accès à la composition du portefeuille d'un fonds sous-jacent dans lequel le fonds de fonds est investi. Généralement il est même difficile pour les gérants des fonds de fonds d'y avoir accès, si bien que l'investisseur doit leur donner totalement sa confiance.

## 22.5. Performance

Hedge Fund Research, Inc. subdivise la stratégie *fund of funds* en diverses sous-stratégies. Ces stratégies sont les suivantes :

– *Fund of funds – composite* (l'ensemble des fonds de fonds disponibles) ;

– *Fund of funds – conservative* (les gérants qui proposent des produits investis dans des stratégies peu volatils telles qu'*equity market neutral*, *fixed income arbitrage*, etc.) ;

– *Fund of funds – diversified* (les gérants investissent dans plusieurs stratégies différentes) ;

– *Fund of funds – market defensive* (les investissements sont concentrés dans des stratégies très défensives comme *short bias* ou *CTA*) ;

– *Fund of funds – strategic* (les investissements sont concentrés dans des stratégies dynamiques comme *emerging market*, des fonds *sectors*, etc.).

Un investissement de 100 dollars en janvier 1990 dans l'indice *fund of funds – composite* se serait transformé en 475 dollars fin septembre 2009. Ceci est supérieur au même investissement dans le marché des actions et dans le marché obligataire qui se serait transformé en 277 et 387 dollars, mais inférieur à la performance de l'indice hedge fund global qui termine à 971 dollars. Le graphique 55 illustre cette évolution.

L'indice *fund of funds – composite* a offert un rendement annuel de 8,8 % contre un rendement annuel moyen de 7,7 % pour l'indice action, 7,2 % pour l'indice obligataire et 13 % pour l'indice hedge fund global. D'un autre côté, la volatilité de l'indice à 6 % est supérieure à la volatilité de l'indice obligataire à 3,7 %, mais plus faible que celle des actions mondiales et de l'indice hedge fund global.

L'indice *fund of funds – total* a surperformé les marchés classiques avec une volatilité intermédiaire. Cette surperformance des fonds *fund of funds – composite* par rapport aux actions s'explique principalement par le fait que les portefeuilles sont largement diversifiés et que les marchés d'actions n'ont pas été très porteurs sur l'ensemble de la période couverte.

**Graphique 55.** – *Évolution de 100 dollars investis dans l'indice* fund of funds – composite

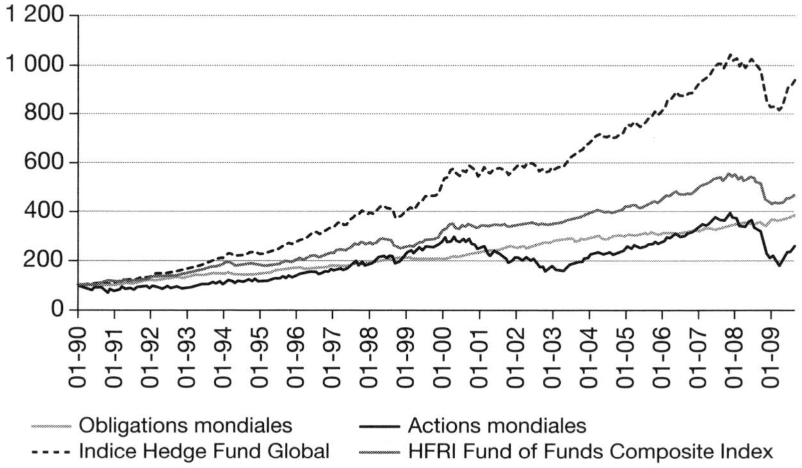


*Source* : d'après des chiffres de Hedge Fund Research, Inc.

Le tableau 34 rapporte des statistiques descriptives de la stratégie et des sous-stratégies par rapport aux indices de référence. Il entraîne les remarques suivantes.

– Sur les 20 années considérées, l'indice *fund of funds composite* n'a connu de rendement total annuel négatif que trois années, en 1994, 1998 et 2008. Ces années correspondent à des périodes de stress où la liquidité des marchés a été mise à mal. L'indice action a baissé en 1990, 1992, entre 2000 et 2002 et il a perdu plus de 40 % en 2008. L'indice obligataire n'a enregistré des performances annuelles légèrement négatives qu'en 1994 et 1999.

– Les rendements annuels maximums de l'indice *fund of funds composite* ont été atteints en 1999. Ceux du marché des actions et de l'indice obligataire ont été obtenus en 2003 et 2000. Ils s'élevaient respectivement à 26,5 % pour l'indice *fund of funds* et 33,1 % et 11,6 % pour les indices de référence. L'indice hedge fund global a offert 31,3 % en 1999.

– Les écarts de rendement entre l'indice *fund of funds composite* et les indices de référence varient fortement au cours du temps. L'écart positif maximum entre les fonds et l'indice action (respectivement l'indice obligataire) a été de 34,5 % en 1990 (resp. 27,3 % en 1999), alors que le retard maximum a été de 29,5 % en 1998 (resp. 26,6 % en 2008).

Les sous-indices *fund of funds* indiquent des différences de performance importantes. Ces différences proviennent du risque sous-jacent de la stratégie. Sur le long terme, les stratégies les plus dynamiques offrent une performance légèrement supérieure pour un risque supérieur.

Le graphique 56 rapporte l'évolution de 100 dollars investis dans les indices analysés entre janvier 1990 en septembre 2009.

**Graphique 56.** – *Évolution de 100 dollars investis dans les indices* fund of funds *(1/1995-12/2002)*

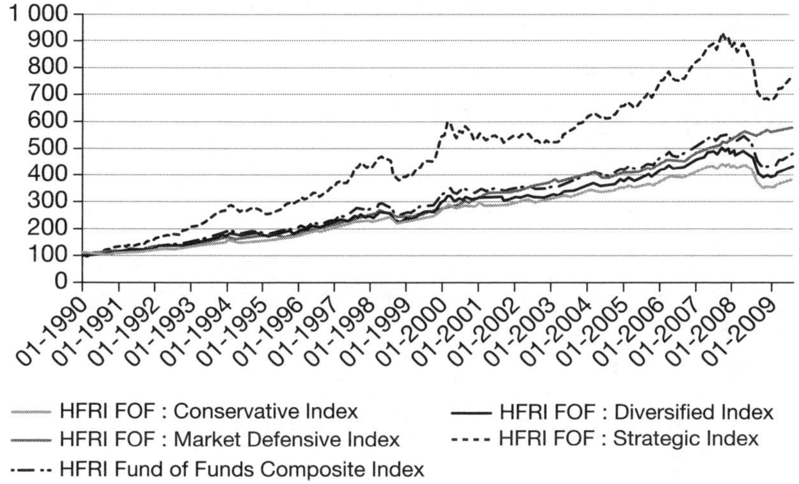


*Source* : d'après des chiffres de Hedge Fund Research, Inc.

## 23. Quelques stratégies d'investissement spécifiques

Nous avons décrit les principales stratégies d'investissement présentes dans l'industrie des hedge funds. Tous les fonds existants ne rentrent pas dans la classification que nous venons de dépeindre. De nombreux gérants appliquent une méthodologie d'investissement qui leur est propre et choisissent de se classer dans la stratégie qui est la plus proche de celle qu'ils appliquent réellement. Afin d'entrer encore un peu plus dans les détails, nous décrivons succinctement quelques autres stratégies plus précises et plus rares.

Tout comme le reste du monde, l'industrie des hedge funds est en perpétuelle évolution. Ceci signifie qu'il est tout à fait possible qu'une stratégie décrite ci-après et relativement rare aujourd'hui se développe et qu'une stratégie fortement représentée disparaisse ou qu'elle devienne plus rare suivant les conditions de marché.

**Tableau 34.** – *Performances et statistiques descriptives des sous-stratégies* fund of funds

| | Obligations mondiales | Actions mondiales | Indice Hedge Fund Global | HFRI Fund of Funds Composite Index | HFRI FOF : Conservative Index | HFRI FOF : Diversified Index | HFRI FOF : Market Defensive Index | HFRI FOF : Strategic Index | Performance (comp) vs. Obligations | Performance (comp) vs. Actions |
|---|---|---|---|---|---|---|---|---|---|---|
| 1990 | 9,0 % | – 17,0 % | 5,8 % | 17,5 % | 14,2 % | 17,0 % | 26,3 % | 33,0 % | 8,6 % | 34,5 % |
| 1991 | 16,0 % | 18,3 % | 32,2 % | 14,5 % | 11,8 % | 13,8 % | 8,4 % | 23,7 % | – 1,5 % | – 3,8 % |
| 1992 | 7,4 % | – 5,2 % | 21,2 % | 12,3 % | 7,3 % | 10,3 % | 2,6 % | 25,2 % | 4,9 % | 17,6 % |
| 1993 | 9,7 % | 22,5 % | 30,9 % | 26,3 % | 16,3 % | 25,4 % | 19,0 % | 37,3 % | 16,6 % | 3,8 % |
| 1994 | – 2,9 % | 5,1 % | 4,1 % | – 3,5 % | – 1,2 % | – 3,1 % | 1,3 % | – 7,6 % | – 0,6 % | – 8,6 % |
| 1995 | 18,5 % | 20,7 % | 21,5 % | 11,1 % | 13,1 % | 7,8 % | 9,9 % | 16,9 % | – 7,4 % | – 9,6 % |
| 1996 | 3,6 % | 13,5 % | 21,1 % | 14,4 % | 13,7 % | 12,8 % | 16,8 % | 16,1 % | 10,8 % | 0,9 % |
| 1997 | 9,7 % | 15,8 % | 16,8 % | 16,2 % | 15,0 % | 13,7 % | 16,1 % | 22,8 % | 6,5 % | 0,4 % |
| 1998 | 8,7 % | 24,3 % | 2,6 % | – 5,1 % | – 1,6 % | – 5,5 % | – 4,1 % | – 9,8 % | – 13,8 % | – 29,5 % |
| 1999 | – 0,8 % | 24,9 % | 31,3 % | 26,5 % | 18,9 % | 28,5 % | 13,8 % | 38,5 % | 27,3 % | 1,5 % |
| 2000 | 11,6 % | – 13,2 % | 5,0 % | 4,1 % | 5,8 % | 2,5 % | 15,4 % | – 0,6 % | – 7,6 % | 17,3 % |
| 2001 | 8,4 % | – 16,8 % | 4,6 % | 2,8 % | 3,1 % | 2,8 % | 7,3 % | 1,2 % | – 5,6 % | 19,6 % |
| 2002 | 10,3 % | – 19,9 % | – 1,4 % | 1,0 % | 3,6 % | 1,1 % | 8,2 % | – 4,1 % | – 9,2 % | 20,9 % |
| 2003 | 4,1 % | 33,1 % | 19,6 % | 11,6 % | 9,0 % | 11,4 % | 8,5 % | 15,9 % | 7,5 % | – 21,5 % |
| 2004 | 4,3 % | 14,7 % | 9,0 % | 6,9 % | 5,8 % | 7,2 % | 3,3 % | 8,3 % | 2,5 % | – 7,9 % |
| 2005 | 2,4 % | 9,5 % | 9,3 % | 7,5 % | 5,2 % | 7,5 % | 5,9 % | 10,3 % | 5,1 % | – 2,0 % |
| 2006 | 4,3 % | 20,1 % | 12,9 % | 10,4 % | 9,2 % | 10,2 % | 9,0 % | 11,8 % | 6,1 % | – 9,7 % |
| 2007 | 7,0 % | 9,0 % | 10,0 % | 10,3 % | 7,7 % | 9,7 % | 10,8 % | 12,8 % | 3,3 % | 1,2 % |
| 2008 | 5,2 % | – 40,7 % | – 19,0 % | – 21,4 % | – 19,9 % | – 20,8 % | 6,0 % | – 25,2 % | – 26,6 % | 19,3 % |
| 2009* | 5,8 % | 25,0 % | 17,1 % | 9,8 % | 8,6 % | 9,7 % | 3,6 % | 11,2 % | 4,0 % | – 15,2 % |

| | **Obligations mondiales** | **Actions mondiales** | **Indice Hedge Fund Global** | **HFRI Fund of Funds Composite Index** | **HFRI FOF : Conservative Index** | **HFRI FOF : Diversified Index** | **HFRI FOF : Market Defensive Index** | **HFRI FOF : Strategic Index** | **Performance (comp) vs. Obligations** | **Performance (comp) vs. Actions** |
|---|---|---|---|---|---|---|---|---|---|---|
| Rendement annuel moyen 1990-2009 | 7,2 % | 7,7 % | 13,0 % | 8,8 % | 7,4 % | 8,3 % | 9,5 % | 12,1 % | 1,6 % | 1,2 % |
| Volatilité 1990-2009 | 3,9 % | 15,5 % | 7,1 % | 6,0 % | 4,1 % | 6,2 % | 5,9 % | 9,0 % | ND | ND |
| Rendement annuel moyen 1999-2009* | 5,9 % | 5,0 % | 9,5 % | 6,6 % | 5,4 % | 6,6 % | 8,4 % | 7,6 % | 0,7 % | 1,6 % |
| Volatilité 1999-2009* | 3,8 % | 16,4 % | 7,4 % | 6,1 % | 4,5 % | 6,3 % | 5,2 % | 8,7 % | ND | ND |
| Rendement annuel moyen 2004-2009* | 5,2 % | 7,9 % | 7,6 % | 4,5 % | 3,3 % | 4,5 % | 6,6 % | 5,5 % | – 0,7 % | – 3,4 % |
| Volatilité 2004-2009* | 3,7 % | 16,7 % | 7,0 % | 6,4 % | 5,3 % | 6,3 % | 5,6 % | 8,0 % | ND | ND |

* Pour 2009, les données utilisées s'arrêtent à fin septembre.
*Source :* d'après des données de Hedge Fund Research, Inc.

### 23.1. Electricity trading

Quelques rares fonds traitent aujourd'hui des produits dérivés sur l'électricité. De nouveaux produits d'investissement sont apparus au cours des dernières années. Ces contrats standardisés se traitent par multiples. Les volumes traités, la volatilité et les nouveaux développements sont induits par les développements généraux des marchés de l'énergie, l'état de l'économie dans son ensemble, le niveau de libéralisation des marchés européens et l'intégration physique des frontières et les décisions politiques comme les contraintes relatives aux émissions de $CO_2$.

L'idée sous-jacente à ces produits est de tenter de profiter de l'aspect saisonnier de la production d'électricité qui entraîne une volatilité des prix relativement importante, ainsi que du développement des relations entre les pays. Dans le cadre du développement et de la libéralisation du marché de l'électricité, le graphique 57 illustre le niveau de développement du marché de l'électricité des marchés américains, anglais et allemands, ainsi que le niveau de maturité des marchés nordiques qui sont bien plus avancés et où il est possible de faire du trading de produits dérivés divers.

Alors que les transactions physiques de matières premières comme l'électricité sont réservées aux producteurs et aux distributeurs vu qu'il y a livraison physique, les marchés financiers sont largement utilisés à des fins de couverture et pour la gestion des risques. Divers éléments interviennent dans la détermination des prix sur le marché. À titre d'exemple, citons le prix du charbon, du gaz ou du pétrole élevé et un temps frais qui auront une incidence directe sur les prix de marché.

Les produits disponibles sont divers et incluent des futures (des contrats futures hebdomadaires sont disponibles et cotés), des forwards (contrats mensuels, trimestriels et annuels), des options (avec comme contrats sous-jacents des forwards trimestriels et annuels), des permis d'émission de l'Union européenne (pour la dioxine de carbone et d'autres gaz à effet de serre, contrats de taille minimale de 1 000 tonnes de $CO_2$) et finalement des certificats électriques qui soutiennent la production d'énergie renouvelable.

Sans entrer dans plus de détails, les fonds présents sur ces marchés utilisent certains ou tous les produits ci-dessous afin de tenter de profiter de l'évolution des relations de prix. Pour ce faire, les gestionnaires recourent à l'analyse fondamentale des marchés, de la tendance des prix, des développements macro-économiques et politiques. Ils utilisent des modèles de valorisation des produits développés en interne ainsi que des météorologistes afin de tenter de prévoir le temps avec le maximum d'exactitude. Finalement, divers éléments techniques sont considérés, afin d'acheter ou de vendre au moment adéquat.

Les portefeuilles ainsi construits combinent généralement des transactions dans des positions visant à parier sur des variations de prix à long terme qui intègrent les prix du $CO_2$, du pétrole, les frais de transport par fret et les autres prix européens avec d'autres à plus court terme, principalement influencées par le temps qui affecte très fortement le prix à court

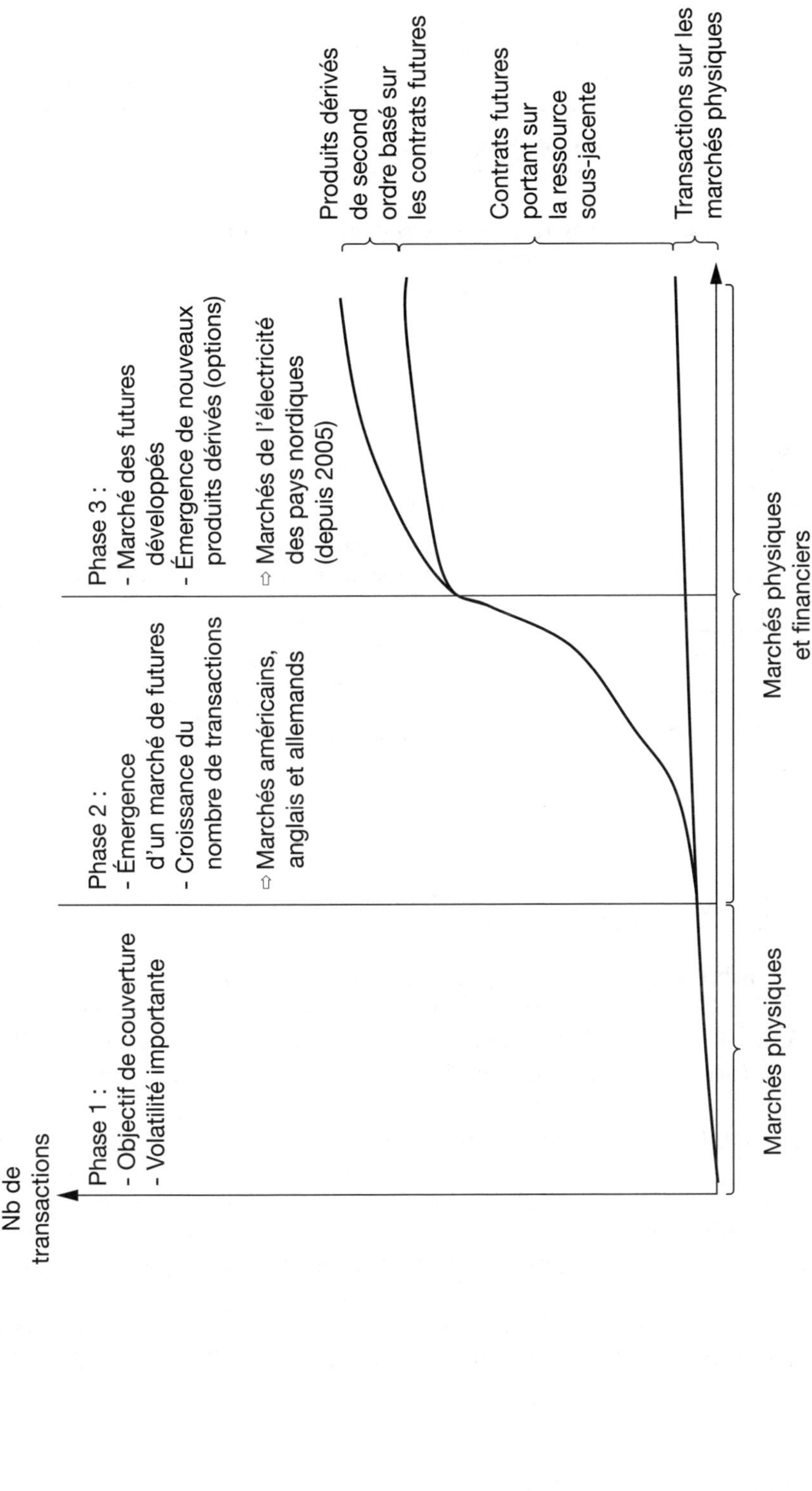


**Graphique 57.** – *Libéralisation et développement du marché de l'électricité*

terme. Ensuite, ils peuvent jouer les écarts de prix entre les marchés. Les marchés internationaux n'étant pas encore très développés, les opportunités de profiter d'écarts de prix entre divers pays sont encore limitées aujourd'hui. La présence d'option leur permet de prendre des paris par rapport à la volatilité sous-jacente du marché et de jouer une tendance à court, moyen ou plus long terme. Finalement, des analyses d'évolution de relations historiques de prix leur permettent de prendre des positions recourant à l'analyse technique. Le processus d'investissement d'un fonds investi dans l'électricité est repris dans le schéma 43.

**Schéma 43.** – *Processus d'investissement standard d'un fonds investi dans l'électricité*

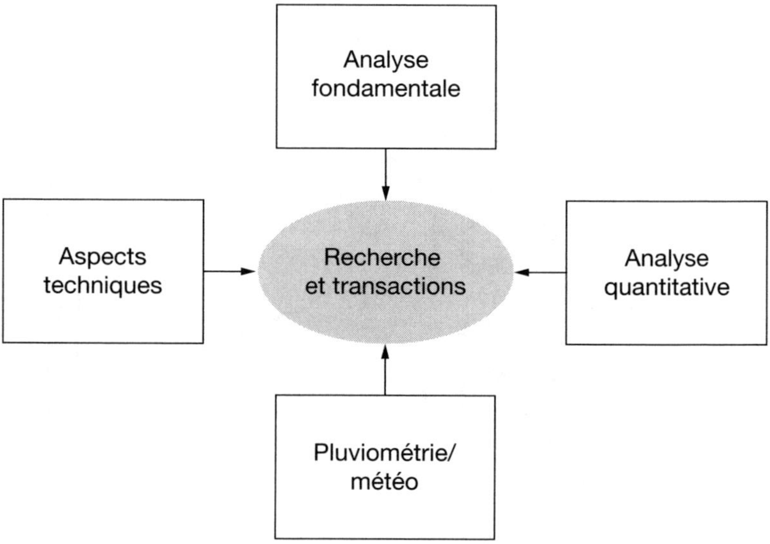


## 23.2. *Arbitrage d'options*

L'arbitrage d'options regroupe plusieurs stratégies qui reposent sur des inefficiences informationnelles. Elles se basent sur des modèles mathématiques, la rapidité de l'exécution, de faibles coûts de transaction et l'accès à un levier à faible coût. Peu de fonds appliquent cette stratégie, mais la tendance est clairement à la croissance.

L'arbitrage d'options se fait sur la base de modèles internes d'évaluation d'options qui peuvent être adaptés suivant différents scénarios, la volatilité et d'autres effets comme l'asymétrie ou l'aplatissement. La prise de position se fait généralement par une réplication synthétique d'options. Cette stratégie peut reposer sur des options traitées sur des marchés ou de gré à gré.

Le processus d'investissement est simple. Le gérant définit un ensemble de relations qu'il va suivre constamment et, dès qu'il décèle un écart (aussi faible soit-il), il prend position directement et utilise le levier afin de rehausser le rendement. Le rendement réalisé par position est faible. La stratégie est fonction du nombre de positions prises et sur le levier. Certains fonds appliquent uniquement cette stratégie, alors que d'autres la combinent avec des stratégies comme la stratégie *convertible arbitrage*.

Une des techniques appliquée par les gérants de tels fonds est de prendre des positions longues dans des actions et de vendre à découvert des indices ou des options et des contrats à terme. Un exemple d'une telle stratégie est d'acheter une grande partie des actions qui composent le S&P500 et de vendre à découvert un *future* sur ce même indice.

L'arbitrage d'options sous-tend généralement un trading de la volatilité et la prise de positions acheteuses et vendeuses contrebalancées, afin d'extraire de la valeur tout en contrôlant les risques sous-jacents à l'investissement en options. Le marché des options offre des opportunités, car elles sont difficiles à valoriser, qu'elles sous-tendent un levier et que le marché des options est faussé par une offre et une demande inégales. L'arbitrage de volatilité vise à acheter des options sous-évaluées et à vendre des options surévaluées afin de capturer le différentiel de prix à travers des techniques de couvertures dynamiques. L'exemple qui suit illustre la méthodologie de base à la stratégie.

Une option ou un panier d'options sont achetés s'il est déterminé que le prix (la prime) est bon marché. Le prix d'une option est directement lié à la volatilité de l'actif sous-jacent. Plus l'actif sous-jacent sera volatil, plus le prix sera élevé. L'exposition action de l'option sera ensuite couverte en vendant le montant correspondant de l'actif sous-jacent par l'intermédiaire d'options *call* ou en achetant des options *put*. Ce ratio est le delta qui est estimé comme le taux de changement du prix d'une option par rapport à un changement de prix de l'actif sous-jacent. Une position longue en volatilité est profitable si le prix de l'actif sous-jacent varie fortement (à la hausse ou à la baisse) et elle perd de l'argent si le prix est moins volatil qu'attendu (la prime temporelle perd sa valeur).

Les positions longues en volatilité sont traitées agressivement afin de capturer la volatilité journalière de l'action (si le sous-jacent est une action) si le gérant anticipe que l'action se traite dans certaines limites, ou moins agressivement si l'action est perçue comme suivant une tendance.

Un positionnement inverse signifie que le gérant a un positionnement vendeur de volatilité et vendeur d'options, neutre en delta. Dans ce cas, l'objectif est de vendre des options qui ont des prix élevés par rapport à la volatilité des actifs sous-jacents et de capturer la prime temporelle en ajustant les couvertures. Quand le positionnement est long en volatilité, tout ajustement de la couverture entraînera un profit, et quand le gérant a une position vendeuse de volatilité, chaque nouvelle couverture entraînera une perte.

Illustrons un positionnement combiné acheteur et vendeur de volatilité. La position longue en volatilité consiste en l'achat d'options à des prix théoriquement bon marché avec comme objectif de capturer les volatilités réalisées supérieures de l'actif sous-jacent, neutre en delta. La position vendeuse de volatilité consiste en la vente d'options à des prix théoriquement élevés par rapport à leur valeur estimée avec pour objectif de capturer une volatilité réalisée de l'actif sous-jacent inférieure à celle implicite à la prime de l'option, neutre en delta. Dans un tel portefeuille, la direction du marché n'est pas importante ; par contre le portefeuille acheteur de volatilité doit être plus volatil que le portefeuille vendeur de volatilité. Le risque de non-corrélation de la volatilité est réduit au fur et à mesure que la diversification augmente. Selon les cas, une partie du portefeuille servira comme couverture globale ou non.

Ces fonds spécialisés dans l'arbitrage d'indice et/ou d'options sont généralement faiblement corrélés avec les indices classiques, si bien que, comme les fonds *short selling*, ils sont principalement utilisés à des fins de diversification.

### *23.3. Les fonds climatiques*

Au cours des dernières années, divers nouveaux instruments financiers sont apparus. Parmi eux, les marchés des obligations sur catastrophes et des dérivés climatiques se sont développés rapidement et ils représentent aujourd'hui plus de douze milliards de dollars de notionnel chacun.[1]

Les obligations sur catastrophes sont des obligations qui ont pour objectif de couvrir des événements extrêmes mais rares (un ou deux par siècle) causés par la nature tels que les tremblements de terre, les ouragans et les typhons. Une telle obligation se compose d'un échange de principal et de paiement de coupons périodiques qui sont tous les deux liés à l'occurrence d'une catastrophe. Le coupon est défini d'avance. Les investisseurs doivent poster le montant notionnel de l'obligation sur un compte qui rapporte un taux monétaire. Les obligations sur catastrophes sont émises avec un écart de taux de quatre à sept pour cent par rapport au taux sans risque. Cet écart constitue la prime de risque. La majorité de ces émissions sont notées par les agences de notation.

Les dérivés climatiques protègent les entreprises présentes dans les secteurs de l'énergie, de l'agriculture, de la nourriture et de la construction contre une variation du temps (pluie, neige, changement de température par exemple). Il s'agit de produits financiers dans lesquels deux parties s'accordent sur un échange de liquidité déterminé par référence aux données temporelles officielles. Ils peuvent être utilisés comme outil de couverture par toute société dont l'activité est impactée par le climat. Ils prennent généralement la forme d'options, de swaps ou d'autres formes plus complexes ou spécifiques comme des *collars*. Le sous-jacent de ces produits est généralement la température (par exemple, un nombre de

---

1. Le notionnel est le montant émis pour une obligation ou le montant sur lequel porte le contrat pour un produit dérivé.

jours durant l'été avec une température minimale ou nombre de jours d'hiver avec une température maximale), la température moyenne certains jours spécifiques, les précipitations (pluie, neige) ou la lumière du soleil, la vitesse du vent, etc.

Une multitude d'intervenants utilisent les dérivés climatiques. À titre d'exemple, citons les sociétés de distributions de gaz (leur chiffre d'affaires peut baisser fortement en cas d'hiver plus chaud que la moyenne), les sociétés d'électricité, les producteurs de bétail, le secteur de la construction ou le secteur des boissons fraîches.

Dans le cadre qui nous occupe, une option donne à l'acheteur le droit de percevoir une certaine somme par unité de température en excès par rapport au prix d'exercice fixé, avec une limite globale maximale. L'acheteur paie une prime pour ce droit. Un swap permet également à l'acheteur de percevoir un montant fixe par unité de temps en excès du prix d'exercice fixé avec un montant global maximum. La différence est que l'acheteur s'engage à payer le même montant par unité de temps sous le même prix d'exercice, avec à nouveau un montant global maximum. Il n'y pas de prime pour un swap, car l'acheteur ne dispose pas d'un droit particulier, mais il y a un contre-balancement des risques. Un *collar* est identique à un swap à la seule différence que les prix d'exercice sont fixés à des niveaux différents avec un intervalle pour lequel il n'y a pas de paiement. Suivant le prix d'exercice, il peut y avoir le paiement d'une prime ou non. Par leur nature, les dérivés climatiques sont proches de la monnaie car ils sont créés pour protéger les entreprises en question contre des événements extrêmes qui surviennent tous les cinq à vingt ans.

Il existe aujourd'hui des gérants spécialisés qui combinent les deux types de produits dans des fonds. Ils diversifient leur portefeuille géographiquement et par type de temps. La diversification géographique sous-tend généralement une limitation de l'exposition du fonds par région (Europe, côte est américaine, côte ouest américaine, Midwest américain, sud des États-Unis, Asie, Australie et Nouvelle-Zélande et reste du monde), alors que la diversification par type de temps sous-tend habituellement une diversification du portefeuille entre les produits liés à la température hivernale, la température estivale, la pluie, la neige et les autres. Dans certains cas, ils prennent des positions longues alors que, dans d'autres, ils prennent des positions à découvert. Certains gérants de fonds *event driven* allouent également une partie de leur portefeuille d'investissement à ces produits. Ils justifient ce choix par le fait que ces produits sont également liés à la réalisation d'un événement.

Les gérants se vantent d'offrir un produit non corrélé avec les marchés classiques. Intuitivement, on peut s'imaginer que les deux types d'instruments sont peu, voire totalement non corrélés avec les marchés financiers. Uniquement de larges tremblements de terre pourraient avoir une influence durable sur les taux d'intérêt ou sur le marché des actions. Sinon, il est clair que la température à Paris ne risque pas d'influencer l'évolution de l'indice S&P 500.

Arbitrer ces produits consiste à arbitrer leur *spread* :

$$SDC = PT + PR + PC$$

avec SDC = *spread* d'un dérivé climatique
PT = prime technique
PR = prime de risque
PC = prime commerciale

La prime technique est l'espérance mathématique de perte. Elle est calculée à partir des distributions historiques de coûts retravaillés en fonction de l'information disponible comme le risque, la modification de l'environnement. Le premier risque correspond à la rémunération attendue pour que l'investisseur accepte de prendre le risque. Elle intègre l'aversion au risque de l'investisseur ainsi que sa fonction d'utilité. La prime commerciale vient en rémunération d'autres facteurs tels que le manque de liquidité, l'incertitude du prix.

Un gérant peut être vendeur d'une option indexée sur la réalisation ou non d'une catastrophe et arbitrer sur chacune de ses composantes par rapport aux autres. Il s'agit d'évaluer un dérivé climatique selon les trois paramètres de prix et d'arbitrer tout décalage du marché par rapport à l'un d'eux.

## 23.4. Market timing

Les gérants changent de classe d'actifs (actions, obligations, fonds communs et fonds monétaires) dans lesquels ils investissent en essayant d'arbitrer entre les différents marchés. Ils utilisent diverses approches afin d'apprécier le capital. Ils changent de classes d'actifs ou de stratégies en choisissant celles qui, d'après eux, donneront les meilleurs rendements à court ou moyen terme. Un gérant opportuniste peut investir dans différentes stratégies telles que *mutual fund timer, special situations* et *distressed securities* simultanément.

## 23.5. L'investissement dans le vin

Les vins sont vus depuis longtemps comme produits d'investissement par les Anglo-Saxons et des fonds investis dans le vin existent depuis de nombreuses années. Ces fonds ont historiquement pris la forme de fonds fermés avec comme stratégie d'investissement la sélection des meilleurs crus et leur garde pendant 10 ou 15 ans (stratégie de *buy and hold*). Le graphique 58 leur donne raison quand on voit l'évolution de l'indice Liv-ex Fine Wine qui regroupe les 24 châteaux de Bordeaux, les plus prestigieux dans les plus grands millésimes depuis 1982, selon la critique américaine Robert Parker. Un investissement de 100 dollars dans un portefeuille identique sera devenu plus de 1 200 dollars en 2008 avant de retomber autour de 1 000 dollars.

**Graphique 58.** – *Évolution du Liv-Ex 100 Benchmark Fine Wine*

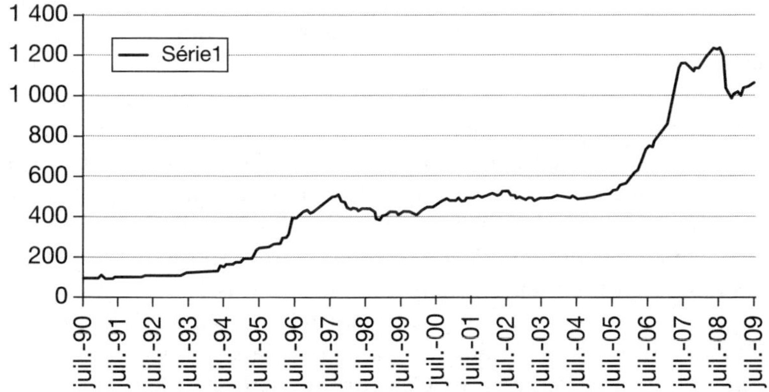


*Source* : Liv-ex Benchmark Fine Wine et Bloomberg.

Une analyse de Beck (2008) révèle en outre que le rendement annuel d'un investissement dans le vin depuis 1950 aurait rapporté un rendement annuel brut moyen de l'ordre de 15 % et que si l'on considère des périodes glissantes de 5 ans entre 1987 et 2007, le rendement moyen a été de 27 % avec un minimum à 3 % sans qu'aucune des périodes couvertes ne soit négative.

Certains passionnés ont été plus loin et ils ont proposé des fonds ouverts avec une structure identique à celle des hedge funds. Ces fonds ont une stratégie d'investissement plus élaborée que la stratégie *buy and hold.* Le schéma 44 illustre quelques stratégies d'investissement types : relative value, achat en primeur, découverte de talent et effet rareté.

**Schéma 44.** – *Stratégies d'investissement type de fonds vins*

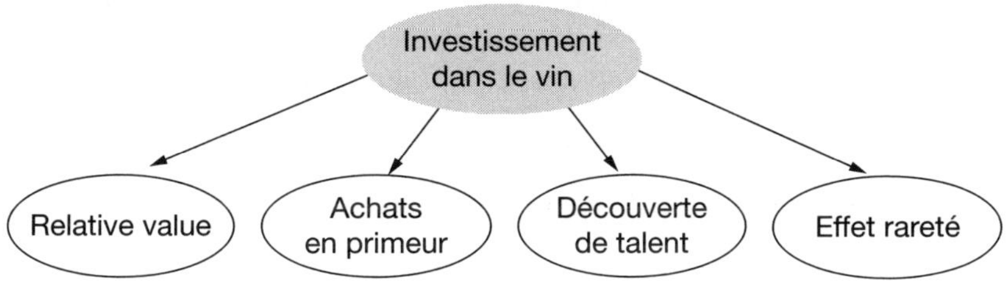


*Relative value* : l'investissement dans le vin implique l'achat de vins qui semblent avoir le plus grand potentiel de hausse de prix en relatif, par rapport au même vin les autres années et aux autres vins la même année. Le gérant vise à créer un portefeuille multi-dimensionnel de vins dans diverses régions qui inclura les producteurs distingués dans chaque millésime. La paramétrisation de cette surface inclura le producteur, le millésime, la notation du vin et le temps de garde. Les vins disposés dans cette surface seront sur- ou sous-évalués et le positionnement du fonds sera ajusté en conséquence par des prises de position *relative value.*

*Achat en primeur* : l'achat en primeur implique l'achat d'allocation de vins auprès des châteaux ou des négociants avant qu'il ne soit embouteillé et disponible physiquement. Traditionnellement, ce marché s'est créé pour accélérer les flux de cash vers les producteurs, même si ce besoin s'est réduit. Ce marché offre souvent des opportunités importantes, car le prix des vins augmente parfois fortement durant les premières années de vie, lorsque le produit n'est pas encore tout à fait prêt. Son accès est cependant assez fermé et il est important d'avoir de bonnes relations établies avec les principaux négociants de Bordeaux afin d'avoir les allocations désirées.

*Découverte de talents* : la découverte de talents au niveau des vins équivaut à l'analyse fondamentale au niveau des actions. L'objectif est d'identifier quel est le vin sous-estimé et qui, à partir de l'opinion du gérant, sera le plus enclin à être apprécié dans le futur. Le marché du vin est dirigé par quelques dégustateurs reconnus. Ces derniers ont un impact sur le prix des vins et il arrive souvent qu'ils révisent leur note, ce qui crée des opportunités pour celui qui a identifié le bon produit au bon prix. Les nouveaux entrants représentent également des opportunités, car ils sont moins connus et recherchés mais ils peuvent rapidement le devenir en cas de distinction.

*Effet rareté* : une dernière stratégie consiste à prendre des positions importantes dans des vins relativement rares. Il peut s'agir de vins plus anciens proches de la maturité pour lesquels le stock mondial est très faible ou de vins plus jeunes pour lesquels les volumes de production sont relativement faibles. Pour implémenter une telle stratégie, il est indispensable d'avoir un réseau de fournisseurs bien fourni.

Le graphique 59, issu d'une analyse d'une société spécialisée dans l'investissement dans le vin, montre l'inefficience du marché du vin, en rapportant les prix minimums et maximums demandés par les plus grands marchands de Bordeaux pour certains des plus grands vins. Les résultats indiquent clairement des opportunités pour celui qui sait estimer quelle est la véritable valeur des vins en question. Les écarts s'étendent d'une dizaine de pour cent à plus de vingt pour cent à ce moment donné pour le Lafitte Rothschild 1998.

**Graphique 59.** – *Exemple d'inefficient dans le marché du vin*

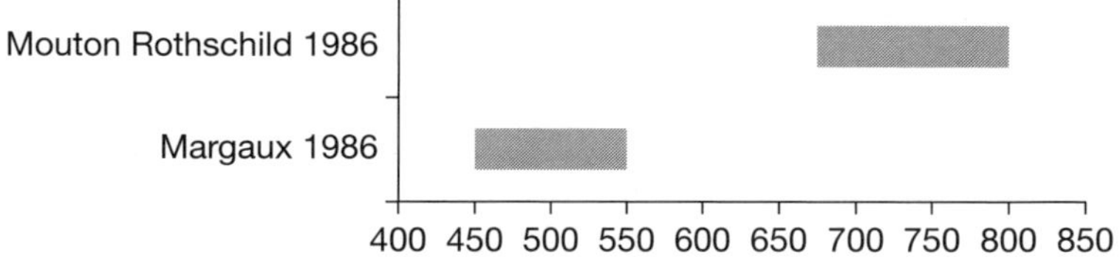


*Source* : OWC asset management.

Les vins sont généralement traités entre professionnels et ils sont conservés dans des ports francs tels celui de Genève à température et humidité constantes. De plus, chaque caisse de vin sera assurée en cas de casse afin d'éviter tout risque de perte.

Pratiquement, le gérant aura une liste de vins qu'il cherche à acheter avec le prix recherché (comme un gestionnaire de fonds investit en actions) et, le cas échéant, une liste de vins qu'il désire vendre avec la même information. Il sera en contact permanent avec les contreparties qu'il connaît et il prendra position ou vendra sa position lorsqu'il aura trouvé le bon prix. Pour les vins en vente, le gérant ne travaillera pas uniquement avec des professionnels, mais il arrivera qu'il propose ses vins à des particuliers (certains fonds ont développé un site internet à ce propos) et dans certains cas avec des maisons d'enchères.

La gestion des risques est proche d'une gestion de risque classique d'un fonds avec, en général, des limites par millésime, producteur et produit. Les limites par région sont plus rares, car Bordeaux représente la plus grande partie du marché mondial du vin.

Pour la valorisation, il existe plusieurs méthodologies qui reposent toutes sur les mêmes bases : les catalogues de vente des principaux négociants et des maisons d'enchères. Comme il n'existe pas réellement de marché organisé du vin, la meilleure façon de valoriser un lot est de le faire sur la base du prix du marché. Généralement, les méthodologies de valorisation se baseront sur le prix le plus bas du catalogue ou sur une moyenne de plusieurs prix afin d'utiliser un prix qui sera au plus proche du prix réel du marché et du prix auquel le fonds pourra vendre le produit en question.

## 23.6. Les MLP

Les *energy master limited partnerships* (*MLP*) sont à l'énergie ce que les *real estate investment trusts* (*REITS*) sont à l'immobilier. Il s'agit de sociétés publiques soumises aux mêmes règles que les sociétés cotées dont les titres sont échangeables. La spécificité des *MLP* est qu'il s'agit d'une entité qui bénéficie d'un statut fiscal propre favorable. Les investisseurs sont des partenaires qui détiennent des parts et qui perçoivent des cash-flows déductibles. Il s'agit en quelque sorte d'actions à hauts rendements non taxés. Les *MLP* sont généralement des sociétés de taille moyenne qui gèrent l'exploration, le développement, la recherche, la production, le traitement, le raffinage, le transport, le stockage et le marketing des produits naturels et minéraux comme le pétrole, le gaz naturel et les produits raffinés.

Les gestionnaires spécialisés dans ce secteur prennent généralement des positions longues, uniquement sur la base des fondamentaux attractifs du secteur et de son intérêt fiscal. Les gestionnaires visent à se distinguer les uns des autres par leur analyse du marché, des équipes de gestion et l'analyse des projets.

Ces fonds entrent dans la catégorie des hedge funds de par leur structure privée, des frais qu'ils génèrent et de leur liquidité limitée. Le secteur étant composé majoritairement de petites et moyennes sociétés, les positions ne sont pas toujours aisément couvertes, surtout en cas d'incertitude accrue. Le marché a été fortement impacté durant la crise de liquidité de la seconde moitié de 2007.

## 24. Résumé du chapitre

Dans ce troisième chapitre, nous nous sommes intéressés aux stratégies d'investissement appliquées par les gérants de hedge funds. Nous avons classé les stratégies appliquées par les hedge funds en catégories, stratégies et sous-stratégies. Nous avons ensuite analysé en détail toutes les stratégies les plus représentées en insistant sur leurs particularités, en les illustrant par des exemples et en analysant leurs performances historiques. Cette analyse nous a permis de mieux comprendre les différences qui existent entre les fonds appliquant des stratégies différentes et d'en saisir les risques et les opportunités. Le monde des hedge funds est en perpétuelle mutation, si bien que les stratégies les plus présentes aujourd'hui ne seront probablement plus les plus importantes dans les années à venir. Il est, en outre, difficile d'anticiper quelle stratégie prédominera dans l'avenir, mais c'est justement cela qui rend l'industrie des hedge funds particulière et si intéressante intellectuellement.

## Annexe A : La notation des émissions obligataires

Une notation est une note donnée à une émission obligataire. C'est une mesure de sa qualité. Elle dépend du risque de défaut que comporte l'émission. Ces notes sont fournies par des agences. Les plus connues sont *Moody's* et *Standard and Poor's*. Toutes les deux raisonnent de façon similaire. La première, par exemple, définit neuf niveaux dans son échelle simplifiée. Ces agences notent des émissions plutôt que des émetteurs, car certaines émissions obligataires d'un même émetteur peuvent être plus risquées que d'autres.

La notation définit le risque de perte en cas de défaut. Il combine la probabilité de défaut et celle de recouvrement. Il ne s'agit pas d'une mesure quantitative, mais d'un classement d'une mesure de qualité du risque. Le tableau de la page suivante compare les notations des deux principales agences. La partie supérieure reprend les émissions relativement peu risquées. La partie centrale reprend les obligations considérées comme étant à haut rendement, c'est-à-dire fortement risquées. La partie inférieure reprend les obligations dites *distressed*. Nous renvoyons le lecteur intéressé par plus de détails à lire le chapitre 8 de Bessis (2000).

*Distinction entre les obligations de qualité supérieure et les obligations à haut rendement*

| Standard and Poor's | Moody's | |
|---|---|---|
| AAA<br>AA<br>A<br>BBB | Aaa<br>Aa<br>A<br>Baa | **Qualité supérieure** |
| BB<br>B | Ba<br>B | **Haut rendement** |
| CCC<br>CC<br>C | Caa<br>Ca<br>C | ***Distressed*** |

## Annexe B : Les bases des obligations convertibles

Une obligation convertible est un titre qui donne à son détenteur le droit de l'échanger contre un nombre prédéterminé d'actions à n'importe quel instant dans le temps entre la date d'émission du titre et la date de maturité de l'obligation. Ce titre peut donner droit à des actions ordinaires ou à des actions préférentielles, selon les critères spécifiés lors de l'émission. Généralement cependant, les obligations convertibles sont émises comme des dettes subordonnées.

Le droit à la conversion est une option d'achat détenue par l'investisseur qui peut, selon les opportunités et selon ses préférences, décider de procéder à la conversion ou non lorsque la possibilité se présente. Si l'investisseur décide de ne pas convertir son obligation convertible en actions, il percevra les coupons tout au long de la vie de l'obligation et le remboursement du principal à l'échéance.

Dans certains cas, l'émetteur se réserve le droit de procéder à un amortissement anticipé total ou partiel du titre, l'obligation est alors dite *callable* (au gré de l'émetteur). Dans d'autres cas, ce droit appartient à l'acheteur, l'obligation est alors dite *puttable* (au gré du porteur). Dans le premier cas, l'émetteur peut décider de rembourser l'emprunt de façon prématurée, s'il considère que c'est un choix prudent. Souvent ce droit est exercé afin de forcer la conversion. Cette optionalité est naturellement payée par l'émetteur. Dans le cas d'une optionalité de remboursement au gré du porteur, tout ou une partie de l'obligation peut être vendue par l'acheteur à l'émetteur à un prix déterminé à l'avance, ce qui permet à ce dernier de se protéger contre des événements non désirés, telles la dilution de l'actionnariat, la contraction de la prime. Dans la très grande majorité des cas, les obligations convertibles sont protégées contre des *splits* d'actions ou des dividendes en actions.

Les *exchangeables* sont également généralement repris dans la même catégorie que les obligations convertibles. Ces titres permettent la conversion des obligations en actions d'une compagnie différente de l'émetteur (sous des contraintes similaires aux obligations convertibles telles que définies ci-dessus). Dans le cadre du présent ouvrage, nous utilisons le terme obligations convertibles comme un terme générique, dans le sens qu'il comprendra les obligations convertibles telles que définies au début de cette section et les *exchangeables*.

Outre les composantes classiques, à savoir l'émetteur, le taux de coupon, la maturité, etc., les obligations convertibles se définissent par des caractéristiques propres fixées lors de leur émission. Ces facteurs sont la prime d'investissement, le ratio de conversion, le prix de conversion, la prime de conversion, la valeur de conversion et la parité. Nous renvoyons le lecteur intéressé par plus de détails à Capocci (2003b) ou Lummer et Riepe (1993).

## Annexe C : Duration, duration modifiée et convexité

La duration, également appelée duration de Macaulay, est une mesure de la sensibilité du prix d'une obligation à un changement dans les taux d'intérêt. Elle est une mesure de la maturité moyenne de l'obligation ou, plus généralement, d'une créance, quelles qu'en soient les modalités précises quant aux versements à effectuer dans le temps.

L'idée consiste à calculer la moyenne des durées de vie respectives de chaque rentrée de fonds en adoptant comme coefficient de pondération la valeur présente de chaque rentrée rapportée au prix de l'obligation.

Pour chaque maturité allant de 1 à n et pour les rentrées successives C, C, …, C+F, la formule de la duration est la suivante :

$$D = \sum_{i=1}^{n} w_i \times i$$

$$\text{avec } w_i = \frac{C \times (1+y)^{-i}}{P} \qquad (i = 1, 2, ..., n-1)$$

$$\text{et } w_i = \frac{(C+F) \times (1+y)^{-n}}{P} \qquad (i = n)$$

Où D = duration de Macaulay, C = taux de coupon, y = rendement à l'échéance, P = prix de l'obligation, F = remboursement à l'échéance et n = nombre d'années pendant lesquelles l'obligation paie un coupon.

À titre d'illustration, si une obligation a une duration de 3 ans, cela signifie que le prix de l'obligation diminuera de 3 % suite à toute hausse de 1 % des taux d'intérêt. De même, le prix de l'obligation augmentera de 3 % pour toute baisse d'1 % des taux d'intérêt. Une telle obligation est moins risquée qu'une autre avec une duration de 6 ans dont le prix variera de 6 % pour toute variation de 1 % des taux. L'obligation avec une maturité supérieure sera plus affectée par un changement dans les taux d'intérêt, car ce changement l'impactera pour une plus longue période de temps.

La duration modifiée est une mesure directe entre un changement dans les taux d'intérêt et un changement dans le prix d'une obligation. Elle se définit comme suit :

$$DM = (-\frac{1}{P}) \times \frac{\Delta P}{\Delta y} = \frac{1}{(1+y)} * D$$

Où DM = duration modifiée.

La duration n'est qu'une mesure (incomplète) de la variation du prix de l'obligation pour une variation marginale des taux d'intérêt. Pour des variations de taux supérieures, il convient de considérer également la convexité.

La convexité complète la mesure de duration, car cette dernière ne capture pas exactement la véritable relation qui existe entre le prix d'une obligation et les taux. Sa définition mathématique est la suivante :

$$CV = \frac{1}{P} \times \frac{\Delta^2 P}{(\Delta y)^2}$$

La partie droite de la formule est la dérivée seconde du prix par rapport au rendement à l'échéance. Pratiquement, afin de quantifier la convexité, la formule utilisée est :

$$CV = \frac{1}{P} \times \frac{\Delta^2 P}{(\Delta y)^2} = \frac{1}{(1+y)^2} \times \sum_{t=1}^{T} t(t+1) \times \frac{C_t / (1+y)^t}{P}$$

On combine généralement la duration modifiée et la convexité, afin d'avoir une estimation fidèle de l'impact d'une variation de taux sur le prix à l'aide de la formule suivante :

$$\%\ \text{Prix} = (-DM) \times \Delta y + \frac{1}{2} \times C \times (\Delta y)^2$$

Nous renvoyons le lecteur intéressé par plus de détails sur ces concepts à lire la section II du chapitre 2 de Minguet (1993).

## Annexe D : Construction des indices hedge funds de Hedge Fund Research, Inc.

Les indices Hedge Fund Research, Inc. sont des indices de performance équipondérés. Il existe une trentaine d'indices différents classés par stratégie d'investissement, y compris un indice composite équipondéré. Il existe une version américaine et extraterritoriale de chaque indice. Les indices sont construits sur une base totale de plus de 2 000 fonds individuels enregistrés dans la base de données *Hedge Fund Research, Inc.*

Pour être repris dans un indice, les fonds issus de la base de données doivent respecter les trois règles suivantes :

– fournir une performance nette de toute commission sur une base mensuelle (les fonds entrent dans le calcul de l'indice le mois qui suit leur inclusion) ;
– avoir des actifs en dollars ;
– disposer d'au minimum 50 millions de dollars sous gestion, soit exister depuis au moins douze mois.

Les indices sont mis à jour trois fois par mois (début, milieu et fin de mois). Si un fonds est dissous, le fonds est maintenu dans l'indice jusqu'à sa dernière performance mensuelle rapportée. L'indice *funds of funds* n'est pas inclus dans l'indice pondéré par les actifs sous gestion.

## Annexe E : Les grecques

On les appelle communément les grecques ; il s'agit de mesures de la sensibilité d'un portefeuille ou d'une option (d'une optionalité incluse dans un autre instrument comme une obligation convertible) à divers facteurs, comme le sous-jacent, la maturité, le temps, les taux d'intérêt ou la volatilité.

Les grecques les plus connues sont le delta, le gamma, le thêta, le véga et l'oméga. Nous les reprenons chacune les unes après les autres ci-dessous en les définissant et en indiquant leur formule.

Le delta est le changement de prix par rapport à un changement d'un point de sous-jacent. Autrement dit, toute autre chose étant égale, si le sous-jacent du portefeuille ou de l'option change d'un point, la valeur du portefeuille change par une valeur égale au delta. La valeur (ou effet) du delta va changer au moindre mouvement de hausse ou de baisse du sous-jacent. Plus le delta s'approche de zéro, plus le portefeuille devient neutre en delta. Cela signifie que l'effet d'un changement du sous-jacent sur le portefeuille sera de plus en plus petit. Neutre en delta veut dire que la valeur des portefeuilles ne change pas s'il y a un changement de sous-jacent.

Afin d'obtenir le delta global de notre position, il suffit de multiplier la valeur du delta de chaque option par sa position, puis on fait la somme de tous ces deltas. La valeur de ce paramètre nous informe sur la quantité de sous-jacents à acheter ou à vendre afin d'immuniser la valorisation de notre portefeuille aux variations du cours de ce sous-jacent.

Il se calcule comme suit :

$$Delta = \frac{\delta P}{\delta S} = N(d_1)$$

où $\partial P$ = variation du prix du portefeuille ou de l'option
$\partial S$ = variation du prix du sous-jacent

Le gamma des portefeuilles est la dérivée seconde des portefeuilles par rapport au sous-jacent. Il représente le changement de delta lors d'un changement d'un point de sous-jacent. Un gamma proche de zéro signifie que le portefeuille est neutre s'il y a un grand changement de sous-jacent. Le gamma d'une option est toujours positif. Il est une mesure de la sensibilité du delta à des variations du prix du sous-jacent, c'est-à-dire une mesure de volatilité. Il se calcule comme suit :

$$Gamma = \frac{\delta^2 P}{\delta S^2} = \frac{1}{S\sigma\sqrt{T}} N'(d_1)$$

Le thêta donne des informations sur l'impact du passage du temps sur le portefeuille. Le thêta d'une option est négatif. La valeur d'une option diminue lorsque l'échéance s'approche. Il se calcule comme suit :

$$Thêta = \frac{\delta C}{\delta t} = \frac{S\sigma}{2\sqrt{T}} N'(d_1) + Kre^{-rt} N(d_2)$$

Le véga d'un portefeuille est le changement de la valeur d'un portefeuille par rapport à l'augmentation/diminution de la volatilité d'un point de sous-jacent. Si l'on garde une neutralité de volatilité, cela signifie que le portefeuille reste insensible aux changements de volatilité du sous-jacent. Il se calcule comme suit :

$$Véga = \frac{\delta C}{\delta \sigma} = S\sqrt{T} N'(d_1)$$

Le rhô est la variable de sensibilité des portefeuilles par rapport au taux d'intérêt. Il mesure la sensibilité de la valeur d'un portefeuille par rapport au taux d'intérêt. Cette variable peut être positive ou négative. Rhô se calcule comme suit :

$$Rhô = \frac{\delta C}{\delta r} = TKre^{-rt} N(d_2)$$

# Chapitre 4

# La performance des hedge funds au cours du temps

Ce nouveau chapitre analyse la performance historique des hedge funds et leur relation de prix historiques avec les marchés classiques. Nous ne présentons pas des outils quantitatifs complexes et nous renvoyons les lecteurs intéressés par ce sujet à notre thèse de Doctorat [1] qui vise à approfondir les aspects techniques de l'analyse quantitative des hedge funds. Nous débutons ce chapitre par une section consacrée aux données relatives aux hedge funds. Dans la deuxième section, nous analysons la performance historique de l'industrie avant de nous attarder sur la performance historique des hedge funds par stratégie d'investissement. La quatrième section analyse la performance des hedge funds durant des périodes extrêmes. La cinquième section présente les résultats des principales études scientifiques qui analysent les hedge funds. La dernière section analyse les relations de corrélation entre les stratégies alternatives et entre ces stratégies et des indices de référence classiques.

## 1. Les données

### *1.1. Spécificités des données relatives aux hedge funds*

Il n'existe pas de base de données officielle relative aux hedge funds. Même si de nombreux fonds rapportent des informations à une ou plusieurs bases de données, l'accès aux données et leur fiabilité restent un réel problème. Il existe diverses bases de données qui regroupent une multi-

1. D. Capocci, « Analysis of hedge fund strategies », août 2007, Université de Liège. Elle est disponible gratuitement sur www.ssrn.com.

tude d'informations mais la plupart d'entre elles existent depuis une dizaine d'années seulement.[1]

Plusieurs études scientifiques[2] ont comparé les fournisseurs de données afin de déterminer le pourcentage de fonds qui sont repris dans plusieurs bases de données. Les résultats indiquent qu'un nombre restreint de fonds rapporte leurs performances à plusieurs bases de données. Certains résultats sont même plus inquiétants, Liang (2000) a identifié des différences significatives pour des fonds identiques dans des bases de données différentes. Ces différences se situent en termes de rendements, d'actifs sous gestion, de date de lancement, de commissions et même par rapport à la classification du fonds dans une stratégie d'investissement.

Le schéma 1 reproduit une comparaison des bases de données HFR, TASS, Eurekahedge, Barclays et CASAM CISDM dans un diagramme de Venn. Ce diagramme divise l'industrie des hedge funds comme si elle se composait exclusivement des fonds repris dans ces cinq bases. Les chiffres repris sont des pourcents. Les résultats montrent que le nombre de fonds présents dans plusieurs bases de données est limité et uniquement 2 % des fonds sont présents dans les cinq bases de données. Ceci signifie que les

**Schéma 1. –** *Comparaison des principales bases de données hedge funds*

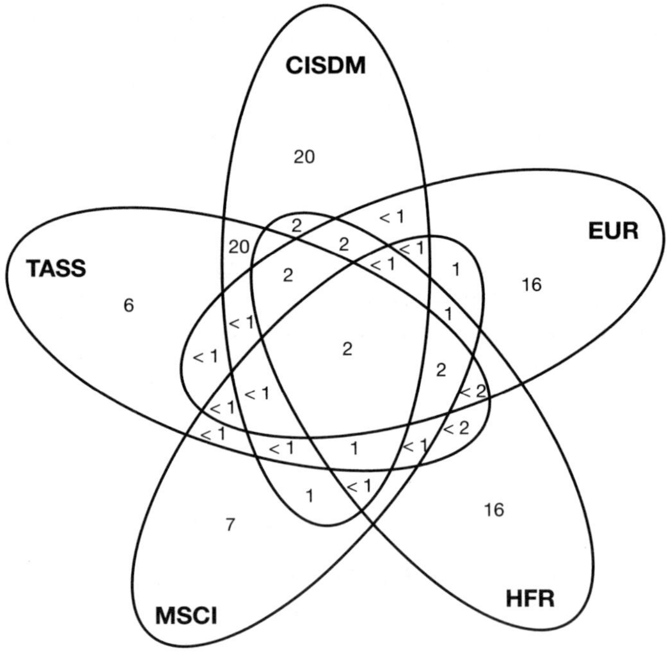


*Source* : Fung et Hsieh (2006).

1. Nous reprenons les principales informations sur les fournisseurs de données dans le graphique 1 du chapitre 2.

2. Voir par exemple Liang (2000) qui compare les bases de données HFR et TASS ou Fung et Hsieh (2006) qui comparent CISDM, HFR, Barclays, Eurekahedge et MSCI.

résultats provenant d'une base de données unique peuvent être différents si une autre base de données est utilisée car les fonds qui composent les différentes bases de données sont différents. En outre, les résultats obtenus à partir d'une base de données unique peuvent ne pas être vrais pour l'ensemble de l'industrie des hedge funds car la base de données en question ne représente qu'une partie de l'industrie dans son ensemble.

La qualité des données rapportées par les bases de données de hedge funds a été maintes fois critiquée. La raison principale est simple : les données relatives aux fonds proviennent d'une base volontaire uniquement et les données sont rapportées par la société de gestion dans la base de données. Le conflit d'intérêt potentiel est clair. Les performances sont encodées directement par la société de gestion, envoyées par e-mail ou par d'autres moyens de communication. Le risque d'erreur d'encodage volontaire ou non est réel. Une manière d'atténuer ce problème est d'utiliser les performances rapportées directement par l'administrateur, ce qui se fait dans certains cas, mais ce qui entraîne une charge de travail accrue pour les administrateurs de fonds.

### 1.2. Les biais

Les problèmes relatifs aux bases de données repris dans le paragraphe précédent entraînent des biais potentiels dans les bases de données. Ces biais ont largement été étudiés par la recherche scientifique. Le premier biais vient du fait que les informations relatives aux fonds sont rapportées sur une base volontaire. Ce sont les responsables des fonds qui décident s'ils transmettent des informations relatives à leur fonds à un fournisseur de données, quelles informations ils fournissent et à quel fournisseur de données ils s'associent. Ces bases de données sont dès lors incomplètes, car tous les fonds ne donnent pas d'information. Elles souffrent d'un biais appelé le biais d'auto-reporting. Ce biais, incalculable pratiquement, est présent dans toute base de données car ce sont les responsables des fonds eux-mêmes qui fournissent les informations relatives aux fonds qu'ils gèrent. La plupart des fournisseurs de données signalent cependant qu'ils procèdent aux vérifications nécessaires quant aux informations qu'ils reçoivent, mais souvent sans décrire précisément la procédure employée.

Le second biais important est le biais de survie. [1] Le biais de survie est présent dans une base de données quand cette dernière ne contient que des fonds qui ont existé durant toute la période étudiée. Un fonds qui arrête de rapporter sa performance à une base de données peut le faire pour diverses raisons. La raison principale tend naturellement à être une mauvaise performance (la moitié des cas), mais des études académiques basées sur diverses sources indiquent que d'autres facteurs incluent les fusions de fonds (approximativement 10 % des cas), les autres arrêtant de rapporter leur performance tout en continuant d'exister (approximative-

1. Nous renvoyons le lecteur intéressé par plus de détails à Fung et Hsieh (2000), Liang (2000) et Capocci et Hübner (2003).

ment 40 % des cas).[1] L'ensemble des fonds concernés ont cependant une tendance à sous-performer l'industrie des hedge funds dans son ensemble. Le biais de survie se définit comme la différence de performance entre les fonds existants d'une base de données (les fonds qui existent sur l'ensemble de la période analysée) et l'ensemble des fonds de cette base (les fonds existant sur l'ensemble de la période analysée et les fonds dissous avant le terme de cette période). Une différence de performance significative indique que les fonds dissous ont eu une performance plus faible que les fonds qui ont survécu sur la période analysée. Une base de données qui n'inclut pas les fonds dissous est par conséquent biaisée vers le haut. Les estimations de ces biais se situent entre 1 % et 3 % [2], ce qui signifie que les fonds existant sur l'ensemble de la période offrent une performance de 1 % à 3 % supérieure à celle de l'ensemble des fonds de la base de données.

Le tableau 1 indique le nombre de fonds créés et dissous entre 1993 et 2002. Le taux de dissolution se situe en moyenne à 8,7 %. Ce chiffre est cependant biaisé vers le bas car l'information relative aux fonds dissous était incomplète durant les premières années analysées. Olympia (2009) estime que le taux de dissolution de 2008, année de crise pour l'industrie, peut être estimé autour entre 20 et 25 % pour l'industrie dans son ensemble.

**Tableau 1.** – *Taux de création et de dissolution*

| | Début d'année | Nouveaux | Dissous | Fin d'année | Taux de création | Taux de dissolution |
|---|---|---|---|---|---|---|
| 1993 | 63 | 27 | 1 | 89 | 42,9 % | 1,6 % |
| 1994 | 89 | 50 | 2 | 137 | 56,2 % | 2,2 % |
| 1995 | 137 | 44 | 18 | 163 | 32,1 % | 13,1 % |
| 1996 | 163 | 74 | 13 | 224 | 45,4 % | 8,0 % |
| 1997 | 224 | 80 | 19 | 285 | 35,7 % | 8,5 % |
| 1998 | 285 | 78 | 39 | 324 | 27,4 % | 13,7 % |
| 1999 | 324 | 58 | 36 | 346 | 17,9 % | 11,1 % |
| 2000 | 346 | 47 | 32 | 361 | 13,6 % | 9,2 % |
| 2001 | 361 | 69 | 34 | 396 | 19,1 % | 9,4 % |
| 2002 | 396 | 44 | 42 | 398 | 11,1 % | 10,6 % |
| **Total** | | **571** | **236** | **Moyenne** | **30,1 %** | **8,7 %** |

*Source* : Capocci (2007).

Le tableau 2 reprend une estimation du taux de dissolution par stratégie selon Tremont TASS. Le chiffre obtenu oscille autour des 11 % par an. Les stratégies les plus touchées ont été les fonds *long/short* (21,6 % de fonds dissous en 2002), suivis par les fonds *managed futures* (18,6 % des fonds

1. Voir Gregoriou (2002) pour une analyse complète.
2. À ce sujet, voir Fung et Hsieh (2000), Liang (2000) et Capocci et Hübner (2003).

dissous en 2002), les fonds *macro* (14,3 % de fonds dissous en 2002) et les *funds of funds* (12,5 % de fonds dissous en 2002). D'un autre côté, les *dedicated short selling* n'ont connu aucune dissolution en 2002, ce qui s'explique principalement par les conditions de marché particulièrement favorables pour ce type de fonds.

**Tableau 2.** – *Répartition du taux de dissolution par stratégie*

| | **Industrie** | | |
|---|---|---|---|
| Année | 2000 | 2001 | 2002 |
| Nombre de fonds dissous | 550 | 600 | 700 |

| | **Répartition par stratégie** | | |
|---|---|---|---|
| Année | 2000 | 2001 | 2002 |
| *Convertible arbitrage* | 0,43 % | 2,93 % | 1,85 % |
| *Dedicated short selling* | 0,00 % | 2,56 % | 0,00 % |
| *Emerging Markets* | 9,96 % | 9,16 % | 6,48 % |
| *Equity market neutral* | 9,52 % | 2,20 % | 5,09 % |
| *Event Driven* | 7,36 % | 8,79 % | 9,72 % |
| *Fixed income arbitrage* | 4,76 % | 2,56 % | 3,70 % |
| *Global Macro* | 14,29 % | 6,59 % | 1,85 % |
| *Long/short* | 21,65 % | 36,26 % | 42,59 % |
| *Managed Futures* | 18,61 % | 9,16 % | 11,57 % |
| *Multi-strategy* | 0,87 % | 0,37 % | 2,31 % |
| *Funds of Funds* | 12,55 % | 19,42 % | 14,84 % |
| **Total** | **100 %** | **100 %** | **100 %** |

*Source* : Tass (2002).

Le tableau 3 reprend le calcul du biais de survie que nous avons réalisé dans le cadre d'une étude scientifique. Il indique les performances annuelles année après année en séparant les fonds dissous au cours de la période des fonds survivants. Les différences entre les performances des fonds survivants et des fonds dissous sont présentes chaque année et les années de baisse de marché, les écarts se marquent plus. Le biais de survie s'estime en prenant la différence de rendements entre les fonds de la base de données qui ont survécu sur l'ensemble de la période couverte et ceux des fonds dissous au cours de la période analysée. Notre estimation du biais de survie est de 1,51 % pour l'ensemble de la période analysée, mais de 2,61 % sur la fin de la période.

**Tableau 3.** – *Estimation du biais de survie*

| Panel A : Performance annuelle | | | | | | | | | |
|---|---|---|---|---|---|---|---|---|---|
| | **Tous les fonds** | | | **Fonds survivants** | | | **Fonds dissous** | | |
| **Année** | **Rendement** | **Écart-type** | **Obs.** | **Rendement** | **Écart-type** | **Obs.** | **Rendement** | **Écart-type** | **Obs.** |
| 1994 | 1,81 % | 1,59 % | 8 601 | 2,97 % | 1,38 % | 3 419 | 1,03 % | 1,79 % | 5 182 |
| 1995 | 18,64 % | 0,97 % | 10 641 | 19,89 % | 1,02 % | 4 630 | 17,65 % | 0,96 % | 6 011 |
| 1996 | 21,29 % | 1,44 % | 13 049 | 23,57 % | 1,29 % | 6 200 | 19,25 % | 1,57 % | 6 849 |
| 1997 | 20,40 % | 2,04 % | 15 860 | 22,39 % | 1,89 % | 8 136 | 18,32 % | 2,21 % | 7 724 |
| 1998 | 3,59 % | 3,18 % | 17 872 | 4,42 % | 3,03 % | 9 954 | 2,58 % | 3,38 % | 7 918 |
| 1999 | 33,46 % | 2,45 % | 18 798 | 33,79 % | 2,21 % | 12 052 | 33,29 % | 2,93 % | 6 746 |
| 2000 | 9,62 % | 2,91 % | 20 221 | 14,42 % | 2,34 % | 14 395 | – 2,28 % | 4,34 % | 5 826 |
| 2001 | 5,71 % | 1,62 % | 20 591 | 8,00 % | 1,39 % | 16 706 | – 3,17 % | 2,59 % | 3 885 |
| 2002 | 0,43 % | 1,26 % | 20 771 | 1,17 % | 1,21 % | 18 899 | – 4,89 % | 1,99 % | 1 872 |
| Moyenne 94-99 | 0,17 | 1,95 % | 14 137 | 0,18 | 1,80 % | 7 399 | 0,15 | 2,14 % | 6 738 |
| Moyenne 00-02 | 0,05 | 1,93 % | 20 528 | 0,08 | 1,65 % | 16 667 | – 0,03 | 2,97 % | 3 861 |
| Moyenne 94-02 | 0,13 | 1,94 % | 16 267 | 0,15 | 1,75 % | 10 488 | 0,09 | 2,42 % | 5 779 |

| Panel B : Survivants – Tous les fonds | | |
|---|---|---|
| **Année** | **Rendement** | |
| 1994 | 0,01 | |
| 1995 | 0,01 | |
| 1996 | 0,02 | |
| 1997 | 0,02 | |
| 1998 | 0,01 | |
| 1999 | 0,00 | |
| 2000 | 0,05 | |
| 2001 | 0,02 | |
| 2002 | 0,01 | |
| Bias 1/94-3/00 | 0,09 | par mois |
| | 1,03 | par an |
| Bias 4/00-12/02 | 0,22 | par mois |
| | 2,61 | par an |
| Bias 1/94-12/02 | 0,13 | par mois |
| | 1,51 | par an |

*Source* : Capocci (2007).

Nous sommes convaincus que l'impact du biais de survie reste limité dans la pratique. Ce biais peut être contrebalancé par divers éléments. Premièrement, certains bons gérants décident d'arrêter de rapporter leurs données aux bases de données lorsqu'ils ferment leur fonds à de nouvelles souscriptions. Ensuite, les fonds ayant offert de belles performances passées, qui sont toujours ouverts aux souscriptions, auront tendance à rapporter les performances aux bases de données (performances passées incluses) afin d'attirer de nouveaux clients. Cela introduira un biais dans les performances. Ce biais est appelé le biais d'histoire instantanée. Ce biais s'estime en comparant deux séries de rendements. La première reprend l'ensemble des fonds qui composent une base de données. La seconde reprend la même information en supprimant les premiers mois rapportés par l'ensemble des fonds de la base. L'estimation peut se faire en supprimant 6, 12, 24 ou 36 mois par exemple. La comparaison des rendements des deux séries indique si ce biais est présent. Les différences de performance estimées reprise dans le tableau 4 oscillent entre 1,3 % et 2,3 %. Ces chiffres signifient que les fonds analysés ont offert en moyenne 1,3 % en plus lors des 12 premiers mois rapportés à la base de données que sur la suite de leur existence. Il est intéressant de remarquer que la différence se marque entre 24 et 36 mois.

**Tableau 4.** – *Estimation du biais d'histoire instantannée*

| 1994-2002 | Rendement mensuel moyen | Différence mensuelle | Différence annuelle | Nombre moyen de fonds |
|---|---|---|---|---|
| Tous les fonds | 0,99 % | NA | NA | 1 356 |
| Moins 12 mois | 0,88 % | 0,11 % | 1,32 % | 1 174 |
| Moins 24 mois | 0,84 % | 0,15 % | 1,80 % | 999 |
| Moins 36 mois | 0,81 % | 0,18 % | 2,16 % | 837 |
| Moins 48 mois | 0,81 % | 0,18 % | 2,16 % | 694 |
| Moins 60 mois | 0,80 % | 0,19 % | 2,28 % | 570 |

*Source* : Capocci (2007).

### 1.3. Les indices

Il existe une multitude d'indices hedge funds qui visent à représenter la performance de l'industrie des hedge funds. Une trame de la littérature académique s'est intéressée à ces indices (voir par exemple Brooks et Kat, 2001 ; Liew, 2003 ; Amenc et Martellini, 2003). Le tableau 5 recense les principaux fournisseurs d'indices de hedge funds et il indique les principales caractéristiques de ces derniers.

La littérature sur le sujet recense cinq problèmes potentiels principaux dans l'utilisation de ces indices :

1. la qualité des données relatives aux fonds individuels qui composent l'indice ;

2. la représentativité des indices qui n'incluent pas toujours de nombreux fonds performants fermés aux souscriptions ;

3. la technique de construction des indices (indices équipondérés ou pondérés sur la base des actifs et non prise en compte de l'impact de l'utilisation du levier par les fonds sous-jacents) ;

4. le problème de répartition par stratégie (les marchés ou les stratégies qui ont offert les plus belles performances passées ont un poids supérieur aux autres) ;

5. des différences significatives de performance pour des stratégies identiques pour des indices construits par des fournisseurs différents.[1]

**Tableau 5. –** *Comparaison des Indices Hedge Funds*

| | Lancement des indices | Création de la base de données | Pondération | Fonds dans la base de données | Fonds dans les indices | Rebalancement |
|---|---|---|---|---|---|---|
| Altvest | 2000 | 1993 | Equip. | + 3 200 | + 2 200 | Mensuel |
| Barclay Group | 2003 | 1997 | Equip. | 4 460 | 4 400 | Mensuel |
| CISDM | 1994 | 1990 | Médiane | 7 600 | 3 892 | Mensuel |
| CSFB/Tremont | 1999 | 1994 | Pond. A. | 4 500 | 413 | Trimestriel |
| EACM | 1996 | 1996 | Equip. | 100 | 100 | Annuel |
| EDHEC | 2003 | 1997 | ACP | ND | ND | Trimestriel |
| Hennessee | 1987 | 1987 | Equip. | + 3 000 | 900 | Annuel |
| HF net | 1998 | 1995 | Equip. | + 5 000 | + 3 600 | Mensuel |
| HFR | 1994 | 1990 | Equip. | 2 300 | + 1 600 | Mensuel |
| MSCI | 2002 | 2002 | Equip. et Pond. A. | + 2 000 | + 2 000 | Trimestriel |
| Van Hedge | 1994 | 1988 | Multi-factoriel | 6 700 | + 2 000 | Mensuel |

Equip. = équipondéré ; Pond. A = pondéré par la taille des actifs sous gestion, ACP = analyse en composante principale.
*Source* : Edhec Risk.

## 2. Performance de l'industrie des hedge funds

Un investissement de 100 dollars en janvier 1990 dans l'indice *hedge funds global* se serait transformé en 971 dollars fin septembre 2009. Ceci est supérieur au même investissement dans le marché des actions et dans le marché obligataire qui se serait transformé en 277 et 387 dollars. Le graphique 1 illustre cette évolution.

L'indice *fund of funds – composite* a offert un rendement annuel de 13 % contre un rendement annuel moyen de 7,7 % pour l'indice action et 7,2 % pour l'indice obligataire. D'un autre côté, la volatilité de l'indice à 7,1 % est supérieure à la volatilité de l'indice obligataire à 3,7 %, mais plus faible que

1. Amenc et Martellini (2003) ont analysé les différences de performance entre divers indices hedge funds qui représentent les mêmes stratégies et ils ont identifié des différences de performance pouvant atteindre 22 % sur un mois.

celle des actions mondiales à 15,5 %. L'écart de performance s'est marqué sur l'ensemble de la période couverte, même si, dans les périodes de marchés turbulentes, les hedge funds ont également subi des revers. Cette bonne performance relative s'explique principalement par le fait que l'indice est fortement diversifié par stratégie et par marché et qu'un effet de diversification intervient. Il ne s'expose que partiellement aux baisses du marché des actions. L'indice est diversifié en actions de plusieurs marchés, en obligations d'État, d'entreprises, convertibles, hypothécaires, en produits dérivés, etc.

**Graphique 1. –** *Évolution de 100 dollars investis dans d'industrie des hedge funds*

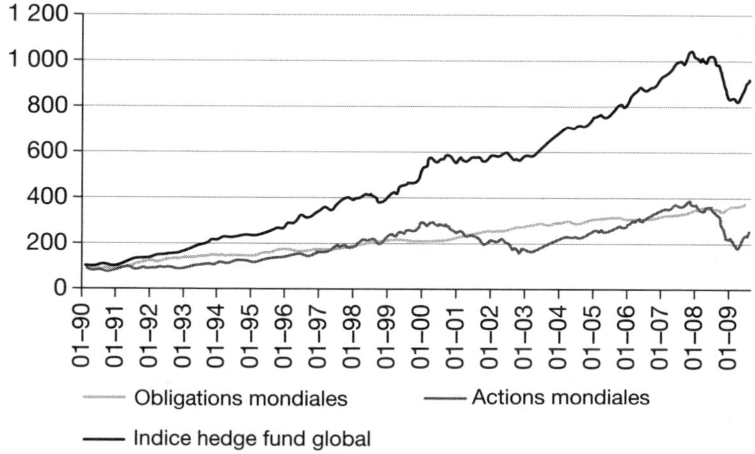


Le tableau 6 rapporte des statistiques descriptives de la stratégie et des sous-stratégies par rapport aux indices de référence. Il entraîne les remarques suivantes.

– Sur les 20 années considérées, l'indice *hedge fund global* n'a connu de rendement total annuel négatif que deux années, en 2002 et 2008. Ces années correspondent à des périodes de stress où la liquidité des marchés a été mise à mal. L'indice action a baissé en 1990, 1992, entre 2000 et 2002 et il a perdu plus de 40 % en 2008. L'indice obligataire n'a enregistré des performances annuelles légèrement négatives qu'en 1994 et 1999.

– Les rendements annuels maximums de l'indice *hedge fund global* ont été atteints en 1999. Ceux du marché des actions et de l'indice obligataire ont été obtenus en 2003 et 2000. Ils s'élevaient respectivement à 32,15 % pour l'indice *hedge fund global* et 33,1 % et 11,6 % pour les indices de référence. L'indice hedge fund global a offert 31,3 % en 1999.

– Les écarts de rendement entre l'indice *hedge fund global* et les indices de référence varient fortement au cours du temps. L'écart positif maximum entre les fonds et l'indice action (respectivement l'indice obligataire) a été de 26,4 % en 1992 (resp. 32,1 % en 1999), alors que le retard maximum a été de 21,7 % en 1998 (resp. 24,3 % en 2008). Remarquons qu'en 2008, la plus

**Tableau 6. –** *Rendement annuel de l'indice* hedge funds

| | Obligations mondiales | Actions mondiales | Indice Hedge Fund Global | Performance vs. actions | Performance vs. obligations |
|---|---|---|---|---|---|
| 1990 | 9,0 % | – 17,0 % | 5,8 % | – 3,2 % | 22,8 % |
| 1991 | 16,0 % | 18,3 % | 32,2 % | 16,2 % | 13,9 % |
| 1992 | 7,4 % | – 5,2 % | 21,2 % | 13,8 % | 26,4 % |
| 1993 | 9,7 % | 22,5 % | 30,9 % | 21,1 % | 8,4 % |
| 1994 | – 2,9 % | 5,1 % | 4,1 % | 7,0 % | – 1,0 % |
| 1995 | 18,5 % | 20,7 % | 21,5 % | 3,0 % | 0,8 % |
| 1996 | 3,6 % | 13,5 % | 21,1 % | 17,5 % | 7,6 % |
| 1997 | 9,7 % | 15,8 % | 16,8 % | 7,1 % | 1,0 % |
| 1998 | 8,7 % | 24,3 % | 2,6 % | – 6,1 % | – 21,7 % |
| 1999 | – 0,8 % | 24,9 % | 31,3 % | 32,1 % | 6,3 % |
| 2000 | 11,6 % | – 13,2 % | 5,0 % | – 6,6 % | 18,2 % |
| 2001 | 8,4 % | – 16,8 % | 4,6 % | – 3,8 % | 21,4 % |
| 2002 | 10,3 % | – 19,9 % | – 1,4 % | – 11,7 % | 18,4 % |
| 2003 | 4,1 % | 33,1 % | 19,6 % | 15,4 % | – 13,6 % |
| 2004 | 4,3 % | 14,7 % | 9,0 % | 4,7 % | – 5,7 % |
| 2005 | 2,4 % | 9,5 % | 9,3 % | 6,8 % | – 0,2 % |
| 2006 | 4,3 % | 20,1 % | 12,9 % | 8,6 % | – 7,2 % |
| 2007 | 7,0 % | 9,0 % | 10,0 % | 3,0 % | 0,9 % |
| 2008 | 5,2 % | – 40,7 % | – 19,0 % | – 24,3 % | 21,7 % |
| 2009* | 5,8 % | 25,0 % | 17,1 % | 11,4 % | – 7,9 % |
| Rendement annuel moyen 1990-2009 | 7,2 % | 7,7 % | 13,0 % | 5,8 % | 5,4 % |
| Volatilité 1990-2009 | 3,9 % | 15,5 % | 7,1 % | ND | ND |
| Rendement annuel moyen 1999-2009* | 5,9 % | 5,0 % | 9,5 % | 3,6 % | 4,5 % |
| Volatilité 1999-2009* | 3,8 % | 16,4 % | 7,4 % | ND | ND |
| Rendement annuel moyen 2004-2009* | 5,2 % | 7,9 % | 7,6 % | 2,4 % | – 0,3 % |
| Volatilité 2004-2009* | 3,7 % | 16,7 % | 7,0 % | ND | ND |

* Pour 2009, les données utilisées s'arrêtent à fin septembre.
*Source* : à partir de données de Hedge Fund Research, Inc.

mauvaise année pour l'industrie des hedge funds, elle a surperformé le marché des actions de plus de 21 %.

Le graphique 2 reproduit les écarts de rendements annuels entre les indices analysés. Il indique une certaine cyclicité dans les relations de performances, surtout par rapport au marché des actions. Les hedge funds ont surperformé l'indice action au cours des premières années, sous-performé entre 1995 et 1998 avant de surperformer ensuite jusqu'en 2002, puis sous-performer jusqu'en 2008. Par rapport à l'indice obligataire, la tendance est moins marquée. Après avoir offert un rendement proche en 1990, les hedge funds ont offert des rendements plus élevés que l'indice obligataire entre 1991 et 1997. En 1998, ils ont sous-performé avant d'offrir une performance largement supérieure en 1999, puis de sous-performer entre 2000 et 2002 avant de se distinguer de façon persistante jusqu'en 2008.

Remarquons que cette analyse n'a pas pour objectif de déterminer quels investissements ont été les plus intéressants car il faudrait considérer explicitement le risque en plus du rendement. Nous comparons uniquement qualitativement les rendements passés des hedge funds avec ceux des autres marchés.

**Graphique 2.** – *Performance relative des hedge funds par rapport aux marchés classiques*

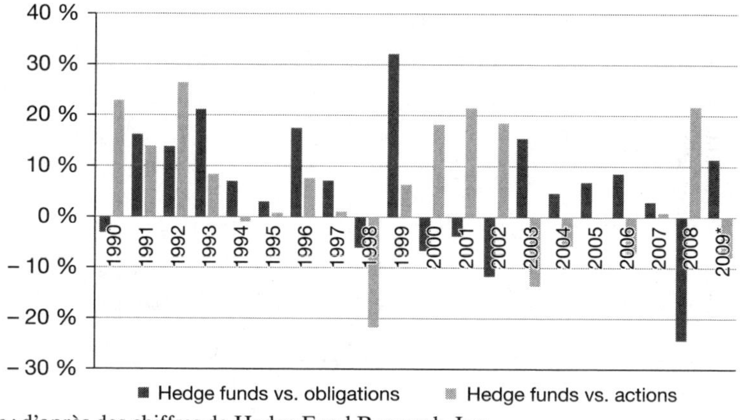


*Source* : d'après des chiffres de Hedge Fund Research, Inc.

## 3. Performance et volatilité des hedge funds par stratégie

Cette section analyse sous divers angles la performance et la volatilité des hedge funds par rapport aux marchés classiques.

### *3.1. Analyse de statistiques*

Le tableau 7 compare les stratégies analysées dans le chapitre 3 à partir de statistiques simples telles que le rendement annuel moyen et la volatilité annuelle moyenne, le rendement annuel minimum, le rendement

**Tableau 7. –** *Comparaison entre les indices*

| | **Rendement annuel moyen 1990-2009** | **Volatilité 1990-2009*** | **Rendement annuel moyen 1999-2009*** | **Volatilité 1999-2009*** | **Rendement annuel moyen 2004-2009*** | **Volatilité 2004-2009*** | **Rendement annualisé** | **Min** | **Max** | **> 0** | **< 0** |
|---|---|---|---|---|---|---|---|---|---|---|---|
| Obligations mondiales | 7,2 % | 3,9 % | 5,9 % | 3,8 % | 5,2 % | 3,7 % | 7,2 % | – 2,9 % | 18,5 % | 90 % | 10 % |
| Actions mondiales | 7,7 % | 15,5 % | 5,0 % | 16,4 % | 7,9 % | 16,7 % | 6,6 % | – 40,7 % | 33,1 % | 70 % | 30 % |
| *Hedge fund global* | 13,0 % | 7,1 % | 9,5 % | 7,4 % | 7,6 % | 7,0 % | 12,5 % | – 19,0 % | 32,2 % | 90 % | 10 % |
| *Equity market neutral* | 7,9 % | 3,2 % | 4,6 % | 3,2 % | 3,2 % | 2,9 % | 7,8 % | – 5,9 % | 16,3 % | 95 % | 5 % |
| *Fixed income arbitrage* | 11,3 % | 4,5 % | 8,7 % | 4,6 % | 7,2 % | 5,9 % | 10,7 % | – 18,0 % | 27,1 % | 95 % | 5 % |
| *Relative value* | 9,8 % | 4,3 % | 8,9 % | 4,0 % | 8,4 % | 3,4 % | 9,3 % | – 9,2 % | 21,2 % | 82 % | 18 % |
| *Convertible arbitrage* | 11,2 % | 6,8 % | 11,0 % | 8,6 % | 10,0 % | 11,3 % | 9,3 % | – 33,7 % | 53,3 % | 85 % | 15 % |
| *Event-driven* | 13,4 % | 7,0 % | 10,4 % | 7,1 % | 8,4 % | 7,4 % | 12,7 % | – 21,8 % | 28,2 % | 85 % | 15 % |
| *Merger arbitrage* | 9,7 % | 4,3 % | 7,3 % | 3,6 % | 6,4 % | 3,9 % | 9,5 % | – 5,4 % | 20,2 % | 90 % | 10 % |
| *Distressed securities* | 13,8 % | 6,7 % | 11,0 % | 6,6 % | 8,8 % | 7,4 % | 12,9 % | – 25,2 % | 35,7 % | 90 % | 10 % |
| *PIPE/reg. D* | 12,9 % | 7,1 % | 7,5 % | 7,2 % | 3,4 % | 5,6 % | 12,4 % | – 10,1 % | 44,6 % | 71 % | 29 % |

| | Rendement annuel moyen 1990-2009 | Volatilité 1990-2009* | Rendement annuel moyen 1999-2009* | Volatilité 1999-2009* | Rendement annuel moyen 2004-2009* | Volatilité 2004-2009* | Rendement annualisé | Min | Max | > 0 | < 0 |
|---|---|---|---|---|---|---|---|---|---|---|---|
| *Multi-strategy* | 9,5 % | 4,5 % | 6,9 % | 4,9 % | 5,6 % | 5,9 % | 8,9 % | – 20,3 % | 27,4 % | 90 % | 10 % |
| *ABL* | 11,6 % | 1,4 % | 11,4 % | 1,4 % | 9,5 % | 1,4 % | 11,6 % | 3,6 % | 16,4 % | 100 % | 0 % |
| *Equity hedge* | 15,6 % | 9,3 % | 10,3 % | 10,0 % | 7,2 % | 9,3 % | 14,7 % | – 26,6 % | 44,2 % | 90 % | 10 % |
| *Emerging markets* | 17,9 % | 14,8 % | 18,0 % | 13,8 % | 16,6 % | 13,3 % | 15,3 % | – 37,3 % | 79,2 % | 80 % | 20 % |
| *Sector – techno/ healt.* | 18,1 % | 18,6 % | 14,1 % | 18,3 % | 8,4 % | 9,4 % | 21,3 % | – 16,7 % | 124 % | 73 % | 27 % |
| *Sector – energy/ bas. mat.* | 23,5 % | 19,0 % | 19,1 % | 16,4 % | 16,5 % | 15,7 % | 17,3 % | – 38,3 % | 58,5 % | 80 % | 20 % |
| *Credit/high yield* | 9,1 % | 6,9 % | 6,4 % | 6,1 % | 5,7 % | 7,4 % | 8,1 % | – 24,2 % | 41,8 % | 75 % | 25 % |
| *Short bias* | 2,9 % | 19,6 % | 3,2 % | 19,6 % | 1,4 % | 10,8 % | 3,5 % | – 24,4 % | 36,2 % | 50 % | 50 % |
| *Macro* | 14,8 % | 7,8 % | 8,8 % | 5,9 % | 6,9 % | 4,9 % | 14,4 % | – 4,3 % | 53,3 % | 95 % | 5 % |
| *Syst. diversified* | 12,8 % | 7,3 % | 10,9 % | 8,0 % | 11,0 % | 8,4 % | 13,0 % | – 3,3 % | 26,2 % | 90 % | 10 % |
| *Fund of funds* | 8,8 % | 6,0 % | 6,6 % | 6,1 % | 4,5 % | 6,4 % | 8,4 % | – 21,4 % | 26,5 % | 85 % | 15 % |
| Moyenne (stratégies) | 12,3 % | 8,4 % | 9,7 % | 8,2 % | 7,8 % | 7,4 % | 11,6 % | – 18,0 % | 41,1 % | 84,3 % | 15,7 % |

* Pour 2009, les données utilisées s'arrêtent à fin septembre.
*Source* : à partir de données de Hedge Fund Research, Inc.

annualisé, le rendement annuel maximum, le pourcentage d'années positives et le pourcentage d'années négatives. Il est intéressant car il indique que, sur une période de temps relativement longue, les actions et les obligations ont offert des rendements annuels moyens proches de l'ordre de 7,5 %, ce qui est inférieur à l'ensemble des stratégies hedge funds. En termes de volatilité, l'indice obligataire se distingue, même si quelques stratégies alternatives ont atteint des niveaux de volatilité proches (*equity market neutral* et *ABL*). La majorité des stratégies a été à même de fournir des rendements moins volatils que le marché des actions ; les exceptions étant la stratégie *emerging markets* active sur des marchés volatils par définition et les fonds sectoriels concentrés sur des secteurs spécifiques. En termes de rendements minimums, les hedge funds restent plus intéressants que le marché des actions dans tous les cas et il est intéressant que, dans de nombreux cas, les rendements annuels maximums offerts par des hedge funds ont été supérieurs à ceux des marchés classiques.

La comparaison de la moyenne des valeurs obtenues pour les stratégies et l'indice hedge fund global prouve qu'il y a un effet de diversification favorable. L'indice offre un rendement moyen supérieur à la moyenne des stratégies pour une volatilité moindre. Les rendements minimums sont en ligne avec la moyenne. Les rendements annuels maximums sont inférieurs pour la stratégie, mais ceci est le prix à payer pour avoir une volatilité moindre. Finalement, l'indice hedge fund global est positif 90 % du temps contre 84 % en moyenne pour les stratégies qui le composent.

### 3.2. Analyse graphique

Il existe plusieurs manières d'analyser le compromis rendement-risque de produits d'investissement. L'analyse peut être basée sur le rendement et la volatilité. Il existe également d'autres mesures que la volatilité qui peuvent s'avérer intéressantes. Nous reprenons trois cas : l'analyse rendement-volatilité, l'analyse rendement-perte maximale et l'analyse du ratio de Sharpe étendu.

#### *3.2.1. Ratio rendement contre volatilité*

Les graphiques 3 à 5 reprennent l'analyse du compromis rendement-risques des marchés classiques et des stratégies alternatives analysées. Ils permettent visuellement d'isoler facilement les stratégies les plus risquées (sur la droite des graphiques), les stratégies les plus performantes (sur le haut du graphique), ainsi que les stratégies les plus intéressantes en termes de compromis rendement-risque dans la partie supérieure gauche. Tout investisseur rationnel désire obtenir le rendement maximum pour un risque minimum. Quelques éléments intéressants émergent du graphique 3. Premièrement, quelques stratégies se distinguent par des rendements élevés qui sont contrebalancés par des risques élevés. Ensuite, deux stratégies offrent des rendements peu attractifs pour un risque élevé. Troisièmement, un nuage de stratégies se trouve dans la partie centrale du graphique, légèrement sur la gauche. Ces stratégies représentent le compromis rendement-risque le plus équilibré. Suivant son profil, chaque investisseur aura ses préférences, mais la majorité des stratégies sont proches. Deux stratégies sont finalement peu risquées mais relativement moins attractives en termes de rendements dans la partie inférieure gauche du graphique.

**Graphique 3.** – *Compromis rendement-risque des stratégies hedge funds (1990-2009)*

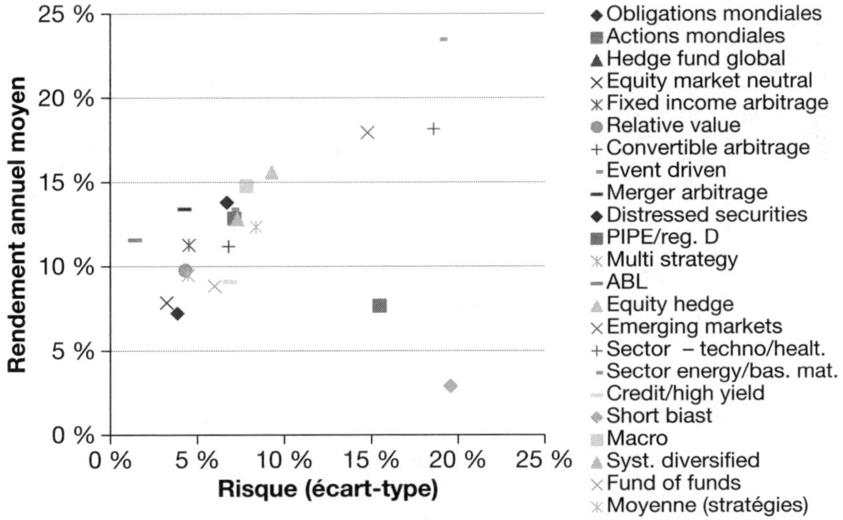


**Graphique 4.** – *Compromis rendement-risque des stratégies hedge funds (1999-2009)*

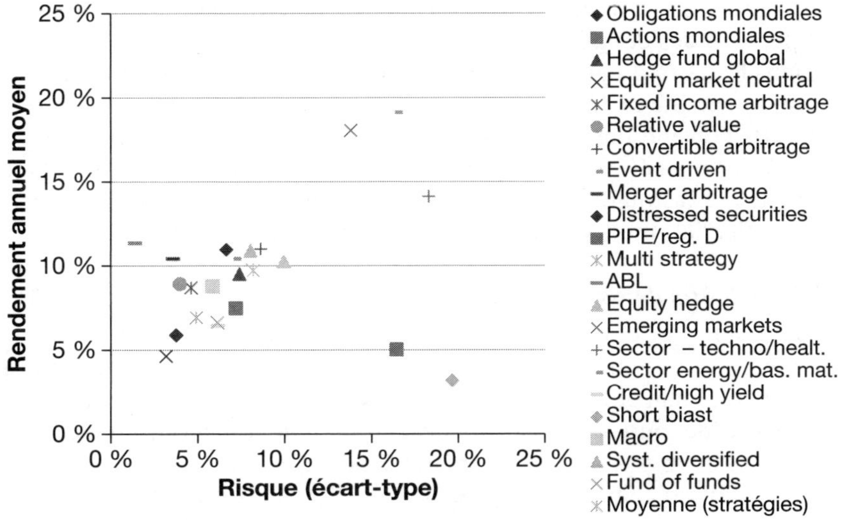

**Graphique 5. –** *Compromis rendement-risque des stratégies hedge funds (2004-2009)*

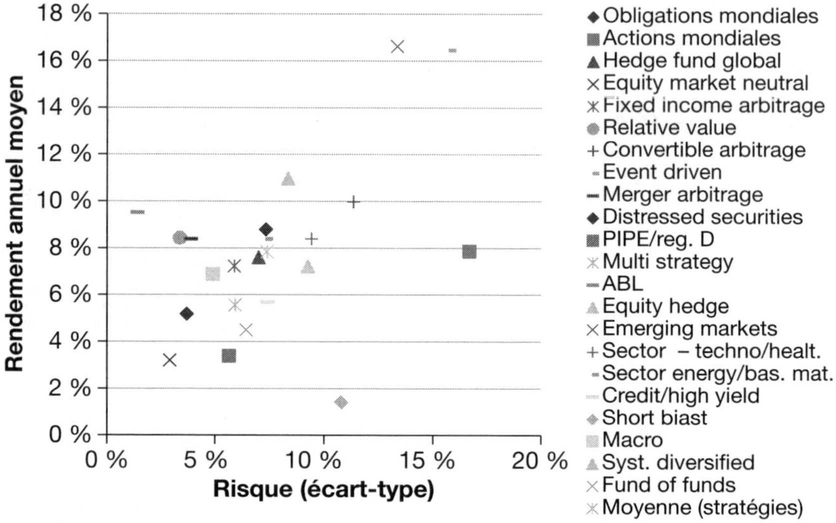


### 3.2.2. *Ratio rendement contre perte annuelle maximale*

Une autre mesure de risque qui peut être utilisée par des investisseurs est la perte annuelle maximale. De nombreux investisseurs incluent des hedge funds dans leur portefeuille pour leurs vertus de diversification et de faible volatilité. L'objectif premier dans ce cas est de limiter la perte maximale possible chaque année. Une analyse rendement contre perte annuelle maximale prend, dans ce cas, tout son sens. La période 1990 à 2009 est reprise dans le graphique 6. Nous ne reprenons pas les périodes plus courtes car, dans ce cas précis, il faut soit couvrir des périodes longues, soit passer à des données mensuelles ou trimestrielles.

Dans le cadre du graphique 6, l'important pour l'investisseur est d'éviter de se retrouver trop à gauche du graphique. L'objectif second reste toujours d'être le plus haut possible, c'est-à-dire de viser les rendements annuels les plus élevés, mais pour une perte maximale limitée. Quelques stratégies se distinguent sur la partie droite du graphique, ce qui intéressera particulièrement les clients les plus sensibles au risque.

### 3.2.3. *Mesure de risque étendue*

De nombreuses études ont souligné les limitations des mesures de performance traditionnelles qui utilisent l'écart-type comme mesure de risque. Jagannathan et Korajczyk (1986) ont démontré qu'il est possible pour des gérants de fonds de construire des portefeuilles qui montrent des capacités particulières pour battre le marché alors que, dans la pratique, il n'en est rien. Plus récemment, Goetzmann *et al.* (2006) ont prouvé qu'il est relativement aisé de fournir des statistiques intéressantes en termes de

**Graphique 6. –** *Compromis rendement perte annuelle maximale des stratégies hedge funds (1990-2009)*

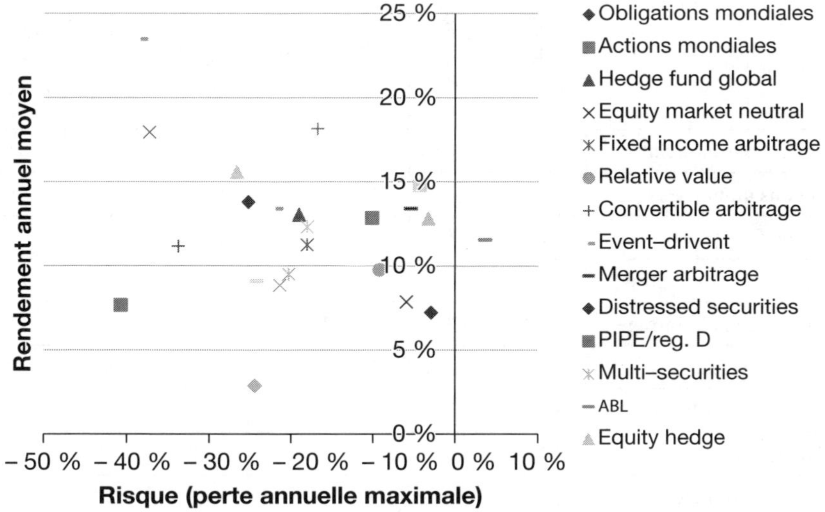


mesures classiques comme l'alpha de Jensen en utilisant une stratégie de rebalancement simple. Pour contourner ce problème, Capocci, Duquenne et Hübner (2007) ont développé une mesure de risque étendue qui prend en compte les particularités des stratégies alternatives, une mesure de risque étendue. Nous renvoyons les lecteurs intéressés par les détails techniques sur la construction de cette mesure à l'article original.

La mesure de risque étendue $R_x$ est la suivante :

$$R_x = \frac{1}{2}V_x - \frac{1}{6}CS_x + \frac{1}{24}C^2K_x$$

avec :

$V_x$ = la variance de la série

$S_x$ = le coefficient d'asymétrie de la série

$K_x$ = le coefficient d'aplatissement de la série

$C$ = l'appétit pour le risque de l'investisseur estimé à 10 pour un investisseur dynamique et à 60 pour un investisseur très défensif

Nous avons estimé les valeurs de $R_x$ pour l'ensemble des stratégies et pour les deux profils de risque (dynamique et très défensif) à partir des données mensuelles. Les estimations sont reprises dans le tableau 8.

**Tableau 8. –** *Outils nécessaires au calcul de la mesure de risque étendue*

| | Écart-type | Variance | Skewness | Kurtosis | Rendement annualisé | Mesure de risque | |
|---|---|---|---|---|---|---|---|
| | | | | | | C = 10 | C = 60 |
| Obligations mondiales | 3,9 % | 0,1 % | – 0,3 | – 2,3 | 7,2 % | – 9 | – 342 |
| Actions mondiales | 15,4 % | 2,4 % | – 0,7 | – 1,5 | 6,6 % | – 5 | – 212 |
| Hedge fund global | 7,1 % | 0,5 % | – 0,8 | – 0,3 | 12,5 % | 0 | – 36 |
| Equity market neutral | 3,2 % | 0,1 % | – 0,2 | – 1,8 | 7,8 % | – 7 | – 262 |
| Fixed income arbitrage | 4,5 % | 0,2 % | – 2,2 | 11,3 | 10,7 % | 51 | 1 715 |
| Relative value | 4,3 % | 0,2 % | – 3,5 | 19,9 | 9,3 % | 89 | 3 020 |
| Convertible arbitrage | 6,8 % | 0,5 % | – 3,3 | 27,2 | 9,3 % | 119 | 4 107 |
| Event-driven | 7,0 % | 0,5 % | – 1,4 | 1,3 | 12,7 % | 8 | 211 |
| Merger arbitrage | 4,3 % | 0,2 % | – 2,2 | 5,9 | 9,5 % | 28 | 905 |
| Distressed securities | 6,7 % | 0,5 % | – 1,0 | 2,0 | 12,9 % | 10 | 313 |
| PIPE/reg. D | 7,1 % | 0,5 % | 0,7 | – 1,1 | 12,4 % | – 6 | – 176 |
| Multi-strategy | 4,5 % | 0,2 % | – 2,3 | 11,5 | 8,9 % | 52 | 1 755 |
| ABL | 1,4 % | 0,0 % | 0,8 | 1,6 | 11,6 % | 5 | 239 |
| Equity hedge | 9,3 % | 0,9 % | – 0,2 | – 1,0 | 14,7 % | – 4 | – 151 |
| Emerging markets | 14,8 % | 2,2 % | – 0,9 | 0,7 | 15,3 % | 4 | 108 |
| Sector – techno/healt. | 18,9 % | 3,6 % | 0,1 | – 1,4 | 21,3 % | – 6 | – 212 |
| Sector – energy/bas. mat. | 17,5 % | 3,1 % | 0,4 | – 0,5 | 17,3 % | – 3 | – 84 |
| Credit/high yield | 6,9 % | 0,5 % | – 1,3 | 4,6 | 8,1 % | 21 | 705 |
| Short bias | 19,6 % | 3,8 % | 0,2 | – 1,0 | 3,5 % | – 4 | – 148 |
| Macro | 7,8 % | 0,6 % | 0,4 | – 2,1 | 14,4 % | – 10 | – 326 |
| Syst. diversified | 7,3 % | 0,5 % | 0,2 | – 3,2 | 13,0 % | – 13 | – 476 |
| Fund of funds | 6,0 % | 0,4 % | – 0,7 | 1,1 | 8,4 % | 6 | 166 |
| Moyenne (stratégie) | 8,4 % | 1,0 % | – 0,8 | 3,2 | 11,2 % | 14,8 | 492 |

Les graphiques 7 et 8 reprennent les estimations de la mesure de risque pour chaque stratégie au cours de la période couverte. Dans ce cadre, les stratégies *convertible arbitrage* et *relative value* ne sont plus attrayantes. Ces résultats s'expliquent principalement par le coefficient d'aplatissement élevé, ce qui signifie un risque de perte importante élevé. De l'autre côté, la stratégie *equity hedge* se distingue par un niveau de risque étendu particulièrement bas et les stratégies *sector* semblent offrir le meilleur compromis rendement-risque. Cette mesure est très intéressante pour les investisseurs car elle intègre un plus grand nombre d'éléments dans l'analyse.

**Graphique 7. –** *Compromis rendement-risque (mesure de risque étendue) pour un investisseur dynamique (1990-2009)*

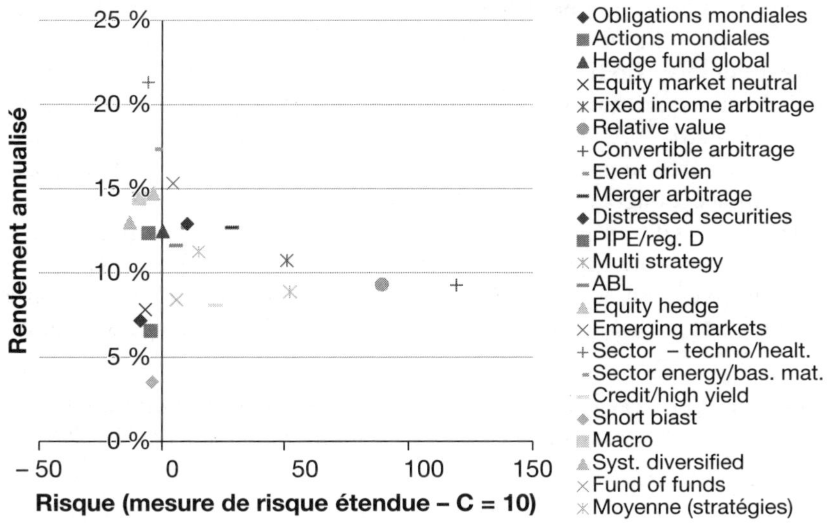


**Graphique 8. –** *Compromis rendement-risque (mesure de risque étendue) pour un investisseur très défensif (1990-2009)*

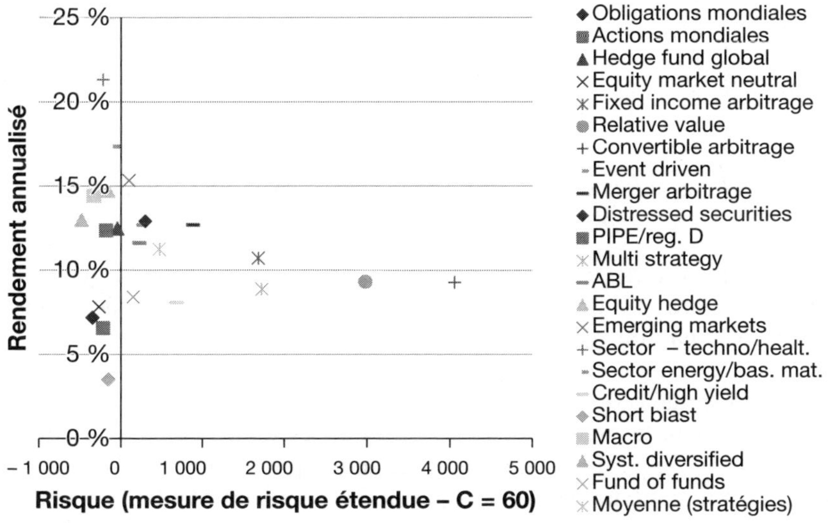

## 4. Performance durant les périodes extrêmes

Les hedge funds visent à offrir une performance absolue positive dans toutes les conditions de marché. Pratiquement, nous savons que cela est impossible. Il convient cependant de chiffrer le taux de réussite. Pour ce faire, nous reprenons les 20 pires mois de l'indice action et la performance correspondante de l'indice hedge fund global au cours des 20 dernières années dans le graphique 9. Nous reproduisons la même information pour l'indice obligataire dans le graphique 10.

Le graphique 9 indique que, sur les 20 périodes concernées, l'indice hedge fund global a offert une performance positive 11 fois contre 12 fois pour l'indice obligataire ; tous les deux offrent 1,3 % en moyenne lorsqu'ils étaient positifs. La performance moyenne de l'indice action est de – 9 % contre 0,4 % pour l'indice obligataire et – 2,4 %. Imaginons que quelqu'un a investi 100 000 dollars durant ces vingt périodes dans chacun des trois indices (ce qui est impossible pratiquement) ; il aurait terminé la période avec 13 680 dollars s'il avait investi en action, 108 610 dollars s'il avait investi dans le marché obligataire et 59 900 dollars s'il avait investi dans l'indice hedge fund global.

**Graphique 9. –** *Performance des indices de référence durant les mois les plus difficiles pour les marchés actions (1990-2009)*

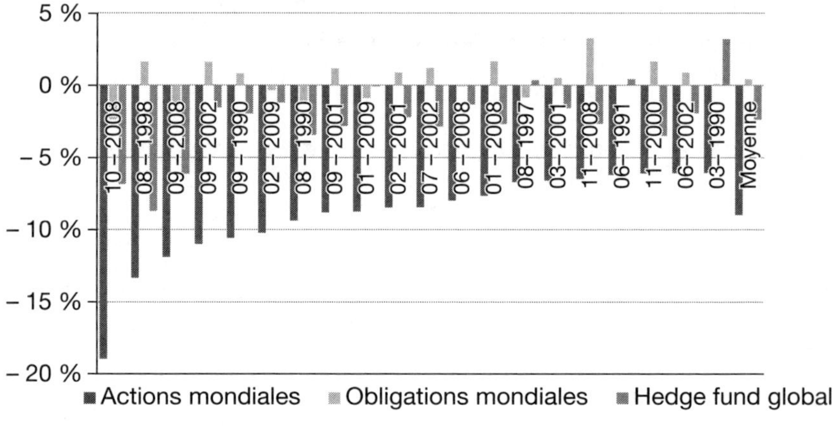


La même analyse portant sur des périodes de difficultés pour le marché obligataire indique que, durant les vingt mois les plus difficiles pour le marché obligataire au cours des vingt dernières années, le marché des actions a terminé en hausse sept fois sur vingt et que l'indice hedge fund global a terminé positif onze fois sur vingt. La performance moyenne a été de – 1,6 % pour les obligations, – 2,1 % pour les actions et – 0,2 % pour les hedge funds. Ces résultats indiquent qu'alors que les marchés obligataires offraient un meilleur coussin que les hedge funds en cas de difficulté des marchés des actions, les hedge funds résistent bien en cas de difficulté dans les marchés obligataires. Un investissement de 100 000 dollars durant ces vingt périodes dans chacun des trois indices (ce qui est impossible pratiquement) se serait transformé en 71 200 dollars pour un investissement en obligations, 61 290 dollars pour un investissement en actions et 95 100 dollars pour un investissement dans l'indice hedge fund global.

**Graphique 10.** – *Performance des indices de référence durant les mois les plus difficiles pour le marché obligataire (1990-2009)*

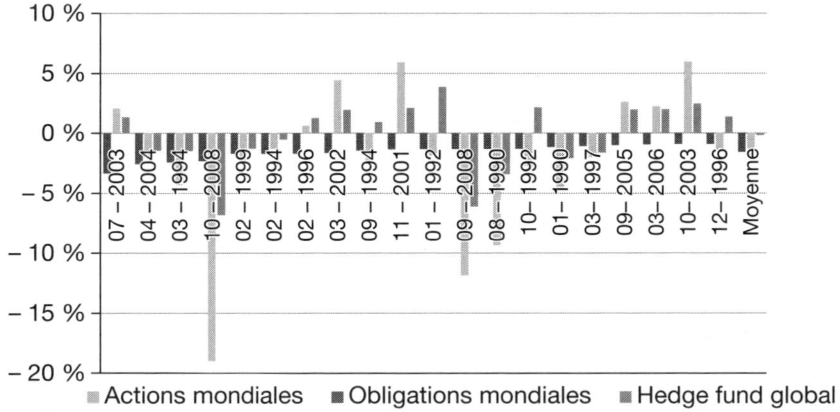


La même analyse portant sur des périodes de difficultés pour l'indice hedge fund global indique que, durant les vingt mois les plus difficiles pour le marché des hedge funds au cours des vingt dernières années, le marché des actions a terminé en baisse à chaque fois, alors que le marché obligataire a terminé en hausse treize fois sur vingt. La performance moyenne a été de – 3,2 % pour les hedge funds, – 7 % pour les actions et – 0,5 pour les obligations. Un investissement de 100 000 dollars durant ces vingt périodes dans chacun des trois indices (ce qui est impossible pratiquement) se serait transformé en 50 560 dollars pour un investissement dans l'indice hedge funds, 21 320 dollars pour un investissement en actions et 95 100 dollars pour un investissement en obligations. Notons que sept des douze mois les plus durs pour l'industrie des hedge funds depuis vingt ans datent de 2008.

Si nous procédons à la même analyse en cas de périodes favorables pour le marché des actions, le graphique 12 indique que, sur les 20 périodes concernées, l'indice hedge fund global a offert une performance positive à 19 reprises contre quatorze fois pour l'indice obligataire. La première offre, en moyenne, 7,89 % dans ces conditions contre 0,77 % pour le marché obligataire et 2,85 % pour les hedge funds. Un investissement de 100 000 dollars durant ces vingt périodes dans chacun des trois indices (ce qui est impossible pratiquement) se serait transformé en 491 740 dollars pour un investissement en action, 117 335 dollars pour un investissement en obligations et 180 080 dollars pour un investissement dans l'indice hedge fund global.

**Graphique 11. –** *Performance des indices de référence durant les mois les plus difficiles pour les marchés des hedge funds (1990-2009)*

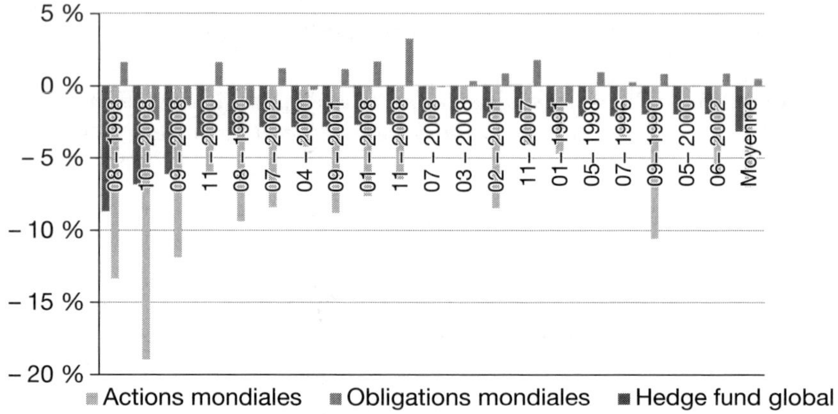


**Graphique 12. –** *Performance des indices de référence durant les mois les plus favorables pour le marché des actions (1990-2009)*

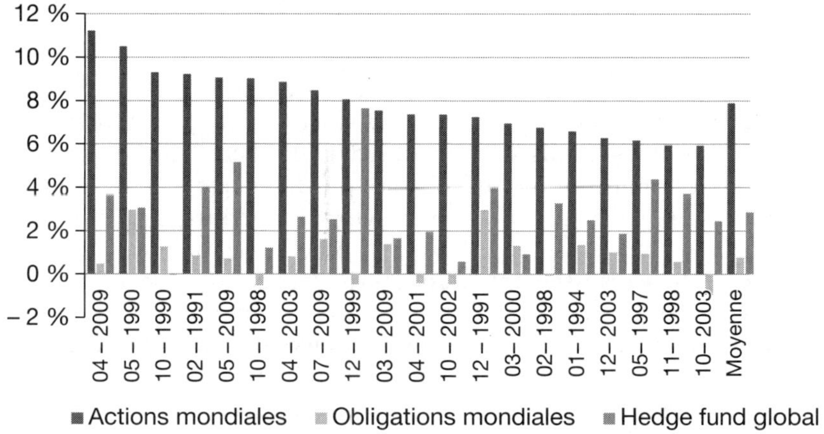


La même analyse portant sur des périodes favorables pour le marché obligataire indique que, durant les vingt mois correspondants, le marché des actions a terminé en hausse quatorze fois sur vingt et que l'indice hedge fund global a terminé positif seize fois sur vingt. La performance moyenne a été de 2,5 % pour les obligations, 1,2 % pour les actions et 1,4 % pour les hedge funds. Un investissement de 100 000 dollars durant ces vingt périodes dans chacun des trois indices (ce qui est impossible pratiquement) se serait transformé en 167 710 dollars pour un investissement en obligations, 127 570 dollars pour un investissement dans le marché des actions et 132 430 dollars pour un investissement dans l'indice hedge fund global.

**Graphique 13.** – *Performance des indices de référence durant les mois les plus favorables pour le marché obligataire (1990-2009)*

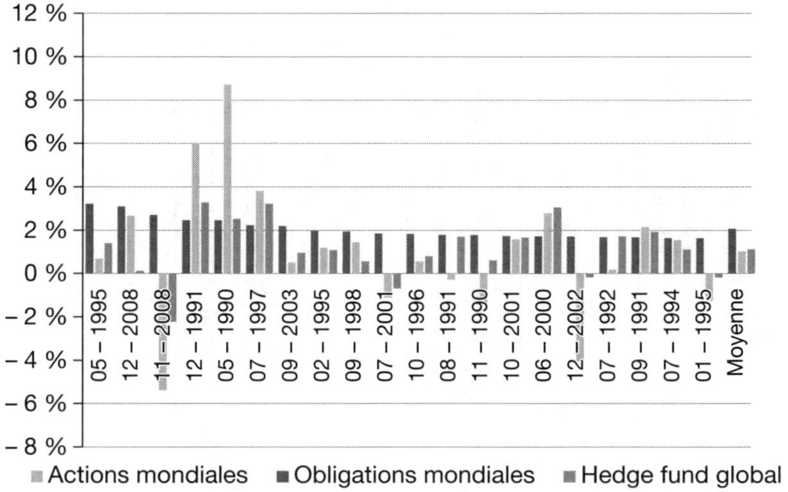


Une analyse similaire pour des périodes favorables aux hedge funds indique que le marché des actions a connu une hausse dix-huit fois sur vingt contre seize fois pour l'indice obligataire. La performance moyenne a été de 4,4 % pour les hedge funds, 4,7 % pour les actions et 0,8 % pour les obligations. Un investissement de 100 000 dollars durant ces vingt périodes dans chacun des trois indices (ce qui est impossible pratiquement) se serait transformé en 244 630 dollars pour un investissement dans l'indice hedge fund, 257 390 dollars pour un investissement en actions et 118 240 dollars pour un investissement en obligations.

**Graphique 14.** – *Performance des indices de référence durant les mois les plus favorables pour le marché des hedge funds (1990-2009)*

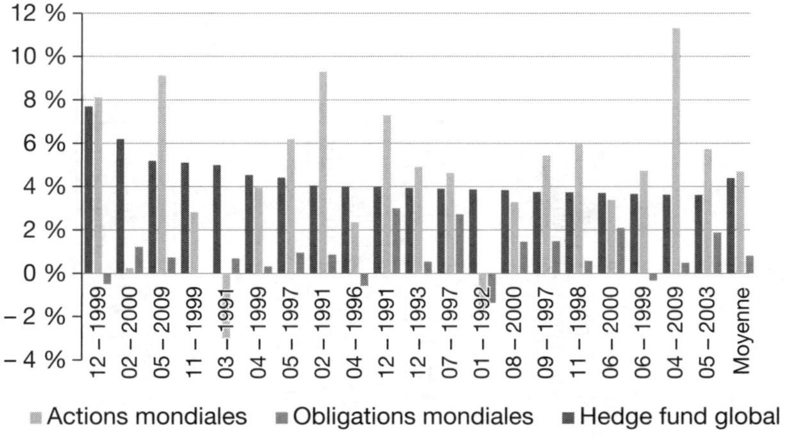

**Tableau 9. –** *Performance relative des indices sous diverses conditions de marché*

| | Marché des actions difficile | | | Marché des actions porteur | | |
|---|---|---|---|---|---|---|
| | **Actions mondiales** | **Obligations mondiales** | **Hedge fund global** | **Actions mondiales** | **Obligations mondiales** | **Hedge fund global** |
| Performance moyenne | – 9,0 % | 0,4 % | – 2,4 % | 7,9 % | 0,8 % | 2,9 % |
| Nombre de périodes positives | 0 | 12 | 3 | 20 | 14 | 19 |
| Investissement de 100 000 dollars | 13 679 | 108 612 | 59 896 | 491 745 | 117 346 | 180 078 |

| | Marché obligataire difficile | | | Marché obligataire porteur | | |
|---|---|---|---|---|---|---|
| | **Obligations mondiales** | **Actions mondiales** | **Hedge fund global** | **Obligations mondiales** | **Actions mondiales** | **Hedge fund global** |
| Performance moyenne | – 1,6 % | – 2,1 % | – 0,2 % | 2,5 % | 1,2 % | 1,4 % |
| Nombre de périodes positives | 0 | 7 | 11 | 20 | 14 | 16 |
| Investissement de 100 000 dollars | 71 195 | 61 290 | 95 103 | 167 711 | 127 572 | 132 434 |

| | Marché des hedge funds difficile | | | Marché des hedge funds porteur | | |
|---|---|---|---|---|---|---|
| | **Hedge fund global** | **Actions mondiales** | **Obligations mondiales** | **Hedge fund global** | **Actions mondiales** | **Obligations mondiales** |
| Performance moyenne | – 3,2 % | – 7,0 % | 0,5 % | 4,4 % | 4,7 % | 0,8 % |
| Nombre de périodes positives | 0 | 0 | 13 | 20 | 18 | 15 |
| Investissement de 100 000 dollars | 50 561 | 21 319 | 110 685 | 244 633 | 257 395 | 118 241 |

Nous résumons les résultats obtenus dans le tableau 9. Les hedge funds remplissent correctement leur rôle. En cas de marché des actions en baisse, ils limitent la baisse, même s'ils baissent quand même. En cas de hausse, ils capturent une partie de la hausse et offrent des rendements attractifs. Encore plus attractifs, les hedge funds limitent fortement la baisse en cas de marché obligataire difficile tout en offrant des rendements corrects lorsqu'ils offrent des performances attrayantes. Finalement, lorsque les hedge funds souffrent, principalement en 2008, les marchés des actions ont tendance à souffrir plus, mais que leur performance se redresse, ils surperforment largement le marché obligataire et offrent une performance cumulée proche de celle du marché des actions.

## 5. Études scientifiques

Le monde académique a commencé à s'intéresser aux hedge funds en 1997, année où est paru le premier article scientifique sur le sujet dans une revue de renom international. Les précurseurs sont Fung et Hsieh (1997). La littérature sur le sujet s'est ensuite développée fortement et, aujourd'hui, il est devenu monnaie courante de lire des articles qui portent sur les hedge funds dans les revues scientifiques du monde entier.

Cette littérature s'est intéressée à une multitude d'aspects de l'industrie. Nous les classons en quatre catégories :

1. la performance des hedge funds ;
2. le style d'investissement des hedge funds ;
3. l'analyse de corrélation et du pouvoir de diversification des hedge funds ;
4. les autres études.

La première catégorie regroupe les études qui se concentrent sur la performance des hedge funds. Ce pan de l'analyse peut se diviser en trois champs distincts. Le premier inclut les études qui comparent la performance des hedge funds à celle des marchés des actions et des marchés obligataires (voir par exemple Ackermann, McEnally et Ravenscraft, 1999 ; Brown, Goetzmann et Ibbotson, 1999 ; Liang, 1999 ; Amin et Kat, 2001 ; Liang, 2001 ; Barès, Gibson et Gyger, 2002 ; Liang, 2003 ; Agarwal et Naik, 2004). Les résultats obtenus par ces études sont mitigés. Certains auteurs (Brown *et al.*, 1999 ; Liang, 1999 ; Capocci *et al.*, 2005) ont conclu que les hedge funds ont surperformé les indices, alors que d'autres (Ackermann *et al.*, 1999 ; Agarwal et Naik, 2004) sont plus prudents dans leurs conclusions. Hübner et Papageorgiou (2006) soutiennent qu'il existe trois types de *consistance* dans les rendements des hedge funds. Premièrement, il y a des preuves statistiques de *consistance* dans la création d'alpha pour les portefeuilles non directionnels durant les périodes de marchés haussiers. Deuxièmement, il y a une preuve statistique de *consistance* dans la sous-performance pour les portefeuilles directionnels tant en période de hausse soutenue qu'en cas de baisse significative. Finalement, les auteurs rapportent des preuves de performance positive *consistante* pour les fonds de fonds tant en période de marché haussier qu'en période de marché baissier. Le deuxième champ d'analyse de l'analyse de la performance des hedge funds compare la performance des hedge funds avec les fonds communs de placement. Dans ce contexte, Ackermann, McEnally et Ravenscraft (1999) et Liang (1999) concluent que les hedge funds ont offert une meilleure performance que les fonds communs de façon continue, même si les performances rapportées sont plus faibles et plus volatiles que les indices de références utilisés dans l'analyse.

Le troisième champ de l'analyse de la performance des hedge funds inclut les études de *consistance* dans l'analyse des rendements des hedge funds. La continuité dans la performance est particulièrement importante dans le cas des hedge funds car, comme suggéré par Brown, Goetzmann et Ibbotson (1999) et Liang (2000, 2001), l'industrie des hedge funds a un taux de mortalité plus important que l'industrie des fonds communs de placement (voir Brown, Goetzmann et Ibbotson, 1999). Ils prouvent que les hedge funds *offshore* offrent des rendements ajustés au risque positifs, mais ils attribuent ce résultat à un effet de style et concluent qu'il n'y a pas de preuve de capacité à créer de l'alpha de la part des gérants hedge funds analysés. Agarwal et Naik (2000) ont analysé la présence de continuité dans les rendements des hedge funds en utilisant une moyenne mobile à douze mois. Ils concluent qu'il y a une preuve de continuité dans la performance des hedge funds, particulièrement pour les fonds qui offrent une performance en-dessous de la moyenne ; ces derniers sous-performant de façon continue.

La grande majorité des études d'analyse de la performance des hedge funds ne se concentrent pas uniquement sur le comportement des fonds dans diverses conditions de marché car les périodes de baisse continue ont été assez rares et discontinues au cours des années 90. Pour la période 1990-1998, Edwards et Caglayan (2000) concluent qu'uniquement trois types de stratégies hedge funds ont offert une protection aux investisseurs dans des marchés baissiers (*market neutral*, *event driven* et *macro*). Plus récemment, Ennis et Sebastian (2003) indiquent qu'en général les hedge funds n'ont pas fourni une protection aux investisseurs après le marché baissier qui suivi mars 2000, mais que la surperformance relative s'expliquait plutôt par le bon timing des gérants.

La deuxième catégorie globale d'études scientifiques inclut les auteurs qui visent à analyser et à décrire les styles d'investissement des hedge funds et qui expliquent leurs caractéristiques par des modèles d'analyse de style (voir, par exemple, Fung et Hsieh, 1997 ; Brown, Goetzmann et Park, 1998 ; Brealy et Kaplanis, 2001 , Brown *et al.*, 2001 ; Liang 2001 ; Ben Dor et Jagannathan, 2002 et Liang 2003). Dans ce contexte, Fung et Hsieh (1997) ont appliqué l'analyse de style de Sharpe (voir Sharpe, 1992) à un large éventail de hedge funds et de *commodity trading advisors*. Ils basent leur analyse sur l'hypothèse que les rendements des fonds jouissent d'une relation linéaire avec un ensemble de facteurs et ils mesurent ces facteurs par huit portefeuilles images. Ils concluent que les régressions ont peu de pouvoir explicatif et, par conséquent, que le faible $R^2$ résultant est dû à la stratégie de gestion du fonds. Ben Dor et Jagannathan (2002) soulignent l'importance de la sélection des indices de style utilisés et ils soulignent comment l'utilisation d'indices inappropriés peut induire des mauvaises conclusions. Un aspect particulièrement important qui a été considéré récemment est le biais dû à l'effet de style dans les rendements des hedge funds. Cet effet de style vient du fait que les gérants de hedge funds sont opportunistes et, par conséquent, qu'ils changent de style au cours du temps. Brown, Goetzmann et Park (1998) ont analysé les rendements des hedge funds durant la crise asiatique de 1997-1998 à partir de régressions mobiles qui intègrent l'effet de style. La méthodologie consiste à réaliser un ensemble de régressions linéaires et de faire glisser la période analysée d'observation en observation. Cette technique simple permet d'identifier des changements de style éventuels et son problème est de définir le choix de la période d'analyse couverte pour l'estimation. McGuire *et al.* (2005) ont appliqué la même méthodologie. Pour éviter ce problème, Posthuma et Van der Sluis (2005) ont proposé un modèle de style dynamique dans lequel le bêta peut varier au cours du temps.

La troisième catégorie globale d'études relatives aux hedge funds se concentre sur la corrélation entre les hedge funds et les produits d'investissement classiques et le pouvoir de diversification des hedge funds. Fung et Hsieh (1997) et Schneeweis et Spurgin (1998) ont prouvé que l'insertion des hedge funds dans un portefeuille peut améliorer significativement le profil de rendement-risque d'un portefeuille grâce à la faible corrélation des fonds avec les autres produits financiers. Cette faible corrélation a été soulignée par Liang (1999) et Agarwal et Naik (2004). Amin et Kat (2001) ont prouvé que l'investissement unique dans les hedge funds n'offre pas un profil rendement-risque supérieur, mais que la grande majorité des fonds classés comme inefficients sur une base individuelle sont intéressants lorsqu'ils sont combinés avec un portefeuille action représentant le S&P 500. Ils concluent que les meilleurs résultats sont obtenus lorsque 10 à 20 % du portefeuille est investi en hedge funds. Kooli (2007) a analysé le pouvoir de diversification des hedge funds dans le cadre d'une analyse de frontière efficient. Il conclut que les hedge funds en tant que classe d'actifs améliorent la frontière efficiente pour des portefeuilles concentrés dans un indice, mais que les investisseurs qui détiennent des portefeuilles diversifiés n'améliorent pas leurs statistiques en utilisant des hedge funds. L'auteur conclut cependant que les fonds de hedge funds apportent une couche de diversification additionnelle en termes d'analyse rendement-risque mesuré par la variance. Globalement, ces résultats indiquent que les hedge funds peuvent être considérés comme de bons outils d'investissement. Amenc et Martellini (2002) ont prouvé sur une base ex-post que l'inclusion de hedge funds dans un portefeuille peut entraîner une baisse significative de la volatilité du portefeuille sans impact significatif sur les rendements. Cela implique qu'un plus grand contrôle des risques n'entraîne pas nécessairement une baisse de rendements.

La quatrième catégorie globale d'études académiques reprend les autres études. De nombreux autres aspects ont été analysés. Schneeweis et Spurgin

(2000), Jorion (2000), Amenc, Curtis et Martellini (2002), Amenc, Martellini et Vaissié (2002) et Berényi (2002) ont étudié les risques induits par les investissements dans les hedge funds. Schneeweis et Spurgin (1999) ainsi que Amenc, Martellini et Vaissié (2002) ont prouvé que les rendements des hedge funds n'ont pas seulement été exposés au risque de marché, mais également à d'autres risques tels que le risque de volatilité, le risque de défaut ou le risque de liquidité. Liang (2000) a analysé la présence du biais de survie dans les données de performance des hedge funds. Fung et Hsieh (2000) a inclus d'autres biais dans l'analyse. Ackermann, McEnally et Ravenscraft (1998) ont souligné que ce sont les contraintes légales des fonds communs qui expliquent leur sous-performance par rapport aux hedge funds. D'autres auteurs ont également étudié les indices hedge funds (Brooks et Kat, 2001 ; et Amenc et Martellini, 2003). Comme nous l'avons présenté plus haut, il existe de nombreux fournisseurs d'indices hedge funds. Fung et Hsieh (2002b) ont analysé les biais naturels présents dans ces indices.

Les *commodity trading advisors* (CTA) sont particuliers dans l'univers des investissements alternatifs. Alors que les hedge funds sont apparus pour la première fois en 1997 dans une revue scientifique, les CTA sont étudiés depuis bien plus longtemps. De nombreuses études ont été publiées dans les années 80 et au début des années 90 (voir par exemple Elton *et al.*, 1987, 1989, 1990, ou Edwards et Ma, 1988). Depuis 1997, quelques auteurs ont repris les CTA dans le monde des hedge funds (Fung et Hsieh, 1997 ; Schneeweis et Spurgin, 2000), alors que d'autres les considèrent dans la même famille, mais les analysent de façon indépendante (Liang, 2003) et finalement que les derniers les considèrent de façon indépendante (Fung et Hsieh, 2001 ; Gregoriou et Rouah, 2003 ; Capocci, 2004b). La recherche sur les CTA est diversifiée et il est difficile de la résumer. Soulignons cependant que Billingsley et Chance (1996) et qu'Edwards et Park (1996) ont prouvé que les CTA apportent une diversification à des portefeuilles composés d'actions et d'obligations dans le cadre d'une analyse rendement-risque (le risque étant mesuré par la variance). Schneeweis, Savanayana et McCarthy (1991) et Schneeweis (1996) concluent que les bienfaits des CTA sont similaires à ceux des hedge funds dans le cadre de portefeuilles d'actions et d'obligations.

## 6. Analyse de corrélation

Les hedge funds visent à être des outils de diversification des portefeuilles. Dans le paragraphe 6.1. nous analysons la corrélation [1] historique

1. La corrélation se définit comme une mesure statistique standardisée de la dépendance de deux variables. Elle se mesure par le coefficient de corrélation qui est le ratio de la covariance entre les deux séries analysées et le produit des écarts-types respectifs. La valeur des coefficients de corrélation oscillera obligatoirement de – 1 à + 1. Plus le coefficient sera proche de 1, plus la relation entre les séries de données sera forte.

entre les hedge funds et des indices classiques ainsi que la corrélation entre les stratégies alternatives. Dans le paragraphe 6.2., nous reprenons les résultats d'une étude qui analyse les mêmes relations de corrélation sur la base de données journalières et qui suit l'évolution de cette corrélation dans le temps.

## 6.1. Corrélation entre les hedge funds et des indices de référence

Nous divisons ce paragraphe en deux. Nous débutons par reprendre les résultats d'une étude scientifique qui analyse en profondeur la corrélation entre les hedge funds et les produits d'investissement classiques avant d'analyser les données plus récentes.

### *6.1.1. Analyse de corrélation*

Procédons à une analyse des corrélations entre les indices hedge funds et plusieurs indices de référence à partir de données récentes. Nous utilisons les deux indices repris lors de l'étude des stratégies individuelles, à savoir le *MSCI world* (actions mondiales) et le *Barclays aggregate bond index* (obligations mondiales) auxquels nous ajoutons le *MSCI emerging markets* (actions émergentes mondiales), le *Bear Stern high yield index* (obligations à hauts rendements) et le *Goldman Sachs commodity index* (marché des matières premières). Nous analysons la corrélation sur trois périodes distinctes. Nous débutons par l'ensemble de la période couverte, c'est-à-dire de janvier 1990 à septembre 2009. Nous couvrons ensuite les dix, puis les cinq dernières années.

Le tableau 10 reprend la corrélation entre les indices hedge fund considérés au chapitre 3 et les indices classiques. L'analyse du tableau nous donne les informations suivantes :

1. la corrélation entre l'indice hedge fund global et les marchés des actions est élevée, ce qui signifie que, globalement, l'industrie des hedge funds n'est pas faiblement corrélée avec le marché des actions sur le long terme contrairement aux idées reçues ;
2. les stratégies non directionnelles sont moins fortement corrélées aux marchés d'actions que les autres (par exemple *equity market neutral, fixed-income-asset backed*) ;
3. les corrélations entre les stratégies hedge funds et les marchés obligataires sont plus faibles que celles des actions, même si certaines stratégies sont plus fortement corrélées à l'indice des obligations à hauts rendements ;
4. les stratégies hedge funds sont, sauf exception, faiblement corrélées à l'indice des matières premières ;
5. la stratégie short bias joue son rôle de diversification.

Les statistiques descriptives en bas de tableau indiquent que les moyennes et médianes sont relativement proches ; les minimums et maximums sont très écartés pour les marchés des actions et les corrélations avec les autres marchés peuvent être élevées ; les coefficients de corrélation maximums sont relativement élevés dans certains cas spécifiques.

**Tableau 10. –** *Corrélation entre les hedge fund et divers indices* [1] *(janvier 1990 - septembre 2009)*

| | **MSCI world** | **MSCI EM** | **Barclays agg. bond** | **Bear Stern HY** | **GSCI** |
|---|---|---|---|---|---|
| *Indice hedge fund global* | 0,73 | 0,79 | 0,11 | 0,27 | 0,26 |
| *Equity market neutral* | 0,18 | 0,18 | 0,14 | 0,20 | 0,25 |
| *Relative value* | 0,51 | 0,48 | 0,12 | 0,33 | 0,31 |
| *Fixed income-asset backed* | 0,19 | 0,17 | 0,08 | 0,25 | 0,13 |
| *Fixed income-convertible arbitrage* | 0,47 | 0,43 | 0,21 | 0,39 | 0,30 |
| *Event-driven* | 0,67 | 0,69 | 0,09 | 0,37 | 0,22 |
| *Merger arbitrage* | 0,50 | 0,52 | 0,12 | 0,20 | 0,10 |
| *Distressed/restructuring* | 0,50 | 0,50 | 0,04 | 0,54 | 0,23 |
| *Private issue/regulation D* | 0,32 | 0,33 | – 0,12 | 0,26 | 0,23 |
| *Multi-strategy* | 0,55 | 0,51 | 0,19 | 0,37 | 0,25 |
| *Asset based lending* | 0,15 | 0,13 | 0,05 | 0,18 | 0,11 |
| *Equity hedge* | 0,70 | 0,71 | 0,11 | 0,23 | 0,31 |
| *Emerging markets* | 0,68 | 0,62 | 0,07 | 0,22 | 0,18 |
| *Sector-energy/basic materials* | 0,49 | 0,44 | 0,11 | 0,22 | 0,48 |
| *Sector – technology/healthcare* | 0,60 | 0,61 | 0,01 | 0,02 | 0,19 |
| *Fixed income – corporate* | 0,52 | 0,52 | 0,13 | 0,48 | 0,17 |
| *Short bias* | – 0,66 | – 0,70 | – 0,04 | – 0,06 | – 0,07 |
| *Macro* | 0,36 | 0,33 | 0,30 | 0,15 | 0,14 |
| *Macro : systematic diversified* | 0,47 | 0,47 | 0,05 | – 0,02 | 0,09 |
| *Fund of funds composite* | 0,53 | 0,50 | 0,10 | 0,28 | 0,34 |
| Moyenne | 0,42 | 0,41 | 0,09 | 0,24 | 0,21 |
| Médiane | 0,50 | 0,49 | 0,10 | 0,24 | 0,22 |
| Minimum | – 0,66 | – 0,70 | – 0,12 | – 0,06 | – 0,07 |
| Maximum | 0,73 | 0,79 | 0,30 | 0,54 | 0,48 |
| Corrélation > 0,5 | 50 % | 45 % | 0 % | 5 % | 0 % |

1. Les corrélations sont calculées pour la période janvier 1990-septembre 2009 sauf pour l'indice *fixed income-asset backed* qui existe depuis janvier 1993, l'indice *private issue/regulation D* qui existe depuis janvier 1996, l'indice *sector – energy/basic materials* qui existe depuis janvier 1995 et l'indice *sector – technology/healthcare* qui existe depuis janvier 1991.

Le tableau 11 reprend la même information sur les dix dernières années. Le tableau rapporte des résultats du même ordre, la principale différence étant la valeur absolue des chiffres rapportés. L'ensemble des statistiques présentées en bas de tableau à l'exception de celles relatives à l'indice Barclays aggregate bond index sont supérieures, ce qui semble indiquer que la corrélation entre les stratégies hedge funds et les indices de référence a légèrement augmenté au cours des dernières années.

**Tableau 11.** – *Corrélation entre les hedge funds et divers indices (septembre 1999 - septembre 2009)*

| | **MSCI world** | **MSCI EM** | **Barclays Agg. Bond** | **Bear Stern HY** | **GSCI** |
|---|---|---|---|---|---|
| *Indice hedge fund global* | 0,81 | 0,86 | 0,02 | 0,29 | 0,41 |
| *Equity market neutral* | 0,17 | 0,18 | 0,02 | 0,24 | 0,37 |
| *Relative value* | 0,62 | 0,67 | 0,16 | 0,43 | 0,46 |
| *Fixed income-asset backed* | 0,32 | 0,33 | 0,03 | 0,26 | 0,13 |
| *Fixed income-convertible arbitrage* | 0,53 | 0,57 | 0,23 | 0,36 | 0,39 |
| *Event-driven* | 0,78 | 0,81 | 0,01 | 0,43 | 0,37 |
| *Merger arbitrage* | 0,59 | 0,62 | 0,08 | 0,17 | 0,33 |
| *Distressed/restructuring* | 0,63 | 0,65 | 0,02 | 0,61 | 0,39 |
| *Private issue/regulation D* | 0,34 | 0,38 | – 0,12 | 0,25 | 0,28 |
| *Multi-strategy* | 0,63 | 0,70 | 0,19 | 0,38 | 0,44 |
| *Asset based lending* | 0,25 | 0,23 | – 0,08 | 0,33 | 0,19 |
| *Equity hedge* | 0,80 | 0,84 | 0,01 | 0,26 | 0,41 |
| *Emerging markets* | 0,81 | 0,92 | 0,05 | 0,33 | 0,38 |
| *Sector-energy/basic materials* | 0,61 | 0,59 | 0,13 | 0,29 | 0,55 |
| *Sector-technology/healthcare* | 0,61 | 0,64 | – 0,07 | 0,07 | 0,17 |
| *Fixed income-corporate* | 0,64 | 0,66 | 0,02 | 0,55 | 0,40 |
| *Short bias* | – 0,70 | – 0,65 | 0,05 | – 0,08 | – 0,15 |
| *Macro* | 0,27 | 0,46 | 0,11 | 0,13 | 0,34 |
| *Macro : systematic diversified* | 0,38 | 0,44 | – 0,14 | – 0,06 | 0,17 |
| *Fund of funds composite* | 0,66 | 0,76 | 0,04 | 0,36 | 0,46 |
| Moyenne | 0,49 | 0,53 | 0,04 | 0,28 | 0,32 |
| Médiane | 0,61 | 0,63 | 0,02 | 0,29 | 0,38 |
| Minimum | – 0,70 | – 0,65 | – 0,14 | – 0,08 | – 0,15 |
| Maximum | 0,81 | 0,92 | 0,23 | 0,61 | 0,55 |
| Corrélation > 0,5 | 50 % | 45 % | 0 % | 5 % | 0 % |

Ce résultat ressort également lorsque nous considérons les cinq dernières années dans l'estimation de la corrélation entre les hedge funds et les indices de référence. Sur cette période, le coefficient le plus élevé est de 0,95 entre l'indice *MSCI emerging markets* et la stratégie *emerging markets*. Ce résultat peut sembler compréhensible car les marchés émergents ont été particulièrement porteurs durant les premières années couvertes. Remarquons cependant que 2008 a été une année très difficile dans les marchés émergents et qu'une corrélation de cet ordre ne correspond pas à ce que l'on pourrait attendre d'un hedge fund.

**Tableau 12.** – *Corrélation entre les hedge funds et divers indices (septembre 2004 - septembre 2009)*

| | **MSCI world** | **MSCI EM** | **Barclays agg. bond** | **Bear Stern HY** | **GSCI** |
|---|---|---|---|---|---|
| *Indice hedge fund global* | 0,88 | 0,93 | 0,10 | 0,48 | 0,61 |
| *Equity market neutral* | 0,42 | 0,49 | – 0,25 | 0,46 | 0,57 |
| *Relative value* | 0,80 | 0,80 | 0,16 | 0,55 | 0,57 |
| *Fixed income-asset backed* | 0,58 | 0,47 | 0,00 | 0,69 | 0,34 |
| *Fixed income-convertible arbitrage* | 0,73 | 0,74 | 0,29 | 0,40 | 0,49 |
| *Event-driven* | 0,86 | 0,84 | 0,06 | 0,59 | 0,55 |
| *Merger arbitrage* | 0,76 | 0,76 | 0,12 | 0,29 | 0,41 |
| *Distressed/restructuring* | 0,78 | 0,73 | – 0,02 | 0,72 | 0,58 |
| *Private issue/regulation D* | 0,38 | 0,38 | – 0,08 | 0,46 | 0,40 |
| *Multi-strategy* | 0,76 | 0,76 | 0,22 | 0,50 | 0,54 |
| *Asset based lending* | 0,30 | 0,30 | – 0,06 | 0,50 | 0,28 |
| *Equity hedge* | 0,91 | 0,94 | 0,11 | 0,47 | 0,60 |
| *Emerging markets* | 0,87 | 0,95 | 0,16 | 0,45 | 0,61 |
| *Sector – energy/basic materials* | 0,79 | 0,86 | 0,12 | 0,44 | 0,72 |
| *Sector – technology/healthcare* | 0,79 | 0,83 | 0,08 | 0,37 | 0,37 |
| *Fixed income – corporate* | 0,78 | 0,70 | 0,08 | 0,65 | 0,55 |
| *Short bias* | – 0,86 | – 0,74 | – 0,17 | – 0,33 | – 0,21 |
| *Macro* | 0,29 | 0,49 | – 0,09 | 0,12 | 0,42 |
| *Macro : systematic diversified* | 0,12 | 0,27 | – 0,15 | 0,03 | 0,19 |
| *Fund of funds composite* | 0,76 | 0,83 | 0,02 | 0,53 | 0,61 |
| Moyenne | 0,59 | 0,62 | 0,04 | 0,42 | 0,46 |
| Médiane | 0,76 | 0,75 | 0,07 | 0,47 | 0,55 |
| Minimum | – 0,86 | – 0,74 | – 0,25 | – 0,33 | – 0,21 |
| Maximum | 0,91 | 0,95 | 0,29 | 0,72 | 0,72 |
| Corrélation > 0,5 | 50 % | 45 % | 0 % | 5 % | 0 % |

Le graphique 15 rapporte la corrélation moyenne entre l'ensemble des stratégies et les indices de référence sur les trois périodes analysées. Le même résultat émerge, même si l'indice obligataire *Barclays aggregate bond index* reste très faiblement corrélé.

**Graphique 15. –** *Corrélation moyenne des stratégies hedge funds et des indices*

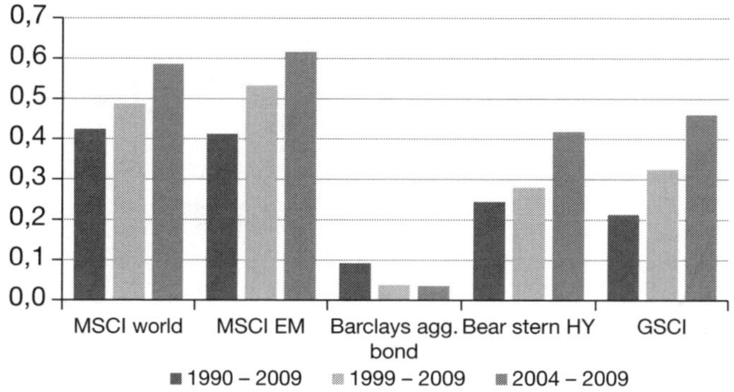


*6.1.2. Corrélation entre les stratégies hedge funds*

Le tableau 13 indique la corrélation historique entre les indices hedge funds. Les chiffres rapportés sont étonnamment élevés. L'indice hedge fund global a une corrélation moyenne avec les stratégies qui le composent de 0,58 et 75 % des stratégies ont une corrélation avec l'indice hedge fund global de plus de 0,5. Nuançons cependant ce résultat car ce sont principalement les stratégies directionnelles investies en actions qui sont fortement corrélées entre-elles. Les coefficients varient de – 0,82 à 0,95 avec des moyennes autour de 0,4. L'indice short selling est à nouveau négativement corrélé avec l'ensemble des autres stratégies. Une analyse identique sur une période de dix et cinq ans (non reprises) indique des résultats proches avec une légère hausse des corrélations moyennes, médianes et des maximums dans certains cas.

Le graphique 16 rapporte la corrélation moyenne entre chaque stratégie individuelle et l'ensemble des autres stratégies. Elle indique que l'ensemble des corrélations est inférieur à 0,6 pour les deux périodes analysées et que la stratégie short selling est plus fortement négativement corrélée avec les autres stratégies hedge funds qu'elle ne l'était avec les indices actions.

**Tableau 13.** – *Corrélation entre les indices hedge funds (janvier 1990 – septembre 2009)*

| | | 1 | 2 | 3 | 4 | 5 | 6 | 7 | 8 | 9 | 10 | 11 | 12 | 13 | 14 | 15 | 16 | 17 | 18 | 19 | 20 |
|---|---|---|---|---|---|---|---|---|---|---|---|---|---|---|---|---|---|---|---|---|---|
| 1 | Indice hedge fund global | 1,0 | | | | | | | | | | | | | | | | | | | |
| 2 | *Equity market neutral* | 0,4 | 1,0 | | | | | | | | | | | | | | | | | | |
| 3 | *Relative value* | 0,7 | 0,4 | 1,0 | | | | | | | | | | | | | | | | | |
| 4 | *Fixed income-asset backed* | 0,3 | 0,2 | 0,4 | 1,0 | | | | | | | | | | | | | | | | |
| 5 | *Fixed income-convertible arb* | 0,6 | 0,3 | 0,8 | 0,4 | 1,0 | | | | | | | | | | | | | | | |
| 6 | *Event-driven* | 0,9 | 0,3 | 0,7 | 0,4 | 0,6 | 1,0 | | | | | | | | | | | | | | |
| 7 | *Merger arbitrage* | 0,6 | 0,3 | 0,5 | 0,1 | 0,5 | 0,8 | 1,0 | | | | | | | | | | | | | |
| 8 | *Distressed/restructuring* | 0,8 | 0,3 | 0,8 | 0,4 | 0,6 | 0,8 | 0,6 | 1,0 | | | | | | | | | | | | |
| 9 | *Private issue/regulation D* | 0,5 | 0,3 | 0,4 | 0,1 | 0,3 | 0,5 | 0,4 | 0,4 | 1,0 | | | | | | | | | | | |
| 10 | *Multi-strategy* | 0,7 | 0,3 | 0,8 | 0,6 | 0,8 | 0,7 | 0,5 | 0,8 | 0,3 | 1,0 | | | | | | | | | | |
| 11 | *Asset based lending* | 0,2 | 0,2 | 0,1 | 0,1 | 0,1 | 0,2 | 0,0 | 0,2 | 0,3 | 0,2 | 1,0 | | | | | | | | | |
| 12 | *Equity hedge* | 0,9 | 0,4 | 0,7 | 0,2 | 0,6 | 0,8 | 0,6 | 0,7 | 0,5 | 0,7 | 0,1 | 1,0 | | | | | | | | |
| 13 | *Emerging markets* | 0,9 | 0,2 | 0,6 | 0,3 | 0,5 | 0,7 | 0,5 | 0,7 | 0,4 | 0,7 | 0,2 | 0,7 | 1,0 | | | | | | | |
| 14 | *Sector – energy/basic materials* | 0,6 | 0,4 | 0,6 | 0,2 | 0,5 | 0,6 | 0,5 | 0,5 | 0,2 | 0,5 | 0,2 | 0,6 | 0,5 | 1,0 | | | | | | |
| 15 | *Sector – technology/healthcare* | 0,8 | 0,2 | 0,4 | 0,1 | 0,3 | 0,6 | 0,4 | 0,5 | 0,5 | 0,4 | 0,1 | 0,8 | 0,6 | 0,3 | 1,0 | | | | | |
| 16 | *Fixed income – corporate* | 0,7 | 0,2 | 0,7 | 0,5 | 0,6 | 0,8 | 0,6 | 0,8 | 0,3 | 0,8 | 0,1 | 0,6 | 0,6 | 0,5 | 0,4 | 1,0 | | | | |
| 17 | *Short bias* | – 0,7 | – 0,1 | – 0,4 | – 0,1 | – 0,3 | – 0,6 | – 0,4 | – 0,5 | – 0,4 | – 0,4 | 0,0 | – 0,7 | – 0,6 | – 0,3 | – 0,8 | – 0,4 | 1,0 | | | |
| 18 | *Macro* | 0,6 | 0,3 | 0,3 | 0,2 | 0,2 | 0,5 | 0,3 | 0,4 | 0,3 | 0,4 | 0,1 | 0,6 | 0,6 | 0,4 | 0,4 | 0,4 | – 0,4 | 1,0 | | |
| 19 | *Macro : systematic diversified* | 0,6 | 0,3 | 0,2 | – 0,1 | 0,1 | 0,4 | 0,3 | 0,3 | 0,4 | 0,2 | 0,1 | 0,6 | 0,4 | 0,4 | 0,6 | 0,2 | – 0,6 | 0,5 | 1,0 | |
| 20 | *Fund of funds composite* | 0,9 | 0,5 | 0,7 | 0,3 | 0,6 | 0,7 | 0,5 | 0,7 | 0,5 | 0,7 | 0,3 | 0,8 | 0,8 | 0,6 | 0,6 | 0,5 | – 0,5 | 0,7 | 0,5 | 1,0 |
| 21 | Moyenne | 0,58 | 0,28 | 0,50 | 0,24 | 0,42 | 0,55 | 0,40 | 0,51 | 0,32 | 0,51 | 0,14 | 0,53 | 0,48 | 0,39 | 0,39 | 0,46 | – 0,4 | 0,37 | 0,27 | 0,54 |
| 22 | Médiane | 0,64 | 0,30 | 0,55 | 0,23 | 0,49 | 0,64 | 0,46 | 0,56 | 0,35 | 0,63 | 0,15 | 0,58 | 0,57 | 0,49 | 0,43 | 0,52 | – 0,4 | 0,39 | 0,29 | 0,57 |
| 23 | Minimum | – 0,7 | – 0,1 | – 0,4 | – 0,1 | – 0,3 | – 0,6 | – 0,4 | – 0,5 | – 0,4 | – 0,4 | 0,0 | – 0,7 | – 0,6 | – 0,3 | – 0,8 | – 0,4 | – 0,8 | – 0,4 | – 0,6 | – 0,5 |
| 24 | Maximum | 0,95 | 0,46 | 0,78 | 0,63 | 0,78 | 0,90 | 0,75 | 0,84 | 0,54 | 0,81 | 0,26 | 0,95 | 0,85 | 0,60 | 0,81 | 0,82 | 0,00 | 0,67 | 0,60 | 0,86 |
| 25 | Corrélation > 0,5 | 79 % | 0 % | 58 % | 11 % | 42 % | 68 % | 37 % | 58 % | 21 % | 58 % | 0 % | 79 % | 58 % | 37 % | 37 % | 58 % | 0 % | 32 % | 21 % | 68 % |

**Graphique 16.** – *Corrélation moyenne des stratégies hedge funds*

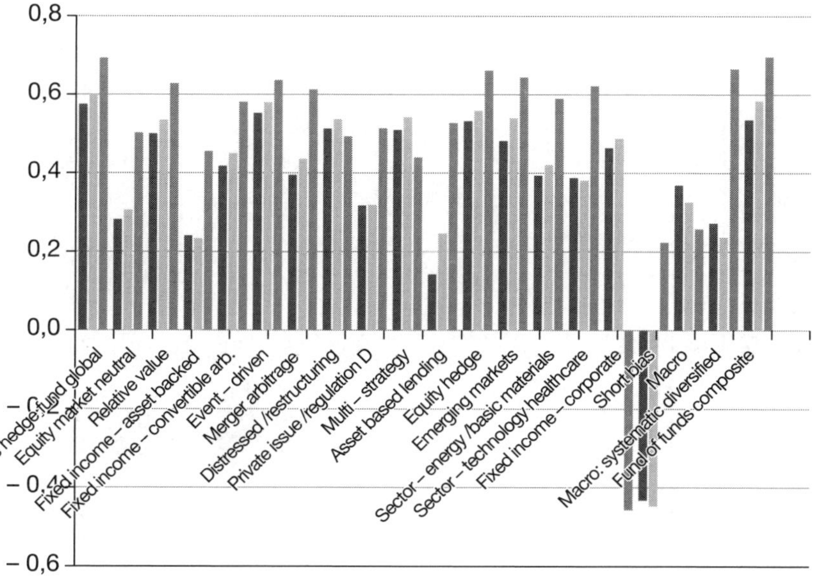


### *6.1.3. Données journalières*

Dans ce paragraphe, nous résumons un article que nous avons réalisé sur l'analyse de la corrélation des hedge funds.[1] Cette étude est, à notre connaissance, la première qui se base sur des données journalières. Hedge Fund Research fournit des données journalières disponibles depuis le 4 janvier 2003 (exception faite des indices *absolute return* et *market directional* qui ont débuté le 7 janvier 2004). Les données utilisées se terminent à fin décembre 2007. Outre des indices par stratégies[2], les autres indices utilisés dans l'analyse sont le *global index* qui regroupe l'ensemble des fonds utilisés pour construire les indices sous-jacents (à partir des actifs sous gestion), l'*equally weighted index* qui regroupe l'ensemble des fonds utilisés pour construire les indices sous-jacents sur une base équipondérée, l'*absolute return index*, c'est-à-dire les fonds qui visent à offrir des performances absolues et le *HFRX market directional index* qui regroupe les fonds directionnels.

Le tableau 14 se divise en deux parties. La première reprend les indices hedge fund journaliers et leur corrélation ; la deuxième reprend la corrélation entre les indices hedge fund journaliers et une série d'indices classiques.

La première partie du tableau indique que les stratégies plus directionnelles sont fortement corrélées entre elles (*equity hedge, event driven,*

1. D. Capocci, « Hedge Fund Daily Returns : a preliminary analysis » in Finance & valeur(s) ; Liber Amicorum et Discipulorum, Les Editions de l'Université de Liège, 255 p..

2. Les stratégies définies sont *convertible arbitrage*, *distressed securities*, *equity hedge*, *equity market neutral*, *event driven*, *macro*, *merger arbitrage*, *relative value arbitrage* et *volatility*.

**Tableau 14.** – *Corrélation entre les indices hedge funds journaliers et entre les indices hedge fund journaliers et les indices de référence*

| | | 1 | 2 | 3 | 4 | 5 | 6 | 7 | 8 | 9 | 10 | 11 | 12 |
|---|---|---|---|---|---|---|---|---|---|---|---|---|---|
| **Partie A : Corrélation entre les indices hedge funds journaliers (4/1/03-28/12/07)** | | | | | | | | | | | | | |
| 1 | Hedge global index | 1 | | | | | | | | | | | |
| 2 | Hedge equally-weighted | 0,95 | 1 | | | | | | | | | | |
| 3 | Hedge absolute return | 0,6 | 0,68 | 1 | | | | | | | | | |
| 4 | Hedge market directional | 0,96 | 0,89 | 0,48 | 1 | | | | | | | | |
| 5 | Convertible arbitrage | 0,1 | 0,25 | 0,33 | 0,01 | 1 | | | | | | | |
| 6 | Distressed securities | 0,25 | 0,32 | 0,36 | 0,19 | 0,13 | 1 | | | | | | |
| 7 | Equity hedge | 0,93 | 0,81 | 0,46 | 0,91 | – 0,0 | 0,17 | 1 | | | | | |
| 8 | Equity market neutral | 0,29 | 0,43 | 0,45 | 0,26 | 0,07 | 0,08 | 0,21 | 1 | | | | |
| 9 | Event driven | 0,85 | 0,8 | 0,47 | 0,86 | 0,02 | 0,24 | 0,81 | 0,2 | 1 | | | |
| 10 | Macro | 0,71 | 0,74 | 0,49 | 0,73 | 0,12 | 0,13 | 0,49 | 0,2 | 0,44 | 1 | | |
| 11 | Merger arbitrage | 0,5 | 0,56 | 0,28 | 0,52 | – 0,0 | 0,05 | 0,5 | 0,14 | 0,53 | 0,22 | 1 | |
| 12 | Volatilité | 0,5 | 0,55 | 0,53 | 0,44 | 0,16 | 0,15 | 0,34 | 0,2 | 0,33 | 0,3 | 0,23 | 1 |

**Partie B : Corrélation entre les indices hedge funds journaliers et les indices de référence (4/1/03-28/12/07)**

| | | 1 | 2 | 3 | 4 | 5 | 6 | 7 | 8 | 9 | 10 | 11 | 12 |
|---|---|---|---|---|---|---|---|---|---|---|---|---|---|
| 13 | S&P 500 | 0,66 | 0,53 | 0,2 | 0,72 | – 0,2 | 0,04 | 0,75 | 0,06 | 0,68 | 0,21 | 0,45 | 0,21 |
| 14 | Eurostoxx 50 | 0,63 | 0,59 | 0,45 | 0,65 | 0,03 | 0,19 | 0,6 | 0,17 | 0,57 | 0,44 | 0,31 | 0,25 |
| 15 | Nasdaq | 0,57 | 0,44 | 0,15 | 0,65 | – 0,1 | 0,05 | 0,67 | 0 | 0,6 | 0,16 | 0,37 | 0,16 |
| 16 | Russel 3000 | 0,68 | 0,55 | 0,21 | 0,74 | – 0,2 | 0,05 | 0,78 | 0,07 | 0,7 | 0,23 | 0,46 | 0,22 |
| 17 | MSCI Europe | 0,67 | 0,64 | 0,48 | 0,67 | 0,06 | 0,19 | 0,62 | 0,2 | 0,59 | 0,5 | 0,32 | 0,28 |
| 18 | MSCI EM BRIC USD | 0,96 | 0,89 | 0,01 | 0,19 | 0,91 | 0,26 | 0,86 | 0,73 | 0,52 | 0,44 | 0,72 | 0,65 |
| 19 | MSCI Glob. Emerging Mkt | 0,71 | 0,67 | 0,51 | 0,67 | 0,12 | 0,18 | 0,66 | 0,22 | 0,55 | 0,58 | 0,26 | 0,28 |
| 20 | MSCI EM Amérique latine | 0,73 | 0,64 | 0,37 | 0,76 | – 0,1 | 0,11 | 0,77 | 0,16 | 0,66 | 0,42 | 0,4 | 0,25 |
| 21 | MSCI Europe de l'Est | 0,49 | 0,48 | 0,39 | 0,51 | 0,07 | 0,14 | 0,45 | 0,16 | 0,39 | 0,42 | 0,2 | 0,2 |
| 22 | MSCI Asie | 0,42 | 0,4 | 0,4 | 0,32 | 0,15 | 0,13 | 0,38 | 0,14 | 0,25 | 0,4 | 0,07 | 0,18 |
| 23 | MSCI Chine | 0,43 | 0,42 | 0,35 | 0,38 | 0,12 | 0,11 | 0,38 | 0,15 | 0,29 | 0,39 | 0,13 | 0,22 |
| 24 | NIKKEI | 0,3 | 0,28 | 0,32 | 0,19 | 0,1 | 0,11 | 0,28 | 0,11 | 0,16 | 0,28 | 0,03 | 0,11 |

> 75 % en noir, entre 50 et 75 % en gris foncé, entre 25 et 50 % en gris moyen, entre 0 et 25 % en gris clair, et < 0 en blanc.

*market directional*), alors que les stratégies non directionnelles pures type *distressed securities, equity market neutral* et *convertible arbitrage* sont faiblement corrélées avec les autres stratégies et avec les indices. La seconde partie du tableau reprend les corrélations entre les stratégies hedge funds et les indices de référence. Deux éléments sont intéressants. Premièrement, les coefficients de corrélation entre les stratégies directionnelles, les indices globaux et les indices actions repris sont élevés, surtout pour les indices américains et les indices émergents type BRIC (Brésil, Russie, Inde et Chine) qui ont très bien performé sur la période considérée. Ensuite, les valeurs sont faibles à très faibles pour les stratégies d'arbitrage et surtout pour les stratégies *convertible arbitrage, distressed securities* et *equity market neutral*. De tels résultats sont en ligne avec ce qui ressort généralement de ce genre d'analyse même si les niveaux élevés de corrélation entre les indices globaux et des indices actions tels que le S&P 500 ou l'Eurostoxx 50 semblent contraires à l'objectif premier des hedge funds. Il convient de se souvenir que la période d'analyse est également importante et qu'il est logique que la corrélation augmente en période de marché haussier.

Le tableau 15 reprend les corrélations annuelles pour quatre des indices hedge funds analysés, le *hedge global index*, l'indice *convertible arbitrage*, l'indice *equity market neutral* et l'indice *equity hedge*. Il est intéressant car les corrélations rapportées année après année nous donnent des informations additionnelles. Les résultats indiquent premièrement que la corrélation entre les stratégies et l'indice *hedge global index* tend à augmenter en moyenne (voir partie A) ; elle est passée de 0,4 en 2003 à 0,65 en 2007. La même conclusion s'applique à la relation entre le hedge global index et les indices actions. La partie B du tableau indique que la situation est différente pour la stratégie convertible arbitrage qui reste globalement faiblement corrélée avec les indices hedge funds, même s'il y a un saut de la corrélation moyenne entre la stratégie convertible arbitrage et l'ensemble des autres indices (hedge funds et de référence en 2007).

La situation est intermédiaire pour les fonds equity market neutral. Ils ont été peu corrélés avec les autres stratégies hedge funds et avec les indices de référence jusqu'en 2006 ; ensuite la corrélation a fortement augmenté en 2006 pour revenir à des niveaux intermédiaires en 2007. Les chiffres de corrélation récents indiquent une perte de pureté pour les fonds *equity market neutral* au cours des dernières années. Les fonds equity hedge qui ont eu historiquement une corrélation sous 0,5 avec les autres stratégies hedge ont vu cette corrélation passer le seuil de 0,5 en 2006. Dans la même logique, le seuil de 0,6 a été dépassé par rapport aux indices actions en 2006.

Les résultats précédents peuvent être visualisés dans les graphiques 17 et 18. Le premier reprend le cas de l'indice hedge global index par rapport aux autres stratégies hedge funds. Le second rapporte les corrélations du même indice hedge fund par rapport aux indices de référence. En abscisse sont repris les indices hedge funds et en ordonnée les années couvertes.

**Tableau 15.** – *Corrélations annuelles entre les indices hedge funds et entre les indices hedge funds et les indices classiques*

| Partie A : Hedge global index | | | | | |
|---|---|---|---|---|---|
| | 2003 | 2004 | 2005 | 2006 | 2007 |
| Hedge equally-weighted | 0,9 | 0,94 | 0,93 | 0,96 | 0,96 |
| Hedge absolute return | na | na | 0,53 | 0,72 | 0,62 |
| Hedge market directional | na | na | 0,92 | 0,95 | 0,98 |
| Convertible arbitrage | 0,04 | 0,12 | 0 | – 0,1 | 0,25 |
| Distressed securities | 0,16 | 0,34 | 0,25 | 0,49 | 0,13 |
| Equity hedge | 0,89 | 0,91 | 0,94 | 0,97 | 0,94 |
| Equity market neutral | – 0,1 | 0,18 | 0,22 | 0,51 | 0,31 |
| Event driven | 0,61 | 0,78 | 0,89 | 0,91 | 0,89 |
| Macro | 0,47 | 0,51 | 0,53 | 0,71 | 0,83 |
| Merger arbitrage | 0,27 | 0,41 | 0,51 | 0,46 | 0,58 |
| Volatilité | 0,37 | 0,39 | 0,39 | 0,42 | 0,71 |
| Moyenne | 0,4 | 0,51 | 0,56 | 0,63 | 0,65 |
| S&P 500 | 0,55 | 0,63 | 0,7 | 0,72 | 0,7 |
| Eurostoxx 50 | 0,48 | 0,59 | 0,54 | 0,71 | 0,76 |
| Russell 3 000 | 0,59 | 0,66 | 0,73 | 0,75 | 0,72 |
| MSCI China | 0,26 | 0,41 | 0,34 | 0,5 | 0,49 |
| MSCI GEM | 0,42 | 0,68 | 0,65 | 0,77 | 0,79 |
| MSCI LatAm | 0,5 | 0,69 | 0,69 | 0,8 | 0,79 |
| MSCI EE | 0,23 | 0,35 | 0,49 | 0,61 | 0,67 |
| MSCI FE x-J | 0,29 | 0,52 | 0,41 | 0,54 | 0,57 |
| MSCI Asia | 0,4 | 0,53 | 0,42 | 0,51 | 0,39 |
| NIKKEI Japan | 0,38 | 0,48 | 0,37 | 0,46 | 0,09 |
| MSCI BRIC | na | na | na | 0,78 | 0,77 |
| Moyenne | 0,43 | 0,55 | 0,54 | 0,65 | 0,6 |

| Partie B : Convertible arbitrage | | | | | |
|---|---|---|---|---|---|
| | 2003 | 2004 | 2005 | 2006 | 2007 |
| Hedge global index | 0,04 | 0,12 | 0 | – 0,1 | 0,25 |
| Hedge equally-weighted | 0,29 | 0,27 | 0,23 | 0,05 | 0,35 |
| Hedge absolute return | na | na | 0,42 | 0,11 | 0,34 |
| Hedge market directional | na | na | – 0,1 | – 0,2 | 0,16 |
| Distressed securities | 0,2 | 0,18 | 0,21 | – 0,1 | 0,09 |
| Equity hedge | – 0,1 | 0,0 | – 0,1 | – 0,2 | 0,13 |
| Equity market neutral | 0,14 | 0,08 | – 0,1 | 0,0 | 0,14 |
| Event driven | – 0,1 | – 0,1 | – 0,1 | – 0,2 | 0,2 |
| Macro | 0,01 | 0,09 | 0,03 | 0 | 0,25 |
| Merger arbitrage | 0,04 | – 0,1 | 0,0 | – 0,2 | 0,01 |
| Volatilité | 0,09 | 0,26 | 0 | 0,2 | 0,25 |
| Moyenne | 0,07 | 0,08 | 0,05 | – 0,1 | 0,2 |
| S&P 500 | – 0,2 | – 0,2 | – 0,1 | – 0,3 | – 0,06 |
| Eurostoxx 50 | 0,0 | – 0,01 | 0,03 | – 0,2 | 0,24 |
| Russell 3 000 | – 0,2 | – 0,2 | – 0,1 | – 0,3 | – 0,07 |
| MSCI China | 0,0 | 0 | – 0,01 | 0,06 | 0,35 |
| MSCI GEM | 0,0 | 0,04 | 0 | 0,05 | 0,37 |
| MSCI LatAm | – 0,1 | – 0,1 | – 0,1 | – 0,21 | 0,02 |
| MSCI EE | 0,0 | 0,1 | 0,03 | – 0,01 | 0,25 |
| MSCI FE x-J | 0,0 | 0,05 | 0,02 | 0,17 | 0,42 |
| MSCI Asia | 0 | 0,09 | 0,06 | 0,15 | 0,37 |
| NIKKEI Japan | 0,03 | 0,09 | 0,07 | 0,08 | 0,23 |
| MSCI BRIC | na | na | na | – 0,02 | 0,31 |
| Moyenne | – 0,08 | – 0,03 | – 0,02 | – 0,08 | 0,19 |

**Tableau 15. –** *Corrélations annuelles entre les indices hedge funds et entre les indices hedge funds et les indices classiques* (suite)

| **Partie C : Equity market neutral** | | | | | |
|---|---|---|---|---|---|
| | 2003 | 2004 | 2005 | 2006 | 2007 |
| Hedge global index | – 0,1 | 0,18 | 0,22 | 0,51 | 0,31 |
| Hedge equally-weighted | 0,16 | 0,33 | 0,34 | 0,6 | 0,46 |
| Hedge absolute return | na | na | 0,08 | 0,58 | 0,59 |
| Hedge market directional | na | na | 0,19 | 0,43 | 0,25 |
| Convertible arbitrage | 0,14 | 0,08 | – 0,1 | 0,0 | 0,14 |
| Distressed securities | 0,14 | 0,11 | 0,0 | 0,22 | 0,05 |
| Equity hedge | – 0,2 | 0,12 | 0,23 | 0,48 | 0,23 |
| Event driven | – 0,1 | 0,11 | 0,21 | 0,4 | 0,23 |
| Macro | 0,04 | 0,08 | 0,01 | 0,37 | 0,25 |
| Merger arbitrage | – 0,1 | 0,04 | 0,28 | 0,14 | 0,15 |
| Volatilité | 0,05 | 0,1 | 0,03 | 0,25 | 0,32 |
| Moyenne | 0 | 0,13 | 0,14 | 0,36 | 0,27 |
| S&P 500 | – 0,3 | 0,03 | 0,17 | 0,27 | 0,09 |
| Eurostoxx 50 | – 0,3 | 0,13 | 0,07 | 0,42 | 0,3 |
| Russell 3 000 | – 0,3 | 0,03 | 0,19 | 0,29 | 0,09 |
| MSCI China | – 0,1 | 0,15 | 0,0 | 0,29 | 0,22 |
| MSCI GEM | – 0,3 | 0,17 | 0,13 | 0,46 | 0,28 |
| MSCI LatAm | – 0,3 | 0,13 | 0,26 | 0,4 | 0,15 |
| MSCI EE | – 0,1 | 0,11 | 0,09 | 0,39 | 0,21 |
| MSCI FE x-J | – 0,2 | 0,16 | 0,01 | 0,36 | 0,25 |
| MSCI Asia | – 0,1 | 0,12 | 0,0 | 0,42 | 0,2 |
| NIKKEI Japan | – 0,1 | 0,09 | 0,0 | 0,42 | 0,12 |
| MSCI BRIC | na | na | na | 0,45 | 0,27 |
| Moyenne | – 0,2 | 0,09 | 0,08 | 0,37 | 0,18 |

| **Partie D : Equity hedge** | | | | | |
|---|---|---|---|---|---|
| | 2003 | 2004 | 2005 | 2006 | 2007 |
| Hedge global index | 0,89 | 0,91 | 0,94 | 0,97 | 0,94 |
| Hedge equally-weighted | 0,64 | 0,75 | 0,8 | 0,89 | 0,85 |
| Hedge absolute return | na | na | 0,35 | 0,64 | 0,49 |
| Hedge market directional | na | na | 0,86 | 0,91 | 0,95 |
| Convertible arbitrage | – 0,1 | 0,0 | – 0,1 | – 0,2 | 0,13 |
| Distressed securities | 0,04 | 0,23 | 0,18 | 0,39 | 0,04 |
| Hedge market directional | – 0,2 | 0,12 | 0,23 | 0,48 | 0,23 |
| Event driven | 0,53 | 0,72 | 0,86 | 0,88 | 0,85 |
| Macro | 0,21 | 0,24 | 0,28 | 0,55 | 0,65 |
| Merger arbitrage | 0,29 | 0,4 | 0,53 | 0,47 | 0,58 |
| Volatilité | 0,08 | 0,21 | 0,28 | 0,3 | 0,59 |
| Moyenne | 0,26 | 0,4 | 0,47 | 0,57 | 0,57 |
| S&P 500 | 0,66 | 0,73 | 0,8 | 0,79 | 0,8 |
| Eurostoxx 50 | 0,53 | 0,55 | 0,48 | 0,68 | 0,69 |
| Russell 3 000 | 0,69 | 0,77 | 0,84 | 0,82 | 0,82 |
| MSCI China | 0,26 | 0,35 | 0,24 | 0,45 | 0,45 |
| MSCI GEM | 0,44 | 0,6 | 0,53 | 0,73 | 0,74 |
| MSCI LatAm | 0,57 | 0,71 | 0,69 | 0,83 | 0,85 |
| MSCI EE | 0,23 | 0,27 | 0,37 | 0,57 | 0,61 |
| MSCI FE x-J | 0,3 | 0,44 | 0,31 | 0,48 | 0,51 |
| MSCI Asia | 0,39 | 0,44 | 0,29 | 0,47 | 0,34 |
| NIKKEI Japan | 0,38 | 0,4 | 0,26 | 0,43 | 0,07 |
| MSCI BRIC | na | na | na | 0,76 | 0,74 |
| Moyenne | 0,47 | 0,54 | 0,5 | 0,64 | 0,6 |

**Graphique 17.** – *Corrélations annuelles entre l'indice hedge global index et les autres indices hedge funds*

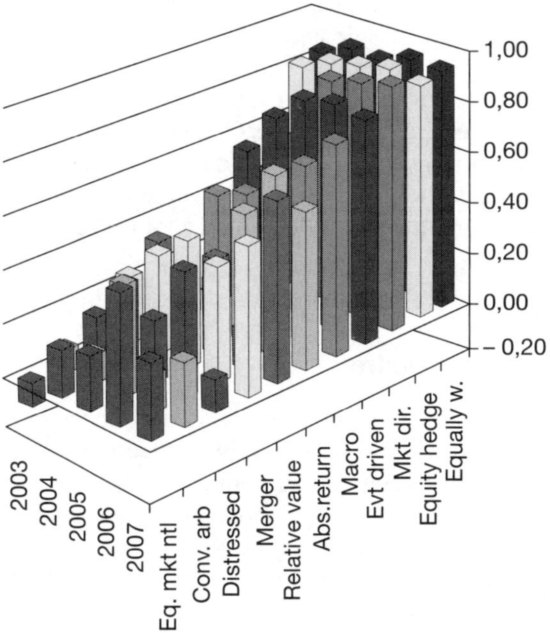


**Graphique 18.** – *Corrélations annuelles entre l'indice hedge global index et les indices de référence*

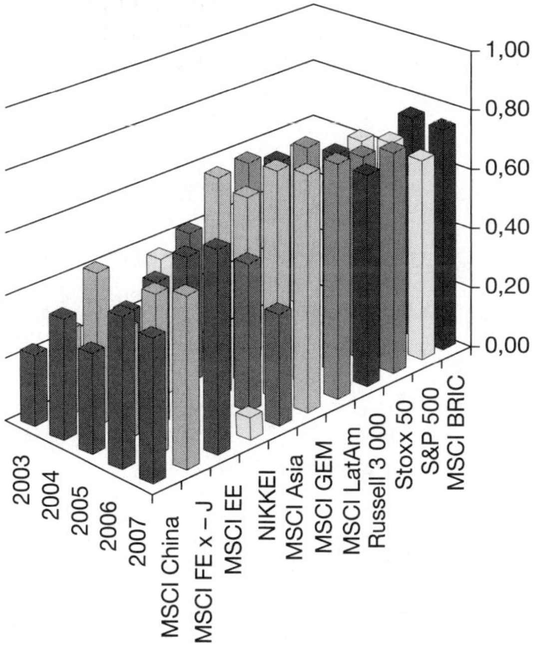

Les résultats rapportés sur l'analyse des corrélations entre les stratégies hedge funds et entre les stratégies hedge funds et des indices de référence indiquent que les corrélations ne sont pas stables et que cet élément est très important. Il ne convient pas de généraliser en disant tous les hedge funds sont faiblement corrélés avec les marchés d'actions. Il serait également erroné de se baser exclusivement sur le passé pour déterminer si une stratégie est ou non corrélée avec un indice. Cette relation évolue dans le temps et selon les conditions de marché. Ce dernier élément est encore plus important dans le cas d'un fonds individuel où le rôle des décisions de gestion impacte directement les rendements et leur relation avec les autres marchés.

## 7. Résumé du chapitre

Dans ce quatrième chapitre, nous avons analysé succinctement la performance de l'industrie des hedge funds au cours du temps. Nous avons d'abord présenté les problèmes relatifs aux données de performance des hedge funds, puis analysé et comparé la performance des hedge funds avec des indices classiques tant globalement que stratégie par stratégie. Dans la quatrième section, nous nous sommes concentrés sur des périodes de marché extrêmes tant pour le marché des actions que pour celui des obligations et pour l'industrie des hedge funds. Nous avons ensuite présenté les résultats des principales études scientifiques. Pour terminer, nous avons analysé les corrélations historiques entre les stratégies hedge funds et entre ces stratégies et des indices classiques afin de déterminer leur réelle utilité. Une analyse de l'évolution des corrélations complète cette dernière section et prouve l'importance de ne pas généraliser les conclusions spécifiques.

# Chapitre 5

# Le cadre réglementaire des hedge funds

Nous connaissons à présent les bases des hedge funds (chapitre 1), leurs caractéristiques (chapitre 2) et nous pouvons les classifier à partir de leurs stratégies d'investissement (chapitre 3). Ce troisième chapitre nous a permis de bien comprendre les stratégies mises en place par les gérants de hedge funds. Le chapitre 4 complète le précédent en détaillant plus largement les performances historiques de l'industrie. Le chapitre 5 a pour vocation de décrire les bases du cadre réglementaire des hedge funds. Ce livre étant une introduction aux hedge funds, nous n'insisterons pas sur toutes les spécificités, mais nous dresserons une vue d'ensemble en insistant sur les différences qui existent entre les juridictions légales analysées.

Ce chapitre expose les lois et réglementations qui gouvernent la mise en place et/ou la publicité de hedge funds dans divers pays. Le droit est un domaine en constante évolution : de nouvelles lois et règlements sont édictés fréquemment et des anciens sont mis à jour. Dans l'univers des investissements alternatifs, plus que dans tout autre, de nombreuses lois ont été, sont ou seront édictées afin de suivre l'évolution de l'industrie. Suite à cela, il est possible, voire probable, que le cadre réglementaire que nous décrivons ne sera plus totalement valable à l'avenir. Il convient de consulter un conseiller juridique spécialisé pour avoir plus d'informations sur ce sujet.

## 1. Les principes

Les personnes à l'origine d'un projet de mise en place d'un hedge fund que nous appellerons les promoteurs dans la suite de ce chapitre (qu'il s'agisse du partenaire général, de l'équipe de gestion ou de toute autre personne) sont face à un dilemme. Elles doivent opérer un choix entre une structure réglementée, soumise à une autorité de contrôle qui attire plus facilement les investisseurs et qui les confortent en cas de problèmes éventuels, et une structure privée qui offre moins de transparence et dans laquelle seuls les investisseurs avertis investissent. Dans les faits, les hedge funds prennent généralement une structure privée car lorsqu'ils sont réglementés, ils sont soumis à des règles d'investissement strictes qui limitent la liberté du gérant et l'empêchent souvent de mettre correctement sa stratégie d'investissement en place.

Dans une seconde étape, il convient de déterminer la manière d'attirer des investisseurs. Lorsqu'un fonds cherche à lever des capitaux, les créateurs doivent éviter de tomber dans le champ d'application de la loi d'appel public à l'épargne, sinon ils devront respecter des contraintes d'investissement strictes et ils auront alors l'obligation de divulguer de nombreuses informations.

La réglementation des hedge funds est un sujet très intéressant parce que chaque pays fixe ses règles propres et il n'existe pas encore de cadre légal commun. Le présent ouvrage n'analyse nullement de façon juridique les lois et règlements afin de connaître les spécificités de chaque pays, mais il nous semble intéressant de présenter les principales règles auxquelles doivent se plier les promoteurs et les gérants de hedge funds.

Autant en Europe qu'aux États-Unis, l'appellation hedge funds n'est, sauf exception, pas un terme légal. À la différence des États-Unis, l'Europe ne possède pas de législation commune concernant la mise en place et la publicité de hedge funds. En effet, une directive européenne du 20 décembre 1985 [1] qui réglemente les fonds permet à tous les fonds européens respectant un certain nombre de règles et recevant l'agrément dans leur pays de se vendre dans tous les autres pays membres de l'Union Européenne. Cette directive distingue principalement deux catégories de fonds : les fonds dits partie I et ceux dits partie II. Les fonds de partie I respectent un certain nombre de contraintes strictes (ils ne peuvent investir que dans des titres transférables) définies dans la directive précitée et qui, après agrégation dans leur pays d'émission, peuvent se vendre à l'étranger. Les fonds de partie II bénéficient de plus de liberté dans la mise en place de leur stratégie d'investissement que les autres, mais ils doivent obtenir l'agrégation dans tous les pays dans lesquels ils désirent être vendus. À titre d'exemple, considérons les fonds de fonds.

D'un point de vue général, les promoteurs de hedge funds désirant laisser une grande liberté aux gérants choisissent la plupart du temps une structure juridique qui ne relève pas de la législation des fonds et qui n'est pas soumise à une autorité de contrôle. En outre, comme nous l'avons mentionné dans la définition des hedge funds, ils s'arrangent pour ne pas entrer dans la catégorie des sociétés faisant un appel public à l'épargne mais pour garder la forme d'une société privée afin d'avoir à se plier au minimum d'obligations. Pour ce faire, ils doivent respecter dans chaque pays des règles propres.

1. La directive 85/611/EU.

Les hedge funds désirant avoir un caractère privé doivent se plier aux lois nationales dès qu'ils désirent faire appel à des investisseurs dans un pays étranger. Afin d'avoir une idée des règles dans différents pays, nous rapporterons les règles applicables aux États-Unis, en Grande-Bretagne, en Allemagne, en France et en Suisse après avoir analysé la législation en vigueur pour la constitution de fonds aux États-Unis et en Grande-Bretagne. Ensuite, nous procéderons à une comparaison avec les États-Unis dans un tableau à la fin de la section. Nous nous limitons à un seul exemple européen pour ce qui est de l'établissement d'un fonds, car la Grande-Bretagne représente à elle seule plus de 70 % de l'industrie des hedge funds européens. Une description complète de chaque pays nécessiterait un chapitre spécifique.

Notre propos n'est pas d'examiner en détail les lois et règlements produits par les autorités de contrôle de chaque pays où des hedge funds sont domiciliés. Le présent chapitre :

– souligne l'importance d'une bonne connaissance des textes réglementaires en vigueur dans le pays dans lequel un fonds est domicilié ;

– illustre les différences de traitement qui peuvent exister entre les pays analysés ;

– décrit le carcan global des règlements actuels dans de nombreux pays développés de façon non exhaustive.

## 2. La réglementation des hedge funds

Un des sujets souvent discuté dans l'industrie et qui a connu un regain d'intérêt depuis la crise financière débutée en 2007 concerne la réglementation des hedge funds.[1] Le débat fait rage car les hedge funds se sont fortement développés et plusieurs cas de fraude avérée ont été détectés.

Une confiance excessive dans l'efficacité et la pertinence des réglementations financières n'est pas une solution. La plupart des arguments favorables à une réglementation sont essentiellement basés sur une confiance excessive dans l'efficacité des politiques publiques. La faillite de grands hedge funds, tel Amaranth, justifie certainement le contraire. Elle a mis en lumière le risque d'investir dans le secteur des hedge funds (manque de liquidité, concentration des investissements), tandis que la gestion ordonnée de cette faillite a prouvé que l'industrie est capable d'absorber des faillites importantes basées sur des erreurs dans la gestion des fonds. Le cas d'Amaranth semble indiquer que des réglementations plus strictes ne soient pas nécessaires. La discrétion et la liberté font la force de l'industrie des hedge funds depuis l'avènement de l'industrie (pour rappel, le premier hedge fund lancé en 1949 est resté inconnu du grand public pendant plus

1. Nous renvoyons le lecteur intéressé par le sujet à l'ouvrage de Danielsson et Zigrand (2007) sur lequel nous nous sommes basés pour l'argumentation qui suit.

de 10 ans), changer cela revient à transformer l'industrie en quelque chose qu'elle n'est pas. Remarquons pourtant que les hedge funds contribuent au risque systémique, puisque la faillite d'un hedge fund d'importance systémique risque de créer une incertitude suffisante pour assécher la liquidité et pour interrompre les opérations, avec des conséquences potentiellement coûteuses. C'est précisément ce qui est arrivé avec LTCM. Cet aspect peut être traité par d'éventuelles réglementations. Il en va de même pour l'accès direct à ce genre de produit qui doit rester limité. Les investisseurs particuliers ne doivent pas avoir un accès à cette industrie car ils n'ont ni les connaissances pour le faire, ni la protection suffisante. Dans ce cadre, des réglementations sont également nécessaires afin d'éviter les excès et qu'un jour ces produits soient complètement interdits dans certains pays.

## 3. Aux États-Unis et au Canada

Nous analysons la législation des hedge funds aux États-Unis et posons les principes de leur réglementation au Canada.

### *3.1. Aux États-Unis*

Il n'y a jamais eu de législation spécifique aux hedge funds aux États-Unis. Ces fonds sont toujours entrés dans des catégories déjà réglementées par la loi et ils ont souvent été exonérés de la plupart des obligations en respectant certaines contraintes que nous exposons ci-dessous.[1]

Le terme hedge fund n'est pas défini légalement par les autorités américaines. La très grande majorité de ces fonds prend la forme d'un *limited partnership*. Cette forme juridique offre deux avantages principaux : un traitement fiscal avantageux et une responsabilité limitée pour les investisseurs. Les fonds établis aux États-Unis, disponibles uniquement pour les citoyens américains, sont soumis aux exigences de la *Securities and Exchange Commission* et de la *Commodity Futures Trading Commission* lorsqu'ils traitent des options et/ou des contrats à terme. La seconde forme légale possible est la *limited liability company*.

La base de la réglementation des hedge funds est le *Securities Act of 1933* qui exige que toute offre de titres soit enregistrée auprès de la *Securities and Exchange Commission*, sauf exemptions. La principale exemption est celle relative aux fonds privés qui ne doivent pas être enregistrés. Les hedge funds restent généralement privés afin d'être exemptés.

Comme nous venons de le souligner, les fonds individuels et les fonds de fonds prennent la forme de *limited partnership* ou de *limited liability companies*, c'est-à-dire respectivement d'associations limitées ou de sociétés à responsabilité limitée. De par la loi, les gérants ne peuvent accepter

1. Les principales lois sur lesquelles nous nous sommes basés sont le *Securities Act of 1933*, le *Securities Act of 1940*, la *Rule 506 of Regulation D*.

des investissements que d'investisseurs accrédités qui s'adressent au fonds de leur propre initiative. Un *limited partnership* est souvent préféré, car il offre l'avantage d'être transparent fiscalement. Les revenus générés par le fonds ne sont pas imposés deux fois, ils le sont uniquement au niveau des investisseurs.

Ainsi, tout d'abord l'accès aux investissements dans les hedge funds est limité par la loi. Il existe différents cas suivant les libertés que les gérants cherchent à obtenir. Les principaux sont les suivants :

– soit le nombre de partenaires ne peut être supérieur à 99, dont 65 au moins doivent être accrédités (*accredited investor*) ;

– soit le nombre de partenaires peut être de maximum 499 (voire illimité suivant les contraintes), pour autant que tous les investisseurs soient des acheteurs qualifiés (*qualified purchaser*).

Un investisseur accrédité (*accredited investor*) est une personne qui a une richesse personnelle ou en combinaison avec son conjoint de 1 million de dollars, ou un salaire annuel pour les deux dernières années civiles de 200 000 dollars (300 000 dollars pour un couple) et dont on peut raisonnablement anticiper que cela se prolonge dans le futur.[1] D'un autre côté, un acheteur qualifié (*qualified purchaser*) se définit comme toute société d'investissement, toute personne ou toute entreprise familiale qui possède 5 millions de dollars en investissements, et toute personne, agissant pour son propre compte ou pour celui d'autres acheteurs qualifiés, qui possèdent et investissent sur une base discrétionnaire supérieure à 25 millions de dollars.[2] Les institutions et les fonds de pension sont soumis à des critères plus complexes définis dans les mêmes lois. Les principes restent cependant identiques.

Si un fonds accepte des investissements d'investisseurs qui ne sont pas accrédités, il doit raisonnablement croire que chaque investisseur a suffisamment de connaissance et d'expérience financière seul, ou aidé par un représentant, afin d'évaluer et de comprendre les risques sous-jacents au fonds.

Afin de disposer d'un maximum de liberté dans leur gestion, les fonds doivent garder un caractère privé. Pour ce faire, ils doivent respecter les règles suivantes :

– limiter le nombre de partenaires tel que nous l'avons décrit précédemment ;

– ne pas recourir à des fonds extérieurs en faisant des offres publiques de parts ou d'actions ;

– ne pas faire de publicité pour le fonds (dans un journal, un magazine, à la télévision, à la radio ou à un séminaire ou une réunion à laquelle les participants sont conviés par une invitation générale ou par publicité), mais il existe une exception qui permet aux fonds de s'adresser directement aux personnes avec lesquelles ils ont déjà eu des relations. L'offre de

1. Définition issue de la loi 501 (a), *US Securities Act of 1933*.
2. Définition issue de la section 3c (7) de l'*US Investment Company Act of 1940*.

documents d'un fonds par l'intermédiaire d'un site internet tiers où les abonnés sont obligatoirement des investisseurs accrédités ne poserait pas de problème [1] ;

– rédiger un mémorandum d'investissement confidentiel qui doit, entre autres, comprendre la structure et la stratégie de l'entité, une description du gérant du fonds, la période de sûreté, la structure des commissions et le type d'investissement que le gérant prévoit de réaliser ; ces descriptions peuvent être vagues car le gérant doit disposer d'une certaine flexibilité dans la gestion.

À la fin de chaque année, en tant que société d'investissement, les fonds doivent également faire un rapport des gains ou des pertes des transactions du fonds l'année en question. Les gains sont taxés uniquement au niveau de l'investisseur individuel, ce qui évite toute double imposition. Le *partnership* est, en principe, transparent fiscalement.

Les lois auxquelles les gérants doivent se plier sont multiples et entraînent généralement des contraintes additionnelles. Certains gérants de fonds, par exemple, s'enregistrent comme conseillers d'investissement (*investment advisers*), alors que d'autres préfèrent se plier à quelques règles qui leur permettent d'en être exemptés. Afin d'être enregistré comme tel, il faut disposer d'un minimum de 25 millions de dollars. Les règles qui permettent une exemption d'enregistrement sont les suivantes. Il faut :

– avoir eu moins de 15 clients (personnes individuelles ou sociétés) au cours des douze derniers mois ;

– que le conseiller ne se présente pas au public comme un conseiller d'investissement ;

– que le conseiller ne soit pas conseiller auprès d'une société d'investissement enregistrée.

Suite à la chute du fonds géré par *Long Term Capital Management* que nous analysons dans le prochain chapitre, une nouvelle loi oblige les hedge funds avec des capitaux investis de plus de 3 milliards de dollars, des actifs agrégés de 20 milliards de dollars ou un levier de plus de 10:1, de dévoiler leurs actifs totaux, le montant global notionnel des produits dérivés qu'ils utilisent et le levier auquel ils font appel.

Les hedge funds disposent ainsi d'un cadre propice à leur développement aux États-Unis, car la flexibilité d'investissement est très grande et il n'y a pas de double imposition des revenus.

### 3.2. Au Canada

Chaque province canadienne a ses propres autorités de contrôle, ce qui sous-tend un manque d'harmonisation de la réglementation. Globalement,

1. Nous utilisons le conditionnel pour ce dernier point car la législation n'est pas encore très claire à ce sujet, même si des jugements vont en ce sens.

nous pouvons tout de même dégager quelques tendances. Tout comme aux États-Unis, ils cherchent à éviter les contraintes dans la plupart des cas.

Globalement, les hedge funds seront vendus, soit exclusivement à une clientèle haut de gamme ou aux investisseurs institutionnels, soit dans le marché du détail. Dans le premier cas, on retrouve des contraintes similaires à celles qui prévalent aux États-Unis. Les fonds sont structurés afin de tirer avantage des exemptions d'enregistrement comme conseiller d'investissement et de profiter des exemptions de création d'un prospectus d'émission (*offering memorandum*), tout en gardant un caractère privé. Pour proposer des fonds à grande échelle, les restrictions légales sont plus importantes.

Les investissements alternatifs comme les hedge funds peuvent avoir diverses structures. Indépendamment de leur structure légale, la réglementation des hedge funds en ce qui concerne l'offre, la promotion et la vente de parts est identique à travers le pays. Nous reprenons les principaux éléments ci-dessous :

– *structure* : les hedge funds peuvent prendre la forme de société fiduciaire, de société anonyme ou de société ; les fonds peuvent être ouverts ou fermés ;

– *enregistrement* : Les sociétés de gestion doivent être enregistrées auprès des autorités de contrôles provinciales ;

– *publicité* : les hedge funds sont généralement vendus sur la base d'un placement privé à des investisseurs accrédités ou à des investisseurs professionnels, même s'il y a une possibilité de vendre des fonds au public en respectant des contraintes strictes ;

– *investisseurs* : la règle de base est qu'un fonds ne peut être vendu qu'à des investisseurs accrédités et à des investisseurs institutionnels selon les cas. Un investisseur est accrédité si :

a. il possède (seul ou avec son épouse) des actifs financiers dont la valeur nette (hors taxes) est supérieure à 1 million de dollars ;

b. au cours des deux dernières années, son revenu a été supérieur à 200 000 dollars (respectivement 300 000 dollars avec son épouse) et s'il peut raisonnablement anticiper que cela continue cette année ;

– *investissement minimum* : le montant varie d'une province à l'autre, mais Ontario et le Québec exigent un investissement minimum de 150 000 dollars ;

– *documentation* : les états financiers annuels et semi-annuels doivent être publiés et inclure l'état du portefeuille en fin de période ainsi qu'une déclaration des transactions effectuées au cours de la période visée ; des exceptions sont cependant possibles ;

– *prospectus* : le prospectus n'est pas obligatoire dans le cas d'un placement privé, mais il l'est en cas dc distribution au public. Dans ce dernier cas, le gérant doit veiller à ce que le prospectus présente clairement les objectifs du fonds, sa stratégie d'investissement, les commissions perçues ainsi que les risques associés.

## 4. En Europe

Un cadre commun existe en Europe pour la commercialisation des fonds d'investissement classiques. Toutefois, en ce qui concerne les hedge funds, chaque pays a sa propre législation. Celles-ci diffèrent tant sur le point de la création de fonds que sur la publicité autorisée et sur le type d'investisseurs autorisés. Afin de clarifier quelque peu la situation, nous analysons succinctement les principales places financières européennes et leur ouverture aux hedge funds. Nous ne rapportons pas l'ensemble des lois et réglementations en vigueur, mais nous insistons sur les particularités de chaque pays analysé. Nous terminons la section par des éléments sur les nouvelles réglementations européennes UCITS III qui permettent de proposer certaines stratégies alternatives sous forme de fonds UCITS III.

### *4.1. En Grande-Bretagne*

L'Angleterre reste la domiciliation de prédilection pour les gestionnaires de hedge funds européens, même si d'autres juridictions ont développé des structures juridiques favorables au cours des dernières années. Quelques raisons expliquent cela :

– *infrastructure* : Londres dispose de tous les services nécessaires à la bonne gestion d'un fonds d'investissement et une expérience unique en Europe ;

– *réputation* : de par sa réputation de centre financier européen, Londres induit la confiance auprès de nombreux investisseurs ;

– *cadre légal :* l'Angleterre dispose de règles d'établissement précises et établies.

Selon *Eurekahedge*, approximativement 54 % des gérants de hedge funds européens sont installés en Angleterre, principalement à Londres. Ce chiffre, quoiqu'élevé en termes absolus, est en baisse, car plusieurs autres pays européens ont développé des législations spécifiques qui, dans certains cas, exigent que l'équipe de gestion soit basée sur le territoire du fonds en question. Les fonds que ces sociétés proposent ne sont cependant pas anglais, mais *offshore*. L'autorité de contrôle anglaise ne réglemente pas, par conséquent, les hedge funds, mais uniquement les sociétés de gestion de hedge funds.

L'aspect spécifique de l'Angleterre est l'existence du *Qualified Investor Scheme* (*QIS*) qui est la réponse de la FSA au monde des hedge funds. Les *QIS* ne peuvent être vendus qu'à des contreparties de marché, des investisseurs intermédiaires et des investisseurs *experts*. Ce système permet les ventes à découvert, le levier et les commissions de performance

En ce qui concerne la distribution, la règle de base est que toute personne non autorisée, comme les hedge funds, ne doit pas communiquer et inciter des investisseurs potentiels dans une activité d'investissement dans le cadre des affaires, sauf exception. Cela signifie qu'aucune publicité publique ne peut être faite pour de tels fonds en général. Une offre peut être privée si elle ne concerne que des investisseurs potentiels qui ont une formation ou une expérience à l'investissement en produits financiers. La deuxième exception est que l'offre doit concerner au maximum 50 personnes, la troisième exception concerne la taille de l'offre. La première exception sera d'application lorsque l'on peut raisonnablement penser que les investisseurs potentiels ont une formation suffisante pour comprendre les risques sous-jacents à l'investissement présenté ou lorsqu'il s'agit d'offres faites à des personnes dans le cadre de leur profession ou de leur occupation. Cette exception ne vaut pas seulement pour les professionnels de la finance, mais également pour tous ceux qui ont une position d'investissement dans une compagnie financière ou industrielle. La deuxième exception stipule qu'une offre de titres ne constituera pas une offre publique s'ils sont proposés à moins de 50 personnes (ne sont reprises dans le décompte que les personnes domiciliées en Grande-Bretagne). Cette exception est complémentaire à la première. Selon la troisième exception, une offre n'est pas publique si la somme qui devra être payée par chaque investisseur est inférieure à 40 000 euros. Il suffit de rentrer dans le cadre d'une seule de ces exceptions pour que l'offre soit qualifiée de privée.

### 4.2. En Allemagne

La législation allemande en matière d'investissement alternatif a été modifiée par deux lois de 2004, l'*Investmentgesetz* et l'*Investmentsteuergesetz* du 1^er^ janvier 2004. Ces nouvelles lois séparent explicitement les hedge funds individuels des fonds de hedge funds. Les fonds individuels ne sont soumis à quasi aucune restriction en termes de stratégie d'investissement alors que les fonds de hedge funds doivent respecter des règles strictes car ils peuvent être distribués à tous les types d'investisseurs, même sous forme d'offre publique. Les hedge funds s'appellent des *Sondervermögen mit zusätzlichen Risiken* (fonds d'investissement avec des risques additionnels). Les fonds de hedge funds s'appellent *Dach-Sondervermögen mit zusätzlichen Risiken*. L'autorité de contrôle allemande s'appelle BaFin (*Bundesanstalt für Finanzdienstleistungsaufsicht*).

Avant 2004, l'accès aux hedge funds était possible par l'intermédiaire de certificats qui étaient principalement des produits listés au capital garanti qui pouvait recourir à l'utilisation du levier. Cette structure permettait aux investisseurs particuliers d'investir dans des hedge funds sans supporter de taxes et ce, dès 1 000 euros.

Nous vous présentons les principes qui régissent les fonds individuels ci-dessous :

– *structure* : les fonds peuvent avoir la forme de fonds communs gérés par une société de gestion ou la forme d'une société d'investissement ; ils peuvent avoir une structure ouverte ou fermée ;

– *types d'actifs utilisés* : les hedge funds allemands peuvent investir dans tous les types d'actifs sauf dans l'immobilier en direct ;

– *limites d'investissement* : le portefeuille doit être diversifié ; 30 % au maximum du portefeuille peuvent être investis dans des titres non cotés ;

– *stratégie d'investissement* : le gérant n'a pas de limite dans la gestion de fonds ;

– *investisseurs* : il n'existe pas de contraintes en ce qui concerne le type d'investisseurs qui peut investir dans des hedge funds allemands ;

– *liquidité* : les sorties de fonds doivent être au minimum trimestrielles tel que spécifié dans le prospectus.

– *investissement minimum* : il n'y a pas d'investissement minimum ;

– *documentation* : tous les documents doivent être traduits en allemand. Les informations et documentations obligatoires sont les mêmes que pour les fonds communs. Les règles du fonds doivent spécifier précisément toutes les circonstances et conditions pour l'annulation et le paiement des parts hors du fonds en retour. Les états financiers annuels et semi-annuels doivent être publiés 4 et 2 mois après la fin de la période concernée ;

– *prospectus* : le prospectus doit contenir un avertissement général ainsi que des informations précises sur la stratégie d'investissement, les frais, les conditions de liquidité ;

– *publicité* : les fonds ne peuvent être proposés que par l'intermédiaire d'offres privées ; les offres publiques sont interdites ;

– *enregistrement* : la société de gestion doit obtenir une licence spéciale auprès de l'autorité de contrôle.

Les règles à respecter pour les fonds de hedge funds allemands et promoteurs de fonds de fonds étrangers qui cherchent à proposer leur produit sur le marché allemand sont les suivantes :

– *structure* : les fonds de fonds peuvent avoir la forme de fonds communs gérés par une société de gestion ou la forme d'une société d'investissement. Ils peuvent avoir une structure ouverte ou fermée.

– *types d'actifs utilisés* : les fonds de fonds ne peuvent pas investir dans des fonds établis dans des juridictions qui ne coopèrent pas en termes de blanchiment d'argent dans le cadre des accords internationaux.

– *limites d'investissement/diversification* : il n'y a pas de limites dans les investissements réalisés mais le portefeuille doit être diversifié :

a. 20 % au maximum par position ;

b. deux fonds au maximum par émetteur et pas de fonds de fonds de fonds ;

c. 49 % au maximum dans des dépôts bancaires ou des instruments money market ;

d. limites sur les investissements en produits dérivés ;

e. pas de levier et de positions vendeuses.

– *stratégie d'investissement* : le gérant doit prouver qu'il possède des informations comprenant au minimum :

a. les derniers rapports annuels et semi-annuels,

b. les documents officiels (prospectus, etc.),

c. une due diligence reprenant les informations sur la société, la stratégie, la politique d'investissement, la gestion des risques, la banque dépositaire et les autres fournisseurs de service,

d. des informations sur les restrictions d'investissement, la liquidité, le levier et les ventes à découvert.

Ces informations doivent être maintenues sur une base continue.
– *investisseurs* : il n'existe pas de contraintes en ce qui concerne le type d'investisseurs qui peut investir dans des hedge funds allemands ;
– *liquidité* : les sorties de fonds doivent être au minimum trimestrielles tel que spécifié dans le prospectus.
– *investissement minimum* : il n'y a pas d'investissement minimum ;
– *documentation* : tous les documents doivent être traduits en allemand. Les informations et documentations obligatoires sont les mêmes que pour les fonds communs avec une multitude d'informations additionnelles sur les raisons du choix du fonds, la politique d'investissement, le fait que le portefeuille soit investi dans des hedge funds, etc. Les règles du fonds doivent spécifier précisément toutes les circonstances et conditions pour l'annulation et le paiement des parts hors du fonds en retour. Les états financiers annuels et semi-annuels doivent être publiés 4 et 2 mois après la fin de la période concernée ;
– *prospectus* : le prospectus doit en outre contenir un avertissement général ainsi que des informations précises sur la stratégie d'investissement, les frais (avec également les frais totaux supportés par le client), les conditions de liquidité ;
– *publicité* : les fonds de fonds peuvent être proposés au public s'ils respectent les règles reprises ici. À défaut, ils peuvent toujours être proposés sous forme d'investissements privés avec des contraintes moins lourdes. Toute publicité doit contenir un avertissement sur le risque de l'investissement ;
– *enregistrement* : la société de gestion doit obtenir une licence spéciale auprès de l'autorité de contrôle. Sans réponse négative au bout de trois mois, le fonds peut être proposé.

Les hedge funds et fonds de hedge funds étrangers ne peuvent être distribués en Allemagne que s'ils sont supervisés dans leur juridiction d'origine, si leur autorité de contrôle coopère avec les autorités de contrôle allemandes, si les documents sont en allemand et si le fonds dispose d'un représentant local et d'un agent de transfert allemand. En outre, ces fonds doivent se plier aux mêmes contraintes que les fonds de fonds allemands et une banque dépositaire qui offre les mêmes garanties qu'une banque dépositaire allemande. Les fonds étrangers sont taxés de la même manière que les fonds locaux (fonds transparents, semi-transparents ou non transparents). Pour être un fonds transparent, il faut diffuser une grande quantité d'informations sur le portefeuille en allemand.

### 4.3. Au Luxembourg

Jusqu'en décembre 2002, les restrictions d'investissement applicables aux organismes de placement collectif adoptant des stratégies d'investissement dites alternatives ont été appréciées par la Commission de Surveillance du Secteur Financier au cas par cas, ce qui rendait la procédure d'enregistrement lourde et longue. En 2002, le Luxembourg a édicté une circulaire relative aux investissements alternatifs. Cette loi prévoyait la mise à disposition d'un produit alternatif réglementé. Depuis lors, les hedge funds luxembourgeois pouvaient recourir à la vente à découvert, utiliser le levier et des produits dérivés suivant certaines restrictions assez lourdes.

L'introduction des *specialized investment funds* (*SIFs*) en 2007 suite à l'adaptation de la loi du 19 juillet 1991 concernant les organismes de placement collectif dont les titres ne sont pas destinés au placement dans le public a créé un nouveau cadre juridique propice au développement des hedge funds à Luxembourg. Les règles ont été clarifiées et simplifiées. Nous vous présentons les principaux aspects ci-dessous :

– *investisseurs* : les *SIFs* peuvent être vendues à des investisseurs professionnels ou à des investisseurs individuels qui reconnaissent appartenir à la catégorie des investisseurs « *bien informés* » et qui soit investissent au minimum 125 000 euros, soit ont été certifiés par une institution de crédit, une société d'investissement ou de gestion comme suffisamment capable et formée pour investir ;

– *gestionnaire/promoteur* : il n'y a pas d'exigence d'acceptation en ce qui concerne le gestionnaire ou le promoteur, mais les dirigeants du fonds doivent prouver leur capacité et connaissance dans le domaine concerné afin d'être acceptés par l'autorité de tutelle, la commission de surveillance du secteur financier (CSSF) ; les auditeurs doivent aussi être acceptés par la CSSF ;

– *acceptation* : le produit ne doit pas être accepté avant son lancement ; la demande d'acceptation doit être complétée dans le mois qui suit le lancement du produit ;

– *prospectus et rapport annuel* : un prospectus doit être rédigé. Il n'y a pas d'informations obligatoires. Ce document ne doit en outre être mis à jour que si de nouvelles parts sont émises à de nouveaux investisseurs. Le rapport annuel doit être produit dans les six mois qui suivent la fin de l'exercice. Il n'y a pas d'exigences en termes de rapport semi-annuel, ni d'exigence de publier une valeur nette d'inventaire ;

– *valorisation* : les actifs du fonds doivent être estimés sur base d'une valeur équitable ;

– *risques* : les risques d'investissement doivent être diversifiés ;

– *capital minimum* : les actifs sous gestion une année près l'acceptation du fonds par la CSSF doivent être au minimum de 1 250 000 euros.

Remarquons que le cadre réglementaire défini en 2002 reste toujours d'application.

### 4.4. En Italie

L'Italie a été un des premiers pays de l'Union Européenne à réglementer le domaine des hedge funds. À travers le décret du ministère du Trésor de mai 1999, elle a autorisé un nouveau type de sociétés de gestion nommées *Società di gestione del rispiarmo (Sgr) speculative.* Conformément à des normes claires édictées par la Banque d'Italie, ces sociétés ont la possibilité de proposer à des personnes physiques et morales des produits alternatifs. Les règles à respecter pour la création de hedge funds et de fonds de hedge funds italiens sont les suivantes :

– *structure* : les hedge funds italiens ont la structure de fonds gérés par des sociétés et gestion ;

– *types d'actifs utilisés* : les hedge funds italiens peuvent investir dans tous les types d'actifs disponibles ;

– *limites d'investissement* : il n'y a pas de limites d'investissement et pas de règles de diversification minimale ;

– *stratégie d'investissement* : le gérant n'a pas de limites dans la gestion de fonds ;

– *investisseurs* : le fonds peut accepter 200 investisseurs au maximum ;

– *liquidité* : Il n'y a pas de règles spécifiques en ce qui concerne la politique de liquidité des fonds ;

– *investissement minimum* : l'investissement minimum est de 500 000 euros ;

– *documentation* : les obligations en matière de documentation sont les mêmes que celles des fonds UCITS, à l'exception du prospectus qui n'est pas obligatoire, étant donné que la vente publique est interdite. Le rapport annuel doit être produit dans les quatre mois qui suivent la fin de l'exercice, le semi-annuel deux mois après la fin de la période couverte ;

– *prospectus* : pas de règles spécifiques ;

– *publicité* : les fonds ne peuvent être proposés que par l'intermédiaire d'offres privées. Les offres publiques sont interdites ;

– *autre* : La société de gestion doit avoir comme objet exclusif la création et la gestion de hedge funds.

Depuis mai 2005, les autorités ont permis aux fonds communs d'investir jusqu'à 20 % de leurs actifs dans des hedge funds locaux.

Les fonds étrangers peuvent être vendus en Italie après acceptation par la banque d'Italie. Cette acceptation est basée sur un ensemble de contraintes assez lourdes qui concernent la structure, le contrôle et les compétences du gérant.

### 4.5. En Suisse

Les lois suisses distinguent trois types de fonds : les fonds immobiliers, les fonds de valeurs et les autres fonds avec des risques spéciaux. Les hedge funds entrent dans la troisième catégorie. Les règles à respecter pour la création de hedge funds suisses sont les suivantes :

– *structure* : les hedge funds suisses ont la structure de fonds gérés par des sociétés et gestion ; ils peuvent avoir une structure ouverte ou fermée ;

– *types d'actifs utilisés* : les hedge funds italiens peuvent investir dans tous les types d'actifs disponibles sauf les matières premières physiques ;

– *limites d'investissement* : le levier induit par l'emprunt, les positions vendeuses et les produits dérivés doit être limité dans les règles du fonds ;

– *stratégie d'investissement* : le gérant n'a pas de limites dans la gestion de fonds ;

– *investisseurs* : il n'y a pas de contraintes sur le type d'investisseur qui peut investir dans des hedge funds (les fonds pour des investisseurs institutionnels font exception) ;

– *liquidité* : il n'y a pas de règles spécifiques en ce qui concerne la politique de liquidité des fonds ;

– *investissement minimum* : il n'y a pas de règle de base ; cet aspect doit être discuté avec les autorités de contrôle ;

– *documentation* : le client doit signer un document qui stipule qu'il a conscience des risques induits par l'investissement dans des hedge funds. Les obligations en matière de documentation sont les mêmes que celles des fonds UCITS. Le rapport annuel doit être produit endéans les quatre mois qui suivent la fin de l'exercice, le semi-annuel deux mois après la fin de la période couverte. Des informations additionnelles doivent être fournies sur la stratégie d'investissement si c'est nécessaire ;

– *prospectus* : le prospectus doit présenter la stratégie d'investissement ainsi qu'un long avertissement sur le risque, un glossaire des termes et une présentation détaillée des risques encourus ;

– *publicité* : la publicité est permise, mais elle doit inclure un long avertissement sur les risques encourus et elle doit se limiter à 20 investisseurs potentiels. Toute personne qui vend ou distribue des parts de fonds étrangers de manière professionnelle en Suisse doit posséder une licence remise par la Commission Bancaire Fédérale. Il existe deux exceptions où il n'est pas nécessaire de demander la licence. Tout d'abord, il existe l'exemption des investisseurs institutionnels. Selon cette exemption, il n'est pas nécessaire de demander la licence pour certaines activités marketing (par exemple, pour des séminaires de présentation), à condition que de telles offres soient adressées exclusivement à un nombre limité d'investisseurs dont les actifs sont gérés professionnellement. La seconde manière de faire appel à des investisseurs suisses sans devoir demander de licence, c'est de fournir les informations à des banques ou des institutions financières suisses qui ne sont pas elles-mêmes des investisseurs potentiels. Aucune offre publique ne doit être faite, aucun accord de distribution ne doit exister entre le fonds et l'institution et il ne faut pas que les clients soient en gestion, mais uniquement en conseil. Dans ce cas, le marketing ou la distribution des intérêts des fonds étrangers serait de la responsabilité de la banque ou de l'institution financière qui ne devra normalement pas demander de licence.

Les règles pour la création d'un fonds de hedge funds suisses sont les suivantes :

– *structure* : les fonds de hedge funds suisses ont la structure de fonds gérés par des sociétés et gestion ; ils peuvent avoir une structure ouverte ou fermée ;

– *limites d'investissement* : tout fonds investissant plus de 49 % sera qualifié de fonds de hedge funds ; les autorités de contrôle ont développé des règles de diversification du risque détaillée ; la limite par position est de 20 % ;

– *stratégie d'investissement* : le régulateur suisse analyse en détails le processus de due diligence et le suivi des fonds sous-jacents avec une attention particulière au courtier impliqué ;

– *investisseurs* : il n'y a pas de contraintes sur le type d'investisseur qui peut investir dans des fonds de hedge funds ;

– *liquidité :* il n'y a pas de règles spécifiques en ce qui concerne la politique de liquidité des fonds ;

– *investissement minimum* : il n'y a pas de limites à ce niveau ;

– *documentation* : le client doit signer un document qui stipule qu'il a conscience des risques induits par l'investissement dans des hedge funds. Les obligations en matière de documentation sont les mêmes que celles des fonds UCITS. Le rapport annuel doit être produit dans les quatre mois qui suivent la fin de l'exercice, le rapport semi-annuel deux mois après la fin de la période couverte. Des informations additionnelles doivent être fournies sur la stratégie d'investissement si c'est nécessaire ;

– *prospectus* : le prospectus doit présenter la stratégie d'investissement ainsi qu'un long avertissement sur le risque, un glossaire des termes et une présentation détaillée des risques encourus. Il est également obligatoire de divulguer l'ensemble des facteurs de risque spécifiques, des restrictions d'investissement ainsi que les accords avec le *prime broker*. Finalement, il faut informer le client des coûts additionnels ;

– *publicité* : la publicité publique est permise pour les fonds de hedge funds ;

Les fonds étrangers peuvent être proposés sur le marché suisse s'ils respectent les mêmes règles que les fonds suisses.

### 4.6. En France

En France, les hedge funds prennent généralement la forme d'organismes de placement collectif à effet de levier ou non – OPCVM ARIA et ARIAEL et d'OPCVM contractuels. La seconde étant la forme juridique la plus flexible pour des fonds alternatifs, nous nous concentrerons sur ses caractéristiques. Les principales règles à respecter pour les fonds utilisant cette structure sont :

- *types d'actifs utilisés* : les OPCVM contractuels peuvent investir dans des instruments financiers et des dépôts ;
- *limites d'investissement* : il n'y a pas de limite légale pour les OPCVM contractuels mais les règles d'investissement, les instruments et les limites doivent être définis et détaillés dans le prospectus ; il n'y a pas de règle minimale de diversification ;
- *investisseurs* : il n'y a pas de contraintes sur le type d'investisseur qui peut investir dans des hedge funds (les fonds pour des investisseurs institutionnels font exception) ;

• *liquidité* : une période de notification avant le remboursement et une *lock-up* sont permises ; la première peut être de trois mois au maximum, la seconde de deux ans ;

• *investissement minimum* : l'investissement minimum doit être de 250 000 euros. Ce montant est rabaissé à 30 000 euros pour autant que l'investisseur :

– certifie avoir une fortune personnelle d'au minimum un million d'euros ;

– travaille dans le secteur financier depuis plus d'un an et que cette position lui permet de comprendre les avantages et les risques associés à la stratégie implémentée.

– Il n'y a pas d'investissement minimum pour les investisseurs qualifiés (les professionnels), les institutions nationales, internationales ou supranationales d'une taille minimale ;

• *documentation/prospectus* : un prospectus précis doit être rédigé mais il n'y a pas d'obligation de rédiger un prospectus simplifié. Les états financiers annuels et semi-annuels doivent être publiés dans les 4 et 2 mois qui suivent la fin de la période visée ;

• *valorisation* : la valeur nette d'inventaire doit être publiée au moins une fois par trimestre ;

• *publicité* : les ventes publiques de fonds contractuels sont permises pour autant que l'investisseur signe un document qui certifie qu'il a été informé des restrictions d'investissement spécifiques au produit ;

• *enregistrement* : les OPCVM contractuels peuvent être approuvés après leur lancement sur la base que la société de gestion a été approuvée.

Les fonds de hedge funds ont la forme d'OPCVM ARIA de fonds alternatifs. Les règles pour la création d'un fonds de hedge funds français sont les suivantes :

– *limites d'investissement* : il existe des exigences spécifiques strictes pour les fonds en portefeuille dans un fonds de hedge funds. Ces règles concernent entre autres la transférabilité des actions des fonds, le risque, la documentation et le domicile du fonds. Les fonds de fonds de fonds sont interdits au-delà de 10 %. La plus grande position doit faire 10 % au maximum et le top cinq 40 % ;

– *investisseurs* : il n'y a pas de contraintes sur le type d'investisseur qui peut investir dans des hedge funds (les fonds pour des investisseurs institutionnels font exception) ;

– *liquidité* : une période de notification de maximum 35 jours est permise ;

– *Investissement minimum* : l'investissement minimum doit être de 10 000 euros. Il n'y a pas d'investissement minimum pour les investisseurs qualifiés (les professionnels), les institutions nationales, internationales ou supranationales d'une taille minimale, ni pour les produits à capital garanti ;

– *documentation/prospectus* : la documentation exigée est identique à celle des fonds harmonisés. Un prospectus précis doit être rédigé mais il n'y a pas d'obligation de rédiger un prospectus simplifié. Des informations additionnelles sur la stratégie de sélection, le risque, la politique des fonds sous-jacents en termes de stratégie, levier, positions vendeuses, commissions, ainsi qu'un message d'avertissement de risque proéminent. Les états financiers annuels et semi-annuels doivent être publiés dans le 4 et 2 mois qui suivent la fin de la période visée ;

– *valorisation* : La valeur nette d'inventaire doit être publiée au moins une fois par mois ;

– *publicité* : Les ventes publiques sont permises ;

– *enregistrement* : Les OPCVM de fonds alternatifs doivent être approuvés avant leur promotion.

Les conditions de vente des hedge funds étrangers en France, sont quant à elles, très strictes. Les fonds ne peuvent pas être proposés directement à la vente à des clients (même des investisseurs qualifiés) s'ils n'ont pas été spécifiquement approuvés par l'AMF. La vente de fonds par l'intermédiaire de fonds de hedge funds est permise sous certaines conditions :

– le gérant du fonds de fonds doit être approuvé par l'AMF ;

– le programme de distribution doit être approuvé par l'AMF ;

– l'investissement minimum doit être de 10 000 euros ;

– le portefeuille doit respecter des règles de diversification spécifiques.

### 4.7. En Belgique

Il n'existe pas aujourd'hui de cadre juridique permettant la création et la gestion de hedge funds en Belgique. Il est cependant possible de proposer des investissements dans des hedge funds, à des investisseurs potentiels belges dans le cadre de produits d'assurance ou dans le cas de ventes non sollicitées. Les produits d'assurance sont vendus sous la forme de fonds de la branche 23. Ils sont contrôlés par l'office de contrôle des assurances et ils permettent aux investisseurs d'investir dans des fonds, en souscrivant une assurance-vie dont le rendement est lié à un ou plusieurs fonds d'investissement. L'investissement en hedge funds par l'intermédiaire de fonds de hedge funds est plus simple et possible.

Il est possible de promouvoir des hedge funds qui n'ont pas la structure UCITS en Belgique sans avoir à enregistrer le fonds ou la société de gestion en Belgique, pour autant que le fonds ne soit vendu qu'à un nombre limité d'investisseurs individuels (moins de 50) ou à certains investisseurs qualifiés tels que des banques, des fonds de pension ou des sociétés d'assurance.

### 4.8. En Irlande

L'Irlande et le Luxembourg se disputent la place de leader en termes d'administration parmi les marchés régulés depuis plusieurs années. L'autorité de contrôle irlandaise est l'*Irish Financial Services Regulatory Authority*. En février 2007, elle a défini un nouveau régime à respecter afin d'être qualifiée de *fonds d'investissements qualifiés*.[1] Les fonds repris dans cette catégorie disposent d'une grande flexibilité, ce qui fait qu'il s'agit de la structure légale généralement utilisée par les gérants de hedge funds pour créer un hedge fund de droit irlandais.

Les fonds d'investissements qualifiés doivent respecter les règles suivantes :

– *type d'investisseurs* : ce type de fonds ne peut être vendu qu'à des investisseurs individuels qualifiés, disposant d'une fortune personnelle d'au minimum 1 250 000 euros (sans prendre en compte leur résidence principale) ou à des institutions qui disposent ou investissent sur une base discrétionnaire au minimum 25 millions d'euros ;

– *investissement minimum* : la souscription minimale par investisseur doit être de 250 000 euros (ou un montant équivalent).

– *prospectus* : le prospectus devra être complet, correct et comprendre une description complète de l'objectif et de la politique d'investissement du fonds. La politique d'emprunt devra également être révélée ainsi que les investissements proposés, une indication de l'endroit où ils seront traités et des raisons à l'origine de l'investissement ; le levier, son niveau moyen et les variations de son utilisation doivent également être spécifiés ;

– *restrictions d'investissement* : diverses règles plus ou moins complexes ont été édictées. Les principales comprennent une limite de 40 % des actifs du fonds investis dans un fonds sous-jacent non réglementé. Ces fonds doivent également respecter le principe de répartition du risque. En outre, le fonds doit en général traiter avec des contreparties avec un crédit minimum ;

– *flux d'information* : les rapports financiers semi-annuels (non audités) et leur version annuelle auditée doivent être envoyés à l'autorité de contrôle et être disponibles pour les investisseurs. Les rendements mensuels doivent être envoyés ainsi que la valeur brute et nette d'inventaire. Tout changement de prospectus doit être envoyé à l'autorité de contrôle avant sa mise en place.

– *éléments additionnels* : le nom de fonds ne peut pas prêter à confusion, les fonds qui offrent une liquidité moindre que trimestrielle doivent l'indiquer sur la couverture du prospectus. Un même fonds avec plusieurs classes d'actions devra s'assurer que toutes les classes ont les mêmes procédures de transaction et la même fréquence.

En résumé, l'intérêt des règles énumérées ci-dessus est qu'elles n'entraînent aucune restriction sur la stratégie d'investissement ou sur le recours au levier et qu'elles sont générales et pas spécifiques à chaque entité. En outre, elles sont claires et elles ont permis au marché irlandais d'être compétitif dans leur désir de développer un marché local des hedge funds. Avec une telle loi, l'Irlande vise clairement à concurrencer les places *offshore* comme les Îles Caymans ou les Îles Vierges Britanniques.

1. Le terme original est *Qualifying Investor Funds* (*QIFs*).

De nombreux hedge funds sont cotés sur la bourse irlandaise. Cela ne signifie pas que les fonds sont domiciliés en Irlande, mais qu'ils peuvent être cotés en bourse en Irlande. En 2008, on comptait 4 400 fonds et sous-fonds cotés sur la bourse irlandaise. Le fait d'être côté sur une bourse européenne peut avoir des avantages pour un produit d'investissement, le principal étant l'attrait d'une certaine catégorie d'investisseurs tels que des institutions européennes ou des fonds de fonds français. Une demande de cotation sur la bourse irlandaise doit être faite par l'intermédiaire d'une liste de sponsors approuvée par la bourse (généralement des brokers ou des conseillers légaux). Un hedge fund de droit irlandais pourra être accepté à la cotation. Pour les fonds domiciliés dans d'autres juridictions, les règles à respecter sont les suivantes :

– le fonds ne doit compter que des investisseurs professionnels (comme défini par la bourse),

– le prime broker doit respecter certains critères,

– au maximum 20 % des actifs d'un fonds doivent être investis dans un seul émetteur (40 % pour une position dans le cas de fonds de fonds),

– dans le cas d'une structure feeder, c'est l'ensemble de la structure qui doit respecter un ensemble de règles.

### 4.9. À Malte

Malte tente de développer son industrie des services financiers. Dans ce cadre, le régulateur a créé les *private investment funds* (*PIFs*). Cette structure juridique permet de créer des hedge funds à Malte. Il en existait plus de 200 en 2008 selon la MFSA (Malta Finance Service Authority), l'autorité de contrôle des marchés financiers.

Les principales règles à respecter pour proposer un tel fonds sont les suivantes :

– *type d'investisseurs* : les PIFs peuvent être vendus aux entreprises ainsi qu'aux investisseurs suivants :

a. *investisseurs qualifiés* : la règle principale (parmi d'autres) est que les investisseurs disposent d'actifs pour plus d'un million de dollars en actifs ;

b. *investisseurs expérimentés* : ce type d'investisseur doit disposer d'une expertise et de connaissances dans le domaine du fonds ;

c. *investisseurs extraordinaires* : la règle principale (parmi d'autres) est qu'il dispose d'actifs pour plus de dix millions de dollars en actifs.

– *investissement minimum* : l'investissement minimum est de 20 000 dollars dans le cas d'un investisseur expérimenté, 100 000 dans le cas d'un investisseur qualifié et 1 000 000 dans le cas d'un investisseur extraordinaire ;

– *société de gestion* : la société de gestion ou le conseiller ne doivent pas être domiciliés à Malte, mais ils doivent être installés dans une juridiction établie, régulée et reconnue de l'Union Européenne ou de l'espace économique européen (plus quelques exceptions) ;

– *acceptation* : tout fonds doit être accepté par l'autorité de contrôle (la MFSA) avant de pouvoir être vendu à Malte ;

– *stratégie d'investissement* : il n'y a pas de limite au niveau de la stratégie d'investissement appliquée par un PIF mais bien en termes de levier et de positions vendeuses (surtout si le fonds est vendu à des investisseurs expérimentés) ;

### *4.10. Espagne*

Jusqu'en 2005, il n'y avait pas de cadre juridique permettant l'investissement dans des hedge funds et la législation espagnole a toujours été particulièrement défavorable aux investisseurs désireux d'investir dans des hedge funds *offshore*. Les investisseurs espagnols investis dans des hedge funds *offshore* domiciliés dans des paradis fiscaux comme les Îles Caymans ou les Îles Vierges britanniques sont taxés à hauteur de leur taux d'imposition marginal sur base de l'hypothèse que l'entité a offert un minimum de 15 % de rendement sur l'année, même si ce n'est pas le cas.

Une réglementation spécifique aux *Collective Investment Schemes* (*CIS*) est d'application depuis le 9 novembre 2005. Cette loi réglemente les hedge funds et les fonds de hedge funds. Le cadre juridique a été complété par un ordre ministériel daté d'avril 2006 et une circulaire approuvée par le régulateur (*CNMV = comision national del mercado de valores*) datée de mai 2007.

La nouvelle réglementation a créé un statut spécifique pour les investissements de type hedge appelés *fonds d'investissement libres.*[1] Les règles de base non exhaustives concernent :

• *la structure* : les hedge funds espagnols ont une structure de société d'investissement ;

• *les types d'actifs utilisés* : les hedge funds espagnols peuvent investir dans toutes les catégories d'actifs financiers avec certaines contraintes de liquidité, de diversification et de transparence ainsi que tous les produits dérivés, quel que soit le sous-jacent ;

• *les limites d'investissement* : la limite maximale supérieure pour l'utilisation du levier est de cinq fois les actifs (sans compter les produits dérivés) ; les hedge funds ne peuvent pas investir dans des matériaux bruts ;

• *la qualité des investisseurs* : les fonds ne peuvent pas faire de la publicité librement et ils ne peuvent être commercialisés qu'auprès d'*investisseurs qualifiés* c'est-à-dire :

a. des institutions qui sont autorisées ou régulées dans le cadre de leurs activités dans les marchés financiers telles que des sociétés d'investissement, d'assurance, des fonds de pension. et les entités dont le seul objet est d'investir dans des titres financiers,

b. des institutions régionales, nationales, internationales ou supranationales,

c. des grandes sociétés,

1. Instituciones de *Inversión* Colectiva de *Inversión Libre.*

d. certaines petites et moyennes entreprises qui sont établies en Espagne et qui décident d'être traitées comme des investisseurs qualifiés,

e. des personnes individuelles qui sont résidents espagnols et qui ont expressément demandé à être traitées comme des investisseurs qualifiés si elles respectent au moins deux des trois critères :

– l'investisseur a traité sur les marchés financiers avec une fréquence moyenne d'au moins 10 % par trimestre au cours des derniers quatre trimestres ;

– le portefeuille de titres de l'investisseur est de plus de 500 000 euros ;

– l'investisseur travaille ou a travaillé au minimum une année dans le secteur financier, dans une position qui demande la connaissance de l'investissement en titres financiers.

• *le nombre d'investisseurs* : tout hedge fund doit compter au minimum 25 clients. Le fonds dispose d'un an pour atteindre ce minimum dès son enregistrement. Toute baisse du nombre de clients sous 25 devra être compensée dans l'année qui suit afin d'éviter la révocation ou la dissolution obligatoire.

• *liquidité* : les valeurs nettes d'inventaire trimestrielles doivent être publiées. Elles peuvent être semi-annuelles dans certains cas. Des estimations peuvent être fournies mais réconciliées, reprises dans les rapports trimestriels, semi-annuels et annuels qui doivent être rendus public. Les demandes de remboursement doivent être payées dans une période ne pouvant dépasser deux fois le calcul de la valeur nette d'inventaire et au maximum 9 mois après la demande de remboursement.

• *l'investissement minimum* : l'investissement minimum de tout investisseur doit être de 50 000 euros.

• *la documentation/prospectus* : les obligations en matière de documentation sont les mêmes que celles des fonds UCITS.

• *la gestion des risques* : une gestion des risques doit être définie et un *stress test* doit être estimé.

• *d'autres éléments* : il existe également une série de contraintes relativement complexes par rapport à l'utilisation des titres et au courtier.

Les fonds de hedge funds domestiques ont également obtenu un statut spécifique.[1] Les règles de base non exhaustives concernent :

– *les investisseurs* : les fonds de hedge funds peuvent faire de la publicité et être vendus auprès de tous les types d'investisseurs ;

– *le critère d'investissement* : un fonds de hedge funds doit investir au moins 60 % de ses actifs. Ces investissements doivent être faits dans des hedge funds domestiques, dans des hedge funds étrangers ou dans des sociétés d'investissement (ou des structures similaires) qui ont des principes d'investissement et règlements similaires à celles des hedge funds domestiques ou qui visent à répliquer des hedge funds. Ces fonds doivent

1. Instituciones de *Inversión* Colectiva de Instituciones de *Inversión* Colectiva de *Inversión Libre.*

être domiciliés dans un pays de L'OCDE où la société de gestion doit être sujette à la supervision d'une juridiction OCDE ;

– *la réplication* : l'investissement en hedge funds par un produit d'investissement dérivé devra également respecter la règle minimale de 60 % précitée ;

– *la diversification* : un maximum de 10 % d'un fonds de hedge fund peut être investi dans un hedge fund particulier (le portefeuille doit dès lors compter au minimum 6 fonds pour un portefeuille investi au minimum, soit 60 %) ;

– *la due diligence* : des règles minimales de due diligence ont été définies par la CNMV ;

– *le flux d'information* : les mêmes contraintes sont appliquées pour les fonds de hedge funds que pour des hedge funds individuels (valeurs nettes d'inventaires trimestrielles, estimations possibles mais réconciliées reprises dans les rapports trimestriels, semi-annuels et annuels qui doivent être rendus publics) ;

– *le délai de remboursement* : les demandes de remboursement doivent être payées dans une période ne pouvant dépasser deux fois le calcul de la valeur nette d'inventaire et au maximum 9 mois après la demande de remboursement ;

– *les contraintes additionnelles* : les fonds de hedge funds doivent également respecter les règles de base en termes de diversification, de levier, etc.

Soulignons quelques éléments intéressants pour les hedge funds et pour les fonds de hedge funds :

– *frais* : il n'y a aucune contrainte ou limite en termes de frais de gestion, d'administration, de souscription ou de frais de sortie.

– *risques spécifiques* : tout investisseur doit signer un document qui reconnaît qu'il a conscience des risques spécifiques sous-jacents à un investissement dans un hedge funds ;

– *prospectus* : un prospectus simplifié devra être publié en plus de sa version complète et les deux documents devront présenter clairement la stratégie d'investissement, les risques, le profil de risque du fonds, la méthodologie d'investissement qui sous-tend la construction de portefeuille, les contraintes de liquidité et une présentation détaillée de la structure de frais [1] ;

– *gérant de fonds* : des règles spécifiques sont également définies par rapport au gérant de fonds, au contrôle de risque et à l'indépendance de l'estimation de la valeur nette d'inventaire ;

1. Il semblerait que le document de connaissance des risques ne doit plus être signé par les investisseurs qualifiés ou plus largement les investisseurs qui ont préalablement signé un tel document dans le cadre de la gestion de leur portefeuille selon un article publié dans *hedgeweek* en avril 2007.

– *délai de remboursement* : les périodes de sûreté sont permises si elles sont indiquées dans le prospectus. Les demandes de remboursement doivent être payées dans une période ne pouvant dépasser deux fois le calcul de la valeur nette d'inventaire et au maximum 6 mois après la demande de remboursement ;

– *délégation* : un ensemble de règles a été dicté par rapport à la délégation totale ou partielle de certaines activités.

Finalement, la vente de hedge funds étrangers sera toujours permise si elle n'a pas été sollicitée par le gérant. La loi ouvre en outre la porte de l'enregistrement des hedge funds étrangers en Espagne. Cet enregistrement doit cependant se faire au cas par cas pour des fonds qui respectent l'ensemble des règles fixées pour les fonds locaux.

Suite à cette nouvelle loi, des nombreux intervenants du monde alternatif se sont associés avec des institutions espagnoles afin de proposer des produits alternatifs et certaines nouvelles entités ont été créées. En avril 2008, on comptait 33 sociétés de gestion agréées par la CNMV, 38 fonds de fonds et 25 hedge funds individuels enregistrés contre 20 sociétés en juin 2007 et 10 fonds individuels.

### *4.11. Les hedge funds et UCITS III*

La gestion d'actifs dans la grande Europe se développe aussi bien dans le domaine des sociétés de gestion que dans celui des fonds. L'introduction de la Directive de l'Union sur les OPCVM – Organismes de Placement Collectif en Valeurs Mobilières – plus connue sous le libellé UCITS III – *Undertakings for the Collective Investment in Transferable Securities* – permet même à certaines stratégies alternatives d'être vendues sous le format UCITS.

La première Directive UCITS 1 de 1985 a codifié la notion de passeport européen d'harmonisation de la distribution des fonds de valeurs mobilières dans l'ensemble des États membres de l'Union. Selon l'UCIT I, un fonds agréé dans un État peut, après signalement aux autorités de tutelle des marchés des autres États concernés, commercialiser librement ses parts dans ces autres États.

La principale innovation dans UCITS III est le droit d'investir dans des titres dérivés négociés de gré à gré. Cette nouveauté permet par exemple la création de fonds « 130/30 » qui sont des fonds qui incluent 30 % de positions long et short synthétiques par l'intermédiaire de produits dérivés. Dans certains pays comme l'Irlande et le Luxembourg, les libertés sont même plus importantes et des positions longues jusqu'à 100 % peuvent être contrebalancées par des positions courtes par l'intermédiaire de produits dérivés, également jusqu'à 100 % si combinées avec des positions longues. C'est dans ce cadre qu'il est possible de créer un certain type de hedge funds, principalement ceux investis en actions avec une approche *long/short* ou *market neutral*.

## 5. Les juridictions *offshore*

À l'origine, lorsqu'un partenaire d'un fonds désirait le vendre à des investisseurs non américains, il devait créer un fonds *offshore* (également appelé extraterritorial) car les fonds domiciliés aux États-Unis ne peuvent être vendus qu'à des investisseurs américains. Ceci lui permettait de ne pas devoir se plier aux contraintes de la *Securities and Exchange Commission* et de la *Commodity Futures Trading Commission*. Ensuite, de plus en plus de fonds ont été créés dans des juridictions *offshore* fiscalement avantageuses car la domiciliation de fonds y est rapide, peu onéreuse, et parce que les contraintes relatives aux stratégies d'investissement mises en place sont peu contraignantes. Aujourd'hui, lorsqu'un gérant décide de créer un fonds, il doit toujours choisir s'il désire domicilier son fonds aux États-Unis (obligatoire pour la majorité des investisseurs américains), en Europe, en Asie ou dans une juridiction *offshore*. Communément, on utilise le terme *offshore* pour désigner ces dernières. Une grande partie des hedge funds est domiciliée dans ces paradis fiscaux pour deux raisons : les avantages fiscaux et la flexibilité des législations nationales. Dans ce cas, ils fonctionnent en dehors des contraintes prudentielles et réglementaires de nos pays. Analysons à présent en détail les raisons sous-jacentes à un tel choix.

Lors du choix de la domiciliation d'un fonds dans l'une ou l'autre de ces juridictions, divers éléments entrent en compte : le coût, la flexibilité, la rapidité de la mise en place de fonds, la confidentialité, la réglementation et la perception des investisseurs. Les partenaires d'un fonds domicilié dans une telle juridiction donneront plus d'importance à certains de ces facteurs qu'à d'autres. Même si chaque place offre des avantages par rapport à nos pays développés, chacune a ses spécificités. Certains avantages acquis dans certaines d'entre elles ne le sont pas dans d'autres. Cette flexibilité couvre divers aspects que nous reprenons ci-dessous. Toutes les juridictions *offshore* n'offrent pas l'ensemble de ces avantages, mais ce sont divers aspects à considérer lors de la constitution d'un fonds qui peuvent expliquer la préférence d'un enregistrement extraterritorial :

– *avantage fiscal* : de nombreuses juridictions ne prélèvent pas de taxes sur les bénéfices, ce qui constitue un des attraits principaux de ces juridictions ;

– *frais* : l'ensemble des frais de constitution et d'établissement d'un fonds sont plus faibles dans les juridictions *offshore* que dans les pays développés ;

– *flexibilité* : les gérants de fonds disposent d'une plus grande liberté dans la mise en place et l'application de leur stratégie d'investissement. Jusqu'à il y a peu de temps les limites étaient très fortes dans les marchés régulés, même si de nouvelles législations favorables (QIF en Irlande ou SIF au Luxembourg) ont changé la donne récemment ;

– *rapidité* : dans la plupart des juridictions *offshore*, il est possible de créer et d'enregistrer un fonds en quelques jours ou en quelques semaines. Cela peut prendre jusqu'à plusieurs mois dans de nombreux pays européens lorsque la stratégie d'investissement n'est pas standard. Cette contrainte est moins marquée aujourd'hui avec certaines nouvelles dispositions dans certaines juridictions régulées comme l'Irlande ou le Luxembourg ;[1]

– *les ressources disponibles* : de nombreuses juridictions *offshore* telles que les Îles Caymans peuvent se prévaloir d'une infrastructure complète et de haut niveau de service aux fonds (administration, dépositaire, conseiller légal, etc.). Plusieurs d'entre elles se sont même spécialisées dans l'administration de fonds ;

– *type d'investisseur et investissement minimum* : les règles en matière d'investisseurs acceptés dans les fonds *offshore* sont moins strictes que les règles communément appliquées aux États-Unis ou en Europe, que l'on parle de leur richesse ou de leur nombre. En outre, l'investissement minimum à demander dans les fonds est souvent de l'ordre de 100 000 dollars au minimum contre 1 000 000 de dollars aux États-Unis ou 250 000 euros en Irlande ou en Italie ;

– *représentation* : les juridictions *offshore* exigent en général une adresse sur leur territoire et, suivant les cas, l'utilisation d'un administrateur local ou non. Dans les pays régulés, il est généralement exigé d'être représenté sur place. Dans certains cas comme l'Espagne, la gestion doit obligatoirement se faire du pays, ce qui entraîne des coûts et des complications importantes pour des sociétés étrangères.

Dans le monde, on compte de nombreuses juridictions *offshore*. Les juridictions où les hedge funds sont le plus présents sont les Îles Caymans suivies des Îles Vierges Britanniques, des Bermudes et des Bahamas [2] (voir le graphique 1). Ces deux territoires sont tous les deux des territoires d'outre-mer britanniques, si bien qu'ils offrent la sécurité et la stabilité traditionnellement associées avec le drapeau anglais. Elles sont cependant chacune responsables de leur propre gouvernance. La Grande-Bretagne reste uniquement responsable des affaires extérieures, de la défense et des tribunaux. Les autres juridictions concernées incluent entre autres Andorre, l'Angola, la Barbade, Belize, Gibraltar, Guernesey, l'Île du Man, Jersey, le Liberia, Madère, la Mauritanie, Monaco ou les Îles Turks et Caicos.

1. En Irlande, il n'est même plus nécessaire de demander l'enregistrement aux autorités avant le lancement d'un QIF pour autant que les entités proches du fonds (gestionnaire, administrateur, etc.) soient reconnues par le régulateur. Un tel fonds peut être lancé le lendemain de la réception des autorités de tutelle de l'ensemble des informations nécessaires. Un tel changement accélère et facilite fortement la donne. Au Luxembourg, un SIF peut être lancé jusqu'à 1 mois avant de rentrer les documents relatifs auprès des autorités de contrôle.

2. Labstib Sibblies, conseiller général des autorités monétaires des Îles Caymans, a rapporté lors de la conférence annuelle de l'AIMA en janvier 2007 qu'il y avait 7 500 fonds communs qui présentaient quasiment tous au moins une des caractéristiques associées aux hedge funds.

**Graphique 1. –** *Répartition de la domiciliation des hedge funds* offshore

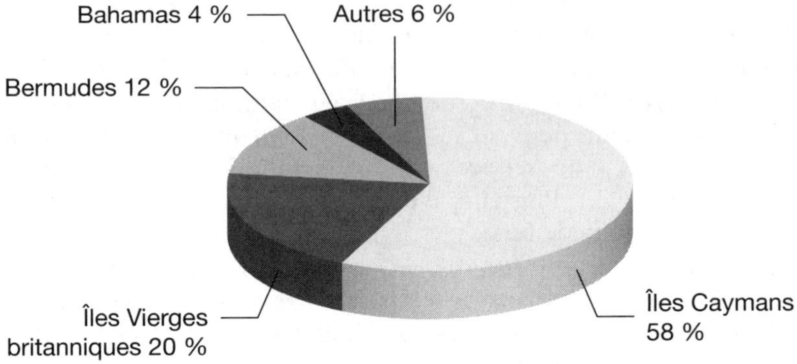


*Source* : ECB.

Les États-Unis ont également leurs juridictions *offshore* aux États-Unis, le plus connu étant l'État du Delaware. Celui-ci offre un grand nombre d'avantages fiscaux et juridiques à condition que vos activités soient *offshore,* c'est-à-dire que la gestion de vos services ou produits soit en dehors des États-Unis, et de même pour les responsables de la société. Seule une taxe annuelle sera imposée par l'État du Delaware à votre société, d'un montant forfaitaire et unique de 200 dollars pour une LLC (structure généralement choisie par les gérants de hedge funds). L'État du Delaware est l'État le plus petit des États-Unis situé à deux heures de Washington. Les lois d'affaires et services gouvernementaux du Delaware sont conçus pour permettre aux investisseurs étrangers de créer leur propre société *offshore* en toute légalité avec toute la flexibilité nécessaire. La seule véritable contrainte est qu'en tant que non-résident, pour ouvrir une société *offshore* au Delaware, il faut passer obligatoirement par un agent agréé par les autorités du Delaware, la société étant alors domiciliée chez cet agent.

Pour rappel, la domiciliation *offshore* d'un fonds n'entraîne nullement que la société de gestion ou que l'équipe de gestion ne soit basée dans la même juridiction que le fonds. Les gestionnaires de fonds seront généralement basés dans les grands centres financiers comme Londres, Hong Kong ou New York. La domiciliation concerne uniquement le fonds. C'est elle qui définit les règles et contraintes gouvernant le fonds ainsi que les tribunaux compétents en cas de litige. Nous présentons les règles applicables aux deux marchés *offshore* principaux, à savoir, les Îles Caymans et les Îles Vierges Britanniques

### *5.1. Îles Caymans*

Aux Îles Caymans, les hedge funds prennent généralement la forme d'*exempted limited partnership.* L'investissement minimum légal est de 100 000 dollars. Il existe deux types de fonds, les fonds privés uniquement commercialisés auprès des professionnels ou des personnes fortunées, et les fonds publics. Les hedge funds entrent dans la première catégorie. Les exigences se sont accrues depuis quelques années, mais les Îles Caymans peuvent toujours se prévaloir de leur vitesse et de leur flexibilité, du faible coût d'implémentation de fonds, de la flexibilité dont jouissent les gérants dans la mise en place de leur stratégie, de la structure fiscale favorable, ainsi que de la qualité des services de soutien telle l'administration.

### 5.2. Îles Vierges britanniques

Aux BVI, les hedge funds peuvent être de trois types. Nous n'entrerons pas dans les détails des lois, mais présentons les éléments de base à respecter pour créer un hedge fund. Les fonds prennent généralement la forme légale d'*international business company* (*IBC*). Les fonds peuvent être de trois types :

– *des fonds privés* : un fonds privé est soit un fonds qui n'acceptera pas plus de 50 investisseurs, soit un fonds qui ne proposera ses parts à la vente que sur une base privée. Le terme privé signifie, par exemple, que le placement ne se fera que dans un cercle restreint de connaissances privées ou professionnelles ;

– *des fonds professionnels* : un fonds professionnel est un fonds qui ne proposera ses parts à la vente qu'à des investisseurs professionnels avec un investissement minimum de 100 000 dollars. Un investisseur professionnel peut être défini de deux manières. Il s'agit soit d'un investisseur dont l'activité principale consiste en l'achat et la vente de titres équivalents à ceux traités par le fonds pour son compte ou pour le compte d'autrui, soit d'un individu qui a signé un document qui stipule que seul (ou avec son épouse), il dispose d'une richesse de plus d'un million de dollars et qu'il accepte d'être considéré comme un investisseur professionnel ;

– *des fonds publics* : un fonds public doit se plier à des règles d'enregistrement contraignantes tel qu'un prospectus complet et détaillé qui doit être approuvé par le directeur de l'*investment business* et par les directeurs du fonds (une section sur le droit des investisseurs doit être incluse), une preuve de constitution, la présentation des directeurs, une représentation locale, un nom qui ne prête pas à confusion, des états financiers disponibles.

Des fonds privés ou professionnels seront généralement reconnus par la commission en respectant deux conditions :

– fournir une preuve satisfaisante que le fonds est un fonds privé ou professionnel : Cela se fait généralement en fournissant une copie du mémorandum et des statuts ; dans le cas d'un fonds professionnel, une copie des documents de souscription ;

– être légalement constitué sous les lois des BVI : Cette condition se remplit en envoyant une copie du certificat d'établissement.

Il n'y a pas de restrictions d'investissement pour les fonds, qu'ils soient privés, professionnels ou publics, si bien que les hedge funds et autres fonds d'investissement alternatifs peuvent choisir l'une ou l'autre de ces catégories.

## 6. Résumé du chapitre

Dans ce chapitre, nous avons fait un tour d'horizon du cadre réglementaire des hedge funds dans de nombreux marchés européens et aux États-Unis. Notre analyse indique une hétérogénéité des législations qui, même si elles ont souvent un même objectif de protection des investisseurs, ne le font pas de la même manière.

Alors que certains pays comme le Luxembourg laissent une grande liberté aux gérants, d'autres comme la Suisse ont été plus rapides à adapter une législation plus contraignante. Il est également intéressant de remarquer qu'au sein d'un même pays, alors que certaines autorités tardent à légiférer et à s'ouvrir aux hedge funds, les gérants et les promoteurs imaginent des astuces (produits d'assurance-vie par exemple) afin de vendre les hedge funds aux clients désireux d'y investir. Les choses vont très certainement continuer à évoluer, mais il est très peu probable, voire impossible que l'on arrive ou que l'on tende même vers une harmonisation globale.

Néanmoins, en examinant la législation des hedge funds dans une perspective comparative, nous avons prouvé que les règles nationales se rapprochent, même si chaque pays se distingue par ses caractéristiques propres. Si la constitution d'un hedge funds semble une opération courante aux États-Unis, motivée notamment par l'existence d'une expérience incomparable dans ce domaine, les démarches et conditions à respecter pour conserver le caractère privé du fonds ne semblent pas moins contraignantes que sur les marchés européens, ce qui indique que le développement des hedge funds en Europe ne devrait pas être freiné par les législations en vigueur ou en cours de développement.

L'analyse des réglementations actuelles des juridictions *offshore* avantageuses nous a aidé à comprendre pourquoi de nombreux fonds sont domiciliés dans ce que l'on appelle couramment les paradis fiscaux. Nous avons achevé ce chapitre par l'analyse succincte des principaux avantages de ces places.

Nous renvoyons le lecteur intéressé par plus d'informations sur le sujet à la littérature spécialisée sur ce thème.

# Chapitre 6

# Les hedge funds, LTCM et les crises récentes

Nous consacrons ce sixième chapitre à l'analyse de la débâcle de *Long Term Capital Management* en 1998 avant d'analyser en détail le rôle des hedge funds dans les principales crises financières de ces dernières années. Ce chapitre vise à décrire certaines difficultés des hedge funds qui peuvent avoir des répercussions importantes pour l'ensemble de l'industrie financière. La seconde partie du chapitre indique que les positions de certains hedge funds ont entraîné des crises financières qui ont déstabilisé des marchés financiers, ce qui est difficilement acceptable moralement.

## 1. Long Term Capital Management

*Long Term Capital Portfolio, L.P.* est très certainement un des hedge funds les plus connus au monde. Malheureusement, si la majorité des gens ont entendu parler de ce fonds, c'est suite aux énormes problèmes de liquidité auxquels il a fait face fin 1998, plutôt que grâce au renom de ses gérants ou à l'importance de ses actifs sous gestion. Cette section a pour objectif de décrire la vie de ce fonds, de sa création en 1994 à sa débâcle fin 1998. Nous décrivons la situation de marché en septembre 1998 avant de nous intéresser au fonds lui-même. Ensuite, nous analyserons comment et pourquoi le fonds a été sauvé. Nous achèverons la section par le descriptif de la période qui suivit la débâcle.

Avant de débuter notre analyse, reprenons une phrase d'Alan Greenspan, le président de la réserve fédérale américaine :

*« Si la défaillance de LTCM avait déclenché une grippe des marchés, des dégâts substantiels auraient pu être infligés à de nombreux participants au marché, y compris certains qui ne sont pas directement mêlés à*

*la firme, et [cette défaillance] aurait pu potentiellement détériorer les économies de nombreuses nations, dont la nôtre.* » [1]

## 1.1. La situation en septembre 1998

Avant de nous intéresser aux événements qui concernent plus particulièrement le fonds *Long Term Capital Portfolio*, décrivons succinctement l'atmosphère qui régnait dans la première partie du second semestre de 1998. Cette description permettra au lecteur de situer les faits dans leur contexte difficile et de ne pas considérer la débâcle de façon isolée.

### *1.1.1. Les pertes de Soros* et al.

Depuis quelques mois, des rumeurs selon lesquelles quelques grands hedge funds auraient fait de mauvais paris circulaient dans l'industrie. Le mercredi 26 août 1998, Stanley Druckenmiller, alors gérant du célèbre fonds *Quantum* de Georges Soros, annonça publiquement à la télévision que le plus grand investisseur du monde Georges Soros et ses collègues avaient fait des erreurs. Les fonds Soros, dont le fonds *Quantum*, porte-drapeau de l'organisation, avaient perdu plus de 2 milliards de dollars au cours des semaines qui précédèrent, c'est-à-dire lors du début de la crise russe.

Le fonds investit de gros montants en Russie, et la situation a évolué en sa défaveur. Lorsque le rouble a chuté, la liquidité s'est fortement réduite et il n'y avait plus rien d'autre à faire que de garder des titres qui ne valaient plus grand chose. Malgré ces pertes, Druckenmiller soutint que le rendement total du fonds pour l'exercice en cours était toujours largement positif (de l'ordre de 19 %). Suite à cela, les organisations Soros annoncèrent de grands changements dans leurs opérations, y compris la fermeture d'un des fonds qui perdit plus de 30 % au total. [2] En réalité, cette annonce n'allait être que la première d'une longue série. Ce n'était que la tête de l'iceberg sur la mauvaise situation de nombreux gérants de hedge funds et le début d'une double tendance dans l'industrie, à savoir :

– une plus grande ouverture vers l'extérieur ;
– une plus grande honnêteté en ce qui concerne les pertes.

Les jours qui suivirent, d'autres gérants de fonds firent des déclarations semblables. Un fonds annonça même une perte de près de 85 % de ses actifs sous gestion qui passèrent de plus de 300 millions de dollars à 25 millions de dollars en peu de temps. Un autre annonça une perte de plus de 200 millions de dollars. Durant cette période, des pertes de 10 % et 20 % étaient fréquentes, même si l'ensemble de l'industrie ne fut pas touché.

Jusqu'à la mi-septembre, les fonds gérés par *Tiger Management*, la société de gestion de Julian Robertson resta une exception. Dans une

1. *Source :* Greenspan (1998).
2. Nous décrivons cette situation plus en détails dans le chapitre 5, section 1 : Les grands noms de l'industrie des hedge funds.

déclaration du 16 septembre 1998 cependant, Robertson annonça que ses fonds avaient globalement perdu 2,1 milliards de dollars, soit 10 % de leur valeur. Les pertes qui semblaient s'être accumulées depuis le début du mois de septembre venaient principalement d'un pari sur l'affaiblissement du yen contre le dollar, pari qui fut perdu car le yen se renforça sur cette même période.[1] Cependant, tout comme les fonds de Soros, ceux de Robertson offraient toujours un rendement positif pour le total de l'exercice en cours. Dans la suite de l'exercice, la situation se dégrada toutefois pour les fonds de *Tiger Management*. Le fonds perdit 3,4 milliards de dollars durant le mois d'octobre, ce qui annula tous les bénéfices annuels du fonds. Fin du mois, les actifs sous gestion avaient diminué à quelque 17 milliards de dollars. Mi-décembre, les actifs gérés par les fonds Tiger avaient baissé de 4 % pour l'ensemble de l'année.[2]

### *1.1.2. Le marché du fixed income arbitrage*

Les fonds *fixed income arbitrage* appliquent des stratégies d'investissement généralement basées sur des modèles quantitatifs complexes.[3] Ces modèles reposent sur des hypothèses sous-jacentes comme la normalité des rendements. Dans le cas qui nous occupe, cette hypothèse signifie qu'on suppose que la distribution des rendements a des coefficients d'aplatissement et d'asymétrie normalisés nuls.[4] Dans les faits cependant, ces distributions ont des queues épaisses, ce qui signifie que des pertes plus importantes que celles prévues par le modèle sont parfois supportées. La plupart des événements survenus durant cette période ne s'étaient jamais produits auparavant et les modèles ont estimé que, pour un seuil de confiance de 95 %, ils ne surviendraient pas.

Début août, la stratégie *fixed income arbitrage* était à son apothéose, jamais autant d'argent n'avait été investi dans cette stratégie et jamais il n'y avait eu autant de fonds l'appliquant. Ceci signifie que les écarts sur lesquels les gérants réalisaient leur arbitrage se sont réduits et que de nombreux gérants ont recouru plus largement à l'effet de levier afin d'obtenir des rendements suffisamment importants. C'est alors que la Russie annonça un moratoire de 40 milliards de dollars sur ses dettes le 17 août 1998,

---

1. Tiger Fund has September Loss of $2.1 Billions, *The Wall Street Journal*, 17 septembre 1998, page C1.

2. Ces 4 % comprenaient non seulement les pertes subies, mais également des retraits de divers investisseurs.

3. Voir le chapitre 3, section 11 *Fixed income arbitrage* pour une analyse précise de cette stratégie d'investissement.

4. Le coefficient d'asymétrie renvoie l'asymétrie d'une distribution. Il caractérise le degré d'asymétrie d'une distribution par rapport à sa moyenne. Une asymétrie positive indique une distribution unilatérale décalée vers les valeurs les plus positives. Une asymétrie négative indique une distribution unilatérale décalée vers les valeurs les plus négatives. Le coefficient d'aplatissement caractérise la forme de pic ou l'aplatissement relatif d'une distribution comparée à une distribution normale. Un coefficient positif indique une distribution relativement pointue, tandis qu'un coefficient négatif signale une distribution relativement aplatie.

entraînant une contraction de la liquidité des marchés financiers globaux et une recherche de titres de qualité [1] afin de limiter la casse. Les écarts de crédit ont alors atteint des maximums historiques.

Durant cette période, de nombreux titres à revenus fixes dont les prix n'étaient pas liés dans des conditions de marché normales évoluèrent de façon similaire. Les modèles utilisés par les gérants ne donnaient plus de résultats satisfaisants. La recherche de qualité à court terme était telle que la courbe des taux américaine s'inversa. Dans des conditions de marché normales, cela signifie que le pays entre dans une période de récession, mais il n'en était rien réellement. La réserve fédérale américaine procéda à deux baisses de taux consécutives afin de stabiliser la situation.

Ce résumé de la situation de l'industrie dans le second semestre de 1998 indique clairement que de nombreux fonds ont subi des pertes importantes durant cette période et que la tendance n'était pas à présenter des performances flamboyantes. Cela laisse supposer que, pour d'autres fonds moins médiatisés, la situation a pu être pire, tel *Long Term Capital Portfolio*. La seule raison pour laquelle on en a tellement parlé c'est sa taille importante magnifiée par un effet de levier impressionnant. En outre, les hedge funds étaient alors encore fortement méconnus de la plupart des investisseurs.

### *1.2. Description de* Long Term Capital Management

*Long Term Capital Management, L.P.* est une société de gestion fondée en 1994, domiciliée dans le Delaware (un paradis fiscal américain), mais installée à Greenwich dans le Connecticut. Le fonds qu'elle gérait, le *Long-Term Capital Portfolio, L.P.* (que nous appelons le fonds ou LTCM dans la suite de cette section) était enregistré dans les Îles Caymans.

L'instigateur du projet est John W. Meriwether, ancien contrepartiste renommé de *Salomon Brothers*. Jusqu'en 1991, il était à la tête du bureau d'arbitrage obligataire puis de l'ensemble du desk obligataire de *Salomon Brothers* avant d'être mis de côté suite à un dépassement de limite d'un de ses chefs de groupe, Paul Mozer. Ce dernier, contrepartiste obligataire, tenta de tromper une enchère du Trésor américain en soumettant des commandes pour un montant supérieur aux limites de la société. Lorsque le Trésor eut vent de cet événement, il menaça d'interdire à *Salomon Brothers* de participer au marché primaire du Trésor. Ensuite, les investisseurs ont commencé à vendre à bas prix les obligations de la firme et elle commença à éprouver des difficultés jusqu'à ce que Warren Buffet devienne président. Meriwether fut condamné par la *Securities and Exchange Commission* à payer une amende de 50 000 dollars et elle lui reprocha de ne pas avoir été capable de surveiller correctement ses employés.

Dès 1993, il commença à lever des capitaux afin de créer un nouveau fonds. Dès le départ, LTCM était un projet ambitieux. Son premier objectif était de recréer le bureau d'arbitrage obligataire de chez *Salomon Bro-*

1. Le terme anglais généralement utilisé est *flight to quality*.

*thers*. Ensuite, il a attiré diverses personnes renommées comme partenaires de la société de gestion. Il attira, entre autres, deux prix Nobel : Merton Miller, célèbre professeur américain, père de la théorie de la finance en temps continu [1], et Myron Scholes, un des pères de la théorie des options. [2] On y retrouva également David Mullins, ancien vice-président de la réserve fédérale américaine. Les partenaires investirent au total 150 millions de dollars au lancement du fonds.

Le fonds était difficile d'accès et très peu liquide. Les commissions étaient élevées, même pour un hedge fund. Les commissions de gestion s'élevaient à 2 % des actifs, les commissions de performance à 25 % des profits. Finalement, les capitaux étaient bloqués pour 3 ans et l'investissement minimum était de 3 millions de dollars.

Le fonds constituait l'archétype du hedge fund voué aux arbitrages de produits sur taux. Il était actif dans de nombreux marchés et dans divers pays. Son activité consistait pour l'essentiel à profiter d'écarts de prix entre des actifs proches. Il prenait par exemple des positions de convergence entre pays de la zone euro ou des positions de couverture dynamique entre des titres liés, qu'il s'agisse d'obligations classiques, d'obligations convertibles, d'obligations hypothécaires, d'actions ou d'obligations d'entreprise à haut rendement. Le fonds était également présent dans le marché des fusions et acquisitions, dans le marché des pays émergents ou dans les obligations de catastrophe.

Sa stratégie n'était pas très diversifiée, car en général il misait sur un resserrement des écarts de liquidité, de crédit et de volatilité par rapport à des niveaux historiques. Dans des conditions normales de marché, même si les trois composantes n'évoluent pas dans la direction voulue, il y a une diversification géographique et par marché (liquidité, crédit et volatilité), c'est-à-dire qu'il y a une forme de couverture qui limite l'exposition.

Dès son lancement, LTCM a eu une position proéminente dans la communauté des hedge funds grâce à la réputation de ses partenaires et aux larges capitaux investis. C'est également grâce à cette réputation que le fonds put se permettre de rester très discret sur sa stratégie, mais surtout sur la taille des positions prises et sur son exposition totale.

La première année, le fonds obtint une performance nette de 20 %, alors que la plupart des fonds investis dans le marché obligataire ont perdu de l'argent. En octobre, alors qu'il savait que le fonds allait terminer l'année avec une très bonne performance, Meriwether écrivit aux investisseurs afin de leur rappeler qu'ils risquaient de perdre de l'argent à court terme, ce qui ne se concrétisa que plusieurs années après. Attaché à cette lettre aux investisseurs, se trouvait un document réalisé par les deux prix Nobel (Merton et Scholes) qui ont analysé le risque du fonds et conclurent que le fonds perdrait au moins 5 % de ses capitaux 12 % du temps. On pouvait

1. Le terme anglais original est *continuous time finance*.

2. Aucun des deux prix Nobel n'a participé activement à la gestion ou dans la création des modèles utilisés. Ils étaient partenaires de la société.

également y trouver les mêmes estimations pour des pertes de 15 % ou 20 %. Remarquons que les partenaires du fonds n'assimilaient pas la notion de risque au levier, mais bien à la volatilité du fonds qui était constamment suivie et ajustée afin de rentrer dans les frontières choisies.

En 1995, grâce entre autres à des positions dans des obligations italiennes, le fonds afficha une performance nette de 43 %. Sur les deux premières années d'existence, le fonds n'a connu qu'une seule fois une perte mensuelle supérieure à 1 %. Ceci signifie que le risque de perte était jusqu'alors relativement faible.

Au printemps 1996, le fonds était investi à hauteur de 140 milliards de dollars en actifs, un montant trente fois supérieur aux actifs sous gestion et on comptait une centaine d'employés. Le fonds rapporta 41 % nets cette année-là. Cette performance s'explique en bonne partie par des mises sur le marché des obligations convertibles japonaises, sur des obligations hautement spéculatives, sur des swaps de taux et une nouvelle fois par un pari sur des obligations italiennes. Le fonds ne connut aucun mois en baisse. Le problème est qu'à partir de ce moment, le fonds a commencé à éprouver des difficultés à identifier suffisamment d'opportunités pour diversifier correctement le portefeuille. Il arriva que le fonds prenne des positions de plusieurs milliards à cheval dans des titres liés, afin de profiter d'écarts temporaires de prix.

Le fonds obtint une performance de 17 % en 1997. Fin 1997, le gérant de fonds décida d'augmenter le levier de bilan en réduisant son capital de près de 36 % pour arriver à peu près à 4,8 milliards de dollars au total. Les investisseurs de la première heure ont alors reçu 1,82 dollar pour chaque dollar investi tout en ayant un investissement équivalent à leur premier investissement dans le fonds.

Le portefeuille d'investissement de LTCM repris dans le bilan était investi à hauteur de 80 % dans des obligations gouvernementales des pays du G7 (États-Unis, Canada, France, Italie, Japon, Allemagne et Grande-Bretagne). Il était cependant également présent dans de nombreux autres marchés comme les actions, les contrats à terme et les produits dérivés traités de gré à gré.

Le fonds prenait des positions longues et courtes dans des obligations gouvernementales, d'entreprises et hypothécaires et dans des actions. Il était actif sur plus de dix marchés de contrats à terme et ses positions étaient principalement concentrées dans des contrats à terme sur taux (ou sur obligation) et dans des contrats à terme sur indice boursier. Ensuite, il était engagé dans des produits dérivés traités de gré à gré tels des swaps, des contrats à terme et des options avec plusieurs dizaines de contreparties. Il participait également au marché de change afin de soutenir ses activités dans divers marchés nationaux. Ces dernières positions n'étaient généralement pas prises afin de réaliser des gains, mais dans un souci de couverture.

Au début de 1998, sur la base de fonds propres atteignant 4,8 milliards de dollars, le fonds était engagé à hauteur de 120 milliards de dollars inscrits à son bilan, soit un levier supérieur à vingt-cinq. LTCM était le hedge fund avec le levier le plus important de tous les hedge funds reportés à la *Commodity Futures Trading Commission.*[1] Le fonds le plus proche au niveau des actifs sous gestion était presque quatre fois moins important. Cette situation a perduré jusqu'au mois d'août.

La principale caractéristique du fonds était l'échelle de ses activités. Le fonds aurait eu des positions longues et courtes de plus de 50 milliards de dollars. Fin août 1998, le montant notionnel brut des contrats à terme dans lesquels le fonds était engagé dépassait les 500 milliards de dollars. Il était engagé dans des swaps pour plus de 750 milliards de dollars, et dans des options et d'autres produits dérivés traités de gré à gré pour plus de 150 milliards de dollars. Plus impressionnant encore, les positions étaient parfois tellement concentrées, dans les marchés de contrats à terme par exemple, qu'elles représentaient plusieurs pour cent de la position ouverte (c'est-à-dire non couverte[2]). Le fonds avait un grand nombre de contreparties qui lui permettaient de rehausser son levier financier. Pour les opérations sur titres gouvernementaux, le fonds avait soixante-quinze contreparties, pour celles sur produits dérivés de gré à gré, on en comptait cinquante. C'est également parce que le fonds était en relation avec un grand nombre de contreparties différentes que ces dernières n'ont pas découvert rapidement les problèmes de liquidité. En décembre 1997, l'ensemble des positions hors-bilan représentaient un total de 1 250 milliards de dollars. La plupart de ces positions se couvraient cependant mutuellement.

Le risque du fonds était mesuré de façon quantitative. Selon nous, les partenaires du fonds n'avaient pas conscience du risque des positions prises. Avant le moratoire, certains d'entre eux ont soutenu que les positions totales du fonds comportaient un risque similaire à celui d'investir dans le marché des actions tout en étant non corrélé à son rendement. Vu qu'aucune contrepartie extérieure n'avait accès à l'ensemble des positions du fonds, les seuls à décider de la limite de risque étaient les partenaires.

### 1.3. Historique de la débâcle

Le fonds commença à perdre de l'argent au printemps 1998 alors que l'Asie cherchait à se remettre de la crise de 1997, que la Russie était en pleine crise financière et que les écarts de taux étaient très bas. Le fonds subit la baisse du marché des obligations hypothécaires en mai et juin. À ce moment, le fonds avait une mauvaise année, mais son capital et sa réputation n'étaient pas touchés.

Le 17 août 1998, contre toute attente, la Russie annonça le moratoire sur ses dettes, ce qui provoqua des enchaînements financiers défavorables au

1. Il s'agit d'un organe de contrôle américain. Les hedge funds n'ont aucune obligation légale de s'enregistrer auprès de cette institution, si bien que d'autres fonds non enregistrés pouvaient avoir un levier supérieur.

2. *Source :* The President's Working Group on Financial Markets (1999).

fonds. La plupart des spreads comme les spreads de crédit ou ceux des obligations hypothécaires se sont écartés. Plus grave, alors que le fonds avait misé sur un rapprochement des taux d'intérêt entre les pays appelés à participer à l'euro, cette stratégie, fondée compte tenu de la perspective d'adoption de l'euro, fut prise à revers par les turbulences issues de l'effondrement du marché des obligations russes et la relation s'inversa. De nombreux titres devinrent corrélés et diverses relations stables à long terme ont évolué de façon opposée. Ce fut le cas par exemple en Europe, où il y eut un agrandissement des écarts de taux au lieu du resserrement attendu. Ce qui était inconcevable arriva :

- les écarts de taux se sont agrandis ;
- des marchés non corrélés historiquement ont évolué de façon parallèle ;
- les écarts de liquidité des marchés ont augmenté dramatiquement.

Le fonds était également fortement exposé à une fusion qui n'eut finalement pas lieu. La taille des positions du fonds dans certains marchés et son levier très élevé l'ont rendu vulnérable à ces conditions de marché exceptionnelles, car dès lors le portefeuille de LTCM n'était plus diversifié. Lorsque les marchés ont perdu de leur liquidité, l'importance de certaines positions prises est devenue un poids supplémentaire.

Alors qu'il avait été estimé sur base historique que le fonds ne perdrait jamais plus de 35 millions de dollars de ses actifs sur une journée, LTCM perdit plus de 553 millions de dollars sur la seule journée du vendredi 21 août. Les écarts de swaps qui ne variaient généralement que de quelques points de base par jour ont bougé de plus de vingt points cette seule journée. Le fonds avait alors perdu un tiers de ses actifs depuis le début de l'année. Le levier est passé de vingt-huit contre un à cinquante-cinq contre un. Les partenaires ont ensuite cherché des capitaux frais afin de pouvoir redresser la situation, mais ils n'ont pas été à même d'en trouver suffisamment. Le vendredi 28 août fut le deuxième jour le plus difficile pour le fonds qui perdit 277 millions de dollars en une journée.

À cela est venu s'ajouter le fait que la société de gestion LTCM devait faire face à des problèmes de liquidité. Elle devait 165 millions de dollars à un groupe de banques qui demandaient remboursement. La société, investie dans son propre fonds, ne disposait pas de cet argent. Le fonds a rencontré les mêmes problèmes de liquidité. Les partenaires n'ont remboursé personne afin de ne pas favoriser certains intervenants (les banques) par rapport à d'autres (les investisseurs privés). Au total, trois quarts des hedge funds ont perdu de l'argent en août 1998 qui a été le pire mois dans l'histoire des *spreads* de crédit. Le fonds perdit au total 1,9 milliard de dollars, soit 45 % de ses actifs.

Pendant les deux premières semaines de septembre, le fonds subit de nouvelles pertes, ceci entraîna qu'en plus de devoir faire face à un problème de liquidité, LTCM fut confronté à d'autres difficultés comme la moindre flexibilité des crédits préalablement obtenus. Le vendredi 18 septembre, les pressions à la baisse jumelées avec la chute de capital du fonds entraînèrent des craintes relatives à l'habilité du fonds de continuer à pouvoir faire face à ses obligations en cas de nouvelles baisses.

Le 21 septembre, Bear Stearns, un des principaux courtiers de LTCM, lui demanda de nantir ses expositions de paiements potentielles, réduisant les ressources de liquidité du fonds. Les contreparties du fonds (qui lui ont vendu des titres à découvert ou qui lui ont proposé des produits dérivés traités de gré à gré) cherchaient à obtenir un maximum de garanties par l'intermédiaire des appels de marge. Ces tensions ont augmenté le risque que LTCM soit incapable de faire face aux paiements à la fin du mois.

Suite à une hausse de la volatilité du marché des actions, les pertes totales du fonds le lundi 21 septembre se sont à nouveau élevées à 553 millions de dollars. Ainsi, même sans considérer les produits dérivés, son levier devint supérieur à 100 contre 1, ce qui signifie que toute nouvelle baisse de plus d'un pour cent lui serait fatale.

Le mardi 22 septembre 1998, les quatre principales contreparties de LTCM ont exploré les solutions envisageables afin d'éviter un défaut sur ses paiements. En effet, LTCM gérait tant d'actifs qu'il était probable que s'il avait chuté il aurait entraîné avec lui plusieurs de ses contreparties. Certains ont soutenu que si le fonds avait dû être liquidé, il aurait causé le minage d'actifs pour plus de 1 000 milliards de dollars. L'alternative, appelée l'approche *consortium,* impliquait la recapitalisation du fonds par des investissements des principales contreparties du fonds dans un fonds nourrisseur, ainsi qu'un plus petit investissement dans une compagnie à responsabilité limitée qui allait devenir le partenaire général du fonds. Les contreparties concernées étaient Banker Trust, Bear Stearns, Chase Manhattan, Goldman Sachs, J.-P. Morgan, Lehman Brothers, Merrill Lynch, Morgan Stanley Dean Witter et Salomon Smith Barney du côté américain, plus quelques banques européennes dont Crédit Agricole, Paribas, Société Générale et Barclays. [1]

Le 23 septembre, l'actif net de LTCM était réduit à 600 millions de dollars face à des engagements de 100 milliards, soit un levier de 167. Les investisseurs avaient alors perdu 92 % des fonds investis sur les neuf premiers mois de l'année. Sur les 4,4 milliards de dollars de pertes, 1,9 milliard de dollars appartenait aux partenaires, 700 millions de dollars à l'Union de Banques Suisses et 1,8 milliard de dollars aux autres investisseurs. [2]

Le 23 septembre, 14 firmes s'accordèrent à participer au *consortium* appelé *Oversight Partners I LLC* et injectèrent chacune des montants allant de 100 millions de dollars à 300 millions de dollars. Au total, à peu près 3,65 milliards de dollars furent réinvestis dans le fonds. La mise des propriétaires originaux fut diminuée à 10 %, et le *consortium* acquit les 90 % d'actions restants et le contrôle opérationnel du fonds. Remarquez que cette

1. *Source* : President's Working Group on Financial Markets (1999), Lowenstein et Strachman (2000).

2. *Source* : Jorion (2000).

intervention extérieure a été réalisée sans recourir à un taux de pénalité et sans changement de direction. Le contrôle opérationnel changea.

Meriwether et ses partenaires ont continué à gérer le fonds, mais ils devaient faire un rapport à un comité de banquiers présent avec eux dans leurs bureaux ; les décisions finales étant prises par le comité de direction des banques composé de Goldman Sachs, Merrill Lynch, Morgan Stanley, Travelers Group et UBS Warburg.

Le tableau 1 rapporte la répartition des pertes du fonds. Il indique clairement que ce sont les deux premières catégories qui ont été insupportables pour le fonds. L'ensemble des autres pertes représente 1,6 milliard de dollars, ce qui aurait été supportable pour le fonds s'il n'avait pas dû faire face à des pertes de près de 4 milliards de dollars sur le marché des swaps et sur de mauvais paris sur la volatilité des actions. Les positions du fonds sur ces marchés étaient trop importantes.

**Tableau 1.** – *Pertes de LTCM par marché*

| Marché | Perte en millions de dollars |
|---|---|
| Swaps | 1 600 |
| Volatilité des actions | 1 300 |
| Russie et autres pays émergents | 430 |
| Paris directionnels dans des pays développés | 371 |
| Opérations sur pairs | 286 |
| Arbitrage de la courbe des taux | 215 |
| Actions du S&P 500 | 203 |
| Arbitrage d'obligations hautement risquées | 100 |
| **Total** | **3 704** |

*Source* : Lowenstein (2000).

LTCM a échoué parce qu'il était incapable de mesurer, contrôler et gérer son risque. La plupart des transactions de LTCM n'étaient pas diversifiées. Il était particulièrement exposé à la volatilité et à la liquidité des marchés.

### *1.4. Pourquoi avoir sauvé le fonds ?*

Ce qui distinguait ce fonds d'autres fonds qui ont subi le même sort était principalement l'échelle de ses activités, les larges positions qu'il prenait dans certains marchés et l'importance de son levier. Il existait des centaines de gérants qui faisaient la même chose que LTCM et qui auraient pu y perdre autant. LTCM avait atteint une telle taille que s'il chutait, il risquait, en étant en défaut, d'entraîner dans sa chute quelques-unes des principales contreparties de Wall Street. La cessation de paiement du fonds aurait entraîné une crise de système. Les contreparties auraient probablement dû dénouer des positions pour faire face aux pertes réalisées et liquider des collatéraux, ce qui aurait entraîné un mouvement de prix imprévisible et potentiellement important.

LTCM estima qu'en cas de faillite, ses 17 principales contreparties auraient perdu jusqu'à 300 millions de dollars, voire 500 millions de dollars chacune pour un total se situant entre 3 et 5 milliards de dollars.

L'intervention de la Réserve Fédérale a deux raisons. D'un côté, les créditeurs et contreparties de LTCM auraient perdu de l'argent et certaines d'entre-elles auraient pu se trouver en risque de faillite. Ensuite, comme nous l'avons déjà signalé, un défaut de paiement aurait pu avoir des conséquences néfastes sur les marchés dans lesquels ces firmes étaient actives, ce qui aurait entraîné une crise financière majeure.

## 1.5. Les effets et questions soulevées

Les problèmes rencontrés par le fonds LTCM ont eu des effets dans le monde des hedge funds et entraîné de nombreuses questions. Nous décrirons dans un premier temps les principaux effets et aborderons ensuite les questions soulevées.

### *1.5.1. Les effets*

Les trois principaux effets ont été que :

– des fonds ont été liquidés par peur des investisseurs de perdre l'argent ;

– les fonds qui ont perduré ont réduit leur niveau de levier afin de réduire leur risque ;

– de nombreux investisseurs ont diversifié leur portefeuille entre différents hedge funds afin de diminuer le risque.

### *1.5.2. Les questions soulevées*

La première consiste à se demander comment il est possible d'améliorer la robustesse des activités commerciales. Une solution est de rendre le processus de crédit plus transparent. Cela devrait permettre de diminuer les risques de surprise et d'aider à mieux prévoir la création de larges positions dont la liquidation pourrait déstabiliser les marchés.

Ensuite vient naturellement la question de la transparence des hedge funds, particulièrement pour les données relatives au risque des investissements (on pense au levier financier par exemple). On peut se demander si les investisseurs et les contreparties de LTCM étaient au courant de la nature des expositions et des risques que le fonds avait accumulés. Pour les investisseurs ce n'était certainement pas le cas, car le fonds ne distribuait que l'information minimale, c'est-à-dire un bilan et un compte de résultats agrégé qui ne donnent pas de détails sur le risque du fonds et les expositions auxquelles il est sujet sur certains marchés.

Pour les créditeurs et les contreparties, la situation était probablement identique, car si les deux types d'intervenants imposaient des limites pour leurs activités avec LTCM, aucun d'eux ne disposait de données agrégées et ils ne prêtaient pas attention aux activités du fonds dans son ensemble.

La question que bon nombre d'intervenants ont soulevée est la suivante : ne faudrait-il pas fournir aux investisseurs une estimation du levier qu'utilisent les fonds dans lesquels ils sont investis ? Cette question a été fortement débattue, mais les fonds n'ont aujourd'hui toujours aucune obligation légale de fournir cette information à leurs investisseurs ou à leurs créditeurs et contreparties.

Enfin, il est important de savoir comment incorporer les événements supposés être très peu probables dans la gestion du risque. Même si au cours des dernières années des progrès ont été accomplis dans ce domaine, des modèles existants ont sous-estimé la probabilité de réaliser une perte importante dans le cas LTCM, ce qui entraîne que peu d'attention y a été apportée. La gestion des risques devient aujourd'hui de plus en plus cruciale dans tout processus de gestion et il convient d'y apporter une attention particulière.

### *1.6. L'après LTCM*

Dans les quelques semaines qui ont suivi la création du *consortium*, le fonds a continué à perdre de l'argent, mais, dans le quatrième trimestre de 1998, le fonds réalisa à nouveau des bénéfices. Au début de l'automne 1999, LTCM avait remboursé près de 75 % des fonds avancés par le *consortium*. Le 28 septembre 1999, exactement un an après la débâcle, le fonds gagna 10 % après avoir amorti les 3,65 milliards de dollars du *consortium*. Le fonds fut liquidé début 2000.

En novembre 1999, à peine 14 mois après la débâcle, John Meriwether (accompagné de la majorité de son ancienne équipe) a ouvert une nouvelle société de gestion JMW Partners. Le principal fonds de cette société s'appelle le *Relative Value Opportunity Fund II* et applique une stratégie du type *relative value arbitrage*. Le prospectus limite le niveau de levier à 15:1. Il parvint à lever entre 250 millions de dollars et 500 millions de dollars.

## 2. Les hedge funds et les crises récentes

Il arrive souvent que les journalistes et les responsables politiques mettent les hedge funds en cause lorsqu'un indicateur, un marché ou une monnaie évolue défavorablement. Ceci arriva en 1992, lors de la crise du mécanisme des taux de change du système monétaire européen, en 1994, lors de la chute des marchés obligataires, ou encore lors de la crise asiatique de 1997. Dans chaque cas, il est reproché aux gérants de hedge funds d'avoir pris des positions significatives dans les marchés touchés sans se soucier de l'impact que les transactions pouvaient avoir sur ces marchés.

Dans cette section, nous analysons le rôle qu'ont joué les hedge funds dans les principales turbulences ou crises financières qu'ont connues les marchés mondiaux au cours des années 90. Nous débutons par la crise du mécanisme des taux de change de 1992, puis nous nous intéressons à la turbulence du marché obligataire de 1994. Ensuite, nous analysons la crise mexicaine de 1994-95. Finalement, nous examinons l'impact des hedge funds dans la crise asiatique de 1997-98. Nous approfondissons notre analyse de cette dernière crise en rapportant divers arguments de deux écoles qui s'affrontent, celle des *investisseurs responsables* et celle des *fondamentaux responsables*. La première soutient que ce sont les investisseurs internationaux (parmi lesquels on retrouve les hedge funds) qui sont les principaux responsables de la crise, alors que pour les seconds, ce sont des problèmes plus fondamentaux des économies touchées qui ont entraîné la chute des marchés.

## 2.1. La crise du mécanisme des taux de change de 1992

Cette crise est généralement la première à laquelle on associe les hedge funds. Nombreux sont les auteurs qui ont analysé le rôle des hedge funds dans cette crise.[1] Afin de comprendre les événements de 1992, il est nécessaire de se placer en 1987.

Entre 1987 et 1991, il y eut d'importants mouvements de capitaux entre les pays à faibles taux d'intérêt et les monnaies membres de l'union monétaire européenne qui offraient alors des rendements plus intéressants.

De nombreux hedge funds présents sur les marchés internationaux participèrent naturellement à cette tendance. La stratégie était simple, elle consistait à jouer sur les différentiels d'intérêts qui existaient entre divers pays membres de l'union. Les gérants se finançaient dans des pays où il était possible de le faire à faible coût, comme en Allemagne, et ils investissaient dans d'autres pays offrant des rendements élevés comme l'Italie. Les pertes éventuelles dues à des variations de change étaient limitées, car les monnaies étaient liées. Elles ne pouvaient varier de plus de 2,25 % à la hausse ou à la baisse. Comme l'ampleur des variations de change était limitée, il était très peu probable qu'elles soient telles que le gérant perde plus par ces variations de change que le gain qu'il réalise par le différentiel d'intérêt. Cette stratégie qui a été, entre autres, également appliquée par LTCM en son temps était appelée le *jeu de la convergence*.

Suite à la mise en place de cette stratégie, des problèmes de compétitivité sont apparus. Le coût d'une unité de travail italienne augmenta de près de 20 % dans les quatre années qui précédèrent la crise. Les craintes que la lire soit surévaluée furent rehaussées par la détérioration de la balance courante du pays et par la faiblesse de la profitabilité des échanges.

La situation était comparable en Grande-Bretagne. La livre sterling s'apprécia fortement dans la période qui précéda son entrée dans l'union

1. Voir par exemple Fonds Monétaire International (1993) ou Eichengreen *et al.* (1998).

monétaire en 1990. Ceci entraîna la naissance de craintes de surévaluation qui furent, tout comme dans le cas de l'Italie, renforcées avec l'élargissement du déficit courant. Ensuite, la Finlande et la Suède souffrirent toutes deux fortement de l'effondrement de leurs échanges avec les Soviétiques alors qu'en juin 1992, suite à un référendum, le Danemark rejeta le traité de Maastricht. [1]

Suite à cela, certains pays éprouvèrent des difficultés à financer leur déficit courant par des capitaux externes, ce qui rendit la stabilité des taux de change insoutenable. Deux événements catalyseurs entraînèrent la chute du système. La première fut le renforcement du deutsche mark par rapport au dollar américain de près de 20 % entre mars et septembre 1992. Ce renforcement désagrégea encore plus la compétitivité européenne. La seconde fut l'augmentation de 75 points de base du taux d'escompte officiel allemand le 16 juillet 1992, ce qui augmenta le coût de financement.

Les gérants de fonds macro furent les premiers à déceler l'opportunité de tirer avantage de ce retournement de tendance et à prendre position. Alors que bon nombre d'entre eux avaient dans un premier temps joué le jeu de la convergence, la plupart prirent des positions courtes sur les monnaies européennes lorsqu'ils pressentaient que la situation se dégradait et que les monnaies allaient s'affaiblir. Pour ce faire, ils entrèrent dans des contrats de vente à terme de monnaies européennes. Ils s'engagèrent à vendre les monnaies (à un cours proche du cours au moment de la conclusion du contrat) à une date future déterminée, en espérant une chute des cours. Ils rachèteraient ensuite ces monnaies lorsqu'elles auraient baissé. [2]

Même si dans les deux cas (positions longues et courtes) les hedge funds participèrent, ils n'étaient naturellement pas les seuls à prendre de telles positions ; de nombreux autres intervenants comme des fonds de pension, des compagnies d'assurances ou des fonds communs de placement participaient également à ces transactions.

Illustrons la stratégie que nous venons de décrire par un exemple de transaction qui a pu être mise en place par un ou plusieurs gérants de fonds.

*Première phase* : lors de la conclusion du contrat

Considérons un gérant qui cherche à entrer dans un contrat à terme sur la livre sterling le 1^er^ août 1992, alors que le cours de change est à 1,40 USD/GBP. Il s'attend à une chute du taux de change et il s'engage à vendre 10 millions de livres sterling au cours de 1,38 le 1^er^ octobre 1992. Étant donné qu'il désire un contrat précis qui n'existe pas sur les bourses de contrats à terme, il doit s'adresser directement à une banque pour qu'elle lui crée un produit sur mesure. Il va voir une banque qui accepte.

---

1. Ce rejet mit en doute l'importance que les pays européens attachaient à la stabilité dans les taux de change de leurs monnaies.

2. Pour se couvrir, les banques ont vendu un montant équivalent de ces monnaies sur le marché au comptant et sont entrées dans un swap de devises de la même maturité que le contrat à terme.

**Schéma 1. –** *Illustration d'une position théorique d'un hedge fund dans la livre sterling*

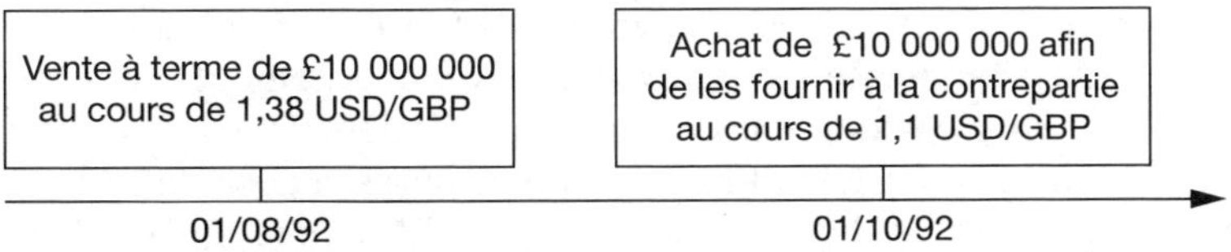


*Seconde phase* : lors du dénouement du contrat

Le 1er octobre il doit vendre 10 millions de livres sterling au cours de 1,38 USD/GBP. Vu qu'il ne possède pas ces livres, il va les acheter sur le marché au comptant au cours actuel qui est de 1,10 USD/GBP. Notons que le gérant aurait très bien pu acheter les livres sterling à n'importe quel moment entre la date de conclusion du contrat et la date de dénouement, et qu'il aurait intérêt à le faire lorsqu'il pense que le cours est à son minimum.

Ainsi, le gérant achète les livres sterling à 1,1 USD/GBP et les vend à 1,38 USD/GBP, ce qui lui permet de réaliser un gain de (1,38 – 1,10) × 10 000 000 = 2 800 000 dollars.

La description que nous venons de réaliser est théorique. En effet, même si nous savons quelle est la stratégie appliquée par ces gérants pour tirer avantage des imperfections du marché, nous ne savons pas combien de gérants ont appliqué cette stratégie, ni combien d'argent ils ont investi dans ces transactions. Le Fonds Monétaire International (1993) soutient qu'un très grand fonds macro, très actif dans les marchés monétaires, qui gérait alors plus ou moins 15 % des capitaux de l'ensemble de l'industrie fut à même de prendre une position à découvert de 10 milliards de dollars sur la livre sterling.

D'autres fonds macro ont également bénéficié de positions à découvert prises par rapport à la lire italienne, mais un certain nombre d'entre eux ont réalisé des pertes lorsque, contrairement à leur attente, certaines monnaies européennes comme la pesetas espagnole ont été dévaluées.

Selon nous, certains fonds macro ont joué un rôle prédominant dans la crise de 1992.[1] Ces fonds ont joué un rôle de meneur de marché et ils ont été suivis par d'autres investisseurs. Leur action a été perçue comme un signal qui a incité d'autres intervenants à revoir leurs positions. L'industrie des hedge funds était encore petite comparativement aux autres investisseurs institutionnels, même si leurs positions étaient amplifiées par l'effet de levier.

### *2.2. Les turbulences du marché obligataire de 1994*

Les hedge funds ont également été accusés d'avoir joué un rôle prédominant dans les turbulences qu'ont connues les marchés obligataires en

1. Pour rappel, tous les hedge funds n'interviennent pas dans les marchés monétaires, ce qui signifie que tous les hedge funds n'ont pas pris position en Europe.

1994. Situons dans un premier temps les faits. Dans le second semestre de 1993, les capitaux sous gestion dans l'industrie des hedge funds ont fortement augmenté. De nombreux hedge funds (entraînant d'autres investisseurs avec eux) se sont intéressés aux marchés gouvernementaux européens, particulièrement à ceux dont les obligations offraient de hauts rendements, alors qu'un calme relatif avait fait son retour après la crise de 1992. L'élargissement des marges de variation des taux de change entre les devises faisant partie de l'Union Monétaire Européenne de 2 % à 15 % en août 1993 encouragea les investisseurs. Sous l'hypothèse d'une tentative de relance économique par les autorités, ces derniers escomptaient une forte baisse des taux d'intérêt.

Certains gérants ont, par conséquent, financé leurs positions en obligations européennes à l'aide de yens en profitant des très faibles taux d'intérêt japonais (plus faibles que les taux américains). Un différentiel d'intérêt favorisant de plus en plus les actifs à revenus fixes en dollars américains entraîna cependant que de nombreux gérants ont acheté du dollar en vendant à découvert du yen et du deutsche mark.

À ce moment-là, les attentes de baisses des taux européens furent désappointées par deux augmentations de taux de 25 points de base aux États-Unis. De plus, les taux japonais se sont stabilisés et le conseil de la Bundesbank n'a pas baissé ses taux en février.

Suite à cela, de nombreux hedge funds ont vendu de grandes quantités de contrats à terme sur obligations gouvernementales. Ces transactions eurent pour conséquence de faire baisser le prix des obligations sous-jacentes et de faire augmenter les rendements obligataires des marchés développés (de 50 points de base début février à 150 points de base fin mars). Cette onde de choc se propagea rapidement aux autres marchés obligataires gouvernementaux et les taux d'intérêt augmentèrent rapidement, ce qui interrompit les attentes de croissance de la productivité des investisseurs.

Dans les deux mois qui suivirent, le S&P 500 et le MSCI World perdirent respectivement 9 % et 6 % et le dollar américain commença à s'affaiblir par rapport au yen. Son cours passa de 110 à 100 yens par dollar américain. Les difficultés persistèrent toute l'année.

Les hedge funds dans leur ensemble n'ont pas réalisé de larges profits sur ces mouvements de marché, bien au contraire. Alors qu'ils avaient misé sur une baisse des taux européens, ils engrangèrent de lourdes pertes lorsque ces variations attendues n'eurent pas lieu. La plupart des stratégies ont subi des pertes en 1994. Certains hedge funds comme les fonds de Georges Soros ou Michael Steinhardt furent fortement touchés par ces turbulences. Le premier enregistra une perte de plus de 500 millions de dollars sur la seule journée du 14 février, alors que le second rapporta une perte de près d'un milliard de dollars début avril (soit près de 25 % des actifs sous gestion).[1]

1. *Source* : Brown (2000).

### 2.3. La crise mexicaine de 1994-95

La crise mexicaine débuta fin 1994 par une forte récession qui entraîna une première dévaluation de 15 % de la monnaie nationale, le peso, le 20 décembre. À la fin de l'année, le peso avait chuté de 30 %, le cours des actions s'était effondré et les taux d'intérêt augmentaient rapidement. En conséquence, le produit intérieur brut baissa de 6,2 % en 1995, le taux d'inflation grimpa jusqu'à 52 % en décembre 1995 sur une base annuelle et les taux d'intérêt à court terme atteignirent un niveau de 71,5 % en avril.

Le rôle des hedge funds dans la crise mexicaine de 1994-1995 n'est pas défini. En effet, diverses études portant sur le sujet ont conclu que les principaux responsables de la crise mexicaine étaient les résidents du pays eux-mêmes plutôt que des investisseurs internationaux.[1] Le rôle de meneur aurait été joué par les résidents et le rôle des investisseurs internationaux dans la crise n'est pas clairement établi. Nous pouvons justifier cela par plusieurs raisons relevées dans les sources précitées.

La première raison qui nous incite à penser que le rôle des investisseurs dans la crise mexicaine de 1994-95 est limité est que, dans un monde de marchés financiers globalisés, il aurait été difficile pour les investisseurs étrangers gérant des portefeuilles diversifiés internationaux d'être à l'affût des conditions de marché d'une myriade de petits pays. En effet, plus le pays émergent est petit, moins l'investisseur important sera tenté de le suivre de près. En conséquence, les résidents ayant l'avantage comparatif d'être à la *source* de toutes les informations pertinentes auront été les premiers à prendre des dispositions à l'encontre de la liaison de la monnaie nationale au dollar. Cela fut facilité par la déréglementation des marchés financiers domestiques et des transactions internationales.

Deuxièmement, il faut souligner l'étroitesse du marché mexicain et son manque de liquidité. De fait, les caractéristiques structurelles des marchés financiers des pays en voie de développement ont très certainement empêché les hedge funds et autres investisseurs internationaux de jouer un rôle prépondérant dans la crise monétaire de 1994-95. En effet, même s'il était possible d'entrer dans des transactions sur la monnaie nationale (par le biais de contrats à terme par exemple), il n'était pas toujours aisé d'en sortir et il était très difficile de s'assurer de la solvabilité de la contrepartie nationale et de son habilité à faire face à ses créances dans le cas où la situation lui deviendrait défavorable. Il est intéressant de souligner que cette seconde raison qui limite la responsabilité des hedge funds et des autres investisseurs internationaux dans la crise mexicaine n'était pas présente dans les deux crises précédentes et que c'est, selon nous, le principal obstacle qui limita le rôle des investisseurs internationaux dans cette crise.

En outre, comparativement aux crises précédentes, le marché concerné est un pays émergent, ce qui changea fortement la donne étant donné que

1. Voir par exemple Frankel *et al.* (1996) ou Fonds Monétaire International (1995).

ces derniers sont déjà, par essence, plus volatils que les marchés développés, touchés dans les deux crises précédentes.

### 2.4. La crise asiatique de 1997-98

La crise asiatique est probablement une des crises les plus importantes de cette décennie car elle frappa de plein fouet tout un continent. Nous débutons l'analyse par une description de faits avant d'expliquer le rôle des hedge funds dans la crise en relatant les arguments de deux écoles qui s'affrontent, les fondamentaux responsables et les investisseurs responsables.

#### *2.4.1. La crise asiatique : les faits*

Les premiers signes avant coureurs de la crise se sont fait sentir en janvier 1997. Différentes entreprises asiatiques ont fait défaut sur leur dette, alors que d'autres ont fait faillite. La première grande entreprise mise en faillite fut le groupe coréen *Hanbo*. Au printemps, une augmentation des taux d'intérêt (entre autres en Grande-Bretagne et en Allemagne) a rendu moins intéressant d'emprunter aux États-Unis, en Europe ou au Japon afin d'utiliser l'argent emprunté pour investir en Asie. En outre, une appréciation du dollar par rapport au yen a entraîné une baisse de compétitivité des économies asiatiques fortement liées au billet vert. Dès le mois de mai, d'autres signes sont apparus. Le baht thaïlandais a été massivement attaqué par des spéculateurs qui ont décidé de sortir de leurs positions suite au ralentissement de l'économie thaïlandaise et à son instabilité politique. Le 2 juillet, la Thaïlande a laissé flotter le baht qui a chuté de 20 % par rapport au dollar. La plupart des autres monnaies d'Asie du sud-est (Indonésie, Philippines et Malaisie) ont suivi à la fin du mois. Dès le mois d'août, l'Indonésie s'est placée sous la tutelle du Fonds Monétaire International et elle a reçu une aide de 40 milliards de dollars.

Quelques semaines plus tard, l'Indonésie puis Singapour et Hong Kong ont été touchés. Le 8 novembre, la bourse de Séoul a subi un krach. La Corée du Sud a ensuite signé un accord avec le Fonds Monétaire International et elle a reçu 21 milliards de dollars. Les banques occidentales et japonaises ont ensuite rééchelonné la dette de la Corée du Sud, soit 15 milliards de dollars.

En janvier 1998, le FMI a suspendu son aide à l'Indonésie jusqu'à la démission du président Suharto qui eut lieu en mai. En février, des grèves contre les licenciements sont apparues en Corée du Sud. En avril, dix pays asiatiques et quinze pays européens ont créé un fonds d'assistance technique de 30 milliards d'euros afin d'atténuer les répercussions de la crise. Par la suite, la Russie et l'Amérique du Sud ont également connu une crise corollaire de la crise asiatique.

Afin de bien comprendre la crise, il est intéressant de noter que les entrées de capitaux avaient été très fortes pendant les années qui l'ont précédée. Le ratio de l'endettement du secteur privé sur le produit intérieur brut s'était établi de 1990 à 1996 à 58 % pour la Thaïlande, à 31 % pour la Malaisie et même à 151 % pour les Philippines. En outre, la structure de la dette avait évolué défavorablement puisqu'à la fin 1996, la part des engagements à échéance inférieure à un an atteignait en moyenne 50 % (67 % pour la Corée, 61 % pour l'Indonésie et 65 % pour la Thaïlande). Ceci ayant pour conséquence des refinancements fréquents et importants.

*2.4.2. Le rôle des hedge funds dans la crise*

Au moment de la crise, le ministre des Finances japonais a énoncé que « les *hedge funds* ont réellement joué un rôle dans la survenance de la crise ». Il a soutenu que, selon lui, « les informations n'étaient pas bien incorporées dans l'évaluation du risque de marché ».[1] Les agences de notation comme Standard and Poor's et Moody's ont, en effet, maintenu des notes relativement élevées pour les obligations nationales jusqu'au début de la crise. Une analyse des facteurs comprenant le comportement des hedge funds, des fonds de pension et d'autres institutions financières non bancaires suggère qu'une mentalité de troupeau existait plutôt qu'une mentalité rationnelle de calcul du risque des marchés émergents asiatiques. Le Premier ministre malais attribua également le krach de sa monnaie aux spéculateurs sur le marché monétaire, autrement dit aux hedge funds qu'il appela les « bandits de grand chemin de l'économie globale ».[2]

Deux hypothèses et interprétations ont émergé après la crise. Selon la première, des changements soudains dans les attentes des marchés et dans la confiance ont été les principales sources du tumulte financier initial, de sa propagation dans le temps et de sa contagion régionale. Alors que la performance macroéconomique de certains pays s'est détériorée vers le milieu des années 1990, la puissance et la profondeur de la crise asiatique de 1997-98 ne doivent pas être attribuées à la détérioration des fondamentaux, mais plutôt à la panique des investisseurs nationaux et internationaux, renforcée par la réponse politique du Fonds Monétaire International et de la communauté financière internationale. Selon cette hypothèse, les *hedge funds* seraient (du moins en partie) responsables de la crise.

Selon le second point de vue, la crise reflète des distorsions politiques et structurelles dans les pays de la région. Ce sont les déséquilibres des fondamentaux qui ont provoqué la crise monétaire et financière, même si, une fois la crise entamée, la réaction du marché a entraîné une chute plus forte qu'attendue des taux de change, du prix des actifs et l'activité économique.

Deux écoles s'affrontent. Certains pensent que les investisseurs internationaux (y compris les hedge funds) sont les principaux responsables ; nous l'appelons l'école des *investisseurs responsables*. D'autres soutiennent que les principaux responsables sont les pouvoirs politiques qui n'ont pas prêté assez d'attention aux fondamentaux en détérioration ; nous la nommons l'école des *fondamentaux responsables*.

Diverses études ont porté sur la détermination du rôle des hedge funds dans la crise asiatique. La première a été réalisée par une équipe du Fonds Monétaire International. La seconde a été faite par des professeurs d'uni-

1. *Source :* Chapman, Spira et Carson (1999).
2. Le terme anglais original utilisé est *highwaymen of the global economy*.

versité.[1] Toutes deux concluent que les *hedge funds* n'ont pas joué un rôle prédominant dans la crise. La première arrive à cette conclusion parce qu'alors que les *hedge funds* sont de grandes tailles en termes absolus, ils sont petits relativement aux investisseurs institutionnels comme les banques, les fonds de pension ou les fonds communs dont certains s'engagent dans les mêmes activités que les hedge funds. Alors que pour 1992, il y a une preuve que les *hedge funds* ont été les premiers à prendre des positions contre des monnaies peu solides, ce n'est pas le cas en 1997. En effet, les *hedge funds* ont uniquement pris des positions larges contre le baht thaïlandais et ils étaient en retard par rapport à d'autres investisseurs. Peu de *hedge funds* ont pris des positions larges contre les autres monnaies asiatiques et de nombreux gérants de *hedge funds* – tout comme les autres participants du marché – ont été surpris par la vitesse et la virulence de la contagion asiatique.

Les seconds auteurs ont étudié empiriquement le rôle des hedge funds dans la crise asiatique. Ils ont testé l'hypothèse que les *hedge funds* sont responsables de la chute des monnaies asiatiques[2] prises individuellement et globalement. Pour ce faire, ils se sont basés sur les positions des dix plus grands fonds macro investis principalement en devises. Ils ont prouvé que les positions des différents fonds étaient corrélées, mais que ces fonds n'ont pas entraîné de mouvements dans les taux d'intérêt et, surtout, qu'ils n'auraient pas su influencer les taux d'intérêt, même s'ils l'avaient voulu.

Au total, les auteurs ont conclu que ni les positions nettes, ni les profits réalisés par les principaux fonds n'ont été anormaux pendant la période de crise, et qu'il n'y a pas de preuve empirique qui supporte l'hypothèse que Soros ou tout autre gérant de hedge fund ait été responsable de la crise. Lorsqu'ils ont analysé si les fonds considérés avaient pu déclencher la crise, ils ont conclu que les positions longues et courtes dans les monnaies ont très fortement fluctué durant les quatre années couvertes. Ces mouvements n'étaient cependant pas associés à des mouvements dans les taux de change et les fonds n'ont pas pu influer sur les taux de change.

### 2.4.3. *Les fondamentaux*

Les fondamentaux de l'ensemble de la région touchée se détérioraient depuis plusieurs années. Ils comprenaient des distorsions structurelles et politiques dans les pays de la région. Les balances courantes de nombreux pays étaient négatives depuis plusieurs années.[3] De larges déficits de la balance courante peuvent être supportés tant que la croissance est élevée, ce qui fut le cas pour la majorité des pays jusqu'en 1996. Ensuite, la situation devint rapidement insoutenable.

1. Eichengreen *et al.* (1998) et Brown *et al.* (1998).
2. Il s'agit des monnaies des Philippines, de Taiwan, du Japon, de la Malaisie, de Singapour, de la Chine et de l'Indonésie.
3. Le rôle potentiel des déficits de la balance courante comme *source* de tensions dans les marchés financiers a été répétitivement souligné dans la littérature. À ce sujet voir, entre autres, Dornbush *et al.* (1995), Ferretti *et al.* (1996 a et b) Mishkin (1996), Kaminsky, Lizondo et Reinhart (1998) et Roubini et Wachtel (1998).

La politique monétaire fut également fortement discutée. La politique de change officielle de nombreux pays asiatiques était fortement liée au dollar américain. Alors que le fait d'avoir le taux de change fixe avec le dollar permettait à de nombreux pays de disposer d'une stabilité dans les taux de change nominaux par rapport à la monnaie américaine, cela entraînait également qu'un changement dans la valeur nominale et réelle du dollar par rapport au yen et par rapport aux monnaies européennes avait pour conséquence d'affecter le taux de change réel des monnaies asiatiques liées au dollar américain. Après l'été 1995, le dollar a commencé à s'apprécier fortement par rapport à la plupart des monnaies mondiales ce qui entraîna que les monnaies asiatiques liées au dollar ont également connu une appréciation rapide, rendant les exportations plus chères.

Finalement, l'opacité et la faiblesse du secteur financier sont la dernière raison fondamentale importante qui a entraîné la crise. Dans presque tous les pays de la zone touchée par la crise, on n'a pu après coup qu'insister sur les profondes défaillances des banques et des sociétés financières. Mal gérées, fort peu transparentes, peu ou pas soumises à des contrôles prudentiels, liées aux entreprises et aux conglomérats, les sociétés du secteur financier portent sans conteste une lourde responsabilité dans le déclenchement et dans la généralisation de la crise. Insuffisamment contrôlées, peu soumises à la concurrence des grandes banques internationales, trop liées au monde politique, elles ont beaucoup emprunté à l'étranger (le plus souvent en devises locales) sans contrôler réellement le risque de crédit.

L'analyse que nous avons réalisée nous laisse une opinion mitigée. Même s'il est probable que certains investisseurs ont bénéficié de la crise asiatique et que certains hedge funds faisaient partie du groupe, les causes profondes de cette crise sont probablement plus fondamentale que la spéculation et, selon nous, une crise aurait été inévitable à terme en Asie, compte tenu des problèmes fondamentaux que connaissaient les pays touchés. La constellation des investisseurs institutionnels toute entière et non les seuls hedge funds sont responsables de l'ampleur de la crise, plus que de ses causes. Les responsables des divers pays concernés ont eu facile de rejeter la faute sur des investisseurs internationaux, mais une telle simplification ne nous a pas totalement convaincus.

## 2.5. *La crise* subprime *de 2007*

2007 restera dans les annales comme l'année de la crise du marché immobilier américain. Cette crise a été suivie d'une crise de liquidité sans précédent qui s'amplifia à l'ensemble du système financier en 2008.

### *2.5.1. Les bases*

De nombreux éléments préalables à la crise se sont agrégés pour créer une situation qui ne pouvait pas résister à long terme.

1. La Réserve Fédérale américaine a fortement baissé ses taux directeurs entre 2001 et 2004 afin de soutenir l'économie qui montrait des signes de faiblesse depuis les attentats du 11 septembre 2001.
2. Des taux favorables ont permis à de nombreux Américains d'acquérir un bien immobilier car les coûts de financement étaient faibles.
3. Une facilité de financement a entraîné une hausse de la demande qui fut suivie d'une hausse de prix des biens immobilier. Cette hausse fut particulièrement importante en Californie.
4. De nombreux emprunteurs (dont des ménages à revenus modestes) ont pu renégocier de nouveaux crédits favorables sur la base de la valeur réévaluée de leurs biens immobiliers [1] auprès d'institutions peu regardantes sur les garanties. Le prix moyen des maisons a été multiplié par cinq entre 2000 et 2005.
5. Ces crédits avaient une structure telle que les mensualités de remboursement étaient abaissées les premières années. Pratiquement, les remboursements étaient souvent limités au paiement des intérêts (déductibles aux États-Unis), celui du capital étant différé pour s'imputer sur le prix de revente du logement quelques années après l'achat avec une plus-value. Ces prêts étaient majoritairement consentis à des taux d'intérêt variables après 2 ans.

Ces crédits favorables à des ménages modestes s'appellent des *subprimes*. Ils ont représenté 24 % des nouveaux crédits immobiliers octroyés aux États-Unis en 2006. En fin d'année, leur encours atteignait près de 13 % du total des crédits hypothécaires aux États-Unis (10 200 milliards de dollars), contre 8,5 % en 2001. Le graphique 1 montre l'évolution du marché des crédits *subprimes*. Il reprend le ratio de la valeur du crédit par rapport à la valeur du bien acheté. Ce ratio est passé d'un peu moins de 80 % en 2001 à près de 90 % en 2006. Ceci confirme que l'accès au crédit a été facilité durant la période couverte car l'apport personnel a diminué. Le pourcentage de dossier avec une documentation limitée a également fortement augmenté. Il est passé de 27 % en 2001 à 44 % en 2006. Ceci signifie que les organismes prêteurs ont été beaucoup moins regardants par rapport à la situation et aux garanties des acheteurs.

Le graphique 2 reprend le pourcentage de crédits financés à 100 % et le cas extrême des crédits financés à 100 % avec une documentation limitée. Les deux statistiques ont malencontreusement également évolué dans le mauvais sens.

Les taux variables faisaient, dès l'origine, peser un risque de solvabilité sur ces ménages en cas de mouvement à la hausse rapide. En raison de la fragilité de leur situation financière, ceux-ci pouvaient en effet se retrouver en situation de ne plus pouvoir faire face aux échéances de remboursement de leur crédit immobilier.

1. Le prix moyen des maisons américaines a été multiplié par cinq entre 2000 et 2005.

**Graphique 1. –** *Évolution du ratio emprunt/valeur de bien et du pourcentage de dossier de demande de crédit immobilier avec une documentation limitée*

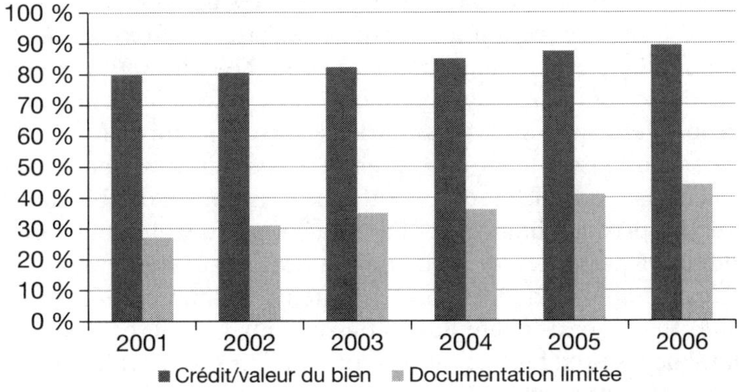


**Graphique 2. –** *Évolution du pourcentage de projets financés à 100 % et de projets financés à 100 % avec une documentation limitée*

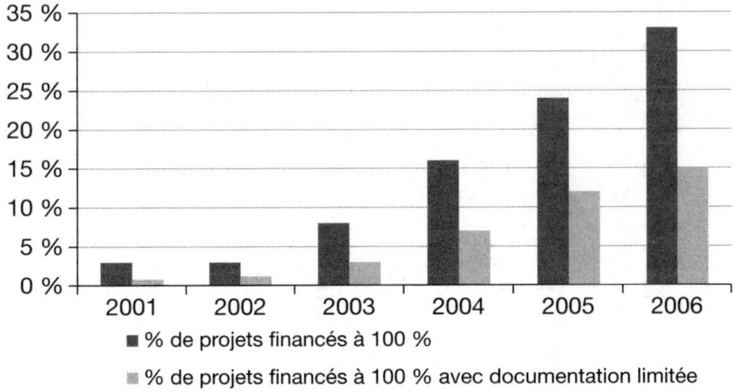


**Graphique 3. –** *Évolution des taux directeurs de la Réserve Fédérale américaine*

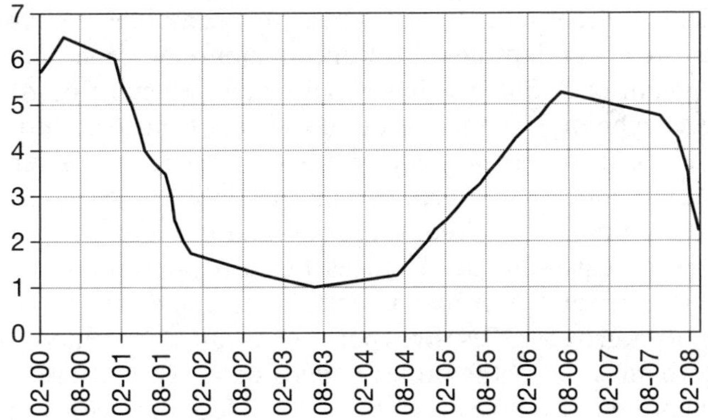

Les fondements de la crise se sont posés en 2006 quand d'un côté la Réserve Fédérale a augmenté ses taux directeurs, ce qui a entraîné une pression croissante sur les créditeurs qui avaient souscrit à des crédits immobiliers à taux variables. D'un autre côté, les ventes de biens immobiliers ont commencé à ralentir, ce qui a entraîné une forte pression sur les prix des biens immobiliers et une diminution de l'effet de richesse des ménages. La conjonction de ces deux évolutions défavorables a conduit à une hausse des défauts de paiement voire à des situations d'insolvabilité de foyers. L'impossibilité de rembourser leurs prêts a ensuite pesé sur des établissements de crédit spécialisés dans le crédit hypothécaire risqué. Le double mouvement de baisse des prix de l'immobilier aux États-Unis (dégonflement de la bulle immobilière) à partir de 2006 et de remontée des taux d'intérêt a conduit au défaut de paiement de nombreux emprunteurs, et donc à la mise en situation de faillite, ou de quasi-faillite des établissements spécialisés aux États-Unis. D'autant que les prix des habitations sont tombés sous la valeur de garantie. L'évolution des prix immobiliers américains est reprise dans le graphique 4.

**Graphique 4. –** *Estimation de l'évolution du prix des biens immobiliers américains*

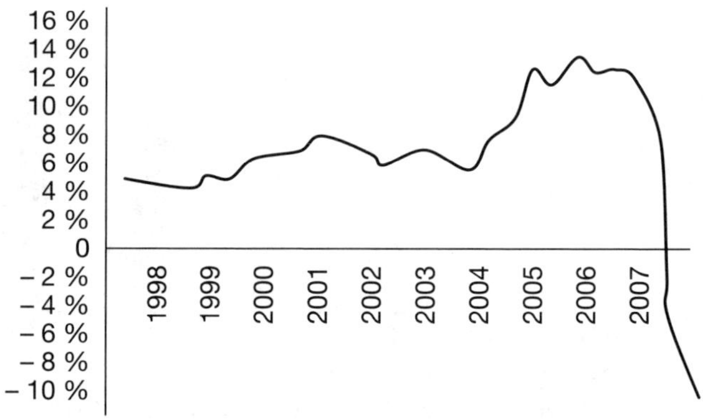


Jusqu'ici, notre description relate l'explosion d'une bulle présente dans le marché immobilier, comme cela a pu arriver également en Europe (pensons particulièrement à l'Espagne où les prix immobiliers chutent depuis 2006). Il existe cependant une différence majeure entre le marché immobilier américain et la plupart de ses pairs : les véhicules de titrisation. Il s'agit d'une technique financière qui consiste à transférer à des investisseurs des actifs financiers illiquides en titres financiers émis sur le marché des capitaux. L'idée est de grouper un ensemble de titres tels que des créances, des crédits. et de créer un produit adossé aux actifs sous-jacents qui regroupe un ensemble de tels titres. Les titres sont regroupés par tranches qui ont un niveau de risque associé. Ce niveau de risque dépendra du risque des titres groupés. Ces titres peuvent ensuite être vendus ou achetés. On transfère ainsi des actifs ou les risques de crédit y afférents sous une forme structurée à des investisseurs tiers. Le subprime constitue les tranches les plus risquées du marché de l'immobilier (faibles revenus, crédit hypothécaire à taux variable, etc.). Le processus de titrisation est repris dans le schéma 2.

Les CDOs sont des obligations adossées à d'autres dettes comme des RMBS (titrisation de crédits hypothécaires résidentiels), commerciaux ou d'autres prêts à risque. Les CDO adossés principalement à des tranches BBB et BBB– de RMBS subprime sont communément appelés des CDO de RMBS.

La structure de capital de CDO consiste en plusieurs tranches notées entre AAA et BBB. Le levier moyen dans un CDO RMBS est de 20:1. Le gestionnaire de CDO structure le CDO et investit ou place la tranche equity. Des commissions importantes sont réalisées par le gestionnaire pour la gestion du produit, par les banques d'investissement pour la souscription et par les agences de notation pour la notation. Même si le collatéral est dans quasiment tous les cas BBB ou BBB–, approximativement 87 % des CDOs reçoivent une notation AAA ou AA.

**Schéma 2. –** *Titrisation des dettes hypothécaires*

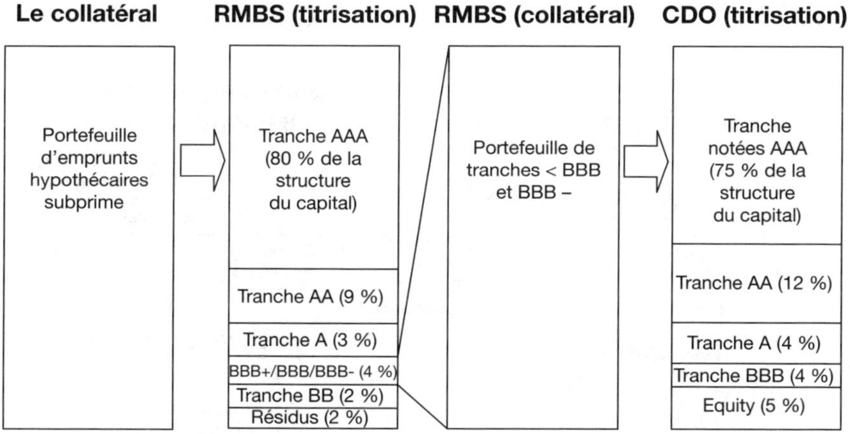


Les différences entre le modèle traditionnel et le modèle subprime sont illustrées dans le schéma 3. Traditionnellement, les banques financent des achats hypothécaires contre des garanties perçues par leurs clients (partie de gauche du graphique). Ceci limite le montant qui sera prêté. Récemment cependant, le modèle appliqué par les banques a évolué vers une nouvelle structure dans laquelle les emprunts hypothécaires sont vendus sur le marché de la dette. Cette évolution a rendu des emprunts additionnels plus aisés, mais elle a également entraîné des abus car les banques n'ont plus la même incitation à suivre de façon proche les crédits hypothécaires qu'ils émettent. La partie de droite du schéma 3 illustre le processus. La banque est toujours présente, mais elle n'est plus qu'un intermédiaire entre l'acheteur du bien immobilier et le marché de la dette hypothécaire. Des nouveaux intervenants apparaissent : le courtier immobilier, l'estimateur spécialisé et l'agence de notation. Le courtier immobilier agit comme intermédiaire. Il recherche des crédits hypothécaires pour le compte d'individus ou de sociétés. Au fur et à mesure du développement du marché immobilier, ces intervenants ont pris de l'importance. L'estimateur spécialisé donne une valeur à la maison. L'agence de notation donne une note qui quantifie le risque de défaut pour la dette hypothécaire correspondante. Le processus passe ainsi d'une relation entre une banque qui prête contre remboursement à une structure plus complexe dans laquelle la banque vend le produit de dette hypothécaire. Elle fournit le crédit hypothécaire contre, d'un autre côté, le remboursement par l'emprunteur et, finalement, le paiement aux détenteurs de la dette hypothécaire par la banque. Ce business s'est avéré très profitable pour les banques qui ont gagné une commission pour chaque crédit vendu. Une pression croissante s'est ainsi fait sentir sur les courtiers immobiliers afin qu'ils vendent de plus en plus de tels produits.

**Schéma 3. –** *Comparaison du modèle de financement immobilier traditionnel et du modèle subprime*

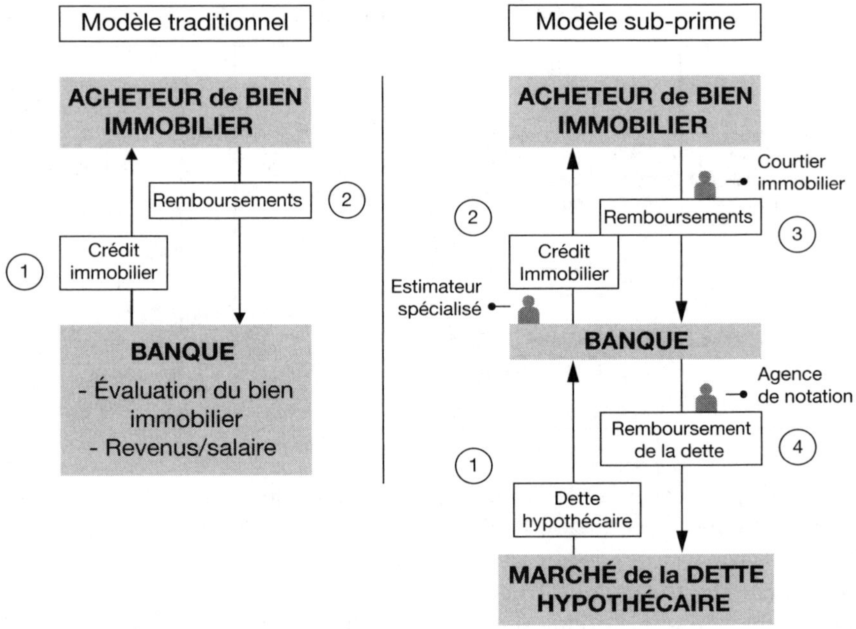


Le marché hypothécaire américain s'est ainsi biaisé vers les crédits hypothécaires de faible qualité entre 2004 et 2006. Il fut estimé que les *subprimes* représentaient ainsi 20 % du marché hypothécaire américain à la fin de 2006. Au total plus de 1 200 milliards de dollars de crédit subprime ont été émis en 2005 et 2006. Le tableau 2 rapporte la répartition de l'industrie immobilière américaine durant l'été 2007. Nous retrouvons le segment à bas risque de l'industrie garanti par le gouvernement. Ensuite, le subprime représente 19 % de l'ensemble suivi par le segment jumbo qui est un crédit pour un montant supérieur aux limites telles que définies par les agences gouvernementales américaines comme Freddie Mac et Fannie Mae, ce qui signifie sans garantie gouvernementale. La catégorie alt-A est plutôt une catégorisation de crédits et des emprunteurs pour des dossiers incomplets ou des dossiers qui ne correspondent pas à des caractéristiques standards en termes de type de bien immobilier, de taux d'endettement ou de documentation. Le groupement des catégories subprimes, alt-A et Jumbo représente le marché risqué du secteur immobilier américain.

**Tableau 2. –** *Taille et répartition de l'industrie immobilière américaine à la fin de deuxième trimestre 2007*

| | **Taille (en milliards de dollars)** | **Répartition** |
|---|---|---|
| Garanti par le gouvernement | 4 000 | 59 % |
| Subprime | 1 300 | 19 % |
| Alt-A | 600 | 9 % |
| Jumbo | 900 | 13 % |
| **Total** | **6 800** | **100 %** |

*Sources* : Réserve Fédérale, Banque d'Angleterre et SIFMA.

Pratiquement, les soucis du marché immobilier américain ont entraîné une défiance globale pour les produits titrisés construits de la même manière, pour les fonds d'investissement liés à ces marchés et pour le système bancaire dans son ensemble susceptibles d'être exposés à ce risque. De façon générale, la crise a provoqué depuis l'été 2007 une crise de confiance générale dans le système financier, une volatilité accrue dans les marchés et une aversion importante à tout risque de crédit. L'ensemble du marché du crédit a été fortement impacté suite à des craintes de défaut. Devant ce déficit de liquidités, les banques centrales ont injecté des liquidités dans le marché interbancaire et baissé leur taux directeur (pour les États-Unis en tout cas). Au cours de la seule première semaine d'août, par exemple, les instituts d'émission américain, européen et asiatiques ont ainsi mené des actions concertées au cours desquelles elles ont fourni plus de 330 milliards de dollars aux marchés.

Le tableau 3 rapporte des estimations de perte potentielles pour les principaux acteurs financiers mondiaux. Les chiffres reportés sont en millions de dollars. Bien que ces chiffres ne soient pas définitifs, ils indiquent l'ampleur de l'impact de cette crise sur les principaux acteurs mondiaux. À titre d'exemple, Citigroup a provisionné 6 milliards de dollars pour des pertes à venir à la fin du troisième trimestre 2007 et une estimation de l'ordre de 10 milliards de dollars pour le dernier trimestre.

**Tableau 3. –** *Exposition aux subprimes des principales institutions financières mondiales.*

| | Provision – 3T07 | Estimation – 4T07 |
|---|---|---|
| Citigroup | 6 056 | 10 000 |
| Merrill Lynch | 8 900 | ND |
| Bank of America | 1 841 | 3 900 |
| JP Morgan | 2 450 | ND |
| Bear Stearns | 850 | 1 200 |
| Morgan Stanley | 1 200 | 3 700 |
| Goldman Sachs | 2 400 | ND |
| Lehman Brothers | 1 600 | ND |
| UBS | 5 069 | 1 724 |
| SocGen | 476 | ND |
| Commerzbank | 428 | ND |
| Deutsche Postbank | 90 | ND |
| KBC | 57 | ND |
| Credit Suisse | 1 897 | ND |
| HSBC | 4 325 | ND |

ND = non disponible.
*Source* : Deutsche Bank.

Le graphique 5 confirme l'ampleur des dégâts en rapportant l'estimation de l'exposition totale des principaux intervenants du secteur financier mondial à la crise du subprime et à ses conséquences. Globalement l'institution la plus touchée est Citibank avec des pertes de l'ordre de 80 milliards de dollars. En Europe, UBS se distingue avec plus de 40 milliards de pertes. Globalement, les pertes devraient se situer entre 220 milliards de dollars et 480 milliards de dollars selon les sources. [1]

1. À titre d'exemple, Deutsche Bank estime les pertes totales liées à la crise du subprime entre 300 et 400 milliards de dollars alors qu'UBS estime que ces pertes peuvent atteindre 480 milliards de dollars.

**Graphique 5. –** *Estimation totale de l'exposition aux subprimes des principales institutions financières mondiales.*

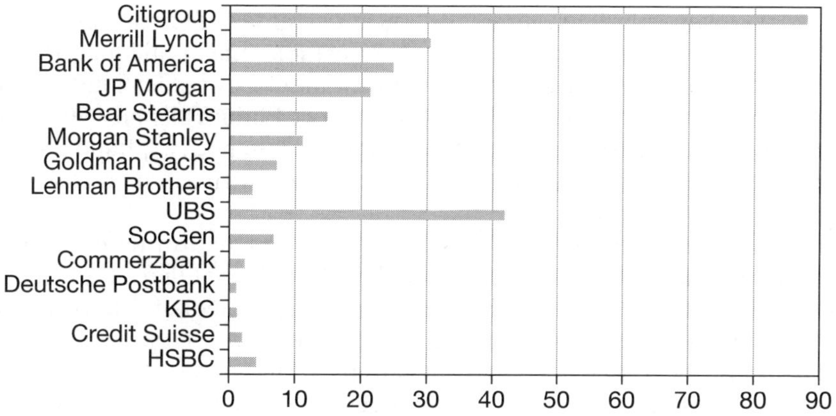


*Source* : Deutsche Bank.

### *2.5.2. Le rôle des hedge funds*

Soucieux de trouver rapidement une explication évitant de les remettre en cause, les dirigeants de certains pays européens ont mis en exergue le rôle néfaste qu'auraient joué les hedge funds dans la crise des *subprimes*. Cette crise est le résultat d'un ajustement brutal du prix des actifs lié à une augmentation de l'aversion pour le risque de l'ensemble des investisseurs. Nous faire croire que ce sont les hedge funds qui auraient provoqué cette crise est une explication simpliste. Certains fonds ont pu anticiper la crise et en tirer profit, mais ce ne sont pas quelques fonds d'investissement qui ont entraîné une bulle dans le système immobilier américain.

Amenc (2007) analyse de façon intéressante la crise des subprimes et le rôle des hedge funds dans cette crise. Nous lui empruntons deux de ses arguments afin d'illustrer notre propos :

1. Les hedge funds ne sont pas responsables de la crise : la crise s'est caractérisée par la disparition de la liquidité dans les marchés des *asset-backed securities* correspondant à la titrisation des crédits à hauts risques immobiliers qui s'est rapidement étendue à l'ensemble du marché du crédit allant jusqu'à atteindre le marché des obligations émises par les entreprises et de bonne qualité *investment grade*. Le problème qu'a connu le marché est que des banques – et non des hedge funds – ont été touchées par des investissements excessifs dans les créances titrisées et les produits structurés de crédit qui se sont révélés illiquides et que ces banques ont pu apparaître en situation d'insolvabilité pour leurs contreparties sur le marché monétaire.

2. Les fonds touchés par la crise du subprime en Europe ne sont pas des fonds alternatifs mais des fonds monétaires dits dynamiques proposés par des acteurs bancaires réputés. Elle n'est donc pas le fait d'acteurs non régulés ou de pratiques non transparentes mais d'une régulation qui n'a

pas pris en compte le risque d'illiquidité majeur qui pouvait accompagner le risque traditionnel de défaillance des instruments de crédit.

Il est vrai que plusieurs gérants ont pu anticiper la crise financière et que sur la base de cette anticipation et d'un positionnement adéquat de leur portefeuille, ils ont réalisé des gains substantiels. Les cas les plus connus sont John Paulson (CEO de Pauslon et Co.) et Philip Falcone (gérant de Harbinger). Dans la dernière partie de cette analyse nous expliquons comment des gérants de fonds ont pu faire des fortunes en ayant anticipé une telle crise.

La première question que l'on se pose est comment profiter d'une augmentation dans le taux de défaillance de crédits immobiliers. La façon la plus simple de prendre position se fait par l'intermédiaire de positions vendeuses dans des produits de dette qui incluent des *subprimes* comme sous-jacent tels que des *CDO* (obligations adossées par des actifs), des *CMBS* (titrisation de crédits hypothécaires commerciaux), des *ABS* (valeur mobilière adossée à des actifs) ou des *credit default swaps*. Les CDO sont des structures créées sur mesure par les banques qui regroupent des titres issus de 100 à 250 actifs tels que des *residential mortgage backed securities*, des *asset-backed securities* ou des obligations. Dans le cas présent, nous faisons référence à des *CDO* sur *mortgage-backed securities* (titrisation de crédits hypothécaires résidentiels). Ce genre de produit permet en outre de créer du levier implicite dans les positions. C'est précisément l'appétit des banques pour les CDO qui a permis à des gérants de continuer à prendre des positions malgré des fondamentaux peu solides. Un gérant de fonds souligne à ce sujet en août 2006, soit quelques semaines avant le cœur de la crise, que « *les CDO ont un appétit insatiable pour des RMBS subprime. Le pipeline de CDO en RMBS subprime est estimé par Merrill Lynch à approximativement 27 milliards de dollars, alloués…* ». Cette demande a soutenu les *spreads* sur les RMBS subprime alors que les ventes de biens et les prix baissaient déjà depuis plusieurs mois, ce qui a clairement amplifié la crise lorsqu'elle est arrivée.

Une fois la position initiée, la baisse du prix des biens et la hausse du taux de défaut ont fait le reste. Février 2007 a été le véritable début de la crise. Les taux de délinquance des crédits *subprimes* ont augmenté de près de 90 % sur 12 mois [1], les *spreads* des tranches inférieures se sont fortement élargis et le volume de nouvelle émission a fortement baissé. Le prix moyen de tranches BBB initiée en 2006 est passé de 96 fin 2006 à 20 fin 2007.

Soulignons les points additionnels :

– Les agences de notation ont attendu juillet 2007 pour revoir la notation de nombreuses tranches subprime sécurisées alors que certains fonds ont initié des positions en juillet 2006.

1. Ce taux de délinquance a dépassé les 100 % dès avril 2007.

– Très peu de gérants ont été à même d'anticiper la crise du subprime et surtout que même si d'aucun pouvaient anticiper la défaillance du système, il était difficile de déterminer dans quels titres il fallait prendre position pour tirer un maximum de profits.

– Tous les hedge funds n'ont pas profité de la crise, bien au contraire. Plusieurs fonds ont réalisé des pertes importantes.

### 2.6. La crise de liquidité dans la foulée de la crise du subprime

La crise du subprime était la partie visible de l'iceberg. La crise des subprimes s'est déclenchée au deuxième semestre 2006 avec l'augmentation des défauts des prêts immobiliers à risque aux États-Unis. Elle s'est transformée en crise ouverte lorsque les adjudications périodiques n'ont pas trouvé preneurs en juillet 2007. Il est devenu impossible de donner une valeur à ces titres qui ont dû être provisionnés à une valeur proche de zéro. En même temps, les détenteurs ne pouvaient plus liquider leur créance. La défiance s'est installée envers les créances titrisées qui comprennent une part plus ou moins grande de crédits subprime, puis envers les fonds d'investissement et le système bancaire. Le trouble était désormais localisé dans le marché interbancaire. La méfiance dans la liquidité des collatéraux et l'incertitude sur la localisation des titres contaminés ont progressivement bloqué les relations interbancaires et commencé à mettre en difficulté nombre de banques à travers le monde. Les autorités ont d'abord cru à une crise de liquidité bancaire et les banques centrales n'ont cessé d'injecter massivement des liquidités dans le marché interbancaire jusqu'à ce que les premières faillites apparaissent, puis gagnent les premiers rôles de la finance internationale en septembre 2008.

L'origine de la crise de liquidité comprend les mêmes éléments de base que la crise du subprime. Toutefois, nous ne sommes plus au niveau d'une tranche de la population américaine qui est surendettée, mais bien de l'ensemble du système financier mondial. Le levier financier déjà présent dans nos économies depuis la nuit des temps n'a pas cessé d'augmenter au cours des dernières années suite à la création de nouveaux produits d'investissement de plus en plus complexes et des niveaux d'abstraction extrêmes. Tout comme le système du subprime fonctionnait tant que la valeur des biens immobiliers augmentait et que les taux de financement restaient bas, le levier croissant dans le système financier permettait d'augmenter les flux de capitaux, de baisser les coûts de financement jusqu'au moment où ce fut trop et que les banques et autres institutions financières ont dû faire face à des besoins de liquidité tels qu'ils n'ont plus pu y faire face. Les banques soumises à ces besoins de liquidité ont dans de nombreux cas vu une partie de leur clientèle les quitter avec leurs liquidités, les autres banques n'ont plus voulu leur octroyer des prêts dans le marché interbancaire, si bien que le tout s'est amplifié. Le catalyseur a été la faillite de Lehman Brothers, un des principaux acteurs américains qui par manque de liquidité n'a pas pu faire face à ses engagements. Cette décision a obligé les banques à prendre des mesures d'urgence. Pour bénéficier du soutien de la FED, plusieurs grandes banques d'investissement américaines se transforment en banques de dépôts. D'autres se font racheter afin de sauver leur activité : Bear Stearns, Merrill Lynch, Washington Mutual et Wachovia.

À partir de l'été 2007, les banques du monde entier ont dû passer chaque trimestre dans leurs comptes des dépréciations de la valeur de leurs actifs liées aux subprimes, en particulier les ABS et les CDO. De l'été 2007 à l'été 2008, ces dépréciations ont totalisé 500 milliards de dollars américains, ce qui a fait chuter d'autant les capitaux propres des banques. Certaines ont épongé ces pertes grâce à des augmentations de capital, en vendant en Bourse de nouvelles actions, dans d'autres cas elles ont dû faire appel à leur gouvernement local afin de les soutenir.

Au printemps 2008, le gouvernement britannique nationalise la banque Northern Rock victime d'une ruée sur ses dépôts comme on n'en avait plus vu au Royaume-Uni depuis des décennies. Mais il a fallu attendre l'automne pour voir d'autres nationalisations : le 8 septembre, les sociétés de refinancement américaines Freddy Mac et Fannie Mae sont prises en charge, puis l'assureur AIG le 16 septembre le lendemain de la faillite acceptée de la Banque Lehman Brothers qui a exposé l'ensemble du système bancaire américain. En Europe continentale, Fortis a été la première grande banque nationalisée, le 29 septembre. Au Royaume-Uni, trois des quatre plus grandes banques ont accepté le 8 octobre le principe d'une recapitalisation imposée par le premier ministre Gordon Brown. Le 11 octobre, la France et l'Allemagne ont annoncé aussi qu'elles pourraient éventuellement recapitaliser des banques, mais sans donner de noms.

Aux États-Unis, l'État s'est résolu à procéder à la nationalisation au cas par cas d'établissements en difficultés, après avoir présenté sans grand succès début septembre puis fait voter, début octobre le plan Paulson, qui prévoit que l'État rachète 700 milliards de dollars américains d'actifs à risque. En Europe, les différents plans nationaux annoncés autour du week-end des 11-12 octobre se chiffrent à 1 700 milliards d'euros, comprenant des garanties de refinancement, ainsi que des mesures de recapitalisation-nationalisation, dont le détail est annoncé au Royaume-Uni vers la fin d'octobre 2008.

Dans la semaine qui avait précédé, les marchés boursiers européens avaient tous perdu plus de 20 %. La crainte d'une sous-capitalisation globale et durable du système bancaire, nuisible à l'économie, avait entraîné dès l'été 2008 une crise de solvabilité, suivie à partir du 6 octobre d'un krach boursier d'autant plus profond qu'il intervenait après un an de baisse régulière de la bourse. En France, l'indice CAC 40 a ainsi perdu 22 % de sa valeur en une seule semaine, du 6 au 10 octobre.

La crise avait entraîné depuis le début 2008 une raréfaction progressive et de plus en plus marquée du crédit bancaire à travers le monde, ce qui a aggravé le ralentissement économique en cours. Le krach boursier de la semaine du 6 au 10 octobre a ainsi accompagné de très mauvais indicateurs économiques pour le mois de septembre, en Europe comme aux États-Unis.

### 2.7. Conclusion

Dans cette section consacrée à la crise des *subprimes*, nous avons tout d'abord présenté les faiblesses des fondamentaux du système immobilier américain et l'instabilité de son modèle, l'enchaînement des problèmes ainsi que leur impact sur le système financier américain et mondial. Nous avons examiné comment certains intervenants du monde des hedge funds se sont positionnés afin d'anticiper cette crise et d'en tirer profit. Il est intéressant de mentionner que chaque difficulté dans le marché crée des opportunités. De par leur liberté, les gérants de hedge funds sont à même de pouvoir profiter de toutes les opportunités qui se présentent à eux. La crise des *subprimes* en est une nouvelle illustration. Une crise se profilait à l'horizon et certains gérants forts de l'avoir anticipée ont pu en profiter. Il s'agit probablement de l'exemple le plus frappant et le plus facile à illustrer car il s'agit d'un événement récent.

## 3. Les fraudes dans l'industrie

Le SEC a rapporté 46 cas de fraudes dans l'industrie des hedge funds entre 2000 et 2005. Depuis, de nouveaux cas et non des moindres sont apparus. Le dernier en date n'est autre que Bernard Maddoff. Les détails sur cette fraude n'étant pas encore connus, nous ne pouvons estimer son impact réel, même s'il semble qu'elle porte sur plusieurs dizaines de milliards de dollars répartis entre des portefeuilles de hedge funds et de fonds UCITS III.

Nous rapportons les cas les plus connus de fraude avec les montants perdus obtenus des publications de la SEC dans le graphique 6. Nous n'avons pas pu inclure Maddoff car nous n'avons pas d'estimation correcte des pertes engendrées. À titre de comparaison, remarquons que les deux plus grands cas de fraude de tous les temps restent Worldcom avec 180 milliards de dollars de perdus et Enron avec 66 milliards de dollars de perdus.

**Graphique 6. –** *Les plus grands cas de fraude en milliards de dollars*

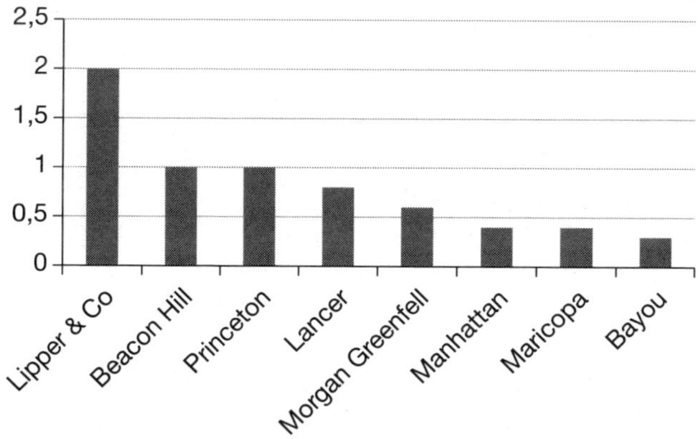


*Source* : D'après des chiffres de la SEC combinés avec une étude de l'Edhec Risk and Asset Management Research Center (2003).

## 4. Résumé du chapitre

Dans ce chapitre, nous avons couvert deux périodes pendant lesquelles l'intérêt envers les hedge funds a fortement augmenté. L'analyse de *Long Term Capital Management* nous a permis de comprendre son développement, sa stratégie d'investissement, et surtout les raisons de sa débâcle, celles qui ont incité ces contreparties à sauver le fonds et quel était le véritable rôle et les intérêts des divers intervenants.

La seconde partie du chapitre consacrée au rôle des hedge funds dans les principales crises financières des années 1990 nous a permis de comprendre comment des fonds ont pu créer ou amplifier des crises financières. Nous avons séparé les crises pour lesquelles l'implication des hedge funds était indéniable, des autres dans lesquelles leur rôle est plus ambigu. Le rôle des hedge funds dans la crise asiatique de 1997-1998 est ainsi moins prononcé qu'il ne l'était dans les autres crises analysées. L'analyse finale de la crise du subprime et du rôle des hedge funds dans cette crise confirme finalement le rôle des hedge funds qui sont là pour profiter de toutes les inefficiences des marchés afin de rapporter les rendements escomptés dans toutes les conditions de marché.

# Chapitre 7

# Hedge funds versus fonds d'investissement classiques

Dans ce dernier chapitre, nous comparons les hedge funds et les fonds communs. Par fonds communs, nous entendons les fonds communs de placement classiques disponibles dans la plupart des places financières européennes, asiatiques et américaines. Cette comparaison est intéressante car les deux produits d'investissement sont semblables dans leurs principes. Les hedge funds et les fonds communs sont des portefeuilles d'investissement gérés par des professionnels. Les principes de base sont identiques, mais la réalité est bien souvent toute autre et il est important de dissocier les deux produits dans les faits, car ils n'ont pas les mêmes objectifs et ils ne disposent pas des mêmes outils pour les atteindre.

Le premier objectif d'un hedge fund lors de sa création est de bénéficier d'une liberté maximale, c'est-à-dire d'éviter au maximum les contraintes de gestion afin de garder une grande liberté dans l'implémentation des décisions d'investissement. Ceci dans un objectif de performance absolue. D'un autre côté, l'objectif premier d'un fonds commun est de battre un indice de référence. Il vise également à être distribué auprès du plus grand nombre d'investisseurs afin de disposer de la base d'actif la plus importante possible. Ces objectifs sont généraux. Cela ne signifie pas qu'il en est ainsi pour tous les hedge funds ou tous les fonds communs, mais que c'est la situation qui prévaut pour la majorité d'entre eux.

Les outils disponibles pour les gérants sont très différents qu'il s'agisse d'un hedge fund ou d'un fonds communs. Dans le premier cas, la liberté sous-entend également une liberté dans le choix des outils d'investissement utilisés. Dans le cas d'un fonds commun, l'objectif de distribution au plus grand nombre sous-entend des contraintes et des règles strictes dans la gestion, dans la structure de frais ou dans la communication.

La principale différence entre les hedge funds et les fonds communs vient des lois et réglementations auxquelles ils doivent se soumettre. Nous débutons notre analyse par une comparaison des législations en vigueur. Nous présentons le cas américain qui est un parfait exemple. La comparaison au niveau de la législation est intéressante car ce sont des lois et de réglementations qui ont permis l'émergence de hedge funds et la mise en place des stratégies d'investissement spécifiques. La deuxième section reprend les autres principales différences qui existent entre les hedge funds et les fonds communs. Dans la troisième section, nous résumons les principaux éléments avancés dans un tableau comparatif avant de comparer les hedge funds et les fonds communs en termes de performance dans la dernière section.

## 1. Comparaison de la législation en vigueur

Les lois et les règlements évoluent constamment, mais les principes de base restent stables au cours du temps. L'évolution se situe surtout dans le fait que les fonds communs disposent d'une liberté croissante dans leur gestion, même s'ils doivent toujours se plier à des contraintes beaucoup plus strictes que les hedge funds.

Les gérants de fonds communs doivent se plier à un plus grand nombre de contraintes légales dans la gestion de leur portefeuille et dans la communication aux investisseurs. Les fonds communs ayant communément une structure publique, les règles à respecter sont multiples et souvent du même ordre que l'on parle du marché américain ou européen. En Europe on parle de passeport européen pour les fonds qui respectent les règles UCITS III. Le respect de ces règles permet à l'agent de placement d'un fonds de vendre le produit dans l'ensemble des marchés européens, même s'il n'est enregistré que dans un seul pays.

Concentrons-nous dans un premier temps sur les principales différences légales qui existent aux États-Unis entre les hedge funds et les fonds communs communément appelés les *mutual funds*. Les contraintes concernent la gestion – le prospectus, les ventes à découvert, la liquidité, l'utilisation du levier financier, les produits d'investissement –, les frais associés – commissions de gestion et autres frais ou encore la communication. Ensuite, nous présentons les investisseurs types, l'enregistrement de la société de gestion et les exigences de rapport aux autorités de contrôle. Les lois qui régulent les fonds communs de placement sont les lois suivantes : *Securities Act of 1933, Securities Exchange Act of 1934, Investment Company Act of 1940* et l'*Investment Advisers Act*. L'*Internal Revenue Code* fixe des prérogatives additionnelles par rapport à la diversification du portefeuille et à la distribution des bénéfices et la *National Association of Securities Dealers, Inc.* fixe les règles en matière de publicité et de communication.

Les différences que nous rapportons ne sont pas les seules et elles ne valent telles quelles que pour le marché américain, mais elles sont très intéressantes et donnent une vue claire de la situation. Chaque caractéristique sera soit un atout, soit une faiblesse.

### 1.1. Gestion – prospectus, historique, vente à découvert et levier, liquidité et produits d'investissement

Tout investisseur de fonds commun doit recevoir un exemplaire du prospectus d'investissement qui doit contenir des informations relatives à la gestion du fonds, au positionnement, aux commissions perçues et autres frais et par rapport à la performance. Dans le cas des hedge funds, le prospectus constitue également un élément essentiel. Les informations qui doivent obligatoirement y être reprises ne sont cependant pas aussi clairement définies car le prospectus d'investissement d'un hedge fund est vu comme un accord entre les parties en présence et le caractère privé de l'accord l'exonère de certaines contraintes.

Une seconde contrainte de gestion concerne les informations relatives à l'historique des transactions. Toutes les transactions historiques et les positionnements du fonds doivent être maintenus obligatoirement dans le cas d'un fonds commun. Il n'existe pas une telle contrainte pour les hedge funds, sauf en cas d'enregistrement auprès des autorités de contrôle.

Les produits diffèrent fortement dans l'utilisation des ventes à découvert et du levier financier. Même si la loi n'interdit pas clairement aux fonds communs les ventes à découvert et l'utilisation du levier par l'intermédiaire de produits dérivés, les contraintes de couverture et de protection des investisseurs sont telles qu'il est difficile d'y recourir. Les hedge funds peuvent recourir aux ventes à découvert et utiliser le levier comme bon leur semble. Les seules limites étant celles fixées par les contreparties au fonds qui fournissent le levier désiré et par le prospectus.

Dans le cas des fonds communs, la loi exige une liquidité quotidienne et l'utilisation de prix de marché ou de prix déterminés par le conseil d'administration du fonds. Cela signifie que les actionnaires doivent pouvoir revendre leurs parts une fois par jour au prix du marché. Il n'existe pas d'obligation de ce genre dans le cas des hedge funds. Dans la plupart des cas, tout argent injecté dans un hedge fund sera bloqué au minimum un an et les retraits ne sont permis que sur une base trimestrielle, annuelle ou pluriannuelle avec une notification d'un à plusieurs mois. Dans de nombreux cas, les retraits ne sont possibles qu'à des moments spécifiques dans l'année, à condition que l'ensemble des retraits ne dépasse pas un certain pourcentage des actifs sous gestion. Des frais peuvent également être perçus en cas de vente rapide si le prospectus le permet.

Les fonds communs doivent clairement spécifier dans le prospectus quel type de produits d'investissements sera utilisé dans le cadre de la gestion du portefeuille. Pour les hedge funds, le type de produit généralement utilisé est souvent repris dans le prospectus, mais l'équipe de gestion se laisse une marge de manœuvre en cas d'opportunité.

### 1.2. Frais associés – commissions et autres

Les fonds communs sont limités par les lois fédérales qui fixent les limites des commissions de gestion qui peuvent être perçues. Les frais de distribution et autres commissions sont également limités. Les frais doivent être clairement indiqués en première page du prospectus d'émission du fonds commun correspondant.

Les hedge funds n'ont pas de limitations pour ce qui est de la structure et de la taille des commissions qu'ils appliquent. En tant qu'entité privée, les hedge funds ne sont pas réglementés par une autorité légale en ce qui concerne la structure et la taille des commissions. Ils facturent des frais de gestion, des commissions de performance et, selon le cas et les montants, des commissions d'entrée et/ou de sortie.

### 1.3. La communication

Les fonds communs peuvent faire appel à tous les investisseurs qui leur semblent potentiellement intéressants et utiliser tous les moyens de communication à leur disposition afin de vendre leurs produits. À titre d'exemple citons les journaux, la radio, la télévision, internet ou encore proposer des séminaires, installer des affiches dans des bureaux d'institutions financières.

Le caractère privé des hedge funds leur interdit de faire appel publiquement à des capitaux extérieurs, que ce soit par de la publicité écrite, parlée ou même une présentation lors d'une réunion ou d'un séminaire où les invitations sont largement distribuées. Dans ce cadre, les sites internet de fonds américains reprenant de l'information sur les fonds doivent obligatoirement demander à l'internaute de confirmer qu'il répond aux contraintes de richesse minimale afin d'investir dans un hedge fund. Cette contrainte de communication est l'une des principales raisons qui explique que les hedge funds ont été méconnus du grand public pendant des décennies, alors que les fonds communs se développaient plus rapidement.

### 1.4. Investisseurs types

Les fonds communs peuvent compter autant d'investisseurs qu'ils le désirent. Ces investisseurs ne doivent respecter aucune règle de richesse ou de rentrées financières minimales, ce qui élargit fortement le nombre d'investisseurs potentiels. La seule contrainte pour pouvoir investir dans un fonds commun est de disposer de l'investissement minimum pour pouvoir souscrire à une part, ce qui représente généralement 1 000 dollars ou moins. Les hedge funds américains doivent limiter le nombre d'investisseurs à 99 ou 499 investisseurs fortunés suivant les cas et l'investissement minimum se situe généralement à 1 million de dollars. Cette contrainte vise à limiter l'accès aux hedge funds aux investisseurs sophistiqués qui disposent d'une base d'actifs suffisante. Les fonds *offshore* n'ont cependant pas la même contrainte.

### 1.5. Enregistrement de la société de gestion et exigences de rapport aux autorités de contrôle

Les sociétés de gestion de fonds communs ont l'obligation de s'enregistrer comme *investment advisers* auprès de la *securities and exchange commission* (SEC). Cette contrainte oblige la société de gestion à divulguer publiquement diverses informations à son sujet. En outre, la SEC peut à tout moment réaliser un audit afin de vérifier que les éléments écrits se vérifient dans les faits. Elle peut également refuser l'enregistrement d'un conseiller qui a déjà été condamné. Les sociétés de gestion doivent également nommer un *compliance officer*, développer des politiques de protection de l'utilisation d'information non publique, s'assurer que l'intérêt des clients est maintenu et la mise en place d'un code d'éthique.

Les sociétés de gestion de hedge funds n'ont pas d'obligation légale de s'enregistrer auprès de la SEC et d'appliquer l'ensemble des règles reprises dans la première partie de cette section. La SEC a tenté de rendre l'enregistrement obligatoire en octobre 2004 pour une application au plus tard en février 2006 mais des procédures judiciaires ont mis à mal cette tentative. Depuis lors, la situation n'est pas très claire. De nombreuses sociétés de gestion alternative s'enregistrent quand même comme conseiller d'investissement et/ou appliquent certaines des règles obligatoires dans le cas des fonds communs de placement comme la nomination d'un *compliance officer* ou la mise en place d'un code éthique dans un souci de transparence et de visibilité et afin d'attirer des investisseurs institutionnels. L'institutionnalisation des hedge funds est un phénomène en pleine évolution qui fera disparaître cette différence pour une partie de l'industrie des hedge funds qui se rapproche des fonds communs en respectant certaines règles.

### 1.6. Directeurs

Dans le cas des fonds communs, au minimum 75 % des directeurs et le président du conseil d'administration doivent être indépendants et n'avoir aucun lien direct avec la société de gestion. Il n'existe pas de règle spécifique dans le cas des hedge funds ou il arrive fréquemment que certains des directeurs ne soient pas indépendants, ce qui peut entraîner de sérieux conflits d'intérêt.

## 2. Les autres principales différences

Les hedge funds se distinguent des fonds communs par une multitude d'autres caractéristiques que les contraintes légales. Les principales sont l'investissement personnel, les objectifs, le type de titres en portefeuille, les stratégies d'investissement et la taille des industries.

### 2.1. Investissement personnel

La première différence historique qui existe entre le gestionnaire de fonds communs et le gestionnaire de hedge funds est que le dernier investit généralement une part significative de ses avoirs personnels dans le fonds qu'il gère car il s'agit de sa société de gestion et car il est gérant du fonds. Il en est ainsi car les fonds sont généralement créés par un ou plusieurs anciens gérants d'institutions financières réputées qui, lorsqu'ils ont acquis une expérience et des relations suffisantes, se reconvertissent dans les hedge funds et créent leur propre société de gestion avec un ou deux fonds spécialisés dans leurs domaines de prédilection. Dans le cas des fonds communs de placement, il n'existe pas de règles dans l'industrie. Certains gérants seront investis dans le fonds qu'ils gèrent alors que d'autres préféreront diversifier les risques. Les incitants ne sont pas identiques quand on a une part significative de ses avoirs investie dans un fonds que l'on gère ou quand ses avoirs sont diversifiés sur un ensemble de produits.

### 2.2. Objectifs

Les gestionnaires de fonds communs ont, par définition, pour objectif d'obtenir une meilleure performance qu'un indice de référence. Ils investiront généralement dans l'univers d'investissement représenté par l'indice et prennent des paris relatifs afin d'offrir une performance supérieure à de dernier. Lorsqu'ils estiment qu'un constituant de l'indice va sous-performer, ils sous-pondèrent ou ne prennent pas position dans le titre. S'ils le sous-pondèrent ils seront pénalisés par la position prise dans le titre mais ils seront souvent obligés de posséder des titres importants afin de limiter le risque relatif et de rester dans des limites de risque prédéfinies. Les hedge funds, d'un autre côté, cherchent à offrir une performance absolue, c'est-à-dire une performance positive, quelle que soit l'évolution du marché dans son ensemble. Lorsqu'on compare leur performance, on se base alors soit sur des indices hedge funds maintenant que leur utilisation est plus importante, soit sur un indice monétaire. Certaines stratégies avec un biais long type *emerging markets* ne visent pas une performance absolue, mais à capter une majorité de la hausse des marchés en cas de marché porteur et à réduire fortement le risque en cas de chute de marché.

### 2.3. Titres en portefeuille

Les gérants de hedge funds bénéficient d'une plus grande stabilité dans les actifs sous gestion étant donné que les hedge funds sont relativement illiquides. De par ce fait, ils sont moins dépendants des variations des actifs sous gestion que ne le sont les gestionnaires de fonds communs. Ils combinent dès lors des positions dans des titres liquides et dans d'autres qui ont un fort potentiel mais avec une liquidité limitée à court terme.

Lcs variations journalières des actifs sous gestion des fonds communs peuvent, par conséquent, être fortes, alors que dans le cas des hedge funds elles seront rarement plus rapprochées que mensuelles et les contraintes de liquidité font que plusieurs mois seront généralement nécessaires pour qu'une partie significative des actifs ne soit remboursée.

### 2.4. Stratégies d'investissement

Les stratégies d'investissement appliquées par les fonds communs se définissent par l'objectif et non par marchés. Il n'est par rare de voir des fonds communs investissant dans des sociétés de croissance aux États-Unis par exemple. Dans le cas des hedge funds, le marché sur lequel la stratégie est appliquée est prédominant. On retrouve ainsi des fonds *convertible arbitrage* investir en obligations convertibles, des fonds *long/short* présents dans des marchés d'actions ou encore des fonds *fixed income arbitrage* concentrés sur les marchés de taux.

Diverses études académiques [1] ont montré empiriquement que les stratégies suivies par les hedge funds sont différentes de celles suivies par les fonds communs et qu'elles sont considérablement plus dynamiques, avec de très fréquentes modifications de composition des portefeuilles.

### 2.5. Taille des industries

Il existe également une différence importante au niveau de la taille des industries respectives, même si la situation tend à se résorber tout doucement. Le monde des hedge funds reste de moindre importance que l'industrie des fonds communs. Alors qu'en 2001 l'univers des hedge funds comptait à peine plus de 1 000 milliards de dollars sous gestion et que l'industrie des fonds communs disposait de 11 700 milliards de dollars [2], l'industrie des hedge funds dispose d'actifs sous gestion globaux de l'ordre de 1 500 milliards de dollars fin 2009 contre 20 000 milliards pour les mutual funds. Les mêmes résultats ressortent lorsque l'on considère les fonds individuels. Les plus grands hedge funds de l'ordre de 20 milliards de dollars disposent de beaucoup moins d'actifs sous gestion que les plus grands fonds communs mondiaux tels que le Vanguard 500 qui dispose de plus de 70 milliards de dollars à lui tout seul. Selon Morningstar, les vingt plus grands fonds communs du monde gèrent au total près de 1 000 milliards de dollars, soit plus de la moitié de l'industrie des hedge funds.

1. Voir par exemple Fung et Hsieh (1997).
2. Voir Khorana *et al.* (2002).

## 3. Tableau comparatif

Résumons les principaux résultats obtenus dans les sections précédentes dans le tableau 1. Dans la première partie du tableau 1, nous rapportons les principales différences légales entre les hedge funds et les fonds communs avec un (+) lorsqu'il s'agit d'un atout pour le gérant et un (–) lorsqu'il s'agit d'un inconvénient. La seconde partie du tableau indique les autres principales différences.

**Tableau 1. –** *Comparaison entre les hedge funds et les fonds communs*

| | Hedge funds | Fonds communs | |
|---|---|---|---|
| – | Fonds privés | Fonds publics | + |
| – | Pour investisseurs accrédités uniquement | Pour tout type d'investisseurs | + |
| + | Information obligatoire très limitée | Information obligatoire importante | – |
| + | Vente à découvert non limitée | Ventes à découvert fortement limitées | – |
| + | Utilisation du levier non limitée | Utilisation du levier limitée | – |
| + | Utilisation de produits dérivés non limitée | Utilisation de produits dérivés très limitée | – |
| + | Structure des commissions libre | Structure des commissions réglementée | – |
| – | Nombre d'investisseurs limité | Nombre d'investisseurs illimités | + |
| + | Enregistrement comme conseiller d'investissement non obligatoire | Enregistrement comme conseiller d'investissement obligatoire | – |
| – | Indépendance des directeurs non garantie | 75 % des directeurs doivent être indépendants | + |
| + | Liquidité libre | Liquidité quotidienne obligatoire | – |
| – | Publicité interdite | Publicité autorisée | + |

| | |
|---|---|
| Investissement du gérant significatif | Investissement significatif du gérant rare |
| Commissions de gestion et à la performance | Commission de gestion uniquement |
| Performance absolue | Performance relative |
| Liquidité mensuelle | Liquidité quotidienne |
| Investissements minimums élevés | Investissements minimums très faibles |
| Petite industrie en croissance | Industrie importante à maturité |
| Stratégies par marché | Stratégies par objectif |

## 4. Diversification et performance comparée

### *4.1. Diversification d'un portefeuille*

Capocci et Hübner (2001) comparent l'impact de l'insertion de hedge funds et de fonds communs dans un portefeuille initial composé d'actions et d'obligations. Ils concluent que l'insertion de hedge funds et/ou de fonds communs dans un portefeuille d'investissement classique sont tous deux bénéfiques au portefeuille initial en termes de compromis rendement-risque, mais que les hedge funds permettent une diversification significative du portefeuille dans une plus grande proportion de cas. En outre, l'insertion de hedge funds dans un portefeuille diversifié entre des actions, des obligations et des fonds communs aura un impact significativement positif dans de nombreux cas, alors que l'inverse, c'est-à-dire l'insertion de fonds communs dans un portefeuille d'actions, d'obligations et de hedge funds, n'est que rarement intéressante.

Capocci, Duquenne et Hübner (2007) ont développé un nouvel outil afin de déterminer l'impact de l'insertion des hedge funds dans des portefeuilles de fonds communs investis dans des actions et des obligations. Ce nouvel outil intègre l'ensemble de la fonction de distribution de l'investisseur. Ils concluent que lorsque la mesure de risque se limite à la volatilité, les hedge funds offrent des profils rendement-risque attrayants. Leurs résultats sont plus mitigés quand une mesure de risque étendue est utilisée. Une mesure de risque étendue inclut la symétrie de la fonction de distribution et la présence de risque de perte extrême. Leurs résultats indiquent qu'il faut séparer les hedge funds directionnels des hedge funds non directionnels.

Les auteurs considèrent plusieurs niveaux de risque désiré. Ces niveaux de risque dépendent de l'allocation à l'actif risqué appelé le lambda. Un portefeuille avec un lambda à 20 % alloue 20 % à l'actif risqué, un lambda de 40 % alloue 40 % à l'actif risqué, et ainsi de suite. L'addition de fonds directionnels dans un portefeuille initial composé à 50 % de fonds communs d'actions et de 50 % de fonds communs d'obligations ne change pas significativement le profil de rendement-risque du portefeuille si moins de 20 % du portefeuille est alloué aux hedge funds directionnels. Lorsque 50 % du portefeuille est alloué aux hedge funds directionnels, le nouveau profil est plus intéressant pour tous les niveaux de risque. Ces résultats sont illustrés dans le graphique 1. Ce graphique reprend les variations de rendements attendu pour un portefeuille lorsque la proportion de hedge funds directionnels (DHF) passe de 0 à 100 % pour des niveaux d'allocation au taux sans risques variables (de 20 % à 100 %). Le rendement attendu est significativement plus élevé pour des allocations élevées aux fonds directionnels (+ 4 % pour 40 % d'allocation à l'actif risqué qui est alors représenté à 100 % par les hedge funds directionnels).

**Graphique 1. –** *Insertion de hedge funds directionnels dans un portefeuille de fonds communs*

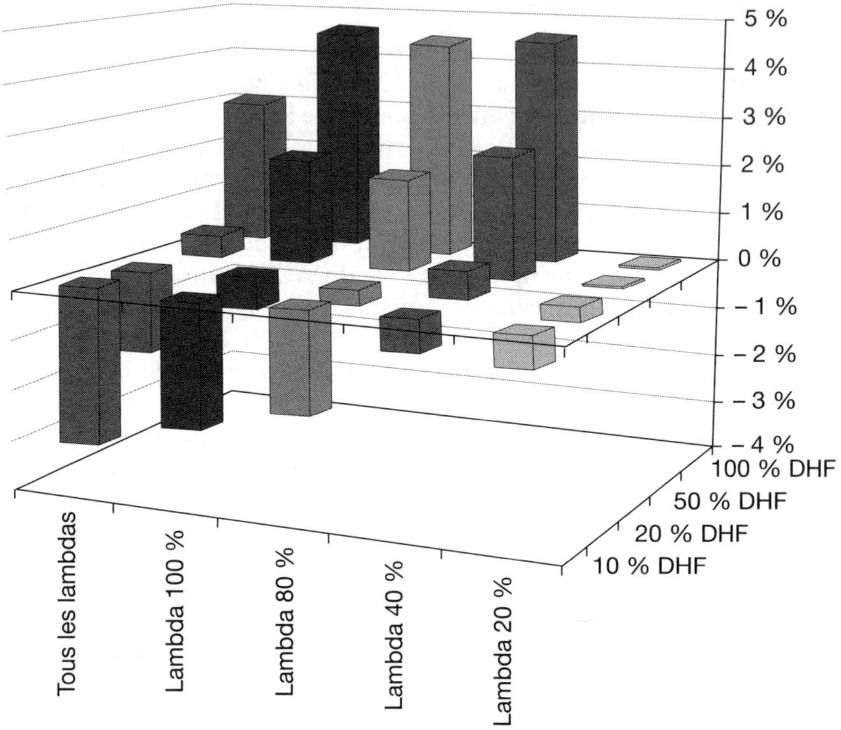


*Source* : Capocci *et al.* (2007).

Les hedge funds non directionnels et les fonds de hedge funds peuvent être regroupés car ils offrent des profils de risque proches. L'addition des hedge funds non directionnels ou de fonds de fonds à un portefeuille classique composé de fonds actions et de fonds obligataires permet aux investisseurs d'atteindre des niveaux de rendements supérieurs très rapidement. Il suffit que 10 % du portefeuille soient alloués aux hedge funds pour que l'impact soit significatif. Pour des allocations importantes à l'actif risqué, les hedge funds non directionnels et les fonds de hedge funds n'apportent pas de plus-value significative. Ces résultats sont repris dans le graphique 2.

Les résultats obtenus pour les fonds directionnels sont en contraste avec ceux obtenus pour les fonds non directionnels et pour les fonds de fonds. Cet élément indique que les conclusions générales sur les hedge funds doivent être nuancées. Il confirme également que les fonds directionnels doivent être clairement différenciés des non directionnels car ils n'offrent pas le même profil de risque et n'ont pas la même utilité dans les portefeuilles. Les fonds directionnels ont un objectif d'offrir des rendements additionnels et ils peuvent remplacer une allocation à des fonds actions. Les fonds non directionnels sont des diversificateurs.

**Graphique 2. –** *Insertion de hedge funds non directionnels dans un portefeuille de fonds communs*

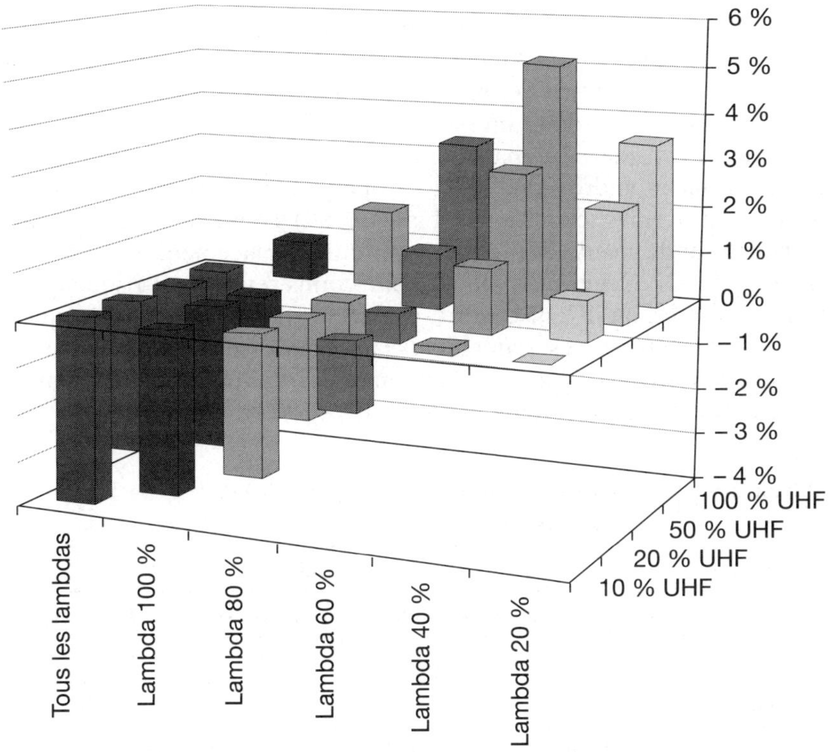


*Source* : Capocci *et al.* (2007).

L'étude analyse également l'impact de l'insertion de fonds communs dans des portefeuilles de hedge funds. Les résultats indiquent que les fonds communs ne permettent dans aucun cas d'offrir un compromis rendement-risque plus intéressant lorsqu'ils sont inclus dans des portefeuilles de hedge funds, que l'on considère des hedge funds directionnels ou non directionnels.

En synthèse de la littérature sur le sujet [1], on peut conclure que les hedge funds considérés en tant que groupe ont fourni des rendements moyens supérieurs aux fonds communs de placement. Ceci ne signifie pas que tous les hedge funds surperforment les fonds communs, mais qu'en moyenne, il en est ainsi. En outre, les hedge funds offrent de réelles opportunités de diversification de portefeuille, même lorsque ce portefeuille est déjà diversifié par des fonds communs de placement.

1. Voir également d'autres études dont Oberuc (1995), Fung et Hsieh (1997), Ackermann *et al.* (1999), Liang (1999) et Capocci et Hübner (2001b) pour plus de détails.

### 4.2. Performance

Le tableau 2 rapporte le rendement annuel moyen composé et l'écart-type de l'indice hedge fund global de *Hedge Fund Research* ainsi que les mêmes statistiques pour l'indice moyen *Morningstar Average Equity Mutual Funds*, un indice qui regroupe la performance de plus de 7 500 fonds communs individuels investis en actions. Le tableau indique que les hedge funds considérés globalement offrent une performance supérieure pour un risque moindre pour la période analysée. Ce résultat a été confirmé par plusieurs études scientifiques. Liang (1999) a comparé la performance des hedge funds à celle des fonds communs de placement et conclut que les hedge funds offrent un meilleur compromis rendement-risque que les fonds communs, qu'ils ont des ratios de Sharpe supérieurs, un risque de marché inférieur et des rendements anormaux supérieurs. Cet auteur conclut que les hedge funds représentent un produit d'investissement plus efficient que les fonds communs pour l'investisseur.

**Tableau 2. –** *Performance comparée des hedge funds et des fonds communs*

| | **1988-2002** | |
|---|---|---|
| | **Rendement annuel moyen composé** | **Écart-type** |
| Hedge funds | 15,8 % | 8,8 % |
| Fonds communs | 8,5 % | 15,8 % |

*Sources* : Hedge Fund Research, Inc. et Van Hedge Fund Advisors International, Inc.

Les hedge funds ont également été à même de mieux protéger les portefeuilles en période de baisse. Ce second point est illustré dans le tableau 3 qui rapporte la performance des hedge funds et celle des fonds communs pour les trimestres baissiers de l'indice S&P 500 entre 1999 et 2002. On constate que les hedge funds résistent mieux que les fonds communs lors de baisses de marché. Lorsque ces baisses sont importantes, ils sont également touchés mais, dans aucun des trimestres repris, l'indice hedge fund global ne baisse de plus de 3,8 % alors que l'indice fonds communs connaît trois baisses supérieures à 10 %.

D'un autre côté, les fonds communs (particulièrement les fonds d'actions indicés) offrent une meilleure performance que les hedge funds lors de hausses de marché rapide car les hedge funds ne parviennent généralement pas à capturer l'ensemble des hausses.

Cette comparaison entre les hedge funds et les fonds communs tend à montrer la supériorité des hedge funds sur le long terme qui ont procuré en moyenne des rendements totaux supérieurs tout en étant moins volatils. Cette habilité à surperformer peut avoir diverses sources : aptitudes particulières des gérants, diversité des outils à leur disposition, flexibilité

**Tableau 3. –** *Performance comparée des hedge funds, des fonds communs et du S&P 500 en période de marché baissier*

| | Hedge funds | Fonds communs | S&P 500 |
|---|---|---|---|
| 3T 1999 | 0,7 % | – 3,2 % | – 6,2 % |
| 2T 2000 | – 1,2 % | – 3,6 % | – 2,7 % |
| 3T 2000 | – 1,9 % | 0,6 % | – 1,0 % |
| 4T 2000 | – 3,3 % | – 7,8 % | – 7,8 % |
| 1T 2001 | – 0,5 % | – 12,7 % | – 11,9 % |
| 3T 2001 | – 4,0 % | – 17,2 % | – 14,7 % |
| 2T 2002 | – 1,6 % | – 10,7 % | – 13,4 % |
| 3T 2002 | – 3,8 % | – 16,6 % | – 17,3 % |

*Sources* : Hedge Fund Research, Inc. et Van Hedge Fund Advisors International, Inc.

des techniques, stabilité des actifs sous gestion, etc. La principale raison est probablement la réglementation plus stricte à laquelle sont soumis les fonds communs. Cette hypothèse a été soulignée dans une étude scientifique.[1] La réglementation que doivent respecter les fonds communs a un impact substantiel sur l'utilisation d'instruments financiers et sur les rendements de ces fonds. Remarquons que les résultats rapportés ici sont basés sur des indices globaux. Il est tout à fait concevable que des fonds communs individuels surperforment des hedge funds individuels.

## 5. Résumé du chapitre

Nous avons comparé les hedge funds et les fonds d'investissement classiques. Nous avons commencé par rapprocher les législations propres à chaque type de fonds. Cette analyse a clairement indiqué que les gérants de hedge funds disposent d'une liberté beaucoup plus importante dans la gestion de leur fonds que les gérants de fonds communs qui doivent respecter de nombreuses contraintes d'investissement, ceci principalement dans un but de faciliter leur distribution.

Dans la deuxième section, nous avons relevé les autres principales différences qui existent entre les hedge funds et les fonds communs. Cet examen complet nous a permis de discerner les deux produits d'investissement sur d'autres bases que sur leur législation respective.

1. Voir Ackermann et Ravenscraft (1998) pour plus de détails à ce sujet.

Finalement, nous avons procédé à une comparaison des hedge funds et des fonds communs en termes de diversification et en termes de rendement et de risque. Dans ce cadre nous avons rapporté les résultats de diverses études scientifiques avant de procéder à une analyse graphique.

Les résultats obtenus indiquent que les hedge funds offrent des caractéristiques totalement différentes de celles de fonds communs et que les deux produits d'investissement sont certainement complémentaires, même si, sur une base individuelle, les hedge funds surperforment leurs ancêtres, particulièrement en période de marché baissier. Il est cependant probable que, lors d'une reprise rapide de marché, un plus grand nombre de gérants de fonds communs, plus fortement corrélés avec les indices, surperforment les hedge funds.

# Conclusion générale

Les hedge funds font partie intégrante de l'univers d'investissement de nombreux investisseurs. Leur discrétion en fait la cible idéale de la presse depuis toujours, mais les événements récents ont entraîné un sentiment de crainte par rapport à ces produits d'investissement pour de nombreux investisseurs. Il y a eu les cas de fraudes dont Maddoff était l'apothéose ainsi que les problèmes de liquidités qui ont directement impacté l'industrie. Les cas de fraude, quoique présents, restent marginaux dans une industrie qui compte plus de 10 000 fonds d'investissement. En ce qui concerne la liquidité, la majorité des hedge funds n'a pas été capable d'offrir des rendements attractifs contrairement à ce qui s'est passé en 2002. Est-ce pour autant qu'il ne faut plus investir dans de tels produits ou qu'il ne faut plus les considérer comme des produits d'investissement intéressants ? Certainement pas.

Dans cet ouvrage nous présentons l'industrie des hedge funds depuis sa création. Nous nous attardons sur les fondements de l'industrie avant de passer à son développement et sa présence mondiale aujourd'hui. Les hedge funds offrent toujours autre chose que l'industrie classique. Notre analyse illustrée détaillée de chacune des stratégies disponibles prouve que cette industrie arrive aujourd'hui dans une phase de maturité et chaque investisseur devrait pouvoir y trouver son bonheur. Pour le faire, il est cependant indispensable de se former ou de recourir à des conseillers compétents dans le domaine. Ce n'est pas la même chose d'acheter une action, une obligation ou un fonds d'investissement classique que d'investir dans des hedge funds. Les structures sont plus petites, le flux d'information est moindre, la liquidité est généralement limitée, et surtout les stratégies d'investissement appliquées par les gérants de hedge funds sont complexes et, dans tous les cas, personnelles. Chaque gérant gérera son portefeuille selon ses règles propres. Il est clair qu'il y aura plus de ressemblance entre deux fonds qui appliquent une stratégie identique qu'entre deux fonds qui appliquent des stratégies différentes, mais chaque gérant de fonds appliquera la stratégie selon son propre processus d'investissement. Il construira un portefeuille qui lui est spécifique en termes de profil de risque et de rendement. Une multitude d'éléments tels que la diversification (géographique, sectorielle et par nombre de positions), la couverture de certains risques, la présence sur certains marchés devront été définis un par un. Pour considérer des investissements dans des hedge funds, il faut connaître chaque stratégie en détails et pouvoir différencier l'ensemble des gérants actifs dans la stratégie de leurs pairs et choisir le fonds désiré en connaissance de cause et pas uniquement sur la base d'une performance passée ou d'un bon contact.

Nous arrivons au nouveau débat qui fait rage dans l'industrie. Peut-on offrir des rendements de type hedge funds par l'utilisation de bêtas et non à la recherche d'alpha ? Un nombre croissant d'intervenants de l'industrie proposent aujourd'hui des indices investissables qui visent à offrir aux investisseurs une exposition au bêta d'une stratégie. Est-ce l'avenir de l'industrie ? La réponse est non. Les conseillers qui proposent ce genre de produits à leurs clients sous-tendent qu'ils sont plus à même de décider quand investir dans une stratégie spécifique que de proposer un travail de due diligence approfondi qui leur permet d'identifier les fonds qui se distingueront de leurs pairs à l'avenir. Nous sommes clairement du côté de la recherche de l'alpha. À long terme, il est beaucoup plus intéressant d'identifier les gérants qui construiront l'industrie de demain par leur succès que d'investir dans la moyenne des gérants mondiaux, même si la stratégie est conceptuellement intéressante. L'industrie a perdu 20 % en 2008 et elle a repris un peu plus de la moitié en 2009. Près d'un quart des fonds ont pu retoucher leur *high watermark*. Un bon travail de due diligence doit permettre aux investisseurs de se situer dans les 50 % meilleurs, voire dans les 25 % meilleurs et ainsi d'offrir de l'alpha et non du bêta à ses clients.

Le troisième chapitre du livre nous semble particulièrement intéressant car nous illustrons chacune des stratégies présentées. Ces exemples montrent la difficulté de bien comprendre une stratégie d'investissement. Tout investisseur est capable de comprendre les principes d'une stratégie sur la base de quelques lignes, mais les exemples pratiques compliquent la donne. Les exemples demandent plus de réflexion, mais ils illustrent également plus précisément les risques potentiels à chaque stratégie. Tout investisseur direct dans des hedge funds devrait être à même d'expliquer chaque stratégie par des exemples, faute de quoi il serait préférable qu'il se concentre uniquement sur des fonds classiques, des fonds de fonds ou qu'il fasse appel à un conseiller qui en est capable.

Les trois derniers chapitres du livre complètent l'ensemble et ils remettent l'industrie des hedge funds dans une perspective globale. Les hedge funds doivent respecter des lois et règlements qui évoluent constamment, ils ont été impliqués dans des crises financières de près ou de loin et ils se distinguent des fonds classiques à divers niveaux.

Nous désirons terminer ce livre en soulignant le plaisir que c'est d'analyser l'industrie des fonds spéculatifs comme on les appelle également.

Ceux qui ont le droit de faire quasiment tout et n'importe quoi pour faire de l'argent mais qui, dans la grande majorité des cas, le font suivant un code de l'éthique dans un monde où l'on ne peut gagner sur le long terme que si on travaille de gagnant-gagnant avec les entreprises dans lesquelles on investit. L'industrie des hedge funds était intellectuellement intéressante il y a quelques années, lors de la parution de la première version de cet ouvrage. Elle a fortement évolué depuis et est au moins tout aussi intéressante aujourd'hui. Qu'en sera-t-il dans quelques années ? L'industrie va continuer à se développer. Ce développement se fera probablement de plus en plus vite. Il n'est pas sûr que le grand public aura aisément accès à ce genre de produits d'investissement, mais ceux qui continueront à analyser l'industrie en détails, ceux qui travailleront d'arrache-pied pour comprendre les stratégies d'investissement et leur place dans le monde actuel et dans des portefeuilles d'investissement devraient pouvoir profiter de ce développement.

# La Chartered Alternative Investment Analyst Association (CAIA)

Ci-dessous je présente la principale association de l'industrie alternative qui inclut les hedge funds, l'immobilier, le private equity et les *commodity trading advisors*. Elle propose une formation très intéressante pour tous ceux qui s'intéressent à cette industrie.

« L'organisation CAIA est une association indépendante sans but lucratif. Elle vise à promouvoir la formation et le professionnalisme dans l'univers des investissements alternatifs. Elle propose une formation en deux examens (niveau I et niveau II) pour les analystes professionnels dans ce champ en croissance afin qu'ils obtiennent le titre de *Chartered Alternative Investment Analyst* (CAIA) après le second niveau. Ce titre bénéficie aujourd'hui d'une reconnaissance dans l'industrie et compte des membres dans plus de soixante pays.

Le programme CAIA est organisé en deux niveaux. Le niveau I utilise l'analyse des investissements pour examiner les fondamentaux de chaque classe d'actifs alternative. Le niveau II applique cette analyse dans le cadre d'un processus d'allocation des actifs et d'un processus de décision. Les deux niveaux intègrent une section relative à l'éthique et au comportement professionnel, un élément essentiel du programme CAIA. L'association CAIA reconnaît le travaille du *CFA Institute* dans le développement de standards de conduite internationaux et elle intègre ces standards dans la formation CAIA.

Les premiers examens ont été proposés en février 2003. Depuis lors, des nombreux individus de plus de quatre-vingt pays se sont enregistrés dans le programme. Les candidats d'une multitude d'institutions financières ont passé les examens, ce qui inclut des courtiers, des banques, des conseillers, des consultants, des sociétés de gestion et de comptabilité, des fonds de pensions publics et privés, des fondations, des *familiy office*, des sociétés d'assurance, des professeurs et des régulateurs. Un nombre croissant d'organisations, ce compris la SEC, PAAMCO, Citigroup et CSFB considèrent aujourd'hui le CAIA comme un élément essentiel dans leur programme de formation professionnelle. »

# Les sites internet intéressants

Le développement rapide d'internet et la quantité impressionnante d'informations qu'il propose nous ont incité à réaliser une étude sur les sites internet totalement ou partiellement dédiés aux hedge funds. Dans ce cadre, nous avons identifié 25 sites internet particulièrement intéressants et nous vous les présentons dans un ordre alphabétique en quelques mots.

1. www.absolute-alternative : site d'un journal créé par un consultant qui propose une multitude d'informations sur l'industrie sur une base mensuelle. Ce journal est gratuit et il est très intéressant.
2. www.albournevillage.com : site de référence des professionnels, albourne village est une communauté qui regroupe de très nombreux professionnels de l'industrie. Le site propose des articles, des news, des discussions et un ensemble d'autres services liés.
3. www.aima.org : site de l'association de la gestion et de l'investissement alternatif, une association sans but lucratif qui a pour objectif de servir les intérêts de l'industrie des hedge funds. Il existe depuis près de dix ans et porte sur les hedge funds et sur les CTA. Le site contient de la recherche gratuite sur de nombreux aspects de l'industrie. De nouveaux rapports sont disponibles régulièrement.
4. www.barclayhedge.com : site internet du Barclay Group dédié aux hedge funds et aux CTA. Le site propose la diffusion d'une newsletter hebdomadaire gratuite et il est mis à jour quotidiennement. Il propose également de la recherche originale.
5. www.caia.org : site internet de l'association CAIA qui propose la formation CAIA (chartered alternative investment analyst).
6. www.canadianhedgewatch.com : site internet canadien dédié exclusivement au marché canadien des hedge funds. Son premier objectif est d'éduquer les investisseurs sur le marché canadien des hedge funds. Il est intéressant car il fournit des nouvelles, une newsletter, un forum, de la recherche académique, un accès à une base de données.

7. www.ehedge.de : site d'une société allemande spécialisée dans les hedge funds et les CTA. Il reprend des articles et des news mises à jour régulièrement.
8. www.eurekahedge.com : site internet d'un des principaux fournisseurs de données. Il fournit un accès à la base de données (service payant) et propose une série d'articles intéressants sur l'industrie et son développement.
9. www.harcourt.ch : site internet d'un consultant suisse spécialisé dans les hedge funds. Le site fournit de nombreuses informations sur l'industrie ainsi que l'accès gratuit à une revue spécialisée appelée swissHEDGE.
10. www.hedgefund.com : site internet de Greenwich Alternative Investment, une société de consultance spécialisée dans les hedge funds. Son objectif premier est d'éduquer les utilisateurs. Dans ce cadre, il fournit de nombreux articles sur l'industrie.
11. www.hedgefund.blogspot.com : un des nombreux blogs disponibles sur le sujet. Il propose de nombreux articles qui couvrent de nombreux aspects de l'industrie ainsi qu'une newsletter.
12. www.hedgefundcenter.com : site exclusivement dédié à l'industrie des hedge funds créé par une société indépendante. Il fournit principalement des informations sur l'industrie.
13. www.hedgefund-index.com : site internet exclusivement dédié à l'industrie des hedge funds. Il fournit des nouvelles sur l'industrie, la réglementation, les études scientifiques et les conférences.
14. www.hedgefundresearch.com : site du fournisseur de données Hedge Fund Research, Inc. qui fournit de l'information sur l'industrie des hedge funds. Le site reprend des informations sur l'industrie des hedge funds et des données (service payant).
15. www.hedgefund.net : site très complet et très intéressant avec des nouvelles sur l'industrie ainsi qu'un accès à une base de données (service payant).
16. www.hedgefundintelligence.com : site exclusivement dédié à l'information sur les hedge funds européens et asiatiques ainsi qu'aux fonds de fonds. Le site est complet et il propose de nombreuses informations ainsi qu'une newsletter.
17. www.hedgefundnews.com : site exclusivement dédié à l'industrie des hedge funds. Son premier objectif est de fournir un accès à une base de données mais il propose également des informations sur l'industrie.
18. www.hedgeindex.com : site sur les indices hedge funds de Credit Suisse First Boston/Tremont Advisers. Il fournit des informations sur la performance de l'industrie des hedge funds par stratégie et globalement par l'intermédiaire des indices CSFB/Tremont ainsi qu'une analyse gratuite des principales nouveautés de l'industrie.
19. www.hedgeweek.com : site dédié aux hedge funds qui propose des news ainsi que de nombreux rapports qui couvrent de nombreux aspects de l'industrie. Il propose également une newsletter gratuite.

20. www.hedgeworld.com : site de Reuters qui propose leurs services liés au monde de l'alternatif dont l'accès à la base de données Lipper Tass (service payant). Il propose une newsletter mais également de la recherche sur le développement de l'industrie mais ce service est également payant (voir également sur www.lipperweb.com).
21. www.managedfunds.org : site internet de la Managed Funds Association. Ce site vise à diffuser des nouvelles sur l'industrie des hedge funds et des managed futures. Il propose de la recherche et une newsletter gratuite.
22. www.mondohedge.com : site italien (en langue italienne) spécialisé dans les hedge funds. Il diffuse des nouvelles sur l'industrie des hedge funds avec un intérêt particulier pour le marché italien et propose un accès à une base de données (service payant).
23. www.opalesque.com : Opalesque est aujourd'hui devenu une des principales sources d'information sur l'industrie alternative. Le site propose une newsletter quotidienne ainsi que des interviews vidéo.
24. www.ssrn.com : site de référence pour la diffusion d'articles de recherche. Il propose des articles sur tous les sujets possibles, mais l'offre d'articles scientifiques relatifs aux hedge funds et aux investissements alternatifs est importante.
25. www.thehfa.org : site internet de la Hedge Fund Association qui a pour objectif de représenter les gérants de hedge funds. Le site diffuse des nouvelles sur l'industrie des hedge funds, il propose un forum, des news et des articles d'information gratuits.

# Glossaire

**Actions préférentielles** : un type d'actions qui donne à leurs détenteurs une priorité de paiement de dividendes par rapport aux détenteurs d'actions ordinaires. Généralement, le taux de dividende est fixé à l'émission et les détenteurs d'actions préférentielles ne disposent pas de droit de vote.

**Active trading** : l'*active trading* est la pratique suivant laquelle les positions d'investissement sont changées très fréquemment. Ce procédé d'investissement est typique de nombreux hedge funds, particulièrement pour les stratégies d'arbitrage et pour les stratégies basées sur des modèles mathématiques qui suggèrent des prises de positions rapides afin de profiter de déviations de prix ou d'écarts de relations stables dans le temps.

**Administrateur** : un administrateur est une société responsable de l'aspect administratif nécessaire au fonctionnement d'un fonds.

**Agences américaines sponsorisées par le gouvernement** : entités privées américaines dont les émissions (généralement obligataires) sont soutenues par le gouvernement américain sans qu'il ne les garantisse. Elles ont été créées afin de permettre l'accès à un financement à un faible coût au plus grand nombre, comme des étudiants ou des personnes qui achètent une maison. Les titres émis par ces agences sont généralement exempts de taxes autres que fédérales. Les agences les plus connues sont la *Global National Mortgage Association*, la *Federal National Mortgage Association* et la *Federal Home Loan Mortgage Corporation*.

**Alpha** : le rendement anormal d'un titre, en excès de ce qui serait prévu par un modèle d'équilibre. Il se mesure par l'interception de la régression d'un titre par rapport à un indice de référence.

***American Depositary Receipt* (*ADR*)** : titre américain qui représente une participation dans une entreprise étrangère.

**Arbitrage** : acheter et vendre simultanément le même titre sur deux marchés distincts à un prix différent et réaliser un bénéfice sans coût et sans risque.

**Association limitée** (*limited partnership*) : terme légal américain qui décrit la structure juridique que prennent la plupart des hedge funds et autres véhicules d'investissements privés. Cette structure permet de bénéficier d'une grande liberté.

**Bêta :** coefficient permettant d'établir dans quelle mesure le rendement d'un titre suit l'évolution de l'indice boursier. Il s'agit d'une mesure du risque relatif.

***Bid-ask spread*** : l'écart de prix entre le prix d'achat d'un titre et son prix de vente au même moment.

**Bulletin Board :** connu sous le nom d'*OTC Bulletin Board*, le bulletin board est un système de cotation électronique qui liste le prix des actions qui ne répondent pas aux exigences des bourses traditionnelles telles que Nasdaq ou le S&P 500.

***Brady bonds*** : ce sont des obligations de pays émergents liquides, traitées sur des marchés publics et (généralement) émises en dollars américains. Elles ont été émises suite au défaut de la plupart des pays d'Amérique latine dans les années 1980.

**Coefficient d'aplatissement** : le coefficient d'aplatissement (également appelé kurtosis) caractérise la forme de pic ou l'aplatissement relatif d'une distribution comparée à une distribution normale. Un kurtosis positif indique une distribution relativement pointue, tandis qu'un kurtosis négatif signale une distribution relativement aplatie.

**Coefficient d'asymétrie** : également appelé skewness, ce coefficient renvoie l'asymétrie d'une distribution. Il caractérise le degré d'asymétrie d'une distribution par rapport à sa moyenne. Une asymétrie positive indique une distribution unilatérale décalée vers les valeurs les plus positives. Une asymétrie négative indique une distribution unilatérale décalée vers les valeurs les plus négatives.

**Coefficient de corrélation** : le coefficient de corrélation est une mesure statistique standardisée de la dépendance de deux variables. C'est le ratio de la covariance entre les deux séries analysées et le produit des écarts types respectifs. Par construction, la valeur des coefficients de corrélation oscille entre – 1 et + 1. Plus le coefficient est proche de 1, plus les supports sous-jacents suivront la même tendance. Lorsque le coefficient se rapproche de zéro, les séries évoluent de façon indépendante. Finalement, lorsque le coefficient de corrélation tend vers – 1, les séries évoluent de façon opposée.

**Call** : une particularité qui permet à l'émetteur d'une obligation convertible de racheter l'obligation avant sa maturité.

**Call option** : option d'achat.

**Commission à la performance** (*performance fee*) : commission payée aux gestionnaires en fonction de la performance du fonds. Elle s'élève généralement à 20 %.

**Commission de gestion** (*management fee*) : commission payée aux gestionnaires pour la gestion journalière du fonds. Elle s'élève généralement à 1 ou 1,5 % et est payée, que le fonds réalise des pertes ou des profits.

**Contrat à terme (forward) :** un contrat par lequel deux parties s'engagent mutuellement à livrer un actif contre un prix déterminé à l'avance à un instant futur.

**Convertibles** : voir obligations convertibles.

**Convexité** : la convexité complète la mesure de duration, car cette dernière ne capture pas exactement la véritable relation qui existe entre le prix d'une obligation et les taux. Elle s'obtient en divisant la dérivée seconde du prix de l'obligation par rapport au rendement à l'échéance par le prix de l'obligation.

**Core business** : terme anglais qui désigne l'activité phare d'une entreprise, c'est-à-dire le domaine dans lequel elle dispose des plus grandes connaissances et qui constitue la raison principale de son existence.

**Courbe de taux** : la courbe qui indique la relation entre le temps restant à courir avant l'échéance et le rendement annualisé des titres. La courbe de référence est celle des dettes gouvernementales.

**Delta** : mesure de l'ampleur de la réaction du prix d'une l'obligation convertible ou d'une option suite à un changement dans le prix du titre sous-jacent. Un delta supérieur (respectivement inférieur) à 1 signifie une variation plus importante (respectivement moins importante) du prix du convertible que de celui du sous-jacent.

**Dérivés climatiques :** produits financiers dans lesquels deux parties s'accordent sur un échange de cash flow déterminé par référence aux données temporelles officielles. Ils peuvent être utilisés comme outil de couverture par toute société dont l'activité est impactée par le climat. Ils prennent généralement la forme d'options, de swaps ou d'autres formes plus complexes ou spécifiques. Le sous-jacent de ces produits est généralement la température (par exemple un nombre de jours durant l'été avec une température minimale ou nombre de jours d'hiver avec une température maximale), la température moyenne certains jours spécifiques, les précipitations (pluie, neige) ou la lumière du soleil, la vitesse du vent, etc.

**Due Diligence** : analyse quantitative et qualitative d'un fonds (ou d'un administrateur dans certains cas) réalisée en général par l'investisseur institutionnel avant tout investissement. Durant cette phase, plusieurs éléments comme le bilan, les comptes de résultats, la stratégie d'investissement employée et d'autres documents légaux sont étudiés. Lors de cette analyse, une rencontre avec le gérant (ou l'administrateur) et ses équipes est également organisée.

**Duration** : la duration de Macaulay est une mesure statistique de la sensibilité du prix d'une obligation à un changement dans le niveau des taux. C'est la moyenne pondérée des cash flows d'une obligation par le temps.

**Duration ajustée pour l'option :** mesure de la sensibilité du prix à un mouvement parallèle de la courbe des taux, calculée à l'aide d'un modèle qui intègre l'option intégrée dans le titre. Il s'agit du pourcentage de changement de prix pour une variation d'un pour cent des taux d'intérêt.

**Duration modifiée** : la duration modifiée est une mesure directe entre un changement dans les taux et un changement dans le prix d'une obligation. Elle s'obtient en divisant la duration par un plus le rendement à l'échéance.

**Écart type :** terme statistique qui mesure l'écart d'une série d'observations par rapport à la moyenne de la distribution.

**Événement catalyseur** : un événement catalyseur est un événement proche comme le lancement d'un nouveau produit ou l'entrée dans un nouveau marché qui relance l'intérêt des investisseurs pour un titre particulier.

**Exchangeables** : des obligations émises par une compagnie, qui permettent la conversion des obligations en actions d'une compagnie différente sous des contraintes similaires aux obligations convertibles.

***Exchange traded funds* :** voir *trackers*.

**Fannie Mae** : la *Federal National Mortgage Association* (FNMA) est une société par actions créée par le gouvernement fédéral américain dans le but d'augmenter la liquidité du marché des prêts hypothécaires. Cette société est autorisée à prêter et à garantir des prêts à d'autres institutions financières.

**Fed :** voir Réservé fédérale.

**Freddie Mac :** la *Federal Home Loan Mortgage Corporation* (FHLMC) a le même rôle que Fannie Mae (voir à Fannie Mae).

**Fusion** : mise en commun des biens ou activités de deux ou plusieurs sociétés en vue d'en former une seule.

**Future** : également appelé un contrat future est un contrat standardisé par lequel l'acheteur s'engage à acheter ou à vendre une certaine quantité d'un certain instrument (une action, de l'or, du bétail, etc.) à un certain prix à un moment fixé dans le futur. De par ses caractéristiques standardisées, ces contrats sont négociés sur des bourses spécialisées.

**Gamma** : mesure de la variation du delta suite à un changement du prix sous-jacent à l'option considérée.

***General Partnership*** : société en nom collectif. Pour cette forme de société, les partenaires (au nombre de deux au minimum) sont responsables personnellement des dettes souscrites par la société.

**Habillage bilantaire** (*window dressing*) : utilisation des méthodes comptables afin de fournir l'image la plus flatteuse possible de la société, sans pour autant diffuser d'informations trompeuses ou occulter des indications d'importance majeure.

**Hedge ratio** : voir à delta.

***High watermark :*** voir à ligne de flottaison.

***Hurdle rate*** : voir à taux obstacle.

**Intra-capitalisation** : lorsque des gestionnaires tentent de profiter de la mauvaise détermination des prix de certains titres dans le cas de sociétés en difficultés, ils peuvent comparer les prix de différents titres de la société afin de déterminer s'ils sont correctement évalués les uns par rapport aux autres. Dans le cas où un titre est sous-évalué relativement à un autre, ils l'achètent en vendant l'autre à découvert afin de dégager un profit lorsque les prix s'accorderont à nouveau.

***Leveraged buyout*** : voir rachat d'entreprise financé par l'endettement.

**Levier** : l'utilisation de crédit afin d'augmenter la valeur des investissements, et par conséquent les profits ou les pertes.

**Ligne de flottaison (high watermark) :** la valeur nette d'inventaire d'un fonds doit être en excès du dernier point le plus haut afin de déclencher le paiement de la commission de performance.

***Limited Partnership*** (*LLP*) : terme anglais pour désigner une société à responsabilité limitée. Cette forme juridique permet aux partenaires de limiter leur investissement. Ils n'engagent alors que leur investissement initial mais pas leur richesse personnelle.

***Lock-up*** **period** : voir à période de sûreté.

**Moratoire** : méthode informelle de réorganisation par laquelle les créanciers acceptent de reporter à une date ultérieure le remboursement des créances dues.

***Mortgage-backed securities*** : voir obligations hypothécaires.

**Notation** (*rating* en anglais) **:** une notation est une note donnée à une émission obligataire. C'est une mesure de la qualité d'une émission. Elle dépend du risque de défaut que comporte cette émission. Ces notes sont fournies par des agences (les plus connues sont *Standard and Poor's* et *Moody's*) et s'étendent généralement de AAA (émission de la meilleure qualité) à D (émission en défaut).

**Obligation convertible** (*convertible*) : titre qui donne à son détenteur le droit de l'échanger contre un nombre prédéterminé d'actions à n'importe quel instant dans le temps entre la date d'émission du titre et la date de maturité de l'obligation. Ce sont des titres hybrides avec certaines caractéristiques propres aux actions, et d'autres spécifiques aux obligations.

**Obligation hypothécaire** : titre représentatif de dette couvert par des prêts hypothécaires et émis par une institution commerciale (banque commerciale, agence d'État ou encore entreprise sponsorisée par l'État). L'objectif est de financer l'achat des maisons des emprunteurs par l'émission de titres représentatifs d'une dette. On en retrouve principalement aux États-Unis et au Danemark, en Grande-Bretagne, en Australie et en Argentine.

**Obligations sur catastrophes** : une telle obligation se compose d'un échange de principal et de paiement de coupons périodiques qui sont tous les deux liés à l'occurrence d'une catastrophe. Le coupon est défini d'avance. Les investisseurs doivent bloquer le montant notionnel de l'obligation sur un compte qui rapporte un taux monétaire. Les obligations sur catastrophes sont émises avec un écart de taux de quatre à sept pour cent par rapport au taux sans risque. Cet écart constitue la prime que les investisseurs perçoivent pour le risque de catastrophe supporté.

**Option** : titre représentatif du droit mais non de l'obligation d'acheter (option call) ou de vendre (option put) le titre sous-jacent à un prix déterminé à l'avance (prix d'exercice) pendant une période de temps (option américaine) ou à un point dans le temps (option européenne).

**Performance absolue** : rechercher une performance absolue ; cela signifie vouloir obtenir une performance positive quelles que soient les conditions de marché. Pour ce type de stratégie, il convient de comparer la performance à un indice monétaire, que le marché soit haussier ou baissier.

**Période de sûreté (*lockup period*)** : période de temps pendant laquelle l'investissement réalisé dans un fonds est bloqué.

**Point d'inflexion** : point d'une courbe où il y a un changement de concavité.

**Point de base** : un point de base équivaut à un centième d'un pour cent.

**Position courte** : prendre une position courte signifie vendre un titre à découvert, c'est-à-dire sans en avoir la possession.

**Position longue** : prendre une position longue signifie acheter un titre.

**Prospectus** : un document qui contient les principales données financières d'une société ainsi que les provisions applicables à ses titres.

**Rabais des taux courts** : lorsque l'on vend un titre à découvert, on peut placer l'argent obtenu lors d'une vente. Les intérêts perçus sur ce cash représentent ce que l'on appelle le rabais des taux courts.

**Rachat d'entreprise financé par l'endettement** (*leveraged buyout*) : une situation (souvent hostile) pendant laquelle une compagnie est rachetée en utilisant essentiellement des fonds empruntés. Généralement, certains membres de l'équipe de gestion en place au moment du rachat y sont associés.

**Ratio de Sharpe** : ratio de la performance excédentaire d'un titre, d'un fonds ou d'un indice par rapport au taux sans risque sur l'écart type de la performance.

**Rendement à l'échéance** : le taux d'escompte qui égalise la valeur présente de l'ensemble des paiements futurs et du prix de marché d'une obligation.

**Rendement annuel composé :** taux de rendement obtenu lorsque les bénéfices des périodes antérieures sont capitalisés les périodes suivantes. On l'oppose généralement au rendement annuel moyen calculé indépendamment des intérêts obtenus sur le réinvestissement des intérêts perçus.

**Rendement annuel moyen** : moyenne des taux de rendements annuels. On ne prend pas les intérêts obtenus par réinvestissement des bénéfices antérieurs en compte dans son calcul. Il sera supérieur au rendement annuel composé qui en tient compte.

**Rendement total d'une obligation** : rendement qui cumule les effets de prix (également appelé effets de marché) et de coupon d'une obligation. Lorsqu'on calcule le rendement d'une obligation entre deux dates, il est indispensable de prendre en compte non seulement l'impact qu'ont les variations de prix sur le rendement, mais également le rendement fourni par le titre.

**Réorganisation** : lorsqu'une société en difficulté fait l'objet d'une réorganisation, les éléments de son actif sont réévalués à la valeur marchande, et sa structure financière est réaménagée pour tenir compte des variations de l'actif. La société en réorganisation continue cependant ses opérations.

**Repo (taux repo)** : le taux *repo* vient de la différence de prix entre le prix de vente lors d'une opération de *repurchase agreement* et le prix d'achat.

***Repurchase agreement*** : l'opération par laquelle une partie vend un titre et s'engage à le racheter le lendemain à un prix légèrement supérieur.

**Réserve fédérale** : La Réserve fédérale (*Federal Reserve System*) est la banque centrale des États-Unis. Elle décide de la politique monétaire des États-Unis avec un double objectif de stabilité des prix et de plein emploi et l'obligation de faciliter la croissance économique. Elle supervise le système bancaire américain, publie des rapports, agit comme prêteur de dernier ressort, peut agir sur la valeur externe de la monnaie et est indépendante des institutions politiques

**Rétrocession** : les gérants de fonds rétrocèdent parfois une partie de la commission de gestion à des investisseurs institutionnels (comme des fonds de fonds) qui investissent dans leur fonds. Le montant rétrocédé s'appelle la rétrocession.

**Risque de marché :** il s'agit de l'exposition à l'incertitude quant à l'évolution future du marché dans son ensemble.

**Risque sur titre** : il s'agit de l'exposition à l'incertitude quant à l'évolution future du prix d'un titre individuel.

***Saving share*** : il s'agit d'actions qui n'offrent pas de droit de vote, mais qui distribuent un dividende supérieur.

**Sélection individuelle d'actions (*stock picking*)** : technique de sélection de titres par laquelle les gérants cherchent à identifier des titres individuels attrayants en les analysant individuellement.

***Spin-off*** : une entreprise indépendante créée à partir d'une partie existante d'une autre société.

**Spread** : écart de rendement d'une dette par rapport à un taux de référence. On le mesure généralement pour une même maturité et pour un même taux de coupons, la différence étant alors représentative du risque de défaut et du risque de liquidité.

**Stratégies directionnelles** : les stratégies d'investissement alternatives qui tentent de bénéficier de larges mouvements de marchés. Dans cette catégorie on retrouve par exemple les fonds macro ou les fonds equity non-hedge.

**Stratégies non directionnelles** : les stratégies d'investissement alternatives qui cherchent à neutraliser certains risques du marché en prenant simultanément des positions longues et courtes sur des titres qui ont ou devraient voir leur prix évoluer en parallèle. Dans cette catégorie, on retrouve par exemple les fonds *long/short* et les fonds *fixed income arbitrage*.

***Subprime*** : crédits hypothécaires proposés à des conditions favorables faits à des ménages modestes aux États-Unis.

**Swap** : échange entre deux titres ou monnaies. Utilisé comme produit de couverture à l'origine un swap consistait en l'échange d'un taux fixe contre un taux variable. Aujourd'hui l'éventail de sous-jacent est très large (taux, monnaies, titres, climat…).

***Swaptions*** : une option sur un swap, généralement un swap de taux d'intérêt.

**Taux obstacle (*hurdle rate*)** : le taux de performance qu'il faut atteindre avant de percevoir une commission de performance.

**Thêta** : le ratio du changement du prix d'une option sur la baisse du temps jusqu'à maturité.

**Titrisation** : la titrisation est une technique financière qui consiste à transférer à des investisseurs des actifs financiers tels que des créances ou des prêts en cours. La technique consiste à grouper les créances et à les transformer en titres financiers émis sur le marché des capitaux.

**Trackers** : également dénommés *exchange traded funds* ou ETF, les trackers sont des produits financiers négociables sur les principales bourses mondiales. Ils offrent la performance d'un indice ou d'un panier d'actions (un secteur économique, un pays ou une région) et peuvent être traités comme des actions.

**Valeur dollar d'un point de base :** la variation de la valeur de marché d'un titre pour un changement d'un point de base dans les taux d'intérêt. Elle est généralement calculée pour un montant de 100 dollars en multipliant le prix par la duration et par cent.

**Valeur nette d'inventaire** : la valeur totale d'un fonds aux conditions actuelles du marché (y compris le cash) divisé par le nombre de titres.

**Vente à découvert** : la vente d'un actif emprunté dans l'objectif de profiter d'une baisse future dans le prix de cet actif le jour où il faut le racheter afin de le rembourser.

**Volatilité** : le taux auquel le prix d'un titre varie, tant à la hausse qu'à la baisse. Mathématiquement, elle se calcule par la formule de l'écart type annualisé des changements dans le prix du fonds, c'est-à-dire la valeur nette d'inventaire.

**Volatilité implicite** : volatilité fondée sur un modèle de calcul tel Black et Scholes (1973). On ne se base pas sur le passé pour la calculer mais sur l'anticipation de divers facteurs intervenant dans le modèle utilisé.

**Warrant :** un titre qui donne à son détenteur le droit d'acheter des actions d'une société à un prix fixé pour une période déterminée.

# Bibliographie


ACKERMANN C. et D. RAVENSCRAFT, « The Impact of Regulatory Restrictions on Fund Performance : a Comparative Study of Hedge Funds and Mutual Funds », working paper, University of Notre-Dame, 1998.

ACKERMANN C., R. MCENALLY et D. RAVENSCRAFT, « The Performance of Hedge Funds : Risk, Return, and Incentives », *Journal of Finance*, vol. 54, 1999, p. 833-874.

AGARWAL V. et N. NAIK, « Multi-Period Performance Persistence Analysis of Hedge Funds », *Journal of Financial and Quantitative Analysis*, n° 35, 2000, p. 327-342.

AGARWAL V. et N. NAIK, « Risk and Portfolio Decisions involving Hedge Funds », *Review of Financial Studies*, vol. 17, n° 1, printemps 2004, p. 63-98.

AGARWAL V., « Intertemporal Variation in the Performance of Hedge Funds employing a Contingent-Claim-Based Benchmark », working paper, London Business School, 2001.

ALEY J., « Wall Street's King Quant », *Fortune*, 5 février 1996.

ALTERNATIVE INVESTMENT MANAGEMENT ASSOCIATION, « Guide to Sound Practices for European Hedge Fund Managers », AIMA Special Report, 2002.

ALTERNATIVE INVESTMENT MANAGEMENT ASSOCIATION ET ASSIRT, « Hedge Fund Booklet », AIMA Special Report, 2002.

AMENC N., S. EL BIED et L. MARTELLINI, « Predictability in Hedge Fund Returns », *Financial Analysts Journal*, vol. 59, n° 5, 2003, p. 32-46

AMENC N., L. MARTELLINI et M. VAISSIÉ, « Benefits and Risks of Alternative Investment Strategies », working paper, MISYS/EDHEC multi-style/multi-class research program, 2002.

AMENC N. et L. MARTELLINI, « Portfolio Optimization and Hedge Fund Style Allocation Decision », *Journal of Alternative Investment*, n° 5, automne 2002, p. 7-20.

AMENC N., S. CURTIS et L. MARTELLINI, « The Alpha and Omega of Hedge Fund Performance Measurement », Working Paper, Edhec Risk and Asset Management Research Centre.

AMENC N., S. EL BIED et L. MARTELLINI, « Predictability in Hedge Fund Returns », *Financial Analysts Journal*, 59, n° 5, 2002, 32-46.

AMENC N. et L. MARTELLINI, « The Brave New World of Hedge Funds Indices », EDHEC Risk & Asset Management Research Centre, working paper, 2003.

AMIN G.S., H. M. KAT, « Hedge Fund Performance 1990-2000 : Do the "Money Machine" really add Value ? », *Journal of Financial and Quantitative Analysis*, 38, n° 2, 2003a, p. 251-274.

AMIN G. S. et H. M. KAT, « Stocks, Bonds, and Hedge Funds », *Journal of Portfolio Management*, 29, n° 4, 2003b, p. 113-120.

ANJILVEL S. I., B. E. BOUDREAU, B. J. JOHMANN, M. l W. PERSKIN et M. S. URIAS, « Hedge Funds – Strategy and Portfolio Insight », *Global Equity and Derivatives Markets*, Morgan Stanley Quantitative Strategies, volume XI No. 12, décembre 2001, p. 1-16.

ANONYME, Barron, 10 juillet 1995, p. 15.

ANONYME, BusinessWeek, « What's Bigger Than Cisco, Coke, Or McDonald's ? Steve Feinberg's Cerberus, a vast hedge fund that's snapping up companies -- lots of them », 10 mars 2005.

ASSNESS R., KRAIL et J. LIEW, « Do Hedge Funds Hedge », *Journal of Portfolio Management*, 28, n° 1, 2001, p. 6-19.

BAMS D. et R. OTTEN, « European Mutual Fund Performance », *European Financial Management*, 8, n° 1, 2002, p. 75-101.

BANK OF INTERNATIONAL SETTLEMENTS, « A Review of Financial Market Events in Autumn 1998 », Committee on the Global Financial System, Publication n° 12, 1999.

BANKING TECHNOLOGY, « European Hedge Fund », Banking Technology Report, Informa Business, 1999.

BASILICO P., « Il settore degli hedge funds in Italia », Derivatives Expo de FOW, Milan, 22 mai 2002.

BARÈS P.-A., R. GIBSON et S. GYGER, « Performance in the Hedge Fund Industry : An Analysis of Short and Long Term Persistence », *The Journal of Alternative Investments*, 6, n° 3, 2003, p. 25-41.

BBC NEWS, The US sub-prime crisis in graphics, 21 November 2007, http://news.bbc.co.uk/2/hi/business/7073131.stm

BEAR STERNS, « Starting a Hedge Fund », Bear Sterns Seminars, 2000.

BEKIER M., « Marketing of Hedge Funds », thèse de doctorat en marketing, Université de St. Gallen, 1996.

BESSIS J., *Risk Management in Banking*, John Wiley and Sons, 2000.

BEZIZ P. et G. PETIT, « The Mexican Crisis : were Signals Inadequate ? », Organisation pour la Coopération et le Développement Économique, mai 1997.

BOURGUINAT H., *Finance Internationale*, 4e édition, Thémis Économie, 1999.

BREALY R. A. et E. KAPLANIS, « Hedge Funds and Financial Stability : An Analysis of their Factor Exposures », *International Finance*, 4, 2001, p. 161-187.

BRITTAIN B., « Hedge Funds and the Institutional Investor », Journal of International Financial Management and Accounting, vol. 12, n° 2, été 2001, p. 225-234.

BROOKS C. et H. KAT, « The Statistical Properties of Hedge Fund Index Returns and their Implications for Investors », *Journal of Alternative Investment*, 5, n° 2, 2002, p. 26-44.

BROOKS C. et H. KAT, « The Statistical Properties of Hedge Fund Index Returns and their Implication for Investors », working paper, The University of Reading, ISMA Center, 2001.

BROWN S. J., W. N. GOETZMANN et R. G. IBBOTSON, « Offshore Hedge Funds : Survival and Performance 1989-1995 », *Journal of Business*, 72, n° 1, 1999, p. 91-118.

BROWN S. J., W. N. GOETZMANN et B. LIANG, « Fees on Fees in Funds-on-Funds », *Journal of Investment Management*, 2, n° 4, 2002, p. 39-56.

BROWN S. J., W. N. GOETZMANN et J. PARK, « Careers and Survival : Competition and Risk in the Hedge Fund and CTA Industry », *Journal of Finance*, 56, n° 5, 2001, p. 1869-1886.

BROWN W, « Convertible Arbitrage : Opportunity and Risk », Tremont White Paper, novembre 2000.

BROWN S., W. GOETZMANN et R. IBBOTSON, « Offshore Hedge Funds : Survival and Performance 1989-1995 », *Journal of Business*, n° 72, 1999, p. 91-118.

BROWN S., W. GOETZMANN et J. PARK, « Hedge Funds and the Asian Currency Crisis of 1997 », working paper, National Bureau of Economic Research, mai 1998.

BROWN S., W. GOETZMANN et J. PARK, « Conditions for Survival : Changing Risk and the Performance of Hedge Fund Managers and CTA », *Journal of Finance*, vol. 56, n° 5, 2001, p. 1869-1886.

BUTLER D., G. SWART et KEUNEN W., « Automation, Specialisation and Consolidation », *Risk et Reward*, octobre 2001, p. 28-31.

CALDWELL T., « Introduction : the Model for Superior Performance », in *Hedge Funds : Investment and Portfolio Strategies for the Institutional Investor*, Jess Lederman et Robert A. Klein (New York, McGraw-Hill), 1995.

CAPOCCI D., F. DUQUENNE et G. HÜBNER, « Diversifying using Hedge Funds : a utility-based approach », Université de Liège, working paper, 2007.

CAPOCCI D. et G. HÜBNER, *Funds of Hedge Funds : Bias and Persistence in Returns, in Fund of Hedge Funds : Performance, Assessment, Diversification and Statistical Properties*, Elsevier Press, 2006.

CAPOCCI D. et V. NEVOLO, « Funds of Hedge Funds versus Portfolios of Hedge Funds, in *Hedge Funds : Insights in Performance Measurement », Risk Analysis, and Portfolio Allocation*, John Wiley & Sons, New York, 2005.

CAPOCCI D. et G. HÜBNER, « L'industrie des Hedge Funds : une Perspective Comparative », *Revue Bancaire et Financière*, juillet 2001, p. 281-292.

CAPOCCI D. et G. HÜBNER, « L'industrie des Hedge Funds : une Perspective Empirique », *Revue Bancaire et Financière*, septembre 2001, p. 361-370.

CAPOCCI D. et G. HÜBNER, « An Analysis of Hedge Fund Performance », *Journal of Empirical Finance*, vol. 11, n° 1, p. 55-89, janvier 2004.

CAPOCCI D. et R. MAHIEU, « La corrélation entre les hedge funds et les produits d'investissement classiques », *La Revue du Financier*, vol. 143, 2003, p. 4-25.

Capocci D., « Hedge Fund Daily Return : a preliminary analysis » in Finance & Valeur(s) ; Liber Amicorum et Discipulorum, Les Editions de l'Université de Liège.

CAPOCCI D., « Les hedge funds, un outil d'optimalisation de la performance du portefeuille », mémoire universitaire en vue de l'obtention de la licence en sciences de gestion, Université de Liège, 2000.

CAPOCCI D., « Hedge funds, fonds communs et diversification du portefeuille », *Écho* (Belgique), 14 décembre 2000, p. 18.

CAPOCCI D., « Les hedge funds et performance du portefeuille », *AGEFI* (Luxembourg), mars 2001, p. 26-27.

CAPOCCI D., « Hedge fund performance », *Risk et Reward* (UK), février 2002, p. 40-43.

CAPOCCI D., « La performance des hedge funds sous la loupe d'un expert », *AGEFI* (Suisse), le 5 avril 2002, p. 37.

CAPOCCI D., « Classer les stratégies d'investissement alternatives », *Haute Finance* (Suisse), novembre 2002, p. 110-112.

CAPOCCI D., « Les hedge funds sont-ils réellement des fonds de couverture ? », *Écho* (Belgique), 24 mai 2002, p. 18.

CAPOCCI D., « Caution trumps risk », Hedgenews.com, 4 avril, 2003.

CAPOCCI D., « Les bases des hedge funds », *Le Jeudi* (Luxembourg), 28 mai 2003, p. 15.

CAPOCCI D., « Le développement des fonds alternatifs en Europe », *Banque Magazine*, 2003a, p. 62-64.

CAPOCCI D., « La stratégie d'investissement convertible arbitrage : importance de l'hypothèse de corrélation », *Revue Bancaire et Financière*, 2003b, p. 166-178.

CAPOCCI D., « Étude comparative de la performance des hedge funds : une approche multi-facteurs », *Banque et Marchés*, n° 60, 2003c, p. 22-31.

CAPOCCI D., « Inserting Convertible Arbitrage Funds in a Classical Portfolio : an Empirical Assessment », in Gregoriou, Karavas et Rouah (éd.), *Performance Evaluation of Hedge Funds : A Quantitative Approach*, Beard Books, Washington DC, 2004a.

CAPOCCI D., « CTA Performance and Survivorship Bias », in Gregoriou, Karavas and Rouah (éd.), *CTA Performance*, Beard Books, Washington, 2004b.

CAPOCCI D., « An Analysis of hedge fund strategies », PhD Thesis, Université de Liège, 2007, http://papers.ssrn.com/sol3/papers.cfm?abstract_id=1008319&rec=1&srcabs=57933

CARHART M., « Survivor Bias and Mutual Funds Performance », Ph.D. Dissertation, School of Business Administration, University of Southern California, 1995.

CARHART M., « On Persistence in Mutual Fund Performance », *Journal of Finance*, 52, n° 1, 1997, p. 57-82.

CARHART M., J.N. CARPENTER, A.W. LYNCH et D.K. MUSTO, « Mutual Fund Survivorship », *Review of Financial Studies*, 15, n° 5, 2002, p. 149-1463.

CHAPMAN, SPIRA & CARSON, « Hedge Funds and their Effect on the Pacific Rim Crisis », Chapman, Spira et Carson Report, mai 1999.

CHEN Y. et B. LIANG, « Do Market Timing Hedge Funds Time the Market ? », *Journal of Financial and Quantitative Analysis*, 40, n° 1, 2005, p. 493-517.

COMMISSION DE SURVEILLANCE DU SECTEUR FINANCIER LUXEMBOURG, « Circulaire CSSF 20/80 », 5 décembre 2002.

CORSETTI G., P. PESENTI et N. ROUBINI, « What Caused the Asian Currency and Financial Crisis ? Part I : A Macroeconomic Overview », working paper, National Bureau of Economic Research, 1998a.

CORSETTI G., P. PESENTI et N. ROUBINI, « What Caused the Asian Currency and Financial Crisis ? Part II : The policy debate », working paper, National Bureau of Economic Research, 1998b.

COTTIER P., « Hedge Funds and Managed Futures », Université de St. Gallen, Paul Haupt (éd.), Bern, 1997.

CULLEN I., « AIMA Special Report : Marketing Hedge Funds », Simmons et Simmons report, 1999.

CUTLER H., « Hedge Fund Risk : Perception and Reality », Barclays Global Investors, septembre 2002.

DAVIES R., H. KAT et S. LU, « Single Strategy Fund of Hedge Funds : How Many Funds ?, in *Fund of Hedge Funds : Performance, Assessment, Diversification and Statistical Properties* », ed. Greg N. Gregoriou, Elsevier, 2006, p. 203-210.

DI GIOIA G., « Funds of Hedge Funds : the Importance of Manager Selection », Rasini et Co, Special Report, 2001.

DORNBUSCH, R., I. GOLDFAJN et R. VALDES, « Currency Crisis and Collapses », Brookings Papers on Economic Activity 1, 1995, p. 219-270.

DOUGLAS P., « Asian Markets Shows its Maturity », *Hedgeweek*, avril 2007, p. 8-11.

DOUGLAS G., R. BARNETT et R. D. LEWIS, « Merger Arbitrage in the 1990s », *Journal of Hedge Fund Research*, vol. 3, n° 3, 1996.

DUNBAR N., « Meriwether's Meltdown », *Risk*, octobre 1998, p. 32-36.

EDWARDS F. R., « Hedge Funds and the Collapse of Long-Term Capital Management », *Journal of Economic Perspectives*, n° 13, vol. 2, 1999, p. 189-210.

EDWARDS F. R. et M.O. CAGLAYAN, « Hedge Fund and Commodity Fund Investments in Bull and Bear Markets », *Journal of Portfolio Management*, 27, n° 4, 2001, p. 97-108.

EDWARDS F. R. et J. LIEW, « Hedge Funds Versus Manager Futures as Asset Classes », *Journal of Derivatives*, 6, 1999, p. 45-64.

EICHENGREEN B. et D. MATHIESON (avec B. CHADHA, A. JANSEN, L. KODRES et S. SHARMA), « Hedge Funds and Financial Market Dynamics », Fonds Monétaire International, Occasional Paper, 1998.

ELTON E., M. GRUBER, S. DAS et C. BLAKE, « The Persistence of Risk-adjusted Mutual Fund Performance », *Journal of Business*, 69, n° 2, 1996, p. 133-157.

ELTON E., M. GRUBER, S. DAS et M. HLAVKA, « Efficiency with costly Information : A Re-interpretation of Evidence from Managed Portfolios », *Review of Financial Studies*, 6, n° 1, 1993, p. 1-21.

ENNIS R. M. et M.D. SEBASTIAN, « A Critical Look at the Case for Hedge Funds », *Journal of Portfolio Management*, 29, n° 4, 2003, p. 103-112.

EUREKAHEDGE, Key Trends in European Hedge Funds, White Paper, www.eurekahedge.com, août 2007.

EUREKAHEDGE, Key Trends in American Hedge Funds, White Paper, www.eurekahedge.com, octobre 2007.

EUREKAHEDGE, Key Trends in Asian Hedge Funds, White Paper, www.eurekahedge.com, mars 2007.

EUROHEDGE, « How to Start an European Hedge Fund », Special Report, Benhill, 1999.

FABOZZI F., *Handbook of Mortgage Backed Securities*, 5e édition, McGraw-Hill, 2001.

FERRETTI M., M. GIAN et A. RAZIN, « Sustainability of Persistent Current Account Deficits », working paper, National Bureau of Economic Research, 1996a.

Ferretti M., M. GIAN et A. RAZIN, « Current Account Sustainability : Selected East Asian and Latin American Experiences », working paper, National Bureau of Economic Research, 1996b.

FIFORD C., « South African Hedge Fund Industry Grows by Stealth », *AIMA Journal*, février 2004.

FONDS MONÉTAIRE INTERNATIONAL, « International Capital Markets : Part I. Exchange Rate Management and International Capital Flows et Part II : Systemic Issues in International Finance », *World Economic and Financial Surveys*, 1993.

FONDS MONÉTAIRE INTERNATIONAL, « Capital Markets : Developments, Prospects and Key Policy Issues », *World Economic and Financial Surveys*, 1995.

FONDS MONÉTAIRE INTERNATIONAL, « Rapport annuel 1998 du fonds monétaire international », 1998.

FOTHERGILL M. et C. COKE, « Funds of Hedge Funds : an Introduction to Multi-Manager Funds », *Europe Alternative Investment*, Deutsche Bank Report, août 2000.

FRANKEL J. et S. SCHMUKLER, « Country Fund Discounts and the Mexican Crisis of December 1994 : Did Local Residents Turn Pessimistic before International Investors ? », *Open Economic Review*, vol. 7, supplement 1, 1996, p. 511-534.

FREED S., « An Overview of Long/short equity Investing », working paper, William Mercer Investment Consulting, novembre 1999.

FUNG W. et D. HSIEH, « Hedge fund replication strategies : implications for investors and regulators », Banque de France, *Financial Stability Review*, Special issue on hedge funds, 2007.

FUNG W. et D. HSIEH, « Empirical Characteristics of Dynamic Trading Strategies : The Case of Hedge Funds », *Review of Financial Studies*, vol. 10, 1997, p. 275-302.

FUNG W. et D. HSIEH, « Performance Characteristics of Hedge Funds and Commodity Funds : Natural vs Spurious Biases », *Journal of Quantitative and Financial Analysis*, vol. 35, 2000, p. 291-307.

FUNG W. et D. HSIEH, « The Risk in Hedge Fund Strategies : Theory and Evidence from Trend Followers », *Review of Financial Studies*, vol. 14, n° 2, 2001, p. 313-341.

FUNG W., HSIEH D.A., « A Risk Neutral Approach to Valuing Trend Following Trading Strategies », Working Paper. Duke University, Durham, NC.

FUNG W. et D. HSIEH, « Is Mean-Variance Analysis applicable to Hedge Funds ? », *Economics Letters*, 62, n° 1, 1999, p. 53-58.

FUNG W. et D. HSIEH, « The Risks in Fixed Income Hedge Fund Styles », *Journal of Fixed Income*, 12, n° 2, 2002a, p. 6-27.

FUNG W. et D. HSIEH, « Benchmarks of Hedge Fund Performance : Information Content and Measurement Biases », *Financial Analyst Journal*, 58, 2002b, p. 22-34.

FUNG W. et D. HSIEH, « Hedge Funds : An Industry in its Adolescence », *Economic Review*, 91, n° 4, 2006, p. 81-91.

FURFINE C., « The Costs and Benefits of Moral Suasion : Evidence from the Rescue of Long-Term Capital Management », Bank for International Settlements, 2001.

GOPALAN S., « Survey Reveals over US$3.4 Billion under Management in Asia », www.hedgeworld.com, 3 juillet 2001.

GRAY S., « Foreign Investors Embrace the Latin Hedge Fund Boom », *Hedgeweek*, octobre 2006, p. 3-6.

GREENSPAN A., « Remarks before the 34th Annual Conference on Bank Structure and Competition », Federal Reserve Bank of Chicago, mai 1998.

GREENSPAN A., « Private Sector Refinancing of the Large Hedge Fund, Long-Term Capital Management », Testimony before the Committee on Banking and Financial Services, US Congress, Washington, octobre 1998.

GREGORIOU G., « Hedge Fund Survival Lifetimes », *Journal of Asset Management*, vol. 3, n° 3, p. 237-252.

GREGORIOU G. et F. ROUAH, « Random Walk Behavior of CTAs Returns », *Journal of Alternative Investments*, 6, n° 2, 2003, p. 51-56

GREGORIOU G., G. HÜBNER, N. PAPAGEORGIOU et F. ROUAH, « Dominating Funds of Funds with Simple Hedge Fund Strategies », *Journal of Derivatives and Hedge Funds*, 13, n° 2, p. 88-106.

GUIDE TO STRUCTURED PRODUCTS, SG Corporate et Investment Banking.

HADEN-GUEST A., « Top Billionaire Art Collectors, », site internet du magazine Forbes, 8 mars 2005.

HARCOURT, « Hedge Funds and their Risks », Harcourt Investment Consulting Report.

HOLT A., « Regulating Hedge Funds won't work », *Portfolio International*, octobre 1998.

INTERNATIONAL COMMITTEE OF THE FOURTH INTERNATIONAL, « More Questions than Answers on Hedge Fund Collapse », octobre 1998.

JORION P., « Risk Management Lessons from Long-Term Capital Management », *European Financial Management*, vol. 6, septembre 2000, p. 277-300.

KAMINSKY G., S. LIZONDO et C. REINHART, « Leading Indicators of Currency Crisis », IMF Staff Papers, mars 1998.

KAT H. M. et H. P. PALARO, « Who Needs Hedge Funds ? A Copula-Based Approach to Hedge Fund Return Replication », Alternative Investment Research Centre Working Paper No. 27, novembre 2005.

KAT H. M. et G.S. AMIN, « Stocks, Bonds, and Hedge Funds », *Journal of Portfolio Management*, 29, n° 4, 2003, p. 113-120.

KAT H. M. et J. MIFFRE, « Hedge Fund Performance : The Role of Non-Normality Risks and Conditional Asset Allocation », working paper WP-FF-21-2005, Cass Business School, 2005.

KOOLI M., « The diversification benefits of hedge funds and funds of hedge funds », *Derivatives Use, Trading & Regulation*, 12, n° 4, 2007, p. 290-300.

KRUGMAN P., « What Happened to Asia », mimeo, MIT, 1998.

LEDERMAN S., « Financial Products Fundamentals », Clifford E. Kirsch (ed.), Practising Law Institute Press, 2001.

LEJONVARN J. et C. LEKANDER, « Part 1 : the case for Market neutral », Barra report, 1999.

LEWIS M., « How the Eggheads Cracked », *New York Times*, 24 janvier, 1999.

LHABITANT F.-S, « Assessing Market Risk for Hedge Fund and Hedge Funds Portfolio », *Journal of Risk Finance*, vol. 2, n° 4, 2001, p. 16-32.

LIANG B., « On the Performance of Hedge Funds », *Financial Analysts Journal*, 1999, p. 72-85.

LIANG B., « Hedge funds : The Living and the Dead », *Journal of Financial and Quantitative Analysis*, vol. 35, 2000, p. 309-325.

LIANG B., « Hedge Funds Performance : 1990-1999 », *Financial Analysts Journal*, janvier/février 2001, p. 11-18.

LIANG B., « On the Performance of Alternative Investments : CTAs, Hedge Funds, and Funds-of-Funds », Working Paper, Case Western Reserve University, Cleveland, 2003.

LIEW J., « Hedge Fund Index Investing Examined », *Journal of Portfolio Management*, 29, n° 2, 2003, p. 113-123.

LO A., « Risk Management for Hedge Funds : Introduction and Overview », *Financial Analyst Journal*, 57, n° 6, 2001, p. 16-33.

LOOMIS C., « The Jones Nobody Keeps up with », *Fortune*, avril 1966, p. 237-247.

LOOMIS C., « Hard Times come to the Hedge Funds », *Fortune*, janvier 1970, p. 100-103 et p. 134-138.

LOWENSTEIN R., *The rise and fall of Long-Term Capital Management : when Genius failed*, Random House Edition.

LUMMER S. et M. RIEPE, « Convertible Bonds as an Asset Class : 1957-1992 », *Journal of Fixed Income*, volume 3, n° 2, 1993, p. 47-57.

MAHATHI M., « Highwaymen of the Global Economy », *Wall Street Journal*, 23 septembre 1997.

MALKIEL B. et A. SAHA, « Hedge Funds : Risk and Return », *Financial Analyst Journal*, 61, n° 6, 2005, p. 80-88.

MARKOWITZ H., « Portfolio Selection », *Journal of Finance*, vol. 7, 1952, p. 77-91.

MCGUIRE P., REMOLONA E. et K. TSATSARONIS, « Time-Varying Exposures and Leverage in Hedge Funds », *BIS Quarterly Review*, 2005, p. 59-72.

MEDIRATTA M., « European Hedge Funds : an Outlook for 2002 », *Journal of Wealth Management*, vol. 5, n° 1, 2002, p. 39-46.

MINGUET A., *Les techniques de gestion du risqué d'intérêt*, Presses Universitaires de France, Paris, 1993.

MISHKIN F., « Understanding Financial Crises : a Developing Country Perspective », working paper No. 5 600, National Bureau of Economic Research, mai 1996.

MITCHELL M. et T. PULVINO, « Characteristics of Risk and Return in Risk Arbitrage », *Journal of Finance*, 56, n° 6, 2001, p. 2135-2175.

NAVONE M., « Diversifying Market Risk through Market Neutral Strategies », working paper, IEIF Bocconi University, 2001.

NICHOLAS J., *Investing in Hedge Funds : Strategies for the New Marketplace*, Bloomberg Press, Princeton, 1999.

NICHOLAS J., *Market neutral Investing : Long/Short Hedge Fund Strategies*, Bloomberg Press, Princeton, 2000.

OBERUC R. E., « Performance of Hedge Funds relative to Traditional Investments », working paper, LaPorte Asset Allocation System.

OSBORN S., « Is there Enough Depth in the Talent Pool ? », *International Fund Investment*, vol. 10, octobre 2001, p. 23-26.

OSBORN S., « Why the Choice of Offshore Domicile Matters ? », *International Fund Investment*, vol. 11, avril 2002, p. 49-55.

PARK J., « Managed Futures as an Investment Set », Ph.D. Dissertation, Columbia University, 1995.

PELTZ L. « Life Cycle of a Hedge Fund : a Qualitative and Quantitative Look at how long a Fund stays in Existence », Hedge MAR n° 68, août 1999.

PEREZ M., « Capitalist Tools ; Jiang Zemin ; George Soros », The New Republic, Cambridge Diarist, 24 novembre 1997.

POSTHUMA N. et P. J. VAN DER SLUIS, « Analyzing Style Drift in Hedge Funds », in *Hedge Funds*, G. Gregoriou, G. Hübner, N. Papageorgiou, F. Rouah, Wiley, 2005.

POSTHUMA N. et P. J. VAN DER SLUIS, « A Reality Check on Hedge Fund returns », working paper ABP Investments, 2003.

PRESIDENT'S WORKING GROUP ON FINANCIAL MARKETS, « Hedge Funds, Leverage, and the Lessons of Long Term Capital Management », avril 1999.

RAO R. et SZILAGYI J., « The Coming Évolution of Hedge Fund Industry : a Case for Growth and Restructuring », LLP/RR Capital Management Corp, mars 1998.

ROBERTSON W., « Hedge Funds Miseries », *Fortune*, mai 1971, p. 269.

ROBINSON E., « The Outsiders : Short-sellers Profit from Wall Street's Pain », *Bloomberg Markets*, juin 2003, p. 23-32.

ROBSON RHODES, « Starting an Alternative Investment Fund : a Practical Guide », *Robson Rhodes Special Report*, mai 2001.

ROSNER J., « Stopping the Subprime Crisis », *NY Times*, 25 juillet 2007.

ROUBINI N. et P. WACHTEL, « Current Account Sustainability in Transition Economies », working paper No. 6468, National Bureau of Economic Research, mars 1998.

RZEPCZYNSKI M. et F. NEUBAUER, « Managed Futures in a Funds-of-Funds : there is Value with Style Diversification », John W. Henry et Company, Information Series.

SCHNEEWEIS T., « Dealing with Myths of Hedge Fund Investment », *Journal of Alternative Investments*, hiver 1998, p. 9-17.

SCHNEEWEIS T. et R. SPURGIN, « Managed Futures, Hedge Funds and Mutual Fund Return Estimation : A Multi-Factor Approach », working paper, CISDM, University of Armhest, 1997.

SCHNEEWEIS T. et R. SPURGIN, « Multi-Factor Analysis of Hedge Funds, Managed Futures and Mutual Fund Return and Risk Characteristics », *Journal of Alternative Investment*, vol. 1, 1998, p. 1-24.

SCHNEEWEIS T. et R. SPURGIN, « Multi-Factor Models in Managed Futures, Hedge Funds and Mutual Fund Estimation », working paper, CISDM, University of Armhest, 1999.

SCHNEEWEIS T., H. KAZEMI et G. MARTIN, « Understanding Hedge Fund Performance », Research Paper, Lehman Brother, 2001.

SCHNEEWEIS T. et R. SPURGIN, « Quantitative Analysis of Hedge Funds and Managed Futures Return and Risks Characteristics », in *Evaluating and Implementing Hedge Fund Strategies*,

3rd Edition : The Experience of Managers and Investors, Institutional Investor Publishing, 2003.

SECURITIES AND EXCHANGE COMMISSION, « 35th Annual Report for the Fiscal Year ended June 30th », Washington : Government Printing Office, 1969.

SHARPE W.F., « Capital Asset Prices : A Theory of Market Equilibrium under Conditions of Risk », *Journal of Finance*, 19, n° 3, 1964, p. 425-442.

SHARPE W.F., « Asset Allocation : Management Style and Performance Measurement », *Journal of Portfolio Management*, 18, n° 2, 1992, p. 7-19.

SOROS G., « Letter to Shareholder from Soros Fund Management », HedgeFund.net, 28 avril 2000.

SRIBALA S., « Selection of the Reader's Digest », February 1996.

STRACHMAN D., *Getting Started in Hedge Funds*, John Wiley et Sons, 2000.

TEMPLE P., « Long/short equity – the Original Hedge Fund », *International Fund Investment*, vol. 9, novembre 2001, p. 36-41.

TEMPLE P., « Institutions Waking up to Hedge Funds », *International Fund Investment*, vol. 10, décembre 2001, p. 29-32.

TREMONT TASS Investment Research Limited, « The Case for Hedge Funds », 2e édition, avril 2001.

VICKERS M., « The Most Powerful Trader on Wall Street You've Never Heard Of » cover story, *Business Week*, juillet, 2003.

WALL STREET JOURNAL, « Tiger Fund has September Loss of $2.1 Billion », *Wall Street Journal*, 17 septembre, 1998, p. C1.

WEISMAN A., « Informationless Investing and Hedge Fund Performance Measurement Bias », *Journal of Portfolio Management*, 28, n° 4, 2002, p. 80-91.

YODER J., « Endowment Management : A practical Guide », Association of Governing Boards of Universities et College, Washington DC, 2004.

ZEBA A. et C. GRÜNIG, « The European Hedge Fund Industry : an Overview », *SwissHedge*, Harcourt AG, 3e trimestre 2002, p. 8-12.

# Index


**A**

*Accredited investor*, 433
*Active trading*, 132
Activisme, 156, 212, 213, 216, 220
Administrateur, 92, 104
*AIM*, 144, 239
*Aircraft leasing*, 282, 283
Alpha, 157, 159
*Alternative Investment Management Association* (AIMA), 17, 137, 511
*American Depositary Receipts* (ADR), 304
*American Exchange* (AMEX), 239
Approche multi-série, 123, 124
Arbitrage, 154, 196
- de volatilité, 263, 264, 268
- d'options, 372, 373

*AsiaHedge*, 53
*Asset backed*, 190, 191, 192
*Asset based lending*, 30, 97, 155, 156, 274, 275, 276, 277, 278, 279, 281, 282, 283, 284, 285, 286, 290, 291, 292, 400, 416
*Asset based securities*, 185, 274
Auditeur, 92
*Auto loans*, 281, 282

**B**

Bacon Louis, 69
*Barclays Group*, 76, 388, 465
*Basis trading*, 174
*Benchmark, Voir Hurdle rate*
Bermudes, 32, 453
Biais, 389
- de survie, 389, 390, 391, 392
- d'histoire instantannée, 393

Black et Scholes, 196
*Board of directors*, 92
*Brady bonds*, 302
Brevan Howard, 72
*Business Week*, 70, 71, 72

**C**

Canada, 39
*Capital structure arbitrage*, 204, 254, 323
*Carry trade*, 340
CASAM CISDM, 76, 77, 78, 80, 388
*Caxton*, 70
*Center for International Securities and Derivatives Market*, 18
Cerberus, 72

*Chartered Alternative Investment Analyst Association* (CAIA), 509, 511
*Closed-end fund arbitrage*, 30, 156, 259, 260
Cohen Steve, 70
*Collateralized mortgage obligations*, 186
Comité de Bâle, 102
*Commercial mortgage backed*, 185
Commission, 116
- de gestion, 116, 117, 118, 119, 121, 135
- de performance, 116, 117, 118, 120, 121, 122, 123, 135, 142

Commission Bancaire et Financière (CBF), 108
Commission de surveillance du secteur financier, 440
*Commodity Futures Trading Commission*, 432, 452, 463
*Commodity trading advisors*, 156, 344, 346, 347, 348, 349, 350, 351, 412, 414
*Compliance*, 104, 361, 495
*Consumer finance*, 281
*Contrarian*, 347, 348
*Convertible arbitrage*, 29, 156, 193, 194, 196, 198, 199, 200, 203, 204, 254, 373, 404, 424
*Corporate direct*, 279, 280
*CPPI*, 146, 148
*Credit default swap*, 174, 204, 327, 330
*Credit Suisse/Tremont*, 76, 77, 80
*Curve trades*, 174

**D**

Date de liquidité, 112, 114
*DAX*, 264
Delta, 195, 384
*Developed markets*, 156
*Distressed securities*, 29, 155, 156, 208, 229, 231, 234, 236, 238, 416, 424
*Diversified*, 156
*Dollars neutral*, 160
*Due diligence*, 96, 271, 357, 360, 364

**E**

Effet de levier, 126
Égalisation, 122, 123
*Electricity trading*, 370
*Emerging markets*, 29, 156, 300, 302, 306, 308, 309, 310, 312, 313, 400, 416, 418, 496
*Entertainment finance*, 282, 283
*Equity hedge*, 293, 295, 299, 300, 404, 416, 421
*Equity market neutral*, 29, 154, 155, 156, 157, 158, 162, 163, 164, 170, 171, 172, 296, 400, 415, 416, 424
*Equity non-hedge*, 29, 295, 296, 331
*Eurekahedge*, 76, 77, 79, 80, 388, 436, 512
Europe, 40
*Event driven*, 28, 29, 154, 156, 207, 208, 209, 221, 222, 224, 227, 314, 342, 412, 416, 421
Exposition
- brute, 127, 128, 130, 131
- nette, 127, 128, 130, 131

**F**

Faillite, 207, 231, 234, 240
Falcone Philip, 486
Fannie Mae, 187, 488
*Federal Home Loan Mortgage Corporation* (FHLMC), 184, 483
*Federal National Mortgage Association* (FNMA), 184, 187, 483, 488
Feinberg Stephen, 72
Financement d'assurance-vie, 280, 281, 283, 289
Financement de croissance, 283
Financement de stock, 278
Financement immobilier, 283, 287
*Financial Service Authority* (FSA), 108, 436

*Fitch IBCA*, 177
*Fixed income*, 29
- *arbitrage*, 154, 156, 173, 174, 176, 178, 182, 254, 459
- *asset backed*, 415, 416
- *convertible arbitrage*, 416
- *relative value*, 181

Fonds de fonds, 156, 354, 355, 356, 361, 362, 363, 364, 365, 366, 367, 394, 416
*Fortune*, 13, 21, 22
FSA, 108, 436
Fusions et acquisitions, 207, 208, 222, 224, 227
*Futures*, 20

**G**

Gamma, 199, 202, 385
*Gate*, 112, 113, 114
*General partnership*, 22
*Ginnie Mae, Voir Global National Mortgage Association*
*Global National Mortgage Association* (GNMA), 184
Greenwich Alternative, 77, 79, 80

**H**

Hedge fund(s), 19
- américains, 38
- asiatiques, 48
- d'Amérique latine, 57
- d'Europe de l'Est, 55
- en Australie, 53
- européens, 41

*Hedge Fund Association*, 18, 513
Hedgefund.net, 77, 79, 80, 290, 512
*Hedge Fund Research, Inc.*, 18, 77, 80, 82, 150, 170, 180, 203, 205, 221, 223, 228, 230, 236, 238, 251, 253, 272, 291, 292, 300, 301, 308, 309, 311, 312, 318, 321, 325, 326, 336, 337, 338, 344, 345, 352, 353, 366, 367, 369, 383, 388, 397, 502, 512
*High watermark*, 13, 119, 120, 121, 122, 133
*High yield*, 156, 322, 324
*Holdback*, 113, 114, 115, 359
Hong Kong, 49, 52, 53
Howard Alan, 72
*Hurdle rate*, 119, 120, 121, 122

**I**

Îles Caymans, 32, 446, 453, 454
Îles Vierges Britanniques, 446, 453, 455
Indices investissables, 148, 149, 150, 151
Investisseurs institutionnels, 107, 108
Investisseurs types, 105
*Investment manager exemption*, 44

**J**

Jones Alfred W., 21, 64, 66, 293, 295

**K**

Kovner Bruce, 70

**L**

Lehman Brothers, 101
*Leverage buyout*, 211
*Leveraged Capital Holdings*, 24
Levier, 127, 133, 134, 186
Levier financier, 20
*Limited liability company*, 432
*Limited partnership*, 22, 23, 432, 433, 454
Lipper Tass, 513
*Liquidity date*, 113
*Lock-up period*, 111, 112, 113, 114, 133
*Long only (leveraged)*, 156
*Long/short equity*, 29, 155, 157, 158, 159, 161, 174, 293, 294, 295, 296, 297, 301, 304, 306, 314, 332

*Long Term Capital Fund*, 177, 458
*Long Term Capital Management* (LTCM), 13, 16, 108, 432, 434, 457, 460, 461, 462, 463, 465, 466, 467
Loomis J. Carol, 22, 23

**M**

*Mac Freddie, Voir Federal Home Loan Mortgage Corporation (FHLMC)*
Macro, 28, 155, 156, 338, 339, 340, 342, 343, 344, 412, 416
Maddoff Bernard, 489, 505
*Mae Fannie, Voir Federal National Mortgage Association*
*Malta Financial Service Authority*, 45
Managed Funds Association, 513
*Managed futures*, 344
*Market neutral*, 412
*Merger arbitrage*, 222, 224, 228, 229, 254, 416
Meriwether W., 460
MLP, 30, 379
*Moody's*, 177, 380, 475
*Moore Capital Management*, 69
*Morgan Stanley Capital International*, 76
*Mortgage-backed securities*, 156, 185, 186, 187
MSCI World, 472
*Multi-strategy*, 154, 155, 156, 254, 268, 269, 271, 272, 274, 354, 361, 416

**N**

*NASDAQ*, 239, 248
Neutralité, 159
Neutre en bêta, 159
Neutre en dollars, 159, 165
*New York Post*, 71
*New York Stock Exchange*, 239, 256
*New York Times*, 24, 68, 70
Niche, 156

**O**

Obligations convertibles, 20
Obligations hypothécaires (*mortgage backed securities*), 182, 187
Obligations sur catastrophes, 206
*Offshore*, 32, 33, 58, 59, 88, 100, 111, 436, 446, 452, 453, 454, 456, 494
*Onshore*, 58, 59, 60, 88
*Option arbitrage*, 156

**P**

*Pair trading*, 254, 323
Paulson John, 68, 486
Paulson Advantage Plus, 68
*Preferred return, Voir Hurdle rate*
Prêts aux entreprises, 283
*Prime broker*, 90, 91, 104, 124, 125, 443
*Private equity*, 137, 138, 155, 212, 274
*Private Investment in Public Entities* (PIPE), 30, 79, 97, 155, 156, 237, 239, 240, 241, 242, 243, 244, 246, 247, 248, 250, 251, 252, 283
*Private issue/regulation D*, 416

**Q**

*Qualified purchaser*, 433
*Quantum*, 28, 64, 343, 458

**R**

Rabais, 239, 244, 248, 249
*Real Estate Investment Trust* (REIT), 201, 317, 333, 379
*Regulation D*, 155, 242, 253, 254
*Relative value*, 156, 174, 233, 252, 254, 259, 327, 377, 404, 416
Réplication, 144, 450
Rhô, 385
*Risk arbitrage*, 29, 155, 156, 208, 222, 225, 227, 228, 229
Risque, 93

- de contrepartie, 100
- de défaut, 101
- de gérant, 95
- de liquidité, 101
- de modèle, 94
- de valorisation, 97
- d'industrie, 95
- d'infrastructure, 100
- d'investissement, 93
- gouvernemental, 100
- opérationnel, 102, 103, 108

Robertson Julian, 28, 64, 65, 343, 458
*Russell 2000*, 350, 351
*Russell 3000*, 350

**S**

*SAC Capital Advisors*, 70
*Sector*, 29, 156, 314, 318, 319, 416
*Securities and Exchange Commission* (SEC), 24, 25, 67, 108, 133, 240, 323, 357, 432, 452, 460, 495
*Short bias*, 335, 336, 416
*Short selling*, 156, 330, 332, 335
*Short term trader*, 156, 349
Singapour, 49, 52, 53
Soros Georges, 28, 64, 343, 458
S&P 500, 264, 270, 472, 502
*Special situations*, 155, 156, 208, 211
*Spread trades*, 173
*Standard and Poor's*, 76, 177, 380, 475
*Statistical arbitrage*, 154, 155, 156, 162, 170, 254
Steinhardt Michael, 64, 67
*Stop loss*, 71, 163, 198
Stratégies, 254
- directionnelles, 38, 43, 156
- intermédiaires, 38, 43
- non directionnelles, 38, 43, 156

*Stub trading*, 206, 256
*Subprime*, 477, 478, 480, 482, 484, 485, 486, 488, 489
*Swaps*, 20
*Swaptions*, 20
SwissHEDGE, 512

**T**

TASS, 388
Taux de mortalité, 136, 412
Thêta, 385
*Tiger Management*, 28, 66, 343, 458
*Top-down*, 338
*Trade finance*, 279, 283, 286, 287
*Trading* de corrélation, 327, 330
Tremont TASS, 79, 390
*Trend following*, 346, 347, 348
*Trend reversal*, 347, 348
*Tudor Investment Corporation*, 69
Tudor Jones II Paul, 69
*Two and twenty*, 116

**V**

*Van Hedge Fund Advisors*, 25, 79, 133, 134
VaR, 96, 97
Véga, 385
Vente à découvert, 124, 125, 126
*Volatility arbitrage*, 156, 263

**W**

*Wall Street Journal*, 13, 70
Warrants, 20

# Table des matières

**Remerciements** ........ 7

**Préface** ........ 9

**Remarque préliminaire** ........ 11

**Introduction** ........ 13

**Chapitre 1 – Qu'est-ce qu'un hedge fund ?**

1. Définition générale des hedge funds ........ 17
2. Les hedge funds au fil du temps ........ 21
   - 2.1. L'origine des hedge funds ........ 21
   - 2.2. La croissance de l'industrie de 1949 à nos jours ........ 24
   - 2.3. Répartition de l'industrie en stratégies d'investissement. 28
3. Les hedge funds dans le monde ........ 31
   - 3.1. Les hedge funds aux États-Unis et au Canada ........ 35
     - 3.1.1. Hedge funds américains : développement ........ 36
     - 3.1.2. Hedge funds américains : stratégie d'investissement ........ 38
     - 3.1.3. Mandat des hedge funds américains ........ 39
     - 3.1.4. Le cas du Canada ........ 39
   - 3.2. Les hedge funds en Europe ........ 40
     - 3.2.1. Développement ........ 41
     - 3.2.2. Hedge funds européens : développement ........ 41
     - 3.2.3. Les stratégies d'investissement des hedge funds européens ........ 42
     - 3.2.4. Mandat des hedge funds européens ........ 44
     - 3.2.5. Hedge funds européens : localisation ........ 44

3.2.6. Caractéristiques de l'industrie ... 46
3.2.7. Perspectives ... 48
3.3. Les hedge funds en Asie ... 48
3.3.1. Développement des hedge funds asiatiques ... 48
3.3.2. Stratégie d'investissement des hedge funds asiatiques ... 50
3.3.3. Mandat des hedge funds asiatiques ... 51
3.3.4. Localisation des hedge funds asiatiques ... 52
3.3.5. Les hedge funds en Australie : un cas à part ... 53
3.4. Le développement des hedge funds en Europe de l'Est ... 55
3.4.1. Localisation des hedge funds d'Europe de l'Est ... 55
3.4.2. Stratégies d'investissement des hedge funds d'Europe de l'Est ... 56
3.5. Les hedge funds en Amérique latine ... 57
3.5.1. Développement des hedge funds d'Amérique latine ... 57
3.5.2. Stratégies d'investissement des hedge funds d'Amérique latine ... 60
3.6. Perspectives futures de l'industrie ... 60
4. Les grands noms du monde des hedge funds ... 64
4.1. Georges Soros ... 64
4.2. Julian Robertson ... 65
4.3. Michael Steinhardt ... 67
4.4. John Paulson ... 68
4.5. Louis Bacon ... 69
4.6. Paul Tudor Jones II ... 69
4.7. Bruce Kovner ... 70
4.8. Steve Cohen ... 70
4.9. Alan Howard ... 72
4.10. Stephen Feinberg ... 72
5. Résumé du chapitre ... 73

**Chapitre 2 – Les caractéristiques des hedge funds**

1. Les fournisseurs de données ... 75
1.1. Les indices – classifications ... 77
1.1.1. CASAM CISDM (anciennement MAR Hedge). 78
1.1.2. Tremont Tass Research Limited ... 79
1.1.3. Eurekahedge ... 79
1.1.4. Greenwich Alternative ... 79
1.1.5. Hedgefund.net ... 79
1.1.6. Hedge Fund Research, Inc ... 82
1.1.7. Les indices journaliers ... 82
2. Constitution d'un hedge fund ... 82
2.1. Définition de l'objectif du fonds ... 83
2.2. Stratégie d'investissement ... 83
2.3. Profil de risque accepté ... 84

2.4. Technique de sélection des risques alternatifs ..... 85
2.5. Gérant ..... 86
2.6. Méthode de gestion ..... 87
2.7. Domiciliation du fonds ..... 88
2.8. Distribution ..... 89
3. La structure type d'un hedge fund ..... 90
4. Les hedge funds et le risque ..... 93
4.1. Le risque d'investissement ..... 93
4.2. Le risque de modèle ..... 94
4.3. Le risque de gérant et d'industrie ..... 95
4.4. Le risque de construction du portefeuille ..... 96
4.5. Le risque de valorisation ..... 97
4.6. Le risque d'infrastructure et le risque gouvernemental ..... 100
4.7. Le risque de contrepartie ..... 100
4.8. Le risque de défaut ..... 101
4.9. Le risque de liquidité ..... 101
4.10. Le risque opérationnel ..... 102
5. À qui s'adressent les hedge funds ? ..... 105
5.1. Les investisseurs types ..... 105
5.2. Les investisseurs institutionnels ..... 107
6. Les contraintes ..... 111
6.1. L'investissement minimum ..... 111
6.2. Les contraintes de liquidité ..... 111
6.3. La limite des actifs totaux sous gestion ..... 115
7. Le système des commissions ..... 116
7.1. Le modèle le plus répandu ..... 116
7.2. Les particularités – le high watermark et le hurdle rate ..... 119
7.3. Commission de gestion et de performance : illustration ..... 121
7.4. Égalisation ..... 122
8. La vente à découvert ..... 124
9. L'effet de levier ..... 126
10. Exposition brute et nette ..... 127
11. L'active trading ..... 132
12. Autres caractéristiques de l'industrie des hedge funds ..... 132
12.1. Taille des fonds ..... 132
12.2. Caractéristiques communes ..... 133
12.3. L'utilisation de levier ..... 134
12.4. Le hedge fund type ..... 134
12.5. Hedge funds et produits d'investissement ..... 136
12.6. Le taux de mortalité ..... 136
13. Le rapprochement entre les hedge funds et les autres produits d'investissement alternatifs ..... 137
14. Les atouts et les faiblesses des hedge funds ..... 139
14.1. Les atouts ..... 139
14.1.1. La flexibilité des techniques ..... 139
14.1.2. Les investissements des gérants dans le fonds ..... 139

14.1.3. La capacité des gérants ........ 139
14.1.4. Objectif de performance absolue ........ 140
14.1.5. Faible corrélation avec les investissements classiques ........ 140
14.2. Les faiblesses ........ 140
14.2.1. Taux de liquidation élevé ........ 141
14.2.2. Le problème d'information ........ 142
14.2.3. Liquidité limitée ........ 142
14.2.4. Un système de commissions élevées complexe ... 142
14.2.5. Des risques spécifiques ........ 143
14.2.6. Les contraintes légales ........ 143
15. Comparaison entre fonds et comptes gérés ........ 143
16. La réplication ........ 144
17. Les nouvelles structures ........ 144
17.1. La cotation des fonds ........ 144
17.2. Les produits structurés ........ 145
17.3. Des indices investissables ........ 148
18. L'assurance contre la fraude ........ 151
19. Résumé du chapitre ........ 151

**Chapitre 3 – Les stratégies d'investissement**

1. Classification générale ........ 154
2. La stratégie *equity market neutral* ........ 155
2.1. Méthodologie ........ 157
2.2. Définition de la neutralité ........ 159
2.3. Les fonds gérés quantitativement ........ 162
2.4. Gestion du risque ........ 163
2.5. Illustration ........ 163
2.6. Illustration théorique ........ 164
2.7. Illustrations pratiques ........ 165
2.7.1. Career Education Corporation et Apollo Group 165
2.7.2. Daimler-Chrysler AG et Ingersoll Rand Company ........ 166
2.7.3. TJX Companies et Whole Foods Market, Inc. ..... 167
2.8. Avantages et inconvénients ........ 168
2.9. Performance ........ 170
3. La stratégie *fixed income arbitrage* ........ 173
3.1. Méthodologie ........ 173
3.2. Analyse des risques ........ 176
3.3. Considérations additionnelles ........ 178
3.4. Illustration ........ 178
3.5. Avantages et inconvénients ........ 180
3.6. Performance ........ 180
4. La stratégie *mortgage backed securities* ........ 182
4.1. Les titres ........ 182
4.2. Méthodologie ........ 186

4.3. Analyse des risques ..... 187
4.4. Illustration ..... 187
4.5. Avantages et inconvénients ..... 190
4.6. Performance ..... 190
5. La stratégie *convertible arbitrage* ..... 193
5.1. Principes ..... 193
5.2. Méthodologie : approche ..... 194
5.2.1. Type d'emprunt ..... 195
5.2.2. Outils ..... 195
5.2.3. Couverture ..... 195
5.2.4. Arbitrage ..... 196
5.3. Méthodologie : stratégie d'investissement ..... 196
5.4. Risques spécifiques ..... 199
5.5. Illustration ..... 200
5.5.1. Seagate Technology ..... 200
5.5.2. BRE Properties ..... 201
5.5.3. Teva Pharmaceuticals ..... 201
5.6. Avantages et inconvénients ..... 202
5.7. Performance ..... 203
5.8. Les convertibles en 2004 et les convertibles synthétiques 204
6. La stratégie *event driven* ..... 207
6.1. Méthodologie ..... 209
6.2. Special situations ..... 211
6.3. Les activistes ..... 212
6.4. Illustration ..... 217
6.4.1. New Skies Technologies ..... 217
6.4.2. Cumulus Media ..... 218
6.4.3. Seat ..... 219
6.5. Avantages et inconvénients ..... 220
6.6. Performance ..... 221
7. La stratégie *merger arbitrage* ..... 222
7.1. Méthodologie ..... 222
7.2. Illustration ..... 225
7.2.1. Alcan-Rio Tinto ..... 225
7.2.2. MFS Communication ..... 226
7.3. Avantages et inconvénients ..... 227
7.4. Performance ..... 228
8. La stratégie *distressed securities* ..... 229
8.1. Origine des difficultés ..... 229
8.2. Méthodologie ..... 231
8.3. Illustration ..... 235
8.4. Avantages et inconvénients ..... 236
8.5. Performance ..... 236
9. La stratégie PIPE ..... 237
9.1. Méthodologie ..... 237
9.2. Types de transactions ..... 243

9.3. Risques sous-jacents ..... 246
9.4. Valorisation ..... 247
9.5. Spécificités des transactions PIPE hors États-Unis ..... 248
9.6. Illustrations ..... 248
9.6.1. Ascent Solar Technologies ..... 248
9.6.2. Quest Minerals and Mining Corp ..... 249
9.6.3. Puda Coal Inc. ..... 250
9.7. Avantages et inconvénients ..... 250
9.8. Performance ..... 251
10. La stratégie *relative value arbitrage* ..... 252
10.1. Méthodologie ..... 252
10.1.1. Opérations sur pairs ..... 254
10.1.2. Trading d'options et de warrants ..... 255
10.1.3. Capital structure arbitrage ..... 255
10.2. Illustration ..... 256
10.2.1. Illustration théorique ..... 256
10.2.2. Verizon Communications ..... 257
10.3. Avantages et inconvénients ..... 259
10.4. Performance ..... 259
11. Closed-end Fund Arbitrage ..... 259
11.1. Méthodologie ..... 260
11.2. Illustrations ..... 260
11.2.1. Gartmore European Investment Trust (GEO) ..... 260
11.2.2. JPM Fleming Overseas (JMO) ..... 261
11.3. Avantages et inconvénients ..... 262
11.4. Performance ..... 262
12. Volatility Arbitrage ..... 263
12.1. Méthodologie ..... 263
12.2. Illustration ..... 264
12.3. Avantages et inconvénients ..... 267
12.4. Performance ..... 268
13. Les fonds *multi-strategy* ..... 268
13.1. Méthodologie ..... 268
13.2. Illustration ..... 269
13.3. Avantages et inconvénients ..... 271
13.4. Performance ..... 272
14. La stratégie *asset based lending* ..... 274
14.1. Méthodologie ..... 275
14.1.1. Financement de stock ..... 278
14.1.2. Trade finance ..... 279
14.1.3. Financement immobilier ..... 279
14.1.4. Corporate direct ..... 279
14.1.5. Financement d'assurance-vie ..... 280
14.1.6. Auto loans ..... 281
14.1.7. Autres sous-stratégies ..... 282
14.2. Les risques ..... 284

14.3. Illustration .......... 286
14.3.1. Trade finance .......... 286
14.3.2. Financement immobilier .......... 287
14.3.3. Financement de poursuites légales .......... 288
14.3.4. Financement d'assurance-vie .......... 289
14.4. Avantages et inconvénients .......... 290
14.5. Performance .......... 290
15. La stratégie *long/short* .......... 293
15.1. Méthodologie .......... 293
15.2. La stratégie *equity non-hedge* .......... 295
15.3. Illustration .......... 297
15.3.1. Clip Corporation .......... 297
15.3.2. Barnes et Noble, Inc .......... 297
15.4. Avantages et inconvénients .......... 298
15.5. Performance .......... 299
16. La stratégie *emerging markets* .......... 300
16.1. Méthodologie .......... 302
16.2. Illustration .......... 306
16.2.1. Billabong .......... 306
16.2.2. Li et Fung .......... 307
16.3. Avantages et inconvénients .......... 307
16.4. Performance .......... 308
17. La stratégie *sector* .......... 314
17.1. Méthodologie .......... 314
17.2. Illustration .......... 315
17.2.1. Pediatrix Medical Group (ticker PDX) .......... 315
17.2.2. Triad Hospitals, Inc. (ticker TRI) .......... 316
17.2.3. Host Hotels et Resorts, Inc. (ticker HST) .......... 317
17.3. Avantages et inconvénients .......... 317
17.4. Performance .......... 318
18. La stratégie *credit/high yield* .......... 322
18.1. Méthodologie .......... 322
18.2. Illustration .......... 323
18.3. Avantages et inconvénients .......... 324
18.4. Performance .......... 324
18.5. Le trading de corrélation .......... 327
19. La stratégie *short selling* .......... 330
19.1. Méthodologie .......... 331
19.2. Illustration .......... 332
19.2.1. Okamura .......... 333
19.2.2. New Century Financial .......... 333
19.3. Avantages et inconvénients .......... 334
19.4. Performance .......... 335
20. La stratégie *macro* .......... 338
20.1. Principes .......... 338
20.2. Méthodologie .......... 339

20.3. Illustration ... 340
20.3.1. Carry trade yen-dollars ... 340
20.3.2. Anticipation d'une baisse de taux ... 341
20.3.3. Consolidation d'un secteur ... 341
20.4. Avantages et inconvénients ... 342
20.5. Performance ... 343
21. Les commodity trading advisors ... 344
21.1. Méthodologie ... 346
21.2. Short term traders ... 349
21.3. Illustration ... 350
21.4. Avantages et inconvénients ... 351
21.5. Performance ... 352
22. La stratégie *fund of funds* ... 354
22.1. Pourquoi des fonds de fonds ? ... 354
22.2. Méthodologie ... 356
22.3. Les choix du fonds de fonds ... 362
22.4. Avantages et inconvénients ... 363
22.5. Performance ... 365
23. Quelques stratégies d'investissement spécifiques ... 367
23.1. Electricity trading ... 370
23.2. Arbitrage d'options ... 372
23.3. Les fonds climatiques ... 374
23.4. Market timing ... 376
23.5. L'investissement dans le vin ... 376
23.6. Les MLP ... 379
24. Résumé du chapitre ... 380

**Chapitre 4 – La performance des hedge funds au cours du temps**

1. Les données ... 387
1.1. Spécificités des données relatives aux hedge funds ... 387
1.2. Les biais ... 389
1.3. Les indices ... 393
2. Performance de l'industrie des hedge funds ... 394
3. Performance et volatilité des hedge funds par stratégie ... 397
3.1. Analyse de statistiques ... 397
3.2. Analyse graphique ... 400
3.2.1. Ratio rendement contre volatilité ... 400
3.2.2. Ratio rendement contre perte annuelle maximale ... 402
3.2.3. Mesure de risque étendue ... 402
4. Performance durant les périodes extrêmes ... 406
5. Études scientifiques ... 411
6. Analyse de corrélation ... 414
6.1. Corrélation entre les hedge funds et des indices de référence ... 415
6.1.1. Analyse de corrélation ... 415

6.1.2. Corrélation entre les stratégies hedge funds ........ 419
6.1.3. Données journalières ........ 421
7. Résumé du chapitre ........ 428


**Chapitre 5 – Le cadre réglementaire des hedge funds**


1. Les principes ........ 429
2. La réglementation des hedge funds ........ 431
3. Aux États-Unis et au Canada ........ 432
3.1. Aux États-Unis ........ 432
3.2. Au Canada ........ 434
4. En Europe ........ 436
4.1. En Grande-Bretagne ........ 436
4.2. En Allemagne ........ 437
4.3. Au Luxembourg ........ 439
4.4. En Italie ........ 440
4.5. En Suisse ........ 441
4.6. En France ........ 443
4.7. En Belgique ........ 445
4.8. En Irlande ........ 445
4.9. À Malte ........ 447
4.10. Espagne ........ 448
4.11. Les hedge funds et UCITS III ........ 451
5. Les juridictions *offshore* ........ 452
5.1. Îles Caymans ........ 454
5.2. Îles Vierges britanniques ........ 455
6. Résumé du chapitre ........ 456


**Chapitre 6 – Les hedge funds, LTCM et les crises récentes**


1. Long Term Capital Management ........ 457
1.1. La situation en septembre 1998 ........ 458
1.1.1. Les pertes de Soros et al. ........ 458
1.1.2. Le marché du fixed income arbitrage ........ 459
1.2. Description de *Long Term Capital Management* ........ 460
1.3. Historique de la débâcle ........ 463
1.4. Pourquoi avoir sauvé le fonds ? ........ 466
1.5. Les effets et questions soulevées ........ 467
1.5.1. Les effets ........ 467
1.5.2. Les questions soulevées ........ 467
1.6. L'après LTCM ........ 468
2. Les hedge funds et les crises récentes ........ 468
2.1. La crise du mécanisme des taux de change de 1992 ........ 469
2.2. Les turbulences du marché obligataire de 1994 ........ 471
2.3. La crise mexicaine de 1994-95 ........ 473
2.4. La crise asiatique de 1997-98 ........ 474
2.4.1. La crise asiatique : les faits ........ 474

2.4.2. Le rôle des hedge funds dans la crise ... 475
2.4.3. Les fondamentaux ... 476
2.5. La crise *subprime* de 2007 ... 477
2.5.1. Les bases ... 477
2.5.2. Le rôle des hedge funds ... 485
2.6. La crise de liquidité dans la foulée de la crise du subprime ... 487
2.7. Conclusion ... 489
3. Les fraudes dans l'industrie ... 489
4. Résumé du chapitre ... 490

**Chapitre 7 – Hedge funds versus fonds d'investissement classiques**

1. Comparaison de la législation en vigueur ... 492
1.1. Gestion – prospectus, historique, vente à découvert et levier, liquidité et produits d'investissement ... 493
1.2. Frais associés – commissions et autres ... 494
1.3. La communication ... 494
1.4. Investisseurs types ... 494
1.5. Enregistrement de la société de gestion et exigences de rapport aux autorités de contrôle ... 495
1.6. Directeurs ... 495
2. Les autres principales différences ... 495
2.1. Investissement personnel ... 496
2.2. Objectifs ... 496
2.3. Titres en portefeuille ... 496
2.4. Stratégies d'investissement ... 497
2.5. Taille des industries ... 497
3. Tableau comparatif ... 498
4. Diversification et performance comparée ... 499
4.1. Diversification d'un portefeuille ... 499
4.2. Performance ... 502
5. Résumé du chapitre ... 503

**Conclusion générale** ... 505

**La Chartered Alternative Investment Analyst Association (CAIA)** ... 509

**Les sites internet intéressants** ... 511

**Glossaire** ... 515

**Bibliographie** ... 523

**Index** ... 533

## *Dans la même collection*

AFTALION F., *La nouvelle finance et la gestion des portefeuilles*, 3e éd.

AFTALION F. et PONCET P., *Les techniques de mesure de performance.*

ALBOUY M., *Finance immobilière et gestion de patrimoine.*

ALBOUY M., *Décisions financières et création de valeur,* 2e éd.

ALBOUY M. et BONNET C., *OPA, OPE et LBO.*

ALIOUAT B., *Les stratégies de coopération industrielle.*

AMADIEU P. et BESSIÈRE V., *Analyse de l'information financière.*

AMENC N. *et alii*, *La gestion alternative.*

AMENC N. et LE SOURD V., *Théorie du portefeuille et analyse de sa performance,* 2e éd.

ARRÈGLE J.L., CAUVIN E., GHERTMAN M., GRAND B., ROUSSEAU P., *Les nouvelles approches de la gestion des organisations.*

ASSOCIATION FINANCE FUTURES, *Les marchés à terme d'instruments financiers.*

AUGROS J.C., *Finance : options et obligations convertibles,* 2e éd.

AUGROS J.C. et MORENO M., *Les dérivés financiers et d'assurance – Evaluation et techniques de gestion.*

BAGLIN G., BRUEL O., GARREAU A., GREIF M. et VAN DELFT Ch., *Management industriel et logistique,* 5e éd.

BANCEL F. et RICHARD A., *Les choix d'investissement.*

BARTOLI J.A. et LE MOIGNE J.L., *Organisation intelligente et système d'information stratégique.*

BASSO O., *L'intrapreneuriat.*

BÉCHU T., BERTRAND E. et NEBENZAHL J., *L'analyse technique,* 6e éd.

BÉCOUR J.C. et BOUQUIN H., *Audit opérationnel,* 3e éd.

BELLALAH M. et SIMON Y., *Options, contrats à terme et gestion des risques*, 2e éd.

BENOUN M. et HÉLIÈS-HASSID M.-L., *Distribution – Acteurs et stratégie*, 3e éd.

BENNANI K. et BERTRAND J.C., *Les obligations à taux variable.*

BERNARD Ph., JOULIA V., JULIEN-LAFERRIÈRE B. et TARDITS J., *Mesure et contrôle des risques de marché.*

BERTRAND P. et PRIGENT J.-L., *Gestion de portefeuille.*

BERTRAND-KERVERN F. *et alii*, *Gestion de patrimoine.*

BIDAULT F., *Le champ stratégique de l'entreprise.*

BLANCHET J., *Gestion du bénévolat.*

BOSSARD P., CHANCHEVRIER C. et LECLAIR P. (sous la direction de), *Ingénierie concourante.*

BOUINOT J., *La ville compétitive – Les clefs de la nouvelle gestion urbaine.*

BOULIER J.F. et DUPRÉ D., *Gestion financière des fonds de retraite,* 2e éd.

BOUQUIN H., *Comptabilité de gestion,* 5e éd.

BOURBONNAIS R. et USUNIER J.C., *Prévision des ventes – Théorie et pratique,* 4e éd.

BOURDIN J., *Les finances communales,* 4e éd.

BOURNOIS F. et LECLAIR P (sous la direction de), *Gestion des ressources humaines : regards croisés en l'honneur de Bernard Galambaud.*

BRABET J. (coordonné par), *Repenser la gestion des ressources humaines.*

BROIHANNE M.H., MERLI M. et ROGER P., *Finance comportementale.*

BRUEL O., *Management des achats.*

CABY J. et HIRIGOYEN G. (éd.), *La gestion des entreprises familiales.*

CAPET M., CAUSSE G. et MEUNIER J., *Diagnostic. Organisation. Planification d'entreprise,* 3e éd.

CAPOCCI D., *Introduction aux hedge funds*, 2e éd.

CASSON M., *L'entrepreneur.*

CEDDAHA F., *Fusions acquisitions*, 2e éd.

CHASSANG G., MOULLET M. et REITTER R., *Stratégie et esprit de finesse.*

CHAZOT Ch. et CLAUDE P., *Les SWAPS – Concepts et applications*, 2e éd.

CHEVALIER F., *Cercles de qualité et changement organisationnel.*

CLARK E., MAROIS B., CERNÈS J., *Le management des risques internationaux.*

CLERMONT-TONNERRE A. (de) et LÉVY M.A., *Les obligations à coupon zéro.*

COHEN E., *Analyse financière,* 6e éd.

COHENDET P., CRÉPLET F. et DUPOUËT O., *La gestion des connaissances par les communautés.*

COLASSE B., *Introduction à la comptabilité,* 11e éd.

COLASSE B. et CASTA J.F. (études coordonnées par), *Juste valeur.*

COLLIGNON E. et WISSLER M., *Qualité et compétitivité des entreprises,* 2e éd.

CORMIER D., *Comptabilité anglo-saxonne et internationale,* 2e éd.

CRANE D. *et alii*, *La finance sans frontière.*

DAGUET P. et PLANCHE J.M., *Les émissions d'actions et d'obligations.*

DAIGNE J.F., *Ré-ingénierie et reprise d'entreprise.*

DARMON R.Y., *Management des ressources humaines des forces de vente.*

DAVYDOFF D., *Les indices boursiers.*

DECAUDIN J.-M., *La communication marketing*, 3e éd.

DELANDE M., *Marchés à terme : incertitude, information, équilibre.*

DEMEY P., FRACHOT A. et RIBOULET G., *Introduction à la gestion actif-passif bancaire.*

DENIS H., *Stratégies d'entreprise et incertitudes environnementales.*

DERBAIX Ch. et BRÉE J., *Comportement du consommateur – Présentation de textes choisis.*

DERBAIX Ch. et GRÉGORY P., *Persuasion – La théorie de l'irrationalité restreinte.*

DESBORDES M., OHL F. et TRIBOU G., *Marketing du sport,* 3e éd.

DESBRIÈRES Ph., *Participation financière, stock-options et rachats d'entreprise par les salariés.*

DESMET P. et ZOLLINGER M., *Le prix.*

DORDAIN J.N. et SINGH N., *Finance quantitative.*

DUBOIS P.L. et JOLIBERT A., *Le marketing,* 4e éd.

DUBOIS P.L. et JOLIBERT A. (éd.), *Le marketing – Questions, exercices et cas.*

DUPUIS J.C. et LE BAS Ch. (éd.), *Le management responsable.*

DURAND R. (éd.), *Développement de l'organisation – Nouveaux regards.*

DUTRÉNIT J.M., *Gestion et évaluation des services sociaux.*

ECOSIP, *Cohérence, pertinence et évaluation.*

EIGLIER P., *Marketing et stratégie des services.*

ESQUIROL P. et LOPEZ P., *L'ordonnancement.*

EVERAERE Ch., *Management de la flexibilité.*

EVRARD Y. *et alii*, *Le management des entreprises artistiques et culturelles,* 2e éd.

FAVIER M. (éd.), *Le travail en groupe à l'âge des réseaux.*

FERRANDIER R. et KOEN V., *Marchés de capitaux et techniques financières,* 4e éd.

FERRARY M. et PESQUEUX Y., *Management de la connaissance.*

FLORY A. et LAFOREST D., *Les bases de données relationnelles*, 3e éd.

FONTAINE P., *Arbitrage et évaluation internationale des actifs financiers.*

FRIGGIT J., *Prix des logements, produits financiers immobiliers et gestion des risques.*

GABRIÉ H. et JACQUIER J.L., *La théorie moderne de l'entreprise.*

GAUTHIER G. et THIBAULT M. (sous la direction de), *L'analyse coûts – avantages – défis et controverses.*

GAUTIER F., *Pilotage économique des projets de conception et développement de produits nouveaux.*

GAVANOU J.F. et VALIN G., *Gouvernance sociale et fonds de pension.*

GENSSE P. et TOPSACALIAN P., *Ingénierie financière,* 3e éd.

GERVAIS M., *Contrôle de gestion*, 9e éd.

GERVAIS M., *Stratégie de l'entreprise*, 5e éd.

GHERTMAN M., *Stratégie de l'entreprise – Théories et actions.*

GIARD V., *Gestion de la production et des flux*, 3e éd.

GIARD V., *Statistique appliquée à la gestion,* 8e éd.

GIARD V., *Gestion de projet.*

GILBERT P., *L'instrumentation de gestion-La technologie de gestion, science humaine ?*

GOBRY P., *La Bourse aux indices.*

GOFFIN R., *Principes de finance moderne*, 5e éd.

GOUILLART F., *Stratégie pour une entreprise compétitive,* 2e éd.

GRANIER Th. et JAFFEUX C., *La titrisation,* 2e éd.

HAMON J., *Bourse et gestion de portefeuille,* 3e éd.

HATEM F., *Investissement international et politiques d'attractivité.*

HEC (Professeurs du Groupe), *L'école des managers de demain.*

HERMEL Ph. (sous la direction de), *Management européen et international.*

HERMET G. et JOLIBERT A., *La part de marché.*

HESS Ch., *Méthodes actuarielles de l'assurance vie.*

HOESLI M., *Investissement immobilier.*

HUYNH H.T., LAI V.S. et SOUMARÉ I., *Simulations stochastiques et applications en finance avec programmes Matlab.*

JABES J. (sous la direction de), *Gestion stratégique internationale.*

JACQUEMOT P., *La firme multinationale : une introduction économique.*

JOFFRE P. (sous la direction de), *L'exportation dans la turbulence mondiale.*

JOFFRE P. *et al.*, *Le management stratégique par le projet.*

JOFFRE P. et KŒNIG G. (coordonné par), *L'euro-entreprise.*

JOFFRE P. et KŒNIG G., *Stratégie d'entreprise. Antimanuel.*

KALIKA M., *Structures d'entreprises.*

KAST R., *Rationalité et marchés financiers.*

KAST R. et LAPIED A., *Fondements microéconomiques de la théorie des marchés financiers.*

KAST R. et LAPIED A., *Analyse économique et financière des nouveaux risques.*

KEFI H. et KALIKA M., *Evaluation des systèmes d'information.*

KLEIN J. et MAROIS B., *Gestion financière multinationale.*

KŒNIG G. *et alii*, *De nouvelles théories pour gérer l'entreprise du XXI*[e] *siècle.*

LA BRUSLERIE H. (de), *Gestion obligataire*, tome 1 et tome 2, 2e éd.

LA BRUSLERIE H. (de) *et alii*, *Ethique, déontologie et gestion de l'entreprise.*

LA BRUSLERIE H. (de), *L'entreprise et le contrat : jeu et enjeux.*

LADWEIN R., *Le comportement du consommateur et de l'acheteur*, 2e éd.

LEBAN R., *Politique de l'emploi dans l'entreprise en termes de contrôle optimal.*

LEFEBVRE L.-A., LEFEBVRE E. et MOHNEN P., *La conduite des affaires dans l'économie du savoir.*

LEVASSEUR M. et QUINTART A., *Finance,* 3e éd.

LEVITT Th., *L'imagination au service du marketing.*

LILIEN G.L., *Analyse des décisions marketing.*

McCARTHY E.J. et PERREAULT W.D., Jr., *Le marketing. Une approche managériale,* 8e éd.

MANSFIELD E., *Economie appliquée à la gestion.*

MARIET F., *La télévision américaine*, 2e éd.

MARION A. (sous la direction de), *Le diagnostic d'entreprise.*

MARMUSE C., *Politique générale,* 2e éd.

MARQUET Y., *Les marchés d'options négociables sur contrats à terme.*

MARTEAU D. *et alii*, *La gestion du risque climatique.*

MARTEAU D., *Monnaie, banque et marchés financiers.*

MARTELLINI L. et PRIAULET P., *Produits de taux d'intérêt,* 2e éd.

MARTINET A.C. et REYNAUD E., *Stratégies d'entreprise et écologie.*

MAYRHOFER U., *Marketing international.*

MÉRIC J., PESQUEUX Y. et SOLÉ A., *La "société du risque" : analyse et critique.*

MICHEL D., SALLE R. et VALLA J.P., *Marketing industriel – Stratégies et mise en œuvre,* 2e éd.

MINGUET A., *Le nouveau statut européen de l'intermédiaire financier.*

MONTEBELLO M., *Stratégie de création de valeur pour le client.*

MONTEBELLO M., *Création d'entreprise : connaissances et analyses stratégiques.*

MONTMORILLON B. (de), *Les groupes industriels.*

MORVAN Y., *Fondements d'économie industrielle,* 2e éd.

MOURGUES N., *Financement et coût du capital de l'entreprise.*

NAVATTE P., *Finance d'entreprise et théorie des options.*

NOËL A. (sous la direction de), *Perspectives en management stratégique*, 4 tomes.

OCHS P., *Le marketing de l'offre.*

PEAUCELLE J.L., *Systèmes d'information – Le point de vue des gestionnaires.*

PÉRON M. (sous la direction de), *Transdisciplinarité – Fondement de la pensée managériale anglo-saxonne ?*

PESQUEUX Y., *Qualité et management – Une analyse critique.*

PHELIZON J.F., *Méthodes et modèles de la recherche opérationnelle.*

PHELIZON J.F., *Stratégies de croissance pour l'entreprise.*

PIERMAY M., LAZIMI A., HEREIL O., *Mathématiques financières*, 2e éd.

PRAS B. et BOUTIN A. (éd), *Les Euro-PMI.*

QUÉLIN B., *Les frontières de la firme.*

QUITTARD-PINON F., *Marchés des capitaux et théorie financière,* 3e éd.

QUITTARD-PINON F. et ROLANDO T., *La gestion du risque de taux d'intérêt.*

RAFFOURNIER B., *Les normes comptables internationales (IFRS/IAS),* 3e éd.

RAIMBOURG Ph., *Les agences de rating.*

RICHARD J., BECOM SIMONS et associés, SECAFI ALPHA et associés, *Analyse financière et gestion des groupes.*

ROBERTS J., *Organisation de l'entreprise moderne, performance et croissance.*

RONCALLI T., *La gestion des risques financiers*, 2e éd.

ROURE F., *Stratégies financières sur le MATIF et le MONEP*, 2e éd.

ROY B., *Méthodologie multicritère d'aide à la décision.*

RUFFAT J., *Le pari du hors-marché.*

SAVALL H., *Enrichir le travail humain : l'évaluation économique.*

SAVALL H. et ZARDET V., *Maîtriser les coûts et les performances cachés,* 5e éd.

SENTIS P., *Introduction en bourse – Une approche internationale.*

SIMON H.A., *Administration et processus de décision.*

SIMON Y., LAUTIER D. et MOREL Ch., *Finance internationale,* 10e éd.

SPIESER Ph., *Information économique et marchés financiers.*

TEYSSONNIER F., KHEIRAT K. et SMETTE C., *Conseil et gestion de fortune.*

THIRIEZ H., *La modélisation du risque.*

TRÉSARRIEU J.P. (sous la direction de), *Réflexions sur la comptabilité – Hommage à Bertrand d'Illiers.*

VAN LOYE G., *Finance et théorie des organisations.*

VATTEVILLE E., *Mesure des ressources humaines et gestion de l'entreprise.*

VERNADAT F., *Techniques de modélisation en entreprise – Applications aux processus opérationnels.*

WOOT Ph. (de), *Les entreprises de haute technologie et l'Europe.*

WOOT Ph. (de) et DESCLÉE de MAREDSOUS X., *Le management stratégique des groupes industriels.*

ZAJDENWEBER D., *Économie et gestion de l'assurance.*

Cet ouvrage a été achevé d'imprimer en mars 2010
dans les ateliers de Normandie Roto Impression s.a.s.
61250 Lonrai
N° d'impression : 10-1088
Dépôt légal : mars 2010

*Imprimé en France*

# INACCEPTABLE

MÉLANIE
CARPENTIER

# INACCEPTABLE

## Témoignages de survivantes d'exploitation sexuelle et de proxénètes



BÉLIVEAU
éditeur

Conception de la couverture :
Christian Campana, *www.christiancampana.com*

Photographie de la couverture : iStockphoto



Dépôt légal : 1er trimestre 2020
Bibliothèque et Archives nationales du Québec
Bibliothèque et Archives Canada

ISBN 978-2-89793-124-7
ISBN Epub 978-2-89793-125-4

BÉLIVEAU éditeur
567, rue de Bienville
Boucherville (Québec) Canada J4B 2Z5
Téléphone : 450 679-1933

www.beliveauediteur.com
admin@beliveauediteur.com

Gouvernement du Québec – Programme de crédit d'impôt pour l'édition de livres – Gestion SODEC – www.sodec.gouv.qc.ca.

Nous reconnaissons l'appui financier du gouvernement du Canada.



Imprimé au Canada

*À toutes celles dont la voix*
*n'a pas été entendue,*
*vous n'êtes plus seules.*

*« Ce qui m'effraie, ce n'est pas l'oppression*
*des méchants; c'est l'indifférence des bons.*
*À la fin, nous nous souviendrons non pas des mots*
*de nos ennemis, mais du silence de nos amis.*
*Les barricades sont les voix de ceux*
*qu'on n'entend pas. »*

– MARTIN LUTHER KING JR

*Béliveau éditeur et moi-même, l'auteure, nous dégageons de toute responsabilité sur le contenu des témoignages et des opinions qui sont émises dans ceux-ci. L'expérience des services mentionnés est propre à chacun des participants. L'exposition de celle-ci vise une meilleure compréhension des besoins des gens touchés par l'univers de l'industrie du sexe pour ainsi amener la concertation et l'amélioration des services.*

*Les noms et certains détails ont été modifiés afin de préserver l'anonymat des participants.*

# *Table des matières*

Remerciement spécial à la ministre de la Santé et des Services sociaux du Québec, madame Danielle McCann ...... 11

Préface de Rose Sullivan, cofondatrice du CAFES (Collectif d'aide aux femmes exploitées sexuellement) et Survivantes ........................ 13

Introduction ........................ 17

Là où la vie se brise... ........................ 24

Mise en contexte ........................ 25

Portrait des victimes ........................ 29

**Partie I**

**Jeunes filles disparues...**
**Une mère éplorée...**

Je m'appelle Alexia... ........................ 37

La mère d'Alexia ........................ 51

- Évaluation - Alexia et sa mère ........................ 54

Je m'appelle Vanessa... ........................ 56

- Évaluation - Vanessa ........................ 73

## PARTIE II

## LE CRI DU CŒUR DES SURVIVANTES

Je m'appelle Gabrielle... 77
Je m'appelle Mélanie T... 111
Je m'appelle Angela... 135
Je m'appelle Mya... 163
Je m'appelle Jessica... 190

## PARTIE III

## ÉVALUATION DES BESOINS DES VICTIMES

Leurs voix... leurs besoins... 227
- L'enfance et l'éducation 228
- La Protection de la jeunesse et les Centres jeunesse 230
- Les services de police et le système de justice 235
- Les professionnels et les thérapeutes 241
- Les organismes communautaires 245
- L'IVAC et la CNESST 247

Des survivantes d'exploitation sexuelle canadiennes se prononcent 255
- Résumé des besoins 259
    *Les besoins spécifiques* 259
    *Les facteurs externes* 261

## PARTIE IV

## DES PIMPS SE DÉVOILENT...

Qui sont les proxénètes ? 265
Je m'appelle Malik... 269
- Évaluation - Malik 277

Je m'appelle Mickey Royal... 280
- Évaluation - Mickey Royal 285
Portrait des proxénètes 289

## PARTIE V
## PISTES D'EXPLORATION ET DE SOLUTIONS

Vision et recommandations 297
- Les facteurs de risque individuels 298
- Les facteurs de risque familiaux 299
- Les facteurs de risque causés par les pairs et la pression sociale 299
*Pistes d'intervention à promouvoir* 302
- Résultats attendus 306
- Prévention du proxénétisme 307

CONCLUSION 309
REMERCIEMENTS 319
BIBLIOGRAPHIE 321
RESSOURCES 325

À PROPOS DE L'AUTEURE 327

## *Remerciement spécial*

*à la ministre de la Santé et des Services sociaux du Québec, madame Danielle McCann*

Je tiens à remercier la ministre de la Santé et des Services sociaux du Québec, madame Danielle McCann, qui a rendu possible ce projet de recherche et d'écriture, grâce à la subvention qu'elle nous a accordée. Le but de ce projet était de donner la parole aux survivantes d'exploitation sexuelle et de crimes connexes au milieu de l'industrie du sexe.

L'argent de la subvention a été entièrement redistribué aux participantes et survivantes, qui nous ont généreusement fait part de leur histoire afin de faire avancer la cause de ces victimes, ainsi qu'auprès de celles qui ont contribué à la création d'outils de formation spécifiques.

Cet argent a aussi servi à couvrir les frais de mise à jour du site web : *melaniecarpentierconsultante.com*, qui fournira des outils spécialement destinés aux personnes vivant ou ayant vécu l'exploitation sexuelle ou tous autres crimes connexes.

Merci de votre confiance.

*Mélanie*

# *Préface*

Ma relation avec Mélanie est semblable à nos luttes et à nos revendications. Controversée et parfois complexe, elle vaut clairement les efforts que nous y avons investis, mais elle a aussi exigé quelques mises au point. Pour que les désaccords propres au milieu féministe que nous côtoyons toutes deux ne nous divisent pas comme ils le font avec de plus en plus de militantes, il nous a fallu de nombreuses discussions. Nous en avons eu plusieurs, certaines légères et sympathiques, d'autres plus complexes et délicates. Nous avons mis des choses au clair à quelques reprises, nous nous sommes remises en question et avons fait preuve de beaucoup d'humilité à tour de rôle. Même lorsque nous nous attardions à des questions difficiles et délicates, nous sommes toujours parvenues à avoir des conversations constructives, civilisées et enrichissantes. Nous avons d'ailleurs fait le tour d'un nombre considérable de questions, sans nécessairement nous mettre d'accord sur tout et à tous les niveaux. La prostitution est-elle un travail ou une forme d'exploitation ? Est-elle nécessaire ou dévastatrice ? Doit-on l'encadrer ou viser son abolition ? Encourager son industrialisation ou criminaliser les personnes qui en font ? Pourquoi ? Comment ? Et surtout à quel prix ?

Si ces questions et celles entourant le sujet se doivent d'être soulevées et réfléchies avec soin, elles ne doivent pas l'être au détriment des évidences qu'elles mettent en lumière, soit: *l'exploitation sexuelle fait des victimes, l'aide qui leur est offerte est quasi dérisoire et très peu adaptée à leur réalité, il faut augmenter et diversifier les services.*

C'est ça qui nous unit, Mélanie et moi: notre volonté commune que l'aide aux victimes devienne prioritaire ainsi que leur contribution dans les prises de décisions et les services d'aide.

La parole, les expériences, les perceptions et les opinions des personnes qui subissent les contrecoups d'une problématique telle que l'exploitation sexuelle doivent être pris en considération par l'ensemble des personnes soucieuses de s'y attaquer. C'est logique et ça semble compris par la plupart d'entre elles, ce qui est bien. Là où le bât blesse, c'est qu'il arrive assez souvent, malheureusement, que ce soit fait dans des conditions qui vont à l'encontre de notre bien-être ou de nos valeurs personnelles ou collectives. Sans trop de respect parfois, sans tenir compte des spécificités propres à la réalité que nous décrivons et avec des intentions douteuses qui s'avèrent parfois ne pas nous servir du tout, il arrive que notre parole soit à la fois sollicitée et ignorée, voire mise en doute. C'est aussi le cas de nos connaissances et de notre jugement que certaines personnes remettent en question lorsqu'ils ne servent plus leurs intérêts. Notre vécu et la capacité de certaines d'en témoigner est parfois instrumentalisé sans bénéfice réel pour notre cause et sans égard aux conséquences que cela peut avoir sur nous et sur l'aide aux victimes, en général.

Mélanie et moi partageons ces impressions, aussi désagréables soient-elles, et savons, pour être en contact avec de très nombreuses survivantes, que nous sommes loin d'être seules. Il nous apparaît pourtant évident qu'au sein d'organisations gravitant autour des femmes ayant un vécu en lien avec l'exploitation sexuelle, il y a des pratiques et des croyances qui nous nuisent plus qu'elles nous aident. Les remettre en question et les critiquer est difficile, même lorsque nous le faisons avec diplomatie et dans une optique constructive. Généralement, elles sont défendues et répandues par des individus qui font, aux yeux de plusieurs, figures de héros voués à nous sauver d'une réalité qu'ils pensent visiblement mieux connaître que nous-mêmes qui la vivons quotidiennement.

Dans un tel contexte, militer et travailler pour le bien-être des victimes tout en l'ayant été est plutôt complexe. Il n'est pas simple non plus de distinguer nos réels alliés de ceux et celles qui disent l'être, mais dont la noblesse des intentions est discutable. Mélanie et moi le faisons de notre mieux depuis un moment et je peux affirmer aujourd'hui, sans l'ombre d'un doute, qu'elle est une de mes alliées précieuses. Avec le temps et l'adversité, nous avons développé un lien solide de sororité. Avoir été témoin du travail de réflexion et d'analyse que l'écriture a demandé à Mélanie me l'a personnellement confirmé, me faisant connaître des côtés d'elle que j'ignorais et qui sont, à mes yeux, admirables. C'est une femme de cœur fidèle à ses convictions. Elle les défend avec ferveur et acharnement, mais aussi avec ouverture et amour. C'est avec ces mêmes qualités que Mélanie a écrit ce livre, ayant en tête les intérêts d'innombrables femmes qui ont été exploitées sexuellement.

Il relate une parcelle de ce à quoi plusieurs sont confrontées régulièrement. Il met en lumière l'absurdité d'une société qui se dit juste et égalitaire, mais qui ignore une souffrance et des injustices que nous sommes de plus en plus nombreuses à décrire et à dénoncer. Il dépeint une réalité dont il est difficile de parler, avec les mots de celles qui la vivent, simplement, froidement, parce qu'il le faut.

Il a fallu beaucoup de courage, d'humilité et de persévérance à Mélanie pour mener à bien l'écriture de ce livre et je ne peux que saluer l'acharnement qu'elle y a mis et respecter la motivation évidente qui la poussait: *le bien-être des femmes ayant été victimes d'exploitation sexuelle.*

*Rose Sullivan*

Cofondatrice du CAFES
(Collectif d'aide aux femmes exploitées sexuellement) et Survivantes

# *Introduction*

Le 2 janvier 2019, après six années à repousser mes limites et à tenter de briser les barrières afin de faire reconnaître le droit des victimes d'exploitation sexuelle d'exister et d'être reconnues, j'ai remis ma démission à l'organisme que j'avais moi-même fondé: *La Maison de Mélanie*[1]. Six années de ma vie à encaisser les coups en silence afin de ne pas nuire à celles toujours prises dans le milieu ou en voie de réinsertion sociale. La raison de mon silence étant que j'avais peur de nuire à leurs chances de se faire une meilleure vie en les amenant à constater que les difficultés auxquelles je suis confrontée sont représentatives des difficultés de réinsertion sociale qu'elles auront à surmonter... Et finalement qu'elles finissent par croire que c'est impossible de survivre à ces crimes odieux.

Outre le fait que je n'ai jamais réussi à m'entourer adéquatement d'un comité administratif significatif et compétent ayant au moins le quart de la motivation que j'ai de vouloir faire une différence, les obstacles auxquels nous avons été confrontés dans les dossiers sur lesquels j'ai été amenée à travailler ont causé mon retrait définitif de l'organisme et de l'intervention.

L'élément déclencheur de ma démission, car il y en a toujours un, a eu lieu le 10 décembre 2018, lorsque j'ai reçu un appel d'une petite puce de 14 ans. Prise en charge par un service de Protection de la jeunesse, dont je vais taire le nom afin

1. *La Maison de Mélanie* était un organisme à but non lucratif qui visait l'intervention auprès des victimes de la traite humaine à des fins d'exploitation sexuelle. Elle a opéré de 2013 à 2019.

de ne pas porter atteinte à sa sécurité et ne pas nuire à l'enquête (s'il y en a une), elle m'a expliqué être dans la prostitution depuis l'âge de 11 ans. Son parcours de vie est empreint de souffrance, sans même qu'elle soit en mesure de mettre le doigt dessus. Pour elle, la prostitution est devenue sa réalité et elle dit se sentir confortable là-dedans. Au moment de l'appel, elle était en crise. Elle m'a raconté que, la soirée précédente, un intervenant de la liste de rappel lui a posé énormément de questions sur le pourquoi elle était placée. Lorsqu'elle lui a répondu être dans la prostitution, celui-ci a commencé à lui poser des questions sur ses connaissances de nature sexuelle, lui demandant, entre autres, si elle connaissait ce que sont les *Golden Showers*[2] et les *Brown Showers*[3]. Avec raison, elle ne s'est pas sentie confortable avec les propos indécents de ce dernier qu'elle ne pouvait sortir de sa tête. À l'heure du coucher, les souvenirs ne cessaient de la bombarder et elle avait réussi à replacer ledit intervenant. Celui-ci était un de ses clients réguliers.

Elle m'avait informée que, après sa dénonciation auprès du service qui l'avait prise en charge, l'intervenant en question n'avait pas été renvoyé; on l'avait plutôt changé de service mais pas de bâtiment, le temps que l'enquête soit effectuée... Laissant ainsi la jeune toujours à risque d'être en contact avec lui.

Elle me téléphonait deux à trois fois par jour. Je voulais établir avec elle un plan d'intervention et l'aider à cibler ses objectifs ainsi qu'une façon de les atteindre afin de lui donner un peu d'espoir. Mais pour ce faire, je devais tout d'abord parler à la responsable de son dossier. À plusieurs reprises, j'ai tenté de rejoindre son intervenante de suivi pour ne pas faire un plan qui pourrait aller à l'encontre de celui proposé par la Protection de la jeunesse. Les services de La Maison de Mélanie devaient être complémentaires et non entraver, de quelconque façon, ce qui avait été mis en place. De plus, j'avais des motifs raisonnables de croire que la sécurité de cette jeune était à risque. J'ai donc

2. Acte sexuel visant à uriner sur son ou sa partenaire sexuel, pouvant aller jusqu'à lui exiger qu'il en boive.
3. Acte sexuel visant à faire ses excréments sur son ou sa partenaire sexuelle, pouvant aller jusqu'à exiger qu'il en mange.

laissé de nombreux messages à son intervenante pour qu'elle me rappelle. La première semaine a passé, puis la deuxième. Aucun retour d'appel n'a été effectué de sa part, pas plus que de la part d'un service des forces de l'ordre destiné aux victimes d'exploitation sexuelle.

Je savais que c'était une question de temps avant que les appels ne cessent et ce moment est arrivé. J'étais démolie de perdre contact avec une si jeune victime en raison du manque de partenariat et d'ouverture d'esprit de diverses instances.

N'ayant plus la force de me battre contre un système qui, visiblement, ne reconnaîtrait jamais les services de La Maison de Mélanie et qui plus est mettait la sécurité des jeunes victimes en danger en refusant d'établir tout contact avec des organismes externes, j'ai décidé de remettre ma démission et de rediriger mes efforts pour apporter un changement.

Parce que je croyais la sécurité de la jeune fille en danger de par les échanges que nous avions eus, j'ai dû également faire un signalement à la Protection de la jeunesse et les aviser que l'intervenante en question ne retournait pas mes appels et contrevenait ainsi à la sécurité de la jeune. Encore là, aucun suivi n'a été effectué !

Ma décision de remettre ma démission et de me concentrer sur la formation des intervenants et des services actuels dans le but de les améliorer a été confirmée lors d'une présentation à laquelle j'ai assisté l'hiver dernier. Un professeur d'université et chercheur pour les CIUSSS[4] a dit, lors de son exposé, que les gens s'intéressant aux jeunes fugueuses des Centres jeunesse[5] devraient envisager la mise en place d'un plan correctionnel et non pas d'un plan d'intervention. Il a cité :

– Il va de soi qu'une jeune adolescente de quatorze ans qui n'arrête pas de fuguer pour rejoindre son chum de trente ans n'est pas du tout intéressée à changer !

4. Centre intégré universitaire de santé et de services sociaux.
5. Service visant l'hébergement des enfants sous la tutelle de la Direction de la protection de la jeunesse.

Sidérée, j'ai validé ce que je venais d'entendre de la bouche de cet homme responsable d'implanter les programmes destinés aux jeunes résidant en Centre jeunesse. Je lui ai donc demandé :

– Donc, selon vous, c'est la jeune de quatorze ans qui va rejoindre son chum de trente ans qui est le problème ? Ce n'est pas l'homme de trente ans qui a des relations sexuelles avec une mineure, le problème? La jeune n'est pas victime d'agressions sexuelles, de violence conjugale, de manipulation et peut-être même d'exploitation sexuelle ? On a monté l'âge du consentement sexuel à seize ans pour protéger nos enfants, et vous, vous nous dites que le problème, c'est eux?

Bien évidemment, il ne s'attendait pas à être confronté de la sorte; toutefois, cela n'a pas semblé lui ouvrir les yeux d'une quelconque façon, puisqu'il m'a répondu :

– Je comprends votre point de vue et c'est sûr que, dans certains cas, elles peuvent changer. Toutefois, il faut se rendre à l'évidence que dans la majorité des cas, elles ne veulent tout simplement pas.

Plusieurs questions se sont alors mises à défiler dans ma tête... Je me suis demandé si on pouvait laisser les enfants être des enfants et arrêter de les responsabiliser pour tout ce qui leur arrive. Et si, bien sûr, on pouvait s'intéresser davantage au pourquoi ces enfants préfèrent le danger, les relations abusives et les fugues plutôt que de demeurer dans un endroit qui, soi-disant, veille sur leur bien-être.

Je crois pertinemment qu'on reconnaît la valeur d'une société à la façon dont elle traite ses enfants et, jusqu'à présent, je ne suis pas du tout impressionnée par celle-ci.

Au cours de mon cheminement professionnel au sein de La Maison de Mélanie, j'ai constaté, malgré toutes les bonnes intentions qui m'habitaient et le désir récent de la société, des institutions gouvernementales et des forces de l'ordre de s'intéresser à la problématique de l'exploitation sexuelle, qu'il m'est totalement impossible de réaliser l'objectif que je m'étais fixé. La traite humaine à des fins d'exploitation sexuelle fait énormément de sensationnalisme et couler beaucoup d'encre, mais se soucie-t-on vraiment des victimes?

Dans les faits, plus les choses avancent, plus je constate qu'on s'éloigne de la base, de la source de la problématique et que, malgré les meilleures intentions possibles, les services ne répondent pas aux besoins des victimes, allant même jusqu'à mettre en péril leur sécurité et leur rétablissement. Je ne prétends pas posséder la vérité absolue, mais l'envie de partager mes connaissances et les histoires de celles qui ont survécu à l'exploitation sexuelle – avec lesquelles j'ai été mise en contact en travaillant auprès d'elles comme intervenante ou qui ont été tout simplement mises sur ma route – est plus qu'omniprésente. Les services d'aide actuels peuvent être bonifiés par ces femmes et ma contribution ira en ce sens.

D'aucune façon, le but de ce livre est de pointer du doigt des gens ou des services, mais plutôt de les amener, ainsi que la société, à une meilleure compréhension du vécu des victimes et de leurs besoins en donnant une voix à celles qui livrent ce combat ! Cela, bien sûr, afin de maximiser l'avancement de notre société et la bonification des services.

J'ai tenté de changer les choses de l'intérieur en faisant de grandes études et en occupant divers emplois dans le domaine de la relation d'aide pour acquérir de l'expérience, partir des projets et proposer des idées, mais sans succès.

J'ai été amenée à constater de nombreuses carences dans notre système et même avec tout mon bagage de vie, de connaissances et d'expérience professionnelle, on a refusé de m'entendre et de me faire une place. Quand je constate l'incohérence d'un programme, d'un service, de l'information transmise au sujet d'une problématique telle que l'exploitation sexuelle ou que j'assiste à une injustice, je ne peux rester qu'une simple observatrice. Mes valeurs non conformistes auront donc eu raison de mes bonnes intentions.

À de nombreuses occasions, on m'a dit que mon désaccord sur leurs façons de procéder ou sur leurs interprétations erronées était dû à mon refus de changer, car eux savaient ce qu'ils faisaient et que, de mon côté, je devais passer à autre chose. Lorsque j'ai tenté à maintes reprises de faire entendre les injustices que je vivais, on m'a réduite au silence. J'ai donc décidé de mettre mon histoire de côté et de vous faire part de mon expérience professionnelle. Quels ont été les obstacles à la réussite d'un programme efficace et comment pourrait-on contribuer à la bonification des services actuels? Je partagerai donc avec vous quelques-uns des cas avec lesquels nous avons été amenés à travailler afin de démontrer où les choses ont bloqué et ce qui aurait pu être fait dans l'intérêt des victimes, de l'accessibilité aux services et de la reconnaissance de leurs droits.

Pour ce présent livre, j'ai effectué sept entrevues auprès de sept femmes ayant survécu à tout ce qui entoure le milieu de l'industrie du sexe et des crimes y étant associés, et je partage également l'histoire de la mère de l'une d'elles. Les femmes ayant participé à la réalisation de cet ouvrage ont, pour plusieurs, fait des études universitaires dans divers domaines de la relation d'aide et travaillent toutes dans leur champ d'études respectif. Trois ne correspondent pas aux critères d'avoir effectué de telles études et de travailler en intervention, mais leurs histoires et leur volonté de contribuer au changement étaient si puissantes que j'ai décidé de faire abstraction de ces derniers critères. J'ai eu envie de leur donner la parole, compte tenu du fait que leurs voix n'ont jamais été entendues par souci d'être jugées. Ce sont des femmes qui sont en mesure d'identifier les carences actuelles du système, car elles y ont été confrontées ou le sont toujours, et ce, même avec une connaissance accrue de ce qui peut être mis à leur disposition.

En 2015, le *Clan Mother Healing Village* est né d'un groupe de femmes autochtones résolu à mettre en place un service visant la guérison des traumatismes systémiques et multigénérationnels qui touchent leur communauté depuis des siècles. La communauté autochtone étant fortement touchée par la traite humaine et l'exploitation sexuelle, elles y ont consacré un volet tout entier. Et en 2019, j'ai assisté à un rassemblement de trente-quatre survivantes d'exploitation sexuelle, en provenance de plusieurs provinces canadiennes, qui se sont prononcées à ce sujet et ont partagé leurs expériences. J'ai eu envie de vous faire part de leurs commentaires.

De plus, afin de mieux comprendre cette forme de criminalité, il m'apparaît primordial de connaître la provenance des proxénètes. Quel est leur parcours de vie? Qu'est-ce qui les a amenés à commettre l'irréparable? Serait-on en mesure de prévenir un tel crime si des services spécifiques étaient offerts aux jeunes garçons et jeunes hommes afin de prévenir leur adhésion à une telle forme de criminalité? Sans cette compréhension, nous ne pouvons changer les choses. Afin de contribuer à celle-ci, j'ai donc procédé à l'entrevue de deux proxénètes, un de Montréal et l'autre de Los Angeles.

Après des mois de recherches et toutes ces entrevues, j'en suis venue à constater que l'état de la situation actuelle stagne et qu'on ne fait que déplacer la problématique sans la résoudre, puisqu'on ne touche jamais au noyau de cette dernière. Comme les arrestations et les services ne répondent pas à l'ensemble des besoins des victimes, ils ne permettent donc pas une amélioration de leurs conditions à grande échelle. Seulement quelques-unes des victimes bénéficieront d'un ensemble de services adéquats correspondant à leurs besoins, mais sans plus...

Ensemble, nous pouvons réellement faire une différence.

Que vous soyez parent, chercheur, avocat, comptable, gestionnaire, propriétaire d'entreprise, infirmière ou tout simplement un citoyen, vous avez en vous la capacité de contribuer au changement.

Puisse mon expérience professionnelle être bénéfique pour la cause.

***Là où la vie se brise...***

*Il va de soi qu'avec l'autorisation des femmes et leur participation à la rédaction de ce livre, j'ai voulu retourner dans des dossiers sur lesquels j'ai travaillé à La Maison de Mélanie.*

*Les cas que je partagerai ici seront faits sous le couvert de l'anonymat afin de permettre à ces femmes de poursuivre leur vie sans être sous la lumière des projecteurs et des regards remplis de jugements de la part de leur entourage.*

*Merci à vous toutes !*

# *Mise en contexte*

La traite humaine à des fins d'exploitation sexuelle existe depuis la nuit des temps. Depuis plus d'un siècle, on étudie les conditions sociales, les contraintes financières et/ou physiques amenant femmes et enfants à la prostitution. On aborde le contexte de la traite des Blanches dès la fin du 19$^{e}$ siècle, stipulant la violence à laquelle les prostituées sont confrontées. Des travaux de recherche effectués sur la période de 1856 à 1916 ont donné lieu à la parution du premier rapport du Comité des Seize, en 1918. Dans ce rapport, on dénonce les conditions dans lesquelles les prostituées sont confinées, soit aux maisons de débauche, communément appelées *bordels*. Cent vingt-quatre femmes prostituées dénonceront les conditions d'exploitation s'y trouvant, telles que les longues heures de travail, l'endettement et les maladies vénériennes. Un tiers des participantes au rapport sont âgées de moins de 18 ans. Ce rapport se penche sur les facteurs amenant les femmes à la prostitution. On parle ainsi de l'opinion publique mal informée, de services sociaux inadéquats, de logements médiocres et des conditions de travail déplorables. On insiste sur le manque de suivi des délinquantes à leur sortie de l'école de réforme, sur les troubles mentaux et les conditions des mères célibataires. Le tout fait en sorte que la femme est davantage présentée comme une victime de ses conditions sociales plutôt qu'une dépravée (Lévesque, 1989).

Pendant plus d'un siècle, des textes de loi ont été rédigés afin de protéger les femmes et les enfants, et punir les exploiteurs. Toutefois, ce n'est que depuis la signature du Protocole de

Palerme (Nations Unies, 2000) qu'on assiste à une conscientisation collective et un vent de changement pour les victimes.

> *Aux fins du présent Protocole: a) L'expression «traite des personnes» désigne le recrutement, le transport, le transfert, l'hébergement ou l'accueil de personnes, par la menace de recours ou le recours à la force ou à d'autres formes de contrainte, par enlèvement, fraude, tromperie, abus d'autorité ou d'une situation de vulnérabilité, ou par l'offre ou l'acceptation de paiements ou d'avantages pour obtenir le consentement d'une personne ayant autorité sur une autre aux fins d'exploitation. L'exploitation comprend, au minimum, celle de la prostitution d'autrui ou d'autres formes d'exploitation sexuelle, le travail ou les services forcés, l'esclavage ou les pratiques analogues à l'esclavage, la servitude ou le prélèvement d'organes; b) Le consentement d'une victime de la traite des personnes à l'exploitation envisagée, comme énoncée à l'alinéa a) du présent article, est indifférent lorsque l'un quelconque des moyens énoncés à l'alinéa a) a été utilisé; c) Le recrutement, le transport, le transfert, l'hébergement où l'accueil d'un enfant aux fins d'exploitation est considéré comme une «traite des personnes» même s'ils ne font appel à aucun des moyens énoncés à l'alinéa a) du présent article; d) Le terme «enfant» désigne toute personne âgée de moins de 18 ans» (Nations Unies, 2000, p. 2).*

Pour donner suite à la signature de cette *Convention contre la criminalité transnationale organisée, 2000* (Toupin, 2002), le Canada ajoutera la loi C-49 en 2005, en vertu de l'article 3 du Protocole de Palerme. Cette loi stipule qu'on ne peut invoquer le consentement d'une victime lorsqu'un des moyens suivants a été utilisé: «La menace de recours ou le recours à la force ou à d'autres formes de contrainte, par enlèvement, fraude, tromperie, abus d'autorité ou d'une situation de vulnérabilité, ou par l'offre ou l'acceptation de paiements ou d'avantages pour obtenir le consentement d'une personne ayant autorité sur une autre aux fins d'exploitation» (Ricci, Kurtzman, Roy, 2012).

Ce n'est qu'à partir de la bonification au Code criminel canadien en 2005 avec la loi C-49 que nous avons pu assister à un intérêt face à cette grande problématique. Des subventions ont donc été accordées afin de donner naissance à des projets d'aide pour les victimes d'exploitation sexuelle (La Maison de Mélanie, 2018).

Malgré les projets mis en place, les organismes et institutions venant en aide à ces victimes notent que beaucoup d'entre elles retournent dans la prostitution. L'ampleur de la problématique de l'exploitation sexuelle et ses conséquences du point de vue sociétal et personnel ne sont plus discutables. Pourtant la reconnaissance des victimes est encore chose difficile. Cela est dû, entre autres, au manque de connaissances et de formation des différents professionnels amenés à entrer en contact avec celles-ci, tels que les forces de l'ordre et le milieu de la santé (Ricci, Kurtzman, Roy, 2012).

Les connaissances que j'ai acquises en travaillant auprès des victimes d'exploitation sexuelle ou de tout crime associé à l'industrie du sexe m'ont permis de constater que les services de relation d'aide les plus efficaces et répondant le mieux aux besoins de ces femmes ont tous été créés à la base par des survivantes. Il n'existe pas de meilleur motif que celui fondé par la soif de vivre et de donner un sens au fait d'avoir survécu à une telle forme de cruauté humaine.

Moi-même survivante d'exploitation sexuelle, j'ai donné naissance à La Maison de Mélanie en mars 2013, un organisme visant à venir en aide aux victimes de traite humaine à des fins d'exploitation sexuelle. Pendant plus de six années de ma vie, j'ai mis les mains à la pâte et j'ai tenté d'utiliser mes connaissances théoriques et expérimentales pour faire une différence dans la vie des femmes qui, comme moi, ont vécu ou vivent cette atrocité.

Cette aventure m'a amenée à constater la complexité de la réinsertion sociale des personnes ayant été victimes d'un tel crime. J'ai eu la chance de créer des contacts avec d'autres survivantes en provenance de tous les coins du Canada qui, aujourd'hui, travaillent à la sueur de leur front pour faire une différence dans la vie des victimes.

Ces voix qui méritent d'être entendues sont une grande partie de la solution visant la diminution des facteurs de risque qui sont susceptibles de vouer à l'échec la réinsertion sociale de ces victimes.

# *Portrait des victimes*

Tracer un portrait complet des victimes d'exploitation sexuelle et du nombre touché par ce crime relève de l'impossible. Sans plaintes, il n'y a pas de chiffres, et sans chiffres nos connaissances se résument à des approximations. Les arrestations et les plaintes ne sont donc pas suffisantes pour en déterminer le nombre. D'un côté, il y a un faible taux de dénonciation et d'un autre, il y a un taux encore plus faible de condamnations. Pour ajouter à la complexité du chiffre noir de l'exploitation sexuelle, nous ne pouvons pas passer à côté du fait que cette dernière est abordée différemment selon les corps de police qui interviennent (Ricci, S., Kurtzman, L., Roy, M-A., 2012). Les jugements émis par les policiers à l'égard des personnes dans l'industrie du sexe teintent leurs interventions. J'ai déjà constaté à de nombreuses reprises, dans plusieurs dossiers, ce type d'injustice.

De plus, même si la CLES (Concertation des luttes contre l'exploitation sexuelle, 2014) a tracé un portrait des lieux prostitutionnels du Grand Montréal, nous devons considérer cela comme une infime partie du marché dû au fait qu'un nombre considérable de victimes sont exploitées directement par des sites Internet comme *Craigslist, Annonce 123 Go, Humpchies, Leolist* et anciennement *Backpages*.

Un rapport émis par le Service du renseignement criminel en 2013 confirme qu'une proportion variant de 50% à 80% des personnes dans l'industrie du sexe est exploitée par un proxénète (Ricci, S., Kurtzman, L., 2013). Ce grand écart entre les chiffres et le nombre de victimes en lien avec le nombre connu d'endroits, ainsi qu'où s'exercent des activités prostitutionnelles *versus* les pourcentages de prostitués sous emprise dans l'industrie du sexe, démontre bien la complexité d'établir le nombre exact de victimes d'exploitation sexuelle.

Selon les services de police au Canada, uniquement 340 cas de traite humaine à des fins d'exploitation sexuelle, ou non, ont été déclarés en 2016 (Statistique Canada, 2016), et cela même si la croissance des dénonciations est non négligeable. La ligne entre la traite humaine à des fins d'exploitation sexuelle et le proxénétisme est mince et justifierait le faible taux de condamnations. « Une personne victime de traite de personnes à des fins d'exploitation sexuelle est non seulement amenée à se prostituer, comme c'est le cas avec un proxénète, mais elle est également forcée de le faire par la violence, les menaces ou tout autre moyen de coercition. (…) Cependant, il faut considérer que chaque cas d'exploitation sexuelle est unique, et que le fait de retrouver des actes de menace et de violence dans un dossier de proxénétisme n'est pas suffisant pour affirmer qu'il s'agit de traite de personnes » (Service du renseignement criminel du Québec, 2013). Selon une estimation conservatrice, on estime à plus de 2 600 000 transactions en lien avec la prostitution sur le territoire du Québec au cours d'une année (SRCQ, 2013). Sur le territoire du Grand Montréal, on a recensé : 42 bars de danseuses, 303 salons de massages, 6 *peep-shows* et cinémas érotiques, 11 restaurants de types *serveuses sexy*, 8 clubs d'échangistes, 27 prostitutions de rue et 23 agences d'escortes (Concertation des luttes contre l'exploitation sexuelle, 2013).

Alors que les médias et la recherche démontrent que les mineures de sexe féminin sont le groupe le plus touché par ce phénomène, les chiffres, quant à eux, ciblent les jeunes de 18-25 ans pour La Maison de Mélanie et les jeunes de 18-24 ans pour Statistique Canada.

## PORTRAIT DES VICTIMES 2017-2018 SELON LA MAISON DE MÉLANIE

| Nombre | Âge |
|---|---|
| 5 | Moins de 18 ans |
| 32 | 18-25 |
| 27 | 26-35 |
| 14 | 36-45 |
| 1 | 45 et + |
| 1 | NA |

(La Maison de Mélanie, 2018)

## PORTRAIT DES VICTIMES DE 2009 À 2016 SELON STATISTIQUE CANADA

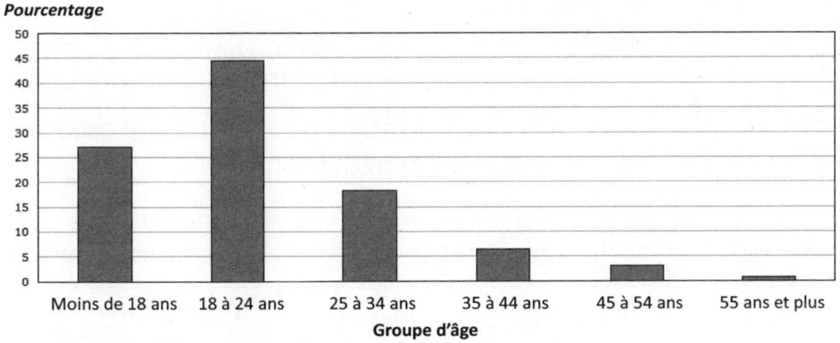


* *Victimes de la traite des personnes au Canada, selon le groupe d'âge, de 2009 à 2016*[6]

**Note:** La catégorie de la traite des personnes du Programme de déclaration uniforme de la criminalité (DUC) comprend les infractions suivantes du *Code criminel* du Canada: la traite des

6. www150.statcan.gc.ca/n1/pub/85-005-x/2018001/article/54979-fra.htm

personnes (art. 279.01 du *Code criminel*), la traite de personnes âgées de moins de 18 ans (art. 279.011 du *Code criminel*), l'avantage matériel (art. 279.02 du *Code criminel*), l'avantage matériel tiré de la traite de personnes âgées de moins de 18 ans (par. 279.02(2) du *Code criminel*, la rétention ou la destruction de documents (art. 279.03 du *Code criminel)* et la rétention ou la destruction de documents en vue de faciliter la traite de personnes âgées de moins de 18 ans (par. 279.03(2) du *Code criminel*). Aucun renseignement sur la victime n'est saisi par la police à l'égard de l'infraction de traite de personnes visée par la *Loi sur l'immigration et la protection des réfugiés*. Cette analyse repose sur les données du fichier des victimes de la base de données sur les tendances (2009 à 2016) du Programme DUC fondé sur l'affaire, qui contient les données recueillies auprès de 99 % de la population du Canada. Les données pour la période allant de 2009 à 2016 ont été regroupées, ce qui permet une analyse plus détaillée des victimes de la traite des personnes. Comprend les victimes de 89 ans ou moins. Les victimes de 90 ans et plus ont été exclues de l'analyse en raison de la possibilité que les affaires pour lesquelles l'âge de la victime était inconnu aient été classées incorrectement dans cette catégorie d'âge. Exclut les victimes dont le sexe ou l'âge était inconnu.
**Source:** Statistique Canada, Centre canadien de la statistique juridique, Programme de déclaration uniforme de la criminalité (base de données sur les tendances).

(Ibrahim, D., 2016)

■ ■

Pour l'année 2017-2018, La Maison de Mélanie a travaillé, de près ou de loin, dans quatre-vingts dossiers d'exploitation sexuelle. Soixante-dix-huit étaient de sexe féminin, contre deux de sexe masculin. La majorité des appels étaient en provenance du Québec, mais quelques-uns de l'Ontario. Fait à noter : les victimes ayant souvent été déplacées, certaines provenaient d'autres provinces canadiennes, même si, au moment de l'appel, elles étaient situées au Québec.

## STATISTIQUES DES SERVICES DE LA MAISON DE MÉLANIE DU 1ER AVRIL 2017 AU 31 MARS 2018

| TYPES D'INTERVENTIONS | VICTIMES PRIMAIRES (N = 80) | VICTIMES SECONDAIRES (N = 33) |
|---|---|---|
| Écoute téléphonique | 283 | 107 |
| Scénario de protection | 28 | 19 |
| Intervention de crise | 72 | 16 |
| Instagram | 17 | 0 |
| Facebook | 355 | 32 |
| Référence - Orientation | 59 | 33 |
| IVAC | 8 | 0 |
| Rencontre individuelle | 87 | 36 |
| Accompagnement médical | 6 | 0 |
| Accompagnement judiciaire | 8 | 2 |
| Atelier de groupe | 26 | 42 |
| Hébergement | 7 | 0 |
| **Total** | **956** | **287** |

* *Les victimes secondaires sont les parents ou l'entourage des victimes.*

La grande majorité des recherches effectuées au Québec présentent les victimes comme des jeunes femmes vulnérables ayant une faible estime personnelle et peu de confiance en elles.

Toutefois, la plupart des entrevues que j'ai effectuées auprès des participantes et des proxénètes démontrent également un tout autre portrait de ce qui est recherché. Comme quoi le fait d'avoir été victimes n'était pas assez lourd, on devait en ajouter et dépeindre un portrait faible de ces dernières, renforçant ainsi leur sentiment de vulnérabilité.

# Partie I

## *Jeunes filles disparues...*

## *Une mère éplorée...*

## *Je m'appelle Alexia...*

■ ■

Alexia est le premier « bébé » de La Maison de Mélanie, car elle est la première avec qui nous avons effectué un étroit suivi et que nous avons encadrée du mieux qu'on le pouvait avec très peu d'effectifs, puisque nous commencions à être en fonction. Elle n'avait que treize ans lorsque nous avons fait sa connaissance et aujourd'hui, elle est à peine à l'âge adulte. Elle m'a autorisée à partager son histoire et m'a guidée dans la rédaction, car elle avait envie de crier toute cette douleur qu'elle porte depuis si longtemps de ne pas avoir eu accès à des services en mesure de répondre à ses besoins. Comme nous étions également en contact avec sa mère, le vécu de celle-ci sera également partagé ici après le témoignage de sa fille, et ce, dans l'espoir d'arriver à une meilleure compréhension de ce que vivent les parents et que davantage de services soient mis en place pour leur venir en aide. Voici donc l'histoire d'Alexia.

■ ■

Au début de mon adolescence, je souffrais d'anxiété généralisée. Pour réussir à être « fonctionnelle » et à fuir ce malaise, je consommais drogue et alcool au grand désarroi de mes parents avec lesquels je n'entretenais pas une très bonne relation. Mon père n'était pas si présent ou, du moins, pas comme je l'aurais voulu, et ma mère, qui a absolument tout fait pour construire une relation et un lien de confiance avec moi, n'y arrivait tout simplement plus. J'étais une adolescente troublée et les services de psychiatrie n'étaient visiblement pas aidants. Mon entourage était de plus en plus teinté par des problématiques similaires aux miennes. C'étaient des jeunes troublés qui consommaient drogue et alcool et auprès desquels je ressentais un certain réconfort.

Ne sachant plus que faire pour me protéger, mes parents ont eu recours au service de la Protection de la jeunesse et j'ai été placée en Centre jeunesse un bon quatre mois; ce fut pour moi la porte d'entrée de l'enfer. Pendant ces mois, qui m'ont paru une éternité, j'ai été introduite à la prostitution, chose que je ne connaissais pas du tout avant. J'avais à peine douze ans à cette époque et les filles que je prenais comme modèles étaient les plus vieilles de l'unité. Elles étaient déjà dans la prostitution et, bien sûr, semblaient totalement heureuses de cette vie, du moins superficiellement. Cette option de faire de l'argent facilement et de vivre dans la candeur de ces adolescentes plus vieilles que moi faisait sa place tranquillement dans ma tête.

Mes quatre mois terminés, on m'a par la suite envoyée vivre chez mon père dans le but, je présume, de changer mon entourage… ce qui n'a pas très bien fonctionné. Il y a une sorte de magnétisme entre les jeunes qui sont passés par la Protection de la jeunesse ou ceux qui le seront. Alors, bien que mon entourage immédiat ait été changé, le modèle de jeunes avec qui je me tenais était le même.

Déjà active sexuellement, j'avais toujours eu une très grande attirance envers les hommes plus vieux que moi qui m'apportaient un sentiment de sécurité beaucoup plus grand qu'un jeune de mon âge pouvait le faire. J'avais à peine treize ans et je venais de faire connaissance avec cet homme à la fin de la vingtaine, Paul, pour qui je ressentais une profonde attirance. Il n'avait rien du modèle d'homme dont mes parents rêvaient pour moi et il avait certes des comportements criminels. Mais ça ne me dérangeait pas ou, peut-être tout simplement, que je ne le réalisais pas tout à fait non plus. Mon amie Cath et moi passions beaucoup de temps avec lui et, du fait qu'il avait une voiture, il nous amenait un peu partout. C'était le premier de notre entourage à avoir une voiture, alors on aimait ça et on se sentait appréciées. Assez rapidement, on a été introduites à son cercle.

Il a commencé en me présentant par téléphone à son cousin Phil, âgé d'une quarantaine d'années, et j'ai eu envie de le rencontrer, car il avait l'air aussi cool que Paul.

Pendant notre conversation, il m'a dit cette phrase, sortie de nulle part :

– Tu peux venir me voir, mais tu dois me sucer et je vais te donner 200 $.

Stupéfaite, j'étais certaine que c'était juste une *joke*. J'avais seulement treize ans et pour moi, c'était juste impossible que ce soit vrai, alors je suis allée le voir. Arrivée là-bas, c'est là que j'ai réalisé que ce n'était pas une plaisanterie et que le fait que je refuse n'était visiblement pas une option qui lui plaisait, pas plus que ça ne plaisait à Paul. Mais j'ai tout de même tenu mon bout et eux sont partis vraiment fâchés. À la suite de cet incident, j'ai tout de même continué de parler avec Paul et même de le voir.

À la maison, ça n'allait vraiment pas bien et mon père ne cessait de me menacer de me renvoyer en Centre jeunesse et, moi, ça ne me tentait pas du tout. J'ai donc appelé Paul pour lui faire part de la situation que je vivais avec mon père et pour me changer les idées. Il nous a alors offert, à Cath et à moi, de venir nous chercher et il nous a amenées chez son super cousin Phil.

Ce coup-ci, Phil a semblé plus *relax* et compréhensif de ma situation. Il m'a regardée dans les yeux et m'a dit tout doucement :

– Écoute, je comprends que la situation n'est vraiment pas évidente pour toi, mais je suis là si tu as besoin de moi. Tu peux venir habiter ici et je vais m'occuper de toi, t'inquiète !

Quel revirement de situation ! Je me suis dit que j'avais bien fait de tenir mon bout et que maintenant il comprenait ma valeur et qu'il allait me respecter. Dans ma tête de jeune adolescente, c'était clair qu'entre rester chez mon père, être placée en Centre jeunesse ou vivre librement, le choix n'était pas trop difficile à faire et c'était la principale raison pour laquelle j'avais accepté son offre, remplie d'espoir d'avoir une vie meilleure !

Le premier soir, c'était correct, on n'a rien fait d'autre que de s'amuser et de consommer. Mais le lendemain, les choses ont commencé à se compliquer. Phil et Paul nous ont annoncé qu'on devait commencer à travailler pour apporter notre contribution. Je n'ai pas tout à fait compris ce qu'ils voulaient dire comme travail, alors j'ai juste dit oui. De toute façon, peu m'importait ce que c'était, je voulais juste ne plus retourner en centre ou chez mes parents, et travailler pour eux ne pouvait pas être si pire que ça puisqu'ils menaient une belle vie. Ils nous ont donc emmenées magasiner des vêtements et de la lingerie.

Pour donner suite à cette séance de magasinage, ils nous ont conduites chez un homme très bizarre, dont tous les murs de l'appartement étaient recouverts de photos de femmes nues, et qui, par surcroît, avait de graves problèmes de consommation de *crack*. Ils nous ont demandé de revêtir la lingerie qu'ils venaient à peine de nous acheter. Une fois nos petits corps d'adolescentes revêtus de ladite lingerie, ils nous ont photographiées dans des positions suggestives. Je comprendrais ensuite que ces photos serviraient à créer les annonces pour faire la promotion de nos services sexuels.

Un peu plus tard en début de soirée, ils nous ont amenées au motel sous prétexte qu'on devait rencontrer des gars de l'agence pour qu'ils nous évaluent. Ils nous ont donné, à Cath et à moi, drogue et alcool. Au total, nous avons consommé chacune au moins trois *speeds* et deux *extasys*, en plus de l'alcool et des joints de marijuana que nous fumions en grande quantité. On était seulement nous quatre dans la chambre de motel jusqu'à l'arrivée des trois gars de « l'agence ». Sur le coup, on pensait qu'ils étaient juste là pour venir *chiller* avec nous, mais on a vite réalisé que leur plan était totalement différent. Rapidement, ils nous ont demandé de nous déshabiller... On n'était tellement pas à l'aise avec ça... Phil m'a alors amenée avec lui dans la salle de bain et m'a déshabillée doucement, comme si c'était juste pour lui. Au moment où je me suis retrouvée en petite culotte, il a ouvert la porte de la salle de bain et m'a poussée dans la chambre. J'étais donc là, pratiquement à poil devant le gang d'hommes... C'est à ce moment-là que j'ai commencé à comprendre ce qui se passait... Je me suis mise à paniquer, paralysée par la peur.

Un des gars a sorti un sachet de cocaïne et j'ai sauté sur l'occasion d'en faire aussi dans le but de me geler encore plus, pour enfin de ne plus rien ressentir...

Penchée pour renifler cette poudre blanche qui devait être magique, je voyais du coin de l'œil les hommes qui nous regardaient telles des bêtes devant leurs proies... Ces hommes qui détachaient leur pantalon en caressant leur membre en érection. J'avais tellement peur que je me suis remise à trembler à un point tel que je n'étais plus du tout fonctionnelle. La peur me grugeait de l'intérieur et me sauver n'était pas une option envisageable. Ces hommes assoiffés de notre sexe ne se souciaient guère de comment on pouvait se sentir.

Afin de nous faire comprendre que leur patience avait des limites, l'un d'entre eux a déposé un long couteau sur la table, juste devant moi. Terrifiées, nous n'avons plus émis aucun signe réprobateur et avons obéi à leurs moindres caprices, alors que Phil, qui était en quelque sorte notre « sécurité », nous a laissées à nous-mêmes en quittant tout simplement la chambre.

Ils nous ont tous passé dessus, un nombre incalculable de fois et, encore à ce jour, j'ignore totalement le temps que tout ça a duré ou même ce que nous avons enduré. J'étais totalement déconnectée de mon corps et de toutes mes émotions. C'est ce qui aujourd'hui, je crois, m'a permis de survivre à cette horreur. Ça et la drogue...

En début de matinée, à la fin de notre calvaire, Phil est revenu comme si de rien n'était...

Cath et moi avons essayé de dormir par la suite, mais compte tenu de la quantité de drogue que nous avions consommée, nous en avons été incapables. Quelques heures plus tard, deux des hommes qui nous avaient passé dessus sont revenus pour en avoir plus. Incapable de bouger tellement j'étais épuisée, ils ont pris violemment Cath, me laissant dans un état végétatif, mon corps inerte juste à côté, témoin de la scène.

Il est certain qu'avec les connaissances que j'ai maintenant, je comprends que tout ça a été organisé et que c'était loin d'être des gars de l'agence, mais des clients ! Seulement, à ce moment-là, je ne le réalisais pas encore...

Le lendemain, Phil a reçu des menaces comme quoi il devait nous ramener... J'ai fait partie des premières pour lesquelles on a assisté à un méga avis de recherche sur les réseaux sociaux et leurs noms circulaient également sur ceux-ci. Ils ont donc eu peur et nous ont littéralement déposées dans le stationnement d'un poste de police. Les policiers, quant à eux, nous ont ramenées en Centre jeunesse, sans plus...

J'ai encore un goût amer qui me vient instantanément dans la bouche quand je repense aux heures qui ont suivi mon retour au centre. La façon dont les éducateurs m'ont traitée a été totalement inhumaine ! Je venais de vivre la pire expérience de ma vie et j'étais complètement démolie, pourtant on m'a traitée comme étant le problème. Je vais d'ailleurs toujours me souvenir de mon éducatrice qui était assise devant moi afin de faire mon retour de fugue avec ses 300 000 questions, crayons et carnet de notes en main. Elle a pris soin d'y inscrire tout notre échange. J'avais tellement envie de lui crier ma souffrance, mais en même temps, je la sentais tellement peu concernée que je me suis tue. Ma mère m'avait aussi mise en contact avec La Maison de Mélanie et j'ai refusé de parler à Mélanie. Je la voyais comme une complice de ma mère, donc une ennemie !

Mais même après l'avoir envoyée promener et même insultée, elle est quand même venue me voir au centre. Je vais toujours me souvenir du moment où elle est arrivée dans mon unité. Elle était tout sourire, contente de me voir et remplie d'amour. Je ne ressentais aucune forme de jugement de sa part, comparativement aux autres intervenants avec lesquels j'avais été mise en contact. Je savais, de par son livre, qu'elle avait été éducatrice au Centre jeunesse, mais ce qu'elle dégageait était très différent et elle m'inspirait de la confiance. J'ai donc réussi à m'ouvrir à elle et ça, ça a mis un baume sur mon cœur et apporté un bien immense. Ensemble, on a regardé les étapes du recrutement et on a défait les mensonges que Paul et Phil ont dits pour faire la lumière sur les événements et j'ai commencé à comprendre que je n'étais pas responsable de ce qui venait d'arriver. J'étais une victime et, comme Mélanie, j'allais me relever la tête et avancer.

J'ai donc accepté de garder le contact avec elle et l'organisme. Même en étant loin de m'en être sortie et d'avoir repris le pouvoir sur ma vie, je participais aux activités de l'organisme et je m'impliquais comme je le pouvais lors de mes sorties de fin de semaine.

Mon éducatrice de suivi m'a encouragée à porter plainte contre Paul et Phil et j'ai accepté. J'ai donc fait une déposition avec la police de Laval et j'ai rencontré les enquêteurs de la police de Montréal, puisqu'une partie des événements s'était déroulée dans ce secteur. Il y a donc eu deux plaintes de différentes villes pour les mêmes hommes. La police de Montréal m'a donc avisée qu'elle ne pouvait poursuivre, car Laval était déjà dans le dossier et je n'ai jamais eu de nouvelles de la part de la police du secteur concerné. En fait, le seul contact avec la police que j'ai eu, c'est quand une policière spécialiste auprès des victimes d'exploitation sexuelle m'a téléphoné au centre et m'a dit un truc comme: « C'est pas l'fun de se faire fourrer pour du McDo ! »

Disons qu'avec son stupide commentaire, elle m'a complètement perdue. Ça n'avait tellement rien à voir avec ce que je venais de vivre. Je me suis sentie jugée et je n'ai pas eu envie de m'ouvrir à elle plus que je ne l'avais déjà fait, car elle a brisé la possibilité d'établir toute forme de relation de confiance avec moi.

Au centre, on n'a pas eu vraiment d'aide, car celle qui existe en Centre jeunesse n'est nullement adaptée à nos besoins. Les techniques utilisées pour intervenir auprès de nous ne sont pas adéquates ni assez humaines, c'est davantage institutionnalisé qu'autre chose. J'aurais eu besoin d'être réconfortée et soutenue, mais je n'y ai pas eu droit. À vrai dire, le plus gros problème en Centre jeunesse, c'est que tu ne peux pas te confier. Si tu te confies, les intervenants se mettent à donner des interprétations à ce que tu leur as dit et ils t'ajoutent encore plus de conditions ! Sachant cela, on n'est pas amenées à leur confier quoi que ce soit. Par exemple si, en rencontre avec mon éducatrice, je lui avais glissé : « Je suis tellement traumatisée que j'ai envie de mourir ! », elle n'aurait pas cherché à en savoir plus. Elle n'aurait même pas pensé que cette phrase était peut-être juste une expression imagée de ma douleur. Elle l'aurait prise mot à mot et aurait écrit dans son rapport : *Idéation suicidaire !* Ensuite, on m'aurait envoyée voir un psychiatre à Albert-Prévost[7] qui m'aurait médicamentée en plus de resserrer mes conditions et de restreindre davantage ma liberté dans un moment de ma vie où j'aurais tout simplement eu besoin de compréhension, de soutien, d'humanisme et d'amour.

Donc, les seules personnes avec qui j'aurais dû être à l'aise de me confier, je ne pouvais tout simplement pas le faire... Même chose avec les filles avec qui je cohabitais ! Je ne pouvais pas leur raconter l'enfer que je venais de vivre, car c'était clair que ça se serait également tourné contre moi, mais d'une autre façon...

Je suis donc restée avec ma douleur et la honte que je ressentais, totalement seule et isolée...

Pour me protéger et protéger mes intérêts, j'ai refusé de collaborer à tout ce que le centre représentait et, la fin de semaine, j'allais chez ma mère. À bout de souffle et ne sachant plus que faire, ma mère a appelé Mélanie et lui a demandé de me prendre une journée afin de me permettre d'évacuer ma douleur. Nous sommes allées manger ensemble et fait quelques achats. Mélanie m'a créé un genre de cahier avec des petits exercices à faire concernant les choses auxquelles je devais faire attention et d'autres sur le comment je me sentais. Par la suite, on a établi ensemble un plan d'action avec des petits objectifs à atteindre. Quand je suis partie cette journée-là, j'avais le cœur rempli d'espoir...

---

7. Albert-Prévost est un pavillon de l'Hôpital Sacré-Cœur à Montréal, spécialisé en santé mentale.

Mon merveilleux grand-papa est venu me chercher et m'a ramenée chez ma mère pour ma dernière nuit avant le retour au centre...

Je ne me souviens plus de l'élément déclencheur, mais cette nuit-là, j'ai catégoriquement refusé cette option. Je ne voulais plus, en aucun cas, retourner au centre. J'ai donc choisi de repartir en fugue et cette fois-ci avec un autre homme, Neil, que j'avais rencontré sur Facebook... Malheureusement pour moi, on m'a rapidement retrouvée et retournée à cet endroit privé d'humanité qui, soi-disant, vise notre bien-être.

Toutefois, je suis de nouveau repartie quelques semaines plus tard et, cette fois, ma fugue a duré environ deux à trois semaines. Après ce court moment de liberté, la routine régulière à laquelle toutes les fugueuses ont droit est de nouveau arrivée. On m'a retrouvée et renvoyée à la case départ. Pendant les deux dernières fugues, j'étais avec Neil et, en aucun moment, j'ai fait une quelconque forme de prostitution. À la dernière fugue, quand je me suis fait prendre, il m'a dit :

– Reste au centre jusqu'à ce que je trouve un meilleur plan !

Comme je fuguais de façon répétitive, on a procédé à mon transfert vers un autre centre. J'étais toujours sous la tutelle de la Protection de la jeunesse, mais on m'a envoyée dans une autre région pour, je présume, me protéger en quelque sorte. J'étais désormais perdue au fin fond des bois.

Je me sentais abandonnée et complètement laissée à moi-même. Une réalité à laquelle on est confrontées lorsqu'on est placées en Centre jeunesse, c'est qu'on a des contacts plus que limités avec le monde extérieur. En fait, on ne peut contacter que les personnes qui sont sur notre liste de contacts que nos parents et notre travailleuse sociale ont autorisées. C'est cette liste qui détermine les personnes qu'on a le droit d'appeler à partir du centre lors de notre temps de téléphone, qui correspond à deux fois quinze minutes par semaine. J'ai donc demandé à ma mère qu'elle m'autorise Mathieu, un ami d'enfance qu'elle connaissait bien et qu'elle appréciait. Toutefois, plutôt que de donner son numéro, j'ai donné celui de Neil et comme personne n'a fait de vérification, à mon grand bonheur, j'étais continuellement en contact avec lui, ce qui nous a permis de préparer minutieusement ma fugue suivante…

Comme j'étais bien préparée cette fois-ci, on n'allait pas me retrouver. Je m'en étais fait la promesse et je crois que les gens l'ont bien compris, car à peine repartie en fugue, les réseaux sociaux ont été bombardés d'avis de recherche avec ma photo et celle de Neil également. Toutefois, dès le lendemain, nous étions déjà dans la région de Toronto, me rendant ainsi presque impossible à retrouver, et nous y sommes restés pendant près d'un an. Durant cette période, Neil m'a sevrée de la drogue et de l'alcool que j'avais pris l'habitude de consommer en grande quantité. Avec lui, il n'était pas question que je consomme. De plus, comme j'avais d'importants troubles de comportement qui, par surcroît, étaient assez violents, il m'a amenée à les modifier. Avec lui, je me sentais rassurée et en sécurité, donc mes crises d'anxiété généralisée ont tout simplement cessé d'elles-mêmes. Au total, pendant toute cette période, j'ai fait trois clients et je n'ai jamais été forcée. Le reste du temps, j'étais avec lui et il prenait soin de moi.

Pour être honnête, le plus dur durant cette période de ma vie a définitivement été le sevrage dans un environnement où il y avait de la drogue à profusion. Pendant tout le temps où j'étais avec lui à Toronto, je peux littéralement dire qu'il m'a créée. Il me montrait ce que j'avais le droit de faire et de ne pas faire, et aussi comment je devais me tenir et même parler.

Pendant ces mois où j'étais loin de tous, je voyais tout de même les avis de disparition qui circulaient sur les réseaux sociaux. Et parce qu'on avait publicisé ma fugue au maximum, je n'ai pas voulu donner signe de vie à ma mère ni même à Mélanie. J'ai seulement envoyé des messages à ma sœur une fois de temps en temps pour lui dire que j'allais bien.

Finalement, après cette longue période, on est revenus à Montréal et on s'est pris un appartement. C'est à moment-là seulement que j'ai commencé à faire de la prostitution sous forme d'escorte sur une base régulière pour une agence, sans y être forcée de quelque façon. La prochaine étape a été de régulariser ma situation. J'ai téléphoné à mes parents pour leur dire que j'allais bien et je leur ai fait part de mon intention de ne pas retourner en centre. Par la suite, j'ai contacté ma travailleuse sociale en lui disant que j'en avais plus qu'assez d'être en fugue, d'autant plus que j'avais une infection vaginale et que je voulais me faire soigner, donc qu'il était temps de mettre fin à mon avis de recherche. Elle m'a posé une série de questions pour savoir si je consommais encore de la drogue et tout. Je lui ai répondu :

– Non, non, tout va bien, je ne consomme plus et je suis même prête à passer des tests pour le prouver, si tu veux !

Je l'ai même avisée que j'avais reparlé à mes parents, que j'avais mon chum et que ma situation était stabilisée. Je voulais uniquement qu'on enlève l'avis de recherche et reprendre le cours d'une vie normale. Elle m'a répondu :

– Écoute, t'as vraiment l'air de bien aller. On ne peut pas se rencontrer, car si on le fait, je vais être obligée de contacter les services de police et on va te remettre en centre. Fais juste passer à la cour et, je te le dis, c'est clair que la DPJ[8] va pencher en ta faveur et que tu n'auras plus jamais à remettre les pieds en centre.

J'ai donc obtenu une date de cour et quand je me suis présentée devant le juge, je lui ai dit :

– Je vais bien maintenant. Je ne consomme pas de drogue et j'habite avec mon copain avec qui je suis depuis plus d'un an. Vous pouvez bien me retourner en centre si vous le décidez, mais c'est plus que clair que je vais repartir en fugue et cela jusqu'à ce que j'atteigne l'âge de 18 ans.

Compte tenu du fait que j'ai toujours eu le même juge à la cour, il a pu constater mon évolution et ainsi l'apprécier. Il a vu la différence entre la Alexia qui ne voulait rien entendre et qui lui faisait des doigts d'honneur, et celle qui était devant lui maintenant. Il a donc penché en ma faveur et m'a donné ce que je voulais. Les seules conditions ont été de donner le nom de mon

8. Direction de la protection de la jeunesse.

chum et notre adresse, ainsi que faire un appel à ma travailleuse sociale une fois par semaine.

J'ai donc repris mon petit train-train de vie avec mon amoureux Neil, le sourire aux lèvres en pensant que le juge et la Protection de la jeunesse m'ont autorisée à habiter avec mon chum/*pimp* !

Je pense qu'il est super important de comprendre qu'il existe divers types de *pimps* et, dans mon cas, je me suis sortie de cette situation vraiment bien. Il a toujours été là pour moi et, sur les cinq années avec lui, il n'a jamais utilisé de violence à mon égard. Pour de vrai, combien de gars vont emmener une fille en fugue à Toronto et ne pas la faire travailler ? Je n'ai fait que trois clients tout le temps que j'étais là-bas et jamais il ne m'a forcée. C'est vrai que je n'avais que quatorze ans et que ça le rendait mal à l'aise, mais même à ça, je n'ai jamais entendu d'autres histoires comme la mienne. Rendue à Montréal, quand j'ai atteint l'âge de seize ans et que là, ça allait de soi que, moi aussi, je rapporte de l'argent, jamais je n'ai été forcée d'y aller, je l'ai fait parce que je le voulais. Quand je ne voulais pas, je n'y allais pas, et c'est tout.

Même qu'un jour, je vais toujours m'en souvenir, il a eu une sorte d'illumination, il m'a regardée et a dit :

– Ok, là, je ne veux plus que tu fasses ça ! T'arrêtes maintenant !

Et j'ai réellement arrêté pendant une année complète durant laquelle j'ai fait un DEP[9]. À la suite de cette année-là, Neil a fait une profonde dépression et il restait toujours couché. Je me suis dit que c'était à mon tour de mettre la main à la pâte et je suis retournée travailler afin de répondre à nos besoins.

Aujourd'hui je ne suis plus avec lui. Je l'ai laissé, car je n'en pouvais plus de le voir dans cet état. Même si ma décision était réfléchie, ça a été vraiment difficile pour moi. Il a été le centre de mon univers et la stabilité dont j'avais tellement besoin. Sans mentir, il a été la personne la plus stable de toute mon exis-

9. Diplôme d'études professionnelles.

tence. Je suis partie de la maison qu'on avait achetée, le cœur complètement brisé, et j'ai recommencé à consommer, pas comme j'ai pu le faire avant, mais pendant un temps, juste pour oublier. Je suis toujours dans l'industrie du sexe et, par moments, j'effectue des petits contrats dans le domaine où j'ai obtenu une certification avec mon DEP.

Quand je repense à tout ça, c'est clair que je n'ai eu aucun équilibre dans ma jeunesse. Chez ma mère, c'était un encadrement très sévère et ma porte de sortie était d'aller chez mon père, où je n'en avais aucun. J'aurais eu besoin d'un juste milieu entre la discipline de ma mère et le laisser-aller de mon père. Dans mon adolescence, je faisais de l'anxiété sévère au point où je pouvais m'arracher les cheveux, donc je n'allais plus à l'école et je n'avais pas d'amis non plus. C'est la drogue qui m'a permis d'exister un tant soit peu en me permettant d'oublier ma souffrance, juste pour un moment.

Après l'événement du motel, je me suis refermée sur moi-même et je ne voulais parler à personne. Je ne pouvais pas raconter à ma mère ce qui s'était passé et même quand elle m'a mise en contact avec Mélanie, j'ai carrément envoyée promener cette dernière! Arrivée en Centre jeunesse, ç'a été la même chose, je ne voulais absolument rien dire. Je me sentais sale et je passais mon temps à me laver, en ayant toujours l'impression que l'odeur de ces hommes était incrustée dans ma peau. C'est seulement quand Mélanie est arrivée au centre, le regard rempli d'amour et de compassion, sans aucun jugement, que j'ai craqué et que j'ai tout déballé.

J'aurais eu besoin d'avoir des intervenants ayant une approche empreinte davantage d'humanisme et d'empathie. Une des choses qui m'a traumatisée et démontré que les employés des Centres jeunesse ne sont pas vraiment mieux que les gens qui m'ont fait du mal, c'est qu'au centre où j'ai été transférée, il y avait un agent d'intervention qui était vraiment gentil et attentionné... Pourtant, un jour, les services de police ont retrouvé chez lui deux fugueuses de notre centre, visiblement en état de consommation avancé. Il a, bien sûr, été relevé de ses fonctions et, sans surprise, l'histoire a été camouflée des médias. Quand j'y repense, même encore aujourd'hui, je me dis que si lui pouvait faire ça, un soi-disant représentant de la Protection de la jeunesse, est-ce que le centre aurait vraiment pu assurer ma sécurité d'une quelconque façon ?

Des relations sexuelles en contexte de pouvoir pleuvent dans les Centres jeunesse, autant au niveau des éducateurs que des éducatrices, pourtant on n'en entend jamais parler. Tout est toujours camouflé pour bien paraître. Sachant cela, comment peut-on séparer le bon du mauvais côté ?

Je me dois d'ajouter que la publication de mon avis de disparition m'a causé énormément de préjudices dans ma vie, allant même jusqu'à ce qu'on me refuse des appartements. On n'a qu'à taper mon nom sur Google et mon histoire refait surface. Donc, donner mon nom à quelqu'un, ça veut aussi dire donner mon passé. J'ai été fichée comme étant une fille exploitée sexuellement qui était portée disparue dû au fait qu'on m'avait soi-disant kidnappée... Les gens en ont juste ajouté et ça, c'est typique de notre société ! J'ai essayé de faire effacer les avis de disparitions qui sont toujours sur Internet, mais on m'a répondu que c'était totalement impossible et que ça resterait à jamais.

Et pour finir, si les policiers avaient fait leur job à la place de se lancer la balle, ça aurait pu éviter bien d'autres victimes, car cinq ans plus tard, Paul et Phil ont été condamnés pour traite de personnes.

## *La mère d'Alexia*

Julie est une femme qui exerce une noble profession et elle est totalement dévouée à ses enfants. Comme la grande majorité des parents d'enfants victimes d'exploitation sexuelle, elle ne l'a pas vu venir. Elle a toujours fait de son mieux pour exercer son rôle de maman monoparentale et accompagner sa fille qui n'a pas toujours été facile à travers toutes les étapes visant son mieux-être. Devant les crises d'anxiété généralisée d'Alexia, elle lui a fait rencontrer des spécialistes en psychiatrie. Lorsque la consommation est devenue un enjeu important dans la vie de sa fille, elle s'est sentie dépassée par les événements et a utilisé le dernier recours existant, soit la Direction de la protection de la jeunesse. Quand ces intervenants ont pris en charge Alexia, cela n'a définitivement pas eu l'effet escompté.

La détresse que Julie a ressentie à chacune des disparitions d'Alexia et face aux événements qui lui arrivaient était palpable à des kilomètres à la ronde. Elle s'est battue pour sa fille et est allée chercher toutes les ressources disponibles pour lui venir en aide, mais cela n'a pas été suffisant. Lorsque Alexia a disparu pendant presque un an et que cette dernière a refusé d'entrer en contact avec elle, Julie a été complètement démolie. Mais elle a su trouver en elle et en son autre enfant la force d'y survivre.

Quand finalement Alexia a refait surface près d'une année plus tard, deux possibilités se sont présentées à Julie. D'un côté, elle pouvait continuer de faire valoir son pouvoir parental en s'opposant au fait que sa fille était avec Neil et en provoquant leur séparation par un signalement à la police, ce qui aurait impliqué un retour en Centre jeunesse et une autre très probable fugue avec coupure de contact assurément; d'un autre côté, elle pouvait l'accepter pour ce qu'elle était, ainsi qu'accepter ses choix. Elle a choisi la deuxième option par amour pour Alexia, en gardant en tête que c'était le seul moyen d'être à ses côtés et de lui assurer un filet de sécurité en cas de chute. Elle avait donc accepté Neil, cet homme qui l'avait séparée de sa fille pendant si longtemps, afin de réussir à développer une relation de confiance avec le fruit de ses entrailles.

Il est primordial d'élaborer sur le choix que Julie a fait, non pas parce que c'est ce qui est recommandé de faire dans tous les cas, mais plutôt parce qu'il en représente un dont on n'entend jamais parler. Quand Alexia est revenue, elle n'était plus la même. Elle avait mûri, évolué et son anxiété généralisée avait complètement disparu. Elle allait mieux qu'avant! Il est évident que cette vie n'est pas celle qu'un parent normal souhaite pour son enfant, mais par amour pour sa fille, elle l'a acceptée en lui rappelant qu'elle allait toujours être là pour elle. C'est le plus beau cadeau qu'elle a pu lui faire et grâce à celui-ci, elle a réussi à développer une relation beaucoup plus saine avec elle.

Il est plus que nécessaire de souligner l'immense courage de cette femme et son incroyable force. J'imagine à peine ce que cela lui a demandé afin de réussir à accepter cette réalité et, par le fait même, d'accepter Neil comme le conjoint de sa fille, sachant très bien qu'il l'avait exploitée d'une façon ou d'une autre, même si ce n'est pas la perception d'Alexia.

Au moment où elle a repris contact avec sa fille, après presque un an, Julie m'a appelée pour m'annoncer la nouvelle et m'a dit:

– Mélanie, tu ne comprends pas comment Alexia a changé et elle est bien. Je suis allée les visiter dans leur maison et elle n'est vraiment pas sous son emprise comme je le croyais. Elle est heureuse et épanouie. Je ne veux pas la perdre une autre fois, j'ai donc choisi de l'accepter et, par le fait même, d'accepter ses choix!

Disons qu'en tant qu'intervenante, ce n'est pas le genre d'appel auquel on s'attend et, bien souvent, ce n'est même pas une possibilité qu'on pourrait croire envisageable. Cette journée-là, Julie m'a ouvert les yeux sur bien d'autres options que celles vers lesquelles les gens se penchent normalement.

En 2016, La Maison de Mélanie a formé un groupe de soutien pour les parents des victimes et j'ai repensé à elle. Je me suis dit que le fait de partager son vécu, différent, pourrait être fortement éducatif si d'autres parents étaient confrontés à cette même réalité. Sa réponse m'a profondément émue et, encore une fois, cette grande dame m'a ouvert les yeux. Elle a fondu en larmes et m'a répondu :

– J'aurais tellement eu besoin d'un groupe comme celui-ci au moment où j'ai vécu tout ça, en 2013. Mélanie, tu as bien fait de fonder ce groupe, les parents ne peuvent pas rester tout seuls avec cette douleur et cette incompréhension de la société à leur égard. Je ne te dis pas que je ne viendrai jamais, mais pour le moment, j'ai besoin de tourner la page et de penser à moi. Si tu savais à quel point j'ai pu souffrir. D'un côté, certainement par ce que ma fille a vécu et vit toujours, et de l'autre, à quel point j'ai pu être pointée du doigt comme étant une mauvaise mère. Je ne savais même plus quoi répondre lors des événements ou lorsque je rencontrais des nouvelles personnes ou un amoureux potentiel et qu'on me demandait combien d'enfants j'avais et la relation que j'entretenais avec eux. Je répondais : « Une de mes filles va super bien, elle excelle à l'école et s'implique dans plein d'activités, alors que l'autre... ça fait près d'un an que je ne l'ai pas vue, car elle s'est sauvée à Toronto où elle fait probablement de la prostitution... » Les jugements venaient de partout et ce n'est pas comme si je n'avais pas tout donné ce que j'avais pour lui éviter le pire... Mélanie, les choses se replacent tranquillement et, pour le moment, je ne suis pas prête à les revivre de nouveau même si l'objectif est de guérir !

Elle m'avait encore une fois présenté une autre facette dont on entend peu parler, soit le jugement auquel les parents des victimes sont continuellement confrontés.

## • Évaluation - Alexia et sa mère

L'histoire d'Alexia et de sa mère est particulière. À la limite, on peut presque considérer le *pimp* comme un sauveur. Ce type d'histoire n'est pas exclusif à elles, c'est aussi arrivé dans d'autres dossiers; pourtant, on n'en entend jamais parler. Il est plus que clair que nous n'avons que la version d'Alexia. Toutefois, cette jeune femme, que je connais depuis un bon bout de temps, est très intelligente, a une excellente capacité d'analyse et d'introspection, faisant en sorte que son récit se tient. Il y a, bien sûr, un bout de sa vie dont nous n'avons que son récit pour en témoigner, sans aucun témoin externe puisque je n'en faisais pas partie et son entourage familial non plus. On doit donc, par conséquent, se fier à ce qu'elle nous a dit. Mais qui de mieux que celle qui l'a vécu pour nous raconter comment elle s'est sentie à travers cela. L'interprétation que nous faisons de l'histoire des personnes concernées est nocive et peut s'avérer destructive. Malheureusement, les interprétations erronées sont chose commune en intervention. Tâchons de ne pas créer plus de dommages et prenons les faits pour ce qu'ils sont. De cette façon, les gens avec qui nous sommes amenés à travailler ou qui font tout simplement partie de notre entourage se sentiront davantage respectés et compris, favorisant ainsi une relation de confiance et amenant éventuellement plus de chances d'en venir à des confidences.

Avant de terminer avec ce témoignage, il est primordial de souligner la façon dont Neil a formé (*dressé*) Alexia. Encore aujourd'hui, Julie dit à sa fille que c'est Neil qui l'a éduquée, puisqu'elle arbore une panoplie de façons d'être qui, sans être mauvaises, ne font pas partie des coutumes familiales ou même des valeurs qu'elle lui a enseignées. Sans qu'il y ait une histoire d'horreur associée à celle qu'elle a eue avec Neil, cela peut nous amener à comprendre davantage la réalité des victimes qui ont été *brainwashées* par leur exploiteur. Leur façon de vivre, de parler, de se tenir et d'agir est à l'image même du proxénète qui les a formées à la perfection. Très souvent, cela se produit dans un moment où le *pimp* ou le réseau qui exploite est la seule présence immédiate dans la vie des victimes, puisqu'elles ont été isolées et coupées de leur entourage immédiat. Elles ont été éduquées (lire *dressées*) à obéir. En aucun cas, on ne peut croire qu'il suffit simplement de retirer ces dernières du milieu pour leur permettre de vivre une autre vie que nous considérons plus enrichissante. Nous devons les respecter pour ce qu'elles sont ainsi que leur vision de ce qu'elles ont vécu. Une personne qui sort d'un événement traumatisant n'est pas nécessairement prête à se voir comme une victime. Évitons d'attribuer à ces gens une étiquette qui vise à les catégoriser dans un type de problématique spécifique. Aucun cas n'est pareil et les besoins dans chacun d'eux sont différents.

## *Je m'appelle Vanessa...*

■ ■

En février 2018, j'ai pris l'appel téléphonique que nous avons reçu d'une travailleuse sociale d'un CLSC[10]. À son bureau, il y avait une jeune femme, Vanessa, qui, selon elle, était victime de traite humaine. Elle voulait s'informer des services que nous pouvions lui offrir à la Maison de Mélanie, me disant que la jeune femme en question ne se sentait pas en mesure d'entrer directement en contact avec notre organisme. Après plusieurs minutes d'échanges, je lui ai tout de même demandé de passer l'appareil à l'usagère de ses services afin de faire les présentations selon l'ordre des choses. Lorsque Vanessa a pris le combiné, elle était, bien entendu, réticente à me parler, mais trois minutes après les présentations d'usage, elle s'est sentie en confiance, a fondu en larmes et a raconté son histoire pour la première fois.

Elle faisait partie d'un profil type de femmes qu'on croit peu enclines à être victimes de traite humaine à des fins d'exploitation sexuelle. Elle a accepté que je partage ici son histoire ainsi que les interventions qui ont été faites dans son dossier, tout en participant elle-même à la rédaction de son témoignage. Sa motivation était de contribuer à ce que les personnes qui sont également victimes se reconnaissent à travers son histoire et trouvent la force de se choisir et de partir avant que ne soit commis l'irréparable à leur égard. Voici donc l'histoire de Vanessa.

■ ■

10. Centre local de services communautaires.

Je viens d'une famille modèle, si on peut dire ça ainsi ! Mes parents sont toujours ensemble et ont toujours été présents dans ma vie. Mon père est entrepreneur et ma mère est travailleuse sociale. J'ai eu une très belle enfance à la campagne. À l'école, je réussissais haut la main et, étant une étudiante-athlète, je devais être assidue dans tout ce que je m'engageais. J'étais appliquée et je réussissais tout ce que j'entreprenais. Côté personnalité, j'étais – et je suis toujours – très réservée et timide.

À l'âge de 17 ans, j'ai eu mon premier chum et je suis restée quatre années avec lui. Je peux facilement dire que cette relation-là n'a rien eu de positif dans ma vie. Pendant tout ce temps, j'ai subi énormément de violence psychologique de sa part et ça m'a pris toutes ces années pour que je réussisse à me choisir et que je le plaque.

Après l'avoir quitté, j'ai suivi un cours d'agente de voyages et je me suis trouvé un bon emploi avec un bon salaire. Mais après quelque temps, toujours à la recherche de nouveaux défis, j'ai choisi d'expérimenter ce qu'est d'étudier outre-mer. J'ai donc quitté le Canada, direction Afrique du Nord, que j'avais choisie comme lieu de prédilection pour entamer de hautes études, pour une durée de deux ans, dans un collège canadien. Diplôme en poche, je suis revenue au Canada, puis je me suis inscrite à l'université, en gestion d'entreprise. À cette époque, j'avais un copain qui, sans aucun doute, fut le meilleur chum que j'ai eu dans ma vie et on s'est fiancés. On vivait le parfait bonheur dans notre petit chez-nous, entre le travail et nos cours à l'université. Il a toujours été très soutenant et m'aurait donné la lune.

Seulement, par moments, les épreuves de la vie nous frappent si fort qu'on n'en peut juste plus. Entre mes études universitaires et la mort de mon grand-père qui a été très marquante pour moi, j'en avais trop sur les épaules et je l'ai laissé.

Tout de même démolie par ma récente séparation, même si c'était moi qui avais décidé de rompre, et les hormones dans le tapis, j'ai repris contact avec Carl. Carl est un homme que j'avais rencontré dans une boîte de nuit avec ma meilleure amie, des années passées, avant même que je quitte pour étudier en Afrique. On avait passé une belle soirée ensemble et on a gardé contact via les réseaux sociaux, mais sans plus. Mais comme je me sentais si seule, j'ai initié nos retrouvailles.

De prime abord, notre relation était seulement de type ami avec bénéfices, mais disons qu'il a mis le paquet pour que je tombe amoureuse de lui. Il me sortait toujours dans de grands restaurants, on buvait du champagne et on finissait la soirée dans de belles suites d'hôtels de luxe. Il me couvrait de cadeaux et de beaux vêtements de marque… Il m'impressionnait et je n'ai jamais été aussi bien traitée par un homme…

Après un mois, il m'a vendu « LE » rêve et m'a donné le choix entre danser ou me prostituer afin d'avoir accès rapidement à de l'argent et qu'on réalise ce si beau plan de vie qu'il avait tracé pour nous deux. Âgée de 27 ans, une tête sur les épaules, j'ai avalé tout ce qu'il m'avait raconté, abandonné ce que j'avais bâti et déménagé à Montréal pour réaliser ce si beau projet qu'il avait pour notre merveilleux couple. J'ai choisi de me prostituer, car je suis beaucoup trop timide pour danser nue.

J'ai alors trouvé un magnifique condo à Montréal où j'ai aménagé et créé mon petit cocon. Le condo était, bien sûr, à mon nom et à Carl, qui était toujours chez moi, mais il avait également un appartement à lui, qu'il a toujours gardé en plus. Il m'avait dit avoir laissé la femme avec qui il était pour être avec moi. À peine mes choses installées, il m'a envoyée « travailler » (comprendre : *envoyer faire de la prostitution*) à l'extérieur de Montréal, à Toronto plus précisément, avec l'une de ses amies. Je devais lui envoyer 100 % de l'argent que je faisais afin qu'il puisse bien le gérer et, de cette façon, réaliser nos objectifs. Avec mon argent, il payait les factures, qu'il me disait, du type son loyer, le mien et ainsi de suite. En aucun cas, cet argent ne servait à mon bien-être, à répondre à mes besoins de base ou même à prendre soin de moi ou de mon apparence.

Quand j'étais à l'extérieur, les trois quarts du temps il venait me rejoindre pour que je loue des voitures à mon nom dans le but d'assurer le transport des autres filles qui travaillaient pour lui. De plus, il me fournissait la drogue que je devais revendre aux clients afin, selon ses dires, qu'on fasse encore plus d'argent rapidement et que je quitte ce milieu. Je vivais constamment sous la pression, mais peu importe ce que je faisais, ce n'était jamais assez pour lui. Il me contrôlait totalement et exerçait une énorme forme de violence psychologique à mon égard, à un point tel qu'on peut à peine imaginer, et ce n'était qu'une goutte dans l'océan, comparativement à ce qui s'en venait...

À peine trois mois s'étaient écoulés depuis le début de cette descente aux enfers et j'étais encore à Toronto. En fait, on était quelques filles qui travaillaient pour lui là-bas, ainsi que pour l'un de ses amis. Ce soir-là, il n'y avait que son ami, lui et moi au Airbnb qu'il avait loué et c'est exactement à ce moment précis où il a brisé le peu de fierté qui restait en moi. Mon prince s'est changé en monstre...

Après les habituelles violences psychologiques dont il a fait preuve sans aucune retenue à mon égard, il m'a forcée à écrire une lettre de suicide à ma mère pour ensuite m'inciter à me jeter du balcon situé au 21$^{e}$ étage... Il me tenait par le cou et penchait ma tête et le haut de mon corps par-dessus la rampe du balcon. Les veines de son cou étaient sorties tellement il était en colère contre moi et il me criait dessus avec la salive qui coulait de sa bouche :

– T'es juste une criss de sale pute qui n'a aucune classe. Tu sers à rien ! Tu serais mieux de sauter en bas, pis de te tuer à la place de gâcher la vie des gens. Vieille pute !

Après de longues minutes qui m'ont semblé une éternité, il m'a relevée en me traitant de chienne, la salive de la rage coulant toujours de sa bouche. Puis il a mis sa ceinture autour de mon cou, faisant en sorte qu'elle serve de laisse. Il m'a ensuite arraché les vêtements que je portais, toujours en me traitant de chienne, et m'a forcée à marcher à quatre pattes, en me traînant par la laisse... Il m'a traînée jusque devant son ami en jubilant...

– T'as vu ma chienne ? Je vais la dresser à ma manière. Tu vas voir qu'elle va obéir !

Suivi d'un rire diabolique.

L'humiliation qu'il m'a fait vivre n'étant pas assez destructrice à son goût, il a tiré sur la laisse par la suite, afin de me traîner jusqu'à la chambre... Sans crier gare et sans aucun préparatif, il m'a enculée et déchirée... Quand il a senti qu'il allait éjaculer, le pénis couvert d'excréments, il m'a pris par la mâchoire, a enfoncé son sexe profondément dans ma bouche pour finalement éjaculer... Il venait ainsi d'apposer son sceau sur le pacte que j'avais signé, sans même le savoir, avec le diable incarné...

Le lendemain, encore démolie par les événements de la soirée précédente, j'ai mangé ma première volée officielle... J'avais osé toucher à son cellulaire... Quand il m'a vue avec celui-ci dans les mains, il me l'a arraché, puis m'a prise de force par la tête et traînée de nouveau jusqu'à la salle de bain. Rendus dans la salle de torture, il a fait couler l'eau, s'assurant qu'elle soit bouillante, a tiré le rideau de douche et m'a poussée à l'intérieur, me forçant à y demeurer malgré mes hurlements de douleur. Ma peau brûlait littéralement, laissant apparaître des cloches d'eau. La douleur physique était totalement insupportable, mais ce n'était rien comparativement à la douleur psychologique que je ressentais. C'est tout mon être qui a éclaté en mille petits morceaux... Après avoir réalisé que je ne résistais plus à ses ordres malgré la douleur, il m'a agrippée par les cheveux, sorti de la douche et jetée par terre où il s'amusait à me donner des coups de pied dans le ventre avec force. Toujours par terre, les seuls mouvements que je faisais étaient les tremblements causés par les larmes que je tentais de refouler. Pensant que c'était terminé, qu'il en avait assez fait, il m'a vite ramenée à la dure réalité que je vivais, en recommençant de plus belle. Il s'est mis à me lancer par la tête tout ce qui se trouvait à portée de main dans la salle de bain...

Comme ce n'était pas encore suffisant pour mon bourreau, il s'est penché vers moi en me crachant à la figure et m'a arraché les vêtements que j'avais sur le dos pour ensuite m'agripper par les cheveux et me trainer de nouveau dans tout l'appartement. Je criais dans l'espoir que son ami me porte secours, mais il m'a totalement ignorée et a simplement fermé la porte de sa chambre, tentant de limiter le bruit dérangeant que je faisais...

Le lendemain, lui et son ami ont quitté pour Montréal, amenant les autres filles avec eux et me laissant seule à moi-même et sans rien. Pas d'argent, pas de nourriture, rien! Ayant l'instinct de survie très prononcé, j'ai relevé mes manches et fait assez d'argent pour retourner à Montréal deux jours plus tard, tout en m'assurant de ne pas revenir les mains vides. Mes passages à Montréal n'étaient vraiment que de courte durée, puisque je devais être constamment en train de me prostituer et qu'il m'envoyait constamment à l'extérieur de la province, aux quatre coins de la région de l'Ontario. De loin, il arrivait toujours à me contrôler avec ses longs tentacules et ses paroles démoniaques.

Lors de mon passage à Montréal, j'ai tenté d'obtenir de l'aide en passant par le CLSC où j'ai rencontré une travailleuse sociale qui m'a parlé de La Maison de Mélanie. Après lui en avoir donné l'autorisation, elle a téléphoné et parlé à Mélanie. Je ne me sentais pas du tout prête à prendre l'appel, mais Mélanie a demandé à me parler uniquement pour faire la présentation des services qu'elle pourrait m'offrir. Savoir que Mélanie avait vécu quelque chose de similaire à moi m'a amenée à avoir une confiance en elle presque instantanée. Je me sentais accueillie à un point tel que, même si elle n'était pas à mes côtés, je pouvais sentir ses bras autour de moi qui me réconfortaient. Il n'y avait aucun jugement! Après un gros trois minutes, j'ai littéralement fondu en larmes, j'ai déballé tout ce que j'avais sur le cœur. Je lui ai dit qu'après les événements qui venaient de se passer à Toronto, j'avais besoin de savoir si, malgré tout, il avait un quelconque sentiment à mon égard. Elle m'a demandé:

– Est-ce que c'est vraiment important pour toi qu'il ait ou pas des sentiments à ton égard? S'il en avait, est-ce que ça l'excuserait du mal qu'il t'a fait?

J'ai réalisé que non, il n'y avait absolument rien qui pouvait effacer ce qu'il m'avait fait, mais je n'avais plus que lui. Alors je lui ai répondu:

– Je me sens comme si j'avais une peine d'amour...

Puis doucement, sans jugement, avec sa petite voix douce, elle a poursuivi:

– C'est une peine d'amour, cocotte. Tu es tombée en amour avec le personnage qu'il t'a présenté, allant même jusqu'à accepter des choses que jamais avant tu n'aurais cru faire pour continuer de vivre ce rêve. Maintenant, tu te sens trahie et tu as mal. C'est tout à fait normal et tu auras un deuil à vivre. Si j'avais le pouvoir de te guérir d'un coup de baguette magique, je le ferais.

Sa réponse m'a fait rire et je lui ai dit que c'était vraiment typique des femmes de vouloir aider les autres d'un coup de baguette magique.

Mélanie m'a informée qu'au moment où elle me parlait, elle a reçu un message d'une bénévole qui disait: *Dis-lui qu'elle n'est pas seule, on est avec elle!*

Elle avait à peine terminé de me le dire que j'ai de nouveau fondu en larmes, sentant un poids de cinquante kilos tomber de mes épaules. Je lui ai dit:

– Je ne suis plus seule. Est-ce qu'il y en a beaucoup de femmes comme moi?

Elle m'a répondu oui, on est beaucoup et on fait ensemble une superbe équipe de survivantes prêtes à être là pour soutenir nos sœurs de combat!

Je pouvais entendre son sourire dans sa voix, sentir son amour inconditionnel et sans jugement. C'était si important pour moi de sentir ça! Je pouvais sentir que ma crise était désamorcée, car un sentiment de paix, aussi minime fut-il, avait envahi mon cœur. Dans notre conversation qui a duré une bonne heure, elle a pris le temps de me refléter mes qualités. Ça faisait si longtemps que je n'avais pas reçu de tels reflets et ça me faisait tellement de bien à entendre. Elle m'a dit, entre autres, que j'étais forte puisque j'ai été en mesure de chercher de l'aide et que j'étais déterminée à avoir une meilleure vie. Que par ces deux qualités, je pouvais réaliser tout ce que je voulais. Avant de raccrocher, elle a ajouté que je pouvais téléphoner à l'organisme à toute heure du jour ou de la nuit et que, si je me sentais en danger ou que j'avais besoin d'un endroit où dormir, elle pouvait m'offrir la possibilité d'avoir une chambre en hébergement d'urgence avec deux intervenants qui resteraient à mes côtés et m'aideraient à mettre en place un plan d'action.

Certes, cela m'a réconfortée, mais je ne me sentais pas encore vraiment prête pour faire le grand saut. J'étais complètement déboussolée et totalement isolée. Je n'avais que lui. Je dépendais totalement de lui. Je devais avoir sa permission pour manger, dormir et faire n'importe quelles autres tâches banales de la vie quotidienne. Il m'avait déprogrammée et reprogrammée à sa façon, pour ses besoins à lui.

J'ai téléphoné à La Maison de Mélanie tous les jours et même plusieurs fois par jour, sans être prête à rencontrer qui que ce soit de l'organisme. J'avais uniquement besoin d'être écoutée et comprise. Après dix jours, j'ai fini par recontacter Carl pour retourner avec lui ou plutôt à ses services. Je m'accrochais au type de relationt à la façon dont il me traitait au tout début, et j'étais prête à tout faire pour ravoir cela, quitte à y laisser ma peau tellement c'était bon. Au fond de moi, je crois que mon subconscient savait que c'était totalement impossible, mais je m'entêtais, juste au cas où je me tromperais...

Mais malgré mes nombreux appels et ma soumission totale, il refusait totalement de me revoir jusqu'à ce que j'aie fait mes preuves...

J'ai donc demeuré un certain temps dans l'appartement d'une autre fille qui travaillait pour lui et où je recevais des clients. Le 21 février 2018, il m'a finalement autorisée à une rencontre... mais ça ne s'est pas passé comme je le voulais, cela va de soi.

Je devais travailler davantage et faire plus d'argent. La manipulation et la violence psychologique étaient constantes, et ce, même s'il n'était pas à mes côtés. Je ne faisais jamais assez d'argent, je ne travaillais jamais assez d'heures... Je me privais de dormir et même de manger afin que tout l'argent que je faisais lui soit envoyé.

Quand, finalement, je me suis autorisée quelques heures de sommeil tellement mon corps était épuisé, il m'a traitée de sale paresseuse et de bonne à rien. J'ai donc commencé à puiser dans la drogue que je devais vendre aux clients et j'ai fait quelques lignes pour continuer, juste un client de plus...

Je l'ai appelé par la suite pour lui dire avec fierté que j'avais respecté notre plan et que j'avais continué de travailler. Il m'a répondu :

– *Good girl!* J'aime ça quand tu comprends que c'est pour notre bien à nous deux. Je vais te laisser une autre chance, parce que je pense que tu commences à comprendre. Mais cette fois-ci, ne la manque pas, car il n'y en aura pas d'autre par la suite !

Chaque fois qu'il me parlait comme ça, j'avais un brin de rehaussement d'estime personnelle et je reprenais quelque peu confiance en moi. Je redoublais d'ardeur et je continuais d'enfiler les clients, un à la suite de l'autre, en espérant que mon calvaire se termine. Plus j'étais fatiguée, moins j'étais apte à faire des choix éclairés.

La cocaïne étant trop chère, j'ai changé ma drogue de prédilection pour les *speeds* que j'enfilais l'un après l'autre, à son grand bonheur... Il se souciait tellement peu de moi qu'il a fallu presque une année entière avant qu'il remarque ou du moins qu'il le souligne, que je consommais pour travailler.

Sa manipulation était si puissante et sa violence si grandissante. Il me disait qu'on n'avait jamais d'argent, que son compte était gelé à cause de telle ou telle raison, et il finissait son histoire chaque fois avec un «T'es la seule qui peux m'aider. Ne me laisse pas tomber.»

Chaque fois, je tombais dans le piège et j'y croyais. Je faisais tout ce que j'avais à faire pour le sauver. Les habituels quelques jours de répit quand je venais à Montréal avaient disparu puisque, même lorsque j'y étais de passage, il me faisait également travailler. Même si je l'écoutais à la lettre, sa violence ne diminuait jamais; au contraire, elle se faisait de plus en plus intense, allant jusqu'à me faire perdre conscience. J'accroissais mon ardeur au travail et je mangeais de moins en moins afin qu'il fasse encore plus d'argent. J'avais perdu énormément de poids, car je pouvais passer des semaines entières sans manger un repas complet. Ma surconsommation de *speeds* affectait mon jugement ainsi que mon épuisement physique et psychologique, et je le savais. En juin 2018, après m'avoir laissée sans rien dans la région de Toronto, j'ai appelé La Maison de Mélanie et j'ai demandé qu'on me réfère à une psychologue spécialisée en trauma.

Après l'appel, j'ai passé un autre mois sans donner de nouvelles et quand j'ai écrit à Mélanie, les services de La Maison de Mélanie étaient suspendus pour les vacances d'été et pour une restructuration. Mélanie avait quand même pris le temps de faire les démarches avec moi auprès de SOS violence conjugale, en m'informant qu'en aucun cas, je ne devais parler d'exploitation sexuelle aux hébergements, car on me refuserait des services. Je n'ai finalement pas donné suite à nos démarches. J'aurais eu besoin qu'on m'y conduise par la main et qu'on me prenne en charge.

Carl a fini par se rendre compte que je consommais du *speed* à outrance au moment où je me suis mis en tête d'arrêter totalement les psychotropes afin de reprendre un peu le contrôle de ma vie et de me concentrer à faire de l'argent. Mais sans drogue, mon corps requérait plus d'heures de sommeil, donc moins d'argent... Et ça, Carl n'acceptait pas ça et il s'est chargé de me le faire comprendre assez vite lors de l'une de ses visites, en me brandissant un sac de pilules sous le nez...

Je voulais tenir mon bout de ne pas retomber dans la consommation et j'étais constamment à la recherche d'innovations me permettant de faire plus d'argent. J'avais trouvé l'opportunité de faire de l'argent avec un mariage en blanc. Un mariage en blanc signifie que tu te maries avec un homme que tu ne connais pas en échange d'une bonne somme d'argent afin de lui permettre de régulariser son statut au Canada, bien souvent illégal, ou même, dans certains cas, pour le faire rentrer au pays. De mon côté, c'était un immigrant illégal avec lequel je devais feindre d'être en relation pour les bienfaits du dossier d'immigration. Ce groupe de passeurs d'immigration clandestine s'est retrouvé à être également des abuseurs qui ne m'ont versé que les premiers montants mais qui, par la suite, assuraient une autre forme de contrôle sur ma personne.

Pour Carl, mes idées novatrices et l'argent découlant de ce mariage que je lui avais remis, ce n'était pas satisfaisant. Il avait même commencé à m'inventer des histoires, comme quoi il avait rencontré une autre fille et qu'elle était plus rentable et soumise que moi !

*Comment pouvais-je être plus soumise que je l'étais déjà ?*

Disons qu'il ne manquait pas d'imagination… À partir de ce moment, chaque fois que je rentrais dans l'appartement en terminant de travailler, je devais m'adresser à lui avec respect et soumission. Normalement, il était toujours assis dans sa grosse chaise et je devais me mettre complètement nue, m'agenouillant devant lui, regard au sol pour lui confirmer sa domination à mon égard, en lui tendant le fruit de mon travail. Une fois qu'il avait saisi l'argent, c'était le temps des insultes. Il me prenait par la mâchoire et me dégradait en m'insultant et en me donnant des claques à la figure. C'était toujours à ce moment précis qu'il ajoutait de nouvelles règles. Par exemple, je ne faisais pas d'*anal* avec les clients, alors pendant cette période de « formation » ressemblant davantage à des séances de torture, il m'imposait de faire ces choses avec les clients afin que je rapporte plus d'argent. Chacune de ses séances de formation/torture finissait par du sexe anal d'une rare violence et, par moments, il allait même jusqu'à me fouetter… juste pour me briser un peu plus.

Je gardais toujours espoir au fond de moi que tous ces actes de violence étaient, en quelque sorte, sa façon de me démontrer qu'il tenait à moi et qu'il m'aimait quelque part au fond de son cœur. Je continuais à croire que, malgré toutes les femmes qui existaient dans son réseau, je n'étais pas comme elles à ses yeux et quand j'osais le confronter avec ces dernières, il pétait une coche et me battait encore…

Chaque fois que ça devenait trop lourd, j'appelais Mélanie pour pleurer, parler et sentir une source de réconfort. Je finissais quand même par rester avec lui. Sa manipulation était si forte qu'il pouvait aller jusqu'à me pleurer dans les bras et me supplier de rester pour l'aider.

Par amour et par pitié pour lui, je restais...

Le 24 octobre 2018, j'ai contacté Mélanie par *Messenger Facebook* parce que je n'étais pas en mesure d'appeler... J'avais des idéations suicidaires et j'avais surconsommé ma médication visant à diminuer mes attaques de panique. Carl m'avait abandonnée encore une fois à Toronto, était parti avec ma voiture et, bien sûr, avec mon argent. Je me retrouvais une fois de plus sans rien. Mélanie avait entendu ma détresse, mais je refusais de lui dire où j'étais ou de lui donner des informations précises lui permettant de me retracer. Puis, à un moment donné, toujours en train d'échanger des textos avec elle, j'ai entendu frapper à la porte et quand je m'y suis approchée, quelqu'un a dit :

– Police !

J'ai continué de texter à Mélanie, car je ne comprenais pas ce qui se passait. Quand ils sont entrés, les policiers m'ont dit que quelqu'un qui tenait à moi à Montréal s'inquiétait pour ma sécurité et les avait contactés...

Sans savoir où j'étais, Mélanie avait utilisé sa petite baguette magique pour me venir en aide. Soucieux de mon état, les policiers m'ont amenée à l'hôpital pour que je reçoive de l'aide psychologique. Mais l'attente étant interminable, ils m'ont informée que rien ne m'obligeait à rester, que je n'étais pas en état d'arrestation. Je suis donc retournée à ma chambre qui était encore payée pour une autre nuit et, le lendemain, j'ai reçu la visite de la police de York en Ontario et du *Victim Services of York Region* qui m'a gracieusement offert de payer mon billet de train pour assurer mon retour à Montréal ainsi qu'offert des articles d'hygiène et une veste du Canada. Les merveilleuses femmes de cet organisme m'ont parlé d'un service d'aide aux victimes qui consistait à m'offrir un appartement dans la région de Toronto de même que tous les services nécessaires pour reprendre ma vie en main, dont un suivi psychologique, des démarches d'intégration à l'emploi et même défrayer les coûts pour que je reprenne mes cours à l'université. J'ai pris toute leur documentation, mais je ne me sentais pas prête à faire de Toronto mon milieu de vie, loin de tous ceux que je connaissais.

J'ai donc pris le train avec l'espoir d'une meilleure vie… Tout au long du trajet, j'étais en contact avec Mélanie et, à mon arrivée, comme je n'avais pas d'argent pour changer ma serrure, j'ai cassé une clé dans celle-ci et changé le code qui permettait de l'ouvrir afin d'en limiter l'accès à Carl. Avec Mélanie, on a regardé mes options ainsi que mes besoins et, ensemble, on a fait une liste des priorités et étapes que j'aurais à franchir. Il va de soi qu'une visite chez le médecin s'imposait en premier lieu. Ma docteure s'inquiétait pour moi et m'a même demandé si j'avais été victime de traite humaine. Incapable de le lui avouer, je lui ai répondu non. Elle m'a prescrit alors une ordonnance de médication visant à me stabiliser émotionnellement que, malheureusement, je n'avais pas d'argent pour payer. Mais Mélanie m'a dit que je n'avais qu'à aller la faire préparer et que l'organisme se chargerait d'en défrayer le coût. Avant de rencontrer officiellement Mélanie, j'avais aussi utilisé les services d'une banque alimentaire visant à assurer ma survie un tant soit peu.

Le 31 octobre 2018 est la journée où Mélanie et moi, on s'est rencontrées. On est allées chercher ma médication et ensuite elle m'a amenée à l'épicerie pour compléter ce que j'avais reçu de la banque alimentaire. Je la regardais mettre les items dans le panier et je pleurais. Elle avait tant d'amour et de compassion que ça me troublait. Pour moi, juste cinq dollars et le *Dollarama*[11] auraient fait la job ! J'avais vécu si longtemps avec rien que j'avais appris à me contenter de peu… ou de rien du tout.

Comme je n'avais plus rien à porter et que je l'avais dit à Mélanie, elle a organisé, via sa page *Facebook*, une collecte de vêtements et d'autres articles dont je pourrais avoir besoin. J'ai reçu des tonnes de messages d'encouragement que les gens m'adressaient sans me connaître, sans savoir qui je suis. Ils les avaient tout simplement écrits sur la page Facebook de Mélanie afin qu'elle puisse me les faire parvenir. C'était plein d'amour. Remplie d'émotion et de gratitude, je répondais aux messages par l'entremise de Mélanie afin de préserver mon anonymat. J'ai reçu de gros sacs remplis de vêtements et une gentille directrice

11. Chaîne de magasin de vente au rabais.

de Mary Kay m'a offert un soin complet du visage et beaucoup de produits de maquillage. Je me sentais revivre par toute cette vague de générosité et de gentillesse. Je me suis promis une belle soirée grâce à cette femme, juste à prendre soin de moi, chose que je n'avais pas fait depuis des lustres.

Cette parcelle de vie normale m'a apporté le plus grand bien, mais rien ne m'avait préparée à la complexité du système à laquelle je devais faire face. Quand on sort d'une situation comme la mienne, on est en mode urgence ! On ne peut pas attendre trois semaines avant d'avoir accès à une travailleuse sociale et aux divers services nous étant soi-disant destinés.

J'ai également fait appel à un centre local d'emploi pour faire une demande d'aide sociale en étant franche et en faisant preuve d'une entière transparence en ce qui concernait la situation de traite humaine dans laquelle j'étais. J'ai expliqué que les montants qui apparaissaient dans mon compte bancaire étaient tous destinés à mon *pimp,* que rien de tout ça n'était à moi et que, de toute façon, mon compte était à zéro. J'ai raconté à mon agent les séances de torture que je subissais et le fait que j'étais obligée de me prostituer, mais que cette vie-là n'était pas pour moi. Je lui ai dit que j'avais quitté mon exploiteur et que j'étais prête à tout faire pour me bâtir une nouvelle vie et ne plus faire de prostitution ! Mais j'ai tout de même été refusée pour recevoir des prestations d'aide sociale...

J'ai également rempli, avec Mélanie, une demande à l'IVAC[12], qui est une étape assez complexe, car les cas qui impliquent la prostitution ne sont acceptés que très rarement. Selon ces fonctionnaires, si tu adoptes des comportements tels qu'être dans l'industrie du sexe, tu es en quelque sorte responsable de ta victimisation, donc ils ne t'acceptent pas. J'avais déjà eu espoir en cette alternative, mais Carl avait trouvé le formulaire puis l'avait déchiré. Je devais donc refaire ma demande.

Je constate, malheureusement, que victime ou pas, une fois que tu as mis les pieds dans l'industrie du sexe, la société fera

12. Indemnisation des victimes d'actes criminels (IVAC).

tout pour te garder dedans, allant jusqu'à te refuser des services. Si les gens le pouvaient, je suis certaine qu'ils nous cracheraient à la figure et se feraient un plaisir de nous piétiner tellement ils nous font sentir qu'on est des moins que rien.

*T'as beau crier à l'aide, personne n'est là pour toi!!!*

Une fois de plus, face à tous ces échecs, je suis retournée avec mon bourreau jusqu'à l'été 2019 où j'ai choisi de me choisir. La journée où je suis partie, même si La Maison de Mélanie n'existait plus, Mélanie est tout de même venue à ma rencontre et m'a conduite dans un centre d'hébergement pour femmes qui offre le moyen et le long terme. Mais cela n'a pas fonctionné… les services ne répondaient pas à mes besoins et n'étaient pas adaptés à ma situation.

■ ■

2019. Je suis encore dans l'industrie du sexe et j'ai mal. J'aurais aimé ne plus être obligée de faire ça, mais si je ne le fais pas, comment pourrais-je réussir à survivre? Je place mes pions tranquillement pour avoir une meilleure vie. Quand je regarde les filles avec qui j'ai travaillé ou avec qui je travaille encore, je me considère très chanceuse, car j'ai une famille aimante et de bonnes racines. Certaines d'entre elles n'ont rien de tout ça et rien à quoi s'accrocher! Je regarde les petites puces d'à peine dix-huit ans ou même pas encore à l'âge adulte qui trouvent que c'est normal de sucer et d'avaler le sperme d'un inconnu pour le bonheur monétaire de leur proxénète, et ça me tue.

Pendant mon parcours, j'étais entrée en contact avec le Service de police des survivantes de Montréal et j'y avais trouvé des policières empreintes d'empathie. Elles m'avaient donné rendez-vous pour rencontrer une participante de leur programme qui avait vécu plus ou moins la même situation que moi. J'avais vraiment très hâte d'y aller, mais Carl a brisé mon cellulaire et j'ai manqué mon rendez-vous.

Être en contact avec d'autres personnes qui ont vécu l'enfer comme nous l'avons vécu est réellement ce dont nous avons besoin. Dans tous les services que j'ai utilisés, j'avais toujours la même question : *Est-ce que je suis seule ou s'il y en a d'autres comme moi ?*

On a besoin d'être validées et de voir qu'on n'est pas seules. On a besoin de voir des femmes qui ont un passé similaire au nôtre et qui ont réussi à se reconstruire et à avoir un emploi valorisant, loin de toutes les formes d'exploitation. On a besoin d'avoir accès à des modèles de réussite. On a besoin que celles qui y ont survécu soient présentes dans les différentes sphères des services que nous sommes amenées à utiliser. On a besoin de voir des réussites, c'est ce qui nous donne la force de nous en sortir.

Il est très important de comprendre que c'est très difficile pour nous d'aller parler avec la police. Les policiers sont formés à faire de la répression auprès des criminels et également des personnes marginalisées, telles que celles dans l'industrie du sexe. La grande majorité d'entre eux sont loin d'être formés pour intervenir auprès des victimes et, trop fréquemment, leurs interventions nuisent aux filles de l'industrie. Trop souvent nos droits ne sont pas reconnus et il en va de même pour tout ce qui touche les services d'aide. Certains policiers sont bien formés mais ils sont rares !

De plus, il est primordial que les policiers comprennent que, lorsqu'on fait appel à eux, ça ne veut pas dire qu'on est prêtes à porter plainte. Ça peut aussi juste vouloir dire qu'on a besoin de sécurité et d'une porte de sortie, dont l'accès immédiat à des services compétents !

Dans mon cas, je sais que Carl a d'autres victimes qu'il torture également et qu'il fait travailler pour lui. Je ressens, à l'intérieur de moi, le besoin de faire quelque chose pour les aider. Toutefois, je ne suis pas encore assez forte pour le faire et pour porter plainte. Je dois tout d'abord penser à moi et, qui sait, peut-être qu'un jour je porterai plainte.

- *Pour terminer, j'aimerais sensibiliser les services d'aide aux victimes ainsi que les forces de l'ordre. Quand on vous crie à l'aide, mais qu'on retourne encore et encore vers celui qui nous exploite, de grâce, cessez de croire que c'est parce qu'on ne veut pas changer et accueillez-nous chaque fois avec la même patience. Ça peut prendre des tonnes de fois avant qu'on trouve le courage et la force de tout rebâtir.*

  – VANESSA

# • Évaluation - Vanessa

Le cas de Vanessa est un cas qu'on appelle *lourd* en intervention, car pour être en mesure de lui apporter l'aide nécessaire, il faut couvrir toutes les sphères de ses besoins. Malheureusement, aucun des services actuels ne répond à la totalité des besoins des victimes d'exploitation sexuelle ou qui, comme Vanessa, sont victimes de traite humaine. Les services dont elle avait et a toujours besoin présentent des temps d'attente irréalistes pour des personnes qui sont en mode survie, ou ils sont beaucoup trop complexes à recevoir. Sans plainte auprès des forces de l'ordre et sans acceptation de son dossier par l'IVAC, elle ne peut prouver qu'elle a été une victime au bureau d'aide sociale et justifier les nombreux montants d'argent qui ont transigé dans son compte. Sans un soutien financier d'urgence, comment peut-on espérer qu'elle ne fasse pas d'innombrables allers-retours auprès de son exploiteur, qui est le seul à lui « assurer » une certaine sécurité ?

Un cas comme celui de Vanessa nécessite un hébergement et un soutien financier avant même de pouvoir penser à lui offrir un soutien psychologique ou un service quelconque des forces de l'ordre. Elle était et est toujours actuellement en mode survie et sans réponse à ses besoins de base. Donc, on ne peut, selon la logique des choses, espérer qu'elle se relève sans difficulté, ou même envisager qu'elle puisse être en mesure de porter plainte contre Carl, auprès des forces de l'ordre. Elle n'en est pas là actuellement et elle l'exprime très clairement.

Une fois que les besoins de base sont répondus, un cas comme celui-ci nécessite un soutien et un accompagnement constants. Elle le dit elle-même que Carl avait le contrôle absolu sur toutes les tâches banales et quotidiennes. Elle n'était pas autorisée à manger ou à dormir comme elle le voulait, car cela nécessitait l'accord de son exploiteur. Comme elle a vécu sous l'emprise de ce dernier pendant deux années entières, on ne peut s'attendre à ce qu'elle reprenne le cours de sa vie comme si rien ne s'était passé. Vanessa doit se reconstruire et définitivement se reprogrammer pour y arriver. Pour ce faire, elle a besoin d'avoir les services de professionnels dévoués, disponibles et sans jugement, qui couvrent l'ensemble de ses nécessités.

Si les pourvoyeurs de services ne sont pas capables d'offrir un accompagnement 24 heures sur 24, ils doivent être en mesure d'aider la victime à se recréer un entourage proactif.

Cela peut sembler simple pour le commun des mortels, mais pour des survivantes, c'est beaucoup plus complexe. Elles vivent avec la gêne et la honte d'avoir été exploitées, en plus d'un sentiment de culpabilité. Elles doivent aussi vivre avec l'opinion sociale de leur situation qui, dans la majorité du temps, est empreinte de jugements, de discrimination et trop souvent également de rejet.

Pour que Vanessa parvienne à se créer un environnement sain et proactif, on doit de prime abord normaliser ses réactions face à son vécu et ensuite l'aider à reconnaître qui elle est en dehors de cette victimisation, en renforçant, par exemple, ses acquis et ses qualités.

# Partie II

## *Le cri du cœur des survivantes...*

## *Je m'appelle Gabrielle…*

■ ■

Mon histoire, personne ne la connaît. Elle est enfouie dans un petit tiroir fermé à clé au fond de mon être. J'ai accepté de la sortir une fois, juste une fois pour ce livre, sous le couvert de l'anonymat, car je crois en la motivation de l'auteure de faire entendre nos voix afin de contribuer à ce que les petites Gabrielle de ce monde soient entendues et reconnues avant qu'il ne soit trop tard. Aucun enfant ne devrait vivre ce que j'ai vécu. Puisse mon histoire contribuer au changement.

■ ■

J'étais une enfant qui, selon mes parents, était voulue. Mes parents se sont séparés alors que j'avais à peine treize mois. Ce qu'il faut savoir là-dedans, c'est que ma mère, qu'on appellera Henriette, a très mal pris la séparation. En fait, ç'a été et c'est toujours littéralement le plus grand drame de sa vie.

Même encore aujourd'hui, elle me raconte le soir où elle s'est rendu compte que mon père l'avait quittée, sans aucune considération pour moi. Ce fameux soir, après avoir constaté son départ, elle est devenue folle de rage. Selon ses dires, elle aurait détruit ma bassinette et, devant mes cris et mes larmes, m'aurait lancée contre le mur… Pour me ramasser et ensuite me lancer au milieu du lit en me criant: «Toé, ma criss, t'es mieux d'arrêter de pleurer!» À la suite de sa *tendre* manifestation de son amour à mon égard, paraît-il que j'aurais arrêtée de pleurer sur-le-champ.

Je n'étais qu'un petit bébé sans défense et le moyen qu'elle a su trouver pour me faire taire, c'était de la violence à l'état pur. Cela laissait présager ce qui s'en venait ou du moins en partie...

Afin d'effacer les traces de mon père et respecter son budget de son nouveau statut de mère monoparentale, on est parties vivre dans un nouvel appartement. Les souvenirs que j'en garde, même si j'étais encore petite, sont relativement corrects. Je me faisais souvent garder, car ma mère sortait beaucoup, mais ma gardienne de cette époque était super gentille. Rien de malheureux ou de traumatisant durant cette période de ma vie. J'allais avoir quatre ans lorsque nous avons de nouveau déménagé dans une grande maison avec mes grands-parents, les parents de ma mère. Ce déménagement avait pour but de soutenir ma mère financièrement et, bien sûr, de veiller à mon éducation. Cette option avantageait ma mère énormément, car elle n'avait plus besoin de courir après les gardiennes pour vaquer à ses occupations.

Mon grand-père représente, à mes yeux, le modèle masculin par excellence, encore aujourd'hui. Quand je pense qu'un jour, il nous quittera, je suis d'une profonde tristesse. Lorsqu'on habitait ensemble, il passait ses journées entières à me stimuler, à me chanter des chansons et à m'emmener faire l'épicerie. C'était et c'est toujours mon idole. Ma grand-mère, quant à elle, était plutôt effacée. De la vieille génération, c'était une femme au foyer qui prenait soin de tout le monde et qui passait des journées entières à popoter et s'assurer que la maison soit bien propre.

En tout et partout, on a habité trois merveilleuses années avec mes grands-parents. Dans cette merveilleuse saison de ma vie, ma mère avait l'habitude de me promener en voiture et de faire des activités comme, entre autres, aller au Zoo de Granby ainsi que bien d'autres sorties représentatives des familles correspondant plus aux normes de ce qu'un parent fait avec son enfant. D'autres fois, on allait manger au restaurant et là, elle se mettait à boire, et à boire, et à boire... C'était assez intense, car je me rappelle qu'à quelques reprises, elle a dû immobiliser la voiture parce qu'elle dégobillait sa vie sur le bord de la route. Je revois encore les bouteilles de quarante onces de vodka qu'elle cachait dans son garde-robe. Quand l'envie lui prenait, soit plusieurs fois par jour, elle la sortait et buvait à même la bouteille.

Dans mes souvenirs de petite fille, je la vois complètement inerte au sol. À plusieurs reprises, je me revois en train de crier :

– Grand-maman, grand-maman, viens vite ! Je pense que maman est morte...

Ma grand-mère arrivait en courant et essayait de la « faire revenir à la vie » à grands coups de bourrasques et de claques sur la gueule... sans succès. Elle se retournait en me disant avec tout l'amour du monde qu'une grand-mère peut avoir envers sa petite-fille :

– Elle n'est pas morte, ma puce, elle est juste comateuse... On va la laisser se reposer. Viens, je vais te faire des biscuits.

Et elle me dirigeait vers la cuisine en prenant ma petite main dans la sienne.

La même année, ma mère était au volant en état d'ivresse alors que j'étais à bord et on a eu un accident. Je ne vais jamais oublier cette journée-là. C'était le dimanche des rameaux, elle m'avait emmenée à l'église pour souligner cette journée, mais c'était surtout parce qu'elle était totalement amoureuse du prêtre. Après le service, on devait aller manger au restaurant, mais en sortant de l'auto, Henriette, en état d'ébriété, a glissé sur une plaque de glace et s'est cogné la tête contre la roue d'en arrière. Donc, plutôt que d'aller manger, elle m'a ordonné de remonter dans l'auto.

Assise dans la voiture, elle s'est mise à écouter une chanson en boucle pendant au moins trente minutes en chantant à tue-tête. Je ne me souviens plus de ce qu'était la chanson, mais je suis persuadée que si je l'entendais, encore aujourd'hui ça me mettrait dans tous mes états. Dans ma tête d'enfant, c'était interminable. Pendant qu'elle criait les paroles de la chanson, assise toute croche derrière son volant, elle continuait d'enfiler verre d'alcool par-dessus verre d'alcool.

Elle avait toujours un verre de bière entre le banc et le frein à main qu'elle remplissait au fur et à mesure. Après cette interminable sérénade, elle n'a fait qu'une immense gorgée de son verre et s'est retournée vers moi, me demandant :

– Gabi, quelle route tu veux que je prenne pour retourner à la maison ? L'autoroute ou le bord de l'eau ?

J'ai toujours trouvé le bord de l'eau réconfortant, alors c'était certain que ce serait mon choix. Je lui ai donc répondu avec entrain :

– La route sur le bord de l'eau ! Oui ! ! !

Il y avait beaucoup de verglas et, arrivées à la lumière qui était rouge pour nous, ma mère n'a pas réussi à arrêter la voiture… Elle a eu beau freiner et tourner le volant pour éviter le pire… trop tard ! On a abouti directement dans l'autobus. Ce qui est sidérant et qui démontre son niveau d'intoxication, c'est que même avec la force de l'impact, elle ne s'est jamais rendu compte qu'on a eu un accident.

Il y avait un policier au coin de la rue qui a tout vu. Il s'est approché de nous et a cogné dans la vitre de la voiture en criant :

– Êtes-vous correctes ?

J'ai hurlé de mes petits poumons, mais ma mère a ignoré ma détresse et a répondu à l'agent :

– Oui, oui, on est correctes, je vais juste aller me stationner dans le stationnement en face !

L'agent nous a ordonné d'arrêter le moteur et de descendre de la voiture, mais elle a reparti le moteur quand même. Le policier lui a bloqué la route, car c'était trop dangereux ; d'ailleurs, le devant de la voiture était complètement démoli. Il nous a fait sortir de l'auto et pas longtemps après, l'ambulance est venue à notre rencontre. Les ambulanciers ont vérifié nos signes vitaux et fait les premières observations de mise. Par la suite, on a été amenées à l'hôpital afin de subir des tests plus approfondis, dont des radiographies et un scan de la tête. Miraculeusement, nous n'avions rien.

Une fois les examens médicaux terminés, on nous a amenées au poste de police. Les policiers ont amené ma mère dans une autre pièce, alors qu'ils m'ont assise dans l'entrée en me disant que je pouvais regarder la télévision en attendant. Regarder était vraiment le terme exact, car il n'y avait pas de son. J'étais là à regarder l'écran en noir et blanc, muet.

Le policier qui faisait le travail de réceptionniste derrière sa grosse vitre pare-balles s'est alors adressé à moi, me demandant si je connaissais le numéro de téléphone d'une personne de confiance qui pourrait venir nous chercher. Mon merveilleux grand-père m'ayant appris son numéro de téléphone par cœur, au cas où j'aurais besoin de le rejoindre, était le seul que je connaissais, nous l'avons donc contacté.

Il est arrivé en trombe au poste de police, hors de lui, le pas pressé et a ouvert la porte avec une force que je ne connaissais pas de lui. À peine entré, il a dirigé ses yeux directement dans ma direction. Un regard rempli d'amour, certes, mais également d'inquiétude et de colère. Après m'avoir serrée très fort contre lui, il est allé rejoindre ma mère et les policiers qui la questionnaient. Même si plusieurs heures s'étaient déjà écoulées, ma mère n'était toujours pas sobre. Après les étapes habituelles d'une remise en liberté, dont la promesse de comparaître, nous avons enfin pu quitter le poste et reprendre la route de la maison.

Mon grand-père, hors de lui, a littéralement explosé dans la voiture. Je me souviens très clairement l'avoir entendu crier :

– Henriette, si tu veux te tuer, ça te regarde, mais tu ne vas pas amener Gabrielle avec toi !

Lors de cet échange, j'ai appris qu'un mètre de plus à droite ou à gauche, on serait mortes sur le coup... On a vraiment évité le pire de justesse. Par la suite, j'ai dû manquer une semaine d'école tellement j'étais mal en point avec mes ecchymoses qui me couvraient tout le corps et un *black eye*.

À partir de ce moment, chaque fois que j'étais en automobile, la peur me grugeait de l'intérieur et je devenais super anxieuse. Seul mon grand-père me faisait me sentir en sécurité, car même mon père n'y arrivait pas. D'ailleurs, chaque fois que je montais en voiture avec ce dernier, je lui demandais :

– Papa, on ne va pas pogner un accident, hein ?

Et lui de me répondre tout doucement :

– Ben non, ma puce, papa fait attention, on n'aura pas d'accident…

Cette anxiété a été causée, entre autres, par le fait que le soir même de l'accident, je me suis dit que je ne pouvais pas dormir au cas où on en aurait un, et on en a eu un… L'anxiété et moi-même avons donc commencé à cohabiter dans mon petit corps de petite fille à ce moment précis. Les scénarios catastrophes ont fait désormais partie de mon quotidien. J'appréhendais le pire un peu trop souvent… Et quand ça arrivait, je figeais sur place et j'arrêtais d'être fonctionnelle.

Compte tenu de l'amour dont m'enveloppaient mes grands-parents, je n'accordais pas une grande importance aux écarts de conduite de ma mère. En fait, tout se passait bien jusqu'à ce beau matin du 1^er^ juillet de mes sept ans où ma mère m'a annoncé qu'on déménageait en appartement dans un quartier de Montréal. Tannée de se faire surveiller et reprendre par ses parents lorsque ses comportements déviaient, c'était l'unique solution qu'elle avait trouvée.

J'avais le cœur gros, mais j'ai suivi ma mère sans broncher, même avec sa nouvelle règle qui était :

– Là, ce qu'on vit, on n'en parle pas à tes grands-parents, hein ? Ils ne comprendront pas et vont tout faire pour nous séparer. C'est pas ça que tu veux, hein ?

Fidèle à elle-même et à son éternel besoin de fuir toute forme d'autorité, en plus de son problème d'alcool qui empirait de jour en jour, ma génitrice a choisi de déménager afin de s'éloigner encore plus de ce qui aurait pu mettre un frein à sa déchéance. Nous avons donc pris foyer dans un coin défavorisé de l'ouest de l'île de Montréal et malgré le fait que ses comportements avaient gravement atteint ma sécurité, la Protection de la jeunesse ne s'en était jamais mêlée. Elle continuait de boire au volant, avec moi en guise de passagère, comme si rien n'était. J'étais totalement pétrifiée et j'appréhendais constamment un autre possible accident...

L'appartement en question était misérable. On vivait dans des conditions insalubres, c'était horrible... Un petit appartement qui, par surcroît, était dans un sous-sol pas fini, directement sur la terre, à peine recouverte d'un tapis.

Henriette, qui venait de retrouver sa liberté loin de ses parents, buvait de plus en plus et s'occuper de moi était le dernier de ses soucis. Je la revois écrasée devant le téléviseur, télécommande dans une main, verre de vodka dans l'autre, avec une cigarette à la bouche. À cette époque, mon père recommençait à venir me voir et à prendre ses responsabilités. Mais elle continuait de le rabaisser, en me racontant des choses horribles à son sujet, pas toujours vraies, rendant encore plus complexe ma relation avec lui et me laissant dans l'incapacité de créer le lien de confiance qui aurait pu me sauver de cette vie merdique.

Ma mère m'a longtemps fait croire que mon père venait me chercher le vendredi soir et elle s'en allait, me laissant seule, prétextant qu'elle avait trop attendu. J'avais à peine sept ans à ce moment-là et plus le temps avançait, moins ce qui s'en venait était prometteur.

Un autre souvenir qui remonte à ma mémoire, c'est quand j'étais en deuxième année. À l'école primaire, au moins une fois par année, il y avait une épidémie de poux qui se propageait à la vitesse d'un éclair. Le fond de la tête me démangeait et j'avais beau dire à ma mère que je croyais avoir des poux, elle continuait de ne pas s'en soucier pour finalement me dire :

– Ben là, t'as rien du tout, arrête donc de te plaindre.

Et elle retournait à ses occupations, soit la télé, son verre et sa cigarette. Devant le fait que je ne cessais de me plaindre que ça me piquait, elle a finalement appelé mon père tard le soir pour lui demander d'aller acheter les produits visant à venir à bout de ces petites bêtes. Mon père est donc parti de chez lui à l'autre bout de l'île, en transport en commun, à la recherche d'une pharmacie encore ouverte afin de se procurer cette solution miracle à l'élimination de cet inconfort. Il est arrivé chez nous vers 23 h 30 et ma mère a pris la relève pour me faire le traitement et en a profité pour couper mes longs cheveux, qui m'arrivaient aux fesses, à la hauteur des oreilles. C'était complètement affreux.

Même malgré la preuve d'intérêt de mon paternel à mon égard et pour mon bien-être, ma mère persistait à me répéter qu'il était un mauvais père et qu'il ne payait jamais rien pour moi. En gros, selon ce qu'elle me racontait, il était la cause de tous nos problèmes. L'aliénation parentale, c'est tellement destructif pour un enfant. Dans mon cas, ça m'a complètement brisée de l'intérieur. Je prenais pour ma mère par loyauté et, à cause d'elle, je n'avais confiance en aucun autre adulte.

Ma vie était misérable et j'ai complètement perdu mes repères. Je n'avais plus de cour pour jouer, plus d'amis et un flagrant manque d'encadrement. Comme si tout ça n'était pas assez difficile, j'avais l'épée de Damoclès au-dessus de la tête avec ma mère qui me répétait toujours: *Là, tu ne dis pas ça à tes grands-parents... et ça, tu dis pas ça à ton père!*

L'année qui a suivi, nous avons de nouveau déménagé, à Dorval cette fois-ci. Dans ce nouveau quartier de l'ouest de l'île, j'avais une nouvelle gardienne, permettant à celle qui m'a mise au monde de continuer à vaquer à ses précieuses occupations de consommation. Cette gardienne était littéralement folle. C'était une *control freak* qui utilisait la violence à sa guise pour me corriger lorsque je faisais des choses qu'elle n'approuvait pas, telles que toucher aux jouets d'un de ses enfants ou encore en réveiller un par accident. J'avais beau dire à mon enveloppe maternelle ce que je subissais chez cette femme inapte à garder des enfants, je n'ai jamais été prise au sérieux. Les «Je suis certaine que ce n'est pas si pire» ou «T'avais juste à écouter» faisaient partie de mon quotidien. C'était l'enfer! Je me faisais continuellement crier dessus chez ma mère et chez la gardienne.

Aucun endroit ne me permettait de me sentir en sécurité et d'évoluer comme un enfant normal. Je ne me sentais bien nulle part. Je n'avais que neuf ans à cette époque. Que neuf années et l'expérience de toute une vie en négligence. J'ai commencé à me tenir avec les jeunes du coin et, comme tout enfant normal, la curiosité sexuelle a fait partie de notre quotidien. J'étais beaucoup trop prude pour m'adonner à leurs jeux de *strip poker* ou de *vérités et conséquences*, mais j'avais quand même l'œil sur un des petits gars de mon quartier qui, toutefois, ne s'intéressait pas à moi mais à celles qui participaient à leurs jeux. Je ne voulais tellement pas faire partie d'elles... mais en même temps, je voulais tellement qu'il s'intéresse à moi.

Un jour, j'ai décidé de me joindre à leur jeu de *vérités et conséquences* pour me sentir acceptée par mon groupe d'amis. Ma conséquence était que je devais donner un bisou sur la bouche à un des garçons participants. Comble de malheur, ma gardienne m'a vue... Prise sur le fait, je ne pouvais nier mon action ni même la défendre. À ses yeux, je n'étais qu'une petite pute et elle s'est empressée, de façon très mesquine, de le dire à ma mère. Hors d'elle, cette dernière m'a empêchée de sortir pendant un mois, au grand plaisir de celle qui continuait de me garder et qui éprouvait une certaine joie de me voir aussi triste. Avec sa méchanceté habituelle, elle prenait un profond plaisir à me narguer et à tourner le fer dans la plaie. Avec son petit sourire démoniaque en coin, elle m'a répété un nombre incalculable de fois :

– Regarde, tes amis s'amusent, mais toi, tu ne peux pas y aller ! C'est plate, ça...

J'en ai eu plus qu'assez de sa méchanceté gratuite et je me suis fâchée « grave » contre elle. Je l'ai littéralement envoyée promener et je me suis sauvée à la course chez moi, ce qui n'était malheureusement pas vraiment mieux comme environnement.

L'appartement était toujours dans un état pitoyable et c'est moi qui devais en assumer les tâches ménagères. Henriette, toujours en état dépressif, était beaucoup trop préoccupée par sa consommation et la télécommande de la télévision pour faire quoi que ce soit. Tranquillement mais sûrement, ses troubles de consommation ont commencé à se diversifier. J'ai découvert, entre autres, que ma mère avait commencé à fumer du pot, mais ça demeurait tout de même stable et pas trop problématique, comparativement à ce qui s'en venait. Elle ne cuisinait que le dimanche et ça devait être tous mes repas de la semaine. Elle pouvait, par exemple, faire un énorme plat de spaghettis accompagné d'un petit plat de sauce et cela représentait, selon elle, quatorze repas pour les sept prochains jours...

Difficile de créer des liens significatifs auprès des jeunes de son âge quand on est continuellement en mode instinct de survie. On rejette ainsi une bonne partie des gens qui nous entourent de peur qu'ils voient ce qu'on vit et qu'ils nous jugent. On s'accroche à l'autre partie des gens qui sont également maltraités par la vie, mais qui semblent toujours rester forts et prêts à affronter, la tête haute, tout ce qui se met devant eux. Toujours habillée soigneusement grâce à l'intérêt et à la générosité de mes grands-parents, je faisais énormément de jalouses dans le groupe de jeunes démunies avec lequel je me tenais. Mais qui pouvait savoir qu'outre mon linge, ces filles n'avaient rien à m'envier, car, oui, je possédais de beaux habits, mais j'avais tout de même le ventre vide. Dans ce groupe d'amies, je me tenais avec une fille de mon âge qui faisait comme si nous étions les meilleures amies du monde, mais dans le fond, elle était juste jalouse de moi.

À chaque fois que je réussissais à me démarquer, elle voulait toujours faire mieux, c'était immanquable. Mes années du primaire ont défilé comme elles ont pu, avec tous les traumatismes que j'avais déjà accumulés... À plusieurs reprises, j'ai parlé de ce que je vivais à mes professeurs, à ma directrice et même aux parents de mes amies... On ne m'a jamais prise au sérieux, en fait. Ces gens avaient l'air de se dire que ce n'était pas possible et que je beurrais épais.

Je continuais d'être loyale envers ma mère et bien que j'étais totalement opposée à son mode de vie, il était très rare que je la confrontais, jusqu'à ce que la goutte fasse déborder le vase... À la fin de ma sixième année, pendant les vacances d'été, j'ai eu une énorme dispute avec elle. Je n'en pouvais plus d'être traitée comme je l'étais. J'étais tannée d'avoir faim et d'être négligée.

J'ai fait mes valises et je suis partie en «fugue» chez mon père. J'ai passé un merveilleux été à la campagne avec lui et sa nouvelle conjointe. C'est d'ailleurs durant cet été-là que j'ai rencontré celui avec qui je partage ma vie aujourd'hui. Outre le fait que mon père a toujours eu un faible pour les femmes bizarres qui n'aimaient pas les enfants et que lui-même n'avait guère la fibre paternelle, le fait d'être séparée de ma mère tout un été a été, pour moi, des plus bénéfiques.

Comme toute bonne chose a une fin, cette saison en a également eu une. J'essayais de me préparer mentalement à retourner vivre avec cette Henriette qui, outre son nombril, ne se souciait pas de grand-chose. J'appréhendais ce moment et cela me rendait terriblement anxieuse, d'autant plus que je m'apprêtais à franchir les portes de la grande école secondaire.

À mon retour, «ma meilleure amie» a appris que j'avais un chum et ça, ça ne faisait vraiment pas son affaire. Elle était d'une jalousie excessive. À cette époque, je faisais de la nage synchronisée et mon nouveau petit ami était venu assister à mon spectacle et ça l'avait mise hors d'elle. Elle était devenue mesquine et d'une méchanceté sournoise et insidieuse. La journée de mon spectacle, par exemple, elle a *étampé* sa main sur ma figure, prétextant qu'elle avait voulu sauver le maringouin du SIDA. J'ai donc commencé mon aventure du secondaire sur cette note, victime d'intimidation dont l'initiatrice était «ma meilleure amie».

On ne prépare pas les enfants adéquatement pour le secondaire. On ne leur apprend pas quoi faire quand ils sont victimes d'intimidation. Personne ne les prépare à ça, encore moins à la loi de la rue, non écrite, qui consiste à ne pas dénoncer et à régler soi-même les problèmes.

J'étais donc là, dans cette grande école, laissée à moi-même, mon petit ami m'avait quittée, l'intimidation se faisait de plus en plus lourde et la violence physique prenait de plus en plus de place.

À titre d'exemple, il y a eu cette journée où je me suis fait «ramasser» par deux filles dans les toilettes. Elles m'ont battue avec vigueur… J'avais la figure toute rouge par les nombreux coups que j'avais reçus et je pleurais ma vie. En guise de soutien, on m'a envoyée au bureau du directeur qui m'a offert son écoute semi-attentive en me suggérant de parler si quelque chose n'allait pas. Non mais, sérieux? Est-ce qu'il pensait vraiment que j'allais m'ouvrir et tout lui raconter? Je savais très bien ce qui m'attendait si je le faisais. Alors je suis restée là, sans parler, à pleurer toutes les larmes de mon corps…

Lui, de son côté, a continué d'essayer de me tirer les vers du nez en me posant d'autres questions telles que: *As-tu été victime d'agression? Est-ce qu'on t'a donné une volée?*

J'avais tellement envie de lui crier: *TU VOIS BIEN QUE JE VIENS DE ME FAIRE PÉTER LA GUEULE! J'AI PAS ENVIE DE PARLER. J'AI ENVIE QUE TU T'ASSURES QUE JE SOIS EN SÉCURITÉ!*

Aucun son ne sortait… Je restais là, sans parler, à attendre qu'il me propose une solution. Si on pouvait mettre une image à l'enfer, je suis certaine que ce que je vivais à cette école était plus que représentatif. Alors, j'ai craqué et j'ai tout dit. Celles qui m'ont fait du mal ont été suspendues!

Par la suite, j'ai dû vivre les représailles de cette dénonciation, ayant aggravé ma situation X 100.

J'étais littéralement menacée de mort. On me disait: *Si tu te présentes à l'école, on te tue!*

La dernière expérience de violence que j'ai vécue à cette école, avant d'imposer à ma mère de me changer pour un autre établissement, a vraiment été de trop. C'était à mon cours de musique. Le local de la classe était drôlement configuré. C'était une salle de classe typique avec un mini local adjacent où on pouvait pratiquer nos instruments.

Ma vie ne faisait aucun sens, mais je continuais de m'appliquer à l'école en me disant qu'un jour, tout ça allait s'arrêter. Qu'un jour, on allait m'aimer pour qui je suis. Qu'un jour, quelqu'un, quelque part dans l'école, allait prendre ma défense…

Perdue que j'étais dans mes pensées, un camarade de classe s'est approché de moi en me chuchotant :

– Gabrielle, suis-moi...

Et il m'a entraînée dans le local adjacent en me disant :

– Garde tes yeux fermés, j'ai une surprise pour toi !

En moins de temps qu'un claquement de doigt, il a baissé mon pantalon et a essayé de me rentrer sa flûte dans le vagin... J'étais complètement figée sur place, lorsque notre enseignant a fait irruption dans le local, mettant fin au fantasme barbare de mon camarade de classe. Le professeur a assisté à mon agression, mais n'a rien fait et n'a jamais ne serait-ce qu'essayé de savoir ce qui s'était passé.

Les menaces, même si elles ne s'étaient jamais arrêtées, ont repris de plus belle, plus intenses que jamais. Le lendemain, les gars m'ont dit :

– Si jamais t'oses parler, tu vas encore plus te faire battre !

J'étais totalement réduite au silence et comme si ce que je vivais à l'école n'était pas assez pénible, ils ont commencé à appeler chez moi pour me menacer en me disant :

– Si tu reviens à l'école, on va te faire la peau ! T'as rien vu encore !

Tout ça durait depuis beaucoup trop longtemps, je n'en pouvais plus. J'ai alors dit à ma mère que je ne retournerais plus à l'école, jamais, si elle ne me changeait pas d'endroit ! Il n'y avait aucune place à la négociation et sans vraiment se soucier des raisons qui me poussaient à lui faire une telle demande, elle a accepté. J'étais continuellement en mode survie. Je regardais sans cesse par-dessus mon épaule. Faire un trajet de 1 h 30 en autobus chaque matin et chaque après-midi après mes cours, ce n'était qu'un simple détail.

J'ai donc débuté une nouvelle vie avec de nouveaux camarades de classe. Bien évidemment que je n'ai pas encore choisi les jeunes les plus équilibrés comme amis. Parmi ces nouveaux amis, je me tenais tout particulièrement avec une fille dont la mère était vraisemblablement dans l'industrie du sexe. Un chauffeur venait la chercher tous les soirs et elle ne revenait qu'aux petites heures du matin. Il n'y avait donc aucune supervision le soir et on faisait le *party* chez elle plus souvent qu'autre chose.

J'ai fini par avoir également des problèmes avec elle, mais pas de la même nature que je pouvais en avoir eu à mon ancienne école. Disons que cette fois-ci, je n'ai pas attendu qu'il m'arrive quelque chose et c'est moi-même qui lui ai sauté dessus. À la suite de cette altercation, on a continué de se parler, mais ce n'était plus comme avant. Un soir, elle a fait une fête sur son bateau et m'a invitée ainsi qu'une tonne de gars qui n'étaient pas nécessairement de bonnes fréquentations. Un, entre autres, s'est vraiment montré insistant à mon égard, bien que j'aie très clairement repoussé ses avances. J'ai eu le réflexe de le repousser fermement et de me dire que je devais partir avant qu'il ne soit trop tard. En route pour retourner chez moi, j'ai longuement réfléchi et je me suis dit que je commençais à me retrouver plus souvent qu'à mon tour dans des situations où mon intégrité et ma sécurité étaient atteintes ou fortement compromises.

Ma vie était quand même stable pour ce qu'elle était et avait été. Ma mère continuait de fuir sa douleur à travers sa consommation d'une façon quand même «contrôlée», tout en persistant dans son aliénation parentale envers mon père et très certainement envers mes grands-parents. Elle me répétait encore et encore, jour après jour: *Là, tu vas pas aller dire à tes grands-parents que je consomme de la drogue?!!! Tu vas pas dire à tes grands-parents que je bois?!!!*

Je ne sais pas si elle réalisait le conflit de loyauté dans lequel elle me maintenait ou même si elle s'en souciait un tant soit peu... Bonne ou pas, gentille ou pas, ça restait ma mère et c'était celle avec qui j'habitais. Même si j'étais consciente que les conditions dans lesquelles je vivais n'étaient pas propices au développement sain d'un enfant, j'ai fini par être entièrement «de son bord» et je croyais dur comme fer que tout le monde était méchant.

J'étais en secondaire trois lorsque j'ai eu ma première relation sexuelle avec mon petit chum de l'époque. Ma première expérience n'a rien eu d'exceptionnel. Elle a eu lieu dans le sous-sol d'une de mes amies, sur une couverture par terre et, le lendemain il a rompu avec moi. Mon petit cœur d'adolescente était littéralement brisé en mille morceaux. Je me sentais sale et utilisée. Comme toute jeune, quand on sent qu'on a été abusée, notre premier réflexe est d'aller valider notre perception. On a besoin qu'on nous confirme que ce qu'on a vécu n'est pas correct et qui de mieux placé que notre mère pour le faire ? J'ai donc pris mon courage à deux mains et lui ai raconté ma peine.

Je ne sais pas à quoi je m'attendais venant d'elle, mais clairement je n'avais pas prévu cette réponse-là. Empreinte d'un manque de compassion et sans aucune source de réconfort, elle m'a répondu :

– C'est juste des estis de crosseurs, les hommes, ils sont tous pareils !

Il n'y avait rien à ajouter à cela et il était plus qu'évident qu'elle venait de renforcer ce sentiment néfaste de me sentir comme un simple objet... Qui se souciait de savoir comment je me sentais à l'intérieur de moi ? Qui se souciait d'appuyer mes valeurs personnelles, sentimentales et émotionnelles ?

Pour donner suite à cette première et néfaste expérience, je n'ai plus voulu qu'on me touche et la curiosité de ce qu'est le plaisir sexuel est devenu le dernier de mes soucis.

Adolescente que j'étais, même si la sexualité m'avait laissé un goût amer, j'avais toujours le désir de plaire. À cette époque, j'avais les yeux sur un gars que je trouvais pas mal de mon goût. Il m'invitait quotidiennement chez lui et on passait du bon temps ensemble. Tranquillement mais sûrement, il m'a demandé des massages que je me faisais un plaisir de lui faire, tout en respectant ma limite qui ne voulait pas en arriver jusqu'au sexe. Il était très insistant dans ses demandes, et ce, bien que j'aie maintenu un refus catégorique. Malgré le fait qu'il m'ait très clairement manifesté ses intentions et que je n'y étais pas du tout intéressée, je retournais chez lui dès qu'il m'en faisait la demande, soit tous les jours après l'école.

Depuis qu'elles sont toutes petites, on enseigne aux filles que, lorsqu'un gars te veut vraiment, il se montrera persistant et ça, pour l'être, il l'était…

Comble de malheur, je le comprendrai par après, j'ai fini par coucher avec lui. Ce n'est qu'après notre deuxième relation sexuelle que j'ai finalement appris qu'il avait une copine puisqu'elle est arrivée au moment où je quittais, me laissant ainsi avec l'image d'une maudite pas bonne qui couchait avec le chum d'une autre fille, une *pétasse* quoi !

Et quand tu as cette image-là, les gens ne sont pas intéressés à savoir que le problème ne vient pas de toi ! Ils ne veulent pas savoir que le gars en question ne m'a jamais dit qu'il avait une blonde ! Alors, ils se contentent de propager la nouvelle et d'assaisonner les rumeurs à mon sujet, alimentées par la vantardise de celui qui a abusé de ma confiance.

La machine à potins s'est donc mise en place et les gens renchérissaient avec un intérêt malsain en disant des « Ah ouin, t'as couché avec elle ? » et des « Savais-tu que Gabrielle s'est fait baiser par un tel ? » et ça continuait…

Tout le monde le sait… Quand cette machine-là part, rien ne peut l'arrêter ! Alors je regardais ce qui se disait sur moi et la réputation qui se bâtissait autour de moi sans pouvoir faire quoi que ce soit. J'étais seule avec moi-même et ma crise identitaire, ainsi que ma très mauvaise base dans l'établissement de mes valeurs personnelles, agrémentée d'une manifeste montée d'hormones d'adolescente…

Perdue dans mes pensées et dans mon mal-être, j'avais observé juste en face de chez moi un très bel homme, pas mal plus vieux que moi, qui était d'une beauté exceptionnelle ! C'était un vendeur de drogue, rien de très positif comme modèle. En fait, j'ai appris par la suite que c'était lui le fournisseur de drogue de ma mère, mais ça, elle ne me l'a jamais avoué ! Voyant l'attention que je lui portais, fin renard comme il était, il a commencé tranquillement à m'approcher et à m'inviter à faire des marches. Je me sentais tellement valorisée qu'il m'accorde son attention, il était tellement beau.

Ces hommes-là d'expérience ont un détecteur pour les femmes dont les hormones sont en effervescence comme les miennes et, un jour, il m'a glissé tout bonnement et hors contexte :

– C'est interdit pour moi de te violer, mais toi, t'as le droit.

J'ai trouvé l'invitation intéressante, même si aujourd'hui avec le recul, c'est clair que d'aborder une possible relation sexuelle avec la notion de viol n'avait clairement rien d'intéressant ! Seulement à cette époque, je n'avais pas la maturité émotionnelle que j'ai maintenant et ça s'avérait vraiment attirant à mes yeux et avait même créé en moi une source d'excitation.

On a couché ensemble une dizaine de fois et à chaque fois, ma confiance en moi grimpait en flèche, obnubilée que j'étais par sa perfection physique. Un jour, il a tout simplement arrêté de s'intéresser à moi, me laissant à mon petit monde de jeune femme en devenir et à mes diverses mais non moins nombreuses occupations, tel mon gardiennage d'enfants.

Une femme dont je gardais les enfants assez régulièrement m'a fait une proposition qui ne saurait être refusée en me disant :

– Comme tu sais, je déménage le week-end prochain, mais techniquement, l'appartement va être encore à moi pour une semaine après mon déménagement. Si ça te tente, je te laisse l'appart pour la dernière semaine et tu peux même faire un party ici !

Ce n'était tellement pas tombé dans l'oreille d'une sourde, une offre comme celle-là, ça ne se refusait pas ! J'ai donc invité mon gang d'amis avec lesquels j'avais l'habitude de me tenir et, très clairement, d'autres avec qui on se tenait plus ou moins se sont ajoutés. La soirée se déroulait relativement bien. Autour de minuit, les gens ont commencé à quitter, laissant ma chum de fille, Sam, Ti-Pat et moi-même seuls à finir le party. Ma chum était subjuguée par le beau Sam, elle ne voyait que lui et elle était bien contente qu'il ne reste plus que nous quatre. L'appartement était à environ quatre coins de rue d'un dépanneur 24 heures et elle devait y aller. Je n'arrive plus à me souvenir pour quelle raison, mais ce n'est pas vraiment d'une grande importance pour la suite des choses. Le fait est que, dès qu'elle est sortie et qu'elle a refermé la porte derrière elle, son beau Sam s'est montré très engageant à mon égard. Il s'est mis en tête de me baiser, bien que je n'étais nullement intéressée et que je m'y étais opposée fermement. Ti-Pat, ce jeune sans histoire qui avait un trouble du langage et qui n'avait jamais eu de copine, d'engagement ou même de relation sexuelle, était témoin de la scène et cela le rendait visiblement mal à l'aise. Sa faible estime personnelle et son flagrant manque de confiance en lui ont fait en sorte qu'il ne savait pas trop comment gérer une situation comme celle-là et il est demeuré un simple observateur, jusqu'à ce que...

Sam a sorti son arme qui était camouflée sous son chandail, derrière sa ceinture. Frustré de ne pas m'avoir eue, il nous a ordonné, à Ti-Pat et à moi, de coucher ensemble tout en pointant son revolver dans notre direction. Ti-Pat, c'était mon ami, le petit frère de mon ancienne fréquentation; jamais au grand jamais, je n'aurais voulu avoir de sexe avec lui... Mais l'arme étant toujours pointée, plus apeurés qu'autre chose, on s'est mis à l'action...

Malheureusement, ce n'était pas encore assez pour Sam qui en voulait toujours plus, alors il s'est joint à nous et ça a pris la forme d'un trip à trois. On a fait la totale dans le but de le satisfaire et qu'il nous laisse partir, mais comme je l'ai dit précédemment, ce n'était jamais assez... Sam m'a donc tassée et il a pris Ti-Pat de force par en arrière en lui rentrant son membre bien profondément entre les fesses. Je regardais les larmes de douleur et de rage qui coulaient abondamment sur le visage de mon ami; incapable de bouger, j'étais complètement terrorisée... Notre calvaire a pris fin quand notre agresseur a finalement poussé un cri de jouissance et éjaculé à l'intérieur de mon ami... Il l'a tassé d'un coup de bras, comme si c'était une simple ordure et a remis son pantalon. Ti-Pat tremblait de tout son corps et avait peine à se revêtir. À l'aide de grandes respirations, il y est finalement parvenu et j'ai fait la même chose de mon côté.

J'ignorais combien de temps s'était écoulé depuis que mon amie avait quitté pour aller au dépanneur, mais je me sentais comme si ça faisait des semaines qu'elle était partie. Au moment même où mes pensées allaient vers elle, j'ai entendu la poignée de la porte tourner et elle a fait son apparition toute fraîche et pimpante, fidèle à elle-même, devant nous qui étions visiblement démolis par ce qui venait tout juste de se passer.

Nos cerveaux tournaient à 500 000 km/h. On essayait tant bien que mal de *dealer* avec ce qui venait de se passer, mais très clairement, on ne pouvait pas y donner un sens. Les regards qu'on se lançait, Ti-Pat et moi, entre les longues périodes où on ne regardait que le sol, ont été suffisants pour constater que quelque chose de très grave venait de se passer. Elle a constaté qu'il y avait eu un genre de débauche et nous a fusillés du regard, folle de rage. Je ne pouvais rien lui expliquer car, visiblement, Sam ne nous laisserait pas le faire, et en nous rhabillant, j'ai promis à Ti-Pat que cela allait rester notre secret à tout jamais. Il ne voulait pas que ça se sache et je le comprenais. La stigmatisation qui vient avec une agression sexuelle pour une adolescente est déjà un énorme fardeau et on peut multiplier le tout par mille lorsqu'un adolescent se fait agresser par un homme.

Malgré l'entente qu'on avait prise et le fait qu'elle a toujours été respectée, cet épisode a brisé notre relation à tout jamais. Ça n'a plus jamais été pareil.

Avant l'agression, Ti-Pat était un pur génie et il avait le potentiel de réaliser tout ce qu'il voulait. Il était rempli de bonnes qualités et ne consommait aucune boisson alcoolisée ou drogue. Après cette soirée fatidique, il pouvait boire d'une traite une bouteille de Jack Daniels à lui seul. Sa vie a été à tout jamais transformée et plus jamais il n'est redevenu le Ti-Pat que j'ai connu.

Cet événement m'a certes traumatisée, mais en même temps, la souffrance était si forte et ma vie était sur le qui-vive continuellement, comme si je n'arrivais pas à concevoir le tout. Je n'avais pas vu venir cette agression et forcément pas ce qui s'en venait aussi. Ma mère consommait davantage et tout son argent passait dans sa consommation. C'était simple: pas d'argent, donc pas de bouffe!

La vie est drôlement faite... La majorité du temps, si je me fie à tout ce que j'ai vécu jusqu'à présent, chaque fois que mon mécanisme de survie était à son comble, la vie mettait sur ma route quelqu'un qui me ressemblait ou du moins qui partageait les mêmes difficultés que moi. Cette fois-ci n'a pas été une exception à cette règle universelle. J'ai rencontré un jeune de mon âge qui vivait les mêmes expériences désagréables que moi, mis à part les agressions sexuelles. D'ailleurs, il n'avait jamais eu de relation sexuelle encore. Il vivait les mêmes difficultés que moi sur le plan de la dépendance aux psychotropes de ses parents. Un garde-manger vide et un encadrement absent faisaient donc partie de sa réalité. Venant juste de vivre un viol, j'avais besoin de me sentir exister à travers les yeux d'un gars en qui je pouvais avoir confiance, mais également à travers son toucher.

Je voulais changer les images qui me revenaient continuellement en tête, chaque fois que je pensais au sexe... Effacer à tout jamais ces images et changer mes souvenirs... On a commencé à se fréquenter, mais ça n'a pas duré bien plus longtemps qu'une semaine, car ma mère est rentrée à l'hôpital à cause d'une phlébite. Hospitalisée à peine quelques heures, elle n'en pouvait plus! Les docteurs voulaient qu'elle demeure à l'hôpital, car c'était dangereux qu'elle fasse des caillots de sang au cerveau ou dans les poumons, qui auraient eu pour effet de la tuer. Avec sa tête dure et son refus de se soumettre à une quelconque forme d'autorité, elle a quand même pris la décision de rentrer à la maison, malgré toutes les mises en garde du personnel de l'hôpital. Ma vie s'est donc arrêtée le temps qu'elle se remette sur pied. Une chance qu'on était en été, puisque je devais rester à ses côtés et prendre soin d'elle et, par le fait même, m'oublier et oublier ce que je venais à peine de vivre.

La lourdeur des événements mettait une pression constante sur mes épaules en plus de ma rage de vivre et de mes sanglots que je tentais de camoufler. Seule avec elle, j'ai fini par lui confier ce que j'avais vécu.

Elle a accueilli cela avec une telle légèreté, allant presque à me traiter de menteuse. J'ai essayé de comprendre la logique dans tout ça et je me suis dit qu'elle était sûrement en état de consommation pour être si passive face à la confession que je venais de lui faire, me disant que peut-être je ne valais pas plus que ça...

Pendant cet été-là, toujours en convalescence, elle a fait la rencontre de mon ami Stéphane. Il la divertissait à un point tel que je ne l'avais jamais vue si heureuse. Il n'avait que 17 ans et, voyant l'appréciation qu'elle lui accordait, il en a profité pour la manipuler, lui racontant plein d'histoires qu'elle avalait sans même penser les valider. Il venait d'une famille dysfonctionnelle et ça, c'était incontestable. Son frère passait ses journées entières à quêter de l'argent au métro Henri-Bourassa, ses parents n'étant pas très présents. Stéphane a donc profité de ces éléments pour dire à ma mère que son père le maltraitait et qu'il avait besoin d'un endroit où loger. Puisqu'elle l'appréciait, elle lui a permis de venir habiter avec nous, l'invitant même à dormir à ses côtés. Je n'ai jamais su si des trucs se sont passés entre eux, car très franchement, je n'ai jamais cherché à le savoir. Du coup, comme il était également un consommateur, la consommation de drogue de ma mère a augmenté également et ce n'était plus juste du pot, car se sont ajoutés à cela le buvard, le mush et la cocaïne. Comme elle l'aimait bien, elle payait également sa consommation. Donc moins d'argent, moins de nourriture. Je crevais littéralement de faim et je les regardais continuellement en train de planer.

Je vais toujours me souvenir du matin où Stéphane lui a dit qu'il était son ange gardien venu du ciel pour la sauver et comment elle y a cru. Et je vais toujours me souvenir aussi de comment elle a essayé de me convaincre que c'était vrai.

– Gabrielle, tu ne comprends pas. Stéphane est vraiment mon ange gardien, car il se souvient de quelque chose que je me suis dit dans ma tête quand j'avais quatre ans et que je n'ai jamais dit à personne. Il est venu pour me sauver…

Découragée et surtout désespérée, j'ai appelé mon père pour lui faire part des propos étranges qu'elle avait. C'est vraiment très important de comprendre le contexte de la situation de mon père. À cette époque, il avait comme femme une maudite folle qui a fait un signalement à la Protection de la jeunesse pour sa fille, sous prétexte que cette dernière avait de graves problèmes de consommation et qu'elle se prostituait, ce qui était totalement faux. Mais les intervenants de la Protection de la jeunesse l'ont crue et la jeune fille a été prise en charge par eux. Elle a donc été placée en Centre jeunesse jusqu'à ce qu'ils lui trouvent une famille d'accueil. Fâchée, j'ai traité sa blonde de criss de pute d'avoir fait ça et j'ai dit à mon père qu'il n'était pas mieux. Alors il m'a répondu :

– Si tu ne peux pas accepter ma blonde, tu ne peux pas venir habiter chez nous !

– *Fuck you*, je ne vais pas venir habiter chez vous non plus !

J'ai donc décidé de rester vivre avec ma génitrice, en continuant de tout garder pour moi, puisque je ne pouvais pas dire un mot à mes grands-parents et, visiblement, mon père n'allait rien faire !

Mon estime personnelle totalement absente, mon corps avec lequel j'étais en profonde dissociation et ce besoin si criant d'être aimée et appréciée faisaient en sorte que je ne fréquentais pas les bonnes personnes, retournant ainsi vers des gens qui m'avaient blessée dans le passé. Par exemple, il y a eu cette journée où j'ai invité un de mes ex, qui est venu accompagné de deux de ses amis, lesquels étaient pas mal bizarres. On était dans ma chambre et on parlait et là, il a commencé à me dire des trucs comme :

– Laisse-les te toucher, parce qu'ils n'ont jamais eu la chance de toucher à une fille de leur vie. Allez, Gabrielle, laisse-les faire, tu sais que je t'aime et je sais à quel point t'es une fille cool. Allez, fais ça pour me faire plaisir.

J'étais tellement détruite à l'intérieur de moi que j'ai commencé à les prendre en pitié et j'ai accepté qu'ils me touchent et me caressent, pendant que mon ex me disait à quel point il m'aimait. J'ai fini par le croire et commencé à penser que tout était normal, même si, profondément au fond de moi, ma petite voix me disait que c'était loin de l'être. Cette petite voix, je la combattais, car il n'y a rien de plus fort que le sentiment d'être aimée. Malheureusement, lorsqu'on n'a aucune base saine de l'amour, on ne sait pas vraiment comment différencier la saine de la malsaine. En même temps, je me disais que c'était un mal pour un bien puisque, au moins, il allait me défendre contre Stéphane qui continuait de remplir ma mère de mensonges, comme on remplit une vieille valise de chaussettes sales. Parmi ces nombreuses histoires et divers plans pour lui soutirer de l'argent, je vais toujours me souvenir de ce soir-là, veille de mon anniversaire, où il a donné un chèque à ma mère, lui demandant de l'encaisser en lui disant qu'ils pourraient faire moitié-moitié.

Ma mère l'a déposé et a retiré l'argent et, tel que convenu, elle l'a séparé entre eux. Malheureusement, la combine n'a pas fonctionné comme prévu. La banque a contacté Henriette pour lui dire que le chèque avait déjà été encaissé et qu'elle devait remettre l'argent immédiatement dans son compte. Insultée, elle l'a dit à Stéphane qui lui a répondu :

– Oh mon Dieu, je suis tellement désolé, je ne le savais pas. Je vais aller voir le gars qui me l'a donné et il me redonnera l'argent pour qu'on puisse rembourser la banque. T'inquiète pas !

Ayant mis sa confiance en lui, elle l'a encore cru. Mais, bien évidemment, il a disparu la même journée ! Le lendemain, elle a couru après son argent, en crise difficilement gérable, jusqu'à ce qu'elle se ramasse dans une limousine avec un homme qui n'attendait pas à rire et qu'il lui fasse comprendre qu'elle n'aurait pas son argent.

Ma mère passait son temps au petit bar au métro Henri-Bourassa et Sam en profitait toujours pour débarquer chez moi, laissant son arme visible au premier regard. Fidèle à lui-même à chacun de ses passages, il en profitait pour se décharger en moi. J'avais tellement peur que je ne disais rien. Je figeais à chaque fois. Je fermais mes yeux et les images de la première agression ne faisaient que repasser en boucle. Je retenais mes sanglots et ma rage qui créaient un gros nœud au niveau de ma gorge, rendant ma respiration difficile, et je me disais: *Tiens bon, ça ne sera jamais aussi pire que la première fois et ce sera bientôt fini. Allez, respire, Gabrielle, ça va aller...*

Bizarrement, ma mère rentrait pas très longtemps après après chacun des viols de Sam, mais elle n'était jamais là au moment des faits pour faire son devoir et me protéger. N'ayant eu aucune réaction soutenante lorsque je lui ai raconté ma première agression, j'ai bien sûr évité de lui en reparler et d'avoir à revivre ça. Alors je gardais tout pour moi. J'avais déjà assez à *dealer* avec l'intérieur de moi-même, sans en plus devoir faire face à ce sentiment de rejet et de ne rien valoir pour ma mère. Comme si ce n'était pas assez pénible comme ça, elle a en plus pardonné à Stéphane et lui a permis de revenir vivre avec nous. En guise de punition, elle lui a interdit de dormir à ses côtés, justifiant le fait de l'envoyer aux miens...

En crise de désespoir et ayant toujours ce besoin d'exister, j'avais commencé à fréquenter officiellement cet ex qui avait laissé ses amis me tripoter, parce que, sérieux, qu'est-ce qui pouvait m'arriver de pire? Un soir d'hiver, il a décidé de m'emmener à l'hôtel pour une petite soirée d'amoureux. Je n'avais que 17 ans à cette époque. On est arrivés à l'hôtel et j'avais un de mes mauvais pressentiments qui me tourmentait profondément. Lorsqu'il a ouvert la porte de la chambre, j'ai pu constater qu'une dizaine de gars étaient là à m'attendre. J'ai catégoriquement refusé d'entrer et je suis partie en courant.

Bien contente d'y avoir échappé, en même temps je me questionnais à savoir pourquoi des choses comme celles-ci m'arrivaient aussi régulièrement! Ça n'arrêtait juste pas et je me sentais à bout de forces d'être toujours en lutte.

J'ai eu la réponse à cette question quelque temps après, par pur hasard. En fait, j'ai surpris une conversation de ma mère alors qu'elle appelait son *dealer* de drogues pour en commander:

– Sam, pour le paiement de ma conso, on fait comme d'habitude. Gabrielle sera dans sa chambre, tu n'auras qu'à te servir!

Je sais très bien ce que j'ai entendu, mais je n'arrivais tout simplement pas à y croire. Je suis donc allée rencontrer un ami pour lui faire part de ce que je venais d'entendre et il m'a répondu tout bonnement:

– Tu viens tout juste de le réaliser? Je croyais que tu le savais!

Pour ensuite m'énumérer tous les hommes qui m'avaient violée ou qui avait abusé de moi, et qui étaient, en réalité, le moyen pour ma mère de consommer davantage. J'étais la monnaie d'échange de ma mère qui m'a vendue un nombre indéfini de fois pour payer sa consommation.

Quand j'y repense, les choses commençaient à s'éclairer dans ma tête et chez moi, ça allait de pire en pire, avant même que j'aie pu confronter ma mère! À la fin, l'école me payait mes lunchs parce que je n'avais rien à manger à la maison. Il y avait toujours plein de gens chez moi. Ils consommaient et vidaient le réfrigérateur, alors que j'étais en train de compléter mon secondaire cinq et que je n'avais rien à voir avec cette vie. J'occupais un emploi à raison de cinq heures par semaine pour me permettre d'acheter de la nourriture et c'était le fruit de mon travail qu'ils dévoraient sans aucun scrupule.

Ils n'avaient aucun respect, consommaient, mangeaient et rentraient dans ma chambre en criant qu'ils voulaient coucher avec moi. J'avais beau leur dire non, mais j'étais l'outil et l'accessoire de la chambre du fond, je n'avais rien à ajouter. On va se dire les vraies affaires, dans le fond, le *pimp* c'était qui? Ma mère! Elle a bénéficié des fruits de mon exploitation sexuelle/viols. J'étais un outil qui lui permettait de consommer. La majorité des gars qui ont abusé de moi en profitant des problèmes de consommation de ma mère étaient bien heureux de la situation.

J'avais beau dire non ou me débattre, ça les excitait encore plus. J'étais perdue tel un navire naufragé au milieu de nulle part.

J'ai fini par tout avouer à mon père de ce qu'était ma vie depuis les dernières années. Il était furieux et voulait tuer ma mère qui, elle, avait perdu sa monnaie d'échange qui lui permettait de consommer. Mais au fond, il pouvait bien se fâcher maintenant, il n'a jamais rien fait lorsque je lui ai demandé de l'aide, alors il était en quelque sorte également responsable.

Par la suite, je me suis mise à recevoir des menaces de gens de l'entourage d'Henriette et de ses *dealers* de drogues, ceux qui m'ont violée. Ils me menaçaient de me tuer si je parlais. Allant même jusqu'à oser me dire que je leur devais de l'argent qui, en fait, devait être celui que ma mère leur devait. J'étais rendue à un point tel que je ne ressentais plus du tout la peur, alors je les envoyais promener en leur disant que je n'allais pas les payer.

Un soir, Sam et Stéphane sont allés jusqu'à m'attendre devant chez mon père pour m'agresser, mais j'ai crié si fort et je me suis débattue à un tel point que, par miracle, j'ai réussi à me défiler et à rentrer. Je n'arrêtais pas de me demander si, un jour, ils allaient passer à autre chose, parce qu'ils me suivaient littéralement partout.

Comme si ce n'était pas assez, ma chum, qui était éperdument en admiration devant Sam, est finalement tombée enceinte de lui. La vérité sur le calvaire qu'il m'a fait vivre a fini par sortir. Je ne pouvais plus garder ça pour moi. Bien sûr, elle ne m'a pas crue et m'a traitée de menteuse. Très franchement, je préférais me faire traiter ainsi plutôt que comme je l'avais été pendant toutes ces années. Je lui ai aussi avoué la partie qui concernait Ti-Pat qui a ensuite démenti le tout pour ne pas se faire traiter de gai, ce qui, par le fait même, n'a pas aidé ma cause. Mais je le comprends, alors l'idée de lui en vouloir ne m'a jamais effleuré l'esprit.

De nouveau seule, car mon entourage m'avait encore laissé tomber, même si au fond de moi, je croyais que c'était la meilleure chose possible, je me suis mise à réfléchir à ma vie et à mon avenir. Par un beau matin ensoleillé, alors que j'ouvrais à peine mes yeux, je me suis levée et j'ai pris la décision que je n'allais pas être comme elle. Je réalisais maintenant que ma vie, j'en étais maître. Mon futur allait devenir à l'image de mes valeurs personnelles et de ce que je voulais qu'il représente. Ce fut le plus beau cadeau que j'ai pu me faire.

Je suis donc allée demander de l'aide à la police en ce qui concernait les menaces constantes que je recevais et ils m'ont répondu qu'il n'y avait pas assez d'éléments pour déposer une plainte, car c'était juste des menaces. Même l'épisode devant chez mon père n'a pas été reconnu, et ce, même si je m'étais fait frapper par Stéphane et Sam, ils ne considéraient pas cela comme étant grave, puisque je ne portais pas de marques de l'agression... ils ne pouvaient rien y faire.

J'étais toujours sur mes gardes et j'avais toujours mon bâton de baseball à portée de main dans ma voiture, car ce n'est pas vrai que j'allais laisser tomber cet engagement que j'avais fait envers moi-même et un avenir digne de ce nom. À chaque fois que je descendais de l'auto, j'étais toujours sur le qui-vive, donc je scannais du regard mon environnement en me demandant continuellement: *Si la police ne peut pas me protéger, qui va le faire?*

Je n'avais donc pas le choix de trouver un moyen d'assurer ma propre défense! Il était hors de question que je continue de me faire avoir comme ça. Je devais reprendre le contrôle et bien que j'étais consciente qu'un bâton de baseball face à un *gun*, ça ne fait pas grand-chose, ça m'apportait tout de même un sentiment de sécurité. À partir de ce moment, je me suis promis de ne plus jamais me mettre dans des situations à risque d'être de nouveau agressée et ce n'est plus jamais arrivé! J'ai travaillé d'arrache-pied sur mon autonomie et je ne permettrai plus jamais à personne d'abuser de moi. Avoir une voiture, dans mon cas, ce n'était pas un privilège, mais une façon d'assurer mes déplacements en toute sécurité et de me donner la liberté de m'enfuir si quelque chose arrivait. Ce sentiment de sécurité était une de mes plus grandes priorités.

J'ai donc décidé de faire mes valises et de partir de chez ma mère, la laissant seule avec ses problèmes. Mon grand-père, qui a toujours été soucieux de moi et de ma sécurité, m'a dit avec sa douceur habituelle :

– Là, tu dois retourner chez ta mère, ç'a pas de bon sens, tu ne peux pas aller vivre chez ton père.

J'ai donc dû lui confier ce qui s'était passé et le pourquoi je ne pouvais pas y retourner, mais j'avais tellement peur qu'il me renie... Mais non, il m'a écoutée avec son habituel amour et tant de tristesse dans les yeux que, par moments, il allait se cacher dans les toilettes pour pleurer. J'ai dû arrêter de lui raconter mon histoire, car c'était clair qu'il n'y aurait pas survécu. C'est au moment de mes révélations à mon grand-père que j'ai commencé à réaliser que tout ce que ma mère me disait le concernant était totalement faux. Je lui racontais ma souffrance, aussi difficile fût-elle, et il l'accueillait avec tant de compassion et d'amour. La fin du monde n'était pas là, comme je la croyais arriver si un jour je parlais. Tranquillement, je réalisais tout le mal qu'on m'avait fait en me privant d'avoir une magnifique relation avec mes grands-parents. Pendant plus de dix ans, elle m'a dit que mes grands-parents étaient des monstres et ils ne le sont définitivement pas.

C'est à ce moment précis que j'ai pu recommencer à faire confiance et à confier mes histoires. Pendant toutes ces années, mon bijou de grand-papa a été présent dans le sens que je le voyais quand même assez souvent, mais j'étais continuellement mise en garde par ma mère de ne pas parler. Elle me répétait sans cesse à quel point c'était un monstre contrôlant qui allait nous séparer. Pendant une décennie, j'ai camouflé ma souffrance en dedans de moi et chaque fois que je le voyais, je m'armais d'un épais bouclier afin de l'empêcher d'avoir accès à ma douleur et à mes émotions.

Mon grand-père a fait de son mieux pour que j'aie une belle vie et tout ce dont j'avais besoin. Il a toujours donné de l'argent à ma mère pour s'assurer que je mange à ma faim et que je fasse toutes les activités dont j'avais envie. Mais Henriette prenait cet argent et le consommait, faisant en sorte que je n'ai jamais eu accès à ces bénéfices.

J'ai été la mère de celle qui m'a mise au monde et je le serai jusqu'à sa mort. Quand je suis partie, je l'ai poursuivie pour avoir une pension alimentaire, en lui disant :

– Tu vas me soutenir pendant que je vais faire mes études, parce qu'avec tout l'argent que tu m'as volé depuis que je suis toute petite, je vais m'en servir pour assurer ma survie. Mon plus gros stress sera d'étudier et de réussir mes cours pour me bâtir la vie que TU n'auras jamais été en mesure de m'offrir.

J'ai absolument tout fait pour aller chercher les outils dont j'avais besoin pour me bâtir une vie qui allait avoir de l'allure. J'ai surtout reconnecté avec les deux facettes de Gabrielle que j'avais en moi. Celle que j'étais quand j'étais avec ma mère et celle que j'étais lorsque mes grands-parents ou mon père étaient présents. Pendant dix années, je me suis répété continuellement que je ne pouvais tellement pas dire à personne ce qui se passait et j'avais toujours l'impression que, si je parlais, une bombe atomique allait littéralement faire exploser la planète. Mais quand on y pense bien, dans le fond, il y aurait eu juste ma mère qui se serait fait taper dessus et non moi... Avant, je ne le savais pas !

Je me suis toujours sentie responsable de l'état psychologique de ma mère et j'en ai porté le lourd fardeau. Comme elle était continuellement dépressive, j'ai toujours eu cette peur qu'elle se suicide si je parlais... Elle qui me disait toujours :

– Ton père ne t'a jamais aimée, il ne s'occupe pas et ne s'occupera jamais de toi, et tes mes grands-parents sont littéralement des *control freaks* et ils feront tout en leur pouvoir pour nous séparer.

En analysant le pourquoi j'ai gardé le silence si longtemps, je dois me rendre à l'évidence que ma distorsion m'amenait à croire que, si je le faisais, il n'allait plus me rester personne et aucun endroit où habiter... Je m'étais toujours dit que ça allait être pire. Le côté cruel de ma mère et le contrôle qu'elle effectuait sur moi étaient si insidieux... Une décennie tout entière d'abus a dû s'écouler pour que je prenne conscience que ça n'avait aucun bon sens.

À l'âge de seize ans, je voyais que je n'allais pas bien. Même si je ne réalisais pas totalement la cause de ce mal et que je n'en étais totalement pas responsable, je suis tout de même allée consulter un médecin, qui m'a diagnostiqué une dépression majeure et des troubles anxieux généralisés. Mais quand on y pense bien, qui aurait pu vivre ce que j'ai vécu sans se sentir dépressive ou anxieuse? Je n'ai pas réussi à lui confier ce que je vivais à l'époque, c'est donc le seul diagnostic qui a été émis. Comment aurais-je pu le lui dire? En prenant en considération que, même si ce n'était pas rose comme expériences, je commençais à me dire que c'était ça, ma vie.

- *Tu sais, quand t'es dedans, tu t'en rends même pas compte. T'es dedans, tu le vis, pis c'est normal, à la limite. C'est quand tu sors de là et que tu te mets à y penser que, tranquillement, tu réalises que ça n'a juste pas d'allure...*

À partir de ce moment, et ce jusqu'à aujourd'hui, j'ai commencé à prendre une médication, ce qui a entraîné malheureusement, ou heureusement, une prise de poids. Même si j'aimerais perdre du poids, au fond de moi ça me sécurise, car ça me donne l'impression d'être moins susceptible de vivre une nouvelle victimisation. C'est comme si je me disais qu'en étant plus grosse, je suis forcément moins attirante et donc moins à risque de me faire agresser encore.

Je pense souvent au nombre de fois où j'ai pu dire à ma mère qu'elle n'allait pas bien et qu'elle devrait consulter... Elle ne m'a jamais écoutée. Encore aujourd'hui, c'est une femme souffrante et elle ne le reconnait pas, pas plus qu'elle ne reconnait la totalité du mal qu'elle m'a fait... Je parle de totalité, car elle m'a tout de même présenté des excuses pour certaines choses.

Mais la vie est bien faite et avec ma grande résilience, j'ai choisi que jamais je n'allais être comme elle et j'ai bûché, continué l'école et toujours travaillé. Après avoir finalement vu la lumière au bout du tunnel et avoir pu observer ma vie d'un point de vue plus objectif, j'ai réalisé que tout ça n'avait aucun bon sens et jamais je n'ai fait d'autre transaction de nature sexuelle, ni pour une tierce personne ni pour mon propre compte.

Je revois encore mon grand-père qui m'avait fait un genre de prévention quand j'étais adolescente, en me disant :

– Ben là, si un gars t'offre des bijoux, n'accepte pas de coucher avec. Là, ça, c'est de la prostitution !

Son intention était bonne, même si je me rends compte, par mon propre parcours de vie ou celui d'autres filles, que la prostitution peut se faire de façon si insidieuse qu'on ne le réalise pas avant longtemps. On le constate une fois que le piège s'est refermé, pas avant ! Personne non plus ne nous met en garde que l'individu qui nous exploite sexuellement peut également être un membre de notre famille comme, dans mon cas, ma mère.

Alors je me suis dit : *Je vais contribuer à faire une différence dans la vie des gens. Je ne serai pas comme elle, je vais faire le bien à la place de détruire. Je vais devenir quelqu'un, je vais étudier et travailler afin de contribuer à l'avancement de la société.*

Tout d'abord, j'ai fait un DEC[13] en sciences humaines, profil individu, et par la suite, j'ai été admise à l'université où j'ai fait un premier certificat en criminologie, un deuxième en santé mentale et un troisième en victimes, violence et société, afin d'obtenir un « baccalauréat ès sciences ». À la suite de cela, j'ai également complété un certificat en gestion de santé et services sociaux. De prime abord, je voulais travailler avec les agresseurs sexuels, parce que je voulais comprendre leurs motivations à vouloir faire du mal à des femmes et à des enfants. Je voulais comprendre l'excitation que la souffrance leur procurait.

Puis, un beau jour, je suis tombée enceinte de mon compagnon de vie. J'ai tellement eu peur de finir comme ma mère, parce que je n'avais jamais eu de modèle, j'avais une peur bleue

13. Diplôme d'études collégiales au cégep.

de ce que j'allais devenir. Allais-je être une bonne mère pour ce petit être qui grandissait en moi? Une autre peur que j'avais et que j'ai encore aujourd'hui, c'est l'alcoolisme... Quand tu constates comment ça peut détruire la vie des gens dans ton entourage, tu n'as pas envie d'avoir ce genre de problème. Je ne bois que très rarement et jamais excessivement.

Je suis devenue hypersensible après avoir eu mon enfant et j'ai dû réorienter ma carrière, car à chaque fois que je voyais un pédophile, j'avais envie de lui arracher la tête. J'ai eu la sagesse de prendre un autre chemin pour changer le monde et j'ai commencé à travailler auprès des étudiants en me disant que, si j'avais eu une intervenante qui aurait pris le temps de m'écouter, peut-être ça aurait pu s'arrêter avant d'en arriver aussi loin.

Ma mère paie très fort le prix de son alcoolisme aujourd'hui. Son foie est fini, elle fait une cirrhose et a de graves problèmes de rétention d'eau. Elle ne peut plus fumer ni boire d'alcool et encore moins consommer de la drogue, car la faux de la mort lui pend au bout du nez. Ces choses étaient ses seuls plaisirs de la vie. Celle-ci lui a donc fait payer ses excès en lui enlevant ce qu'elle aimait le plus, en guise de châtiment de m'avoir volé ce qui était le plus précieux en moi. J'appelle ça le karma.

Aujourd'hui, ça fait onze ans que je suis avec mon conjoint et ça, c'est une méga étape dans ma vie. J'ai toujours été super autonome et cette autonomie s'est développée très vite chez moi. Ayant été la mère de ma mère, ça allait de soi. Alors faire confiance à un homme, cela a été toute une épreuve. L'homme avec qui je partage ma vie m'a permis d'apprendre à me faire confiance et à me considérer comme autre chose qu'un objet sexuel. Même encore aujourd'hui, je me dis: *À qui est-ce que je peux vraiment faire confiance?*

Pour moi, mes parents, ce sont mes grands-parents. J'ai perdu tant d'années loin d'eux à cause du *brainwashing* de ma mère. Ma grand-mère a fini par me confier qu'elle avait été violée par trois hommes desquels elle a eu un enfant, qui est mon oncle. Sa confidence m'a amenée à constater que je n'étais pas seule et que même si on a survécu au pire, on peut définitivement être de bonnes personnes et faire du bien autour de nous, tout en étant une bonne maman et une grand-maman hors pair.

Quand, aujourd'hui, je regarde mon parcours avec l'éducation que j'ai et l'expérience professionnelle que j'ai acquise, je constate que, dans mon dossier, la DPJ n'a jamais rien fait. Il n'y a eu aucun signalement de mes amis, de l'école et même de mes grands-parents qui ne savaient pas ce qui se passait et qui croyaient qu'en me voyant de temps en temps, ils m'assuraient un genre de protection.

Dans mon parcours de vie, j'ai eu l'aide de psychologues à la suite de mon diagnostic de dépression, mais jamais de l'IVAC. Je ne me suis jamais considérée comme une victime et j'en refuse le nom. Si j'en venais un jour à l'accepter, ça voudrait dire que, pendant une période de ma vie, j'ai perdu mon pouvoir au détriment de gens qui se le sont attribué en l'utilisant pour me détruire, et ça, j'en suis incapable.

Le psychologue, je ne le vois pas sur une base régulière, mais chaque fois que je le rencontre, c'est toujours en lien avec mon anxiété et mes crises de panique. Quand tu es médicamenté comme je le suis, tu es dans l'obligation de consulter. Et chaque fois que je tente d'avoir de l'aide, ça revient toujours à :

– Oh mon Dieu, c'est pas facile ce que tu as vécu ! ! !

– Euh... allô ? Je le sais, c'est moi qui avais le rôle principal ! ! ! ! ! !

Et chaque fois, c'est la même chose ! Ces intervenants veulent toujours que je me mette dans la peau d'une victime, mais je ne veux pas aller là ! J'en suis incapable ! Ne serait-il pas possible qu'à la place de m'imposer un modèle et de me coller une étiquette, on travaille sur les symptômes qui me permettraient d'aller mieux et, qui sait, peut-être qu'un jour j'arriverai là où ils veulent m'amener. Mais dans le fond, est-ce vraiment nécessaire d'avoir cette étiquette ? Je ne veux pas me voir en victime, car aujourd'hui je me dis que ce que j'ai vécu m'a permis de devenir la personne que je suis maintenant. J'ai donc effectivement été victime des circonstances, mais je ne porterai pas ce nom qui tend à rabaisser les gens.

Si j'avais des recommandations à faire, je dirais qu'il faut plus de différents types de professionnels qui assurent une présence constante dans les écoles, car ce sont eux qui sont en contact avec les enfants. De plus, il est primordial qu'ils réussissent à établir une relation de confiance avec ces derniers, sinon, ils ne parleront pas. Bien souvent, vous pouvez constater que la situation de l'enfant est problématique et que ses besoins de base ne sont même pas répondus, toutefois n'oubliez jamais que, pour lui, c'est tout ce qu'il connait, alors il est incapable de dire que ça ne va pas.

On doit définitivement bonifier les services à la jeunesse et faire de la prévention au niveau du primaire sur ce qu'est une agression. Car je vous le répète, ce qui est inacceptable pour vous fait partie de la normalité chez eux. Ces jeunes sont donc incapables de vous dire que quelque chose ne va pas. On doit travailler l'estime de soi des enfants par des ateliers et des activités, car il est trop facile pour un agresseur de faire porter le fardeau de la culpabilité de l'agression à sa jeune victime qui finit par croire qu'elle a mérité cela. De plus, on doit éduquer les enfants en ce qui concerne les agresseurs. Souvent, ils ne sont pas de méchants inconnus, mais des gens qui peuvent être très près d'eux et même dans leur famille immédiate, et que ce n'est pas nécessairement un homme, ça peut aussi être une femme.

Et je tiens à ajouter: *Il n'est jamais trop tard pour s'en sortir et être heureuse.*

## *Je m'appelle Mélanie T...*

■ ■

**J'**ai accepté de participer à cet ouvrage, car j'ai envie que mon histoire illustre les difficultés auxquelles les filles comme moi sont confrontées lorsqu'elles ont besoin d'aide, mais sans être nécessairement en mesure d'en demander. Je suis persuadée que mon parcours de vie est démonstratif du vécu de plusieurs étant ou ayant été sous la tutelle des services sociaux. Puisse mon témoignage apporter une contribution dans les changements à apporter pour faire en sorte que les services soient davantage efficaces. Voici mon histoire.

■ ■

Née avec un syndrome de sevrage néonatal, puisque ma mère s'injectait de la cocaïne pendant sa grossesse et mon père également, j'ai été prise en charge par la Protection de la jeunesse alors que je venais à peine de naître. Mon enfance se résume donc à être continuellement déplacée d'un foyer à un autre, que ce soit dans des familles d'accueil ou chez divers membres de ma famille, tels que des tantes. Mes contacts avec ma mère étaient limités et supervisés par la DPJ. Au total, j'ai fait cinq familles d'accueil entre ma naissance et mes neuf ans, en plus des multiples essais en milieu familial auprès de différents membres de ma famille. À l'âge neuf ans, on m'a envoyée vivre dans un foyer de groupe jusqu'à douze ans. L'âge limite pour résider dans ce dernier étant atteinte, on m'a transférée dans un foyer pour adolescentes dans lequel j'ai resté là-bas pendant un an. À la suite de cela, on m'a envoyée vivre chez ma grand-maman. Je présume que c'était pour pouvoir m'offrir une vie un peu plus normale, mais ça ne s'est pas trop bien passé. N'étant pas habituée de vivre sans un encadrement serré, je faisais ce que je voulais, quand je le voulais. Je ne l'écoutais pas du tout et je n'avais aucun problème à utiliser la manipulation pour avoir tout ce que je désirais. Comme si ma grand-mère n'avait pas assez de travail à tenter de faire quelque chose de bien avec moi, elle devait aussi gérer les appels téléphoniques de mon père qui n'était pas de tout repos, allant même jusqu'à lui faire de multiples menaces.

Comme si ma situation chez mamie n'était pas assez catastrophique, j'ai également été victime d'un viol et j'ai dû me rendre à l'hôpital pour faire le test médico-légal. Ma travailleuse sociale qui était en charge de mon suivi est passée me voir pour m'annoncer que je ne retournerais pas vivre chez ma grand-mère. Dans les faits, celle-ci était dans le processus de terminer d'effectuer les démarches nécessaires à mon placement en Centre jeunesse. Je n'avais que treize ans à cette époque et j'avais dû me présenter devant le juge qui a ordonné mon placement jusqu'à mes dix-huit ans. Maintenant, je sais que son intention était de m'offrir la possibilité d'avoir un endroit stable où rester… Mais à treize ans, recevoir un jugement de la sorte, c'est un peu comme une sentence à perpétuité, car c'est toute mon adolescence qui allait y passer. Du moins, c'est comme ça que je le percevais.

On m'a envoyée dans la crème de la crème des Centres jeunesse pour filles, puisque c'était le seul à « sécurité maximum » de ma région. Je suis donc arrivée là avec mon gros treize ans, après avoir été ballottée d'un côté et de l'autre depuis ma naissance. Le Centre jeunesse étant mon treizième foyer depuis le début de mon existence… Treize ans, treize foyers…

L'unité qu'on m'avait attribuée était composée de douze adolescentes, incluant moi et je me souviens d'avoir été quand même bien accueillie par celles avec qui j'allais cohabiter. À mon arrivée, on m'a donné une chambre, grandeur cellule de détention, et remis les règlements de l'unité, en m'indiquant qui serait mon éducatrice de suivi.

J'étais la plus jeune de l'unité, le petit bébé, et à peine arrivée, j'ai dû intégrer toute la programmation qui était assez serrée ainsi que les activités mises en place par les éducateurs. Deux jours après, on a eu une activité de groupe dans laquelle on nous a demandé de dessiner un *pimp*.

*Euh... c'est quoi un pimp et ça ressemble à quoi ? Et c'est quoi ça de la prostitution ?*

Je n'avais eu aucune préparation pour élaborer sur ces sujets-là et je n'avais aucune idée de quoi ils parlaient. Comme si le fait qu'on soit en Centre jeunesse voulait automatiquement dire qu'on avait un lien quelconque avec la prostitution... Mais bon, c'était resté comme ça, je n'ai pas posé plus de questions.

Veux, veux pas, comme tu cohabites avec les autres filles de ton unité, tu commences à créer des liens avec elles. Il y avait une fille que j'affectionnais particulièrement et que je considérais vraiment comme une amie, et qui a fugué. Les jours ont passé et qui sont devenus des semaines, puis des mois et toujours pas de nouvelles. Les éducateurs de l'unité ont commencé à dire que c'était certain qu'elle s'était fait ramasser par des *pimps* et qu'elle était forcée de faire des choses contre son gré.

Tranquillement, tout ça a commencé à jouer dans ma tête et je me suis dit qu'elle avait beau vivre ce qu'elle vivait, au moins, elle n'était plus au centre... Pour moi, c'était assez, parce qu'il était plus que clair que je n'avais pas envie d'y être non plus et en même temps, ça m'inquiétait de savoir qu'elle pouvait être en danger. Si elle était en danger, je devais lui venir en aide, je ne pouvais pas la laisser comme ça. J'ai donc pris contact avec son ancien chum via Facebook en lui envoyant un message lui demandant s'il savait où elle était. Voici ce qu'il m'a répondu :

– Bien sûr que je sais où ! Si tu pars du centre, je vais t'amener à elle sans problème ! T'as juste à fuguer et je t'amène sans stress ! Je suis là pour toi !

Remplie d'espoir, j'en ai parlé à une autre fille de l'unité, Sabrina, et on s'est mises en tête qu'on allait fuguer pour la sortir du pétrin. On a donc préparé notre départ en catimini en se répétant que c'était notre devoir de l'aider. Dans l'heure qui a suivi, on a été à la rencontre de son ex et, bien vite, on a réalisé qu'en fait il n'avait aucune idée d'où était notre amie et qu'au fond, la seule chose qu'il voulait, c'était de nous attirer à lui, chose qu'il a très bien réussie. Il nous a amenées à un groupe de jeunes qui, eux, nous ont amenées chez un homme plus âgé. C'était un vieux pervers et tous les murs de son appartement étaient recouverts de photos de femmes nues.

Sabrina et moi-même étions totalement apeurées à un point tel que lorsque le gang nous a ordonné de coucher avec chacun d'eux, on a obéi sans broncher. Assez rapidement, on a réalisé que notre plan de sauveuses était complètement tombé à l'eau et que, sous peu, c'est nous qui aurions nécessairement besoin d'être sauvées. Tout de suite après avoir passé chacun des hommes présents sur les lieux, on nous a ordonné de monter dans la voiture et on s'est stationnés devant un motel. Dans les minutes qui ont suivi l'immobilisation de la voiture, un homme a pris place dans le véhicule, le chauffeur lui indiquant la marchandise disponible et lui demandant de faire son choix. L'homme, nous l'avons compris assez vite, était en fait un client qui choisissait entre deux jeunes adolescentes, ayant respectivement quatorze ans pour mon amie et treize ans pour moi, sans en éprouver le moindre remords. Il a choisi Sabrina, payé le chauffeur et monté dans la chambre avec elle. Le chauffeur, qui était en fait un *pimp*, et moi l'avons attendue dans la voiture. Une fois terminé, elle est revenue à nous, les yeux pleins d'eau et le gros motton dans la gorge. Elle a pris place sans dire un mot. C'était le silence absolu, on aurait pu entendre une mouche voler. Notre marchandeur nous a ensuite conduites toutes les deux à un appartement où il y avait une poignée d'hommes qui nous attendaient. L'appartement avait des allures de *trap house*[14], rien de rassurant.

---

14. Un *trap house* est un domicile converti en lieu où on vend de la drogue et/ou que les toxicomanes consomment sur place. Il y a également des activités prostitutionnelles sur place où celles ayant de graves problèmes de consommation préfèrent être pour avoir accès à leur prochain hit plus rapidement. En général, l'endroit est désuet et sale.

Il nous a tout simplement laissées là sur place aux mains d'autres hommes étrangers. Au total, ils étaient cinq qui nous ont fait signe de nous diriger vers la chambre dans laquelle il n'y avait qu'un matelas au sol et rien d'autre. L'appartement était affreusement sale et l'odeur était un mélange de drogues, rien de très réjouissant ou même rassurant. Sabrina et moi étions assises sur le matelas et les gars qui étaient là nous ont donné de l'*extasy* ainsi qu'un verre d'alcool contenant du GHB[15], chose qu'on ignorait. Voulant fuir ce cauchemar, nous n'avons pas hésité à consommer drogue et alcool. Nous ne voulions pas nous souvenir de ce qui s'était passé.

Quelques instants plus tard, Sabrina s'est écroulée et ses yeux ont tourné au blanc en me disant :

– Je ne me sens pas bien… je ne sens plus mon corps…

– Allez, lève-toi, on s'en va d'ici ! ! ! ! !

Mais elle en était totalement incapable, ses jambes n'ayant plus aucun tonus; c'était de la guenille à l'état pur. J'ai essayé de la lever pour l'emmener avec moi, mais je n'ai pu le faire parce qu'elle était trop lourde.

J'étais encore toute jeune, mais je savais très bien que mon amie n'allait vraiment pas bien et que c'était très probablement une *overdose*. Affolée, je suis sortie de la chambre pour aviser les gars que ça n'allait pas. À mon grand désarroi, ils n'étaient plus cinq comme à notre arrivée, mais dix, alignés dans le corridor, à se préparer à nous passer dessus. Ils avaient tous la main dans leur pantalon à caresser leur chose. Ça n'augurait donc rien de bon.

J'étais en mode survie et c'est fou l'inspiration qu'on peut avoir quand on se sent en danger. Je suis donc allée voir le seul dont je connaissais le nom pour lui indiquer que Sabrina, qui avait plein d'allergies et qui avait normalement une EpiPen avec elle, était en train de faire une crise et que je devais absolument aller chercher sa médication à la pharmacie. Chance pour moi, il a réalisé assez rapidement la nécessité qu'elle ait sa médication

---

15. Une drogue décrite comme la drogue du viol.

et ne voulant pas avoir un cadavre sur la conscience, il m'a autorisée à y aller.

– Fais vite !, qu'il m'a dit.

Je pense que j'ai eu au maximum trente secondes de sentiment d'espoir, avant que le gros baraqué du gang se mette devant moi en me bloquant la route et me demande :

– Où penses-tu que tu t'en vas ?

– J'ai eu la permission de Rick.

Et j'ai passé vite vite entre lui et le cadrage de porte et pris mes jambes à mon coup. Ne connaissant pas le quartier où on était, je me sentais un peu désemparée. Toutefois, pas trop loin de l'appart, il y avait une station-service et j'y suis accourue en criant à la caissière :

– S'il vous plaît, si y'a un groupe d'hommes qui arrive, ne les laisse pas partir avec moi ! ! ! ! !

À peine ma phrase terminée, j'ai constaté que ce que je venais de dire n'avait aucun sens. Si les gars entraient dans la station-service, qu'est-ce que la petite madame aurait bien pu faire ? Aussi vite entrée, aussi vite ressortie. À peine sortie, j'ai pu voir un autobus arriver et je me suis empressée d'y monter. Totalement en détresse, j'ai demandé à tout le monde dans l'autobus s'il y avait quelqu'un qui avait un cellulaire et qui accepterait de me le prêter pour que je puisse faire un appel. Le chauffeur d'autobus, constatant ma détresse, m'a fait signe qu'il y avait une voiture de police dans la rue. À la vue de celle-ci, j'ai ressenti un grand soulagement et je me suis empressée de la rejoindre et je n'ai pas hésité à ouvrir la portière et m'asseoir directement à l'avant.

À peine assise, en état de panique, j'ai dit au policier :

– Monsieur, s'il vous plait, mon amie est prise dans un appartement ! ! ! ! !

– Ok, mais c'est quoi l'adresse ?, m'a-t-il répondu.

Et là, j'ai réalisé que l'adresse, je ne la connaissais pas et que j'étais sous l'effet de la drogue qu'ils nous avaient fait prendre, rendant encore plus difficile la communication et surtout la compréhension de ce que je disais. Le policier a pris un air hautain et a ajouté :

– Ben là, tu vas me dire que ton amie se fait droguer et que tu ne penses pas à regarder l'adresse ?

– Non, je n'y ai pas pensé ! J'ai des gars qui me courent après et, non, je n'y ai pas pensé !

Deux des gars du gang m'avaient suivie. Toujours assise dans la voiture, je les ai vus passer, juste à côté de nous... Je me suis mise à trembler et j'ai dit à l'agent :

– Monsieur, c'est eux, c'est eux !

Malheureusement, le policier ne m'a pas crue et a fait fi de mon cri de désespoir. Il a tout simplement utilisé sa radio et dit :

– JJ'ai avec moi une jeune fille en détresse.

Ces mots résonnant à mes oreilles et ajoutant au fait qu'il n'avait pas pris ma dénonciation au sérieux, la pire peur qu'on puisse imaginer s'est emparée de tout mon être. Des histoires farfelues ont dès lors envahi mon esprit et me disaient que peut-être que le policier était complice de ceux qui m'avaient fait du mal et que, visiblement, ils cherchaient à m'en faire encore. Mon corps tout entier s'est mis à trembler. J'ai saisi la poignée de la porte de la voiture, je l'ai ouverte et j'ai descendu d'un bond pour partir à courir. L'agent, un peu découragé de mon cas, m'a suivie en courant et, bien sûr, rattrapée, menottée et évidement ramenée en Centre jeunesse. L'utilisation des menottes à mon endroit, peu après avoir vécu l'agression, avait rehaussé ma détresse.

Le lendemain de mon retour, mon éducatrice de suivi est venue me rencontrer et m'a annoncé que Sabrina avait été retrouvée.

Étant donné que les gars m'ont vue avec la police, ils ont eu peur qu'on débarque à l'appartement et ils ont tout simplement déposé Sabrina au dépanneur, inconsciente. Ni dans le cas de cette dernière ni dans le mien, la police ne s'est un tant soit peu intéressée à ce qui s'était passé. Aucune question ne nous a été posée, aucune arrestation ou même vérification n'a été faite.

C'est ma travailleuse sociale qui a pris l'initiative de m'emmener au poste de police pour remplir une déclaration. Mais même rendue au poste, je ne me sentais pas en sécurité. Chaque individu qui y entrait et qui possédait ne serait-ce qu'un point de ressemblance physiologique à l'un de mes agresseurs faisait en sorte que je me remette à trembler. J'ai tout de même réussi à compléter ma déclaration avec le plus de détails possible.

Par la suite, je me suis tenue tranquille un petit bout de temps, mais tout ça ne m'a définitivement pas enlevé la possibilité de repartir. La fugue suivante a été préparée un peu de la même façon. Je suis entrée en communication via Facebook avec un gars qui était là dans ma première fugue, Jimmy, et on a échangé régulièrement. C'était la saison estivale et compte tenu que je n'avais pas encore l'âge de travailler, j'ai commencé un programme qui consistait à faire comme si on gérait une compagnie de ménage. Ils nous montraient comment faire pour gérer une entreprise en échange qu'on effectue les tâches ménagères chez les gens qui en faisaient la demande. Je profitais donc de ces moments pour aller voir Jimmy, ce qui me faisait inévitablement arriver en retard au centre.

C'est sûr que, si on regarde ça objectivement, on peut se dire que ce n'était pas brillant, mais pour moi, du moins à ce moment-là, je ne le voyais pas comme ça. Dans les faits, Jimmy était pour moi un sauveur. Il était attentionné et pansait ma douleur découlant des agressions que j'avais subies et, surtout, il me changeait les idées face à cette privation de liberté que représente le fait d'être sous la tutelle des services sociaux et, de surcroît, en hébergement. Il me donnait l'amour, l'attention, la sécurité et le sentiment d'appartenance dont j'avais besoin. Tous des besoins normaux pour une jeune de treize ans qui a été retirée de sa famille, de son école et de ses amis. Il comblait mes besoins d'une façon que le centre n'était pas en mesure de le faire...

Après quelque mois à communiquer et à se voir en catimini, Jimmy m'a annoncé que sa mère partait en voyage pour deux semaines et il m'a invitée à venir passer ce temps-là avec lui, chez lui. Le choix entre deux semaines de liberté dans une maison auprès de celui qui représentait à mes yeux mon sauveur et deux semaines de plus dans un environnement qui m'étouffait n'était pas très difficile à faire.

J'ai donc préparé mes affaires et je suis repartie en fugue dans l'objectif de passer deux semaines de rêve. Tout se passait relativement bien jusqu'à la nuit où lui et son ami m'ont conduite à Laval en me disant, un coup arrivé sur les lieux :

– Tu vois l'auto là-bas ?

– Oui, de leur répondre.

Et ils ont poursuivi :

– Ben, c'est un client qui est là et Sabrina est là aussi. Faut que t'ailles faire le client avec elle.

J'ai capoté. Je ne voulais tellement pas faire ça. Mais là, il y avait les deux gars qui me regardaient en me disant :

– On a besoin d'argent. Donc, t'as pas vraiment le choix.

Comme je n'avais pas d'argent à leur donner et parce qu'ils m'avaient aidée, je me sentais obligée par loyauté de le faire et de me plier à leur demande. Contre mon gré, parce qu'il était hors de question que je retourne au centre, j'ai obéi en descendant de la voiture et en me dirigeant vers l'autre véhicule. Finalement, lorsqu'ils ont constaté que j'allais vraiment le faire, ils m'ont rappelée à eux :

– Mélanie, reviens, c'était juste un test pour savoir si t'allais le faire !

À peine après avoir rebroussé chemin, l'un d'eux a pris mon téléphone et s'est mis à texter un de mes amis, en se faisant passer pour moi, pour lui demander s'il ne connaitrait pas quelqu'un qui serait prêt à payer pour avoir du sexe. Mon ami lui a alors répondu :

– Oui, oui, j'ai quelqu'un ! ! ! !

Une fois l'appel confirmé, on s'est donc dirigés vers un hôtel à Laval où le client avait pris une chambre. Le client en question était un jeune homme dominicain qui a tôt vu que je n'allais pas bien. En plus, j'avais mes règles et personne ne m'avait parlé de la façon de les camoufler avec une éponge[16]. À cette époque, je ne m'y connaissais pas du tout. Voyant mon désespoir, le client m'a dit :

– Écoute, si ça ne va pas, tu peux partir, y'a pas de problème.

Et moi de lui répondre :

– Si je retourne dans la voiture sans argent, ça risque de très mal aller.

Super gentil et compréhensif, il m'a tout de même payée et laissée partir afin que je n'aie pas de problèmes.

À mes yeux, eux non plus ne se souciaient pas de mon bien-être, pas plus que ceux de ma première fugue. Si je restais, il allait de soi que la suite ne me plairait pas. Mais en même temps, je ne voulais tellement pas retourner en centre…

C'était une décision qui était difficile à prendre, je me sentais divisée entre le besoin de vivre ma liberté et la soi-disant sécurité du centre qui venait avec un retrait total de cette liberté. Étant incapable de prendre la décision par moi-même, la vie s'en est chargée puisque le service de police m'a retracée et, bien sûr, ramenée à mon lieu de confinement. Du centre, j'ai gardé le contact avec lui, parce que je l'aimais.

Il a été le premier, le seul qui a su être à mon écoute et qui a pris le temps de me relever quand ça n'allait pas bien. Si j'acceptais de faire les choses comme il le faut, la prochaine fois, on pourrait enfin vivre le rêve dont il me parlait tout le temps. J'ai donc pris la décision de fuguer de nouveau et de faire les choses comme il faut. Cette fois-ci, ça n'a pas traîné et c'était pas mal

16. L'éponge de mer est utilisée par les prostituées pour camoufler qu'elles ont leurs règles et leur permettre de travailler même durant ces périodes. Elle est insérée à l'intérieur du vagin et doit être retirée et nettoyée plusieurs fois par jour et après chaque relation sexuelle. Cette utilisation met à risque de graves infections pour celles qui les utilisent.

plus sérieux. Dès ma première journée de fugue, il a commencé à mettre des annonces sur les sites utilisés pour vendre des services sexuels. Parfois, il m'envoyait dans des hôtels où je recevais des clients et d'autres fois c'était dans des appartements aux mêmes fins.

Je donnais à Jimmy tout mon argent sans riposter, parce que c'était ce que je devais faire en premier lieu et aussi parce que je commençais à vraiment avoir peur de lui. Il pouvait être d'une telle cruauté. Il me battait à tous moments pour aucune raison et quand ses amis étaient présents, ils les laissaient me tripoter, me violer et abuser de moi. Parfois, ils allaient jusqu'à me verser de l'alcool sur la tête, comme si je n'étais qu'une merde et une moins que rien. Jimmy n'assurait pas ma sécurité, il ne me défendait pas, c'est moi qui devais le faire seul.

À titre d'exemple, je me souviens d'un soir où Jimmy m'a amenée en voiture dans un quartier industriel, en banlieue. Il m'a sortie de l'auto et a commencé à me battre. Même couchée par terre en boule, il continuait de me donner des coups. Il allait me laisser là, seule dans le noir, étendue par terre, et en plus, je n'avais pas de téléphone. J'étais dans un endroit perdu et au désespoir. Quand il a remonté dans l'automobile, j'ai tenté le tout pour le tout et je me suis accrochée après le pare-brise pour qu'il ne me laisse pas là. Même avec tout ce que j'endurais, je restais... jusqu'à ce que je me fasse de nouveau prendre et retourner au centre...

Dans ce milieu, tout vient par se savoir. Une nouvelle fille que je connaissais depuis mon école primaire s'est jointe à mon unité et elle a appris que Jimmy était mon chum, ce qui l'a mise dans tous ses états. Elle a fini par me confier qu'il l'avait violée et qu'elle avait porté plainte contre lui. Je savais que je pouvais lui faire confiance et qu'elle n'était pas du genre à inventer des choses. J'ai donc appelé Jimmy à partir du centre et je lui ai dit que lui et moi, c'était fini !

Bien évidement qu'il n'a pas accepté cela et il m'a fait diverses menaces comme quoi si je ne retournais pas avec lui, il allait faire en sorte qu'on s'occupe de moi.

Quelques semaines plus tard, je suis allée au dépanneur et son gang d'amis y est entré. J'étais morte de peur. Je me suis donc cachée dans un magasin avoisinant et j'ai appelé et attendu la police. À l'arrivée des agents, je leur ai tout déballé de mon histoire et j'ai porté plainte, car je ne pouvais définitivement plus vivre comme ça dans la peur. Ça devait s'arrêter. La première étape terminée qui consistait au dépôt de la plainte, je suis passée à celle de rencontrer les enquêteurs et de faire un témoignage vidéo.

Jimmy a fini par se faire arrêter et a été détenu. La cour lui avait refusé sa remise en liberté sous caution, car le dossier était trop lourd pour prendre le risque qu'il fasse d'autres victimes. Qui plus est, le service de police avait envoyé une policière *undercover* qui s'est fait passer pour une fugueuse et il a essayé de la faire travailler également. Ça regardait vraiment mal pour lui. Pendant qu'il était détenu, il a fait en sorte de faire circuler ma photo sur les réseaux sociaux, sous laquelle était écrit *SNITCH*[17]. Tout le monde de la rue a vu mon visage, tous les gars de gang. La police ne pouvait rien faire, car elle devait avoir une preuve que c'était bien lui qui avait parti le bal, sans quoi toute forme de poursuite s'avérait impossible.

Je suis restée tranquille pendant un temps, puis j'ai fugué encore avec un autre groupe de personnes et je me suis de nouveau retrouvée dans la prostitution. La même histoire qui se répétait, encore et encore. Ce n'est pas parce que j'aimais me prostituer, mais seulement parce que j'aimais mieux ça que d'être au centre. Maintenant, quand j'observe l'ensemble de la situation, il est plus que clair que j'ai eu un lavage de cerveau de la part des gars, renforcé par le style de vie, la façon dont ils parlent des femmes, bien sûr, la musique hip hop dont les paroles nous rappellent continuellement que nous ne sommes bonnes qu'à baiser... Je n'avais que treize ans quand je suis entrée dans ce milieu, j'étais en mode apprentissage et développement de mon identité; j'absorbais tout ce qu'ils me demandaient ou exi-

17. Moucharde, délatrice.

geaient que je sois. C'était impossible de voir les *red flags*. J'ai adhéré à ce mode de vie et j'y ai cru.

Je continuais donc à fuguer, et même si le danger était imminent et que ma sécurité physique, voire même ma vie étaient continuellement menacées. C'était toujours la même histoire : je fuguais, j'étais prise dans un réseau avec des *pimps* qui me maltraitaient, je me faisais prendre par la police et je retournais au centre. Mon cycle de vie se répétait encore et encore, tout ça parce que j'avais besoin d'exister. Ce n'était pas parce que je ne voulais pas changer que je m'enfuyais et qu'il m'arrivait toujours la même chose, mais c'était tellement moins pire à mes yeux de risquer ma vie plutôt que de vivre comme si j'étais une criminelle et être privée de liberté.

À chaque retour de fugue, on me sortait de mon unité régulière et on me mettait en encadrement intensif. Encadrement intensif voulait dire un retrait total de toute forme de liberté, donc aucun droit de sortie. Ce qui signifiait qu'à Noël, au jour de l'An et à mon anniversaire, j'étais toujours « pognée » en intensif, et ce, pendant quelques années de suite, donc pas le droit de voir ma famille. Je me sentais tellement seule et incomprise. J'étais coupée du monde, et les seules personnes qui avaient un droit de visite étaient les membres de ma famille et seule ma grand-mère venait me voir. Elle était là à chaque visite et pendant le temps des fêtes, prenant bien soin de souligner chaque événement. Un autre constat, qui pourrait en quelque sorte expliquer mon vécu et toutes ces expériences de vie, compte tenu du fait que mon père n'a jamais été présent dans ma vie, c'était comme si je croyais qu'en me mettant en danger, il allait enfin se réveiller et réaliser que sa fille avait besoin de lui. Mais ça n'a jamais marché !

Il était plus que clair que de toutes ces expériences découlaient des symptômes du trouble de stress post-traumatique, et pendant le temps où j'étais au centre, on m'a fait voir une psychiatre afin d'obtenir une évaluation. Elle n'a jamais exploré la possibilité que mon vécu m'ait apporté quelques séquelles que ce soient. Elle m'a uniquement diagnostiqué un trouble de la personnalité limite, après une seule rencontre, et m'a prescrit du Seroquel[18]. Aucune aide en lien avec les TSPT[19] n'a jamais été mise en place, aucun suivi psychologique ou une quelconque aide destinée aux personnes victimes d'actes criminels. La seule chose que j'ai obtenue, c'est un diagnostic de troubles mentaux, mais jamais, au grand jamais, on a essayé de voir si mes symptômes étaient en fait uniquement réactifs à ce que j'avais vécu. Le Seroquel m'aidait un peu mais sans plus. Disons que ça gelait mon mal et m'aidait à dormir.

En ce qui concerne le procès de Jimmy, j'ai dû témoigner à l'enquête préliminaire et même si j'étais une mineure, on ne m'a jamais offert de témoigner derrière un paravent, ce qui normalement aurait dû être la procédure habituelle. J'ai donc témoigné devant le juge avec mon agresseur menotté qui était situé à ma gauche, là où on met les prisonniers. Mon témoignage a été quand même long, donc le juge a accordé une pause et quand je me suis retournée pour sortir et prendre l'air, j'ai pu constater qu'un bon nombre de ses amis étaient sur place. La peur s'est emparée de mon corps et j'ai commencé à avoir des convulsions. J'arrivais à peine à respirer tellement j'étais anxieuse. Le procureur de la Couronne ayant assisté à cela, il est allé voir l'avocat de la défense en lui disant qu'il était bien mieux de faire sortir les amis de son client, sinon il allait faire la demande au juge d'un procès à huis clos et ça, ça n'allait vraiment pas être bon pour lui. Chose demandée, chose faite, les gars sont sortis de la salle et j'ai pu poursuivre mon témoignage.

Jimmy a finalement plaidé coupable à l'enquête préliminaire et même si l'enquêteur m'avait répété encore et encore qu'il ne pouvait avoir moins de cinq ans de détention pour une charge de prostitution juvénile, eh bien, parce qu'il a plaidé coupable, il a obtenu deux ans moins un jour. Je n'ai jamais compris pourquoi, car le code criminel canadien stipule que toute personne reconnue coupable de prostitution juvénile aura une peine

---

18. Antipsychotique utilisé pour traiter la schizophrénie et, à plus faible dose, les troubles bipolaires, anxieux ou post-traumatiques.
19. Trouble de stress post-traumatique.

ferme de cinq ans de détention sans possibilité de libération conditionnelle, ça ne s'est pas appliqué…

Avec toutes ces démarches judiciaires et le manque de soutien de ma famille, je me sentais littéralement abandonnée. J'avais un mal de vivre et aucune oreille attentive pour me réconforter. J'ai donc pris la décision de fuguer de nouveau. Cette fois-là, je suis allée habiter chez une femme qui se prenait pour ma sœur, comme si c'était la meilleure amie du monde. En fait, elle m'envoyait des clients chez elle et prenait 50 % de mes profits. Une journée où j'étais complètement épuisée et que je voulais prendre congé, elle a catégoriquement refusé. Je connaissais son *pimp* qui, au moment où ça s'est passé, n'était pas dehors, car il était dans un genre de thérapie et je l'ai appelé pour l'aviser de la situation.

– Regarde, là, je veux prendre congé et ta blonde veut pas ! Ç'a pas d'allure !

Voyant que la situation déraillait, il a ordonné à sa blonde de me laisser prendre une journée de congé.

Finalement, j'ai été amenée à constater que la fille chez qui j'habitais jouait vraiment une *grosse game*. J'ai donc décidé de rencontrer le *booker*[20], John, pour avoir d'autres options que de rester là. Je suis partie avec lui, quittant l'appartement de cette vieille sorcière. John m'a emmenée dans une chambre d'hôtel de Montréal et, par le fait même, a commencé à m'envoyer des clients. Par la suite, on est allés à Ottawa, puis à Winnipeg. Par la force des choses, il est devenu mon chum et ma raison de vivre. Lui et moi, on était un *team*.

La police a fini par débarquer à l'hôtel pour venir me chercher. Ces agents m'ont retrouvée grâce au cellulaire que John avait pris pour moi à son nom et à partir duquel j'avais appelé ma grand-mère qui était avec mon père au même moment. J'avais beau avoir fait bloquer mon numéro, mon père a fait les démarches pour faire retracer l'appel et constaté que le numéro

20. Celui qui prend les appels des clients et les distribue aux filles correspondant à ce que le client veut.

était en provenance de Winnipeg. La police a donc lancé une alerte dans tous les hôtels de Winnipeg avec le nom complet de John qui a été retracé assez rapidement puisque la chambre était à son nom. Les agents m'ont conduite à un Centre jeunesse version Winnipeg et là, c'était de voir comment ils allaient s'y prendre pour me ramener au Québec. Ils auraient pu me garder là-bas, mais mon éducateur d'un programme jeunesse s'est battu comme un diable dans l'eau bénite pour me faire revenir au Québec. Une fois les autorisations obtenues, c'est lui qui est venu me chercher et qui m'a ramenée au centre.

Les éducateurs capotaient: on m'avait arrêtée à Winnipeg avec un *pimp* dans une chambre d'hôtel et, pour eux, c'est la grosse affaire. J'avais beau leur dire que j'étais bien, que je mangeais à ma faim, que j'allais au gym et que je m'achetais de beaux vêtements, à leurs yeux, c'était inconcevable. Mais moi, dans ma tête, j'étais correcte. J'avais tellement manqué de matériel quand j'étais jeune, alors que là j'avais la possibilité de m'acheter plein d'affaires. Je ne voyais pas où était le problème, puisque j'étais bien. Ils ont fait venir la police pour me rencontrer, et celle-ci m'a annoncé que John était très connu de leur service. Leur objectif était de me mettre en garde contre lui, mais je ne me sentais vraiment pas concernée. Pour moi, c'était mon chum et peu importe ce qu'il avait fait aux autres filles, j'étais dans l'illusion que ce ne serait pas pareil pour moi.

J'ai demandé à ma tante de m'apporter un cellulaire au centre, lors d'une de ses visites, et elle l'a fait. J'étais donc en contact continuel avec John, et ce, même si j'étais en intensif. Grâce à ce téléphone, nous avons pu planifier ma prochaine fugue. Il avait tout préparé, même mes fausses cartes d'identité, et on s'apprêtait à partir dans une autre province.

Pour faciliter mon «évasion», il avait coupé la clôture du centre pour me permettre de m'enfuir. Le plan a très bien fonctionné...

Toutefois, je me suis fait prendre le soir même... J'ai appelé ma tante de l'hôtel pour lui dire que j'étais partie et que j'étais avec mon chum, mais elle n'était pas d'accord. Elle voulait que je rentre à la maison, chez elle. Elle s'inquiétait pour moi, sachant que je n'étais pas avec du bon monde. Mais moi, je ne voulais rien savoir de ça; rester avec mon chum était ma seule intention. Elle a donc donné mon numéro de cellulaire à la police qui a tôt fait de venir me récupérer et me ramener au centre.

À 17 ans, j'ai encore fugué et rejoins mon amoureux. On m'a retrouvée tout juste avant mn anniversaire et à la veille de celui-ci, on m'a sortie de l'intensif et annoncé que j'étais libérée. Les éducateurs ont pris soin de me libérer une journée avant mes 18 ans, car je ne voulais pas retourner avec John, puisqu'on était toujours en chicane, et ils ne voulaient pas qu'il m'attende devant le centre le matin de mon anniversaire. Je n'avais aucun endroit où aller et personne sur qui compter en dehors de John. Le seul autre sur qui je pouvais me fier était mon fournisseur de drogue. Je l'ai donc appelé afin qu'il vienne me récupérer au centre, car je n'avais nullement l'intention de dormir dehors. Aucun membre du personnel de la Protection de la jeunesse ne s'est soucié d'où j'irais et avec qui. Mon *dealer* est donc rentré, m'a demandé à la réception, a donné son nom et je suis descendue le rejoindre avec mes sacs poubelle contenant mes effets personnels. Je suis restée avec lui au gros maximum quatre jours, car John et moi avons repris contact via les réseaux sociaux et je suis retournée avec lui.

John m'a fait recommencer à travailler à Montréal où je recevais les clients dans des chambres d'hôtel. Par la suite, il m'a emmenée à Calgary pour une durée de six mois et c'est à ce moment-là que mon prince charmant a quelque peu changé de titre. Le matin, il se levait, mettait mes annonces et me réveillait en me disant :

– Mélanie, debout, t'as un client qui arrive dans dix minutes !

Je devais faire un minimum de dix clients par jour. Quand j'avais fait les dix clients, ma journée était terminée et là, on écoutait des films, on se faisait à manger ou on allait au gym. J'essayais du mieux que je pouvais de les faire au plus vite, ces dix clients-là, afin d'avoir un semblant de vie normale. J'ai appris un peu plus tard que John avait une grosse dette d'argent au

Québec et il m'avait emmenée là-bas afin que je fasse assez d'argent pour lui permettre de rembourser sa dette et lui sauver la vie. Je travaillais et lui donnais 50% de mon argent et on partageait les dépenses à deux. Ça semble beaucoup d'argent comme ça, mais la vie coûtait cher, donc on n'avait pas tant d'argent. Juste la location du condo à Calgary était de 4000$ par mois.

Après Calgary, ce fut au tour de Vancouver, mais notre relation s'est encore plus détériorée et on se chicanait tout le temps. On se criait souvent dessus et la police a débarqué à plusieurs reprises, car les voisins les appelaient pour la nuisance qu'on leur causait. Quand les policiers arrivaient, on faisait comme si de rien n'était et on devenait tout doux, on jouait le petit couple parfait. Un jour, après qu'une vraiment grosse dispute a éclaté, il est parti. Je n'ai pas eu de ses nouvelles avant la fin de la soirée lorsqu'il m'a appelée et dit qu'il allait rentrer plus tard. Il n'est jamais revenu. Il a tout simplement pris l'avion et est retourné à Montréal.

Le lendemain matin, j'ai fait la même chose et je me suis envolée pour Montréal. J'ai passé un court temps dans ma famille et après quelques jours, j'ai recommencé à lui parler, encore. Puis il a fini par m'annoncer qu'on allait retourner travailler, mais qu'on allait prendre chacun une chambre, parce que j'avais trop fait de problèmes à Vancouver et que ce serait mieux qu'on prenne nos distances. Dans le fond, il me disait que tout était ma faute et je l'ai cru. On s'est donc rejoints et, tel que convenu, on a pris chacun notre chambre. Il était donc dans sa chambre, moi dans la mienne et il m'envoyait des clients. J'avais intérêt à ne pas dire un mot si je voulais qu'il reste, et comme il représentait le centre de mon univers, je me suis tue et j'ai obéi. Il était ma vie entière. Il faut vraiment comprendre que, de mes 18 ans à mes 19 ans, j'étais 24 heures sur 24 avec lui. Jamais il ne découchait et jamais je ne découchais. Quand il allait voir ses amis, il m'emmenait. J'étais comme sa décoration et je n'avais pas le droit de parler ni de regarder ses amis. Je devais constamment regarder par terre, car si j'osais en regarder un, je me faisais battre après. Même dans le temps des fêtes, je devais travailler et, les festivités terminées, il m'a autorisée à recommencer à dormir avec lui, car selon ses dires, j'étais une *good girl*. J'ai obéi sans rien dire. Il pouvait m'enlever ma punition et, comme récompense, être plus présent.

On s'est finalement pris un appartement tout meublé à Montréal. Un soir, pour la première fois, j'ai décidé de découcher et d'aller passer du temps avec ma meilleure amie. J'ai essayé de le rejoindre au téléphone, mais il ne répondait pas ni ne retournait mes appels. Pourtant, je savais bien qu'il était à la maison avec son ami. J'ai commencé à me dire que c'était certain qu'il se passait quelque chose… Je suis donc retournée chez moi et à peine arrivée, je l'ai vu descendre d'un taxi avec son ami et il était visiblement en état d'ivresse. On a donc commencé à se chicaner dehors, en menant un vacarme hors du commun. J'étais tellement malheureuse avec lui, mais en même temps, tellement incapable de vivre sans lui. À vrai dire, j'étais tellement sous son emprise et tellement dépendante de lui que je crois qu'il aurait pu tout me faire et je ne serais jamais partie. Je l'ai connu si jeune qu'il m'a modelée à ses exigences. Il a même fait tatouer mon nom dans son cou et m'a fait tatouer le sien sur ma poitrine, à la hauteur de mon cœur. Il m'a également demandé en mariage avec une bague à 4000$ et j'ai, bien sûr, dit oui. Je lui appartenais et vivre sans lui était définitivement inconcevable.

Avec notre nouvelle dispute en pleine rue et tout le vacarme qui venait avec, la police a finalement débarqué et comme il était sous mandat en Alberta, il a donné un faux nom. En crise d'hystérie, j'ai crié :

– Non, c'est pas vrai, son nom, c'est John et il est recherché en Alberta ! ! ! !

John était hors de lui et il a essayé de me sauter dessus, mais la police l'a aussitôt maîtrisé. Toutes les fois où il s'est fait arrêter à Montréal, il a toujours fait un mois et il sortait par la suite, parce que son mandat en provenance de l'Alberta n'était pas accessible au service de police d'ici. Mais cette fois-là, il n'a pas eu cette chance. On l'a déporté en Alberta où il a été jugé et incarcéré pendant trois ans. Au début, on se parlait encore et il me disait :

– Mélanie, tu m'as promis de ne jamais me laisser.

– Mais je ne t'ai pas laissé. La vie t'a juste sorti de la mienne, que je lui répondais.

Mais, très franchement, même si je faisais preuve de résilience, j'avais le cœur en miettes et plus personne autour de moi. Il m'a isolée de tout le monde et je me suis retrouvée sans rien du tout. Mon centre de l'univers n'étant plus présent, j'ai commencé à consommer à outrance plusieurs types de drogues, pendant un bon six mois. À la fin, j'entendais même des voix... Pour ce qui était de mes fréquentations, elles étaient de plus en plus douteuses. J'ai recommencé mes *patterns* de jeunesse à rencontrer des hommes sur les réseaux sociaux. Toutes des choses que je ne faisais plus et que j'ai recommencé à faire par peur d'être seule.

Puis, l'an passé, quand il a été libéré, et comme je n'allais pas bien et que j'étais tombée très creux dans la drogue, ma chum de fille m'a dit :

– Tu vois, quand t'étais avec John, tu ne faisais pas ces trucs-là ! John était là pour toi.

Et moi, ben, je me suis dit : *Mais, eh c'est vrai, y'était là !* et je suis entrée en contact avec lui de nouveau. On s'est donc revus et on est sortis, pour finalement rentrer chez moi. Il m'a droguée avec la drogue du viol et alors que j'étais inconsciente, il était par-dessus moi avec son pénis à l'intérieur de moi. Je me revois encore me débattre comme un petit poisson au bout d'une canne à pêche. J'ai finalement réussi à le mettre dehors et c'est là que j'ai réalisé que physiquement, oui, il a été là, mais que, outre cela, il ne l'a jamais été. Il savait très bien ce qu'il faisait avec moi et son but était uniquement de se servir de moi.

Je ne l'ai jamais revu depuis, même s'il a essayé de me contacter à de nombreuses reprises. J'ai tenu mon bout.

Aujourd'hui, début de la vingtaine, je suis toujours dans l'industrie du sexe et, tranquillement, je place mes choses pour en sortir. Ce n'est pas facile quand tu n'as connu que ça dans ta vie. J'ai essayé les salons de massage un temps, mais je n'ai pas trop aimé et j'ai également essayé une agence d'escortes réputée à Montréal. Je constate que ces exploiteurs-là, on n'en parle tout simplement pas. Ces proprios d'agences d'escortes qui nous traitent comme de la merde et nous obligent à embrasser les clients ou à faire des fellations sans condom ne sont que très rarement ciblés par les forces de l'ordre. Quand on veut s'en aller, ils nous rappellent pour qu'on revienne en nous racontant des histoires telles qu'ils vont faire une star de nous avec un nombre incessant d'appels.

C'est difficile de faire confiance quand on voit le système d'un point de vue du milieu. Nous, on le sait que le système est croche, mais personne ne veut nous entendre, parce qu'on nous trouve sales d'avoir été ou d'être des prostituées. Nos clients sont le gouvernement, des juges, des avocats, des députés, des acteurs et surtout des humoristes, des athlètes, des policiers, des éducateurs et ainsi de suite. Difficile de croire au système quand il nous a littéralement toutes baisées !

L'enquêteur qui s'était occupé du dossier de Jimmy, par exemple. Je lui avais fait confiance. Un moment donné, alors que j'avais 20 ans, je travaillais à Ottawa et j'ai reçu un appel du service de police disant qu'ils devaient me rencontrer, mais qu'ils ne pouvaient pas me dire pourquoi au téléphone. Ils étaient donc venus à ma rencontre à Ottawa et m'avaient emmenée dans un poste de police là-bas. Ils m'ont posé plein de questions sur cet enquêteur afin de savoir si, pendant qu'il était sur mon dossier, j'aurais reçu des messages textes inappropriés, communément appelé *sextos*. Dans mon cas, il n'y avait rien eu de tel, mais l'autre fille qui a porté plainte dans le même dossier en avait reçu. Cet homme a profité de la vulnérabilité des victimes d'exploitation sexuelle pour laisser libre cours à ses fantaisies sexuelles par messagerie pour ensuite les inviter à prendre un café avec des arrière-pensées. Si on se met deux minutes dans la peau d'une victime qui a complètement été détruite, avoir affaire à un policier, qui plus est un enquêteur et qui agit de la sorte, cela peut lui donner l'illusion d'être enfin protégée et elle ne réalisera pas nécessairement que ce qu'il fait est inadéquat. Ça n'a jamais passé aux nouvelles, ç'a été caché et l'homme a juste été suspendu de ses fonctions. Quand on sait des choses comme ça, on s'aperçoit qu'il n'y a pas un bon et un mauvais côté, que dans le fond, des crottés, il y en a vraiment partout.

Pendant mon parcours, j'ai reçu comme services, lorsque j'étais en centre, celui des Survivantes où on m'a fait rencontrer une fille qui a survécu à l'exploitation sexuelle. Je ne me suis pas sentie rejointe par cette rencontre et le fait qu'elle provenait d'un service de police, c'était pour moi grandement problématique, et ce, même s'il n'y avait que nous deux lors de la rencontre. Mes rencontres avec les policières des Survivantes n'ont pas été bénéfiques, non plus. Je sentais que la seule chose qu'elles voulaient, c'était que je porte plainte, alors que je n'étais pas là du tout ! De un, je n'étais pas consciente à ce moment-là que je me faisais exploiter, et de deux, elles ont fait en sorte que John ait un interdit de contact avec moi; et même si on ne respectait pas cette interdiction, je leur en voulais à mort. Plus on essayait de m'enfermer, plus je me révoltais. Une chose du Centre jeunesse qui m'a aidée, ce sont les réflexions qu'on m'a fait faire lors de mes retours des fugues. Elles n'ont pas été efficaces sur le coup, mais éventuellement, je peux très certainement témoigner de leur efficacité, car ce que j'ai écrit me revenait en tête dans les moments où j'en avais le plus besoin. À la fin de mon parcours en Centre jeunesse, il y avait des éducateurs qui croyaient en moi et d'autres pas. Je le ressentais et je ne trouve pas que ça a sa place dans un service d'aide, de sentir que certains ne croient plus en nous. Leur job, c'est de nous aider, pas de nous juger. De plus, ils devraient faire attention aux conversations qu'ils ont allègrement sur le plancher. Leurs voyages, leurs enfants parfaits qui vont à l'école privée ne sont d'aucune aide dans notre progression et nous font sentir encore plus à part !

Le fait d'avoir été ballotée d'un bord et de l'autre n'a certainement pas aidé ma cause et, qui plus est, le nombre incalculable de fois où on a changé ma travailleuse sociale est inacceptable quand l'objectif ultime est la stabilité. Je suis allée aussi chercher de l'aide auprès de La Maison de Mélanie où je me suis sentie comprise et soutenue. Je pouvais appeler mon intervenante à touts moments et elle était là pour m'écouter et me conseiller, et toujours prête à m'accompagner si j'en ressentais le besoin.

■ ■

Si j'avais des recommandations à faire, je commencerais par les Centres jeunesse. J'ai trouvé très inapproprié l'atelier où on m'a demandé de dessiner un *pimp*. Ce n'est pas toutes les filles qui entrent en Centre jeunesse qui connaissent le milieu. De plus, quand une petite puce de treize ans entre en centre, elle a comme modèles celles de 17 ans qui sont dans la prostitution et tu veux en quelque sorte être comme elles, puisque c'est le seul modèle que tu as… Alors, indirectement, le recrutement se fait tout seul. Diviser en groupes d'âge les adolescents serait vraiment l'idéal. Les plus jeunes ensemble et les plus vieilles ensemble dans différentes unités, car on n'a pas nécessairement les mêmes problèmes en début d'adolescence qu'à la fin. Il faut également comprendre le concept de vivre en Centre jeunesse. C'est une institution comme les centres de détention. On a des tours pour aller aux toilettes, un temps de douche à ne pas dépasser et tout est programmé à la minute près. Quand on a ce mode de vie pendant plusieurs années, on n'est pas aptes à intégrer la société par la suite. Alors on se tient avec des gens qui nous ressemblent et qui ne savent pas vivre en société, rendant encore plus complexe notre fonctionnement.

Quand on m'a libérée à mes 18 ans moins un jour, j'étais comme un animal sauvage laissé à lui-même et on me demandait de devenir fonctionnelle en société sans aucun guide pour y arriver.

La semaine dernière, je repensais à ça et ça fait dix ans que je suis dans l'industrie du sexe. Les raisons qui m'y ont amenée ne sont plus les mêmes qui me maintiennent dans cette industrie. Pour arrêter, j'aurais besoin d'un revenu pour payer les choses essentielles à ma survie : le loyer, la nourriture et l'électricité.

J'aurais besoin d'être orientée et accompagnée, car supposons que je m'inscrirais à l'école demain, j'irais mais le soir, quand je rentrerais, je serais seule à la maison. Je n'ai personne pour me pousser à aller plus loin et me motiver, donc avoir une accompagnatrice serait l'idéal. À mes yeux, c'est ce que ça prend pour réussir à tranquillement m'entourer de personnes à qui j'ai envie de ressembler pour finalement avoir la chance de devenir ce que je veux et non ce qu'on m'impose.

# *Je m'appelle Angela...*

■ ■

J'ai accepté de participer à cet ouvrage sous le couvert de l'anonymat, car je soutiens l'initiative de l'auteure de dénoncer la réalité des survivantes et l'inefficacité de ce qui est actuellement mis en place. Je fais partie de celles qui ont dénoncé l'horreur de leur vécu à visage découvert, mais peu de gens ont voulu m'entendre à propos des difficultés d'accès aux services, de l'inefficacité de certains, ainsi que des intentions parfois douteuses des personnes devant rendre ces services ou les subventionner. Moi-même et d'autres survivantes sommes pourtant constamment confrontées à l'incohérence des services actuels et le souligner ne nous est que très rarement permis. Puisse mon témoignage contribuer au changement déjà amorcé afin de le rendre proactif et aidant pour les femmes qui partagent un vécu semblable au mien. Voici mon histoire.

■ ■

C'est difficile à exprimer, mais je pense qu'inconsciemment je savais que j'avais « tout ce qu'il faut » pour être une prostituée. Même si j'avais horreur de ce que représentait une partie de ce « métier », pour ce que j'en connaissais, il y avait une sorte de magnétisme entre moi et lui. Je résistais à cette attirance en pensant aux dangers qu'il représentait, aux hommes qui seraient parfois repoussants à mes yeux et à des valeurs personnelles que je tentais de respecter... Par moments, elles étaient un tant soit peu plus fortes que ce qui m'intriguait de ce milieu. Lors des périodes financières plus difficiles, l'idée de faire des massages érotiques m'est venue à l'esprit à quelques reprises, mais elle ne faisait que passer, je n'osais pas oser. Outre l'aspect très attrayant d'un confort financier, j'ai maintenant la ferme conviction que ma vie entière me guidait vers cette industrie. Mes diverses expériences durant de nombreuses années ont consolidé mon impression de n'être bonne qu'à ça.

D'ailleurs, à ma remise de diplôme du secondaire, une amie de la famille qui me connaissait depuis mon enfance, dans sa surprise de ma réussite académique, m'avait dit tout bonnement :

– C'est vraiment spectaculaire que tu aies réussi à faire une vie *normale* avec tout ce que tu as vécu, enfant. Je me suis toujours dit que t'allais finir au coin de Sainte-Catherine et Saint-Laurent[21] avec une aiguille dans le bras.

À ce moment-là, j'ai compris que je n'étais pas la seule à avoir constaté ma vulnérabilité et que d'autres formes de victimisation me guettaient. Déjà enfant, j'avais vécu diverses formes de violence ainsi que quelques agressions sexuelles, et ces diverses fâcheuses expériences m'ont construite et m'ont amenée à banaliser la sexualité et à la voir comme un acte extérieur à moi-même.

Mon enfance n'a pas été des plus douces. Je suis l'enfant unique de mes deux parents (ensemble), mais ma mère a eu trois enfants, soit deux gars et une fille, avec un autre homme. Leur union n'a pas duré puisqu'ils se sont séparés alors que j'avais à peine deux ans. Les souvenirs que je garde de mon enfance ne sont pas de tout repos… Même à ce très jeune âge, je ressentais cet environnement toxique autour de moi, car c'était toujours le party chez moi. Dans ma tête de petite fille, je garde le souvenir des images de notre oncle qui agresse sexuellement mes deux frères. À cet âge, on ne comprend pas trop ce qui se passe, mais on a quand même la capacité de reconnaître la peine, la douleur et la honte. Je repasse les images en boucle dans ma tête et je

---

21. Coin de rue reconnu comme étant anciennement le *Red Light* de Montréal, où la prostitution de rue et les proxénètes étaient visibles et accessibles.

me revois en couche avec ma sœur et mes frères au milieu de plein de gens intoxiqués, qui ne se gênent pas pour nous tripoter comme bon leur semble.

Après leur séparation, ma mère n'allait vraiment pas bien et passait de relation en relation, s'ajoutant l'alcoolisme à ses troubles de dépendance affective. Ce qui a donné comme résultat un nombre incalculable de déménagements.

Dans l'intention de m'offrir une certaine stabilité, j'imagine, j'ai habité avec mon père du moment de leur séparation jusqu'à mes quatre ans. Puis, compte tenu que mon père passait une période difficile, il m'a envoyée vivre chez ma mère qui était totalement inapte à s'occuper de moi. Ça n'a été que pour une courte période, mais ce fut tout de même une expérience très traumatisante. La nourriture était manquante, alors on mangeait pas mal et toujours la même chose et en quantité très limitée. Certaines journées, on pouvait manger des crêpes au dîner et encore au souper, ou encore le fameux macaroni au fromage *Kraft Dinner* qui faisait partie intégrante de notre vie. Comme si ce n'était pas assez d'être rationnés sur la nourriture, ma mère faisait continuellement le party à tous les jours de la semaine.

Trois mois plus tard, la Protection de la jeunesse a embarqué dans le dossier et on a tous été retirés de chez ma mère. Mes deux frères et ma sœur ont été placés dans des familles d'accueil alors que, de mon côté, on m'a retournée vivre chez mon père. Celui-ci, entre-temps, avait déménagé chez sa mère, ma grand-mère. Quand je repense à ça, cette situation me perturbe. Trois mois plus tôt, mon père était tellement au bout du rouleau et en crise qu'il m'a envoyée vivre chez ma mère qui était totalement inapte à prendre soin de moi, alors comment cela se fait-il que la DPJ n'ait pas davantage évalué les compétences parentales de mon père ? Pourquoi ces services de la Protection de la jeunesse m'ont-ils envoyée vivre avec celui qui, trois mois plus tôt, m'avait délaissée aux mains d'une femme plus qu'incapable de s'occuper de ses enfants? Peut-être que ça n'aurait rien changé. Peut-être que mon père aurait réussi à les manipuler, mais je sais que la Protection de la jeunesse n'a pas contrevérifié les infos, car il l'a si souvent souligné, victorieux et riant d'eux, en quelque sorte. C'était un pervers narcissique, toxicomane, joueur compulsif et instable tant émotivement qu'en emploi. Il était incapable d'avouer ses torts, mais totalement capable de donner l'impression à une enfant qu'elle était responsable de toutes les difficultés qu'il rencontrait. Cet homme n'a clairement pas joué le rôle qu'un père devrait jouer auprès de sa fille et ça explique très bien pourquoi je ne veux plus avoir de contact avec lui, sans toutefois tenter de changer ce qui l'explique.

Je suis convaincue que ce qui a quelque peu sauvé la donne, c'est le fait que désormais on vivait chez ma grand-mère. Ma grand-mère Rosa est une femme en or. Elle est drôle, douce, affectueuse et remplie d'amour. Elle était et est toujours une femme libre et fière qui a tout le temps travaillé. En fait, elle est à l'opposé des normes de cette époque. Elle était le pilier de la famille dans tous les sens du terme. Puisqu'elle faisait beaucoup plus d'argent que mon grand-père, elle était la pourvoyeuse de la famille et cela faisait sa grande fierté. En parallèle avec toutes ces belles qualités, elle était une femme très anxieuse, ce qui m'amène à croire que c'est sûrement d'elle que je tiens ça !

Cette partie de mon enfance avec elle est relativement une belle partie de ma vie, et ce, même si mon père, fin manipulateur qu'il était, faisait preuve d'une méchanceté très insidieuse à mon égard.

J'ai eu ma première relation sexuelle à l'âge de 13 ans avec mon petit ami de l'époque et cela s'est bien déroulé. Il a été tendre, affectueux et rempli de tout l'amour qu'un jeune de cet âge peut donner; puis, un jour on s'est laissés dans le respect.

À 14 ans, j'étais le type d'adolescente qui *épluchait* toujours les journaux pour voir et connaître les opportunités disponibles pour une jeune de mon âge à la recherche de son indépendance monétaire. Une annonce m'avait attirée plus que les autres, car elle stipulait que des modèles étaient recherchés pour un contrat en échange d'une excellente rémunération. De belle apparence, toujours soignée, je me suis dit que c'était pour moi, sans aucun doute. J'ai appelé et obtenu une entrevue. Arrivée sur place, l'homme qui devait me passer l'entrevue m'a annoncé :

– Angela, je te regarde et c'est sûr que tu aurais fait un excellent modèle. Toutefois, tous ces postes ont été comblés. Nous pourrions t'engager comme serveuse dans notre restaurant. Est-ce que c'est quelque chose qui t'intéresse ?

Comme mon but était d'avoir l'occasion de faire de l'argent, je lui ai dit :

– Pourquoi pas !

Devant mon approbation, il a continué la présentation de l'emploi.

– Notre restaurant en question en est un où tu peux faire énormément de *tips*. En fait, c'est beaucoup plus payant que les contrats de modèle.

En voyant mon sourire illuminer mon visage, il a ajouté :

– Quand tu es sur le plancher, tu dois être en tenue légère, puisque l'affiche principale à l'entrée indique *Serveuses Sexy* ! C'est pour ça que le restaurant est si achalandé. Est-ce que tu es toujours aussi intéressée ?

Au point où j'en étais rendue, je me suis dit que je n'avais rien à perdre ! Ma première expérience a duré environ un mois et je suis tranquillement revenue dans mon adolescence comme si de rien n'était. Puis je retournais au restaurant une fois de temps en temps, pendant environ un mois, le temps de renflouer mes poches.

Mais veux, veux pas, en étant franche avec moi-même, je commençais à banaliser le fait d'utiliser mon corps contre une rétribution. Tranquillement, cette banalisation de l'acte m'a inévitablement amenée à marchander ma sexualité, parfois pour plaire, parfois pour me sentir valorisée, mais parfois aussi pour assurer ma survie et celle de mes proches.

J'avais à peine 15 ans et j'avais déjà déménagé une trentaine de fois et changé d'école une dizaine de fois. La stabilité pour moi était inexistante, assaisonnée de ma banalisation de ma sexualité; cela créait un méchant cocktail explosif.

Il y a un dicton qui dit qu'on attire ce que nous sommes... J'ai donc rencontré un ado de mon âge pour qui la sexualité était également très importante... En fait, c'était plus qu'important à ses yeux, car il n'en avait jamais assez. Il en voulait constamment, sans possibilité pour ma part de lui en refuser. Je savais que ce n'était pas sain comme relation, mais qu'est-ce que j'y connaissais, moi, là-dedans ? Où ça s'arrête le consentement et quand est-ce qu'on a le droit de dire non ? Je suis quand même restée un petit bout avec lui, en fait, beaucoup trop longtemps pour éviter d'en avoir des dommages... Quand j'ai rompu, ç'a été la crise et il me harcelait continuellement. J'ai tenu mon bout et je ne suis plus jamais retournée avec lui.

Tranquillement commençait à se tracer l'idée de partir de chez mon père et d'avoir un chez-moi à moi. Mon plan prenait de plus en plus de place dans ma tête. À l'âge de 17 ans, une opportunité s'est présentée à moi. Je suis donc partie très jeune de chez mon père. Entre ce jour et celui où j'ai commencé à être une prostituée à temps plein, j'ai fait de nombreuses démarches pour alléger mon mal-être, améliorer mon existence et me permettre de devenir fonctionnelle malgré une enfance dysfonctionnelle et les traumatismes qui en découlaient. Certaines ont aidé, plusieurs n'ont rien donné, d'autres ont été nuisibles, et un bon nombre d'entre elles ont contribué à la désillusion et à la révolte que je ressens aujourd'hui. Quelques-unes de mes mauvaises expériences ne seraient peut-être pas vécues de la même façon aujourd'hui, car des changements ont été apportés aux instances concernées. Malgré tout, je trouve pertinent de les raconter, car ces améliorations sont récentes et certaines sont encore en évaluation et menacent de disparaître.

L'opportunité qui s'était présentée à moi était un homme d'une cinquantaine d'années qui m'a offert un toit, juste pour m'aider, et je n'aurais même pas à lui verser de pension, question d'avoir l'occasion de me ramasser de l'argent ! Le rêve quoi !!!!

Toutefois, après être emménagée chez lui, j'ai très vite constaté que la gratuité avait un prix et que si je voulais continuer d'habiter sous son toit, je devais me faire à l'idée de le dédommager pour sa grande générosité par le prix de ma sexualité. Il me dégoûtait, mais c'était ça ou la rue ! Cela a duré près d'une année entière, pendant laquelle j'occupais un emploi répondant aux normes avec l'objectif de me ramasser de l'argent et de retourner aux études.

Alors que j'étais fraîchement majeure, j'ai été victime d'un crime au travail. Jamais les policiers et les médecins ne m'ont parlé de la CNESST ou même de l'IVAC. Les policiers ont insisté pour que j'aille identifier mon agresseur sur des photos, mais j'avais tellement peur de ma réaction en le revoyant que j'ai refusé. Ils ont alors insinué que mon refus était peut-être le signe d'une quelconque complicité avec le crime commis…

Le médecin que j'ai rencontré à la suite de l'événement m'a, quant à lui, prescrit un antidépresseur supposé calmer mon anxiété et un calmant pour m'aider à dormir. Trois mois plus tard, je suis rentrée en unité de stabilisation au Centre Dollard-Cormier[22], afin de m'aider à gérer mon sevrage. L'antidépresseur me rendait psychotique et était contre-indiqué chez les personnes de ma stature, ce qui m'avait amenée à abuser du calmant au point de frôler l'intoxication. Cet antidépresseur n'est à peu près plus utilisé aujourd'hui et jamais dans un cas comme le mien.

Même si mon plan de reprise de pouvoir était clairement défini, je ne pouvais pas juste le suivre simplement, en ligne directe. C'aurait été beaucoup trop facile ainsi et qui dit trouble de dépendance, le dit sur plusieurs facettes, dont le côté affectif. Comme si j'étais destinée à vivre les choses de manière beaucoup plus compliquée qu'elles ne le sont vraiment, je me suis amourachée d'un usager du centre et lorsqu'il a voulu changer de partenaire, j'ai été grandement contrariée.

Pour me remonter le moral, il m'a invitée à fumer un joint et m'en a donné un à consommer plus tard. Dans ma maladie de dépendance, je n'ai rien vu venir. J'ai continué de faire ma

22. Le Centre Dollard-Cormier – Institut universitaire sur les dépendances – a changé de nom et est devenu le Centre de réadaptation en dépendance de Montréal – Institut universitaire.

routine du centre et, quelques minutes plus tard, sécurité et intervenants m'ont convoquée au bureau. Ils avaient reçu l'information comme quoi je possédais du cannabis et que j'en avais d'ailleurs également consommé sur place. La seule personne qui le savait était celui qui me l'avait fourni et qui m'avait littéralement conquise, et pour lequel j'étais devenue un fardeau quand il a voulu changer de partenaire.

Son plan a réussi à merveille et à minuit, un samedi soir, j'ai été mise à la porte. Mon mécanisme de survie extrêmement développé depuis ma tendre enfance a fait en sorte que je me suis quand même rapidement trouvé un endroit pour dormir autre qu'un banc de parc. Seulement ce choix aurait quand même pu être dangereux. Je suis retournée dans mon coin de pays dès le lendemain.

Après cette aventure et la coupure des services dont j'avais tellement besoin, j'ai tout de même poursuivi en externe tout en assumant mes torts. Les choses se sont un peu gâtées quand il a été question de mêler mon père à mon suivi, car je n'y étais nullement intéressée. Jamais nous n'avions abordé la violence psychologique ou familiale dans nos rencontres même si, insidieusement, j'avais clairement fait comprendre cet aspect à mon intervenante. J'y ai donc mis fin !

Par mon parcours de vie, je suis très critique du système, en général. Avant même que la prostitution ne devienne mon occupation principale, vers la mi-vingtaine, j'avais l'impression que tout jouait en ma défaveur monétairement et que je n'aurais d'autres choix que d'en arriver à me prostituer. Adolescente et jeune adulte, j'avais fait quelques expériences se rapprochant de la prostitution, mais je désirais ardemment ne pas aller plus loin, tout en sentant fortement dans mon for intérieur que j'y étais en quelque sorte « destinée »...

Un peu plus tard, après avoir fait quelques petits boulots et stabilisé ma situation du mieux que je le pouvais et en étant hébergée contre des services sexuels, j'ai écouté les recommandations d'une psychologue avec laquelle j'avais un suivi à l'hôpital Royal Victoria et j'ai accepté le fait que je n'étais pas apte à l'emploi pour le moment. J'ai donc envisagé de vivre sur l'aide sociale quelques mois, le temps de me remettre des dernières années, de faire une thérapie peut-être, de réfléchir à mon avenir et à un éventuel retour aux études. J'ai été refusée, car j'étais partie de chez mon père depuis moins de deux ans et que, selon la loi, je dépendais encore de lui aux yeux de l'aide sociale; il devait donc subvenir à mes besoins. J'ai fait appel et expliqué aux personnes concernées que mon père jouait et buvait tout son argent, ce à quoi elles m'ont répondu que je pouvais le poursuivre et le forcer à m'aider. Ce qui ferait que l'argent nécessaire à ma subsistance serait directement saisi de son salaire. J'ai évidemment préféré travailler, ça me semblait moins difficile que de poursuivre un homme qui avait passé sa vie à me faire peur sous le joug de la domination.

Un peu plus d'un an plus tard, après avoir fui un homme extrêmement violent, et étant encore hébergée contre du sexe, j'ai voulu porter plainte pour violence conjugale afin d'être protégée. Il ne m'avait jamais violentée physiquement, mais il me menaçait, m'insultait, me suivait et me contrôlait de toutes les façons possibles et il avait juré de me tuer si je le quittais. Il m'avait déjà menacée avec un couteau et était clairement déséquilibré et dangereux. Après mon départ, il m'a fait savoir par courriel qu'il m'espionnait en me donnant des détails sur ce que j'avais fait ou ce que je portais. J'étais terrorisée mais ma plainte n'a pas été retenue, car il manquait des preuves et les courriels auraient pu être écrits de ma main puisque, qui sait, je connaissais peut-être ses mots de passe. Le fait qu'il avait été interné pendant plus d'une année durant son enfance et qu'il avait été diagnostiqué sociopathe ne changeait rien. Les policiers considéraient que s'il était sorti, c'est qu'il était guéri. Jamais on ne m'a parlé de ressources pour femmes violentées et j'ai pourtant été transparente et dit aux policiers que je couchais avec un homme contre un toit.

À 20 ans à peine, l'engagement, je n'y croyais déjà plus. Je faisais comme si j'y croyais encore afin d'avoir l'air « normale », mais au fond de moi, c'était le vide. Je crois pertinemment qu'une partie de moi refusait de croire que je n'avais pas le droit à cette vie simple que je souhaitais et à l'amour que je sabotais à coup sûr. Dans mon désir de m'élever avec la partie de moi qui y croyait encore, j'ai rencontré un autre homme et j'étais absolument certaine que lui, c'était le bon. J'étais impressionnée par sa stabilité et charmée par son côté dominant. Je suis restée avec lui un bon cinq ans au total.

Peu de temps après ma séparation, tannée de cumuler des petits boulots au sein desquels je craignais de rencontrer et d'être confrontée à mon agresseur, j'ai envisagé un retour aux études et voulu faire un DEP (diplôme d'études professionnelles). J'étais capable de me déplacer jusqu'à l'école et d'en revenir sans trop m'exposer à cet homme et je me sentais vraiment mieux dans une école que dans un emploi. J'ai été refusée par les prêts et bourses pour les mêmes raisons que par l'aide sociale, et la même solution m'a été suggérée, soit de poursuivre mon père. Tous les efforts que je faisais ne servaient strictement à rien, mais je n'allais certainement pas baisser les bras.

J'ai finalement déniché un programme de réinsertion adapté à mes besoins et consulté une travailleuse sociale au CLSC. Ça m'a permis de subvenir à mes besoins un moment et le suivi m'a fait du bien. Or, j'avais besoin qu'on m'aide par rapport à la violence que j'avais vécue et qu'on valide que c'était bien de ça dont il s'agissait. J'avais besoin qu'on légitime les traumatismes que je ressentais et qu'on m'apprenne à éviter la violence dans l'avenir. J'aurais eu besoin qu'on me réfère à une ressource en violence familiale. Je sais qu'elles existaient et que la violence psychologique était prise en considération, mais c'était relativement nouveau et donc personne parmi les intervenants et intervenantes qui m'entouraient n'y a songé. J'ai quand même eu de bons services et de l'aide, réussi à me stabiliser et obtenu un emploi correct, mais mes blessures étaient toujours présentes et le travail n'avait été fait qu'en surface.

Ma vie a été stable quelques années. J'avais un conjoint avec lequel je me sentais relativement bien et je suis retournée à l'école. Ce n'était pas toujours facile, mais je recevais sur place de l'aide professionnelle de qualité et j'avais confiance que j'y arriverais.

Mon premier fils est né de cette union et les choses se sont compliquées avec mon conjoint tout de suite après cette naissance. Je le trouvais très contrôlant et peu impliqué dans les tâches parentales. J'ai donc décidé de rompre avec lui, mettant par le fait même la stabilité que nous avions créée de côté.

Je me suis séparée pendant ma deuxième année d'études et, financièrement, j'ai eu énormément de difficultés, en plus de subir le harcèlement de mon conjoint qui, sans être aussi intense que celui avant lui, était quand même violent. Je le réalisais avec le recul et ce que la rupture faisait ressortir de lui. J'ai donc consulté en psychiatrie afin d'éviter de faire une dépression à force de vivre dans la peur, et à cause de mon manque de sommeil et de la pression à l'école.

Avec les prêts et bourses que j'ai finalement pu recevoir, j'avais moins d'argent que ce que je gagnais sur l'aide sociale et je ne n'avais droit à aucun service en dehors des prestations reçues chaque mois. Les allocations familiales n'allaient pas s'adapter à ma nouvelle situation avant plusieurs mois. Je recevais donc en prestations gouvernementales pour mon enfant, ce que reçoit un parent qui fait cinq fois plus d'argent que moi. Je trouvais ma situation stressante et mon ex menaçait de m'enlever notre fils si je lui demandais officiellement une pension alimentaire. J'acceptais donc des miettes sans broncher et continuais de m'appauvrir.

Une chance pour moi, ma psychiatre était très humaine et professionnelle. Mon suivi était régulier et ça, ça me sécurisait quant à ma capacité de gérer le stress. Or, encore une fois, même si j'étais transparente et ne cachais rien, jamais il n'a été question de violence ni de ressources adaptées à cette problématique pourtant omniprésente dans ma vie. Elle m'a cependant diagnostiqué un TDAH qui expliquait pourquoi, malgré mes excellentes notes à l'école, je peinais à réussir mes stages. Cela s'ajoutant à mes nouvelles conditions de vie en tant que mère monoparentale. J'ai donc pris congé d'une session pour régulariser ma situation, me remettre de ma séparation et réfléchir à mon avenir professionnel.

J'ai été stratégique pour que ça ne nuise pas à mes prêts étudiants et tout semblait être correct aux yeux de la technicienne en orientation du cégep. Or, alors qu'il me restait deux sessions pour obtenir mon DEC (diplôme d'études collégiales), j'ai appris que je n'étais plus admissible aux prêts et bourses. La grève avait été déclarée par les étudiants à ma dernière session et, qui plus est, j'avais pris une session *off*, ce qui faisait en sorte que je dépassais maintenant la limite de temps permise.

Avec une intervenante de l'école, j'ai tenté de démontrer que mon TDAH était assez sévère pour être considéré comme un handicap, ce qui m'aurait permis d'étudier à temps partiel. Peut-être même de voir mes prêts être transformés en bourses, me permettant même d'avoir plus de temps, mais ça a été refusé. J'ai donc fait appel une fois de plus, car il était indiqué qu'avec de bonnes raisons pour justifier les sessions manquées, un allongement était possible. Or, ça m'a aussi été refusé, et ce, même si j'avais des attestations médicales. Pourtant, j'avais le soutien de certains professeurs, dans le sens que je n'étais définitivement pas la seule responsable de la grève étudiante. Mais en gros, j'ai tout simplement trouvé absurde de me faire couper les prêts étudiants à la fin de mon DEC, rendant ainsi impossible la réussite de ce dernier.

Dans le fond de mon cœur, je gardais tout de même espoir, car mes camarades de classe, qui étaient également monoparentales, m'avaient parlé du programme par lequel elles étaient soutenues: *Ma place au soleil.* L'aide était plus généreuse et plus adaptée qu'avec les prêts et bourses, et je semblais correspondre à tous les critères de sélection. Ce que ces dernières avaient omis de me dire, c'est qu'elles n'avaient pratiquement jamais travaillé de leur vie, alors que, de mon côté, j'avais presque travaillé toute ma vie en dehors de mes études. Ce critère a fait en sorte que je sois automatiquement refusée. J'ai trouvé ce refus et la situation générale complètement injuste, absurde et décourageante. Ça me donnait l'impression que tous les efforts que j'avais faits jusqu'à ce jour pour être fonctionnelle et passer par-dessus mes difficultés me punissaient. Ç'a été une des situations qui m'a le plus révoltée de ma vie.

Encore une fois, j'ai relevé la tête et je suis retournée travailler, tout en m'ouvrant à ce que l'université pouvait m'offrir. Je me suis intéressée à une mineure en psychologie et j'ai été admise sur la base de l'expérience, comme ils disent dans le milieu, en tant qu'étudiante mature. C'était à mes frais, je n'avais pas de prêt ou de bourse d'études, mais c'était tout de même envisageable puisque les cours se faisaient à distance, contrairement au cégep, me permettant une plus grande liberté avec mon horaire.

Pour donner suite à cette énième relation de couple problématique, nuisible pour mon estime déjà fragilisée de nombreuses fois et les maints obstacles auxquels j'étais continuellement confrontée, j'ai fait le grand saut... sans me questionner. La rupture m'a redonné mes ailes. Mon envie de séduire et de me valoriser était plus forte que jamais, d'autant plus que ma nouvelle situation m'appauvrissait davantage ! Je devais couvrir les frais de déménagement et de séparation des biens, ainsi que faire face aux nombreux changements administratifs, dont les délais de traitement sont souvent ridicules. Pour ajouter au stress de la séparation, j'ai dû aller en médiation avec mon ex, car il demandait la garde complète de mon petit poussin. J'étais prête à tout pour me sortir de cette impasse, garder mon enfant et lui éviter l'enfance dysfonctionnelle que j'ai connue et qui, peut-être, aurait pu m'être évitée si la DPJ avait mieux fait son travail lorsque j'étais jeune.

Je n'ai plus jamais demandé de soutien au gouvernement après ça, en dehors de mes prestations d'assurance parentale lors de mes grossesses et de deux semaines de CNESST à la suite d'une blessure au travail. Je n'ai pas terminé mon certificat non plus, les frais étant plutôt élevés et mon intérêt était moindre. Je ne voulais plus espérer, être déçue de nouveau et je ne voulais surtout pas dépendre du gouvernement.

J'avais 23 ans lorsque j'ai commencé à me prostituer. J'avais trouvé l'opportunité via Internet d'être au service de deux touristes pendant deux semaines. Cela s'était relativement bien passé et la rémunération était plus qu'acceptable. Toutefois, je n'étais toujours pas prête à faire ça comme occupation principale. Je me suis donc promenée entre les téléphones érotiques et les emplois réguliers.

Vers l'âge de 25 ans, j'ai rencontré celui qui deviendrait mon partenaire de vie, du moins c'est ce que je croyais. Notre relation avait débuté davantage sur les bases de l'amitié qu'autre chose. Puis on a passé à une relation d'amitié avec bénéfice, rien d'officiel ou de sérieux. Mais... je suis de nouveau tombée enceinte et loin de moi l'idée de me faire avorter. Compte tenu de la situation et des valeurs familiales que nous partagions, nous nous sommes dit: *Pourquoi pas essayer d'avoir une relation plus sérieuse.*

Les choses ne se sont pas déroulées comme dans le scénario de film que nous avions rédigé. C'était un homme totalement irresponsable qui me causait beaucoup plus de stress que de bien. Il manquait à ses obligations, avait un flagrant manque de compétences parentales et se dérobait à ses engagements, mettant ainsi mon peu de stabilité à risque. Qui plus est, il avait d'importants problèmes de consommation. J'ai donc choisi de rompre avec lui lorsqu'il est parti en thérapie. Je n'en pouvais tout simplement plus et la situation était nocive pour les enfants.

La vie m'a rapidement amenée à constater que je ne pourrais compter que sur moi-même pour accéder au confort financier que j'associais à la normalité et qui, surtout, m'éviterait de subir un stress que je ne tolérais pas. Cette perception s'est très vite consolidée lorsque j'ai tenté d'obtenir de l'aide, tant au niveau familial qu'à travers toutes les formes d'instances gouvernementales, me rapprochant ainsi du moment où j'ai décidé de faire de la prostitution mon occupation principale.

Après ma nouvelle rupture, je suis retournée faire des appels érotiques contre rémunérations et j'ai revu un ami de longue date. Tranquillement, on a commencé à se fréquenter. Notre relation était passionnée, mais rien de bien en découlait. Et puis... je suis de nouveau tombée enceinte ! Bébé que j'ai encore une fois gardé. J'avais 28 ans, deux garçons et une fille de pères différents, et aucun objectif clair concernant mon avenir.

Ce chum a été le pire au niveau du devoir paternel. Il ne travaillait pas et était totalement irresponsable. Après la venue de notre petite princesse, fuyant ses obligations, il m'a laissée.

Je me retrouvais donc mère monoparentale avec trois enfants à ma charge, dont les pères étaient tous irresponsables et ne m'apportaient aucun soutien financier. C'est à la suite de cela que j'ai réellement songé à faire de la prostitution mon occupation principale par peur de perdre mes enfants. Je ne voulais tellement pas qu'ils manquent de quoi que ce soit, je devais faire de l'argent, beaucoup d'argent ! Pour ces enfants que j'ai eus malgré les difficultés que je vivais, incapable de me résoudre à me faire avorter et heureuse à chacune de mes grossesses. La maternité a toujours été pour moi synonyme de joie, mais après avoir accouché de trois enfants, j'ai toutefois réalisé que je prenais la même voie que ma mère et ça, je m'y refusais catégoriquement.

Avant même la fin de ma puberté, la sexualité m'avait permis d'exister et d'enfin me sentir vivante. J'avais des comportements très libertins et je n'avais aucun jugement négatif envers celles qui en avaient fait un métier, ni contre ceux qui le consommaient. Ma vie ressemblait à une valse de séduction pour plaire, toujours plaire dans le but d'être enfin quelqu'un. Or, je quittais la valse ou faisais trébucher quiconque voulait danser avec moi. Déjà, j'étais la candidate par excellence pour être à l'aise dans l'industrie du sexe. J'ai adhéré à cette vie, ou plutôt au rêve qu'elle représentait, en me faisant à l'idée que c'était la solution parfaite pour moi pour m'aider à devenir « normale ». Très jeune, j'avais appris à me dissocier de mon corps lors de différents événements traumatisants pour ne pas ressentir la douleur parfois, mais surtout la peur et le désespoir, ainsi que toutes les formes d'atteinte à mon intégrité que je vivais sur une base quotidienne. C'est sans doute cette habileté précoce à me dissocier, jumelée à mon besoin de plaire, qui a fait de moi une jeune femme n'osant pas s'affirmer, même lorsque je me sentais traitée comme un objet sexuel. Alors tant qu'à être un objet sexuel pour mes partenaires et mes agresseurs, aussi bien en tirer un bénéfice financier, et c'était ce qui me rapprocherait assurément de cette « normalité » à laquelle je voulais tant adhérer.

J'ai donc exploré plusieurs facettes de cette prostitution de survie. J'ai travaillé comme serveuse sexy dans des soirées privées *high class*, j'ai participé à des *shootings* photos pornographiques et exploré toutes les possibilités qui se présentaient à moi en tant que travailleuse du sexe indépendante. J'ai répondu, par le fait même, aux petites annonces, j'ai fait l'escorte et les salons de massage. J'étais prête à tout pour donner à ma fille et à mes fils une enfance un tant soit peu plus stable et douce que celle que j'avais vécue.

À travers la prostitution, j'ai eu le droit d'exister, pendant un moment, contrairement à ce qu'on m'avait enseigné. Je me suis nourrie à travers le regard de mes clients, je me sentais belle, désirable et appréciée. Cela venait combler ce grand trou noir que j'avais à l'intérieur de moi. Ça n'a duré qu'un moment, car les règles du jeu me sont apparues clairement assez vite et j'ai alors réalisé que les femmes prostituées ne gagnent que très rarement. Je devais gagner beaucoup pour payer mes dettes et mes comptes, subvenir aux besoins de mes enfants et mettre assez de côté pour retourner à l'école. L'idée de « travailler » pour quelqu'un ne m'avait même jamais effleuré l'esprit, moi qui, avant cette période, avais toujours eu au moins un emploi autonome parallèlement aux autres. Malheureusement, on m'a fait comprendre, sous forme de menaces subtiles par courriels ou par téléphone, à travers des demandes d'employés de motel ou via l'insistance de certains tenanciers de salons de massage et d'agences d'escortes que j'allais quand même avoir à donner une partie de mes recettes si je voulais être indépendante dans l'industrie du sexe. J'ai compris que cette option d'indépendance n'était pas sans risque et qu'il valait mieux faire profil bas.

Ma clientèle était vaste et fidèle, mon revenu était bon et je me sentais en parfait contrôle, du moins pendant un certain temps. Mais question de faire cesser les menaces de moins en moins voilées, j'ai accepté l'offre d'un propriétaire de salon de massage et décidé de changer de zone. Ce fut le début de la fin.

Côtoyer d'autres femmes m'a d'abord fait réaliser ce que j'endurais parfois. Quand je travaillais seule, après un client irrespectueux et agressif, je pouvais nier ce qui venait de se passer et continuer à me faire croire que j'exerçais « un métier comme un autre ». Mais je ne pouvais pas faire ça quand, après un tel client, les filles me demandaient comment ça s'était passé. Lorsque j'étais seule dans ma voiture, j'écoutais de la musique, ou encore je parlais, par téléphone, de tout et de rien avec des amies. Alors que dans les salons, je discutais forcément avec les autres filles et presque toutes nos conversations tournaient autour de cette activité qui nous reliait. La lucidité de certaines m'empêchait de nier ma propre réalité, de me faire croire que tout allait bien. N'ayant pas reconnu les signaux qui me pointaient la porte de sortie, j'ai subi l'inimaginable. Une agression savamment orchestrée par un client régulier et ses complices proxénètes, dans le but de me briser pour que je fasse appel à de la « protection » a signé la fin réelle de mes activités... du moins pour un temps. Après ça, je n'osais même plus sortir de chez moi et même la pauvreté m'apparaissait moins pire que la prostitution.

Après ma rupture amoureuse et les années de prostitution qui ont recommencé, j'ai dû me rendre à l'évidence que, si je voulais vraiment sortir de la prostitution, je devais revendiquer l'aide à laquelle j'étais en droit de m'attendre. Or, quand j'ai mis les pieds dans l'industrie du sexe, j'avais la nette impression d'avoir absolument tout fait pour l'éviter et c'est pour ça que j'ai assumé pleinement ce que je faisais. J'avais même fait appel aux services d'une organisation vouée à la défense des travailleurs et travailleuses du sexe dès le début de mes activités pour apprendre à faire le travail correctement tout en m'assurant une certaine sécurité qui visiblement n'a pas eu l'effet escompté.

Même si ça me faisait du bien de me sentir comprise et acceptée dans ma décision, je considère que l'aide que cette organisation m'a apportée était empoisonnée d'abord, inutile ensuite et carrément nuisible à la fin. Au début, je voulais des informations sur mes droits et les lois, le domaine, les règles non écrites, les différents milieux de travail, les risques et les façons de les éviter. Je n'ai jamais eu accès à la liste des mauvais clients, mais j'ai eu de nombreux conseils et témoignages de femmes, des condoms, des trucs divers... Je n'étais pas capable d'associer la prostitution à un travail «comme un autre», donc je me sentais parfois différente. Je trouvais également que le groupe était parfois très intense dans ses revendications. Malgré tout, j'ai pris en considération ce qui m'avait été dit et j'ai eu l'impression d'être le plus outillée possible pour me lancer comme indépendante. Jamais personne ne m'a parlé du monopole de certains proxénètes sur certains territoires ni des dangers liés au fait d'être à son propre compte dans ce domaine.

À la fin, quand j'ai été agressée parce que je refusais d'être *pimpée* et que j'ai voulu cesser d'être prostituée tellement j'étais traumatisée, je me suis fait dire par les intervenantes de cette organisation qui devaient m'aider: «Tu aurais dû comprendre cet aspect du travail!» Ensuite, pour justifier le fait qu'elles n'avaient jamais abordé ce point avec moi, c'est qu'elles ne pouvaient pas le dire clairement sans se «compromettre», mais c'était logique. J'ai eu l'impression qu'elles me responsabilisaient pour cette agression. Elles m'ont aussi parlé d'un salon de massage où le propriétaire était soi-disant «moins gourmand» et où je serais bien traitée. Alors que ce que je souhaitais, c'était de l'aide pour quitter complètement ce domaine. Il a alors été question de CV et de lettres de recommandation pour ledit salon, rien de bien utile à mes yeux à ce moment-là. Ensuite, on m'a fortement recommandé d'annuler mon rendez-vous avec le CALACS[23], ce qui, à mes yeux, était extrêmement grave, car c'est définitivement là que j'ai reçu le soutien le plus rapide, efficace et adapté. C'est également là qu'une intervenante a décelé mon envie de mourir et a réussi à me convaincre de ne pas passer à l'acte. Quand elles ont constaté que je ne leur donnais plus de nouvelles, les filles que j'avais connues auprès de l'organisme pro-travail du sexe ont été plutôt méprisantes, insinuant que j'étais faible de ne pas passer à travers une agression ou sous-

23. Centre d'aide et de lutte contre les agressions à caractère sexuel (CALACS) est une ressource qui a pour principal mandat d'offrir des services spécialisés aux victimes d'agression sexuelle ainsi qu'à leurs proches.

entendant que, de toute façon, les clients m'appréciaient de moins en moins et que ma *cote*[24] diminuait. Je n'en avais rien à faire, mais si ça avait été le cas, ça m'aurait clairement nui.

Je n'ai pas porté plainte à la suite de cette agression, mais je suis devenue plus vulnérable que jamais. Je ne voulais plus me mettre à risque et rencontrer de nouveaux clients. J'ai donc accepté des ententes de type *sugar daddy* avec des clients que j'avais déjà et qui m'en parlaient depuis longtemps, en gardant mes distances et en étant claire dès le début. J'ai fait exactement comme me l'avait suggéré la première fille à qui j'avais parlé de mes plans et qui connaissait le milieu. Malgré mes précautions, deux hommes sont devenus jaloux, contrôlants et possessifs, ce qui m'a amenée à vouloir partir, particulièrement après avoir assisté à un aspect de leur personnalité que je ne connaissais pas, soit le côté harcelant et violent. J'ai été textée et appelée jusqu'à deux cents fois dans une même journée par un homme qui le faisait tantôt pour me louanger en me suppliant de lui revenir, tantôt pour me menacer et m'insulter. Or, encore une fois, malgré les preuves, la crainte et le fait que je réagissais exactement comme me le suggéraient les policiers, jamais je n'ai pu faire de plainte ni obtenir d'injonction pour que ces deux hommes ne puissent plus m'approcher.

C'était quelques années avant la loi C-36 et, aux yeux des policiers, j'étais aussi une criminelle. Ils ne voulaient pas ou ne pouvaient pas me protéger dans ce cadre. Pourtant, la loi a toujours été claire sur le fait que faire de la prostitution n'est pas un acte illégal. Ce qui était illégal et l'est toujours, c'est la sollicitation et le fait de vivre de la prostitution d'autrui. Je me suis, entre autres, fait dire par un policier que c'était les risques liés au choix de carrière que j'avais fait et, par un autre policier, de ne pas me déguiser, que ce n'était pas excitant une escorte avec une perruque. C'est toute l'aide que j'ai reçue de leur part...

---

24. Il existe certains sites où les travailleuses du sexe reçoivent des quotas des clients. Ils peuvent, par exemple, noter la qualité du service, la propreté de la prostituée ou de l'endroit où elle reçoit ses clients.

Ma détresse psychologique empirant un peu plus chaque jour, je me suis rendue à l'hôpital pour l'exprimer et avoir une médication qui me calmerait. J'étais prête à ce que les médecins me gardent, tant je me sentais instable émotivement et en danger au quotidien. J'ai reçu des antidépresseurs qui n'ont tout d'abord rien changé, une référence en désintoxication par la suite ainsi qu'une référence au CLSC. Je leur avais exprimé mon désir d'être hospitalisée et j'aurais voulu qu'ils me gardent et me médicamentent avant que mon mal de vivre soit trop grand. J'aurais aimé qu'ils m'offrent, sinon, un suivi régulier. Malheureusement, l'aide qui m'était offerte n'était pas envisageable à court terme et très abstraite pour une femme aussi souffrante et désemparée. Ils ont fini par m'hospitaliser plusieurs mois après l'agression et à la suite de nombreuses visites, parce que je présentais des symptômes d'anorexie restrictive, que ma pression était très élevée et que j'avais un plan très clair et précis pour me donner la mort sans que ça ne paraisse et priver mes enfants de la modeste assurance que j'avais pris pour eux.

Mon hospitalisation a duré quinze jours durant lesquels je me suis sentie plus en sécurité que jamais, et au cours desquels j'ai recommencé à manger et dormir grâce à différents médicaments. Après quelques jours, mon envie de mourir était au plus fort, car j'étais en plein sevrage d'alcool, la seule substance qui m'avait un tant soit peu aidée à survivre depuis l'agression. Après une semaine, je me sentais déjà plus apte à gérer ce qu'il me fallait gérer pour sortir de la prostitution. Les soins que j'ai reçus ont somme toute été convenables et je me suis sentie soutenue et aidée par le personnel. Les seules choses que j'ai à déplorer sont, de un, le fait qu'un des infirmiers avait été jadis un client, ce qui me troublait un peu malgré l'état dans lequel les médicaments me plongeaient et, de deux, que les hommes qui me harcelaient ont réussi à savoir où j'étais et à me rejoindre. L'un par téléphone, l'autre en venant directement à l'hôpital. Des mesures ont été mises en place rapidement devant l'état de panique évident que ça provoquait chez moi et, en dehors de ces événements, mon hospitalisation reste, selon moi, une des clés qui m'ont permis de survivre et sortir de la prostitution.

■ ■

Il est plus que clair, à mes yeux, que le manque d'aide auquel j'ai été confrontée m'a littéralement menée à la prostitution. Je crois que la prévention est cruciale et c'est pourquoi je trouve nécessaire d'évaluer et de questionner les ressources que j'ai connues avant de me prostituer et qui m'ont potentiellement conduite vers cette vie. Comme il est également primordial de le faire avec celles que j'ai connues pendant et après, lors de mon processus de sortie de la prostitution.

Il m'arrive encore d'ailleurs de me demander ce à quoi aurait ressemblé ma vie si j'avais reçu l'aide appropriée ! Si je n'avais pas manqué de toutes ces choses nécessaires au développement sain d'un enfant. Si la DPJ avait évalué les compétences parentales de mon père avant de m'envoyer vivre avec lui quand ma mère n'a plus été apte à s'occuper de nous. Peut-être que je m'en serais sortie mieux. Qui sait ?

Je ne saurai jamais si la DPJ aurait pu m'éviter d'être élevée par cet homme qui a traumatisé toutes les femmes de sa vie, moi la première. Que ces intervenants n'aient même jamais envisagé qu'il puisse ne pas être apte à s'occuper de moi avant de m'y envoyer, ça me dépasse. Il me semble que ça aurait été logique que ce soit considéré, particulièrement après plusieurs mois de négligence, d'insécurité et de malnutrition. Après ces mois difficiles, mes besoins étaient sans doute encore plus grands que ceux des autres enfants; pourtant, ils n'ont rien fait. Je me souviens d'avoir fait de nombreux cauchemars à la suite de mon retour chez mon père, d'avoir développé des manies et de me faire parfois du mal. Malgré tout, généralement, j'étais une enfant facile et docile.

Je n'en veux à personne, j'ai tourné la page sur mon passé et j'ai avancé vers autre chose. Aujourd'hui, en tant qu'adulte, je ne peux pas tolérer qu'un enfant soit à risque de négligence ou de violence sans agir. Peu importe comment je le fais, j'ai contribué au changement et je continuerai à le faire parce que, en bout de ligne, il n'y a rien de plus important que de protéger nos enfants. L'inaction ne devrait jamais être une option devant un enfant en difficulté. J'ai l'impression que la peur de ne pas agir correctement paralyse certaines personnes, mais je suis absolument certaine que rien n'est pire que l'inaction. Maintenant que je suis adulte, je réalise que j'aurais aimé savoir que quelqu'un a agi pour me protéger. Je sais que, peu importe le résultat, avec le recul, je lui en aurais été reconnaissante. Ça m'aurait apporté un sentiment de réconfort d'avoir été traitée comme un être à part entière, ou la reconnaissance de mon droit d'exister et d'être heureuse, simplement. J'ai vécu de belles choses, enfant, ce n'était pas toujours difficile, mais la base nécessaire au bon développement des enfants, je ne l'ai pas reçue et je n'ai pas eu l'impression que j'y avais droit, car personne n'a fait quoi que ce soit pour que j'y accède, et ce, même quand je disais clairement ce que je vivais. Les meilleures personnes me donnaient des pauses en me gardant le plus possible et en m'aimant comme elles le pouvaient, mais chaque fois, je savais que c'était temporaire et que, si elles parlaient à mon père de leurs inquiétudes, il m'en éloignerait. Avec les années, je me suis fermée, j'ai cessé de faire confiance aux adultes, je me suis dissociée quand mon existence était trop difficile et j'ai développé des mécanismes de défense et des schémas de personnalité qui sont encore présents aujourd'hui. Je suis un de ces enfants qui sont « passés à travers les mailles du filet ». Et malgré un gros travail sur moi, il y aura toujours des impacts négatifs sur ma vie, même si je ne saurai jamais lesquels précisément, mais il est évident qu'il y en a eu.

L'IVAC et l'aide sociale, à l'inverse, me donnent l'impression d'avoir été plus nuisibles qu'autre chose même si, en bout de ligne, j'ai finalement eu gain de cause avec l'IVAC et que je reçois, encore aujourd'hui, des prestations d'aide sociale.

Le manque d'empathie de l'agente d'aide sociale que j'ai rencontrée lorsque j'ai fait ma demande initiale m'a énormément affectée. À ses yeux, j'étais responsable de l'agression puisque j'avais choisi d'être prostituée, et ce, au moment même où l'intervenante du CALACS tentait de me déculpabiliser et de me faire comprendre que je n'avais pas eu beaucoup de choix en plongeant dans la prostitution. Me faire dire ça était fâchant, nuisible et douloureux. Me faire demander pourquoi, en dehors de l'agression, je ne souhaitais plus être prostituée m'a aussi fait mal. J'ai eu l'impression que cette femme était complètement inhumaine et j'avais besoin d'humanisme à ce moment-là. Ça m'a semblé que la société ne pouvait rien pour moi et que j'étais trop fragile et sensible pour vivre. En bout de ligne, j'ai eu droit à un certain montant. Montant moindre que celui de base, puisque « j'avais quand même gagné plus que le seuil de pauvreté durant l'année précédente » et sous condition de faire une demande à l'IVAC, car c'est le crime dont j'avais été victime qui m'empêchait de continuer, selon l'aide sociale.

Pendant deux ans, j'ai reçu chaque trois mois une menace de coupure de mes prestations si je ne démontrais pas que je faisais des démarches auprès de l'IVAC. Démarches que je faisais mais qui, pendant longtemps, n'ont à peu près rien donné. Encore aujourd'hui, je dépends de l'aide sociale pour survivre, mon état de stress post-traumatique étant évident et handicapant. Pourtant, même si j'ai fourni des dizaines de rapports médicaux attestant qu'il me faut encore quelques années pour améliorer ma situation, que l'IVAC va finir par concéder que j'ai des séquelles permanentes et que je fais toutes les démarches que me demande mon agent, je n'ai encore que des prestations pour invalidité temporaire et, parfois, quand je ne peux pas voir mon médecin rapidement, elles sont diminuées parce que je n'ai pas fourni une énième preuve que j'étais encore malade. Je dois le faire aux trois à six mois, sur demande, et ça fait maintenant trois ans. Parfois aussi, les fonctionnaires me demandent de me rendre sur place à un moment précis, sans tenir compte de mes restrictions, et ils menacent de me couper complètement si je n'obtempère pas. Sans jamais prendre en considération mon état de femme souffrant d'un trouble de stress post-traumatique (TSPT) et des empêchements qui surviennent lors d'une crise. Il me semble qu'un service destiné aux victimes d'actes criminels devrait être le premier à comprendre l'impact des symptômes et du stress post-traumatiques dans notre vie et faire preuve d'un minimum d'empathie quand nos crises surgissent.

Ils devraient également savoir que le moindre stress supplémentaire qu'ils nous donnent peut nous paralyser pendant des jours.

Les pensions alimentaires plus qu'instables de mes ex sont en partie coupées de mon montant, et ce, même si je ne les reçois pas de façon régulière et que le montant change fréquemment.

Décrire ce que ma bataille pour obtenir réparation de la part de l'IVAC a impliqué serait long et difficile. Si je n'avais pas été obligée de la poursuivre durant deux ans pour avoir mon aide sociale, j'aurais à coup sûr abandonné tant le manque d'humanisme, d'erreurs commises de la part de ces intervenants et leurs continuelles demandes m'ont épuisée et découragée par moments. Après deux ans, j'ai continué parce que j'en avais trop fait pour reculer et que j'avais une avocate confiante, sinon, j'aurais cessé dès que l'aide sociale m'en aurait « donné la permission ». En bout de ligne, il a fallu quatre ans et demi, trois appels et une poursuite avec le Tribunal administratif du Québec pour que toutes mes demandes soient acceptées et même davantage. Ce que j'ai reçu n'est rien comparé à l'énergie que j'ai dû déployer pour ne pas devenir folle durant les moments où je devais répondre à leurs exigeantes demandes ou à les entendre insinuer que j'étais une profiteuse et que j'avais couru après l'agression. Une fois l'argent reçu, ça m'a permis de payer mes dettes que j'avais accumulées à la suite de l'agression et durant ma bataille qui a été si longue que les conséquences financières ne pouvaient plus être réparées entièrement. Je ne peux pas me rappeler tout ce que j'ai entendu ou vécu en lien avec l'IVAC durant ces années, mais ce n'était pas qu'absurde, parfois c'était cruel et, à l'occasion, carrément violent et contre-thérapeutique. Ce dont je me souviens rapidement tant cela m'a paru imbécile ou ayant eu de grandes répercussions, c'est que ma demande initiale a été refusée sous prétexte que ça faisait dix ans que l'agression avait eu lieu, alors que ça ne faisait que quelques mois.

C'est aussi pendant que j'étais à l'hôpital et que j'avais une dizaine de narcotiques puissants dans le corps qu'on m'a donné des instructions précises, détaillées et plutôt longues, et que, par la suite, on m'a reproché quelques mois plus tard de ne pas y avoir donné suite. Je me souviens aussi que le déménagement que l'IVAC m'avait payé a été une catastrophe à cause d'une erreur de leur part, qui a fait que le jour où je devais vider mon appartement, aucun camion ne s'était présenté. J'ai eu une dette envers un ancien client jusqu'à ce que l'IVAC finisse par me rembourser et jamais les responsables n'ont accepté de tout me rembourser, même si je m'en étais sortie en dépensant moins que pour le coût du camion qui devait me déménager lors du plan initial. J'ai aussi le souvenir des yeux froids de l'avocate de l'IVAC, qui me regardait dans les yeux et insinuait que j'étais responsable de l'agression, que je mentais en parlant du traumatisme que je vivais et des symptômes en découlant.

D'autres situations de leur part m'ont aussi mise dans l'embarras, tels que des montants annoncés pour une date X et qui arrivent plusieurs mois plus tard, ou encore les questions intimes des premiers agents, ou des lettres postées à mon ancienne adresse alors que d'autres arrivaient à ma nouvelle adresse depuis six mois, ainsi que les coûts pour moi associés à leurs erreurs... Que des mauvais souvenirs, de colère, de découragement et d'insécurité ! L'IVAC m'a clairement plus nui qu'aidée et jamais je ne considérerai cette instance comme étant sécuritaire pour les victimes, c'est scandaleux, selon moi.

Sinon, en dehors de ces lacunes institutionnelles rencontrées durant ma sortie de la prostitution, d'autres se sont glissées, moins prenantes, dont les conséquences sont moindres mais qui doivent quand même être soulignées et qui demandent des améliorations.

Aucun organisme communautaire dont la mission est de venir en aide aux survivantes de la prostitution n'est parfait, selon moi, et c'est normal. Or, certains comportements semblent répétitifs et sont pourtant inacceptables en relation d'aide auprès de femmes prostituées :

- Le besoin de contrôle et de domination de plusieurs femmes qui sont dans un organisme depuis longtemps ou qui détiennent un poste « important », ainsi que le manque de connaissances en relation d'aide de certaines dont les compétences sont autres, jumelé à leur volonté d'aider malgré tout.

- Le manque d'ouverture de certaines intervenantes et travailleuses quant aux besoins des femmes ainsi que leur difficulté à comprendre le vécu de celles-ci, jumelée à leur incapacité d'accepter de ne pas comprendre.
- Le manque de volonté politique de plusieurs quand vient le temps de se plier aux règles des bailleurs de fonds.
- Le manque de transparence flagrant observé parfois et toujours possible à camoufler malgré les règles administratives lourdes et donc parfois plus inutiles qu'autre chose.
- L'hypocrisie de certaines quant à leur volonté réelle de travailler avec nous ou de nous aider.
- Les faux espoirs provoqués par certaines travailleuses ou bénévoles.
- Les fonds insuffisants donnés pour les services de première ligne.
- La difficulté pour plusieurs de comprendre que la plupart des prostituées adultes ont commencé alors qu'elles étaient mineures et que, par conséquent, ne toucher qu'à la prostitution juvénile est problématique.

Il y aurait sûrement plus à dire et même si la liste est longue, la majorité des problèmes sont causés par la lourdeur administrative imposée par les bailleurs de fonds et autres instances ayant une influence majeure, voire étant nécessaire à la reconnaissance d'un organisme. S'il n'y avait pas tant de règles et de démarches à faire pour fonder et faire reconnaître un groupe voué au mieux-être de la communauté, il y aurait sans doute moins de dérapages, car il serait plus facile pour les gens en difficulté de s'auto-organiser. Là où il y a des gens vulnérables, il y a des gens pour en abuser, c'est malheureusement vrai dans le milieu communautaire aussi, et ça le serait sans doute moins si les personnes vulnérables étaient encouragées et soutenues à mettre en place les solutions qu'elles souhaitent au lieu de s'adapter à celles que d'autres mettent en place pour elles. Ce n'est pas si simple, bien sûr, mais il y a clairement des améliorations à apporter.

La DPJ, quant à elle, m'a parfois soutenue lorsque j'ai eu du mal à gérer les difficultés de mes enfants. Or, j'ai senti les intervenants perdus et je les ai vus aussi s'éloigner fréquemment quand, malgré toutes les solutions offertes et utilisées, les problèmes persistaient et qu'il devenait évident que la cause était systémique. J'avais beau mettre en place les interventions souhaitables, respecter, aimer et guider mes enfants comme il m'était dit de le faire et rendre tous les comptes qu'ils me demandaient, si le problème était financier et qu'ils constataient que je ne pouvais pas faire plus d'argent, ils disparaissaient. Si le problème était lié aux lacunes en santé et que mon enfant était sur toutes les listes d'attente, ils étaient dépourvus. J'ai l'impression qu'un protocole est mis en place et que, si on fait tout ce qui est attendu en tant que parent, mais que les résultats n'apparaissent pas par magie, les intervenants sont dépourvus.

Je pense que j'ai été chanceuse qu'ils disparaissent, car j'ai entendu des histoires semblables qui se finissaient par le placement injustifié d'enfants. Je crois que le problème de base de la DPJ, c'est que les intervenants sont mal outillés et ont peu de vécu et d'expérience. Un jeune de vingt ans ne peut tout simplement pas être crédible aux yeux d'une mère qui a un lourd vécu et qui élève seule ses enfants depuis des années. Tout le monde le sait et tout le monde est mal à l'aise, ça part mal une relation supposée être aidante et peut parfois donner lieu à des tragédies. Tout comme l'IVAC, la DPJ a besoin d'une réforme en profondeur pour s'adapter aux nouvelles réalités des personnes à aider. Les temps changent, mais on dirait que les mentalités n'évoluent pas toujours assez vite.

Dernièrement, une policière m'a récité l'ancienne loi sur la prostitution en étant certaine que ce qu'elle lisait était d'actualité. Elle a tenu son bout et m'a confrontée jusqu'à ce que l'astérisque au bas du document qu'elle consultait lui fasse savoir que cette loi avait été remplacée par la Loi sur la protection des collectivités et des personnes victimes d'exploitation. Sa gêne d'avoir été prise en défaut a affecté son orgueil et sa réaction a été de m'insulter et de me responsabiliser, une fois de plus, pour le harcèlement auquel j'étais confrontée. Une évaluation psychologique et un minimum d'introspection devraient, selon moi, être obligatoires pour certaines professions. J'ai l'impression que, aussi nombreuses soient-elles, la majorité des règles gérant diverses professions sont basées sur l'efficacité et la productivité à moindre coût plutôt que sur le bien-être des humains, et ce, que ce soient les professionnels qui doivent les appliquer ou les usagers qui devraient en bénéficier.

# *Je m'appelle Mya...*

J'ai choisi de témoigner sous le couvert de l'anonymat, car je recommence à peine à vivre et je n'avais pas envie de revivre l'enfer de la stigmatisation et de la discrimination auxquelles j'ai eu droit en lien avec mon vécu pendant des années. Les intentions de l'auteure de faire entendre les difficultés auxquelles nous sommes confrontées, lorsque nous tentons d'avoir des services, sont nobles. Je crois qu'il est primordial que soit dénoncé cet aspect de notre reprise de pouvoir et le fait de s'en sortir, d'avoir accès aux services et d'être en mesure de faire reconnaître nos droits est une immense bataille qui, sans connaissances, peut s'avérer totalement impossible. Puisse mon témoignage contribuer au changement.

Vous avez déjà sûrement entendu parler de moi... Je suis de celles qui ont témoigné à visage découvert de l'enfer de l'exploitation sexuelle. On me présente comme étant une femme résiliente. À un point tel que *résilience* est devenu mon deuxième nom ou peut-être même le premier, je n'en suis plus certaine...

Je suis devenue résilience...

Résiliente ou résolue à une vie merdique, ce n'est plus très clair...

Depuis que j'ai accepté de témoigner à visage découvert de mon horrible vécu, ma vie est devenue un véritable enfer. Devant les caméras, je souris, mais à l'intérieur, c'est la tempête.

Je suis à fleur de peau d'avoir ouvert tant de profondes blessures qui tardaient à se cicatriser et qui sont maintenant à vif. Les larmes que je cache sont le sang qui coule de ces blessures.

Pendant des années, j'ai vécu horreurs et agressions sexuelles à n'en plus finir. J'avais espoir que les gens comprendraient si... ils savaient. Mais il en est tout autre. Les jugements fusent de partout. On m'accuse d'avoir choisi cette vie et ces agressions... Selon le commun des mortels, les victimes d'exploitation sexuelle sont responsables de leur victimisation... Les témoignages des victimes et leur gratitude mettent un baume sur mon cœur et me donnent la force d'avancer. Elles seules comprennent d'où je viens...

Me développer une nouvelle identité est quasi impossible. J'ai l'étampe du *A écarlate*[25] tatoué sur le front. J'ai été une pute et je resterai une pute aux yeux de la société. On n'embauche pas les putes. On ne donne pas d'emploi à une pute. Une pute, c'est sale.

C'est ce qu'on m'a dit lors d'une entrevue d'embauche pour un organisme féministe qui soi-disant soutient la réinsertion sociale des femmes judiciarisées. Quelle hypocrisie !

En personne, on me félicite, on me sourit et on souligne mon courage et ma résilience. On me présente comme un modèle de réussite... Mais quand les portes se referment... Quand je ne suis pas là... C'est un tout autre discours.

Je représente la femme forte. La femme qui se tient droite devant l'adversité. La femme qui parle fort, celle qui dénonce, celle qui prend de la place, celle qu'on ne confronte pas, celle qui fait peur. Il vaut mieux parler lorsque j'ai le dos tourné que de sortir des arguments bidon qui ne tiennent pas la route et que je démonterai en un claquement de doigts. Ma force, c'est dans les yeux de ma fille que je la prends. Ces yeux et ce regard qui me rappellent pourquoi je me bats et pourquoi je dois continuer.

---

25. Le *A écarlate* était la méthode employée pour marquer au fer rouge les femmes qui commettaient l'adultère.

Quinze ans après ma sortie du milieu, je me sens toujours aussi démolie. Les souvenirs des agressions dont j'ai été victime sont loin, mais le jugement et les continuelles attaques contre ma personne font partie intégrante de ma réalité et créent de nouvelles victimisations.

Mes dernières années ont été catastrophiques... Je me suis retrouvée sans le sou... puis incapable de décrocher un emploi avec un salaire raisonnable. Je suis à peine au-dessus du salaire minimum, à temps partiel. J'ai dû choisir entre accepter de tout perdre ou retourner dans la prostitution, faute d'être embauchée. J'ai accepté de tout perdre, vécu huit mois d'horreur chez ma mère et j'en suis ressortie démolie... Je me sens abandonnée et le goût de vivre n'y est plus...

J'habite un appartement miteux à Montréal, pas trop loin de l'université où je continue d'étudier, car c'est la seule chose que je suis en mesure de me payer... et encore là, j'ai pris un risque ! Je dors par terre sur un matelas dont les ressorts m'empêchent d'avoir des nuits récupératrices. Je suis épuisée physiquement et moralement. Dans mon petit 3 1/2, je suis seule. Ma fille n'est pas avec moi, c'est trop petit et je n'ai pas les moyens d'avoir plus grand... Je n'ai pas son regard pour puiser ma force et je n'imagine même pas la honte que je dois représenter à ses yeux... Tant de travail et tant de souffrance pour en arriver à ça !

Un après-midi de mai, à peine deux mois après être partie de chez ma mère, je suis dans une station de métro. Assise sur un banc, j'attends son arrivée, le cœur rempli de larmes.

*J'étouffe, j'en ai assez de cette vie-là !*

*Assez, de ne jamais être assez...*

Ma respiration est saccadée... Les larmes coulent abondamment sous mes yeux...

Le métro s'en vient... je l'entends... je l'attends...

Mon cœur se resserre et mon corps se crispe. Je reste assise, parce que je ne sais pas si j'aurai la force de ne pas sauter... Mes mains serrent le banc de toutes leurs forces et mes larmes continuent de couler...

Le métro arrive et puis s'arrête. Je me lève et prends place. Finalement assise, je me félicite d'avoir encore résisté, non pas sans avoir laissé couler une larme de plus... Un jour de plus... Un 24 heures de plus... Juste pour aujourd'hui... Je suis dans la fin trentaine et ma vie ne vaut rien. Je n'en peux plus.

À moins de 20000$ par année, je suis très loin des 70000$ de salaire que j'avais dans l'emploi que j'occupais au moment où j'ai décidé de dénoncer à visage découvert. J'ai tout perdu...

Pas à cause de l'incompétence, du manque de volonté, d'erreurs professionnelles ou d'un manque d'éducation... Non, pas non plus à cause de troubles du comportement, ou d'abus de psychotropes ou d'alcool...

Mais parce que j'étais une pute... LA pute qui a osé dénoncer et avancer!

Personne ne dit à celles qui dénoncent publiquement qu'elles seront discriminées et que leur avenir sera d'autant plus hypothéqué. J'ai envie de leur suggérer de ne pas parler. J'ai envie de leur crier à quel point le fait d'avoir parlé publiquement m'a causé du trouble. Mais en même temps, c'est leur mécanisme de survie qui parle, comme le mien m'a aussi parlé à un moment. Le besoin de crier tout le mal qu'on nous a fait. Le besoin que les gens reconnaissent notre victimisation, c'est lui qui dicte nos actes lorsqu'on décide de prendre la parole publiquement; ce besoin criant et nécessaire à notre survie, celui d'être reconnues pour obtenir en quelque sorte réparation.

J'ai beau regarder mes réussites et ce que j'ai accompli... je sais que j'en ai fait beaucoup pour une femme dont l'avenir était hypothéqué, mais je ne suis pas satisfaite. Je n'arrive pas à me faire une place dans le milieu professionnel et je marche continuellement sur des œufs pour être certaine de ne pas faire d'erreurs et ainsi donner raison aux langues de vipères qui disent que je n'y arriverai pas.

Il est tellement plus facile de pointer du doigt quelqu'un dont la vie a été publique que de se regarder le nombril et constater qu'on n'a jamais guéri nos propres blessures ou même confronté nos propres agresseurs. Je n'ai pas ma place parmi les gens ordinaires parce que j'ai été une pute et je n'ai plus ma place auprès de ceux que j'ai côtoyés toute ma vie parce j'ai dénoncé. Je suis seule, seule à bûcher, seule à me reconstruire, seule à tenter de briser la stigmatisation et le jugement à l'égard des victimes d'exploitation sexuelle.

Je m'accroche encore et encore à mes réalisations... Aussi nombreuse soient-elles, elles ne seront jamais assez... Et ça, ça me gruge de l'intérieur...

Ma petite voix, lorsque je réussis à l'entendre tellement je suis envahie, me crie: *Mya, si tu lâches tout... et si tu mets fin à mes jours... quel message envoies-tu aux victimes qui te suivent? Que c'est trop difficile? Qu'il n'y a rien de mieux après?*

Tout compte fait, ma petite voix n'a pas tort. J'ai vécu les pires atrocités, vu l'être humain sous son pire jour. Mais j'en suis ressortie vivante, avec des connaissances que mes cours à l'université ne pourront jamais m'apporter. Oui, j'ai de la peine. Oui, je me sens comme un échec. Mais même si je dors par terre sur un matelas en mauvaise condition, j'ai un toit pour m'abriter et la volonté de changer les choses.

Alors je continuerai à me battre...

Bizarrement, je n'en veux plus à ceux qui m'ont fait du mal... J'ai réussi à surmonter tout cela et je suis passée à autre chose. J'ai réalisé que, pour faire ce qu'ils m'ont fait, ils étaient beaucoup plus souffrants que moi, donc je leur ai pardonné. J'ai choisi de vivre et de reprendre le pouvoir sur ma vie. Je les vois parfois dans les médias, lors de leurs démêlés avec la justice, et je constate que malgré les épreuves que je traverse encore aujourd'hui, aussi difficile soient-elles, ma vie est bien plus satisfaisante que la leur.

Bizarrement, je ne retire aucune satisfaction de leur souffrance. Je trouve au contraire qu'il est dommage qu'eux non plus n'aient jamais reçu l'aide adéquate. Pour les avoir fréquentés sur une longue période, il est plus que clair à mes yeux que leur comportement déviant est né d'une ou de plusieurs victimisations. Si on avait été à leur écoute, si on leur avait permis de se développer dans un environnement sain ou si on leur avait offert des programmes efficaces de réinsertion sociale après leur peine de prison, comme des programmes d'insertion à l'emploi, peut-être qu'eux aussi auraient voulu changer de vie.

Sans avoir oublié ces gens qui ont fait partie de mon passé, j'ai choisi de vivre une bonne vie, entourée de bonnes personnes, telles qu'on les définit selon les normes... Malheureusement, j'ai constaté que la cruauté humaine ne se divise pas en deux. Il n'y a pas un bon et un mauvais côté. Le côté qu'on dit bon est parfois même vraiment plus cruel que celui qu'on dit mauvais.

Mon parcours de réhabilitation m'a présenté cette autre facette de l'être humain. Cette forme de méchanceté insidieuse et persistante qui est souvent beaucoup plus dommageable sur le long terme qu'une agression criminelle. Une ou des agressions criminelles, comme l'exploitation sexuelle qui est sur une base périodique, alors que l'autre s'apparente beaucoup plus à une sentence à vie.

Si je me permets de faire un retour sur mon parcours de guérison, communément appelé *réhabilitation* par les services actuels, c'est pour permettre au commun des mortels de saisir la complexité des services actuels et ce qui nuit à notre réinsertion.

Tout d'abord, j'ai toujours eu ce réflexe de crier à l'aide quand ça n'allait pas et de faire des démarches pour en recevoir. Ces appels que j'ai lancés tout au long de ma vie sont restés sans réponse. Autant au niveau de l'intimidation au secondaire, où personne ne savait quoi faire pour m'aider, que pour tout le reste qui a suivi. À un point tel que j'ai trouvé refuge auprès des gangs de rue. Auprès d'eux, je me suis sentie en sécurité. Ils m'ont donné le droit d'exister et ça, ça n'a pas de prix. Ils ont répondu à ma soif de vivre et à mon dégoût pour cette vie d'injustice, car j'étais le reflet de leur propre vécu.

Dégoûtée que j'étais par la vie que j'avais à la maison, dégoûtée par la vie d'abus qui remontait à mon enfance et par l'incapacité de mes parents à m'offrir la sécurité dont j'avais besoin, j'ai choisi de fuguer. Ma fugue n'a duré qu'une journée, car dès le lendemain, en matinée, j'étais assise dans le bureau d'une travailleuse sociale, la suppliant de me placer.

Elle m'a donné ce que je voulais...

Les services sociaux m'ont finalement prise en charge. On m'avait entendue. En moins de temps qu'il ne m'avait fallu pour planifier ma fugue et mon placement tant désiré, j'avais réussi à être prise en charge. Persuadée que mon calvaire était désormais terminé, j'ai vite réalisé que l'envers de la médaille de cette vie d'abus n'était pas plus rose. En me positionnant comme étant le problème et en demandant de l'aide, je n'en ai jamais reçu. Les Centres jeunesse sont une prison, rien de moins. Tels les services de détention des services correctionnels, ils ne servent qu'à renforcer notre côté marginal. Ils sont l'école du crime et du mal-être. Quand tu y entres avec un comportement délinquant, tu peux être certaine que tu y feras tous les apprentissages nécessaires à le devenir davantage. Il en va de même lorsque tu y séjournes à la suite de nombreuses victimisations. Aucun programme n'était et n'est encore aujourd'hui mis en place pour les victimes d'actes criminels. Alors les apprentissages qu'on fait dans les Centres jeunesse se résument à comment vivre d'autres victimisations...

À un point tel que tu finis par croire que cette vie d'abus, tu la mérites ! Que tu mérites aussi ces agressions et même que tu en es totalement responsable. De toute manière, quand ces apprentissages ne sont pas assez ancrés, certains services de police sont au fait de te rappeler que tu ne vaux pas plus que ça...

Les abus et les actes criminels commis à ton égard, tu finis par les assimiler et tu apprends à vivre à travers eux, en mécanisme de survie. La mentalité de la rue, tu l'intègres et elle devient partie intégrante de ton être, alors quand les agressions arrivent, tu ne les vois pas comme telles.

Les gangs, quant à eux, ne sont pas restés protecteurs très longtemps et j'ai fini par goûter à toutes les sauces de ce monde marginal, de ces personnes souffrantes qui, elles aussi dans un moment de leur vie, n'ont pas reçu l'aide dont elles avaient besoin. Au lieu de continuer de souffrir, telle la victime typique qui vit victimisation par-dessus victimisation, elles ont opté pour un mécanisme de défense favorisant les agressions à la place d'être agressées.

Assimiler la mentalité de la rue m'a permis de survivre, non pas uniquement lors de mes années de victimisation typique, mais également lors de ma reprise de pouvoir sur ma vie.

Tout d'abord, je n'ai pas réalisé ma victimisation avant d'entrer à l'université, car être victime et se proclamer comme telle, c'est un signe de faiblesse. Quand on a fréquenté le milieu de la rue comme je l'ai fait, ce n'est pas aussi clair de réaliser qu'on a été une victime. Ce sont les différents cours que j'ai pris à l'université qui m'ont permis de constater là où mon consentement s'est arrêté. C'est donc mon éducation et ma soif de vivre qui m'ont sauvée et non les services existants, et encore moins les forces de l'ordre ou le système de justice.

Lors de mon parcours dans l'industrie du sexe, longtemps avant de prendre conscience que les viols et les différentes agressions n'étaient pas un choix, j'ai été amenée à frapper à plusieurs portes pour recevoir différents services. Même si je m'appropriais la grande majorité des agressions, j'ai toujours eu cette petite voix à l'intérieur de moi qui me criait continuellement que cette vie n'avait rien à voir avec celle que j'aurais dû avoir. Cette petite voix qui se faisait entendre à chacune des microsecondes de mon existence où j'étais en contact avec moi-même et non dans la fuite de mes émotions. Elle me criait qu'en réalité la vie est de toute beauté et que c'est un cadeau d'une valeur inestimable mais que, pour avoir accès à ce monde merveilleux, je devais prendre la décision de me choisir.

Cette décision de se choisir a commencé, dans mon cas et dans celui de bien d'autres j'en suis certaine, par une demande d'aide. J'ai voulu sortir du milieu en criant ma douleur et ma rage de vivre, mais le manque d'ouverture des différents services m'a maintenue dans l'industrie du sexe pendant près de dix années de ma vie.

Au niveau du système de justice, entre autres, afin que je donne suite à une agression sexuelle, la procureure de la Couronne a refusé d'accepter mon dossier sous prétexte que j'étais danseuse nue et que je n'aurais aucune crédibilité devant la cour. Comme si le fait d'avoir été danseuse nue a fait de moi un objet et m'a enlevé toute mon humanité et les droits qui en découlaient... Quand une chose comme celle-là t'arrive et que tu constates que même la justice ne peut pas te protéger, tu en viens à te demander si ta vie vaut encore quelque chose...

Pour ajouter à la complexité à laquelle nous devons faire face, on ne peut mettre de côté les services de police. Combien de fois les policiers sont descendus chez moi, alors que ma petite fille était en couches, pour tenter d'avoir des informations concernant le gang à qui appartenait le club où je « travaillais/étais exploitée »? Je ne pourrais les dénombrer. Jamais ils n'ont pris en considération qu'ils mettaient en danger ma vie et celle de ma fille. Jamais ils n'ont même tenté de comprendre pourquoi je refusais de parler ! Jamais ils n'ont cherché à savoir pourquoi j'avais si peur !

Leur technique pour obtenir de l'information était intrusive et menaçante. Grâce à cela, j'ai compris que ma vie ne valait rien à leurs yeux à côté de leur fierté de procéder à l'arrestation d'un membre de groupes criminalisés. Il leur était beaucoup plus important de découvrir qui avait tenté de tuer qui, plutôt que de protéger le commun des mortels ! J'ai compris aussi que d'essayer de me guider vers la sortie de ce monde criminalisé ne leur donnait absolument rien, puisque cela n'aurait aucun effet sur leurs statistiques qui démontrent à quel point ces policiers sont si efficaces...

Les policiers ont fait le serment de *Servir et protéger !* Quand on y pense bien, c'est très ironique et on est bien loin de ça !

Qu'arrive-t-il quand tu n'es pas reconnue par le système de justice ou les forces de l'ordre ? Qu'arrive-t-il lorsque les services soi-disant disposés à t'aider ne comprennent absolument rien à ton vécu ou, comme dans les cas ci-haut mentionnés, qu'ils n'en ont juste rien à cirer? En fait, cela vient tout simplement me confirmer ce que le Centre jeunesse m'a si bien enseigné: je ne valais pas plus que ça!

Et la réponse est si simple... Parce qu'on n'est pas reconnues et acceptées, on retourne tout simplement d'où on vient! Non pas parce qu'on ne veut pas changer, mais seulement que, faute d'être soutenues convenablement, on opte pour un mode de vie qui nous accueillera toujours à bras ouverts.

Ces deux instances, le ministère de la Justice et les forces de l'ordre, ont eu un effet très négatif dans mon parcours, car elles m'ont confirmé que je ne valais rien de respectable, ainsi que tout ce qui a suivi après. On ne peut manquer de souligner le manque total de services, ou tout simplement de services adéquats et complets, qui a fait en sorte de me maintenir dans la prostitution beaucoup plus longtemps. En y étant restée plus longtemps, les actes de violence à mon égard se sont également accumulés, jusqu'au jour où j'ai touché le fond du baril et que je me suis dit que, pour rien au monde, cette vie serait la mienne... Dans mon cas, c'est ma surconsommation de drogues qui a fait en sorte de me diriger vers ce fond du baril et l'amour pour ma fille qui m'a donné la force de me battre. J'ai fait une thérapie qui, par les Douze Étapes, m'a permis de prendre conscience de tout le mal que j'ai pu faire aux gens autour de moi avec ma consommation...

C'est bien et, oui, ça m'a permis de prendre conscience à quel point la drogue m'avait détruite et avait fait du mal à mon entourage, mais rien ne penchait sur le pourquoi je consommais... Pourquoi est-ce que j'avais tellement mal que je préférais me détruire que de vivre en pleine conscience avec mon MOI?

À ma sortie de thérapie, je m'étais trouvé un travail avec un salaire de misère, allant avec mon manque d'expérience et mon manque d'études, avec les impôts à payer... Je n'étais pas habituée à tout cela; il ne me restait presque rien. Impossible d'avoir une vie décente quand juste de manger trois repas par jour représente un défi! En prenant en considération mon statut de maman monoparentale et l'absence de toute forme de soutien, dont monétaire du père, il était plus que clair à mes yeux que cette vie ne me ressemblait pas du tout et que c'était absolument hors de question, après tout ce que j'avais vécu, que je ne sois pas en mesure d'offrir une vie de qualité à ma fille.

À mes yeux, la seule chose qui me permettrait d'avoir une meilleure vie, c'était d'avoir des études dans un domaine qui me plaisait... je suis donc entrée à l'université au baccalauréat en travail social. J'ai débuté cette aventure de connaissances sans aucune confiance en moi, mais avec une armée de détermination et une ambition à toute épreuve. J'avais choisi une autre vie et rien au monde n'allait m'en dissuader. Durant les années où je complétais mon baccalauréat, j'ai vécu sous le seuil de pauvreté en me débrouillant comme je le pouvais avec mon enfant. Je ne suis jamais retournée dans l'industrie du sexe, car je gardais les yeux rivés sur mon objectif.

La décision, dans mon cas, de ne pas y retourner a été favorisée par la multitude de connaissances que j'ai acquises à l'université. Celle-ci m'a permis de connaître les services offerts pour les personnes qui, comme moi, ont subi l'atrocité humaine, mais surtout elle m'a permis de connaître mes droits et de faire en sorte qu'ils soient respectés.

J'ai donc fait appel au CAVAC[26], duquel j'ai obtenu les services d'une intervenante hors pair. Elle m'a écoutée et soutenue, mais surtout elle m'a donné le droit d'exister avec mon vécu, tout en normalisant mes réactions face au trauma. Normaliser ces dernières est tellement important et représente une étape très déterminante dans le rétablissement, puisqu'on se sent tellement différente. Avec son soutien, j'ai rempli les tonnes de pages que consiste la demande d'indemnisation de l'IVAC, afin d'avoir accès à des services de nature psychologique. J'ai été acceptée et j'ai eu des rencontres avec un psychologue, sur une base hebdomadaire, en même temps que j'ai pu compléter mon baccalauréat en travail social et débuter un emploi dans mon domaine.

---

26. Centre d'aide aux victimes d'actes criminels (CAVAC).

Une chance pour moi que mon dossier a été accepté avant que les choses ne commencent à mal tourner au travail, où mes collègues se sont mis à s'acharner sur moi en lien avec mon passé. L'IVAC a indemnisé la totalité de mon salaire, me permettant ainsi de prendre soin de moi. J'étais complètement démolie. Mes symptômes post-traumatiques étaient à leur apogée et je ressentais, pour la première fois de ma vie, à vif, la totalité des répercussions des actes criminels que j'avais subis, sans utiliser de moyen de fuite, donc aucune consommation ou comportement mettant ma sécurité à risque. Ce fut une des périodes les plus difficiles de ma vie.

Heureusement, j'ai un médecin qui me suit depuis que j'ai 15 ans et il a toujours été très soucieux de mon bien-être. Avec son aide et ses recommandations, j'ai pu avoir accès à des services de psychothérapie, de massothérapie, des cours de yoga et un abonnement au gym. L'IVAC, c'est bon et complet quand tu y as accès et que tu as des professionnels qui se soucient vraiment de te voir aller mieux, en rédigeant des rapports complets dans lesquels les recommandations de soins et de services sont incontestables à une bonne guérison des traumas. Sinon, c'est la galère.

À peine deux mois après le début de mon arrêt de travail, je m'entretenais, au téléphone, avec mon agente responsable de mon dossier lorsqu'elle m'a dit :

– Madame, quand comptez-vous retourner au travail ?

Mal à l'aise avec sa question, je lui réponds :

– Pour l'instant, je suis vraiment médicamentée et je n'ai pas trop envie d'être dépendante à vie. J'aimerais aller mieux à un point que je n'aurais plus besoin d'en consommer.

– Mais avec la médic, vous êtes fonctionnelle, donc vous pouvez retourner au travail !

J'étais bouche bée. Que pouvais-je répondre à cela ? Par chance, les divers professionnels avec lesquels j'étais continuellement en contact se sont opposés à cela et mon arrêt de travail s'est poursuivi au-dessus de deux ans.

Pendant ces années, j'ai contacté plusieurs organismes travaillant avec des femmes ayant vécu d'exploitation sexuelle et/ou ont été des travailleuses du sexe indépendantes. Aucun d'eux n'a su répondre à mon questionnement concernant les répercussions de ce que j'avais vécu dans ma vie actuelle.

Deux prises de positions différentes guidaient ces organismes : l'une étant abolitionniste et l'autre pro-militante pour les droits des travailleuses du sexe. Ne partageant pas entièrement la vision de ces deux prises de position, je n'ai jamais eu l'aide dont j'avais besoin. Je ne me suis jamais sentie confortable auprès de ces services dont la plus grande bataille est politique plus qu'autre chose. D'un côté comme de l'autre, on essayait de me vendre une prise de position beaucoup plus que de m'offrir les services dont j'avais besoin. Les abolitionnistes ne comprenaient pas pourquoi je n'avais pas envie d'adhérer à leur prise de position, remettant même en question mon vécu de victime, et les pro-militantes, quant à elles, avaient comme réponse à mes questions : « On doit reconnaître la liberté des femmes de disposer de leur corps comme elles le souhaitent. »

Et face aux agressions, leur réponse était : « Le travail du sexe n'est pas pour tout le monde ! »

Sans rabaisser le travail que font ces organismes féministes, il était plus que clair qu'à mes yeux, aucun d'eux ne répondait à mes besoins. J'ai donc poursuivi mon cheminement auprès de professionnels et mis de côté toute aide soi-disant destinée aux femmes ayant eu un parcours comme le mien.

J'ai aussi contacté les policières des Survivantes et également tenté de porter plainte contre ceux qui m'ont fait du mal auprès des enquêteurs des crimes majeurs, section exploitation sexuelle. Je n'ai reçu d'aide d'aucun de ces services, au contraire... les enquêteurs m'ont dit que ma plainte n'était pas recevable dans un contexte de traite humaine, puisque les faits s'étaient déroulés avant le changement de la loi de 2005... Ils m'ont alors suggéré de faire une plainte pour viol... Une plainte pour viol contre le crime organisé, alors que personne ne témoignera jamais en ma faveur ! Cela m'aurait pris en moyenne trois ans (estimation du procédé judiciaire avant l'arrêt Jordan[27]) à me battre en cour, à avoir peur pour ma vie pour que la résultante soit qu'on ne puisse prouver hors de tout doute raisonnable la culpabilité de mes agresseurs et qu'ils soient acquittés... Je n'étais pas prête à ça et, tout au fond de moi, je savais que s'ils étaient acquittés, la peur des représailles se serait à jamais installée en moi.

Au fil des années, j'apprendrai que les enquêteurs ont discuté du contenu de ma plainte avec les policières des Survivantes et en ont également discuté, ainsi que ces dernières, avec d'autres présumées victimes pour justifier le fait qu'ils n'ont pas été en mesure de procéder dans mon dossier. Je sais pertinemment qu'ils n'ont aucunement le droit de faire cela et que ça relève d'un très grand manque d'éthique professionnelle. J'ai d'ailleurs contacté leur commandant à deux reprises pour le signaler, mais comme le reste, personne n'y a donné suite !

Selon mon point de vue, les policiers et policières ne sont pas payés pour donner leur opinion, mais pour servir et protéger. Quand tu rencontres un enquêteur ou que tu fais affaire avec un service de police d'une façon quelconque, tu dois normalement être assuré que ce que tu leur dis restera de nature confidentielle. Le fait qu'ils ne puissent poursuivre avec un dossier ne signifie pas que la personne n'a pas été une victime, mais qu'ils manquent d'éléments pour faire leur travail. Comme résultante de leur diffamation à mon égard, que tout se sait et que la machine à potins circule à très grande vitesse, je vivrai les conséquences de leurs paroles pendant très longtemps.

Cela a fortement contribué à me faire perdre confiance envers les services de police...

---

27. L'arrêt Jordan est une décision prononcée par la Cour suprême du Canada le 8 juillet 2016 pour fixer le délai maximal qui peut s'écouler entre le dépôt d'une accusation et la tenue d'un procès. Rendu sur la base de l'article 11 de la Charte canadienne des droits et libertés, cet arrêt, invocable par une « requête en arrêt des procédures » a pour but de garantir à tout inculpé de subir un procès dans un délai raisonnable. L'arrêt établit que le plafond maximal est de 18 mois en cour provinciale et de 30 mois pour les tribunaux supérieurs, à moins de circonstances exceptionnelles.

Au bout de deux ans, j'en avais plus qu'assez de mon arrêt de travail et le sentiment qui l'accompagnait de ne rien valoir, lequel était beaucoup plus fort que toutes les années où je n'étais qu'un objet sexuel. J'ai donc demandé à mon médecin de me signer un retour au travail, ce qu'il a fait sans hésitation, alors que ma psychologue avait un diagnostic totalement différent. Je me sentais prise entre les deux différentes recommandations et ce que je voulais : retourner sur le marché de l'emploi.

Constatant l'impasse dans laquelle je me trouvais, soit mon désir de retourner sur le marché du travail et la peur qui m'habitait devant la possibilité que mes symptômes ressurgissent, amenant ainsi un retour à une possible incapacité totale à l'emploi, l'agente de l'IVAC m'a dit :

– Écoutez, vous n'avez pas à vous inquiéter, si jamais ça ne va pas, vous n'avez qu'à nous contacter et nous ferons en sorte que votre rechute soit reconnue, vous permettant ainsi d'avoir accès à tous les services de l'IVAC ainsi qu'à l'indemnité salariale au besoin.

Rassurée par les bons mots de mon agente, j'ai donc signé tous les documents servant à donner mon consentement à mettre fin au service de l'IVAC, donnant lieu à ce que mon dossier soit consolidé. Par la suite, les responsables ont évalué mes séquelles permanentes et établi un montant de dédommagement pour celles-ci, basé sur le salaire que j'avais quand j'étais aux études, donc sur le salaire minimum.

Une fois le tout en règle, j'ai eu trois mois pour me trouver un emploi avant qu'ils mettent fin à ma compensation financière. Trois mois à envoyer une vingtaine de CV par jour, mais rien ! Quand je passais des entrevues, on remettait toujours en question mes compétences à cause de mon passé dans la prostitution. Je me sentais insultée qu'on me questionne de la sorte. Ces employeurs n'étaient-ils pas en mesure de s'intéresser davantage à mes compétences professionnelles ?

Je suis du genre à croire à la deuxième chance et à vouloir travailler auprès de n'importe quelle clientèle qui en aurait besoin ! Il me semble que mon parcours de vie démontrait avec certitude la puissance d'avoir une deuxième chance en faisant le choix de retourner aux études afin de contribuer à celle de son prochain.

Toutes ces expériences m'ont donné un goût amer du monde et du droit chemin. Pas que je ne croyais plus le mériter, mais plutôt que je trouvais les gens méchants et les services ainsi que les institutions dont l'objectif est l'insertion et la réinsertion sociale amplement dépourvus d'empathie. Cela m'amenait à me demander s'ils croyaient vraiment en leur mission, s'ils étaient en mesure de croire au changement d'un individu qui a eu de mauvaises expériences dans sa vie ! N'était-ce pas une forme d'hypocrisie ? Et pourquoi les gens ont-ils tant de difficulté à reconnaître qu'une victime d'actes criminels n'est pas responsable de sa victimisation ?

Ce sentiment de me sentir incomprise a largement été confirmé lorsque j'ai finalement réussi à obtenir un emploi dans un organisme communautaire d'un quartier X à Montréal. Si je ne désire pas nommer le quartier ou même le nom de l'organisme, c'est uniquement par respect pour tous ces jeunes qu'ils ont aidés. Je suis arrivée dans cet emploi remplie de bonnes intentions et avec un bagage de vie me permettant de faire une différence. J'avais été engagée à titre d'agente de relation et je devais monter une journée prévention/intervention auprès des jeunes filles à risque ou victimes d'exploitation sexuelle. J'adorais cet emploi, toute cette collecte de données que j'avais à faire et tous ces professionnels que je devais rencontrer. Je me sentais importante et je sentais que je pouvais faire une différence, et ça, c'est le plus beau sentiment du monde.

Tout se déroulait normalement jusqu'au jour où mon employeur nous a annoncé en pleine réunion d'équipe qu'il voulait faire venir un athlète comme modèle lors d'un événement ! L'athlète en question avait eu un parcours de crimes de nature sexuelle, avait des liens étroits avec le crime organisé et était directement relié à mon passé ! Je m'étais tellement sentie insultée, non pas parce que je ne crois pas à la deuxième chance, mais seulement comment pouvait-il me mettre dans une position comme celle-là ?

En réalisant que, sous peu, ceux qui m'avaient fait du mal allaient connaître l'endroit où je travaillais, mes symptômes post-traumatiques ont refait surface à pleine capacité. Je ne dormais plus et j'avais des crises d'anxiété longues et intenses. Ces crises se sont d'autant plus intensifiées après avoir pris le temps de dire à mon boss que je n'avais pas l'intention de participer à cette journée et que je ne cautionnerais pas un organisme qui faisait appel à ce genre d'individu pour se faire valoir, et je lui ai donné l'ultime choix, c'était lui ou moi !

Ce qu'il m'a dit était plus que démonstratif de ce à quoi les personnes victimes d'actes criminels sont confrontées :

– Je t'ai donné une chance à toi, Mya ! Pourquoi je ne pourrais pas lui en donner une à lui ?

– Es-tu en train de comparer une victime à un délinquant sexuel ?, que je lui ai demandé, stupéfaite.

Et lui d'ajouter :

– Va falloir que t'arrête de jouer à la victime et que tu passes à autre chose...

JOUER À LA VICTIME ! Comme si quelqu'un de sain d'esprit voudrait ce rôle !

Je les ai vus commettre de nombreux actes criminels. J'ai été témoin de règlements de comptes, de disparitions, j'ai vu et connu les filles qu'ils ont exploitées sexuellement. Ils ont mis ma vie et celle de ma famille en danger, j'ai été violée et réduite au statut d'objet de leur part...

- *Mais c'est clair que le problème, c'est moi, parce que je ne veux pas les revoir, voyons donc ! ! ! Tout le monde sain d'esprit ayant vécu ce que j'ai vécu auprès d'eux aurait envie de les revoir...*

Le manque de compassion de mon employeur ainsi que celui de mes collègues et le fait de sentir ma sécurité compromise ont été largement suffisants à une rechute du stress post-traumatique. J'ai de nouveau contacté l'IVAC pour que mon dossier soit réactivé. On m'a répondu :

▶ *Mais, madame, ce n'est pas suffisant pour rouvrir votre dossier! Vous n'avez pas été victime de menaces des individus en question. Et même si tel était le cas, des menaces, ce n'est pas suffisant pour rouvrir votre dossier. Vous devez avoir été agressée physiquement pour ce faire, sans ça, on ne vous reconnaît pas!*

Leur refus a eu l'effet d'un coup de poing en pleine gueule! J'avais besoin d'aide, c'était évident. Tous les rapports du médecin et de la psychologue le confirmaient, mais sans que l'IVAC accepte de rouvrir mon dossier, comment pourrais-je avoir l'aide nécessaire à ma guérison avec un salaire sous le seuil de pauvreté? J'ai contesté leur décision et poursuivi au Tribunal administratif du Québec, communément appelé le TAQ. Leur avocate m'a littéralement traitée de profiteuse du système, affirmant que je voulais uniquement leur argent, et ce, malgré le fait que ma demande a été appuyée par des rapports rédigés par des professionnels en psychologie, ce qui démontrait ma plus qu'évidente rechute de TSPT... et elle m'a alors carrément dit que je les feignais.

Le seul fait d'avoir à revivre ces symptômes est d'une lourdeur inimaginable, alors quand on se fait traiter de la sorte de façon si inhumaine, ça cause un autre type de trauma en soi.

J'ai terminé mon contrat avec l'organisme qui m'avait engagée et j'ai décroché divers emplois peu rémunérateurs dans le domaine de l'intervention. Compte tenu de la précarité financière dans laquelle ces emplois me mettaient, j'ai dû en occuper deux ou trois en même temps, tout en luttant contre mes symptômes et la discrimination en lien avec mon vécu que je continuais de vivre quotidiennement.

Les gens ne comprennent pas ce que ça fait d'avoir été victime d'actes criminels et que leur jugement à notre égard est lourd à porter. Les services d'aide non plus ne le comprennent pas, car pour eux, c'est un signe qu'on ne veut pas changer... Toutes les fois où je suis allée chercher de l'aide, j'ai cogné à toutes les portes pour en recevoir et ça revenait toujours à la même chose! Au début, les intervenantes sont super contentes d'avoir un dossier comme le mien. Avec autant d'études et d'expérience de travail, elles se disent que ça va être un dossier facile de réinsertion sociale ! Mais tout doucement, elles réalisent que le problème est extérieur à moi et ne sachant pas quelle solution apporter, elles baissent les bras, me laissant ainsi face à un autre échec. À la longue, faire face continuellement à des échecs, ça devient lourd et pénible.

Les gens et les services jouent les sauveurs auprès des personnes qui ont été victimes, car je présume que cela leur apporte un genre de raison de vivre !

▶ *Mais on n'a pas besoin d'être sauvées ! On a besoin d'être outillées afin de nous permettre de nous développer une vie plus saine, et ça, ils ne le comprennent pas !*

Même avec tout ce que je vivais, je continuais à garder la tête haute, à me rappeler que tout cela n'était que temporaire et que ça allait définitivement finir par passer... J'occupais un poste de nuit dans un organisme en santé mentale, avec un salaire misérable. L'opportunité de passer d'un chiffre de nuit à un de jour, par l'ouverture d'un poste, s'est enfin présentée et j'ai posé ma candidature. À la suite de celle-ci, on m'a répondu :

– Mya, le poste te revient par ancienneté, mais compte tenu de ton parcours dans la prostitution, on ne va pas te le donner !

Pourtant, ce même passé, les employeurs le connaissaient lors de mon embauche, car ayant déjà été publicisée, j'avais fait preuve de transparence, juste au cas où, justement, quelque chose comme ça arriverait...

Une autre claque en pleine figure ne me laissant d'autre choix que de me relever les manches de nouveau et de continuer à me battre. J'ai donc fait appel aux normes du travail et aux droits de la personne et j'ai porté plainte contre eux. On a finalement réglé hors cour en m'engageant à taire le nom de cette entreprise et j'ai reçu un montant visant à m'indemniser !

Avoir été reconnue a mis un baume sur mon cœur, mais est-ce que ma vie va toujours ressembler à ça ? Est-ce que j'aurai toujours besoin de me battre de cette façon pour que soit respecté mon droit d'exister? Et, bien sûr, si je n'avais pas eu les connaissances que j'ai acquises à l'université, est-ce que je me serais aussi bien défendue, parce que mes droits ne m'ont clairement jamais été expliqués? Il est clair à mes yeux que mon éducation m'a fortement aidée dans ce dossier, ainsi que dans tous les autres...

J'ai, bien sûr, démissionné de cet emploi et j'en ai trouvé un autre... encore dans des conditions aussi misérables et j'ai fini par tout perdre ce que j'avais.

J'ai habité chez ma mère un bout de temps, le temps que les choses se replacent... Mais ce fut un véritable enfer. Pour donner suite à une autre agression de mon père, deux ans et demi plus tard, l'IVAC a de nouveau accepté mon dossier et j'ai été mise, une fois de plus, en arrêt de travail. Malheureusement, à la suite d'un arrêt de travail indemnisé par l'IVAC, j'ai encore une fois été victime d'agression sexuelle de la part d'un professionnel de la santé en qui j'avais mis totalement ma confiance. Heureusement, ayant un dossier IVAC en cours, j'ai obtenu toute l'aide nécessaire pour me permettre de me relever sans trop de dommages et c'est vraiment là que j'ai pu constater la différence entre ne pas avoir accès à des services complets immédiats et avoir toute une équipe professionnelle autour de toi quand l'acte criminel survient. J'ai pu voir et sentir les bienfaits que cela apporte au point de vue de la «digestion» de l'acte criminel. J'ai eu de la difficulté les deux premiers mois suivant les agressions, mais par la suite, avec tous les services que je recevais, j'ai pu me relever et continuer à avancer sans trop de problèmes, tout en guérissant de cette nouvelle atteinte à mon intégrité!

Entretemps, j'ai réussi à décrocher un emploi gratifiant avec des conditions satisfaisantes et un salaire convenable. Mes collègues, ne connaissant pas mon parcours de vie, m'ont acceptée pour qui je suis et apprécié mes aptitudes professionnelles pour ce qu'elles sont, sans le filtre du jugement lié avec mon passé.

Ce parcours parsemé d'embûches m'a énormément appris. L'IVAC m'a permis de prendre un temps d'arrêt, de prendre soin de moi et de réorienter ma carrière. Toutes ces batailles que j'ai menées au cours des années qui ont passé et les possibilités récentes qui se sont offertes à moi m'ont fait comprendre qu'au final, tout ce qui me manquait dans ma vie était la possibilité de me développer dans un nouvel environnement, me créant ainsi une nouvelle identité. Il serait beaucoup plus facile de survivre à l'inimaginable si la société nous reconnaissait en tant que personnes à part entière qui ont subi un acte criminel et non comme en étant responsables de ce dernier, tout en nous donnant le droit d'exister en nous offrant la possibilité de nous développer dans un environnement de travail sain.

Être victime n'est pas une façon de vivre ni une identité. Les conséquences découlant du fait d'avoir survécu à l'horreur n'ont rien de plaisant. On ne peut passer à autre chose et oublier si nous devons prendre beaucoup de temps à nous battre pour obtenir des services, pour faire reconnaître nos droits et pour contrer le jugement des autres. En fait, nous n'avons même pas le temps de cicatriser notre blessure initiale, causée par le ou les traumas, que plusieurs autres coups de poignard nous en causent de nouvelles. Ces nouveaux coups de poignard sont les échecs auxquels nous sommes confrontées, causés par les services incompétents auprès desquels nous tentons d'avoir de l'aide, par le jugement sociétal auquel nous sommes constamment confrontées et, pour terminer, par la quasi impossibilité d'être reconnues à cause, entre autres, de l'application déficiente des lois ! Au fil des ans, l'accumulation de ces blessures, toujours à vif, n'arrivaient pas à se cicatriser... J'ai même fini par croire que mettre fin à mes jours serait la solution ultime... Les pensées d'en finir ont été présentes pendant plus d'une décennie et ont atteint leur sommet tout de suite après avoir vécu l'enfer chez mère, il y a à peine quatre ans de cela. En grande majorité, ces pensées suicidaires n'ont jamais été provoquées par les actes criminels dont j'ai été la cible, mais par tout ce que la société dans son ensemble m'a fait vivre par la suite. Une victimisation secondaire d'une telle cruauté !

Pour ajouter à cela, après mon passage chez ma mère, j'ai également eu recours au service du CSJR[28] et j'ai effectué un face à face avec un proxénète incarcéré depuis fort longtemps pour des activités de proxénétisme et d'utilisation d'une rare violence physique, psychologique, monétaire et sexuelle à l'égard de ses victimes. J'ai eu droit à deux rencontres avec lui, accompagnée de deux intervenants du CSJR et d'une médiatrice de la communauté. Les réactions que j'ai eues devant celui qui a fauché une bonne partie de la vie de plus de vingt femmes étaient vraiment très intenses, surtout qu'il était directement connecté avec ceux qui m'ont fait du mal. Je me souviens qu'à la première rencontre, je ne voulais même pas lui serrer la main tellement il me dégoûtait et je refusais qu'il m'approche. À la deuxième rencontre, j'étais un peu moins sur mes gardes, mais c'est ce qui s'est passé à la fin de cette dernière qui restera à tout jamais gravé dans ma mémoire. J'ai réalisé à ce moment-là que j'avais fait la paix avec ce qu'on m'a fait ainsi qu'avec tous ceux qui m'ont causé du mal. Ce n'est pas ce qu'ils m'ont fait qui m'a donné le plus de souffrance, mais que cela a été vécu aux yeux de tous et que personne n'a jamais réagi. Au contraire, on m'a toujours vue comme étant responsable de tout ce qui m'arrivait, y compris la majorité des services auprès desquels j'ai crié mon désespoir et que j'ai suppliés de me venir en aide, soit la police, la justice, divers organismes communautaires et ainsi de suite. De même que tous ceux auprès desquels j'ai posé par la suite ma candidature pour un travail, où l'on me jugeait trop indigne dû au fait que j'étais dans la prostitution sans jamais prendre en considération ce qui m'y avait amenée. Ou même encore tous ces collègues auprès desquels j'ai travaillé dans des domaines de la relation d'aide et qui m'ont jugée en fonction de mon passé sans jamais s'arrêter pour prendre du recul afin de constater que je ne suis pas ce qui m'est arrivé et ainsi apprécier mes aptitudes professionnelles.

■ ■

28. Centre de services de justice réparatrice.

Si j'avais des recommandations à suggérer, ce serait, de un, tout simplement d'agir avec plus d'humanisme dans les divers secteurs amenés à travailler avec des victimes d'actes criminels et, de deux, d'offrir beaucoup plus de services à l'enfance. Les enfants sont nos adultes de demain et à voir comment ils sont traités par la Protection de la jeunesse, rien de bon n'est à envisager. Ce ne sont pas les éducateurs, le problème, du moins pas le problème majeur, mais la structure dans son ensemble qui devrait être refaite. Ce n'est pas normal que ce soit des chercheurs n'ayant jamais eu, ou presque, de contacts avec la clientèle en cause qui émettent les recommandations et font les programmes visant la réhabilitation des jeunes.

En ce qui concerne l'IVAC, Dieu merci, on a accès à leurs services, mais ça pourrait tellement être mieux géré. L'IVAC, c'est l'équivalent de la CNESST, donc les agents avec qui tu t'entretiens sont un peu comme des agents d'assurance. Ce devrait être des professionnels formés en intervention post-traumatique pour être en mesure de répondre à nos questionnements avec une approche beaucoup plus empathique et surtout beaucoup plus humaine. Ces gens doivent être en mesure de comprendre que, lorsqu'on a une attaque de panique, notre être tout entier arrête de fonctionner, alors on n'est pas en mesure de répondre à leurs 90 000 exigences, non pas parce que c'est difficile, mais simplement parce qu'au moment où on demande d'être indemnisées, on n'est pas du tout fonctionnelles ! Un accompagnement dans les différentes étapes serait de mise et ferait en sorte de faciliter le processus tout en s'assurant qu'on ait les services complets en augmentant de beaucoup nos chances de guérison. Les délais d'attente sont injustifiables et inacceptables, d'ailleurs ils compromettent grandement notre sécurité et notre santé ! Une victime ne devrait en aucun cas avoir à attendre deux, trois ans avant que son dossier soit accepté, c'est inconcevable ! Les délais ne devraient pas être plus longs que ceux de la CNESST, il va de soi.

De plus, chaque dossier a son agent (d'assurance) attitré et pour réussir à lui parler, tu dois appeler directement à son poste, tomber sur sa boîte vocale, laisser un message et il a un délai de

72 heures pour rappeler. Toutefois, ce qu'on ne nous dit pas, c'est que, si on laisse un message directement sur la boîte vocale de notre agent, cela ne laisse aucune trace dans le système, alors le délai de 72 heures pour le retour d'appel n'est pas applicable. Pour t'assurer d'avoir des recours si l'agent ne respecte pas le délai, selon les procédures de l'IVAC, tu dois appeler le numéro général. Vite comme ça, c'est clair qu'on se dit que ce n'est pas la mer à boire ! ! ! ! Toutefois, ce n'est pas si simple ! Il n'y a JAMAIS rien de simple avec l'IVAC ! ! ! ! Quand tu appelles, ça peut prendre entre vingt minutes et une heure trente avant d'avoir accès à un agent du service à la clientèle et le seul service qu'il peut t'offrir, c'est de prendre ton message et de le transmettre à ton agent. Dans certains cas extrêmes, j'ai personnellement dû attendre jusqu'à trois mois avant d'avoir un retour d'appel. Ça, ça n'a juste pas d'allure !

L'agent qui s'occupe du dossier IVAC est rarement celui qui va te suggérer des thérapies pour aller mieux. C'est ton médecin de suivi qui doit faire des recommandations en ce sens et en quelque sorte te les prescrire. Ensuite, l'IVAC accepte ou pas ses recommandations. Cela peut prendre jusqu'à quatre ou même six mois avant d'avoir un suivi de l'IVAC, dans un moment où ton médecin considère cela comme urgent pour te permettre de te rétablir. Une fois que c'est accepté, tu dois défrayer toi-même les frais et l'IVAC te rembourse dans un délai minimum de six semaines... Bien des victimes n'ont pas l'argent nécessaire pour se permettre cela et si elles ne le font pas, cela passe pour de la mauvaise foi.

Les différents projets en relation d'aide qui ont été ou seront mis en place devraient être étudiés minutieusement, car une grande partie de ceux-ci contreviennent à la sécurité des victimes et à leur guérison. J'ai personnellement vu des organismes, ayant plus l'aspect d'une secte religieuse que d'un quelconque service professionnel, recevoir des subventions gouvernementales. Alors que d'autres organismes, qui avaient des gens hautement éduqués pour offrir les services, n'ont rien reçu.

Les programmes actuels, autant au niveau des victimes d'actes criminels que ceux offerts aux personnes ayant des dossiers criminels, sont créés dans le but ultime de maintenir les gens dans le système. Ça me donne fortement l'impression que notre système de justice est un système économique où il n'y a aucune justice!

Au niveau des services policiers, une formation pour apprendre à reconnaître les victimes d'exploitation sexuelle et la façon adéquate d'intervenir auprès de celles-ci devrait être disponible! La section des mœurs et les policières des Survivantes interviennent déjà, et bien que les services devraient être bonifiés et mieux adaptés à notre réalité, ils devraient aussi être obligatoires! De plus, avec les pouvoirs qui sont conférés aux policiers, je m'attends à ce qu'ils aient beaucoup plus qu'une simple technique comme études pour exercer, car dans plusieurs cas, on est très loin d'avoir des gens compétents dans nos services de police.

Le projet des Survivantes du Service de police de Montréal et celui de Laval est un excellent projet pour celles qui correspondent à leurs critères, soit un pourcentage très minime, et pour le moment, elles sont considérées comme la référence en exploitation sexuelle. J'ai un énorme respect pour les survivantes qui ont adhéré à ce projet, ce qui me cause problème, c'est le fait que celui-ci n'apporte aucune aide sur du long terme visant la réinsertion sociale de ces dernières. Quand on fait une comparaison entre ce que ça rapporte au Service de police, tels la notoriété, la reconnaissance, les subventions et un salaire de plus de 100 000 $ par année, *versus* ce que ça apporte aux participantes, on peut constater qu'elles ne retirent pas tant de bienfaits que ça!

De plus, c'est très clair que leur formation de policières ne fait pas d'elles des spécialistes dans l'intervention auprès des victimes. Encore là, on ne doit pas mélanger les pommes et les patates! Être formé à faire de la répression ne fait pas un spécialiste du trauma! Leurs opinions et leurs perceptions de la situation sont biaisées par le fait qu'elles sont dans la police, ainsi que l'information qu'elles véhiculent!

Je considère que tous les professionnels étant amenés à travailler auprès des victimes d'exploitation sexuelle devraient avoir une formation leur permettant d'être davantage proactifs et surtout d'intervenir adéquatement. Je crois qu'une évaluation psychologique devrait être de mise au moment de l'embauche des membres des différentes sphères professionnelles visant l'application de la loi et la relation d'aide auprès des victimes d'actes criminels.

Un autre point que j'aimerais apporter est que je crois qu'il serait primordial qu'on ne soit pas amenées à répéter notre histoire constamment. D'un côté, j'ai une aversion totale envers cette curiosité malsaine qu'ont les gens et les différents services à notre égard, particulièrement quand on nous demande d'aller témoigner gratuitement de l'horreur qu'on a vécue ou pour un montant ridicule, lorsque ces mêmes services reçoivent des subventions phénoménales et que les employés sont grassement payés, découlant souvent du fait qu'on ait témoigné. On a déjà été assez exploitées comme cela, inutile d'en ajouter; offrez-nous de la stabilité en nous employant, par exemple ! Les gens ont besoin de visualiser la douleur, elle doit être palpable... Mais cela n'a aucun effet bénéfique chez la personne qui en a été victime.

Même chose au niveau des services d'aide auxquels on a recours ! L'histoire est croustillante, donc tout le monde veut l'entendre, mais ça n'apporte aucun bienfait ! Imaginez-vous avoir à faire trois appels téléphoniques dans la même journée, à trois différentes sphères susceptibles de pouvoir vous venir en aide, selon leurs dires, à qui tu dois répéter ton histoire et à la fin de chacun des appels, on te répond :

– Vous méritez d'avoir de l'aide, toutefois, nos services ne sont pas adaptés à votre situation, je vous conseillerais d'appeler X, eux vont pouvoir vous aider !

Et ça se répète encore et encore ! C'est ça, notre réalité !

C'est pourquoi je crois qu'un dossier complet, rédigé par un professionnel, joint au rapport de police s'il y en a un, pourrait être un outil qui suivrait ceux qui font des démarches pour avoir des services, n'ayant plus besoin de répéter ce ou ces événements de leur vie où ils ont totalement perdu leur pouvoir au détriment d'un autre qui ne leur voulait aucun bien.

Pour terminer, de grâce, plus de services dans les écoles ! S'il y a de l'argent à investir, c'est bien là ! Le seul endroit commun où passeront de potentielles victimes, les troubles de comportements et de potentiels criminels, c'est là ! On doit être en mesure d'avoir assez d'outils pour accueillir ces enfants de différentes provenances, de les aider à se développer dans un environnement sain pour se créer une identité qui est la leur ! Les classes surpeuplées, les enseignants épuisés et le manque de services diversifiés à l'intérieur des écoles fait en sorte que des vies nous passent entre les doigts ! Il est également primordial qu'une collaboration plus étroite avec la Protection de la jeunesse soit mise en place. En ce moment, les multiples signalements faits par le personnel des écoles demeurent sans réponse ! C'est inacceptable !

## *Je m'appelle Jessica...*

■ ■

J'ai accepté de participer à ce livre et de livrer mon témoignage sous le couvert de l'anonymat, car je crois au changement et je crois aussi que la démarche de l'auteure de dénoncer notre réalité peut y contribuer. La seule condition que j'ai imposée à l'auteure, c'est qu'à aucun moment elle me donne le qualificatif de victime. Je refuse de porter ce nom de même que celui de survivante ou d'une quelconque autre appellation qui porterait préjudice à mon vécu et à mon intégrité découlant de la perception erronée des gens en lien avec des vécus comme le mien. Dans l'espoir que mon témoignage contribue au changement, voici mon histoire.

■ ■

Je viens d'une famille de deux enfants, j'ai une grande sœur de trois ans mon aînée. Mon père n'a jamais vraiment été présent dans ma vie et pour ce qui est de ma mère, je peux dire que, physiquement, elle l'a toujours été. Sa présence physique étant la seule chose qu'elle a été en mesure de m'offrir. C'est ma grande sœur Cassie avec qui j'ai toujours des liens étroits qui a veillé à mon éducation. Une enfant qui éduque une enfant, de façon significative, on peut donc en déduire que l'encadrement était plus ou moins présent.

La relation avec mes parents n'en a jamais été une qu'on pourrait considérer comme très soutenante, et ce, même encore aujourd'hui. Ma mère peut éprouver une certaine fierté du cheminement que j'ai fait ou que je fais, mais elle est incapable de rester positive. Elle voit toujours le négatif en toute chose. Comme si elle avait peur qu'il m'arrive du mal ou qu'on me veuille du mal. Elle est devenue, par la force des choses, surprotectrice, comme on pourrait dire. Je ne peux donc pas vraiment m'attendre à une petite tape dans le dos et des mots d'encouragement dans les moments où je doute de moi, ou encore quand je suis complètement épuisée. Elle vise toujours plus pour moi, comme si, en projetant le tout négativement, ça lui enlevait du stress. Dans le sens que si vraiment il arrivait quelque chose, elle m'aura prévenue. J'imagine que ça l'aide à se pardonner de ne pas avoir été présente.

Dans mes plus loin souvenirs, c'était très bizarre la façon de procéder de mes parents. Ils ne pouvaient pas nous donner à part égale la même attention dans chaque domaine respectif. Par exemple, ma sœur avait de la difficulté à l'école, alors que de mon côté, j'étais particulièrement douée. Mes parents s'intéressaient donc aux devoirs de Cassie, et non aux miens. Chacune était bonne dans un domaine différent et l'attention des parents allait en ce sens également. Nous ne pouvions pas être douées toutes les deux à différents niveaux dans la même discipline, c'était tout simplement impossible.

Dans mon début de vie adulte, j'ai eu une relation avec un homme qui avait beaucoup d'argent et qui me payait absolument tout ce que je voulais. Mais pour dire vrai, même s'il me traitait comme une reine, je ne l'aimais pas, c'était juste une fréquentation. Je l'ai donc laissé et j'ai décidé de commencer à danser pour faire mon argent par moi-même et continuer de maintenir cette vie. J'avais vingt-trois ans lorsque suis entrée dans l'industrie. Ce n'était pas un coup de tête, mais une décision réfléchie. Peu de temps après avoir commencé à danser, j'ai rapidement bifurqué vers les clubs à gaffe[29], dont je n'ai pas vraiment aimé l'expérience. J'ai préféré le massage érotique de style *happy ending*[30].

---

29. Club de danseuses où on peut obtenir tous les types de services sexuels. En d'autres termes, un bordel dans un club de danseuses.
30. Massage dont la fin est l'éjaculation du client par tous les moyens possibles en échange d'un extra.

En 2009, James est entré dans ma vie, alors que j'avais vingt-cinq ans. On a tout d'abord commencé notre relation sur la base de l'amitié. Pendant un long moment, on ne faisait que se parler régulièrement, tous les jours, de tout et de rien.

Les premiers huit à dix mois, nous n'étions que des amis et je pourrais facilement dire qu'on se parlait de trois à quatre heures par jour. Nous avons eu notre première relation sexuelle en juillet 2010 et pendant les quatre premiers mois qu'on a commencé à se voir, ce n'était pas sur une base régulière. On ne se voyait que de temps en temps, puisqu'à cette époque de ma vie, j'habitais à Toronto où j'étudiais le maquillage artistique et travaillais dans les salons de massage et les clubs de danseuses. Quand je descendais à Montréal, je restais une semaine, passais du temps avec lui, puis repartais dans mon monde.

En octobre, après mon quart de travail dans un club de danseuses, alors que j'étais en route pour Montréal pour aller rejoindre James, on m'a téléphoné pour m'annoncer qu'il s'était fait arrêter et qu'il était maintenu en détention.

J'avais avec moi mes deux chiens, donc il m'était impossible d'aller chez Cassie avec eux et il le savait. Pour s'assurer que je sois correcte, il avait envoyé un petit jeune qui travaillait pour lui m'ouvrir la porte de son appartement. Je trouvais que c'était une belle attention, mais en même temps, j'avais toute l'inquiétude de ne pas savoir ce qui allait lui arriver avec son arrestation et le fait qu'il soit maintenu incarcéré. Le petit jeune est resté à l'appart avec moi, on a passé beaucoup de temps ensemble et, finalement, on a vécu une relation sexuelle. Pour moi, ça ne voulait rien dire, ce n'était que du sexe pour du sexe, alors on a juste enterré ça là et on n'en a plus reparlé.

Je suis repartie à Toronto et revenue en décembre. James, qui conduisait sans permis, m'avait emprunté ma voiture et s'est fait arrêter au volant. Mon automobile saisie, j'ai entamé le processus auprès d'un huissier pour obtenir une mainlevée de la saisie. Celle-ci signifie, en fait, de payer la somme à laquelle on a été condamné plus les frais d'exécution pour que, par la suite, l'huissier l'atteste à la demande de tout intéressé et dépose un avis de mainlevée au greffe du tribunal. Le juge doit, par la suite, trancher en faveur ou non de la partie demanderesse. Par chance, le juge a tranché en ma faveur et j'ai pu récupérer mon véhicule.

Je ne lui en voulais pas, en fait, je n'avais pas mon mot à dire. Dans le monde où on vivait, je prenais toutes les affaires de James et lui les miennes et on n'avait pas à se demander quoi que ce soit avant. C'était la même chose pour ceux qui travaillaient pour James, on se servait dans leurs choses comme on le voulait, alors qu'eux n'avaient pas ce privilège.

Une semaine plus tard, alors que j'étais toujours à Montréal, la même chose s'est reproduite, puisqu'il s'est fait de nouveau coller au volant de ma voiture et qu'elle a été encore saisie. Cette fois-ci, le juge n'a pas autorisé la mainlevée. Je suis donc restée à Montréal tout au long de la période de saisie, soit un mois, et c'est à ce moment que notre relation s'est officialisée. On était toujours ensemble 24 heures sur 24, sept jours sur sept, et on faisait tout ensemble. Les gens disent que les relations fusionnelles comme celle que j'avais ne sont pas normales, mais pour moi, même encore aujourd'hui, c'est ce que je veux et que j'ai toujours voulu. Je n'ai pas besoin d'avoir des millions d'amis, mais juste mon petit chum, faire nos petites affaires et fonder notre petite famille, ç'a toujours été ça, mon rêve. James et moi avions énormément de valeurs et d'intérêt communs. Quand j'étais avec lui, je n'avais pas besoin d'aller travailler. Il faisait tellement d'argent avec ses magouilles que cela n'effleurait même pas le sujet. Il me voulait toute à lui en permanence.

La première escalade de violence a eu lieu un soir de janvier. On était sortis dans une boîte de nuit et James était en furie après avoir constaté qu'un homme ayant le même surnom que mon ex m'avait texté. J'ai eu beau lui expliquer que cet homme ne représentait rien pour moi et que ce n'était pas mon ex, qu'ils avaient seulement le même surnom, peine perdue, il n'a rien voulu entendre. Il m'a arraché le téléphone des mains et a commencé à répondre aux messages textes de mon ami. Selon James, c'était un immense manque de respect et la chicane a, bien sûr, éclaté. Au retour à la maison, il m'a agrippée par le cou avec force et tout s'est éteint... le noir total.

À mon réveil, je ne me sentais vraiment pas bien. Je n'avais plus de souvenir de ce qui s'était passé, un peu trop d'alcool avait coulé. J'avais mal au cou et en me regardant dans le miroir, j'ai constaté des traces, signe qu'on m'avait étranglée. J'essayais de me souvenir de ce qui était arrivé, mais seulement quelques *flashbacks* tentaient de remonter à la surface. J'ai donc demandé à mon chum ce qui s'était passé et lui de me répondre :

– J'étais fâché, on s'est pognés, mais là, c'est *chill*.

Ce sont les seules explications auxquelles j'ai eu le droit. J'ai dû moi-même recoller les morceaux un à un pour comprendre ce qui était arrivé. Je me sentais quelque peu responsable, d'autant plus que ce n'était pas une partie de sa personnalité que je connaissais, du moins pas à mon égard.

À plusieurs reprises, je l'avais vu hors de contrôle, lorsqu'il était en colère contre les autres. Mais moi, ce n'était pas possible... Comment cela aurait-il pu être possible ? Ça devait certainement être moi le problème...

Une fois ma voiture récupérée, je suis retournée chez moi et je ne suis revenue qu'en février, quelques jours après la St-Valentin. Une belle soirée romantique était envisagée. Celle-ci débuta par un succulent repas au restaurant et le reste de la soirée serait très certainement à la maison...

Notre début de soirée s'est déroulé merveilleusement bien. Chaque fois qu'on est ensemble, on a tellement de choses à se dire et la chimie entre nous deux est palpable à des kilomètres, tellement c'est puissant. Quelques verres, un bon repas, plusieurs heures à parler et on s'est dirigés vers l'appartement.

Il a déverrouillé la porte qu'il tenait ouverte pour me laisser passer et l'a refermée derrière lui. À peine mes sacs déposés par terre, j'ai senti que quelque chose n'était pas comme d'habitude. Je suis entrée dans la chambre, mes yeux se sont écarquillés, ma mâchoire est tombée et la pression qui montait à ma tête était si forte que j'avais l'impression que j'allais exploser !

La scène de crime était parfaite et les preuves suffisantes pour établir un jugement au premier regard. C'était clair qu'il m'avait trompée. Les draps avaient été changés de même que la douillette, ce qui n'était tellement pas son genre de faire ça, ainsi que deux coupes de champagne qui trainaient près du lit.

J'ai réussi à me retenir un bon 2,5 secondes... Et j'ai explosé ! Il a tout nié en bloc, fidèle à lui-même, mais c'était juste trop ! La chicane a éclaté, seulement cette fois-ci, j'étais la seule énervée. De son côté, il essayait uniquement de me calmer, en me répétant qu'il ne s'était rien passé.

Les choses ont effectivement fini par se calmer, mais mise à l'épreuve, ma confiance en lui ne reviendrait probablement jamais. J'aurais toujours une raison de douter, c'est certain.

J'ai regardé le cumul des situations qui étaient arrivées depuis le début de notre relation et il était plus que clair que les signaux d'alerte clignotaient à pleine intensité. Mais je ne les ai pas vus. Trop absorbée par l'amour que j'éprouvais à son égard, mais surtout par le besoin que j'avais de ressentir le sien.

Ce que je persistais à croire n'être qu'un nuage dans un ciel clair prendra la forme d'un orage, puis finalement d'un gros ouragan dévastant tout sur son passage. On est maintenant en avril, et un soir de party où la consommation coulait à flots, le petit jeune avec qui j'avais eu une aventure sexuelle, avant même que ce soit officiel entre James et moi, a fini par le lui avouer.

Fou de rage, il m'appelait un minimum de vingt fois par jour. Par moments, il m'insultait, me traitant de tous les noms, à d'autres, il s'effondrait en larmes et cherchait à voir comment on pourrait passer à travers ça. Même s'il le savait de source sûre, j'étais totalement incapable de lui confirmer cela...

Pendant les deux semaines qui ont suivi, il n'a fait que consommer alcool et cocaïne à longueur de journée, il ne dormait pas. Ses amis m'appelaient ou me contactaient via les réseaux sociaux, me suppliant de lui avouer cette aventure. Chose que, finalement, je me suis résolue à faire, me disant que ça ne pouvait être pire. Ç'a eu l'effet d'une bombe ! J'ai tenté de le raisonner par tous les moyens possibles en lui rappelant, entre autres, qu'à cette époque nous n'étions pas encore ensemble officiellement, mais c'était peine perdue.

Même si j'ai tenté tant bien que mal de prendre mes distances, compte tenu de sa réaction excessive, le temps que les choses se placent, il ne les respectera pas. J'étais sa chose, il me possédait et n'acceptait aucunement de ne pas m'avoir à ses côtés. Suivant ses deux semaines de consommation excessive, il s'est présenté chez ma sœur dans un état pitoyable.

C'était un homme désespéré qui cherchait une oreille pour être écouté. Il voulait que sa souffrance soit entendue et reconnue. Force était de constater que je n'étais pas réceptive à ses crises excessives et, dans un espoir de dernier recours, en sanglots, il s'est confié à Cassie.

– Tu ne comprends pas comment j'ai mal. Je l'aime, Jess, c'est ma vie. Tout le monde me conseille de la corriger afin que plus jamais elle me manque de respect de la sorte, mais je ne veux pas lui faire du mal.

Même si elle était incapable de sentir cet homme, l'intervenante en elle a tout fait pour le calmer et le ramener à la raison. Les heures avançaient et au petit matin, fourbue, elle s'est couchée, certaine que James, épuisé par la surdose d'émotions, s'était finalement endormi, et qu'il serait encore là à son réveil.

Malheureusement, cela n'a pas été le cas... James avait quitté sans réveiller personne et avait pris le train en direction de Toronto, convaincu qu'il devait régler la situation à sa manière.

Cassie a agrippé le téléphone à l'instant même où elle a constaté son absence pour m'aviser des risques qu'il se présente chez moi. Je commençais à me faire à l'idée que je devais me préparer à gérer sa crise... J'avais espoir que, par mon amour sincère pour lui, les choses allaient se calmer et, qui sait, peut-être me pardonnerait-il, même si dans le fond, je savais bien que je n'avais rien fait...

Selon ce que m'avait dit Cassie, son intervention semblait avoir été efficace, puisqu'il s'était calmé. J'attendais la suite, dans l'inquiétude la plus totale, et ce qui devait arriver arriva.

Le bruit de la porte d'entrée et un homme rempli de rage et visiblement intoxiqué a fait son apparition. Telle une bombe à retardement qui s'est contenue pendant plus de deux semaines, il explosa ! ! !

Les trois jours qui ont suivi ont été les pires de mon existence. Si un jour, j'avais pu me douter de l'existence de l'enfer, j'y avais décidément mis les pieds. Sans avoir l'apparence imagée que l'enseignement catholique nous a enseignée, ça ne pouvait qu'être ce qui s'apprêtait à m'arriver. À l'instar des flammes causant la chaleur excessive de l'enfer et du visage du diable avec son rire diabolique, cet homme que j'aimais de tout mon cœur, à ce moment-là, l'avait personnifié. Dès son entrée dans mon condo, il m'a agrippée à la gorge, laissant pénétrer son regard diabolique dans le mien... me précipitant ainsi dans la sensation de l'éternelle souffrance que représente l'enfer sans possibilité de sortir.

Pendant ces trois jours qu'a duré ma séquestration, j'ai été son *punching bag* et son objet sexuel, violée et battue à répétition. Les seules fois où j'aurais pu demander de l'aide, c'était lorsque je devais le suivre au dépanneur pour qu'il s'achète des cigarettes, mais j'avais tellement peur que, lorsque j'ouvrais la bouche pour parler, aucun son ne sortait... Pendant ces jours, je me suis enfilé des pilules de Rivotril[31] à n'en plus finir. Totalement à l'écart de mes émotions, gelée à ce médicament sous ordonnance qui m'était gracieusement offert par ma mère depuis des années afin de m'aider à combattre mon anxiété, j'ai réussi à gérer et à survivre à ce calvaire. La troisième journée, James n'avait plus de cigarettes et sa réserve de cocaïne était épuisée. Il n'avait pas envie de sortir pour aller en acheter. J'étais son seul espoir d'en avoir, alors il m'a demandé d'y aller en me

31. Ordonnance médicale faisant partie de la famille des benzodiazépines qui est habituellement utilisée pour combattre la nervosité, l'anxiété ou pour faciliter le sommeil.

donnant l'argent exact d'un paquet de cigarettes et gardant mon cellulaire pour être certain que je n'appelle personne en me laissant le sien.

– Là je te laisse aller au dépanneur seule, mais je vais t'appeler et tu vas rester en ligne avec moi jusqu'à ce que tu reviennes.

Puis en me serrant le bas du visage de sa grosse main, il ajouté :

– N'essaie rien, parce que je vais te le faire payer très cher ! T'as compris ?

Je n'avais pas franchi le cadre de la porte, toujours devant moi, que la sonnerie du téléphone s'est fait entendre. Tel un robot, j'exécutais les ordres. Je voyais bien que tout ça n'avait pas d'allure et que je ne pouvais certainement pas rester là. Il allait finir par me tuer, c'était certain. Tout le trajet d'aller, le temps d'arrêter faire l'achat et le retour, il était là avec moi en ligne. Je devais lui dire et décrire tout ce que je faisais.

Rendue à trois coins de rue de chez moi, je me suis immobilisée, j'ai arrêté de parler un instant et finalement, je lui ai dit :

– Non, James, ça suffit.

Et je lui ai raccroché la ligne au nez.

Je suis monté dans un taxi, le visage complètement tuméfié et j'ai demandé au chauffeur de m'aider et de me déposer à un endroit sécuritaire. Mais comme je n'avais pas d'argent sur moi, il a tout simplement refusé. Il n'a pas non plus contacté la police ou urgence santé, il m'a juste demandé de descendre de son taxi.

J'étais à peine quelques coins de rue plus loin... Je n'étais pas très avancée et nullement en sécurité. James pouvait apparaître d'un moment à l'autre. J'avais très mauvaise mine et en soulevant la tête, tel un mirage, tout juste de l'autre côté de la rue... une ambulance est là, arrêtée ! C'était le signe dont j'avais besoin pour me confirmer le choix difficile que je venais de prendre.

J'ai pris une bonne respiration et d'un pas décidé, avec le peu d'énergie qu'il me restait, j'ai traversé la rue et suis allée à la rencontre de ces paramédics pour avoir de l'aide. Ils ont tout de suite contacté le service de police pour les envoyer à mon domicile et ils ont procédé à l'observation de mon état et de mes blessures...

De leur côté, les policiers sont allés à la rencontre de James, ont procédé à son arrestation et l'ont emprisonné. Pour ma part, j'ai été amenée au poste de police. Je voulais mourir ma vie tellement j'avais mal physiquement, mais également psychologiquement. Comment un être humain pouvait-il user d'autant de méchanceté ? Comment était-il possible qu'un humain se transforme en un être aussi machiavélique ? J'avais subi le mal incarné, mais je refusais d'y croire. Pour les policiers, il fallait absolument battre le fer pendant qu'il était encore chaud. On repassera pour la chaleur humaine et l'empathie !

J'ai subi un intense interrogatoire des policiers qui voulaient absolument tout savoir. Les *flashbacks*, leurs innombrables questions et mes émotions s'entrechoquaient dans ma tête, tel un courant électrique. La douleur des coups et l'anxiété rendaient ma respiration très difficile. Afin d'ajouter à la complexité de la situation, on doit se rappeler que mes origines sont québécoises de langue française et que l'anglais n'est pas ma première langue. Certes, je me débrouillais plutôt bien, mais en état de crise comme je l'étais, ça rendait le témoignage encore plus complexe.

Dans ce pays bilingue où l'accessibilité aux deux langues doit être en tout temps à la disposition de tous, cela n'a très certainement jamais été appliqué. Aucun service d'interprète ne m'a été offert. Les policiers m'ont fait faire un *Kamikaze*[32] et m'ont offert de m'amener dans un centre pour femmes victimes de violence conjugale. Je n'avais tellement pas besoin de ça ! J'avais mal à ma vie, c'est vrai, mais qu'est-ce que je serais allée faire dans un hébergement ? Ce n'était pas de cela dont j'avais besoin, mais de l'aide, du soutien et d'une psychothérapie. Par signe

32. Un vidéo témoignage.

d'empathie je suppose, ils m'ont laissé leur carte en m'encourageant à leur téléphoner si j'avais besoin de quoi que ce soit. Jamais ils ne m'ont donné de suivi.

Pendant les six mois suivants, j'ai continué mes cours de maquillage artistique et j'ai complètement arrêté de travailler. À vrai dire, les ecchymoses que j'avais aux yeux ont été apparentes pendant toute cette période, donc l'envie de travailler n'y était pas.

J'ai terminé mon cours et je suis revenue vivre à Montréal. J'ai suivi une thérapie, commencé à voir une psychologue et suivi des cours de *kick boxing*. Pour en défrayer les coûts, j'ai dû recommencer à danser dans des clubs de danseuses *stricts*[33]. Encore sous le choc, j'étais incapable de fermer le rideau de l'isoloir et de faire plus de deux danses à la fois, ne pouvant me retrouver seule avec un homme.

James tentait par tous les moyens de me contacter. Il m'appelait *continuellement* de sa détention ou, sinon, il demandait à ses connaissances de m'écrire via les réseaux sociaux. Il risquait de six à huit ans de détention... J'essayais de tout mon petit cœur brisé de tenir le coup et le fait de connaître le nombre d'années qu'il risquait de passer en détention s'il était reconnu coupable ne facilitait certainement pas les choses. J'avais mal et je rageais ma vie. Je n'arrivais tellement pas à comprendre...

Je me sentais totalement incomprise et isolée de tout le monde. Mes contacts avec les autres se résumaient encore et toujours à des phrases soi-disant compatissantes, telles que: « *Ouin*, c'est vraiment chien. J'espère que tu ne retourneras pas avec lui, hein? » Alors que mon plus grand besoin était qu'on me dise qu'on me comprenait, sans jugement, comme lui seul était capable de le faire...

Incapable d'entendre sa voix, j'ai repris contact graduellement avec lui mais en lui envoyant des lettres et je poursuivais mes thérapies en même temps.

33. Danse avec un minimum de contact.

témoignage du méga interrogatoire qu'ils m'ont fait subir, c'était bien assez... mais il semblerait que non !

Le soir avant la comparution, je suis allée faire un tour à l'Oratoire Saint-Joseph, pour allumer des lampions et prier Dieu de mettre les bons mots dans ma bouche, car il était plus que clair à mes yeux que j'allais tout nier et dire que j'avais tout inventé !

Les forces de l'ordre n'avaient tellement rien fait pour moi, je n'étais qu'un témoin, rien de plus. Je me sentais comme un simple animal qu'on amenait à l'abattoir.

Je ne pouvais plus supporter de savoir que James vivait dans de telles conditions et j'avais totalement perdu foi dans le système de justice, autant pour la façon dont il avait été traité que pour la mienne. J'ai présenté mon plan à James en prenant bien soin de lui dire que le fait que j'aie penché en sa faveur ne voulait absolument pas dire qu'on retournerait ensemble immédiatement. Il y avait des possibilités que ça arrive, mais que ça allait prendre du temps. Il m'a dit comprendre et respecter ma décision.

Rendue en salle d'audience, mon tour de témoigner est arrivé. Interrogée et contre-interrogée pendant près de trois heures, j'ai tout nié en bloc en leur disant avoir tout inventé. Les policiers étaient fous de rage ! Ils ne comprenaient pas pourquoi je cherchais à protéger un homme qui m'avait fait tant de mal, loin de se douter que leurs attitudes à mon égard ne valaient pas mieux.

Ils sont devenus tellement condescendants en me narguant qu'avec la vidéo témoignage que j'avais faite et qu'ils s'apprêtaient à faire jouer, que je n'aurais aucun autre choix que de dire la vérité. Malheureusement pour eux et heureusement pour moi, à ce moment-là, la vidéo n'a jamais fonctionné et la juge a été dans l'obligation de conclure qu'on devait se fier entièrement à mon témoignage, au grand désarroi des policiers, car il n'y avait aucune autre preuve existante. Après le procès, je suis montée dans ma voiture et je n'ai eu le temps de faire ne serait-ce que trois coins de rue, que James m'avait déjà appelée.

– Jess, viens me chercher, on m'a libéré!

– C'est quoi le rapport? On avait dit qu'on ne retournait pas ensemble tout de suite et qu'on allait prendre notre temps. Je ne suis pas prête!

Et lui de me répondre:

– J'ai été libéré là, viens me chercher!

J'ai fait le plein d'essence dans le but de reprendre la route pour Montréal et fait demi-tour afin de récupérer «Monsieur» fraîchement libéré.

J'ai agi de la sorte parce que je ne suis pas une mauvaise personne et je n'aime pas laisser les gens à eux-mêmes, et, bien entendu, je suis totalement isolée, je n'ai plus que lui qui me comprenne et qui ne me juge pas. On pourra dire ce qu'on voudra, lui seul est en mesure de sonder mon cœur et de mettre fin à mes souffrances par des excuses... Parce que, encore aujourd'hui, pour moi, il est totalement inconcevable qu'il n'en éprouve pas. Je l'aime encore d'un amour qui fait mal, j'en conviens, mais je suis totalement incapable d'éprouver le contraire.

À partir de ce moment précis, je vivais dans la peur, donc je marchais sur des œufs pour être certaine de ne pas réactiver le monstre; j'étais totalement sous son emprise, mais je refusais de me l'avouer. Afin de souligner sa liberté fraîchement acquise, ses amis nous ont loué une suite dans un grand hôtel et même s'il m'avait promis de ne plus boire, il a recommencé à consommer le soir même.

Depuis l'événement, j'avais déménagé chez Cassie et son conjoint ainsi que ma merveilleuse petite nièce. James avait encore une fois tout perdu avec son séjour en prison, alors il est venu habiter avec nous, le temps que les choses se replacent. Ma sœur était tout simplement incapable de le sentir et on ne peut pas la blâmer pour ça. Personne ne peut endurer la présence de celui qui a blessé votre petite sœur. De plus, la surconsommation d'alcool et de psychotropes de mon chum était également problématique dans un foyer sain.

À son lever, ma sœur a décidé que c'en était trop et nous a ordonné de nous trouver un autre endroit où crécher. Et comme elle n'était pas en mesure d'acquitter seule le loyer, elle m'a informée que je devais continuer de payer ma part. Pourquoi son idiot de chum pouvait rester là sans même défrayer un sou de sa poche et moi, son propre sang, j'étais mise à la porte comme un vulgaire cabot ? J'étais profondément insultée, remplie de colère et je me sens de nouveau rejetée.

À court d'options, James et moi avons déménagé chez son ami et la copine de ce dernier. Ce n'était pas le meilleur des mondes, mais ça prenait ce que ça prenait et je l'ai suivi sans broncher.

La situation n'était vraiment pas évidente. En plus de résider dans un endroit qui n'était pas le nôtre, la blonde de son ami n'arrêtait pas de me voler mes choses. J'en avais plus qu'assez et je n'arrêtais pas de me plaindre. Un jour, James en a eu assez également et il est entré en furie dans la chambre de cette dernière, alors que son chum était absent, et a fermé la porte derrière lui. Le connaissant lorsqu'il était en colère, loin de moi l'idée d'interférer entre elle et lui. J'ai assisté à toute la scène de la pièce d'à côté. J'entendais la fille crier, demander de l'aide et pleurer. Mais j'étais juste incapable de faire quoi que ce soit. J'ai vite réalisé qu'elle était en train de goûter à la même médecine machiavélique que celle à laquelle j'avais eu droit à Toronto. Il l'a battue et violée...

Puis, tout est devenu noir dans ma tête... J'ai totalement perdu le contact avec la réalité et je me suis réveillée des heures plus tard.

Pour donner suite aux événements, James et moi sommes évidemment déménagés dans un appartement à nous. Je ne travaillais plus vraiment dans les salons de massage ni dans les clubs, seulement une fois de temps en temps, mais quand je le faisais, ça déraillait avec mon chum ! Il voulait continuellement être avec moi et, pour lui, c'était tout simplement inconcevable que j'aille exciter d'autres hommes sans m'occuper de lui. Alors, chaque fois, il ne cessait de me répéter que j'y allais parce que j'étais une pute et que j'aimais ça, me faire tripoter par un paquet d'hommes. Donc, à chaque fois, il me violait avant que je parte et quand je rentrais.

La violence était sur une base régulière et continue, surtout au niveau sexuel. Je devais m'assurer d'assouvir toutes ses pulsions. Je n'étais qu'un objet sexuel à ses yeux et je savais pertinemment qu'à la minute où je ne serais pas à ses côtés, il me tromperait avec d'autres filles.

Devant cette violence sexuelle et psychologique assortie d'un contrôle absolu sur ma personne, je gardais le silence et je me soumettais à ses moindres caprices. Quand j'osais parler ou riposter, il devenait super agressif et me tournait en ridicule. Particulièrement lorsque j'abordais ses infidélités, preuves à l'appui.

J'ai arrêté de boire, car je trouvais que l'alcool détruisait les gens et, selon moi, elle était la cause des agissements machiavéliques de James. À mes yeux, c'est impossible d'être cruel comme il pouvait l'être sans alcool. L'être humain ne peut tellement pas, naturellement, être privé à ce point de bienveillance comme il l'était. Donc, pour moi, l'alcool, c'était fini et ça, c'était une autre chose qui l'agaçait énormément et il ne manquait pas de me tourner en ridicule chaque fois qu'il en avait l'occasion. Un soir, on est sortis chez des amis pour une petite fête et son ami m'a demandé :

– Eh, Jess, veux-tu quelque chose à boire ? Il y a du rhum, de la vodka…

Et moi de répondre :

– Non, ça va être beau. As-tu une bouteille d'eau à la place ?

Son ami, encore saisi par ma réponse, n'a même pas eu le temps de répondre que James s'en est mêlé :

– Ben non, le gros, Jessica est trop parfaite là. Elle ne boit pas d'alcool, elle, la miss parfaite !

C'était continuellement comme ça. Avec sa face d'innocent et son sourire satanique, il avait toujours son mot à dire, comme si de rien n'était. Mon choix d'arrêter de boire avait fait de moi une femme « plate » à ses yeux.

Je me suis finalement trouvé un emploi régulier comme artiste maquilleuse dans une grande chaîne de magasins, essayant tant bien que mal de rendre notre vie le plus stable et équilibrée possible, en faisant tout en mon pouvoir pour ne pas le provoquer et attiser ainsi sa déviance. Cette nouvelle orientation de vie n'a pas duré... James et moi nous sommes fait arrêter pour fraude et avons été envoyer chacun de son côté en détention.

Je n'y suis restée que trois jours, mais c'était la honte totale !

À cause des accusations qui pesaient contre moi, je n'avais plus le droit de travailler dans des endroits où il y avait des terminaux de paiement interac, j'ai donc perdu mon emploi. La police a saisi absolument tout ce qu'on avait : ma voiture, mes comptes bancaires, même ceux où je n'avais qu'un ou deux dollars, l'argent qu'on avait accumulé et qu'on gardait à la maison, même mes tirelires et toutes les fournitures de l'appartement, soit les meubles et appareils électroniques. Les policiers savaient très bien que je n'avais rien à voir là-dedans et que les accusations qu'ils portaient contre moi me causaient préjudice. Mais qui s'en souciait ? Les épreuves consécutives que je vivais avec les forces de l'ordre me laissaient un goût amer.

Je n'avais plus d'emploi, plus d'argent et maintenant, plus rien du tout... Quelle autre option avais-je que celle de retourner dans le milieu ?

Je gardais tout de même espoir d'avoir une vie meilleure et que les choses finiraient par se placer avec James. Impossible qu'il soit toujours comme ça. Le gentil James du début allait définitivement remonter à la surface un jour. Il me suffisait d'être patiente, de me tenir tranquille et toutes ces mauvaises expériences ne seraient plus que des mauvais souvenirs.

Pendant cette nouvelle détention, je lui ai donné toute l'attention et le soutien qu'il m'était possible de lui offrir. Je n'ai jamais manqué un appel à frais virés pendant tout son temps d'incarcération et je lui ai rendu visite à toutes les fois qu'il en obtenait la permission.

J'ai toujours continué de voir la psychologue en raison de deux fois par semaine et ça commençait à vraiment déranger mon chum. Pour lui, ça n'avait pas rapport et ça coûtait cher pour rien. À trois mois de sa remise en liberté, je commençais à appréhender sa sortie.

Je m'étais inscrite à l'université en criminologie et, tranquillement, lors de nos conversations, je l'amenais à réfléchir à ce que ça voulait dire. On devait changer de vie. Ça ne pouvait plus continuer comme ça. On faisait de l'argent comme de l'eau et on pouvait tout perdre en un claquement de doigts. Ce n'était pas une vie et il était bien d'accord avec ça.

Sa date de libération approchant à grands pas, mes crises d'anxiété étaient à la hausse. Peu de temps avant cette date, j'ai décidé de partir travailler dans un club à Terre-Neuve et sur les 17 filles avec qui je travaillais, il y en avait très certainement 16 qui ne pouvaient pas me sentir, l'autre ayant tout simplement décidé de ne pas s'en mêler. Lors d'un des appels de James, je lui en ai parlé. Ça l'a mis hors de lui et il m'a dit :

– Jess, veut-tu que j'envoie des gars pour régler la situation?

Bien évidemment, j'ai refusé et j'ai recommencé à boire, question de faire quelques fuites.

On pouvait dire plein de choses sur James, qu'il était méchant avec moi, qu'il me maltraitait et tout, mais il m'apportait quand même une certaine forme de sécurité que je n'avais jamais eue ailleurs. Personne ne pouvait me manquer de respect et il l'a démontré à plusieurs reprises, par exemple lorsque, physiquement, il m'a défendue contre ses propres amis qui avaient simplement levé le ton sur moi. Je réalise maintenant qu'il m'a en quelque sorte donné la sécurité et l'encadrement que mon père ne m'avait jamais donnés.

Lors de sa remise en liberté, James était plus heureux que jamais de voir que j'avais recommencé à boire. Ç'a été une des plus belles périodes de notre union depuis la première agression, mais ça n'a malheureusement pas duré. Son estime personnelle était basse, il se sentait mal de ne pas avoir fait entrer de l'argent pendant dix-huit mois et il avait décidément besoin d'un temps pour se remettre sur pied. Ce n'est pas facile pour quelqu'un qui sort de détention de reprendre ses activités, peu importe lesquelles. La vie va tellement vite ! Pour moi, c'était juste normal de mettre la main à la pâte et d'aller travailler.

D'ailleurs, j'ai toujours vu ce travail comme un emploi régulier. Je travaillais dans les clubs de danseuses de jour, donc j'avais ma petite routine. Je me levais à six heures tous les matins, ensuite j'allais au gym avec ma chum de fille. On retournait à la maison, on se préparait et on partait travailler. Je travaillais de 11 h à 17 h, ensuite je rentrais à la maison et préparais le souper, puis je passais tout mon temps avec lui. Je ne voyais rien de mal là-dedans. Mais ça ne faisait vraiment pas son affaire. Il se sentait émasculé... Le fait j'aie recommencé à travailler et que, en plus, j'aille à l'université amputait le temps que, normalement, on aurait passé ensemble et ça, ça ne faisait pas son affaire. Les choses se sont donc davantage corsées. Ça ne faisait plus aucun sens pour moi d'aller danser, car je devais le faire jouir toutes les cinq minutes pour justifier le fait d'exciter d'autres hommes. Ma technique pour l'amener à prendre conscience de l'urgence de changer, allant dans le sens qu'on faisait de l'argent comme de l'eau mais que tout pouvait s'envoler en trois secondes, tout en lui rappelant également mes trois jours d'incarcération totalement humiliants, avait perdu de son efficacité.

J'étais super fatiguée et il fallait par surcroît que je continue d'assouvir ses désirs sexuels avant et après mes quarts de travail. Par exemple, comme je ne pouvais plus travailler de jour à cause de mes études, j'y allais seulement le vendredi et le samedi de soir, les deux journées les plus payantes. Mais dès que je mettais les pieds à la maison à 3 h 30, il m'attendait là, soul. Chaque soir, c'était la même parade. Je devais remettre mon linge de travail et danser pour lui pendant des heures avec sa vieille attitude de merde. Ça ne me tentait pas, mais j'avais tellement peur de lui... Je voyais tellement mal comment j'aurais pu refuser. Si je l'avais fait, je sais très bien ce qui m'attendait et ça, je n'étais pas prête à ça.

Il consommait drogues et alcool à outrance, alors on n'était jamais sur le même *beat* et on se chicanait tout le temps. Il me faisait plein de choses méchantes, dont aller voir ailleurs. C'était insupportable.

Je me suis sauvée à maintes reprises de chez moi, en sous-vêtements ou avec mon linge de danseuse, dans ma voiture et, ça, c'était quand je pouvais me le permettre, car à maintes reprises, il m'a volé mon sac à main, mon argent et mes clés pour m'empêcher de partir. J'étais continuellement en mode survie; chaque fois que j'entrais quelque part, je me traçais un itinéraire mental de secours, juste au cas où ça tournerait mal.

Un jour d'été, je me suis sauvée de chez un de ses amis en ensemble de jogging, pas de sous-vêtements et pas de souliers. Personne dans notre entourage ne m'a offert de l'aide ou du soutien, ni même de me donner mon sac à main ou une paire de souliers. Au contraire, ces gens m'ont regardée courir dans la rue, pieds nus. J'ai dû arrêter une dame et la supplier de me venir en aide. J'avais juste besoin d'un peu d'argent pour me rendre chez une amie.

Elle m'a gentiment offert une paire de «gougounes» et 20$ pour que je puisse me déplacer. Cela m'a permis de me réfugier chez ma meilleure amie en me débrouillant avec le système d'autobus avec lequel je n'étais tellement pas familière. Je suis restée là un instant et je suis retournée de nouveau auprès de lui... en espérant que cette fois-ci soit la bonne.

James avait une belle carrière criminelle et des dossiers à la tonne. Mais côté logique, ce n'était pas un des plus brillants. Il fraudait le même magasin à toutes les semaines. C'était tellement ridicule et, bien évidemment, il était plus que facilement repérable par les forces de l'ordre. En guise de bonne intention, je lui ai demandé de venir avec moi à l'extérieur du Québec, dans d'autres provinces canadiennes, pour que, de son côté, il puisse continuer ses transactions et, du mien, que je puisse aller travailler. L'argent est meilleur dans les autres provinces, alors au lieu de rentrer 1000$ par jour, on pouvait en rentrer facilement 5000$ chacun.

J'ai quand même fait le tour du Canada avec lui, et on faisait chacun ses affaires. Encore là, je ne peux calculer le nombre de fois où je me suis sauvée des chambres d'hôtel parce qu'il répétait les mêmes *patterns*. Je devais le faire jouir avant d'aller travailler, entre chaque client et après. C'était épuisant. Je ne dormais jamais.

Je continuais de travailler, pas parce que j'avais besoin d'argent, mais parce que c'était une façon de me libérer de lui. C'est quand même arrivé à quelques reprises où j'ai été forcée de faire des clients en plus de le satisfaire. Je pense entre autres à la fois où on était à l'extérieur et que le matin suivant notre arrivée, j'ai reçu un appel m'annonçant que mon grand-père venait de mourir. Je n'étais vraiment pas en forme et je n'avais vraiment pas le goût de travailler. Il a donc pris mon téléphone, fait mes annonces en ligne et m'a obligée de faire les clients dont il avait organisé un rendez-vous. Qui plus est, fidèle à ses habitudes, je devais le faire jouir une à deux fois entre chacun d'eux... Comme mon attention n'était pas dirigée dans sa direction, il a su la retourner vers lui.

Par moments, on voyageait plusieurs couples ensemble, les gars faisaient leurs *deals* de leur côté et nous, on faisait nos clients. J'étais toujours celle qui était exclue. Les blondes de ses amis n'avaient pas le droit de me parler; pour eux, j'étais trop libérée et je représentais un danger potentiel. Je me sentais seule et en détresse, je pleurais ma vie. Je pleurais toujours. Croyant être en dépression, car ça ne se pouvait pas pleurer comme ça pour rien, je suis allée voir un médecin qui m'a prescrit des antidépresseurs. Grâce à leur effet sur mon système, un jour que j'étais dans le bain en train de me laver, j'ai réalisé qu'il était temps que je parte. C'était fini! J'ai arrêté de répondre à ses appels.

Bien sûr, il ne m'a pas laissée partir aussi facilement. Il me harcelait matin, soir et nuit sans arrêt. Quand il ne pouvait pas me rejoindre, ses amis faisaient les messages à sa place. J'ai reçu de nombreuses menaces et il a défoncé ma porte à de nombreuses reprises. À court d'options, j'ai finalement appelé la police et il a été de nouveau arrêté et emprisonné, et ce, à quelques reprises. Chaque fois que j'ai tenté de porter plainte pour harcèlement après avoir défoncé ma porte, les policiers ne l'ont jamais retenue, par soi-disant manque de preuves. Alors les seules charges criminelles qu'il avait étaient des entrées par effraction. Il faisait six à huit mois de prison et le même manège recommençait. Les faits étaient là, c'est clair que c'était de la violence conjugale. Mais les policiers n'arrêtaient pas de retourner les faits et de me demander, voire insistaient pour me faire dire qu'il ne me forçait pas à aller travailler, pour ne pas ajouter des charges de proxénétisme. Est-ce qu'on pouvait juste prendre les faits pour ce qu'ils étaient et me traiter avec respect, même si je me *putais*[35]? À la fin, parce que ce n'était pas du proxénétisme mais seulement de la violence conjugale, ce n'était plus si grave parce que je suis une pute!

Ils étaient tellement convaincus que c'était un dossier de proxénétisme qu'ils m'ont dit:

– Ben là, si tu ne peux pas nous aider, on ne peut rien faire de plus!

Je n'ai jamais senti que j'étais considérée, même lors de mes comparutions à la cour. C'était de la violence conjugale sans aucun doute, mais lui, c'était un Noir et moi, j'étais une Blanche; lui, c'était un fraudeur et moi, j'étais une pute, donc je devais avoir en quelque sorte couru après. Je me suis toujours sentie comme s'ils me disaient: *Au pire, qu'elle retourne se «puter».* On ne m'a jamais demandé comment ça allait à l'école ou même si j'avais un travail.

On m'a dit que si jamais j'avais besoin de soutien, je pouvais appeler le CAVAC[36], que si ça n'allait pas, ces gens étaient là pour m'aider. Je les ai appelés une fois et je suis allée les rencontrer. Mais, sérieux, je n'ai pas été impressionnée. Ils ne m'ont

35. Le nom commun *pute* en verbe, inventé par la participante et utilisé parce qu'il est représentatif de son vocabulaire.

36. Centre d'aide aux victimes d'actes criminels.

jamais apporté de soutien, aucune aide psychologique et aucune préparation pour témoigner à la cour. Ce qui m'a sauvée est le fait que je continuais de voir ma psychologue dont je défrayais moi-même les séances, ainsi que les diverses thérapies que j'avais suivies après l'arrestation de James. Sans ces services, je n'aurais jamais eu d'aide et sans l'industrie du sexe, je n'aurais jamais été en mesure d'en défrayer les coûts. En même temps, quand on y pense bien, quel autre travail aurais-je pu faire dans l'état où j'étais et qui, par surcroît, aurait été assez payant pour que je puisse défrayer les coûts de mes deux séances de psychologue par semaine?

Pendant mon parcours de reprise de pouvoir, les policières des Survivantes[37] ont demandé à me rencontrer. J'ai accepté en me disant que, compte tenu de mon domaine d'études, elles avaient peut-être quelque chose d'intéressant à me proposer et, en même temps, peut-être seraient-elles les policières qui changeraient ma mauvaise perception de la police. Arrivée sur place, une fois les salutations d'usage faites, elles m'ont parlé de leur programme visant à donner la parole à des survivantes qui racontent leur histoire dans le but de former les étudiants et divers spécialistes à mieux connaître la problématique. Comme si c'était la grosse affaire, elles m'ont dit que je serais dédommagée financièrement pour chaque présentation faite! Non mais, elles niaisaient qui, elles? Les Survivantes, c'est un programme qui convient à certaines, mais pas à moi! Je n'ai pas étudié tant d'années pour être payée une fois de temps en temps à faire des présentations devant un public qui ne comprend absolument rien au milieu et qui a déjà une idée préconçue de mon vécu avant même de le connaître. Cela aurait pour effet de renforcer

37. Projet ayant démarré avec le Service de police de Montréal visant à offrir des séances d'information aux différents professionnels œuvrant auprès des victimes d'exploitation sexuelle. Des survivantes de l'exploitation sexuelle sont alors engagées contractuellement par le service de police pour participer, par leurs témoignages, à la formation des divers acteurs étant amenés à intervenir auprès des victimes d'exploitation sexuelle. Elles peuvent aussi être invitées à rencontrer des personnes dans l'industrie du sexe dont on peut croire qu'elles sont victimes, afin de les amener à réaliser leur victimisation.

la stigmatisation à mon égard et me bloquerait très certainement à avoir un emploi bien rémunéré dans les institutions gouvernementales, puisque les participants de ces présentations en faisaient partie. De plus, j'ai assisté à de nombreuses représentations dans mes cours à l'université et bien que ce fût fort intéressant, une bonne partie de l'information qui était transmise n'était pas juste. Alors pourquoi voudrais-je m'associer avec ces gens ? J'ai étudié pour avoir un salaire de 80000$/année, pas pour qu'on me mette dans une boîte à m'afficher comme une victime. Je refuse de porter ce nom et, de toute façon, je n'ai jamais été victime d'exploitation sexuelle. Bien entendu, elles n'avaient rien d'autre à m'offrir.

Dans la continuité de mes démarches et des services offerts aux personnes victimes d'actes criminels, j'ai fait une demande à l'IVAC[38], il y a de cela presque deux ans et j'ai été acceptée il y a un an. Tu penses que le plus dur est fait quand tu es acceptée, mais au contraire ! Le plus difficile restait à venir, étant donné la complexité du service. L'agent m'a tout d'abord demandé un paquet de documents et de choses à faire, dans des termes que, quelquefois, je ne comprenais même pas ! On m'a demandé, entre autres, une évaluation psychologique. Ok ! Mais là, il faut que tu trouves un psychologue qui veut bien travailler avec eux, parce qu'ils ne veulent pas tous travailler avec eux !

Mais bon, j'ai fini par en trouver une. Ensuite, on m'a demandé une date précise de l'événement !!!!! Je les informe que les agressions ont débuté en 2011 et se sont terminées en 2017. Pour me faire répondre :

– Ça nous prend les dates précises.

Que pouvais-je ajouter à cela ? Alors je leur ai dit :

– Ben, choisis-en une, t'as en masse le choix !

Ils ont donc choisi le 5 mai 2016. Une série de questions a suivi pour lesquelles ils auraient sérieusement obtenir un prix d'incompétence. Ça va comme suit :

---

38. Indemnisation des victimes d'actes criminels.

– Est-ce que cette journée-là, il t'a brisé du linge ? On pourrait te le rembourser !

– Est-ce que cette journée-là, tu as manqué une journée de travail ?

– Pour donner suite aux coups qu'il t'a donnés après avoir défoncé ta porte, est-ce que tu as dû manquer une journée de travail ?

Qu'est-ce que je devais répondre à cela ?

– Ben non, madame, je n'ai pas manqué une journée de travail comme quand on travaille au gouvernement. Je me *putais*. J'ai donc arrangé mon horaire en conséquence et je n'ai pas travaillé pendant une semaine en attendant que les marques disparaissent.

– OK, parce qu'on aurait pu te rembourser pour cette journée-là, me dit-elle.

– Alors, vous allez m'envoyer 900$, si je comprends bien ?

– Il faut nous envoyer une preuve de combien tu étais payée pour qu'on te rembourse !

– C'est sûr que je faisais signer un reçu à chaque client quand il rentrait dans la cabine et que je déclarais 150000$ par année. Toutes les danseuses font ça ! Tsé !

Ensuite, elle a ajouté :

– Es-tu allée à l'hôpital ? As-tu des photos de tes blessures ?

– Euh... non, j'ai pas été à l'hôpital et je ne me magasinais pas des photos de mes blessures et des traces de sperme qu'il laissait sur moi et en moi !

– Ok, alors s'il n'y a pas de preuves... En tout cas, on va évaluer ton dossier.

– Donc, vous allez prendre en considération tous les psychologues que je vois depuis des années pour établir un diagnostic ?

– Non, non, on va se contenter du rapport de celle que tu as actuellement !

Au nombre de fois où James est débarqué chez moi et qu'il m'a menacée, jamais l'IVAC ne m'a offert de payer mon déménagement ou même de mettre un système d'alarme. C'est moi qui ai tout défrayé les coûts à chaque fois. Par la suite, plein de personnes ayant eu affaire avec eux ou connaissant leurs services m'ont demandé pourquoi je ne leur avais pas fait une réclamation pour ces choses, car pour eux ou des gens qu'ils connaissaient, les coûts avaient été remboursés.

Jamais je n'ai senti qu'on prenait en considération que je n'allais vraiment pas bien, que j'étais prise émotionnellement dans la situation et que, par moments, la moindre petite chose prenait une ampleur disproportionnée. Jamais ils n'ont voulu s'attarder à tous les rapports de tous les spécialistes que j'ai vus au fil des années.

▶ *On n'a pas la force de se battre dans ce système pour se faire reconnaître quand ça fait des années qu'on se bat pour survivre aux actes criminels qui sont commis à notre égard.*

Dernièrement, j'ai eu une autre conversation avec eux et, selon eux, ils m'ont donné plus que l'aide nécessaire avec les trente séances de psychologue qu'ils ont autorisées à mon dossier. Même si j'avais pris une entente pour qu'on me paie des cours de yoga et que ça avait été accepté, tout d'un coup, ça ne l'était plus. Ils considéraient avoir assez donné avec ces trente séances. À la suite de ces séances, un rapport sera produit et ils vont évaluer mes séquelles permanentes pour lesquelles je recevrai une indemnisation basée sur le salaire minimum puisqu'à l'époque des événements, je me *putais* !

Alors pour l'IVAC, payer environ 3500$ pour cinquante séances de yoga, c'était immense. Pourtant, le programme que j'avais trouvé, suivant à la lettre les consignes de l'autre agent que j'avais avant qu'ils le changent, travaillait spécifiquement le trauma et les chakras, visant la diminution de mes crises d'anxiété qui sont mon plus gros problème. REFUSÉ ! Pourtant le but visé était que j'aille mieux !

De plus, prenons en considération que d'entrer en contact avec l'agent de l'IVAC, c'est super difficile. Par moments, tu peux laisser de trois à cinq messages pour qu'on te rappelle. Ça peut prendre plusieurs mois. Quand tu es en état de stress post-traumatique et que tu as des attaques de panique à longueur de journée, tu n'es pas en mesure psychologiquement de rester sans réponse.

J'ai demandé à mon agente si je pouvais avoir une évaluation avec un neuropsychologue pour savoir comment j'allais et on m'a répondu :

– Oui, mais est-ce que tu vas mieux ?

▶ *Je ne sais pas si je vais mieux ! Je n'ai jamais recroisé mon agresseur. Je ne le vois pas, donc je vais mieux, car de toute façon, je ne me souviens même plus ce qu'est de bien aller. Mais si je le revois, je ne sais pas si j'aurai la force d'y survivre et je ne sais pas si je vais encore bien aller. Est-ce que ce serait possible de connaître avec précision les dommages causés à mon cerveau, parce que c'est plus que clair qu'il ne fonctionne visiblement pas comme avant ?*

Il y a tellement une incompréhension de leur part de comprendre ce qu'on vit après avoir survécu à un acte criminel. Pourtant, me semble que ça va de soi !

En ce moment même, je fais face à une autre situation qui n'est pas moins difficile. Malgré que l'IVAC m'ait reconnue, malgré que j'aie toujours fait les démarches qu'on m'a demandées, ainsi que consulté médecins et psychologues, je me retrouve face à un mur. Sur recommandation de la psychologue et du docteur, après une sévère rechute de stress post-traumatique m'empêchant totalement de fonctionner, j'ai été mise en arrêt de travail le printemps dernier (2019). J'ai envoyé tous les rapports possibles de professionnels attestant que je souffrais d'anxiété et de troubles de l'adaptation qui sont très clairement une rechute de symptômes post-traumatiques sévères, mais qui n'ont pas été pris en considération puisque je n'avais pas de médecin de famille... Les semaines ont passé, puis les mois, à un moment où mon seul stress aurait dû être de prendre soin de moi afin de reprendre du mieux et redevenir fonctionnelle. À la place de cela, je me suis retrouvée sans revenu et en mode survie. Trois interminables mois plus tard, au moment où je suis sur le point de perdre mon appartement faute de revenu, ils me donnent comme réponse :

– Madame, nous ne pouvons conclure que votre état est dû aux agressions que vous avez subies. Nous concluons que votre état actuel est causé par une situation au travail, donc nous sommes dans l'impossibilité de vous indemniser votre salaire.

**REFUSÉ!!!!!**

Pourtant, j'ai suivi les recommandations des professionnels qui ont attesté mon état dans un dossier accepté par l'IVAC et je suis tout de même actuellement sur le point de tout perdre. Des années d'université, un travail qu'on dit noble et maintenant ça, en plus de mon incapacité totale de fonctionner en ce moment due à mes crises d'anxiété qui ont atteint leur apogée !

Et comme si ce n'était pas assez de stress comme ça, ma psychologue au dossier, qui avait fait un rapport complet sur mes troubles de stress post-traumatiques qu'elle considérait comme sévères, est en arrêt de travail pour des raisons de santé. Je ne la responsabilise pas d'être en arrêt de travail et je lui souhaite que tout se replace, toutefois, ça n'aide pas ma cause. J'ai donc dû rencontrer une autre psychologue supposément spécialisée en symptômes post-trauma... Et ça n'a pas cliqué du tout. Je la trouvais agressive et inadéquate. Elle semblait avoir une idée préconçue de qui j'étais et de mes motivations personnelles, chose qui m'a été confirmée après quinze minutes de rencontre. À peine assise dans son bureau, elle m'a lancé un :

– Je ne comprends pas comment ça que tu n'es pas guérie ! Tu as déjà eu vingt-deux rencontres avec une psychologue, c'est clair que c'est bien assez. Je ne vois pas ce que je peux faire de plus là !

Son introduction à notre première rencontre m'a laissé un goût amer. Je me suis sentie jugée. Mais j'ai pris une grande respiration et j'ai ravalé mon malaise en lui disant :

– Mon docteur et ma psychologue ont diagnostiqué des troubles de stress post-traumatiques sévères, me rendant dans l'incapacité totale de fonctionner. Je fais des crises d'anxiété généralisée et quand ça arrive, en moyenne deux fois par jour, je fige sur place, me rendant ainsi dans l'incapacité de vaquer à mes simples tâches quotidiennes. Je comptais sur le remplacement de salaire de l'IVAC pour me donner un petit temps pour prendre soin de moi et terminer mon cours à l'université, ce qui m'aurait permis d'obtenir mon bac.

Et elle de poursuivre :

– Ah ! ok, je comprends. Donc ta motivation est monétaire !

Découragée, je l'ai regardée et je lui ai dit :

– Je pense que tu ne comprends pas. J'ai vécu une relation conjugale d'une rare violence, autant psychologique, physique que sexuelle. Je me suis sortie de cette dernière, car c'était plus que clair que mon chum allait finir par me tuer. Je suis bloquée depuis ce moment-là. Je ne vais pas bien et j'ai besoin d'aide. L'IVAC a refusé mon remplacement de salaire et là, je suis sur le point de tout perdre. Je ne veux pas en arriver là, parce que c'est clair que je vais retourner me prostituer pour ne pas que ça arrive !

– Ok, je vois. Écoute, je ne pense pas que tu souffres de symptômes post-trauma. Je pense que tu veux juste profiter du système et que tu souffres davantage de troubles mentaux d'ordre de la personnalité limite, parce que je te sens vraiment explosive.

Ça faisait à peine dix minutes que j'étais assise dans son bureau, comment pouvait-elle en arriver à un diagnostic de personnalité limite ?

Je l'ai regardée et je lui ai dit :

– Écoute, je ne pense vraiment pas que ça va marcher et qu'on va pouvoir continuer ensemble. Je ne vois même pas l'intérêt de poursuivre cette rencontre. Tu m'as déjà catégorisée et posé une étiquette !

Je suis sortie du bureau hors de moi ! Je me sentais jugée et, encore une fois, je considérais que ma souffrance était loin d'être prise en considération. Et pour ce qui est de la reconnaissance des conséquences découlant de mon trauma, on repassera ! J'avais et j'ai toujours l'impression que, pour avoir accès à certains services, je devrais cacher le fait d'avoir été dans la prostitution. Si j'avais juste été victime de violence conjugale typique, est-ce qu'on m'aurait autant jugée ? Est-ce qu'on m'aurait étiquetée de la même façon ? Si j'avais joué la carte de la victime d'exploitation sexuelle, est-ce que j'aurais eu plus de compréhension, voire même d'empathie de la part des différents services, en commençant par la police dans le passé et maintenant cette psychologue ?

▶ *Je n'ai pas eu d'autre choix que de retourner me «puter» et ce n'est pas faute d'avoir essayé de recevoir de l'aide ! C'était ça ou je perdais absolument tout ! Je fais donc preuve de résilience mais non d'un point de vue clinique, mais de celui de la rue qui me permet de reprendre ma vie en main et de ne plus me sentir impuissante, face à une situation X. Cette impuissance, je l'ai vécue assez longtemps dans ma relation avec James et c'est hors de question que cela perdure ! Je considère la façon dont l'IVAC a géré mon dossier comme étant totalement inadéquate d'un côté, et complètement contre-thérapeutique de l'autre, et d'une rare forme de violence à mon égard.*

Un mois plus tard, une partie de mes comptes réglée, j'ai reçu l'évaluation que cette psychologue avait rédigée pour l'IVAC dans laquelle elle a écrit :

*Madame est très réactive lorsqu'elle arrive à mon bureau. C'est une dame ayant un lourd passé de prostitution, de 20 ans à 31 ans, où elle a vécu de la violence et du rejet de toutes sortes. Elle présente une faible estime de soi et pour se protéger, se met sur la défensive et fait de l'opposition.*

*Madame présente des traits de personnalité limite: gestion des émotions, intensité des réactions, explosion. Madame avait l'intention de miser sur ses symptômes pour recevoir l'indemnité et aller à l'université. Madame a été incapable de gérer le refus de sa demande. Elle cherche une estime d'elle-même dans la confrontation, l'opposition et lorsque ça ne fonctionne pas, elle se réfugie dans la victimisation.*

Je suis sidérée par ce rapport! En quinze minutes de consultation au total, elle a eu le temps de remettre en question l'évaluation que ma psychologue avait faite en vingt-deux rencontres et d'établir un diagnostic totalement opposé de troubles mentaux. Ajoutons à cela qu'elle n'a pas plus pris en considération les rapports du médecin. Sa façon de s'adresser à moi a été agressive et inappropriée, et comme si cela n'était pas assez, elle a pris une partie de mon histoire sans vraiment la connaître puisque nous n'avons pas eu le temps d'échanger, et cela lui a donné une interprétation erronée. Je n'ai pas eu un lourd passé dans la prostitution, pas plus que mes débuts se sont faits à 20 ans. Je n'y ai jamais vécu d'horreur. Mon cauchemar, c'est la violence que je vivais des mains de celui que j'aimais, mais du milieu, je n'en ai jamais vécu. Je connais des filles à qui c'est arrivé, mais pas moi. J'ai choisi de quitter le milieu parce que j'avais envie de développer mes compétences dans un secteur qui m'intéresse et c'est pourquoi j'ai entrepris de longues études universitaires.

Je trouve grandement problématique l'interprétation qu'elle a faite de ma situation et du rapport qu'elle a osé envoyer à l'IVAC dans l'objectif de me discriminer. C'est clairement une très grande source de jugement qui démontre la stigmatisation des professionnels à l'égard des filles de l'industrie, victimes ou pas! C'est d'ailleurs le même principe que l'IVAC applique quand ils n'acceptent pas les dossiers des victimes de l'industrie du sexe sous prétexte que leur comportement a provoqué leur victimisation! Est-ce que le fait que je me sois *putée* fait en sorte que tout ce que James m'a fait soit acceptable? Ce rapport rempli de préjugés après quinze minutes de rencontre, qui soit dit en passant est beaucoup trop court en temps pour établir un quelconque diagnostic, est à l'image même de ce que nous, filles de l'industrie victimes d'exploitation sexuelle ou travailleuses autonomes, sommes confrontées lorsque nous tentons de recevoir de l'aide. Plusieurs professionnels ont une image préconçue qui teinte leur évaluation et leurs interventions. Ça n'a pas lieu d'être !!!

Un dernier point que j'aimerais ajouter à son évaluation, c'est que mes réactions, qu'elle a interprétées comme étant reliées à des troubles mentaux, sont cliniquement reconnues comme découlant d'un trauma, donc post-traumatiques. Pourtant… cette professionnelle se prétend spécialiste de la psychologie destinée aux victimes d'actes criminels !

■ ■

Si j'avais des recommandations à faire à l'IVAC, ce serait :

- Qu'ils prennent en considération qu'ils travaillent avec des humains qui sont en état ou en choc post-traumatique et qu'il n'est nullement nécessaire de les mettre en situation de stress supplémentaire.
- Que ça devrait être obligatoire de voir un psychologue et non qu'on soit obligées d'en faire la demande. Tout le monde qui contacte l'IVAC pour avoir des services en a besoin, ça va de soi.
- C'est l'IVAC qui devrait te proposer des solutions et non toi qui les trouves et qui ensuite dois les supplier pour qu'ils acceptent de les payer.

Pour ce qui est des professionnels et des forces de l'ordre, faites juste arrêter de faire des interprétations de notre vécu et accordez-nous l'aide qu'on vous demande, sans jugement. On n'a pas moins de valeur parce qu'on a été dans la prostitution, et les agressions qu'on a subies ne sont pas moins graves !

En conclusion, ce n'est certainement pas les services d'aide spécifiques aux victimes d'actes criminels qui ont été les plus aidants dans mes différentes démarches. J'irais même jusqu'à dire que ce sont eux qui m'ont le plus causé de dommages. Ce qui a été aidant, ce sont tous les services privés que j'ai réussi à me payer grâce au fait que je me *putais* et toute l'évolution que j'ai eue par mon éducation et mes divers cours universitaires. En gros, l'IVAC, le système de justice et les différentes ressources de relation d'aide sont beaucoup trop complexes pour qu'un individu – n'ayant pas de connaissances du trauma dans son ensemble et des conséquences en découlant, des lois, de ses droits et de la façon de les faire appliquer et respecter – puisse y survivre. Je possède ces connaissances et mes droits n'ont jamais été jusqu'à aujourd'hui reconnus. J'ajouterai également que, sans aucun doute, ces services sont extrêmement sélectifs dans l'aide qu'ils apportent et qui est en droit d'y avoir recours.

Même le système de santé n'est pas en ordre. Comment peut-on demander à quelqu'un qui n'a même pas de médecin de famille et dont la vie est en continuelle instance de survie de s'y retrouver ?

# Partie III

## *Évaluation des besoins des victimes*

# *Leurs voix… leurs besoins*

Depuis près d'une décennie, je suis sur le terrain et je fais face à toutes les difficultés auxquelles sont confrontées ces femmes qui cherchent désespérément de l'aide. Les problèmes de réinsertion sociale découlent en grande partie du système institutionnel et des services actuels de relation d'aide qui fournissent, en quelque sorte, les « potentielles » victimes ainsi que les victimes actuelles, puisque leur recrutement se fait bien souvent à même ces réseaux, tout en les maintenant dans le milieu prostitutionnel. Ces femmes à qui on a enlevé le droit d'exister ont tenté par plusieurs moyens de se faire entendre, toutefois, il n'y a que l'écho de leur voix qui demeure audible, sans qu'il n'y ait de reconnaissance et de réponses à leurs besoins. J'ai assisté ces femmes réduites au silence pendant plusieurs années et je constate que les problématiques qu'elles ont vécues, et qu'elles vivent toujours, méritent d'être prises en considération au-delà de l'aide actuelle faite aux victimes dans le but de se donner bonne presse, bonne conscience.

Voici donc un compte rendu des différentes dénonciations faites par les participantes à cet ouvrage.

Un des premiers points à souligner lorsqu'on parle de problématique à laquelle sont confrontées ces personnes, c'est qu'on leur demande de faire confiance en ce même système qui a contribué à leur exploitation.

▶ *C'est difficile de faire confiance quand on voit le système du point de vue du milieu. Nous, on le sait que le système est croche, mais personne ne veut nous entendre parce qu'on nous trouve sales d'avoir été ou d'être prostituées. Nos clients ont été ou sont le gouvernement, des juges, des avocats, des députés, des acteurs et surtout des humoristes, des athlètes, des policiers, des éducateurs et ainsi de suite. C'est difficile de croire au système quand ces gens nous ont tous littéralement baisées !*

– MÉLANIE T.

On demande donc à ces femmes et ces filles d'avoir confiance en ceux qui ont contribué à leur exploitation ou en ont profité, et quand elles s'y refusent, on leur dit que c'est parce qu'elles ne veulent pas changer et, pourtant, on est en droit de se demander qui ne veut vraiment pas changer... La problématique est tellement plus complexe...

## L'ENFANCE ET L'ÉDUCATION

▶ *L'inaction ne devrait jamais être une option devant un enfant en difficulté. Juste le fait de savoir que quelqu'un aurait agi pour me protéger, à quelque part dans mon enfance, m'aurait fait me sentir comme un être à part entière, ou peut-être juste le sentiment qu'on ait reconnu mon droit d'exister et d'être heureuse, tout simplement.*

– ANGELA

Il est particulièrement difficile de faire de la prévention de l'exploitation sexuelle ou des crimes connexes au cours de l'enfance sans aborder l'industrie du sexe. Lorsque ce sujet est présenté, cela peut avoir l'effet contraire et provoquer, chez les jeunes, de la curiosité envers ce milieu et une envie de le défier en démontrant que leurs histoires seront différentes et qu'ils n'en seront pas victimes. Qu'eux, en fait, vivront le côté glamour de l'industrie tel que véhiculé par notre société et la mode *hip hop*. Toutefois, les participantes ont amené des pistes intéressantes qui, selon leurs expériences personnelles, auraient pu faire une différence.

Bien entendu, la stabilité et l'environnement familial sont des éléments de très grande valeur et, malheureusement, ce n'est pas donné à tous d'y avoir accès.

Nous devons donc mettre en place des moyens permettant aux enfants de se développer et surtout de reconnaître les situations dangereuses, et cela passe par notre système d'éducation, car c'est le seul environnement social obligatoire que fréquentent communément les potentielles victimes, les victimes, les jeunes présentant des troubles de comportement ainsi que de potentiels délinquants.

C'est donc dans le système d'éducation qu'on devrait investir davantage en y ajoutant les différents critères que voici :

- Offrir plus de services et d'accès à des professionnels;
- Réduire le nombre d'enfants par classe;
- Présenter aux enfants des séances d'information sur leurs droits, adaptées selon leur groupe d'âge;
- Offrir des ateliers sur ce que sont les relations saines, la notion de consentement, les services de protection et de dévoilement d'abus sexuel. Par le fait même, les jeunes seront en mesure de reconnaître qui sont les agresseurs. L'agresseur peut être quelqu'un de significatif dans la vie de la jeune victime, tout comme l'a été la mère de Gabrielle dans son histoire.
- Des cours sur la sexualité doivent être mis en place, car actuellement bon nombre font leur éducation sexuelle, de façon déplorable, par la pornographie, et on est très loin d'avoir des modèles de relations sexuelles saines dans celle-ci !
- Mettre en place des mesures pour l'intimidation, ainsi que des protocoles visant à faire cesser ce fléau. Par exemple, à la première offense, l'intimidateur peut être dans l'obliga-

tion de suivre un programme visant à le sensibiliser aux conséquences de ses actions et à ouvrir une porte pour que lui-même reçoive des services auprès de professionnels. On peut en effet être porté à croire qu'il est plus qu'évident que ce type de comportement reflète un profond mal-être, ainsi qu'une probable victimisation. Les victimes d'intimidation, quant à elles, craignent pour leur sécurité. Il faut donc s'assurer qu'elles soient en sécurité avant toutes autres étapes.

- On doit bonifier les services à l'enfance ainsi que les services à la jeunesse en leur offrant, entre autres, plus d'activités et de loisirs dans des environnements sécuritaires et valorisants.

Et, pour terminer, les signalements faits par le personnel des écoles ne doivent pas être pris à la légère puisque ce sont des signalements faits par une source crédible qui est continuellement en contact avec l'enfant. Il faut donc une mise en place d'un partenariat étroit entre le système d'éducation et la Protection de la jeunesse qui faciliterait la prise en charge de l'enfant dont la sécurité est compromise.

> ▶ *C'est de l'enfance que tout part et c'est là que l'argent doit être investi. L'éducation de nos enfants est une priorité incontestable, tout comme le fait de leur permettre de s'épanouir dans un environnement sain et sécuritaire.*
>
> – MÉLANIE T.

## LA PROTECTION DE LA JEUNESSE ET LES CENTRES JEUNESSE

> ▶ *Quand ils m'ont libérée à mes dix-huit ans moins un jour, j'étais comme un animal sauvage laissé à lui-même à qui on demandait de devenir fonctionnelle en société sans aucun guide pour y arriver.*
>
> – MÉLANIE T.

Tout le monde sait – et même ceux qui y travaillent – que le système est dysfonctionnel, mais personne n'ose se lever face aux cadres et aux chercheurs qui croient posséder la vérité absolue. C'est un sujet délicat à aborder et c'est pourquoi la parole de celles qui sont passées par là mérite d'être entendue et considérée.

Pour commencer, je crois qu'on doit tout d'abord cesser de tenir pour acquis que tous les enfants ont reçu ne serait-ce que la base de l'éducation ou même un apprentissage initial des valeurs de base, telles que l'hygiène, le respect de soi ou des limites de ce qu'on peut ou ne peut pas faire. Selon moi, c'est la principale mission que devraient avoir ces services, tout de suite après avoir assuré la sécurité des enfants. Les problématiques vécues et démontrées par les participantes, ainsi que les recommandations qu'elles ont faites sont plus que pertinentes. Voici donc les points qu'elles ont relevés :

- Stabiliser la situation de l'enfant inclut le fait de ne pas le déplacer d'un service à l'autre et de s'assurer que les intervenants à son dossier demeurent les mêmes. Cela dit, pour maintenir les mêmes intervenants au dossier, on doit revoir les conditions de travail des éducateurs, travailleurs sociaux et tout autre professionnel qui est amené à y travailler. La structure de la Protection de la jeunesse étant surchargée, le personnel est à bout de souffle et on le constate par les nombreux arrêts de travail pour cause d'épuisement professionnel. De plus, on doit effectuer de meilleures évaluations pour savoir où on place les enfants, car il y a trop de cas d'abus d'enfants dans les familles d'accueil ou, comme dans le cas d'Angela, ils sont envoyés vivre dans un environnement malsain.
- Les enfants qui passent par leurs services ont, dans la majorité des cas, vécu des événements traumatisants, alors une approche beaucoup plus humaniste qu'institutionnelle serait de mise. Cela débuterait par laisser tomber le côté formel; à titre d'exemple, la prise de notes lors des rencontres. Les jeunes ont besoin de chaleur humaine et

de compassion, pas de procédures formelles. Simplifions donc les interventions.

- Sensibiliser les professionnels à ne pas prendre les mots à la lettre. Avoir envie de mourir tellement ça fait mal, tel qu'Alexia l'a partagé, ne veut pas nécessairement dire qu'il y a présence d'idéation suicidaire. Bien des jeunes n'ont pas un vocabulaire assez large pour exprimer leur douleur ou ils ne savent tout simplement pas comment le faire. Les mots servent donc à imager cette dernière et ils n'ont pas nécessairement leur signification au sens propre.
- Chaque dossier est différent puisque le vécu de chaque jeune l'est également. On ne peut pas catégoriser les histoires de chacun et les classer dans des cases respectives, ça ne fonctionne pas ainsi. La perception qu'un intervenant ou qu'un professionnel a d'une situation peut être erronée et l'étiquetage peut causer de bien grands dommages.
- Une grande partie des dossiers de la Protection de la jeunesse implique la présence d'une ou de plusieurs victi=misations. Enfermer les victimes en institution n'est définitivement pas la solution, car cela a pour effet de les responsabiliser de ce qu'elles ont vécu, d'autant plus que les Centres jeunesse, entre autres, représentent un établissement d'incarcération à leurs yeux. De plus, par expérience professionnelle, car j'ai jadis travaillé en Centre jeunesse, ces jeunes n'ont pas souvent eu la chance d'exprimer leur douleur et leur mal-être. Quand elles l'expriment, il peut y avoir débordement. La solution actuelle en institution, lorsqu'une jeune déborde et est dérangeante, passe par les agents d'intervention qui se déplacent et règlent cela. Ils prennent en charge la situation dans le but, bien sûr, d'assurer la sécurité de tous. On peut, par exemple, voir une jeune en crise, qui a vécu des agressions sexuelles de la part d'un membre de sa famille en qui elle devait avoir confiance, se retrouver couchée sur le sol et être maîtrisée par trois agents... Cela peut possiblement réactiver un trauma... La solution actuelle, pour

répondre à la souffrance humaine, ne devrait en aucun cas être empreinte d'une quelconque forme de violence ou de contrainte physique, mais pour le moment, c'est la seule option que nous avons... Cet aspect de l'intervention devrait définitivement être revu.

Aujourd'hui technicienne en éducation spécialisée (TES) en milieu scolaire, je peux me permettre de faire une comparaison entre leur façon de fonctionner et la nôtre. Lorsqu'un enfant se désorganise, nous n'appliquons pas systématiquement la contention. On commence par lui donner deux choix en lui rappelant que nous avons confiance en lui et en sa capacité de faire les bons choix, puis on procède à un décompte. À la fin de celui-ci, l'enfant doit nous dire le choix qu'il a fait. S'il n'en fait aucun ou que sa désorganisation nuit à sa sécurité ou à la sécurité d'autrui, on l'avertit ainsi :

– Si tu ne t'arrêtes pas, je n'aurai pas le choix de t'arrêter.

S'il continue, on procède à une contention pendant laquelle on lui répète qu'il est en sécurité et qu'on l'a arrêté pour le protéger ou pour protéger les gens qui sont autour de lui. Lorsqu'il y a contention, on peut rester assis au sol, pendant un court ou long moment, en continuant de le tenir jusqu'à ce qu'il se calme, en le protégeant du regard des autres par un mur de tapis que les autres intervenants mettent en place autour de nous. Cela permet de préserver l'honneur de l'enfant qui passe une mauvaise journée et qui, dans un débordement, n'a pas su exprimer sa douleur ou son mécontentement de façon adéquate.

Ensuite, on cherche avec lui des moyens que l'enfant pourrait employer pour éviter qu'une situation semblable ne se reproduise. Ayant travaillé dans les deux types d'institutions, je trouve que le second mode d'intervention, tel qu'on l'utilise en milieu scolaire est davantage sécurisant que le premier. Fait à noter, certains établissements au service de la Protection de la jeunesse se servent toujours de technique similaire à celle utilisée en milieu scolaire, auprès des enfants en bas âge. Toutefois, je considère que cela devrait être utilisé auprès de tous les groupes d'âge, sans exception.

La majorité des jeunes sous la tutelle des services sociaux ont vécu une ou plusieurs victimisations. Alors comment explique-t-on que la guérison du trauma ne fasse pas partie des priorités de cette grande institution gouvernementale ? Comment explique-t-on qu'elle ne soit pas également la ligne directrice des plans d'intervention à la place de miser sur la réadaptation ? Cela fait en sorte que ces mêmes jeunes finissent par intérioriser le fait d'être victimes et se prédisposent à d'autres victimisations. La mise en place de programmes favorisant la guérison du ou des traumas doit donc être une priorité !

> ▶ *Les abus et les actes criminels commis à ton égard... tu finis par les assimiler et tu apprends à vivre à travers eux, en mécanisme de survie. La mentalité de la rue, tu l'intègres et elle devient partie intégrante de ton être, alors quand les agressions arrivent, tu ne les vois pas comme telles.*
>
> – MYA

- Les Centres jeunesse, c'est connu de tous, sont le lieu par excellence du recrutement des jeunes à des fins d'exploitation sexuelle. Toutefois, l'approche employée pour prévenir une telle forme d'exploitation est défaillante. On ne peut prendre en considération que tous ces jeunes qui sont sous la tutelle des services sociaux connaissent l'industrie du sexe et savent ce qu'est un *pimp*. Faire des ateliers concernant l'exploitation sexuelle auprès de toute l'unité au centre en pensant qu'elles sont toutes au fait du sujet est une grave erreur. Rappelons que ces jeunes n'ont, bien souvent, même pas reçu la base d'une famille saine, de comportements prosociaux et ainsi de suite. Commençons donc par leur offrir des ateliers sur le respect de soi et de l'autre, le consentement, comment reconnaître l'abus sexuel et ainsi de suite, et non pas des ateliers sur la prostitution et les *pimps*. Cela ne fait qu'alimenter leur curiosité malsaine à cet égard et faciliter le recrutement.
- Favoriser un milieu de vie plus traditionnel. Mélanie T. le nomme parfaitement lorsqu'elle dit qu'à sa sortie du

centre, elle était tel un animal sauvage n'ayant plus de cadre serré autour d'elle pour lui dire quoi faire et quand. Elle avait, par son vécu en centre, été formée à dépendre de quelqu'un alors qu'on aurait dû davantage miser sur son autonomie. Cette attitude de dépendance facilite ainsi le travail de recrutement des *pimps* qui, eux, offrent un cadre serré. D'ailleurs, en fin de placement, plusieurs possibilités visant l'indépendance du jeune en société devraient être mises de l'avant.

- Personnellement, je trouve absolument inacceptable qu'on libère un jeune nouvellement adulte sans s'assurer qu'il ait un endroit sécuritaire où aller.
- Quelques participantes suggèrent aussi une restructuration des services de la Protection de la jeunesse

▶ *Arrêtons donc de responsabiliser nos enfants pour ce qui leur arrive et laissons-les être des enfants. C'est notre responsabilité de les protéger et non la leur d'assumer les conséquences dues au fait qu'on ait omis de prendre nos responsabilités à leur égard.*

– MÉLANIE T.

## LES SERVICES DE POLICE ET LE SYSTÈME DE JUSTICE

▶ *Les policiers ont fait le serment de «Servir et protéger»! Quand on y pense bien, c'est très ironique et on est bien loin de ça!*

– MYA

Les représentants des forces de l'ordre, policiers et autres représentants de la justice sont des êtres humains qui ont leur lot de préjugés et leurs propres opinions sur un paquet de choses, tout comme le commun des mortels. Toutefois, compte tenu de ce qu'ils représentent, on s'attend à ce qu'ils aient un comportement irréprochable à la hauteur du pouvoir qu'ils ont sur la vie des personnes vulnérables.

Malheureusement, comme le témoigne la grande majorité des participantes, leurs expériences avec tout ce qui touche les forces de l'ordre n'ont rien de réjouissantes. La plupart de leurs histoires sont récentes, mais d'autres le sont moins, donc on ne peut prétendre que les choses ont changé à un point tel qu'il n'y ait plus de motifs pour nous attarder à cette réalité. En plus de faire partie de la clientèle de ces femmes de l'industrie du sexe ou du réseau qui les exploite, les policiers des forces de l'ordre sont également des agresseurs dans certains dossiers ou encore, par leurs préjudices, ils portent atteinte à toutes les personnes ayant été ou étant dans l'industrie du sexe, victimes d'exploitation sexuelle, sans oublier les travailleuses du sexe indépendantes. L'une des participantes avait d'abord refusé, par peur d'être reconnue, que j'ajoute à son histoire le fait qu'elle a même dû porter plainte en déontologie policière, mais elle m'a tout de même autorisée à en faire part. Sa plainte n'a d'ailleurs jamais été retenue en déontologie à cause de ses occupations.

Mya, de son côté, cite à quel point les enquêteurs ont porté atteinte à sa sécurité dans un dossier de « gang de rue ». Cela ne devrait pas avoir lieu. On ne peut pas brimer la sécurité des gens dans une enquête policière ! Je ne vois pas l'intérêt de trouver quel gars de gang a fait feu sur un autre, au prix de la vie d'une tierce personne. Plus tard, elle raconte que les enquêteurs ont discuté allègrement avec d'autres citoyens, également présumées victimes, du contenu de sa plainte qui n'avait pas été retenue, afin de lui porter atteinte. En aucun cas, lorsqu'on fait appel aux forces de l'ordre pour porter plainte, le contenu de ce qu'on confie ne doit sortir de la salle où a eu lieu l'interrogatoire. Notons également que le fait que la plainte ne soit pas retenue ne signifie pas qu'il n'y a pas eu de crime et que la « présumée » victime n'en a pas été réellement une. Cette attitude fait en sorte de briser la confiance des citoyens envers les services de police en plus de porter atteinte à la réputation de la présumée victime. C'est un grave manque d'éthique professionnelle.

Des projets, comme celui des *Survivantes*, sont offerts par le Service de police de Montréal ainsi que par celui de Laval. Ce travail auprès des victimes d'exploitation sexuelle se fait grâce à l'embauche de personnes qui ont vécu l'horreur d'un tel crime, ce qui facilite alors le travail d'intervention des agents de l'ordre auprès des victimes et les incitent à dénoncer leurs agresseurs. Les participantes à ce programme, communément appelées *Les Survivantes*, sont amenées, par leurs témoignages, à faire la formation de professionnels et d'étudiants en regard de tout ce qui touche la reconnaissance des victimes d'un tel crime. Les policières, quant à elles, donnent de l'information plus générale sur l'exploitation sexuelle et la traite humaine dans son ensemble, ainsi que sur l'ampleur du fléau.

*Les Survivantes* qui participent à ce programme font un travail remarquable et se donnent corps et âme. Le programme dans son ensemble donne des résultats intéressants. Toutefois, les témoignages des participantes au présent livre démontrent qu'il ne s'applique pas à tous. Selon les témoignages recueillis, ce projet serait sélectif dans l'aide apportée, ne reconnaissant pas toutes les victimes d'exploitation sexuelle. Ce n'est donc pas un programme adapté à tous.

D'autres participantes à ce livre considèrent que la base même du programme est la dénonciation de l'exploiteur, alors qu'au moment d'être rencontrées, ces dernières n'étaient pas du tout rendues à cette étape-là, ajoutant ainsi une charge supplémentaire à leur fardeau.

Bien que, très souvent, ce soient ces policières qui sont interpellées en tant que spécialistes de l'exploitation sexuelle – et elles le sont en partie –, leur force n'est aucunement l'intervention auprès des victimes. Pensant, entre autres, à Alexia qui, dans son témoignage, stipule que la policière qui lui avait téléphoné lui a dit : « C'est pas l'fun de se faire fourrer pour du McDo ! »

Cette phrase a été dite, tout bonnement, sans mauvaise intention, j'en suis certaine, mais elle était assurément loin de prendre en considération le vécu d'Alexia qui venait tout juste de subir un viol collectif. Cette agente des services de l'ordre avait simplement généralisé selon d'autres cas avec lesquels elle avait été amenée à travailler et où « se faire fourrer pour avoir du

McDo» pouvait s'appliquer. Ce manque de tact a fait en sorte de briser toutes les possibilités de créer un lien de confiance, aussi infime fût-il, avec elle. La façon dont son histoire a été banalisée, alors qu'elle venait à peine de vivre le pire moment de sa vie, a créé en elle un froid rendant impossible toute forme de collaboration avec le Service de police.

De son côté, Mélanie T., qui avait rencontré *Les Survivantes*, ne s'est pas du tout sentie interpellée par les policières et l'histoire de la participante. Elle disait avoir ressenti la pression de porter plainte alors qu'elle n'était pas du tout rendue là. Il y a certainement des questions d'interprétation et de vécu dans ces parties de témoignages, seulement tentons d'être ouverts pour amener des améliorations et ainsi reconnaître que, même si ce programme est intéressant, il ne répond pas à tous les besoins et que d'autres services doivent être mis en place. Le fait que ce programme découle des services policiers est déjà une problématique en soi pour certaines, puisque les victimes ont été formées à redouter la police, tout ce qu'elle représente et tout ce qui y est associé.

D'autres participantes à ce livre considèrent que la base même du programme est la dénonciation de l'exploiteur, alors qu'au moment d'être rencontrées, ces dernières n'étaient pas du tout rendues à cette étape-là, ajoutant ainsi une charge supplémentaire à leur fardeau.

Lorsqu'une présumée victime appelle les services de police, c'est très souvent pour être mise en sécurité et pas nécessairement pour porter plainte. Certains policiers interprètent cela comme étant un signe qu'elle ne veut pas changer, mais ce n'est pas nécessairement le cas. Souvent, l'état de choc est si grand qu'elle n'a besoin que d'un endroit pour avoir un répit. Il est donc primordial que les policiers soient ouverts à présenter d'autres possibilités qui visent à offrir la sécurité à celle qui fait appel à leurs services, tout en lui offrant, sans aucune pression, d'être disponibles pour elle au moment où elle désirera porter plainte, si c'est le cas.

▶ *De plus, il est primordial que les policiers comprennent que lorsqu'on fait appel à eux, si on le fait, ça ne veut pas dire qu'on est prêtes à porter plainte. Ça peut aussi juste vouloir dire qu'on a besoin de sécurité et d'une porte de sortie, donc l'accès à des services compétents et immédiats !*

– VANESSA

Il n'y a pas de place à l'erreur, l'histoire de chacune doit être acceptée telle qu'elle est et surtout respectée. Pas de place non plus à l'interprétation et on doit absolument considérer où se situe la présumée victime qui ne se voit pas encore nécessairement comme une victime. Il peut lui être très difficile d'accepter ce statut puisque, comme Jessica l'a mentionné dans son témoignage, il représente un signe de faiblesse à un moment où la personne a besoin de se sentir forte. Porter plainte n'est donc pas la situation idéale pour tous et cela devrait être pris en considération. Ajoutons à cela que les centres d'hébergement n'acceptent bien souvent pas les cas d'exploitation sexuelle ou, tout simplement, une femme de l'industrie du sexe. De plus, ils ne sont pas nécessairement la solution dans certains dossiers comme celui de Jessica où, dans bien des situations, ils sont sélectifs dans la clientèle à qui ils offrent leurs services, refusant malheureusement trop souvent les cas d'exploitation sexuelle. Il est donc impératif de rendre accessible plus d'options, nécessitant alors plus de services.

On ne peut passer sous silence le fait que certains services de police n'orientent pas les présumées victimes vers des services qui pourraient leur venir en aide, mais plutôt ils loueront une chambre d'hôtel, sans aucun accompagnement, dans un moment si critique.

Jessica mentionne que de son côté, elle aurait eu besoin de soutien psychologique ou d'une orientation thérapeutique. Malheureusement, les victimes ne sont que très rarement la priorité des services de police et du système de justice. Une fois le dossier accepté par le bureau des poursuites criminelles et pénales, elles ne deviennent que le témoin au dossier. Les procédures judiciaires étant déjà longues et pénibles, ce facteur ne contribue en rien au bon déroulement du procès. Les besoins initiaux n'étant pas répondus, souvent la victime reste en mode survie et ne peut participer pleinement aux procédures. Comment peut-on s'attendre à ce qu'elle s'y investisse pleinement lorsque le centre de ses pensées est dirigée sur la façon dont elle réussira à terminer la semaine avec le peu qu'elle a dans le réfrigérateur ?

L'histoire de Jessica démontre à quel point les victimes vivent de l'incompréhension de la part de leur entourage et se sentent complètement isolées après des agressions. En général, les gens de l'entourage des victimes ne comprennent pas les conséquences des actes criminels dans la vie de ces personnes. N'ayant aucune réponse à la souffrance qu'une femme comme Jessica vit, à la place d'assumer leurs incompétences, les individus tombent souvent dans le jugement plutôt que la compassion. Ils s'éloignent, laissant bien souvent la victime seule à l'écart. Cela a eu pour effet de laisser Jessica seule avec elle-même, augmentant ainsi les risques qu'elle replonge dans les bras de son bourreau, qui est le seul à la comprendre, multipliant ainsi les actes criminels commis à son égard.

Le besoin de validation que ce qui a été fait est inacceptable, que c'est bel et bien un acte criminel est un élément clé pour tout ce qui suivra dans la reprise en main de la personne qui a été victime.

Les policiers, étant toujours en contact avec des victimes, devraient recevoir une formation obligatoire afin de faciliter leur travail auprès d'elles et d'améliorer le sentiment de sécurité des citoyens à leur égard. Une des participantes recommande que devant la froideur des policiers à son égard dans son dossier, ils ne devraient pas uniquement passer une évaluation psychologique à l'embauche mais à chaque deux ans, pour permettre de reconnaître, d'un côté, s'ils sont aptes à détenir autant de pouvoir dans le cadre de leurs fonctions et, de l'autre, de diagnostiquer rapidement si eux-mêmes n'auraient pas développé un trouble de stress post-traumatique (TSPT). Dans le cas du développement de stress post-traumatique dans le cadre de leur travail, cela permettrait de leur apporter rapidement l'aide nécessaire, dans l'intérêt de tous, car le taux de suicide chez les policiers est élevé et très représentatif de la pression mentale à laquelle ils sont confrontés.

## LES PROFESSIONNELS ET LES THÉRAPEUTES

> ▶ *Même chose au niveau des services d'aide auxquels on a recours ! L'histoire est croustillante, donc tout le monde veut l'entendre, mais ça n'a aucun bienfait ! Imaginez-vous devoir faire trois appels téléphoniques la même journée, à trois différentes sphères susceptibles de pouvoir te venir en aide, selon leurs dires, à qui tu dois répéter ton histoire et, à la fin de chacun des appels, on te répond: Vous méritez d'avoir de l'aide. Toutefois, nos services ne sont pas adaptés pour votre situation, je vous conseillerais d'appeler..., eux vont pouvoir vous aider ! Et ça se répète encore et encore ! C'est ça, notre réalité !*
>
> – MYA

Les professionnels et thérapeutes ont un immense pouvoir sur la représentation qu'un acte criminel a dans la vie des victimes. Ce sont eux qui permettent à ces dernières de comprendre ce qui s'est passé et de valider les malaises qu'elles ressentent à la suite de l'acte.

Les participantes au livre ont toutes été en contact avec divers types de professionnels, thérapeutes et intervenants. Elles ont relevé plusieurs points et recommandations qui méritent qu'on y porte une attention particulière et qui pourraient grandement faciliter les interventions, tout en augmentant leurs bienfaits.

L'histoire de Gabrielle et les recommandations qu'elle y fait en lien avec ses rencontres avec un psychologue quand ses crises d'anxiété sont trop fortes est une excellente façon d'introduire cette partie. Gabrielle ne possède pas de suivi thérapeutique sur une base régulière et chaque fois qu'elle voit un psychologue, c'est dans le but de l'amener à diminuer ses crises d'anxiété. Elle demande à être outillée afin de passer à travers ses moments difficiles. Toutefois, elle remarque qu'à chaque fois, elle doit recommencer à raconter son histoire et à chacune de ces rencontres, on lui rappelle à quel point c'est bien horrible ce qu'elle a vécu, en tentant de lui induire le statut de victime, chose à laquelle elle n'est pas prête. Elle ne se sent pas écoutée, donc pas portée à vouloir poursuivre. Les thérapeutes, intervenants *et cie* doivent absolument respecter la volonté de leurs clientes au moment où elles consultent. Passer outre à l'apaisement de la situation initiale, qui peut en être une de crise, rend difficile l'établissement d'une relation de confiance avec leur patiente ou cliente, particulièrement dans les cas d'exploitation sexuelle, ou pour celles qui consultent en se sentant, dans la grande majorité des cas, totalement responsables de leur exploitation.

Petit à petit, on doit amener les personnes qui consultent à voir leur vie d'un point de vue objectif en les aidant à vivre un certain détachement, leur permettant ainsi d'être en mesure de constater par elles-mêmes leur victimisation, sans pour autant accepter qu'on leur attribue l'étiquette de victime. Il y a beaucoup trop de stigmatisation et de jugements à l'égard des personnes qui ont subi un acte criminel et utiliser le mot *victime* pour celles-ci leur appose une étiquette qui peut être lourde à porter, puisque leur seul tort est d'avoir fait confiance à la ou aux mauvaises personnes.

L'exploiteur utilise un type de manipulation amoureuse ou autre, toujours dans le but de maintenir sa victime dans le milieu et de lui faire porter la responsabilité de ce qui lui arrive. Le travail, qu'il soit thérapeutique, de réinsertion sociale ou de rétablissement auprès de ces femmes, est de longue haleine. On doit les amener à recoller les morceaux un à un. L'histoire de Vanessa illustre parfaitement la complexité pour une victime de reprendre le cours de sa vie, peu importe les bases qu'elle possède. La dénonciation auprès des forces de l'ordre n'est donc pas une priorité. On doit stabiliser l'état de la personne, s'assurer qu'elle soit en sécurité, qu'elle reçoive une réponse positive à ses besoins de base et l'accompagner dans la réalisation de petits objectifs, tout en soulignant ses réussites. Elle doit se voir avancer vers son objectif final, lequel peut être amené à changer à quelques reprises et c'est tout à fait normal.

Jessica, de son côté, démontre par son témoignage à quel point il est facile d'apposer une étiquette et d'émettre rapidement un diagnostic. Ce dernier porte une atteinte directe à son rétablissement, lui causant ainsi plus d'anxiété et minimisant ses chances de réussite. Dans son cas, l'étiquette erronée à la suite d'un diagnostic précipité par une des professionnelles qu'elle a consultées pourrait faire en sorte de voir sa contestation de la décision de l'IVAC refusée.

Le vécu des personnes a tout le mérite d'être respecté tel qu'il est, et ce, sans interprétation. De plus, il faut faire extrêmement attention aux diagnostics trop rapidement posés, car ils peuvent causer un préjudice à la personne qui consulte lorsqu'elle fera des demandes d'emploi, par exemple, au niveau d'une assurance vie et dans plusieurs autres sphères. Les réactions de symptômes de stress post-traumatiques qui suivent la ou les agressions sont normales, c'est l'agression en soi qui ne l'est pas. Ainsi, une personne peut avoir des traits de personnalité limite sans être nécessairement affectée par ce trouble mental. Ses réactions doivent être tout d'abord normalisées afin de permettre à celle qui consulte de prendre en considération qu'elle n'est pas différente des autres et que sa façon de réagir face à son vécu est tout à fait dans les normes. Un diagnostic rapidement émis peut avoir totalement l'effet contraire et amener la personne à stagner dans son rétablissement.

D'autres aspects doivent être pris en considération dans les interventions. Les actes d'abus remontent très souvent à beaucoup plus loin que le moment de ladite ou desdites agressions. Comme dans le cas d'Angela, les violences remontent à l'enfance. Pourtant, dans toutes les démarches qu'elle a entreprises, jamais cet aspect n'a été pris en considération. On doit absolument aller à la racine du problème et cesser de le survoler. Le survol crée une guérison temporaire alors que d'aller au cœur du problème permet une guérison beaucoup plus complète.

Afin d'augmenter les chances de succès de réinsertion sociale de ces femmes, on doit rendre plus accessibles les programmes d'intégration au marché du travail et de soutien financier aux études.

Le fait qu'une même victime, amenée à consulter plusieurs professionnels et services au cours de son rétablissement, ait à répéter sans cesse son histoire auprès de chacun d'eux n'a aucun effet bénéfique. Il serait de mise qu'un dossier complet suive la victime dans les différents services qu'elle sera amenée à consulter. La totalité des femmes rencontrées ont mentionné s'être senties jugées par les gens qu'elles ont consultés et, par le fait même, que le professionnel leur a fait sentir qu'elles étaient inférieures à lui. Cela n'a pas lieu d'être. Si elles ne se sentent pas traitées en égales, cela porte grandement atteinte à leur rétablissement.

> ▶ *On n'a pas besoin d'être sauvées ! On a besoin d'être outillées afin de nous permettre de développer une vie plus saine et ça, ils ne le comprennent pas !*
>
> – MYA

Le temps d'attente et l'accessibilité aux services sont totalement inacceptables et mettent en péril la sécurité des victimes.

En résumé, on doit répondre aux besoins de base des victimes bien avant de penser à une thérapie ou à une dénonciation. Si la personne concernée n'a pas d'endroit où dormir ou même les moyens financiers pour répondre à ses besoins de base, il est beaucoup trop audacieux de prétendre être en mesure de l'aider au moyen d'une heure par semaine de rencontre dans un bureau ou d'entamer des procédures judiciaires de longue haleine.

Les étapes de l'intervention selon les recommandations des participantes sont celles-ci :

- S'assurer que la victime soit en sécurité;
- Référer cette dernière à un centre d'hébergement afin de permettre un encadrement à moyen-long terme;

- Créer un fonds d'urgence pour les victimes d'exploitation sexuelle afin de leur permettre de ne pas se retrouver sans un sou. L'argent étant à la base même de la problématique, on doit faire en sorte de les sécuriser à ce niveau;
- Offrir un soutien psychosocial immédiat avec possibilité de suivis, sans délai. C'est à ce moment que devrait être monté le dossier qui suivra la victime dans toutes les étapes afin de lui éviter d'avoir à se répéter et de laquelle un consentement éclairé et signé sera obtenu, autorisant le partage de l'information entre intervenants et professionnels.

▶ *Quand on sort d'une situation comme celle dans laquelle j'étais, on est en mode urgence! On ne peut pas attendre trois semaines avant d'avoir accès à une travailleuse sociale et aux divers services nous étant soi-disant destinés.*

– Vanessa

Pour terminer ce point, j'aimerais présenter les résultats du rapport de recherche de madame Nadine Lanctôt, *La face cachée de la prostitution* (2018), dans lequel elle cite ceci: «Le discours de la majorité des intervenantes est plutôt pessimiste, voire fataliste, en évoquant fréquemment la possibilité de la mort de ces femmes, et tend à dépeindre un portrait très sombre pour le futur de ces femmes.»

Cette perception qu'ont les différents intervenants et professionnels à l'égard des victimes d'exploitation sexuelle se ressent lorsque ces dernières tentent d'obtenir de l'aide. Cela entraîne un profond découragement de la part de celles qui tentent d'utiliser tous les services mis à leur disposition afin de réussir à s'en sortir.

## Les organismes communautaires

De prime abord, les organismes communautaires ont beaucoup plus de facilité à entrer en contact avec les potentielles victimes et les victimes d'exploitation sexuelle, puisqu'ils ne représentent aucun danger pour elles, contrairement aux forces de l'ordre qui ne sont pas bien vues par le milieu. Toutefois, la difficulté pour ces organismes d'obtenir le financement nécessaire afin d'effectuer leur travail est problématique, d'autant plus que les bailleurs de fonds ont de très hautes exigences. Cette difficulté d'obtenir des fonds crée d'immenses conflits entre eux qui tirent tous sur la même couverture pour obtenir des miettes de financement. Leur travail dans l'ensemble est remarquable et leur difficulté à survivre est injustifiable.

Toutefois, même si l'intention des organismes communautaires est à la base très noble, plusieurs points néfastes ont été relevés par les participantes. D'ailleurs, il est essentiel, pour ouvrir ce sujet, de présenter cette grande problématique du manque de professionnels parmi eux, ce qui engendre, par le fait même, un grand manque de professionnalisme. Plusieurs se prétendent spécialistes en matière d'exploitation sexuelle, car ils ont «étudié» le sujet. La fragilité des victimes de ce fléau est telle qu'on ne doit pas laisser place à l'erreur. Il est primordial d'aborder cet aspect néfaste de leurs services, toujours en ayant en tête que l'objectif final est l'amélioration de ces derniers et l'avancement dans l'aide apportée.

Les participantes ont relevé plusieurs points sur lesquels on devrait se pencher afin que, dans le meilleur des mondes, les organismes qui se sentent concernés apportent des modifications dans leurs façons de fonctionner pour que les personnes qui ont été victimes d'un tel crime se sentent confortables de recourir à leurs services. Voici, selon elles, des pistes à revoir:

- Il y a un grand manque d'ouverture des intervenants en ce qui a trait aux besoins des victimes. Leurs interventions sont biaisées par leur manque de connaissance concernant le vécu des victimes, et ils ont de la difficulté à accepter qu'ils font fausse route.
- Dans plusieurs organismes, les participantes ont noté qu'il y a un important manque de connaissances en relation d'aide, particulièrement en regard des difficultés vécues par les victimes d'exploitation sexuelle, ce qui s'avère très dommageable pour leur tentative de reprise en main.

- Il a été noté également que plusieurs organismes manquent de transparence et qu'il y a une hypocrisie de certains intervenants en ce qui concerne leur volonté réelle de travailler auprès de cette clientèle.
- Le manque de connaissances des travailleuses et bénévoles crée de faux espoirs chez les victimes.
- Il existe une très grande difficulté pour ces personnes de comprendre que la plupart des prostitués adultes ont commencé alors qu'ils étaient mineurs. Ne toucher que la prostitution juvénile et féminine est grandement problématique.

De plus, Angela nous dit que le besoin de contrôle des femmes dans les organismes soi-disant féministes est également problématique. Mya, de son côté, souligne l'importance des batailles féministes sans que celles-ci aient leur place en intervention. Selon son expérience personnelle, elle n'a pas su bénéficier des services en provenance de ces organismes, puisqu'elle ne cautionnait pas leurs prises de position, les trouvant trop extrémistes et politiques.

## L'IVAC ET LA CNESST

> ▶ *L'IVAC, c'est bon et complet quand tu y as accès et que tu as des professionnels qui se soucient vraiment de te voir aller mieux en rédigeant des rapports complets dans lesquels les recommandations de soins et de services sont incontestables à une bonne guérison des traumas. Sinon, c'est la galère.*
>
> – MYA

L'IVAC[39] est, jusqu'à ce jour, le soutien le plus complet pour les victimes d'acte criminel quand elles y ont accès. Pour obtenir

39. Au Québec, le programme gouvernemental d'indemnisation des victimes d'actes criminels (IVAC) permet à certaines victimes qui ont subi une blessure physique ou psychologique de recevoir des services ou une compensation financière.

les services de l'IVAC, il y a un document d'une dizaine de pages à remplir et la nécessité d'y joindre des rapports médicaux, des preuves de revenu et ainsi de suite. Si elle est acceptée, la victime peut, par la suite, avoir accès à une panoplie de services, tels que psychologue, chiropraticien, massothérapeute, ergothérapeute, kinésithérapeute, ostéopathe, de même que des cours ou des activités visant à favoriser la réadaptation de la victime, comme du yoga, de la méditation, un abonnement au gym et ainsi de suite.

Toutefois, même si les services offerts semblent complets et accessibles à toutes les personnes ayant subi un acte criminel, il n'en demeure pas moins que c'est très complexe d'y être acceptées. Seulement quelques privilégiées y ont accès. Certaines participantes nous ont fait part de leur expérience auprès de l'IVAC et des difficultés auxquelles elles ont été confrontées, suivie, bien entendu, de leurs recommandations.

Angela, Mya et Jessica, toutes trois ayant fait des études universitaires dans un domaine de la relation d'aide, travaillent dans leur champ d'études respectif. Elles possèdent une très bonne connaissance des services qui leur sont accessibles et des démarches qu'elles doivent faire pour les obtenir. Elles détiennent également les connaissances nécessaires pour faire reconnaître leurs droits à l'accès de ces services et, même avec celles-ci, elles considèrent que leurs droits ont été bafoués. Comment alors peut-on s'attendre à ce que des personnes dont les connaissances sont moindres puissent y avoir accès ?

Le premier point apporté est le fait que, pour obtenir des services de l'IVAC parmi les crimes qui sont reconnus, l'exploitation sexuelle et la traite humaine n'y figurent pas. Selon les agents et professionnels de l'IVAC, lorsqu'une femme est dans l'industrie du sexe, elle est responsable de sa victimisation, car ce sont ses comportements qui ont provoqué l'acte ou les actes criminels. Donc, elle ne peut pas y avoir été forcée si elle a atteint l'âge adulte. Encore plus difficile à prouver si la victime est un homme. Les dossiers des trois participantes nommées précédemment ont donc été acceptés sur d'autres formes de victimisation.

De plus, on ne peut passer outre à la durée des délais d'attente dans l'acceptation d'un dossier. Il faut comprendre que, même si l'IVAC et la CNESST[40] sont interreliées, les délais d'acceptation ne sont pas du tout les mêmes. Dans le cadre d'un accident de travail, l'acceptation d'un dossier CNESST se fait presque sur-le-champ, alors que dans le cadre de l'IVAC, tel que le mentionne Mya dans son témoignage, il peut y avoir des délais de plus de deux ans… Cela représente une éternité pour ces femmes lorsqu'elles ont des besoins immédiats et urgents de recevoir de l'aide.

Ces participantes font partie de celles dont les dossiers ont été finalement acceptés. L'une d'entre elles a eu affaire avec l'IVAC dans les dernières années et les deux autres ont toujours des dossiers en cours. Toutes trois mentionnent l'importance de former les agents aux dossiers à mieux interagir auprès des victimes d'actes criminels, particulièrement lorsque la prostitution est centrale dans le dossier. Elles indiquent leur manque de compréhension, voire même d'empathie, et de connaissances en ce qui concerne les troubles de stress post-traumatiques. Compte tenu de la fragilité de l'état de ces femmes lorsqu'elles font appel à leurs services, elles suggèrent plus spécifiquement d'avoir un contact seulement avec des spécialistes en intervention auprès des victimes qui, par le fait même, comprendront leurs limitations fonctionnelles causées par la fragilité qu'elles vivent au moment de demander de l'aide.

Ces trois participantes dénoncent également le fait que les agents ont beaucoup d'exigences qui doivent être répondues dans de courts délais… Lorsqu'elles sont incapables d'y répondre, ce n'est pas par mauvaise intention ou par refus de collaborer, disent-elles, mais plutôt que par moments, lorsque les crises d'anxiété causées par le TSPT *embarquent*, elles n'arrivent plus du tout à être fonctionnelles. Il est primordial de comprendre que, dans ces cas, le simple fait de sortir de chez elles est une

40. La Commission des normes, de l'équité, de la santé et de la sécurité du travail (CNESST) administre le régime de santé et de sécurité du travail au Québec.

tâche d'une ampleur colossale. À titre d'exemple, les agents peuvent, entre autres, demander des autorisations d'accès au dossier des professionnels consultés bien avant l'acceptation de la demande ou encore exiger une copie des dossiers de ceux rencontrés. Dans les cas de Mya et de Jessica, qui ont eu affaire à des professionnels avant même l'acceptation de la demande, elles ont dû retrouver et contacter chacun des services auxquels elles ont eu recours afin d'obtenir les factures et les rapports de consultations. Cela dans le but d'être remboursées ou de justifier que leur état était bel et bien causé par les agressions criminelles qui ont été commises à leur égard, ainsi que la présence d'un trauma, et non une résultante de troubles mentaux quelconques.

Selon elles, les différentes étapes à franchir – celles du point de vue administratif, de traitement de dossier et celles dans le but de recevoir une bonne réadaptation – sont réellement anxiogènes. Elles précisent donc la pertinence d'avoir un intervenant qui les accompagnerait dans chacune de ces étapes. Elles considèrent inhumains les stress additionnels qu'imposent les agents, voire même comme étant une forme de violence supplémentaire, dit Jessica. Et Angela nous dit que, par moments, les recommandations de l'IVAC étaient complètement contre-thérapeutiques et avaient comme conséquence d'aggraver son état.

Mya, quant à elle, mentionne que les personnes ayant été victimes d'actes criminels et dont le dossier a été accepté par l'IVAC n'ont pas toutes nécessairement les moyens de défrayer les coûts des services de spécialistes et cela même s'ils sont remboursés par l'IVAC, il faut tout de même avoir un fonds monétaire. De plus, elle m'explique que lorsque le *Docteur de suivis* fait des recommandations, celles-ci ne sont pas nécessairement acceptées par ceux-ci. Cela doit être évalué par leur équipe médicale, donc un délai supplémentaire de deux à huit mois, et si les agents prennent en considération les recommandations du Docteur, il y aura toujours un autre délai pouvant aller jusqu'à plusieurs mois pour que chacune des factures déjà payées par les victimes pour chaque rendez-vous soient remboursées. Afin de démontrer à l'agent sa motivation de faire tout ce qui lui est possible pour reprendre du mieux, Mya dit devoir suivre à la lettre les recommandations de son *Docteur de suivis* ainsi que celles de son agent de l'IVAC. Si elle ne le fait pas, cela peut passer pour un manque de bonnes intentions dans son rétablissement aux yeux de son agent, qui a la liberté de mettre fin aux services lorsqu'il considère que ceux-ci ne sont plus nécessaires. Pour les gens de la classe moyenne, ce n'est pas aussi anxiogène, mais pour ceux qui vivent sous le seuil de la pauvreté, c'est une tout autre histoire et cela met un frein à leur rétablissement ou, du moins, le ralentit considérablement, tout en lui ajoutant un stress supplémentaire, terriblement anxiogène.

Jessica, de son côté, raconte que son agent avait accepté les cours de yoga et autorisé le remboursement total de ces frais. Pourtant, lorsque le moment du remboursement est venu, ce fut une tout autre histoire. Ayant changé d'agent pour des raisons administratives, son nouvel agent a refusé de rembourser la somme dudit cours de yoga. Elle dit avoir toujours l'impression de se battre pour obtenir le moindre remboursement. Nous pouvons donc constater que, même si les remboursements ont été préalablement autorisés, il y a toujours une possibilité qu'ils ne le soient jamais, comme dans le dossier d'Angela dont le camion de déménagement payé par l'IVAC ne s'est jamais présenté à la date prévue, car les agents n'avaient jamais fait la confirmation auprès de la compagnie de déménagement. Elle a dû trouver un plan B dans un très court délai de quelques heures et qui, tout à coup, n'était plus remboursable dans sa totalité, bien qu'il fût moins coûteux.

En plus des délais d'acceptation de la demande et ceux de remboursement de frais de services, il y a également les délais des retours d'appels des agents. Un retour d'appel de celui qui a le pouvoir absolu dans le dossier de la victime et, par le fait même, qui contribue à orienter celle-ci dans son rétablissement, peut prendre plus d'un mois, alors que, normalement, il doit être fait dans un délai maximum de 72 heures suivant l'appel, selon l'information véhiculée par leur propre structure de fonctionnement. L'incapacité des participantes à rejoindre leur agent dans un délai raisonnable est encore un élément qui entrave le parcours de rétablissement de ces dernières et qui cause un élément anxiogène supplémentaire.

Selon les participantes, le sentiment de devoir toujours se battre est constamment présent, et ce, même lorsqu'elles ont recours aux services.

En plus du stress inhérent à la gestion de dossier, l'acceptation des demandes et tout ce qui touche la prise en charge totale de l'IVAC et les remboursements de frais de service, il y a également l'aspect contestation qui doit être pris en considération. Deux des trois témoignages ont eu à contester des décisions de l'IVAC devant le tribunal administratif du Québec. Ces deux femmes racontent la cruauté des procédures à leur égard. Elles disent s'être senties comme si le problème venait directement d'elles, allant jusqu'à se faire traiter de profiteuses du système et de menteuses, par l'avocate de l'IVAC, à un moment où leur seule priorité aurait dû être leur rétablissement. Vu de l'extérieur, cela peut sembler de simples formalités, toutefois, du point de vue de celles qui les vivent, ces situations prennent une forme différente, au point qu'à la fin, Angela se demande si l'IVAC a été plus dommageable qu'aidante dans son dossier.

> ▶ *On n'a pas la force de se battre dans ce système pour se faire reconnaître quand ça fait des années qu'on se bat pour survivre aux actes criminels qui sont commis à notre égard.*
>
> – JESSICA

Pour terminer, rappelons que les délais imposés par l'IVAC et leurs multiples refus de prise en charge complète des victimes sont une cause de retour de ces femmes dans l'industrie du sexe, comme le démontre l'histoire de Jessica.

- *Je n'ai pas eu d'autre choix que de retourner me «puter» et ce n'est pas faute d'avoir essayé de recevoir de l'aide! C'était ça ou je perdais absolument tout! Je fais donc preuve de résilience, non pas d'un point de vue clinique mais de celui de la rue, ce qui m'a permis de reprendre ma vie en main et de ne plus me sentir impuissante face à une situation X. Cette impuissance, je l'ai vécue assez longtemps dans ma relation avec James, et c'est hors de question que cela perdure!*
  *Je considère la façon dont l'IVAC a géré mon dossier comme étant totalement inadéquate d'un côté, et complètement contre-thérapeutique de l'autre, et d'une rare forme de violence à mon égard.*

  – JESSICA

# *Des survivantes d'exploitation sexuelle canadiennes se prononcent*

▶ *Les programmes actuels ne font que vendre un rêve, sans aucune possibilité concrète sur du long terme !*

– UNE SURVIVANTE

En mars 2019, à Winnipeg, j'ai assisté à un regroupement de survivantes d'exploitation sexuelle en provenance de différentes provinces canadiennes, organisé par le *Clan Mothers Healing Village*. L'organisme qui nous accueillait est purement autochtone, de même que plusieurs participantes. Pour moi, c'était l'occasion de me retrouver avec d'autres personnes ayant un vécu similaire au mien, mais également une excellente opportunité de récolter des données qui ne sont colligées nulle part ailleurs. Les voix des survivantes de ces crimes si odieux sont ignorées la grande majorité du temps !

Afin de mieux comprendre les besoins des victimes de la traite humaine à des fins d'exploitation sexuelle, selon leurs propres visions personnelles et professionnelles, j'ai décidé de leur donner l'espace pour se faire entendre. Des rencontres de type *focus groups* ont été réalisées pendant ces trois jours, avec trente-quatre survivantes provenant de la Colombie-Britannique, de l'Alberta, de la Saskatchewan, du Manitoba, de l'Ontario, du Québec et de la Nouvelle-Écosse. Ces rencontres ont permis de riches échanges qui ont contribué, entre autres, à mieux comprendre les besoins des victimes à la sortie de ce milieu, et leurs visions sur les services actuels qui sont destinés aux victimes d'exploitation sexuelle et de crimes connexes. À la suite à ce rassemblement, j'ai également effectué des entrevues individuelles auprès d'une vingtaine d'entre elles, d'une durée approximative d'une heure.

Sans m'étendre sur le sujet, car je ne suis qu'une néophyte en ce qui concerne la réalité des autochtones, je crois qu'il est primordial de souligner leur surreprésentation en tant que victimes de traite humaine à des fins d'exploitation sexuelle. Selon Joy Smith[41], on dénombre au-dessus de cinq cents disparitions chaque année de femmes et d'enfants autochtones en lien avec ce fléau, en provenance des réserves du Manitoba. Un nombre considérable d'entre elles sont violées, tuées, agressées ou disparaissent tout simplement sous l'indifférence de notre gouvernement fédéral qui tarde à entreprendre des mesures concrètes pour faire changer les choses.

De nombreuses participantes ont tout d'abord rappelé que lorsqu'elles sont sorties de ce milieu, elles n'avaient aucun recours. Elles précisent qu'il est primordial de guider les victimes dans chacune des étapes de leur réinsertion sociale. Selon elles, un document permettant de les guider dans les étapes à accomplir pour devenir citoyennes à part entière devrait être créé. Elles citent, par exemple, l'obtention de cartes d'identité, une aide pour régulariser leur déclaration fiscale, avoir accès à un soutien financier et connaître les possibilités d'une indemnisation destinée aux victimes d'actes criminels. Elles ajoutent qu'il est essentiel de comprendre que ce qui peut être banal pour certains peut représenter une montagne pour elles à leur sortie du milieu.

---

41. Elle a été députée à la Chambre des communes du Canada pour la province du Manitoba et a contribué à faire changer les lois entourant l'exploitation sexuelle des enfants par la peine minimale de cinq ans ferme pour toute personne exploitant sexuellement des mineurs.

La totalité des participantes ont mentionné que les programmes actuels ne font que donner espoir aux victimes en calmant la situation d'urgence, sans options à moyen et long terme. La complexité de leur vécu fait en sorte qu'elles ne se sentent pas comprises par les intervenants des services d'aide actuels. Elles vivent de la stigmatisation à tous les niveaux et, à l'unanimité, elles disent être plus confortables lorsqu'elles sont avec d'autres survivantes : « Entre survivantes, on n'a pas besoin de tout dire. On se comprend. » Elles rapportent notamment l'incompréhension de leur vécu de la part des services actuels.

D'un côté, elles indiquent que l'information reçue par les services d'aide actuels n'est pas complète et de l'autre, que trop souvent leur incompréhension des problématiques qu'elles vivent est nocive. Le fait d'avoir la chance d'être en contact avec d'autres survivantes qui travaillent auprès des victimes leur permettrait d'être plus à l'aise et d'avoir espoir de faire autre chose de leur vie.

Toujours selon elles, il n'y a aucune cohésion entre les services permettant une intervention continue auprès des victimes qui doivent être prises entièrement en charge. En dénonçant ce fait, elles soulignent qu'elles doivent avoir accès à un programme complet qui couvre l'ensemble de leurs besoins ou, du moins, qu'il existe un lien et une collaboration entre les différents services afin qu'elles ne se retrouvent pas face à un mur, alors qu'elles sont en période de reconstruction. Elles ajoutent que pendant la durée de leur emprise, on leur a dicté quand elles avaient le droit de manger, de dormir et même d'aller aux toilettes. Avoir un programme qui ne permet pas d'être en mesure de répondre continuellement à toutes les inquiétudes qu'elles peuvent avoir – y compris la prochaine couleur de vernis qu'elles utiliseront – même au beau milieu de la nuit, est voué à l'échec. Un service d'accompagnement continu doit être mis en place (Nagy, T., 2018).

L'hébergement est un besoin reconnu par la recherche et les organismes déjà existants, mais selon les participantes, le besoin est encore plus criant qu'on peut le croire ! Elles soulignent, entre autres, que les services déjà en place n'acceptent pas le type de victimisation qu'est l'exploitation sexuelle, compte tenu du fait que cela implique la prostitution. Elles ajoutent que, de toute façon, leurs services ne correspondent aucunement aux besoins spécifiques de ces femmes.

Les survivantes que j'ai rencontrées proposent donc un programme en deux phases. D'un côté, la stabilisation par l'hébergement d'urgence et de l'autre, l'hébergement à moyen et long termes avec des programmes de formation et d'intégration à l'emploi leur permettant d'atteindre l'autonomie financière et la capacité de se développer une nouvelle identité à l'extérieur de l'industrie du sexe. Le programme qu'elles proposent serait une maison dans chacune des provinces canadiennes, en deux volets, soit l'urgence d'un côté et le long terme de l'autre. L'implantation de ces maisons dans chacune des provinces canadiennes permettrait de créer une collaboration entre ces dernières et la possibilité de déplacer une victime en cas de danger immédiat. Pour être efficace, le programme devrait fournir aux victimes des outils pour leur permettre de vivre en société et leur apprendre à surmonter le statut de victime, tout en s'appropriant celui de survivante.

Elles terminent en rappelant qu'on doit arrêter le jugement envers les victimes et remettre le fardeau de ces crimes odieux aux exploiteurs, aux clients et à la société qui contribuent à cette forme d'esclavage. Elles ajoutent l'importance de donner l'opportunité aux victimes de faire partie de la solution, leur permettant ainsi de se créer une nouvelle identité et de s'offrir des possibilités de carrière. Par ailleurs, plusieurs ont dit que, même diplômées d'un baccalauréat ou d'une maîtrise, tout en étant fortement impliquées auprès des victimes, elles étaient incapables d'obtenir un emploi avec un salaire décent. La société actuelle maintient les survivantes dans une situation précaire à un point tel que plusieurs d'entre elles ne voient aucune autre option que le retour dans la prostitution, ou vers celui qui les a exploitées.

## RÉSUMÉ DES BESOINS

### *Les besoins spécifiques*

En résumé, peu importe la place que vous avez dans la vie des personnes qui ont survécu au côté obscur de l'être humain, vous avez la capacité de faire une différence pour elles et de contribuer à leur cheminement dont l'objectif est la reprise de leur propre pouvoir dans leur vie.

Elles ont besoin...

- d'un fonds d'urgence pour leur permettre de répondre à leurs besoins de base;
- de se sentir en sécurité;
- d'être écoutées et soutenues;
- d'encouragement;
- de se reconstruire et de se reprogrammer;
- de briser l'isolement;
- d'avoir des modèles de *réussite* de personnes qui ont un vécu similaire au leur, qui se sont intégrées dans la société et qui vivent, par le fait même, «une belle vie»;
- de faire partie de la solution ainsi que le besoin d'être reconnues dans une autre sphère que celle de l'industrie du sexe!

Également, le respect à leur vie privée doit être pris en considération de façon majeure. Survivre à l'exploitation sexuelle et à tous les autres crimes connexes à l'industrie du sexe est ultra délicat. La médiatisation des fugues peut s'avérer très problématique. D'un côté, cela peut certainement contribuer à retrouver l'adolescent(e) en fugue, mais de l'autre... cela contribue aussi à l'étiquetage d'un ou d'une jeune qui est ou qui peut être dans la prostitution, favorisant ainsi le travail des proxénètes qui visent à cibler les plus vulnérables. De plus, le sensationnalisme médiatique n'a pas sa place dans une problématique aussi grave qu'est la réduction de l'être humain à l'état d'esclave. Il serait donc de mise d'aborder le problème tel qu'il est et de parler des vraies affaires !

Peu importe l'âge de la personne victime, il est primordial d'arrêter de l'infantiliser. Ce qu'elle a vécu l'a fait vieillir d'un coup et bien des gens n'auront jamais à traverser cela dans leur vie entière. S'adresser à elle comment étant notre égale est la seule façon d'agir pour obtenir son respect et sa confiance. Elle doit sentir qu'elle est respectée tout autant que son histoire, sans qu'il y ait une interprétation erronée de son vécu.

Les débats de prises de position n'ont pas leur place dans l'intervention, cela imposant un stress supplémentaire aux victimes qui ont déjà suffisamment de problèmes à *dealer*. Le fait de refuser de donner des services à celles qui n'ont pas adhéré à une prise de position ou qui n'approuvent pas celles de l'organisme qui en a fait sa mission principale n'a pas sa place non plus.

Une mise en place d'une ligne d'urgence 1-800 a été faite, mais pour faciliter les échanges, il serait opportun que des survivantes soient engagées pour répondre à ces appels. Il serait aussi important que la création de programmes de formation des procureurs de la Couronne et des juges soient offerts afin de permettre aux victimes d'être reconnues comme telles. De plus, les fonds pour les services de première ligne doivent être bonifiés, car ce sont eux qui sont à l'avant-scène!

On doit aussi offrir des solutions adaptées à la réalité des victimes, sans pour autant être limitatives. Les programmes d'accès à l'emploi visent le marché du travail avec des conditions salariales qui maintiennent les victimes sous le seuil de la pauvreté, alors qu'elles ont toutes le potentiel de se réaliser et d'avoir une vie confortable.

La prostitution n'est pas un acte illégal et même que, depuis 2014, avec le changement de la loi, toutes les travailleuses du sexe sont considérées comme des victimes d'actes criminels. Comment peut-on justifier qu'un employeur refuse un emploi à une victime d'actes criminels ? Il devrait y avoir des recours contre ce type particulier de discrimination afin d'être en cohérence avec le changement de lois et d'envoyer un message clair aux employeurs qui tentent de discriminer les victimes. Lorsqu'on fait la comparaison avec l'autre aspect de ce changement de loi qui criminalise tous acheteurs de services sexuels, on peut se demander pourquoi ce ne sont pas eux qui ont de la difficulté à se trouver un emploi...

Les projets d'intervention auprès des victimes d'exploitation sexuelle doivent être passés au peigne fin, car un nombre considérable naissent des subventions disponibles et se prétendent spécialistes en la matière, alors qu'au fond, ils mettent la sécurité des victimes en danger en offrant des modèles de prévention douteux.

De grâce, arrêtez de demander à des survivantes d'exploitation sexuelle de venir témoigner de leur vécu pour des sommes ridicules, car on sait très bien que le but est particulièrement de faire du sensationnaliste et non pour un intérêt réel de leur sort. Un nombre considérable d'entre elles ont été invitées à témoigner et l'objectif ultime de ceux qui les avaient invitées était de démontrer qu'ils avaient la cause à cœur et ainsi obtenir du financement. Ces femmes ont besoin d'un emploi qui leur offre la possibilité de mettre leurs compétences en action et de stabiliser leur vie, et non d'un don médiocre visant à attirer d'autres jugements sur elles de la part d'un auditoire qui ne connaît strictement rien à cette problématique.

On doit absolument démontrer une tolérance zéro en ce qui concerne la victimisation secondaire qui, bien souvent, est beaucoup plus dommageable que le ou les crimes commis à leurs égards. On ne peut continuer à tolérer que les victimes soient responsabilisées pour la souffrance qu'on leur a imposée.

Amour, compassion et respect, c'est la seule façon d'apporter de l'aide aux victimes !

## *Les facteurs externes*

La difficulté d'avoir accès à ces victimes est due, entre autres, à la loi du silence imposée par le milieu, mais également à cause de plusieurs autres facteurs externes. Il y a un manque flagrant de services d'aide pour les victimes d'exploitation sexuelle. Ceux qui existent se font la guerre dans un combat idéologique de prises de position entre le droit des travailleuses du sexe avec leur discours réglementariste et celui qui vise l'abolition totale de la prostitution. Le fait de n'adhérer à aucun de ces deux mouvements féministes restreint les partenariats et même l'accès aux subventions. Les subventions gouvernementales sont d'ailleurs si minimes que les bénéficiaires qui en profitent le plus sont les instances gouvernementales elles-mêmes et cela de façon récurrente, telles que celles en santé, services sociaux, Centres jeunesse et ainsi de suite.

Le refus de la part des institutions de s'associer à des survivantes d'un point de vue égalitaire, et non d'une position d'autorité et de supériorité, est également problématique. Il y a un manque flagrant de reconnaissance de la personne en tant que telle en dehors de son statut de victime, en plus du jugement, du mépris et de l'exclusion pour celles qui y ont survécu.

> *«D'un côté, ces institutions se présentent comme étant la solution et, de l'autre, la majorité des intervenantes sont plutôt pessimistes et même fatalistes à l'égard des victimes en traçant, sans aucun scrupule, un portrait très sombre pour leur avenir, voire même la mort de celles avec qui elles travaillent»* (Lanctôt, 2018, p. 17).

Le manque de collaboration des forces de l'ordre du Québec avec les différents services gouvernementaux ou communautaires amenés à être en contact avec des victimes est un facteur externe de grande importance, car il a des répercussions considérables, pouvant même s'avérer fatales dans certains cas (La Maison de Mélanie, 2018). Dans certains dossiers de La Maison de Mélanie, il a été beaucoup plus facile d'obtenir un service des forces de l'ordre de l'Ontario qui ont une plus grande considération à l'endroit des services offerts dans le communautaire ainsi qu'une plus grande facilité à établir de partenariats... C'est un autre point sur lequel on devrait se questionner...

■ ■

# Partie IV

## *Des pimps se dévoilent…*

# *Qui sont les proxénètes ?*

L'image des proxénètes telle qu'elle est actuellement perçue est, selon moi, grandement problématique. Lorsqu'on pense proxénète, on a presque automatiquement en tête l'image d'un homme noir, fortement criminalisé, dents en or, gros bijoux, conduisant une voiture de luxe et étant relié aux gangs de rue. Cette image même est celle véhiculée par la mode *hip hop* et des artistes tels que *Snoop Dog*, *50 Cents*, *Ice-T* ou encore *8Ball*, et celle à laquelle la société a adhéré sans même se questionner. Cette culture du proxénétisme, qui sollicite toutes les formes de violence et de soumission du sexe féminin tous âges confondus, est encouragée à un point tel qu'aux États-Unis, on assiste à un gala annuel visant à récompenser les *pimps*, le *Players Ball*, qui est une réplique plus vulgaire des *American Music Award.*

Cet événement de grande envergure est organisé par le très célèbre *pimp* Bishop Don Magic, soi-disant retraité et aujourd'hui pasteur, qui tient à souligner le travail de la succession des *pimps* et honorer ceux qui répondent davantage aux critères qu'il a lui-même établis et partagés dans les livres qu'il a écrits… Il a créé un empire de *pimps* qui encourage et valorise ce mode de vie. Lors de cette soirée, on a même droit à l'officiel tapis rouge, suivi de la prise de photos des *pimps* avec leur gros manteau de fourrure et leurs filles (prostituées/victimes) dans des tenues très révélatrices. Sur le côté, acclamant l'arrivée de ces bourreaux, on a les fans qui souhaitent avoir les autographes de leurs *pimps* préférés ! Cet événement très connu se déroule au vu et au su de tous et c'est l'image même du proxénétisme qu'on a intégrée.

Cette image, on y a cru en tant que société. On a voulu montrer du doigt les méchants qui devaient absolument être d'une culture autre que la nôtre, car nous, caucasiens, nous ne pourrions pas faire des choses aussi atroces...

Cette image, on y a adhéré si fortement qu'on a fermé les yeux sur tout le reste et on a porté atteinte à des gens de couleur qui n'avaient aucun lien avec le proxénétisme. Je pense entre autres à ce jeune homme d'affaires d'origine africaine qui a donné une entrevue pour son entreprise à une femme caucasienne dans un Tim Hortons à Laval, en février 2016. À la suite d'un appel au 9-1-1 stipulant qu'un homme noir, assurément un *pimp*, était en processus de recrutement d'une femme blanche à cet endroit, les policiers sont venus à sa rencontre afin de constater les faits et d'y mettre fin avant que des dommages ne soient faits. Toutefois, on était bien loin de cela. Cet homme n'avait jamais eu à faire avec la police et n'avait absolument rien à se reprocher. Pouvez-vous imaginer un instant à quel point cela peut être insultant de se faire publiquement interpeller de la sorte ? Peut-on se mettre un instant dans sa peau et sentir la honte qu'il a pu éprouver ce jour-là ?

Pour ajouter à l'humiliation qu'il venait de vivre, il a appris de la bouche des autres policiers qui se sont joints à cette séance d'humiliation qu'ils avaient été appelés en fonction de la couleur de sa peau...

Cette image nuit à la communauté noire et nous éloigne de la racine même du problème, en plus de nuire également aux victimes qui ne se reconnaissent pas nécessairement comme telles, puisque leur exploiteur ne correspond pas aux normes établies.

Une étudiante au doctorat en criminologie de l'Université de Montréal, Véronique Chadillon-Farinacci, a fait une étude sur le proxénétisme et a présenté un tout autre portrait de ces individus. Selon ses recherches, elle dit que les proxénètes ne sont pas tous des hommes violents impliqués dans divers délits, dont la vente de stupéfiants. « Le proxénète représenté par les stéréotypes existe, mais il ne correspond pas à la majorité des cas.

C'est pourtant l'image qui prédomine dans l'esprit des gens, dans les séries de fiction et même chez certains chercheurs[42]. »

Au terme d'une analyse de la trajectoire des données policières de 481 dossiers d'accusés ou soupçonnés de crimes reliés au proxénétisme de 2000 à 2014, elle précise que le proxénète moyen agit discrètement et n'est pas nécessairement connu des policiers. Il ne commet généralement pas d'autres délits que de vivre des fruits de la prostitution d'autrui ou d'être tenancier d'une maison de débauche. Elle cite également que, dans un cas sur quatre, le proxénète est une femme.

Ce sont donc des individus qu'on ne remarque pas, qui font profil bas, très loin de l'image véhiculée de ce à quoi on s'attend du proxénète type.

Dans son témoignage, Mélanie T. nous parle du harcèlement qu'elle a vécu de la part de l'agence, alors que d'autres femmes, avec qui j'ai travaillé à titre d'intervenante, m'ont confié la violence qu'elles vivaient des mains de ces soi-disant hommes et femmes sans histoire, tenanciers de maisons de débauche, de clubs de danseuses, d'agences de danseuses et, bien sûr, d'agences d'escortes. Ces propriétaires, ou les employés de ces divers services, les forçaient, entre autres, à avoir des relations sexuelles non protégées, les obligeaient à travailler de longues heures et lorsqu'elles refusaient, elles se faisaient abandonner sur le bord de la route en talons hauts et mini-jupe à −40 degrés Celsius. On parle aussi énormément de violence psychologique, de harcèlement et parfois également de violence physique. Pourtant, on ne parle jamais de cette forme de proxénète et on va même jusqu'à les voir comme des hommes ou des femmes d'affaires…

Afin de mieux comprendre qui sont ces exploiteurs, j'ai effectué deux entrevues avec deux proxénètes. La présentation du témoignage de ces derniers est dans l'objectif de comprendre leur provenance et de saisir ce qui les a amenés à commettre ce type de criminalité. Le but ultime étant de prévenir ce crime

42. Sauvé, M-R. (2018) Une doctorante révèle la nature insoupçonnée des proxénètes. Udemnouvelles.

odieux et de mettre en place des programmes visant la réhabilitation sociale de ces personnes ayant commis ce genre d'actes criminels. En aucun cas, leurs actions ne seront minimisées ou même justifiées. À la suite de chaque témoignage, une brève évaluation sera faite permettant, je le souhaite, de mieux comprendre ce qui les a amenés à commettre l'inacceptable et ce qu'on aurait pu faire en tant que société pour prévenir cette série odieuse de crimes !

## *Je m'appelle Malik…*

■ ■

**J'**ai accepté de participer à cet ouvrage sous le couvert de l'anonymat, car l'auteure m'a expliqué son fort désir de vouloir changer les choses. Je ne justifie pas mes actions, pas plus que je ne les minimise. Elles sont ce qu'elles sont et elles font partie intégrante de mon histoire. En espérant avoir apporté une contribution à l'avancement des choses, voici mon histoire.

■ ■

La justice, telle que définie par les normes, je n'y crois plus depuis fort longtemps, probablement même que je n'y ai jamais cru. La justice de la rue est celle à laquelle j'ai adhéré depuis mon adolescence, par choix ou par influence, ce n'est pas si clair.

Je suis né à Montréal de parents immigrés et j'ai une sœur de trois ans mon aînée. À la suite du divorce de mes parents, alors que je n'étais qu'un poupon, mon père a pris la poudre d'escampette et a mis de côté ses responsabilités parentales. Lorsque j'avais à peine deux ans, ma mère nous a envoyés, ma sœur et moi, vivre dans son pays d'origine chez sa mère, notre grand-mère. J'étais beaucoup trop jeune pour avoir conscience de l'abandon parental que j'avais subi, du moins de façon consciente, car très clairement, au fil du temps, j'en constate les effets sur ma vie. Aujourd'hui, je vois ma mère comme une sœur et non pour ce qu'elle est réellement.

Nous avons vécu une enfance relativement normale, ayant été séparés en bas âge de notre mère biologique, nous avons réussi à créer notre cellule familiale avec celle que nous considérions comme notre maman. J'avais sept ans lorsque nous sommes revenus à Montréal, chez notre mère biologique. Elle s'était remariée avec un homme que je croyais être mon père à l'époque. Afin de faciliter la transition, notre grand-mère est demeurée avec nous environ huit mois. C'est d'ailleurs cette dernière qui a pris soin de nous informer, ma sœur et moi, que le mari de ma mère n'était pas notre père biologique.

Les mois ont passé et le moment le plus déchirant dont ma mémoire puisse se souvenir arriva. L'incontournable départ de ma grand-mère vers sa terre natale. La séparation d'avec celle qui représentait le centre de mon univers déchira en mille morceaux mon petit cœur d'enfant de sept ans. L'adaptation dans cette nouvelle vie de famille, dans ce pays dont je ne gardais aucun souvenir, ne s'est pas faite dans le meilleur des mondes.

Dans cette famille nucléaire et dysfonctionnelle, la transition qui se voulait douce n'a jamais été couronnée de succès. Mon beau-père ne m'a jamais montré une quelconque forme de bienveillance ou d'amour. Sur une base quotidienne, de ses mains je n'ai vécu qu'abus. Des abus, de nature psychologique et certainement physique, ont donc tracé mon enfance.

Pendant sept longues années, j'ai enduré ces sévices des mains du modèle masculin que j'avais à ma disposition.

L'incompréhension, la rage et la douleur de ne jamais *être assez* me consumaient de l'intérieur. J'ai cherché ma valeur ailleurs et la rue m'a accueilli à bras ouverts. Il n'y a rien qui équivaut le prix de se sentir quelqu'un, d'être accepté ou reconnu pour quelque compétence que ce soit. C'est un besoin fondamental que tout être humain possède. Afin de renforcer ce besoin d'être reconnu, j'ai expérimenté quelques formes de délinquance au début de mon adolescence, mais rien de sérieux.

La rue et mes comportements délinquants m'ont permis de prendre enfin le pouvoir sur ma vie, pouvoir que je n'avais jamais eu. Il était plus que clair à mes yeux que le statut de victime ne me définirait guère. Ma rage envers la gent masculine et le pouvoir qu'elle exerçait contribuaient à mon ascension dans la criminalité et je n'avais aucun problème à l'utiliser afin de me faire respecter.

Le respect devait s'imposer et cela débutait par celui auquel j'étais en droit de m'attendre à la maison. Il était absolument hors de question que cet homme perpétue les abus à mon égard. À l'âge de 14 ans, j'ai décidé de mettre un frein à tout ça et j'ai commis un acte envers mon bourreau, faisant de moi l'agresseur et non plus la victime. Mon niveau de violence à son égard a été contre toute attente. Avec raison, il a craint pour sa vie et il a porté plainte contre moi.

J'ai été formellement accusé et envoyé en Centre jeunesse sous la Loi des jeunes contrevenants et c'est ainsi que j'ai été traité. À mes yeux, il n'y avait rien de négatif à tout ça, puisque c'était l'image même qu'on m'avait enseignée depuis mon enfance. Débutant avec l'abandon paternel, suivi de celui de ma mère, puis de ma grand-mère et, pour bonifier le tout, par toutes les formes d'agression que j'avais si longtemps subies des mains de celui qui, aujourd'hui, était ma victime.

Pendant les deux années de ma peine, j'y ai reçu de nombreux apprentissages. J'ai tout d'abord appris que ma colère et ma peine ne devaient pas prendre trop de place et que je me devais de l'étouffer. Si les manifestations de ma colère étaient trop grandes, les éducateurs n'avaient qu'à téléphoner au bureau des agents d'intervention, les policiers du centre, qui venaient à ma rencontre en deux temps trois mouvements, s'assurant ainsi de me maîtriser et d'effectuer mon déplacement en isolement. Les pièces d'isolement étaient situées dans une unité à elle seule, mais à la place des chambres, c'était quatre cellules d'isolement et huit chambres transitoires par lesquelles je devais passer avant mon retour dans mon unité qui m'était assignée. Une pièce vide, le mur et le plancher en béton ainsi qu'une porte fortifiée avec une grosse serrure est la représentation de la pièce d'isolement. En d'autres termes, ces cellules sont une copie conforme du *trou*[43] qu'on retrouve dans les établissements de détentions provinciaux et fédéraux, là où on

43. Cellule d'isolement dans les établissements de détentions (prisons).

incarcère les gros criminels. Dans ces pièces, privées de chaleur humaine et tout sauf accueillantes, on s'attendait de moi que je me calme et que je reprenne le contrôle... C'est certain qu'après quelques heures, je finissais par me calmer, mais en quoi cela était-il aidant ?

Une fois le calme revenu, on me transférait dans une des « chambres » transitoires. Chambres étant un bien grand mot qu'on pourrait facilement remplacer par cellules, puisqu'elles sont la copie conforme de celles se retrouvant dans les établissements carcéraux. On pouvait nous imposer de rester dans ces chambres quelques heures, jours ou même semaines dans des cas que j'ai pu observer. C'est dans cette deuxième partie qu'on rencontrait notre éducateur qui arrivait avec son air de bon samaritain prêt à tout pour nous sauver. Immanquablement, sous ses bras, il avait encore et toujours une tonne de feuilles de réflexion à compléter visant à lui faciliter le retour sur la situation. Tout le monde le sait que ces outils-là ne servent à rien, puisqu'on écrit ce qu'on doit écrire pour avoir la paix et on dit ce qui doit être dit pour les mêmes raisons.

Normalement, après quelques jours, je m'y conformais. Ils m'avaient cassé, comme ils s'amusaient à le dire, mais au fond, je ne faisais que me plier à ce qu'ils voulaient afin de retourner un tant soit peu à ma vie « normale » auprès des autres jeunes de mon unité, à comploter et à préparer notre sortie.

Seize ans est l'âge où j'ai enfin pu obtenir ma libération et celle où j'ai eu mon premier appartement. Quel goût délicieux que la liberté afin obtenue... Pour réussir à défrayer les coûts du loyer, mes besoins de base et autres dépenses visant à m'assurer un certain confort, j'ai commencé à vendre de la drogue. De plus, comme j'étais le premier dans mon cercle d'amis à avoir un appartement, tout le monde venait chez moi pour passer du bon temps. Quelques filles avec lesquelles j'habitais presque sous forme de colocation ont commencé à participer aux différentes dépenses en me donnant leurs chèques de paie du McDonald's ou du Dunkin' Donuts afin de contribuer à l'épicerie ainsi qu'à l'achat de marijuana et d'alcool. À 17 ans, j'avais une copine âgée de 19 ans. Cela remonte aux années '90, là où le *pimping game* et le *stripper game*[44] commençaient à être largement promus par les chansons de rap. La sœur de ma copine était dans l'industrie et dansait. Je me souviens qu'elle avait adhéré à ce mode de vie et semblait s'y plaire, à un point tel que ma copine a décidé de suivre les traces de sa frangine.

Tout notre univers tournait autour des actes criminels et de l'industrie du sexe, je ne m'y suis donc jamais opposé. De plus, c'était une décision qu'elle avait prise par elle-même, je n'avais rien à voir avec ça.

Dans le désir mutuel de nous élever et de passer à un niveau supérieur, elle m'a fait faire mon permis de conduire, m'a acheté une voiture et m'a habillé de la tête aux pieds, pour finalement rompre avec moi et partir. Je n'avais que 17 ans quand j'ai goûté à cette *game* et j'y ai pris goût. On pourrait dire que je suis tombé dedans, comme Obélix dans la potion magique, car c'était exactement ce que représentait la *game* à mes yeux. Une potion magique ne causant aucun dommage et rapportant beaucoup d'argent. Je n'y voyais aucun mal, que du plaisir.

D'un côté, je continuais mes agissements criminels, et ses amies qu'elle avait amenées à la maison et qui voulaient être avec moi et ainsi profiter du *Life Style* devaient contribuer à l'avancement économique de la famille et mettre les mains à la pâte. C'était aussi simple que ça. Mon vécu m'avait amené là, alors que le résultat de leurs expériences de vie les avait amenées, elles, à vouloir me sauver.

Contrairement à ce que les gens peuvent croire, lorsqu'on parle de *pimp* et de *bitch*, il n'y a pas nécessairement de violence physique. Je n'ai jamais eu à l'utiliser pour parvenir à mes fins, ça ne faisait pas partie de mes valeurs. J'employais mes mots à moi, et mes exigences envers elles étaient élevées. Je ne tolérais pas de mes filles qu'une seule d'entre elles consomme de la drogue. Je n'avais aucune tolérance à cet égard. Si ça ne faisait pas leurs affaires, elles n'avaient qu'à partir, car clairement, elles ne pouvaient pas faire partie de notre famille.

---

44. Deux termes utilisés dans le monde *hip hop* pour parler de la *gamique* entourant l'exploitation sexuelle.

Bien que ce fût toujours les femmes qui venaient à moi, je recherchais tout de même des caractéristiques très spécifiques. Je ne m'approchais pas des têtes folles, des faiseuses de problèmes, des insécures ou de celles avec un vécu trop lourd. C'était beaucoup trop de troubles. Ce devait absolument être des femmes intelligentes, remplies d'ambition avec une forte estime personnelle.

Durant mon parcours, composé de plusieurs *in and out* en détention, j'ai tenté à de nombreuses reprises de reprendre ma vie en main et d'entrer dans le moule typique que la société nous a imposé, et ce, sans avoir réussi à obtenir véritablement de succès.

Au cours de l'une de mes périodes de « réinsertion sociale », j'ai commencé à étudier le graphisme au cégep et c'est là que j'y ai rencontré Emma. Emma n'avait rien à voir avec ce milieu-là. Elle était éducatrice auprès de la petite enfance et une étudiante assidue. Mon cousin gérait son agence d'escortes et comme j'avais une voiture, c'est moi qui assurais le transport de ses filles. De nature possessive, elle n'aimait pas voir toutes ces femmes graviter autour de moi. Elle a donc décidé de commencer à se prostituer afin de surpasser toutes celles qui, selon elle, pouvaient m'attirer ou me séduire avec l'argent qu'elles faisaient. Elle est devenue ma *Ride or Die*.

Lorsque je me suis de nouveau fait arrêter, elle a pris l'initiative de redoubler d'ardeur et de me sortir du pétrin. Elle était loyale et assidue.

Dans notre « famille », nous avions chacun un rôle très spécifique. Mon rôle était de veiller à ce que les filles ne manquent de rien et d'assurer également leur sécurité. C'est moi qui gérais l'argent de tous les « membres » de la famille avec qui on investissait, par exemple, dans des condos. Ces condos ne m'appartenaient pas. Ils n'ont jamais été à mon nom. C'était les leurs et ils le sont restés après qu'elles ont quitté notre « famille » ou soient sorties du milieu.

Quant aux filles qui travaillaient pour moi, elles étaient également séparées en différentes classes. Ma relation avec Emma a duré douze ans. Elle était ma *main bitch*. La *main bitch* est celle qui a été promue au plus haut grade possible. Elle était mon bras droit et j'avais en elle une confiance absolue. Elle formait les filles à faire leur travail correctement et collectait également l'argent. À titre d'exemple, Emma pouvait rester six à huit mois dans un appartement à recevoir des clients et je pouvais également lui envoyer d'autres filles qu'elle prenait soin de bien entraîner. Mis à part Emma, parmi les autres femmes qui faisaient partie de notre « famille », certaines étaient de passage et d'autres étaient là pour rester.

Dans notre « famille », il pouvait y avoir jusqu'à quatre femmes à la fois. Emma, qui avait le rôle de la *main bitch*, était en quelque sorte la vice-présidente et la seule que je pouvais considérer comme ma blonde. Cette dernière n'avait pas uniquement un rôle de travailleuse du sexe, mais elle était également la seule avec laquelle j'avais des activités dites de couple et dont je mangeais ce qu'elle cuisinait. Elle avait une fille directement en dessous d'elle, à titre qu'on pourrait dire d'assistante ou de subordonnée. C'est cette dernière qui était le plus souvent en contact avec les deux autres qui, elles, n'étaient que des travailleuses et n'avaient aucun pouvoir quelconque.

Il y a une énorme différence à mes yeux entre ce que j'ai fait et l'image du *pimp* projetée dans les médias. Quand un homme a besoin d'utiliser la violence pour se faire respecter et faire respecter ses exigences, ce n'est pas un *pimp*, c'est un *Gorilla pimp*. J'ai connu ceux qu'on appelle les *Gorilla pimps* et ce qu'ils font subir à leurs filles est au-dessus de ce que vous pouvez imaginer. Les filles sont battues, enfermées nues dans des cages et laissées à elles-mêmes des journées entières ou des nuits entières, sans nourriture ni eau, ici à Montréal et dans les autres provinces canadiennes. Quand l'homme revient, il devient son sauveur, car c'est lui qui a le pouvoir de la sortir de la cage. Par peur d'y retourner et par soumission de faire plaisir à son maître (car c'est ce qu'il est), elle ira travailler et personne ne saura au grand jamais ce qu'elle peut vivre en dehors du club. Elle se placardera un sourire au visage et personne n'aura accès à ses émotions et encore moins à son vécu.

Ma vie n'a pas changé du tout au tout, toutefois j'ai cessé mes activités de *pimp*, car j'avais envie de passer à autre chose. De plus, étant donné que faire affaire avec des hommes qui *pimpent* les femmes n'est pas quelque chose qui plaît aux motards ou à la mafia et que je voulais monter en grade, j'ai choisi de mettre un frein à toutes ces activités.

Mon parcours de vie est parsemé de plusieurs temps d'arrêt en établissement de détention, et ce, depuis ma sortie du Centre jeunesse. Mon premier délit pour lequel j'ai obtenu un dossier criminel en est un de vol à l'étalage et les autres sont : port d'arme, voies de fait grave, tentatives de meurtre et possession de drogue dans le but d'en faire le trafic. La justice m'a catégorisé comme ayant des affiliations avec le crime organisé depuis fort longtemps et j'ai choisi de rendre hommage à l'étiquette qu'ils m'ont collée !

Ce qui m'a marqué et qui me marque encore aujourd'hui, c'est que les gars que j'avais rencontrés en Centre jeunesse sont les mêmes que je rencontre encore aujourd'hui lors de mes séjours en détention. Je crois que la mise en place d'un système d'encadrement qui viserait à renforcer les forces et les compétences des jeunes afin d'optimiser leur potentiel aurait pu faire en sorte que ces gars et même moi aurions pu avoir une tout autre vie loin de la criminalité. Je crois, par exemple, que des programmes manuels auraient été de mise, tels que des programmes de mécanique 101 ou de soudure 101. Il en va de même également pour tout ce qui touche la réinsertion sociale des gens qui sortent de détention et qui peinent à se trouver un emploi par la suite à cause de leur casier judiciaire. Pour ne pas récidiver, nous avons besoin de plus de programmes visant notre autonomie et notre insertion à l'emploi. On a définitivement besoin davantage d'outils pour nous apprendre à vivre loin de la criminalité. Mais surtout, ce dont on le plus besoin, c'est d'être traités avec une approche plus humaniste. La société a créé les hommes que nous sommes devenus et ce serait la moindre des choses qu'elle collabore à ce qu'on pourrait devenir.

## • Évaluation – Malik

Tout d'abord, prenons en considération que les abus de nature psychologique et certainement physique ont tracé la période de construction de Malik enfant et en ont fait la fondation de la part du modèle masculin qu'il avait à sa disposition. À un très jeune âge, on lui a enseigné qu'il ne valait rien et qu'il ne méritait pas l'amour et l'attention que tout enfant mérite de recevoir. Sa mère avait envoyé sa sœur et lui dans son pays d'origine pour vivre auprès de sa mère, leur grand-mère, et a fait passer cet homme avant ses propres enfants pendant cinq années consécutives. Cinq années dans la vie d'un enfant représentent, à ses yeux, une vie tout entière et maintenant qu'ils étaient de retour, n'était-elle pas en mesure de les protéger de cet homme ?

Face au trauma vécu, plusieurs mécanismes de défense se sont mis en place. Lentement mais sûrement, ceux-ci alimentés des distorsions cognitives qui les accompagnaient, lui ont enfin permis de prendre le pouvoir sur sa vie, le maintenant ainsi en mécanisme de survie.

L'histoire de Malik m'amène à me questionner sur la cohérence de la justice en ce qui concerne le sort des personnes victimes d'actes criminels, lorsqu'il s'agit d'autodéfense. Si Malik avait été victime de violence conjugale et qu'il avait commis les mêmes gestes, il aurait probablement obtenu la clémence de la cour, qui aurait vu cela comme étant un acte visant à se protéger, découlant des agressions qu'il avait vécues. Mais pour un jeune d'une origine ethnique autre qui commençait à adopter des comportements délinquants, l'autodéfense n'est pas reconnue et encore moins justifiable. Les raisons pour lesquelles il a commis ce crime n'ont pas été prises en considération ni même évaluées. Il représentait le mal qu'il avait commis et cela le définissait en tant qu'individu.

Malik dit que l'expression de son mal ne pouvait prendre trop de place en Centre jeunesse. Prenant en considération son histoire, nous pouvons nous demander où était la Protection de la jeunesse lors des abus et pourquoi il n'a pas été protégé par elle. La violence psychologique et physique de la part de celui qui avait autorité sur lui l'amènera à commettre un crime à son égard pour lequel il a obtenu une peine au criminel, cela va de soi. Toutefois outre l'acte criminel et celui qu'il a commis, il y a toute une histoire sur laquelle nous devrions davantage nous pencher et orienter une partie du plan d'intervention, afin d'éviter que le jeune demeure dans ses comportements déviants. La solution actuelle concernant un jeune qui réagit trop, c'est d'appeler les agents d'intervention pour le maîtriser en le mettant en contention, avec une possible réactivation du trauma, et de le retirer en isolement. À la suite de ce job de bras, une fois que le jeune s'est calmé, l'éducateur arrive avec une pile de réflexions à faire pour faciliter son travail et faire un retour sur la situation avec le jeune. Ce jeune, comme dans le cas de Malik, est incapable de reconnaître les causes de son mal-être, puisque c'est la seule réalité qu'il connaît. Alors comment pourrait-il mettre le tout sur papier ?

L'élément qu'on oublie souvent lorsqu'on aborde l'industrie du sexe et ses exploiteurs, c'est qu'il n'y a pas nécessairement de *mens rea*[45] de commettre un acte criminel. Dans le cas de Malik, sa première participation dans la commission du délit d'exploitation sexuelle n'en avait pas, selon ses dires. Cela s'explique entre autres par le fait qu'il n'était pas celui qui a incité sa copine à entrer dans l'industrie, ni même celui qui lui a demandé le fruit de son travail. Il est littéralement tombé dedans, comme Obélix l'a fait dans la potion magique, car cette *game* est souvent ce que cela peut représenter pour les exploiteurs qui n'ont pas nécessairement conscience immédiatement des dommages causés par une telle forme d'exploitation.

Il serait de mise de s'intéresser aux formes de distorsion cognitive dans l'enfance afin de permettre à ces enfants, de un, de recevoir l'aide nécessaire et, de deux, d'encourager un changement d'habitudes de vie avant que ne survienne l'irréparable.

Malik exprime très clairement le *pattern* qui amène et maintient les victimes et leurs exploiteurs dans l'industrie du sexe, lorsqu'il cite : « Mes mécanismes de défense et mon mode éter-

45. L'intention de commettre un délit criminel.

nel de survie m'ont amené là, alors que le résultat de leurs expériences de vie les avait amenées, elles, à vouloir me sauver. Deux âmes blessées se réunissaient dans cet univers parallèle, chacune d'elles tentant de réparer le mal qui leur avait été fait. »

■ ■

Aujourd'hui, Malik n'est plus proxénète, mais il n'est pas dans les normes non plus. Il a monté les échelons et fait maintenant affaire avec le crime organisé. Il dit ne plus pouvoir changer, car c'est pas mal tout ce qu'il connaît. Je lui rappelle que le choix de changer, il va le prendre quand son moment sera arrivé et qu'il a tout en lui pour devenir ce qu'il veut, mais que cela doit partir de lui.

## *Je m'appelle Mickey Royal...*

■ ■

J'ai accepté de participer aux travaux de recherche de l'auteure après qu'elle m'a personnellement contacté via les réseaux sociaux. Mon nom de rue est Mickey, mais je suis davantage connu sous le nom de Mickey Royal, proxénète notoire de Los Angeles ayant publié plusieurs livres[46] dans le but de valoriser la *game*[47] et de faciliter les techniques visant l'exploitation sexuelle des femmes. Ayant changé de vie, j'ai accepté de participer en guise d'amende honorable afin de contribuer à faire une différence dans la vie des victimes ou de potentielles victimes. J'ai pris cette décision à la suite d'une promesse faite à ma conjointe, ma *main bitch*, qui, mourante d'un cancer, vit aujourd'hui des séquelles de l'exploitation sexuelle que je lui ai fait subir.

■ ■

J'ai grandi dans le ghetto d'Inglewood, le quartier difficile de L.A. qu'on voit dans la majorité des films américains de gangs de rue. Ma famille vivait avec peu de moyens financiers et très vite dans mon développement, j'ai appris à me débrouiller pour obtenir ce que je voulais; par le fait même, j'ai rapidement adopté des comportements délinquants. Je suis un individu de

---

46. Livres publiés: *The Pimp Game* (2000), *The Pimp Game: Instructional Guide* (2018), *Along with the ride* (2018), *Pimping ain't easy: But somebody's gotta to do it* (2018).
47. Terme en provenance des États-Unis employé par les proxénètes pour désigner le jeu que représente pour eux le fait d'exploiter sexuellement.

petite taille et, du plus loin que je me souvienne, j'ai fait des arts martiaux. Ma force et mon excellente maîtrise de ces arts ont fait de moi un candidat par excellence pour la relève et on m'a *spotté* à peine entré dans ma période pubère.

Très vite, on m'a impliqué dans la criminalité et on m'a donné des contrats à exécuter. La mentalité de la rue est devenue ma réalité et mon mode de vie. J'ai un souvenir très clair des événements exacts qui m'ont amené à être totalement insensible à la douleur qu'un être de sexe féminin peut ressentir lors de relations sexuelles non désirées et à comment le sexe pouvait lui être bénéfique monétairement. J'avais quatorze ans à cette époque et je devais me rendre, à la demande de mes supérieurs, à un *crack house*[48] afin de récupérer un paquet. À mon arrivée, un père de famille ayant visiblement des problèmes de consommation avait amené sa jeune fille en guise de monnaie d'échange pour sa drogue. La petite s'était fait passer dessus par un nombre incalculable d'hommes, violée devant les yeux de son père, pipe de *crack* à la bouche à tirer de grandes bouffées. Sa progéniture était devenue une marchandise lui permettant quelques minutes d'euphorie avec sa drogue de prédilection.

Sa fille, comme la totalité de celles qui ont vécu cette expérience de viol collectif, a été totalement déshumanisée et presque prête à être mise sur le *track*[49]. L'étape suivante, pour être absolument certain d'avoir une emprise sur elle, consistait à ce que l'un du clan joue le rôle du sauveur, la sauvant de son méchant père. À la suite de cela, il l'initiait à la drogue pour effacer sa souffrance, du *crack* de préférence, et une fois qu'elle devenait bien accrochée à cette drogue, il l'envoyait tout simplement sur le *track* afin qu'elle paie son produit. En un claquement de doigts, sa vie a été brisée à tout jamais et elle ne sera rien d'autre qu'un objet sexuel pour ses clients et une esclave pour son *pimp*... et ce, jusqu'à ce que la mort les sépare. Semblerait-il

48. Place où le *crack* est vendu et consommé. Il y a souvent de la prostitution dans ces endroits.
49. Terme employé désignant le trottoir ou le quadrilatère où les prostituées travaillent. Terme particulièrement employé aux États-Unis, car l'activité principale des *pimps* s'y retrouve.

que, pour les gens vivant dans les normes et ayant un mode de vie stable, une histoire comme celle-ci est horrible et difficilement imaginable. Dans le monde d'où je viens, une histoire comme elle arrive sur une base régulière. Quand les consommateurs de drogues dures n'ont plus rien à marchander en échange de leur consommation et qu'ils sont prêts à absolument tout pour se procurer leur prochain *hit*, la sexualité de leur enfant devient une monnaie d'échange. Cela facilitant le recrutement des *pimps* qui n'ont pas à travailler très fort pour avoir de nouvelles recrues, puisqu'elles leur tombent dans les bras.

La première fois que j'ai assisté à cela, ça m'a laissé un goût amer dans la bouche. Mais après quelques fois, ça a commencé à faire partie de ma réalité et je suis devenu complètement insensible. J'ai donc commencé à exploiter des femmes alors que j'étais encore moi-même adolescent. Toutefois, je n'ai jamais encouragé ou même contribué à l'exploitation sexuelle des mineures, c'était contre mes valeurs.

J'avais mon appartement et les femmes y venaient, et je constatais que celles qui travaillaient pour moi étaient bien traitées. J'avais ma *main bitch*[50], la plus belle et dont je prenais le plus soin, qui était en fait l'appât pour recruter les autres femmes. Dans le but d'avoir accès à cette vie, elles offraient leurs services et contribuaient à la croissance de la « famille ». Avec les années, j'ai acquis davantage d'expérience et j'ai beaucoup appris sur le langage non verbal, ce qui a fortement contribué au recrutement de potentielles victimes.

D'ailleurs, au premier regard, je reconnaissais celles étant le plus susceptibles de faire partie de mon cercle. Elles devaient avoir un certain niveau de confiance en elles et une bonne estime de soi. Ces deux critères étaient primordiaux, car les filles faibles sur ces deux bases seraient potentiellement les premières à courir à la police dès que quelque chose de contrariant leur arriverait. Elles me vendraient sans aucun scrupule. En travail-

50. La préférée du proxénète, la plus expérimentée et/ou celle en qui il peut avoir le plus confiance. Souvent celle qui est avec lui depuis le plus longtemps. Celle qui forme et gère les autres prostituées.

lant avec celles qui possédaient ces deux qualités, mon job était de les soumettre en les réduisant à de simples objets et de faire en sorte qu'elles me remercient de les traiter de la sorte. Mon attention à leur égard devenait donc un privilège et, pour avoir celui-ci, elles devaient me rendre heureux en travaillant plus, en rapportant plus d'argent et en m'étant totalement dévouées. Elles devaient répondre à ces commandements pour mériter le traditionnel *good girl* et avoir mon attention, un tant soit peu.

Il continue en me disant :

– Tu dois comprendre, Mélanie, que l'exploitation sexuelle n'est pas une question d'argent, mais de sadisme. À l'annuel *Playa Ball*[51], ce dont les *pimps* parlent entre eux, ce n'est pas du montant d'argent qu'ils ont fait avec leurs victimes, mais des techniques de torture qu'ils emploient sur elles. On va se dire les vraies affaires, que la fille amène de l'argent ou pas, elle va se faire battre quand même. *The game is to be sold not to be told*[52].

Je pouvais aisément me promener dans un centre commercial avec quatre femmes en laisse, habillées en putes et elles se sentaient très confortables dans leur rôle, car elles avaient été formées pour ça. Marcher en ma compagnie était un privilège que très peu avaient et c'était considéré comme un honneur.

Les femmes ayant grandi dans l'univers des gangs de rue sont moins à risque d'être victimes d'exploitation, spécialement si elles ont adhéré à la mentalité de la rue qui vise à se défendre contre toute attaque. Celles dans l'entourage des gangs qui sont le plus à risque sont celles qui ne connaissent pas la mentalité de la rue et qui n'y ont pas adhéré. Ce sont les petites de filles de bonne famille qui seront visées par les gangs de rue.

Le point commun de toutes les femmes que j'ai fait travailler, c'est qu'elles ont toutes été victimes d'agressions sexuelles dans leur vie et souvent pendant leur enfance. Je m'adaptais à leurs

---

51. Événement annuel visant à récompenser les plus grands souteneurs.
52. La *game* vend le rêve américain. Le travail de l'exploiteur est de vendre ce rêve, mais sans jamais dire les conséquences en découlant. « *La game* doit être vendue, mais non dite. »

besoins à la première approche. Je pouvais être leur père, leur copain ou leur frère, ça ne faisait aucune différence à mes yeux. Le but était de les maintenir dans le réseau. Une semaine et c'était fait ! Je représentais tout pour chacune d'elles !

Contrairement aux autres *pimps*, je n'ai pas maintenu mes filles longtemps sur le *track*. Cette pratique, étant vraiment populaire aux États-Unis même de nos jours, était trop risquée et mettait celles-ci en danger de diverses formes d'agression. Leur retrait n'était pas réellement en lien avec leur sécurité, mais plutôt en lien avec mes bénéfices. Afin d'être rentable, mon produit devait être présentable. Je les avais donc orientées vers les clubs de danseuses le soir et comme j'avais ma propre agence d'escortes, je leur envoyais des clients avant leur quart de travail et après. Quand ce n'était aucune de ces options, elles tournaient des films pornographiques pour ma maison de production. Les façons pour faire encore plus d'argent étaient illimitées et j'aimais exploiter les diverses options.

Aujourd'hui, je suis camionneur. J'ai tout lâché ce que je faisais avant. À vrai dire, je suis sorti de détention il n'y a pas si longtemps et j'ai encore des conditions visant à me contrôler. Je vis avec beaucoup de regrets pour ce que j'ai fait subir aux gens que j'ai exploités. Je reconnais le mal que j'ai fait à ma *main bitch* qui aujourd'hui est mourante d'un cancer, mais je suis totalement incapable de reconnaître la totalité des torts que j'ai causés. Je n'y survivrais pas...

# • Évaluation – Mickey Royal

J'ai contacté Mickey Royal dans le cadre d'un projet de recherche universitaire via les réseaux sociaux, en lui expliquant que mon objectif était de faire la lumière sur l'exploitation sexuelle afin de contribuer à la bonification des services offerts aux victimes. Il s'est montré ouvert et on a procédé à l'entrevue. Compte tenu que je suis canadienne et lui est américain, on pourrait croire que cela l'a en quelque sorte rassuré. Durant les trois entrevues que j'ai eues avec lui, il m'a parlé du fardeau qu'il portait continuellement d'avoir fait souffrir autant de femmes et disait avoir conscience des séquelles que ce mode de vie leur avait apportées. Comme il était diagnostiqué avec un trouble de bipolarité, ses émotions pouvaient changer du tout au tout en une fraction de seconde. Un instant, il pouvait me dire : « *I'm not proud but that was the right thing to do at that time*[53]. » Et les deux minutes suivantes, lorsque je le reprenais et que je lui disais que je ne serais jamais d'accord avec son affirmation, il fondait en larmes et me disait qu'il ne pourrait jamais survivre à ce qu'il a fait aux femmes s'il admettait la totalité des conséquences de ses gestes.

Cette entrevue ne représente pas la totalité des facteurs de risque à une telle victimisation. Toutefois, il est intéressant de noter que les propos de Mickey contredisent la grande majorité des recherches qui stipulent, d'un côté, que les victimes sont de prime abord des femmes et des adolescentes ayant une faible estime de soi et un manque de confiance en elles et, de l'autre, les propos qui citent que les filles étant dans l'entourage des gangs de rue sont plus à risque (Y des femmes, 2016). Pour ce dernier élément, Mickey Royal précise que les filles qui sont victimes au niveau des gangs de rue sont celles dont les techniques de recrutement seront les enlèvements et les viols collectifs. Dans ces cas, on parle davantage d'esclavage sexuel que de proxénétisme, ou plus précisément du *Gang pimp* et non du *pimp* traditionnel (voir Portrait des proxénètes).

---

53. Je ne suis pas fier, mais c'était la chose à faire à ce moment-là.

Lors de l'entrevue, Mickey a dit qu'il n'était pas le type de *pimp* qui recourait à la violence pour faire que ses victimes soient davantage dociles. Toutefois, afin de bien cerner le type d'individu qu'il est, j'ai lu son livre : *The Pimp Game : Instructional Guide*. La dernière édition, publiée en 2018, m'a permis de mieux comprendre le genre d'individu auquel je m'étais adressée. Dans celui-ci, il explique les techniques utilisées pour briser ses victimes. Notez que, si je ne prends pas soin d'utiliser le féminin, c'est qu'il y avait également des hommes dans son réseau, selon ses dires. Pour ce qui est des femmes, elles venaient à lui, toujours selon ce qu'il m'a raconté, et son travail était de répondre à leurs besoins, que ce soit au point de vue amical, amoureux, familial, monétaire et, bien sûr, cela pouvait être uniquement de la sécurité. En fait, peu importe ce que c'était, le point est que, pour avoir accès à cela, elles étaient prêtes à faire n'importe quoi et le prix à payer était très cher. « *The ho pay for the journey, not the destination*[54]. »

Le *pimp* va même jusqu'à participer à des événements ayant lieu auprès des gens les plus significatifs de sa potentielle victime. À titre d'exemple: les événements familiaux. Normalement, les gens de l'entourage de sa potentielle victime flairent les intentions de cet homme et avisent la jeune femme qu'il serait préférable qu'elle s'éloigne de lui. Ce comportement protecteur des proches de la potentielle victime est l'élément clé permettant au *pimp* de refermer le piège sur cette dernière, puisqu'il joue la carte de la victime et du fait que ses proches sont juste jaloux de la façon dont il la traite. Finalement, il l'isole des gens qui comptent le plus pour elle afin de devenir l'élément central de sa vie et procéder à son plan de lui donner ce dont elle a besoin en échange de son âme. Dans son livre, il explique que ses contacts physiques sont toujours calculés et méritoires. Les mérites viennent de ce que la potentielle victime lui donne et qu'il peut toucher, pour avoir des contacts physiques avec lui.

À titre d'exemple il dit : « Si elle t'offre quelque chose, même si c'est un hamburger, quand elle te le donne, tu lui caresses le

---

54. La pute paie pour le voyage, pas pour la destination.

bras doucement lorsque tu en prends possession. Fais-moi confiance. Cela a pour effet d'augmenter la valeur de donner et elle voudra toujours t'en donner plus.

Ensuite, il changeait son nom. Si son nom était Nikki, il l'appelait Candy en lui demandant de corriger les gens quand ils l'appelaient par son nom de naissance par celui qu'il lui avait donné. Quand elle en venait à corriger sa mère avec son nouveau nom, ça voulait dire qu'elle était prête et il lui restait juste à refermer le piège.

L'étape d'après consistait à briser la victime. À titre d'exemple, il pouvait jouer aux dominos avec un ami et demander à la fille de faire un *strip-tease* à côté d'eux sans vraiment lui donner d'attention afin de l'humilier. Même si la honte la faisait pleurer, parce qu'elle lui appartenait, elle restait debout et continuait de le faire en laissant les larmes couler sur ses joues. Il ajoute que, même lorsque d'autres personnes arrivaient et étaient très irrespectueuses à son égard en profitant de la situation pour la tripoter, la pincer, la frapper et même lui cracher dessus, n'étant plus qu'un simple objet, elle continuait à danser sans broncher. Elle lui appartenait et elle respectait les commandements de son *daddy*[55].

En nous rappelant qu'il avait spécifié n'avoir jamais utilisé la violence envers ceux qui travaillaient pour lui, on peut définitivement se questionner sur sa perception de la violence. Un parallèle intéressant est à faire avec le fonctionnement des agences d'escortes ici au Canada qui, selon les témoignages recueillis, ont plus ou moins le même mode de fonctionnent que Mickey et, pourtant, elles ne sont clairement pas visées par les forces de l'ordre.

Au moment où j'ai passé mon entrevue avec Mickey Royal, il venait de terminer une sentence et tentait de reprendre sa vie en main. Il avait un travail comme camionneur et, selon ses dires, il s'était totalement éloigné du milieu et des personnes en lien avec celui-ci, mis à part sa *main bitch* auprès de laquelle il

---

55. Nom donné aux *pimps* signifiant *papa*.

essayait de faire amende honorable pour tout ce qu'il lui avait fait endurer.

Une expression de la rue dit: « *You can take a person out of the ghetto but you cannot take the ghetto out of the person*[56]. » Je trouve cette expression particulièrement intéressante dans son cas, car j'ignore s'il a vraiment changé, comme il le dit, mais je pense qu'il croyait que, par mon parcours, il aurait une chance d'agrandir son territoire jusqu'au Canada. Il m'a même offert de me rembourser les frais de l'appel interurbain par un envoi d'argent via Paypal, car il avait apprécié converser avec moi. Toutefois, quand il a constaté que je n'adhérais pas à sa pensée que *pimper* était la chose à faire à ce moment-là, en le reprenant et en lui rappelant les conséquences que cela a eues sur ses victimes, il s'est braqué, puis éloigné en me disant:

– J'ai tout fait ce que tu as voulu, je t'ai donné les entrevues que tu voulais pour ton livre et ton travail de session. Je t'ai même envoyé l'argent que tu m'as demandé!

Comme c'était lui qui l'avait offert, je l'ai avisé de ne pas faire de projection sur moi, et je lui ai rappelé qu'il avait choisi la mauvaise personne pour cela. J'ai trouvé très ironique de le voir s'essayer de la sorte, mais ça m'a fait comprendre sa façon de procéder et j'ai trouvé cela fortement intéressant.

Il m'est très difficile d'analyser les services ou le manque de services dans le cas de Mickey, car il vient des États-Unis et que je ne les connais pas. Je tenais tout simplement à vous démontrer les processus de recrutement des victimes et faire un lien intéressant avec le fonctionnement des agences d'escortes d'ici.

■ ■

56. Tu peux sortir quelqu'un du ghetto, mais tu ne peux pas sortir le ghetto de la personne.

# *Portrait des proxénètes*

Tout d'abord, il est primordial de préciser qu'il est très difficile d'obtenir des entrevues avec des proxénètes. Pour ajouter à la difficulté d'en obtenir, on peut dire que ma réputation de dénoncer l'interdit n'a certainement pas aidé la cause. Je me considère privilégiée d'avoir eu l'opportunité d'obtenir la confiance de deux d'entre eux et d'avoir été en mesure de vous exposer leurs parcours de vie qui vous ont, je l'espère, aidés à comprendre davantage comment certains types de *pimps* en sont venus à vivre de l'exploitation des autres.

Les trois types de proxénètes qu'on retrouve le plus souvent sont: le *Boyfriend pimp* ou le *Roméo pimp*, le *Gorilla pimp* ou les *Gangs pimps*.

Le *Boyfriend pimp* ou *Roméo pimp*, c'est celui qui continuera à entretenir le rêve américain qu'il a vendu à sa victime, même après que l'exploitation a commencé, et ce, même si cette dernière n'en verra jamais réellement l'accomplissement, elle lui sera loyale et le restera. Elle gardera espoir de voir leur rêve se réaliser et souvent elle verra sa relation comme un *team work*. C'est celui dont le *modus operandi* ressemble le plus à de la violence conjugale, car bien qu'on soit très loin du modèle traditionnel de couple, il en représente tout de même un pour la victime. Le cycle d'exploitation sexuelle sera similaire au cycle de la violence conjugale. Il utilisera un contrôle psychologique sur sa victime par la manipulation, et la violence sera utilisée pour maintenir un contrôle physique sur elle. Notons également que ce type de *pimp* ne se contente pas d'une seule victime, mais de plusieurs. Toutefois, après avoir été prise dans le piège, une seule demeurera la «copine», communément appelée la *main bitch* aux yeux du *pimp*. Les filles compétitionneront entre elles pour obtenir ce privilège, facilitant ainsi le travail du joyau tant convoité qu'est le *pimp*. Malik entre dans cette catégorie.

Le *Gorilla pimp* est le monstre de la culture du proxénétisme et le roi du rêve américain vendu par le milieu. Tout comme le *Boyfriend pimp* ou *Roméo pimp*, il vendra tout d'abord le rêve américain à sa potentielle victime comme appât, mais toutes les traces de ce dernier s'effaceront dès le début de l'exploitation. La perception qu'il a de ses victimes est celle d'une chienne et il utilisera des formes sévères de violence. Tel que Malik l'a raconté dans son témoignage, on parle de victimes en cage, ici à Montréal, et d'autres brûlées avec un fer à repasser ou pénétrées par un fer à friser chaud. On parle de privation de nourriture pendant un nombre incalculable de jours ou, encore, comme dans le cas de Vanessa, d'humiliation de haut niveau et d'autres terribles formes de violence. Mickey, même s'il ne semble pas représenter le pire cas de *Gorilla pimp*, demeure de ce type-là, lorsqu'on pense à l'humiliation qu'il faisait vivre à ses victimes et qu'il n'a pas racontée pendant les entrevues, mais que j'ai pu constater par ses écrits en lisant un de ses livres qu'il a publiés. Le *Gorilla pimp* est celui qui introduira sa potentielle victime ou sa victime à la drogue afin de mieux la contrôler. On assiste également de leur part à des kidnappings d'adolescentes dans le but de les exploiter sexuellement en régions, dans d'autres provinces ou même à l'extérieur du Canada. Bien que les déplacements vers d'autres pays aient toujours existé, particulièrement les États-Unis, j'ai reçu comme information que Dubaï est de plus en plus convoité par les exploiteurs ainsi que divers pays d'Europe, dont l'Espagne. Selon les informations que j'ai reçues, dans certains cas, les victimes ne sont jamais revenues et dans d'autres, elles ont réussi à se sauver de façons miraculeuses.

La dernière typologie de proxénètes dont on entend souvent parler et qui fait également partie du modèle typique sont les *Gangs pimps*. Ces derniers ne prennent pas vraiment le temps de vendre le rêve américain auprès de leurs potentielles victimes, mais en font tout de même la promotion par leur style de vie. Leur façon de procéder n'a pas plusieurs étapes tel que le *Roméo pimp*. Seulement trois étapes leur seront nécessaires. La première étant de repérer la potentielle victime, la seconde étant de la briser et la troisième étant le début des activités prostitutionnelles. L'initiation ou le moment de la cassure des victimes est majoritairement l'utilisation violente et sexuelle de ces dernières. On parle ici de viol collectif avec violence et dégradation extrême, comme le cas auquel Mickey a assisté lorsqu'il avait treize ans. Suivant le viol collectif, il y en aura un qui prendra en charge la victime, tel un sauveur, celui-ci ayant participé ou non au viol collectif. Brisée par ce qui vient d'y arriver, la victime ne voit pas de malice dans celui qui lui tend la main et acceptera des choses que normalement elle n'aurait jamais acceptées. On parle ici d'une double loyauté de la victime envers le gang qui l'exploite et envers son sauveur/chum qui est, en fait, un *pimp*.

Il est primordial de comprendre qu'un *pimp* peut se promener d'une typologie à une autre dans un même dossier, car il n'est pas forcément cimenté dans une seule.

On entend toujours parler de celui qui, directement, exploitera sexuellement sa victime et, dans la majorité des dossiers médiatisés, ce seront des Noirs ou Maghrébins, mais qu'en est-il vraiment ? Sont-ils réellement les principaux acteurs à pointer du doigt ?

En fait, les proxénètes et exploiteurs tels qu'on les voit ne sont que des pions de cette grande industrie. Les principaux acteurs qui contrôlent toute cette industrie et qui facilitent le travail des *pimps* ont pignon sur rue.

Timea Nagy le témoigne dans son livre, *Out of the Shadow*. Victime de traite humaine internationale de la Hongrie au Canada, elle n'a pas été seulement la proie de ses trafiquants, mais également des propriétaires et employés des lieux où elle devait se prostituer. Elle raconte, entre autres, avoir été violée sur une base régulière par un gérant de club qui facilitait le travail des trafiquants, allant jusqu'à fournir les vêtements de «scène» des victimes. Les propriétaires ou gérants de certains clubs «embauchent» les filles de moins de 18 ans, car dans certains dossiers, elles peuvent n'avoir que 11 ans et, qui plus est, sont visiblement sous l'emprise de proxénètes, ceux-ci sachant très bien qu'elles n'ont ni l'âge légal ni le désir de faire ce travail. Ces si bien attentionnés propriétaires ou gérants se chargeront également de fournir des rapports complets aux exploiteurs sur les performances «professionnelles» de leurs proies afin de resserrer l'emprise d'un côté, et de l'autre, de s'assurer de maintenir une bonne relation avec les *pimps* qui leur fournissent de nouvelles «employées».

Dans d'autres cas, les concierges d'hôtels ou tout employé tels réceptionnistes ou même propriétaires fournissent des chambres à l'abri des regards de tous pour certains proxénètes et exploiteurs, en plus de référer des clients et fournir la drogue. Je pense entre autres à un cas qui avait été peu médiatisé, mais qui était tout de même très inquiétant, d'une réceptionniste d'un motel de Montréal qui non seulement louait des chambres à des mineures en fugue en sachant très bien qu'elles n'avaient pas l'âge légal, mais elle s'assurait aussi de mettre les proxénètes en contact avec ces dernières. Des accusations ont été portées à son endroit, mais n'ont pas été retenues.

Je pense également aux salons de massage, la CLES (Consultation des luttes contre l'exploitation sexuelle, Portait de l'industrie du sexe) en a dénombré 303 en 2013 uniquement sur le territoire de l'île de Montréal. Dans ces entreprises, tout le monde sait que c'est de la prostitution. Certaines d'entre elles contribuent aussi à l'exploitation sexuelle locale des victimes et certaines même à l'international. Comment s'assurer que les femmes, celles-ci n'ayant aucune connaissance de la langue française ou anglaise et travaillant un nombre incalculable d'heures par jour, sont là par choix? Comment peut-on également s'assurer qu'il n'y a aucune collaboration entre les exploiteurs et les propriétaires des lieux?

De plus, on a les agences artistiques/danseuses/prostituées qui ont pignon sur rue et qui facilitent le travail des *pimps*, quand ce ne sont pas les employés eux-mêmes qui le sont. Je pense, entre autres, à un dossier tout récent où le *pimp* était un employé de l'une de ces agences et il a été accusé de traite humaine. Toujours à partir de ces agences, certaines femmes ont été envoyées outre-mer et n'en sont jamais revenues... Pourtant, ces agences sont enregistrées et ont pignon sur rue !

Puis, bien sûr, il y a les agences d'escortes qui sont carrément une forme de proxénétisme et qui, bien souvent, sont complices avec le *pimp* ou avec le réseau qui fournit filles et femmes, et, comme dans les témoignages recueillis, peuvent utiliser plusieurs formes de violence à l'égard de ces dernières. Ces agences sont également enregistrées et en font la promotion via les sites Web, mais aussi dans nos journaux.

Il y aurait fortement matière à se questionner en tant que société responsable en prenant en considération que le code criminel canadien stipule que toute personne vivant des fruits de la prostitution d'autrui est considérée comme étant une criminelle. Il va de soi que ce n'est pas uniquement le proxénète, tel qu'on le conçoit, qui en retire un avantage pécuniaire. Il n'est clairement pas le seul responsable de la souffrance infligée aux victimes et, qui plus est, le seul impliqué de près dans l'exploitation sexuelle de celles-ci !

# Partie V

## *Pistes d'exploration et de solutions*

# *Vision et recommandations*

▪ ▪

> ▸ *People don't need to be saved or rescued.*
> *People need knowledge of their own*
> *power and how to access it*[57].
>
> – UNE SURVIVANTE

Depuis plusieurs années, mon travail est destiné à apporter ma contribution à l'aide aux victimes d'exploitation sexuelle. Mon principal intérêt est, bien entendu, que les survivantes aient accès à des services complets et que leurs droits soient reconnus. C'était ma principale motivation lorsque j'ai fondé La Maison de Mélanie et ça l'est toujours. Lors d'une présentation de *Les Survivantes* les policières du Service de police de la Ville de Montréal (SPVM) ont indiqué que 90% des victimes d'exploitation sexuelle retournent dans l'industrie du sexe ou auprès de celui qui les as exploitées. J'ai toujours trouvé ce pourcentage élevé, toutefois, au fil du temps et de mon expérience professionnelle, j'ai pu constater que ce pourcentage est représentatif de la réalité des victimes.

Lorsque je donne des présentations et des formations destinées aux professionnels ou aux étudiants, et que je leur demande :

– Pourquoi, selon vous, les victimes d'exploitation sexuelle retournent-elles dans l'industrie, dans la majorité des cas?

---

57. Les gens n'ont pas besoin d'être sauvés. Ils ont besoin de connaissances sur leur propre pouvoir et comment y accéder.

La première réponse de ces derniers est encore et toujours:

– Parce que c'est de l'argent facile!

Cette réponse commune démontre à quel point le milieu et le vécu des victimes demeurent un élément où très peu possèdent les connaissances nécessaires à une intervention efficace.

J'ai donc décidé d'appronfondir mes connaissances et d'effectuer une recherche me permettant de confirmer mes observations. Notez que les résultats de mes recherches ont par la suite été confirmés par les diverses entrevues que j'ai effectuées pour ce livre.

Tout d'abord, outre le manque de cohésion entre les services permettant aux personnes victimes d'exploitation sexuelle d'avoir un accès en continu aux services qui englobent la totalité des besoins, trois facteurs de risque ont été relevés. Ce sont les facteurs de risque individuels, familiaux et ceux causés par les pairs et la pression sociale.

## Les facteurs de risque individuels

Toutes les institutions se présentent comme étant expertes en matière d'intervention et de services d'aide aux victimes d'exploitation sexuelle. Pourtant, la méconnaissance de la réalité des victimes et des outils pour intervenir efficacement auprès de celles-ci est un facteur de risque des plus importants du retour dans la prostitution. Pendant plus d'un siècle, les recherches se sont centrées sur les mécanismes d'entrée dans la prostitution ainsi que sur les motivations qui maintiennent les prostituées dans cet univers, malgré la violence quotidienne dont elles sont victimes (Vanwesenbeeck, 2001), mais nous n'en sommes qu'à nos premiers balbutiements en ce qui concerne les facteurs de réussite de la sortie définitive des victimes. Voici certains de ces facteurs de risque:

- Le besoin d'argent pour vivre;
- Les diverses problématiques de santé telles que les stress post-traumatiques, les troubles de consommation, les

troubles mentaux, les maladies transmissibles sexuellement, la dépression et l'anxiété;

- L'hébergement: un endroit sécuritaire pour vivre ou un déménagement;
- Le manque de services en continuum;
- Le manque de connaissances au niveau de leurs droits et la difficulté d'obtenir réparation;
- La difficulté de se faire reconnaître par l'IVAC;
- Le manque d'expérience au niveau de l'emploi;
- Le manque de formation;
- Le besoin de protection;
- La discrimination dont elles sont victimes (participantes au *focus group* La Maison de Mélanie).

## Les facteurs de risque familiaux

La famille représente un risque de retour dans la prostitution. Son soutien est primordial, mais dans les faits, dans une très grande partie des dossiers, elle est soit totalement absente, soit nocive. Les liens familiaux sont souvent empreints de conflits et de victimisation actuelle ou antérieure. Les problématiques d'agression sexuelle et de violence physique ou psychologique, et souvent même d'abandon parental font partie des réalités des victimes d'exploitation sexuelle. Le manque de connaissances de la famille en ce qui concerne la problématique et les conséquences qui en découlent est également un facteur de risque important (La Maison de Mélanie, 2017-2018).

## Les facteurs de risque causés par les pairs et la pression sociale

L'entourage immédiat d'une victime d'exploitation sexuelle est majoritairement des gens du milieu. Isolée de tous pendant son exploitation, la victime a perdu ses repères. Si nous ne lui permettons pas d'adhérer à des pairs proactifs, par exemple d'autres personnes qui ont survécu et qui s'en sont sorties, cela représente un facteur de risque supplémentaire (La CLES, 2015) (La Maison de Mélanie, 2017-2018).

La pression sociale est également un facilitateur à de nouvelles formes de victimisation. Le manque d'ouverture de la société à l'égard des victimes, qu'on considère presque responsables de ce qui leur est arrivé malgré les avancées, est important. La discrimination et la stigmatisation font désormais partie intégrante de leur réalité. Le manque de cohérence au niveau des discours sociétaux, face à la reconnaissance des victimes et à la discrimination dont elles sont victimes par la suite, est dommageable et représente d'importants facteurs de risque (La CLES, 2015) (La Maison de Mélanie, 2017-2018).

Tout au long de la recherche, j'ai toujours gardé en tête mon questionnement initial qui est: *Qu'est-ce qui pourrait être amélioré au niveau de la connaissance des besoins des victimes et l'amélioration des services actuels?* Et bien sûr, *comment peut-on augmenter les chances qu'elles puissent atteindre un état convenable et avoir accès à une vie enrichissante et épanouie?*

Ma vision est et a toujours été qu'on ne doit pas diriger l'intervention sur la sortie définitive de la prostitution, mais sur la reconstruction de soi. Comme mentionné lors de l'entrevue avec le proxénète Mickey Royal, le fondement même de l'exploitation sexuelle est le sadisme. Celles qui survivent à un tel traitement en ressortent complètement démolies. Toutefois, les programmes actuels visant la réinsertion sociale ont comme objectif de réussite la sortie définitive de la prostitution, alors que la base devrait être centrée sur un processus de reconstruction de soi, ce qui a été confirmé par la recherche (Lanctôt, 2018). Le fait que les programmes ne soient pas centrés sur l'objectif qui prédomine fait en sorte qu'il y a donc plus de possibilités d'échec. Faire face à de nouveaux échecs augmente les facteurs de risque de vivre de nouvelles victimisations et même de retourner dans la prostitution. L'univers entourant l'exploitation sexuelle, communément appelée *la game*, est un mode de vie parallèle au fonctionnement général de la société, engendrant de nombreuses distorsions cognitives.

Il y a tout un processus d'*adhérence* à ce mode de vie. *« The game is to be sold, not to be told*[58] », comme l'a mentionné Mickey Royal. Le rêve américain d'une vie parfaite, vendu par les exploiteurs, procure une attirance envers ce milieu, suivi d'un sentiment de puissance par l'apprentissage de *la game*. Les victimes vivent le style de vie vendu et ont confiance en celui-ci qui représente désormais tout leur monde. Toutefois, rapidement, elles réalisent qu'elles sont prises là-dedans et accumulent les fardeaux y étant associés ainsi que les victimisations. Elles quitteront, du moins une première fois, après avoir fait le point et réalisé qu'elles n'avaient plus rien à y gagner. À cause du manque d'options, la majorité retournera vers le milieu, quitte à accumuler de nouvelles victimisations (Williamson, C., Folaron, G., (2003).

En suivant la trajectoire des victimes d'exploitation sexuelle, plusieurs besoins ont été relevés. Leur sortie de ces milieux se fait généralement en urgence, laissant dans bien des cas tout ce qu'elles ont derrière elles. Elles ont donc besoin d'une prise en charge complète pour minimiser le risque d'être confrontées à un échec. Les facteurs de risque entourant la réinsertion sociale des victimes d'exploitation sexuelle sont directement liés à leurs besoins spécifiques.

Je recommande une nouvelle approche de voir l'intervention auprès des victimes, dont les principes de base sont les huit constats de madame Nadine Lanctôt (2018).

Au terme d'une recherche approfondie, madame Lanctôt (2018) a évalué les conséquences de la prostitution chez les filles et sur les plans socio-économique, relationnel, social et comportemental. De plus, elle a ainsi identifié les pratiques qui favorisent le renoncement à la prostitution chez les filles et les femmes, par la guérison du trauma. Pour ce faire, madame Lanctôt et son équipe de recherche se sont appuyées sur une

58. *La game* doit être vendue, mais non dite.

recension de 152 études scientifiques, une base de données longitudinale auprès de jeunes femmes qui sont passées par les Centres jeunesse ainsi que des interviews auprès de neuf femmes étant ou ayant été impliquées dans la prostitution, de même qu'auprès de vingt et une intervenantes qui travaillent auprès de ces femmes.

Grâce à la recension des écrits qu'a effectuée madame Lanctôt et son équipe de recherche, ainsi qu'aux résultats de leurs travaux quantitatifs et qualitatifs, il se dégage huit constats qui eux-mêmes constituent des pistes d'intervention à promouvoir dans l'offre de programmes et de services adressés aux adolescentes et aux femmes en situations de prostitution.

## *Pistes d'intervention à promouvoir*

CONSTAT 1 : Se centrer sur le processus de reconstruction de soi plutôt que sur l'arrêt des activités de prostitution.

CONSTAT 2 : Considérer la mobilisation des femmes vers le changement comme une finalité à atteindre et non un prérequis à l'intervention.

CONSTAT 3 : Positionner les femmes comme des agentes actives de leur propre vie.

CONSTAT 4 : Intervenir au moyen d'approches sensibles au trauma.

CONSTAT 5 : Favoriser la consolidation des liens avec des personnes significatives de leur entourage.

CONSTAT 6 : Établir un continuum de services incluant la protection, le rétablissement, la réinsertion sociale et une continuité des services dans le temps.

CONSTAT 7 : Créer des centres multiservices et des ressources d'hébergements spécialisés pour les femmes en situation de prostitution.

CONSTAT 8 : Reconnaître que la prostitution est un problème dans lequel la société a un rôle à jouer.

Il y a tout un réapprentissage et une réappropriation de leur identité et de leur corps qui se fait par une reconstruction de soi. Les symptômes de stress post-traumatiques font désormais partie de leur réalité, comme pour les vétérans de la guerre. Le Dr Bessel Van der Kolk, psychiatre et spécialisé auprès des personnes vivant avec des troubles post-trauma, présente le traumatisme comme étant l'impuissance menant vers une dysharmonie profonde entre le corps et l'esprit. Il précise : « Dans un nombre incalculable de cas, c'était le corps des patients qui avait été horriblement violé et c'était leur corps qui les avait lâchés… les jambes n'avaient pas couru assez vite, les bras n'avaient pas poussé assez fort, la voix n'avait pas crié assez fort pour empêcher le désastre. Et c'était le corps qui s'effondrait maintenant au moindre signe de stress… Comment leur esprit pouvait-il maintenant guérir dans ce corps devenu inhabitable ? » (Cuddy, A., 2016, p. 192). Il a tenté une étude expérimentale auprès de femmes ayant survécu à une agression sexuelle, avec la pratique du yoga, et les résultats en ont démontré les bienfaits, tout comme ils l'ont démontré auprès des vétérans de la guerre (Cuddy, 2016). Des activités de yoga permettraient aux victimes de se recentrer, de vivre leurs émotions pour ce qu'elles sont et d'établir au fil du temps une relation d'harmonie avec leur corps. Des ateliers visant la notion du consentement seraient aussi de mise. Il est important qu'elles prennent conscience des limites de celui-ci, allant de là où il se donne et là où il s'arrête, car ce n'est définitivement pas un concept qui est clair pour elles, particulièrement si elles ont accepté, en quelque sorte, le rêve qui leur a été vendu.

La série de victimisations dont elles ont été victimes a entraîné, dans bien des cas, des troubles de stress post-traumatique qui peuvent s'avérer chroniques. Il est primordial d'avoir un programme d'interventions sensible au trauma et les ressources nécessaires pour offrir du soutien psychologique et/ou psychiatrique, ainsi que médical.

Un changement au niveau des pratiques d'intervention doit être mis en place. La concertation entre les différents services doit devenir une priorité (Ricci, S., Kurtzman, L., Roy, M-A., 2012).

Nous devons miser sur une intervention qui vise à mettre l'accent sur les forces et les ressources des femmes en lien avec leurs intérêts, leurs aspirations et leurs capacités de changement, et inciter un modèle d'intervention individualisé orienté vers le changement, le développement personnel, l'accomplissement et l'identification de buts (Lanctôt, 2018). Afin de favoriser la reconstruction de soi et le développement de leur nouvelle identité, il est primordial qu'elles puissent avoir accès à des formations et de l'intégration à l'emploi, qui auraient l'effet de maximiser également leur autonomie financière. *The Timea's Cause* à Cambridge, Ontario, en est le modèle parfait. Cette entreprise sociale a créé une chaîne de produits de bien-être faits à la main par des survivantes à des fins d'intégration à l'emploi et pour favoriser l'autonomie financière de celles-ci, en plus d'avoir créé une équipe de survivantes qui offre des formations et des séminaires destinés aux femmes survivantes qui y travaillent et non au profit de l'entreprise.

De plus, compte tenu des recommandations de la totalité des participantes ayant contribué à la création de ce livre, il leur est plus facile d'utiliser des services qui emploient d'autres survivantes en tant que professionnelles en relation d'aide; il serait de mise de leur offrir cette possibilité. Nous devrions mettre en place une équipe de survivantes qui serait dans des lieux d'hébergements d'urgence afin de faciliter et promouvoir le bien-être des utilisatrices des services et d'offrir la possibilité à celles qui s'en sont sorties d'intégrer le marché de l'emploi. Par la suite, après obtention d'un diplôme, elles pourraient faire partie des équipes cliniques. Être une survivante est une habileté qui ne s'apprend pas dans des livres et un énorme plus pour les programmes d'aide tant au niveau institutionnel que communautaire, j'irais même jusqu'à dire que cela devrait être un prérequis à l'emploi et non un fardeau accompagné de toute la discrimination qui vient avec.

L'entourage de la victime favorise le processus de guérison. Il est donc primordial de renforcer ces liens. Pour favoriser ces derniers, des séances d'information, des groupes de soutien et un accompagnement doivent être mis en place afin de permettre aux victimes secondaires de surmonter cette épreuve, mais également de devenir un pair proactif dans la vie des victimes. La Maison de Mélanie avait d'ailleurs créé un groupe de soutien pour les parents des victimes et plusieurs d'entre eux avaient reçu des diagnostics de choc post-traumatique à la suite de l'exploitation de leur enfant, mais aucun d'eux n'avait reçu les informations nécessaires pour comprendre les conséquences physiques et psychologiques qu'entraînent les symptômes de stress post-traumatique. Il est donc primordial qu'ils soient également accompagnés et que les symptômes découlant du stress post-traumatique qu'une telle expérience implique soient compris de leur part et normalisés. Cela leur permettrait de normaliser leur réaction, d'alléger leur fardeau de culpabilité, de reprendre des forces et d'avoir du soutien auprès de gens qui vivent la même chose qu'eux.

Tel que mentionné par madame Lanctôt: «La prostitution est un problème complexe dans lequel la société a un rôle à jouer» (Lanctôt, 2018, p. 9) et cette dernière en possède la responsabilité. Il faut absolument que le fardeau d'un tel crime soit retiré des épaules des victimes et soit remis aux principaux responsables. La société a la responsabilité de veiller à la sécurité de son peuple. Femmes et enfants n'en sont pas exclus. Il y a toute cette loi du silence entourant ce phénomène, incluant la participation silencieuse et insidieuse de la société dans la commission des délits ou encore dans la banalisation de ce crime d'un côté, et de l'autre, le refus de reconnaître les victimes en tant que telles. Une autre étape vise la conscientisation collective par la création de forums sur le sujet de la traite humaine à des fins d'exploitation sexuelle et la publication d'ouvrages. Par cette conscientisation, je vise également la formation de tous les professionnels amenés à être en contact avec les victimes et la publication de livres permettant de mieux outiller les différents services tels que les forces de l'ordre, les procureurs de la Couronne, les juges, le milieu hôtelier, le milieu de la santé, les banques, la Protection de la jeunesse et, bien sûr, les parents.

## Résultats attendus

*« Si tu donnes un poisson à un homme, il mangera un jour; si tu lui apprends à pêcher, il mangera toujours. »*

– Proverbe africain

On doit viser l'autonomisation des victimes par une reconstruction de leur soi et une intégration à l'emploi leur permettant de se créer une nouvelle identité à l'extérieur de l'industrie du sexe. En prenant chacune des étapes énumérées, nous nous attendons aux résultats suivants :

- Favoriser la prise en charge rapide et efficace des victimes en favorisant l'accès à des services immédiats leur permettant ainsi de se déposer en toute sécurité et d'envisager les options qui s'offrent à elles, entre autres par l'arrêt de consommation de psychotropes et/ou d'alcool. Différents ateliers permettent une facilitation de la reconstruction de leur soi et de leur estime personnelle, ainsi que de les outiller afin d'être en mesure de réapprendre et même de vivre avec leur trauma, à gérer leurs crises tout en favorisant le développement de nouvelles habiletés et l'immersion dans le domaine de l'emploi.
- Un volet *droit des victimes* compte avoir pour résultat de leur offrir une meilleure connaissance de leurs droits en tant qu'êtres humains, mais également en tant que victimes d'actes criminels. Elles pourront ainsi avoir accès à certains recours offerts aux victimes d'actes criminels, tel que le CAVAC ou l'IVAC, qui offrent un soutien financier de remplacement de salaire pour les frais professionnels nécessaires à la guérison des victimes ainsi que des indemnisations en guise de compensation pour les séquelles permanentes.
- Il est primordial de leur permettre de consolider leurs acquis dans un environnement de pairs proactifs, pour les

amener à avoir de moins en moins d'attirance envers les pairs négatifs. On vise une intégration complète des victimes dans la société.

- La publication de livres et la création de formations faites sur mesure pour les divers secteurs étant amenés à être en contact avec des victimes ont comme objectif de favoriser la dénonciation d'un côté ainsi que l'acceptation et la reconnaissance des victimes en tant que telles et non comme responsables de leur victimisation, de l'autre. En résultante de cela: des intervenants mieux formés et des services d'aide adaptés à la réalité et aux besoins spécifiques des victimes.
- Pour terminer, offrir de la formation aux différents professionnels amenés à être en contact avec des victimes leur permettrait d'améliorer leurs connaissances et d'être davantage en mesure de reconnaître les signes de victimisation et de les référer vers des services d'aide appropriés. En spécialisant l'aide, nous pouvons nous attendre à un rétablissement des victimes plus complet et, bien sûr, éventuellement à une augmentation des dénonciations et des inculpations.

## Prévention du proxénétisme

La prévention du proxénétisme et de l'exploitation sexuelle pourrait être si simple à faire d'un côté, et de l'autre, tellement faire une différence encore plus grande que toutes les formes de répression actuelles qui ne visent pas la racine de la problématique. Cela débute bien entendu par une tolérance 0 pour cette forme de crime, mais pas uniquement au niveau du proxénète, mais de l'ensemble des services facilitateurs à cet immonde crime.

Un retour aux valeurs de base égalitaires entre l'homme et la femme, ainsi qu'un retour sur les cours de sexualité au secondaire sont nécessaires pour éduquer les jeunes, car présentement, c'est la pornographie qui s'en charge. Rappelons que la valeur attribuée au sexe féminin dans ces sites Internet n'a rien de très valorisant, encourageant même, dans bien des cas, la violence sexuelle à l'égard de la femme ainsi que, par le fait même, tendant à ridiculiser l'exploitation sexuelle

Investissons de l'argent dans le système d'éducation afin d'offrir plus de services à nos enfants leur permettant de se créer une identité constructive, ainsi que dans des programmes innovateurs leur permettant de découvrir des carrières intéressantes. Les impliquer dans la solution est la meilleure chose à faire, car cela leur permet de développer la confiance en leurs propres capacités d'être parties prenantes de la société et de contribuer au changement.

Humanisons l'intervention autant dans le communautaire que dans toutes les institutions, incluant tout ce qui touche à la protection de la jeunesse. Je fais partie de celles qui croient qu'en traitant les gens avec qui on travaille avec respect et humanisme, c'est la façon la plus efficace d'intervenir, car bien souvent dans leurs parcours, ils n'ont jamais eu droit à cette forme de respect. Je pense entre autres au cas de Malik.

On doit reconnaître les victimisations des personnes de sexe masculin qui sont trop souvent ignorées et les aider à guérir du trauma; on pourrait ainsi éviter que leur mécanisme de défense crée d'autres victimes.

Et pour terminer, quand on espère qu'un comportement change, il faut être en mesure d'offrir d'autres solutions de remplacement! Une de ces solutions envisageables est, bien entendu, la formation et l'insertion au milieu professionnel, autant au niveau des jeunes contrevenants qu'auprès de la clientèle judiciarisée adulte.

■ ■

# *Conclusion*

Vous avez été choqué par la détresse des participantes ? Ça vous impressionne que la majorité de celles ayant participé à ce livre ont de hautes études dans divers domaines de la relation d'aide ? Ça vous étonne que même en ayant des connaissances approfondies des services d'aide et même en travaillant dans ce milieu, elles n'aient jamais réussi à obtenir l'aide dont elles avaient et ont besoin ? Vous avez été contrarié par l'absence de services ou encore par l'incohérence de ces derniers qui maintient les adolescentes et les femmes dans la prostitution ? Si oui, j'ai atteint mon objectif de vous faire voir cette réalité, confirmée à travers le vécu des quarante-cinq personnes qui ont été consultées, me permettant ainsi de réaliser cet ouvrage.

Mon parcours professionnel m'a amenée à travailler auprès des enfants et des adolescents, en milieu scolaire et en Centres jeunesse, ainsi qu'auprès de plusieurs autres clientèles telles que :

- Les individus judiciarisés en maisons de transition ainsi qu'en détention avec le programme *Je me choisis*. Programme que j'ai créé et que j'anime auprès d'individus incarcérés qui ont été victimes d'actes criminels afin de les aider à comprendre en quoi leurs mécanismes de défense les a amenés où ils sont et les guider vers une autre voie, favorisant ainsi leur réinsertion sociale. Notons que 90 % des personnes incarcérées, autant femmes que hommes, ont vécu une ou des expériences de victimisation dans leur vie.

- Les personnes ayant des problèmes de consommation ou de dépendances ainsi que des personnes ayant des troubles mentaux ou celles sans domicile fixe étant ou non en ressources d'hébergement.
- Et, bien sûr, les victimes d'exploitation sexuelle, pendant près de six années de ma vie !

Ce que mon parcours professionnel m'a permis de constater, en ayant eu le privilège incroyable d'avoir travaillé auprès de clientèles si diversifiées, est sans aucune hésitation que la douleur que je vois chez un enfant en crise est la même que celle que je vois auprès d'un détenu ou d'une victime d'exploitation sexuelle. La souffrance vient de tellement plus loin que le moment où je suis ou j'ai été assise devant eux. La souffrance remonte dans la grande majorité des cas à l'enfance.

▶ *Où a-t-on échoué en tant que société dite civilisée dans ce qu'on offre à nos enfants pour assister à autant de souffrance causée par ceux-ci devenus adultes? Comment les a-t-on protégés contre le mal qui leur a été ou qui leur est toujours infligé?*

On doit se rappeler que l'un des facteurs de risque récurrent et non négligeable, qui a de plus été souligné par les deux entrevues auprès de proxénètes, chez les victimes de la traite humaine à des fins d'exploitation sexuelle, est l'existence d'une victimisation antérieure, particulièrement dans l'enfance, telles les agressions sexuelles, la négligence parentale ou toutes les autres formes de maltraitance de la part de membres immédiats de la famille directe ou de tous les autres tuteurs de la Protection de la jeunesse (Hammond et McGlone, 2014). Il y a donc l'aspect des polytraumatismes qui doit être pris en compte quand on est en contact avec des victimes d'exploitation sexuelle. Il n'est pas rare de lire des rapports d'intervention stipulant que la victime a des symptômes dépressifs, des troubles de l'adaptation, de dissociation et même de reviviscence sans qu'il y ait un lien diagnostiqué avec le choc ou les symptômes de stress post-traumatiques. De plus, on doit définitivement prendre en considération le continuum des victimisations dans la vie de ces victimes qui peuvent remonter à l'enfance. Celles-ci s'étant approprié cette violence, elles ne détecteront pas le drapeau rouge lorsqu'elles la vivront de nouveau dans le milieu prostitutionnel de la part des proxénètes, des clients et, bien sûr, des forces de l'ordre.

- *64% des femmes impliquées dans le trafic du sexe sont en provenance des services de protection de l'enfance, ce qui est énorme! (Nixon et al. 2002)*

Alors finalement, autant les victimes d'exploitation sexuelle que les *pimps* proviennent majoritairement des services de protection de l'enfance, du côté de la Protection de la jeunesse autant que de celui des jeunes contrevenants. Pourquoi des mesures visant à réduire les risques ne sont pas davantage mis en place? Si 64% des victimes étaient d'un territoire X de Montréal, la solution facile serait sans doute que la police obtienne rapidement un financement visant à mettre fin à ce fléau. Cela aurait fait en sorte de déplacer la problématique, comme on sait si bien le faire. Alors il va de soi qu'une grande restructuration doit être faite au niveau de la protection de l'enfance, de tous les services destinés aux victimes ainsi qu'aux contrevenants, et non au niveau de la répression, afin de protéger nos enfants et les parents de demain.

Depuis plus d'un siècle, on reconnaît la prostitution comme une forme de traite humaine étant une résultante des inégalités sociales, d'une société dominée par la gent masculine au détriment, majoritairement, des femmes et des enfants. Les faits sont là, les répercussions de l'exploitation sexuelle, autant d'un point de vue personnel que sociétal, sont dénoncées par des centaines de survivantes à travers le Canada et appuyées par la recherche. Pourtant, les services sont désuets et clairement non adaptés. Ils maintiennent ceux qui en ont été victimes dans une classe à part, et bien souvent sous le seuil de pauvreté. Depuis 2014, la loi canadienne a été modifiée, reconnaissant toute personne ayant été dans la prostitution comme étant une victime, et les clients comme étant des criminels. Une victime ne devrait pas porter le fardeau de l'avoir été. Il ne suffit plus d'avoir des services qui ne font que créer de l'espoir sans réelle possibilité d'accompagnement dans toute cette quête de reconstruction. Il est primordial de mettre en place un plan concerté afin d'offrir un continuum de services répondant aux besoins spécifiques des victimes et ainsi leur permettre de reprendre goût à la vie en réussissant à se développer une toute nouvelle identité, bien loin de cette forme de déshumanisation.

En réponse aux besoins criant des victimes face aux manques flagrants de services, un budget de 14 millions de dollars a été attribué aux forces de l'ordre dans leur lutte contre le proxénétisme, comparativement à un montant dérisoire, si je ne me trompe pas, d'un million de dollars destinés aux services d'aide aux victimes. Ce qui est, selon moi, complètement ridicule ! De un, la majorité des victimes d'exploitation sexuelle ne portent pas plainte. Quand elles le font, la plainte n'est que très rarement retenue. Si elle l'est, la plaignante doit passer par l'autre étape qui est le DPCP[59] qui accepte ou refuse le dossier. Ensuite, il y a toute la durée des procédures judiciaires, pour que finalement l'accusé de proxénétisme ou de traite humaine soit accusé ou acquitté, faute de ne pouvoir prouver hors de tout doute raisonnable qu'il est vraiment coupable ! Dans plusieurs dossiers, on a donc assisté à un acquittement. Les procédures judiciaires sont longues et pénibles, et sans des services complets permettant à la victime de guérir de son trauma, on ne fait que déplacer le problème.

De plus, la question qui me revient en tête chaque fois que je me rappelle l'immense budget attribué à la police *versus* celui peu comparable destiné à aider les victimes, j'ai toujours envie de leur demander : *On les met où, les victimes, une fois que vous avez arrêté et emprisonné le pimp?*

Sans ressources adéquates et complètes, elles se retrouvent face à un vide absolu et leur fragilité les rend vulnérables à d'autres types de victimisation et d'exploitation.

---

59. Direction des poursuites criminelles et pénales, ou procureur de la Couronne.

Selon mes connaissances, il est plus qu'évident que tant que les forces de l'ordre ne s'attaqueront pas à la racine du fléau, on ne fait que déplacer le problème sans véritablement aider à le voir disparaître, ou du moins diminuer !

Quitte à me répéter, je crois qu'avant même d'amener une victime à porter plainte, on doit stabiliser sa situation physique, mentale et économique afin de lui permettre de reprendre des forces.

Un autre point qui me vient à l'esprit quand je pense aux services d'aide aux victimes est sans aucun doute les résultats de la recherche de madame Lanctôt (2018) qui cite que :

- *« Le discours de la majorité des intervenantes est plutôt pessimiste, voire fataliste, en évoquant fréquemment la possibilité de la mort de ces femmes, et tend à dépeindre un portrait très sombre pour le futur de ces femmes. »*

Cela m'amène à constater que ces dites intervenantes ne reconnaissent pas la force qu'ont les survivantes de se relever et de foncer. Je crois que, si elles avaient eu accès à davantage d'histoires de succès, de femmes incroyables que j'ai eu ou que j'ai la chance de côtoyer, elles auraient une tout autre perception. Malheureusement, ces femmes ne peuvent témoigner de leur vécu, car si elles le font, elles seront stigmatisées et jugées par ces mêmes professionnelles lorsqu'elles tenteront d'obtenir un emploi.

Je me permets de vous lancer sur une piste qui, selon moi, amène à une profonde réflexion sur la façon dont on traite les victimes au Canada. Je m'intéresse énormément aux différentes approches utilisées dans différents pays en regard de tout ce qui touche les programmes offerts aux victimes, mais également tous ceux offerts aux personnes judiciarisées, car au préalable, elles ont bien souvent été également des victimes.

Le cas de la Norvège est particulièrement intéressant. Ils se sont donné comme mission de « produire de bons voisins » et ont créé un système totalement opposé à ce qu'on a l'habitude de voir lorsqu'on parle de prison. Bastøy est le système pénitentiaire le plus innovateur que j'ai pu découvrir. Ils ont mis en place un système pénitentiaire complètement à l'opposé des quatre murs entre lesquels sont confinés les détenus et des fils barbelés qui entourent le territoire de la détention, en misant tout sur l'insertion sociale des prisonniers.

Bastøy est situé sur une île et c'est en fait un village dans lequel résident cent quinze détenus. Le principe est simple : plus la vie en prison ressemble à celle à l'extérieur des murs, plus les chances d'obtenir une réinsertion sociale réussie sont hautes. Les judiciarisés, dont la base même de la détention est d'être privés de leur liberté, vivent une vie néanmoins semblable à ceux qui vivent dans la collectivité. Ils sont de six à huit prisonniers par maison et doivent assumer l'entretien et les repas, tout comme ils le feraient dans la vie normale. Ils occupent des emplois ou suivent des formations leur permettant d'acquérir de nouvelles connaissances et de favoriser leur réinsertion sociale. Ils ont donc accès à des livres, à des films ainsi qu'à un accès plus restreint au téléphone et à Internet. Ce concept innovateur semble fonctionner puisqu'on compte un taux de récidive d'à peine 16 %, ce qui représente le plus faible taux au monde.

Leur vision de la réhabilitation, remplie d'humanisme, des personnes criminalisées est celle à laquelle j'adhère et que je souhaiterais pour les victimes d'actes criminels. Une philosophie d'entraide qui vise une réinsertion sociale dans tous les aspects fonctionnels de la vie et qui garde en tête que la personne aidée pourrait devenir leur éventuel voisin ou collègue. Pouvez-vous imaginer ce qu'un projet similaire, spécifiquement axé sur les besoins des victimes, aurait comme bienfaits dans la vie de ces personnes, contrairement à l'institutionnalisation à laquelle nous avons droit au Canada ?

En ce qui concerne les programmes et les projets, qui me sont apparus les plus crédibles jusqu'à maintenant, je n'ai pas eu besoin de chercher aussi loin que la Norvège. Les programmes et projets les plus avant-gardistes et efficaces que j'ai pu observer sont situés chez nos voisins de l'Ontario. Tout d'abord, rappelons-nous le programme que *Victims Services* a offert, en collaboration avec le *Blue Campaign*, à Vanessa. Celui-ci offrait un appartement dans la région de Toronto, tous les services incluant la relation d'aide auprès de professionnels, un programme d'intégration à l'emploi et on défrayait même ses frais universitaires si elle désirait poursuivre ses études.

On ne peut parler de services d'aide aux victimes sans évoquer Timea Nagy et son entreprise sociale le *Timea's Cause*. Tout d'abord Timea avait fondé *Walk With Me*, un organisme qui avait pour mission de rencontrer les victimes de traite humaine, de les accompagner et de les héberger au besoin. Malgré les besoins et le nombre de victimes que cet organisme réussissait à desservir, par manque de fonds, on a dû le fermer. La Maison de Mélanie avait la même base que *Walk With Me* et, faute de subvention, en plus des autres raisons mentionnées au début du livre, j'ai finalement donné ma démission et le comité administratif a décidé de ne pas poursuivre.

Face aux difficultés de financement des projets comme le nôtre, Timea a trouvé une façon innovatrice de faire en sorte de se financer par elle-même en créant le *Timea's Market*, projet du *Timea's Cause*. Le *Timea's Market* est une entreprise qui a désormais pignon sur rue dans la région d'Hamilton en Ontario et qui confectionne des produits destinés à prendre soin de soi, tels que des sels de bain, bombes de bain, mousse pour le bain, vaporisateurs relaxants, vaporisateurs pour combattre le rhume et ainsi de suite. Sans parler des gâteries, tels du chocolat, du chocolat chaud, des thés, etc. Elle a également créé des petits paquets-cadeaux de relaxation destinés aux victimes qui doivent aller témoigner à la cour avec un petit mot de soutien. Ces petits paquets-cadeaux ont été commandés à moyenne échelle par les services d'aide aux victimes de l'Ontario. La particularité de tous ces beaux produits, c'est qu'ils sont faits à partir d'ingrédients naturels de un, mais surtout parce qu'ils sont confectionnés par des survivantes et les profits leur sont retournés en salaire.

Le même principe est appliqué avec le *Timea's Cause* qui a créé des manuels de formation pour l'intervention auprès des victimes d'exploitation sexuelle et d'autres pour la prévention auprès d'institutions comme les secteurs financiers et qui, grâce aux profits, ont servi à embaucher des survivantes pour donner des présentations. Encore une fois, les profits retournent aux survivantes. Une entreprise créée par une survivante au profit d'autres survivantes est, à mes yeux, le plus beau modèle existant puisqu'il n'est nullement biaisé par une opinion pessimiste à l'égard des victimes de la part de quelconques professionnels ou intervenants, et par le fait même, donne une opportunité incroyable à celles qui ont survécu au côté le plus maléfique de l'être humain. Ce sentiment d'appartenir à un si beau projet permet aux victimes, désormais survivantes, de se développer non seulement une nouvelle identité, mais également de nouvelles habiletés de travail.

Dans mon parcours, j'ai rencontré beaucoup d'organismes et de survivantes en provenance de tous les coins du Canada. Rares sont les milieux qui s'associent à des survivantes en tant que collègues ou qui leur offrent un poste à la tête d'un projet. Dans la grande majorité des cas, lorsqu'une survivante, reconnue comme telle, est engagée, c'est dans le but d'exploiter ses connaissances à faible rénumération dans l'objectif d'en retirer des bénéfices. Bon nombre de projets et de recherches ont été créés par des survivantes sans toutefois que leur participation soit reconnue ou du moins soulignée, et ça, c'est quand les institutions concernées ne s'approprient pas entièrement le travail qui a été réalisé !

L'instrumentalisation des survivantes, c'est chose commune au Québec, alors qu'en Ontario, elles sont présentes dans toutes les sphères, tant au niveau de la police qu'au niveau gouvernemental. Je pense entre autres au poste qui a été créé par le Service de police à Ottawa pour Simone Bell qui fait désormais partie des leurs, ou encore à Jennifer Richardson, qui a été nommée directrice du *Provincial Anti-Human Trafficking Coordination Office*, directement pour le gouvernement de l'Ontario.

Faisons preuve d'initiative et laissons-leur une place !

*L'expérience, ce n'est pas ce qui arrive*
*à quelqu'un, mais ce que quelqu'un*
*fait avec ce qui lui arrive.*

– Aldous Huxley

Comme Martin Luther King l'a si bien cité: « L'indifférence des gens qu'on considère comme étant bons, face aux répercussions de l'oppression des méchants, est beaucoup plus effrayante que ces derniers. » Cette indifférence de la part de la société concernant la seconde victimisation faite à l'égard des personnes ayant été victimes d'exploitation sexuelle et l'exclusion à laquelle elles font face sont beaucoup plus dommageables sur le long terme que la première. Avoir été victime ne doit pas être un statut permanent, mais le résultat passager d'un acte criminel commis.

En conclusion, pour tous ceux qui ne sont pas encore convaincus de l'existence de cette seconde forme de victimisation, ainsi que du manque de volonté de notre gouvernement de prendre en charge les victimes et de leur offrir l'aide nécessaire à leur guérison, je vous rappelle qu'actuellement on parle d'autoriser l'aide médicale à mourir pour les victimes d'actes criminels.

Je cite madame Raymonde Saint-Germain, sénatrice, dans *La Presse* du 27 janvier 2020: «Nous savons aussi que nombreuses sont les victimes d'actes criminels qui souffrent de problèmes de santé mentale en raison de la violence subie, notamment la violence sexuelle. Il peut être très difficile de remédier à de telles séquelles, surtout dans le contexte systémique où le régime québécois d'Indemnisation des victimes d'actes criminels (IVAC) est aussi dysfonctionnel.»

Système déficient égale donc l'aide médicale à mourir pour les victimes d'actes criminels… Comme si ce n'était pas assez insultant et inhumain, j'aimerais vous rappeler que la même ministre qui a subventionné ce livre, soit la ministre de la Santé et des Services sociaux, madame Danielle McCann, soutient ce projet de loi. C'est comme si elle me disait directement: «Je t'offre une subvention pour faire connaître les besoins des victimes, d'une main, mais de l'autre, j'aimerais que tu saches que quand ta vie allait mal, je t'aurais autorisé un suicide assisté, de même qu'à toutes les participantes du livre!»

# *Remerciements*

Tout d'abord, un gros merci à toute l'équipe de Béliveau éditeur pour votre incroyable travail et tout le soutien que vous m'avez apporté à mener à terme tous mes livres ! Un gros merci à Mathieu Béliveau qui fut le premier à croire en moi, sans oublier Annabelle Boyer, Sylvain Dion, Diane Perreault, Sylvie Milot ainsi que tous les merveilleux auteurs de notre magnifique maison d'édition !

Un merci tout particulier à la ministre de la Santé et des Services sociaux, madame Danielle McCann, pour sa confiance et, bien sûr, pour la subvention qu'elle m'a accordée afin de mener à terme ce projet et d'offrir une compensation financière respectable aux participantes. Merci d'avoir contribué à faire entendre les voix de celles qui sont trop souvent réduites au silence.

Merci à Rose Sullivan pour ta préface et ton inconditionnel soutien durant la rédaction du livre ! Ton amitié n'a pas de prix à mes yeux, chère sœur de combat !

Un immense merci à mes sœurs de combat d'avoir si généreusement accepté de partager votre histoire. Votre confiance représente tellement pour moi ! Puissent vos voix être entendues et qu'enfin nous puissions assister au changement !

Merci à l'Université de Montréal et à l'École de criminologie ainsi qu'à tous les membres du personnel et collègues de classe, qui ont croisé ma route pour une saison et pour des années, pour votre soutien inconditionnel dans mes études, de même que votre soutien dans tous mes projets.

Merci à mes compatriotes qui ont révisé mes écrits tout au long de la réalisation du livre : Marie-Hélène, Marie-Soleil et Isabelle, je n'ai aucun mot pour exprimer ma reconnaissance à votre égard !

Un gros merci à la famille Mbaye que je trouve si inspirante et qui a toujours soutenu mes projets et m'a guidée vers le chemin de la réussite !

Un immense merci à mon fils de m'avoir toujours soutenue dans tous mes projets et qui est définitivement ma plus grande motivation de toujours me surpasser. Je t'aime, mon grand !

Et pour terminer…

Merci à tous ceux qui, de près ou de loin, m'ont soutenue dans la réalisation de ce grand projet !

# *Bibliographie*


Baker et al., (2010). Exiting prostitution: an integrated model. Violence against women. DOI: 10.1177/1077801210367643

Bindel, J., Brown, L., Easton, H., Matthews, R., (2012). *Breaking down the barriers. A study of how women Exit prostitution.* London South Bank University (LSBU), Eaves. https://i4.cms-files.com/eaves/2012/11/Breaking-down-the-barriers-a37d80.pdf

Clark Hammond, G., McGlone, M., (2014). *Entry, Progression, Exit, and Service Provision for Survivors of Sex Trafficking: Implications for Effective Interventions.* Springer International Publishing, Volume 1, Issue 4, pp. 157-168 https://link.springer.com/article/10.1007/s40609-014-0010-0

Cuddy, C., (2016). *Montrez-leur qui vous êtes.* Edition Marabout p. 190 — 202. ISBN: 978-3-501-11934-4

Ibrahim, D. (2016). *La traite des personnes au Canada.* Statistique Canada. Bulletin Juristat

La Maison de Mélanie (2018). Statistiques du 1^er^ avril 2017 au 31 mars 2018. Laval

Lanctôt, N., (2018). *La face cachée de la prostitution: une étude des conséquences de la prostitution sur le développement et le bien-être des filles et des femmes*. Rapport de recherche. Programme actions concertées. Fonds de recherche, culture et société. Québec

Lévesque, A. (1989). *Éteindre le Red Light: Les réformateurs et la prostitution à Montréal entre 1865 et 1925.* Urban History Review, 17 (3), 191–201. https://doi.org/10.7202/1017631ar

Dordrecht 2016 Hum Rights Rev (2016) 17:221–245 DOI 10.1007/s12142-016-0404-8

Nations Unies (2000). *Protocole additionnel à la Convention des Nations Unies contre la criminalité transnationale organisée visant à prévenir, réprimer et punir la traite des personnes, en particulier des femmes et des enfants.* Le Secrétaire général de l'Organisation des Nations Unies

Nagy, N. (2018). *Human Trafficking Manual,* For Service Providers, *Timea's Cause*, Cambridge, Ontario

Nixon, K., Tutty, L., Downe, P., Gorkoff, K., Ursel, J., (2002). *The every day occurrence: Violence in the lives of girls exploited through prostitution.* Violence against women. First published

Ricci, S., Kurtzman, L., Roy, M-A., (2012). *La traite des femmes à des fins d'exploitation sexuelle: entre le déni et l'invisibilité.* Institut de recherches et d'études féministes de l'Université du Québec à Montréal

Ricci, S., Kurtzman, L., (2013). *De l'amoureux protecteur au souteneur violent: la mise sous emprise des femmes trafiquées à des fins d'exploitation sexuelle.* Academia, Labrys, Études féministes, estudos eszfeministas

Royal, M,. (2018). *The Pimp Game: Instructional Guide.* ISBN 9781986514248

Sauvé, M-R., (2018). *Une doctorante révèle la diversité insoupçonnée des proxénètes.* udemnouvelles

Service du renseignement criminel du Québec, (2013). *Portrait provincial du proxénétisme et de la traite de personnes.* Ministère de la Sécurité publique

Szczepanik, G., Ismé, C., Grisé, É. (2014). *Portrait de l'industrie du sexe au Québec. Concertation des luttes contre l'exploitation sexuelle.* (CLES). Secrétariat de la condition féminine Québec. Condition féminine Canada

Toupin, L. (2002). *La scission politique du féminisme international sur la question du «trafic des femmes»: vers la «migration» d'un certain féminisme radical*? Erudit. Revues de recherches féministes. Migrations Volume 15, numéro 2, pp. 3-39

Vanswesenbeek, I. (2001). *Another decade of social scientific work on sex work : A review of research 1990-2000.* Annual review of sex research, Research library pg.242 R

Veillette, D., Menzalez, J., (2017). *Présentation dans le cadre du projet des Survivantes*. Université de Montréal

Walsh, S,D., (2016). *Sex Trafficking and the State : Applying Domestic Abuse Interventions to Serve Victims of Sex Trafficking.* Springer. Hum Rights Rev, pp 221-245 DOI 10.1007/s12142-016-0404-8

Williamson, C., Folaron, G. (2003). *Understanding the Experiences of Street Level Prostitutes.* Qualitative Social Work 2 (3) :271-287 DOI : 10.1177/14733250030023004

Y des femmes de Montréal (2016). *Agissons ensemble contre l'exploitation sexuelle des filles*. Condition féminine Canada.

# *Ressources*

■ ■

- Mélanie Carpentier
  *melaniecarpentierconsultante.com*

## Téléphone

Pour une assistance immédiate, appelez la *Ligne d'urgence canadienne contre la traite des êtres humains* au **1-833-900-1010.**

Vous pouvez joindre la Ligne d'urgence confidentielle **24 heures sur 24, 7 jours sur 7** dans **plus de 200 langues**. Tous les appels sont confidentiels et répondus par des intervenants spécialistes bilingues hautement qualifiés à l'assistance téléphonique.

## Répertoire national de référence

Le Répertoire national de référence de la *Ligne d'urgence canadienne contre la traite des personnes* est une ressource permettant de mettre en contact les victimes et les survivants avec les services d'urgence, de transition et de long terme dans les communautés canadiennes.

- Fédération des maisons d'hébergement pour femmes du Québec - 514 878-9757
- CALACS (Centre d'aide et de lutte contre les agressions à caractère sexuel)
  1-877-717-5252 - Montréal: 514-529-5252
- CAVAC (Centre d'aide aux victimes d'actes criminels)
  1-866-532-2822 - www.cavac.qc.ca
- Suicide Action Montréal
  1 866 APPELLE (1 866 277-3553)
- IVAC (Indemnisation des victimes d'actes criminels)
  514 906-3019
- CSJR (Centre de service de justice réparatrice)
  514 933-3737

# *À propos de l'auteure*

■ ■

En 2013, **Mélanie Carpentier** a fondé *La Maison de Mélanie* pour aider les jeunes filles et les femmes aux prises avec la problématique de l'exploitation sexuelle et apporter un soutien à leur famille en détresse. Malheureusement, à cause de circonstances incontrôlables, elle doit se rendre à l'évidence qu'elle n'est plus en mesure de continuer et qu'il faut fermer cette ressource pour victimes en 2019.

Mais sa résilience et sa détermination ne l'empêchent pas de s'engager plus à fond et elle poursuit des études pour se perfectionner afin d'obtenir un baccalauréat en criminologie. Elle est également bachelière ès sciences de l'Université de Montréal (2010), ainsi que détentrice d'une mineure en victimologie et étudiante associée de l'Ordre professionnel des criminologues du Québec (2020).

À son actif s'ajoute un bagage professionnel fort intéressant qui l'a amenée à travailler auprès de plusieurs institutions et clientèles, tant en milieux scolaires qu'en Centre jeunesse, ainsi qu'auprès d'une clientèle judiciarisée en détention ou en transition. Elle a œuvré égalemenent auprès des itinérants, des personnes ayant des troubles de santé mentale, des problèmes de dépendance aux psychotropes et/ou à l'alcool.

Actuellement, Mélanie est technicienne en éducation spécialisée pour une Commission scolaire. Elle est aussi contractuelle pour les Services correctionnels du Québec puisqu'elle a implanté en détention le premier programme destiné aux victimes d'actes criminels.

Ce qui différencie Mélanie Carpentier des autres professionnels et intervenants du domaine de la relation d'aide, de l'application de la loi ou de la justice, c'est sa volonté de vouloir changer les choses tout en étant à l'écoute de ceux et celles qui sont réduits au silence ou dont la voix n'est pas entendue.

Elle n'a jamais oublié d'où elle vient. Son fils, son parcours de vie et sa grande motivation à contribuer au changement en faisant reconnaître les droits des victimes sont, sans contredit, les éléments qui lui donnent la force de toujours pousser plus loin son combat.

Mélanie est *récipiendaire de la médaille d'honneur du Sénat canadien* en 2017, pour son héritage dans la société canadienne en reconnaissance de tout son travail auprès des personnes en détresse.

Elle entretient l'espoir que la société saura comprendre davantage ces personnes victimes, tous âges et sexes confondus!

***melaniecarpentierconsultante.com***

## Autre ouvrage de l'auteure chez Béliveau Éditeur

# Survivante d'exploitation sexuelle

*Se sortir de l'enfer des gangs de rue*

Préface de Maria Mourani

«Le gang que je considère comme mes grands frères, mes protecteurs, ne cesse de me répéter sa règle: ***Agis ou crève.*** J'estime que je fais partie du groupe, du moins jusqu'à ce soir…

Encore et encore, je me dirige vers les isoloirs, client après client, entre une ligne et un quart de gramme. Un automatisme, c'est ça, ma vie. Je sens qu'il va arriver quelque chose... Comme j'ai été formée à répondre aux exigences des hommes, mon corps fait ce qu'ils veulent, mais ma tête, elle, n'y est pas. Je sens que mes jours sont comptés et que je dois faire un choix, pour moi, pour mon fils.»

**

Mélanie nous raconte son histoire troublante, bouleversante, mais surtout inspirante. Celle d'une survivante de la traite humaine à des fins d'exploitation sexuelle qui, malgré l'ampleur du réseau des gangs de rue, réussit à s'en sortir.

*«Aujourd'hui, je vis MA vie, et c'est mon passé qui m'a modelée afin que je devienne la femme que je suis. J'espère de tout cœur que mon témoignage et mon engagement sauront en aider d'autres…»*

– MÉLANIE CARPENTIER, récipiendaire de
la médaille d'honneur du Sénat canadien (2017)

*«J'ai lu votre livre en préparation pour le tournage, vous m'inspirez beaucoup! Merci, merci pour tout ce que vous faites pour les femmes!»*

– LUDIVINE REDING, actrice dans la série *Fugueuse*, TVA

**visitez www.beliveauediteur.com**

*Restez informé des nouveautés,*
*des ouvrages disponibles,*
*des auteurs et des activités*
*de Béliveau éditeur,*
*en nous suivant sur les réseaux sociaux:*

facebook.com/EditeurBeliveau/
instagram.com/beliveauediteur
youtube.com/c/BéliveauéditeurBoucherville

**beliveauediteur.com**

Achevé d'imprimer
sur les presses de
Imprimerie H.L.N.
*Imprimé au Canada - Printed in Canada*